Alois Halbmayr
Gott und Geld in Wechselwirkung

Alois Halbmayr

Gott und Geld in Wechselwirkung

Zur Relativität der Gottesrede

Ferdinand Schöningh
Paderborn · München · Wien · Zürich

Gedruckt mit Unterstützung von:

Österreichische Forschungsgemeinschaft
Stiftungs- und Förderungsgesellschaft der Paris-Lodron-Universität Salzburg
Universität Salzburg

Bibliografische Information der Deutschen Nationalbibliothek

Die Deutsche Nationalbibliothek verzeichnet diese Publikation in der Deutschen Nationalbibliografie; detaillierte bibliografische Daten sind im Internet über http://dnb.d-nb.de abrufbar.

Einbandgestaltung: Anna Braungart, Tübingen

Gedruckt auf umweltfreundlichem, chlorfrei gebleichtem
und alterungsbeständigem Papier ⊗ ISO 9706

© 2009 Verlag Ferdinand Schöningh GmbH & Co. KG
(Verlag Ferdinand Schöningh GmbH & Co. KG, Jühenplatz 1, D-33098 Paderborn)
Internet: www.schoeningh.de

Alle Rechte vorbehalten. Dieses Werk sowie einzelne Teile sind urheberrechtlich geschützt.
Jede Verwertung in anderen als den gesetzlich zugelassenen Fällen ist ohne vorherige
schriftliche Zustimmung des Verlages nicht zulässig.

Printed in Germany. Herstellung: Ferdinand Schöningh, Paderborn

ISBN 978-3-506-76736-3

Inhalt

Vorwort 9
Einleitung 11

I Semantiken des Geldes 17
   1 Zum gegenwärtigen Problemhorizont 17
   2 Rahmenbedingungen 34
      2.1 Kapitalismus als politisch-ökonomisches System und
           als Lebensform 34
      2.2 Aspekte des Geldbegriffs 48
           2.2.1 Wirtschaftswissenschaften 49
           2.2.2 Soziologie 53
           2.2.3 Geldentstehungstheorien 56
   3 Zur Polyvalenz des Geldes 66
      3.1 Erotische Anziehung und diabolische Gefahr ... 66
      3.2 Die Doppelrolle des Geldes – Ökonomische Funktion
           und transmonetäre Bedeutung 72

II Abegott und Segen. Theologische Versuche über das Geld 77
    1 Eine tugendethische und ontologische Reflexion:
       Thomas von Aquins *De avaritia* 77
    2 Existentialistisch-funktionale Erweiterung:
       Martin Luthers *Der große Katechismus* 86
    3 Negativ-exkludierende Modelle 94
       3.1 Eine ethisch-theologische Interpretation:
            Friedrich Delekat 94
       3.2 Eine aktualisierte Luther-Lektüre:
            Friedrich-Wilhelm Marquardt 98
       3.3 Der Pantheismus des Geldes: Falk Wagner 106
       3.4 Geld als alles bestimmende Wirklichkeit: Thomas Ruster .. 112
            3.4.1 Gott als eine einstmals alles bestimmende
                   Wirklichkeit 113
            3.4.2 Geld als die neue alles bestimmende
                   Wirklichkeit 117
            3.4.3 Eine negativ-pessimistische Sicht der
                   Wirklichkeit 121
            3.4.4 Ein unterbestimmter Religionsbegriff . 125
            3.4.5 Was ist „die biblische Wirklichkeit"? . 127
            3.4.6 Zur Kategorie der Verwechselbarkeit Gottes 130

    4 Affirmativ-identifizierende Modelle 132
    5 Neutral-ignorierende Modelle........................ 140
    6 Desiderat: ein kritisch-relatives Modell 141

III GEORG SIMMELS *PHILOSOPHIE DES GELDES* ALS BASISTHEORIE EINER VERHÄLTNISBESTIMMUNG VON GOTT UND GELD 145

    1 Der Zentralbegriff *Wechselwirkung* 150
        1.1 Herkunft aus der Philosophie...................... 152
        1.2 Die soziologische Relevanz....................... 153
        1.3 Ein Strukturprinzip der Gesellschaft................. 158
        1.4 Trennung von Inhalt und Form 163
        1.5 Ein universales Prinzip 169
    2 Wechselwirkung – Zur Erkenntnistheorie der Relativität..... 170
        2.1 Ineinander von transzendentalphilosophischer und historisch-genetischer Methode 173
        2.2 Wahrheit als relationaler Begriff 177
        2.3 Wahrheit als regulative Idee....................... 179
        2.4 Wahrheit als eine soziologisch relevante Kategorie 183
        2.5 Ein relativistisches Wahrheitsverständnis? 185
              Exkurs: Relationalität oder Relativität?.............. 189
        2.6 Eine pragmatistische Theorie vor der Hochblüte des Pragmatismus 206
        2.7 Zum erkenntnistheoretischen Status der Wechselwirkung – Bedeutung des Dritten............. 213
        2.8 Ein Signifikant für Gott und Geld 220
    3 Die subjektive und die objektive Macht des Geldes 223
        3.1 Die Nationalökonomie als wichtige Referenzwissenschaft 229
        3.2 Werttheorie – Über die subjektive und die objektive Macht des Geldes................................ 232
             3.2.1 Was ist ein Wert? 233
             3.2.2 Jenseits von Subjekt und Objekt: Der Wert als ein Drittes 235
             3.2.3 Der Wert wird durch den Tausch zu einem ökonomischen 239
             3.2.4 Geld als Symbol und Ausdruck des (Tausch)Wertes der Dinge 244
             3.2.5 Die Doppelrolle des Geldes: Geld *ist* Relation und Geld *hat* Relation 250
             3.2.6 Vom Substanzwert zum Funktionswert 252
    4 Zur Ambivalenz des Geldes – Errungenschaften und Probleme.. 256
        4.1 Die Errungenschaften des Geldes 257

Inhaltsverzeichnis

      4.1.1 Freiheit und Individualisierung 257
      4.1.2 Distanzierung und Verbindung 261
      4.1.3 Egalität und Differenz 265
    4.2 Die Problematik des Geldes. 267
      4.2.1 Vom Mittel zum Endzweck 267
      4.2.2 Diastase von subjektiver und objektiver Kultur, von subjektivem und objektivem Geist 272
      4.2.3 Formlosigkeit und Quantitätsdenken............ 280
      4.2.4 Negative Freiheit, wachsende Leere und Entpersönlichung......................... 282
      4.2.5 Die Flüchtigkeit des Geldes. 285
5 Gottesbegriff und Religionsverständnis 286
    5.1 Religion als eine Interpretationsform der Wirklichkeit ... 287
      5.1.1 Unterscheidung von Religion und Religiosität 290
      5.1.2 Der Ursprung der Religion in den Wechselwirkungsprozessen der Gesellschaft 295
      5.1.3 Bleibende Differenz von (subjektiver) Religiosität und (objektiver) Religion 299
      5.1.4 Ein soziologisch dominierter Gottesbegriff....... 304
    5.2 Funktionen und Leistungen der Religion 306
      5.2.1 Repräsentation von Einheit, Förderung von Vertrauen.............................. 306
      5.2.2 Definitiver Endzweck, Heil der Seele 309
      5.2.3 Aufrechterhaltung der Gegensätze.............. 310
      5.2.4 Stärkung und Entfaltung des inneren Lebens 315
6 Ein Desiderat: die Verknüpfung unterschiedlicher Diskurse .. 317

IV ZUR RELATIVEN STRUKTUR DER „GOTTESREDE" 325

1 Die formale Kategorie „Wechselwirkung" 327
    1.1 Die epistemologische Leistung der Wechselwirkung 328
    1.2 „Wechselwirkung" als zentrale theologische Kategorie .. 331
      1.2.1 Das Zueinander von ökonomischer und immanenter Trinität 336
      1.2.2 Die Wiederentdeckung der *Loci theologici* 344
2 Geld als zentrales Symbol der gesellschaftlichen Wechselwirkung.. 348
3 Gott als Symbol für die Relationalität des Lebens 351
    3.1 Wechselseitige Durchdringung von Religiosität und Religion... 354
    3.2 Normative Bedeutung der objektiven Religion 360
4 Die Wechselwirkung von Gott und Geld 362
    4.1 Formale Identität der Struktur 368

| | | 4.1.1 Gott und Geld – Eine formale *Coincidentia oppositorum* | 368 |

        4.1.1 Gott und Geld – Eine formale *Coincidentia oppositorum* 368
        4.1.2 Vom kontingenten Mittel zum absoluten Endzweck 371
        4.1.3 Immanent und transzendent zugleich 375
    4.2 Materiale Differenz der Bedeutung 376
        4.2.1 Allgemeine Parteilosigkeit des Geldes – Engagierte Parteilichkeit Gottes. 376
        4.2.2 Betonung der Quantität – Vorzug der Qualität 379
        4.2.3 Konzentration auf ein Vorletztes – Vertrauen auf ein Letztes 381
        4.2.4 Mammonismus – Lebendiger Gottesdienst 383

5 Geld als Interpretament Gottes – Gott als Interpretament des Geldes 389
    5.1 Die Differenz von Verwechseln und Ersetzen 393
    5.2 Ersetzung als Selbstexplikation Gottes 396
    5.3 Offene Grenzverläufe. Anmerkungen zum Verhältnis von Dogmatik und Ethik 404

6 Die relative Macht des Mammons – Anmerkungen zur Geldpraxis Jesu 411
    6.1 Vom Kommen der Gottesherrschaft 416
    6.2 Gott oder Mammon (Mt 6,24/Lk 16,9-13) 420
    6.3 Das Gleichnis von den anvertrauten Talenten (Mt 25,14-30/Lk 19,11-27) 428
    6.4 Paradigma einer anderen Ökonomie? Das Gleichnis von den Arbeitern im Weinberg (Mt 20,1-16) 433
    6.5 Geld als eine konsequent *relative* Größe 437

7 Gottesrede als public theology 439
    7.1 Entpersonalisierung und Entprivatisierung des Geldes ... 442
    7.2 Der Vorrang der Gerechtigkeit 446
        7.2.1 Gerechtigkeit – Ein konstitutives Element des religiösen Diskurses. 446
        7.2.2 Gerechtigkeit – Ein unterschätztes Prädikat in der klassischen Lehre von den Eigenschaften Gottes .. 453
    7.3 Die Bedingungslosigkeit der Gabe – Zur *Anders-Ökonomie* Gottes 464

LITERATUR 471

REGISTER 508

Vorwort

Zu den großen Leitbegriffen der Gegenwart gehört unbestreitbar *Geld*. Es verleiht politische und ökonomische Macht und es eröffnet den Zugang in die endlose Weite der Warenwelt. Geld ist längst kein bloßes Zahlungsmittel mehr, sondern zugleich ein außergewöhnliches Medium, mit dem sich individuelle und gesellschaftliche Freiheiten verwirklichen sowie unzählige Wünsche erfüllen lassen.

Aber *Geld* besitzt auch eine dunkle Seite. Mit ihm verbinden sich Unterdrückung, Ungerechtigkeit, Entfremdung, sozialer Abstieg und Zukunftsangst. Diese diabolische Dimension, die vor allem in Zeiten ökonomischer Krisen in den Vordergrund tritt, gehört ebenso zum Begriff des Geldes wie das Vermögen, das in ihm steckt.

Die christliche Gottesrede hat seit jeher für sich in Anspruch genommen, gegenüber allen prägenden Realitäten des Lebens eine Sprache zu finden. Geld gehört zu diesen Realitäten, nimmt jedoch zugleich eine Sonderstellung ein. Denn in das Geld werden Erwartungen und Hoffnungen gesetzt, die es häufig als eine göttliche Macht erscheinen lassen. Ist das Geld der neue Gott unserer Zeit, der an die Stelle des christlichen Gottes getreten ist?

Dieses Buch verfolgt das Anliegen, die Verflechtungen zwischen *Gott* und *Geld* in ihren vielschichtigen Dimensionen aus theologischer Perspektive zu analysieren. Ausgehend vom Konzept der *Wechselwirkung*, wie es von Georg Simmel formuliert und paradigmatisch vor allem in seiner *Philosophie des Geldes* entfaltet wurde, versucht diese Arbeit eine theologische Neubestimmung des Verhältnisses von Gott und Geld. Simmels Werk bietet nicht nur ein beeindruckendes Panorama der weit reichenden Bedeutungen des Geldes, sondern legt zugleich ein theoretisches Modell vor, wie die wechselseitige Beeinflussung unterschiedlicher Symbolsysteme analysiert und dargestellt werden kann. Auf Basis dieser methodologischen Grundlegung lässt sich zeigen, dass eine adäquate Verhältnisbestimmung von Gott und Geld weder über eine Exklusion einer der beiden Größen noch über ihre Identifizierung, sondern allein über eine kritische *Relativität* möglich ist.

Die vorliegende Arbeit wurde im Wintersemester 2007/08 von der Katholisch-Theologischen Fakultät der Universität Salzburg als Habilitationsschrift angenommen und für die Drucklegung geringfügig überarbeitet. Sie ist ein Produkt jahrelanger theologischer Auseinandersetzung mit komplexen Zusammenhängen, die mich auch immer wieder auf philosophisches und soziologisches Terrain geführt haben. Mit dem nun vorgelegten Text ist die Einladung an die Leserinnen und Leser verbunden, die hier entwickelten Fäden aufzugreifen und weiterzuspinnen, manche abreißen zu lassen, andere hinzuzufügen oder neu zu verknüpfen.

Viele Menschen haben mich während der Arbeit an diesem Projekt auf unterschiedlichste Art und Weise unterstützt. Ihnen allen bin ich dafür dankbar. Mein besonderer Dank gilt Hans-Joachim Sander, der diese Arbeit mit großem

Interesse und Engagement begleitet hat. Danken möchte ich auch den weiteren Gutachtern, Willfried Geßner (Berlin), Franz Gruber (Linz) sowie Roman Siebenrock (Innsbruck), durch deren intensive Lektüre ich noch wertvolle Hinweise erhalten habe. Weiters danke ich Gregor Maria Hoff und Ulrich Winkler für die zahlreichen Anregungen und den kontinuierlichen Austausch.

Für die Unterstützung bei der Fertigstellung des Manuskripts danke ich meiner Schwester Brigitte Halbmayr sowie Christina Maria Kreinecker und Martin Dürnberger. Hendrik Rungelrath danke ich für die sorgfältige Lektüre der Druckfahnen. Last but not least gilt mein großer Dank meiner Frau Barbara sowie unseren Kindern Verena und Helene. Sie wissen, warum und wofür.

Salzburg, im Juni 2009   Alois Halbmayr

Einleitung

Geld ist nach wie vor kein bevorzugtes Thema der systematischen Theologie. Das zeigt ein Blick in die Indices vieler katholischer und evangelischer Dogmatiken, in denen das Stichwort und ihm verwandte Begriffe meist gänzlich fehlen.[1] Ähnliches gilt für die dogmatischen Handbücher und Monographien, selbst einschlägige Zeitschriften weichen diesem Thema meist aus. Der Platz des Geldes liegt am äußersten Rande des klassischen Kanons systematisch-theologischer Reflexion. Dafür lassen sich eine Reihe durchaus nachvollziehbarer Gründe anführen: Klare und offensichtliche Verbindungslinien zwischen dem Begriff *Gott* und dem Begriff *Geld* sind aufs Erste schwer zu erkennen. Darüber hinaus scheinen die ökonomischen Fragestellungen in der christlichen Sozialethik gut aufgehoben. In ihr zählte Geld lange zu den wichtigen ordnungspolitischen Begriffen, die als praktische Instrumente des gesellschaftlichen Selbstvollzugs analysiert und entwickelt wurden. Nicht zuletzt mag auch die Skepsis eine gewisse Rolle spielen, ob die systematische Theologie über die deutlichen biblischen Warnungen hinaus, dass man nicht Gott und dem Mammon zugleich dienen könne (Mt 6,24), wirklich substanziell Neues und Erhellendes zur Geldproblematik beizusteuern vermag.

Die vorliegende Arbeit möchte zeigen, dass mit der weitgehenden Ausblendung der Wirklichkeit *Geld* der christliche Gottesbegriff viel von seiner Spreng- und Überzeugungskraft verliert, weil dadurch wichtige Aspekte und Dimensionen der Gottesrede verschwiegen werden. Geld ist nicht nur ein ökonomisch hochwertiges Tauschmittel, sondern repräsentiert zugleich einen gesellschaftlichen Wandel und eine soziale Normativität.[2] In Funktion und Praxis des Geldes kommen verdichtet religiöse Überzeugungen zum Ausdruck, widerspiegelt sich ein bestimmtes Gottesverhältnis. Wer die Beziehungen zwischen diesen beiden äußerst unterschiedlichen und *zugleich* sehr ähnlichen Größen *Gott* und *Geld* nur in ethischen oder substanzontologischen Kategorien zu beschreiben weiß, wird der Macht des Geldes und seiner Relevanz für die Gottesrede nicht gerecht. Er kann darüber hinaus auch nicht erklären, warum sich die Signifikanten *Gott* und *Geld* in semantischer und pragmatischer Perspektive häufig auf die gleichen letzten Wirklichkeiten beziehen, warum sie in der Neuzeit mit ähnlichen Bedeutungen ausgestattet worden sind und weshalb sie in gegenwärtigen Gesellschaften funktionale Äquivalente bilden.

Wer in der heutigen Zeit vom christlichen Gott, von den Zeichen seiner Präsenz und Wirkmächtigkeit reden will, muss zugleich von denjenigen Zeichen sprechen, die dieser Wirklichkeit entgegenstehen, die sie überlagern, verfremden oder sich ihrer Semantik bedienen. Zu diesen wirkmächtigen Zei-

---

[1] Mit systematischer Theologie sind hier explizit die Fundamentaltheologie und die Dogmatik gemeint, auch wenn die theologische Ethik ebenfalls meist zu den systematischen Disziplinen gezählt wird.

[2] Vgl. dazu Höhn, Hans-Joachim, Postsäkular. Gesellschaft im Umbruch – Religion im Wandel, Paderborn 2007, bes. 91-109.

chen gehört das Geld, um das sich ein engmaschiges Netz an neuen, auch religiösen Bedeutungen geknüpft hat. Wenn aber der christliche Gott auch in den modernen Gesellschaften eine machtvolle Wirklichkeit und das letzte Woraufhin des menschlichen Hoffens und Glaubens sein soll, dann zählen die konkreten, unmittelbaren (Erlebnis)Realitäten dieser Welt konstitutiv zum Referenzrahmen des Gottesbegriffs selbst. Wo die Theologie die mitunter göttliche Realität des Geldes nicht in ihren wichtigsten Dimensionen benennen und keinen überzeugenden Begriff von ihr entwickeln kann, dort wird im gleichen Maße die Plausibilität der Gottesrede verloren gehen, weil das, was Menschen umtreibt, woran sie ihr Herz hängen und wovon sie Rettung und (Er)Lösung erwarten, in ihrer Bedeutung nicht eingeordnet werden kann. Die christliche Theologie kann in der Auseinandersetzung mit der universalen Macht des *Geldes* nur dann überzeugende Argumente in die gesellschaftliche Debatte einbringen, wenn sie ein umfassendes Verständnis der Größe *Geld* entwickelt.

Zum Aufbau der Arbeit

Das erste Kapitel zeigt zunächst an einigen exemplarischen Brennpunkten, welche herausragende Rolle dem Geld in unterschiedlichsten Lebensbereichen zukommt und in welcher Weise sich seine Funktionen verändert haben. Die Bedeutung und der Stellenwert des Geldes sind eng mit den gesellschaftlichen Rahmenbedingungen verknüpft, was sich vor allem in der Debatte über den Kapitalismus als ökonomisches System und als Lebensform artikuliert. Die Analyse des Geldbegriffs in verschiedenen Wissenschaften und der Überblick über die Entstehungstheorien des Geldes zeigen den Wandel der Symbolisierungen und Bedeutungen. Unzählige Wünsche und Bedürfnisse lassen sich durch Geld neu codieren und erfüllen. Wodurch wurde die vielfach beschriebene Ablösung des God-terms durch den Geld-term möglich?[3] Jenseits seiner Funktionen als Zahlungsmittel, Wertmesser, Recheneinheit und Aufbewahrungsmittel besitzt Geld einen hohen zeitdiagnostischen Charakter und ist an der Schnittstelle von Individuum und Gesellschaft ein wichtiger Indikator für das Selbstverständnis der Menschen und die Wertigkeiten des sozialen Lebens.

Das zweite Kapitel wendet sich dann der Frage zu, welchen Geldbegriff systematisch-theologische Ansätze ihren Reflexionen zugrunde legen. Was verstehen sie unter Geld, welche Funktionen werden ihm zugeschrieben? Vor allem aber: Wie setzen sie das Geld zur Macht Gottes in Beziehung? Die Darstellung wird zeigen, dass in den theologischen Reflexionen ein Geldbegriff dominiert, der seine vielschichtigen Bedeutungen und Funktionen nicht oder nur unzureichend in den Blick bekommt. Grundsätzlich hat die Theologie drei

---

[3] Zu den Begriffen *God-term* und *Geld-term* vgl. die Arbeiten von Hörisch, Jochen, Brot und Wein. Die Poesie des Abendmahls, Frankfurt 1992; ders., Kopf oder Zahl. Die Poesie des Geldes, Frankfurt 1996; ders., Gott, Geld, Medien. Studien zu den Medien, die die Welt im Innersten zusammenhalten, Frankfurt 2004.

Modelle entwickelt, wie sich das Verhältnis von *Gott* und *Geld* denken lässt. Neben den *neutral-ignorierenden* Ansätzen, für die es zwischen Religion und Ökonomie keine Berührungspunkte gibt, sind vor allem die *negativ-exklusivierenden* Modelle einflussreich geworden. Sie erkennen im Geld jene große Widermacht, die den Gott des Christentums beerbt hat und daher zur neuen, alles bestimmenden Wirklichkeit geworden ist. Zwischen dem ökonomischen Zentralsymbol *Geld* und dem religiösen Zentralsymbol *Gott* haben sich die Semantiken ausgetauscht, so dass der Gott der Bibel zum verwechselbaren Gott geworden ist.[4] Am anderen Ende der Skala sind die *affirmativ-identifizierenden* Modelle angesiedelt. Sie konzentrieren sich auf die Kongruenzen und Entsprechungen zwischen dem Glauben an Gott und dem Vertrauen auf das Geld. Das eine stützt und erschließt das andere. In den negativ-exklusivierenden wie in den affirmativ-identifizierenden Ansätzen wird die Polyvalenz des Geldes kaum reflektiert. Entweder kommen die vorwiegend problematischen oder die unbestritten positiven Aspekte des Geldes zum Vorschein, nicht jedoch die Einheit seiner Differenz, seine paradoxe Struktur selbst. Daher sind die theologischen Versuche über das Geld meist an den Rändern des Diskursspektrums angesiedelt. Sie positionieren sich entweder nahe an einem prophetisch aufgeladenen Alarmismus oder an einem radikal verstandenen *Aggiornamento*, das die kritischen Dimensionen der Gottesrede gänzlich ausblendet. Weil dadurch die herausragende Macht des Geldes theologisch nicht adäquat beschrieben werden kann, konzentriert sich die Reflexion häufig auf die Frage nach dem sittlich Richtigen und nach dem rechten Verhalten der Gläubigen. Wären monetäre Vollzüge eine rein sozial- oder individualethische Fragestellung, ließen sich ohne weiteres praktikable Strategien entwickeln, um einer Verwechselbarkeit Gottes mit dem Geld zu entgehen. Weil Geld jedoch über die ökonomischen Funktionen hinaus zahlreiche individuelle und gesellschaftliche Aufgaben erfüllt, lässt sich seiner Macht nicht begegnen, wenn entscheidende Komponenten in seinem Begriff ausgeblendet bleiben. Das ist auch einer der Hauptgründe, warum moralische Appelle oft völlig wirkungslos bleiben.[5]

Was weitgehend fehlt, ist eine *kritisch-relative* Position, die das Geld in seinen verschiedenen Funktionen und in seiner eigentümlichen Ambivalenz begrifflich erfassen und dazu die Gottesrede in Beziehung setzen kann. In einem solchen Modell müsste von den Errungenschaften und Vorzügen des Geldes nichts weggenommen werden, zugleich kämen aber auch jene Aspekte

---

[4] So die bevorzugte Formulierung von Ruster, Thomas, Der verwechselbare Gott. Theologie nach der Entflechtung von Christentum und Religion (QD 181), Freiburg ⁷2004.

[5] Unbestritten ist, „dass allein mit theologischer Fundamentalkritik bzw. mit moralischen Appellen an die Akteure des Wirtschaftssystems nie sehr viel erreicht wurde zugunsten einer ethisch motivierten Steuerung desselben" (Schlagnitweit, Markus L., Machen Sie mit Ihrem Geld doch, was SIE wollen!, in: Diakonia 38 (2007) 50-55, 50). Wohl wurde mithilfe traditioneller politischer Instrumentarien auf sozialpolitischer Ebene durchaus einiges zur Bändigung und Temperierung des modernen Kapitalismus erreicht, aber im Zeitalter der Globalisierung sind sie nur mehr bedingt wirksam. Schlagnitweit bedauert, dass vor allem in kirchlichen Kreisen immer noch eine ängstlich bzw. skeptisch-defensive Haltung gegenüber der Börsen-, Bank- und Finanzwelt existiert, der gegenüber es jedoch keine Unschuld gibt: Wer ein einfaches Sparkonto besitzt, hat bereits Teil am weltweiten Finanzsystem.

zur Sprache, die das Geld in seiner gewalttätigen und diabolischen Dimension in sich austrägt. Erst dann lassen sich Kriterien gewinnen, die zeigen können, an welchen Stellen das Geld Funktionen Gottes übernehmen kann und an welchen es die Grenzen zum Religiösen überschreitet und seine eigene Relativität auslöscht. Für diese kritisch-relative Position wird eine Theorie gesucht, mit der sich die vielfältigen Beziehungen zwischen dem ökonomischen Zentralsymbol *Geld* und der religiösen Wirklichkeit *Gott* beschreiben lassen und ihre grundlegende Relativität fassbar wird.

Das zentrale dritte Kapitel widmet sich der Entwicklung dieser Theorie. Die Arbeit greift dafür auf das Werk Georg Simmels zurück, der in seinem Denken, vor allem auch in seiner *Philosophie des Geldes* einen Begriff ins Zentrum stellt, mit dem sich vielfältige und tiefgreifende Zusammenhänge, die vordergründig als reine Antagonismen erscheinen, beschreiben und interpretieren lassen: den Begriff *Wechselwirkung*. Mit ihm wird die allgemeine *Relativität* des Lebens, der innere Zusammenhang der tragenden Begriffe, das Zueinander von Idee und Geschichte, von Denken und Sein, von Geist und Materie in eine allgemeine Theorie gefasst. Die Wechselwirkung erweist sich für die Themenstellung dieser Arbeit als jenes Konstruktionsprinzip, mit dem eine *relative* Verhältnisbestimmung von Gott und Geld möglich wird. Dieses Kapitel stellt nicht nur Simmels Denken in seinen großen Linien vor, sondern legt zugleich auch den Fokus auf die systematisch-theologische Perspektive: Inwiefern kann die Kategorie der *Wechselwirkung* die vielfältigen Verbindungen vor allem zwischen der Religion und den anderen Symbolsystemen bzw. Interpretationsformen des Lebens aufdecken und analysieren. Daher beschäftigt sich dieser Teil auch mit dem Religionsverständnis Simmels, in dem bereits einige Spuren gezogen sind, wie Glaube und Religion in die Realitäten des Lebens hineinverwoben sind. Darüber hinaus möchte dieses Kapitel auch an der Neubestimmung des theologisch hoch umstrittenen Begriffs *Relativität* weiterschreiben, der wie nur wenige andere philosophisch-theologische Begriffe von Missverständnissen begleitet wird. Dennoch lässt sich mit ihm das Proprium des christlichen Glaubens in der Welt von heute entschiedener und nachhaltiger zum Ausdruck bringen als mit dem theologisch geläufigeren, doch semantisch schwächeren Begriff *Relationalität*. Während das erste Kapitel stärker philosophie- und kulturgeschichtlich argumentiert und das zweite Kapitel sich ausschließlich einer theologischen Perspektive verschreibt, stehen im dritten Kapitel externe Diskurse im Vordergrund, insofern vor allem Erkenntnisse und Reflexionen aus der Philosophie sowie Soziologie aufgegriffen werden.

Das vierte Kapitel bringt dann Simmels Analysen und das Konzept der Wechselwirkung explizit mit theologischen Reflexionen in Beziehung. Dabei wird auf formaler Ebene das Ineinander der Perspektiven und Diskurse exemplarisch fortgesetzt, das für Simmels Denken so zentral erscheint und für eine kritisch-relative Verhältnisbestimmung von Gott und Geld wichtige Argumentationsmuster und Strukturelemente bereithält. Doch ist damit keine hegelianisch inspirierte Teleologie verbunden, als würde jede Position durch die Theologie aufgehoben oder stünde durch sie stets die rettende Antwort zur Verfügung. Diese Überlegungen überschreiten den von Simmel abgesteckten

Rahmen. Denn ähnlich wie Ernst Cassirer hat auch Simmel die verschiedenen symbolischen Formen wie Religion, Wirtschaft, Philosophie, Kunst, Politik, Wissenschaft etc. hauptsächlich in ihrer *internen* Relativität beschrieben. In der Frage der Beziehung *zwischen* den jeweiligen Symbolsystemen blieben beide äußerst zurückhaltend und vorsichtig. Das Verhältnis der jeweiligen Funktionssysteme zueinander zählt bis heute zu den großen und kontrovers diskutierten Problemstellungen der Gegenwartsphilosophie. Mit der Kategorie der Wechselwirkung lassen sich die fundamentale Relativität, das genuine Zueinander und die Interdependenzen zwischen den verschiedenen Funktionssystemen aufzeigen. Kein theologischer Diskurs ist von den anderen Diskursformen unabhängig, wenn er sich mit elementaren Fragen des Lebens beschäftigt, vielmehr greifen deren Interpretationsparameter und Erkenntnisse auf den religiösen Vollzug zu. Das gilt in gleicher Weise auch umgekehrt. Die Rede von Gott kann nur dort überzeugend zur Sprache kommen, wo sie sich konkret auf die jeweiligen Realitäten bezieht, wo sie also dem Geld nicht ausweicht und die Differenzen nicht einebnet, sondern offen und engagiert die widerstreitenden Bedeutungen austrägt. Ein Blick ins Neue Testament zeigt, dass die Relativität der Gottesrede kein billiges Zugeständnis an die Gegenwart darstellt. Vielmehr bildet sie bereits ein tragendes Element der Reich-Gottes-Verkündigung Jesu. Der letzte Teil dieser Arbeit benennt daher paradigmatisch noch einige konkrete Fragen der Geldproblematik, an denen eine relative Gottesrede ihre performative Kraft entfalten kann.

I Semantiken des Geldes

1 Zum gegenwärtigen Problemhorizont

Einem aufmerksamen Beobachter zahlreicher symbolisch vermittelter Alltagsvollzüge wird nicht entgehen, dass viele von ihnen streng rational funktionieren und nach einer ökonomischen Tauschlogik strukturiert sind. Zum Geld als dem vielleicht herausragendsten Medium gesellschaftlicher Austauschprozesse lässt sich offenbar recht problemlos ein religiöses Verhältnis gewinnen. Menschen verehren es wie Gott, sprechen ihm göttliche Eigenschaften und Kräfte zu, erwarten von ihm Zukunft und Erlösung. Geld, so ein häufig geäußerter Verdacht, ist vielfach zu einem neuen Gott unserer Zeit geworden, der den Gott des Christentums als alles bestimmende Wirklichkeit abgelöst hat. Damit ist nicht nur das christliche Gottesverständnis herausgefordert, die Frage nach der Bedeutung des Christentums insgesamt steht auf dem Prüfstand. Denn schließlich bündeln sich in der Gottesfrage die kleinen und großen Fragen des christlichen Glaubens, an ihr zeigen sich die intellektuelle Plausibilität, die existenzielle Erschließung und die pragmatische Kraft, die vom Evangelium in die Welt ausstrahlen sollen. Das Geld ist mit seiner impliziten Transzendenz und seiner religionsförmigen Struktur zu einer veritablen Herausforderung für den christlichen Gottesgedanken geworden. Dabei ist die große Streitfrage, wie sich die Semantiken der beiden wirkmächtigen Symbolbegriffe Gott und Geld zueinander verhalten, keine spezifisch neuzeitliche oder moderne. Ein Blick in die Traditionsgeschichte zeigt, dass sich das Christentum nahezu in jeder Epoche und in unterschiedlichsten Kontexten an diesem Problem abgearbeitet hat. Es gab Zeiten, in denen dieses Verhältnis kaum als fragwürdig oder erklärungsbedürftig empfunden wurde, aber auch Phasen, die es an oberste Stellen ihres Aufgabenkanons setzten. Man denke nur an die eifrig geführten Disputationen über die Lockerungen des Zinsverbotes oder an die hitzige Kontroverse zwischen Martin Luther und Johannes Eck über den Ablasshandel.[1] Auch der gegenwärtigen, christlichen Theologie sind solche Debatten aufgetragen, freilich in einem gänzlich veränderten Kontext und mit reflexiven Möglichkeiten, die sie für eine offene Auseinandersetzung zurüsten. Die ökonomischen Rationalitäten, die mehr denn je in den religiösen Interpretations-

---

[1] Vgl. Paulus, Nikolaus, Geschichte des Ablasses, 3 Bände, Darmstadt ²2000 (EA Paderborn 1922-23); Winterhager, Wilhelm E., Ablaßkritik als Indikator historischen Wandels vor 1517. Ein Beitrag zu Voraussetzungen und Einordnung der Reformation, in: Archiv für Reformationsgeschichte 90 (1999) 6-71; Sattler, Dorothea, Ablaß-Streit in neuer Zeit. Beobachtungen zur Wiederbelebung einer alten konfessionellen Kontroverse, in: Catholica 54 (2000) 14-38; Böttigheimer, Christoph, Jubiläumsablaß – ein ökumenisches Ärgernis?, in: StdZ 218 (2000) 167-180; Vischer, Lukas, Muss die Praxis des Ablasses wirklich auch im dritten Millennium aufrechterhalten werden? Anfragen an eine römische, aber nicht unbedingt katholische Sonderlehre, in: Ökumenische Rundschau 50 (2001) 354-375.

horizont hineingreifen, erweisen sich nicht nur als unverzichtbar für eine Selbstbeschreibung der Moderne, sie bedienen sich dabei auch explizit aus dem Reservoir religiöser Deutungsmuster und werden damit notwendig zu einem Gegenstand theologischer Reflexion. Eine wichtige Voraussetzung für eine mutige und offene Auseinandersetzung mit der neuen Macht des Geldes liegt daher zunächst in einer exemplarischen Beschreibung von Orten und Strukturen, an denen sich diese zeigt. Warum und in welcher Weise lässt sich überhaupt davon sprechen, dass dem Geld als dem Zentralsymbol ökonomischer Rationalität eine vergleichbare oder sogar größere Macht und Bedeutung zugesprochen werden als dem religiösen Zentralbegriff *Gott*? Wie kommt es zur These, dass Menschen das Geld an die Stelle Gottes setzen, zu einer neuen, alles bestimmenden Wirklichkeit erheben und gegen den biblischen Gott, den Gott der Befreiung eintauschen?

In einem ersten Schritt sollen daher einige Brennpunkte der spätmodernen Gesellschaft aufgesucht werden, an denen das Geldsystem seine herausragende Bedeutung behauptet und mitunter auf versteckte Weise mit der religiösen Interpretation konkurriert bzw. ihre Funktionen übernimmt. Geld greift in diesen Ersetzungsprozessen auf die klassisch religiöse Semantik zurück, die aus dem einst genuin religiösen Bedeutungsreservoir in einen ökonomischen Kontext transformiert wurde und dadurch einen elementaren Bedeutungswandel erfahren hat.[2] Was seinerzeit ausschließlich unter der Prämisse Gott debattiert und abgehandelt werden konnte, lässt sich heute problemlos unter der des Geldes diskutieren. Indem der monetäre Code als Äquivalent Gottes funktioniert, offenbart sich eine Problemanzeige, für deren Beschreibung und Rekonstruktion sich der Kontext als elementar erweist. Denn schließlich ist nur an konkreten Figurationen zu zeigen und zu benennen, in welcher Weise sich diese funktionale Äquivalenz des religiösen mit dem ökonomischen Diskurs zeigt, an welchen Phänomenen deutlich wird, dass dem Geld jene Attribute und Qualitäten zukommen, die nach christlichem Verständnis allein Gott vorbehalten sind. Welches sind also gegenwärtig Orte, an denen sich die gottgleiche Macht des Geldes offenbart? Zugespitzt formuliert: An welchen *Zeichen der Zeit* wird deutlich, dass die performativen Ansprüche des christlichen Glaubens, Heil und Rettung für die Menschen zu sein, dem Medium Geld zugesprochen werden? Worin manifestieren sich die in ihm verborgenen göttlichen oder gottgleichen Qualitäten? Weshalb erweist sich die Geld-Grammatik als prägende Form eines kulturellen Deutungsmusters, in dem bevorzugt existenzielle Fragen nach den Optionen und Zielen unseres Daseins erörtert werden? Exemplarisch seien sieben kontextuell höchst unterschiedliche, in ihrer Funktionalität jedoch äußerst ähnliche Transformations- bzw. Ersetzungsprozesse kurz beschrieben.

---

[2] Jochen Hörisch hat diesen Transformationsprozess an zahlreichen Beispielen aus der literarischen Moderne beschrieben: Hörisch, Jochen, Kopf oder Zahl. Die Poesie des Geldes, Frankfurt 1996; Ders., Brot und Wein. Die Poesie des Abendmahls, Frankfurt ⁴2005; Ders., Gott, Geld und Medien. Studien zu den Medien, die die Welt im Innersten zusammenhalten, Frankfurt 2004.

(1) Am Samstag, den 11. November 2000 ereignete sich einer der größten Unglücksfälle der österreichischen Nachkriegszeit. Auf dem Weg zur Bergstation des Kitzsteinhorns, einem der mondänsten Gletscherskizentren Europas, fing aller Wahrscheinlichkeit nach durch auslaufendes Hydrauliköl der Heizstrahler im Heck der „Kitzsteingams" genannten Garnitur der Kapruner Gletscherbahnen AG Feuer. Als der Zug automatisch stoppte, war er bereits 530 Meter weit in den Tunnel eingefahren, und das Feuer hatte sich aufgrund der Kaminwirkung und durch die Düsenfunktion entlang der Zuggarnitur rasant ausgebreitet und innerhalb kürzester Zeit eine enorme Rauchentwicklung verursacht. 155 Menschen verschiedener Nationen fanden bei dieser Tragödie den Tod, nur 12 Personen konnten sich aus dem Inferno retten.[3] Nach einer Schock- und Trauerphase, den gerichtlichen Vorerhebungen und kriminaltechnischen Untersuchungen begann am 19. Juni 2002 der Prozess am Landesgericht Salzburg.[4] Neben der obligaten Klärung der Schuldfrage und der Festlegung des Strafausmaßes (im Rahmen des Strafprozesses) stand ein für österreichische Verhältnisse eher ungewöhnliches Faktum im Blickpunkt des öffentlichen Interesses: die angeschlossenen Privatklagen von Hinterbliebenen gegenüber den Beschuldigten, insbesondere gegenüber den Betreibern der Gletscherbahnen AG (Zivilprozess).[5] Zusätzliches öffentliches Interesse war durch den medial äußerst versierten US-Anwalt Ed Fagan gesichert, der die Interessen einiger Opferangehörigen vertrat. Im Blickpunkt standen die geforderten Summen an Entschädigungsleistungen, die eine kontrovers geführte, moralische Debatte ausgelöst haben. Ist es überhaupt legitim, für die Opfer finanzielle Entschädigungen zu fordern? Wird damit nicht ein unverrechenbares Leben ökonomisiert und zu einem taxierbaren Wert? Was soll abgegolten, d.h. äquivalentiert werden? Die entgangenen Lebensmöglichkeiten, das skandalöse Ende eines geliebten, unersetzlichen Menschen, der unerhörte Einbruch der Kontingenz, das schuldhafte Versagen von Mitmenschen? Was motiviert die Kläger, stellvertretend für ihre eigenen Angehörigen, für die verlorenen Söhne und Töchter, Väter, Mütter und Geschwister finanzielle Entschädigung zu verlangen? Fragt man nach Motiven, so fehlen monetäre Gründe in der Antwortpalette.

Finanzielle Restitutionen erwecken keinen Toten wieder zum Leben, aber sie sind möglicherweise eine Erinnerungsform an die Opfer und ein gesellschaftlich sichtbarer Ausdruck von Verlust. An ihnen erfährt etwas Nicht-Darstellbares einen konkreten, symbolischen Ausdruck. Die Strukturparallelität des monetären Codes mit dem religiösen ist insofern bemerkenswert, als auch in ihm etwas Unsagbares und Unersetzbares zur Sprache kommt, aber in einer anderen

---

[3] Von den 155 Toten waren 149 Fahrgäste; ebenso starben der Zugführer, der Zugführer der entgegenkommenden Bahn mit seinem einzigen Fahrgast, der Maschinist und zwei weitere Menschen in der Bergstation.

[4] Allerdings wurde wegen des erwarteten Publikumandrangs der Prozess im Kolpinghaus abgehalten, das über Räumlichkeiten in der geforderten Größe verfügt. Da jedoch das Interesse mit Dauer des Prozesses spürbar nachgelassen hat, wurde der Prozess nach einer längeren Unterbrechung im Frühjahr 2003 wieder an das Landesgericht verlegt.

[5] Da Strafprozesse täter- und nicht opferorientiert sind, sanktionieren sie den Verstoß gegen die jeweilige Rechtsordnung. Schadensansprüche der Opfer können nur auf dem Weg der Zivilgerichtsbarkeit eingeklagt werden.

Semantik – und wohl mit einer anderen Pragmatik. Offensichtlich treibt an dieser Stelle die religiöse und die monetäre Grammatik die gleiche Fragestellung um, doch wird eine Antwort in ganz verschiedenen Interpretationsräumen gesucht. Beide verbindet darüber hinaus eine ähnliche zeitliche Struktur. Unmittelbar nach dem Unglück wurde an Ort und Stelle ein psychologischer und seelsorglicher Interventionsdienst für Angehörige und Helfer eingerichtet, der auch rege in Anspruch genommen wurde. Es gab öffentliche und private Trauerfeierlichkeiten, der Gedenkgottesdienst aus dem Salzburger Dom, an dem führende politische Repräsentanten der am meisten betroffenen Länder teilnahmen, wurde von zahlreichen Fernsehstationen aufgezeichnet oder direkt übertragen.[6] Für viele Menschen hat sich in der harten Konfrontation mit dieser Tragödie das religiöse Sprachspiel als tragfähig und geeignet erwiesen, das Unfassbare wenn auch nicht fassbar werden zu lassen, so doch in eine tragfähige Form zu kleiden, um ihr Vertrauen in die oft als bitter erfahrene Wirklichkeit nicht gänzlich zu verlieren. Doch ist die religiöse Interpretationsform nicht die einzige, Kontingenz zu bearbeiten, Tod und Leid, Schuld und Sühne in die individuelle Ordnung der Dinge einzugliedern. Neben sie tritt – mit ähnlichen Ansprüchen und Erwartungen – auch eine rechtliche bzw. gesellschaftliche, die sich u.a. auch in einer ökonomischen Form artikuliert. Das Schmerzensgeld, das in der neueren Rechtssprechung nicht mehr nur für erlittene physische, sondern auch für psychische Leiden zugesprochen wird, ist als Kompensationsleistung gedacht, um den Opfern die Möglichkeit zu schaffen, in einer ihnen adäquaten Form einen positiven Ausgleich für das Erlittene zu finden. Das Verlorene wird es nicht wiederbringen, aber es kann eine Hilfestellung sein, es in seinem Leben besser integrieren zu können. Wird die Entschädigungsleistung nicht als symbolische Kompensation betrachtet, sondern als monetäres Äquivalent für den Verlust eines Menschen, dann wird die Höhe der Geldzahlung mit dem Wert des unwiederbringlich verlorenen Lebens gleichgesetzt.[7]

(2) Die seit Jahren anhaltende Debatte um Chancen und Gefahren der Globalisierung verweist in ihrer Intensität auf eine Umbruchssituation, die in historischer Perspektive wohl einzigartig ist.[8] Politische, ökonomische und soziale

---

[6] An der Trauerfeier im Salzburger Dom am Freitag, 17. November 2000, nahmen u.a. die gesamte österreichische Staatsspitze, Deutschlands Bundeskanzler Gerhard Schröder, Bayerns Ministerpräsident Edmund Stoiber und Sloweniens Ministerpräsident Andrej Bajuk teil.

[7] Das ist der Grund, warum eine beträchtliche Anzahl von Hinterbliebenen sich den noch immer unabgeschlossenen zivilrechtlichen Prozessen nicht angeschlossen hat. Der Strafprozess endete nach eineinhalbjähriger Dauer (Juni 2002 bis Februar 2004) am Landesgericht Salzburg mit dem Freispruch aller sechzehn Angeklagten. Die Staatsanwältin legte daraufhin im September 2004 gegen das Urteil in acht Fällen Berufung ein, das Oberlandesgericht Linz bestätigte jedoch im September 2005 das erstinstanzliche Salzburger Urteil in vollem Unfang. Damit ist das Urteil rechtskräftig. Davon unberührt sind die Klagen um die zivilrechtlichen Ansprüche der Überlebenden und Hinterbliebenen. Im Jänner 2008 kam es dann zu einem außergerichtlichen Vergleich. Knapp 14 Millionen Euro wurden an die Hinterbliebenen der Opfer ausbezahlt, wovon die Gletscherbahnen Kaprun AG und die Republik Österreich jeweils knapp über 4 Mill. Euro beisteuerten, der Rest kam von der Generali-Versicherung.

[8] Mit dem schillernden Begriff der *Globalisierung* bezeichnet man die wachsende internationale Verflechtung der verschiedenen Funktionssysteme, die von einem rasanten sozialen Wandel

Veränderungen, oft ausgelöst durch Kriege oder Revolutionen, haben stets tief in die Lebenswelt der Menschen eingegriffen, ihr Selbstverständnis und ihre Lebensvorstellungen nachhaltig verändert. Insofern ist die Erfahrung des radikalen Wandels, die uns gegenwärtig bedrängt, nicht unbedingt etwas Neues. Neu sind jedoch die weiträumigen Verflechtungen und Abhängigkeiten, die Auswirkungen und Konsequenzen, mit der selbst geographisch weit entfernt und unbedeutsam scheinende Ereignisse nachhaltig unser Alltagsleben beeinflussen können. Nicht zuletzt überraschen auch das Ausmaß und das Tempo, mit denen diese Veränderungen vor sich gehen und in die bisher resistente, den ökonomischen Zugriffen noch weitgehend entzogene private Lebenswelt eindringen. Die im Schatten der Globalisierung entwickelte, je nach Perspektive gefürchtete oder gefeierte New Economy repräsentiert nicht bloß ein politisch-ökonomisches System, sondern auch ein kulturelles Erfahrungs- und Deutemuster, das in hohem Maße das Lebensgefühl und Selbstverständnis der Menschen beeinflusst und zum Ausdruck bringt.[9] Die allenthalben sichtbare Krisenanfälligkeit[10] des real existierenden Kapitalismus und seine ungezügelte Expansion haben eine neue Aufmerksamkeit auf Funktionsweisen, Voraussetzungen und mögliche Weiterentwicklungen seiner Produktionsweisen und Organisationssysteme geweckt. Grundlagenreflexionen gewinnen zusehends

---

begleitet wird. Seinen Ausgangspunkt nahm die Globalisierungsdebatte in den 80er Jahren hauptsächlich innerhalb der Ökonomie, um neue Phänomene wie Finanzkapitalismus, Shareholder-Value, Deregulierung und Liberalisierung theoretisch beschreiben zu können. Friedhelm Hengsbach hat vorgeschlagen, den ökonomischen Begriff der Globalisierung durch die vier Teilaspekte, die ihn näher bestimmen, zu definieren: die internationale Handelsverflechtung, die ausländischen Direktinvestitionen, die Operationen transnationaler Unternehmen und die internationalen Finanzmärkte. Nach Hengsbach werden die Rolle der Informations- und Kommunikationstechniken meist überschätzt, während die Arbeitsmigration hauptsächlich auf den weltwirtschaftlichen Süden beschränkt bleibt, da sich die Industrieländer wirksam gegen die Zuwanderung abschirmen (vgl. Hengsbach, Friedhelm, „Globalisierung" – eine wirtschaftsethische Position, in: Conc 37 (2001) 483-495). Aus der nahezu unerschöpflichen Literatur seien besonders herausgehoben: Altvater, Elmar/Mahnkopf, Birgit, Grenzen der Globalisierung. Ökonomie, Ökologie und Politik in der Weltgesellschaft, Münster ⁷2007; Stiglitz, Joseph, Die Schatten der Globalisierung, München 2002; Beck, Ulrich, Weltrisikogesellschaft, Frankfurt 2007; Bhagwati, Jagdish, In Defense of Globalization, Oxford 2004. Mittlerweile hat sich der Fokus der Diskussion auf die Frage verlagert, wie und in welcher Weise in der globalisierten Welt Demokratie und kulturelle Identität gewahrt und Menschenrechte gesichert und die zerstörerischen Folgen abgemildert werden können (vgl. dazu Höffe, Otfried, Demokratie im Zeitalter der Globalisierung, München 1999; Stiglitz, Joseph, Die Chancen der Globalisierung, München 2006; Heins, Volker, Globalisierung und soziales Leid. Bedingungen und Grenzen humanitärer Politik, in: Honneth, Axel (Hg.), Befreiung aus der Mündigkeit. Paradoxien des gegenwärtigen Kapitalismus, Frankfurt/New York 2002, 195-220).

[9] *New Economy* meint eine bestimmte Ausprägung des kapitalistischen Wirtschaftssystems, die durch folgende Merkmale geprägt ist: Vorrang des Dienstleistungssektors vor dem industriellen, globaler Wettbewerb, starke Stellung des Finanzkapitals, Innovationsdruck, Profitorientierung, Shareholder-Value, Mobilität.

[10] Als Hauptfaktoren sind u.a. zu nennen: rapide anwachsendes und unkontrolliertes Finanzkapital, Börsenkrisen, Wachstumsschwächen, strukturelle Arbeitslosigkeit, Explosion der Gesundheitskosten, Rückbau des Sozialstaates, Bevölkerungsentwicklung, Entsolidarisierung, Verschuldungskrisen, von wenigen Staaten und Finanzinstitutionen festgelegte Terms of Trade; die Liste ließe sich beliebig fortsetzen.

an Bedeutung, es steigt das Interesse an jenen historischen Weichenstellungen, die unser ökonomisches System auf die soliden Gleise der Erfolgsgeschichte gestellt haben. Doch zählen zu den großen Unbekannten in dieser Debatte nach wie vor die *Funktion* und die *Bedeutung* des Geldes. Dies wird u.a. sichtbar in der weitgehend hilflos beklagten Entkoppelung von Real- und Finanzkapital, durch die der Politik ein wesentliches Instrument ihrer Steuerungsmöglichkeiten entrissen und dem Boom an Spekulationsgeschäften unkontrollierbare Spielräume geöffnet werden. Die Summen, die täglich an der New Yorker Börse verschoben werden, entsprechen einem Vielfachen des BIP der Bundesrepublik Deutschland. Immer neue Formen der Kapitalvermehrung und -verwertung erobern den Markt, der Abstraktionsprozess des Geldwertes steigt und gipfelt in virtuellen Größenordnungen, denen keine entsprechenden Realwerte in der produktiven Ökonomie gegenüberstehen. In den großen Kapitalgesellschaften und Hedgefonds sammeln sich beträchtliche Vermögen, die problemlos potente und traditionsreiche Firmen oder Banken aufkaufen können, in der Regel sanieren und dann wieder möglichst gewinnbringend veräußern.[11] Zu Beginn des Jahrtausends haben eine stotternde US-Konjunktur (2000-2002), anhaltend hohe europäische Budgetdefizite, währungspolitische Turbulenzen und die Verschlechterung der internationalen Handelbeziehungen eine rasante Talfahrt an den Börsen ausgelöst, die große, angesehene Firmen in die Pleite trieben und die finanzielle Altersvorsorge Hunderttausender Menschen (v.a. in den USA) zunichte machten. Massive Bilanzmanipulationen, gepaart mit unverhohlenen Bereicherungsversuchen von CEOs sind eine Konsequenz, aber keine Ursache des gnadenlosen globalen Wettbewerbes. „Nach der Gier kommt die Empörung", titelte die Süddeutsche Zeitung im Herbst 2002 mit Blick auf die Trends am Büchermarkt zum Beginn der Frankfurter Buchmesse.[12] Das alles schienen im Lichte der großen Finanzkrise, welche im Sommer 2008 die Weltwirtschaft erfasste, lediglich unscheinbare Vorzeichen zu sein. Schon damals berichteten Zeitungen von gehäuften Selbstmorden, von Menschen, die sich verzweifelt und machtlos dieser Entwicklung ausgeliefert sahen und ihrem Leben ein Ende setzten. Da stellt sich die Frage: Warum wirft jemand sein

---

[11] Hedgefonds sind Investmentfonds, die versuchen, durch häufiges Umschichten ihrer Anlagen – beispielsweise Optionen, Futures (Termingeschäfte), Leerverkäufe und Kreditaufnahmen – rasche Gewinne zu erzielen. Sie bieten die Chance auf eine sehr hohe Rendite, bergen aber auch ein entsprechend Risiko. In Deutschland und Österreich sind sie erst seit einigen Jahren erlaubt.

[12] SZ vom 9.10.2002. Das Thema Geldanlage an der Börse sei „tot" gewesen, was aber nicht bedeutet hätte, dass Wirtschaftsthemen auf dem Rückzug seien. Im Gegenteil: Ökonomie sei allgegenwärtig, nicht nur bei den Fachverlagen, sie erlebe jetzt eine Phase der Popularisierung. So hätten mittlerweile ökonomische Erkenntnisse auch in die Kinderstube Einzug gehalten, damit der Nachwuchs von Kindesbeinen an mit den Gegebenheiten der Wirtschaft vertraut werde. „Verlagsmanager sprechen also mit Fug und Recht von einer „Ökonomisierung der Gesellschaft". Nun füllten plötzlich kapitalismuskritische Bücher die Regale. Solche Bücher würden eher provozieren, als dass sie überzeugende Lösungsansätze lieferten. Insofern sei die neue „Empörungsliteratur" als eine Antwort auf Börsen-Baisse, Bilanzmanipulationen und Pleiten zu verstehen (vgl. die damals vieldiskutierten Bücher von Lafontaine, Oskar, Die Wut wächst. Politik braucht Prinzipien, München 2002; Grefe, Christiane/Greffrath, Matthias, Attac – Was wollen die Globalisierungskritiker?, Berlin ³2002).

Leben hin, setzt ihm ein definitives Ende, bloß weil er ein stattliches Vermögen buchstäblich verspielt hat?[13] Im Wort „Vermögen" steckt bereits ein wichtiger Hinweis auf die tieferen Ursachen: Die generalisierte Erwartungsdisposition, der grenzenlos scheinende Freiheitsraum, den das Geld eröffnet, all das geht mit einem Verlust plötzlich verloren. Geld ist an keine bestimmte Realisationsform gebunden, allein der Kanon seiner potentiellen Möglichkeiten verweist bereits auf die Möglichkeit einer Transzendenzerfahrung. Mit Geld kann man eine Reise buchen, ein Haus kaufen, ins Kino gehen, die Zuneigung einer Frau erwerben, bestechen, Gönner spielen, großzügig sein usw. Das könnte *ich* alles, wenn *ich* wollte. All das ist dem verschlossen, der auf keine oder nur unzureichende Ressourcen zugreifen kann. Geld ist ein universaler Code, durch den sich private Bedürfnisse befriedigen und persönliche Zukunftsvorstellungen sowie Sinnentwürfe formulieren lassen. Zugleich mutiert es aufgrund seiner wachsenden formalen Abstraktion zum universalen Verständigungs- bzw. Kommunikationsmedium, es entwickelt eine globale Sprache, die höchst unterschiedliche Kulturen und Erfahrungen zu verbinden weiß. Wer sie verliert, ist zur Einsamkeit im globalen Dorf verurteilt. So ist das Geld im Zuge der Globalisierung zur neuen Internationale, zur neuen weltumspannenden, wahrhaft katholischen Institution geworden, die weitgehend über Haben und Sein, Leben oder Nichtleben entscheidet. Nicht mehr Gott oder die Religionen sind das, wovon sich die Völker „Antwort auf die ungelösten Rätsel des menschlichen Daseins"[14] erwarten, sondern Geld erscheint als eine neue universale Grammatik, die in allen Ländern verstanden und gesprochen wird, die den entscheidenden Schlüssel zum Zugang zu den wichtigen Instanzen und Fragen des Lebens bereithält. Nicht die Zuwendung oder die Vorsehung Gottes garantieren Gegenwart und Zukunft unserer Existenz, sondern finanzielle Potenz und eine kluge Versicherungsstrategie verringern die Risiken des Daseins. Gott als Kontingenzfaktor wird in die Berechenbarkeit und Sicherheit ökonomischen Erfolges transformiert. Ein Scheitern im ökonomischen Wettbewerb wird als existenzielles Versagen codiert, weil die Differenz von Existenz und Praxis, von Leben und Erfolg eingezogen ist. Der Wert misst sich am ökonomischen Erfolg, der zu den zentralen Kategorien des Lebens aufgestiegen ist.

(3) Welch fragiles Netz den symbolischen Gehalt des Geldes sichert, hat die Einführung des Euro als gemeinsame Währung der Europäischen Union zum 1. Jänner 2002 gezeigt.[15] Trotz nahezu zehnjähriger Vorlaufzeit, zahlreicher

---

[13] So berichtet *Spiegel Online* am 26. Jänner 2009 unter dem Titel „Vermögend, verzockt, verzweifelt" von sich häufenden prominenten Selbstmordfällen an der Wall Street; allerdings würden manche auch vorgetäuscht, um einer möglichen Strafverfolgung zu entgehen (http://www.spiegel.de/wirtschaft/0,1518,druck-603449,00.html).

[14] So das Zweite Vatikanische Konzil in *Nostra aetate 1*.

[15] Der Beschluss zur europäischen Wirtschafts- und Währungsunion fiel im Dezember 1991. Gegenwärtig ist der Euro als gemeinsame Währung in Belgien, Deutschland, Griechenland, Spanien, Frankreich, Irland, Italien, Luxemburg, den Niederlanden, Österreich, Portugal, Slowenien und Finnland in Gebrauch. Manche Länder der EU haben die Vertragsbedingungen noch nicht erfüllt oder aus anderen Gründen den Euro noch nicht eingeführt (in Großbritannien, Dänemark, Schweden, den baltischen Staaten, Zypern, Ungarn, Malta, Polen, Tschechien, Slowakei, Rumä-

Werbekampagnen, Versprechungen und Zusicherungen von Experten und Regierungen hat seine Einführung in breiten Bevölkerungsschichten ein Gefühl von Unsicherheit und Ambivalenz ausgelöst.[16] Insbesondere den Bürgerinnen und Bürgern der Bundesrepublik Deutschland fiel der Abschied von der guten, alten, kaum 60 Jahre[17] jungen und harten D-Mark sichtlich schwer, während etwa in Griechenland, das auf eine Jahrtausende alte Geschichte der Drachme zurückblicken konnte, die Zustimmung zum Euro besonders deutlich ausgeprägt war.[18] Die gemeinsame Währung wurde europaweit als Symbol der fortschreitenden europäischen Einigung und als ein wichtiger Schritt für eine wachsende wirtschaftliche Prosperität propagiert. Die im Vorfeld der Einführung immer wieder geäußerten Versprechungen, dass sich am Geldwert der einzelnen Währungen nichts ändern würde, da es sich um eine reine Konversion[19] und keine Reform handle (die historisch meist zu einem beträchtlichen Wertverlust geführt haben), konnten die Zweifel und Ressentiments nur zu einem geringen Teil entkräften. Selbst die an das Wohlstands- und Sicherheitsdenken appellierenden Argumente, wonach eine gemeinsame europäische Währung Garant und Voraussetzung für anhaltendes, ökonomisches Wachstum sei, trafen auf breite Skepsis.

Wie sind diese merkwürdigen Differenzen zu erklären? Woher rührten die massiven Bedenken? Neben primär ökonomischen Gründen[20] und kulturellen

---

nien und Bulgarien sind bis auf Weiteres noch die üblichen Landeswährungen das gesetzliche Zahlungsmittel).

[16] So pries der damalige deutsche Finanzminister Hans Eichel in zahllosen Interviews und Beiträgen die Vorteile der gemeinsamen Währung, die eine bessere Abstimmung in der Finanz-, Geld- und Lohnpolitik der Mitgliedsländer ermögliche und damit Wachstum und Prosperität garantiere: „Der Euro ist eine starke und stabile Währung, die gerade dem exportorientierten Deutschland einige Vorteile gebracht hat. Er wird dafür sorgen, dass Europa sich politisch und wirtschaftlich weiterentwickelt. Ich bin sicher, wir werden alle noch viel Freude am Euro haben." (Hans Eichel in einem Beitrag für die *zeitzeichen* 12/2001, 20)

[17] Konkret wurde die D-Mark am Montag, den 21. Juni 1948 eingeführt und löste damit die alte Reichsmark ab. In der historischen Erinnerung endete mit diesem Datum symbolisch das Elend der Nachkriegszeit – und die Epoche des Wirtschaftswunders nahm ihren Anfang. Der damalige Währungswechsel war eine echte Währungsreform, die den erwarteten und von vielen befürchteten harten Schnitt setzte, der noch Vielen der älteren Generation in Erinnerung blieb (das ist ein Grund für die deutlich höhere Skepsis der älteren Bevölkerungsgruppe gegenüber dem Euro; die alte Reichsmark wurde mit 100:6,5 konvertiert, aus 100 Reichsmark wurden 6,50 D-Mark). Innerhalb Deutschlands gestaltete sich der Wechsel für die Bürger der ehemaligen DDR schwieriger, weil sie sich nach relativ kurzer Zeit wieder von der einst lang ersehnten und endlich erreichten D-Mark wieder verabschieden mussten.

[18] Mit der Drachme gaben die Griechen die wohl älteste Bezeichnung für eine europäische Währung auf. Seit Beginn des griechischen Münzsystems trug sie diesen Namen, konnte aber – aufgrund der osmanischen Eroberungen – nicht durchgehend verwendet worden. Erst mit der gewonnenen Unabhängigkeit 1832 ist sie in Griechenland wieder eingeführt worden. Über den Verlust ihrer Drachme mag die Griechen hinwegtrösten, dass das Wort *Euro* auch in ihrer Schrift auf den Banknoten geschrieben ist (ΕΥΡΩ).

[19] Hier findet sich wieder ein Beispiel, dass ökonomische Begriffe der religiösen Sprache entlehnt sind, denn eine Konversion bezeichnet ursprünglich den Übertritt von einer Religion oder Konfession in eine andere.

[20] So waren vor allem Lira und Drachme in den letzten Dekaden einem starken Inflationsdruck ausgesetzt. Gegenüber den Leitwährungen Dollar, Ecu und Yen wurden sie mehrfach abgewer-

Erklärungsmustern lassen sich sicherlich auch psychologische Gründe anführen. Die Debatte hat deutlich gezeigt, dass Geld nicht nur ein bloßes Zahlungsmittel ist, sondern auch ein Symbol, das einen absoluten Wert repräsentiert, das unterschiedlichste Erwartungen und Befürchtungen in sich versammelt. Geld dient als eine Plattform all jener Wünsche, Erwartungen, Potentialitäten und Zwecke, die es auf der einen Seite deutlich in das Reich der Dinge und Objekte einordnen, auf der anderen Seite zugleich dieser zeitlichen Begrenzungen entheben und in die Sphäre der Transzendenz rücken. Das Geld, insofern es die Reihe der Mittel und Zwecke verlässt, den gewohnten Rahmen unserer Erfahrungswelt übersteigt, ist ein *tremendum et fascinosum*, aber auch ein *augustum*, nach einer berühmten Formulierung von Rudolf Otto klassische Attribute des Heiligen.[21] In diesem Sinne lässt sich behaupten, dass das Geld für viele Zeitgenossen religiöse Züge und den Charakter eines Heiligen angenommen hat. Es erweist sich als einer der höchsten Werte, an dem mehr hängt als die bloße Kaufkraft, es repräsentiert eine Macht, die existenzielle Verunsicherung auslöst, in Lebensschicksale eingreift und die Lebenschancen der Menschen nachhaltig beeinflusst.

(4) Woche für Woche sitzen Millionen Menschen vor den Fernsehschirmen, um eine der vielen Quizsendungen zu verfolgen, die in den öffentlich-rechtlichen wie auch in kommerziellen Sendern zur so genannten primetime ausgestrahlt werden. Beinahe täglich kann das gebannte TV-Publikum in eine dieser Millionenshows eintauchen und virtuell zum Mitspieler werden. Die Dramaturgie, die sich in den einzelnen Sendeanstalten nur minimal unterscheidet,[22] ist auf das Identifikationsbedürfnis des Publikums zugeschnitten. In dem ausgewählten Kandidaten bzw. der Kandidatin kann man sich selbst wiedererkennen, auf seinem/ihrem Platz erscheint die eigene Identität in symbolischer Form. Dazu kommt: Man muss kein Starlet oder Unglücksrabe sein, um in das grelle Licht der medialen Öffentlichkeit zu gelangen, hier kann jeder normale Mensch mit durchschnittlicher Allgemeinbildung (und wer würde sie für sich nicht in Anspruch nehmen?) den Sprung auf den heißen Stuhl schaffen. Der Kandidat sitzt auf dem Fragesessel, vor ihm ein Bildschirm, auf dem er die gestellte Frage zusätzlich ablesen kann, ihm gegenüber der Fragensteller, meist bekannte (männliche) Fernsehstars, ehemals Sportreporter (Günther Jauch, RTL), Schirennfahrer (Armin Assinger, ORF) oder Talkmoderatoren (Jörg Pilawa, ARD).[23] Die Fragen entstammen äußerst unterschiedlichen Wissensgebieten: Unterhal-

---

tet, während die Bundesrepublik die D-Mark als harte Währung positionierte (der sich auch der Schilling angeschlossen hatte).
[21] Vgl. Otto, Rudolf, Das Heilige. Über das Irrationale in der Idee des Göttlichen und sein Verhältnis zum Rationalen, München 1963 (EA 1917). Die Dimension des *augustum* bleibt in der Diskussion oft unberücksichtigt.
[22] Die Sendungen von RTL und ORF werden im gleichen Studio in Köln aufgezeichnet. Die Produktionskosten sind sehr gering, da keine besonderen Requisiten, technischen Raffinessen und nur wenig Personal erforderlich sind. Die in der Regel 45-50 Minuten dauernden Shows werden nicht mehr durch Werbeblöcke unterbrochen bzw. „aufgelockert", sie sind durch die hohen Einschaltquoten zu echten Cash-cows geworden.
[23] Das Format ist seit seiner Einführung im Großen und Ganzen gleich geblieben. Es wurden zusätzlich neue Modelle entwickelt, so gibt es Prominenten-, Kinder-, Gruppen-, Partner- und Singleshows.

tung, Sport, Fernsehen, Klatsch, Comics, auch Literatur, Technik, Wissenschaft und Kunst, selten Religion. Für die ZuschauerInnen werden die Fragen im Insert eingeblendet, als Beobachter befinden sie sich gleichsam zwischen Kandidat und Quizmaster. Doch wenn der Glückliche im Rampenlicht angekommen ist, hat er bereits eine lange Wegstrecke hinter und die entscheidende Hürde noch vor sich. Hunderttausende wollen den Sprung ins Rampenlicht schaffen und Millionär werden. Ein Zufallsgenerator und telefonische Tests legen fest, wem sich der Weg in die Vorentscheidung öffnet. Aber damit sind noch nicht alle Stolpersteine überwunden, die Kandidaten müssen sich gegen weitere sieben bis neun Mitbewerber durchsetzen: Sein Glück versuchen darf schließlich nur, wer auf die Frage des Moderators am schnellsten die richtigen Antworten reiht und entsprechende Knöpfe drückt. Endlich am Ziel angelangt, also auf dem begehrten Sessel Platz genommen, nimmt das Geschehen erst seinen richtigen Lauf. Die einmalige Chance, bis zu einer Million Euro zu gewinnen, ist nun real präsent. Natürlich kann einen auch das Hans-im-Glück-Schicksal erwarten: alles zu verlieren. Selbst der kritiklos hingenommene Fragekanon, der einen bestimmten Standard an Allgemeinbildung suggeriert und einen beträchtlichen Anteil Wissensmüll enthält, mindert in keiner Weise die Popularität dieser Sendungen, im Gegenteil. Das vermeintliche Wissen, das hier abgefragt und als bedeutsam präsentiert wird, unterminiert alle seriösen Bemühungen um Qualitätsstandards eines klassischen Bildungskanons. Es reproduziert einen neuen, medial vermittelten, in dem die Frage nach der Ehe eines Starlets oder nach den Mitgliedern einer viertklassigen, kommerziell erfolgreichen Popgruppe den Namen der vier Evangelisten ebenbürtig erscheint.

Es ist eine häufig gestellte Frage, warum so viele Menschen ihr Glück versuchen möchten und Millionen von diesen Quiz-Sendungen fasziniert sind. Neben dem reinen Unterhaltungseffekt und der symbolischen Wiederholung schulischer Situationen (vielleicht mit der Möglichkeit der verspäteten Genugtuung) spielt der so genannte Spiegel- oder Identifikationsfaktor eine große Rolle: Wie würde ich mich, der ich ebenfalls dort sitzen könnte, verhalten, wann würde ich das Publikum befragen, den 50:50 Joker und den Telefonkandidaten einsetzen? Vor allem aber erlaubt die distanziert und zugleich engagiert beobachtete Situation einen Handlungsspielraum, der Platz lässt für zahlreiche Varianten, für Risikobereitschaft und Überheblichkeit ebenso wie für Bescheidenheit, Klugheit und Draufgängertum: Hörte ich bei einer kritischen Situation auf und gäbe mich mit dem Erreichten zufrieden, oder ginge ich aufs Ganze – und riskierte damit den ultimativen Absturz? Vertraute ich dem Publikum, meinem Telefonjoker und den versteckten Hinweisen des Moderators? Aus der Distanz lässt sich das Verhalten der Kandidaten genau beobachten und moralisch beurteilen. Sehr viele erliegen der verlockenden Gelegenheit, aufs Ganze zu gehen, das größtmögliche Risiko in Kauf zu nehmen, um noch mehr Geld zu gewinnen. Vielleicht zur Schadenfreude vieler Zuseher verlieren so manche Glücksritter ein großes, schon sicher geglaubtes Vermögen.[24] Tatsäch-

---

[24] Ein beträchtlicher Reiz dieser Sendungen besteht darin, dass man von einem bereits mühsam erreichten hohen Level tief hinunterfallen kann.

1 Zum gegenwärtigen Problemhorizont

lich fällt auf, dass jene, die bereits eine bestimmte Hürde übersprungen haben, ein größeres Risiko eingehen, um noch mehr zu erreichen als diejenigen, die noch im Erdgeschoß herumwandeln. Offensichtlich steigt mit der Summe des möglichen Geldgewinns die Bereitschaft zu größerem Risiko. Damit ist m.E. ein zentrales Motive für die Attraktivität dieser Sendungen benannt: Geld als das universale Kommunikationsmedium erweist sich als das symbolisch einprägsamste Mittel, um unterschiedlichste Bedürfnisse in sich selbst zu vereinen und dadurch die widerstreitenden Anteile des Bewusstseins zu versöhnen. Man muss sich nicht schämen, für den möglichen Gewinn einer großen Geldsumme (unabhängig davon, ob man sie gewinnt oder sie sich „erarbeitet") seine Ignoranz zur Schau zu stellen, wenn man etwa William Shakespeare für einen Popstar des 20. Jahrhunderts hält. Für großes Geld darf das Private öffentlich werden. Es ist eine Absolutionsinstanz, die in einer seltsamen Mixtur von Spiel und Ernsthaftigkeit ent-schuldigt.

(5) Die österreichische Tageszeitung „Der Standard" ist eine der bemerkenswertesten Neugründungen der späten 80er Jahre in der an sich eher unaufregenden österreichischen Medienlandschaft, die durch eine marktbeherrschende Stellung der Kronenzeitung sowie durch eine von vielen als äußerst bedenklich eingestufte Konzentration bzw. Verflechtung der Eigentumsverhältnisse gekennzeichnet ist.[25] Die ökonomische Situation im Tageszeitungssektor gilt als angespannt, die durch österreichische Besonderheiten (Monopolstellungen) verschärft wird: Es gibt, anders als etwa in der Schweiz, keine Tageszeitung, deren Bedeutung über Österreichs geographische Grenzen hinausreichen würde. Der Versuch Oscar Bronners, eine neue, liberale Tageszeitung ins Leben zu rufen, war daher von vornherein ein riskantes Unternehmen. Doch entgegen vieler Befürchtungen hat sich diese Zeitung am Markt behaupten können, wenn auch nur durch Hereinnahme eines großen, damals finanzkräftigen Partners, der Süddeutschen Zeitung.[26] *Der Standard* wurde 1988 mit wenigen Eigenmitteln gegründet, hat sich jedoch schnell den Ruf erarbeitet, ein verlässliches, unabhängiges und hoch informatives Printmedium zu sein, das seine Leserschaft hauptsächlich im liberal-intellektuellen Segment in der österreichischen Gesellschaft besitzt. Anhand der Beilagen und Sonderseiten dieser Zeitung könnte man eine kleine Geschichte des politischen und kulturellen Wandels im Österreich der letzten zwanzig Jahre schreiben. Motive und Gestaltungsprinzipien kamen und gingen, wurden ausgebaut, verkleinert (was man meist Umstrukturierung nennt) oder neu geschaffen. *Der Standard* war eine der ersten

---

[25] Die Kronenzeitung ist jeweils zur Hälfte im Eigentum von Hans Dichand und der WAZ-Mediengruppe. Prozentuell zur Bevölkerung ist sie die erfolgreichste Tageszeitung der Welt und übertrifft die britischen Tabloids. Laut österreichischer Media-Analyse wurde sie im Jahr 2005 täglich im Durchschnitt von 3 Millionen Menschen gelesen, was einer Reichweite von ca. 50 Prozent entspricht. Ihre Durchschnittsauflage beträgt 1 Million Exemplare täglich (Quelle: www.oeak.at; Zugriff am 22. 05. 2007).

[26] Der Süddeutsche Verlag hat Ende 1998 49% der Unternehmensanteile übernommen, Herausgeber Oscar Bronner behielt 51% (zwischen 1988 und April 1995 war der Axel Springer Verlag mit 50% an der Verlagsgesellschaft beteiligt). Im Jahre 2008 hat Bronner sämtliche Anteile vom Süddeutschen Verlag zurückgekauft.

österreichischen Tageszeitungen, die sich in einer Beilage explizit mit Kapitalanlagen beschäftigten. Unter dem Titel *GeldStandard* wurde in der bis zu sechs Seiten umfassenden Beilage allerlei Wissenswertes aus der geheimnisvollen Welt des Kapitals berichtet. Spekulanten durften ihre Erfolgsstories erzählen und Finanzexperten ihre Anlagetipps verkünden: Ob und warum es besser ist, in Anleihen statt in Aktien zu investieren, risikoreicher in Hedgefonds als in Derivaten, was die zu erwartenden Renditen sind etc. Die Auswahl dieser Themen, Tipps und Tricks liefert ein verlässliches Konjunkturbarometer der Gefühle und Stimmungen vor allem der bürgerlichen Mittelschicht, sie informieren unter der Hand über Ängste und Erwartungen der Marktteilnehmer, über ihre Interessen und Risikobereitschaft. Besonders umstritten sind die Hedgefonds, die nach Expertenmeinung eine neue Dimension in die Welt des modernen Kapitalismus bringen und den Selbstverwertungsprozess des Kapitals radikal beschleunigen. Denn bei diesem Fonds-Typus steht der größtmögliche Profit in einer möglichst kurzen Zeit im Vordergrund. Ihr hohes Risiko und täglich sich ändernde Portfolios zwingen die Anteilseigner, die aktuellen Kursentwicklungen permanent zu verfolgen, um bei Bedarf schnell reagieren zu können. Die Mitspieler setzen nicht wie die Aktionäre auf lang(sam)e Entwicklung, sie konzentrieren sich im Gegenteil auf den Augenblick, auf den Kairos der jeweils aktuellen, günstigsten Gelegenheiten. Neueste Informationen über die Kursentwicklung entscheiden über Erfolg oder Misserfolg der Anlageformen, bringen Menschen zum Jauchzen oder zum Klagen, führen in die Hoffnung oder stürzen in die Depression. Die verlockende Aussicht auf den (möglichen) Gewinn wird getrübt durch den verschärften Zwang zur Beobachtung der Börsen, bindet die Menschen an täglich verfügbare Informationssysteme und zwingt sie so zu permanenten Entscheidungen in Fragen, die im Extremfall über Sein oder Nichtsein entscheiden können. Die Zahl der Menschen, die sich und ihre Zukunft zu einem beträchtlichen Teil den internationalen Finanzströmen ausliefern, steigt ebenso wie die Zahl der Unglücklichen, die auch im Urlaub nicht abschalten können, weil sie die Kursentwicklungen permanent beobachten müssen.

Es gibt kaum mehr eine Nachrichtensendung, die nicht mit Börsenberichten oder -barometern enden würde. Vor nicht einmal zehn Jahren wäre das noch undenkbar gewesen. Dieses rapide gewachsene Interesse an Geldanlageformen, d.h. an möglichst gewinnbringender Kapitalvermehrung, für das die wöchentliche Beilage im *Standard* paradigmatisch stehen mag, ist ein markantes Zeichen unserer Zeit, das eine Reihe theologisch höchst relevanter Fragen aufwirft: Warum verzichten Menschen in Erwartung ansehnlicher Geldvermehrung auf ein großes Stück Freiheit, Sicherheit und Berechenbarkeit? Warum tauschen sie ihre historisch beispiellose und gesellschaftlich mühsam erkämpfte Freiheit gegen neue und subtile Formen von Abhängigkeit ein? Warum investieren sie ein gerütteltes Maß an Lebenszeit in Kapitalvermehrung, nehmen hohe Risiken in Kauf und bringen beträchtliche Opfer?

(6) Welch hohe Opfer eine monetäre Grammatik verlangen kann, zeigt das relativ junge, doch kontinuierlich anwachsende Phänomen der Verschuldungs-

falle. Immer mehr Menschen sehen sich mit der Tatsache konfrontiert, dass sich der einmal erreichte Lebensstandard aus unterschiedlichsten Gründen plötzlich nicht mehr in der gewohnten Weise aufrechterhalten lässt.[27] Um trotz realer Einkommensverluste materiell und ideell einigermaßen mithalten zu können, wird häufig das Konto überzogen und schließlich, wenn der Rahmen ausgereizt ist, durch weitere Kreditaufnahmen abgedeckt. Nach Auskunft verschiedener Schuldnerberatungsstellen treiben primär der verschärfte Konkurrenzdruck, prekäre Beschäftigungsverhältnisse, Arbeitslosigkeit, eine Trennung vom Partner oder große Investitionen wie Hauskauf die Menschen in die Verschuldung.[28] Zusehends drängen auch die vermeintlich kleinen Posten wie Lebensstandardsicherung, Autofinanzierung und Urlaub in die vorderste Reihe existenziell bedrohlicher Phänomene. Zu den steigenden Verschuldungsfällen trägt nach wie vor der Handyboom bei, der immer jüngere Bevölkerungsgruppen erfasst. Mobilfunkunternehmen agieren am umkämpften Werbemarkt äußerst offensiv. Der Besitz eines coolen Handys ist längst von einem (umstrittenen) Gebrauchsgegenstand zum kostspieligen, mittels Einziehungsauftrag alimentierbaren Statussymbol geworden. Doch nicht nur die Mobiltelefone mit ihrem Versprechen von permanenter Erreichbarkeit, auch die Internetbranche mit ihrem demokratischen, tendenziell grenzenlosen Zugang zu allen möglichen Welten trägt zu dieser Verschleierung der realen finanziellen Kosten bei. SchuldnerberaterInnen berichten, dass Jugendliche oftmals keine Relation zum Geld entwickeln können, weil die Eltern ihren Kindern die Wünsche vielfach ohne große Diskussionen finanzieren und auf der anderen Seite diese oft nicht wüssten, welches Einkommen ihren Eltern überhaupt zur Verfügung steht und wofür es verwendet wird. Hier zeigen sich Widersprüche in der bürgerlichen Geldpraxis, wonach diese einerseits völlig transparent und öffentlich ist, im Privaten jedoch nach wie vor tabuisiert bleibt. Durch den Vormarsch des Kreditkartenwesens wird die Anonymität der Geldtransaktionen weiter erhöht und führt zu neuen sozialen Differenzierungen. Wer mit Karte bezahlt, suggeriert Liquidität, Vermögen, Besitz. Daher macht es einen bedeutenden, wenn auch visuell nur kleinen Unterschied, ob mit Karte oder bar bezahlt wird. Obwohl das Geld des (Kreditkarten)Besitzers nominell den gleichen Wert besitzt wie die Barzahlung, hat es symbolisch einen höheren Wert, weshalb die Soziologen davon sprechen, „dass ein System produktiver Ungleichheiten durch ein Sys-

---

[27] Vgl. dazu Guger, Alois/Marterbauer, Markus, Langfristige Tendenzen der Einkommensverteilung in Österreich, in: WIFO-Monatshefte 9/2005, 615-628. Der neueste „Bericht über die soziale Lage 2003-2004" hat erstmals rudimentäre Daten über die Armutsentwicklung sowie über die Vermögensbildung und Reichtum in Österreich erhoben. Der Bericht ist abrufbar unter http://www.bmsk.gv.at/cms/site/dokument.html?channel=CH0107&doc=CMS121853399361 8 (Zugriff am 12.1.2009). An diesem Bericht wird besonders der Verzicht auf eine genauere Aufschlüsselung sowie eine entsprechende Tiefenanalyse der Daten kritisiert, die zu größeren politischen Debatten führen würden.
[28] Vgl. dazu den *Schuldenreport 2007*, der als zentrale Gründe für die Überschuldung von Privatpersonen gescheiterte Selbstständigkeit, Arbeitslosigkeit und Wandel des Konsumverhaltens anführt. Hinsichtlich des sozialen Hintergrundes dominieren geringe Schulbildung und schlechte Einkommenssituation (weitere Details unter: www.schuldnerberatung.at).

tem zahlungsbedingter Ungleichheiten überlagert und strukturell verändert wird"[29].

Hier zeigt sich eine wichtige und häufig bewusst ausgeblendete Kehrseite des Geldes, die als das Andere seiner großen Möglichkeiten erscheint. Denn Geld repräsentiert nicht nur potentiell unendliches Vermögen, sondern auch Unglück und Verlust, Verarmung und Niedergang. Vor allem: Geld könnte seine Potentialität ohne deren Rückseite nicht entfalten. Die Verschuldung ist eine Grundvoraussetzung seiner Funktionsweise. Ohne Schuld und Schulden gibt es offensichtlich keine funktionierende Ökonomie. Doch wo und in welcher Weise wird Schuld vergeben? Walter Benjamin hat den Kapitalismus als reine Kultreligion beschrieben, die auf Dauer gestellt ist. Als ein zentrales Merkmal dieses Kultes bezeichnet er den Verschuldungscharakter: „Der Kapitalismus ist vermutlich der erste Fall eines nicht entsühnenden, sondern verschuldenden Kultus. [...] Ein ungeheures Schuldbewusstsein [,] das sich nicht zu entsühnen weiß, greift zum Kultus, um in ihm diese Schuld nicht zu sühnen, sondern universal zu machen, dem Bewußtsein sie einzuhämmern und endlich und vor allem den Gott selbst in diese Schuld einzubegreifen"[30]. Schuld wird in Kauf genommen, aber anders als in den religiösen Selbstvollzügen ist seine Exkulpierung an harte Bedingungen geknüpft. Für sie muss ein beträchtlicher Preis gezahlt werden: das *Ungeschuldete* der Gnade ist definitiv ausgeschlossen.[31]

(7) Als ein letztes Zeichen der Zeit sei noch kurz auf die Architektur und bautechnische Semantik der neuen Kathedralen in den modernen Lebenswelten verwiesen, auf die vielfach repräsentativen Bankgebäude und spektakulären Firmenzentralen.[32] Sie sind in ihrer ausladenden Struktur, in ihrer oft erhaben wirkenden Höhe und ausladenden Weite vielfach den gotischen Vorbildern nachempfunden, greifen auch häufig auf deren Symbolik zurück. Zum Allerheiligsten, das bezeichnender Weise meist in den Kellerräumen aufbewahrt wird, dringt nur vor, wer ausdrücklich dazu autorisiert ist. Als Tabernakel dient nicht ein Safe mit Banknoten oder Goldbarren, sondern ein Hochsicherheitsraum, in dem die wichtigsten Informationen und Daten auf Bändern bzw. Scheiben (großen Hostien) gespeichert sind. In den Foyers wiederum zieren

---

[29] Vgl. Haesler, Aldo J., Irreflexive Moderne. Die Folgen der Dematerialisierung des Geldes aus der Sicht einer tauschtheoretischen Soziologie, in: Deutschmann, Christoph (Hg.), Die gesellschaftliche Macht des Geldes, Leviathan Sonderheft 21 (2002) 177-199, 194.

[30] Benjamin, Walter, Kapitalismus als Religion, in: GS 6, hg. v. Tiedemann, Rolf/Schweppenhäuser, Hermann, Frankfurt 1985, 100-103, 100f.

[31] Hoch verschuldeten Ländern werden von den internationalen Finanzinstitutionen in der Regel nur dann ihre Schulden erlassen, wenn die Chancen auf Einbringung de facto nicht mehr gegeben sind oder nur unter dem Risiko beträchtlicher politischer und sozialer Unruhen in den jeweiligen Gesellschaften möglich wären.

[32] Vgl. Lorenz, Peter/Isphording, Stephan, Banken und Geldinstitute. Planungsgrundlagen, Entwicklungstendenzen, Architekturbeispiele, Leinfelden-Echterdingen 2003; Rasch, Joachim, Der Einfluss der Bauten öffentlicher Banken auf das städtebauliche Erscheinungsbild ausgewählter Großstädte in der Bundesrepublik Deutschland, Berlin 2006; Menges, Axel, Commerzbank, Frankfurt am Main. Sir Norman Foster and Partners, Stuttgart 1997.

die Wände schmucke Heiligenbilder jener Heroen, die es geschafft oder das Unternehmen erfolgreich geführt haben. Im Bereich des Kundenverkehrs sind moderne Beichtstühle aufgestellt, kleinere Besprechungskojen oder Schaltereinrichtungen, vor denen oft Täfelchen um Diskretion werben: *Bitte Abstand halten*. Wichtige Begriffe der Geldwirtschaft besitzen einen religiösen Ursprung oder tragen eine deutliche Färbung: *Kredit, Schuld* und *Schuldner, Gläubiger, Messe, Offenbarungseid* sind nur einige dieser genuin religiösen Begriffe, die sukzessive in die Ökonomie eingewandert sind und dabei freilich einen Bedeutungswandel erfahren haben, der wiederum auf die religiöse Interpretation zurückschlägt. Daran knüpft sich jedoch die Frage, warum die religiöse Semantik offensichtlich hervorragend geeignet ist, in ein ökonomisches Paradigma transformiert zu werden. Offenbaren sich darin pragmatische Schwächen, die das religiöse Sprachspiel lediglich als eine grammatische Struktur zeichnen, die sich problemlos mit anderen Inhalten füllen lässt? Es ist in diesem Zusammenhang nicht unerheblich, dass semantische Transformationsprozesse auch in die Gegenrichtung erfolgen. Die Soteriologie hat zur Deutung des Erlösungsgeschehens Christi immer wieder ökonomische Kategorien herangezogen, das Neue Testament spricht unbefangen vom *Loskauf* (vgl. Mk 10,45; 1 Kor 6,20; 7,23; Gal 3,13; 4,5)[33] und die Tradition hat das Bild vom *wunderbaren Tausch* geprägt.[34] Offensichtlich erwiesen sich gerade für die christologische Reflexion die ökonomisch codierten Erlösungsmetaphern als höchst anknüpfungsfähig, um das Proprium der christlichen Heilshoffnung zum Ausdruck zu bringen. Diese Wechselbeziehung zwischen der religiösen und der ökonomischen Semantik in einer für das Selbstverständnis des Christentums zentralen Fragestellung ist signifikant. Sie lässt sich als ein starkes Indiz für die grundlegende *Relativität* der Gottesrede interpretieren, dass ihre semantischen und pragmatischen Bedeutungen nur in offener und beherzter Auseinandersetzung mit den jeweiligen symbolischen Formen (Cassirer), Interaktionsmustern und Funktionssystemen zu gewinnen sind. So ließen sich theologisch die neuen Wirtschaftskathedralen, die in ihrem Selbstverständnis bewusst an die kirchlichen Monumentalbauten anknüpfen (und sie überbieten), als Gegenformate lesen, an denen die ganz andere Funktionsweise der christlichen Heilsökonomie sichtbar wird.

Diesen wenigen Beispielen und nur in Blitzlichtern beschriebenen Zeichen der Zeit ließen sich noch zahlreiche weitere anfügen. Mit ihnen sollte exemp-

---

[33] Vgl. Jeremias, Joachim, Das Lösegeld für Viele (Mk 10,45), in: Ders., Abba. Studien zur neutestamentlichen Theologie und Zeitgeschichte, Göttingen 1966, 216-229. Die Beiträge in dem informativen Sammelband von Frey, Jörg/Schröter, Jens (Hg.), Deutungen des Todes Jesu im Neuen Testament, Tübingen 2005, gehen kaum auf das Interpretament des Lösegeldes ein. Anders hingegen Gerhard Barth, der betont, dass der Loskaufgedanke im Unterschied zur Sühne weniger auf die Tilgung menschlicher Sünden als auf „die Befreiung des Menschen aus der Sklaverei der Mächte" zielt (Barth, Gerhard, Der Tod Jesu Christi im Verständnis des Neuen Testaments, Neukirchen-Vluyn, 1992, 72). Die Metapher greift einen alltäglichen Vorgang aus der Welt der antiken Sklaverei auf, den Kauf und Verkauf von Sklaven.

[34] Vgl. dazu Schwager, Raymund, Der wunderbare Tausch. Zur Geschichte und Deutung der Erlösungslehre, München 1986, bes. 77-100; Werbick, Jürgen, Soteriologie (Leitfaden Theologie 16), Düsseldorf 1990.

larisch gezeigt werden, dass der leise, kulturell vermittelte Paradigmenwechsel von einer stärker religiös geprägten Interpretation der Wirklichkeit hin zu einem auf tauschökonomischen Prinzipien basierenden Weltverhältnis die Gottesrede nicht unberührt lassen kann. Geld ist gegenwärtig eines der wichtigsten *symbolisch generalisierten Kommunikationsmedien*.[35] Weil Geld von einer sakralen Aura umwoben ist und jene Aufmerksamkeit bzw. Inbrunst auf sich zieht, die einst allein Gott zugedacht und vorbehalten war, weil Menschen zum Geld ein religiöses Verhältnis einnehmen und darauf ihr Leben gründen, besitzt es eine hohe religiöse Signifikanz. Sie ist nur mittels eines genauen und umfassenden Blickes auf die realen Ersetzungsprozesse zu erheben.

Der christlichen Rede von Gott als dem Schöpfer und Urgrund allen Lebens, dem Retter und Bewahrer der Welt, ist durch die Expansion des ökonomischen Paradigmas eine neue Herausforderung erwachsen.[36] Die gegenwärtigen theologischen Debatten um Gott *oder* Geld, Gott *und* Geld, Gott *gegen* Geld (das zweite Kapitel wird einige davon vorstellen), zeigen die gänzlich ungewohnten Problemstellungen, die sich hinter dieser klassischen und in der Theologiegeschichte immer wieder diskutierten Antinomie verbergen. Denn beide Größen, Gott und Geld, haben insbesondere in der späten Moderne einen merklichen Funktions- und Bedeutungswandel erfahren. Der semantische und pragmatische Gehalt des Wortes Gott nahm kontinuierlich ab, während gleichzeitig der Interpretationsspielraum des Geldes anstieg. Diese Klimax, deren Höhepunkt noch lange nicht erreicht ist, offenbart die Krise gegenwärtiger Rede von Gott. Sie zeigt strukturelle Defizite im Gottesbegriff, der so weit abstrahiert, entleert und von konkreten Realitäten entbunden erscheint, dass seine Verwechselbarkeit mit dem Geld nur mehr hilflos diagnostiziert werden kann.[37] Die These von der Verwechselbarkeit Gottes behauptet eine Parallelität von ökonomischem und religiösem Diskurs, beide Symbolwelten stehen sich auf gleicher Ebene gegenüber und fordern eine Entscheidung darüber, wem die Präferenz und die ungeteilte Aufmerksamkeit gebührt.

Doch die Situation ist noch weitaus prekärer. Gäbe es lediglich eine Verwechselbarkeit, so könnten Kriterien der Unterscheidung formuliert werden. Doch damit wird die *Ersetzung* des Gottesparadigmas durch das Geldparadigma weitgehend ausgeblendet, denn der Befund zeigt bereits eine Verdrängung bzw. vollständige Überformung des Gottesdiskurses durch den Gelddiskurs. Der religiöse Interpretationshorizont erweist sich als verzichtbar oder sekundär

---

[35] „Symbolisch generalisierte Kommunikationsmedien sind evolutionär entstandene und bewährte Antworten auf ein Problem der doppelten Kontingenz und sind dadurch geprägt und begrenzt. Sie sind Spezialcodes, die ebendeshalb universale Relevanz gewinnen können. Sie entstehen immer dort, wo es gelingt, Symbole zu finden und in Umlauf zu setzen, die der Selektion Motivationswert geben, auch wenn dabei eine Systemdifferenz überbrückt werden muß. Ein solches Symbol ist Geld." (Luhmann, Niklas, Die Wirtschaft der Gesellschaft, Frankfurt ²1996, 240)

[36] Indem sich diese Diagnose begrifflich einer zentralen ökonomischen Kategorie bedient, unterwirft sie sich ihr gleichzeitig auf paradoxe Weise.

[37] Der Begriff *Verwechselbarkeit* stammt von Thomas Ruster, von dem die ausführlichste theologische Kritik des Geldes vorliegt. Sie wird im folgenden Kapitel noch näher diskutiert (Ruster, Thomas, Der verwechselbare Gott. Theologie nach der Entflechtung von Christentum und Religion (QD181), Freiburg 2000 (⁷2004).

in der Analyse drängender sozialer wie individueller Probleme. Materialistische Erklärungsmuster, strukturiert nach der Tauschlogik des Geldes, sind vielfach überzeugender und können ihn ersetzen. Umso mehr verwundert es, dass in dem weitläufigen Trakt der Theologie das Thema Geld nur wenige Räume bewohnt.

Es ist eine leitende These dieser Arbeit, dass eine der Wurzeln für die Gotteskrise der späten Moderne in der Ablösung des Gottesparadigmas durch das Geldparadigma liegt. Die Wünsche, Bedürfnisse und Erwartungen, die der Wirklichkeit „Gott" zugesprochen wurden, können sich an ein neues, wirksameres Objekt anbinden, das vergleichbare Funktionen erfüllt. Geld und nicht der verkündigte Gott erweist sich für sehr viele Menschen als jene Größe, die Freiheit und Sicherheit, Zukunft und Leben schenkt bzw. sicherstellt: Geld als der neue Gott unserer Zeit.[38]

Zunächst gilt es noch zu klären, was Geld überhaupt ist und inwiefern es zu einer autonomen, gott-gemäßen Größe jenseits aller Mittel und Zwecke emporsteigen konnte. Fragen nach dem Geldbegriff und seiner ökonomischen bzw. kulturellen Einbettung stehen im Vordergrund. Erst dann kann im nächsten Kapitel erläutert werden, welche theologischen Modelle bisher entwickelt wurden, um die religiöse Signifikanz des Geldes, sein Verhältnis zum Gottesbegriff beschreiben zu können. Dabei wird sich zeigen, dass die Theologie auf die facettenreiche Problematik des Geldes nur unzureichend zugreifen konnte, weil ihr kein konziser Geldbegriff zur Verfügung stand bzw. sie nur bestimmte, ausgewählte Aspekte berücksichtigte. Die theologischen Modelle reduzierten das Geld entweder zu einem bloßen Zahlungsmittel (was es ja auch ist) oder sie reflektierten allein jene Qualitäten, die es zu einer ebenbürtigen Herausforderung Gottes stilisierten. Darüber hinaus gingen (und gehen) die theologischen Entwürfe meist von der vorgegebenen, unbefragten Realität „Gott" aus und greifen von ihr her auf das Problemfeld „Geld" zu. Der Strom der Erkenntnis fließt meist nur in eine Richtung, und vom ökonomischen Funktionssystem des Geldes her wachsen der theologischen Reflexion keine nennenswerten Einsichten zu. So wird sich als ein Resultat zeigen: Nur wer ökonomisch fundiert und zeitkulturell sensibel vom Geld sprechen, wer es in seiner Vielschichtigkeit, in seinen Potenzen und Grenzen einordnen kann, wird eine Sprache entwickeln können, mit der sich überzeugend von Gott in Auseinandersetzung mit der neuen Macht des Geldes reden lässt. Entscheidend wird dabei sein, dass die Reflexionen von den sozialen Realitäten ihren Ausgang nehmen und nicht von einem vorgegeben Gottesbegriff her, auf den das Geld und die monetäre Wirklichkeit hingeordnet werden. Der wechselseitige Interpretationsrahmen ist in keine Richtung hin auflösbar. Daher wird die entscheidende Herausforderung darin liegen, eine Gottesrede zu skizzieren, die für die religiöse Valenz des Geldes ein Sensorium entwickelt und gegenüber der sozialen und kulturellen Macht des Geldes sprachfähig macht. Die befreiende Botschaft des Christentums hat sich vor bzw. gegenüber diesem Hintergrund und nicht in einer abgeschotteten Sonderwelt zu bewähren. Die Gottesrede gewinnt ihre

---

[38] Im Italienischen gibt es dafür eine einprägsame Formel: *nuovo divo denaro*.

Überzeugungskraft im Kontext der Fragen und Problemstellungen, nicht als ihre beziehungslose Alternative. Wie und in welcher Weise sich Bausteine einer relativen theologischen Grammatik gewinnen lassen, soll das abschließende Kapitel zeigen.

2 Rahmenbedingungen

Das Realsymbol Geld ist nicht verstehbar, wenn man nicht auf seine gegenwärtigen Bedingungen und historischen Voraussetzungen zu sprechen kommt. Geld existiert und zirkuliert nicht in einem rechtsfreien Raum, sondern ist eingebettet in einen gesellschaftlichen Kontext, in eine spezifische Kultur und ökonomische Lage. Darüber hinaus kann es auf eine lange Entstehungsgeschichte verweisen. Daher ist in knappen Federstrichen sowohl auf die institutionellen und gesellschaftlichen Rahmenbedingungen als auch auf die historische Entwicklung einzugehen.

2.1 Kapitalismus als politisch-ökonomisches System und als Lebensform

Geld ist keine transzendentale, in sich abgeschlossene Größe, sondern erweist sich in einen ökonomischen, sozialen und epistemologischen Kontext eingebettet, der zumindest für die westlichen Gesellschaften in der Regel mit dem Begriff *Kapitalismus* umschrieben wird.[39] Dieser sowohl in den Wirtschafts- als auch in den Sozial- und Kulturwissenschaften gängige Begriff bezeichnet nicht allein das moderne Ökonomiesystem, sondern in gleicher Bewegung auch die gegenwärtige Sozial- und Gesellschaftsordnung mit ihren kulturellen Prägungen, die eng an die ökonomischen Voraussetzungen gekoppelt sind und sich gegenseitig beeinflussen. Dieses Wechselspiel an Kräften, Interessen und Voraussetzungen reflektiert die Vielzahl von Thematisierungen, Problemstellungen und Theorien, die mit dem Begriff Kapitalismus verknüpft sind. Zu seinen Voraussetzungen zählen eine auf Arbeitsteilung basierende Familienstruktur, die Möglichkeit zur Vermögensbildung sowie die Ausdifferenzierung marktwirtschaftlicher Elemente, die gegen Ende des 18. Jahrhunderts zur ersten großen industriellen Revolution und zu einem anhaltenden technologischen Entwicklungsschub geführt haben. Der Begriff selbst wurde in der politischen Ökonomie und in der sozialwissenschaftlichen Debatte erst gebräuchlich, als sich in England und in Kontinentaleuropa die kapitalistische Gesellschaftsformation bereits weitgehend durchgesetzt hatte.[40] Bei den führenden Theoretikern des 18. u. 19. Jahrhunderts wie Adam Smith und David Ricardo findet der

---

[39] Einen informativen Überblick bieten: Ekelund, Robert B./Hébert, Robert F., A History of Economic Theory and Method, Waveland Press/Illinois ⁵2007; Fulcher, James, Kapitalismus, Stuttgart 2007; Willke, Gerhard, Kapitalismus, Frankfurt 2006.
[40] Vgl. E. Altvater, Art. „Kapitalismus", in: RGG⁴ 4, Tübingen 2001, 794-798.

Begriff noch keine Verwendung, Karl Marx gebraucht ihn in seinem Hauptwerk *Das Kapital* nur an einer einzigen Stelle.[41] Erst am Beginn des 20. Jahrhunderts mutiert er zum festen Bestandteil wissenschaftlicher Begrifflichkeit. Vor allem durch die Arbeiten Werner Sombarts erfuhr er sowohl eine weitere Präzisierung als auch eine Ausweitung, die bis heute erhalten geblieben sind und ihn als Epochenbegriff definieren, der den gesellschaftlichen wie ideologischen Kontext mitberücksichtigt und das Ineinander von Ökonomie, Gesellschaft, Kultur und Religion auf spezifische Weise reflektiert.[42] An einem der zahlreichen Höhepunkte dieser Debatte um einen präzisen Kapitalismusbegriff konnte der hellsichtige und zugleich pessimistische Max Scheler formulieren, dass der Kapitalismus „an erster Stelle *kein* ökonomisches System der Besitzverteilung, sondern ein ganzes *Lebens- und Kultursystem*"[43] darstellt. Diese These, die in ihrer Pointierung und verdrehten Rangordnung die Irritation über die kulturellen und sozialen Auswirkungen dieses neuen ökonomischen Systems widerspiegelt, richtet ihr Hauptaugenmerk auf die Offenlegung der geheimen, unterschwellig vorhandenen Triebkräfte, die den Kapitalismus als Wirtschaftsordnung definieren und ihrerseits von ihm selbst auf erschreckende, vielfach geheimnisvolle Weise überformt werden. Sie resultiert aus der Überzeugung, dass das ökonomische System vom kulturellen und gesellschaftlichen Paradigma wohl unterschieden, aber nicht getrennt werden könne. Die divergente Rationalität, die der Kapitalismus entwickelt hat, ist wie ein weit verzweigtes, vielfach unsichtbares Geflecht von Motiven, Strukturen und Sujets mit ihm verwoben und von ihm durchdrungen.[44] Weil der Kapitalismus ein ökonomisches *und* kulturelles System gleichzeitig ist, erweist sich eine strikte Trennung der Bereiche Ökonomie auf der einen und Gesellschaft, Kultur, Religion auf der anderen Seite als hoch problematisch, vor allem auch dann, wenn das Verhältnis von Gott und Geld, ein theologischer und ein ökonomischer Zentralbegriff vermittelt werden sollen. Theologisch zugespitzt wird diese Doppelcodierung des Kapitalismus nochmals durch die berühmte, aber umstrittene These, wonach sich der Kapitalismus als ökonomisches System nur aus einer bestimmten religiösen Plausibilität bzw. Haltung heraus entwickeln konnte. Diese von Max Weber ausgelöste, selbst aus einem größeren zeitlichen Abstand heraus nach wie vor als aufregend zu bezeichnende Debatte hat diese Interdependenzbeziehungen in ihrem Facettenreichtum zu erhellen versucht und damit das Tor für eine umfassende, nachvollziehbare Kritik geöffnet.[45] Es war wiederum Werner Sombart, „einer der profilierten Köpfe der

---

[41] Marx, Karl, Das Kapital. Kritik der politischen Ökonomie. Zweiter Band (MEW 24), hg. v. Institut für Marxismus-Leninismus beim ZK der SED, Berlin 1971, 123.

[42] Sombart, Werner, Der moderne Kapitalismus, 2 Bände, Leipzig 1902 (6 Halbbände, 1902-1927).

[43] Scheler, Max, Die Zukunft des Kapitalismus, in: Ders., Vom Umsturz der Werte. Abhandlungen und Aufsätze, Bern ⁴1955, 382-395, 382. Der Aufsatz datiert aus dem Jahre 1913.

[44] Vgl. Franck, Georg, Mentaler Kapitalismus, in: Merkur 57 (2003) 1-15.

[45] Zur Wirkungsgeschichte vgl. Lehmann, Hartmut/Roth, Guenther (Hg.), Weber's „Protestant Ethic". Origins, Evidence, Contexts, Cambridge 1993; Lehmann, Hartmut, Max Webers „Protestantische Ethik". Beiträge aus der Sicht eines Historikers, Göttingen 1996.

Jüngeren Historischen Schule der Nationalökonomie"[46], der mit der Begriffsbildung vom „kapitalistischen Geist" bzw. „Geist des Kapitalismus" die geheimen Impulse des Kapitalismus angesprochen hat. Doch Max Weber blieb es vorbehalten, dafür eine klare Begrifflichkeit zu finden: Seither zählen Begriffe wie Abstraktion, Rationalisierung, Versachlichung, rechenhaft-rationaler Handlungskern, Entfremdung, Bürokratisierung, Entpersönlichung etc. zum festen Reservoir einer Beschreibung spätmoderner kapitalistischer Lebenswelten.

Für die Hauptproponenten dieser geistesgeschichtlichen Debatte am Beginn des 20. Jahrhunderts, insbesondere Max Weber, Werner Sombart, Ernst Troeltsch[47] und Max Scheler, um nur einige zu nennen, war der Kapitalismus (als ökonomisches *und* kulturelles System) eine höchst erklärungsbedürftige Fehlentwicklung, etwas Unnatürliches und Degeneratives, das sich keinesfalls aus der Logik neuzeitlicher Modernisierungsprozesse zwangsläufig ergeben musste. Im Gegenteil: Seine Rast- und Grenzenlosigkeit widerstreite zutiefst dem grundlegenden menschlichen Bedürfnis nach Ruhe und Berechenbarkeit. Der Mensch, so die damals verbreitete und anthropologisch breit geteilte Grundannahme, arbeite nur so viel wie er zum Leben brauche, die Arbeit begreife er nicht als Selbstzweck oder Wert an sich, sondern als eine sekundäre, notwendige Funktion der primären Existenzsicherung. Für die Durchsetzung des kapitalistischen Geistes dürften daher andere, externe Faktoren wirksam gewesen sein, die das Arbeitsethos so radikal verändert und einer völlig neuen Sicht von Beruf und Welt zum Durchbruch verholfen haben. Max Weber hat in seinem berühmten zweiteiligen Aufsatz *Die protestantische Ethik und der Geist des Kapitalismus* einen solchen Erklärungsversuch vorgelegt.[48] Seine Beobachtungen über die ideellen Voraussetzungen und geistigen Anleihen des Kapitalismus in der calvinistischen Ethik bzw. im englischen Puritanismus zählen nach wie vor zum Interessantesten und Kontroversiellsten, was die transdisziplinäre politisch-ökonomische und kulturgeschichtlich-theologische Forschung gegenwärtig zu bieten hat. Auch wenn viele Annahmen Webers heute in der Form nicht mehr aufrecht erhalten werden können, so erweist sich nach wie vor das bohrende Interesse nach den geistes- und ideengeschichtlichen Voraussetzungen der kapitalistischen Ökonomie als ein bleibendes Vermächtnis dieser These.[49] Für Weber war die innerweltliche Askese,

---

[46] So Wehler, Hans-Ulrich, Deutsche Gesellschaftsgeschichte 3. Von der „Deutschen Doppelrevolution" bis zum Beginn des Ersten Weltkriegs: 1849-1914, München 1995, 704.

[47] Troeltsch, Ernst, Die Soziallehren der christlichen Kirchen und Gruppen, 2 Bände, Tübingen 1994 (EA 1912).

[48] Der Aufsatz erschien in der Zeitschrift *Archiv für Sozialwissenschaften und Sozialpolitik* 2 (1904) 1-54 und 3 (1905) 1-110 (zitiert wird nach: Weber, Max, Die protestantische Ethik 1. Eine Aufsatzsammlung (hg. v. Winckelmann, Johannes), Tübingen ^{7}1984.

[49] Eberhard Jüngel bezeichnet Webers Aufsatz als eine „noch immer einiges Aufsehen erregende, im Grunde aber doch einigermaßen langweilige These" (Jüngel, Eberhard, Gewinn im Himmel und auf Erden. Theologische Bemerkungen zum Streben nach Gewinn, in: Ders., Theologische Erörterungen 4: Indikative der Gnade – Imperative der Freiheit, Tübingen 2000, 231-251, 231). Vgl. dazu auch Schluchter, Wolfgang/Graf, Friedrich Wilhelm (Hg.), Asketischer Protestantismus und der „Geist" des modernen Kapitalismus. Max Weber und Ernst Troeltsch, Tübingen 2005.

wie sie der Calvinismus, insbesondere aber der englische Puritanismus sukzessive ausgebildet hatten, der entscheidende Anstoß für die kapitalistische Produktionsweise. Doch bezeichnete er es stets als „töricht-doktrinäre These", wonach der kapitalistische Geist „*nur* als Ausfluß bestimmter Einflüsse der Reformation habe entstehen *können*, oder wohl gar: daß der Kapitalismus als *Wirtschaftssystem* ein Erzeugnis der Reformation sei"[50]. Es gehe lediglich um eine Erklärung der offensichtlichen Wahlverwandtschaften zwischen einem bestimmten, den Kapitalismus befeuernden Berufsethos und seinen verblüffenden Analogien in einigen protestantischen Glaubensformen, also um die Frage, „ob und wieweit religiöse Einflüsse bei der qualitativen Prägung und quantitativen Expansion jenes „Geistes" über die Welt hin *mit*beteiligt gewesen sind und welche konkreten *Seiten* der auf kapitalistischer Basis ruhenden *Kultur* auf sie zurückgehen"[51]. Dieser Geist fand einen fruchtbaren Nährboden in der reformatorischen Neubewertung der Berufung, die fortan nicht mehr als *evocatio*, als Herausrufen aus dem weltlichen Leben in die bessere und seligere Form der monastischen Nachfolge definiert wurde, sondern als *vocatio*, als Hineingerufensein in die jeweilige Tätigkeit des Menschen, in den jeweiligen Stand und die jeweilige konkrete Arbeit seiner Existenz. Für die Reformatoren kann daher, in deutlicher Abgrenzung vom katholischen, monastisch bestimmten Überlegenheitsdenken, der weltliche Weg, die profane, gewöhnliche Arbeit, Ziel der göttlichen Berufung sein und zum endgültigen Heil führen. Die alltägliche, meist mühselige Praxis mutierte vom Vorläufigen, Minderen zum eigentlichen Bewährungsfeld der Gnade, zur entscheidenden Kategorie für die Erlangung oder Verfehlung des endgültigen Heils. Mit dieser in der abendländischen Kulturgeschichte beispiellosen ethischen Aufwertung der weltlichen Arbeit und der neuen Hochschätzung von Beruf und säkularer Existenz lässt sich diese epochale Veränderung namens Kapitalismus allein wohl nicht erklären. So muss die mit der Neubestimmung des Profanen auch veränderte Gnadentheologie in den Blick kommen. Es ist konsequent, dass sich Weber im zweiten Teil seiner *Protestantischen Ethik* insbesondere der calvinistischen Gnaden- und Erwählungstheologie zuwendet, in der er die stärksten Triebfedern des kapitalistischen Geistes zu erkennen meint. Nach calvinistischer Lehre, so Weber, können weder Sakramente, noch gute Werke oder ein rechtes Leben die Heilsgewissheit garantieren. An die augustinische Tradition der doppelten Prädestination anknüpfend, unterscheiden sich die von Gott im Voraus und unumstößlich Erwählten in nichts von den ewig Verworfenen.[52] Die bange, nicht

---

[50] Weber, Max, Die protestantische Ethik 1, 77.
[51] Weber, Max, Die protestantische Ethik 1, 77.
[52] Prädestinationsvorstellungen sind dadurch gekennzeichnet, dass die als „Prädestination verstandene ewige Erwählung und die geschichtlich-zeitlich statthabenden Berufungen auseinandertreten" (Wagner, Falk, Art. Berufung III, in TRE 5, Berlin 1980, 688-713, 693). Nicht alle Menschen, die den Ruf Gottes erfahren, werden auch tatsächlich von seiner ewigen Gnadenwahl erfasst. Der vorausliegende Beschluss Gottes lässt nur bestimmten Menschen seine Gnade zuteil werden. Allerdings argumentierte Calvin selbst in seiner Gnadentheologie, aus deren Kern die Debatte stammte, weitaus differenzierter, während die schnell einsetzende Rezeptionsgeschichte diese gnadentheologischen Nuancen überspielte. Weber nimmt denn auch kaum Bezug auf die calvinistischen Schriften, sondern stützt sich hauptsächlich auf sekundäre, pastorale und frömmigkeitsgeschichtliche Quellen, was zu Recht als Schwachpunkt seiner Theorie kritisiert

sistierbare Frage, ob man selbst zu den wenigen glücklichen Auserwählten oder zur Masse der Verlorenen zähle, führte zur Suche nach untrüglichen Zeichen, ob man sich nicht doch zu Gottes unsichtbarer Kirche rechnen könne. Nach calvinistischer Auffassung war der rechte Glaube unzweifelhaft an jener Lebensführung abzulesen, die der Mehrung von Gottes Ruhm diente. Da aber nur ein Erwählter die dafür notwendige *fides efficax* besitze, vermag nur er durch gute und wahre Werke den Ruhm des Höchsten zu mehren. Indem der Gläubige sich dessen bewusst ist, dass sein Wandel „auf einer in ihm lebenden Kraft zur Mehrung des Ruhmes Gottes ruht, also nicht nur gottgewollt, sondern vor allem gott*gewirkt* ist, erlangt er jenes höchste Gut, nach dem diese Religiosität strebte: die Gnadengewißheit."[53] Im Grunde lief diese Theologie auf die Überzeugung hinaus, dass Gott nur dem hilft, der auch bereit ist, sich seiner Vorsehung zur Verfügung zu stellen. Nicht der Mensch schafft oder vermehrt die Seligkeit, auch keine religiösen Institutionen oder Veranstaltungen können sie hervorbringen, sondern der wirtschaftliche Erfolg erweist sich als jener Indikator, der über den Stand der Seligkeit Auskunft gibt. Da dem Calvinismus, ganz anders als dem katholischen Glauben und auch anders als dem Luthertum, die sakramentale Entlastung etwa durch Buße oder Sühne, Reue etc. verwehrt blieb, entstand ein großer Druck, nach solchen Zeichen der Gnade zu suchen. Die dadurch erzeugte, große innere Spannung drängte auf Entlastung. Nach Weber hat die calvinistische Variante zwei Strategien entwickelt, um diese existenzielle Ungewissheit abzumildern: Mit Rückgriff auf die Mahnungen des Paulus wurde pastoral die Empfehlung ausgegeben, im täglichen Kampf „die subjektive Gewißheit der eigenen Erwählung und Rechtfertigung zu erringen" und durch „*rastlose Berufsarbeit*" den religiösen Zweifel zu vertreiben.[54] Weber und Troeltsch[55] haben dafür das schöne Wort von

---

wurde (vgl. dazu Schellong, Dieter, Wie steht es um die „These" vom Zusammenhang von Calvinismus und „Geist des Kapitalismus"? (Paderborner Universitätsreden 47), Paderborn 1995; Geiger, Max, Calvin, Calvinismus, Kapitalismus, in: Ders. (Hg.), Gottesreich und Menschenreich (FS Ernst Staehlin), Basel/Stuttgart 1969, 231-286. Zum begriffsgeschichtlichen Problem „kapitalistischer Geist", „bürgerliche Berufsethik" und „Calvinismus" vgl. Tyrell, Hartmann, Protestantische Ethik – und kein Ende, in: Soziologische Revue 17 (1994) 397-404).

[53] Weber, Max, Die protestantische Ethik 131.
[54] Weber, Max, Die protestantische Ethik 129.
[55] Vgl. dazu Troeltsch, Ernst, Soziallehren 643-652. Ernst Troeltsch hat sich vor allem mit seinem Hauptwerk *Die Sozialllehren der christlichen Kirchen und Gruppen* (EA 1912) in diese Debatte eingeschaltet. Umstritten sind nach wie vor die wissenschaftlichen Beziehungen bzw. Abhängigkeiten zwischen Sombart, Weber und Troeltsch. Weber nimmt in seiner *Protestantischen Ethik* nur selten Bezug auf Sombarts Fragestellung, dennoch dürfte er dessen grundlegendes Werk *Der Kapitalismus* bereits gekannt haben. Für Sombart sind die protestantischen Religionssysteme „zunächst vielmehr Wirkung als Ursache des modern-kapitalistischen Geistes" (Sombart, Werner, Die Genesis des kapitalistischen Geistes, in: Brocke, Bernhard von, Sombarts „Moderner Kapitalismus". Materialien zur Kritik und Rezeption, München 1987, 87-106, 90; dieser Text ist identisch mit den Kapitel 14 und 15 des 1. Bandes aus *Der moderne Kapitalismus*, 1. Auflage 1902). Wer dieser These nicht beipflichten könne, möge sie „mit Hilfe eines empirischen Nachweises *konkret historischer Zusammenhänge*" widerlegen. Max Weber hat in seiner Studie eine Menge solchen historischen Materials herbeigeschafft, welche die These Sombarts auf den Kopf stellen. Man muss Webers Studie, wie vom Brocke meint, nicht unbedingt als eine „Antwort" auf Sombarts These verstehen, dennoch dürften Webers Überlegungen

der innerweltlichen Askese geprägt, die sich von ihrer Vorläuferin, der mittelalterlichen Askese, durch das Fehlen der „consilia evangelica"[56] unterscheidet. Das Leben in Heiligkeit spiegelte sich also nicht mehr in einer Mönchsfrömmigkeit, die aus dem Alltagsleben hinausdrängte, sondern andersherum, in den Menschen, die innerhalb der Welt und ihrer Ordnungen den Weg der Nachfolge suchten. Dass damit das gewöhnliche, normale Leben, weil es als das entscheidende galt, einem bestimmten Rhythmus bzw. einer Leitung unterworfen werden musste, war auch für den Calvinismus eine Selbstverständlichkeit. Nach Weber war diese Rationalisierung der Lebensführung innerhalb der Welt im Hinblick auf das Jenseits „die Wirkung der *Berufskonzeption* des asketischen Protestantismus."[57] Konsequenterweise wurde dann Arbeitsunlust als Symptom des fehlenden Gnadenstandes interpretiert, während die tätige Arbeit der höheren Ehre Gottes diente. Deshalb war Genießen oder Ausruhen verpönt, das gottgefällige, brave Streben nach Gewinn und Pflichterfüllung hingegen hoch angesehen. Protestantische Askese sah im egoistischen Streben nach Reichtum den Gipfel des Verwerflichen, in der Erlangung des Reichtums als Frucht der Berufsarbeit aber den Segen Gottes. Sie schuf damit den psychologischen Antrieb für die Auffassung der Arbeit, „als des vorzüglichsten, ja letztlich oft als *einzigen* Mittels, des Gnadenstandes sicher zu werden. Und sie legalisierte auf der anderen Seite die Ausbeutung dieser spezifischen Arbeitswilligkeit, indem sie auch den Gelderwerb des Unternehmers als »Beruf« deutete."[58] Daher entstehen auch neue Betätigungsfelder, die Facharbeit

---

stark vom Fragehorizont Sombarts, mit dem ihn auch eine eigentümliche persönliche Freundschaft verband, beeinflusst gewesen sein (vgl. Brocke, Bernhard vom, Werner Sombart 1863-1941. Eine Einführung in Leben, Werk und Wirkung, in: Ders., Sombarts „Moderner Kapitalismus", 11-65, 36). Vielleicht kann man sogar sagen, dass Weber die „begrifflichen wie konzeptionellen Vorgaben Sombarts [...] übernommen und fortgeführt" habe (so Tyrell, Hartmann, Zins und Religion bei Werner Sombart und Max Weber. Ein Rückblick, in: Heil, Johannes/Wacker, Bernd (Hg.), Shylock? Zinsverbot und Geldverleih in jüdischer und christlicher Tradition, München 1997, 193-218, 197). Troeltsch selbst geht in einer Fußnote gegen Ende des zweiten Bandes auf seine Beziehung zu Webers These ein, der er sich inhaltlich anschließe, wenn er auch eine andere Intention verfolge. Er könne Webers Darstellung des asketischen Protestantismus folgen, weil sich „bei jeder erneuten Durcharbeitung dieses Gegenstandes neu als glänzend scharfsinnige Beobachtung und Analyse bewährt" habe. Doch gingen seine Untersuchungen „nicht von denen Webers aus" und zielten im Übrigen „nur auf die Klarstellung der protestantischen Sozialethik um ihrer selbst willen". Zur Interdependenz mit Weber schreibt Troeltsch: „Auf den Begriff des „asketischen Protestantismus" wäre ich allerdings ohne Weber nicht in größerer Klarheit gekommen" (Troeltsch, Ernst, Soziallehren, Anm. 510, 950).

[56] Weber, Max, Die protestantische Ethik 136. Diese Regeln sollten die Mönche der Heilsgewissheit entscheidend näher bringen.

[57] Weber, Max, Die protestantische Ethik 165. Vgl. dazu den Beitrag von Voigt, Friedemann, Das protestantische Erbe in Max Webers Vorträgen über „Wissenschaft als Beruf" und „Politik als Beruf", in: ZNThG 9 (2002) 245-267.

[58] Weber, Max, Die protestantische Ethik 185f. Calvin hat, obwohl er sich als Schüler Luthers verstand, nicht nur den Handelsgewinn als Geschenk Gottes gepriesen, sondern auch der Geldwirtschaft insgesamt einen bedeutenderen Stellenwert eingeräumt. Ein wichtiger Grund dafür lag wohl in der ökonomisch prekären Situation des Stadtstaates Genf, der sich nicht um die gerechte Verteilung der Güter kümmern konnte, sondern um ihre Beschaffung kämpfen musste. Im Geld erkannte Calvin einen wichtigen Faktor für die wirtschaftliche Prosperität und bekämpfte daher die aristotelische Nutzlosigkeitsthese und das biblische Zinsverbot. Calvin plädierte keineswegs für eine bedingungslose Aufhebung des Zinsverbots, sondern lockerte es und

expandiert und wird zu einer der wichtigsten Voraussetzungen wertvollen Handelns überhaupt. Zugleich blieb diese asketische Dimension der Arbeit erhalten und führte durch den auferlegten Spar- und Investitionszwang unweigerlich zu vermehrter Kapitalbildung. „Die innerweltliche protestantische Askese", so Weber, „wirkte also mit voller Wucht gegen den unbefangenen *Genuß* des Besitzes, sie schnürte die *Konsumtion*, speziell die Luxuskonsumtion, ein. Dagegen *entlastete* sie im psychologischen Effekt den *Gütererwerb* von den Hemmungen der traditionalistischen Ethik, sie sprengte die Fesseln des Gewinnstrebens, indem sie es nicht nur legalisierte, sondern [...] direkt als gottgewollt ansah."[59] Auch für Weber war klar, dass dieser kapitalistische Geist sich irgendwann einmal seiner religiösen Herkunft bzw. Bindung entledigt und die Hemmungen des Genusses ersatzlos fallen. Er sah diese Bindung des kapitalistischen Geistes an die protestantische Askese bereits für seine Zeit aufgelöst. Mit pessimistischem Einschlag schreibt er gegen Ende seines Aufsatzes: „Indem die Askese die Welt umzubauen und in der Welt sich auszuwirken unternahm, gewannen die äußeren Güter dieser Welt zunehmende und schließlich unentrinnbare Macht über den Menschen, wie niemals zuvor in der Geschichte. Heute ist ihr Geist – ob endgültig, wer weiß es? – aus diesem Gehäuse entwichen. Der siegreiche Kapitalismus jedenfalls bedarf, seit er auf mechanischer Grundlage ruht, dieser Stütze nicht mehr."[60]

Auffallend an dieser Rekonstruktion ist die sachliche Übereinstimmung in der Diagnose des Kapitalismus als stahlhartem Gebäude, obwohl sich die Erklärungsmuster von Sombart, Weber, Troeltsch und Scheler beträchtlich unterscheiden. Große Differenzen gibt es in der Genesis des kapitalistischen Geistes, vor allem zwischen den Hauptproponenten Weber und Sombart. Für Sombart liegt nämlich die Entstehung des kapitalistischen Geistes nicht in der protestantisch-calvinistischen Religion – diese sei vielmehr Wirkung denn Ursache –, sondern im plötzlich ausgebrochenen Goldfieber, das im ausgehenden Mittelalter durch die Berührung mit den reichen und glanzvollen Kulturen der Byzantiner und Araber einsetzte und eine bis dahin unbekannte Höhe erreichte.[61] Das Geld entwickelte sich zum herausragenden Mittel, das den Zugang zu den Reichtümern der Erde regulierte. Diese zentrale Bedeutung trieb die Menschen an, nach neuen Möglichkeiten und Wegen der Geldbeschaffung zu suchen. Raub, Ausbeutung der Untertanen und Abbau der gefundenen Lagerstätten, Zinsverleih (Wucher) sowie alchemistische Versuche waren die gängigsten Methoden des schnellen, aber risikoreichen Gelderwerbs. Für Sombart jedoch blieben diese Formen der Geldgewinnung oder -vermehrung noch völlig frei von den Regungen eines kapitalisti-

---

setzte neue Regelungen in Kraft (vgl. dazu Esser, Hans Helmut, Der Eigentumsbegriff Calvins angesichts der Einführung der neuen Geldwirtschaft, in: Calvinus sincerioris religionis vindex. Calvin as protector of the purer religion. Die Referate des Internationalen Kongresses für Calvinforschung vom 13. bis 16. September in Edinburgh, hg. v. Neuser, Wilhelm H./Armstrong, Brian G., Kirksville/MO 1997, 139-161).

[59] Weber, Max, Die protestantische Ethik 179.
[60] Weber, Max, Die protestantische Ethik 188.
[61] Sombart konzediert allerdings, dass die These, wonach „der Protestantismus, zumal in seinen Spielarten des Calvinismus und Quäkertums, die Entwicklung des Kapitalismus wesentlich gefördert" habe, „eine zu bekannte Tatsache (sei), als daß sie des weiteren begründet zu werden brauchte" (Sombart, Werner, Genesis 89).

schen Geistes. Dieser kam erst auf einem anderen Wege zum Durchbruch. Alsbald zeigte sich nämlich, dass zur Erreichung dieses Ziels auch einfachere und moralisch weniger umstrittene Möglichkeiten zur Verfügung standen, nämlich normale, wirtschaftliche Tätigkeit, heute Erwerbsarbeit genannt. Wie für Weber ist auch für Sombart dieser Gedanke revolutionär, weil er zu einer neuen Sichtweise auf Welt und Mensch, auf das Dasein insgesamt führte. Wann dieser Gedanke der systematischen Erwerbsarbeit zur Gewinnung von Reichtum zum ersten Mal in die Welt kam, bleibt für Sombart im Dunkeln. Entscheidend ist jedoch, dass die Träger dieses „neuen Bewusstseins" Leute gewesen sein mussten, denen keine anderen Möglichkeiten des Gelderwerbs zur Verfügung stand, „also Leute niederen Standes, roture"[62].

Eine gewisse Nüchternheit, eine kühle Berechnung sowie eine rudimentäre Vertrautheit mit den alltäglichen Wirtschaftsangelegenheiten waren weitere Voraussetzungen für die Aufwertung der beruflichen Arbeit und für die Ausprägung des kapitalistischen Geistes, vor allem aber ein reger Handel über die eigene Gesellschaft hinaus.[63] Zugleich erforderte der wachsende Erwerbstrieb auch eine neue Struktur der Arbeit und des Handelns, exaktere und genauere Methoden der Klassifikation und Berechnung. Die Entwicklung des Positionssystems und die Verbreitung der einfachen Buchführung sind für Sombart zentrale Bedingungen jenes ökonomischen Rationalismus, der zusammen mit dem gesteigerten Erwerbstrieb erst den kapitalistischen Geist formte. Die später daraus resultierende doppelte Buchführung stellte eine Endstufe dieses Geistes dar, weil „in ihr die Loslösung des Sachvermögens von der Person des Geschäftsleiters zur Grund-Tatsache des Wirtschaftens und damit zur Basis der gesamten Wirtschaftsführung erklärt wird"[64]. Wenn man denn, so Sombart, schon ein Geburtsjahr des modernen Kapitalismus ansetzen möchte, dann das Jahr 1202, in dem der *Liber Abbaci* von Leonardo Pisano erschienen ist, wo zum ersten Mal die exakte Kalkulation als Voraussetzung wirtschaftlicher Austauschprozesse beschrieben und empfohlen wird. Anders als bei Weber spielen aber bei Sombart „natürliche Faktoren" wie die biologische Konstitution und ein bestimmter Menschentypus eine entscheidende Rolle für die Genesis des kapitalistischen Geistes.

Sombart wiederholt in dem mehr als zehn Jahre später erschienen Buch *Der Bourgeois*[65] seine These von der Entstehung des kapitalistischen Geistes aus dem sprunghaft angestiegenen Geldverlangen und der sie begleitenden rationalen Lebensführung, verleiht ihr jedoch ein stärkeres theoretisches Fundament, indem er die historischen Bezüge präziser dokumentiert. In Fortführung

---

[62] Sombart, Werner, Genesis 98.
[63] Sombart spricht hier von „Stammesfremden" (Genesis 98), zu denen er auch die Juden zählte und die deshalb einen wesentlichen Anteil an der Ausprägung des kapitalistischen Geistes für sich in Anspruch nehmen können, auch wenn man ihn nicht zu hoch veranschlagen sollte, war doch in den italienischen Städten (für Sombart die Geburtsorte dieses Geistes) die Zahl der ansässigen Juden zu klein, um eine entscheidende Rolle zu spielen (Genesis 99).
[64] Sombart, Werner, Genesis 103.
[65] Sombart, Werner, Der Bourgeois. Zur Geistesgeschichte des modernen Wirtschaftsmenschen, Reinbek 1988 (EA 1914).

seiner Kapitalismus-Studie unterscheidet er nun schärfer zwischen einem (unterstützenswerten) *Unternehmungsgeist* (Streben nach Geld und Reichtum) und einem (problematischen) *Bürgergeist* (Arbeitsethos und ökonomischer Rationalismus), die erst durch ihre Vereinigung den Impuls für den Kapitalismus als Lebensform setzen konnten.[66] Die wichtigste Differenz zur Theorie Webers besteht in der vermuteten Entstehungszeit von Arbeitsethos und Erwerbstrieb. Nach Sombart ist das Streben nach wirtschaftlichem Erfolg bzw. Gewinn (Unternehmungsgeist), das dem Arbeitsethos (Bürgergeist) wirkungsgeschichtlich vorausgeht, bereits im thomistischen Lehrsystem grundgelegt.

Es war dann Max Scheler, der diese Debatte zwischen Weber und Sombart um eine wesentliche Dimension erweitern sollte. Scheler tendiert in der Streitfrage um die Entstehung des kapitalistischen Geistes zur Position Webers, kritisiert Sombarts isolierte Interpretation der thomistischen Ethik[67] und wendet sich insbesondere gegen den geschichtsphilosophischen Grundfehler, „die geschichtlichen Tatsachen bereits auf unsere kapitalistische Geistesstruktur, *ihre* Maßstäbe und Ideale zu beziehen, und ein „Nichtkönnen" da zu sehen, wo ein anderes *Wollen*, eine andere Gesinnung, ein anderes Ethos vorlag"[68]. Die von Sombart als Beweis herangezogenen Fehler und Ungenauigkeiten vieler vorkapitalistischer Rechnungsbücher beruhen für Scheler nicht auf einer mangelnden Rechenkunst, sondern schlicht auf der Tatsache einer anderen Werteskala, in der das wirtschaftliche Leben bei weitem noch nicht jene Bedeutung erlangt hatte, die es dann später einnehmen sollte. „Was faktisch ein Nichtwollen war", so Scheler weiter, „hält man auch hier für ein Nichtkönnen."[69] Doch verleiht auch Scheler seiner Kritik eine antiprotestantische und antidemokratische Spitze, insofern er den neuen, religiös-sittlich nicht mehr begrenzten Arbeitstrieb und die Hinwendung des Menschen zur Willens- und Tätigkeitsenergie auf die Materie „als *Folge* seiner *Abwendung von Gott* und der himmlisch-intelligiblen Sphäre" zurückführt, die durch „Schriftprinzip, sola fides und den neuen Gnadenlehren" gestützt würden.[70] Antidemokratisch ist seine

---

[66] Nicht verschwiegen werden soll hier auch, dass Sombart in diesem Buch die antisemitische Stoßrichtung aus seiner Studie *Die Juden und das Wirtschaftsleben* (EA 1911) fortsetzte bzw. verschärfte. So spricht er von einer inneren Neigung der „jüdischen Rasse" zum Kapitalismus und behauptet, dass der Judaismus „die dem Kapitalismus zugute kommenden Lehren in aller Vollständigkeit enthält und mit aller Folgerichtigkeit ausgebildet" habe, dass er kein Armutsideal kenne (Sombart, Werner, Der Bourgeois 255).

[67] Vgl. dazu insbesondere Scheler, Max, Der Bourgeois und die religiösen Mächte, in: Ders., Abhandlungen und Aufsätze, Bern ⁴1955, 362-381, bes. 363ff.

[68] Scheler, Max, Der Bourgeois, in: Ders., Vom Umsturz, 343-361, 351f.

[69] Scheler, Max, Der Bourgeois 352.

[70] Scheler, Max, Der Bourgeois und die religiösen Mächte 375. „Die seelischen Mächte der religiös-metaphysischen Verzweiflung, eines sich steigernden Welt- und Kulturhasses, eines prinzipiellen Mißtrauens von Mensch zu Mensch (siehe die Belege bei M. Weber), das alle Gemeinschaft zugunsten lauter »einsamer Seelen und ihres Gottes« zersetzt, und schließlich alle menschlichen Verbindungen auf solche von äußerem Rechtsvertrag und Nutz-Interesse zurückleitet, sind die im Calvinismus gesetzten Wurzeln des kapitalistischen Geistes." (381) Ähnlich auch im *Bourgeois*: „Aber erst die Entgottung, Entseelung und Entwertung der Natur und Welt, welche die [sic; muss heißen: der] hyperdualistische, Gott und Welt, Seele und Körper auseinanderreißende protestantische Geist der Neuzeit bewirkte, der neue Welt- und Qualitätenhaß,

Kritik insofern, als er diesen Prozess der Entstehung des kapitalistischen Geistes auch auf den langsamen Sieg der Sklavenmoral über die Herrenmoral zurückführt, da „die *herrschenden Minoritäten* immer mehr mit *demokratischem Ethos* erfüllt wurden"[71] und somit die vitalen Kräfte des Widerstands schwächten. Trotz dieser merkwürdigen Schlagseiten ist Schelers Analyse des kapitalistischen Geistes ein wichtiger Beitrag in der Beschreibung des Kapitalismus als kulturellem Phänomen, das die Autonomie und Sozialbeziehungen der Menschen nachhaltig verändert.[72]

Auch für Scheler blieb der Kapitalismus ein System, das nach Ablösung bzw. Überwindung verlangte. Weber, der sich in der Situationsanalyse nur wenig von Sombart unterschied, war weitaus zurückhaltender, doch verband beide die Skepsis gegenüber den Chancen einer Überwindung oder grundlegenden Transformation, zu tief waren die Fundamente des stahlharten Gehäuses bereits im kulturellen Gedächtnis und in der sozialen Welt verankert. Sombart war überzeugt, dass nichts den Kapitalismus würde stoppen können, nachdem er sogar „die eisernen Ketten der ältesten Religionen zersprengt"[73] hatte. Keine Ethik und keine Argumente würden es je vermögen, diese verfestigte Gestalt aufzubrechen. Eher vermuteten die Kritiker, darin Marx verblüffend ähnlich, einen Niedergang aufgrund seiner inneren Selbstwidersprüche. Der Kapitalismus, so resümiert Sombart am ungewöhnlich kurzen, dürren Schluss seiner ausladenden Studie, kann und wird sein Ende herbeiführen, weil ihm eine selbstzerstörerische Tendenz inhärent sei. Der Unternehmungsgeist, ohne den kein Kapitalismus bestehen könne, neige zum „Verflachen in ein sattes Rentnertum" oder zur „Annahme seigneurialer Allüren"[74]. Da der Bourgeois seinen wachsenden Reichtum ver(sch)wendet, trägt er zum Verglühen dieses kapitalistischen Geistes ebenso bei wie eine steigende ökonomische Bürokratisierung und ein Rückgang der Geburtenrate. Was nach dem Ende des kapitalistischen Geistes kommen werde, darüber mochte Sombart nicht spekulieren: Vielleicht wird der blind gewordene Riese dem demokratischen Kulturkarren vorgespannt, vielleicht bricht aber auch eine Götterdämmerung an und das Geld wird wieder „dem Rheinstrom zurückgegeben. Wer weiß es?"[75] Mit dieser abschlie-

---

der ihn mehr als eine neue Gottesliebe regiere, konnte die Natur als die träge Massenhaftigkeit sehen, die man durch formende Arbeit erst zu einem Wohngebäude für Menschen einzurichten habe." (352)

[71] Scheler, Max, Die Zukunft des Kapitalismus 386. Auch Schelers Analyse ist nicht frei von antijüdischen Affekten und Vorurteilen, wenn er vom *Aussterben der deutschen Juden* spricht, die als Träger des kapitalistischen Geistes zwar innerhalb dieses Systems führende Positionen einnahmen, zugleich aber „aus der geheimnisvollen Schutzsphäre der jüdischen Familientradition" heraustraten. Am Juden vollziehe sich paradigmatisch das tragische Geschick des bourgeoisen Typen überhaupt, das Zugrundegehen mitten im ökonomischen Siege (Scheler, Max, Die Zukunft des Kapitalismus 389).

[72] Die Kritik von Papst Johannes Paul II. am Geist des Kapitalismus bezieht viele Gedanken von Max Scheler. Karol Wojtyla wurde 1955 von der Universität Lublin mit einer Arbeit über die Begründung der Wertethik bei Scheler habilitiert.

[73] Sombart, Werner, Der Bourgeois 345.

[74] Sombart, Werner, Der Bourgeois 345.

[75] Sombart, Werner, Der Bourgeois 346. Sombarts pessimistische Einschätzung liegt hier auf einer Linie mit Schelers Skepsis, der anders als Sombart in einer neuen Moral durchaus Anknüpfungs-

ßenden rhetorischen Frage endet Sombarts großangelegte, über weite Strecken abwechselnd spekulative und historische Untersuchung des kapitalistischen Geistes.

Diese philosophische oder soziologische Kritik am Kapitalismus zu Beginn des 20. Jahrhunderts hat bereits alle Themen genannt, die auch heute noch die Debatte bestimmen. Seine strukturelle Kraft zur hemmungslosen Ausbeutung der natürlichen und menschlichen Ressourcen, sein unbändiges Profitstreben, seine latente Krisenanfälligkeit (Konjunkturzyklen), sein permanenter Wachstumszwang, sein zerstörerisches, die Menschen einander entfremdendes Konkurrenzdenken, seine auf Knappheit und Bedürfniserweckung konzentrierte Rationalität zählen seither zum festen Standardrepertoire gegenwärtiger Kapitalismuskritik. Als ökonomisches und kulturelles System hat sich der Kapitalismus jedoch als überraschend anpassungsfähig erwiesen, wie u.a. die Schulden- und Börsenkrisen der beiden letzten Jahrzehnte zeigen. Seit der Implosion der sozialistischen Planwirtschaften ist keine nennenswerte Alternative am Horizont mehr sichtbar. Es wächst die Sorge, dass sich der Kapitalismus aufgrund seiner weltweiten Dominanz „nicht mehr um die wohlfahrtsstaatliche Integration der Massen kümmert und so nicht nur ökonomisch, sondern auch politisch an Bindungskraft verlieren könnte"[76]. Die bis zum Zusammenbruch des Kommunismus existierende Systemkonkurrenz ist einem neuen Wettbewerb um das hochmobile Kapital gewichen, dessen Arena die gesamte globalisierte Welt geworden ist. Eine Konkurrenz erwächst dem Kapitalismus offensichtlich nur mehr aus sich selbst. Die beiden bisher wichtigsten Modelle, der wohlfahrtsstaatlich orientierte „rheinische" und der marktliberale, angelsächsische Kapitalismus wetteifern um die Position des besseren und attraktiveren Projektes, dessen Ausgang weitreichende Konsequenzen für die Zukunft des Kapitalverkehrs und der Gesellschaften insgesamt haben wird.[77] Derzeit aber indizieren alle Symptome einen Siegeszug des angelsächsischen Modells, wie die sozialstaatlichen Abbaumaßnahmen und die Privatisierungswellen in Westeuropa deutlich zeigen. Die Theoretiker und kritischen Beobachter des kapitalistischen Entwicklungsweges hätten sich zu Beginn des 20. Jahrhunderts nur in ihren kühnsten Träumen vorstellen können, welch ungeheure Dominanz die monetäre Sphäre, in der Konsumzwang und Wettbewerbsdenken nur die Spitze des Eisbergs bilden, einmal das Leben, Denken

---

punkte einer möglichen Überwindung des kapitalistischen Systems entdecken konnte (vgl. Scheler, Max, Die Zukunft des Kapitalismus 388ff). Diese neue Moralität würde aus einem anderen Typ Mensch erwachsen, der die vom Kapitalismus verdrängten Fragen wieder aufwirft. Die verschiedenen Formen der Jugendbewegungen sind für Scheler die herausragenden Träger dieses neuen Typus. Allerdings komme diesem Transformationsprozess auch das von Sombart beschriebene biologische Gesetz der verringerten Kinderzahl bei wachsendem Wohlstand zu Hilfe.

[76] Altvater, Elmar, Art. „Kapitalismus", in: RGG⁴ 4, 797.
[77] Zur Unterscheidung dieser beiden Formen des Kapitalismus vgl. Sennett, Richard, Der flexible Mensch. Die Kultur des neuen Kapitalismus, Berlin ³1998; Deutschmann, Christoph (Hg.), Gibt es einen deutschen Kapitalismus? Tradition und globale Perspektiven der sozialen Marktwirtschaft, Frankfurt/New York 2006; Altvater, Elmar, Das Ende des Kapitalismus wie wir ihn kennen. Eine radikale Kapitalismuskritik, Münster ³2006.

und Wahrnehmen der Menschen entwickeln würde. Die dem Kapitalismus inhärente ökonomische und politische Labilität, die sich in Crashes und Krisen, Rezessionen und Firmenpleiten äußert, wurden seit dem zweiten Weltkrieg insbesondere durch wirtschafts- und geldpolitische sowie sozialstaatliche Maßnahmen gemildert. Doch geraten diese zusehends unter Druck, weil politisch funktionierenden und stabilen Finanzmärkten größere Priorität eingeräumt wird als sozialstaatlichen Maßnahmen. Die breite, gesellschaftliche Akzeptanz des Kapitalismus ist auch ein Resultat seiner immensen Wandlungs- und Anpassungsfähigkeit. Selbst die frühen Kapitalismuskritiker wären womöglich kaum überrascht gewesen, dass „der auf den Massenkonsum umgestellte Kapitalismus heute mit dem Hedonismus ebenso gut leben kann wie früher mit der Askese, dass vielmehr der gegenwärtige kapitalistische Menschentyp eine Verbindung von Arbeitswut und Lustorientierung verwirklicht"[78].

Gustav Seibt verweist in diesem Zusammenhang auf die erstaunliche Tatsache, dass die gegenwärtige Hochkonjunktur der Kapitalismuskritik im Grunde als eine Fortsetzung der mit Sombart und Weber begonnenen Debatte erscheint, aber argumentativ kaum über das damals erreichte Niveau hinausgeht. Im Gegenteil. Viele neuerdings wieder mit großer Verve vorgetragenen Argumente und Vorschläge muten heute seltsam antiquiert und pathetisch an. Als Beispiel nennt Seibt das Monate lang die Bestseller-Listen anführende *Schwarzbuch Kapitalismus* von Robert Kurz.[79] Diese voluminöse Studie von beinahe 800 Seiten listet von einer materialistischen Perspektive her minutiös das komplette Straf- und Sündenregister des kapitalistischen Zeitalters auf. Das Buch kommt ohne nennenswerte historische Analysen, theoretische Diskussionen oder methodologische Reflexionen aus. Nachdem die kapitalistischen Verwüstungen protokolliert, die Ursachen geklärt und die Schuldigen (in erster Linie der repressive Staat und die angepasste Linke) gefunden wurden, kommt Kurz im Epilog schließlich auf mögliche Auswege oder Gegenstrategien zu sprechen und formuliert ganz im Stile eines vergilbten Revolutionärspathos: „Radikale theoretische Kritik und Rebellion müssen zusammenkommen, nicht schwächelnde »Ethik« und der Ruf nach einer »gerechten« demokratischen Menschenverwaltung [sic]."[80] Die zumeist vorgeschlagenen Maßnahmen wie Lohnverzicht der Besserverdienenden oder gesellschaftliche Umverteilung von Arbeit und Einkommen würden keine Lösung bieten, allein ein Tabubruch, die Aufhebung des geheiligten Dreischritts von abstrakter „Arbeit", Geldeinkommen und Warenkonsum vermögen aus den tödlichen Fesseln des Kapitalismus zu befreien. Mit einer Abschaffung des Geldes alleine sei es noch nicht getan, es brauche darüber hinaus „die Aufhebung der dieser Form zugrunde liegenden

---

[78] Seibt, Gustav, Geschichte. Eine Kolumne. Kapitalismus als Lebensform, in: Merkur 54 (2000) 249-256, 252.
[79] Kurz, Robert, Schwarzbuch Kapitalismus. Ein Abgesang auf die Marktwirtschaft, Frankfurt 1999 (vgl. dazu Ruster, Thomas, Ein Buch so recht für einen Dortmunder Theologen: Robert Kurz' „Schwarzbuch Kapitalismus. Ein Abgesang auf die Marktwirtschaft", in: Hoff, Gregor Maria (Hg.), Auf Erkundung. Theologische Lesereisen durch fremde Bücherwelten, Mainz 2005, 130-148).
[80] Kurz, Robert, Schwarzbuch 781.

gesellschaftlichen Beziehungen, also eben des Systems von abstrakter »Arbeit«, »Arbeitsmärkten«, betriebswirtschaftlicher Rationalität und anonymen Warenmärkten, deren zusammenfassendes Selbstzweck-Medium das Geld nur ist"[81]. Kurz' Plädoyer für eine Entmonetarisierung der Gesellschaft, die weit über Sombarts am Ende seines *Bourgeois* angedeutete (potentielle?) Vision hinausgeht, bindet die abstrakten, verselbstständigten Produktivkräfte wieder in die Form einer bewussten Verständigung der Gesellschaftsmitglieder zurück und verzichtet auf ein vermittelndes Drittes. Erst wenn das Geld als Statthalter von Entfremdung und Konsumismus die Weltenbühne verlassen habe, könne die Freiheit wieder eine tragende Rolle übernehmen und ein neues Spiel mit selbstständigen, aufrechten Individuen beginnen. Als Regisseur würde sich etwa ein Räte-System eignen, das die Struktur des institutionellen Gefüges sowie die Gesamtheit der Organisationsformen ökonomischer und gesellschaftlicher Beziehungen festlegt.

In ganz anderer Weise, aber mit ähnlicher Intensität bilanziert der amerikanische Historiker David Landes die gegenwärtige ökonomische Situation und zeigt im kontinentalen Vergleich, dass die vielen Ungleichheiten zwischen den entwickelten und weniger entwickelten Ländern nur zu einem geringen Teil auf strukturelle Voraussetzungen (Dependenztheorie, Kolonialismus, politische Entwicklung etc.) zurückzuführen seien.[82] Außerökonomische Faktoren wie Klima, geographische Lage, Bevölkerungsentwicklung, technischer Fortschritt wie auch Glück spielten eine noch immer unterschätzte Rolle. Diese Faktoren sind für Landes zwar wesentliche, letztlich aber doch nur sekundäre und über weite Strecken auch veränderbare Komponenten. Am stärksten jedoch würden kulturelle Grundmuster die ökonomische Entwicklung bestimmen, erst die Kultur setzt „den entscheidenden Unterschied"[83]. Es sei kein Zufall, dass der europäische Wirtschaftsaufschwung in protestantischen Ländern weitaus erfolgreicher verlief als in den katholischen (wie Spanien, Portugal, Italien, Frankreich), deren natürlicher und auch ökonomischer Reichtum zu Beginn der Neuzeit weitaus größer war, aber in erster Linie konsumiert und nicht investiert wurde. Die katholisch geprägten Länder verprassten ihren Reichtum, sie zogen Genuss und Muße der harten Arbeit und Askese vor, wie Landes am Beispiel Spanien zeigt.[84] Die Konsequenz, die der amerikanische

---

[81] Kurz, Robert, Schwarzbuch 786. Seibt trifft die zentrale Schwäche dieser Studie: „Die wüste Materialschlacht von Kurz' autodidaktisch zusammengeschustertem Werk ist bemerkenswert lediglich als Symptom dafür, daß eine materialistische Fundamentalkritik am Kapitalismus offenbar nur noch um den Preis des Sektierertums zu haben ist. Daß die Anonymisierung der Wirtschaftsprozesse nicht nur Entfremdung und Ausbeutung bedeutet, sondern – ebenso wie die Arbeitsteilung – vermutlich die dauerhafteste Garantie für die individuellen Freiheiten der Moderne sein könnte, dieser Gedanke kommt Kurz nicht." (Seibt, Gustav, Geschichte 251) Kurz nehme aber wahr, dass dem Kapitalismus eine immense Kraft innewohnt, „jede Sozialform so lange zu kneten und umzuprägen, bis sie ganz marktförmig geworden ist" (Koch, Claus, Im Diesseits des Kapitalismus, in: Merkur 51 (1997) 763-777, 775).
[82] Landes, David S.; Wohlstand und Armut der Nationen. Warum die einen reich und die anderen arm sind, Berlin 1999.
[83] Landes, David S., Wohlstand 517.
[84] Landes, David S., Wohlstand 186-204.

Historiker aus seinen ausführlichen Untersuchungen zieht, macht deutlich, wie sehr das kapitalistische System bereits die Wahrnehmung und Urteilskraft dominiert und als transzendentale Reflexionsform erscheint.[85] „Zu viele von uns arbeiten, um zu leben, und leben, um glücklich zu sein. Daran ist nichts auszusetzen. Nur fördert es nicht unbedingt eine hohe Produktivität. Wenn man allerdings eine hohe Produktivität will, dann sollte man leben, um zu arbeiten, und das Glück als einen Nebeneffekt nehmen."[86] Für die Kapitalismustheoretiker am Beginn des 20. Jahrhunderts war noch die umgekehrte Perspektive selbstverständlich, denn sie sahen in dieser Logik, die Landes zur Sicherung des Wohlstands und Fortschritts empfiehlt, gerade das Erklärungsbedürftige, Widersinnige. Die vielen, in ihrem Geist höchst fragwürdigen, lebenspraktischen Weisheiten aus der Entstehungszeit des Kapitalismus sind angesichts veränderter Rationalitäten wertlos geworden. So mag die seit dem 19. Jahrhundert in Märchen, Geschichten und Liedern immer wieder überlieferte Einsicht, dass es besser sei, wenig oder kein Geld zu haben als ein kaltes Herz, die Erfahrungen des Frühkapitalismus widerspiegeln. Denn offensichtlich war der Erwerb von Gold und Gütern nur um den Preis eines erkaltenden Herzens möglich, doch hat sich der Gelderwerb wie auch das Anhäufen von Reichtum und Besitz bereits zur Gänze von einer vorausliegenden Askese oder einer Aura des heroischen Verzichts befreit. Das gilt unbeschadet des nach wie vor vorhandenen inneren Zwanges, „das eigene Leben den Imperativen des wirtschaftlich Abverlangten zu unterstellen"[87]. Wie umfassend und grenzenlos die Durchdringung der kapitalistischen Lebensform die menschliche Existenz bestimmt, zeigt auf unüberbietbare Weise die hellsichtige, philosophisch präzise Analyse in Walter Benjamins kurzem Fragment *Kapitalismus als Religion*[88]. Es gibt kein Leben mehr außerhalb des Kapitalismus, dieser hat sich sogar „auf dem Christentum parasitär im Abendland entwickelt, dergestalt,

---

[85] Der Philosoph, Ökonom und Soziologe Alfred Sohn-Rethel (1899-1990) hat in zahlreichen Publikationen die These vertreten, dass sich genealogisch mit der Entwicklung des Geldwesens auch die formal-abstrakten Kategorien des Denkens (Substanz, Raum, Zeit, Wert) ausgebildet hätten. Der Logik und Erkenntnis geht paradigmatisch die Realabstraktion des Warentausches voraus. Sohn-Rethel möchte in seinen Arbeiten den Nachweis führen, „daß die Begriffsbildung der griechischen Philosophie, allgemeiner gesprochen: die Begriffsbildung verstandesmäßigen Denkens überhaupt, ihre formelle und historische Wurzel in der Realabstraktion der gesellschaftlichen Synthese vermittels Warentausch hat, d.h. der zweiten Natur" (Sohn-Rethel, Alfred, Das Geld, die bare Münze des Apriori, Berlin 1990, 33; vgl. auch: Ders., Warenform und Denkform. Mit zwei Anhängen, Frankfurt 1978; Ders., Geistige und körperliche Arbeit. Zur Theorie der gesellschaftlichen Synthesis, Frankfurt 1972). Adorno würdigt in der *Negativen Dialektik* Sohn-Rethel als jenen Denker, der als erster darauf aufmerksam gemacht habe, dass in der „allgemeinen und notwendigen Tätigkeit des Geistes [...] unabdingbar gesellschaftliche Arbeit sich birgt" (Adorno, Theodor W., Negative Dialektik (GS 6), Darmstadt 1998, 178). Jenseits des identitätsphilosophischen Zauberkreises lasse sich das transzendentale Subjekt „als die ihrer selbst unbewußte Gesellschaft dechiffrieren" (179). Die Diskussion hat an Sohn-Rethel die ungenügende historische Verankerung kritisiert.
[86] Landes, David S., Wohlstand 525.
[87] Kaube, Jürgen, Arbeit, Verschuldung, Spekulation, in: Neue Rundschau 112 (2001) 11-22, 13.
[88] Benjamin, Walter, Kapitalismus als Religion (Fragment Nr. 74), in: GS 6 (hg. v. Tiedemann, Rolf/ Schweppenhäuser, Hermann), Frankfurt 1985, 100-103.

daß zuletzt im wesentlichen seine Geschichte die seines Parasiten, des Kapitalismus ist"[89].

Dieser kurze Ausflug in die Ideengeschichte des Kapitalismus sollte deutlich machen, dass Sinn und Bedeutung des Geldes nicht isoliert von den ökonomischen und kulturellen Faktoren der Gesellschaft bestimmt werden können. Im Geld findet der sich stets ändernde und doch auf eigentümliche Weise konstante kapitalistische Geist eine wichtige Ausdrucksform, kristallisiert sich doch in ihm ein gesellschaftliches Verhältnis, das im Wechselspiel von ökonomischer *und* politischer Macht, von historischer Entwicklung und wissenschaftlicher Analyse aufgespannt ist. Wenn die Theologie sich mit der Problematik des Geldes auseinandersetzt, dann greift sie zum einen auf die ihr zur Verfügung stehenden Methoden und Instrumentarien zurück. Zum anderen wird sie gleichzeitig vor die große Herausforderung gestellt, dass das Geld als ein Gegenüber soziale Realitäten verdichtet und repräsentiert, die mit theologischem Vokabular allein nicht beschreibbar sind. Geld ist ein zentrales Symbol eines bestimmten ökonomischen Systems *und* einer bestimmten Lebensform. Es bildet eine spezifische Epistemologie und Rationalität aus, die eine an Konkurrenz und Gewinn orientierte Praxis fördert, das Leben und Denken der Menschen nachhaltig beeinflusst und damit das Terrain des Religiösen betritt. Doch bevor dies näher nachgezeichnet werden kann, sind zunächst noch einige Aspekte des Geldbegriffs zu klären. Was ist Geld eigentlich? Wie wird dieses einfache Mittel, das zu einem der wichtigsten Alltagsgegenstände und Symbole geworden ist, definiert? Wofür steht seine symbolische Prägnanz ein?

2.2 Aspekte des Geldbegriffs

Wer in einschlägigen Handbüchern, Lexika und fachwissenschaftlichen Büchern nach Definitionen und Begriffsbestimmungen des Geldes sucht, findet eine Fülle an Erläuterungen, doch eine allgemein gültige und weithin akzeptierte Formulierung wird er nicht finden. So groß die Bedeutung auch sein mag, so sehr hat es sich als Erkenntnis- und Analysegegenstand in den verschiedensten Diskursen ausdifferenziert, dass eine breit akzeptierte Definition ausgeschlossen erscheint. Jeder Diskurs bringt Aspekte zum Vorschein, die in einem anderen Symbolsystem strukturell nicht in den Blick kommen. Was erkannt und beschrieben werden kann, lässt sich eben nur im Rahmen der apriorischen Bedingungen und nach Maßgabe der vorhandenen bzw. ausgewählten Kategorialsysteme erkennen und beschreiben. Daher ist es notwendig, verschiedene Erkenntnis- und Symbolformen aufzusuchen und nach ihren Einträgen zu einem besseren Verständnis des Geldes beizutragen. Allerdings ist es nicht möglich, die verschiedenen Ansätze in einer umfassenden Synthese zu vereinigen. Doch lässt sich aus dieser Unhintergehbarkeit der erkenntnistheoretischen Pluralität die Aufgabe gewinnen, innerhalb des eigenen Sprachspiels

---
[89] Benjamin, Walter, Kapitalismus als Religion 102.

eine Theorie zu entwickeln, wie die Fremdperspektiven in die eigene Beschreibung so aufgenommen werden können, dass sie einen substanziellen Beitrag zur Problemanalyse leisten. Beim Geld kommt als Schwierigkeit hinzu, dass es, wie im vierten Kapitel ausführlich gezeigt wird, als reales Medium und nacktes Element mit transzendenten Motiven aufgeladen ist. Kunst, Literatur, Alltagspraxis, Religion, Philosophie, Ökonomie und zahlreiche andere Wissenschaften haben sich daran bereits abgearbeitet. Im Folgenden sollen daher in gebotener Kürze wichtige Aspekte des Geldes innerhalb verschiedener Interpretationssysteme vorgestellt werden.

2.2.1 Wirtschaftswissenschaften

Es bedarf keiner besonderen Begründung, dass der Blick in die Ökonomie unumgänglich ist und ihre Vorstellungen, auch aufgrund der gesellschaftlichen Dominanz, besondere Aufmerksamkeit verdienen. So zentral die Bedeutung des Geldes im ökonomischen Kontext auch veranschlagt wird und so viele differenzierte Analysen auch erfolgen, letzten Endes bleibt weitgehend unklar, wie Geld am besten zu definieren und einzuordnen sei, welche Zugriffs- und Gestaltungsmöglichkeiten es eröffnet. Vor allem die eigentümliche Nähe zu den soziologischen und politischen Fragestellungen erzeugt Schwierigkeiten. Doch auch in den Gesellschaftswissenschaften und in der politischen Ökonomie ist Geld ein wichtiger Gegenstand der Forschung. Dennoch hinterlassen letzten Endes „die wirtschaftswissenschaftlichen Aussagen zum Geld einen unentschlossenen und hilflosen Eindruck. Mit anderen Worten, die Wirtschaftswissenschaften wissen auch nicht, was Geld eigentlich ist."[90] Neben diesem eigentümlichen theoretischen Status liegt ein weiterer innerökonomischer Grund an der so genannten Doppelrolle des Geldes, dass es einerseits eine rein ökonomische Kategorie ist (Zahlungsmittel), zugleich aber auch ein gesellschaftliches Verhältnis widerspiegelt, insofern Menschen in ihren Tauschbeziehungen von allem Konkreten, das sie verbindet, abstrahieren und damit eine starke transmonetäre Dimension offenbart. Der *geldtheoretische Realismus*[91] geht von der Überzeugung aus, dass der Wert des Geldes sich in einem objektiven, realen Substanzwert ausdrücken müsse, während der *geldtheoretische Nominalismus*[92] im Geld ein reines Instrument des Wirtschaftsprozesses erkennt, das durch keine Sachgüter gedeckt sein müsse. Die ökonomischen Theorien wie die praktische Geldpolitik bewegen sich im ständigen Wechsel zwischen diesen beiden Polen. Zu Recht wird Geld daher vielfach als das letzte Rätsel der Nationalökonomie bezeichnet.[93] Die Ökonomik könne, so

---

[90] Hagen, Johann J., Der Geldschleier. Ein Beitrag zur Soziologie des Geldes, in: Aichhorn, Ulrike (Hg.), Geld- und Kreditwesen im Spiegel der Wissenschaft, Wien 2005, 327-348, 328.
[91] Paradigmatisch für diese Theorie sind die Arbeiten von Otto Veit, insbesondere: Veit, Otto, Reale Theorie des Geldes, Tübingen 1966.
[92] Vgl. dazu Knapp, Georg Friedrich, Staatliche Theorie des Geldes, Leipzig ⁴1923.
[93] Vgl. dazu die Beiträge von Riese, Hajo, Geld: Das letzte Rätsel der Nationalökonomie, in: Schelkle, Waltraud/Nitsch, Manfred (Hg.), Rätsel Geld. Annäherungen aus ökonomischer, soziologischer und historischer Sicht, Marburg 1995, 45-62; Ders., Geld – die unverstandene Kate-

Riese, die Ursachen des Geldwertes nicht erklären, sie schenke der Analyse der Wertverhältnisse wie der Geldquellen im Vergleich zu anderen Bestandteilen des ökonomischen Systems zu wenig Aufmerksamkeit, was die Aporien ihres Geldbegriffs weiter verstärke. In dieser Logik formuliert ein Lehrbuch der Volkswirtschaft:[94] „Die arbeitsteilige Wirtschaft ist als Tauschwirtschaft erst dann funktionsfähig, wenn ein Gut allgemeine Anerkennung findet, dessen Aufgabe allein darin besteht, den einheitlichen Tauschakt in die beiden Vorgänge des Verkaufens und Kaufens zu trennen. Dieses Gut ist das Geld, das letztlich nicht um seiner selbst willen begehrt wird, sondern deshalb, weil es jederzeit in andere Güter umgewandelt werden kann."[95] Hinter dieser Diktion verbirgt sich das Konzept von der *Neutralität des Geldes*, nach dem Geld den Gütertausch erleichtere, aber darüber hinaus keine besonderen Funktionen erfülle, vor allem aber die Relativpreise nicht beeinflusse.

Gegenwärtig richtet die ökonomische Geldtheorie ihre Aufmerksamkeit daher auch kaum mehr auf substanzielle oder metaphysische Aspekte des Geldes, sondern konzentriert sich auf seine Funktionsweise.[96] Nicht die Frage: *Was ist Geld?* wird als vordringlich betrachtet, sondern: *Wie funktioniert Geld?* Wohl habe man in der Vergangenheit, so der Tenor in den volkswirtschaftlichen Lehrbüchern, viel Mühe darauf verwendet, das „Wesen" des Geldes zu bestimmen, doch führte dies immer in definitorische Aporien, weshalb heute „demgegenüber in der Regel zunächst allgemein nach den Funktionen des Geldes gefragt und dann konkretisiert (wird), welche Gegenstände Geldfunktionen wahrnehmen"[97]. Dieser Verzicht auf substanzielle Definitionen resultiert darüber hinaus auch aus der Fülle jener Materialien, die im Laufe der Menschheitsgeschichte Geldfunktionen übernommen haben: Kaurimuscheln, Vieh, Walfischzähne, Ziegel, Kupfer, Gold und Silber, verschiedenste Legierungen, Stoffe, Papier etc. sind nur ein Auszug aus der langen Liste historischer Geldformen. So mag es nicht verwundern, wenn eine selbstkritische Stimme aus ihrem Kreis formuliert: „Die Ökonomik hat es bisher nicht vermocht, einen allgemein akzeptierten Begriff des Geldes vorzulegen. Stattdessen dominiert eine Leistungsschau: Geld sei, was die Geldfunktionen erfülle."[98] Die ökonomische Geschichte der Gelddefinitionen zeigt jedenfalls, dass bei aller Diffe-

---

gorie der Nationalökonomie (Diskussionsbeiträge des Fachbereichs Wirtschaftswissenschaft der Freien Universität Berlin; Volkswirtschaftliche Reihe Nr. 1999/25), Berlin 1999; Ders., Theorie der Inflation, Tübingen 1986; Ders., Money, Development and Economic Transformation. Selected Essays by Hajo Riese (hg. v. Hölscher, Jens/Tomann, Horst), Basingstoke 2003.

[94] Vgl. dazu Immler, Hans, Wie kommt das Geld zu seinem Wert? Zum Verhältnis von Naturwert und Wirtschaftswissenschaft, in: Biervert, Bernd/Held, Martin (Hg.), Die Dynamik des Geldes. Über den Zusammenhang von Geld, Wachstum und Natur, Frankfurt/New York 1996, 182-197.

[95] Müller, Josef Heinz, Einführung in die Volkswirtschaftslehre, Berlin ^{12}1992, 27.

[96] Vgl. Smithin, John (Hg.), What is Money? (Routledge International Studies in Money and Banking 6), London 2000; Mishkin, Frederic S., The Economics of Money, Banking and Financial Markets, London ^{8}2004; Cartelier, Jean, Das Geld. Ausführungen zum besseren Verständnis – Anregungen zum Nachdenken, Bergisch Gladbach 1998.

[97] Woll, Artur, Allgemeine Volkswirtschaftslehre, München ^{12}1996, 485.

[98] Helmedag, Fritz, Art. Geld. Einführung und Überblick, in: Enzyklopädisches Lexikon des Geld-, Bank- und Börsenwesens 1, hg. v. Cramer, Jörg E., Frankfurt 1999, 736-745, 736. Vgl. Issing, Otmar, Einführung in die Geldtheorie, München ^{12}2001, bes. 1-24.

renz und Ratlosigkeit in Bezug auf seine Substanz ein Konsens hinsichtlich der ökonomischen Grundfunktionen besteht. Dementsprechend lautet eine klassische, in vielen Variationen verbreitete Definition: Geld ist „alles, was allgemein als Tauschmittel, Wertaufbewahrungsmittel und Recheneinheit akzeptiert wird. In anderen Worten: Geld ist alles, was die Geldfunktionen erfüllt."[99] In dieser rein funktional bestimmten Definition aus der Feder eines Ökonomen sind die drei grundlegenden ökonomischen Eigenschaften des Geldes angesprochen.

(1) Geld ist zunächst ein *Tausch- bzw. Zahlungsmittel*. Es vereinfacht die Transaktionen zwischen den Tauschpartnern und zählt als solches zu den wesentlichen Voraussetzungen der modernen, arbeitsteiligen Industriegesellschaften. Grundsätzlich kann jedes Gut, vor allem leicht transportier- und lagerbare Güter, als Tauschmittel dienen. Lange Zeit war dies Gold oder ein anderes Edelmetall, das aber sukzessive durch Münzen und Papiergeld ersetzt wurde. Geld bedarf, um seine Tauschmittlerfunktion erfüllen zu können, heute keines substanzialisierten Trägers mehr, es übt mittlerweile eine reine Zeichenfunktion aus. Welche Stoffe und Zeichen jeweils als Geld bzw. Zahlungsmittel (Waren-Geld) für die praktischen Tauschverhältnisse verwendet werden, ist primär Ergebnis gesellschaftlicher Übereinkunft. Der Tausch- bzw. Zahlungsmittelfunktion kommt aber insofern eine überragende Bedeutung zu, als sie die Fähigkeit, Wertaufbewahrungsmittel und Recheneinheit (Wertmesser) zu sein, notwendig voraussetzt.

(2) Geld besitzt darüber hinaus die Funktion eines *Wertaufbewahrungsmittels*. Ein Tauschmittel kann es sinnvollerweise nur dann sein, wenn zumindest für eine bestimmte Zeit sein Wert sichergestellt ist,[100] obwohl dieser innerhalb bestimmter gesellschaftlich normierter Grenzen variieren kann, wie die Phänomene der Inflation und Deflation beweisen. Vor allem die Inflation bringt heftige Turbulenzen in das gesellschaftliche Gefüge, doch hat sie bisher das Vertrauen in die Geldwährung nicht nachhaltig erschüttern können. Gegenüber den klassischen Anlageformen wie Immobilien, Mineralien, Sachgütern und auch Aktien, Wertpapieren, Anleihen etc., hat das Geld den Vorteil eines hohen Liquiditätsgrades, unterliegt aber auch den besonderen Risiken von Währungs- und Wertschwankungen. Daher setzt diese Funktion des Geldes ein hohes Maß an Vertrauen in die geldpolitische Stabilität, d.h. letztlich in den Staat, voraus.[101]

---

[99] Stiglitz, Joseph E., Volkswirtschaftslehre (Internationale Standardlehrbücher der Wirtschafts- und Sozialwissenschaften), München ²1999, 832. Stiglitz, 2001 Gewinner des Nobelpreises für Wirtschaftswissenschaften, war von 1993-97 Mitglied und Vorsitzender des Wirtschaftsberaterstabes für US-Präsident Clinton und von 1996-2000 Vizepräsident der Weltbank, die er aufgrund seiner Kritik an ihrer monetaristischen Politik vorzeitig verlassen hat. Derzeit ist er Professor an der Columbia-University in New York. Sein Handbuch gilt als eine der besten Einführungen in die Volkswirtschaftslehre.

[100] So wird diese Funktion auch als eine Folge der Tatsache gesehen, „daß allgemein zwischen der Annahme und Verausgabung von Geld Zeit vergeht" (Woll, Artur, Volkswirtschaftslehre 488).

[101] So definiert die Europäische Zentralbank es als ihre Hauptaufgabe, „die Kaufkraft des Euro und somit Preisstabilität im Euroraum zu gewährleisten" (www.ecb.int/ecb/html/index.de.html; Zugriff am 12.2.2009).

(3) Eine dritte, wesentliche Funktion des Geldes besteht in seiner Eigenschaft als *Recheneinheit*. In dieser Hinsicht ist das Geld nicht dinglicher, sondern abstrakter Natur, obwohl diese Dimension für ein adäquates Geldverständnis ebenfalls unerlässlich ist. Durch die Addition an sich ungleicher Güterwerte ermöglicht und erleichtert Geld die Tauschverhältnisse. Grundsätzlich lassen sich alle Waren und Dienstleistungen, aber mittlerweile auch vieles andere mehr wie Schönheit, Einfluss und Macht in die abstrakte Form des Geld transformieren und damit auf einen einheitlichen, vergleichbaren Nenner bringen.[102]

Allerdings bilden diese drei Funktionen ihrerseits ein spannungsgeladenes Dreieck, insofern sie zueinander nicht im Verhältnis der Ergänzung, sondern des Antagonismus stehen. Geld kann nicht gleichzeitig die Funktion eines Tauschmittels und die eines Wertaufbewahrungsmittels erfüllen. Damit aufbewahrtes Geld wieder in den Kreislauf eingespeist wird, sollen die Zinsen einen Anreiz bieten und zugleich für den vorübergehenden Liquiditätsverlust entschädigen.[103]

Diese so genannte *Triade des Geldes* ist zwar für einen umfassenden, theologisch anschlussfähigen Geldbegriff verpflichtend, bedarf jedoch insofern einer Ergänzung, als in ihr nicht die Frage unterzubringen ist, warum und in welcher Weise das Geld jenseits der drei basalen Funktionen weiterführende symbolische Bedeutungen im Leben der Menschen erhält, weshalb viele Menschen ihr Leben und Denken vom Geld bestimmen lassen oder in seiner Logik Welt und Kultur interpretieren.[104] Denn Geld erweist sich auch als geheimer Transmissionsriemen (Georg Simmel) der menschlichen (Sozial)Beziehungen, verkörpert höchste unbewusste Werte und bildet eine universale Triebfeder des Begehrens und der Bedürfnisse. Geld ist ähnlich der Sprache auch ein Zeichensystem, ein soziales Konstrukt, das als Ensemble unterschiedlichster emotionaler Bedürfnisse Auskunft über gesellschaftliche Verhältnisse und individuelle Wertpräferenzen erteilt. Mit Geld löst man die berühmte Eintrittskarte zum potentiell unbegrenzten Güterkosmos und zum sozialen Aufstieg. Geld fördert und stärkt Selbstwert, Identität und Freiheit. Diese psychologischen und kulturellen Faktoren werden in den Ökonomielehrbüchern meist vernachlässigt oder ignoriert, weshalb es nicht verwundert, wenn etwa die Prognosen von Wirtschaftsweisen und ihren Forschungsinstituten häufig (und meist nach unten) revidiert werden müssen. Obwohl die Analyseinstrumentarien diesbezüg-

---

[102] Die Funktionen des Zahlungsmittels und der Recheneinheit müssen nicht unbedingt in einer konkreten Geldfigur zusammenfallen, obwohl die unterschiedlichen Funktionen in den heutigen Volkswirtschaften normalerweise in einem einzigen Träger vereinigt sind. Es gibt genügend Beispiele, dass etwa in einigen, v.a. unterentwickelten Ländern, die Preisangabe in US-Dollar, die tatsächliche Zahlung jedoch in der Landeswährung erfolgt (dies trifft primär auf Länder mit äußerst hoher Inflationsrate zu).

[103] Zu diesem Widerspruch des Geldes vgl. Creutz, Helmut, Das Geld-Syndrom. Wege zu einer krisenfreien Wirtschaftsordnung, Aachen ⁵2003.

[104] „No other subject in economics has been studied longer or more intensively than the subject of money. The result is a vast amount of documented experience and a well-developed body of theoretical analysis." (Friedman, Milton, Art. Money, in: The New Encyclopaedia Britannica 24, Chicago ¹⁵2005, 325-329, 329)

lich feiner und differenzierter geworden sind, bleiben die kulturellen, transökonomischen Dimensionen weitgehend unterbelichtet. Es dominiert ein Geldverständnis, in dem seine gesellschaftliche Relevanz nur unzureichend zum Ausdruck kommt. Bereits die Alltagserfahrungen zeigen, dass Geld sehr wohl um seiner selbst willen begehrt und angestrebt wird. Um diesen zentralen Momenten des Zeichens *Geld* auf die Spur zu kommen, bedarf es daher eines Blicks in weitere Wissenschaftszweige kultureller Repräsentationsformen.

2.2.2 Soziologie

Die Soziologie, deren Entstehungsgeschichte eng mit den Ausdifferenzierungs- und ökonomischen Transformationsprozessen der modernen Gesellschaftsstruktur verbunden ist, versucht die im ökonomischen Erklärungskontext unbeobachteten Dimensionen des Geldes zu reflektieren, vor allem seine Formen und Funktionen als Medium der Vergesellschaftung. Da die Ökonomie „die Totalität der Kulturschöpfung G(eld) nicht abdecken"[105] könne, müsse die Soziologie eine (nichtökonomische) Theorie der *sozialen* Funktionen des Geldes entwickeln. Für die soziologische Aufgabenbeschreibung war dies allerdings lange keineswegs eine Selbstverständlichkeit, wie beispielsweise die *International Encyclopedia of the Social Sciences* dokumentiert.[106] Unter dem Eintrag *Money* diskutiert sie Themen wie die Quantitätstheorie, die Geldschöpfung- und Zirkulation sowie der Geldreform, geht aber auf den sozialen Charakter des Geldes an keiner Stelle explizit ein. Die Soziologie hatte das Thema Geld häufig an die Ökonomie abgetreten oder ihren Konnex mit den Machtfragen abgeblendet, so dass Geld als reines Interaktionsmedium begriffen wurde und die Soziologie damit das kritische Moment preisgegeben hatte.[107] Innerhalb der Soziologie drängten die Rezeption der (markt)ökonomischen Perspektive sowie die Konzentration auf den technisch-ökonomischen Bereich die soziale Signifikanz des Geldes weitgehend in den Hintergrund.

Allerdings gibt es gegenwärtig eine intensive Auseinandersetzung mit der soziologischen Bedeutung des Geldes. Soziale und psychologische Faktoren rücken in den Vordergrund: „money is a meaningful, socially constructed currency, continually shaped and redefined by different networks of social

---

[105] Klein, Hans Joachim, Art. Geld, in: Grundbegriffe der Soziologie, hg. v. Schäfers, Bernhard, Opladen ⁷2001, 94-96, 95.

[106] International Encyclopedia of the Social Sciences 9, hg. v. Sills, David L., London 1972, 426-457. Ähnlich kritisiert Christoph Deutschmann, dass die Soziologie das Thema Geld zu sehr auf dessen Tauschmittelfunktion reduziert habe (Deutschmann, Christoph, Die Verheißung des absoluten Reichtums. Zur religiösen Natur des Kapitalismus, Frankfurt/M. 1999, 16-28).

[107] Das hat wesentlich mit Franz Oppenheimers Vorschlag für eine Arbeitsteilung zwischen Ökonomie und Soziologie zu tun. Die Ökonomie beschäftigt sich mit der Mensch-Ding-Beziehung, sie arbeitet auf dem Gebiet der Bedürfnisbefriedigung und rationalen Wandlungen, während es die Soziologie mit den Mensch-Mensch-Beziehungen, mit Werten, Institutionen, Normen und Kultur zu tun habe. In dieser Konzeption fällt das Geld heraus, weil es sowohl ein Gegenstand mit realen als auch mit symbolischen Eigenschaften ist (Oppenheimer, Franz, System der Soziologie 1, Stuttgart ²1964).

relations and varying systems of meanings"[108]. Damit könnte wieder eine Anknüpfung an die Tradition der klassischen Soziologie gelingen, die insbesondere durch Weber und Simmel den sozialen wie auch psychologischen Charakter des Geldes zum Gegenstand wichtiger Debatten gemacht hatte. Eine zentrale Rolle in dieser Wiedergewinnung der transmonetären Bedeutungen des Geldes spielt sicherlich Talcott Parsons, der als einer der großen Anreger Niklas Luhmanns Geld bereits als eines von mehreren symbolisch generalisierten Kommunikationsmedien begriffen und damit das Tor zu einer Verbindung von ökonomischer und sozialer Repräsentation wieder weit aufgestoßen hat.[109] Obwohl Parsons das Geld prinzipiell der Ökonomie zuordnet, ist es für ihn weniger eine Ware, die für moralische Entrüstung taugt, als vielmehr ein Medium, das als gemeinsame symbolische Sprache den ökonomischen Austausch unter den Menschen steuert und erleichtert. Geld erweist sich dadurch als ein integratives Medium, das den ökonomischen Dispositionsspielraum seines Besitzers symbolisiert und definiert. Allerdings beschränkt Parsons seinen Geldbegriff auf das Interaktions- und Tauschmedium des wirtschaftlichen Subsystems der Gesellschaft, wodurch das Geld eine symbolische Verkörperung der ökonomischen Werte repräsentiert, was die Ökonomen in einem technischen Sinne „Nützlichkeit" nennen.[110] Der Begriff eines symbolisch generalisierten Kommunikationsmediums lehnt sich stark an die neoklassische, ökonomische Definition des Geldes als Tauschmittel an und weist damit tendenziell die Zuständigkeit des Geldes der Ökonomie zu.[111]

Einen ähnlichen Geldbegriff hat im Gefolge von Parsons Niklas Luhmann entwickelt.[112] Für Luhmann ist die Funktionsfähigkeit des Wirtschaftskreislaufes an die Überwindung des Knappheitsparadoxes gebunden, das gleichzeitig unsichtbar gemacht werden muss. Die Knappheit der Güter wird in hoch entwickelten Gesellschaften in der andersartigen Knappheit des Geldes codiert. Diese „Duplikation von Knappheit"[113] im Geld stellt das Ökonomiesystem insofern um, als es alle Güter in eine Doppelexistenz überführt: sie sind (und bleiben) Güter – und sind zugleich auch Geld. Mit dem Kommunikationsme-

---

[108] Zelizer, Viviana, Art. Money, in: Encyclopedia of Sociology 3 (Second Edition), hg. v. Borgatta, Edgar F./Montgomery, Rhonda J. V., New York 2000, 1888-1894, 1888.

[109] Vgl. Parsons, Talcott, The Structure of Social Action. A Study in Social Theory with Special Reference to a Group of Recent European Writers, 2 Bände, New York 1968 (EA 1937); Ders., Essays in sociological theory, New York ⁵1967; Ders., Zur Theorie sozialer Systeme, hg. v. Jensen, Stefan, Opladen 1976; Ders., Sozialstruktur und die symbolischen Tauschmedien, in: Pias, Claus u.a. (Hg.), Kursbuch Medienkultur. Die maßgeblichen Theorien von Brecht bis Baudrillard, Stuttgart ²2000, 34-44.

[110] „Parsons's media theory left uncharted the symbolic meaning of money outside the market: money's cultural and social significance beyond utility" (Zelizer, Viviana A., Art. Money, in: Encyclopedia of Sociology 1890).

[111] Vgl. Deutschmann, Christoph, Verheißung 36-61.

[112] Luhmann, Niklas, Knappheit, Geld und die bürgerliche Gesellschaft, in: Jahrbuch für Sozialwissenschaft 23 (1972) 186-210; Ders., Die Wirtschaft der Gesellschaft, Frankfurt ²1996, bes. 177-229.

[113] Luhmann, Niklas, Die Wirtschaft der Gesellschaft 197. Daher ist auch Knappheit „*die systeminterne Formel der Rekonstruktion von Kontingenz*" (Luhmann, Niklas, Knappheit, Geld und die bürgerliche Gesellschaft 188; dort auch kursiv).

dium Geld werden alle eigenen Operationen an der Differenz von Zahlung und Nichtzahlung orientiert. „Dieser Code Zahlung/Nichtzahlung definiert ein komplettes Universum von Möglichkeiten, in dem jede Relevanz sich auf Zahlung bzw. Nichtzahlung bezieht. Das ist die Form der Herstellung jenes Überschusses an Möglichkeiten, der durch Konditionierung eingeschränkt werden muß."[114] Geld reguliert durch sein Knappheitsparadox die Gleichzeitigkeit der Zugriffsbedürfnisse. Wenn A auf begrenzte Ressourcen zugreift, halten alle anderen still, weil A für den Erwerb Geld einsetzt. Es reguliert und strukturiert im ökonomischen System die Transaktionsprozesse. „Geld wendet für den Bereich, den es ordnen kann, Gewalt ab – und insofern dient eine funktionierende Wirtschaft immer auch der Entlastung von Politik. Geld ist der Triumph der Knappheit über die Gewalt."[115] Die Geldtheorien von Parsons und Luhmann sind vielfach dahingehend kritisiert worden, dass sie sich auf den funktionalen Charakter des Geldes beschränken und den symbolischen Vermögenscharakter sowie den Machtaspekt weitgehend ausblenden.[116] Spätestens mit Jürgen Habermas ist aber die Machtthematik im Kontext des Geldes wieder in die soziologische Debatte zurückgekehrt.[117] In Aufnahme der Überlegungen Parsons' und der Kritik von Marx wird das Geld neben der politischen Macht als jenes gesellschaftliche Steuerungsmedium rekonstruiert, das nicht nur sein eigenes Funktionssystem reguliert, sondern es zugleich überschreitet und tief in die Sphären der Lebenswelt eingreift.

Im Unterschied zu den ökonomischen Theorieansätzen wird in den soziologischen stärker der soziale Charakter des Geldes benannt. Als „unmittelbare Existenzform der abstrakten Arbeit"[118] ist es ein unumgängliches Medium der Vergesellschaftung, in dem Menschen ihre Tausch- und Sozialverhältnisse vermitteln. In dieser Funktion spiegelt es die Entfremdung des Menschen wider, die durch die Eigenschaften des Geldes verschleiert wird.[119] Indem im Geld nicht nur ein rein ökonomisches Tausch- und Wertaufbewahrungsmittel begeg-

---

[114] Luhmann, Niklas, Die Wirtschaft der Gesellschaft 249.
[115] Luhmann, Niklas, Die Wirtschaft der Gesellschaft 253.
[116] Vgl. Deutschmann, Christoph, Die Verheißung des absoluten Reichtums 36-79; Ganßmann, Heiner, Geld und Arbeit. Wirtschaftssoziologische Grundlagen einer Theorie der modernen Gesellschaft (Theorie und Gesellschaft Bd. 37), Frankfurt/New York 1996.
[117] Vgl. Habermas, Jürgen, Theorie des kommunikativen Handelns (Bd. 1: Handlungsrationalität und gesellschaftliche Rationalisierung; Bd. 2: Kritik der funktionalistischen Vernunft), Frankfurt 1995.
[118] Marx, Karl, Zur Kritik der Politischen Ökonomie (MEW 13), hg. v. Institut für Marxismus-Leninismus beim ZK der SED, Berlin 1971, 42.
[119] „Die Eigenschaften des Geldes sind meine – seines Besitzers – Eigenschaften und Wesenskräfte. Das, was ich *bin* und *vermag*, ist also keineswegs durch meine Individualität bestimmt. Ich *bin* häßlich, aber ich kann mir die *schönste* Frau kaufen. Also bin ich nicht *häßlich*, denn die Wirkung der *Häßlichkeit*, ihre abschreckende Kraft ist durch das Geld vernichtet. [...] Wenn das *Geld* das Band ist, das mich an das menschliche Leben, das mir die Gesellschaft, das mich mit der Natur und den Menschen verbindet, ist das Geld nicht das Band aller *Bande*! Kann es nicht alle Bande lösen und binden! Ist es darum nicht auch das allgemeine Scheidungsmittel! Es ist die wahre *Scheidemünze*, wie das wahre *Bindungsmittel*, die galvano*chemische* Kraft der Gesellschaft." (Marx, Karl, Ökonomisch-philosophische Manuskripte, in: Bd. 2 (Politische Ökonomie) der Karl Marx-Friedrich Engels Studienausgabe in 5 Bänden, hg. v. Fetscher, Iring, Berlin 2004, 38-135, 132f)

net, sondern auch ein gesellschaftliches Verhältnis, ist es ein allgemeines Kommunikationsmedium, das die sozialen Beziehungen strukturiert und auch die in ihnen regierenden Machtkonstellationen symbolisiert.

2.2.3 Geldentstehungstheorien

Die genaue Entstehung des Geldes, seine historischen Ursprünge und seine anfänglichen Formen liegen nach wie vor im Dunkeln. Im Wesentlichen haben sich zwei nicht unbedingt gegensätzliche, aber in ihrer Stoßrichtung doch recht unterschiedliche Theorien herausgebildet, die sich mitunter ergänzen, auch wenn jede für sich eine hohe Plausibilität beanspruchen kann: *Kommerzielle* und *nichtkommerzielle* Entstehungstheorien. Diese auf den britischen Historiker und Ökonomen Paul Einzig[120] zurückgehende Unterscheidung versucht der Tatsache Rechnung zu tragen, dass Geld bereits in historischer Perspektive nicht bloß Tausch- oder Zahlungsmittelfunktionen erfüllte, sondern darüber hinaus stets auch weitere, individuelle wie gesellschaftliche Funktionen übernommen hat. *Kommerzielle* Theorien sehen den Ursprung des Geldes in den verschiedensten Formen der Tauschverhältnisse, im Kontext des erwerbsmäßigen Handels also, während *nichtkommerzielle* Theorien seine Herkunft entweder der sakralen, der politischen, der psychologischen oder der symbolischen Sphäre zurechnen.

Nach Einzig lassen sich die kommerziellen Lehren in zahlreiche weitere Untergruppen einteilen: (1) *Medium of Exchange Theory* (Tauschmittel) mit der Untergliederung *Origin through External Trade* (Außenhandel) und *Origin through Internal Trade* (Binnenhandel), (2) *Standard of Value Theory* (Wertmaßstab), (3) *Store of Value Theory* (Wertaufbewahrungsmittel), und (4) *Standard of Deferred Payments Theory* (Zahlungsmittel). Einzigs Systematisierung, die er aus ethnologischen Untersuchungen über Geldformen unterschiedlicher primitiver Gesellschaften gewonnen hat, ist heute noch weitgehend gültig und hat nur zu kleineren Veränderungen bzw. Präzisierungen geführt.[121] Der vielleicht entschiedenste Proponent dieser Theorie war Carl Menger, der die klassischen Theorien dahingehend kritisierte, dass sie Aristoteles folgend Geld als Ergebnis menschlicher oder gesellschaftlicher Übereinkunft definieren (Konventionstheorie).[122] Vielmehr liege der Ursprung im Gütertausch, der bei wach-

---

[120] Einzig, Paul, Primitive Money in its Ethnological, Historical and Economic Aspects, London 1949. Carl Menger (1840-1921), herausragender Vertreter der Österreichischen Schule der Nationalökonomie und Begründer der so genannten Österreichischen Grenznutzenschule, hatte bereits eine ähnliche Einteilung vorgenommen (Menger, Carl, Art. Geld, in: Handwörterbuch der Staatswissenschaften 3, hg. v. Conrad, Johannes u.a., Jena 1892, 730-757; abgedruckt in: GW 4, hg. von Hayek, Friedrich August, Tübingen ²1970, 1-116).

[121] Einen profunden Überblick sowie eine kritische Sichtung der Forschungslage samt eigenem Vorschlag liefert die viel zu wenig beachtete Studie von Höltz, Joachim, Kritik der Geldentstehungstheorien. Carl Menger, Wilhelm Gerloff und eine Untersuchung über die Entstehung des Geldes im alten Ägypten und Mesopotamien (Mainzer ethnologische Arbeiten 5), Berlin 1984. – So bleibt umstritten, ob alles, was zu einer bestimmten Zeit und in einer bestimmten Gesellschaft eine Tauschmittelfunktion erfüllte, als Geld bezeichnet werden kann.

[122] Menger unterscheidet zwischen *konventionalistischen* und *nichtkonventionalistischen* oder natürlichen bzw. naturwüchsigen Entstehungstheorien. Unter konventionalistischen Theorien

sender Intensität eines adäquaten Mittels bedürfe, um die auftretenden Reibungs- und Wertverluste möglichst klein zu halten und die Transaktionskosten zu verringern. Auch für Menger war die primäre und allen Erscheinungsformen wie Entwicklungsstufen des Geldes gemeinsame Funktion (man könnte auch sagen: Charakteristikum) die eines allgemein gebräuchlichen Tauschvermittlers: „Kein Ding ist an sich, etwa schon durch seinen Stoff und dessen technische Eigenschaften, durch seine äußere Form, oder gar durch bloße Willensakte von Machthabern (durch diese Umstände an und für sich!) Geld. Mag dagegen ein Gut welcher Art immer, eine bisher dem Konsum oder der technischen Produktion dienende Ware, ein Rohstoff oder ein Kunstprodukt [...] sein, – dasselbe wird zum Gelde, sobald und insoweit es in der geschichtlichen Entwickelung des Güterverkehrs eines Volkes die Funktion eines allgemein gebräuchlichen Tauschvermittlers (bezw. die Konsekutivfunktionen des letzteren) tatsächlich übernimmt"[123]. In ähnlicher Weise ist für den Nationalökonomen und Soziologe Otto Veit (1898-1984) ein adäquater Geldbegriff nur durch eine Abstraktion von heute konkret gegebenen Erscheinungsformen im Regress auf seinen eigentlichen Kern möglich.[124] Eine so angelegte Geldtheorie „gelangt zu einer Verknüpfung des Geldes mit dem volkswirtschaftlichen Kreislauf der Güter; sie wird zur güterwirtschaftlichen, zur realen Theorie des Geldes"[125]. Dem Kern des Geldes komme man also nur auf die Spur, wenn es seiner spekulativen, außerökonomischen Umhänge entkleidet wird. Dass dies nur um den Preis eines Reduktionismus möglich ist, haben die Kritiker der zweiten Linie hellsichtig erkannt. Für die kommerziellen Entstehungstheorien, die öfters auch als nichtkonventionalistische, natürliche oder naturwüchsige Theorien bezeichnet werden, steht das Faktum im Zentrum, dass die Erfordernisse des Handels allmählich zur Ausbildung eines allgemein gebräuchlichen Tauschvermittlers geführt haben. Allerdings wurden sie stets mit dem Einwand

---

versteht Menger all jene Erklärungsansätze, die Geld auf einen menschlichen Beschluss oder auf eine kollektive Übereinkunft zurückführen. Nichtkonventionalistische Theorien sehen im Geld etwas Natürliches, entwickelt aus dem Bedürfnis nach Erleichterung von Tauschprozessen. Menger hat diese Klassifizierung allerdings später aufgegeben, wohl deshalb, weil sich in Wirklichkeit diese beiden Entstehungsansätze überlagern und die meisten Autoren diesbezüglich eine Mittelposition einnehmen. Das ist auch ein Grund, warum sich die Unterscheidung Mengers nicht durchsetzen konnte.

[123] Menger, Carl, Art. Geld, in: Handwörterbuch der Staatswissenschaften 3, 92.
[124] Vgl. dazu Veit, Otto, Reale Theorie des Geldes, Tübingen 1966; Ders., Ansätze zu einer Philosophie des Geldes, in: Universitas 25 (1970) 507-524.
[125] Veit, Otto, Reale Theorie 4. Für Veit liegt der Hauptnutzen des Geldes in der Förderung der Tauschbereitschaft. „Aufgabe des Geldes ist schlechthin, seinen Besitzer tauschbereit (=liquide) zu machen. Andere konkrete Geldfunktionen (Wertaufbewahrung) leiten sich davon ab. [...] jedes Gut hat eine Tauschfunktion, die sich ableitet von seiner Gebrauchseignung; beim Geld ist es umgekehrt: die Gebrauchseignung leitet sich ab von der Tauschfunktion." (12) Zur Entstehung des Geldes vgl. bes. 51-98. Veit betont ausdrücklich, dass Geld, soweit es ein konkretes Tauschmittel darstellt (und nur darauf bezieht er sich), „letztlich weder zu erklären ist aus der Substanz von Geldstücken, noch aus Akten des Staates, noch aus Bankkredit; sondern daß es abgeleitet werden muß aus dem, was der Mensch in der Wirtschaft leistet, das heißt aus der Produktion von Gütern. Geld entsteht, wenn Menschen ein Realeinkommen erarbeiten und wenn sie daraus bestimmte Teile abspalten, um tauschen zu können. Diese Teile nennen wir Geld." (Veit, Otto, Ansätze 523)

konfrontiert, dass sie mit einem uniformen, rein auf ökonomische Austauschbeziehungen reduzierten Geldbegriff operieren würden. Denn Geld war bereits in seinen Ursprüngen mehr als ein Tauschmittel, es verkörperte den sozialen Status, regelte den Verkehr mit den Göttern, verlieh der individuellen und sozialen Existenz ihren spezifischen Ausdruck. Daher wurde dieser Strang stets vom gegenteiligen Theorieansatz begleitet, von den nichtkommerziellen Erklärungsversuchen, die den Ursprung des Geldes in den außermonetären Bereich verlegten.

Die prominenteste Stimme in diesem Chor der *nichtkommerziellen* Entstehungstheorien war zweifellos Bernhard Laums bahnbrechende Studie *Heiliges Geld*[126]. Laum wendet sich in seiner Untersuchung gegen die theoretischen, von historischer Fragestellung weitgehend unberührten Erklärungsversuche des Geldes, wie sie in der Nationalökonomie dieser Zeit bestimmend waren. Er knüpft an Überlegungen von Georg Friedrich Knapp an, der in seiner geldtheoretischen Studie behauptet hat, dass es insbesondere im nationalen Bereich überhaupt keinen von der (Güter)Kaufkraft abgeleiteten oder metallisch relevanten Wert des Geldes gebe, sondern dieser allein durch den Staat geschaffen und garantiert werde. Geld erhalte seine Funktion und Bedeutung (damit auch seine Garantie) erst durch die Rechtsordnung. Durch die staatliche Proklamation werde das Tauschmittel zum Geld, und wo diese fehle, bleibe es ein bloßes Tauschmittel.[127] Diese auch als *geldtheoretischer Nominalismus* bezeichnete Lehre habe „das Gelddenken seiner Zeit aus den engen Fesseln des Metallismus gelöst"[128] und das Substanzdenken innerhalb der Nationalökonomie aufgebrochen, zugleich aber durch seine monokausale Schlagseite ebenfalls eine Schieflage erhalten und die tauschtheoretischen Funktionen unterbewertet.

Die Form, in der Geld historisch erscheint, ist für die Wesenserkenntnis des Geldes unbedeutend. Erst das logische Denken, die Art und Weise der Erkenntnis, definiert Geld, unabhängig davon, ob die konkrete Geldform historisch verbürgt ist. Laum schließt sich damit explizit Knapps These von der Entstehung des Geldes außerhalb wirtschaftlicher Tauschverhältnisse an, korrigiert sie allerdings

---

[126] Laum, Bernhard, Heiliges Geld. Eine historische Untersuchung über den sakralen Ursprung des Geldes, Tübingen 1924.
[127] Knapp, Georg Friedrich, Staatliche Theorie des Geldes, Leipzig 1905. Knapp war der Überzeugung, dass die bisherige „metallistische" Theorie (Werteinheit einer Währung ist identisch mit ihrer Metallquantität) nicht alle Geldverfassungen erklären könne. Als Beispiel nennt Knapp den österreichischen Gulden, der bis 1892 von jeglicher Metallbasis losgelöst war. Die Werteinheit eines Geldes bzw. einer Währung kann daher nicht bloß metallisch oder substanziell, sondern nur *nominal*, als Verhältnisbestimmung definiert werden. So ist etwa die Krone die Hälfte eines Gulden, die Mark ein Drittel eines Talers usw. Dies gilt unabhängig von den verwendeten Zahlungsmitteln (Münzen, Gold, Papiergeld etc.). Noch deutlicher hat es Bendixen formuliert: „Das staatliche Zahlungsmittel bedarf keines Materialwertes, es trägt seinen Wert in sich kraft der staatlichen Autorität." (Bendixen, Friedrich, Das Wesen des Geldes. Zugleich ein Beitrag zur Reform der Reichsbankgesetzgebung, München/Leipzig 1922, 10) Knapps Studie, fünf Jahre nach Simmels *Philosophie des Geldes* erschienen, war ein vieldiskutiertes Buch, das die Geldpolitik der auslaufenden Kaiserzeit nachhaltig beeinflussen sollte (vgl. Hankel, Wilhelm, Simmel und das moderne Geldwesen, in: Rammstedt, Otthein, Georg Simmels „Philosophie des Geldes" 245-263).
[128] Schmölders, Günter, Geldpolitik, Tübingen ²1968, 9.

an einem zentralen Punkt: Nicht der Staat, sondern vielmehr die Religion bzw. der Kult erweise sich als der eigentliche Geburtsort des Geldes: „Geld ist nach unseren Untersuchungen", so Laum resümierend, „ein Geschöpf der religiösstaatlichen Rechtsordnung."[129] Für die Beweisführung dieser These diente ihm in erster Linie das klassische Griechenland, vor allem der homerischen Epoche (Laum hatte Archäologie und klassische Philologie studiert), aber auch indische und römische Traditionen wurden gesichtet und ausgewertet.

Die Münze, die für jede historische Ursprungssuche des Geldes einen festen Bezugspunkt bildet, taucht um 650 v. Chr. im Bereich des kleinasiatischen Gebiets erstmals auf. Doch ist damit, so Laum, nicht der Beginn der Geldwirtschaft gegeben, denn die Münze setzt ihrerseits bereits prämonetäre Geldformen voraus. Die Epen Homers liefern wichtige Informationen über die Ursprünge des Geldes, obwohl der große Dichter selbst die Münze noch nicht gekannt hat. Der Wertmesser schlechthin in homerischer Zeit war nach Laum das Rind, das auch in der übrigen Forschung als eines der ersten Zahlungsmittel betrachtet wird. Gerade das Rind ist zugleich ein starkes Indiz für die Entstehung des Geldes aus der kultischen Sphäre. Im innergriechischen Handel waren die Rinder kein Tauschmittel, weil die meisten Menschen viel zu arm für ihren Besitz waren und lediglich Fürsten sich ihre Haltung leisten konnten. Ein Handel mit fremden Völkern fand kaum statt. Wo nicht durch Kriege und Eroberungszüge die räumlichen Grenzen überschritten wurden, blieb die Gesellschaft auf sich selbst bezogen. Der Typus einer nahezu geschlossenen Hauswirtschaft machte Gütertausch überflüssig. Daher erscheint es Laum wenig plausibel, dass der Wertmesser Rind als eine der ersten Geldformen aus dem Handel entstanden sei. Vielmehr wurde das Rind der bevorzugte Parameter, weil es eine hohe sakrale Bedeutung hatte. Im Rind des Opferkults fand „das Verhältnis des Menschen zur Gottheit seinen sichtbaren Ausdruck"[130]. Die Menschen opferten den Göttern, um sie günstig zu stimmen, Schutz von ihnen zu erhalten, Gefahren abzuwenden. Dem Rinderopfer liegt ein sakramentaler Sinn zugrunde, denn das Rind ist Erscheinungsform der Gottheit und als solches vom Staat zum vornehmsten Opfertier auserwählt. Mag der Privatmann kleinere Tiere schlachten, der mächtige Staat opfert Rinder. Doch verlangten die Götter als Opfergaben nur beste Tiere, die aus der Herde ausgesucht werden mussten. Für Laum ist dies „der erste Akt wirtschaftlichen Denkens"[131]. Daher habe im Kultus als kollektive, öffentliche Aufgabe die Güterwertung ihren Anfang genommen, nicht im Handel, der keinerlei Typisierung kenne und nur individuell vollzogen werde. Die Ausweitung des Kultes führte zur Herausbildung einer eigens dafür zuständigen Priesterklasse, deren Dienstleistung entsprechend zu entlohnen war. Das Rind bzw. Teile davon wurden zum bevorzugten Opferlohn für die Priester.

---

[129] Laum, Bernhard, Heiliges Geld 160.
[130] Laum, Bernhard, Heiliges Geld 19. Laum fügt allerdings hinzu, dass dieses Verhältnis auf früher Stufe wesentlich durch wirtschaftliche Motive, also materiell bestimmt war: „Der Mensch will seine Existenz erhalten; zunächst rein physisch. Ihn beherrscht der Trieb zu essen und zu trinken, sich zu schützen vor Krankheit und äußerer Gefahr." (19)
[131] Laum, Bernhard, Heiliges Geld 27.

Entscheidend war nun, dass die für den kultischen Verkehr geschaffene Norm von der sakral-religiösen Sphäre allmählich auf den privaten Verkehr übergriff. Das Gut, das im Kult als Entgeltungsmittel diente, wurde zusehends auch im säkularen Kontext als solches anerkannt und verwendet.[132] Der Staat als Vollzieher des Kultes, wie er uns in den öffentlichen Mahlzeiten begegnete, gab den Göttern einen gebührenden Teil des Rindes. Das Übrige, quantitativ der weitaus größere Teil, wurde an die Teilnehmer des Mahles verteilt, jedoch nicht grosso modo, sondern abgestuft nach Verdienst, Rang und Namen. Die Größe des zugewiesenen Stück Fleisches erteilte Auskunft über den sozialen Status. In diesen öffentlichen Mahlzeiten liegt für Laum der Keim der öffentlichen Finanzwirtschaft und stellt die primitivste Form des öffentlichen Haushaltes dar. Ursprünglich war der Kult der Götter die einzige Staatsaufgabe und sie bedurfte zu ihrer Durchführung materieller Mittel. Die Opfertiere waren daher auch das einzige, was der Staat an „Steuern" einnahm – und wieder ausgab, es existierten keine weiteren Finanztöpfe. Die staatliche Geldschöpfung konnte daher nur in diesem Rahmen, mit ihrem Mittelpunkt im Tempel, erfolgt sein. Allerdings zeigte die weitere Entwicklungsgeschichte der Opfergaben eine zunehmende Tendenz zu ihrer Stellvertretung, die das höhere, kostbarere Gut durch ein geringeres ersetzt. Die Endstufe dieser Substitutionsprozesse war die reine Symbolisierung, bei der die realen, wertvollen Güter durch wertlose Dinge ersetzt werden, ohne an Geltung als Tausch- oder Zahlungsmittel im Verkehr zwischen Göttern und Menschen einzubüßen. Diese Entwicklung wurde durch tiefgreifende Veränderungen in der Gottesvorstellung wesentlich gefördert, insofern in sie ein abstraktes Moment einzog, wodurch die Gottheit in die Sphären der Transzendenz entrückte und keiner materiellen Opfer mehr bedurfte bzw. an ihnen auch nicht interessiert war. In weiterer Konsequenz führte dieser Prozess zur Entmaterialisierung der Opfergaben. Die göttlichen Wesen, die zunächst nur Augenblicks- und Lokalgötter waren, gerieten in den Hintergrund, den (wenigen) Gottheiten wurde dauerhafte Existenz oder ewiges Leben zugesprochen, weshalb sich auch Opfergaben in permanente Ehrerbietungen verwandeln mussten. Die starke Symbolisierung und Entmaterialisierung der Gaben führte in der gleichen Bewegung zu einem Anwachsen der profanen Tauschverhältnisse und damit indirekt zu ihrer Säkularisierung. Die dem Kultpersonal zugeteilten Opfergaben überstiegen den natürlichen Bedarf, weil Fleisch, Felle und Fette nur beschränkt konsumiert und gelagert werden konnten. So wuchs das Bestreben, sich über einen Tausch begehrte, überzählige Güter von Priestern anderer Gottheiten zu verschaffen. Für Laum ist dies ein weiterer Hinweis, dass am Tempel der Gütertausch – und damit in Folge eine Geldwirtschaft entstanden sei: „Das Heiligtum wird mit Naturnotwendigkeit eine Keimzelle des Tauschhandels und die Priesterschaft das erste Handelskollegium."[133] Die Münze, deren Entstehung und Wesen sich Laum im letzten

---

[132] Laum, Bernhard, Heiliges Geld 40ff.
[133] Laum, Bernhard, Heiliges Geld 101. Daher kann man Laums Behauptung, die Tempel seien die ersten Bankinstitute gewesen, im Großen und Ganzen beipflichten (vgl. 139). Im kultischen, tierischen Opfer war eine Vertretung eines bestimmten Opferstückes durch ein anderes aus rituellen Gründen nicht möglich. So konnte sich keine Wertrelation ausbilden. Sie setzte erst ein,

Kapitel widmet, stellt die Endstufe dieser Säkularisierung des Opferwesens dar. „Der Staat ist Schöpfer des Geldes geworden, weil er Träger des Kultus war."[134]

Als Stellvertreterin des Originalopfers gerät die Münze in hellenistischer Zeit in den Sog einer rein profanen Instrumentalisierung des Staates, ihre religiöse Herkunft ist nicht mehr sichtbar. Im römischen Zeichengeld ist dann überhaupt jede sakrale Spur verloren gegangen. Die Münze erweist sich dort als „ein Geschöpf des Staates, das vornehmlich den staatlichen Interessen dienstbar ist"[135].

Ähnlich gelagert und daher auch den nichtkommerziellen Theorien zuzurechnen ist die Theorie von Wilhelm Gerloff,[136] der Knapps Theorie dahingehend korrigiert, dass der Ursprung des Geldes nicht in gesetzmäßigen Einrichtungen oder in einem bestimmten rechtlichen Akt bzw. Entschluss, als vielmehr in den sozialen und kulturellen Bedingungen der Gesellschaft gründet: „Geld ist eine Schöpfung sozialen Handelns"[137]. In seiner groß angelegten, unterschiedlichstes ethnologisches Material analysierenden Untersuchung weist Gerloff anhand kulturgeschichtlicher Erkenntnisse und Forschungen nach, dass Geld seinen Ursprung im Streben nach Auszeichnung, Geltung und Anerkennung, nach Macht und Ehre findet, nicht in tauschtheoretischen Erfordernissen. Das Hortgeld als das erste Geld, wie es seiner Meinung nach in primitiven Gesellschaften dominiert, ist primär ein Prestigemittel, ein Ausdruck des sozialen Status und der Machtsphäre.[138] Die Funktion des Hort- oder Prestigegeldes

---

     als das Rind als Ritusobjekt durch andere Güter abgelöst wurde und an seine Stelle Entgeltungsmittel traten. Laum zitiert eine Urkunde, die einen Einblick in den Übergang von der Viehwährung zur Metallwährung gewährt. Dort wurden die Summen in Vieh angesetzt, aber in Metall bezahlt (vgl. 79ff).

[134] Laum, Bernhard, Heiliges Geld 159. Laum ergänzt: „Weil es in Griechenland Staatsgottheiten gab, deren Verehrung öffentliche Angelegenheit war, deswegen ist die griechische Polis Schöpferin des staatlichen Geldes. Der alte Orient kennt nur privates Geld, weil jeder Kult dort private Angelegenheit war." (159)

[135] Laum, Bernhard, Heiliges Geld 157. Die Verbindung von Geld und Religion, wie sie Bernhard Laum gezogen hat, ist nie ganz verloren gegangen, wie das Münzwesen zahlreicher Kulturen beweist. Viele Geldarten blieben in einem religiösen Kontext tabuisiert, Münzfälschungen werden in nahezu allen vergleichbaren Gesellschaften als Sakrileg geahndet.

[136] Gerloff, Wilhelm, Die Entstehung des Geldes und die Anfänge des Geldwesens, Frankfurt ³1947 (EA 1940); Ders., Gesellschaftliche Theorie des Geldes, Innsbruck 1950. Dem Büchlein, die Dokumentation eines Vortrags, ist folgende These vorangestellt: „Zweierlei ist nicht möglich ohne das Geld: Volkswohlstand und soziale Gerechtigkeit. Zweierlei ist durch nichts mehr gefährdet als durch das Geld: Volkswohlstand und soziale Gerechtigkeit." (7)

[137] Gerloff, Wilhelm, Entstehung des Geldes 201. „Sozial" wird hier in Differenz zu „wirtschaftlich" verstanden. Ganz dezidiert vertritt Gerloff die Einsicht, „daß Geld als eine Schöpfung sozialen Handelns seiner Entstehung nach kein Werk der „gesetzmäßigen Einrichtung" ist. Das ursprüngliche Geld ist kein Geschöpf der Rechtsordnung oder irgendeiner Übereinkunft" (214).

[138] Zur Befriedigung des Geltungstriebes bedarf es der „Hortung gewisser Güter und unter Umständen auch ihre gelegentliche verschwenderische Verausgabung. *In der Widmung gewisser Güter zu solchen Zwecken ist der Ursprung des Geldes zu sehen.*" (Gerloff, Wilhelm, Entstehung des Geldes 29; ähnlich 13ff). Der Besitzwechsel erfolgt noch nicht im eigentlichen Sinne als Tausch, sondern auf dem Weg über Gabe und Gegengabe. Gerloff betont denn auch den mit dem Geld verbundenen Machtaspekt und unterstützt die These, dass „die Art und Weise des

reicht jedoch für sich entwickelnde Gesellschaften nicht aus, so dass im Laufe der Zeit differenziertere Geldformen notwendig wurden. Die frühen Gesellschaften haben das Tausch- oder Handelsgeld hervorgebracht, die kapitalistische Wirtschaft der Moderne bedarf eines noch umfassenderen Geldes, des so genannten allgemeinen Verkehrsgeldes. Die Kritik an Gerloffs Rekonstruktion bezog sich vor allem auf die historischen Beispiele, die relativ deutlich zeigen oder zumindest nahe legen, dass die Hortgüter nie in den Tausch- bzw. Handelsverkehr eingespeist wurden und daher auch im eigentlichen Sinne nicht als Geld bezeichnet werden können. Das einlinige Entwicklungsschema, das die realen Verhältnisse kaum widerspiegle, misst dem natürlich vorhandenen Triebcharakter eine zu große Bedeutung bei.

Hier knüpft Günter Schmölders in seinem Versuch an, der Gerloffs Geldentstehungstheorie weitgehend übernimmt, aber dessen Hortgeldbegriff als zu großflächig und unspezifisch kritisiert.[139] Hortgüter würden erst dadurch Geldcharakter erhalten, dass sie zu Tauschzwecken und Zahlungen verwendet werden. Erst der *Gebrauch*, nicht aber der Stoff oder das Gut, entscheiden und definieren das Geld. „Ob das »Geld« stofflich aus Kaurimuscheln, Edelmetallen, Zigaretten oder bedrucktem Papier besteht, ist für sein Wesen, seine Funktion und sein Funktionieren von untergeordneter Bedeutung; die Wahl des Stoffes hängt höchstens von dessen natürlicher oder obrigkeitlich normierter Knappheit, vor allem aber von dem ihm allgemein entgegengebrachten Vertrauen ab, das seine Grundlage keineswegs im Wert des Geldstoffes selbst zu haben braucht. Was immer Geldfunktionen ausübt, von den Strohmatten für den zeremoniellen Potlatsch der Kwakiutl-Indianer über das Mühlsteingeld auf der Insel Yap bis zu den Postscheckguthaben und der telegraphischen Überweisung, fällt unter den Begriff des Geldes; Geld ist, was gilt."[140] Diese berühmte, kurze Definition *Geld ist, was gilt*, erinnert an die klassische ökonomische Definition, und bewegt sich auf einer Mittelposition zwischen kommerziellen und nichtkommerziellen Erklärungsansätzen, hebt aber zusätzlich die Bedeutung psychologischer Faktoren hervor, was für Schmölders im übrigen die hohe Ambivalenz des Geldes erklärt.[141]

Gebrauchs oder der Verwendung ein Gut zum Gelde macht" und sein Besitz bzw. Gebrauch „in einem bestimmten gesellschaftlichen Bereich als Ausdruck und Mittel sozialer und insbesondere ökonomischer Macht und Machtausübung gilt" (Gerloff, Wilhelm, Entstehung des Geldes 154 u. 155). Dementsprechend ist das Hortgeld, das im Grunde genommen ein Gütergeld ist, von seiner Intention her ein Besitzgeld, während das Tauschgeld dem Umlauf dient. Allerdings ist zu fragen, ob für das, was Gerloff unter Hortgeld versteht, der Namen Geld eigentlich adäquat ist (vgl. 206ff).

[139] Schmölders, Günter, Geldpolitik, Tübingen ²1968.
[140] Schmölders, Günter, Geldpolitik 17. Schmölders bezieht sich hier ausdrücklich auf die etymologische Wurzel des Wortes „Geld", das von *gelten, vertrauen* stammt.
[141] Das erklärt Schmölders anhand des Geldwertes, der objektiv gleich bleiben, aber subjektiv abweichend wahrgenommen werden könne. Nur durch psychologische Faktoren lasse sich erklären, warum „hochgestimmte Menschen eher bereit sind, mehr Geld auszugeben, als sie in einer normalen Stimmungslage bei nüchterner Abschätzung des angebotenen Gegenwertes ausgeben würden; die Kaufkraft der Geldeinheit bleibt die gleiche, aber der Geldwert ist gesunken, denn der Spiegel der Psyche ist keine unbiegsame Fläche, sondern verformt sich und gibt ein entsprechend verzerrtes Bild der Wirklichkeit." (Schmölders, Günter, Geldpolitik 68) Ohne

Eine bemerkenswerte, viel diskutierte, aber ebenfalls sehr umstrittene Entstehungsgeschichte des Geldes haben Gunnar Heinsohn und Otto Steiger vorgelegt.[142] Unermüdlich versuchen die beiden Ökonomen nachzuweisen, dass am Anfang der Geldentstehung nicht der Gütertausch gestanden habe, sondern der aus dem Privateigentum resultierende Tausch von Schuldvorschreibungen. An der Wiege des Geldes stehen also nicht der Handelsverkehr oder eine Konvention, sondern das Privateigentum. Denn erst der Besitz von Eigentum ermögliche es, dieses als Gläubiger gegenüber einem Schuldner zu belasten. In einem Kreditvertrag wird daher auch kein Eigentum übertragen, sondern nur die Anrechte bzw. Einlösungsversprechen. Geld hat deshalb seinen Ursprung in den Gläubiger-Schuldner-Kontrakten. „Bevor eine Institution Geld überhaupt emittieren kann, muß sie nämlich über belastbares Eigentum verfügen, damit Geld als Anrecht auf Eigentum in die Welt kommen kann. Und bevor jemand dieses Geld gegen Zins in einem Kreditkontrakt erwerben kann, muß er ebenfalls über Eigentum verfügen, aus dem er gute Sicherheiten verpfänden kann. Belasten und Verpfänden sind die Elemente, die dafür sorgen, daß zinsbedienend und in Geld gewirtschaftet wird."[143] Die klassischen ökonomischen The-

---

den Glauben und das Vertrauen der Menschen in das Geld, dass also der nominale Wert des Geldes dem tatsächlichen Güterwert entspricht, kann keine Gesellschaft und keine Volkswirtschaft ihren Erfordernissen gerecht werden, sie sind das Um und Auf einer funktionierenden Geldwirtschaft: „Der Glaube an das Geld, die positive »Einstellung« zum Gelde oder »Geldattitüde« ist, sozialpsychologisch betrachtet, nichts anderes als der Geldwert, aufgefaßt als allgemeine, nichtindividuelle Wertschätzung der Geldeinheit in der Skala der Werte einer Gemeinschaft; der Wert des Geldes ist das Bewußtsein von der Gültigkeit des Wertversprechens, das im Geld verkörpert ist." (Schmölders, Günter, Geldpolitik 50)

[142] Vgl. v.a.: Heinsohn, Gunnar, Privateigentum, Patriarchat, Geldwirtschaft. Eine sozialtheoretische Rekonstruktion zur Antike, Frankfurt 1984; Ders./Steiger, Otto, Eigentum, Zins und Geld. Ungelöste Rätsel der Wirtschaftswissenschaft, Hamburg 1996; zur Kritik vgl. Duchrow, Ulrich, „Eigentum verpflichtet" – zur Verschuldung anderer. Kritische Anmerkungen zur Eigentumstheorie von Gunnar Heinsohn und Otto Steiger aus biblisch-theologischer Perspektive, in: Kessler, Rainer/Loos, Eva (Hg.), Eigentum: Freiheit und Fluch: ökonomische und biblische Einwürfe (Kaiser Tb 175), Gütersloh 2000, 14-42; Hungar, Kristian, Antike Wirtschaftskrisen und die Ökonomik des modernen Patriarchats der Brüder. Zu Heinsohn/Steigers Eigentumstheorie des Geldes, in: Kessler, Rainer/Loos, Eva (Hg.), Eigentum 145-161; Köllmann, Carsten, Definition des Geldes. Eine Kritik des Essentialismus in der Geldtheorie, in: Stadermann, Hans-Joachim/Steiger, Otto (Hg.), Herausforderung der Geldwirtschaft. Theorie und Praxis währungspolitischer Ereignisse, Marburg 1999, 107-129.

[143] Heinsohn, Gunnar/Steiger, Otto, Eigentum, Zins und Geld 446f. Kritisch ist allerdings anzumerken, dass Heinsohn und Steiger nur das als Geld gelten lassen, was innerhalb dieser Schuldverhältnisse (Verpfändung, Belastung) als Tauschmittel verwendet wird. Geld, das ohne Eigentumsdeckung entsteht, gleichsam als Erleichterung des Handels oder als staatliche Festsetzung, wird als Willkürgeld ausgeschieden. Damit werden wesentliche Dimensionen der Geldentstehung und -funktion ausgeblendet. Diese Eigentumstheorie ist nur für ein bestimmtes Geld gültig (vgl. 229ff) und an relativ späte Gesellschaftsformen gebunden. Die *Stammesgesellschaft* regelt ihre Produktion, Verteilung und Konsumtion gemeinschaftlich nach vorgegebenem Muster und ohne weitergehende Verpflichtung. Der *Feudalismus* als nächste Stufe regelt die Tauschbeziehung mittels politischer Zwangsmaßnahmen sowie über Abgaben und Steuern in einer festgesetzten, einkommensinvariablen Größe. Erst die *Eigentumsgesellschaft* steuert die Prozesse des wirtschaftlichen Austausches und der sozialen Kommunikation mittels Geld und Zins, den Heinsohn und Steiger in Anschluss an Keynes als Liquiditätsprämie, als Belohnung für den Verzicht auf Verfügbarkeit, genauer als „Eigentumsprämie" (84f, 438ff) definieren. Der Zins,

orien, so Heinsohn und Steiger, konnten der umfassenden Bedeutung des Geldes nicht auf die Spur kommen, weil sie ausschließlich auf Geldwerte und Waren, Verteilungs- und Produktionsfragen sowie auf Transaktionskosten der Tauschverhältnisse konzentriert waren, damit aber den Eigentumsaspekt als den ursprünglichen Ort der Geldentstehung außer Acht gelassen haben. Hajo Riese hat in seinen Studien wiederholt darauf hingewiesen, „daß Geld die Marktbeziehungen steuert anstatt daß es sich umgekehrt aus Markt- und Tauschbeziehungen ableitet"[144]. Güter werden dadurch zu Geld, dass sie von einer Institution (in der Regel einer Zentralbank) als Geld inthronisiert werden, dessen Ökonomisierung in der Knappheit besteht. Riese stimmt mit Heinsohn und Steiger überein, dass das Knapphalten von Geld ein Knapphalten von Schuldverhältnissen ist, das den Zins bestimmt, der deshalb die eigentliche Steuerungsgröße des monetären Systems darstellt – und nicht die Geldmenge.[145]

Eine weitere wichtige Erkenntnis im Labyrinth der Geldbegriffs bietet die historische (Kultur)Anthropologie, indem sie den Nachweis führt, dass die gewohnte Koinzidenz der Geldfunktionen in einem einzigen Objekt keineswegs notwendig, sondern kontingentes Ergebnis einer historischen Entwicklung ist. Insbesondere in den archaischen Gesellschaften waren Wertmaßstab- und Zahlungsmittelfunktion getrennt. In Babylonien etwa war das Prinzip unterschiedlicher Geldobjekte fest verankert. Pachtzinse, Löhne und Steuern wurden in Gerste bezahlt, während der allgemeine Wertmaßstab Silber war. Man benützte, schreibt Karl Polanyi, „ein ausgeklügeltes Tauschsystem, und dieses beruhte auf der Funktion von Silber als Verrechnungsgeld, der Verwendung von Gerste als Zahlungsmittel, und der gleichzeitigen Verwendung von Massengütern, wie Öl, Wolle, Datteln, Ziegeln, usw. als Tauschmittel"[146]. Neben ökonomischen, d.h. tauschrelevanten Funktionen, erfüllte Geld auch noch

---

also die Verzichtsprämie ist als eine immaterielle Kategorie der eigentliche Motor der Wirtschaft.

[144] Riese, Hajo, Geld: Das letzte Rätsel 56.

[145] Allerdings führen relative Knappheit des Geldes und Zinssystem zu einem permanenten Wachstumszwang, was die Labilität des Ökonomiesystems weiter erhöht und eine der wesentlichsten Ursachen für die ökologische Krise darstellt (vgl. Binswanger, Hans Christoph, Geld und Wachstumszwang, in: Biervert, Bernd/Held, Martin (Hg.), Die Dynamik des Geldes: über den Zusammenhang von Geld, Wachstum und Natur, Frankfurt/New York 1996, 113-127). Dieser Wachstumszwang korreliert mit dem inneren menschlichen Bedürfnis nach Geldvermehrung: „Das Knapphalten macht Geld attraktiv, führt dazu, daß das wirtschaftende Individuum Geld will, bereit ist, Güter und Ressourcen gegen Geld herzugeben; das Spiegelbild liefert die Fähigkeit des Geldes, sich Güter und Ressourcen anzueignen. Diese Fähigkeit aber ist nur ein anderer Ausdruck dafür, daß es sich bei Geld um *kein* Gut und *keine* Ressource handelt. Deshalb macht der Umstand, daß man den Wert eines Scheines, seinen Wert der Aneignung von Gütern und Ressourcen, durch Aufdrucken einer Null verzehnfachen kann, die Genialität dieses Mediums aus." (Riese, Hajo, Geld: Das letzte Rätsel 60) – Zur Differenz zur so genannten Berliner Schule der Geldtheorie vgl.: Heinsohn, Gunnar/Steiger, Otto, Eigentum, Zins und Geld 192-200.

[146] Polanyi, Karl, Ökonomie und Gesellschaft, Frankfurt 1979, 331. Das bestätigt auch der Neue Pauly, wenn er schreibt: „In den Epen Homers treten Wertmesser, Wertaufbewahrungsmittel und Zahlungsmittel wiederholt auf; die verschiedenen Geldfunktionen waren jedoch auf unterschiedliche Objekte verteilt." (Art. Geld, Geldwirtschaft, in: Der Neue Pauly. Altertum 4, hg. v. Cancik, Hubert u.a., Stuttgart 1998, 873-888, 874) Die lateinischen Worte *pecunia*, *peculium*, *peculatus* stützen jedoch die These vom „Vieh" als ältestem Geld.

sakral-rituelle, magische und soziale Zwecke. Opfergeld, Totengeld, Brautgeld, Prestigegeld (Potlatsch), Wergeld etc. sind nur einige dieser Funktionen, denen unterschiedliche Geldformen zugewiesen werden konnten. So war es keine Seltenheit, dass in einem Dorf Geldmittel verwendet wurden, die in einem anderen nicht die gleichen Funktionen erfüllten. Handel und Geld seien daher getrennt und unabhängig von Märkten entstanden, ihre Entwicklung schlug unterschiedliche Wege ein.[147] Polanyis wichtige Unterscheidung zwischen einem allgemeingültigen, universalen Geld (*all meaning money*) und einem bestimmten Geld (*special purpose money*) erweist sich insofern als bedeutsam, als in ihm das Bewusstsein noch aufbewahrt ist, dass auch das heute hochmonologische Zahlungsmittel Geld zufällig, aber nicht notwendig die unterschiedlichen Funktionen in sich vereint und erfüllt.[148] Die Verschmelzung der Geldfunktionen in einem einzigen Medium ist ein wesentlicher Grund für den Geldschleier, der sich über die Bedeutungen des Geldes zieht und damit zu seinem geheimnisvollen Charakter beiträgt.

Dieser kurze Einblick in die Geschichte der Geldentstehungstheorien sollte zeigen, dass die historische Forschung in der Frage nach Ursprung und Herkunft des Geldes ebenfalls keine allgemein gültige und anerkannte Theorie bieten kann, da sowohl die Anhänger der kommerziellen als auch der nichtkommerziellen Entstehungstheorien plausible Argumente für ihre Position aufbieten können. Wiederum zeigt sich, dass wir auch bezüglich des Ursprungs und der exakten Entwicklung seiner Funktionen auf keine verlässlichen Quellen zurückgreifen können. Wir wissen nicht genau wann, wo und wie Geld in die Welt kam,[149] sondern nur, dass es schon in vorhistorischer Zeit viele Gesichter hatte: Kühe und Käse, Perlen und Pelze, Muscheln und Metalle, Waffen und Salze, selbst Menschen, vor allem Sklaven wurden als Geld verwendet.[150]

---

[147] Vgl. die zusammenfassenden Thesen über Handel, Geld und Märkte in den archaischen (oder wie Polanyi oft schreibt: primitiven) Gesellschaften (Polanyi, Karl Ökonomie und Gesellschaft 332-345). Für Polanyi ist Geld ähnlich wie Sprache, Schrift oder Maße ein semantisches System, das eine „einzigartige Wirkung der Konsolidierung der Gesellschaftsstruktur [hat]. Institutionen werden bestätigt durch die quantitative Identifikation mit Verpflichtungen und Rechten, die sich aus der Einführung von Zahlen ergeben." (347)

[148] Ein Nachklang der separierten Geldfunktionen ist noch in den außerstaatlichen, symbolischen Geldschöpfungen zu vernehmen, wie etwa in der Zigarettenwährung bei Häftlingen, den Bonusmarken, Mitgliedsausweisen, Anrechtsscheinen, Konzertkarten, die zugleich als Fahrscheine gelten etc.

[149] So resümierend: Müller, Hans-Peter, Geld und Kultur. Neuere Beiträge zur Philosophie und Soziologie des Geldes, in: BJS 10 (2000) 423-438, 425.

[150] Vgl. dazu Weimer, Wolfram, Geschichte des Geldes. Eine Chronik mit Texten und Bildern, Frankfurt 1992. Dieses Nichtwissen erstreckt sich im Übrigen auch auf die Frage nach der Münzentstehung. Wann und wo die erste Münze geprägt wurde, ist umstritten. Das gilt auch für andere Kulturräume wie Indien oder China, wo die Forschung über den Zeitpunkt der Geldentstehung ebenfalls weithin im Dunkeln tappt. Dass die Verwendung von Münzen nicht notwendig zu einer Geldwirtschaft führt, zeigt deutlich Stadermann, Hans-Joachim, Von der Naturalwirtschaft zur Geldwirtschaft – Entstehung des Geldes und Folgen für die Dynamik des Wirtschaftens, in: Biervert, Bernd/Held, Martin (Hg.), Die Dynamik des Geldes, 29-58. Erschwert wird die Forschungslage dadurch, dass die Ungleichzeitigkeit der gesellschaftlichen Entwicklungsstufen unterschiedliche Geldformen hervorgerufen haben. So hat es vermutlich im China zur Zeit der Tang-Dynastie (618-907) kleinere Anfänge von Papiergeld gegeben, während sie für den europäischen Raum erst im 17. Jahrhundert bezeugt sind (vgl. Zarlenga,

Dementsprechend breit gesät waren auch seine Aufgaben und Funktionen. Die Probleme einer Definition, die zumindest die wichtigsten Funktionen des Geldes methodologisch erfassen soll, haben in der Nationalökonomie und in den Sozialwissenschaften einen Problemüberhang geschaffen, der sich in historischer Perspektive nicht gemildert, sondern weiter zugespitzt hat. Der Blick in die Geschichte zeigt jedenfalls die Relativität und Kontingenz der jeweiligen Geldformen, die langsame Ausdifferenzierung der gesellschaftlichen Sphären und den kontinuierlichen Zuwachs seiner Funktionen, die das Geld von den Anfängen bis in die Gegenwart genommen hat. Er dokumentiert den kontinuierlichen Abstraktionsprozess, dem das Geld ausgesetzt ist und dessen Ende noch längst nicht erreicht scheint. War bereits die Einführung des Papiergelds ein epochaler Schritt, so bewegt er sich längst wieder neuen Ausdrucksformen zu. Elektronische Medien und „Plastikgeld" wie Kreditkarten kreieren neue virtuelle Formen, für die sich noch keine allgemeingültige Begrifflichkeit etabliert hat, die jedoch das gesellschaftliche Verhältnis weiter verändern werden.[151]

3 Zur Polyvalenz des Geldes

Neben der Soziologie beschäftigen sich noch zahlreiche andere Wissenschaften mit all jenen Bedeutungen des Geldes, die sich unter der matt glänzenden Oberfläche der ökonomischen Funktionen verbergen. Auch in der Literatur, im Film, in der bildenden Kunst und in der Musik werden die symbolischen Bedeutungen des Geldes zu einem wichtigen Thema, insbesondere die Verwüstungen und Verwerfungen, die ein vom Geld bestimmtes Leben, aber auch der Mangel an ihm, auslösen können.

3.1 Erotische Anziehung und diabolische Gefahr

Honoré de Balzac liefert in seinen Romanen und Erzählungen, die in dem unvollendeten Zyklus *La comédie humaine* versammelt sind, ein detailliertes

---

Stephen, Der Mythos vom Geld – die Geschichte der Macht. Vom Tauschhandel zum Euro: eine Geschichte des Geldes und der Währungen, Zürich 1998/99, 197ff).

[151] Die Zersetzung des *Cognitive Connect*, also die Auflösung des Zusammenhangs von Einkommen und Konsum, die vor allem in den USA die Verschuldungsrate der privaten Haushalte in die Höhe treibt, wird häufig auf den Realitätsverlust durch die Kreditkarten und die in der Regel durch Kreditausweitung größere Verfügbarkeit von Kraftkraft zurückgeführt. Das ist, so Johann Hagen, nur die eine und vielleicht schwächere Seite der Wahrheit. Die andere ist politischer Natur. Es ist „der Gegensatz zwischen Stagnation oder Reduktion der Masseneinkommen (durch McDonaldisierung der Beschäftigung, zunehmende Verdrängung der Normalarbeitsverhältnisse, Downsizing der großen Industriebetriebe, Globalisierung und Auslagerung von Betrieben etc) auf der einen Seite und der Ausweitung des Konsums mit Hilfe einer immer aggressiveren Werbung auf der anderen Seite, der die Haushalte in den USA ebenso wie in anderen fortgeschrittenen Industriegesellschaften in die Verschuldung treibt." (Hagen, Johann J., Der Geldschleier 344f) Vgl. dazu auch Haesler, Aldo J., Irreflexive Moderne 177-199.

Sittenbild der französischen Gesellschaft des frühen 19. Jahrhunderts.[152] Ein aufstrebendes Bürgertum, eine politische Restauration als Konsequenz der nachnapoleonischen Ära und die beginnende Industrialisierung sind zentrale Momente der rasanten sozialen und kulturellen Veränderungen dieser Epoche. Präzise und mit klarem Blick analysiert Balzac das Streben der Menschen nach Ruhm, Macht und Ehre, das Ausufern des Geldparadigmas, das nach und nach immer weitere Lebensbereiche erobert und durchdringt. Im Titel nicht zufällig auf Dantes *Göttliche Komödie* anspielend, beschreibt Balzac mit vergleichbarer Intensität die neuen Bewegungsgesetze der bürgerlichen Gesellschaft, die im Letzten aber nur Leere produzieren und auch dem größten Gegenspieler dieser neuen Werte, dem Tod, nicht entkommen können. Das System des Geldes, das er paradigmatisch in einer erhellenden Analyse des Börsengeschehens spiegelt,[153] wird in äußerst negativen, düsteren Farben beschrieben, wie es in der klassischen Moderne häufig begegnet: Geld ist etwas Schmutziges, steht in erbarmungsloser Konkurrenz zum Glück, symbolisiert das kalte Herz des Menschen und bringt nur einen hässlichen Typus hervor.[154] Die Wucherer und die Fanatiker des Geldes mögen in der Welt von Balzac klug und mächtig sein, aber schön und erotisch sind sie nicht. Die Wurzel dieser negativen Aufladung reicht tief in die europäische Kunstgeschichte hinein.[155] Die ersten ausgeprägten Verkörperungen der *gens d'argent* erstaunen durch ihre betonte Hässlichkeit. Die Gesichtszüge der Geldwechsler und Steuereintreiber, wo immer sie dargestellt werden, zeigen ein Bild der Habgier und klirrenden Kälte; Barmherzigkeit ist ihnen fremd. Denjenigen, der Geld zusammengebracht oder angehäuft hat, umweht eine Sphäre von ausgesprochener Hässlichkeit, ja Grobheit. Doch hier zeigt sich eine merkwürdige Paradoxie: Geld an sich (damals konnte man noch trennen) wird keineswegs als verwerflich oder moralisch fragwürdig eingestuft, nur der Erwerb, das Streben nach ihm war von Übel. Die Aufmerksamkeit der Sinne für das Geld entpuppt sich als eigentliches Problem, deren zugrunde liegende Hermeneutik den Willen deutlich dem Sein vorlagert. Diese merkwürdige Unterscheidung zwischen dem Geld an sich und seinem Gebrauch findet eine ihrer starken Wurzeln in der christlichen

---

[152] Im Insel-Verlag ist eine mehr als 7000 Seiten umfassende Gesamtausgabe erschienen: Balzac, Honoré de, Die menschliche Komödie. Die großen Romane und Erzählungen in zwanzig Bänden, hg. v. Eberhard und Erika Wesemann, Frankfurt 1996.
[153] Balzac, Honoré de, La bourse (Erzählung, 1832).
[154] Vgl. dazu Carl Orffs *Carmina Burana* oder Hugo von Hofmannsthals *Jedermann*, den großen Publikumsmagneten bei den Salzburger Festspielen.
[155] Man denke nur an Hieronymus Boschs *Die sieben Todsünden* (um 1480/1510; Madrid, Prado), Quentin Massys' *Der Geldwechsler und seine Frau* (1514, Paris, Louvre) und *Die beiden Steuereinnehmer* (Berlin, Staatliche Museen – Preußischer Kulturbesitz) oder Marinus van Roymerswaeles *Der Steuereinnehmer mit seiner Frau* (1539, Berlin, Staatliche Museen – Preußischer Kulturbesitz). Die Paradoxie des Geldes zeigt sich oft an den Kunstwerken selbst, die ökonomischen Anforderungen und Erwartungshaltungen unterliegen. Ihr kommerzieller „Erfolg" hängt von zahlreichen Faktoren ab, von der Beziehung und dem Willen der Auftraggeber bis zur Entwicklung einer Balance von Angebot und Nachfrage, oft auch bedingt durch die Konkurrenz zwischen den Auftraggebern oder den Künstlern selbst (vgl. Prochno, Renate, Materialwert – Geldwert – Kunstwert im späten Mittelalter. Beispiele aus Burgund, in: Aichhorn, Ulrike (Hg.), Geld- und Kreditwesen im Spiegel der Wissenschaft 177-216).

Ikonographie. Unter den kostbaren Schätzen, die von den Heiligen Drei Königen dem neugeborenen Messias gebracht werden, befindet sich auch Geld in der Form des Goldes, das seit alters her als ein Symbol von Macht und Erhabenheit verstanden wurde und an ein aristokratisches Privileg erinnert. Geld und Gold, der Reichtum überhaupt, sind nichts Hässliches oder Schädliches, konnten es auch nicht sein. Nur der Gebrauch entscheidet über seinen moralischen Status.

Balzac bringt das Geld in Konkurrenz zur Erotik: Zwischen der Liebe zu einer Frau und der Liebe zum Geld klafft eine unüberbrückbare Lücke, herrscht ein Konkurrenzverhältnis, ein Entweder – Oder, das eine eindeutige Entscheidung verlangt. Die Hinwendung zur Liebe ist sogar dem armen Knecht und der unglücklichen Magd möglich, auch wenn die harte Realität der kleinen Leute enge Grenzen setzt. Aber in Wirklichkeit war ihnen, den ewigen Verlierern, der Zugang zur Welt des Geldes von vornherein verschlossen, so sehr sie davon träumen mochten. Die Märchen aus dem Fundus der Brüder Grimm sind voll von dieser euphemistischen Interpretation, dass es eine echte Wahlfreiheit zwischen Geld und Liebe bzw. Glück gebe und beide einander ausschließen: Es ist doch allemal besser, zufrieden zu sein mit wenigem und sich der Liebe zu öffnen, als Gold und Güter zu besitzen, aus denen ein kaltes Herz schlägt. Gestützt wird diese bürgerliche Moral durch das unausgesprochene Gesetz, dass man Geld *hat* – und nicht erwirbt. Entsprechend kommen in den Romanen und Theaterstücken die wirklich Reichen wesentlich besser weg als solche, die den Reichtum angestrebt haben. Die wahren Helden der klassischen Dramen sind Leute, deren Geld in Schlössern, Feldern, Wäldern und schönen Kleidern steckt. Bei Shakespeare sind es die Fürsten und Prinzessinnen, die allein zu wahren Gefühlen und zu wahrer Tragik fähig sind, nicht die Emporkömmlinge und Neureichen.

Wer Zeit mit Geldverdienen verbringt, so beklagt Samuel Butler, wird oft als kulturloser Knülch angesehen. Geld verderbe den guten Charakter und die Geldgier sei die Wurzel allen Übels. Aber dasselbe, so Butler, lasse sich auch vom Geldmangel sagen.[156] Kaum jemand würde heute den Gelderwerb mit Kulturlosigkeit verknüpfen. Längst hat sich der Eros mit dem Geld versöhnt, ja in weiten Bereichen sogar vereinigt. Ähnlich wie das Symbol Macht besitzt das Symbol Geld eine verführerische erotische Qualität. Reiche Menschen, unabhängig ob Dotcom-Millionäre oder alter Finanzadel, üben in der Regel eine unwiderstehliche Faszinationskraft aus. Heutzutage verleiht Geld, Balzacs Analyse ins schroffe Gegenteil verkehrend, eine fast magische Aura erhabener Schönheit, vermählt sich mit dem modernen Zauberwort Liebe.[157] Wie sehr das

---

[156] Vgl. Butler, Samuel, Erewhon oder Jenseits der Berge, Frankfurt 1994 (EA 1872), bes. 235f. Zur Rezeption der Armut in der Literatur vgl. Brüns, Elke (Hg.), Ökonomien der Armut. Soziale Verhältnisse in der Literatur, München 2008.

[157] Ähnlich die Konzeption des Geldes in Jeremias Gotthelfs sperrig-traurigem Roman *Geld und Geist* (1843/44), der die Geschichte einer großen Liebe zwischen zwei Bauernkindern schildert, die aus gänzlich unterschiedlichen familiären Verhältnissen kommen, deren Ehewunsch an der Geldgier des Vaters von Anne Mareili scheitert, weshalb sie sich in einer heimlichen Zeremonie die Ehe versprechen. Als Beweis ihrer Aufrichtigkeit und als Symbol ihres gegenseitigen Ver-

3 Zur Polyvalenz des Geldes

Geld die Beziehungen von Menschen verändert, selbst von denen, die einst angetreten sind, seine Herrschaft zu bekämpfen, ist immer wieder auch Thema der Gegenwartsliteratur.[158]

In der ästhetischen Kunstform des Filmes wird die Ambivalenz des Geldes immer wieder thematisiert. Ein Koffer voller Geld, beliebtes Sujet klassischer Gangster- und Mafiafilme, symbolisiert die mitunter lebensbedrohende Gefährlichkeit, die in diesen unscheinbaren, alltäglichen und verwechselbaren Taschen lauert, aber gleichzeitig leuchtet aus ihm das große Versprechen, das der ansehnliche Gewinn einlösen wird. Meist endet die Jagd nach dem großen Geld, dem Gerechtigkeitssinn des Publikums gehorchend, im Gefängnis oder mit dem Tod, nur ganz selten gelingt der große Coup. In Sam Peckinpahs *Getaway*[159] schaffen die Helden das Unmögliche. In buchstäblich letzter Sekunde können sie sich nach einer abenteuerlichen Flucht mit einem alten Müllauto über die mexikanische Grenze, das Utopia aller Outlaws, retten. Schmutz und Dreck führen ans Ziel der Odyssee, der Geschmack des Verbotenen, Leeren bleibt am Geld und seinen beiden Protagonisten haften.

In ähnlicher Weise hat Sergio Leone in seinem epischen Italo-Western *Il buono, il brutto, il cattivo*[160] die hässliche Fratze der Geldsucht herausgearbeitet. Drei in ihrer Herkunft, Moralität und Lebensweise völlig unterschiedliche Männer sind einer Regimentskasse hinterher, die in den Bürgerkriegswirren auf Seiten der Südstaaten verloren gegangen ist und irgendwo auf einem Soldatenfriedhof versteckt liegt. Jeder der drei Banditen weiß etwas über diese 200 000 Dollar-Truhe, aber nicht das Ganze. In der finalen, alles entscheidenden Szene rennt Tuco (der Brutale: Eli Wallach) durch das weitläufige,

---

sprechens tauschen sie nun nicht klassische Symbole wie Uhren, Ketten oder Ringe aus, sondern zwei besondere Geldstücke. Damit erhalten diese eine besondere Bedeutung, ähnlich der von klassischen Symbolen, bleiben aber der Gefahr ausgesetzt, dass sie wieder in das Tauschverhältnis eingespeist werden. Die Beziehung von Resli und Anne Mareili scheitert nach den Vorstellungen des Brautvaters am mangelnden Geld der Bräutigamfamilie und nicht an mangelnder Liebe. Das Geld als etwas Sekundäres, Materielles und Abgeleitetes tritt an die erste Stelle, an die Stelle der Liebe – und wird dadurch, durch seine falsche Positionierung, zur Gefahr. Jochen Hörisch schreibt zu diesem Roman: „Der Text ist angetreten, um den ursprünglichen, den in jeder Weise primären Geist (Gottes) gegen die Welt des Sekundären zu verteidigen, deren Inbegriff das Geld ist. Seine argumentative Grundfigur ist offensichtlich: sofern Geld in der rechten, gottgefälligen Weise verwendet wird, sofern es sich dem »Geist« fügt, sofern es sekundär bleibt, ist es nicht zu beanstanden; wenn es sich aber verselbständigt, wenn es vergißt, daß es bloßes Supplement ist, wenn es den Platz des primären Geistes einnimmt, so wird es satanisch." (Hörisch, Jochen, Dekonstruktion des Geldes. Die Unvermeidbarkeit des Sekundären, in: Wetzel, Michael/Rabaté, Jean-Michel (Hg.), Ethik der Gabe. Denken nach Jacques Derrida, Berlin 1993, 173-182, 179).

[158] Exemplarisch seien genannt: Händler, Ernst Willhelm, Wenn wir sterben, Frankfurt 2002; Röggla, Kathrin, Wir schlafen nicht, Frankfurt 2004; Vanderbeke, Birgit, Geld oder Leben, Frankfurt 2005; Gopegui, Belén, Die Eroberung der Luft, Zürich 2001; Franzen, Jonathan, Die Korrekturen, Reinbek 2002.

[159] 1972, mit Ali McGraw und Steve McQueen als Hauptdarsteller.

[160] Die englische Fassung trägt den Titel *The Good, the Bad and the Ugly* (wörtliche Übersetzung aus dem Italienischen), während der Film in deutschsprachigen Ländern unter dem unsachgemäßen Titel *Zwei glorreiche Halunken* bekannt ist. Musik: Ennio Morricone; Hauptdarsteller: Clint Eastwood, Lee van Cleef und Eli Wallach, Produktion: Italien/Spanien 1966.

unendlich groß erscheinende Gräberfeld, um nach einem entscheidenden Hinweis die gesuchte Stelle zu finden. Er läuft und läuft, kann es kaum noch erwarten, das Grab mit der Truhe auszuschaufeln. Seine eigene Welt beginnt sich immer schneller zu drehen, die Kamera fängt dieses Rasen durch eine innere Kamera ein, sie wechselt zwischen innen und außen, als Zuschauer wird einem die subjektive Perspektive des Tuco vermittelt, der nichts mehr erkennen kann, weil sich alles zu drehen beginnt. Dieser permanente Wechsel zwischen bewegender innerer Kamera und äußerer, nüchtern erzählender Kamera verleiht der Szene eine beispiellose Dramatik. Als Tuco die Kiste endlich entdeckt hat (das Bild stillsteht) und er zu graben beginnt, taucht der Blonde (der Gute: Clint Eastwood) auf – und kurz darauf Sentenza (der Böse: Lee van Cleef). Zu dritt stehen sie vor dem vermeintlichen Grab mit der Regimentskasse. Es kommt zum Showdown zwischen den Dreien, den Sentenza verliert. Er fällt, zu Tode getroffen, in ein offenes Grab. Nun geht es zwischen dem Blonden und Tuco um die brüderliche Aufteilung der Beute. Tuco macht sich nun daran, in atemlosem Tempo das richtige Grab auszuheben. Überglücklich schlägt er einen Geldsack auf und schreit vor Freude. Doch der Blonde hat inzwischen an einem Baum einen Strick befestigt und der mehrfach Verurteilte, nur durch die Hilfe des Blonden dem Tod entkommene Tuco muss nun gefesselt auf ein Grabkreuz steigen und seinen Hals in die Schlinge legen. Während der Blonde seinen Anteil (nicht das Ganze!) nimmt und wegreitet, balanciert Tuco am Grabkreuz und sieht das viele Geld vor sich liegen, das ihm aber unerreichbar bleibt. Doch plötzlich schießt der Blonde aus einiger Entfernung wieder das Seil durch, Tuco fällt zu Boden und schlägt hart mit dem Kopf auf einem Geldsack auf (Zeitlupe). Tuco überlebt und flucht und brüllt, denn als gefesselter Killer, steckbrieflich gesucht, allein in den Weiten des Südens, ohne Pferd und in der Trostlosigkeit des Bürgerkriegs, wird ihm das ganze Geld nichts nützen. Geld oder Leben, es scheint, dass ihm keines von beidem wirklich geblieben ist. Im Film bleibt offen, wie Tucos Geschichte weitergeht.

Die diabolische Macht des Geldes wird auch in einem späten Meisterwerk des französischen Regisseurs Robert Bresson eindrucksvoll gezeichnet. In *L'Argent* (1983) gelangt eine lapidare, gefälschte 500-Francs-Note durch Zufall zu einem jungen Heizöllieferanten und löst weitere Verwerfungen aus, die ihn ins Gefängnis bringen. Nach seiner Entlassung wird er zu dem, wozu ihn die Gesellschaft bereits vorher gestempelt hat, nämlich zu einem Mörder, der an der Familie, die ihn aufgenommen hat, ein Massaker verübt. Diese auf Tolstois Erzählung *Der gefälschte Kupon* basierende Geschichte stellt das fortgeschrittene, zerstörerische Potential des Geldes vor, das auch durch menschliche Werte und Anstand nicht gebändigt werden kann.[161]

---

[161] Von einer ganz anderen Seite nähern sich dieser Diabolik des Geldes Filme, die im Kontext der gegenwärtigen Kapitalismuskritik und der sich ausbreitenden Finanzkrise entstanden sind. Neben zahlreichen preisgekrönten Dokumentarfilmen (man denke nur an Erwin Wagenhofers *We Feed the World*, Österreich 2005, *Let's make MONEY*, Österreich 2008) wird diese Problematik auch in Spielfilmen zusehends reflektiert. In einer intensiven Bildersprache wird gezeigt, wie dramatisch sich ein plötzlicher Einkommensverlust oder kontinuierlich abnehmende finanzielle Ressourcen auf das Leben der Menschen und ihre Beziehungen auswirken können. Bei-

Diese dunklen Seiten sind seit jeher ein ergiebiges Motiv für die breit gefächerte Geldkritik gewesen. Bereits Sophokles lässt Kreon in seiner *Antigone* klagen: „Denn kein so schmählich Übel wie das Geld erwuchs den Menschen"[162]. Die Argumente und Einwände, die bereits für die Antike breit dokumentiert sind, haben sich seither weder von der Diktion, noch vom Inhalt her wesentlich verändert. Geld verdirbt den Charakter, fördert Gier, Betrug und ein lasterhaftes Leben, bringt Kälte und Berechenbarkeit in die Gesellschaft, und entfremdet den Menschen von sich selbst und seinen wirklichen Bedürfnissen.

Der Entfremdungscharakter des Geldes ist ein wichtiger Topos in den verschiedenen psychoanalytischen Theorien.[163] Sigmund Freud hat in *Charakter und Analerotik* auf die enge Verflechtung zwischen Geldstruktur und den menschlichen Ausscheidungen hingewiesen.[164] Nicht zufällig haben archaische Kultur, Mythos Märchen, unbewusstes Denken, Traum und Neurose das Geld „in innigste Beziehung zum Drecke gebracht"[165]. Die Analerotik zählte Freud zu jenen Komponenten des Triebes, die durch Kultur, Moral etc. aus der erlaubten Zone des Sexuellen gedrängt wurden und daher sublimiert werden mussten. Charaktereigenschaften wie Ordentlichkeit, Sparsamkeit und Eigensinn sind oft naheliegende und äußerst konstante Konsequenzen der Sublimierung der Analerotik. Im Gefolge von Freud hat die Psychoanalyse unterschiedlichste Theorieansätze über die psychischen und unbewussten Ursachen des Geldverhältnisses entwickelt, wobei sie die Ursachenketten eng an die realen gesellschaftlichen Verhältnisse band. Ernest Borneman, der ein Kompendium

---

spielhaft seien genannt: *It's A Free World* (Ken Loach, GB 2007), *Giorni E Nuvole (Tage und Wolken*; Silvio Soldini, Italien/Schweiz 2007) sowie *Jerichow* (Christian Petzold, Deutschland 2008).

[162] Sophokles, Antigone 295f (aus dem Griechischen übersetzt von Alfred S. Kessler, Würzburg 1985). Marx hat diese Passage gerne zitiert, z.B. in: Das Kapital 1 (MEW 23,146).

[163] Wie nur wenige andere hat Erich Fromm den Entfremdungscharakter des Geldes hervorgehoben. So wie in der kapitalistischen Welt die Bedürfnisse nicht Ausdruck der menschlichen, sondern nur der aufgezwungenen, entfremdeten Bedürfnisse sind, so steht das Geld als Symbol für die unermessliche und unbegrenzte Bedürfnisstruktur, die mit dem Grad der Erfüllung steigt. An Marx anknüpfend, formuliert Fromm: „Mit der Masse der Gegenstände wächst daher das Reich der fremden Wesen, denen der Mensch unterjocht ist, und jedes neue Produkt ist eine neue *Potenz* des wechselseitigen Betrugs und der wechselseitigen Ausplünderung. Der Mensch wird um so ärmer als Mensch, er bedarf um so mehr des *Geldes*, um sich des feindlichen Wesens zu bemächtigen, und die Macht seines *Geldes* fällt gerade in umgekehrtem Verhältnis als die Masse der Produktion, das heißt seine Bedürftigkeit wächst, wie die *Macht* des Geldes zunimmt. – Das Bedürfnis des Geldes ist daher das wahre, von der Nationalökonomie produzierte Bedürfnis und das einzige Bedürfnis, das sie produziert." (Fromm, Erich, Das Menschenbild bei Marx. Die Entfremdung, in: GA 5, hg. v. Funk, Rainer, München 1989, 374f)

[164] Freud, Sigmund, Charakter und Analerotik, in: Gesammelte Werke 7, hg. v. Freud, Anna, Frankfurt ⁴1966, 203-209.

[165] Freud, Sigmund, Charakter und Analerotik 207. Als Beispiel führt Freud das Gold an, das sich in Dreck verwandelt, nachdem es der Teufel geschenkt hatte, den Aberglauben, dass das Auffinden von Schätzen mit der Defäkation verbindet oder den „Dukatenscheißer" im Märchen *Tischlein deck dich*. Freud geht noch weiter: „Ja, schon in der altbabylonischen Lehre ist Gold der Kot der Hölle, *Mammon = ilu manman*." (208; mit Verweis in der Fußnote auf Jeremias, Alfred, Das Alte Testament im Lichte des Orients, Leipzig ²1906, 216; sowie auf Ders., Babylonisches im Neuen Testament, Leipzig 1905, 96).

psychoanalytischer Geldtheorien vorgelegt hat, schrieb in seinem Resümee, das nicht zufällig den Titel *Der Midaskomplex* trägt: „Alles, was wir in dieser Arbeit über die pathogenen Eigenschaften des Geldes und des Geldinteresses gelernt haben, muß umgemünzt werden in eine Psychotechnik zur Überwindung des Geldes, zur Überwindung der Kapitaltyrannei, zur Einübung in eine Gesellschaft frei von der Diktatur des Geldes. [...] Aus der Psychoanalyse des Kapitals muß eine Psychotechnik zur Verhinderung des Kapitalismus werden. Aus der Analyse des Geldes muß eine Therapie zur Heilung des Geldinteresses erwachsen."[166] Bornemans programmatischer, tief ins Prophetische eintauchender Text ist ein leidenschaftliches Plädoyer für das revolutionäre Potential, das in den psychoanalytischen Traditionen enthalten ist und seiner Entfaltung noch weitgehend harrt.

3.2 Die Doppelrolle des Geldes – Ökonomische Funktion und transmonetäre Bedeutung

Die bisherigen Überlegungen haben gezeigt, dass der Begriff und das Verständnis von Geld elementar von den jeweiligen Reflexions- und Symbolsystemen bestimmt sind, von den Blickwinkeln und Hintergrundüberzeugungen, die in den einzelnen Wissenschaften und Interpretationsformen die Erkenntnis strukturieren. Alle Versuche, eine Definition von Geld zu bieten, können daher wahr und treffend nur im Verhältnis zu den Rahmenbedingungen sein, in denen sie formuliert werden. Jede Definition besitzt gleichzeitig blinde Flecken, kann die Rückseite der Medaille nur abgeblendet oder in Bruchteilen erkennen. In der Aneinanderreihung der verschiedenen Ansätze und Theorien entstand ein flächiges, buntes Panorama, in dem die verschiedenen Geldaspekte noch weitgehend unverbunden nebeneinander positioniert sind. Bemerkenswert erscheint jedoch, dass in den diversen Systematisierungen von der religiösen Signifikanz des Geldes kaum die Rede ist. Nur in wenigen Ansätzen wird sie reflektiert bzw. untersucht.[167] Dabei lassen sich Religionen auch als Kontingenzformen interpretieren, um die Macht des Geldes zu begrenzen, um elementare Unterscheidungen in seinen Begriff einzutragen, um eine Entfesselung und Abkopplung von den menschlichen Bedürfnissen zu verhindern.[168] Umso mehr überrascht es, dass der Blick in theologische Debatten weitgehend entfällt. Doch wie sollte die These vom Kapitalismus als Religion und vom Geld als neuem

---

[166] Borneman, Ernest, Psychoanalyse des Geldes. Eine kritische Untersuchung psychoanalytischer Geldtheorien, Frankfurt 1977 (Zitat 458). Viel diskutiert und gelesen wurden in diesem Kontext auch Kurnitzky, Horst, Triebstruktur des Geldes. Ein Beitrag zur Theorie der Weiblichkeit, Berlin 1974 sowie: Ders., Versuch über Gebrauchswert. Zur Kultur des Imperialismus, Berlin 1970.

[167] Eine große Ausnahme stellen die soziologischen Arbeiten von Christoph Deutschmann und Dirk Baecker dar (vgl. Deutschmann, Christoph, Die Verheißung des absoluten Reichtums; Ders. (Hg.), Die gesellschaftliche Macht des Geldes; Baecker, Dirk (Hg.), Kapitalismus als Religion, Berlin 2003).

[168] Vgl. Hinkelammert, Franz Josef, Die ideologischen Waffen des Todes. Zur Metaphysik des Kapitalismus, Freiburg 1985.

Gott unserer Zeit ein theoretisches Fundament erhalten, wenn die Erfahrungsmuster der Religionen und die theologische Reflexion ausgeblendet werden?

Als kleinster gemeinsamer Nenner aller ökonomisch orientierten Definition hat sich die Formel erwiesen: Alles, was die Funktion eines Tausch- und Wertaufbewahrungsmittels sowie einer Recheneinheit erfüllt, ist Geld. Zugleich entpuppte es sich als Desiderat, diese Bestimmung aufzusprengen und zu erweitern, weil in ihr die zusätzlichen, transmonetären Dimensionen und Funktionen des Geldes nicht ausgeschöpft sind. Soziologie, Psychoanalyse, Geschichtswissenschaften und viele andere Wissenschaften sowie symbolische Formen der Weltdeutung versuchen diese mehr oder minder versteckten Rückseiten auszuleuchten. Geld, so hat sich gezeigt, ist auch ein gesellschaftliches Strukturprinzip mit hoher integrativer Kraft. Die Objektivierung der Dinge nach ihrem Tauschwert, das verlässliche und für alle gleich gültige Wertbarometer, entlastet „die Gesellschaft von Menschlichkeiten wie Haß und Gewalt."[169] Geld repräsentiert im eigentlichen Sinne des Wortes ein *Vermögen*, in dem es nicht nur das Äquivalent einer bestimmten Warensumme repräsentiert, sondern zugleich auch den Wert der Wahlfreiheit zwischen unbestimmt vielen derartigen Objekten, also ein Plus, für das es innerhalb der Warenwelt und Arbeitswerte kaum vergleichbare Analogien gibt. An diesem Mehrwert des Geldes als Vermögen hängt die ganze Intensität der menschlichen Gefühle und Bedürfnisse, durch ihn vermitteln sich seine Potentialitäten, Gefährdungen und Missverständnisse und werden die Möglichkeiten der gesellschaftlichen Partizipation strukturiert. Geld symbolisiert eine göttliche Macht. Als ein Äquivalent persönlicher Freiheit konstituiert es, ähnlich wie der religiöse Glaube, Identität und eröffnet lebensnotwendige Handlungsspielräume. Das hat niemand eindringlicher beschrieben als Dostojewski in seinen *Aufzeichnungen aus einem Totenhaus*[170]: „Die ganze Bedeutung des Wortes „Sträfling" bezeich-

---

[169] Bolz, Norbert, Die Wirtschaft des Unsichtbaren 206 (vgl. auch: Ders., Die Wirtschaft des Unsichtbaren. Spiritualität – Kommunikation – Design – Wissen: Die Produktivkräfte des 21. Jahrhunderts, München 1999; Ders., Die kultivierende Kraft des Geldes, in: der blaue reiter. Journal für Philosophie Nr. 11 (1/2000) 37-44). Ähnlich ist die Argumentation von Bolz in seinem Buch *Das konsumistische Manifest* (München 2002). Der moderne Konsum, so Bolz, ist eine unblutige Form, sich Anerkennung zu verschaffen. Der konsumierende Mensch hängt sein Herz nicht an Ideologien oder (fundamentalistische) Religionen, sondern an den profanen Kaufakt um schöne, erstrebenswerte Waren. Als Heilmittel gegen den weltweit wachsenden Fundamentalismus empfiehlt Bolz weniger die Förderung von Demokratie und Menschenrechten in den so genannten Risikostaaten als vielmehr den Export einer konsumistischen Attitüde. Marktliberalismus und Konsumismus als säkularisierte Religion geben die Garantien einer friedlichen Gesellschaft und sind die beste Antwort auf die fundamentalistische Versuchung. Bolz verwechselt aber Ursache und Wirkung. Der „Marktliberalismus" ist weniger die Lösung des Fundamentalismus als vielmehr eine seiner Quellen. Eine Apologie des Marktglaubens setzt genau den säkularisierten Messianismus fort, der den konsumfeindlichen Gotteskriegern vorgeworfen wird.

[170] Dostojewski, Fjodor M., Aufzeichnungen aus einem Totenhaus (und drei Erzählungen), München/Zürich 1980. Darin schildert Dostojewski seine Erfahrungen im Ostrogg und reflektiert an mehreren Stellen auch die Bedeutung des Geldes, das in den bedrückenden Verhältnissen eines Straflagers „eine ungeheure Bedeutung, ja sogar Macht" innehatte (124). Ein Sträfling, der etwas Geld besaß, litt zehnmal weniger als einer, der gar keines besaß. Hätten die Sträflinge keine Möglichkeit gehabt, eigenes Geld zu besitzen (was natürlich offiziell streng verboten war),

net einen Menschen ohne Willen, verschwendet er aber Geld, so handelt er nach *eigenem Willen*."[171] Wer Geld hat, ist nicht nur frei, er *weiß* sich auch frei. Geld ist einem berühmten Wort Dostojewskis zufolge *geprägte Freiheit*[172]. Freiheit und Knechtschaft, Macht und Trieb, Aufstieg und Verderben, Glück und Unglück, der gesamte menschliche Gefühlshaushalt und die wichtigsten gesellschaftlichen Werthierarchien bündeln sich in diesem unscheinbaren, sich immer stärker abstrahierenden Zeichen.

Die zu Beginn des Kapitels exemplarisch vorgestellten Brennpunkte dokumentierten die oft verborgene und unscheinbare religiöse Signifikanz des Geldes. Sie machten zugleich deutlich, dass in vielen Angelegenheiten des Geldes gleichzeitig religiöse Fragen angesprochen und implizit verhandelt werden. Umgekehrt zeigt sich wiederum, dass die Gottesfrage nicht getrennt oder losgelöst von den Zeichen der Zeit diskutiert werden kann. Die Rede von Gott ist relativ zu den gesellschaftlichen Herausforderungen und existenziellen Selbstvollzügen, sie sind ihr ein konstitutives Gegenüber. Von daher lassen sich der spezifische Ort und die Aufgaben der Theologie im kulturellen Kontext der Moderne näher bestimmen. Die Theologie beteiligt sich mit ihrem Reflexionspotential im Feld der Wissenschaften und am allgemeinen, gesellschaftlichen Erkenntnisprozess, den sie kritisch begleitet und in den sie das Proprium der christlichen Botschaft offensiv einbringt. Diese Funktion nach außen kann sie nur erfüllen, wenn auch die Aufgaben nach innen erledigt werden. Die

---

„so wären sie entweder irrsinnig geworden, oder sie wären wie die Fliegen gestorben – ungeachtet dessen, daß für sie in allem gesorgt war – oder, schließlich, sie hätten unerhörte Verbrechen begangen, die einen aus Schwermut, die anderen, um irgendwie so schnell wie möglich vernichtet, hingerichtet zu werden, oder einfach um irgendwie »das Schicksal zu ändern«, wie der technische Ausdruck lautete" (124). Geld erleichterte das Lagerleben. Wer sehr viel besaß, konnte einen Wachsoldaten bestechen und in seiner Begleitung statt zur Arbeit heimlich in die Vorstadt gehen, um ein Bordell zu besuchen. In der Regel wurden dort große Summen verjubelt, aber für Geld „verachtet man selbst einen Arrestanten nicht" (73).

[171] Dostojewski, Fjodor M., Aufzeichnungen 125. Für Dostojewski erklärt das auch die sonderbare Tatsache, dass Häftlinge ihr äußerst mühsam und unter lebensgefährlichen Umständen erworbenes Geld oftmals verschleudert haben. Sie verschleudern es, weil in ihm ein noch höheres Gut aufscheint: die Freiheit oder auch nur ihre erträumte Form.

[172] „Geld ist gemünzte Freiheit und daher für einen Menschen, der jeder Freiheit beraubt ist, zehnmal wertvoller als für einen Freien. Wenn es nur in seiner Tasche klimpert, ist er schon halbwegs getröstet, selbst wenn er es nicht einmal ausgeben kann." (Dostojewski, Fjodor M., Aufzeichnungen 33). In ähnlicher Weise hat Ryszard Kapuscinski in seiner unvergleichlichen Parabel über den äthiopischen Kaiser Haile Selassie diese transmonetäre Macht des Geldes eingefangen, indem eine Person (niemand wird hier namentlich genannt) zu ihm sagt: „Ein leeres Kuvert! Herr Kapuczycky, wissen Sie überhaupt, was Geld in einem armen Land bedeutet? Geld in einem armen Land und Geld in einem reichen Land, das sind zwei grundverschiedene Dinge. In einem reichen Land ist Geld nur ein Wertpapier, für das man auf dem Markt etwas kaufen kann. Sie sind einfach ein Käufer, sogar ein Millionär ist nur ein Käufer. Er kann mehr kaufen, aber er bleibt doch ein Käufer und sonst nichts. Aber in einem armen Land? In einem armen Land ist das Geld eine wunderbare, dichte, frische, mit ewigen Blüten besetzte Hecke, die Sie gegen alles abschirmt. Durch diese Hecke sehen Sie nicht die schreiende Armut, spüren Sie nicht den Gestank des Elends, hören Sie nicht die Stimmen aus den menschlichen Tiefen. Aber gleichzeitig wissen Sie, daß das alles existiert, und Sie sind stolz auf Ihre Hecke. Sie haben Geld, das bedeutet, Sie haben Flügel. Sie sind ein Paradiesvogel, den jeder bewundert." (Kapuscinski, Ryszard, König der Könige, Frankfurt 1995, 66)

Theologie wird daher versuchen, im Lichte des Glaubens und auf der Basis ihres eigenen Symbolsystems die Macht und Bedeutung des Geldes zu beschreiben. Aber sie kann das nur in Korrelation und im Blick auf andere Symbolwelten und deren Erkenntnissen. Denn die verschiedenen Aspekte des Geldes bilden keine Aneinanderreihung unverbundener Momente, sondern stehen miteinander in Wechselwirkung, definieren und erläutern sich gegenseitig: sie zeigen ein engmaschiges Netz, in dem unterschiedlichste Fäden miteinander verknüpft sind. Das folgende Kapitel wird nun einen Einblick in theologische Versuche über das Geld bieten und fragen, welche Dimensionen des Geldes darin zur Sprache kommen, welchen Beitrag die Theologie für ein besseres Verständnis und für eine humanere Gestaltung dieser geheimnisvollen Macht leisten kann.

II *ABEGOTT* UND *SEGEN*. THEOLOGISCHE VERSUCHE ÜBER DAS GELD

Die Theologie hat in ihrer langen Geschichte der Auseinandersetzung mit dem Geld im Grunde drei Typen entwickelt, um das Gott-Geld-Verhältnis beschreiben zu können. Neben einem *neutral-ignorierenden* Ansatz, der keine wesentlichen Berührungspunkte zwischen den beiden Größen Gott und Geld erkennt, wurden noch ein *affirmativ-identifizierendes* und ein *negativ-exklusivierendes* Modell entwickelt. Hauptkennzeichen der affirmativ-identifizierenden Traditionslinie ist die Überzeugung, dass ohne das Bedeutungs- und Vertrauensreservoir des religiösen Glaubens die hochkomplexen Ökonomien der Gegenwart nicht funktionierten.[1] Sie versucht die enge und in der Regel fruchtbare Beziehung zwischen dem religiösen und dem ökonomischen System aufzudecken, ihre Kongruenzen herauszustellen, um damit das Geld als eine dem christlichen Glauben kompatible Macht zu begründen. Ganz anderes intendieren die Denkschulen des komplementären Modells, der negativ-exklusivierenden Verhältnisbestimmungen. Sie entdecken einen schneidenden Gegensatz zwischen der religiösen und der ökonomischen Grammatik. Das Geld als das Zentralsymbol eines ökonomischen Paradigmas, so der Hauptvorwurf, ist an die Stelle Gottes getreten, es ist zu einer *neuen alles bestimmenden Wirklichkeit* (Thomas Ruster), zum neuen Gott unserer Zeit geworden. Dieses Kapitel möchte nun entlang der drei Modelle einen Einblick in wichtige theologische Argumentationsmuster und Blickwinkel geben, ihre jeweiligen Vorzüge und Probleme erörtern, um dadurch das Anforderungsprofil einer Verhältnisbestimmung zu schärfen, die zum einen der gesellschaftlichen Macht des Geldes gerecht wird, zum anderen aber auch in der Auseinandersetzung mit dieser neuen Macht die spezifische Bedeutung des Christlichen unverkürzt zur Sprache bringen kann.

1 Eine tugendethische und ontologische Reflexion: Thomas von Aquins *De avaritia*

Es beginnt mit der ersten systematischen Reflexion, jener des Thomas von Aquin, der einerseits noch gänzlich im moralischen Paradigma der frühen

---

[1] Jochen Hörisch hat dieses Bedingungsgefüge anhand zahlreicher literarischer Beispiele nachgezeichnet. Die Strukturgleichheit von Hostie und Münze verweist auf eine enge ontosemiologische Verbindung zwischen diesen beiden Medien. Wie das Brot der Eucharistie stellt auch das Geld in der Ökonomie eine funktionale Korrelation zwischen abstrakten Werten und konkreten Gütern, zwischen Sinn und Seiendem her. „Die Deckung dieser ungeheuren, enge ökonomische Funktionen in jeder Weise transzendierenden Leistung bezieht Geld in aller Regel aus genau der Sphäre, für deren Erosion es sorgt – aus der religiösen." (Hörisch, Jochen, Kopf oder Zahl. Die Poesie des Geldes, Frankfurt 1996, 33)

Kirche denkt, sich aber andererseits bereits um explizit systematisch-theologische Argumente bemüht.[2] Unverkennbar spiegeln sie die veränderten gesellschaftlichen Verhältnisse des 13. Jahrhunderts, ohne sie im Übrigen explizit zu thematisieren.[3] Thomas untersucht das Geld noch primär unter der moraltheologischen Kategorie der Habgier (*avaritia*), aber seine Argumente zeigen, dass er das Geld als Fragestellung bereits an den im engeren Sinne systematisch-theologischen Kontext heranrückt und als eine außergewöhnliche Macht denkt, da es sich der Regulierung durch die Ethik tendenziell entzieht. Explizit wird das Verhältnis von Gott und Geld bei Thomas an keiner einzigen Stelle zur Sprache gebracht. Das liegt zunächst einmal daran, dass die spätmittelalterliche Theologie im Zug der Aristotelesrezeption metaphysisch-ontologische Fragestellungen, insbesondere die nach dem Sein und Wesen Gottes, in den Vordergrund spielte. Sodann bestimmte die in der frühen Kirche entwickelte und vor allem von Augustinus entfaltete individualethische Perspektive die Blickrichtung auf Mensch und Welt, insofern allein der Gebrauch des Geldes (*usus*) die entscheidende Kategorie sei, die über die moralische Qualität des Verfügers entscheide. Augustinus formulierte mit der wohl auf Cicero und Seneca zurückgehenden Unterscheidung von *uti* und *frui* ein grundlegendes Kriterium, das in seiner konsequenten Orientierung an der ewigen Glückseligkeit einen verlässlichen Kompass bot, zu den Dingen dieser Welt in ein dem Willen Gottes entsprechendes Verhältnis zu treten: „Genießen heißt, einer Sache um ihrer selbst willen in Liebe anzuhängen; gebrauchen aber heißt, das, was in Verwendung kommt, auf das zu beziehen, was man erlangen möchte, falls es denn der Liebe wert ist."[4] Auch wenn nur Gott der eigentliche „Gegenstand" (*res*) des Genusses sein kann, so dürfen die Dinge dieser Welt dennoch nicht utilitaristisch auf dieses Ziel hingeordnet werden, zeigt sich doch der Schöpfer auch in den Dingen dieser Welt und diese erhalten damit einen Eigenwert.[5] Die konkreten Möglichkeiten des Geldgebrauchs blieben noch sehr beschränkt, weil die damalige ökonomische Struktur noch weitgehend konsumptiv geprägt und subsistenzorientiert war. Güter wurden erzeugt und getauscht, um die (lebens)notwendige Grundversorgung sicherstellen zu können, nicht um Investitionskapital zu akkumulieren (Erwerbskunst des Hausverwalters). Geld war primär ein wichtiges und notwendiges Mittel, ein zeitliches

---

[2] Zur Bedeutung des Geldes bei den Kirchenvätern und in der Alten Kirche vgl. den informativen Eintrag im RAC (Bogaert, Raymond, Art. Geld, in: RAC 9, Stuttgart 1976, 797-907).

[3] Einen informativen und umfassenden Einblick bieten u.a. die Arbeiten von Georges Duby und Jacques Le Goff. Vgl. insbesondere Duby, Georges, Krieger und Bauern. Die Entwicklung der mittelalterlichen Wirtschaft und Gesellschaft bis um 1200, Frankfurt 1984; Ders., Europa im Mittelalter, Stuttgart 1986; Ders., Die Zeit der Kathedralen. Kunst und Gesellschaft 980–1420, Frankfurt⁶1972; Le Goff, Jacques, Wucherzins und Höllenqualen. Ökonomie und Religion im Mittelalter, Stuttgart 1988.

[4] Augustinus, De doctrina christiana 1,4 (CChr.SL XXXII, 8): „Frui est enim amore inhaerere alicui rei propter se ipsam. Uti autem, quod in usum venerit, ad id, quod amas obtinendum referre, si tamen amandum est." (eigene Übersetzung)

[5] Zum Stellenwert der Dinge in der Schöpfungstheologie vgl. Winkler, Ulrich, Vom Wert der Welt. Das Verständnis der Dinge in der Bibel und bei Bonaventura. Ein Beitrag zu einer ökologischen Schöpfungstheologie (Salzburger Theologische Studien 5), Innsbruck 1997.

1 Eine tugendethische und ontologische Reflexion: *De avaritia* 79

Gut, das jedoch nur in beschränktem Rahmen Verwendung fand und aufgrund seiner Fälschungsanfälligkeit höchst instabil und risikoreich war, weshalb ihm auch von dieser Seite Misstrauen und Skepsis entgegenschlug. Es gab weitläufige Handelsrouten und intensive Tauschbeziehungen, aber sie betrafen nur eine relativ kleine Gruppe von Menschen. So entspricht es durchaus einer gewissen Logik, wenn Thomas die Frage nach dem Geld primär an die moraltheologische Abteilung delegierte und die damals hoch umstrittene Frage des Zinsverbotes im Kontext ökonomischer Gerechtigkeitsfragen diskutierte.[6] Dennoch wird das Thema Geld nicht allein der Ethik überlassen, sondern erhält auch einen Platz im engeren systematisch-theologischen Kontext, insofern Thomas die möglichen Gefahren einer expandierenden Geldwirtschaft für den Gottesglauben bereits analysieren und auf sie reagieren möchte.

Während der Dominikanertheologe in seiner in der Frühphase der *Summa Theologica* erschienen Schrift *De regimine principium* (1267)[7] nur allgemeine Empfehlungen zum rechten Gebrauch des Geldes gibt und die „politische" Verantwortung für das Geldwesen als eine wichtige, dem Fürsten obliegende Aufgabe bezeichnet, wird das Thema in der *Summa* ausführlicher diskutiert, wobei hier der Bezug zur Gottesfrage Interesse weckt. Im zweiten Teil des zweiten Buches, in dem Thomas die Tugenden und ihre Gefährdungen erörtert, finden sich in der 118. Quaestio ausführliche Erörterungen über die Habsucht (*avaritia*), die als eine der möglichen Konsequenzen und Ausdrucksformen des Geldwesens vorgestellt wird.[8] Dabei definiert Thomas die Habsucht zunächst als das übergebührliche Verlangen nach Geld (*aviditas aeris*), sodann grundsätzlicher als die begierliche Hinordnung zu äußeren Gütern, weshalb er auch von einer „übermäßigen Besitzliebe" sprechen kann, vom *immoderatus amor habendi* (Art. 1). Die den Menschen des Hochmittelalters vor Augen stehenden, relativ milden Formen der Habsucht als Geldliebe lassen noch nichts vom Potential erahnen, das dem Gottesglauben durch die spätere Zentralstellung des Geldes erwachsen wird. Daher erfolgen die Reflexionen über die Auswirkungen der Geldliebe zunächst ausschließlich im Rahmen einer individuellen Sündenmoral. Wohl stört ein habsüchtiges Verhalten die rechte gesellschaftliche Ordnung und behindert eine vorbehaltslose Hinwendung zu Gott, aber dennoch dürfe man sie nicht als unüberbietbar schwere, dem Götzendienst vergleichbare Sünde (*maximum peccatorum*) betrachten. Denn die Hinwendung zu anderen Göttern, also die Sünde gegen Gott, zählt zu den allerschwersten Sünden: *peccatum quod est contra Deum est gravissimum* (Art. 5). Gott betreffende Sünden folgen nach- oder untergeordnet die Sünden gegen die Person des Menschen und schließlich die Sünden gegen die äußeren Dinge, also gegen jene Güter und Formen, die dem Menschen zum verantwortungsvollen Gebrauch gegeben und anvertraut sind. Doch nicht nur im Hinblick auf die Hierarchie der angestrebten Güter, auch von der Intensität des Strebens her

---

[6] Vgl. dazu Steuer, Günther, Studien über die theoretischen Grundlagen der Zinslehre bei Thomas v. Aquin, Stuttgart 1936.
[7] Thomas von Aquin, Über die Herrschaft der Fürsten (revidierte Übersetzung von Ulrich Matz), Stuttgart 1990.
[8] STh 2-2, q. 118.

zeigen sich im Objektbezug der Habsucht qualitative Unterschiede: Je niedriger ein Gut angesiedelt ist, desto leichter wiegt die Sünde. Und von allen menschlichen Gütern stehen die äußeren, materiellen Dinge auf der untersten Ebene. Zur Todsünde (*peccatum mortalium*) wird die Habgier erst dann, wenn der Mensch wegen eines zeitlichen Gutes das ewige verachtet (*condemnit*).[9] Nun besteht für Thomas, ganz in der Tradition des Augustinus, das Ziel des Menschen in der eschatologischen, ewig glückseligen Schau (*visio beatifica*)[10], zu der er letztlich nur aus Gnade gelangen kann, auch wenn das Tun und Lassen des Menschen in dieses Erlösungsgeschehen Gottes miteinbezogen ist. Zur Erreichung dieses letzten Ziels dienen die verschiedenen Güter nicht als Selbstzweck, sondern allein um des Heils der Menschen willen. Ihm sind gemäß dem ewigen Ratschluss Gottes und je nach den konkreten Erfordernissen die Güter hin- und zugeordnet. Was ist nun der Maßstab, an dem sich der Wert der Güter messen lassen muss? Weil für Thomas die wirtschaftlichen Güter ihrer Natur nach keine Selbstwerte sind, sondern Funktionen, die zur Befriedigung zweier unterschiedlicher Bedürfnisse dienen, sind sie auch unterschiedlich zu bewerten: Dem Grundbedürfnis nach Sicherung des Existenzminimums ist früher und entschiedener zu entsprechen als den Bedürfnissen, die ein standesgemäßes Leben ermöglichen sollen. Wer nämlich seine Aufmerksamkeit hauptsächlich auf das alltägliche (Über)Leben legen muss, dem bleibt wohl weniger Zeit für das Sammeln von Schätzen und Sachgütern. Anders stellt sich die Lage dar, wenn darüber hinaus ein standesgemäßes Leben Maßstab für die sittliche (Un)Erlaubtheit des menschlichen Strebens sein soll. Wohl ist sich Thomas bewusst, dass diese standesgemäßen Bedürfnisse sich ändern können und nicht von vornherein feststehen, dennoch bleibt bei ihm offen, worin sie bestehen und wie sie definiert werden können.[11] Das Maß der begierlichen Hinordnung zu den Gütern ist an den jeweiligen inneren Zielen und in Folge am letzten Ziel selbst zu nehmen, wodurch sich ein bestimmtes Ordnungsgefüge ergibt, in dessen Rahmen die Tugenden und Sünden ihren spezifischen Platz finden.[12] Diese wohlgeordnete Hierarchie ist allerdings nur im Rückgriff auf Thomas' Schöpfungstheologie zu verstehen. Im ersten Buch seiner Summe entwirft er das Bild einer universalen Ordnung, in der die Welt als geordnetes Ganzes erscheint und die souveräne Freiheit Gottes widerspiegelt. Von Gott und seiner Weisheit ist die Ordnung des Kosmos erstellt worden, alles was ist, ist auf ihn hingeordnet und wird auf ihn zurückgeführt: die Ordnung der Dinge auf seine Weisheit, die Rechtfertigung des Sünders auf seine Barmherzigkeit und Güte, die Schöpfung aber als die Hervorbringung allen Seins der Dinge auf seine Macht.[13] In diesem egressus-regressus-Schema, das der ganzen Schöpfung innewohnt, existieren die Menschen als die höchsten Geschöpfe

---

[9] STh 2-2, q. 118, art. 1.
[10] Vgl. dazu STh 2-2, q. 1, art. 8.
[11] Vgl. STh 2-2, q. 32, art. 6.
[12] STh 2-2, q. 118, art. 1: „bonum consistit in debita mensura".
[13] STh 1 q. 45, art. 6, ad 3. In 1, q. 11, art. 3 Resp. schreibt Thomas: „Omnia enim quae sunt, inveniuntur esse ordinata ad invicem, dum quaedam quibusdam deserviunt. Quae autem diversa sunt, in unum ordinem non convenierent, nisi ab aliquo uno ordinarentur."

1 Eine tugendethische und ontologische Reflexion: *De avaritia*

nicht als Monaden, sondern als freie Wesen. Denn mit der auch für Gott verbindlichen Ordnung werden Pluralität und Differenz zugleich mitgesetzt: Gott schafft, was er im Verstande als dem höchsten Gut bereits vorausgedacht hat, aus unbedingter Freiheit, nicht aus Notwendigkeit, weshalb Gott zuerst sich selbst erkennt. Daher muss er das, was von ihm verschieden ist, auch zuerst in sich selbst erkennen können.[14] Ein Verstand aber, der vieles erkennt, wird nicht in einem einzigen geschaffenen Wesen adäquat repräsentiert. Gott selbst setzt sich vollkommener gegenwärtig, „wenn er die vielen Geschöpfe der gesamten Seinsstufen hervorbringt, als wenn er nur ein einziges Geschöpf hervorgebracht hätte"[15]. Das Gut der Ordnung setzt also notwendig Pluralität voraus, und das bedeutet immer auch Ungleichheit, Differenz. Doch diese entspringt, wie erwähnt, nicht einem Zufall, einem Verdienst oder sonstigen Ursachen, ist kein Betriebsunfall der Schöpfung, sondern verdankt sich allein „der eigenen Absicht Gottes, der dem Geschaffenen die höchste Vollkommenheit geben wollte, die es nur haben konnte"[16]. Thomas untermauert diesen Gedanken noch durch einen Verweis auf den Schöpfungsbericht (Gen 1,31), in dem Gott sein abgeschlossenes Schöpfungswerk als *sehr gut* bezeichnet, während er hingegen die einzelnen Werke nur als *gut* qualifiziert.

Jedes Geschöpf dieser Welt ist um seiner eigenen Tätigkeit und Vollkommenheit willen da, zugleich aber auch in Hinordnung auf das nächst höhere und größere Ganze. Die weniger vornehmen Dinge existieren um der vornehmeren willen, die Geschöpfe (Tiere und Pflanzen) für die Menschen, die einzelnen Teile der Welt für die Vollkommenheit der ganzen Welt. „Darüber hinaus ist das ganze Weltall mit seinen einzelnen Teilen hingeordnet auf Gott als auf sein Ziel […]. Freilich haben die vernunftbegabten Geschöpfe darüber hinaus noch in ganz besonderer Weise Gott zum Ziel, den sie erreichen können durch ihre Tätigkeit, durch Erkennen und Lieben. Daraus geht hervor, dass die göttliche Gutheit das Ziel aller Lebewesen ist."[17] Wie ein Baumeister für einen Bau die gleichen Steine verwendet und sie doch verschieden bearbeitet, „mit Rücksicht auf die Vollendung des ganzen Baues, die nicht erreicht werden würde, wenn die Steine nicht in verschiedener Anordnung zum Bau zusammengefügt würden"[18], so hat auch Gott die verschiedenen Geschöpfe erschaffen, deren Pluralität und innerer Reichtum erst die Fülle der Schöpfung nach innen und außen repräsentieren. Thomas übernimmt hier den an der göttlichen Vorsehung und Gerechtigkeit orientierten kosmischen Ordo-Gedanken des Augustinus, der die Ordnung als die Verteilung gleicher und ungleicher Dinge entsprechend ihrem gebührenden Anteil definiert.[19] In diesem tragenden Rah-

---

[14] So Thomas in der *Summa contra Gentiles* 1, q. 49.
[15] ScG 2, 45.
[16] ScG 2, 45. Ähnlich auch die Argumentation in der *Summa Theologica* (1, q. 22, art. 1).
[17] STh 1, q. 65, art. 2.
[18] STh 1, q. 65, art. 2.
[19] Augustinus schreibt in *De civitate Dei* XIX, cap. 13, a princ.: „Ordo est parium dispariumque rerum sua cuique loca tribuens dispositio." Dem geht eine poetische Passage voraus, in der Augustinus die Gesamtheit der Dinge in ein stimmiges Ganzes fügt. Thomas übernimmt diese Definition, vgl. STh 1, q. 96, art. 3, s.c. Zum ordnungstheoretischen Konzept bei Thomas vgl.

men, in den auch die Menschen mit ihren vielschichtigen Betätigungen eingebunden sind und der sich im Denken und Erkennen, im Fühlen und sittlichen Leben auswirkt, hat alles seinen Platz und seinen Grund.[20]

Dieser ordnungstheologische Entwurf, den Thomas als formale Struktur seiner Theologie weiterentwickelt hat, bekam noch zu seinen Lebzeiten erste Risse. In ihren Untertönen sind die heraufkommenden, das gesellschaftliche Gefüge nachhaltig verändernden sozialen und ökonomischen Entwicklungen bereits zu vernehmen, die an jeder guten und zeitgemäßen Theologie nicht spurlos vorübergehen können. Das 13. Jahrhundert erweist sich als eine Zeit des markanten sozialen und kulturellen Übergangs bzw. Wandels, als einschneidende Phase eines von den oberitalienischen Städten ausgehenden, bislang beispiellosen wirtschaftlichen Aufschwungs, der nicht nur vehement an Geschwindigkeit gewinnt, sondern sich erstmals auch als relativ stabil erweist.[21] Der Handel, der in einer vom Zunftwesen geprägten städtischen Gesellschaft keine herausragende Rolle gespielt hat, beginnt sich im Zuge der kapitalintensiven Kreuzzüge stark zu entwickeln, schafft neue Routen, Bedürfnisse und Produktionsweisen. Das feudale Modell eines autarken, subsistenten (Stadt)Staates, wie es Thomas noch in *De regimine principium* entworfen und in der *Summa* verteidigt hatte, war schon zu seiner Zeit in eine merkliche Krise geraten.[22] In einer geordneten, dem notwendigen Gebrauch verpflichteten Naturalwirtschaft ist die Verteilung (*dispensatio*) der knappen Güter natürlich eine vordringliche Aufgabe. Leitfragen sind für Thomas: Wie wird angesichts der begrenzt vorhandenen Güter eine gerechte Verteilung am besten gewährleistet? Nach welchen Kriterien sind die Güter zu verteilen? Welche Aufgabe kommt dabei der staatlichen Autorität, d.h. dem Fürsten zu? Welche Funktionen kann hier das Geld übernehmen?[23] Die thomanische Ökonomie, die im Wesentlichen in der Tradition des Aristoteles gründest, ist wesentlich eine Ver-

---

Meyer, Hans, Thomas von Aquin. Sein System und seine geistesgeschichtliche Quelle, Paderborn ²1961, 367-653.

[20] Das ist auch der Grund, warum Thomas eine göttliche Prädestination lehrt. Im Akt der Schöpfung wird die eschatologische Differenz bereits mitgesetzt, die endgültige Rettung oder Verwerfung der Menschen entschieden. Allerdings vertritt Thomas eine im Vergleich zu Augustinus und nachfolgend auch Calvin milde Form der Prädestination (vgl. Kraus, Georg, Vorherbestimmung. Traditionelle Prädestinationslehre im Licht gegenwärtiger Theologie, Freiburg 1977, 59-96).

[21] Vgl. dazu Benevolo, Leonardo, Die Geschichte der Stadt, Frankfurt ⁷1993; Engel, Evamaria/Jacob, Frank-Dietrich, Städtisches Leben im Mittelalter. Schriftquellen und Bildzeugnisse, Wien 2006.

[22] Die neuere Thomas-Forschung hat die ältere dahingehend korrigiert, dass im Früh- und Hochmittelalter die Natural- und Tauschwirtschaft wohl vorherrschend blieb, das Geldwesen (und damit die Edelmetallhortung) jedoch bereits ausgeprägt war. Daher ist auch die immer wieder aufgestellte Behauptung, wonach der Handel auf den lokalen Kontext beschränkt blieb und lediglich der unmittelbaren Subsistenz diente, nicht länger aufrecht zu halten. Vgl. dazu etwa: Fuhrmann, Horst, Überall ist Mittelalter: von der Gegenwart einer vergangenen Zeit, München ³1998, bes. 123-149.

[23] Zur Frage des thomanischen Geldbegriffs und seinen vielfältigen Bezügen vgl. Wittreck, Fabian, Geld als Instrument der Gerechtigkeit. Die Geldrechtslehre des Hl. Thomas von Aquin in ihrem interkulturellen Kontext (Rechts- und Staatswissenschaftliche Veröffentlichungen der Görres-Gesellschaft, Neue Folge 100), Paderborn 2002.

1 Eine tugendethische und ontologische Reflexion: *De avaritia* 83

teilungsökonomie, die mit einem ruhenden, stratifikatorischen Gesellschaftsmodell einhergeht. Die heute dominierenden Fragen nach Statusgewinn und sozialem Aufstieg liegen noch außerhalb des Denkhorizonts.

Produktion, Tausch und Handel waren im Wesentlichen auf die Subsistenzsicherung hin angelegt. Davon wurde noch eine weitere Form des Erwerbswesens unterschieden, die nicht mehr von der unmittelbaren Bedürfnisbefriedigung geleitet war, sondern sich von ihr entkoppelt und eine autonome Rationalität entwickelt hatte. Aristoteles nennt sie die Kaufmannskunst.[24] In ihr erfolgt der Tausch um seiner selbst willen und kennt „keine Grenze des Reichtums und des Erwerbs"[25]. Werde bereits diese Tauschkunst mit Recht getadelt, „(denn sie hat es nicht mit der Natur zu tun, sondern mit den Menschen untereinander), so ist erst recht der Wucher hassenswert, der aus dem Geld selbst den Erwerb zieht und nicht aus dem, wofür das Geld da ist. Denn das Geld ist um des Tausches willen erfunden worden, durch den Zins vermehrt es sich aber durch sich selbst."[26] Durch den Zins entsteht Geld aus Geld, und diese „Art des Gelderwerbs ist also am meisten gegen die Natur."[27] Dieses wohl berühmteste und einflussreichste Argument gegen den Zinsgebrauch, dass sich Geld durch sich selbst vermehrt, was seiner Natur widerspricht, bringt eine Dimension des Geldes zum Vorschein, die in einer funktionalistisch und ordnungstheologisch geprägten Perspektive unentdeckt bleibt. Geld kann um seiner selbst willen akkumuliert, begehrt und geliebt werden. Als solches, von jeglicher Zweckbindung befreites Mittel kann es sich zu einem absoluten Wert verdichten – und damit zu einer gottgleichen Macht aufsteigen. Wo also Geld die primäre Funktion eines Tauschmittels überschreitet und zum Selbstzweck wird, wo es die Hinordnung auf ein höheres Gut verliert, dort wird die gerechte Ordnung der Dinge verletzt und außer Kraft gesetzt, dort schlägt die Sünde der Habsucht ihre tiefen Wurzeln. Hat sich die Habsucht einmal festgesetzt, bringt sie als übermäßige Besitzliebe die Gleichgewichte in der vorgegebenen, weisen Ordnung aus dem Lot, weil sie übermäßig Güter anhäuft, auf einer Seite in ungebührlicher Weise akkumuliert, was auf einer anderen dann fehlen wird. Überfluss in einem Bereich bedeutet in diesem hochstabilen, ausgeloteten System notwendig Mangel in einem anderen. Der sündige Charakter der Habsucht zeigt sich in zweifacher Weise: zum einen, indem übergebührlich in Anspruch genommen oder zurückgehalten wird (Verletzung der distributiven, ausgleichenden Gerechtigkeit), zum anderen, indem die Freigiebigkeit abge-

---

[24] Vgl. Aristoteles, Politik I, 1256 ff (übers. u. hg. v. Gigon, Olof, München [7]1996).
[25] Aristoteles, Politik I, 1257 a. (59).
[26] Aristoteles, Politik I, 1258 b (63).
[27] Aristoteles, Politik I, 1258 b (63). Mit den gleichen Argumenten spricht sich Thomas für die Beibehaltung des Zinsverbotes aus (STh 2,2 q. 78, art. 1 concl.: „Pecunia autem, secundum Philosophum, principaliter est inventa ad commutationes faciendas; et ita proprius et principalis pecuniae usus est ipsius consumptio, sive distractio, secundum quod in commutationes expenditur. Et propter hoc secundum se est illicitum pro usu pecuniae mutuatae accipere pretium, quod dicitur *usura*; et sicut alia injuste acquisita tenetur homo restituere, ita restituere tenetur pecuniam quam per usuram accepit"). Das hindert Thomas jedoch nicht daran, unter bestimmten Umständen Zins zu erlauben, nämlich dort, wo er der wirtschaftlichen Entwicklung und der Verstärkung wirtschaftlicher Gerechtigkeit dient.

wertet oder außer Kraft gesetzt wird, die als eine der menschlichen Tugenden Freiheit von irdischen Gütern und somit eine ungestörte *Conversio ad Deum* ermöglichen soll. Die Habsucht als die ungeregelte Liebe zum Reichtum unterminiert in wachsendem Maße die Hinordnung auf Gott. „Wächst nun", so Thomas, „die Liebe zum Reichtum derart, dass er der übernatürlichen Liebe vorgezogen wird, dass jemand nämlich sich nicht scheut, aus Liebe zum Gelde der Gottes- und Nächstenliebe entgegenzuhandeln, dann wird die Habgier zur Todsünde."[28] Thomas spricht hier explizit von der Geldliebe, die er der Gottes- und Nächstenliebe gegenüber stellt. An diesem Kreuzungspunkt wird Luther die Antinomie entscheidend verschärfen, wohl auch deswegen, weil der gesellschaftliche Erfahrungshorizont mittlerweile ein anderer geworden ist.

Noch einmal listet Thomas in der *Summa contra Gentiles* summarisch auf, warum der Reichtum, der ja in der Regel durch Geld erworben wird, nicht das höchste Gut sein könne. Er wird nur um eines anderen willen erstrebt, etwa zur Erhaltung des Körpers, also zur Sicherung des Lebensunterhaltes, das *summum bonum* aber um seiner selbst willen und nicht um eines anderen willen. „Also ist der Reichtum nicht das höchste Gute des Menschen."[29] Ein Akt der Tugend sei lobenswert, wenn er auf die Glückseligkeit zustrebt. *Geben ist seliger denn Nehmen*, also liegt die Glückseligkeit nicht im Reichtum, weil seine Grundform im Nehmen besteht. Das höchste Gut, das der Mensch anstrebt, muss etwas Höheres und Besseres sein als er selbst. Der Reichtum ist aber auf den Menschen hingeordnet und kann daher nicht das höchste Gut sein. Schließlich bietet Thomas noch zwei weitere eher ungewöhnliche, aber in seinem Denkhorizont hoch plausible Argumente gegen die Ontologisierung des Reichtums auf: Das höchste Gut könne nicht dem Zufall und nicht der Vergänglichkeit unterliegen, der Reichtum komme aber vielfach recht zufällig zustande und vergehe oft wieder mit der Geschwindigkeit, mit der er gekommen sei. Da nun die Tugenden für den Menschen das höchste Gut bilden, äußerer Besitz hingegen das kleinste Gut darstellt, ist der Reichtum nur insofern gut, „als er zum Gebrauch der Tugend nützlich ist: wird dagegen diese Aufgabe überschritten, so dass der Gebrauch der Tugend vom Reichtum behindert wird, ist er nicht mehr unter das Gute, sondern unter das Böse zu rechnen."[30] Und Thomas setzt fort, dass der Reichtum für manche ein Gutes ist, da sie ihn zugunsten der Tugend gebrauchen, für manche hingegen ein Böses, da sie von ihr abgehalten werden.[31] Freilich operiert Thomas hier mit einem vorsichtigen, in seiner

---

[28] STh 2-2 q. 118, art. 4 resp.
[29] ScG 3-1, 30 (Sonderausgabe, lateinisch und deutsch, hg. v. Allgaier, Karl, Darmstadt 2001, 125).
[30] ScG 3-2, 133 (Sonderausgabe, lateinisch und deutsch, hg. v. Allgaier, Karl, Darmstadt 2001, 249). Nach der Tradition des Augustinus müssen alle irdischen Güter als Mittel auf eine Person hingeordnet sein, sei es die eigene oder eine andere.
[31] Thomas betont, dass die Tugenden des betrachtenden (*vita contemplativa*) und des tätigen (*vita activa*) Lebens unterschiedliche Arten des Besitzes erfordern. Die betrachtenden Tugenden bedürfen des Reichtums allein zur Erhaltung der Natur, die tätigen aber auch dazu, die anderen, mit denen man das Leben teilt, bei Bedarf zu unterstützen. Daraus gewinnt Thomas ein weiteres Argument für die Höherwertigkeit des kontemplativen Lebens: Das betrachtende Leben ist „insofern vollkommener, als es weniger Bedürfnisse hat." (ScG 3-2, 133) Armut als der eigent-

Dimension sehr temperierten Begriff von Reichtum, noch weit entfernt von dem, was später als solcher definiert wird, aber die Szenarien und Denkmöglichkeiten, die Thomas hier entwirft, können als Vorformen der Problemstellungen Luthers gelten.

Die heikle Grenze zwischen dem Götzendienst und einer ungebührlichen Liebe zum Geld zieht Thomas noch mit der bei Augustinus entwickelten Differenz von genießen (*frui*) und gebrauchen (*uti*): „Wie nämlich der Götzendiener sich einem äußeren geschaffenen Dinge unterwirft, so auch der Habgierige, wenn auch auf andere Weise. Der Götzendiener unterwirft sich dem äußeren geschaffenen Ding, um ihm göttliche Ehre zu erweisen; der Habgierige dagegen, indem er es maßlos (*immoderate*) zu gebrauchen, nicht zu verehren begehrt. Darum kann die Schwere der Habgier nicht so groß sein wie die des Götzendienstes."[32] Thomas hält es noch für ausgeschlossen, dass etwas, das seiner Natur nach bloß ein Mittel ist, zu einem (Selbst)Zweck mutiert, den man um seiner selbst willen anstreben und begehren, ja auch im übertragenen Sinne anbeten kann. Es liegt noch außerhalb seines Vorstellungshorizonts, dass Geld oder andere Dinge einmal gottgleiche Qualitäten bzw. Funktionen zugesprochen werden können. Keine 300 Jahre später hat sich der ökonomische Kontext bereits so weit verändert, dass Luther vom Geld als einem neuen Gott bzw. Götzen sprechen konnte, der sich auf der gleichen ontologischen Ebene wie der christliche Gott bewegt. Es ist dies ein verstecktes Indiz, dass ökonomische und politische Entwicklungen das theologische Denken beeinflussen, dass es also auch von außen bestimmt und herausgefordert wird, auch wenn dieses Außen nicht explizit reflektiert wird.

Was zeigen die systematischen Überlegungen des Thomas von Aquin für die Frage nach einer Verhältnisbestimmung des wirkmächtigen Symbols Gott mit dem in ähnlicher Weise wirkmächtigen Symbol Geld? Sie dokumentieren zunächst die noch nicht in Frage gestellte, zentrale Funktion des Rahmens, der für das klassische Ordo-Denken eine *conditio sine qua non* repräsentiert. Aus der Überzeugung heraus, dass der sich aus freier Liebe schenkende Gott eine gute und gerechte Welt ins Dasein gerufen hat und durch seinen Geist für einen letztlich gelingenden Lauf der Geschichte sorgt, wird Geld konsequent zu den *temporalia* gezählt, als ein weitgehend beherrschbares und durch die Achtung der Gebote domestizierbares Medium interpretiert.[33] Die Kraft der Bändigung erwächst aus den moralischen Möglichkeiten und Pflichten des Einzelnen, die Verantwortung für die gerechten Rahmenbedingungen *innerhalb* der göttlichen Ordnung obliegt dem Herrscher, der staatlichen Autorität. Eine allfällige, von den Bedürfnissen der Menschen sich entkoppelnde Logik der Geldvermehrung fand ihren Meister in der moralischen Kritik am Reichtum. Wohl steht Geld

---

liche Komplementärbegriff des Reichtums bildet das beste Mittel gegen die beschriebenen Versuchungen. Sie ist nicht nur das dem Vorbild Jesu entsprechende Verhalten (*nudam crucem nudus sequi*), sondern auch Ausdruck der klassischen Hinwendung zu Gott. Vgl. dazu den erhellenden Beitrag von: Horst, Ulrich, Mendikant und Theologe. Thomas v. Aquin in den Armutsbewegungen seiner Zeit (zu Contra retrahentes c. 15), in: MThZ 47 (1996) 13-31.

[32] STh 2-3 q. 118, art. 6, ad 4.
[33] Vgl. dazu Meyer, Hans, Thomas von Aquin, bes. 367-392 u. 586-653.

mit dem Reichtum in enger Verbindung, aber seine Auswüchse sind durch ein entsprechendes tugendhaftes Verhalten begrenzbar. Die Hoffnung auf Erlösung durch Gott als den Geber aller zeitlichen und ewigen Güter sowie das Vertrauen in seine weise Vorsehung wurden durch die ökonomische Entwicklung noch nicht in Frage gestellt. Geld ist ein Ereignis und eine Frage des Individuums (v.a. des Herrschers), nicht der Gesellschaft als solcher. Insofern spiegeln die Überlegungen des Thomas die gesellschaftliche Situation seiner Zeit wider, ohne dass sie explizit zur Sprache kämen. Anders als der Götzendienst ist der Gelddienst, den Thomas als Habsucht bezeichnet, auf die Ebene des Geschaffenen beschränkt. Es kommt noch nicht in den Blick, dass die symbolische Macht des Geldes ein Funktionsäquivalent Gottes werden kann. Die Möglichkeit einer Transsubstantiation des Geldes analog der Eucharistie ist in diesem Ordnungsgefüge ausgeschlossen. Geld ist daher ontologisch betrachtet weder ein *malum* noch ein *bonum*, sondern erst sein *usus* qualifiziert den Status. Implizit dokumentieren Thomas' Reflexionen die Relativität des Geldes im doppelten Sinne. Der Begriff des Geldes ist relativ zu den gesellschaftlichen Erfahrungen und Praktiken, die ihn konstituieren, und er relativ zu den religiösen Traditionen und philosophischen Denkhorizonten, in deren Symbolsystemen seine Analyse erfolgt. Die Konzipierung und epistemologische Fundierung dieser Relativität wird sich als eine Schlüsselfrage in allen weiteren theologischen Entwürfen erweisen.

2 Existentialistisch-funktionale Erweiterung: Martin Luthers *Der große Katechismus*

Sosehr Thomas von Aquin den Rahmen für eine theologische Ortsbestimmung des Geldes formulierte und mit einer präzisen, der aristotelischen Tradition verpflichteten Begrifflichkeit Anknüpfungspunkte bot – die entscheidende Weichenstellung, wie die moderne Theologiegeschichte das Verhältnis Gott und Geld bestimmen sollte, lieferte jedoch Martin Luther in seiner Auslegung des ersten Gebots im Großen Katechismus von 1529. Einerseits noch gänzlich in der Tradition des scholastischen Denkens verwurzelt und andererseits jedoch von einer tiefen Skepsis gegenüber der Vernunft und den Ansprüchen des freien Willens geprägt, betont Luther im Anschluss an Mt 6,24 die existenzielle Konsequenz der Antithese Gott – Mammon, die zu gänzlich unterschiedlichen Lebensformen führt. Luther formuliert als Entscheidungskriterium nicht wie Thomas eine vernunftgemäße Einsicht, sondern verpflanzt die Kriteriologie in die Existenz: Gott ist das, woran man sein Herz hängt, worauf man sein Leben gründet – mit all seinen Kräften und Aufmerksamkeiten. Im Vergleich zu Thomas von Aquin sprengt hier Luther den klassischen Rahmen der scholastischen Ontologie und stellt die Weichen hin zu einem existenziell-praktischen Diskurs. Diese Umstellung ist hoch bedeutsam und erweist sich paradigmatisch für die weitere theologische Reflexion. Die gesellschaftlichen Erfahrungen

2 Existentialistisch-funktionale Erweiterung: *Der große Katechismus* 87

erhalten einen eigenen systematischen Ort im theologischen Denken, sie werden zu einem *locus theologicus*, auch wenn Luther innerhalb der Kategorien eines moralisch-individualisierenden Denkens bleibt.

Was bei Thomas im Rahmen eines ethischen Diskurses über die Habsucht noch als äußerste, kaum real denkbare Möglichkeit in Erwägung gezogen wird, nämlich die Liebe zum Geld der Gottesliebe existenziell vorzuziehen, erscheint bei Luther als reale, praktikable Alternative. In der scharfen Alternative zwischen dem Glaubenssystem *Gott* und dem Glaubenssystem *Geld* erweist sich Luther als ein Vorläufer wie Überbieter der Moderne. Denn er koppelt das Wahrheitskriterium des Glaubens weniger an die theoretische als vielmehr an die praktische Vernunft, die zum Reflexionsort des existenziellen, erfahrungsbezogenen Diskurses wird:

> „Ein Gott heisset das, dazu man sich versehen sol alles guten und zuflucht haben ynn allen noeten. Also das ein Gott haben nichts anderes ist denn yhm von hertzen trawen und gleuben, wie ich offt gesagt habe, das alleine das trawen und gleuben des hertzens machet beide Gott und abeGott. Ist der glaube und vertrawen recht, so ist auch dein Gott recht, und wideruemb wo das vertrawen falsch und unrecht ist, da ist auch der rechte Gott nicht. Denn die zwey gehoeren zuhauffe, glaube und Gott. Worauff du nu (sage ich) dein hertz hengest und verlessest, das ist eygentlich dein Gott."[34]

Wie kommt Luther überhaupt dazu, das Geld in Parallele zu Gott zu setzen, während es Thomas noch fraglos unter die Temporalia verbuchte? Für diesen Sprung lassen sich mindestens zwei Wurzeln benennen, von denen die eine viel diskutiert, die andere aber weitaus weniger wahrgenommen wird. Der einen nach spiegelt diese scharfe Unterscheidung die nachhaltig veränderte kulturelle und ökonomische Situation des 14. und 15. Jahrhunderts wider, die sich u.a. mit den Stichwörtern Bevölkerungswandel, Frühkapitalismus, Entdeckung neuer Handelsrouten, Herausbildung europäischer Mächte und mit der Renaissance als Synonym für einen kulturellen und mentalitätsgeschichtlichen Wandel beschreiben lässt.[35]

---

[34] Martin Luther, Der große Katechismus (WA 30/1, 123-238, 133). Bemerkenswert erscheint, dass Luther die Einleitungssätze des Dekalogs Ex 20,2 („Ich bin der Herr, dein Gott...") nicht erwähnt hat. Luther benützt die Gegenüberstellung von Gott und Geld zum ersten Mal in einer Katechismuspredigt über das erste Gebot vom 14. September 1528 (WA 30/1, 27-29): „Das heisst den einigen Gott haben, ut ex corde illi confidas et credas, quia fidere et credere macht Gott. (...) Wem du vertrawest und glaubest, der ist dein Gott, quia illa ghen auff ein ander: Gott et glaube. Ergo intentio huius praecepti est, das es wil gebieten ein rechten glauben. Quidam fidit pecunia, donec eam habet, pacificus est: is per suam fiduciam facit sibi deum Mammon. Qui habet eam, fidit, qui non, non fidit. Paucos invenies, qui Mammon non habeant deum." (28)

[35] Vgl. Dülmen, Richard van, Kultur und Alltag in der frühen Neuzeit, Bd. 2: Dorf und Stadt, München ²1999; Oberman, Heiko Augustinus, Werden und Wertung der Reformation. Vom Wegestreit zum Glaubenskampf, Tübingen ³1989, 161-200; Häberlein, Mark, Die Fugger. Geschichte einer Augsburger Familie (1367-1650), Stuttgart 2006; Kohler, Alfred/Heinrich, Lutz (Hg.), Alltag im 16. Jahrhundert. Studien zu Lebensformen in mitteleuropäischen Städten, Wien 1987. – Wie drängend bereits im 14. Jahrhundert, im Zeitalter der Falschmünzerkönige, das Geldproblem für die ökonomische Prosperität und das soziale Gefüge der Gesellschaften empfunden wurde, zeigt Nikolaus von Oresme mit seiner berühmten Schrift *De mutatione mone-*

Die andere Wurzel zieht ihre Motive aus den drängenden theologischen und innerkirchlichen Problemen, die im Spätmittelalter insbesondere an der Frage des Papsttums virulent geworden sind. Das taxative Element des Ablasswesens, das im 11. Jahrhundert einsetzt, hat in turbulenten Phasen die Frage nach Heil und Rettung buchstäblich ökonomisiert und mit dem Geld verknüpft – und damit wohl eine entscheidende Schranke im Bewusstsein der Christen geöffnet. Denn mit dem Geld zog ein quantitatives Moment in das Heilsverständnis ein, es zwang zu einer genauen Taxierung der Sünden und machte das Unverrechenbare zu einem Tauschgeschäft.[36] Die Lehre vom *Thesaurus Ecclesiae*, wonach die Kirche aufgrund der überschüssigen Verdienste Christi (und der Heiligen!) einen unerschöpflichen Schatz von Gnaden besitze, den sie ihren Gliedern austeilen könne, ist eine Konsequenz dieser gesellschaftlichen Entwicklung.[37] Begehrt war vor allem der vollkommene Ablass, der die gänzliche Befreiung von der Strafe des Fegefeuers sicherte und dessen Gewährung allein dem Papst in Rom vorbehalten blieb. Die quantitative und qualitative Vermehrung der Ablässe,[38] insbesondere jedoch ihre Funktionalisierung als Finanzie-

---

tarum: Tractatus (im deutschen Sprachraum trägt dieser Text in der Regel den Titel *Traktat über Geldabwertungen*). Diese für die Geldtheorie wichtige Schrift ist auch unter dem Titel *De origine, natura, iure et mutationibus monetarum* überliefert und wurde durch die gelungene Neuübersetzung von Wolfram Burckhardt wieder einem größeren Publikum zugänglich (Nicolas von Oresme, De mutatione monetarum: tractatus. Lateinisch-deutsch, übers. v. Wolfram Burckhardt, Berlin 1999). Nicolas (~1325-82), später Bischof von Lisieux, diskutiert sämtliche Argumente gegen die von der fürstlichen Autorität gern geübte Praxis, sich Geld über bewusst vorgenommene Abwertungen zu verschaffen. Sein Hauptargument ist nicht ökonomischer, sondern bereits politischer Natur: Der Fürst präge und verfüge über das Geld im Auftrag des Volkes, dessen Eigentum es ist. Daher dürfe er auch nicht nach Belieben Geld prägen oder dessen Wert verändern: „Allein die Gemeinschaft vermag darüber zu befinden, ob, wann, wie und in welchem Maße eine Proportion aufgrund der Sache vorgenommen werden darf." (29)

[36] Die für die spätmittelalterliche Theologie entscheidende Lehre zum Ablass wurde von Thomas von Aquin formuliert (STh 3, Suppl. q. 25 u. 26). Allerdings ging die Praxis weit über den von Thomas abgesteckten Rahmen hinaus. Die positive Seite dieses Taxierungsprozesses war ein Gewinn an Berechenbarkeit und Verlässlichkeit, die in das ohnehin höchst zerbrechliche Terrain des Sündengeschehens eine gewisse Objektivierung ermöglichten. Insofern war der Ablass neben den frommen Werken wie Messstiftungen ein ausgeklügeltes Bewältigungsprogramm der Angst vor dem Fegefeuer und gleichzeitig eine sprudelnde Finanzquelle für die Kirche und die mit der Verwaltung beauftragten Personen bzw. Einrichtungen.

[37] Die Lehre vom Gnadenschatz der Kirche (*Thesaurus Ecclesiae*) bildete die Grundlage für die theologische Begründung des Ablasses. Clemens VI. hat in der Bulle *Unigenitus Dei Filius* (1343) die Lehre vom Gnadenschatz lehramtlich bestätigt (DS 1025-27). Vgl. dazu Rahner, Karl, Kleiner theologischer Traktat über den Ablaß, in: Ders., Schriften zur Theologie 8, Einsiedeln 1967, 472-487. Für Rahner ist der Kirchenschatz „Gottes eigener Heilswille – also am Ende Gott selbst –, insofern dieser in *dem* Christus (als Haupt) unwiderruflich siegreich in der Welt da ist" (482). „Thesaurus Ecclesiae" meint gerade nicht eine quantitative und rationierte Übernahme eines Kollektivs einer an sich individuellen Schuld, weshalb die Frage, ob sich der Kirchenschatz auch erschöpfen könne, an seiner Intention vollkommen vorbeiziele (vgl. dazu auch: Rahner, Karl, Zur heutigen kirchenamtlichen Ablaßlehre, in: Ders., Schriften zur Theologie 8, Einsiedeln 1967, 488-518).

[38] Die ersten großen Ablasskampagnen setzten in den letzten Jahrzehnten des 15. Jahrhunderts ein. Sie sind eine Konsequenz der Ausdehnung des Ablasswesens, insofern auch für Verstorbene Ablass erreicht werden konnte. Die berühmtesten Promotoren waren Kardinal Peraudi, der im

2 Existentialistisch-funktionale Erweiterung: *Der große Katechismus* 89

rungsquelle für kirchliche Projekte aller Art, sowie die Begleitphänomene Betrug, Unterschlagung und Missbrauch führten im Kirchenvolk zu tiefem Hass und wachsender Empörung. Es ist kein Zufall, dass sich ein beträchtlicher Teil der 95 Thesen Luthers explizit auf das Ablasswesen bezieht, die Thesen 81 bis 90 sammeln die wichtigsten Argumente gegen diese kirchliche Praxis und ihre theologische Begründung.[39] In seinem *Sermon von Ablass und Gnade* (1518) und noch deutlicher in seiner Schrift *Von der babylonischen Gefangenschaft der Kirche* (1520) äußert sich Luther ausführlich über die *Tyrannei*, insofern in den Sakramenten, insbesondere in dem der Buße, „Gewinn- und Geldsucht ihren Platz fanden, die Habsucht der Hirten unglaublich gegen die Schafe Christi gewütet"[40] hat. Es ist nicht ohne Ironie, dass sich entlang einer vordergründig bloß monetären Frage die Krise einer Glaubensgemeinschaft so dramatisch zuspitzte, dass sich aus ihr eine neue Kirche zu entwickeln begann. Freilich bilden das Ablasswesen und die kirchliche Finanzpraxis nur die Oberfläche einer tiefer liegenden theologischen Krise. Sie sind nicht die eigentliche Ursache, sondern das Symptom einer fundamentaleren Schieflage. Die Ökonomisierung und Differenzierung der Gnade, die Taxierung der Sünde, die

---

deutschen Reich drei Türken-Kreuzzugsablässe (1486-88, 1489/90, 1501-1503) promulgierte, sowie der Dominikaner Johann Tetzel, auf den Luther mehrfach Bezug nimmt. Bemerkenswert ist die Tatsache, dass die Blüte des Ablasswesens im Wesentlichen auf das Deutsche Reich beschränkt blieb. Aufgrund der von mehreren Machtzentren dominierten Struktur des Heiligen Römischen Reiches gab es anders als in Frankreich und England keinen König, der den Abfluss großer Geldsummen nach Rom hätte unterbinden können. Zu Beginn des 16. Jahrhunderts bestand ca. ein Drittel des Reiches aus Bistümern und Abteien, zahlreiche Bischöfe wie Äbte waren zugleich auch weltliche Herrscher.

[39] Vgl. zusätzlich die Thesen 8, 28, 37, 41, 48, 51. Wilhelm Ernst Winterhager hat die These vertreten, dass der Erfolg der Reformation weniger auf Luthers eigenes Agieren als vielmehr auf die öffentliche Reaktion zurückzuführen sei, die seinen Thesen zuteil wurde und eine eigene Dynamik entfaltete: „Das Erfolgsgeheimnis der 95 Thesen lag nicht darin, dass sie sensationell Neues brachten. Ihre explosive Wirkung beruhte vielmehr darauf, dass sie in ihrer Stoßrichtung unmittelbar anknüpften an einen Meinungsbildungsprozess, der ganz elementar, von der untersten, städtisch-dörflichen Öffentlichkeitsebene ausgehend, seit längerem im Gange war und gleichsam nur darauf wartete, von »oben« her, im Bereich der Schriftkultur, bestätigt und programmatisch gebündelt zu werden." (Winterhager, Wilhelm Ernst, Ablasskritik als Indikator historischen Wandels vor 1517. Ein Beitrag zu Voraussetzung und Einordnung der Reformation, in: Archiv für Reformationsgeschichte 90 (1990) 6-71, 20) Windhager schließt sich hier denjenigen Erklärungsansätzen an, die in der Reformation eher den Ausdruck einer fundamentalen gesellschaftlichen Krise erkennen (Pulverfasstheorie) als das Echo einer veränderten spirituellen Frömmigkeit. Beide zusammen machen den Gesamtvorgang des reformatorischen Umbruchs verständlich, der deshalb als ein einziger Prozess in mehreren Phasen zu beschreiben wäre.

[40] Martin Luther, Von der babylonischen Gefangenschaft der Kirche, in: Luther deutsch. Die Werke Martin Luthers in neuer Auswahl für die Gegenwart, Bd. 2, hg. v. Kurt Aland, Göttingen ²1981, 171-238, 216. Luther beklagt hier aufs Tiefste, dass die Beichte und die Genugtuung „vortreffliche Brutstätten des Gewinns und der Gewalt geworden" (220) sind, dass die Beichte „der Tyrannei und der Geldschinderei der Päpste unterworfen" (221) wurde. Hier wird aufgrund seiner Geschäftemacherei mit dem Ablass und der Gnade explizit das Papsttum als Abgott (172) bezeichnet. Weniger entschieden, aber bereits in dieselbe Richtung weisend, hat Luther in seinem zwei Jahre zuvor erschienenen *Sermon von Ablass und Gnade* (1518) argumentiert: „Viel sicherer und besser täte der, der bloß um Gottes willen etwas für die Peterskirche oder was sonst genannt wird gäbe, als daß er Ablaß dafür nähme. Denn es ist gefährlich, daß er solche Gabe um des Ablasses und nicht um Gottes willen gibt." (Luther deutsch 2, 83-83, 86).

Teilung der Charismen oder die Hierarchisierung der Heilswege wurden durchweg theologisch begründet und lehramtlich rezipiert.[41] Innertheologisch lag die zentrale Problematik im Gottesbild selbst verborgen, in den ungelösten, aber vehement in den Vordergrund drängenden soteriologischen Fragestellungen nach Heil und Rettung. Erneut wird sichtbar, dass Geld eine symbolische Größe bildet, ein ausgeprägtes relatives Moment besitzt, insofern es Symptomträger elementarer kirchlicher Handlungsvollzüge und theologischer Grundentscheidungen ist, in denen sich konkrete Gottesbilder verbergen. Pointiert lässt sich formulieren: Im Verhältnis zum Geld manifestiert und artikuliert sich das Verhältnis zum Gott Jesu, kommt die semantische und pragmatische Bedeutung des christlichen Glaubens im Leben selbst zum Ausdruck.

Luther weiß, dass nicht nur der Mammon zum Gott werden kann. All das, dem innige Verehrung zuteil wird, vermag ein Gott zu sein, Klugheit, Gewalt, Ehre, Macht und Ansehen, wie man an den „Heiden" sehen könne. Worauf man eben praktisch und *existenziell* seine Hoffnungen, sein ganzes Leben setzt, das ist Gott. Für Luther verdient den Namen *Gott* aber nur das, was die Menschen aus Unglück und Not, aus Verzagtheit und allerlei Gefahren rettet. Er weiß, dass von allen möglichen Formen des Gott-Seins das Geld die größte Potentialität besitzt. Kein anderes System ist dem religiösen so verführerisch ähnlich und vergleichbar wie die Ökonomie, weshalb für Luther der Mammon „der gemeyneste Abgott"[42] auf Erden ist. Welch zentrale Funktion der pragmatischen Dimension im Gottesverhältnis zukommt, zeigt Luther an der Beobachtung, dass es gar manche gebe, die wohl bekennen, allein auf Gott zu vertrauen, dabei aber genügend Geld und Gut im Hintergrund wissen und somit ihre Existenz, ihr Verhältnis zu den Mitmenschen, kurz ihre gesamten Lebensvollzüge praktisch von diesen Mächten bestimmen lassen. Dann ist Geld und mit ihm die materielle, kaufbare Welt der eigentlich wirksame, der *reale* Gott. Umgekehrt lehrt die Erfahrung, dass auch ein Armer, der kaum über finanzielle Mittel verfügt und keinen Besitz sein Eigen nennen kann, oft so verzagt und verzweifelt ist, als wisse er von keinem Gott. Auch für diesen Menschen existiert als wahrer Gott das Geld.

Der Glaube an den Gott Jesu artikuliert sich im Bekenntnis zu dem einen Gott, aber sein Vollzug ist nicht möglich ohne die aktive Negation der anderen Götter. Es kommt im christlichen Vollzug darauf an, in diesen Streit der Götter, in dieses „widderspiel"[43], das sich in erster Linie als Wettstreit der Verlässlichkeiten artikuliert, einzutreten. Das erste Gebot fordert daher „rechten glauben und zuversicht des hertzens", damit dieses Vertrauen, dieses sich restlose Verlassen „den rechten einigen Gott treffe und an yhm allein hange"[44]. Luther rechnet selbstverständlich mit der Möglichkeit, dass der religiöse Glaube auch auf andere Mächte ausgreifen kann. Rechtes Glauben und Vertrauen meint wie bei Thomas die Hinwendung und ungeteilte Aufmerksamkeit auf den wahren Gott. Bei Luther sind Gott und Geld funktional auf der gleichen Ebene, wenn

---

[41] Vgl. etwa DH 1304, DH 1398, DH 1405-1419.
[42] Martin Luther, Der große Katechismus (Werke 30/1) 133.
[43] Martin Luther, Der große Katechismus (Werke 30/1) 133.
[44] Martin Luther, Der große Katechismus (Werke 30/1) 133.

auch die ontologische Differenz diese Strukturgleichheit wieder auflöst. Denn Gott und Abgott werden nur auf einer metaphorischen Ebene als gleichursprünglich eingeführt. Ontologisch gesehen gibt es zum Gott Jesu kein qualitativ gleichwertiges Pendant, das *Widderspiel* dient lediglich der Entlarvung des Mammondienstes als Götzendienst. Wiederum ist es allein Aufgabe des einzelnen, konkreten Menschen, die adäquate Entscheidung zu treffen, die Antinomie aufzulösen und sein Herz allein an den wahren Gott der Bibel zu hängen: „Frage und forsche dein eigen hertz wol, so wirstu wol finden, ob es allein an Gott hange odder nicht. Hastu ein solch hertz, das sich eitel guts zu yhm versehen kan sonderlich ynn noeten und mangel, dazu alles gehen und faren lassen was nicht Gott ist, so hastu den einigen rechten Gott."[45] Erleichtert wird die Wahl durch die verschiedene Pragmatik, die sich aus der jeweiligen Hinwendung ergibt. Da für Luther nur der Gott der Bibel der ist, „von dem man alles guts empfehet und alles ungluecks los wird"[46], vermag auch er allein die Erwartungen und Verheißungen einer Befreiung aus der Not zu erfüllen. Luther wechselt in die direkte Rede Gottes und lässt ihn sagen: „Was du zuvor bey den heiligen gesucht odder auff den Mammon und sonst vertrawet hast, das versihe dich alles zu mir und halte mich fur den, der dir helffen und mit allem guten reichlich uberschutten wil"[47].

Doch Luther formuliert selbst einen schlagenden Einwand gegen diese emphatische Behauptung, wenn er davon spricht, dass es viele Menschen gebe, die wohl Gott und nicht dem Mammon trauen, dadurch Kummer und Not leiden, das gefährdete Leben damit kaum erhalten können. Auf der anderen Seite gibt es Menschen, die dem Mammon dienen, Gewalt, Ehre wie Ansehen und alle Annehmlichkeiten der Welt besitzen. Daher müsse man danach trachten, dass die prophetischen Worte Gottes, wonach er allein das Leben erhält und bewahrt, auch praktisch sichtbar und erfahrbar werden.[48]

Wenngleich Luther sowohl das Vertrauen und den Glauben, als auch das Machen und Konstituieren gleichermaßen auf Gott und Abgott erstreckt, so ist doch deutlich, dass der Reformator nicht daran denkt, „Gott selber zum bloßen Produkt des menschlichen Denkens und Wollens zu erklären"[49]. Vielmehr

---

[45] Martin Luther, Der große Katechismus (Werke 30/1) 136.
[46] Martin Luther, Der große Katechismus (Werke 30/1) 135. Diese Definition Gottes durchzieht Luthers Werk und findet sich in ähnlichen Formulierungen an zahlreichen Stellen, vor allem in der Interpretation des Glaubensbekenntnisses und in den Katechismuspredigten: „Was heisst Gott? hoc videlicet, da man sich zuversehen sol alles guts und Zuflucht haben in omni necessitate et malo. [...] Si necessitas adest, confuge ad me, et eripiam te ex omni tribulatione, vide tantum, ne alibi quaeras." (Martin Luther, Die erste Reihe der Katechismuspredigten, Werke 30/1, 2f)
[47] Martin Luther, Der große Katechismus (Werke 30/1) 134.
[48] „das sie nicht ligen noch triegen sondern war muessen werden" (Martin Luther, Der große Katechismus (Werke 30/1) 138).
[49] Wagner, Falk, Geld oder Gott? Zur Geldbestimmtheit der kulturellen und religiösen Lebenswelt, Stuttgart 1985, 99. Friedrich-Wilhelm Marquardt betonte, dass Luther die an sich religionskritische Formel des *Deum facere* dadurch entkräftet habe, dass er die Rede von Gott an gesellschaftliche Parameter gebunden habe: nur an den sozialen Konsequenzen lasse sich erkennen, ob „der, den wir Gott nennen, deutlich und möglichst unmissverständlich unterschieden werde von den (unvermeidbaren) Objektionen unserer Affekte. Luther hat die Feuerbach-Frage zwei-

möchte er damit herausstreichen, dass der richtige Glaube bereits durch das vorausgehende schöpferische und erhaltende Tun Gottes begründet und getragen ist. Diese schöpfungstheologische Vorordnung der Selbstoffenbarung Gottes kann auf ontologischer Ebene an keiner Stelle aufgehoben werden, auch wenn die funktionale Äquivalenz des Geldes dies als möglich erscheinen ließe. Der wahre Gott ist allein der lebendige und wirksame, der funktional äquivalente hingegen, der allein durch menschliche Verehrung konstituierte Gott, heißt er nun Geld, Macht oder Ansehen, wird nur durch die menschlichen Zuschreibungen in diese Position gehoben. Die theologische Kritik demaskiert diesen Glauben als falsch und trügerisch, weil dessen Attribute aus menschlichen Bedürfnissen resultieren.

Auch hier erweist sich wieder die existenziell-pragmatische Komponente als zentral. Auf der erkenntnistheoretischen, ontologischen Ebene ist dieses *Widderspiel* nicht zu entscheiden bzw. längst entschieden: Die Abgötter sind in Wahrheit keine Götter, sind Nichtse (Ps 96,5; Jes 37,19), Gemachte des Menschen. Worauf es ankommt und was von Luther klar erkannt wird, ist die Bedeutung der pragmatischen Dimension. Lässt sich auf einer abstrakten Ebene Gott durch das Geld weitgehend problemlos ersetzen, so entscheidet sich erst am existenziellen Feld die Bedeutung des ontologischen Status. Erkenntnistheoretisch sind für Luther Gott und Geld „nicht direkt austauschbar, denn das Geld usurpiert nur eine Funktion, die der »rechte« Glaube nicht dem Geld, sondern Gott zuschreibt"[50].

Luthers Radikalisierung der Differenz von Gott und Geld bei potenzieller Symmetrie reagiert implizit auf die mit dem 13. Jahrhundert verstärkt einsetzende Dynamisierung der ökonomischen Entwicklung, die sich u.a. an der wachsenden Bedeutung der Bankhäuser manifestierte.[51] Darüber hinaus reagiert sie auf eine vor allem soteriologisch begründete, theologische Krise, die den moralischen Niedergang der römischen Kirche begleitet hat. Kreuzzüge, Judenpogrome, Ketzerverfolgungen und das Exil von Avignon (1309-77) waren die sichtbaren Spitzen jenes Eisbergs, der aus dem tiefen Wasser der aus dem Lot geratenen Welt herausragte. Als dritter wesentlicher Faktor kam noch ein geistesgeschichtlich tief greifender Mentalitätswandel hinzu. Der Ordo-Gedanke der Scholastik bekam, vor allem durch die einflussreiche Strömung des Nominalismus, tiefe Risse.[52] Ein rasant gestiegenes Bevölkerungswachstum seit der Jahrtausendwende, mitbedingt durch eine agrarische Revolutionierung der Produktionsweisen, verschob das Sozialgefüge nachhaltig in die

---

fellos schon gekannt und gehabt. Eben darum orientiert er sich als Theologe gesellschaftlich." (Marquardt, Friedrich-Wilhelm, Gott oder Mammon – aber: Theologie und Ökonomie bei Martin Luther, in: Ders. u.a. (Hg.), Einwürfe, München 1983, 176-216, 212)

[50] Wagner, Falk, Geld oder Gott? 100.
[51] So gab es nach Wolfgang Reinhard im Italien des 13. Jahrhunderts „längst große Handels- und Bankfirmen kapitalistischen Zuschnitts", auch wenn ihre Geschäftspraktiken noch stark religiös-theologisch begründeten Reglementierungen unterworfen und der Wachstumsgedanke noch weitgehend unbekannt waren (Reinhard, Wolfgang, Lebensformen Europas. Eine historische Kulturanthropologie, München 2004, 446).
[52] Vgl. Flasch, Kurt, Das philosophische Denken im Mittelalter. Von Augustin bis Machiavelli, Ditzingen ²2000.

Richtung einer ständischen Gesellschaft, was selbstverständlich auch das religiöse Leben veränderte.[53] Der bergende Kosmos mit seiner vorgegebenen Ordnung verlor nicht zuletzt durch die Pestpandemie von 1347-1353, die nahezu ein Drittel der europäischen Bevölkerung hinwegraffte, viel von seiner Plausibilität. Der einzelne Mensch musste sich selbst aufmachen, um seine eigene Heilsgewissheit zu finden.[54] Die Entdeckung neuer Welten und der sich ankündigende Epochenwechsel zur Renaissance, die mit dem Humanismus auch einen kulturellen Paradigmenwechsel einleitete, veränderten die theologischen Diskurs- und Wissensformen. Auch wenn Luther „von Gott und seiner Gnade noch durchaus in der Sprache und Denkwelt des Mittelalters redet"[55], so wird bei ihm der Schwerpunkt vom metaphysischen Diskurs über die Erkennbarkeit Gottes zusehends hin zu einem existenziellen über die Bedeutung verlagert: „Nach Gott fragen heißt für Luther, nach sich selbst fragen"[56], während es für Thomas noch identisch mit der Frage nach der Welt im Ganzen, in die freilich die nach dem Menschen eingeschlossen war, aber nach dem Menschen im Allgemeinen, nicht nach dem konkret Einzelnen. Die Betonung der Eigenverantwortung des Menschen und die Stärkung der Heilsdimension des Diesseits waren nach der These Max Webers elementare Voraussetzungen für die Entwicklung der kapitalistischen Produktionsweise, hat aber als Gegenreaktion gleichzeitig den Weg geebnet für jene *Negativierung* des Geldes, die es als den entscheidenden Konkurrenten Gottes stilisierte, dabei aber über die individuellen Aspekte des Problems noch kaum hinausgreifen konnte. Es ist gewiss kein Zufall, dass innerhalb der Theologie das negativierende Modell am einflussreichsten geworden ist, obwohl sich auch die affirmative Linie auf Luther (in der katholischen Variante auf Thomas) berufen wird. Kennzeichnend ist für beide Theologen die Konzentration auf den Einzelnen und seine jeweilige Praxis, weniger auf die Gesellschaft mit ihren Rahmenbedingungen, ohne die eine Vergötterung des Geldes überhaupt nicht möglich wäre. Dennoch, Luthers

---

[53] Vgl. dazu den Überblick bei Angenendt, Arnold, Geschichte der Religiosität im Mittelalter, Darmstadt 1997. Zu diesen nachhaltigen Veränderungen zählen: Stärkung des Papsttums (wachsende Unabhängigkeit von den weltlichen Herrschern), Entstehung zahlreicher Orden (in den Städten und in der Abgeschiedenheit), starke Ausdifferenzierung der Autoritäten und Loyalitäten (deutliche Trennung zwischen Klerikern und Laien), Aufblühen der Mystik, Entwicklung des Wallfahrtswesen, Betonung der inneren Andacht, der Verehrung der Eucharistie (Fronleichnam) etc. Vgl. dazu auch: Mitterauer, Michael, Warum Europa? Mittelalterliche Grundlagen eines Sonderwegs, München [4]2004, bes. 152-198; für Mitterauer hat nicht eine herausragende Leistung die Entwicklung eines europäischen Sonderwegs begünstigt, sondern eine „Verkettung von Umständen" (274-296).

[54] Ein herausragendes Dokument dieses Paradigmenwechsel sind die *Essais* von Michel de Montaigne (1580 und 88), die Hans Magnus Enzensberger in einer repräsentativen Ausgabe der Anderen Bibliothek (Eichborn Verlag) 1998 neu edierte: Michel de Montaigne, Essais. Erste moderne Gesamtübersetzung von Hans Stilett, Frankfurt 1998. Als Begleitbuch unverzichtbar: Friedrich, Hugo, Montaigne, Tübingen/Basel [3]1993.

[55] Pesch, Otto Hermann, Die Frage nach Gott bei Thomas von Aquin und Martin Luther, in: Luther 41 (1970) 1-25, 12. Vgl. auch: Ders., Martin Luther, Thomas von Aquin und die reformatorische Kritik an der Scholastik. Zur Geschichte und Wirkungsgeschichte eines Mißverständnisses mit weltgeschichtlichen Folgen, Hamburg 1994; Leppin, Volker, Martin Luther, Darmstadt 2006.

[56] Pesch, Otto Hermann, Die Frage nach Gott 16.

unscheinbare, aber höchst weitreichende Umstellung des theoretischen Diskurses hin zu einem praktisch-existenziellen dokumentiert den veränderten Stellenwert des Geldes. Es wird relativ zur Gottesfrage, weil es zu einem Konkurrenten werden kann, und es ist relativ zu den gesellschaftlichen und sozialen Entwicklungen, weil es daraus seine herausragende Bedeutung bezieht. Damit ist es zugleich relativ zu den epistemologischen Symbolsystemen, zu unseren Begriffen, zu unserer Sprache und zu unseren kulturellen Plausibilitäten. Diese Relativität des Geldes lässt sich daher auch in äußerst unterschiedlicher Weise bestimmen. Die Theologie hat hier den Schwerpunkt abwechselnd auf die positiven oder die negativen Seiten gelegt, wobei den Ausgangspunkt für die Überlegungen stets die Bibel und die theologische Tradition bildeten. Die Ansätze unterschieden sich insbesondere in der Frage, ob dem Geld der Status einer quasi-göttlichen Macht zukomme und damit das religiöse Verhältnis verdunkle oder ob es lediglich als ein besonderes Mittel zu bezeichnen sei, das für bestimmte Zwecke hervorragende Funktionen erfülle.

3 Negativ-exklusivierende Modelle

Das Bewusstsein dafür, dass Geld im Leben der Menschen den relativ engen Rahmen einer moralischen Frage verlassen und sich zu einer gottähnlichen oder gottgleichen Macht entwickeln kann, ist von theologischer Seite häufig reflektiert worden. Die potentielle Gefahr für das christliche Gottesverständnis, die aus einer Verabsolutierung des Geldes hervorgehen kann, führte in der Theologie zu Verhältnisbestimmungen, die Geld pauschal als Unglück und Verderbnis stilisierten und in ihm kaum Anknüpfungsmöglichkeiten für eine positive, das Zusammenleben der Menschen fördernde Funktionalität entdeckten. Im Folgenden werden einige wichtige Positionen der *negativ-exklusivierenden* Traditionslinie mit ihren Hauptargumenten vorgestellt.

3.1 Eine ethisch-theologische Interpretation: Friedrich Delekat

Zu den einflussreichsten Vertretern der negativ-exklusivierenden Traditionslinie zählt der protestantische Theologe Friedrich Delekat, dessen 1957 erschienene Studie *Der Christ und das Geld* noch unter dem Eindruck der nationalsozialistischen Verwüstungen steht und die Frage nach dem Verhältnis von Gott und Geld daher nur als radikale Antinomie formulieren kann.[57] Delekat defi-

---

[57] Delekat, Friedrich, Der Christ und das Geld. Eine theologisch-ökonomische Studie, München 1957. Der Band ist in einer Reihe „Theologische Existenz heute" (Bd. 57 in der Neuen Folge) erschienen. Friedrich Delekat (1892-1970) wurde 1929 Professor für Religionswissenschaft an der TH Dresden und wegen seines Engagements für die *Bekennende Kirche* 1937 zwangspensioniert. Nach dem Krieg übernahm er eine Professur für systematische Theologie, Pädagogik, Philosophie und Politik an der Universität Mainz.

3 Negativ-exklusivierende Modelle 95

niert zunächst den ontologischen Status des Geldes, indem er zwischen dem Geld *an sich* und dem Geld *für uns* unterscheidet. Die Reihenfolge kann nicht umgedreht werden. Erst wenn das metaphysisch bestimmbare Wesen des Geldes begriffen und definiert ist, kann man zur Frage nach dem rechten Gebrauch schreiten. Als zentrales Merkmal des Geldes bestimmt Delekat zunächst die Tatsache, dass es unserem individuellen Zugriff entzogen ist. Es bestimmt über uns, wir sind ihm ausgeliefert, weit entfernt, es zu beherrschen und unseren Möglichkeiten unterzuordnen. Damit zählt Geld zu den Schicksalsmächten dieser Welt wie politische Macht, Sexualität, Wissenschaft, Kunst etc. Delekat greift für diese Analyse den Begriff der ἐξουσίαι aus 1 Kor 15,24 auf, den er für die aktuelle Situation adaptiert. Schicksalsmächte sind an sich ambivalent, häufig werden sie als gut oder böse (oder auch als keines von beiden) betrachtet und so liegt es nach breit geteilter Überzeugung allein am Menschen, sie zu seinen Gunsten zu beeinflussen oder zu benützen. Delekat, wohl ernüchtert von den kirchlichen Erfahrungen der Dreißiger Jahre und daher allen Vermittlungsversuchen gegenüber misstrauisch, will darauf jedoch keinen Funken Hoffnung setzen. Keine ethische Perspektive vermag die Kraft der Schicksalsmächte zu begrenzen oder gänzlich auszuschalten, sondern allein eine theologisch begründete, existenzielle Entscheidung. Die Mächte dieser Welt wurden und werden nicht durch Entmythologisierung oder Gewaltenteilung entthront, sondern allein durch Christus, der den Kampf mit ihnen aufgenommen und siegreich vollendet hat. Daher ist für ihren ontologischen Status entscheidend, „daß der Christ allein von Christus sein Heil, d.h. seine Eudämonie erwartet und daß die Vollmacht (exusia) seines Geistes stärker ist als die Macht der stoicheia tu kosmu."[58] Heil und Unheil, Rechtfertigung und Erlösung hängen allein am Glauben an Jesus als den einzigen Herrn und Herrscher dieser Welt. Indem die Gläubigen, vom Geist Christi begnadet, in der Vollmacht Christi handeln, gelingt die Befreiung von den Mächten. Der Christ weiß, dass durch die Offenbarung Gottes in Jesus die Mächte dieser Welt ihre Kraft endgültig verloren haben und die (Voll)Macht des Geistes Christi sich ihnen überlegen erweist. Nur in einer bewussten Glaubensentscheidung ist diese neue Wirklichkeit zugänglich und sie ermöglicht vor allem die notwendige „eschatologische Distanz zum Gelde"[59]. Obwohl durch Jesu Praxis und seine Verkündigung das Geld „eschatologisch entwertet"[60] ist, wandert bereits in frühchristlicher Zeit durch die soziologischen Verhältnisse in den Gemeinden (auch Reiche werden Mitglieder) und das Ausbleiben der Parusie die Frage vom Eschatologischen ins Ethische hinüber. Die Mächte bleiben eine reale Bedrohung für die Gläubigen, sie führen eine subliminare Existenz, immer bereit, sich wieder Geltung zu verschaffen.

Nach dieser ontologischen Bestimmung des Geldes als entmachtete Kraft kommt die Ethik als wichtige Größe ins Spiel, indem sie, auf Jesu Vorbild aufbauend, die Menschen unterstützen soll, nicht wieder in die alten Abhän-

---

[58] Delekat, Friedrich, Der Christ und das Geld 15 (auch im Text in deutschen Buchstaben).
[59] Delekat, Friedrich, Der Christ und das Geld 66.
[60] Delekat, Friedrich, Der Christ und das Geld 27.

gigkeiten zu verfallen. Delekat befürchtet, dass die alten Mächte wieder ihren Gräbern entsteigen können, weil ihre eschatologische Überwindung offensichtlich noch nicht restlos erfolgt ist. Eine ethische Domestizierung kann nur auf dem Hintergrund ihrer vorweggenommenen, eschatologischen Überwindung erfolgen, weil andernfalls keine hinreichende Garantie gegeben wäre, die Schicksalsmächte endgültig zu überwinden. Daher bedarf es zuerst der Stärkung des eschatologischen Moments, das die Aporien einer nicht religiös begründeten Ethik auflöst. Wie anders, so fragt Delekat, solle dem Expansionstrieb des Geldes, der Ausweitung seiner Kampfzone, den Schwankungen seines Wertes (Inflation/Deflation), der unvermeidlich ungerechten Verteilung Einhalt geboten werden als durch eschatologische Distanz? Dort, wo man auf diese eschatologische Kraft setzt, verliert das Geld seine „numinose" Anziehungskraft, lassen sich Kriterien gewinnen, um zwischen vernünftiger Vorsorge und ungläubiger Sorge entscheiden zu können.[61] Der heutige Mensch sucht seine Sicherheit im Innerweltlichen, aber „man kann sich auf dieser Welt nicht gegen alle Eventualitäten versichern und sollte als Christ lernen, Gott sorgen zu lassen"[62].

Delekats Versuch, das Geld als normative Kraft, als entscheidende Schicksalsmacht dem eschatologischen Geschehen durch Christus unterzuordnen, verdient Respekt in seiner Intention, nach den verheerenden Erfahrungen des Nationalsozialismus keine neuen, alles bestimmenden säkularen Mächte mehr aufkommen zu lassen. Hier wird der ernsthafte Versuch unternommen, das Geld in einen genuin theologischen Rahmen einzuordnen, ihm primär auf theologischer Ebene und erst sekundär aus ethischer Perspektive zu begegnen.[63] Wie Luther begreift Delekat das Geld als einen Gegengott (Schicksalsmacht), der Herrschaft über den Menschen ausübt, aber durch eine rechte, theologisch bestimmte Ordnung der Dinge entmachtet werden könne. Rettung wird allein das von außen zugesprochene Wort Gottes bringen, das der Mensch vertrauend und hoffend annimmt.

Auch dieser erkennbar der dialektischen Theologie entstammende und mit großer Entschiedenheit vorgetragene Entwurf setzt zur Gänze auf das Individuum, das vor dem Anspruch einer doppelten Entscheidung steht. Gefordert ist zum einen der unbändige Glaube daran, „daß Gott das Weltregiment nicht in die Hände des Götzen Mammon, sondern in die Hände Jesu Christi gelegt hat"[64]. Zum anderen drängt dieser Glaube von sich heraus zur eschatologischen Entwertung des Geldes. Wohl ist das Geld für die alltäglichen Lebensvollzüge notwendig, aber wer darauf „seine Hoffnung, sein Verlangen und sein Vertrauen setzt, der wird durch den Mammon betrogen"[65].

---

[61] Allerdings finden sich bei Delekat selbst keinerlei Kriterien, sondern nur emphatische Hinweise auf die Bergpredigt und das Beispiel Jesu.
[62] Delekat, Friedrich, Der Christ und das Geld 75.
[63] Der christlich-theologische Begriff des Geldes fragt daher nicht nach seinem Wesen, sondern „nach seiner Bedeutung für Heil und Unheil des Menschen" (Delekat, Friedrich, Der Christ und das Geld 22).
[64] Delekat, Friedrich, Der Christ und das Geld 67.
[65] Delekat, Friedrich, Der Christ und das Geld 67.

Dennoch richten sich an dieses Programm Fragen: Wie ist eine eschatologische Entmachtung des Geldes konkret zu denken? In welchen Gestaltungsformen des Religiösen zeigt sie sich? Reflektieren Delekats emphatische Ansagen reale Erfahrungen? Wird das Geld durch seine Ontologisierung nicht wieder hypostasiert, so dass es zu Gott nur im Modus der Konkurrenz und Negation zu denken ist, ohne dabei die Frage zu stellen, ob und in welcher Weise Relationen zwischen diesen beiden Größen bestehen?[66] Und schließlich: Weicht diese Konzeption letztlich nicht der Tatsache aus, dass Geld eben doch keine entmachtete Schicksalsgröße ist, sondern vielleicht ihr Gegenteil, eine alles bestimmende Wirklichkeit? Diese Vemutung wird noch dadurch erhärtet, dass Delekats Beschreibung der Schicksalsmächte seltsam blass und konturenlos bleibt, Konkretionen fehlen und durch starke Appelle ersetzt werden. Trotz seiner theologischen Entmächtigung bleibt Geld ein personalethisches Phänomen, die gesellschaftliche Dimension entfällt hier ebenso wie die Errungenschaften der Geldökonomie aufgrund des bestimmenden Konkurrenzgedankens nicht aufgegriffen werden können.[67] Die negativen Konnotationen des

---

[66] Falk Wagner fragt zu Recht, ob hier nicht das einzig relevante Problem übersprungen werde, „nämlich die Frage, ob und inwieweit die geldbestimmte Kommunikation auch auf Bereiche von Religion und Theologie übergreift" (Wagner, Falk, Geld oder Gott? 104).

[67] Als ein klassisches Paradigma für den individualethischen Zugang kann die kleine, viel gelesene Schrift von Willi Grün gelten: Grün, Willi, Christ und Geld. Mit einer Predigt von John Wesley über den rechten Gebrauch des Geldes, Kassel 1963. Dieses Büchlein setzt im Grunde die von Delekat vertretene Position fort und spitzt die Frage noch weiter existenziell zu. Entscheidend ist hier wieder nicht das Geld an sich, sondern was „mein Geld mit Gott zu tun" (5) hat. Geld ist einerseits ein irdisches, sehr weltliches und letztendlich notwendiges Ding, das nicht von Gott erschaffen, sondern von Menschen erdacht und gemacht wurde und „nur für die Zeit unseres diesseitigen Lebens Bedeutung" (11) hat. Im Geld steckt die furchtbare Möglichkeit, dass es mich von Gott ewig trennen kann, indem ich alle Aufmerksamkeit und alles Vertrauen darin setze. Nach Grün steht nicht die kindische und lebensfremde Frage im Vordergrund, ob Geld abzuschaffen sei, sondern wie man „frei (werde) von der dämonischen Bindung an das Geld" (7). Für die meisten Menschen übt Geld einen mächtigen Zauber aus, dessen Macht vielleicht die fehlende Geborgenheit in Gott kompensiert (und damit eine Konsequenz des Säkularisierungsprozesses ist). Anderseits kann auf dem Geld auch ein Segen liegen, wenn Gott es gebrauchen will, dann ist es ein Gut, das wir aus Gottes Hand zur verantwortlichen Verfügung erhalten haben. Die adäquate Grundhaltung ist „zu haben, als hätten wir nicht" (19). Obwohl dieser paulinische Topos auf die Situation des Menschen angesichts der Naherwartung der Wiederkunft Christi reflektiert und alles Irdische auf dieses letzte, größte Ereignis hin interpretiert, weist diese Struktur doch auch den Weg für die weitere Zeit. Wer sich auf das konkrete Projekt der Nachfolge Jesu einlässt, erfährt die christliche Freiheit der Kinder Gottes, wird von selbst dem Mammon widersagen. Ja vielfach sei es sogar so, dass Menschen, die sich zu Christus bekehrt hätten, dann sogar zu einem höheren Lebensstandard gekommen seien, weil sie im Gegensatz zu früher nun ein ordentliches Leben führten, vielfach auf Genussmittel wie Alkohol und Tabak verzichteten und neuen Interessen nachgingen, weg „vom Sport zur Gemeinde und vom Biertisch zur christlichen Geselligkeit" (32). – Grün bedient sich in seinem weitgehend theologiefreien Büchlein vieler Klischees und Ressentiments, die das besitzlose und kulturell unterkapitalisierte Milieu ausgebildet hat: dass Geld nicht glücklich mache, die wahren Dinge nicht zu kaufen seien etc. So zitiert er L. Reiners (ohne Quellenangabe): „Ich habe in meinem Leben etwa zwei Dutzend echte Millionäre kennengelernt. Sie besaßen wunderschöne Villen, gutgestaltete Gärten und juwelengeschmückte Frauen; ein zufriedenes Gemüt besaß keiner von ihnen. Reichtum ist bekanntlich wie Seewasser, je mehr man davon trinkt, desto durstiger wird

Geldes verhindern eine Wechselwirkung mit dem Gottesbegriff, eine beide Größen bestimmende Relativität liegt noch außerhalb des Denkhorizonts.

Dennoch nehmen Delekats Überlegungen bereits wichtige Einsichten für die weitere Diskussion vorweg. Seine Erkenntnis, dass die Macht des Geldes tendenziell dazu neigt, eine alles bestimmende Wirklichkeit zu werden; sein Versuch, sie mit systematisch-theologischen Kategorien zu beschreiben; sein Bemühen, der wachsenden geldbestimmten Wirklichkeit mit theologischen Argumenten zu begegnen – all das sind unersetzbare Bausteine einer zu entwickelnden theologischen Theorie des Geldes, die weder der soziologischen Realität ausweicht noch die Normativität von Schrift und Tradition preisgeben möchte. Auch wenn Delekat die systematische Fragestellung letztlich mit individualethischen und existenziellen Kategorien zu beantworten sucht, dem Problemkatalog hat er wichtige Punkte hinzugefügt.

3.2 Eine aktualisierte Luther-Lektüre: Friedrich-Wilhelm Marquardt

Der evangelische Theologe Friedrich-Wilhelm Marquardt (1928-2002) gilt als einer der großen Wegbereiter der Israel-Theologie und Pioniere des jüdisch-christlichen Dialogs. Seine siebenbändige Dogmatik (1988-1997) zählt zu den ungewöhnlichsten systematischen Entwürfen und wird gegenwärtig insbesondere im Kontext der Religionstheologie und der Christologie diskutiert.[68] Weitaus weniger bekannt ist, dass er sich in den frühen und mittleren Jahren seines Schaffens auch intensiv mit gesellschaftspolitischen Fragen auseinander gesetzt hat.[69] Marquardt gehörte zu jener, vor allem im protestantischen Kontext nicht geringen Zahl an Theologinnen und Theologen, die eine Versöhnung von Christentum und Sozialismus anstrebten.[70] Seine politischen Reflexionen, wie

---

man. Und je mehr man davon hat, gesto [sic] größer wird die Angst, ihn einzubüßen, namentlich in unseren unübersichtlichen Zeiten." (25f)

[68] Marquardt, Friedrich-Wilhelm, Von Elend und Heimsuchung der Theologie. Prolegomena zur Dogmatik, München 1988 (Gütersloh ²1992); Ders., Das christliche Bekenntnis zu Jesus, dem Juden. Eine Christologie 1-2, München 1990-1991 (Bd. 2: Gütersloh ²1998); Ders., Was dürfen wir hoffen, wenn wir hoffen dürften? Eine Eschatologie 1-3, Gütersloh 1993/1994/1996; Ders., Eia, wärn wir da – eine theologische Utopie, Gütersloh 1997. Zum theologischen Profil dieser Dogmatik vgl. Winkler, Ulrich, Christologie im Kreuzverhör. Wider die Diastase von Israeltheologie und Religionstheologie, in: SaThZ 8 (2004) 30-61.

[69] Seine Habilitationsschrift „Theologie und Sozialismus. Das Beispiel Karl Barth" wurde 1971 mit knapper Mehrheit von der Kirchlichen Hochschule Berlin abgelehnt (woraufhin Helmut Gollwitzer aus Protest und Solidarität seinen Lehrauftrag niederlegte). Marquardt vertrat darin die These, dass Barths theologisches Denken bis hinein in seine *Kirchliche Dogmatik* von sozialistischen und marxistischen Fragen bzw. Kategorien geprägt sei. Die Habilitation erfolgte 1972 durch die FU Berlin, das im gleichen Jahr erschienene Buch fand vor allem in den theologisch und politisch interessierten studentischen Kreisen Beachtung.

[70] Die 1955 von dem katholischen Priester Erich Kellner gegründete *Internationale Paulusgesellschaft*, die am Mondseeberg in der Nähe von Salzburg ein Tagungshaus besaß, war eines der einflussreichsten Foren für den Dialog von Christentum und Marxismus. Ihre Hochblüte erlebte sie in den späten 60er und frühen 70er Jahren. Namhafte Theologen und Wissenschafter gehörten ihr an. Gegenwärtig wird sie, unter veränderten Zielsetzungen, von Gotthold Hasenhüttl weitergeführt.

3 Negativ-exklusivierende Modelle

er in einem kleineren Text formulierte, führten ihn zur Überzeugung, dass der „Sozialismus (entgegengestellt der feudalistischen, bürgerlichen, kapitalistischen Welt) die dem Biblischen nächste Verwirklichungsgestalt, die verwandteste Gesamtbewegung ist – die mich eben deswegen auch theologisch anzuregen vermag"[71]. Es werde nicht ausreichend reflektiert, dass die Kirche ein Teil des bürgerlich-ökonomischen Systems und der kapitalistischen Gesellschaft ist und daher Klassencharakter besitzt. Die Theologie besitzt „einige unreflektierte ökonomische Komponenten"[72], die ihr den Blick für die Probleme der Gesellschaft verwehren.

In Fortführung seines betont gesellschaftskritischen Ansatzes greift Marquardt in einem Aufsatz aus den frühen 80er Jahren Luthers Auslegung des ersten Gebots aus dem großen Katechismus auf, um mit ihr die Kritik an der bürgerlichen, kapitalistischen Gesellschaft zu verschärfen.[73] In diesem Text zeichnet Marquardt zunächst die geschichtliche Entwicklung von Luthers Interpretationsversuchen nach, die sich im Laufe der Zeit radikalisiert haben. In den frühen Auslegungen besprach Luther das erste Gebot noch nicht in Bezug auf die Existenz tatsächlich wirksamer, anderer Götter, „sondern nur im Blick auf den Abfall des Menschen vom rechten Gott und vom Glauben an den Aberglauben"[74]. Das ausschließlich zu diskutierende und interessierende Subjekt war der rechte Gott Jesu. Die abgöttischen, religiös produktiven Möglichkeiten eines *deum facere* wurden in den frühen Auslegungen noch nicht thematisiert, sondern tauchten erst in der zweiten Reihe der so genannten Katechismuspredigten 1528 auf.[75] Aber Luther sei die affirmative Behauptung der Exklusivität Gottes zusehends problematischer geworden, denn sie erwies sich als zusehends inkompatibel mit den Erfahrungen seiner Zeit. Angesichts einer Welt voller anderer Götter genügt es nicht mehr, die Einzigkeit des biblischen Gottes zu behaupten, es bedarf darüber hinaus einer expliziten Bestreitung der anderen. Diese anderen, nutzlosen Götter müssen mit Namen genannt werden. Denn der wahre Gott ist nur in einer offenen und konkreten Auseinandersetzung bzw. Abgrenzung mit den *Abegöttern und Widermächten* zu gewinnen. Für Marquardt bestimmt sich nun von außen, von der Existenz der widergöttlichen Mächte her die Aufgabe der Theologie. Sie muss den ontologischen Status der Götzen als Verworfenheit analysieren und ihre Nutzlosigkeit aufdecken. Dadurch wird die Theologie bewusst in Relation gesetzt zu den ethischen, ökonomischen und politischen Fragen der Zeit, sie wird damit auch zu einer praktischen Wissenschaft. Theologie ist für Marquardt daher

---

[71] Marquardt, Friedrich-Wilhelm, Wir Theologen in der bürgerlichen Gesellschaft, in: EvTh 31 (1971) 161-170, 169f. Marquardt betont zugleich, dass ihm weder daran gelegen sei, eine Theorie historischer Kontinuität zwischen Christentum und Sozialismus (etwa im Kontext einer Säkularisierungsthese) zu formulieren noch eine Immanenz sozialistischer Hoffnungen oder Weltzielvorstellungen in den biblischen Texten zu behaupten, sondern lediglich auf die Analogien zwischen beiden zu verweisen.
[72] Marquardt, Friedrich-Wilhelm, Wir Theologen in der bürgerlichen Gesellschaft 163. Vgl. dazu auch Marquardts späte Schrift: Rudi Dutschke als Christ, Tübingen 1998.
[73] Marquardt, Friedrich-Wilhelm, Gott oder Mammon 176-216.
[74] Marquardt, Friedrich-Wilhelm, Gott oder Mammon 178.
[75] WA 30 I, 28.

ausschließlich in Bezug auf den gesellschaftlichen Kontext möglich, wie das Beispiel des Reformators zeige, der ein sehr genauer Beobachter der gesellschaftlichen Wirklichkeit seiner Zeit, ein Historiker des beginnenden Frühkapitalismus gewesen sei. Luthers Kritik im Großen Katechismus, deren Voraussetzungen detailliert freigelegt werden, sei bereits Ausdruck eines steigenden „verzweifelten Anrennen[s] gegen die ökonomische Wirklichkeit seiner Zeit"[76]. Die Ökonomie habe hier bereits den individualethischen Kontext verlassen und mutierte von einer ethischen zu einer strukturell dogmatischen Frage. Darüber hinaus werde sie unter der Chiffre *Mammon* hypostasiert, diene als Metapher jener basalen Wirklichkeit, die sich über alle anderen Mächte hinweg wie Magie, Macht, Ansehen, Wissenschaft und Ehre zur zentralen Konkurrenzmacht Gottes etabliert.[77] Der damaligen zeitgenössischen Theologie und Kirche sei es in keiner Phase gelungen, der kapitalistischen Expansion Widerstand entgegenzusetzen, vielmehr habe sie sich ihr widerstandslos ergeben bzw. unterwürfig ausgeliefert. Umso nachhaltiger sei eine Kritik am aufkommenden Kapitalismus geboten gewesen, die Luther in fünf Schritten vollzogen habe:

(1) Zunächst vergesellschaftet er den scholastischen Substanz-Begriff, indem er ihn seiner ontologisch-erkenntnistheoretischen Gestalt entkleidet und auf die konkret-sinnlichen Dinge des Daseins erweitert. Geld ist wie Macht oder Reichtum eine handlungsermöglichende Substanz.

(2) In Anknüpfung an Röm 9,28 spricht Luther vom *Verbum abbreviatum*, jenem Wort Gottes, das sich in den geisterfüllten, gläubigen (oftmals verborgenen) Menschen durchsetzt, alle irdischen Güter verwirft und das Leben in der Freiheit Gottes dualistisch dem Leben in Knechtschaft gegenüberstellt.

(3) Anthropologisch führt dies zu einer Aufwertung, wenn nicht Vorrangstellung des Geistes. Das Geld erscheint als etwas Geringes, als quantité négligeable gegenüber dem Reichtum des Wortes Gottes.

(4) Mit der Privilegierung des Geistes ist es Luther möglich, die spezifische Ontologie des Mammons und der Ökonomie auch in scholastischer Logik zu kritisieren. Jeder Mensch ist nicht nur ein vernunftbegabtes Wesen, sondern zugleich, in moderner Sprache formuliert, ein politisch-ökonomisch bestimmtes Wesen, Subjekt einer Wirtschafts- und Warenwelt. Dieser doppelte Status des Menschen erfordert eine scharfe Analyse der gesellschaftlichen Realität und der ökonomischen Funktionsweisen, wodurch dann offenbar werde, dass Gott der eigentliche Schöpfer der Wirklichkeit ist, der die Dinge gibt – und wieder nimmt. In scholastischer Terminologie: die Menschen sind nicht *causa efficiens*, sondern *instrumentalis*, durch die Gott wirkt.

(5) Schließlich bestehen in soteriologischer Hinsicht beträchtliche Zweifel an der Vertrauenswürdigkeit und Beständigkeit des Mammons, die beide an Reichtum und Besitz gebunden sind. Die Perspektive, die Luther in seinem

---

[76] Marquardt, Friedrich-Wilhelm, Gott oder Mammon 183. Ähnlich Segbers, Franz, Geld – der allergewöhnlichste Abgott auf Erden (Martin Luther). Die Zivilreligion des Alltags im Kapitalismus, in: Deutschmann, Christoph (Hg.), Die gesellschaftliche Macht des Geldes 130-147.

[77] Für Marquardt ist dies ein starkes Indiz, dass Luther damit den sich formierenden Frühkapitalismus zu begreifen sucht. Luther begreife den Mammon in der Tat „als eine Totalität und als ein System von Wirklichkeit" (Gott oder Mammon 189).

Blick auf die Welt einnimmt, ist erkennbar die der armen Menschen, im geistigen wie im materiellen Sinne. Die *humilitas* (hier wieder ganz der klassischen, scholastischen Tradition folgend) nimmt an Christus ihr Maß und Vorbild, hat doch der Erlöser selbst geboten, dass keiner des anderen Meister oder Herr sein solle, sondern jeder in Liebe der Diener des anderen (Mk 10,43). Dort erst, wo das Streben nach Reichtum und Macht verwehrt ist, öffnet sich der Blick auf das eigentlich Tragende, auf das Wort Gottes, das nichts trägt als allein das Kreuz, während das, was Menschending ist, vom Geld getragen wird.

Für Marquardt liegt die große Leistung Luthers in seiner Umkehrung der Perspektiven, dass er die Theologie aus den scholastischen Fesseln abstrakter Begrifflichkeit befreit und an die konkrete Lebenswelt zurück gebunden habe. Mehr noch: Der Reformator verlasse „sowohl die via moderna der absoluten potentia Gottes wie die via negativa platonisierender Mystik damit, dass er die Frage: »Was heißt ein Gott haben oder was ist Gott?« an empirische Exempel des Widderspiels bindet: an »visibilia« also, an die sich zwar nicht der Glaube, aber sehr wohl das intelligere des Glaubens zu halten hat. [...] Theologie wird in Abhängigkeit gebracht von der ethischen Durchdringung dieser Wirklichkeit, sie wird eminens practica, Experientialtheologie [sic], die ihrem eigenen Denken Gegenständlichkeit gewinnt aus der gegenständlichen gesellschaftlichen Erfahrung."[78] Marquardt würdigt an Luther, dass er die Erfahrungsdimension als konstitutiv für das theologische Denken erachtet habe und zugleich deutlich machen konnte, inwiefern sich die Frage nach Gott nur im Kontext der jeweiligen Zeit verhandeln lasse und die Wahrheit des Glaubens sich *auch* in seiner Pragmatik erweisen müsse. Dennoch bleibt etwas unklar, wie sich aus Luthers Überlegungen eine fundamentale Kapitalismuskritik gewinnen lässt. Dafür fehlten nicht nur das entsprechende Vokabular und das theoretische Instrumentarium, auch das ökonomische Denken Luthers war noch ganz der Bedürfniswelt und dem Verstehenshorizont der ständischen, zunftbestimmten Gesellschaft verpflichtet. Die naturalwirtschaftliche Perspektive verhinderte einen schärferen Blick auf den sich radikal verändernden ökonomischen Problemhorizont seiner Zeit.[79] Produktion, Konsumption, Distribution und Austausch galten ihm noch als direkte Naturzusammenhänge, die Differenz zwischen Gebrauchswert und Tauschwert war auch der Sache nach noch nicht eingezogen. Gegen das Gewinnstreben gab es keinen grundsätzlichen Ein-

---

[78] Marquardt, Friedrich-Wilhelm, Gott oder Mammon 210f.
[79] Martin Honecker bezeichnet Luthers Grundhaltung gegenüber der Ökonomie seiner Zeit als antikapitalistisch und antimonetaristisch. Luther besaß ein feines Gespür für die sozialen Folgen und ethischen Implikationen der Geldwirtschaft, doch der Horizont der kleinbäuerlichen, handwerklichen und kleinstädtischen Lebenswelt blieb für sein Denken bestimmend (vgl. Honecker, Martin, Art. Geld (Historisch und ethisch), in: TRE 12, 277-298, 286f). Vgl. dazu die Überlegungen von Max Weber in *Die protestantische Ethik und der „Geist" des Kapitalismus* sowie von Werner Sombart in seinem mehrbändigen Werk *Der moderne Kapitalismus*. – Die antikapitalistische Ausrichtung Luthers vor dem Zeitalter des Kapitalismus hat bereits Karl Marx gewürdigt und gilt als einer der Gründe für Luthers relativ hohe Popularität in der marxistischen Ökonomie (vgl. etwa Fabiunke, Günter, Martin Luther als Nationalökonom, Ost-Berlin 1963).

wand, sofern der Rubikon der Ungebührlichkeit nicht überschritten wurde.[80] Zwar wird das Geld als Zirkulationsmittel bejaht, mit Vorbehalten auch das Zinsnehmen, doch zugleich heftig bekämpft, wenn es sich zum naturwidrigen Kapital, zum Wucher entwickelt.[81] Noch liegt außerhalb des Blickfeldes, dass beide Elemente in einem formalen Zusammenhang stehen könnten, ebenso die Unterscheidung zwischen Produktivzins (als Voraussetzung für ökonomisches Wachstum) und dem Zins, der bezahlt werden musste, um die Bedarfsgüter des Alltags zu finanzieren (und wohl Luther primär vor Augen stand).[82] Die heftig betriebene Ablehnung des Wucherkapitals führte zu einer grundsätzlichen Kritik am Handels- und Investitionskapital, dessen interne Differenzierung nicht gelingt. Wie sehr der Blick Luthers auf die ökonomischen Dinge noch vom mittelalterlichen Ordo-Denken bestimmt ist,[83] zeigen seine Schriften *Von Kaufshandlung und Wucher* (1524) sowie *An die Pfarrherrn, wider den Wucher zu predigen* (1540), in denen keine Analyse der politisch-ökonomischen Verhältnisse erfolgt, sondern die Überzeugungskraft der Argumente allein aus dem

---

[80] „Nun ists aber billig und recht, dass ein Kaufmann an seiner Ware so viel gewinne, dass seine Kosten bezahlt, sein Mühe, Arbeit und Gefahr belohnt werde" (Von Kaufshandlung und Wucher, Luther Werke 7, hg. v. Aland, Kurt, Stuttgart/Göttingen ²1967, 263-283, 267 (WA 15, 279-313, 295). „Darum musst du dir vornehmen, nichts als deine ausreichende Nahrung in solchem Handel zu suchen, danach Kosten, Mühe, Arbeit und Gefahr rechnen und überschlagen, und alsdann die Ware selbst festsetzen, (im Preis) steigern oder erniedrigen, auf dass du solcher Arbeit und Mühe Lohn davon habest." (Von Kaufshandlung und Wucher, Luther Werke 7, hg. v. Aland, Kurt, Stuttgart/Göttingen ²1967, 268 (WA 15, 293-313, 296).

[81] Bis zu 6% Zinsen (nach Möglichkeit 4%) hält Luther für angemessen, bei 10% beginne der Wucher. Aber dies ist selbst nur als Gleitformel zu verstehen, weshalb er als Sicherungssystem ein Aufsichtsorgan vorschlägt: Vielleicht wäre „das die beste und sicherste Weise, dass die weltliche Obrigkeit hier vernünftige, redliche Leute einsetze und verordnete, die alle Ware mit ihren Kosten überschlügen und danach das Maß und Ziel festsetzten, was sie gelten sollte, dass der Kaufmann zurechtkommen und seine ausreichende Nahrung davon haben könnte" (267). Vgl. dazu Woronowicz, Ulrich, Zins und Zinsverbot in der theologischen Diskussion. Unter besonderer Berücksichtigung der DDR – „Kirche im Sozialismus", in: Schelkle, Waltraud/Nitsch, Manfred (Hg.), Rätsel Geld. Annäherungen aus ökonomischer, soziologischer und historischer Sicht, Marburg 1995, 173-207; Kramer, Rolf, Ethik des Geldes. Eine theologische und ökonomische Verhältnisbestimmung (Sozialwissenschaftliche Schriften 31), Berlin 1996, bes. 57ff; Jüngel, Eberhard, Gewinn im Himmel und auf Erden. Theologische Bemerkungen zum Streben nach Gewinn, in: Ders., Theologische Erörterungen 4: Indikative der Gnade – Imperative der Freiheit, Tübingen 2000, 231-251; Pawlas, Andreas, Kapital zu Erfurt. Geld und Zins bei Martin Luther, in: LMh 34 (1995) 25-27. Der Franziskaner Bernhardin von Feltre (1439-1494) hatte so genannte Leihanstalten (*Monti di Pietà*) gegründet, damit sich auch ärmere Volksschichten Geld leihen konnten, ohne durch Wucherzinsen ruiniert zu werden. Diese Monti waren vor allem in Italien, Frankreich und Spanien, aber auch in Deutschland weit verbreitet.

[82] Wenn man diese fundamentale Differenz nicht wahrnimmt, erscheint Luthers Lehre vom Zins in einem schiefen Licht. Vgl. dazu Uhlhorn, Gerhard, Das Christenthum und das Geld, in: Frommel, Wilhelm/Pfaff, Friedrich (Hg.), Sammlung von Vorträgen für das deutsche Volk, Bd. 7, Heidelberg 1882, 119-157. Das Leihen von Geld, so Uhlhorn, wurde im Mittelalter nicht mit dem Vermieten eines Hauses, sondern mit dem Verkauf von Esswaren, die verzehrt werden, verglichen. Das Argument, dass beim Geldleihen Zeit vergehe (und dafür Zinsen zu zahlen wären), wurde abgelehnt, denn „das hieße ja die Zeit verkaufen! die Zeit aber ist ein Allen gemeinsames Gut, das verkaufen zu wollen ein schreiendes Unrecht, eine Todsünde wäre" (124).

[83] Vgl. Mechels, Eberhard L., Kirche und gesellschaftliche Umwelt. Thomas – Luther – Barth, Neukirchen-Vluyn 1990.

3 Negativ-exklusivierende Modelle

ethischen Impetus und der hellsichtig angesprochenen Vorahnung einer sich durch die aufkommende und expandierende Geldwirtschaft verändernden Gesellschaft schöpft.[84] Vor diesem Hintergrund scheint Marquardts Behauptung, dass man bei Luther von einer „Theologie angesichts des Kapitalismus"[85] sprechen könne, nicht ganz sachgerecht. Vielmehr zeigt sich, dass Luther „einer primär personalen und individualethischen Betrachtungsweise verpflichtet ist, für die der individuelle Gebrauch des Geldes entscheidend ist"[86]. Falk Wagner benennt den eigentlichen Punkt der Problematik, ohne ihn jedoch selbst weiter zu vertiefen: die funktionale Vergleichbarkeit von Gott und Geld, wie Luther sie vornimmt, ist nämlich „wesentlich an die personale Perspektive gebunden"[87]. Das *Deum et idolum facere et constituere* ist ein personaler, an die Erkenntnisfähigkeit des Menschen gebundener Akt. Die Hauptstränge der Lutherrezeption haben denn auch die Interpretation des *Widderspiels* zwischen *Gott und Abegott* auf dieser Linie weitergeführt, sie allenfalls noch entschiedener existentialistisch bzw. personalistisch gefasst (was zu seiner moralischen Exilierung führte) oder auf eine allgemeine Frage nach dem Glauben, seinen Erkenntnisbedingungen und Konstituenten reduziert. In der Rezeption durch Gerhard Ebeling etwa entfällt die konkret soziale Wirklichkeit nahezu vollständig zugunsten einer ausführlichen Reflexion über die Grundbedingungen rechten Glaubens.[88] Die soziale Dimension bleibt der existenziellen Fragestellung

---

[84] Luther hat sich der aristotelischen Überzeugung von der Unfruchtbarkeit des Geldes angeschlossen: „Weiter spricht er Gelt ist von natur unfruchtbar, und mehret sich nicht, Darumb wo sichs mehret, als ym wucher, da ists wider die natur des geldes" (An die Pfarrherrn wider den Wucher zu predigen. Vermahnung 1540, WA 51, 325-424, 360). Luther geht überdies davon aus, „dass Kaufen und Verkaufen ein notwendig Ding ist, das man nicht entbehren und gut christlich brauchen kann, besonders in den Dingen, die zum täglichen Bedarf und in Ehren dienen" (Von Kaufshandlung und Wucher; Luther Werke 7, hg. v. Aland, Kurt, Stuttgart/Göttingen 1967, 264; WA 15, 293). Problematisch erscheint ihm hingegen der ausländische Kaufhandel, „der aus Indien und dergleichen Ware herbringt (wie solch kostbares Seiden- und Goldwerk und Gewürz), die nur zur Pracht und keinen Nutzen dient und Land und Leuten das Geld aussaugt" (264; WA 15, 294).

[85] Marquardt, Friedrich-Wilhelm, Gott oder Mammon 205; ähnlich auch Ruster, Thomas, Der verwechselbare Gott 154-165. Ganz anders Eberhard Jüngel mit Hinweis auf Luthers Enarratio Psalmi LI. 1532 (WA 40/2, 327f). Demnach gehören ökonomische Sachverhalte „überhaupt nicht zum eigentlichen Gegenstand der Theologie", ihre eigentliche Aufgabe ist die Erkenntnis Gottes und des Menschen (vgl. Jüngel, Eberhard, Gewinn im Himmel und auf Erden 244).

[86] Wagner, Falk, Geld oder Gott? 102. Martin Honecker vertritt die These, dass Luther nicht die moderne Problematik des Kapitalzinses, sondern primär die Kreditnahme zur Konsumption erörterte, weil ihm die gerade entstehende Geldwirtschaft fremd blieb (Honecker, Martin, „Nicht Kupfer, sondern Glaube". Zum Ethos des Geldes, in: Zeitwende 54 (1983) 161-175).

[87] Wagner, Falk, Geld oder Gott? 102.

[88] Ebeling, Gerhard, „Was heißt ein Gott haben oder was ist Gott?" Bemerkungen zu Luthers Auslegung des ersten Gebots im Großen Katechismus, in: Ders., Wort und Glaube 2: Beiträge zur Fundamentaltheologie und zur Lehre von Gott, Tübingen 1969, 287-304. Ebeling knüpft hier an Albrecht Ritschl an, der in seiner Katechismus-Interpretation insbesondere die Frage nach der Erkennbarkeit und dem Wesen, der „Persönlichkeit" Gottes und damit Luthers Weiterentwicklung der Frage nach dem Wesen Gottes in Abgrenzung von der Scholastik in den Mittelpunkt rückte (vgl. Ritschl, Albrecht, Die christliche Lehre von der Rechtfertigung und Versöhnung 3, Hildesheim/New York 1978, 211-223 (§30); Nachdruck der 2. verbesserten Auflage, Bonn 1883). In §20 und §29 diskutiert Ritschl explizit die an die Voraussetzung ge-

untergeordnet, es rückt die Struktur des Glaubensaktes in seiner doppelten Dimension als *fides quae* und *fides qua* in den Mittelpunkt. Die Frage nach der ontologischen *Grundsituation* des Menschen behält ihren Rang als zentrale theologische Aufgabenstellung.[89] Glaube, so betont Ebeling, ist für Luther keine subjektive, leere oder neutrale Form, sondern „die schlechterdings lebensnotwendige Bewegung, in der der Mensch sich verlässt auf und sein Herz hängt an das ihm Glaubhafte"[90]. Marquardt kritisiert an dieser existentialen Interpretation zu Recht, dass sie durch den individualistischen Fokus das vordringlichere Problem Luthers nicht in den Blick bekomme, nämlich den Kampf zwischen *Gott* und *Abegott*.

Doch gelingt es Marquardt selbst, die Auseinandersetzung zwischen *Gott* und *Abegott* jenseits existenzieller, personaler Kategorien zu bestimmen? Was ist gemeint, wenn er in Bezug auf Luthers Text „entschieden auf seinem *historischen* Verständnis bestehen"[91] möchte? So sehr Marquardt betont, dass Luthers Rede von Gott in heftigem Widerspruch zur Macht des Kapitals steht, bleibt auch er dem existenziellen Zentrismus verhaftet, dass es allein auf das Individuum ankomme, das frei und autonom entscheiden könne, welchem Gott es folge und gehorche. Luther, so hebt Marquardt anerkennend hervor, definiert anders als noch die Scholastik Gott nicht nach Wesen und Sein, „sondern als eine Beziehungswirklichkeit zu uns, aber nicht als Wirklichkeit einer ethischen Beziehung, vielmehr als eine Beziehung auf unser Herz, unser Inneres, als eine existenzielle Beziehung zu uns. Er definiert, können wir sagen, Gott also funktional, nicht essentiell."[92] Aber werden auf der Folie existenzieller Kategorien, so ließe sich zurückfragen, nicht klassische Merkmale einer ethischen Beziehung benannt, die Marquardt an anderer Stelle als ungenügend und als der Sache unangemessen zurückweist? Unabhängig davon, ob und in welcher Weise man die soziale Dimension als konstitutiv für den christlichen Gottesglauben und als entscheidende Dimension für das *Widderspiel* zwischen *Gott* und *Abegott* begreift, die von Luther beschriebene Konkurrenz von Gott und Geld bewegt sich auch bei Marquardt gänzlich in der Perspektive des personalen Vertrauens bzw. Glaubens.[93] Marquardt würdigt an der gegenwärtigen Lutherrezeption die Entdeckung der (unbestreitbaren) Existenzialisierung sei-

---

bundene Erkenntnismöglichkeit Gottes, dass Gott als ein Gott *für* die Menschen erkenn- oder erfahrbar ist. „Man sagt freilich, erst müsse man Gottes oder Christi Wesen erkennen, damit man danach auch ihren Werth für uns feststellen könne. Das ist aber eben nach Luther's Einsicht nicht richtig. Vielmehr erkennt man das Wesen Gottes oder Christi nur innerhalb ihres Werthes für uns. Denn Gott und Glaube gehören untrennbar zusammen" (§29, p. 198).

[89] Ebeling, Gerhard, Was heißt ein Gott haben 303. Zur Frage nach der Grundsituation vgl. 294, 297.

[90] Ebeling, Gerhard, Was heißt ein Gott haben 303.

[91] Marquardt, Friedrich-Wilhelm, Gott oder Mammon 208. Marquardt fährt fort, dass er überhaupt nicht von einer Grundsituation des Menschen spreche, „sondern über den Kampf zwischen Gott und Abgott [...]. Allenfalls könnte man von einer »Grundsituation« des *Menschen im Kapitalismus* sprechen" (209)

[92] Marquardt, Friedrich-Wilhelm, Eia, wärn wir da: eine theologische Utopie, Gütersloh 1997, 441.

[93] Diese Struktur besitzt ihr Vorbild im Jesuslogion aus Mt 6,24, wonach niemand zwei Herren dienen könne.

ner theologischen Aussagen, beklagt aber darüber den Verlust des Bezugs zur sozialen Welt, doch kommt auch er nicht darüber hinaus, die gesellschaftliche Bedeutung des Geldes mit personalistischen Kategorien zu denken und zu beschreiben.

Unbestreitbar ist für Marquardt, dass der Kampf um den rechten Gott nur in Auseinandersetzung mit der sozialen Wirklichkeit zu führen und zu gewinnen ist. Die Kriteriologie gewinnt dieser Streit aus einer „Theologie des Wortes"[94]. Denn am Unterschied zwischen einem Gott, den die Menschen brauchen und machen, und „einem Gott, der zu uns spricht und so überraschend sich treffen lässt, hat Luther Gott und Abgott unterscheiden gelernt und gelehrt"[95]. Der Auftrag für die Gegenwart ist offensichtlich: Theologie und Kirche müssen wieder lernen, „das Wörtlein Gott mit den Namen Abrahams, Isaaks, Jakob/Israels und mit dem Namen Jesu von Nazareth so unverwechselbar zu machen, dass es als Projektionsbegriff und -medium nicht mehr frei zur Verfügung und zu beliebiger Verwendung steht"[96]. Es sei eine der großen Schwächen des christlichen Zeugnisses, dass es das Wort „Gott" nicht eng genug mit der Geschichte Israels und Jesu in Verbindung bringe, so dass es unbestimmt und austauschbar geworden sei. Neben der Verabsolutierung des menschlichen Willens verberge sich darin einer der Hauptgründe für die Selbsterniedrigung Gottes. Gefordert ist daher eine neue Besinnung auf den Gott des Lebens, ohne dass Marquard wiederum erörtern würde, wie die von ihm stets angemahnte Aufmerksamkeit auf den sozialen und gesellschaftlichen Kontext eingelöst werden könne. Auch hier bleibt die Einbeziehung der sozialen Dimension unterbelichtet, greift über einen appellativen Charakter nicht hinaus. Die Aufforderung an das Individuum, Gott nicht zu verwechseln oder gegen *Abegott* auszutauschen, mündet in die Hoffnung, dass sich die Wahrheit Gottes durch seine Selbstzusage, also durch Offenbarung, von außen her erweisen werde.

Für Friedrich-Wilhelm Marquardt hat Luther die Frage nach Gott bereits lebensweltlich verortet, auch wenn für den Reformator die Gesellschaft noch „kein Theologoumenon"[97] im eigentlichen Sinne repräsentiert. Diese leise Positionsverschiebung ist nicht mehr umkehrbar, auch wenn die Gesellschaft noch nicht als autonome oder wahrheitsfähige Größe, als ein eigenständiges Gegenüber erscheint. Marquardt dehnt hier die Semantik des Mammons weit aus, der als ein Systembegriff für die Welt dient, die dem Glauben an den einen Gott entgegensteht. Er bedauert, dass Theologie und empirische Kirche „statt Bollwerk gegen die kapitalistische Expansion zu sein, ihr längst erlegen"[98] seien. Ein Ausweg eröffnet sich für Marquardt im Anschluss an Luther allein dadurch, dass die christliche Gemeinde „sich als antikapitalistisches, dem

---

[94] Marquardt, Friedrich-Wilhelm, Was dürfen wir hoffen, wenn wir hoffen dürften? Bd. 1: Eine Eschatologie, Gütersloh 1993, 251.
[95] Marquardt, Friedrich-Wilhelm, Was dürfen wir hoffen 251. Ähnlich auch in: Ders., Eia, wärn wir da 440ff.
[96] Marquardt, Friedrich-Wilhelm, Was dürfen wir hoffen 257.
[97] Marquardt, Friedrich-Wilhelm, Gott oder Mammon 212.
[98] Marquardt, Friedrich-Wilhelm, Gott oder Mammon 192.

Systemzwang widerstehendes eigenes gesellschaftliches Subjekt"[99] versteht, das unter dem Zepter des himmlischen, ewigen und unwandelbaren Reiches Christi nicht nur sein Wort hört, sondern ihm auch zu folgen sucht und damit zur Antithese und zum Vorbild für alle anderen wird. Es geht um den Aufbau einer Kontrastgesellschaft,[100] in der die von der *humilitas* geordnete neutestamentliche Ethik das entscheidende Handlungsprinzip ist, in der das Andere des Gottesglaubens unverwechselbar und unverkürzt zur Sprache kommt.

3.3 Der Pantheismus des Geldes: Falk Wagner

Ausgangspunkt für die Geldkritik von Falk Wagner (1939-1998) ist ebenfalls keine metaphysische Theorie, sondern die soziale Realität der zeitgenössischen, gegenwärtigen Kultur. In Wagners Wahrnehmung ist die Dominanz der auf das Geld gepolten Rationalität bereits so tief in die Refugien der privaten Lebenswelt eingedrungen, „daß die Objektivität des geldgeprägten Daseins die Entstehung einer Bewußtseinsform nach sich zieht, die sich in dem Geldmechanismus entsprechenden Denk- und Handlungsweisen und Gefühlslagen äußert"[101], ohne dass sie selbst direkt mit Geld kommuniziert. Dieses ökonomisch codierte Bewusstsein hätte dann „der Sache nach als ein religiöses Bewusstsein zu gelten, ohne es in seinem faktischen Selbstverständnis zu sein"[102]. Wie sich das religiöse Bewusstsein von Gott unabhängig weiß, ohne dass ihm Gott unmittelbar gegenständlich präsent ist, so beruht auch die Struktur des geldbestimmten Bewusstseins auf einer nicht-sinnlichen und ungegenständlichen Gegenwart des Geldmediums.

Wie kommt Falk Wagner zu dieser Diagnose einer strukturellen Kongruenz von ökonomischem und religiösem Bewusstsein? Zunächst geht er wieder von der soziologischen Beobachtung aus, dass in der Gesellschaft alle möglichen Inhalte (Meinungen, Gefühle, Gedanken, Vorstellungen etc.) auf die Perspektive ihrer Tauschbarkeit und Kommunikabilität reduziert, selbst ursprünglich nicht verrechenbare Dinge der Tauschlogik unterworfen werden. Sie entwickelt sich zur wichtigsten Kommunikationsform, was langfristig zu einer Nivellierung aller mannigfaltigen und differenten Inhalte des soziokulturellen Weltverhältnisses führt. In einer geldcodierten Wirklichkeit sind nicht mehr Inhalte oder Argumente bestimmend, sondern allein die Tatsache ihrer universalen Austauschbarkeit. In ihrer normativen Kraft erfasst diese Kommunikationsform auch von ihrem Selbstverständnis her den gänzlich resistenten Bereich des Religiösen, der ebenfalls der geldökonomischen Tauschlogik unterworfen wird. Falk Wagner bezeichnet diesen universalisierenden Impuls als *Geldpantheismus*, der dadurch gekennzeichnet sei, dass allein dem Geld wahres Sein

---

[99] Marquardt, Friedrich-Wilhelm, Gott oder Mammon 204f.
[100] Vgl. dazu Lohfink, Gerhard: Wie hat Jesus Gemeinde gewollt? Zur gesellschaftlichen Dimension des christlichen Glaubens, Freiburg 1982.
[101] Wagner, Falk, Geld oder Gott? 13.
[102] Wagner, Falk, Geld oder Gott? 13.

und Selbständigkeit zugesprochen, alles andere in der Sprache des bestimmenden monetären Codes formuliert werde.

Je mehr das ökonomische Wirklichkeits- und Erfahrungssystem das religiöse bestimmt und überformt, umso deutlicher sind ihre Unterschiede aufzudecken und zu benennen. Zur Entfaltung seiner wirkmächtigen Struktur bedarf Geld auf lange Sicht gesehen einer relativen Wertstabilität. Wo es entwertet wird, wo Vertrauen verloren geht, lässt sich das Grundvertrauen durch fiskalische Maßnahmen wieder herstellen. Beim religiösen Glauben ist eine Reparatur in dieser Form aber nicht möglich. Wohl bedarf auch er einer Begründung und einer Anbindung an Erfahrungen, die sich in den Anforderungen der realen Welt bewähren, doch kann er anders als das Geld nicht auf einen bereits vorgegebenen Maßstab (Recheneinheit und Wertmesser) bezogen werden, sondern muss auf andere Begründungsfiguren zurückgreifen. Der Glaube besitzt nicht nur eine *fides qua*, sondern auch eine *fides quae*. An dieser zentralen Stelle öffnet sich für Wagner eine entscheidende Differenz zwischen Geld und Glaube. Der Glaube kann nämlich „nur solange wie Geld funktionieren, solange es völlig beliebig ist, welche Inhalte durch das Medium des Glaubens vermittelt werden"[103]. Stuft man den vagabundierenden Allerweltsglauben auf das Maß des spezifisch religiösen Glaubens zurück und trägt man inhaltliche Kriterien heran, so büßt er seine formale Universalität ein. Hinzu kommt noch eine weitere grundlegende Differenz: Während das ökonomische Funktionssystem durch ein hierarchisches Verhältnis geprägt ist, weil *Alter* handelt und *Ego* erlebt (Haben-Nichthaben), dominiert im religiösen System eine symmetrische Struktur, da *Alter* und *Ego wechselseitig* sich erleben und handeln. Das Kommunikationsmedium des Glaubens ist anders als das der Ökonomie des Geldes kein normativ-lineares sondern ein wechselseitig-relatives. Es „erlaubt keine eindeutige Zuordnung von Handeln oder Erleben zu Alter und Ego"[104]. Glaube hat es mit korrespondierender, wechselseitiger Wahrheit und nicht allein mit formaler Entsprechung zu tun. In jedem religiösen Glauben verbirgt sich ein materiales Moment, das begründet werden muss und sich einer Kompatibilität mit dem Geldmedium entzieht. Die Kommunikationsleistung des Glaubens ist im religiösen Kontext daher begrenzt, während sie im Wirkbereich des Geldes, wo die Güter und Leistungen vermittels des Geldes miteinander vergleichbar sind, nahezu grenzenlos erscheint. Alles komme darauf an, das Bewusstsein für die Differenz zwischen Geld und Gott so zu schärfen, d.h. den Gottesgedanken so zu profilieren, „dass er nicht mit der pantheistischen Verwertungstendenz des Geldes verwechselt werden kann"[105]. Ähnlich wie Marquardt kritisiert auch Wagner, dass die meisten protestantischen Theologien unter den Bedingungen der kapitalistisch-bürgerlichen Gesellschaft Kommunikationsformen folgen, „die, ohne direkt mit oder gegen Geld zu kommunizieren, gleichwohl durch die Logik des Geldmediums verpflichtet"[106] sind. Diese von

---

[103] Wagner, Falk, Geld oder Gott? 43.
[104] Wagner, Falk, Geld oder Gott? 43.
[105] Wagner, Falk, Geld oder Gott? 135.
[106] Wagner, Falk, Geld oder Gott? 122.

ihm so genannten *positionellen Theologien*[107] sind durch einen negativ-abgrenzenden Charakter gekennzeichnet, sie gewinnen und entwickeln ihre Thesen bzw. Inhalte jeweils in Auseinandersetzung und Differenz zu einer anderen theologischen Position, nicht aus eigener Rationalität heraus oder in Aufnahme fremder Erfahrungen. Zu den prominenten Vertretern in der Moderne zählt etwa Friedrich Schleiermacher, der seine Theologie in Abwehr des Rationalismus und Supranaturalismus entwickelte, oder Albrecht Ritschl, der sich von der Erlanger Erfahrungstheologie abzugrenzen versuchte. Wagner reiht hier auch die dialektische Theologie ein, die entgegen ihren Selbstbehauptungen die christlichen Inhalte nicht aus sich selbst heraus thematisiert, sondern entlang eines von diesen Inhalten unterschiedenen Prinzips, nämlich der aus und durch sich selbst seienden Souveränität und Selbstmitteilung Gottes. Sämtliche Inhalte des christlichen Glaubens werden auf die Absolutheit Gottes hin rekonstruiert und von ihrer christologischen Bestimmung her interpretiert.[108] Die Inhalte werden nicht an sich selbst begriffen, sondern allein so, dass sie „für die unbedingte Selbstbestimmung Gottes kommunikabel und mitteilbar sind"[109]. Die spezifischen Inhalte des Christlichen sind daher nichts anderes „als funktionale Wertbestimmtheiten für die allgemeine Äquivalentform der christologisch sich durchsetzenden unbedingten Selbstbestimmung Gottes. Die allgemeine Äquivalentform des christologischen Reflexionsprinzips ist so generalisiert, daß für sie nicht länger konkurrierende funktionale Äquivalente bestehen."[110] Problematisch an all diesen Versuchen ist für Wagner, dass sie völlig analog den ökonomischen Konkurrenz- und Verwertungsprinzipien strukturiert sind, sodass sie selbst als tauschtheoretisch abstrakte, inhaltsleere Theologien Legitimationsarbeit für die bürgerliche Gesellschaft leisten.

Auch wenn Wagner nicht erklären kann, wie eine Theologie aus sich selbst heraus, ohne Bezug zu den Zeichen der Zeit und den vorgegebenen Problemstellungen formuliert werden kann, so legt er doch den Finger in eine offene Wunde. Jede Theologie ist in Gefahr, gleichsam von einem imaginären Stand-

---

[107] Zur Bedeutung des Begriffs der positionellen Theologien vgl. Wagner, Falk, Systematisch-theologische und sozialethische Erwägungen zu Frieden und Gewalt, in: Bäumer, Christoph u.a. (Hg.), Friedenserziehung als Problem von Theologie und Religionspädagogik, München 1981, 53-121.

[108] Dennoch gibt es eine spezifische Differenz der dialektischen Theologie zu den anderen *positionellen Theologien*. Letztere hätten die konkurrierenden Konstruktionsbedingungen dadurch übernommen, „daß sie *an der Stelle* der rekonstruierten Inhalte ihre allgemeine Wertbestimmtheit realisieren", während Barth umgekehrt vorgehe, indem er „die allgemeine Wertbestimmtheit des christologischen Reflexionsprinzips *an die Stelle* der verschiedenen Inhalte" setzt, „um sie auf diese Weise mit der einen und einzigen Wertbestimmtheit der unbedingten Selbstbestimmung Gottes gleichzuschalten" (Wagner, Falk, Geld oder Gott? 131).

[109] Wagner, Falk, Geld oder Gott? 131.

[110] Wagner, Falk, Geld oder Gott? 131. Konkret sind die besonderen Inhalte des Christentums nur dann relevant und kommunikabel, wenn „ihre Wertbestimmtheit durch die allgemeine Äquivalentform des christologischen Reflexionsprinzips ausgedrückt wird" (131). Die Äquivalentform des Geldes ist hier nur durch die Äquivalentform der Christologie ersetzt, dementsprechend funktioniert das christologische Reflexionsprinzip äquivalent des ökonomischen Tauschprinzips der Warenform. – Erwähnt sei ferner, dass Wagner auch die so genannten Genetivtheologien der 70er und 80er Jahren den positionellen Theologien zuordnet.

3 Negativ-exklusivierende Modelle

punkt aus die Wirklichkeit auf die vorausgesetzten Theorien und das vorformulierte Weltbild hin zu befragen und damit zu erheben, was bereits in der Fragestellung implizit enthalten ist. Auch der idealistische Standpunkt ist nicht davor gefeit, als vermeintlich aufgeklärter Diskurs die ökonomischen Funktionsprinzipien in sich zu reproduzieren. Wagner setzt seine Hoffnung, diese Tauschbarkeit aufzudecken, allein in eine hegelianisch vermittelte Analyse des biblischen Gottesbegriffes selbst. Mittels einer Verhältnisbestimmung von trinitarischem Gotteskonzept und autonomer Vernunft (als absoluter) will er den Freiheitscharakter des Menschen aufweisen und damit die fundamentalen Differenzen beider Systeme offenlegen. Doch so umfassend Wagner die Dominanz des monetären Systems beschreibt, so entschieden er den alles bestimmenden Charakter des Geldsystems anprangert (weil es „alles in den Bann seiner Vergleichgültigung zieht"[111]), so wenig überzeugen seine Reflexionen über die Korrelation von autonomer Vernunft und trinitarischem Gottesbegriff. Wohl betont er selbst, dass weder moralische Appelle, noch hehre Maximen die alles bestimmende Wirklichkeit des Geldes einschränken können, aber kann der Lösungsansatz tatsächlich darin bestehen, dass die Theologie einen neuen, unverwechselbaren Begriff des Absoluten entwickelt? Welche Sprache steht dafür zur Verfügung? Wie könnte eine solche Absolutheit Gottes in seinem Verhältnis zur Welt überhaupt gedacht werden? Wagners Überlegungen werden an dieser Schnittstelle undeutlich und brechen mit der rhetorischen Frage unvermittelt ab, ob die Theologie überhaupt fähig (und auch willens) sei, in Anknüpfung an die Trinitätslehre Gott so zu denken, dass er der Urheber allen Seins ist, aber zugleich Autonomie gewährt, Anderes in Freiheit und Selbstständigkeit außer seiner selbst sein lässt. Wie lassen sich diese gewiss zutreffenden und stets wahren Sätze konkret zur endemischen Macht des Geldes in ein Verhältnis setzen? Hier geraten Wagners Überlegungen plötzlich wieder in die Bahnen individualisierter Entscheidungsprozesse, wie sie der Begriff der *Verwechselbarkeit* nahe legt. Deshalb hält sich Wagners Vertrauen in die Veränderungskraft von Religion und Theologie in Grenzen. Wenn diese schon die „Vergleichbarkeit von Gott und Geld nicht verhindern können", so können sie doch „das Bewußtsein über die mögliche Differenz von Geld und Gott schärfen"[112]. Der Gottesgedanke ist dann so zu denken, dass zwar alles Wirkliche aus Gott stammt, aber zugleich gewährleistet ist, dass alles, was nicht Gott ist, außer Gott in Selbstständigkeit und Freiheit existieren kann. Hier zeigen sich Inkongruenzen, weil auf der einen Seite die Totalität des Gelddiskurses (Pantheismus) behauptet und argumentativ gut begründet wird, auf der anderen Seite aber doch ein Weg nach draußen zur Verfügung steht.[113] Die Verwechslung Gottes mit dem Geld lässt sich also dann verhindern, wenn die Theologie

---

[111] Wagner, Falk, Geld oder Gott? 144.
[112] Wagner, Falk, Geld oder Gott? 134.
[113] Durch diese offene Flanke kann Rolf Kramer die Kritik an Wagner dahingehend aufgreifen, dass angesichts der omnipotenten Größe des Geldes eine Geldethik unmöglich geworden sei, weil im Geld ein innerweltlicher, absoluter Maßstab zum Vorschein komme, dem das Korrektiv fehle (vgl. Kramer, Rolf, Ethik des Geldes. Eine theologische und ökonomische Verhältnisbestimmung (Sozialwissenschaftliche Schriften 31), Berlin 1996, 65f).

einerseits das Geld als bestimmte Präsenz eines pantheistisch verfassten Absoluten zu denken vermag, zugleich aber in der Lage ist, einen eigenen Begriff des Absoluten zu entwickeln, „der mit der pantheisierenden Tendenz des Geldes nicht zu verwechseln ist"[114].

Doch an diesem Punkt ist Skepsis angebracht. Was möchte Wagner mit der Metapher des Geldes als einer bestimmten Präsenz eines pantheistisch verfassten Absoluten aussagen? Wie lässt sich dem gegenüber ein unverwechselbarer, ebenfalls auf den Begriff der Absolutheit gründender Gottesdiskurs etablieren? Ist es überhaupt möglich, ein zweites Absolutes zu denken? Wäre damit nicht wieder jene Relativität zur Welt und zur Gesellschaft aufgelöst, die Wagner in seiner Analyse konsequent eingemahnt hat?

Diese Aporie dürfte Falk Wagner bewogen haben, das Thema des Geldpantheismus noch einmal aufzugreifen. In seinem posthum erschienen Buch *Metamorphosen des modernen Protestantismus* hebt er den christlichen Freiheitsaspekt hervor, um mit ihm eine mögliche Alternative zum diabolischen Geldpantheismus zu entwickeln.[115] Stärker als in seinen früheren Arbeiten betont Wagner, dass eine christliche Religion der Moderne, die dieser Totalität entkommen möchte, „die Erinnerung an die praktische Freiheitsidee wachhalten"[116] müsse. Sie wird immer wieder „nach den Bedingungen zu fragen haben, die es den Individuen ermöglichen, daß ihre Belange und Bedürfnisse nicht bloß nach Wertsteigerungsgesichtspunkten verrechnet werden"[117]. Der irdische Gott des Geldes entzweit nicht nur die Menschen zwischen den Zahlungsfähigen und Zahlungsunfähigen (Haben-Nichthaben), durch sein letztgültiges Kriterium der Tauschfähigkeit unterminiert er auch die Selbstzwecklichkeit der Personen, verletzt ihre Würde und hebt den Freiheitscharakter der menschlichen Existenz auf. Der christlich-trinitarische Gott repräsentiert als Inbegriff gelungener Kommunikation das Alternativmodell einer bedingungslosen Anerkennung von Selbst- und Anderssein, opponiert gegen alle Formen tauschtheoretischer Konzeptionen.

Wagners Hauptargument zielt auf den unverrechenbaren, durch keine Tauschökonomie äquivalentierbaren *Mehrwert* des Menschen, auf jene Identität also, die sich jeder Tauschfähigkeit entzieht und damit einen unzerstörbaren Kern menschlicher Existenz jenseits dieser Verwertungsprozesse postuliert. Hier eröffnen sich in der Tat wichtige Anknüpfungspunkte, die von Wagner selbst nur angedeutet, aber nicht konturiert wurden: Welche Sprachformationen und Symbolsysteme lassen sich entwickeln, die den Verwertungszusammenhängen und systematischen Zugriffen entzogen bleiben und in denen die Idee eines selbstbestimmten, nicht restlos den ökonomischer Tauschverhältnissen unterworfenen Lebens lebendig ist? Wie lassen sich die Orte be-

---

[114] Wagner, Falk, Geld oder Gott? 145.
[115] Vgl. Wagner, Falk, Metamorphosen des modernen Protestantismus, Tübingen 1999 (Wagner hat das Buch wenige Wochen vor seinem Tod dem Verlag Mohr Siebeck zur Veröffentlichung zugeschickt); Ders., In den Klauen des Mammon. Die diabolischen Folgen des modernen Geld-Pantheismus, in: Evangelische Kommentare 4 (1998) 192-203.
[116] Wagner, Falk, Metamorphosen 190.
[117] Wagner, Falk, Metamorphosen 190.

schreiben, an denen die Totalität des ökonomischen Diskurses aufgebrochen ist und eine andere Grammatik dominiert? Diese Fragen bleiben auch dann noch wichtig, wenn die von Wagner behauptete Äquivalentform der Warenökonomie als gültiges Konstruktionsprinzip für die Theologie bestritten wird.[118]

Ähnlich wie Friedrich-Wilhelm Marquardt wollte auch Falk Wagner die von Luther eingeführte Zuspitzung auf die existenzielle Entscheidung hin überschreiten. Doch anders als der Berliner Theologe, der die Widerstandspotentiale gegen den Geldpantheismus in kontrastgesellschaftlichen Gruppierungen und Modellen verortet, griff Wagner zunächst auf ein metaphysisches Projekt zurück, von dem er sich einen Ausweg aus den Verstrickungen der Geldkultur erwartete. Im Mittelpunkt standen nicht der rechte Glaube und das rechte Vertrauen, die durch eine existenzielle Entscheidung hergestellt werden konnten, sondern eine adäquate Darstellung der Präsenz des Absoluten, die jedoch anschließend zu einem existenziellen Vertrauen führen sollte. Für Wagner ging der persönlichen Entscheidung eine kognitive, philosophisch konsistente Begründungsfigur voraus und damit wies er der Vernunft wieder eine tragende Rolle im Aufdecken des Gott-Geld-Verhältnisses zu. Jedoch hat für Falk Wagner die Begründbarkeit einer „Theorie des Absoluten" zusehends Risse bekommen und die Einwände der radikal-genetischen Religionskritik haben ihn veranlasst, „den spekulativen Begründungszusammenhang einer Theorie des Absoluten insgesamt zu distanzieren."[119] Ein auf Allmacht und absolute Selbstbestimmung setzender Gottesgedanke müsse notwendig scheitern, weil er philosophisch auf Voraussetzungen beruhe, die er nicht begründen könne und in seinem Exklusivitätsanspruch praktisch zu Gewalt führe. An seine Stelle tritt die wechselseitige und symmetrische Anerkennungsstruktur von Gott und Mensch aus freier Einsicht.[120]

---

[118] So die Kritik von Gutmann, Hans-Martin, Der gute und der schlechte Tausch. Das Heilige und das Geld – gegensätzliche ökonomische Beziehungen?, in: Ebach, Jürgen u.a. (Hg.), „Leget Anmut in das Geben". Zum Verhältnis von Ökonomie und Theologie (Jabboq 1), Gütersloh 2001, 162-225, bes. 201ff. Gutmann bestreitet, dass die Geldökonomie die einzig relevante und mögliche sei. Wagner arbeite mit einem auf die tauschtheoretischen Aspekte reduzierten Ökonomiebegriff. Gerade die religiöse Kommunikation aber bleibe „bis in die dogmatische Versöhnungslehre hinein, von dieser anderen, nicht-geldabhängigen, nicht-äquivalenten Ökonomie bestimmt" (206).

[119] So Falk Wagner in: Henning, Christian/Lehmkühler, Karsten (Hg.), Systematische Theologie der Gegenwart in Selbstdarstellungen, Tübingen 1998, 294. Der Grundgedanke eines absolut selbstständigen, gleichsam korrelationslosen allmächtigen Gottes ist zum Scheitern verurteilt, „weil die gängige Theologie schlicht die Frage gar nicht aufwirft, gar nicht adäquat stellt, wie sich ein solcher selbständiger allmächtiger Gott in seiner Allmächtigkeit offenbaren, erweisen könne" (294). Ähnlich formuliert es Wagner auch in dem Buch *Zur gegenwärtigen Lage des Protestantismus*, München ²1995, 106-113.

[120] Wagner bedauert, dass die im Neuprotestantismus geleistete Vermittlungsarbeit von Religion und moderner Kultur durch die „neuevangelische Wendetheologie des Wortes Gottes" (Metamorphosen 53) zerbrochen sei. Bei allem Verdienst der Wort-Gottes-Theologie habe sie die Anbindung der Religion an die Kultur aus dem Fragekanon gedrängt und sie auf eine den kulturellen und politischen Kontexten enthobene Größe reduziert. Das hat zu einem ungeschichtlichen Verständnis des Glaubens geführt, der die menschlichen Konstruktionsbedingungen der Gottesrede unterschätzt und die gangbaren Wege der Inkulturation versperrt. Aufgabe von

Es bleibt ein großes Verdienst von Falk Wagner, dass er sich wie kaum ein anderer Theologe vor ihm offensiv und kenntnisreich mit der gesellschaftlichen Macht des Geldes auseinandergesetzt hat. Sein Versuch, die tauschlogische Struktur des Gottesgedankens durch eine Theorie des Absoluten zu überwinden, ist insofern singulär und wegweisend, als sie den Pantheismus des Geldes mit seinen eigenen Mitteln schlagen will. Der Absolutheit des Geldes ist nur auf Augenhöhe, d.h. mit einer anderen Absolutheit, derjenigen Gottes, zu begegnen. Die offenen Fragen dieses Konzepts führten zu dem in den letzten Lebensjahren angedachten Alternativmodell, Religion entschiedener als Selbstthematisierung und Sinnreflexion in der Spannung von Individuum und Gesellschaft zu rekonstruieren. Damit nähert er sich dem Lösungsvorschlag von Marquardt, über eine Stärkung der individuell-emanzipatorischen Kräfte Schneisen in die Allmacht der Geldfixierung zu schlagen, um von daher eine Umgestaltung der Gesellschaft zu ermöglichen.

Ähnlich wie Marquardts Geldkritik ist auch jene von Falk Wagner nicht frei von apokalyptischen Anklängen. Die Infizierung der Gesellschaft durch die Macht des Geldes ist bereits so weit fortgeschritten, dass nur mehr eine radikale Änderung bzw. Umkehr aus der tödlichen Umklammerung herausführt. Doch darüber gerät unversehens die Rückseite des Geldes aus dem Blick, das sich nicht nur zu einem gottgleichen Mammon verkürzen, sondern auch zu einem herausragenden Mittel und wichtigen Schrittmacher individueller wie kollektiver Freiheit entwickeln kann. Mit Geld lässt sich eben auch eine verlässliche soziale Ordnung begründen, ein gesellschaftlicher Zusammenhalt stiften und das Funktionssystem Ökonomie steuern. Seine Ambivalenz und Multifunktionalität sind auch bei Wagner eingeebnet, sie werden auf die negativen Komponenten bzw. Schattenseiten reduziert, es dominiert die negativ-exklusivierende Perspektive.

3.4 Geld als alles bestimmende Wirklichkeit: Thomas Ruster

Der meistdiskutierte und wohl auch einflussreichste Beitrag zum Problemkomplex Gott und Geld stammt gegenwärtig von Thomas Ruster, der sich seit Jahren mit der Frage nach den Chancen und Aufgaben des Christentums in einer kapitalistisch geprägten und durchformten Gesellschaft auseinandersetzt. Seine Quaestio disputata *Der verwechselbare Gott. Theologie nach der Entflechtung von Christentum und Religion*[121], die innerhalb weniger Jahre mehrere Auflagen erfahren hatte, bildete einen Höhepunkt in dieser Debatte, die seither noch an Intensität gewonnen und weitere, bemerkenswerte Aspekte zu Tage gefördert hat. Warum hat dieses Buch innerhalb der theologischen Szene so großes Aufsehen erregt? Bringt es schon sehr lange brennende Fragestellungen auf den Punkt? Bietet es entscheidende und weiterführende Antworten? Oder überzeugt

---

Theologie und Kirche ist es daher, ihre Themen und Gehalte im Interesse der Symbolisierungen und der Vermittlung lebensgeschichtlicher Sinnerfahrungen neu zu formulieren (vgl. Metamorphosen 191-215).

[121] Ruster, Thomas, Der verwechselbare Gott (2004 bereits in 7. Auflage erschienen).

es durch seine klaren und eindeutigen Positionen, die Orientierung und Bestärkung in einer unübersichtlich gewordenen Welt geben?

Es ist die These des folgenden Abschnitts, dass Ruster zwar zentrale Probleme des Verhältnisses von Christentum und moderner Kultur bzw. Gesellschaft zur Sprache bringt, sein Lösungsansatz aber im Kontext des offenbarungstheologischen Paradigmas in ähnliche Aporien führt, die sich bereits bei Friedrich-Wilhelm Marquardt als große Hürde erwiesen haben. Anders als Falk Wagner verzichtet Thomas Ruster auf Vermittlungsversuche gegenüber der modernen Kultur, sondern setzt stattdessen zur Gänze auf das Konzept einer Kontrastidentität, einer alternativen Lebens- und Gestaltungsform, die aus der biblischen Überlieferung gewonnen wird.

3.4.1 Gott als eine einstmals alles bestimmende Wirklichkeit

Ruster setzt ebenfalls mit einer Analyse der gesellschaftlichen Wirklichkeit ein. Unter weitgehendem Verzicht auf sozialwissenschaftliche Erkenntnisse zeichnet er das Bild einer janusköpfigen Moderne, in der die Religion wohl ihren festen Platz gefunden hat, aber zugleich in die Gefahr geriet, ihr markantes Profil zu verlieren. Über die längste Zeit hinweg ist es dem Christentum gelungen, das Gottesverständnis mit der alles bestimmenden Wirklichkeit in Einklang zu bringen. Diese bis weit in die Moderne gültige Symbiose von christlichem Gott und alles bestimmender Wirklichkeit hat in der gegenwärtigen Gesellschaft und Kultur ihr Ende erreicht, sie ist definitiv zerbrochen. Denn die zeitgenössischen Kulturen haben sich eine andere alles bestimmende Wirklichkeit auserkoren, sie sind geprägt von einer nahezu vollkommenen Dominanz des kapitalistischen Geistes, von einer neuen *norma normans*, dem sich Denken und Sein, Erkennen und Wollen unterordnen müssen. Ruster folgt in seiner Diagnose dem Mainstream der konservativen Kulturkritik, radikalisiert und personifiziert sie, indem er das Geld als jenes neue Universale identifiziert, das den Diskurs und die Wahrnehmung der Welt entscheidend bestimmt. Geld ist der neue Universalschlüssel, es eröffnet den unbegrenzten Zugang zur Warenwelt, ordnet sämtliche Selbstvollzüge des Wirklichen den ökonomischen Tausch- und Austauschprozessen unter und bedient als allgemeines Kommunikationsmedium all jene Erwartungen und Visionen, die früher unter dem Symbolbegriff „Gott" vollzogen wurden. Diese kulturelle Umstellung der Gottorientierung zur Geldanschauung hat elementare Auswirkungen auf das Christentum als Religion. Heute müsse man von einer Religion des Geldes sprechen, vom Kapitalismus als einer neuen Religion. Damit könne die Theologie nicht mehr den Religionsbegriff auf das Christentum anwenden, im Angesicht der neuen Religion sind die Rolle und Funktion von Glaube und Kirche neu zu bestimmen.

Was sind nun die Gründe, vom Geld bzw. vom Kapitalismus als einer (neuen) Religion zu sprechen? Zunächst ist hier ein kurzer Blick auf Rusters Religionsverständnis zu werfen, das sich eng an zwei nicht unbedingt kompatible Theorien anlehnt, durch ihre Verbindung aber den religiösen Charakter des

Kapitalismus begründen kann. Anknüpfend an die religionsphänomenologischen Klassiker Gustav Mensching und Gerard van den Leeuw bestimmt Ruster Religion als das Verhältnis des Menschen zu einer letzten, numinosen und unverfügbaren Macht, der er sich mit seiner ganzen Existenz zuwendet und von der er sich und sein Leben bestimmt sein lässt: Wo ein Mensch, eine Institution, eine Glaubensrichtung etc. mit einer solchen letzten Wirklichkeit zu tun hat und in Beziehung tritt, da handelt es sich um Religion. In diesem Sinne war das Christentum die meiste Zeit seiner Geschichte eine Religion, es konnte die mit ihm verbundenen Funktionen (vor allem Kontingenzbewältigung, Daseinssicherung) erfüllen, „denn es vermochte die Erfahrungen begegnender Macht mit dem Gottesverständnis zu verbinden"[122]. Für Ruster begann die Erfolgsgeschichte des biblischen Gottes paradoxer Weise just in dem Augenblick, in dem das Christentum beanspruchte, Religion zu sein. Diese Zusammenführung der biblischen Offenbarungswahrheit mit dem (römisch determinierten) Religionsbegriff hat nicht nur dessen Siegeszug begünstigt, sie hat auch für das Überleben in der Moderne gesorgt.[123] Denn durch die neuzeitliche Verschiebung der Begründungspflicht des Religiösen zur Vernunft hin konnte das Christentum den Nachweis seiner Legitimität dadurch erbringen, dass es die Religion als eine anthropologische Konstante reklamierte, die sich vor dem Forum der Vernunft ausweisen und seine Nützlichkeit dokumentieren konnte. Ruster bestreitet nicht, dass sich die Erfolgsgeschichte des Christentums zu einem wesentlichen Teil seiner religionsförmigen Zurichtung verdankt und attestiert dem Christentum, die längste Zeit über eine gute Religion gewesen zu sein. Zugleich dürfe aber nicht übersehen werden, dass diese Figur eines höchsten Wesens den christlichen Religionsbegriff zugleich diskreditierte, weil sie „in der Vergangenheit, mindestens bis zum Zeitalter des Absolutismus, de facto mit der politischen Herrschaft in engstem Zusammenhang gestanden [...] und diese begründet, legitimiert und plausibel gemacht"[124] habe.

Es liegt zu einem Gutteil an Kirche und Theologie selbst, dass sich die Kongruenz vom biblischen Gott als dem Schöpfer der Dinge und der alles bestimmenden Wirklichkeit auflösen konnte. Die griechische Philosophie des 4. und 3. Jahrhunderts v. Chr. erwuchs auf dem Boden der Geldwirtschaft und übernahm von dieser das Moment der Abstraktion. Mit der Rezeption der griechischen Philosophie zog auch dieses Abstraktionsmoment in das Christentum ein. „So erhielt das höchste und allgemeinste, von aller Konkretion abstrahierte Sein die Züge des Geldes. Insoweit die christliche Theologie den Begriff des höchsten Seins mit Gott identifiziert hat, konnte sie der Verwechslung von Gott und Geld nur mehr schwer wehren."[125] Die christliche Kirche und mit ihr die Theologie ließen sämtliche Bastionen gegen die Expansion des ökonomischen

---

[122] Ruster, Thomas, Der verwechselbare Gott 11.
[123] Vgl. dazu Ruster, Thomas, Der verwechselbare Gott 28ff.
[124] Ruster, Thomas, Der verwechselbare Gott 118. Ruster übersieht, dass die Repräsentationskomponente jeder Religion, „nämlich die alles bestimmende Wirklichkeit symbolisch-affirmativ zu chiffrieren" (188), häufig mit einer Herrschaftslegitimierung einhergeht.
[125] Ruster, Thomas, Art. Geld 673. Ruster bezieht sich hier auf eine berühmte These von Alfred Sohn-Rethel (vgl. Kapitel 1, Anm. 85, p. 47).

Paradigmas mehr oder minder widerstandslos schleifen. Mit der lautlosen Preisgabe des biblischen Zins- und Wucherverbotes sowie mit der Entwicklung tauschökonomisch codierter Erlösungsvorstellungen wurde der Bedeutungsverlust der biblisch-religiösen Denk- und Bilderwelt entscheidend gefördert.[126] Mittlerweile sind die vertrauten Formen des Religiösen weitgehend „in den Bereich von Markt, Konsum und Ökonomie ausgewandert"[127]. Will das christliche Gottesverständnis seine Identität bewahren oder neu profilieren, kann und darf es sich nicht mehr über eine Religionsform vermitteln, es zeigt sich sogar im Gegenteil, dass der Religionsbegriff unter heutigen Bedingungen völlig ungeeignet ist, das Christliche unverkürzt zur Sprache zu bringen. Wollte das Christentum länger Religion sein, so drohte ihm der Verlust seiner Identität, weil es mit der neuen Religion, der Religion des Geldes *verwechselbar* geworden ist. Das Geld und die von ihm gesteuerten ökonomischen Prozesse sind heute die letzte alles bestimmende Wirklichkeit, jene höchste Macht, die wie jede Religion einer affirmativ-symbolischen Darstellung bedarf und nur vermittels konkreter Repräsentationsfiguren sichtbar wird.[128] Wollte Falk Wagner das Geld zunächst mit seinen eigenen Mitteln schlagen und vermittels einer neuen Theorie des Absoluten seine Macht begrenzen, so hat er später seine Hoffnungen auf die wechselseitige, vom Freiheitsgedanken geprägte Anerkennungsstruktur von Gott und Mensch gesetzt, die an die besten Traditionen des Neuprotestantismus anknüpfen konnte. Thomas Ruster geht hier wiederum einen anderen Weg, der an Grundüberzeugungen der dialektischen Theologie anknüpft und dem Modell von Marquardt nahe steht.

Um einen Ausweg aus dieser Verflechtung von Christentum und Religion zu finden, knüpft Ruster an Überlegungen der dialektischen Theologie an, vor allem an ihr von der Offenbarung her geprägtes Religionsverständnis. Anders jedoch als Karl Barth hält er den Religionsbegriff nicht prinzipiell für ungeeignet, den christlichen Gott unter den Menschen angemessen zur Sprache zu bringen.[129] Ungeeignet ist der Religionsbegriff allein aufgrund der veränderten kulturellen und religiösen Lage. Dennoch erweisen sich Barths einschlägige Überlegungen in der KD I/2, §17 nach wie vor als höchst aufschlussreich, weil sie zeigen, warum der Religionsbegriff zum Gefangenenhaus Gottes geworden ist.[130]

Karl Barth setzte bekanntlich in Abgrenzung zur liberalen Theologie bzw. im Versuch, ihr Scheitern zu überwinden, eine radikale Differenz zwischen der

---

[126] Vgl. Ruster, Thomas, Jenseits aller Ethik: Geld als Religion?, in: Kochanek, Hermann (Hg.), Ich habe meine eigene Religion. Sinnsuche jenseits der Kirchen, Zürich/Düsseldorf 1999, 182-209, 196ff.
[127] Vgl. Ruster, Thomas, Gott von den Göttern unterscheiden. Religion in einer Welt des Geldes, in: Renovatio 54 (1998) 130-140, 136.
[128] Vgl. Ruster, Thomas, Gott von den Göttern unterscheiden 137.
[129] „Ich vertrete nicht die Auffassung, die man aus der theologischen Religionskritik eines Karl Barth oder Dietrich Bonhoeffer kennt, daß nämlich Christentum und Religion grundsätzlich unvereinbar seien, daß das Christentum überhaupt keine Religion sei. Dagegen halte ich fest: das Christentum war die längste Zeit seiner Geschichte Religion, es war sogar die meiste Zeit eine *gute* Religion. Es hat die Aufgaben einer Religion erfüllt." (Gott von den Göttern unterscheiden 130)
[130] Ruster, Thomas, Der verwechselbare Gott 21 (Anm. 33).

christlichen Offenbarung und der Religion. Durch die Angleichung des Glaubens an die humanen Bedürfnisse und kulturellen Erwartungen der Zeit habe sich die Offenbarung ihres semantisch-kritischen Potentials entledigt und ihr Erstgeburtsrecht preisgegeben. Denn Religion, so Barth, „ist *Unglaube*; Religion ist eine Angelegenheit, man muß geradezu sagen: *die* Angelegenheit des *gottlosen* Menschen."[131] Religion wird als der Versuch des Menschen definiert, Gott von sich aus zu erkennen, was aber schlechterdings unmöglich sei. Alle so gestalteten Bemühungen haben zu einer Entleerung und Formalisierung des Gottesbegriffs geführt. Zwischen dem Selbst- und Für-uns-Sein Gottes auf der einen und den menschlichen Denkbemühungen auf der anderen Seite gibt es keine Brücke. Offenbarung als die Selbstdarbietung und Selbstdarstellung Gottes ereignet sich allein von sich und aus sich selbst her. Wohl trifft und erreicht sie uns nicht auf neutralem Boden, sondern in einem ganz bestimmten Verhältnis – als religiöse Menschen, die versuchen, Gott von sich aus zu erkennen, aber dennoch kann sie nicht an eine schon vorhandene und praktizierte Religion des Menschen anknüpfen, sondern muss ihr entschieden widersprechen. „Keine Religion *ist* wahr. Wahr, d.h. entsprechend dem, als was sie sich gibt und wofür sie gehalten sein will, kann eine Religion nur *werden*, und zwar genau so, wie der Mensch gerechtfertigt wird, nur *von außen*"[132]. Offenbarung ist nur im Gegenüber zur Religion zu denken, zwischen ihnen existiert kein wechselseitiges, sondern ein hierarchisches Verhältnis.[133] Vor diesem offenbarungstheologischen Hintergrund kann Ruster in der Tradition Karl Barths formulieren: „Religion stützt sich auf Erfahrung. Der biblische Gott kann aber gerade nicht erfahren werden. Er ist nur im Wort seiner Verheißung und seiner Gebote zugänglich. Aus den Realitäten dieser Welt lässt sich nicht auf diesen Gott schließen. Deshalb *offenbart* sich der biblische Gott. Hier liegt der entscheidende Unterschied zu den Religionen, in denen es stets um projektierte Sehnsüchte und Wünsche geht, die an den Menschen zurückverweisen."[134] Der Religionsbegriff erscheint heute also völlig ungeeignet, das Christliche unverkürzt zur Sprache bringen zu können, allein in der Stärkung der Offenbarungskategorie lässt sich die Verwechselbarkeit Gottes aufheben.

---

[131] Barth, Karl, KD I/2, 327.
[132] Barth, Karl, KD I/2, 356.
[133] Barth, Karl, KD I/2, 321. „„Verstanden", so fügt Barth hinzu, ist die Offenbarung „im Raum des uns beschäftigenden Problems nur da, wo zum vornherein und ohne daß es in irgendeiner Hinsicht auch anders sein könnte, mit ihrer *Überlegenheit* über die menschliche Religion gerechnet wird, mit einer solchen Überlegenheit, die es uns gar nicht erlaubt, die Religion von anderswo als von der Offenbarung her auch nur als Gegenstand ins Auge zu fassen, geschweige denn Feststellungen über ihr Wesen und ihren Wert zu machen und sie uns so zum selbständigen Problem werden zu lassen." (321)
[134] An Gott glauben oder an das Geld? Ein Streitgespräch zwischen Hubertus Halbfas und Thomas Ruster, in: Publik-Forum Nr. 5 (2001) 26-29, 27. Ähnlich auch in: Ruster, Thomas, Christliche Religion zwischen Gottesdienst und Götzendienst, in: rhs 39 (1996) 54-62: „wer Gott ist, was er will und wohin der Glaube an ihn führt, erfahren wir nur aus der Bibel, aus der Geschichte Israels und die Jesu [sic] und damit aus einer Geschichte, die vom Gegensatz zwischen Gottesdienst und Götzendienst durchdrungen ist" (59).

3.4.2 Geld als die neue alles bestimmende Wirklichkeit

Ein phänomenologischer Vergleich der im religiösen Kontext alles bestimmenden Wirklichkeit *Gott* mit der alles bestimmenden Wirklichkeit *Geld* zeigt die frappierenden Gemeinsamkeiten, die zur Verwechselbarkeit Gottes führen: Das Geld basiert wie der christliche Gott auf Glauben, er bewirkt ebenfalls Liebe, Vertrauen, Hoffnung, Treue, aber auch Angst und Verzweiflung. Auf das Geld können die gleichen menschlichen Bedürfnisse und Haltungen angewendet werden wie auf Gott.[135] Des Weiteren lassen sich die traditionellen Gottesprädikate wie „Selbständigkeit, Einfachheit, Unendlichkeit, Vollkommenheit, Unveränderlichkeit, Raumlosigkeit, Allgegenwart, Allmacht usw."[136] ebenfalls problemlos auf das Geld übertragen. Walter Benjamins rätselhaftes Fragment *Kapitalismus als Religion*, das Ruster einer ausführlichen Analyse unterzieht, identifiziert die Geldökonomie als System, das sich parasitär auf dem Christentum entwickelt habe, so dass zuletzt im Wesentlichen die Christentumsgeschichte die seines Parasiten, also des Kapitalismus geworden sei.[137] Gott und die alles bestimmende Wirklichkeit sind auseinander gefallen, daher muss Gott „hinfort als jemand gedacht werden, der von der alles bestimmenden Wirklichkeit erlöst. Das Christentum ist nur in seinem Gegenüber zur herrschenden Religion richtig zu erfassen."[138] Formal gesehen reproduziert diese Frontstellung lediglich die fundamentale biblische Unterscheidung zwischen Gott und Götzen auf einer religionstheoretischen Ebene. Die neu zu ziehende Grenzlinie zwischen Christentum und Religion bedarf im Grunde keiner neuen Kategorien, sondern kann auf die bewährte Unterscheidung *im* christlichen Gottesverständnis selbst zurückgreifen. Analog dem Verhältnis von Christentum und Religion lässt sich nun die Differenz zwischen dem wahren Gott und den Götzen benennen.

Für diese inhaltliche Entfaltung greift Thomas Ruster auf einen Gedanken von Peter Hünermann zurück, der mit Blick auf die neuzeitliche Entwicklung des christlichen Gottesverständnisses die Pascalsche Unterscheidung zwischen dem Gott der Philosophen und dem Gott Abrahams, Isaaks, Jakobs sowie Jesu Christi als Leitperspektive für die Profilierung des Christentums in der Moderne zuspitzt.[139] Hünermann differenziert zwischen einem *vertrauten* und einem *fremden* Gott und analysiert damit den fundamentalen Wandel in der Moderne, in der Gott „vom selbstverständlichen zum fremden Gott"[140] geworden sei. Allerdings war der (fremde) Gott Abrahams und Jesu nie identisch mit dem einst vertrauten und jetzt fremd gewordenen Gott, sondern er zeichnete sich dadurch aus, dass er

---

[135] Vgl. Ruster, Thomas, Art. Geld, in: Mette, Norbert/Rickers, Folkert (Hg.), Lexikon der Religionspädagogik 1, Neukirchen-Vluyn 2001, 669-675, 673.
[136] Ruster, Thomas, Jenseits aller Ethik 202.
[137] Vgl. Ruster, Thomas, Der verwechselbare Gott 126-142.
[138] Ruster, Thomas, Der verwechselbare Gott 140f.
[139] Vgl. Hünermann, Peter, Der fremde Gott – Verheißung für das europäische Haus, in: Ders. (Hg.), Gott – ein Fremder in unserem Haus? Die Zukunft des Glaubens in Europa (QD 165), Freiburg 1996, 203-222.
[140] Hünermann, Peter, Der fremde Gott 204.

anders als der vertraute nicht nach einer Übereinstimmung mit der Wirklichkeit suchte, sondern stets den befreienden Charakter herausstrich und untrennbar mit dem Volk Israel verbunden blieb. Die Traditionen des fremden Gottes rückten stets „das Besondere, Neue und Fremde des biblischen Glaubens in den Mittelpunkt"[141], sie sind die Bewahrer des Unangepassten und Prophetischen. Obwohl sie sich nie zu einem Hauptstrang entwickeln konnten, blieben sie im Christentum stets lebendig, bildeten den Stachel im Fleisch des anpassungsbedürftigen Christentums. Ruster rekonstruiert einige dieser Traditionslinien als Antithesen zu den jeweils breit akzeptierten Paradigmen: den Ersten Petrusbrief, Pascal, Marcion/Harnack, Luther. Resümierend formuliert Ruster: Wird Gott „gradlinig in irgendein positives Verhältnis zu diesen Mächten – in der Regel in der Form der Überbietung und Verabsolutierung – gesetzt, entsteht Religion. Wenn nicht, dann nicht, sondern statt dessen ein die religionskritischen Anteile der Bibel aktualisierendes Außenseitertum, das die Welt in Irrtum und Wahn verstrickt sieht. Die Unterscheidung im Gottesverständnis entscheidet demgemäß über das Sein oder Nichtsein des Christentums als Religion."[142]

Die fundamentale Unterscheidung von vertrautem und fremdem Gott bietet nun die gesuchten Anknüpfungspunkte für die erforderliche Auseinandersetzung mit den kapitalistischen Verstrickungen und Überformungen der Gegenwart. Durch eine Gottesrede, die ihr Gegenüber deutlich benennt und sich offensiv mit ihm auseinandersetzt, wird die Unverwechselbarkeit des biblischen Gottes deutlich. Auf dem Boden dieser Unterscheidung kann Ruster die biblische Götzenkritik aufgreifen und in eine grundsätzliche Geld- bzw. Kapitalismuskritik transformieren.[143] Allerdings taucht hier ein schwerwiegendes Problem auf, das bei Ruster ungelöst bleibt: Sind der fremde und der vertraute Gott wirklich zwei völlig unterschiedliche, einander ausschließende Weisen der Gottesvorstellungen? Wenn die eine in der Wahrheit steht und die andere im Unrecht, müsste man nicht konsequenterweise die gesamte Christentumsgeschichte, die sich in ihren Haupttraditionen als Religion konstituiert hat, als Entfremdungsgeschichte qualifizieren? Wenn darüber hinaus die beiden Gottestraditionen eindeutig identifizierbar sind und ihr völlig ungleiche Lasten auferlegt sind, warum ist dann die Bibel selbst kein exklusives Dokument des fremden Gottes? Und schließlich: Erkenntnistheoretisch ist jede Vorstellung Gottes an bestimmte Repräsentationsformen gebunden, ansonsten wäre Gott ein leerer Begriff. Doch wenn die Fremdheit Gottes an die Verweigerung jeglicher Repräsentation gekoppelt ist, welche performative Kraft kommt einem Heilsgedanken zu, der sich jeglicher Darstellung verweigert?[144] Ruster selbst

---

[141] Ruster, Thomas, Der verwechselbare Gott 17.
[142] Ruster, Thomas, Der verwechselbare Gott 192f. Ruster hält demnach eine Zukunft des Christentums als Religion doch für möglich, in welcher Weise, bleibt offen.
[143] In ähnlicher Weise verfolgt dieses Programm auch Segbers, Franz, Gott gegen Gott. Von der Alltagsreligion im Kapitalismus, in: Gräb, Wilhelm (Hg.), Religion als Thema der Theologie. Geschichte, Standpunkte und Perspektiven theologischer Religionskritik und Religionsbegründung, Gütersloh 1999, 63-90.
[144] Vgl. dazu Schneider, Thomas, Theologie im Zeitalter des Spätkapitalismus. Thomas Rusters Apologie des fremden Gottes, in: Merkur 55 (2001) 250-254.

versucht diesen Schwierigkeiten zu begegnen, indem er von einer Doppelkodierung des biblischen Gottes spricht: Gott ist ein Gott der Religion und in der gleichen Bewegung ein Gott, der Religion radikal in Frage stellt.[145] Doch damit bekommt die von Ruster stets geforderte Eindeutigkeit des biblischen Gottesgedankens merkliche Risse. Denn die Erfahrungen des Gottesvolkes Israel zeigen, dass der Gott des Exodus, der Tora und der biblischen Weisungen der Gerechtigkeit, also der fremde Gott, nicht nur mit dem vertrauten Gott der Landnahme und Eroberung verwechselbar ist, sondern mit ihm *identisch*. Die zunächst plausible Unterscheidung zwischen vertrautem und fremdem Gott überdeckt die fundamentale Erfahrung der biblischen Schriften, dass der fremde Gott von Anfang an zugleich immer auch der vertraute war.[146] Diese Doppelkodierung Gottes, die seit jeher das Reden und Denken über Gott bestimmt hat, reflektiert die Bibel in zahllosen Geschichten und Erfahrungen unter einem Spannungsbogen, der nicht aufgelöst werden kann, weil mit seinem Verschwinden einerseits die Unverfügbarkeit und Transzendenz Gottes verloren gingen, andererseits ein korrektives Gegenüber fehlte, um identifizierbare Zuschreibungen aufzubrechen. Die Kategorie „fremder versus vertrauter Gott" taugt daher nicht für eine ontologische Bestimmung Gottes. Doch daran hat Thomas Ruster wohl auch kein Interesse. Vielmehr dient ihm die Rede vom fremden Gott als eine metaphorische Sprechweise, um die Kritik an den modernen Götzen theologisch anbinden zu können. Vorbild ist dabei die Tora, deren Gebote letztlich auf die Vermeidung von Götzendienst hinauslaufen und das Profil des einzigen, wahren Gottes entscheidend schärfen können.[147] Mehr noch, die Unterscheidung von Gottesdienst und Götzendienst ist überhaupt „der Hauptinhalt unseres Glaubens"[148].

Von welcher Position her kann aber in einer modernen, pluralistischen und vom Kapitalismus geprägten Welt eine Götzenkritik formuliert werden? Nach Ruster ist sie nur durch ein Eintauchen, ein Hineinbegeben in die fremde Welt der biblischen Wirklichkeit möglich.[149] Diese erst öffnet die Augen für die Verfallenheit der modernen Gesellschaft, befreit die Vernunft von ihrer Blendung durch Macht und Erkenntnis. Sie ist eine fremde Erfahrung, nicht mit unseren Vorstellungen vermittelbar. Denn wer bei den Gotteserfahrungen und

---

[145] Ruster, Thomas, Der verwechselbare Gott 33. „Das Christentum hat, insofern es Religion war, eine Seite des Gottesglaubens aktualisiert, die durchaus ihre biblischen Wurzeln hat. Nur haben sich im Laufe der Geschichte die Gewichte zur anderen Seite etwas verschoben." (33) Bezeichnender Weise verdeutlicht Ruster diese Doppelkodierung nicht durch eine begriffliche Reflexion, sondern durch einen narrativen Zugang.

[146] Vgl. dazu Halbmayr, Alois, Eine neue Eindeutigkeit? Thomas Rusters Plädoyer für eine Entflechtung von Christentum und Religion, in: SaThZ 5 (2001) 144-166.

[147] Vgl. Ruster, Thomas, Der verwechselbare Gott 166-187. Hier ist eine weitere ungelöste Spannung enthalten. Während Ruster gleichsam die Anknüpfung an die Tora fordert und als normative Struktur den Weg über das Judentum propagiert, behauptet er zugleich, dass die Positionen des fremden Gottes „allesamt christozentrisch" (186) seien.

[148] Ruster, Thomas, Christliche Religion 61.

[149] Ruster hat diesen Begriff von Friedrich-Wilhelm Marquardt übernommen. Vgl. Ruster, Thomas, Die Welt verstehen „gemäß den Schriften". Religionsunterricht als Einführung in das biblische Wirklichkeitsverständnis, in: rhs 43 (2000) 189-203, 195; Ders., Der verwechselbare Gott 198-201.

-bildern der Menschen ansetzt, bleibt sprachlos vor dem biblisch bezeugten Handeln Gottes, denn von außerbiblischen Voraussetzungen lässt sich nichts über den Gott der Bibel erkennen. Glauben heute bedeutet dann nichts anderes als „am biblischen Wirklichkeitsverständnis teil zu haben und von ihm aus die Welt zu sehen"[150]. Vom biblischen Standpunkt aus erst lässt sich die radikale Antinomie von Gott und Geld erkennen, die Konkurrenz offen legen um das, was Wirklichkeit im Letzten bestimmt. Daher schärft die biblische Gotteskritik ein, dass allein mit Gott und seinem Gesetz die Macht des Geldes gebändigt werden kann. Das biblische Wirklichkeitsverständnis offenbart die Antinomie von Gott und Geld als Antinomie von Wahrheit und Lüge, von Gerechtigkeit und Ungerechtigkeit. Es zeigt, dass die Prinzipien der kapitalistischen Gesellschafts- und Wirtschaftsordnung denen der Bibel genau entgegengesetzt sind.[151]

Für Thomas Ruster erscheint die Situation des Christentums nach dem Ende der Religion auf verblüffende Weise ähnlich mit der Lage zu seinem Beginn. Dadurch jedoch eröffnen sich für das Christentum nun ungeahnte Möglichkeiten. Es kann das Generalthema der Bibel, eben den Dauerkonflikt zwischen Gottes- und Götzendienst, von einer alten Hypothek befreit, wieder offen und frei in Erinnerung rufen. Allerdings ist dieser Streit auf dem Boden der traditionellen Gottesprädikate nicht mehr zu gewinnen, sondern bedarf neuer kreativer Wege. Eine Reformulierung der Eschatologie, die Erlösung heils-ökonomisch denkt, zählt hier ebenso dazu wie eine Neukonzeption der Lehre von der Vergebung der Sünden.[152] Ruster spielt dabei auf Walter Benjamin an, der als eines der zentralen Merkmale des Kapitalismus als Religion seinen verschuldenden Charakter nannte.[153] Die Aktualisierung der Tora-Bestimmungen erfordert konkrete Schritte, die vom Eintreten für Zinsverbot und Schuldenerlass, Pflicht zur Darlehensvergabe, Verzicht auf dauerhaften Besitz an Grund und Boden bis zu den Bestimmungen zu Sabbat und Jubeljahr reichen.[154] Auf politischer Ebene plädiert Ruster für ein allgemeines Zinsverbot (z.B. durch Liquiditätsabgabe oder Geldhaltegebühr) und im persönlichen Bereich für den Verzicht auf Zins- und ähnliche Geldgewinne, für das Unterlassen von Sparen und Vorsorgen, sowie für einen tatkräftigen Widerstand gegen die Versuchung, zum billigen Produkt zu greifen.[155] Rusters Vision einer Theologie und Kirche

---

[150] Ruster, Thomas, Die Welt verstehen 196.
[151] Vgl. Ruster, Thomas, Jenseits aller Ethik 195.
[152] Ruster, Thomas, Jenseits aller Ethik 203.
[153] Für Benjamin ist der Kapitalismus „vermutlich der erste Fall eines nicht entsühnenden, sondern verschuldenden Kultus. [...] Darin liegt das historisch Unerhörte des Kapitalismus, daß Religion nicht mehr Reform des Seins sondern dessen Zertrümmerung ist." (Benjamin, Walter, Kapitalismus als Religion 101)
[154] Vgl. dazu v.a. Ruster, Thomas, Wirtschaft und das Medium Geld im Lichte einer Theologie der Mächte und Gewalten, in: zur debatte 5/2002, 23f; Ders., Der Kampf um das kanonische Zinsverbot in der frühen Neuzeit, in: Faber, Richard (Hg.), Katholizismus in Geschichte und Gegenwart, Würzburg 2005, 97-108.
[155] Ruster, Thomas, Wirtschaft und das Medium Geld 24. Ruster spricht sich, da die geforderten Verhaltensweisen nicht immer möglich seien, für die Befolgung der so genannten Turteltäubchen-Regel aus: Für jedes Vergehen gegen das Wohl des Gesamten ist eine in etwa adäquate Abgabe zu leisten. Z.B. für jeden gefahrenen Autokilometer eine Abgabe von 50 Cent an ein

nach der Entflechtung von Christentum und Religion bezieht ihre ganze Kraft und Plausibilität aus den Verheißungen der Bibel, sie verzichtet auf die Ausdifferenzierungen und Errungenschaften der Moderne und möchte wieder zurück in die Unmittelbarkeit einer allein auf die Vorsehung Gottes gründenden Wirklichkeitserfahrung. Denn vom „biblischen Standpunkt aus steht dem kapitalistischen Dogma von der Knappheit der Gaube an den Reichtum und die Fülle Gottes gegenüber, woran er alle teilhaben lässt, die seinen Verheissungen [sic] trauen und deshalb auf die geldbestimmte Vorsorge verzichten können. Der Glaube rettet also die von den Sorgen zerfressene Welt; Näheres regeln die Bestimmungen der Tora."[156]

Rusters umfassende Diagnose von der Verwechselbarkeit Gottes, seine Funktionsbestimmung des Christentums nach dem Ende der Religion und seine Forderungen nach einer Reformulierung bzw. Profilierung des christlichen Gottesbegriffs sind in Theologie und Kirche auf ein großes Echo gestoßen. So sehr das Anliegen Rusters Zustimmung finden mag, gegen seine Diagnose und die Durchführung dieses Projekts lassen sich doch auch gewichtige Argumente vorbringen. Sie richten sich nicht gegen seine Grundintention einer Schärfung des christlichen Profils, sondern allein gegen seine Begründung und die daraus resultierenden Konsequenzen. Im Folgenden möchte ich einige dieser Punkte noch kurz benennen.

3.4.3 Eine negativ-pessimistische Sicht der Wirklichkeit

Das Panorama, das Thomas Ruster von der gegenwärtigen Gesellschaft entwirft, ist von starken apokalyptischen Fäden durchzogen. Vergleicht man seine früheren Arbeiten mit den neueren Veröffentlichungen, so hat sich der negativ-pessimistische Blick eher verfestigt als dass er einer differenzierten Analyse der Moderne gewichen wäre. Nach wie vor trägt das ökonomische System die Hauptverantwortung für die Erosion des Glaubens und für die endemischen Verwerfungen bzw. Zerstörungen der privaten Lebenswelt. Um die Strukturen der so zentralen gesellschaftlichen Funktionssysteme Ökonomie und Religion klären zu können, greift Ruster verstärkt auf die Systemtheorie Niklas Luhmanns zurück.[157] Auch wenn dort der Schwerpunkt auf den internen Relationen der Funktionssysteme liegt und jegliche, allgemein-normative Wertungen fehlen, so zieht Ruster eine explizit ethische Perspektive ein, die den systemtheoretischen Reflexionen formal vorausgeht und sie strukturiert. Dieser moralische Standpunkt verbietet jeglichen Optimismus. Im Gegenteil, die ökonomische Situation der Gegenwart und ihre vorhersehbare Entwicklung

---

ökologisches oder soziales Projekt. Vgl. dazu auch: Habermann, Hanna, Das Anti-Mammon-Programm des Reformierten Bundes, in: Kessler, Rainer/Loos, Eva (Hg.), Eigentum: Freiheit und Fluch. Ökonomische und biblische Einwürfe, Gütersloh 2000, 162-176.

[156] Ruster, Thomas, Der verwechselbare Gott 191.
[157] Vgl. die Rezension: Ruster, Thomas, Distanzierte Beobachtung. Niklas Luhmanns „Religion der Gesellschaft", in: HerKorr 55 (2001) 90-96; Ders., Art. Geld, in: Lexikon der Religionspädagogik 1 (hg. v. Mette, Norbert/Rickerts, Folkert), Neukirchen-Vluyn 2001, 669-675; Ders., Von Menschen, Mächten und Gewalten, Eine Himmelslehre, Mainz 2005, 62-96.

bieten allen Grund zum Pessimismus. Von einem offensichtlichen Versagen des Wirtschaftssystems müsse man sprechen, „weil es die Funktionen, die es zu erfüllen hat (materielle Grundversorgung und ein gewisses Maß an Zukunftssicherheit) weltweit gesehen nicht erfüllt!"[158] Es gelingt dem Ökonomiesystem einfach nicht, die vorhandenen Mittel gerecht zu verteilen, es hat die Zukunft in Gestalt von Schulden bereits auf unabsehbare Zeit hin belastet und im Laufe der knapp 500-jährigen Geschichte „großes Verderben angerichtet"[159]. Die Diversifikation und Autonomie der gesellschaftlichen Teilsysteme verhindern notwendige, ethisch-normative Eingriffe von außen, was vor allem im ökonomischen Funktionssystem zu dramatischen Fehlentwicklungen führt. Nicht nur richtet die Wirtschaft ihre Regelgesetze und Codes an den tatsächlichen, sozial vermittelbaren Selbsterhaltungsbedürfnissen der Menschen aus, die grenzenlos sind und potentiell ins Unendliche ausgreifen, durch ihre zentrale Bedeutung zwingt sie die anderen gesellschaftlichen Funktionssysteme, sich sukzessive darauf einzustellen und ihre Strukturlogik zu implementieren: Die Wissenschaft orientiert sich in ihren Forschungen nicht mehr nach qualitativen Maßstäben, sondern nach der ökonomischen Verwertbarkeit, die Politik fragt nicht mehr nach den gesellschaftlichen Notwendigkeiten, sondern primär nach deren ökonomischen Kosten, das Bildungssystem wird auf Marktkonformität umgestellt. Die relativ einfache Leitunterscheidung der Ökonomie (zahlen/nicht zahlen bzw. haben/nicht haben) übt auf die anderen, komplizierter strukturierten Funktionssysteme eine starke Faszination aus. Das fördert wiederum die Versuchung, auch dort ökonomisch zu handeln, wo zweckrationale Kategorien dem System keinen Nutzen bringen, sondern den Schaden vergrößern.[160]

Auffallend an Rusters Analyse der gesellschaftlichen Wirklichkeit, der Möglichkeiten und Grenzen des Funktionssystems Wirtschaft, ist, wie bereits erwähnt, ihr nahezu gänzlicher Verzicht auf sozialwissenschaftliche Literatur und empirische Untersuchungen. Der Bezug auf nationalökonomische Theorien konzentriert sich auf die für Ruster zentrale Zinsfrage und beruft sich im Wesentlichen auf den Klassiker John Maynard Keynes (1883-1946) und den Alternativökonomen Helmut Creutz. Letzterer ist vor allem dadurch bekannt geworden, dass er für eine radikale Neugestaltung des Geldwesens eintritt und vehement gegen die Privilegierung des Geldbesitzes (niedrige Haltekosten) Partei ergreift.[161] Bei Ruster sind die unbestreitbaren Leistungen der kapitalis-

---

[158] Ruster, Thomas, Von Menschen, Mächten und Gewalten 91f; ähnlich in: Ders., Wandlung. Ein Traktat über Eucharistie und Ökonomie, Mainz 2006, 10-17.
[159] Ruster, Thomas, Wandlung 14; dort auch ein ausführlicher Katalog der vom kapitalistischen Wirtschaftssystem Geschädigten.
[160] Vgl. Ruster, Thomas, Wandlung 72-74.
[161] Zur Auseinandersetzung mit Keynes vgl. Ruster, Thomas, Der verwechselbare Gott 142-154; zu jener mit Creutz: Ders., Von Menschen, Mächten und Gewalten 97-116. Zur Neugestaltung des Zinswesens vgl. Creutz, Helmut, Das Geld-Syndrom. Wege zu einer krisenfreien Wirtschaftsordnung, München ^{5}2001; Ders., Die 29 Irrtümer rund ums Geld, München 2004. Zu den Pionieren einer Alternativökonomie zählte auch Dieter Suhr, der das Konzept eines *neutralen Geldes* entscheidend weitergetrieben hatte. Suhr ging von der Tatsache aus, dass Geld nicht nur ungerecht verteilt ist, sondern auch in sich selbst keinen einheitlichen Wert besitzt.

3 Negativ-exklusivierende Modelle 123

tischen Wirtschaft längst aus dem Blickfeld geraten, es dominiert die Perspektive auf die nicht weniger unbestreitbaren Kosten und Defizite. Eine Weiterentwicklung der kapitalistischen Produktionsweise scheint nicht mehr möglich oder zielführend zu sein, sondern nur ihre Überwindung, der komplette Ausstieg aus dem System. Das Ziel ist eine der biblischen Wirklichkeitserfahrung

---

Die Rede vom Geld als neutralem Tauschmittler suggeriert eine Gleichheit, die es in Wahrheit nicht repräsentiert. Wer Geld besitzt oder verleihen kann, dessen Geld ist mehr wert als das Geld dessen, der Waren oder Dienstleistungen anbietet. Dafür, dass er das Geld im Güterverkehr zirkulieren lässt, muss er unter Umständen sogar noch für die erheblichen Transaktionskosten aufkommen (z.B. Kredit- u. Investitionskosten), während der Kreditgeber für den Liquiditätsverzicht einen Zinsertrag bekommt. Geld bevorzugt den, der es besitzt und benachteiligt den, der es braucht. So ist es weitaus lukrativer, sein Geld gegen einen Zinsertrag zu sparen als in Produktion oder Konsum zu investieren. Selbst die staatliche Rechtsordnung kodifiziert in der Regel die Vorteile des Geldbesitzes, weshalb die ökonomische Rede von der Neutralität des Geldes nur die strukturellen Asymmetrien verschleiert. Geld hat aufgrund seiner Doppelwertigkeit einen nach Märkten gespaltenen Wert, es „ist auf den Geldanlagemärkten mehr wert (Liquiditätswert) als auf den Märkten für Konsum- und Investitionsgüter (Nennwert)" (Suhr, Dieter, Gerechtes Geld, in: Archiv für Rechts- und Sozialphilosophie 69 (1983) 322-339, 331). In einer gerechten Gesellschaft dürfe deshalb das Geld im Wirtschaftsverkehr nicht länger den Geldbesitzer- und Verleiher gegenüber dem Anbieter von Waren oder Dienstleistungen bevorzugen. Der Geldwert ist dann einheitlich, gerecht und optimal, „wenn in der betroffenen Volkswirtschaft das Arbeitseinkommen gegen 100% des Bruttosozialproduktes und der Zinssatz gegen 0% tendiert." (334) Wenn die Durchhaltekosten auf die Liquidität so dosiert werden, dass sie die durchschnittlichen Liquiditätsvorteile aufzehren, dann hat dieses Geld für die Kapitalakkumulatoren keinen Mehrwert mehr, und sie werden ihr Interesse darauf richten, Geld in den Güter- und Dienstleistungsbereich einzubringen, zu investieren. Suhrs Geldkonzeption ist stark von den Überlegungen des belgischen Finanztheoretikers Silvio Gesell beeinflusst und erinnert an das System des Notgeldes, wie es in der Zwischenkriegszeit in der österreichischen Stadt Wörgl praktiziert wurde. Gegen Suhrs These wird häufig eingewandt, dass niemand mehr sparen würde, wenn er dafür keine Zinsen gebe. Suhr selbst hat dem entgegengehalten, dass gerade das Sparen das Gleichgewicht der Bedürfnisse störe, indem es dazu verführe, in der Gegenwart weniger als in der Zukunft zu konsumieren. Zinsen wirken den Konsum- als auch den Produktionsaktivitäten in der Gegenwart entgegen, weil sie die Transaktionsträgheit des Sparers belohnen und die Transaktionsaktivitäten von Unternehmern bzw. Konsumenten bestrafen. Ein weiterer Einwand bezieht sich auf den möglichen Mangel an Finanzkapital, also auf die Frage, ob in einer zinslosen Gesellschaft überhaupt genügen Kapital für Investitionstätigkeiten akkumuliert werden könne. Gerade das Finanzkapital sei, so Suhr, ein treffendes Beispiel für die Unproduktivität eines zinsdefinierten Geldes, indem die Erfahrung zeige, dass es nicht in den Produktionsbereich zurückgeführt werde. Der dritte Haupteinwand zielt auf die Frage, ob ein zinsenloses Geld nicht die Versuchung zur übermäßigen Kreditaufnahme verführe. Auch hier argumentiert Suhr wiederum anthropologisch, von den genuinen menschlichen Bedürfnissen her, indem er davon ausgeht, dass die realen Preise dann sensibler auf den realen Bedarf der Transakteure eingehen und damit die Allokation von Ressourcen nicht schlechter, sondern besser erfolgen werde (vgl. Suhr, Dieter, Geld ohne Mehrwert. Entlastung der Marktwirtschaft von monetären Transaktionskosten, Frankfurt 1983; Ders., Entfaltung der Menschen durch die Menschen. Zur Grundrechtsdogmatik der Persönlichkeitsentfaltung, der Ausübungsgemeinschaften und des Eigentums, Berlin 1976). Die von Suhr forcierte und unterstützte Idee eines zinsenfreien Geldes im Rahmen so genannter *Neutral Money Networks* ist ein Versuch, der Logik der kapitalistischen Wirtschaft eine andere entgegenzusetzen. Wichtig ist zu beachten, dass *neutral* bei Suhr und in der Antizinsbewegung etwas anderes meint als in der klassischen Ökonomie; neutral ist dieses Geld insofern, als hier die strukturelle Asymmetrien des Geldes aufgehoben sind und die Geldbesitzer gegenüber den Warenproduzenten und Dienstleistern nicht mehr bevorzugt werden.

verpflichtete Ökonomie, die das Zinsverbot ernst nimmt, auf Vorsorge verzichtet und die Gebote der Tora zu erfüllen trachtet.[162]

Ähnlich wie Luther, der das katastrophische Ende der auf Zinswucher, Preistreiberei und Ausbeutung beruhenden Gesellschaft vorausgesehen, den Kapitalismus in der Phase seiner Entstehung aufmerksam beobachtet und zum Gegenstand der Theologie gemacht habe, gelte es auch heute, Theologie in antikapitalistischer Zuspitzung zu treiben und die wirtschaftsethische Auseinandersetzung auf der theologischen Ebene weiter zu führen. „Indem Luther seine schon oftmals geäußerte Kritik an Wucher, Geiz, Habsucht und ihren menschenzerstörenden Folgen zur Rede vom »Abgott« Mammon zusammenzieht und in den Zusammenhang des ersten Gebots rückt, kommt die theologische Relevanz ökonomischen Handelns heraus"[163]. Theologie ist kritische Auseinandersetzung mit der neuen Theologie der Ökonomie.

Bemerkenswert ist weiterhin, dass Ruster für die Beschreibung des ökonomischen Funktionssystems ein Vokabular bevorzugt, das seine Ambivalenz nur unzureichend widerspiegelt. Einerseits ist die Ökonomie ein System unter mehreren, anderseits rückt es wegen seiner herausragenden Bedeutung in eine absolute, alle anderen überwölbende Position. Es gibt dann kein Leben jenseits der vom Geld vorgegebenen Normen und Strukturen. Alles ist in monetären Begriffen codierbar, der Wert eines Menschen (man denke nur an die Ablösesummen von Fußballspielern) ebenso wie die Zuneigung der Liebenden. Würde man Rusters These von der totalisierenden Macht des Geldes buchstäblich und nicht als prophetische Metapher nehmen, käme sie in ähnliche Aporien, in die auch Adornos negative Dialektik immer wieder zu geraten drohte. Wo die Totalität eines Systems vollkommen geworden ist, ist kein Außerhalb mehr möglich, kein exterritorialer Punkt, der es aufsprengen könnte. Es sei denn, dass eine solche eschatologische Perspektive bereits in der Totalität selbst konstitutiv enthalten ist, die sie durchfurcht und aufbricht.[164] Für Adorno ist es das kritische Denken, das die Erinnerung an das Nichtidentische wach hält, für Ruster kommt der rettende Gedanke von außen, vom widerständigen, biblischen Gottesverständnis her.

---

[162] Die Erfüllung der Tora ist gleichzeitig ihr Lohn, die Unterscheidung von Gott und anderen Götter/Götzen konstitutiv. „Die Gebotspraxis hat zuletzt den Sinn und den Zweck, in die Sphäre hineinzuführen, wo diese Unterscheidung leitend ist, in die Welt also, wo Gott gedient wird und nicht den Göttern, nicht den Mächten und Gewalten." (Ruster, Thomas, Von Menschen, Mächten und Gewalten 303)

[163] Ruster, Thomas, Der verwechselbare Gott 159.

[164] Adorno entwickelt wenig Vertrauen in die bürgerliche Gesellschaft, dass sie das Andere als anderes gelten lässt. Die Grundverfassung der Gesellschaft hat sich nicht geändert, sie verdamme die aus Not auferstandene Theologie und Metaphysik „zum Gesinnungspaß fürs Einverständnis. Darüber führt keine Rebellion bloßen Bewußtseins hinaus. Auch im Bewußtsein der Subjekte wählt die bürgerliche Gesellschaft lieber den totalen Untergang, ihr objektives Potential, als daß sie zu Reflexionen sich aufschwänge, die ihre Grundschicht bedrohten. Die metaphysischen Interessen der Menschen bedürften der ungeschmälerten Wahrnehmung ihrer materiellen. Solange diese ihnen verschleiert sind, leben sie unterm Schleier der Maja. Nur wenn, was ist, sich ändern lässt, ist das, was ist, nicht alles." (Adorno, Theodor W., Negative Dialektik (GS 6), Darmstadt 1998, 391)

3.4.4 Ein unterbestimmter Religionsbegriff

Rusters Kennzeichnung des Geldes als die neue Religion der Moderne und als der Gott unserer Zeit ist nur dann überzeugend, wenn auch sein Begriff von Religion Zustimmung findet. An ihm hängt die gesamte Konzeption, die wie ein Schlussstein das ausladende Theoriegebäude vom fremden Gott zusammenhält. Doch sind an diesen, aus dem Fundus der dialektischen Theologie schöpfenden Religionsbegriff einige Fragen zu richten. Die Definition der Religion als alles bestimmende Wirklichkeit, als symbolisch-affirmative Darstellung des höchsten Wesens, als Legitimationskategorie herrschender Verhältnisse, als Deutungsleistung der Erfahrungen im Lichte einer höchsten Macht, in all diesen Bestimmungen bleibt der semantische Gehalt ausgespart. Die Kategorie einer alles bestimmenden Wirklichkeit ist eine metaphysisch aufgeladene Leerstelle, ein hölzernes Eisen, das hermeneutisch nur wenig zur Erhellung des Gottesverhältnisses in einem konkreten sozialen Kontext beiträgt. Wenn Religion nur dort existiert, wo es den gesellschaftlichen Diskurs bestimmt, aber nicht mehr präsent ist, „wo dieser Diskurs über das Christentum mentalitätsgeschichtlich hinweggegangen ist"[165], war auch in historischer Perspektive das Christentum niemals eine Religion. Wann und wo hat aber das Christentum den Diskurs und die Praxis der Gesellschaft auf alles bestimmende Weise dominiert?

Mit der Identifizierung von Religion und Macht bleibt eine zentrale biblische Einsicht unterbewertet und eine historisch wichtige, wenn auch eher marginalisierte Erfahrung nicht ausreichend gewürdigt. Denn das Christentum, wie wohl die meisten Religionen, kennt neben den machtrepräsentativen, analogen Ausprägungen ihrer Selbstdarstellungen in der *gleichen* Bewegung ihre Dekonstruktion, ihre prinzipielle Infragestellung.[166] Paradigmatisch dafür sind etwa die betont königskritischen Formulierungen in 1 Sam 8, in denen der Prophet Samuel dem Drängen des Volkes nachgibt und einen König einsetzt, zugleich aber die Konsequenzen drastisch vor Augen führt: „Das werden die Rechte des Königs sein, der über euch herrschen wird: Er wird eure Söhne holen und sie für sich bei seinen Wagen und seinen Pferden verwenden, und sie werden vor seinem Wagen herlaufen. Er wird sie zu Obersten über (Abteilungen von) Tausend und zu Führern über (Abteilungen von) Fünfzig machen. Sie müssen sein Ackerland pflügen und seine Ernte einbringen. Sie müssen seine Kriegsgeräte und die Ausrüstung seiner Streitwagen anfertigen." (1 Sam 8,11f).

Religionen kann man auch als zaghafte Versuche interpretieren, das angekündigte und zugesprochene Heil so zur Darstellung zu bringen, dass es kognitiv verstehbar ist, subjektiv überzeugend bleibt und politisch-praktisch wirksam

---

[165] So Hoff, Gregor Maria, Entmachtung der Religion. Ist das Christentum keine Religion mehr?, in: ThG 43 (2000) 135-143, 137.
[166] Vgl. dazu Nancy, Jean-Luc, Entzug der Göttlichkeit. Zur Dekonstruktion und Selbstüberschreitung des Christentums, in: Lettre International Nr. 59 (2002) 76-80; Hoff, Gregor Maria, Die prekäre Identität des Christlichen. Die Herausforderung postModernen Differenzdenkens für eine theologische Hermeneutik, Paderborn 2001.

wird. Dabei droht stets die Gefahr, dass ihre semantischen Potentiale machtkonform instrumentalisiert werden und in einer vorschnellen Zustimmung zum Bestehenden aufgehen. Daher ist hier an eine zentrale Einsicht theologischer Sprachkritik zu erinnern, dass Wahrheit an die in ihr zum Ausdruck kommende Praxis gebunden ist. Auf der pragmatischen Ebene kommunikativer Rationalität zeigt sich, *welche* Traditionen und Verständnislinien innerhalb eines Überlieferungszusammenhangs weiter getragen und symbolisiert werden und welche Handlungsorientierung sie ermöglichen. Die Bibel erzählt in zahllosen Geschichten die von Anfang an geforderte Auseinandersetzung mit der Doppelkodierung Gottes, dass der fremde Gott einerseits gefährdet ist, auf einen vertrauten und angepassten Gott reduziert zu werden, andererseits aber durch die Betonung seiner radikalen Entzogenheit jegliche Anknüpfungsmöglichkeiten verloren gehen. Daher hat bereits die Bibel und in ihrer Traditionslinie die ganze Theologiegeschichte Sicherungssysteme entwickelt, um die Gefahr einer direkten, affirmativen Repräsentation des Göttlichen zu verringern. Negative Theologie und Mystik, Analogielehre und Sprachkritik sind nur einige dieser Versuche, die Identifizierung und damit Anthropologisierung Gottes zu verhindern. Wenn nur der fremde Gott das adäquate Gottesverständnis repräsentiert, seine Identität ausschließlich in der Abgrenzung zum vertrauten Gott gewinnt, dann wird die Gefahr eines semantischen und pragmatischen Bedeutungsverlusts entgegen den Ursprungsintentionen noch weiter steigen. Eine wichtige, aber keinesfalls die einzige Form der Selbstexplikation des Glaubens ist die Religion.[167] Eine gänzliche Entflechtung von Christentum und Religion würde nicht nur ein traditionelles und wichtiges Symbolsystem preisgeben, sie würde auch ein wichtiges Korrektiv und Gegenüber verlieren.[168] Daher reicht eine nachchristliche Entflechtung von Christentum und Religion nicht aus, es bedarf einer Stärkung der kritischen Potentiale im Christentum, „sich von ungerechter Macht und götzendienerischer Verblendung frei zu machen und in der Gesellschaft um die inhaltlich qualifizierte und praktisch wirksame Überzeugung aller zu werben"[169]. Wenn Gott aus dieser Welt heraus nicht mehr erfahrbar ist, wenn diese keinen Resonanzraum mehr für das Wort Gottes darstellt, wie kann dann über eine offenbarungspositivistische Setzung hinaus überhaupt

---

[167] An dieser funktional bestimmten Unterbietung des von Ruster selbst eingeführten Religionsbegriffs leidet dann auch, wie Gregor Maria Hoff nachweist, die Begründungsfähigkeit seiner an dem fremden Gott orientierten Figur der Machtkritik. Hoff weist im Anschluss an Überlegungen von Michel Foucault nach, dass jede religiöse Überzeugung von konkreten Machtgeschichten betroffen ist und kritisiert an Ruster die kritische Entleerung seines Religionsbegriffs, „denn wenn es Ruster um eine am christlichen Zentralmotiv der Gerechtigkeit orientierte Machtkritik geht, kann er diese nicht über den Religionsbegriff einleiten, um zugleich eine nichtreligionsförmige Gestalt des Christentums mit einem höheren Maß an Machtdistanz zu proklamieren. Denn auch dieses noch zu benennende Christentum bleibt als eine Überzeugungs- und Wissensform in die Geschichte der Macht involviert." (Hoff, Gregor Maria, Entmachtung der Religion 137)

[168] Hans-Joachim Sander hat anhand der Differenz von Religions- und Pastoralgemeinschaft gezeigt, warum die Kirche als Pastoralgemeinschaft konstitutiv auf die Religionsgemeinschaft angewiesen ist, obwohl sie diese stets kritisieren muss und auf ihre Umformung abzielt (Sander, Hans-Joachim, nicht ausweichen. Die prekäre Lage der Kirche, Würzburg 2002, bes. 11-27 u. 116-130).

[169] Hoff, Gregor Maria, Entmachtung der Religion 143.

noch Gott verständlich und in Korrelation zu den Fragen der Menschen zur Sprache gebracht werden?[170] Wenn die religionsförmigen Symbolisierungen ausscheiden, was kommt stattdessen?[171] Wie könnte und müsste sich das nachreligiöse Christentum artikulieren, in welcher Weise Gestaltungsform annehmen? Ist Identität allein durch Abgrenzung und Widerspruch zu gewinnen?

Obwohl Geld von seiner ursprünglichen Funktion her, wie Ruster betont, nicht grundsätzlich gegen die Vorgaben der biblischen Überlieferungen verstößt, ist es zu einer gottgleichen Größe geworden, zu einer Macht, die es mit dem Gott aufnehmen kann und durch die Funktionsäquivalente *verwechselbar* geworden ist. Zwischen Gott und Geld gibt es keine Relationen, kein Drittes, kein Und, sondern nur ein Entweder-Oder, das zur Entscheidung drängt. Für die starke These, dass sich auf das Geld „die gleichen Haltungen richten [können] wie auf Gott"[172] und die klassischen Gottesprädikate problemlos auf das Geld übertragbar sind, stellt Ruster für die Verifizierung kaum empirisches Material bereit. Freilich mag zutreffen, dass sich Menschen in ihrem Leben vom Geld so bestimmen lassen, wie andere von Gott, aber woran zeigt sich das? Welche Konsequenzen ergeben sich daraus? Nur an der Analyse der konkreten Praxis, an den rituellen Symbolisierungen, an den handlungsorientierenden und -normierenden Zeichen lässt sich ablesen, worauf Menschen ihre Hoffnung und ihre Zuversicht setzen, ihr Leben gründen. Schließlich macht es auch einen beträchtlichen Unterschied, ob und von welchen Mächten Menschen ihr Leben bestimmen lassen wollen und verantwortet bestimmen lassen können.[173] Erst da würde sich zeigen, ob der religiöse Diskurs mit dem ökonomischen verwechselbar (geworden) ist und in welcher Weise der biblische Gottesbegriff an Profil gewinnen müsste. Warum sollte das Bedürfnis nach Sicherheit, Verlässlichkeit, Planbarkeit und Identität allein mit dem Symbolreservoir des Glaubens abgedeckt werden? Aus welchen Gründen ist es besser und seliger, nicht auf Geld und Besitz, Esoterik und Wohlbehagen, sondern auf die Vorsehung Gottes zu setzen? Darauf wird eine funktionalistische Perspektive keine befriedigenden Antworten bieten können, dazu bedarf es der Einbeziehung pragmatischer Kriterien.

3.4.5 Was ist „die biblische Wirklichkeit"?

Einen Ausweg aus den Verstrickungen des Kapitalismus gibt es für Ruster nur, wenn die Christinnen dieses selbstzerstörerische System radikal verlassen. Im

---

[170] Darauf weist insbesondere Knut Wenzel hin, der eine Reihe von Problemen nennt, die aus einer unüberbrückbaren Differenz zwischen Gott und Welt resultieren (vgl. Wenzel, Knut, Gottesunterscheidung. Die Frage nach dem Verhältnis von Gott und Welt im Gespräch mit Thomas Ruster, in: FZPhTh 51 (2004) 93-122).
[171] Auf den Umstand, dass Ruster für die ausfallende Bezeichnung des Christentums als Religion keine Ersatzkategorie anbiete, hat mehrfach Gregor Maria Hoff hingewiesen, so etwa in: Entmachtung der Religion 136ff.
[172] Ruster, Thomas, Art. Geld 673.
[173] Zu dieser wichtigen Unterscheidung vgl. Bongardt, Michael, Unverwechselbares Christsein? Zum Stand der Diskussion über die Religionskritik Thomas Rusters, in: HerKorr 55 (2001) 316-319.

Eintauchen in das biblische Wirklichkeitsverständnis begegnet ihnen der fremde, wahre Gott des Exodus, der die Menschen befreit und zu einem erfüllten, authentischen Leben führt. Erst im Teilen dieser ganz anderen Erfahrungswelt eröffnen sich die konkreten Wege der Umsetzung, erschließt sich die Möglichkeit, die uns befreiende Welt der Bibel existenziell aufzunehmen und die gebotenen Unterweisungen (etwa der Tora) für unsere Zeit zu adaptieren. Doch wie könnte dieses Eintauchen vor sich gehen? Ist es ein Sprung ins letztlich Unbekannte und Irrationale? Verbirgt sich dahinter nicht ein subtiler Eskapismus? Was wird hier überhaupt erschlossen? Könnte es nicht sein, dass die fremde Welt der Bibel, wenn sie dann verstanden wird (was unabdingbar ist), sich zu jener vertrauten Welt entwickelt, der es doch zu entkommen gilt? Wie ist ein Verstehen ohne Vertrautheit, und das heißt stets ohne Korrelation, überhaupt möglich?[174] Wird einem Anderen, wenn man es versteht, damit jede Fremdheit genommen?

Die beiden Modelle, die Ruster paradigmatisch für eine Einführung in die fremde Welt der Bibel erläutert (Eintauchen in die biblische Wirklichkeit, Praxis des rabbinischen Judentums), verschärfen die Anfragen: Denn Sakramente, die „immer schon der Einführung in das biblische Wirklichkeitsverständnis und der Teilhabe an den fremden Erfahrungen dienten"[175], sind gewiss Inszenierungen einer fremden, unableitbaren Erfahrung. Sie sind aber nicht minder Ausdruck eines Bekenntnisses und einer Hoffnung, die in hohem Maße von einer zumindest basalen Zustimmung zur eigenen Vertrautheit und zur eigenen Welt getragen sind. Mit anderen Worten: Sakramente sind nur dann als sinnstiftende und heilswirksame Zeichen der Liebe und Zuwendung Gottes versteh- und erfahrbar, wenn sie mit den *realen* Erfahrungen innerhalb unserer Welt, so wie sie ist, in Beziehung gebracht werden können, und zwar durchaus in kritischer, prophetischer, selbstverständlich auch negierender Intention.[176] Das setzt voraus, dass die Welt, in der wir leben, der Ort der bleibenden Offenbarung Gottes ist, in der wir seine Spuren wahrnehmen und seine Präsenz erfahren können. Ohne fundamentale Zustimmung zu dieser Schöpfung, ohne Vermittlung mit der erfahrbaren, konkreten Lebenswelt bleibt die biblische Wirklichkeit fremd und unverständlich.[177]

---

[174] Vgl. Apel, Karl-Otto (Hg.), Neue Versuche über Erklären und Verstehen, Frankfurt 1978; Demmerling, Christoph, Sinn – Bedeutung – Verstehen. Untersuchungen zu Sprachphilosophie und Hermeneutik, Paderborn 2002; Sedmak, Clemens, Erkennen und Verstehen. Grundkurs Erkenntnistheorie und Hermeneutik, Innsbruck 2003, 72-94.

[175] Ruster, Thomas, Die Welt verstehen 199.

[176] Das heißt keineswegs, und hier ist Ruster vorbehaltlos zuzustimmen, dass damit die Ungerechtigkeiten dieser Welt sanktioniert und entschuldigt werden, das Göttliche gleichsam die transzendentale Bestätigung der vorhandenen Welt nachreicht. Aber muss man die Fragen nach der Darstellung des Heils in der Welt nur im Modus von Herrschaft und Macht denken?

[177] Jürgen Werbick hat zu Recht darauf hingewiesen, dass der biblische Gott auch deswegen nicht gegen die natürliche Evidenz, d.h. gegen die Versuche der Weltvermittlung ausgespielt werden dürfe, da ansonsten der dünne Faden zwischen Schöpfung und Erlösung zerreißen würde. Dann hätte Nietzsche doch recht mit seinem Vorwurf an die Christen, sich einer Beheimatung in dieser Welt prinzipiell zu verweigern (vgl. Werbick, Jürgen, Absolutistischer Eingottglaube? – Befreiende Vielfalt des Polytheismus, in: Söding, Thomas (Hg.), Ist der Glaube Feind der Freiheit? Die neue Debatte um den Monotheismus (QD 196), Freiburg 2003, 142-175, 158f).

3 Negativ-exklusivierende Modelle

Neben dem Eintauchen in die biblische Wirklichkeit empfiehlt Ruster die Übernahme einer Praxis des rabbinischen Judentums, Knaben schon im Alter von drei Jahren an die Texte der Tora heranzuführen.[178] Abgesehen davon, dass die rabbinische Schriftauslegung nur eine (gültige) Form unter mehreren ist und nicht schon das biblische Wirklichkeitsverständnis selbst, bleibt auch darin die entscheidende Frage unbeantwortet. Über die Bedeutung eines Textes entscheidet nicht allein die (ohnehin nicht mehr ergründbare) Intention des Autors, die in einer rückprojizierten Ursprungssituation aufzufinden wäre, sondern nicht minder auch das (Vor)Verständnis der Hörer und Leser, die in einer bestimmten Kommunikationsgemeinschaft mit entsprechenden Regel- und Interpretationssystemen eingebettet sind.[179]

Beide Lösungsvorschläge Rusters setzen voraus, dass ein identifizierbares, einheitliches Wirklichkeitsverständnis in der Bibel existiert, mit einer eigenen, von den Erfahrungen unserer Welt unabhängigen Rationalität und Struktur. Wir wissen aus der Systemtheorie, dass ohne die Teilnehmerperspektive die religiöse Sinn- und Symbolwelt nicht erschlossen werden kann.[180] Kontingenzbegegnung setzt aktive Partizipation in Identität und Differenz zu vorgegebenen Erfahrungen, überlieferten Traditionen und existenziellem Selbstvollzug voraus. Die biblische Wirklichkeit ist daher ein Korrelationsbegriff, der in Relation zu den Menschen und Gruppen, die sich ihm stellen, mannigfaltig expliziert und erschlossen wird. Die biblische Wirklichkeit existiert nicht im Singular, sondern ist ein pluraler Erfahrungsbegriff, der die Leitunterscheidung von fremdem und vertrautem Gott in sich selbst reproduziert. Die Welt der Bibel bringt unzählige Wirklichkeiten zur Sprache, nicht eine einzige. Sie kann als grammatisch-semantisches Substrat in historischer Reminiszenz abgerufen werden, sie lässt sich aber auch in kritischer Perspektive als Ausdruck jener unabgegoltenen, propositionalen Gehalte aktivieren, die unsere Selbstexplikation vertiefen und Handlungsorientierung für unser gegenwärtiges Leben bieten.[181] Diese pragmatische Leistung der Aneignung ist ein dialektisches Geschehen, ein Wechselspiel, in dem kein Pol auf Kosten eines anderen aufgelöst werden kann, sondern beide nur in ihrer Referenz auf den anderen hin Wirklichkeit konstituieren. Die Bibel selbst hat die Gottesattribute anderer Völker aufgegriffen und für das eigene Gottesverständnis adaptiert, sie ist selbst durch ein „wechselseitiges osmotisches Verhältnis"[182] zu ihrer Umwelt gekennzeichnet. In ähnlicher Weise versuchte die christliche Theologie auf dem Hintergrund der griechischen Philosophie den Glauben zur Sprache zu bringen. Diese offenen Auseinandersetzungen, die insbesondere in den zentralen Fragen der Christologie höchst konfliktreich verliefen, haben weniger die

---

[178] Ruster, Thomas, Die Welt verstehen 199.
[179] Vgl. dazu Meurer, Thomas, Bibelkunde statt Religionsunterricht? Zu Thomas Rusters Konzept einer „Einführung in das biblische Wirklichkeitsverständnis", in: rhs 44 (2001) 248-255.
[180] Vgl. dazu Gruber, Franz, Im Haus des Lebens. Eine Theologie der Schöpfung, Regensburg 2001, 155-174 (Kapitel 4: Die Wissensform des Glaubens).
[181] Vgl. dazu Failing, Wolf-Eckart/Heimbrock Hans-Günter, Gelebte Religion wahrnehmen. Lebenswelt – Alltagskultur – Religionspraxis, Berlin 2001.
[182] Vgl. Meurer, Thomas, Bibelkunde 254.

Gefahr der Verwechslung heraufgerufen als vielmehr zu Profilierung und Kontextualisierung des Christusbekenntnisses geführt.

3.4.6 Zur Kategorie der Verwechselbarkeit Gottes

Um die fatale Verwechselbarkeit zwischen Gott und Geld in der modernen Kultur auflösen zu können, plädiert Ruster für eine Schärfung des biblischen, fremden Gottes, der als die große Alternative zu den neuen Götzen stilisiert wird. Diese Fremdheit Gottes, die ausschließlich im Rückgriff auf die Wirklichkeitssicht der Bibel erfahrbar ist, wird historisch exemplarisch an einigen Gestalten der Kirchengeschichte (Erster Petrus-Brief, Luther, Pascal, Marcion/ Harnack) vorgestellt. Auffallend ist, dass Ruster keine modernen Vertreter dieser fremden Linie nennt. Der verbindende Bogen zur Gegenwart und die Positionen der Moderne fehlen. An ihnen hätte Ruster modellhaft zeigen können, wie die Repräsentationen des fremden Gottes in einer hochkomplexen, diversifizierten Gesellschaft vorzustellen sind. Dann ließe sich der triftige Einwand entkräften, wonach die große Gefahr des fremden Gottes darin besteht, dass er uns letztlich fremd bleibt, sein Heil mit den gegenwärtigen Erfahrungen dieser Welt nicht mehr vermittelbar ist und der Glaube damit in genau jene Bedeutungslosigkeit verschwindet, aus der Ruster ihn herausführen möchte. Dieser Bedeutungsverlust korreliert mit der modernen Erfahrung, dass es wohl möglich ist, auf kognitiv-rationaler Ebene Gott zu denken, auf intersubjektiver Ebene sich über ihn zu verständigen, ihm aber auf existenzieller, expressiver Ebene keine Bedeutung mehr zukommt.

Die Plausibilität der Gottesrede wird jedoch durch eine schroffe Gegenüberstellung zum Geld, durch die Pflicht eines Sprungs in vergangene Zeiten nicht erhöht, sondern vermutlich noch weiter geschwächt. Die semantischen und pragmatischen Gehalte des biblischen Gottesglaubens bleiben unausgeschöpft, so lange seine Relativität zu den realen Erfahrungen und „Göttern" dieser Welt nur im Modus der Negation bzw. Bestreitung und nicht auf dem Weg einer differenzierenden Hermeneutik analysiert wird. Eine Verwechselbarkeit ist auf der semantischen Ebene möglich und immer wieder gegeben. Aber ist damit auch ihre Pragmatik identisch? Weil für Ruster nur die Tora Gott vor der Verwechslung mit den Götzen schützt, müsse sich für die Christen daher die Frage stellen, „wie Christus als die Tora für die Heiden verstanden und gelebt werden"[183] könne. Die Perspektive geht hier allein von innen nach außen, vom Standpunkt des unvermittelt präsenten, biblischen Gottesverständnisses ist die moderne Welt zu analysieren, zu verändern. Man kann Rusters Position durchaus als politisch inspirierten Barthianismus bezeichnen, weil an die Offenbarungskategorie starke gesellschaftsverändernde Impulse geknüpft werden. Aber, so ist hier wieder zu fragen, wird damit das Außen, die so genannte Welt des Geldes und des Kapitals in seiner Eigengesetzlichkeit und -dynamik, in seinem Eigenwert entsprechend wahrgenommen? Fließt der Strom der Erkenntnis und Wahrheit wirklich nur von der Innenseite des Christentums nach

---
[183] Ruster, Thomas, Der verwechselbare Gott 192.

3 Negativ-exklusivierende Modelle

außen zur gesellschaftlichen Umwelt? Trägt die moderne, säkulare Welt nichts in ein besseres Selbstverständnis des Christentums ein? Lässt sich analog der Doppelcodierung Gottes nicht auch von einer Doppelcodierung des Geldes sprechen? Mit anderen Worten: Ist Geld nur Gefahr und Gegenmacht Gottes – oder ist es nicht *zugleich* auch ein Signifikant von Freiheit und Autonomie, ein unvergleichliches Medium der gesellschaftlichen Entwicklung zur mehr Gerechtigkeit und Liebe?

Rusters These von der Verwechselbarkeit Gottes bedarf daher einer Ergänzung, die ihr die emanzipatorische Dimension des Geldes zur Seite stellt. Nur in der Doppelcodierung von entfesselter, zerstörerischer Macht und unabdingbarem Medium der Freiheit lässt sich Geld als eine Größe bestimmen, die zur *Verwechselbarkeit* Gottes, aber auch zu seiner *Ersetzbarkeit* führen kann. Nur eine Gottesrede, die sich nicht bloß negierend oder affirmativ zu den Zeichen der Zeit verhält, sondern kritisch-relativ verfährt, wird Kriterien für die Unterscheidung dieser beiden ähnlichen, aber doch unterscheidbaren Symbolsysteme entwickeln können.[184] Die formalen Bestimmungen Gottes wie *Liebhaber des Rechts* und *Gerechtigkeit*[185] sind material in Relation zu den disparaten Problemstellungen und Erfahrungswelten einer funktional hoch differenzierten Moderne zu entfalten. Es bleibt fraglich, ob hier einseitige Zuschreibungen und Reduktionismen (wie die Identifizierung des vertrauten Gottes mit Macht und Herrschaftslegitimation) weiterführen.[186] Anknüpfungsfähig erscheint eine Profilierung der Gottesrede in ihrer Relativität dann, wenn sie ihre performative Kraft in der notwendigen Unterscheidung der Geister entwickelt, wann Geld sich gottgleiche Attribute und Eigenschaften aneignet und damit einer Verwechselbarkeit anheim fällt und an welchen Orten es seiner Ersetzung dient, mit ihm also das Befreiende der Gottesrede zur Sprache kommt.

---

[184] Durch den Ausfall von methodisch-hermeneutischen Reflexionen lassen sich Widersprüche nicht auflösen. So beklagt Ruster auf der einen Seite die „erstaunliche und erschreckende Kommerzialisierung des christlichen Gnaden- und Erlösungsverständnisses", die er auf Vermittlungsprobleme und Missverständnisse des jüdisch-biblischen Stellvertretungsgedankens zurückführt: Im Versuch, die Erlösungsbotschaft zeitgemäß auszusagen, bietet sich das Wirtschaftssystem der Zeit geradezu an, „bis sie schließlich mit diesem strukturgleich wird und durch es ersetzt werden kann" (Ruster, Thomas, Jenseits aller Ethik 201). Auf der anderen Seite werden die Versuche, die Erlösungsvorstellungen zeitgemäß zu vermitteln, als gelungene Kontextualisierung gewürdigt: „Der geld-bestimmten, zunehmend von Knappheitsvorstellungen erfüllten Gemeinschaft der frühen Neuzeit verkündigte sie (die christliche Heilslehre; A.H.), dass das Verdienst (meritum) Christi und der Heiligen überreich ist." Und Ruster fügt anerkennend hinzu: „Soweit ich sehe, hat es nach diesen keine wirklich durchgreifende, die Zeit aufgreifende und dialektisch wendende christliche Erlösungskonzeption mehr gegeben." (Ruster, Thomas, Der verwechselbare Gott 141f)

[185] Ruster, Thomas, Gott von Göttern unterscheiden 139.

[186] Stephan Goertz kritisiert an Ruster, dass er wohl einen moralischen Standpunkt emphatisch einschärfe, aber keinerlei Argumente vorlege, wie normative Handlungsurteile zu finden und zu begründen seien (vgl. Goertz, Stephan, Die Moral des fremden Gottes. Theologisch-ethische Anmerkungen zu Thomas Rusters Programm der „Entflechtung von Christentum und Religion", in: StdZ 221 (2003) 751-761).

4 Affirmativ-identifizierende Modelle

Während die *negativ-exklusivierenden* Modelle mit einem Geldbegriff arbeiten, der ausschließlich das semantische Gefährdungspotential thematisiert, betonen die *affirmativ-identifizierenden* Theorien die tauschökonomischen Vorzüge und kulturellen Errungenschaften, die das Verständnis von Geld bestimmen. Insbesondere zeigen sich die theologischen Lexika auf diese positiven Gehalte konzentriert. Dem Eintrag über das Geld in der Neuausgabe des Handwörterbuchs *Religion in Geschichte und Gegenwart* fehlt zur Gänze ein genuin theologischer Aspekt, im Vordergrund stehen nationalökonomische Fragestellungen, formuliert von dem früheren Präsidenten der Deutschen Bundesbank, Hans Tietmeyer.[187] Interessant erscheint hier die Unterscheidung zwischen dem öffentlich-politischen und dem individualethischen Aspekt des Geldes. In Bezug auf die gesellschaftlichen Rahmenbedingungen betont Tietmeyer die Notwendigkeit der Währungsstabilität, wie sie auch von der Wirtschaftspolitik der letzten Jahrzehnte angestrebt und entschieden verteidigt wurde. Als wichtigste Argumente gegen Inflation und expansive Geldpolitik werden genannt: Die Geldentwertung verstößt gegen die *iustitia distributiva* (sie treffe mehr die ökonomisch Schwachen und weniger Kundigen) sowie gegen die *iustitia commutativa* (da ohne Leistungsbezug die Einkommen und Vermögen verändert werden) und sie schädigt das Gemeinwesen, weil sie das Vertrauen in die staatlichen Institutionen zerstört. Weitaus größere Aufmerksamkeit widmet Tietmeyer aber den individualethischen Aspekten, die mit den politisch-ökonomischen Rahmenbedingungen eng verknüpft sind. Das Geld ist nur eines neben anderen wichtigen Dingen des Lebens, es dient der Erhaltung der menschlichen Existenz und fördert gleichzeitig deren Entfaltung in Freiheit und Selbstbestimmung. Legitimiert und zusammengehalten werden diese unterschiedlichen Erfordernisse und Bedürfnisse durch die begrenzte Lebenszeit, die dazu zwinge, die entsprechenden Mittel und Ressourcen für die selbstgesteckten Ziele zu erwerben und vernünftig einzusetzen. Grundregel für den Umgang mit Geld ist daher, es als ein „notwendiges *Mittel* zur Erhaltung und Vermehrung des *Gesamt*spektrums der notwendigen sachlichen und persönlichen Bedingungen freien Verfügens und zur bestimmungsgemäßen Verbringung von Lebenszeit zu erstreben."[188] Tietmeyer erwähnt jedoch, dass es durchaus vorkomme, das Geld um seiner selbst willen gewinnen zu wollen, was in der Tradition unter den Stichwörtern des Chrematismus, des Geizes und des Wuchers ausführlich diskutiert und kritisiert wurde. Ob und in welcher Weise die gesellschaftlichen Rahmenbedingungen eine individuelle Praxis fördern und ermöglichen, wird hier nicht erörtert. Der Fokus liegt gänzlich auf dem einzelnen, autonomen Individuum. Ihm obliegt die Pflicht, das Geld (und

---

[187] Tietmeyer, Hans, Art. Geld, in RGG⁴ 3, Tübingen 2000, 597-602. Der Artikel gliedert sich in drei Teile: (1) allgemein, begrifflich, geschichtlich, (2) religionsgeschichtlich, (3) soziologisch, volkswirtschaftlich, ethisch. Der zweite Teil stammt von Inken Prohl, der erste und dritte von Hans Tietmeyer selbst.
[188] Tietmeyer, Hans, Art. Geld 601.

alle anderen Gütern des Daseins) verantwortungsvoll und im Rahmen seiner Lebensziele zu gebrauchen.

In ähnlicher Weise hat auch Martin Honecker in seinem ausführlichen und kenntnisreichen Eintrag in der *Theologischen Realenzyklopädie* das Individuum und seine Praxis als die entscheidende Kategorie in der Bestimmung des Geldes definiert.[189] Geld ist eine zeitbedingte Kategorie, ein „Mittel, nicht Selbstzweck. Das begrenzt jede ontologische Interpretation."[190] Um den unglückseligen Extremen zwischen einer völligen Ablehnung des Geldes (die weder möglich noch wünschenswert sei) und einer kritiklosen Hinnahme des geldbestimmten, tendenziell sämtliche Lebensbereiche unter seine Imperative zwingenden Wirtschaftssystems entgehen zu können, sei ein Mittelweg einzuschlagen, der bei Honecker jedoch in Appelle an die Adresse des Einzelnen mündet. Ein veränderter Lebensstil, Sparsamkeit im Umgang mit Ressourcen und Gütern sowie die Überprüfung des sozialstaatlichen Anspruchdenkens können zur Genesung der vom Geldvirus infizierten Gesellschaft beitragen und den Imperativen des Marktes die erforderlichen Schranken setzen. Theologische Ethik, so meint Honecker, „die nicht mehr von Verzicht und Opfer sprechen würde, hätte in der Tat zum Thema Geld nichts Eigenes zu sagen"[191]. Aber, so ist zu fragen, liegen hier nicht wieder Fokus und Verantwortung beim autonom und frei gedachten Einzelnen? Honecker scheint die Schwierigkeiten der ungleichen Lastenverteilung zu spüren, wenn er beklagt, dass die Theologie mit der Entwicklung des Geldwesens in der Neuzeit (von einigen Ausnahmen abgesehen und soweit die Fragestellung nicht den personalethischen oder individualethischen Aspekt betraf) zusehends auf eine Erörterung der Geldproblematik verzichtete. Das ist wohl einer der Hauptgründe, warum diese Thematik aus der Dogmatik auswanderte und in der theologischen Ethik heimisch wurde. Im neuen *Lexikon für Theologie und Kirche* wird unter dem Stichwort *Geld* mit keinem Wort auf eine mögliche dogmatische Relevanz des Themas hingewiesen, sondern lediglich der klassisch-ethische Appellationskanon wiederholt.[192]

Ein eigenes Stichwort „Geld" fehlt im *Katechismus der Katholischen Kirche* (KKK); verwandte Begriffe wie „Zins" oder „Reichtum" sind auch nicht zu finden. Unter dem Eintrag „Armut" finden sich jedoch Hinweise zur Lehre und Praxis Jesu, der zu einer Armut im Geiste auffordere, was der Katechismus in Aufnahme einer Formulierung des Gregor von Nyssa als „willige Demut und Entsagung eines menschlichen Geistes" interpretiert. „Der Herr", so wird betont, „beklagt die Reichen, weil sie im Überfluß der Güter ihren Trost finden" (Nr. 2547). Es folgt eine deutliche Warnung ohne weitere Erläuterung oder

---

[189] Honecker, Martin, Art. Geld, in: TRE 12, Berlin/New York 1984, 278-298 (der religionsgeschichtliche Teil stammt von Günter Lanczkowski, 276-278).

[190] Honecker, Martin, Art. Geld 292.

[191] Honecker, Martin, Art. Geld 296. In einem jüngeren Beitrag geht Honecker explizit auf die politische Dimension des Geldes ein und nennt als wichtige Herausforderungen die Globalisierung, die Finanzierung des Gesundheitswesen und die Geldpraxis der Kirchen (Honecker, Martin, Geld – der sichtbare Gott?, in: Lutherische Kirche in der Welt 52 (2005) 39-57.

[192] Serries, Christoph, Art. Geld, in: LThK³ 4, Freiburg 1995, 404-407.

Begründung: „Wer sich auf die Vorsehung des himmlischen Vaters verläßt, wird von unruhiger Sorge um seine Zukunft befreit. Das Vertrauen auf Gott ist eine Vorbereitung auf die Seligkeit der Armen. Sie werden Gott schauen." (Nr. 2547) Die Passage über die Habsucht (Nr. 1866) verweist lediglich auf ihren Status als eine der sieben Hauptsünden.[193]

Der neue *Evangelische Erwachsenenkatechismus* kannte in der ersten Auflage von 1975 noch keinen eigenen Eintrag zum Stichwort Geld.[194] Die 6., völlig neu bearbeitete Ausgabe von 2000 macht die Geldfrage hingegen zu einem expliziten Thema. Auch wenn hier die Problematik wieder primär unter einer ethischen Perspektive erörtert wird, so finden sich darin doch Einsichten, die den individualethischen Rahmen deutlich sprengen. Die Muster und Plausibilitäten der Ökonomie und des Geldes, so wird betont, legen sich wie ein Schleier über die gesellschaftliche Wirklichkeit. Einerseits ermöglicht das Medium Geld eine effektive Koordination von unterschiedlichen Gaben und Bedürfnissen, zugleich vermag es die Menschen wie kein anderes Gut in seinen Bann zu ziehen. Da es keine Sättigungsgrenze kennt, liegt es „geradezu in der Logik des Geldes, sich von einem Mittel zu einem Endzweck zu verabsolutieren"[195].

Eine bemerkenswerte theologische Interpretation des Geldes liefert Wilhelm F. Kasch, der die gängigen (auf den protestantischen Bereich beschränkten) Versuche der Verhältnisbestimmung von Geld und Glaube dahingehend kritisiert, dass sie allesamt das Geld dämonisieren, zur Gegenmacht des Glaubens stilisieren und damit eschatologisch entwerten.[196] Doch damit werde man der gesellschaftlichen Realität des Geldes nicht gerecht, auch nicht seiner biblischen Bestimmung. Aber nicht nur auf theologischer Seite sieht Kasch Handlungsbedarf, auch die ökonomischen Theorien sind in die Pflicht zu nehmen, insofern auch sie den Beitrag des Glaubens für eine konsistente Theorie des Geldes unterschätzen würden. Die Ökonomie bedarf durch ihre Bindungslosigkeit einer sie gründenden und normierenden Instanz, um das in einer freien Marktwirtschaft ausgeprägte Spannungsverhältnis zwischen dem Geld als Ordnung sui generis (freies, ungebundenes Kapital) und dem Geld als Instrumentarium einer gerechten Gesellschaft ausgleichen zu können. Dafür würde sich in besonderer Weise der christliche Glaube eignen. Wo die Geldtheorie den konditionalen Charakter ihrer Freiheit verkennt, wo sie ihre Anstrengungen auf Leistung und Effektivität gerichtet (und darüber das Gerechtigkeitsmotiv vergessen) hat, dort ist es verständlicherweise in Misskredit geraten, schlägt ihm tiefe Skepsis entgegen und wird das Vertrauen in seine Gültigkeit unter-

---

[193] *Avaritia* wird in der katholischen Tradition meist mit *Geiz* übersetzt. Der Begriff *Habsucht* betont stärker das aktive, erwerbende, Geiz das passive, besitzstandswahrende Moment. Interessant ist die bei Ben Sira durchgängige visuelle Konnotation des Geizes: „Dem Auge des Toren ist sein Besitz zu klein, ein geiziges Auge trocknet die Seele aus." (Sir 14,9)

[194] Der Begriff taucht im Register nur im Zusammenhang mit dem Stichwort Kirche auf, weshalb sich die inhaltliche Entfaltung auf die Frage der Kirchensteuern beschränkt (785, 941ff).

[195] Evangelischer Erwachsenenkatechismus: Glauben – Erkennen – Leben, hg. v. Kießig, Manfred (u.a.) im Auftrag der Vereinigten Evangelisch-Lutherischen Kirche Deutschlands, Hannover ⁶1975, 437.

[196] Vgl. Kasch, Wilhelm F., Geld und Glaube. Problemaufriß einer defizitären Beziehung, in: Ders. (Hg.), Geld und Glaube, Paderborn 1979, 19-70.

graben. Aufgabe einer erfolgreichen Geldtheorie ist es, „einen permanenten Prozeß des Fragens nach der Gerechtigkeit des Geldes in Gang zu halten"[197], um den Vertrauenscharakter nicht leichtfertig aufs Spiel zu setzen. Geld lebt von einer Antizipation der Zukunft, dass es auch morgen noch seine Gültigkeit, seinen Wert und seine Äquivalenz behält. Kasch spannt hier den Bogen des Vertrauens hinüber zur Hoffnung auf das Reich Gottes (!) als der letzten Sicherungsinstanz alles Guten. Diese Hoffnung aber bedarf schon jetzt bereits bestimmte Momente der Erfüllung, um ihre Verlässlichkeit zu demonstrieren. Doch diese Momente sind im Augenblick des Ereignisses nicht wahrnehmbar, sondern nur im Nachhinein als rekonstruierte Erfahrung, die aber das Recht einräumt, auch in Zukunft auf Erfüllungsmomente zu hoffen. Der tiefere Grund der Hoffnung liegt im Wissen um die endgültige Zusage Gottes. Das bedeutet wiederum, dass die Hoffnung von der gegenwärtigen Zusage der Erlösung und Versöhnung lebt. Nur so kann sie die Enttäuschungen der Gegenwart verkraften. „Dynamisches Geld", so Kasch, „ist also Gestalt gewordener Erlösungs- und Versöhnungsglaube."[198] Von daher definieren sich Funktion und Aufgabe des Geldes in den hochmobilen, zusehends desintegrativen kapitalistischen Gesellschaften neu. Geld muss Äquivalenzbeziehungen sichern, Unterschiedliches verbinden sowie Differenzen aus- und angleichen. Kasch ist es ein Anliegen, „die Geldtheorie mit der Theologie zu verheiraten"[199]. Zugleich könne er seine Verwunderung nicht verbergen, dass angesichts „der im Geld real gewordenen menschlichen Freiheit [...] sich die Theologie mit diesem Gegenstand so gut wie nicht beschäftigt"[200].

Geld ist für Kasch eine momenthafte Vorwegnahme der Vollgestalt des endgültigen Reiches Gottes. Die Differenz zwischen einer religiösen und einer ökonomischen Sphäre ist aufgelöst, eine Kritik am Geld liegt ebenso außer Reichweite wie die Möglichkeiten einer religionsförmigen Funktion des Geldes (Mammonismus) ausgeblendet werden. Kasch trifft ein vernichtendes Urteil über die bisherige kritische Auseinandersetzung, denn „die Theologie ignoriert, verachtet und mißbraucht das Geld"[201]. Drei gänzlich unterschiedliche Gründe sind dafür ausschlaggebend: Zum ersten wird in bestimmten Traditionen das Geld überhaupt nicht als (ethisch) relevante Größe betrachtet, sondern als reines Medium der Ökonomie und damit als eine Frage der praktischen Vernunft.[202] Zum zweiten gibt es die mächtige Tradition der eschatologischen Negation, also der Dämonisierung und anschließenden radikalen Entwertung,

---

[197] Kasch, Wilhelm F., Geld und Glaube 60.
[198] Kasch, Wilhelm F., Geld und Glaube 62. Kasch macht aber klar, dass dieser Glaube seinerseits nicht als beliebig verstanden werden kann. Inhaltlich verpflichtet er auf Freiheit und Gerechtigkeit. Dadurch müsse es dem Geld gelingen, dass die dem Menschen in Erlösung und Versöhnung zugesagte Zukunft „im Bereich seiner wirtschaftlich-sozialen Gegenwart anschaulich wird" (63).
[199] Kasch, Wilhelm F., Geld und Glaube 49.
[200] Kasch, Wilhelm F., Geld und Glaube 21.
[201] Kasch, Wilhelm F., Geld und Glaube 32. Kasch bezieht sich explizit auf den protestantischen Bereich, eine Auseinandersetzung mit katholischen Traditionen bzw. Positionen fehlt.
[202] Als Beispiel führt Kasch hier Helmut Thielicke an, der das Thema Geld überhaupt nicht zum Gegenstand der Diskussion mache.

wie sie paradigmatisch von Friedrich Delekat durchgeführt wurde.[203] Und schließlich führe die Position des eschatologisch motivierten Missbrauchs, wie sie Karl Barth repräsentiert, zu einer fundamentalen Entwertung des Geldes, da im Glauben seine Verworfenheit offensichtlich werde. Mit Geld könne der Mensch keine positive, autonome Identität entwickeln oder gewinnen.[204] Geld wird nur im und durch den Glauben zu einer Funktion des eschatologischen Willens Gottes. Wiederum kritisiert Kasch, dass bei allen drei Herangehensweisen stets das Wesen des Geldes und seine Leistung verkannt werden. Geld ermöglicht Kommunikation, insbesondere in seiner Funktion als Tauschmittel. Wird es abgelehnt, ist auch Kommunikation unmöglich – und das „führt zur Auflösung der Möglichkeit christlicher Existenz"[205]. Denn das christliche Leben versteht sich als Antwort auf die Selbstzusage Gottes in Christus, die sich jedoch nicht im absoluten, kontextlosen Ereignis vollzieht, das alle Relationen hinter sich lässt, sondern eines kommunikablen Resonanzbodens bedarf. Indem jedoch in diesen eschatologisch gestimmten Theologien der menschliche Selbstvollzug als unbedingter, transzendentaler Akt bestimmt wird, macht er alle von der Tauschmittelfunktion bestimmten Zustände, ja das Leben selbst, zu nichtigen oder säkularen. Er löst „die Möglichkeit zu christlicher, d.h. in Zeit-Raum sich vollziehender Gott gemäßer Existenz auf"[206].

Kaschs Kritik an den negativ-exklusivierenden Modellen der Verhältnisbestimmungen von Gott und Geld trifft bei aller Problematik seiner Überlegungen einen wunden Punkt. Die vorgestellten Modelle konnten die positiven Eigenschaften des Geldes, in seiner Doppelcodierung auch ein Synonym für Freiheit und Entwicklung zu sein, nicht in ihre Theorien integrieren. Kasch setzt mit seinen Überlegungen am anderen Ende der Skala ein, dass Geld „im wesentlichen Sinne Ausdruck und Verwirklichung menschlicher Freiheit, in der Zeit real gewordene Freiheit"[207] ist. Es zählt zu den Konstituenten unserer Identität und Selbstwahrnehmung. Eine Theologie, die dieses ignoriere, verschließt diesen zentralen Freiheitsbereich der religiösen Erfahrung und macht die Menschen spirituell ärmer. Doch das ist nur die eine Konsequenz dieser Unterbestimmung. Die andere, weitaus gravierendere, führt zu einer Spaltung der Identität, weil das, was menschliches Dasein und seine Selbstkonstitution be-

---

[203] Die ausführliche Kritik an Delekat (23-28) bündelt Kasch im Vorwurf, dass die christomonistisch-kritische Negation des Geldes letztlich die „subjektive Destruktion der Wertigkeit und Wichtigkeit seiner objektiven Macht" (28) bedeute.

[204] Karl Barth reflektiert in einer kurzen Passage seiner KD (III/4) die Gefahren einer Unterordnung des Menschen unter die Bedürfnisse des Geldes. Wo nicht mehr der Mensch, sondern das zinstragende Kapital dominiere, „da ist der Automatismus schon im Gang, der eines Tages die Menschen zum Töten und Getötetwerden auf die Jagd schicken wird" (525). Die Hauptgefahr des Geldes liegt darin, dass es den Freiheitscharakter der göttlichen Offenbarung aufhebt. Der Mensch fühlt sich als souveräner Beherrscher des Geldes, „während es in Wahrheit ihn hat, und zwar darum hat, weil er es ohne Gott haben will und damit das Vakuum schafft, in welchem es, an sich eine harmlose, ja brauchbare Fiktion, zum absolutistischen Dämon und in welchem der Mensch selbst dessen Sklave und Spielball werden muß" (Karl Barth, Das christliche Leben (Gesamtausgabe II/12, hg. v. Drewes, Jörg/Jüngel, Eberhard), Zürich 1976, 382).

[205] Kasch, Wilhelm F., Geld und Glaube 41.

[206] Kasch, Wilhelm F., Geld und Glaube 42.

[207] Kasch, Wilhelm F., Geld und Glaube 36.

stimmt, als gottwidrige Wirklichkeit qualifiziert wird. Wer das Geld mit Unfreiheit verknüpft, der negiert auch dessen Wertausgleichsfunktion. Nun sind aber, so Kasch, die meisten Begriffe, die das Werk oder die Leistung Christi zur Darstellung bringen (wie etwa Rechtfertigung, Erlösung und Versöhnung), dieser Semantik entnommen, sie sind Synonyme für die Befreiung zu wahrer Identität. Wird an einem so wichtigen Punkt wie am Schema des Geldes die Wertausgleichsfunktion negiert, „wird sie unanschaulich oder leer und steht auch christologisch nicht mehr zur Verfügung"[208]. Das Erlösungswerk Christi kann dann nur mehr „wirklichkeitsantithetisch und wirklichkeitstranszendent"[209] zur Aussage gebracht werden. Eine Theologie dieser Provenienz hält zwar an einer unbedingten, ontologisch sauberen Gestalt der Bestimmung des Menschen als Sinnwesen fest, klammert jedoch alle Endlichkeit aus und verliert „auf dem Weg zu Gott als dem reinen Wesen des Menschen alle Wirklichkeit und alle Bedeutung"[210].

Es wäre ein Leichtes, Kaschs eigenwilligen Rekonstruktionen theologische Mängel und Schieflagen nachzuweisen.[211] Es fehlt eine erkenntnistheoretische Reflexion seiner Geldtheorie und die theologischen Bezüge erscheinen häufig willkürlich.[212] Auch Kasch gelingt keine Vermittlung der beiden einander prinzipiell widerstreitenden Funktionen von Freiheitsgewinn und Absolutheit, sie stehen sich unvermittelt gegenüber. Bemerkenswert aber und zugleich symptomatisch erscheint hingegen etwas anderes. Seine „Versöhnung" mit der ökonomischen Rationalität ist bereits so weit fortgeschritten, dass er die geldkritischen Traditionen des Christentums nur als Irrweg und Missverständnis qualifizieren kann. Wohin aber sollte das geld- und ökonomiekritische Potential der Heiligen Schrift und der religiösen Sprach- und Erfahrungswelten entsorgt werden? Lässt sich das Erlösungsgeschehen in der Theologie wirklich nur in tauschcodierten Paradigmen ausbuchstabieren? Was ist mit jenen Sote-

---

[208] Kasch, Wilhelm F., Geld und Glaube 40. Kasch exemplifiziert dies am Beispiel des Hebräerbriefes, wo die Unüberbietbarkeit der Versöhnung Jesu durch seine Selbsthingabe gegenüber einem „normalen" Tieropfer durch den „unendlich höheren Wert des sich hingebenden Christus" begründet wird. „Das tertium comparationis dieses Vergleichs ist nämlich die prinzipielle Äquivalenz von Zahlungsmittel und Leistung. [...] Wird diese nun negiert – und genau das ist in der eschatologischen Negation des Geldes ja der Fall –, bricht der Denk- und Beziehungsrahmen christologischer Aussagen in sich zusammen." (40)

[209] Kasch, Wilhelm F., Geld und Glaube 40.

[210] Kasch, Wilhelm F., Geld und Glaube 64.

[211] Vgl. das harte, aber nichts desto weniger zutreffende Urteil Falk Wagners: „Eine so inszenierte »Theologie des Geldes« wird zum Geld der Theologie, durch das Gott innerhalb der Geldzirkulation »zur Kenntnis« genommen werden soll, und umgekehrt Sachverhalte der Christologie und Soteriologie so gegen den Strich ihrer dogmatisch-theologischen Bedeutung gebürstet werden, daß sie zum Darstellungsmittel geldgemäßer Funktionalität werden." (Wagner, Falk, Geld oder Gott? 105)

[212] Hartmut Kreß kritisiert die äquivoke Verwendung des Wertbegriffs, die unterschiedlichen (theologischen, ökonomischen) Begriffsebenen des Wertbegriffs „werden verwischt" (Kreß, Hartmut, Ethische Werte und der Gottesgedanke. Probleme und Perspektiven des neuzeitlichen Wertbegriffs, Stuttgart 1990, 160). Insbesondere kritisiert Kreß, dass Kasch „auf eine theologische Legitimierung der Geldtheorie durch den Christusglauben" (160) abziele und das Geld zu einem Medium der Offenbarung des göttlichen Wertes werde.

riologien, die der ökonomischen Metaphorik ihre Exklusivität bestreiten?[213] Des Weiteren wäre zu fragen, ob das religiöse und das ökonomische Kommunikationssystem einen identischen Symbolkosmos besitzen, ob also theologische Begriffe unvermittelt in ökonomische übersetzt werden können und umgekehrt. Kasch reduziert die theologischen Inhalte auf ihre gesellschaftliche Adaptionsfähigkeit und liefert sie damit ungeschützt den ökonomischen Äquivalenztheorien aus.

Hauptkennzeichnen der affirmativ-identifizierenden Modelle ist ihre Konzentration auf die positiven Möglichkeiten und Chancen des Geldes unter weitgehender oder völliger Ausblendung der Problematik, die mit diesem Medium verbunden ist. Geld wird auf seine – gewiss herausragenden – Mittlerfunktionen reduziert. Drohende Überschreitungen wie Geldgier und Geiz werden mit Verweis auf die Vorrangstellung des Glaubens und seinen ethischen Regeln in Grenzen gehalten.[214] Geld ist ein Medium der Offenbarung, ein wichtiger Indikator für die Vorsehung Gottes. Max Weber hat die Transformation des Geldes von einem reinen Tauschmittel zu einem sprechenden Symbol der Zuwendung Gottes in seiner Studie *Die protestantische Ethik und der „Geist" des Kapitalismus* detailliert nachgezeichnet.[215] Ein paradigmatisches Beispiel dieses Geistes bietet eine berühmte Predigt von John Wesley (1703-1791), einem der Gründungsväter der Methodisten. In seiner erstmals 1744 gehalten, mehrfach publizierten und weit verbreiteten Predigt *Über den rechten Gebrauch des Geldes* werden Geld und Zins nicht mehr als problematisch eingestuft, sondern als Indikatoren der Gnade Gottes vorgestellt.[216] Die Einführung des Geldes „ist ein bewundernswerter Beweis der weisen und gnädigen

---

[213] Vgl. dazu Davis, Stephen T. (Hg.), The Redemption. An Interdisciplinary Symposium on Christ as Redeemer, New York 2003; Pröpper, Thomas, Erlösungsglaube und Freiheitsgeschichte. Eine Skizze zur Soteriologie, München ²1988; Sattler, Dorothea, Beziehungsdenken in der Erlösungslehre. Bedeutung und Grenzen, Freiburg 1997.

[214] Aus dieser Grundüberzeugung heraus entwickelt John C. Haughey seine theologische Theorie des Geldes als Derivat der Gottesrede. Das Evangelium biete für einen zeitgemäßen und zeitgenössischen Umgang mit dem Geld alle erforderlichen Handlungsanleitungen. Die Welt ist veränderungsbedürftig, weil sie nicht dem Evangelium entspricht. Der Glaube aber stiftet zur notwendigen Umkehr der Menschen an: „Possessions, material ressources, assets, capital are to be instrumentalized, kept in a position of subordination. They are to serve as means to the ends to which an obediential love draws us. If mammon is loved in or for itself, it loses its instrumental quality and becomes an end from which every disorder ensues." (Haughey, John C., The Holy Use of Money. Personal Finances in Light of Christian Faith, New York 1992, 125)

[215] Vgl. Kapitel 1: 2.1.

[216] Adam Smith wird 30 Jahre später in seinem einflussreichen Werk *Wohlstand und Armut der Nationen* (1776) den individualistischen Kontext auflösen und die persönliche Praxis des Gelderwerbs (und Glücksstrebens) zu den gesellschaftlichen Erfordernissen in Verbindung setzen (vgl. Bendixen, Peter, Der Traum vom Wohlstand der Nationen. Kritik der ökonomischen Vernunft, Wien 2005; einen guten Überblick bieten darüber hinaus Manstetten, Reiner, Das Menschenbild der Ökonomie. Der homo oeconomicus und die Anthropologie von Adam Smith, Freiburg 2002, sowie: Ballestrem, Karl, Adam Smith, München 2001). – Nach Terence Hutchison wurde eine Hauptthese der Politischen Ökonomie, dass Produktion und Distribution von gesellschaftlichen Rahmenbedingungen beeinflussbar sind, bereits vor Adam Smith entwickelt. Insbesondere Sir William Pettys vielgelesenes *Treatise of Taxes and Contributions* (1662), das zahlreiche ökonomische Konflikte und Auseinandersetzungen auf ihre politischen und gesellschaftlichen Bedingungen hin beschreibt, habe das politische Denken in der Ökonomie entschei-

Vorsehung Gottes"[217], es dient den edelsten Zwecken, sorgt für Speis und Trank, Nahrung und Kleidung etc. Allerdings ist Wesleys Geldbegriff noch von einer elementaren Voraussetzung getragen, die der Modernisierungsprozess dann sukzessive hinweggespült hat. Geld ist und bleibt in allem Tun ein Eigentum Gottes, das dem Menschen nur als Treuhänder anvertraut ist. Alles komme darauf an, dieses gottgefällig zu verwalten. „Bedenke", schreibt Wesley, „daß der Herr, dem Himmel und Erde gehören, dich ins Leben gerufen hat und dich in die Welt gesetzt hat nicht als Eigentümer, sondern als Haushalter"[218]. Gott kann über die Güter verfügen und wann immer es ihm gefällt, sie zurückfordern. Um sich „als treue Haushalter »des ungerechten Mammons« erweisen"[219] zu können, formuliert Wesley drei einfache Regeln, die gewissenhaft befolgt den Menschen zum Heil gereichen. (1) Erwirb, so viel du kannst, (2) spare, so viel du kannst, und (3) gib, so viel du kannst. Freilich sind diese Regeln ihrerseits wieder in einen verlässlichen Rahmen eingebunden, sie erlauben keine Schädigung oder Übervorteilung des anderen, vor allem aber verwehren sie jeden persönlichen Gewinn, jeglichen Genuss und jeglichen Hauch von Luxus. Daher kommt der dritten Regel große Bedeutung zu. Denn wer das Geld nicht gebraucht, wirft es in Wirklichkeit weg. Wesley weiß ganz genau, was zu tun ist. Zunächst müsse man für die unmittelbaren Grundbedürfnisse sorgen, für Nahrung und Kleidung, um den Leib gesund und kräftig zu erhalten. Sodann gilt es, in gleicher Weise für den Rest der Familie Sorge zu tragen. Wenn das getan ist und noch etwas übrig bleibt, „dann tue Gutes an deinen Glaubensgenossen"[220]. Und wenn dann immer noch Zeit und Geld bleibt, soll jedermann damit bedacht werden.[221] Geld erweist sich hier als Segensmacht, wieder (oder

---

dend beeinflusst (vgl. Hutchison, Terence, Before Adam Smith. The Emergence of Political Economy, 1662-1776, Cambridge/MA 1988).

[217] John Wesley, Über den rechten Gebrauch des Geldes, in: Willi Grün, Christ und Geld, Kassel 1963, 48-64, 49.

[218] John Wesley, Über den rechten Gebrauch 60.

[219] John Wesley, Über den rechten Gebrauch 51.

[220] John Wesley, Über den rechten Gebrauch 61.

[221] In ähnlicher Weise hat der amerikanisch Stahlmagnat Andrew Carnegie (1835-1919) seinen Reichtum wohl als Lohn für sich selbst, zugleich aber auch als soziale Verpflichtung verstanden. Berühmt wurde sein Ausspruch, wonach derjenige, der reich stirbt, in Schande stirbt, weshalb er einen beträchtlichen Teil seines Vermögens in Stiftungen und soziale Projekte investiert hat (vgl. Carnegie, Andrew, The Gospel of Wealth and Other Writings, selected and introduced by David Nasaw, New York 2006; der Aufsatz *The Gospel of Wealth* wurde erstmals 1889 veröffentlicht). Carnegies Autobiographie (Carnegie, Andrew, Geschichte meines Lebens. Vom schottischen Webersohn zum amerikanischen Industriellen 1835-1919. Mit einer Einführung von Ralf Dahrendorf, Zürich 1993), die ein Jahr nach seinem Tod mit einem Vorwort seiner Frau in New York 1920 erschien, gliedert sich in drei Teile: (1) Der Aufstieg zur Selbständigkeit, (2) Der Erwerb des Reichtums, (3) Die Verwendung des Reichtums. In diesem dritten, kürzesten Teil berichtet Carnegie, dass er sich nach Erscheinen seines Buches *The Gospel of Wealth* (Der Aufsatz war auch Namensgeber für das Buch, das 1900 erschien) beginnen musste, seinen Lehren gemäß zu leben, indem er „aufhörte, immer mehr Reichtümer zu sammeln" (Carnegie, Andrew, Geschichte meines Lebens 406). Carnegie entschloss sich, das Anhäufen von Geld einzustellen und mit der viel ernsteren und schwierigeren Aufgabe zu beginnen, es weise zu verteilen. Carnegie verkaufte sein Stahlimperium 1901 für 400 Millionen Dollar an den Bankier J.P. Morgan und gründete damit zahlreiche, teilweise heute noch existierende Stiftungen.

noch) weit entfernt von der Gefahr, zum Konkurrenten Gottes aufzusteigen, für die Störungen und Probleme der sozialen Lebenswelt verantwortlich zu sein. Das liegt in erster Linie an dem nach wie vor bestimmenden Ordo-Gedanken, der für Wesley unumstößlich ist. Geld ist eine Funktion und ein Werkzeug Gottes, ihm stets zu- und untergeordnet, letztlich *sein* Eigentum, der Mensch allein sein Verwalter. Geld ist hier keine gesellschaftliche und autonome Macht und Größe, sondern eine ethische Kategorie des Individuums. Deshalb kommt es Wesley ähnlich wie Carnegie überhaupt nicht in den Sinn, dass es ein Götze werden könne, an dem man sein Herz und seinen Glauben hängt.

5 Neutral-ignorierende Modelle

Neben dem innerhalb der Theologie einflussreichen, vor allem von einzelnen Theologen prononciert vertretenen *negativ-exklusivierenden* und dem vorwiegend in Lexika und sozialethisch orientierten Werken dominierenden *affirmativ-identifizierenden* Modellen ist noch kurz auf eine dritte Gruppe zu verweisen, die einen Sonderstatus für sich in Anspruch nehmen kann. Im strengen Sinne lässt sich dabei nicht von Ansätzen sprechen, da diese Theologien hauptsächlich dadurch gekennzeichnet sind, dass sie im Geld keine herausragende oder besondere gesellschaftliche Kraft erkennen, die mit der Sphäre des Religiösen in Konflikt geraten könne. Die *neutral-ignorierenden* Ansätze zeigen vielmehr, dass innerhalb der systematischen Theologie das Geld noch längst kein selbstverständliches Materialobjekt geworden ist, das für die Gottesfrage eine wichtige Herausforderung bedeutet. Das gilt mitunter selbst für die theologische Ethik, für die eine Auseinandersetzung mit dieser Problematik an sich unausweichlich erscheint. So kennt etwa das Register im *Handbuch der christlichen Ethik* keinen Eintrag zum Stichwort Geld.[222] Von daher darf es auch nicht überraschen, wenn in den meisten Dogmatiken das Geld überhaupt kein Gegenstand der theologischen Reflexion ist. Selbst in den so enzyklopädisch angelegten Dogmatiken wie jenen von Karl Barth, Karl Rahner, Hans Urs von Balthasar und Wolfhart Pannenberg finden sich wenn überhaupt nur versteckte und verstreute Bemerkungen, meist praktischer Art und im Kontext der Götzenkritik. Das gilt im Übrigen auch für die neueren Dogmatiken, wo Geld immer noch ein Nischendasein führt.[223]

---

[222] Handbuch der christlichen Ethik, hg. v. Hertz, Anselm/Korff, Wilhelm, 3 Bände, Freiburg 1978ff; auch in der Neuausgabe (Freiburg 1993) findet sich im Stichwortregister kein Eintrag „Geld". Ähnliches konstatiert Rolf Kramer für die neuere protestantische Theologie (vgl. Kramer, Rolf, Ethik des Geldes. Eine theologische und ökonomische Verhältnisbestimmung, Berlin 1996, 62- 66).

[223] Z.B. Schneider, Theodor (Hg.), Handbuch der Dogmatik, 2 Bd., Wolfgang (Hg.), Glaubenszugänge. Lehrbuch der Katholischen Dogmatik, 3 Bd., Paderborn 1995.

6 Desiderat: ein kritisch-relatives Modell

Der exemplarische Streifzug durch theologische Debatten und Auseinandersetzungen mit den unterschiedlichsten Aspekten des Geldes sollte zeigen, welch große Bandbreite an Perspektiven, Schlaglichtern, Einsichten und Theorien im Laufe der Theologiegeschichte entwickelt wurde. Im Grunde sind in der Theologie das negativ-exklusivierende und das affirmativ-identifizierende Modell prägend und bestimmend geworden. Die Voraussetzungen, Problembeschreibungen und daraus gezogenen Konsequenzen könnten in beiden Ansätzen unterschiedlicher nicht sein, obwohl sich beide auf die gleichen, einschlägigen Texte der Heiligen Schrift und der theologisch-kirchlichen Traditionen berufen. Wie ist diese merkwürdige Differenz zu erklären?

Die inhaltliche Entfaltung innerhalb der jeweiligen Typologien hat gezeigt, dass sie in der Beschreibung und theologischen Urteilsbildung des Geldes nicht allein auf die Welt der Bibel rekurrieren, auf deren vermeintlichen Lehren und praktischen Weisungen, sondern sich zugleich auf die soziale, politische, kulturelle und ökonomische Situation ihrer Zeit beziehen. Das vollziehen sie in höchst unterschiedlicher Weise und unter spezifischer Perspektive. Während viele Entwürfe den gesellschaftlichen Kontext mit keinem Wort benennen, ja eine Beziehung überhaupt bestreiten würden, gehen andere bewusst auf die „Zeichen der Zeit" ein und versuchen auf dem Hintergrund bedrängender Gegenwartserfahrungen eine theologische Analyse der Kultur, in der Geld als zentrales Realsymbol starke gesellschaftliche Wertvorstellungen und Machtverhältnisse repräsentiert bzw. verdichtet. Sie fragen nach der theologischen Relevanz und den Herausforderungen, die sich vor allem für die Gotteslehre ergeben. Dieses Bemühen um eine theologische Anbindung an gegenwärtige Problemlagen ist gewiss eine große Stärke der negativ-exklusivierenden Modelle. Aber zugleich hat die Rekonstruktion auch gezeigt, dass ihnen weitgehend die epistemologischen Voraussetzungen fehlen, um einerseits die gesellschaftliche Wirklichkeit adäquat beschreiben, andererseits diese Erkenntnisse kreativ in die theologische Theoriebildung aufnehmen zu können. Denn die Analyse der Gesellschaft bleibt weitgehend abstrakt, empirisch ist sie kaum an einen sozialwissenschaftlichen Diskurs angebunden. Daher wird in diesen Modellen das Geld häufig als epochales Verhängnis stilisiert, als einflussreichster bzw. alleiniger Götze unserer Zeit, als gefährliche, alles bestimmende Wirklichkeit.[224] Die Vertreter der negativ-exklusivierenden Modelle werfen einen trüben, fast pessimistischen Blick auf die Welt, in der wir leben. Ihre Aufmerksamkeit ist auf die Verwüstungen und Zerstörungen sowie die unbestreitbaren Gefahren des Geldes gerichtet. Der Preis dieser einseitigen Zuspitzung liegt im Verlust der komplementären Dimensionen des Geldes, insofern es in der identischen Form *gleichzeitig* ein herausragendes Medium ökonomischer Ent-

---

[224] Günter Bader trifft einen wichtigen Punkt, wenn er etwa Falk Wagners Verabsolutierung des Geldes als eine „Folge geschichtsloser Betrachtung" bezeichnet (Bader, Günter, Symbolik des Todes Jesu, Tübingen 1988, 160).

wicklung und gesellschaftlicher Freiheit repräsentiert. Geld ist mit einem treffenden Wort von Hans Blumenberg, das er in Bezug auf Georg Simmel geprägt hat, eine *Protometapher* für das Leben.[225]

Erlösung und Verbesserung erwartet das negativ-exklusivierende Modell weniger von einem beherzten Engagement für die Transformation der jeweiligen Gesellschaft und Kultur als vielmehr durch einen Ausstieg aus ihr, durch die Entwicklung und Etablierung einer neuen, anderen Gesellschaft.[226] Diese Neuanfänge sind nur durch eine tief greifende, religiöse Umkehr möglich, die auch die Kirchen erfassen müsse.[227] Gibt es zum Ausstieg aus dieser Kultur und Gesellschaft keine überzeugende Alternative?

Die affirmativ-identifizierenden Modelle wiederum verfangen sich im Dickicht des gegenüberliegenden Flussufers. In ihrer weitgehend unkritischen Übernahme der tauschlogischen Paradigmen und in ihrer vorbehaltlosen Zustimmung zur modernen bürgerlichen Welt mit ihren harten Wettbewerbsregeln ist ihr Sensorium für die Schattenseiten und Probleme des Geldes unterentwickelt. Hier droht der theologischen Reflexion die Gefahr, ins Fahrwasser eines ideologischen Überbaus für die entfesselte Macht des Geldes zu geraten. Wohl werden die semantischen Identitäten zwischen dem Symbolwort *Gott* und dem Symbolwort *Geld* analysiert und benannt, aber die Verhältnisbestimmung folgt der Logik des Religiösen. Der Glaube sichert und stützt mit seinem unerschöpflichen Vertrauensreservoir die Funktionsweisen des Geldes, zugleich verhindert er über die ethische Normativität seine Entgrenzung. Eine politische und ökonomische Analyse der sozialen Realität entfällt weitgehend, die Beziehungen zwischen Religion und Ökonomie verlaufen in eine Richtung. Während im negativ-exklusivierenden Modell von der Innenperspektive her auf die Realität des Geldes zugegriffen wird, verfahren die affirmativ-identifizierenden Modelle umgekehrt. Von außen, von der vorgegebenen und weitgehend ökonomisch interpretierten Größe *Geld* wird nach den Äquivalenzen und Entsprechungen innerhalb der Theologie gesucht. Pointiert formuliert heißt das: Die Normativität hat lediglich ihren Platz getauscht, geht sie das erste Mal von innen nach außen, so im zweiten von außen nach innen. Beide Modelle heben das als Stärke hervor, was in der anderen als ihre Schwäche erscheint. Die nahe liegende Lösung einer Synthese ist deswegen ausgeschlossen, weil beiden Modellen eine überzeugende Integration der sozialen Welt, also ihres Außen,

---

[225] Blumenberg, Hans, Geld oder Leben. Eine metaphorologische Studie zur Konsistenz der Philosophie Georg Simmels, in: Böhringer, Hannes/Gründer, Karlfried (Hg.), Ästhetik und Soziologie um die Jahrhundertwende: Georg Simmel, Frankfurt 1976, 121-134, 130.

[226] Wie verlockend und zugleich aporetisch diese Alternative erscheint, zeigt das Gespräch mit Bettina Bäumer in: Halbmayr, Alois/Mautner, Josef P., Gott im Dunkeln. Religion in den Lebenswelten der späten Moderne, Innsbruck 2003, 40-68.

[227] „Nur eine *religiöse* Neubesinnung wäre imstande, den Ausverkauf der Welt zu verhindern und das Prinzip des Merkantilismus durch eine wahre Wertevidenz der Dinge und Lebewesen zu relativieren, ja, im Prinzip zu überwinden." (Drewermann, Eugen, ...und setzte ihn in einen „Garten der Lust" (Gen 2,8) oder: Von den Interessen des Geldes und dem Erhalt der Natur, in: Ders., Hat der Glaube Hoffnung? Von der Zukunft der Religion am Beginn des 21. Jahrhunderts, Düsseldorf/Zürich 2000, 232-252, 249)

6 Desiderat: ein kritisch-relatives Modell

in die theologische Theoriebildung nicht gelingt und damit die Aporien des unterbestimmten Gegenübers nur verschoben würden.

Was fehlt und daher zu entwickeln wäre, ist ein *kritisch-relatives* Modell, das den theologischen Ausgangs- und Standpunkt nicht aufgibt oder wie im affirmativen Ansatz nach außen verlegt, sondern aus der Innenperspektive heraus die soziale Lebenswelt so rezipiert, dass diese nicht als Derivat oder sekundäres Gegenüber erscheint, sondern konstitutiv in die eigene Standortbestimmung einbezogen ist. Damit wird behauptet, dass die theologische Theoriebildung in doppelter Weise relativ verfährt. Sie ist relativ zu ihrem vielfältigen, sich stets prismatisch in unterschiedlichsten Farben präsentierendem Gegenüber. Ohne Einbeziehung des Außen in die eigenen Differenzierungen ist eine theologische Definition des Geldes in seiner realen gesellschaftlichen Bedeutung nicht zu gewinnen. Die Theologie wird ihrerseits wieder von diesem Gegenüber relativiert, insofern auch sie zugleich ein Außen zu einem ökonomischen, politischen oder kulturellen Diskurs ist, den sie kritisch begleitet und von dem sie selbst kritisch in Frage gestellt wird. Nur so gewinnt sie an Erkenntnis und Einsicht, an besserem Verständnis hinzu. Selbstverständlich sind für die Theologie noch weitere Relativitäten verpflichtend wie Schrift, Tradition oder Lehramt. Sie sind unbestritten und bereiteten der Theologie keine größeren Probleme. Ganz anders sieht es jedoch mit den sozialen, außerkirchlichen Realitäten aus. Hier fehlt bislang eine Theorie, wie dieses Außen konstitutiv in das eigene Selbstverständnis aufgenommen werden könnte. Das folgende Kapitel soll anhand der Überlegungen Georg Simmels einige Bausteine liefern, mit denen sich eine theologische Verhältnisbestimmung zum Außen des Geldes gewinnen lässt.

III GEORG SIMMELS *PHILOSOPHIE DES GELDES* ALS BASISTHEORIE EINER VERHÄLTNISBESTIMMUNG VON GOTT UND GELD

Die Ausführungen des zweiten Kapitels haben gezeigt, dass es den meisten theologischen Ansätzen nicht gelingt, die beiden Referenzgrößen Gott und Geld so zu vermitteln, dass weder die Valenz eines der beiden Elemente negiert oder entwertet, noch ihr komplexes, von Rivalitäten und Kongruenzen getragenes Wechselverhältnis geleugnet oder ausgeblendet werden müsste. Weitgehend fehlt in den analysierten theologischen Entwürfen eine überzeugende Vermittlung der soziologischen Größe *Geld* mit der theologischen Größe *Gott*. In den geldphilosophischen und -soziologischen Arbeiten von Georg Simmel liegt aber, so die These dieses Kapitels, eine Theorie vor, die es erlaubt, die beiden Werte Gott und Geld so in Relation zu setzen, dass sie weder zwangsläufig in das von theologischer Seite oft bitter beklagte Konkurrenzverhältnis geraten, noch als unvermittelte, beziehungslose Elemente nebeneinander bestehen bleiben, was ihrer inneren Verbindung ebenfalls nicht gerecht wird.

Mit Simmels *Theorie der Wechselwirkung* steht ein Instrumentarium zur Verfügung, das die spezifischen Funktionen und Bedeutungen dieser jeweiligen Größen in ihrer Autonomie beschreiben und gleichzeitig ihre gegenseitigen Beziehungs- bzw. Bedingungsverhältnisse aufdecken und beschreiben kann. Damit könnte es gelingen, nicht nur aus den Aporien des gegenwärtig dominierenden Lösungsansatzes, dem Verwechselbarkeitsparadigma, herauszuführen, sondern zugleich ein Konzept zu entwickeln, das die Relativität der Gottesrede nicht als eine ihrer Fehlformen interpretiert, sondern als eine ihrer grundlegenden Strukturen. Dem vorliegenden Versuch liegt die These zugrunde, dass die christliche Gottesrede weniger von den vermeintlichen Verwechslungen oder Identifizierungen mit der Macht des Geldes bedroht wird als vielmehr vom Verschwinden der performativen Bedeutungen des Wortes „Gott", dass der Gottesglaube zu den Mächten und Gewalten dieser Welt entweder in ein gänzlich negierendes oder betont affirmatives, kaum aber in ein *relatives* Verhältnis tritt. Verwechslung setzt die Identifikation der Macht des Geldes mit der Macht Gottes voraus, doch ist sie nur dort möglich, wo diese beiden Größen nicht über ein Drittes vermittelt sind. Im negativ-exklusivierenden Modell des Verhältnisses von Gott und Geld, das über weite Strecken die Verhältnisbestimmung dominiert, kann es dann nur um die Ausschaltung oder Depotenzierung der jeweils anderen Kategorie gehen, weshalb eine wichtige Aufgabe der Theologie darin gesehen wird, radikale Kritik an den Götzen zu betreiben, heißen sie nun „totaler Markt", „Geld" oder „Konsum". Ziel ist die Ermöglichung einer anderen, vom Joch des Geldes befreiten Gesellschaft, eine grundlegende Antwort auf die Frage: „Wollen wir vorwärts zur Bibel oder zurück zur Moderne der Kapitallogik?"[1] Doch ist das überhaupt die entscheidende Frage? Besteht darin die Alternative? Selbst wenn ein eindeutiges Ja möglich oder mancherorts vielleicht auch wünschenswert wäre, bliebe die Frage nach den praktischen Möglichkeiten und dem Procedere noch ungelöst. Was ist das Jenseits, das Andere unserer Gesellschaft, das angesteuert wird? Liegt nicht die viel größere Herausforderung darin, auf dem Boden der jeweiligen Kulturen und Gesellschaften, im Angesicht der Errungenschaften und in Kenntnis der Deformationen nach Möglichkeiten der Weiterentwicklung und der Verbesserung der Lebensbedingungen zu suchen? Diese Suche kann an markanten Wegkreuzungen in ein entschiedenes Nein münden, auch zu radikaler Umkehr und grundlegender Neuorientierung führen, doch wird sie immer vom Bemühen getragen sein, diesen Prozess in Auseinandersetzung mit den konkreten Fragen und Problemen der Zeit voranzutreiben.

Gesucht wird eine Kategorie, die angesichts der neuzeitlichen Entmächtigung und „Schwächung der Vernunft" (Gianni Vattimo) die universale Botschaft des Evangeliums so mit der universalen Bedeutung des Geldes vermitteln kann, dass sich die pragmatische Kraft der Gottesrede nicht in einer Negation der modernen Kultur erschöpft oder in der widerstandslosen Affirmation bestehender Verhältnisse untergeht, sondern eine Logik entwickelt, die der machtvollen Größe Geld eine nicht minder kraftvolle Referenzgröße gegenüberstellt. Es braucht ein Theoriekonzept jenseits dieser Alternativen, ein Programm, das die vielfältigen Verbindungslinien und Interferenzen dieser beiden Größen beschreiben und aus der theologisch häufig erfolgten, dualistischen Engführung herausführen kann. Nur über Konzeptionen, die eine Relation dieser beiden machtvollen Größen thematisieren, lässt sich das kritische Potential der Gottesrede ausschöpfen und eine neue Sprachfähigkeit gewinnen.

Für die Entfaltung dieses Programms wird das äußerst facettenreiche Œuvre von Georg Simmel (1858-1918) herangezogen, das wie kaum ein anderes an den Grenzlinien von Geistes- und Gesellschaftswissenschaften, Religionssoziologie und Kulturtheorie angesiedelt ist und durch das in ihm entfaltete Theorieverständnis wichtige Anregungen für systematisch-theologische Fragestellungen bietet.[2] Simmel war ein früher Vertreter der heute vielfach ge-

---

[1] Jacob, Willibald, Mammon oder Gerechtigkeit, tödliche Konkurrenz oder Solidarität, in: Ders./ Moneta, Jakob/Segbers, Franz (Hg.), Die Religion des Kapitalismus. Die gesellschaftlichen Auswirkungen des totalen Marktes, Luzern 1996, 125-129, 125 (diese rhetorische Frage ist als Gegenthese zu einem vorangegangenen Beitrag formuliert, gibt aber den Duktus des Textes genau wieder).

[2] Simmel wurde 1858 als jüngstes von sieben Kindern getaufter jüdischer Eltern in Berlin geboren. Der Vater, der u.a. die Schokoladenfabrik „Felix und Sarotti" gegründet hatte, war früh gestorben, weshalb sich ein Freund der Familie, Julius Friedländer, des begabten Kindes annahm und auch später noch seine akademische Karriere förderte. Neben Philosophie studierte Simmel noch Geschichte, Völkerpsychologie, Kunstgeschichte, Ethnologie und Italienisch. Zu seinen Lehrern zählten u.a. Johann Gustav Droysen, Theodor Mommsen, Heinrich Treitschke, Moritz Lazarus und Heymann Steinthal. Nach dem Studium in Berlin promovierte Simmel mit einer preisgekrönten Arbeit über *Das Wesen der Materie nach Kant's Physischer Monadologie* (1881) und habilitierte sich nach anfänglichen Schwierigkeiten 1885 mit einer Arbeit über Kants Lehre von Raum und Zeit. Simmels akademische Karriere war von Schwierigkeiten und Rückschlägen gezeichnet. Trotz seines großen Hörerkreises und seines Ansehens wurde er erst 1901 zum

III Georg Simmels *Philosophie des Geldes*

forderten Transdisziplinarität, der Theorieelemente aus unterschiedlichsten Wissenschaften produktiv in sein Denken einbeziehen konnte.[3] Von der Ausbildung und von seinem Selbstverständnis her immer Philosoph, beschäftigte er sich zugleich mit (Völker)Psychologie, Geschichte/Geschichtswissenschaft, Ethnologie, Ökonomie und natürlich auch Soziologie, zu deren Gründungsvätern und großen Vertretern er gehört.[4]

Was in der damaligen universitären Szene Misstrauen und Argwohn hervorrief, wird heute als eine seiner großen Leistungen gewürdigt.[5] Es ist kein Zufall, dass in Zeiten wachsender wissenschaftlicher Spezialisierung und Fragmentierung dieser ungewöhnliche, weit über die Grenzen der Disziplinen hinausblickende Denker neu entdeckt wird.

Das zunehmende Interesse zeigt sich zunächst in der äußerst verdienstvollen, auf 24 Bände angelegten Gesamtausgabe, die von Otthein Rammstedt initiiert wurde und nach wie vor unter seiner Herausgeberschaft steht; mittlerweile

---

außerordentlichen Professor ernannt. Weder als Privatdozent noch als Extraordinarius bezog er ein reguläres Gehalt, sondern lediglich Hörergeld, sodass sich seine finanziellen Verhältnisse verschlechterten, weil langsam auch sein Erbe zur Neige ging. Eine Berufung nach Heidelberg 1908 scheiterte aufgrund von undurchsichtigen Interventionen und erst 1914, mit 56 Jahren, wurde er Professor für Philosophie an der Kaiser-Wilhelm-Universität in Straßburg, wo er im September 1918 an den Folgen eines Leberkarzinoms starb. Simmel war seit 1890 mit Gertrud Kinel verheiratet. 1891 wurde Sohn Hans geboren, der später außerordentlicher Professor für Medizin in Jena war und nach seiner Internierung im Konzentrationslager Dachau 1939 in die USA emigrierte, wo er 1943 starb. Simmels Frau Gertrud starb 1938 (zur Biographie vgl. Landmann, Michael, Bausteine zur Biographie, in: Gassen, Kurt/Landmann, Michael (Hg.), Buch des Dankes an Georg Simmel. Briefe, Erinnerungen, Bibliographie, Berlin ²1993, 11-33; Lichtblau, Klaus, Georg Simmel, Frankfurt 1997, 178-180; Nedelmann, Birgitta, Georg Simmel. 1858-1918, in: Kaesler, Dirk (Hg.), Klassiker der Soziologie 1. Von Auguste Comte bis Norbert Elias, München 1999, München 1999, 127-149).

[3] Mittlerweile kann man auf eine Reihe kenntnisreicher, verlässlich informierender Einführungen und Studien zurückgreifen, die gut durch Simmels reichhaltiges Gedankengebäude führen und dabei meist auch bestimmte Schwerpunkte setzen. Exemplarisch seien genannt: Jung, Werner, Georg Simmel zur Einführung (Zur Einführung 60), Hamburg 1990; Lichtblau, Klaus, Georg Simmel (Campus Einführungen 1091), Frankfurt/New York 1997; Frisby, David, Georg Simmel, New York 1984; Jaworski, Gary D., Georg Simmel and the American prospect, Albany 1997; Papilloud, Christian, La réciprocité. Diagnostic et destins d'un possible dans l'œuvre de Georg Simmel, Paris 2003; kurze, aber sehr informative Einführungen bieten auch: Nedelmann, Birgitta, Georg Simmel (1858-1918), in: Kaesler, Dirk (Hg.), Klassiker der Soziologie 1, 127-149; Tenbruck, Friedrich, Georg Simmel (1858-1918), in: Kölner Zeitschrift für Soziologie und Sozialpsychologie 10 (1958) 587-614; Bachmaier, Helmut/Rentsch, Thomas, Georg Simmel, in: Metzler Philosophen Lexikon (hg. v. Lutz, Bernd), Stuttgart ³2003, 674-677. Eine dezidiert modernitätstheoretische Interpretation liefert: Gephart, Werner, Georg Simmels Bild der Moderne, in: Berliner Journal für Soziologie 3 (1993) 183-192; immer noch lesenswert und sehr aufschlussreich: Landmann, Michael, Einleitung des Herausgebers zu: Ders. (Hg.), Georg Simmel: Das individuelle Gesetz, Frankfurt 1968, 7-29; einen guten, v.a. soziologisch orientierten Überblick bietet auch: Münch, Richard, Soziologische Theorie 1: Grundlegung durch die Klassiker, Frankfurt/New York 2002, 205-238; Schimank, Uwe, Theorien gesellschaftlicher Differenzierung, Opladen 1996, 44-53. 69-78.

[4] Mit Ferdinand Tönnies, Werner Sombart und Max Weber beteiligte er sich 1909 an der Gründung der Deutschen Gesellschaft für Soziologie.

[5] In Simmels Werk lassen sich daher auch Psychologie, Philosophie und Soziologie „nicht immer trennscharf voneinander abgrenzen" (Krech, Volkhard, Georg Simmels Religionstheorie, Tübingen 1998, 11).

liegen alle Bände bis auf den letzten vor.[6] Eine stattliche Zahl ausgezeichneter Publikationen zu einzelnen Fragestellungen bereichert jährlich den Büchermarkt, es gibt Diskussionsforen und -zirkel, in denen ein reger Austausch über die verschiedenen Aspekte seines Werkes stattfindet. Die *Georg-Simmel-Gesellschaft* mit Sitz in Bielefeld und eigenem Archiv sowie Publikationsforum bietet darüber hinaus einen wichtigen institutionellen Rahmen, der Vernetzung erleichtert und als Diskussionsplattform dient.[7] Die nachhaltigsten Wirkungen Simmels liegen neben dem philosophischen insbesondere auf dem kultur- bzw. modernitätstheoretischen Feld sowie auf der (formalen) Soziologie, in deren einschlägigen Anthologien er stets vertreten ist. Die Konzentration auf erkenntnistheoretische und methodologische Fragestellungen führte zu bahnbrechenden Unterscheidungen und neuen methodischen Zugängen, die es überhaupt erst ermöglichten, die Soziologie als eigene Wissenschaft zu konstituieren. Was Gesellschaft überhaupt sei, wie sie sich forme und auf welche Weise man sie beschreiben könne, diese grundlegenden Fragen mündeten bei Simmel in oft weit verzweigte Reflexionen, die in Abgrenzung und Weiterführung von Nietzsche und Marx, aber auch der zeitgenössischen (Lebens)Philosophie (Dilthey) eine Theorie der Moderne entwickeln, die vieles von dem vorwegnimmt, was heute zum Standardrepertoire der Debatte über ihre Genese und ihr Selbstverständnis zählt.[8] Simmel analysiert mit einem genauen, distanzierten Blick die Widersprüche moderner Gesellschaften, die er aber nicht als Gegensatz von Arbeits- und Produktivkraft, sondern als Antagonismus, als Auseinanderdriften von individueller und sozialer Entwicklung begreift. Wie aktuell und modern sein Denken ist, zeigt etwa die Tatsache, dass der Kapitalismus heute kaum mehr als Ausdruck eines zweiseitigen Interessengegensatzes von Arbeit und Kapital oder als gesteigerte Krise wahrgenommen wird, sondern stärker als ein relativ stabiles, differenziertes Gebilde, in dem normative Fortschritte in den einen Bereichen gleichzeitig mit Rückschritten und Krisen in den anderen einhergehen.[9] Theoriegeschichtlich, so Axel

---

[6] Die Gesamtausgabe erscheint im Frankfurter Suhrkamp Verlag. Sie wird abgekürzt mit GSG. Begonnen wurde die Edition im Jahre 1989, die einzelnen Bände werden von verschiedenen Autoren herausgegeben, durchweg namhafte und ausgewiesene Simmel-Experten.

[7] Die zwei Mal jährlich erscheinenden *Simmel Studies* (1991 bis 1999 als *Simmel Newsletter* geführt) bilden eine wichtige Plattform, die auch Einblicke in die internationalen Entwicklungen der Simmelforschung bietet.

[8] Vor allem der britische Soziologe David Frisby hat die modernitätstheoretische Interpretation Simmels vorangetrieben. Vgl. Frisby, David P., Georg Simmel, New York 1984 (Revised Edition 2002); Ders., Georg Simmels Theorie der Moderne, in: Dahme, Heinz-Jürgen/Rammstedt, Otthein (Hg.), Georg Simmel und die Moderne. Neue Interpretationen und Materialien, Frankfurt 1984, 9-79; Ders., Die Ambiguität der Moderne. Max Weber und Georg Simmel, in: Mommsen, Wolfgang J./Schwentker, Wolfgang (Hg.), Max Weber und seine Zeitgenossen (Veröffentlichungen des Deutschen Historischen Instituts London, Bd. 21), Göttingen/Zürich 1988, 580-594; Ders., Fragmente der Moderne. Georg Simmel – Siegfried Kracauer – Walter Benjamin, Rheda-Wiedenbrück 1989; Ders., Georg Simmel and the Study of Modernity, in: Kaern, Michael/Phillips, Bernard S./Cohen, Robert S. (Hg.), Georg Simmel and contemporary Sociology, Dordrecht/Boston/London 1990, 57-74.

[9] Vgl. Honneth, Axel, Einleitung, in: Ders. (Hg.), Befreiung aus der Mündigkeit. Paradoxien des gegenwärtigen Kapitalismus, Frankfurt/New York 2002, 8-12. Daher plädiert Honneth für eine Ersetzung der Begriffe „Krise" oder „Widerspruch" durch den der „Paradoxie".

Honneth, lasse sich dieser Perspektivenwechsel, der im Kapitalismus ein langlebiges und durchaus wandlungsfähiges System erkennt, als eine Rückkehr von Karl Marx zu Max Weber und Georg Simmel erklären.[10]
  Neben dem soziologischen und modernitätstheoretischen Interesse konzentriert sich die gegenwärtige Aufmerksamkeit vorwiegend auf die erkenntnistheoretischen und kulturphilosophischen Arbeiten.[11] Auch innerhalb der Theologie wird Simmel neu entdeckt, wobei vor allem seine religionssoziologischen und seine werttheoretischen Überlegungen rezipiert werden.[12] Bemerkenswert ist allerdings, dass die Simmel-Forschung dessen Religionstheorie „weitgehend vernachlässigt" hat, obwohl sich Simmel immer wieder mit Fragen der Religion, philosophisch und theologisch, auseinandersetzte.[13] Die folgenden Überlegungen greifen sowohl philosophische wie auch soziologische und werttheoretische Gedankengänge auf, bündeln sie jedoch in einem Begriff, der nicht nur in Simmels Denken eine herausragende Position einnimmt, sondern aufgrund seines formalen Charakters auch eine Struktur zur Verfügung stellt, durch die sich Begriffe unterschiedlichster Sprachspiele und divergierende Funktions- bzw. Sinnsysteme vermitteln lassen: dem Begriff *Wechselwirkung*.
  Mit ihm wird nicht nur ein zentraler soziologischer Terminus benannt, sondern zugleich ein Programm formuliert, das Simmel erlaubt, die ökonomische Funktion *und* die ideelle Bedeutung des Geldes innerhalb der modernen Kultur zu beschreiben. Mit dem Begriff Wechselwirkung wird erkenntnistheoretisch eine entscheidende Weiche gestellt, insofern er die Ablösung des substanzontologischen Denkens durch ein relationales, an Semantik und Pragmatik orientiertes Verstehen und Erkennen der Welt indiziert. Damit wird ein traditionsreicher, in der Philosophie bewährter und viel begangener Pfad verlassen und durch eine funktionale Kategorie ersetzt. Die Wechselwirkung bildet das entscheidende Erkenntnis- und Reflexionsprinzip, das die substanzmetaphysischen Objektivationen ablöst. Mit diesem Begriff wird es möglich, einen bestimmten wissenschaftlichen Diskurs mit einem anderen wissenschaftlichen

---

[10] Honneth, Axel, Einleitung 9.
[11] Vgl. dazu die Studie von Geßner, Willfried, Der Schatz im Acker. Georg Simmels Philosophie der Kultur, Göttingen 2003. Geßner bietet nicht nur einen ausgezeichneten Überblick über die Entwicklung von Simmels Denken, sondern erfüllt auch ein altes Desiderat der Simmel-Forschung: eine systematische Rekonstruktion seiner Kulturphilosophie.
[12] Das von Karl Gabriel und Hans-Richard Reuter herausgegebene Kompendium „Religion und Gesellschaft. Texte zur Religionssoziologie" (Paderborn 2004) reiht Simmels Aufsatz „Zur Soziologie der Religion" neben Durkheim, Weber und Troeltsch unter die klassischen Texte (71-91). Beispiele für eine kritische Rezeption der Werttheorie sind etwa die Arbeiten von Kreß, Hartmut, Religiöse Ethik und dialogisches Denken. Das Werk Martin Bubers in der Beziehung zu Georg Simmel, Gütersloh 1985; Ders., Ethische Werte und der Gottesgedanke. Probleme und Perspektiven des neuzeitlichen Wertbegriffs, Stuttgart/Berlin/Köln 1990, bes. 139-163; sowie: Voigt, Friedemann, „Die Tragödie des Reiches Gottes"? Ernst Troeltsch als Leser Georg Simmels (Troeltsch-Studien 10), Gütersloh 1998. – Eine explizite Auseinandersetzung mit der Geldtheorie Simmels bietet Weber-Berg, Christoph A., Die Kulturbedeutung des Geldes als theologische Herausforderung. Eine theologische Auseinandersetzung mit Georg Simmels „Philosophie des Geldes", Zürich 2002.
[13] So Volkhard Krech in seiner grundlegenden Studie über „Georg Simmels Religionstheorie", 4.

Denkhorizont zu verknüpfen, ohne die eigenen Denkvoraussetzungen und Annahmen preisgeben zu müssen. Die Wechselwirkung schafft mit ihrem formalen Zuschnitt eine Struktur, die konkrete Inhalte und materiale Bestimmungen nicht aus und in sich selbst, sondern auf ihr Gegenüber hin beschreibt. Sie repräsentiert damit eine Struktur, die im Komplementären und Referentiellen ein konstitutives Element des Eigenen erkennt und daher aus inneren Gründen auf scheinbar notwendige Ausschließungen verzichten kann. Konkret: In der Wechselwirkung finden der theologische Begriff *Gott* und der soziologisch sowie auch ökonomisch zentrale Begriff *Geld* die Form einer Vermittlung, von der her beide Größen so in Beziehung treten, dass ihre unterschiedlichen Ebenen und ihre jeweiligen Differenzen gewahrt, zugleich aber ihre Entsprechungen und Bedingungsverhältnisse erfasst werden können. Damit führt sie aus der Aporie der negierenden Position (Verwechslung) und der affirmierenden (Identifizierung) heraus, weil sie unterhalb dieser binären Opposition noch eine formale Ebene einzieht.

In einem ersten Schritt werde ich daher Begriff und Bedeutung der Wechselwirkung bei Simmel erörtern und anschließend diskutieren, inwieweit dieses Konzept für die theologische Problemstellung dieser Arbeit eine Weiterentwicklung ermöglicht. Dabei wird sich zeigen, dass dieses Programm den Strom der Erkenntnis nicht nur in eine Richtung fließen lässt, sondern auch in umgekehrter Richtung seine Dynamik entwickelt. Wahrheit und Erkenntnis sind ohne Gegenüber nicht bestimmbar, sie lassen sich nicht auf ein bestimmtes Feld reduzieren, sondern sind durch ihre Wechselbezüge, ihre Gegenseitigkeit definiert.

1 Der Zentralbegriff *Wechselwirkung*

In einem seiner kürzesten, aber zugleich wichtigsten Texte, im *Anfang einer unvollendeten Selbstdarstellung*[14], betont Simmel, dass ihm im Zuge seiner erkenntnistheoretischen, geschichtlichen und sozialwissenschaftlichen Studien der ursprünglich soziologische Begriff der Wechselwirkung allmählich zu einem Zentralbegriff auswuchs, „zu einem schlechthin umfassenden metaphy-

---

[14] In: Gassen, Kurt/Landmann, Michael (Hg.), Buch des Dankes 9f (ohne Quellenangabe abgedruckt). Zur Entstehungsgeschichte dieses Textes vgl. den editorischen Bericht in GSG 14, 478ff. Demnach war der Text für eine französische Auswahl vorgesehen, in der unter dem Titel „Mélanges de philosophie relativiste. Contribution à la culture philosophique" ein Querschnitt von Simmels Lebenswerk präsentiert werden sollte (sie erschien 1912). Gassen und Landmann haben diesen Text unter der „irreführenden Überschrift" (479) „Anfang einer unvollendeten Selbstdarstellung" veröffentlicht. Der 20. Band der Gesamtausgabe (Posthume Veröffentlichungen. Ungedrucktes. Schulpädagogik) bringt diesen Text unter der treffenderen Überschrift „Fragment einer Einleitung" (304f). Im editorischen Bericht schreiben die Herausgeber Torge Karlsruhen und Otthein Rammstedt, dass sich das Fragment im Besitz Margarete von Bendemanns befand, die es Michael Landmann für sein „Buch des Dankes" überließ (GSG 20, 549f). Der Text Simmels dürfte 1908 entstanden sein.

sischen Prinzip"[15], da dieser Begriff geeignet sei, in den verschiedensten Wissenschaftsdisziplinen neue Erkenntnisse hervorzubringen. Ein erstes Ergebnis dieser Denkweise zeige sich in seiner Studie *Die Probleme der Geschichtsphilosophie* (1892)[16], wo er den Nachweis erbringe, dass „Geschichte" keine vorgegebene, aus sich selbst resultierende Kategorie sei, sondern „die Formung des unmittelbaren, nur zu erlebenden Geschehens gemäß den Apriorisäten des wissenschaftsbildenden Geistes"[17]. So wie „Natur" die Formung des sinnlich gegebenen Materials durch die Kategorien des Verstandes bedeute, so sei „Geschichte" die Formung des historisch Erlebten und Erfahrenen durch die Kategorien des Geistes. Im soziologischen Kontext werde es mit dem Begriff *Wechselwirkung* möglich, Gesellschaft auf eine Weise zu beschreiben, die nicht mehr an bestimmte Inhalte oder Ausdrucksweisen gebunden ist, sondern den Blick auf die *Formen* richtet, d.h. auf die Art und Weise, *wie* die materialen Gehalte miteinander in Beziehung stehen, welche Strukturen sie ausbilden und inwiefern sie sich gegenseitig beeinflussen. Doch auch über die Soziologie hinaus erweise sich der Wechselwirkungsbegriff als grundlegend und wegweisend, könne mit ihm doch die zeitgeschichtlich vielfach beklagte Auflösung alles Substanziellen, Absoluten und Ewigen in den Fluss der Dinge, in die historische Wandelbarkeit oder nur psychologische Wirklichkeit hinein verhindert werden. Vor einem, wie Simmel ihn hier bezeichnet, „haltlosen Subjektivismus und Skeptizismus" sind die Substanzen, Prinzipien und Absoluta nur dann sicher, „wenn man an die Stelle jener substantiell festen Werte die lebendige Wechselwirksamkeit von Elementen setzt"[18]. So hätten sich ihm die wichtigen Begriffe der Wahrheit, des Wertes, der Objektivität etc. als Wechselwirksamkeiten, als Inhalte eines Relativismus entpuppt, „der jetzt nicht mehr die skeptische Lockerung aller Festigkeiten, sondern gerade die Sicherung gegen diese vermittels eines neuen Festigkeitsbegriffs bedeutete"[19]. Damit ist erkenntnistheoretisch ein zentrales Merkmal des Wechselwirkungsbegriffes benannt. Er führt aus der unseligen Aporie von Dogmatismus und Skeptizismus heraus, indem die Fundamente der Wahrheit in die Relationalität selbst gesetzt werden, auf der die Objektivität und Sicherheit der Begriffe gründen. Nicht zufällig wird die Wechselwirkung immer wieder als „der zentrale philosophische Begriff"[20] in Simmels Denken bezeichnet. Das Konzept der Wechselwirkung meint gerade nicht, wie oft unterstellt, die Auflösung der Wahrheitsansprüche, sondern will im Gegenteil die jeweiligen Geltungsansprüche jenseits der klassischen Aporien neu begründen.

---

15 Simmel, Georg, Anfang einer unvollendeten Selbstdarstellung 9.
16 GSG 2, 297-423.
17 Anfang einer unvollendeten Selbstdarstellung 9.
18 Anfang einer unvollendeten Selbstdarstellung 9.
19 Anfang einer unvollendeten Selbstdarstellung 9. Mit ausdrücklichem Verweis auf die *Philosophie des Geldes*.
20 So z.B. Fellmann, Ferdinand, Georg Simmels Persönlichkeitsbegriff als Beitrag zur Theorie der Moderne, in: Orth, Ernst Wolfgang/Holzhey, Helmut (Hg.), Neukantianismus. Perspektiven und Probleme (Studien und Materialien zum Neukantianismus 1), Würzburg 1994, 309-325, 311. Nach Fellmann zeige gerade dieser Begriff, wie sehr sich Simmel vom Standpunkt des transzendentalen Subjekts kantischer Prägung entfernt habe.

1.1 Herkunft aus der Philosophie

Die herausragende Bedeutung des Wechselwirkungsbegriffs, der heute als ein Vermittlungsbegriff in den verschiedenen Wissenschaftsdisziplinen gleichermaßen beheimatet ist,[21] hat sich in Simmels Schaffen bereits in seiner Dissertation über Kant angekündigt, wenn auch noch mit etwas zögerlichen Federstrichen.[22] Kant behielt für Simmel stets einen besonderen Stellenwert. Im Laufe seines Gelehrtenlebens beschäftigte er sich immer wieder mit dem Königsberger Philosophen, an dem er insbesondere den Geist bewunderte, der sich so nachhaltig aus der „mittelalterlichen" Denkweise befreien konnte.[23] Die expansive Kraft der Natur werde bei Kant nicht mehr durch eine subtile Materie in den Zwischenräumen des Körpers verursacht, sondern durch die Relationalität der Dinge, insofern „die Erscheinungen der Ausdehnung und der Schwere, überhaupt der Körperhaftigkeit, auf Beziehungen beruhen"[24]. Kant betrachtete die Wechselwirkung als eigenständige Kategorie der Relation, insofern sie die Bedingung der Möglichkeit der Erfahrung gleichzeitiger Phänomene ist. Die Dinge und Substanzen im Raum können „nicht anders in der Erfahrung erkannt werden, als unter Voraussetzung einer Wechselwirkung derselben untereinander"[25]. Alle Erscheinungen in einer möglichen Erfahrung erweisen sich innerhalb der transzendentalen Apperzeption untereinander als zugleich existierend und miteinander verknüpft, womit sie „ihre Stelle in einer Zeit wechselseitig bestimmen, und dadurch ein Ganzes ausmachen"[26]. Soll etwa die subjektive Gemeinschaft auf einem objektiven Grund beruhen, muss die Wahrnehmung der einen die Wahrnehmung des anderen möglich machen und umgekehrt. Ohne diesen wechselseitigen Einfluss könnte „das empirische Verhältnis des Zugleichseins nicht in der Erfahrung stattfinden"[27] und erkannt werden. Dieses erkenntnistheoretische Prinzip der Wechselwirkung und Gleichzeitigkeit ist auch für die Naturwissenschaften fundamental. In der klassischen Physik erweitert es das einsinnige Kausalitätsprinzip des strengen

---

[21] Zur Begriffsgeschichte vgl. den Eintrag „Wechselwirkung" von Paul Ziche im HWPh 12, 334-341, sowie den Überblick bei Christian, Petra, Einheit und Zwiespalt. Zum hegelianisierenden Denken in der Philosophie und Soziologie Georg Simmels (Soziologische Schriften 27), Berlin 1978, 110-121.

[22] Georg Simmel promovierte 1881 an der Philosophischen Fakultät der Friedrich-Wilhelms-Universität Berlin mit einer Arbeit über *Das Wesen der Materie nach Kant's Physischer Monadologie* (GSG 1, 9-41).

[23] Simmel blieb „trotz seines sich wandelnden Verhältnisses zu *Kant* bis zuletzt von ihm bestimmt" (Susman, Margarete, Die geistige Gestalt Georg Simmels, Tübingen 1959, 3).

[24] Das Wesen der Materie nach Kant's Physischer Monadologie 38 (GSG 1, 9-41).

[25] Immanuel Kant, Kritik der reinen Vernunft, B 258 (zur Kategorie der Relation vgl. B 256-262). Kant hat in seiner „Allgemeine(n) Naturgeschichte und Theorie des Himmels oder Versuch von der Verfassung und dem mechanischen Ursprunge des ganzen Weltgebäude nach Newton'schen Grundsätzen abgehandelt" (1755) den Begriff Wechselwirkung eingeführt, um die Planetenbewegung zu erklären (Kants Gesammelte Schriften 1, hg. von der Deutschen Akademie der Wissenschaften 1, Berlin 1968, 215-368, 283. 292. 332. 364).

[26] Kant, Immanuel, Kritik der reinen Vernunft, B 261.

[27] Kant, Immanuel, Kritik der reinen Vernunft, B 261f.

Nacheinanders auf ein Zugleich und kann damit grundlegende physikalische Erscheinungen wie die Gravitation oder den Rückkopplungseffekt erklären.

Dieser fundamentale Gedanke der Relationalität des Seins wird von Simmel erkenntnistheoretisch untermauert und an unterschiedlichen Problemstellungen exemplifiziert. In seiner frühen Studie *Über sociale Differenzierung* (EA 1890) rückt der Begriff Wechselwirkung erstmals explizit ins Zentrum der Erkenntnistheorie und erläutert Aufgabe sowie Funktion der Soziologie als eigener Wissenschaft.[28] Ob und worin eine Gesellschaft bestehe, das lasse sich nicht aus vorgegebenen Inhalten oder objektiv bestimmbaren Konstellationen ableiten, vielmehr repräsentiere der Begriff Gesellschaft als Einheit bereits die Summe seiner Bezüge und Verhältnisbestimmungen. Freilich war bereits in den Anfängen der Soziologie weitgehend unbestritten, dass Gesellschaft mehr ist als die Summe ihrer Teile, eine eigenständige Größe mit spezifischen Gesetzmäßigkeiten. An der Frage aber, wie diese erkannt und beschrieben werden könnten, entzündeten sich hitzige Debatten, an denen sich namhafte Soziologen wie Durkheim, Weber oder Tönnies beteiligten.[29] Das in den Frühschriften angekündigte und wiederholt an kleineren Fragestellungen durchexerzierte Programm einer Wendung vom substanzontologischen zum relationalen Denken ist spätestens in der *Philosophie des Geldes* (EA 1900) zu einem leitenden Erkenntnisprinzip geworden, das dann in der *Soziologie* (EA 1908) seine größte Überzeugungskraft entfalten sollte.

1.2 Die soziologische Relevanz

Mit dem wahrheitstheoretisch fundierten Begriff der Wechselwirkung verändern sich auch wichtige Problemstellungen innerhalb der Sozialwissenschaften. Es rückt die Frage in den Vordergrund, ob und in welcher Weise die Gesellschaft überhaupt eine eigenständige Kategorie sei, ob die Beziehungen bzw. Wechselwirkungen der Menschen als objektive, über das Individuum hinausgehende Ereignisse verstehbar seien oder doch als Element einer individualistischen Handlungstheorie begriffen werden müssen. Daran hängen nicht zuletzt der soziologische Stellenwert und die gesellschaftliche Bedeutung des Geldes, dass es auf keine subjektive, allein an den persönlichen Vollzug gebundene

---

[28] Simmel unterscheidet deutlich zwischen einer Soziologie im allgemeinen Sinne, die wohl „ein regulatives Princip für alle Geisteswissenschaften, aber gerade deshalb *keine besondere selbständige Wissenschaft*" ist, und der Soziologie im engeren Sinne, die nur das spezifisch Gesellschaftliche behandelt, „die Form und Formen der Vergesellschaftung als solcher, in Absonderung von den einzelnen Interessen und Inhalten, die sich und vermöge der Vergesellschaftung verwirklichen" (Das Problem der Soziologie 54).

[29] Vgl. dazu Rammstedt, Otthein (Hg.), Simmel und die frühen Soziologen. Nähe und Distanz zu Durkheim, Tönnies und Max Weber, Frankfurt 1988 (darin v.a.: Dahme, Heinz-Jürgen, Der Verlust des Fortschrittglaubens und die Verwissenschaftlichung der Soziologie. Ein Vergleich von Georg Simmel, Ferdinand Tönnies und Max Weber, 222-274); Lichtblau, Klaus, Kausalität oder Wechselwirkung? Max Weber und Georg Simmel im Vergleich, in: Wagner, Gerhard/Zipprian, Heinz (Hg.), Max Webers Wissenschaftslehre. Interpretation und Kritik, Frankfurt 1994, 527-562.

Kategorie reduziert, sondern in seiner objektiven Macht erkannt wird. Deshalb bedarf es zunächst eines Blicks in den soziologischen Bedeutungskontext, um dann seine theologische Relevanz näher bestimmen zu können.

Anders als für den Hauptstrom der Soziologen steht für Simmel der Begriff Gesellschaft nicht für ein normativ oder strukturell vorgegebenes Konglomerat selbstständiger Entitäten, sondern für ein aus verschiedensten Kräften und Bestimmungen zusammengesetztes funktionales Ganzes. Gesellschaft ist daher „nur der Name für die Summe dieser Wechselwirkungen, der nur in dem Maße der Festgestelltheit dieser anwendbar ist"[30]. Ein in sich geschlossenes Wesen, eine absolute Einheit kann die Gesellschaft niemals sein, sie ist gegenüber den konkreten Wechselwirkungen der Teile „nur sekundär, nur Resultat"[31], und daher eine Realität zweiten Grades. Die Elemente, die wir als eine Einheit fassen, sind daher auch keine wirklichen Einheiten, sie *wirken* im Verhältnis zu anderen Elementen als Einheiten.[32] Das ist einer der Gründe, warum nicht allein Individuen in ihren Beziehungsverhältnissen Gesellschaft konstituieren, sondern auch Gruppen, die mit anderen kommunizieren, in ihrer Gesamtheit wieder eine Gesellschaft ergeben. Allerdings ist die Logik und Reihenfolge dieser Entwicklungslinie nicht umkehrbar, erkenntnistheoretisch lässt sie nur eine Richtung zu. Wir finden Beziehungen und Tätigkeiten von Elementen zunächst einfach vor und erst auf dieser Basis, gleichsam im Nachhinein, sprechen wir ihnen Einheit zu. Weil der Begriff Einheit seinerseits kein neues metaphysisches Subjekt, sondern eine heuristische Kategorie repräsentiert, die nur im Verhältnis und in Beziehung zu anderen Einheiten denk- und vorstellbar ist, kann auch der Begriff der Gesellschaft nichts anderes als eine plurale Größe repräsentieren. Gesellschaft ist daher nicht „eine absolute Einheit, die erst dasein müsste, damit alle die einzelnen Beziehungen ihrer Mitglieder […] in ihr als dem Träger oder Rahmen jener entstünden. Sondern Gesellschaft ist nichts als die Zusammenfassung oder der allgemeine Name für die Gesamtheit dieser speziellen Wechselbeziehungen."[33] Daher gibt es auch keine von vornherein für sozialwissenschaftliche Untersuchungen relevanteren Gegenstände (wie etwa seinerzeit die „Strukturen" und „Prozesse") als die Ensembles von Wechselwirkungen, die je nach Intensität und Dauerhaftigkeit mehr oder weniger Vergesellschaftung bewirken. Deshalb ist „Gesellschaft" auch „kein einheitlich feststehender, sondern ein gradueller Begriff"[34], ein dynamisches Geschehen, das sich im Wechselspiel der Kräfte zu bestimmten

---

[30] Über sociale Differenzierung 131. Auf diese Weise verliere der Begriff der Gesellschaft ganz das Mystische, das der individualistische Realismus in ihm sehen wollte.
[31] Über sociale Differenzierung 130.
[32] So ist für Simmel das physikalische und chemische Atom kein einfaches Wesen im Sinne der Metaphysik, sondern absolut genommen immer weiter zerlegbar; „aber für die Betrachtung der betreffenden Wissenschaften ist dies gleichgültig, weil es thatsächlich als Einheit wirkt" (Über sociale Differenzierung 131).
[33] Philosophie des Geldes 209f.
[34] Über sociale Differenzierung 131; von diesem graduellen Begriff ist auch ein Mehr oder Weniger anwendbar, „je nach der größeren Zahl und Innigkeit der zwischen den gegebenen Personen bestehenden Wechselwirkungen" (Über sociale Differenzierung 131). Vgl. dazu Daniel, Ute, Kompendium Kulturgeschichte. Theorien, Praxis, Schlüsselwörter, Frankfurt ⁵2006, 61.

1 Der Zentralbegriff *Wechselwirkung*

Formen festigt und in der gleichen Bewegung wieder löst. Indem Menschen miteinander in Beziehung treten, entwickeln sich diese Formen, und ihre Summe „macht dasjenige konkret aus, was man mit dem Abstraktum Gesellschaft nennt"[35]. Gesellschaft ist im Grunde bereits dort, wo zwischen zwei Menschen eine, wenn auch „ephemere Beziehung"[36] existiert. Daher besteht letztlich nur ein gradueller Unterschied „zwischen der losesten Vereinigung von Menschen zu einem gemeinsamen Werk oder Gespräch [...] und der umfassendsten Einheit einer Klasse oder eines Volkes in Sitte, Sprache, politischer Aktion"[37]. Aber die untere Grenze des Gesellschaftsbegriffs ist für Simmel dort zu ziehen, wo die Wechselwirkung unter Personen nicht nur in einem subjektiven Zustand oder Handeln besteht, sondern ein objektives Gebilde schafft, das von den einzelnen daran teilhabenden Personen stets auch unabhängig ist. Wo immer aus dem isolierten Nebeneinander der Individuen bestimmte Formen des Mit- und Füreinander werden, wo immer die Individuen aufgrund ihrer spezifischen Interessen „zu einer Einheit zusammenwachsen und innerhalb deren diese Interessen sich verwirklichen"[38], dort ereignet und konstituiert sich Gesellschaft. Die Soziologie ist daher als eine „Formenlehre der Vergesellschaftung"[39] zu bezeichnen. Zu Recht ist es als ein großer Fortschritt innerhalb der Soziologie bezeichnet worden, Gesellschaft nicht mehr als ein substanzielles Etwas, sondern als eine Fülle von sich wechselseitig bedingenden Vergesellschaftungen zu definieren.[40]

Wie im erkenntnistheoretischen Sinne das Ich keine geschlossene, vorgegebene Einheit repräsentiert, sondern in der Summe und dem Produkt unterschiedlichster Faktoren und Wirkweisen besteht, so existiert auch Gesellschaft in einer Synthese verschiedenster Kräfte und Zugriffsweisen. Jede vorstellbare Einheit, ob Gesellschaft, Individuum oder Sachverhalt, ist also keine objek-

---

[35] Das Problem der Sociologie 55.
[36] Über sociale Differenzierung 133.
[37] Über sociale Differenzierung 133.
[38] Soziologie 19.
[39] Nolte, Paul, Georg Simmels Historische Anthropologie der Moderne. Rekonstruktion eines Forschungsprogramms, in: GG 24 (1998) 225-247, 227.
[40] Vgl. Tenbruck, Friedrich, Georg Simmel (1858-1918), in: Kölner Zeitschrift für Soziologie und Sozialpsychologie 10 (1958) 587-614. Zugleich müsse er jedoch an Simmel kritisieren, dass er sich damit die Möglichkeit verbaut habe, „eine nun freilich wirklich nur im normalen Sinne formale oder analytische Theorie zu entwickeln, in der eben nicht einzelne konkrete Formen untersucht, sondern zuerst das, was ihnen gemeinsam ist, auf Begriffe gebracht wird. Aus dem richtigen Satz, daß nur Formen, aber keine Form an sich existiere, hat er fälschlich gefolgert, daß es keine Theorie der Form geben kann. So eben ist die Situation entstanden, daß der Leser zwar den Begriffen Rolle, Norm, Position in Simmels Arbeiten ständig begegnet, dem Autor aber eine zusammenhängende Theorie derselben verschlossen bleibt." (604) Für Tenbruck war Simmels soziologisches Programm Ende der 50er Jahre nicht mehr benutzbar; inzwischen sei die soziologische Theoriebildung den Simmelschen Gedanken so weit überlegen, dass der programmatische Boden moderne Untersuchungen, theoretische wie empirische, überhaupt nicht mehr tragen könne. Aber Simmels Analysen, so Tenbruck weiter, seien „trotz aller Weitschweifigkeiten und Begriffslockerheit, trotz mancher Zeitbeschränkung und Unsicherheit, eine Fibel, eine Schule, in der man konkret soziologische Perspektive lernen kann." (610) Heute steht weitgehend außer Streit, dass etwa die *Soziologie* oder die *Philosophie des Geldes* sehr wohl Bausteine für eine formale Theorie der Formen liefern.

tiv vorgegebene Größe, sondern die Summe der Wechselwirkungen, die wir in ihr erkennen und ihr zuschreiben. Wie die Einheit eines Organismus in der Vielzahl von Zellen besteht, die immer noch eine relative Selbständigkeit gegen einander besitzen, so wird auch in der Seele kein Punkt zu entdecken sein, von dem aus die Mannigfaltigkeit und Divergenz ihrer Inhalte als harmonische Entwicklung einer ursprünglichen Einheit erscheinen müsste. Wollte man den Individualismus wirklich konsequent verfolgen, so blieben als reale Wesen nur die punktuellen Atome übrig, „und *alles* Zusammengesetzte fällt als solches unter den Gesichtspunkt der Realität geringeren Grades"[41]. Jede Suche nach letztgültigen Kategorien und unverrückbaren Bezugspunkten müsse scheitern, weil kein Mensch angeben könne, was man sich unter der Einheit der Seele konkret vorstellen solle. Die Einheit bietet sich uns „nur als Wechselwirkung und dynamisches Ineinanderweben, Zusammenhang, Ausgleichung einer Vielheit"[42] dar, unsere einzelnen Wesensseiten stehen in enger Wechselwirkung, „jede die anderen tragend und von ihnen getragen, ihre Lebendigkeiten harmonisch ausgleichend und austauschend"[43]. Erkenntnistheoretisch lässt sich nicht beweisen, dass irgendwo in uns ein Wesen säße, das der alleinige und einfache Träger der psychischen Erscheinungen wäre. Die Konsequenz, die Simmel daraus zieht: „Nicht nur auf die einheitliche Substanz der Seele müssen wir verzichten, sondern auch unter ihren Inhalten ist keine wirkliche Einheit zu entdecken."[44] Alle möglichen Behauptungen einer absoluten, metaphysischen Einheit des Menschen verfehlen ihr Ziel, da der Mensch ebenfalls keine feststehende, vorgegebene Entität ist, sondern „die Summe und das Produkt der allermannichfaltigsten Faktoren, von denen man sowohl der Qualität wie der Funktion nach nur in sehr ungefährem und relativem Sinne sagen kann, daß sie zu einer Einheit zusammengehen"[45]. Einheit ist also „nichts als ein Kreis, den wir der Summe unserer psychischen Erscheinungen umschreiben, ein rein formaler Gedanke selbst, der desshalb nicht über den Vorstellungen stehen und sie mit realer Kraft zur Einheit zusammenschliessen kann."[46] Einheit ist daher ein soziales Konstruktionsprinzip des Geistes und der Vorstellung,

---

[41] Über sociale Differenzierung 128. Auffallend ist, dass Simmel, gerade im Vergleich zu Weber und Sombart, für die Rekonstruktion seiner Gesellschafts- und Modernitätstheorie kaum auf historische Untersuchungen zurückgreift. Nolte erklärt diese Unschärfen mit Simmels Sicht der historischen Entwicklung, wonach das 19. Jahrhundert und nicht Renaissance oder Reformation die entscheidende Zäsur in der Interpretation des kulturell-sozialen Schicksals der Gegenwart sei (vgl. Nolte, Paul, Georg Simmels Historische Anthropologie der Moderne 234f).

[42] Vom Wesen der Kultur 369.

[43] Vom Wesen der Kultur 370.

[44] Über sociale Differenzierung 128. Zur Illustration greift Simmel diesmal auf den familiären Bereich zurück: Zwischen den Gedanken des Kindes und denen des Mannes, zwischen unseren theoretischen Überzeugungen und unserem praktischen Handeln bestehen so viele Gegensätze, „daß es absolut unmöglich ist einen Punkt zu entdecken, von dem aus dies alles als harmonische Entwickelung einer ursprünglichen Seeleneinheit erschiene." Denn: „Nichts als der ganz leere, formale Gedanke eines Ich bleibt, an dem alle diese Wandlungen und Gegensätze vor sich gingen, der aber eben auch nur ein Gedanke ist und deshalb nicht das sein kann, was, vorgeblich über allen einzelnen Vorstellungen stehend, sie einheitlich umschließt." (128)

[45] Über sociale Differenzierung 127.

[46] Einleitung in die Moralwissenschaft 2, 123.

1 Der Zentralbegriff Wechselwirkung

sie ist keine außerhalb des Bewusstseins und der erkenntnistheoretischen Formung existierende, unabhängige Größe. „Ein in sich völlig geschlossenes Wesen, eine absolute Einheit ist die Gesellschaft nicht, so wenig wie das menschliche Individuum. Sie ist gegenüber den realen Wechselwirkungen der Teile nur sekundär, nur Resultat, und zwar sowohl sachlich wie für die Betrachtung."[47] Daher gibt es auch keine Gesetze, die über die Art und Weise der Zusammensetzungen bestimmen könnten; es steht jedem erkennenden und handelnden Subjekt gänzlich frei, beliebige Einheiten herauszugreifen und sie zu dem Begriff *eines* Wesens zusammenzuschließen. Maßstab dafür kann allein die Frage sein, ob diese Zusammensetzungen der verschiedenen Einheiten „wissenschaftlich zweckmäßig"[48] sind.

Für Kant bedeutete einen Gegenstand zu erkennen, in dem Mannigfaltigen seiner Anschauung Einheit zu bewirken. Auf das Feld der Soziologie transponiert, besagt dieser Satz ein Doppeltes: Ohne Einbeziehung der Wahrnehmungs-, Erlebnis- und Denkweisen, ohne Aufnahme der Vorstellungswelten und der konkreten Formgebung durch den erkennenden Geist gibt es keine soziale „Realität". Und zugleich können wir nur dort von Gesellschaft sprechen, wo „mehrere Individuen in Wechselwirkung treten"[49]. Gesellschaft ist ein expliziter Name für „die seelische Wechselwirkung zwischen Individuen"[50], für den Umkreis der Menschen, die durch Wechselwirkungen aneinander gebunden sind – und erst in diesen Verbindungen bilden sie eine Einheit. Nur insofern „die Einzelnen vermöge gegenseitig ausgeübter Beeinflussung und Bestimmung verknüpft sind"[51], können wir von Gesellschaft sprechen. Daher lautet die kürzeste Definition von Gesellschaft, daß sie „eine Einheit aus Einheiten ist"[52]. Wir sondern und ordnen permanent aus den chaotischen Eindrücken, gruppieren sie zu Einheiten, die wir dann als Gegenstände bezeichnen. Einheit ist dann ein anderer Name für das funktionelle Zusammengehören,

---

[47] Über sociale Differenzierung 130.
[48] Über sociale Differenzierung 130. „Statt des Ideales des Wissens, das die Geschichte jedes kleinsten Teiles der Welt schreiben kann, müssen uns die Geschichte und die Regelmäßigkeiten der Konglomerate genügen, die nach unsern subjektiven Denkkategorieen aus der objektiven Gesamtheit des Seins herausgeschnitten werden; der Vorwurf, der diese Praxis trifft, gilt jedem Operieren mit dem menschlichen Individuum so gut, wie dem mit der menschlichen Gesellschaft. Die Frage, wie viele und welche reale Einheiten wir zu einer höheren, aber nur subjektiven Einheit zusammenzufassen haben, deren Schicksale den Gegenstand einer besonderen Wissenschaft bilden sollen – ist nur eine Frage der Praxis." (129)
[49] Soziologie 17. So bedeuten weder Hunger noch Liebe, weder Arbeit noch Religiosität, weder die Technik noch die Funktionen und Resultate der Intelligenz, wie sie unmittelbar und ihrem reinen Sinne nach gegeben sind, schon Vergesellschaftung; diese bildet sich erst, wenn „sie das isolierte Nebeneinander der Individuen zu bestimmten Formen des Miteinander und Füreinander gestalten, die unter den allgemeinen Begriff der Wechselwirkung gehören" (Soziologie 19). Die Vergesellschaftung ist also die in unzähligen Arten sich verwirklichende Form, in der die Individuen auf Grund der (sinnlichen oder idealen, momentanen oder dauernden, bewussten oder unbewussten etc.) Interessen „zu einer Einheit zusammenwachsen und innerhalb deren diese Interessen sich verwirklichen." (Soziologie 19)
[50] Grundfragen der Soziologie 68. „Seelisch" ist bei Simmel meist im Sinne von individuell, persönlich, bewusstseinsmäßig zu verstehen.
[51] Grundfragen der Soziologie 70.
[52] Über sociale Differenzierung 131.

Aufeinanderhinweisen und -angewiesensein der einzelnen Eindrücke und Anschauungsmaterialien: „Die Einheit der Elemente ist doch nichts außerhalb der Elemente selbst, sondern die in ihnen selbst verharrende, nur von ihnen dargestellte Form ihres Zusammenseins. [...] Wie die Einheit des sozialen Körpers oder der soziale Körper als Einheit nur die gegenseitig ausgeübten Attraktions- und Kohäsionskräfte seiner Individuen bedeutet, ein rein dynamisches Verhältnis unter diesen, so ist die Einheit des einzelnen Objekts, in deren geistiger Realisierung seine Erkenntnis besteht, nichts als eine Wechselwirkung unter den Elementen seiner Anschauung."[53] Der physische Organismus besitzt die Eigenart, aus einer Vielheit materieller Teile die Einheit des Lebensprozesses zu bilden. Daher beruht auch die innere persönliche Einheit des Menschen „auf der Wechselwirkung und dem Zusammenhang vielfacher Elemente und Bestimmungen"[54]. Jedes einzelne Element besitzt, isoliert betrachtet, einen objektiven Charakter und ist an und für sich noch nichts eigentlich Persönliches. Erst indem sich mehrere von ihnen gleichsam in einem Brennpunkt treffen und aneinander haften, bilden sie eine Persönlichkeit, welche nun rückwirkend jeden einzelnen Zug als einen persönlich-subjektiven charakterisiert. Mit einer für Simmel nicht untypischen Formulierung kann man daher sagen: „Nicht daß er dieses oder jenes ist, macht den Menschen zu der unverwechselbaren Persönlichkeit, sondern daß er dieses und jenes ist."[55]

Die Einheit, die wir einem Element oder Objekt zusprechen, fordert keinen Hinweis auf einen Punkt substanzieller oder metaphysischer Unteilbarkeit; ein solcher ist vielmehr „nur die Hypostase für die Wechselwirkung der Theile des Wesens"[56]. Den realen Inhalt einer Einheit macht allein die Wechselwirkung aus, und das ist für Simmel „einer der aufklärendsten Gedanken moderner Kritik"[57] überhaupt. Jetzt nämlich könne man von der Einheit der Welt sprechen, „ohne ihr ein Substrat in theistischen oder spiritualistischen Spekulationen suchen zu müssen"[58]. Daher gehört zur Einheit immer auch die Vielheit, beide sind nicht nur logisch, sondern auch in ihrer Verwirklichung Ergänzungsbegriffe. Vielheit der Elemente erzeugt durch deren Wechselbeziehungen das, was wir die Einheit des Ganzen nennen, „aber jene Vielheit wäre ohne diese Einheit nicht vorstellbar"[59].

1.3 Ein Strukturprinzip der Gesellschaft

Die formale, von materialen Bedingungen gänzlich entkoppelte Struktur des Wechselwirkungsbegriffs habe die Soziologie, so beklagt Simmel des Öfteren, noch nicht völlig realisiert. Die Einsicht, dass der Mensch „in seinem ganzen

---

[53] Philosophie des Geldes 104.
[54] Philosophie des Geldes 393.
[55] Philosophie des Geldes 393.
[56] Die Bedeutung des Geldes für das Tempo des Lebens 225.
[57] Die Bedeutung des Geldes für das Tempo des Lebens 225.
[58] Die Bedeutung des Geldes für das Tempo des Lebens 225.
[59] Die Bedeutung des Geldes für das Tempo des Lebens 225.

1 Der Zentralbegriff *Wechselwirkung*

Wesen und allen Äußerungen hindurch dadurch bestimmt (sei), daß er in Wechselwirkung mit andern Menschen lebt"[60], müsse zu einer neuen Betrachtungsweise in allen Geisteswissenschaften führen, zu denen damals noch die Soziologie zählte. Wir können nicht länger historische Erscheinungen, Inhalte der Kultur, Normen der Sittlichkeit etc. auf reine Ontologie reduzieren, auch nicht mehr aus den Interessen und Möglichkeiten des Individuums erklären, sondern allein aus dem Wechselwirken und dem Zusammenspiel der Einzelnen verstehen, aus der Summierung und Sublimierung unzähliger Einzelbeiträge, aus der Verkörperung sozialer Energien in Gestalten, die jenseits des Individuums stehen und sich entwickeln.

Die „Auflösung der Gesellschaftsseele in die Summe der Wechselwirkungen ihrer Teilhaber"[61] ist nicht nur ein theoretisches und sachliches Erfordernis, sie liegt auch in der Richtung des modernen Geisteslebens insgesamt. Das Feste, sich selbst Gleiche und Substanzielle wird durch naturwissenschaftliche Erkenntnisse dynamisiert und durch kulturelle Modernisierungsprozesse in Funktion, Kraft und Bewegung transformiert. Vor allem mit dem Evolutionismus zieht eine betont dynamische Perspektive in die Wissenschaft ein, wodurch nun auch in der Geschichtsbetrachtung in allem Sein zusehends der historische Prozess des Werdens interessiert.

Allerdings warnt Simmel zugleich davor, die Grenzen des Begriffs *Wechselwirkung* zu weit hinauszuschieben, da er ansonsten seine heuristische Kraft verlieren könnte. Der flüchtige Blick an der Registrierkasse konstituiert noch keine Vergesellschaftung im klassischen Sinne, obwohl er durchaus wichtige Elemente aufweise. Erst eine gesteigerte Häufigkeit sowie die Intensität und Ausdehnung der Kontakte erlauben die uneingeschränkte Verwendung des Begriffs. Andererseits wendet sich Simmel auch gegen eine zu enge Regelauslegung. Wenn man die Bezeichnung Gesellschaft immer „nur der dauernden Wechselbeziehung vorbehalten will, nur derjenigen, die sich zu einem bezeichenbaren Einheitsgebilde objektiviert hat"[62], wie z.B. Staat, Familie, Zünfte, Kirchen, Klassen etc., geht die analytische Schärfe dieses Begriffs verloren. Denn von diesen prägenden Sozialformen abgesehen besteht eine unermessliche Zahl kleinerer, fast unscheinbarer Beziehungsformen und Wechselwirkungsarten, die sich gleichsam zwischen diese offiziellen sozialen Formungen schieben und für die Konstituierung von Gesellschaft einen nicht unerheblichen Beitrag leisten. Schließlich sind alle großen, tragenden Systeme und überindividuellen Organisationen letztlich Verfestigungen von unmittelbaren, zwischen Individuen stündlich und lebenslang hin und her gehenden Wechselwirkungen.

In ihrer Beschreibung der Gesellschaft greift die Soziologie auf Einsichten, Methoden und Instrumentarien anderer Wissenschaften zurück, deren Ergebnisse zugleich ihr Material bilden. Insofern verfährt die Soziologie mit den Erkenntnissen dieser Wissenschaften wie mit Halbprodukten, greift also nicht

---

[60] Soziologie 15; Grundfragen der Soziologie 72.
[61] Über sociale Differenzierung 130.
[62] Grundfragen der Soziologie 68.

unmittelbar auf das Material, das andere Wissenschaften bearbeiten, zu, sondern schafft neue Synthesen aus dem, was für jene bereits Synthese ist. Darin erweist sich die Soziologie als eine Wissenschaft zweiter Potenz, als „eine eklektische Wissenschaft"[63], deren spezifische Aufgabe darin besteht, aufgrund ihrer eigenen Zuordnungen tiefere Einsichten in das Wirken und Sein der menschlichen Gesellschaft zu gewinnen.

Als erster hat Friedrich Schleiermacher versucht, den Begriff der Wechselwirkung in einem genuin sozialphilosophischen Sinn fruchtbar zu machen.[64] Gesellschaft, so schreibt der große protestantische Theologe und Philosoph, sei dadurch gekennzeichnet, „daß sie eine durch alle Theilhaber sich hindurchschlingende, aber auch durch sie völlig bestimmte und vollendete Wechselwirkung"[65] ist. Schleiermacher nimmt hier explizit Bezug auf die freie Gesellschaft, in der allein man von Wechselwirkung im eigentlichen Sinne sprechen könne, weil diese normativ dadurch zustande komme, daß mehrere Menschen gegenseitig aufeinander einwirken, „diese Einwirkung auf keine Art einseitig seyn darf"[66]. Schleiermacher verpflanzte den Wechselwirkungsbegriff in die Gesellschaftstheorie, auch wenn er bei ihm noch im Rahmen der Ethik verblieb.[67] Ganz auf dieser Linie markiert Simmel als Ausgangspunkt aller sozialen Gestaltungsformen die Wechselwirkung von Person zu Person.[68] Freilich

---

[63] Über sociale Differenzierung 116.

[64] Schleiermacher, Friedrich D. E., Vorlesungen über die Dialektik (KGA 10/1 u. 2), hg. v. Arndt, Andreas, Berlin/New York 2002. In diesem philosophischen Hauptwerk betont Schleiermacher, dass Denken und Sein zusammen gehören und miteinander in Wechselwirkung stehen. So notiert er in der „Ausarbeitung zum Kolleg 1822": „Kein Gott ohne Welt so wie keine Welt ohne Gott" (1, 269). Wir können deshalb Gott nicht ohne die Welt denken, „weil wir nur von dem durch die Welt in uns hervorgebrachten auf Gott kommen" (269). Und umgekehrt können wir die Welt nicht ohne Gott denken, „weil wir die Formel für sie nur finden als etwas unzureichendes und unserer Forderung nicht entsprechendes" (269). Vgl. dazu die Studie von: Schmidt, Sarah, Die Konstruktion des Endlichen. Schleiermachers Philosophie der Wechselwirkung, Berlin 2005. Auch für Schmidt ist die Wechselwirkung der methodische Schlüsselbegriff für Schleiermachers Philosophie der Endlichkeit.

[65] Schleiermacher, Friedrich D. E., Versuch einer Theorie des geselligen Betragens (1799), KGA Abt. 1, Bd. 2, hg. v. Birkner, Hans-Joachim, Berlin 1984, 163-184, 169. Im Begriff der Wechselwirkung ist „sowohl die Form als der Zweck der geselligen Thätigkeit enthalten, und sie macht das ganze Wesen der Gesellschaft aus" (170). Bemerkenswert erscheint, dass Schleiermacher bereits zwischen Form und Inhalt unterscheidet. Als formales Gesetz der Gesellschaft bezeichnet er, dass alles Wechselwirkung sein soll, als inhaltliches, dass alle „zu einem freien Gedankenspiel angeregt werden (sollen) durch die Mittheilung des meinigen." (170) Allerdings ist hier der Begriff Wechselwirkung noch sehr stark an materiale Bestimmungen gebunden. So dürfe man ein tanzendes Paar auf einem Ball noch nicht als Gesellschaft begreifen, weil jeder Tänzer „nur mit der, die in diesem Augenblick seine Tänzerin ist, in Verbindung (steht), und beide betrachten alle übrigen als Mittel oder Werkzeug" (189). Ähnlich das Publikum einer Theateraufführung oder die Hörer einer Vorlesung; sie alle „machen unter einander eigentlich gar keine Gesellschaft aus, und jeder ist auch mit dem Künstler eigentlich nicht in einer freien, sondern in einer gebundenen Geselligkeit begriffen, weil dieser es nur auf irgend eine bestimmte Wirkung angelegt hat, und jener nicht gleichförmig auf ihn zurückwirken kann, sondern sich eigentlich immer leidend verhält." (169)

[66] Schleiermacher, Friedrich D. E., Versuch einer Theorie des geselligen Betragens 169.

[67] So Christian, Petra, Einheit und Zwiespalt 118.

[68] Vgl. Philosophie des Geldes 208: „Gleichviel wie die in Dunkel gehüllten historischen Anfänge des gesellschaftlichen Lebens wirklich gestaltet waren – seine genetische und systematische

1 Der Zentralbegriff *Wechselwirkung*   161

wird durch die fortschreitenden Leistungen der Kultur diese Urform der Austauschverhältnisse verdeckt, sie verflüchtigt sich in verschiedensten Gebilden und Strukturen zu einer Tiefengrammatik, die ihre historische Genese nicht mehr zu behaupten weiß, aber dennoch die aktuellen Prozesse beeinflusst.

So lassen sich mit dem Wechselwirkungsbegriff auch die großen Inhalte des geschichtlichen Lebens wie Sprache, Religion, Kultur, Staatenbildung etc. in neuer Weise verstehen. Sie müssen nicht mehr auf transzendente Mächte oder Erfindungen herausragender Persönlichkeiten zurückgeführt werden, sondern „erzeugen sich in den Wechselbeziehungen der Menschen, oder manchmal auch *sind* sie derartige Wechselbeziehungen"[69]. Sie entstehen „durch das gesellschaftliche Leben, und zwar in zweifachem Sinne, durch das Nebeneinander wechselwirkender Individuen, das *in* jedem erzeugt, was doch *aus* ihm allein nicht erklärbar ist, und durch das Nacheinander der Generationen, deren Vererbungen und Überlieferungen mit dem Eigenerwerb des Einzelnen unlösbar verschmelzen"[70].

Mit diesem Ineinander von historisch-genetischer und transzendentaler Erklärung ist die eigentümliche Doppelstellung des Individuums eng verbunden. Einerseits wissen wir uns „als *Produkte* der Gesellschaft: die physiologische Reihe der Vorfahren, ihre Anpassungen und Fixierungen, die Traditionen ihrer Arbeit, ihres Wissens und Glaubens, der ganze, in objektiven Formen kristallisierte Geist der Vergangenheit – bestimmen die Anlagen und die Inhalte unseres Lebens, so daß die Frage entstehen konnte, ob der Einzelne denn überhaupt etwas anders wäre als ein Gefäß, in dem sich zuvor bestehende Elemente in wechselnden Maßen mischen"[71]. Da kann es den Anschein erwecken, als seien der Beitrag und das Sein des Einzelnen verschwindende, vernachlässigbare Größen, die nur über ihr gattungsgemäßes und gesellschaftliches Zusammenkommen Bedeutung erlangen können. Andererseits aber versteht sich der Mensch nicht bloß als eine Summe von Prägungen und Dispositionen, sondern auch als ein autonomes, weitgehend selbstbestimmtes Glied der Gesellschaft. Aber selbst als solches leben wir nicht um ein gänzlich unabhängiges, autonomes Zentrum herum (ebenso wenig wie wir reine Naturwesen sind), „sondern sind Augenblick für Augenblick aus den Wechselbeziehungen zu andern zusammengesetzt und sind so der körperlichen Substanz vergleichbar, die für uns nur noch als die Summe vielfacher Sinneseindrücke, aber nicht als eine für sich seiende Existenz besteht"[72]. Der gesamte Lebensinhalt, so sehr er aus den sozialen Wechselbeziehungen und Antezedenzien erklärbar sein mag, „ist doch

---

Betrachtung muß diese einfachste und unmittelbarste Beziehung zum Grunde legen, von der wir doch schließlich auch heute noch unzählige gesellschaftliche Neubildungen ausgehen sehen."
[69] Grundfragen der Soziologie 72.
[70] Grundfragen der Soziologie 72. Daher ist es zutreffend, wenn Baecker formuliert: „Die Wechselwirkung steht für die Selbstreferentialität, wenn nicht sogar Selbstorganisation und Autopoiese des Sozialen." (Baecker, Dirk, Die Metamorphosen des Geldes, in: Kintzelé, Jeff/Schneider, Peter (Hg.), Georg Simmels „Philosophie des Geldes", Frankfurt 1993, 277-300, 281)
[71] Soziologie 54.
[72] Soziologie 55. „Den Menschen, der erkannt wird, machen Natur und Geschichte: aber der Mensch, der erkennt, macht Natur und Geschichte." (Die Probleme der Geschichtsphilosophie 230)

zugleich unter der Kategorie des Einzellebens zu betrachten, als Erlebnis des Individuums und völlig auf dieses hin orientiert"[73]. Beides sind für Simmel nur verschiedene Kategorien, die den gleichen Inhalt unter ihrer jeweiligen Perspektive analysieren, so wie eben dieselbe Pflanze einmal nach ihren biologischen Entstehungsbedingungen, ein anderes Mal nach ihrer praktischen Verwendbarkeit oder etwa auch auf ihre ästhetische Bedeutung hin angesehen werden kann. Aber keine Perspektive ist für sich von den anderen unbeeinflusst, von ihnen abgeschottet.[74]

Das stärkste Beispiel für die Wechselwirkung ist nach Simmel der menschliche Blick, der auf eine völlig einzigartige soziologische Leistung hin angelegt ist:[75] „auf die Verknüpfung und Wechselwirkung der Individuen, die in dem gegenseitigen Sich-Anblicken liegt. Vielleicht ist dies die unmittelbarste und reinste Wechselwirkung, die überhaupt besteht."[76] Das gesprochene und gehörte Wort etwa hat eine Sachbedeutung, die auch noch auf andere Art und Weise überlieferbar wäre, es verursacht Rauschen und Störungen, die das Gesagte verdunkeln können. „Die höchst lebendige Wechselwirkung aber, in die der Blick von Auge zu Auge die Menschen verwebt, kristallisiert zu keinerlei objektivem Gebilde, die Einheit, die er zwischen ihnen stiftet, bleibt unmittelbar in das Geschehen, in die Funktion aufgelöst."[77] Diese Verbindung ist für Simmel so stark und fein, dass sie „nur durch die kürzeste, die gerade Linie zwischen den Augen getragen wird, und daß die geringste Abweichung von dieser, das leiseste Zurseitesehn, das Einzigartige dieser Verbindung völlig zerstört."[78] Mit dem Paradigmenwechsel vom substanziellen und kausalen zum relationalen Denken hat Simmel den Abschied von einer individual- oder konstitutionstheoretischen Begründung des Sozialen weit vorangetrieben, auch wenn ihm, wie Petra Christian meint, die volle Bedeutung des Gegenseitigkeitsmoments erst in seiner *Soziologie* klar geworden sei, „nicht ohne vorbereitende Einsichten auch hierzu bereits in seiner „Philosophie des Geldes" gewonnen zu haben"[79].

Zusammenfassend lässt sich mit Birgitta Nedelmann festhalten, dass mit dem zentralen Konzept der Wechselwirkung Simmel mindestens drei forschungsstrategische Anforderungen erfüllt. Zum einen die Untersuchung der

---

[73] Soziologie 55.
[74] Zum Begriff der Gegenseitigkeit und seiner Bedeutung in den verschiedenen Wissenschaften vgl. den nach wie vor lesenswerten Artikel „Gegenseitigkeit" von Hans Henning Ritter im HWPh 3, 119-129.
[75] Vgl. dazu den *Exkurs über die Soziologie der Sinne*, in: Soziologie 722-742.
[76] Soziologie 723.
[77] Soziologie 723. Ähnlich wie bei Cassirer ist auch bei Simmel „Funktion" ein äquivoker Begriff und besitzt eine etwas andere Bedeutung als in der modernen Soziologie. Funktion meint bei Simmel nicht immer die Leistung für etwas anderes, sondern dient als Bezeichnung einer *internen* Relation der einzelnen Elemente. Heute würde man dies eher als „Struktur" oder „funktionale Einheit" bezeichnen (vgl. dazu Cassirer, Ernst, Substanzbegriff und Funktionsbegriff. Untersuchungen über die Grundfragen der Erkenntniskritik (EA 1910); ECW 6, Hamburg 2000); Geßner, Willfried, Geld als symbolische Form. Simmel, Cassirer und die Objektivität der Kultur, in: Simmel Newsletter 6 (1996) 1-30.
[78] Soziologie 723f.
[79] Christian, Petra, Einheit und Zwiespalt 126.

wechselseitigen Relationen zwischen Individuen, Gruppen und auch anderen analytischen Einheiten, zu denen, so wird sich zeigen, auch die hoch bedeutsamen Kategorien Gott und Geld gehören. Zum anderen das Aufbrechen des Kausalitätsschemas zugunsten der Möglichkeit eines zirkulären Ansatzes, sowie, drittens, die Betonung des dynamischen Prinzips, das ein starres, lineares Denken ablöst.[80]

1.4 Trennung von Inhalt und Form

An dieser Stelle ist nun eine Unterscheidung einzuführen, die den soziologisch so zentralen Wechselwirkungsbegriff erkenntnistheoretisch weiter fundiert: die Unterscheidung von *Form* und *Inhalt*. Nach Simmel lässt sich nur aufgrund dieser Differenzierung überhaupt erst der Gegenstand der Soziologie definieren. Aber auch hier ist wieder zu beachten, dass diese Unterscheidung eine heuristische Kategorie repräsentiert, eine Hilfskonstruktion, um den spezifischen Begriff der Gesellschaft zu bestimmen und zu legitimieren. Die zentrale Form-Inhalt-Differenz erläutert Simmel zunächst an einer grundlegenden Unterscheidung, die er an konkreten Beispielen exemplifiziert: All „das, was in den Individuen, den unmittelbar konkreten Orten aller historischen Wirklichkeit, als Trieb, Interesse, Zweck, Neigung, psychische Zuständlichkeit und Bewegung derart vorhanden ist, daß daraus oder daran die Wirkung auf andre und das Empfangen ihrer Wirkungen entsteht – dieses bezeichne ich als den Inhalt, gleichsam die Materie der Vergesellschaftung"[81]. Denn an und für sich sind diese Stoffe und Motivierungen noch nicht sozialen Wesens. Weder Hunger noch Liebe, weder Arbeit noch Religion, weder Technik noch Intelligenz sind bereits Vergesellschaftung, sie bilden sie erst, „indem sie das isolierte Nebeneinander der Individuen zu bestimmten Formen des Miteinander und Füreinander gestalten"[82]. Damit fallen sie unter den allgemeinen Begriff der Wechselwirkung. Das bedeutet: Wo immer bestimmte Triebe, Zwecke, Bedürfnisse und unzählige andere Aktivitäten bewirken, dass der Mensch „in ein Zusammensein, ein Füreinander-, Miteinander-, Gegeneinander-Handeln, in eine Korrelation der Zustände mit andern tritt, d.h. Wirkungen auf sie ausübt und Wirkungen von ihnen empfängt"[83], da entsteht Gesellschaft, die sich allerdings nicht über die spezifischen Inhalte definiert, sondern über die Form, in der diese Inhalte untereinander in Beziehung treten. Wenn es eine Wissenschaft geben soll, deren Gegenstand die Gesellschaft und nichts anderes sein soll, so kann sie nicht die Inhalte, sondern nur „diese Wechselwirkungen, diese Arten und Formen der Vergesellschaftung untersuchen wollen"[84]. Alles andere ist

---

[80] Vgl. Nedelmann, Birgitta, Georg Simmel (1858-1918), 133-136; Dies., Georg Simmel als Klassiker soziologischer Prozeßanalysen, in: Dahme, Heinz-Jürgen/Rammstedt, Otthein (Hg.), Georg Simmel und die Moderne 91-115, 93-96.
[81] Soziologie 18.
[82] Soziologie 19.
[83] Soziologie 18.
[84] Soziologie 19.

nicht Gesellschaft selbst, sondern nur ein Inhalt. Freilich sind in der konkreten sozialen Erscheinung Inhalt und gesellschaftliche Form untrennbar verbunden: „Wie die soziologischen Formen sich an einer unbegrenzten Zahl von Inhalten ausleben, so sind jene Formen selbst Ausgestaltungen tiefer gelegener, allgemeiner seelischer Grundfunktionen. Allenthalben sind Form und Inhalt nur relative Begriffe, Kategorien der Erkenntnis zur Bewältigung der Erscheinungen und ihrer intellektuellen Organisierung, so daß ebendasselbe, was in irgend einer Beziehung, gleichsam von oben gesehen, als Form auftritt, in einer andern, von unten gesehen, als Inhalt bezeichnet werden muß."[85]

Obwohl eine soziale Form keine von jeglichem Inhalt losgelöste Existenz gewinnen kann, sind beide in erkenntnistheoretischer und soziologischer Perspektive dennoch deutlich zu unterscheiden. Mehr noch: Dass dieses in der Wirklichkeit untrennbar Vereinte in der wissenschaftlichen Abstraktion getrennt werde, ja „daß die Formen der Wechselwirkung oder Vergesellschaftung […] zusammengefaßt und einem einheitlichen wissenschaftlichen Gesichtspunkt methodisch unterstellt werden – dies scheint mir die einzige und die ganze Möglichkeit einer speziellen Wissenschaft von der Gesellschaft als solcher zu begründen"[86]. Indem die Soziologie die Gesellschaft nach ihren Formgebungen untersucht, löst sie „das bloß gesellschaftliche Moment aus der Totalität der Menschengeschichte, d.h. des Geschehens *in* der Gesellschaft, zu gesonderter Betrachtung aus, oder, in etwas paradoxer Kürze ausgedrückt, sie erforscht dasjenige, was an der Gesellschaft »Gesellschaft« ist"[87]. Weil die Gesellschaft in der Soziologie nicht über ihre Eigenschaften und Inhalte, sondern über ihre Strukturen und Austauschformen beschrieben wird, sind ihr Gegenstand die Formen, „durch die Materie überhaupt zu empirischen Körpern wird – die Form, welche freilich für sich allein nur in der Abstraktion existiert"[88]. Die spezifische Erforschung der Inhalte überlässt sie anderen Wissenschaften, so wie die Geometrie sich nur mit den reinen Formen beschäftigt, die konkreten Darstellungen jedoch an andere Disziplinen delegiert.

Simmels strikte Trennung von Inhalt und Form bei gleichzeitiger Privilegierung des Formaspektes wurde von den führenden soziologischen Zeitgenossen kritisch aufgenommen. Emile Durkheim erschien diese Unterscheidung zu abstrakt und willkürlich, allzu weit von den konkreten sozialen Gegebenheiten entfernt. Begriffliche Unterscheidungen müssten eine Trennung der Tatsachen „gemäß ihrer natürlichen Unterscheidungsmerkmale"[89] vornehmen, andern-

---

[85] Soziologie 492. Simmel demonstriert dies immer wieder an Beispielen aus dem religiösen Kontext: So fordern die religiösen Lebensinhalte „inhaltlich die identischen bleibend, einmal eine freiheitliche, ein andermal eine zentralistische Gemeinschaftsform" (492).
[86] Soziologie 20.
[87] Das Problem der Sociologie 57.
[88] Soziologie 25.
[89] So Levine, Donald N. Ambivalente Bemerkungen: „Negationen" Simmels durch Durkheim, Weber, Lukács, Park und Parsons, in: Dahme, Heinz-Jürgen/Rammstedt, Otthein (Hg.), Georg Simmel und die Moderne 318-387, 320; vgl. Durkheim, Emile, Briefe an Célestin Bouglé, in: Revue française de sociologie 17 (1976) 165-180 (deutsch in: Lepenies, Wolf (Hg.), Geschichte der Soziologie. Studien zur kognitiven, sozialen und historischen Identität, Bd. 2, Frankfurt 1981, 303-328); Wolff, Kurt H., Essays on Sociology and Philosophy. With appraisals of

falls sie Gefahr liefen, sich in phantastische Konstruktionen zu verflüchtigen und in leere Mythologie aufzulösen. Da die inneren Inhalte des sozialen Lebens nicht weniger sozial seien als die äußeren Formen der Kollektivität, gebe es keinen vernünftigen Grund für die von Simmel vorgenommene Unterscheidung. Durkheim plädierte anstelle der Form-Inhalt-Dichotomie für eine Differenzierung zwischen Form und Funktion, die „ihre Entsprechung in den Unterdisziplinen der sozialen Morphologie und der Sozialphysiologie finden"[90] würde.

Ähnlich wie für Durkheim liefern auch für eine andere große Gründerfigur der Soziologie, Max Weber, die Inhalte des sozialen Handelns die entscheidenden Spezifizierungsmöglichkeiten. Wohl trennte Weber die Beziehungsmerkmale der Vergesellschaftung von den sie begründenden Inhalten, doch kann bei ihm die Analyse der gesellschaftlichen Strukturen nur über die jeweiligen materialen Handlungsvollzüge erfolgen. Bei Durkheim wie bei Weber basiert die Unterteilung der Sozialwissenschaften auf inhaltlichen Differenzierungen, wobei die Unterscheidungsmerkmale ökonomische, politische und religiöse Interessen widerspiegeln. Während Durkheim die Verschmelzung von Form und Inhalt hervorhob, da letzterer nicht weniger sozial sei als die Formen der Wechselwirkung, bestand Weber auf ihrer Unterscheidung, „weil allein die Inhalte dem Handeln *Sinn* verliehen und nur die Möglichkeit des Verstehens des vom Handelnden gedachten Sinns verlieh der Sozialwissenschaft ein eigenes Programm und eine eigene Methodologie"[91]. Die Soziologie ist darum jene Wissenschaft, die „soziales Handeln deutend verstehen und dadurch in seinem Ablauf und seinen Wirkungen ursächlich erklären will"[92].

Durkheim's life and thought, in: Ders. (Hg.), Emile Durkheim. 1858-1917. A collection of essays, with translations and a bibliography, Columbus (Ohio State University Press) 1960, 354-375. Zum Verhältnis von Durkheim und Simmel vgl. Gephart, Werner, Soziologie im Aufbruch. Zur Wechselwirkung von Durkheim, Schäffle, Tönnies und Simmel, in: Kölner Zeitschrift für Soziologie und Sozialpsychologie 34 (1982) 1-25, bes. 10-19. Gephart bezeichnet die Beziehung zwischen Simmel und Durkheim als „verschlungen und rätselhaft" (10), weil die schriftlichen Äußerungen Durkheims über Simmel widersprüchlich seien und von gemäßigtem Enthusiasmus bis zur karikierenden Kritik reichten; Maffesoli, Michel, Ein Vergleich zwischen Emile Durkheim und Georg Simmel, in: Rammstedt, Otthein (Hg.), Simmel und die frühen Soziologen. Nähe und Distanz zu Durkheim, Tönnies und Max Weber, Frankfurt 1988, 163-180.

[90] Levine, Donald N., Ambivalente Bemerkungen 321. Levine bietet hier einen informativen Überblick über das Verhältnis der genannten Soziologen zu Simmel. Trotz der vielen Ambivalenzen, die Levine im Einzelnen nachzeichnet, überwiegen bei Durkheim die skeptischen bis ablehnenden Töne, vor allem die Betonung der formalen unter Hintansetzung der materialen Komponente stieß auf Ablehnung. Durkheim vertrat das Konzept einer sozialen Morphologie und umreißt damit einen Zweig der Soziologie, der sich mit demographischen und ökologischen Fragen befasst. Soziologie dürfe sich nicht mit allgemeinen, soziologisch nicht feststellbaren Formen beschäftigen, sondern müsse sich mit den wahrnehmbaren, materiellen Formen der Gesellschaft, d.h. mit der Beschaffenheit ihres Substrats auseinandersetzen.

[91] Levine, Donald N., Ambivalente Begegnungen 331.

[92] Weber, Max, Wirtschaft und Gesellschaft. Grundriß der verstehenden Soziologie (Studienausgabe), Tübingen ⁵1972, 1. Allerdings versteht dies Weber als eine Nominaldefinition. So lautet denn auch der erste Satz: „Soziologie (im hier verstandenen Sinn dieses sehr vieldeutig gebrauchten Wortes) *soll heißen*: eine Wissenschaft, welche soziales Handeln deutend verstehen und dadurch in seinem Ablauf und seinen Wirkungen ursächlich erklären will." (Hervorhebung A.H.). Weber präzisiert, was er unter Handeln versteht. Handeln soll „ein menschliches Verhal-

Allerdings liegen hier einige für die Simmel-Interpretation typische Missverständnisse bzw. Verkürzungen vor. Simmel war natürlich nie der Auffassung, dass die Soziologie die Wechselwirkung oder die Beziehung zwischen Menschen *im allgemeinen* untersuchen sollte.[93] Stets hat er darauf hingewiesen: „es gibt keine Wechselwirkung schlechthin, sondern besondere Arten derselben"[94]. Sie konstituiert sich durch die jeweiligen Formen der Vergesellschaftung, nicht durch ihre Inhalte. „Soll es also eine Wissenschaft geben, deren Gegenstand die Gesellschaft und nichts anderes ist, so kann sie nur diese Wechselwirkungen, diese Arten und Formen der Vergesellschaftung untersuchen wollen."[95] Zu Recht weist Levine darauf hin, dass es schwer nachvollziehbar sei, „inwiefern »soziales Handeln« ein präziserer und spezifischerer Begriff"[96] sein solle als das formale Konzept der Wechselwirkung. Vielleicht ist es ja umgekehrt, dass einer der großen heuristischen Vorzüge des Simmelschen Konzeptes darin besteht, ohne die kontingenten und ambivalenten Parameter wie Sinn, Motivation und Handlung auszukommen, dass es allein die aktiven und passiven Formen der Auswirkungen zum Gegenstand der Untersuchungen erheben kann.

Indem Simmel, wie er selbst formuliert, „die Formen der Vergesellschaftung von den Inhalten schied, die erst, von den Wechselwirkungen zwischen den Individuen aufgenommen, zu gesellschaftlichen werden"[97], gewann er einen neuen, spezifischen Begriff von Soziologie. Die Wechselwirkungsformen, die sich nur an individuellen Existenzen vollziehen, werden in einer soziologischen Betrachtung nicht vom materialen Standpunkt des Individuums aus, sondern von „dem ihres Zusammen, ihres Miteinander und Füreinander betrachtet"[98]. Gleichsam von einer gänzlich eigenständigen Position her werden die Aus-

---

ten (einerlei ob äußeres oder innerliches Tun, Unterlassen oder Dulden) heißen, wenn und insofern als der oder die Handelnden mit ihm einen subjektiven *Sinn* verbinden. „Soziales" Handeln aber soll ein solches Handeln heißen, welches seinem von dem oder den Handelnden gemeinten Sinn nach auf das Verhalten *anderer* bezogen wird und daran in seinem Ablauf orientiert ist." (Weber, Max, Wirtschaft und Gesellschaft 1)

[93] Vgl. dazu Cavalli, Alessandro, Max Weber und Georg Simmel. Sind die Divergenzen wirklich so groß?, in: Wagner, Gerhard/Zipprian, Heinz (Hg.), Max Webers Wissenschaftslehre 224-238 (dort auch weitere Literatur); Tenbruck, Friedrich H., Georg Simmel 604-607; Scaff, Lawrence A., Weber, Simmel und die Kultursoziologie, in: Kölner Zeitschrift für Soziologie und Sozialpsychologie 39 (1987) 255-277 (darin versucht Scaff den Nachweis, dass Weber bereits vor 1902, also vor seiner Lektüre der *Philosophie des Geldes* und *Die Probleme der Geschichtsphilosophie*, mit Simmels Werk vertraut war).

[94] Soziologie 24.
[95] Soziologie 19.
[96] Levine, Donald N., Ambivalente Begegnungen 330. Dieses Argument hat v.a. Max Weber vorgetragen. Birgitta Nedelmann schließt sich der Kritik Levines an, dass Weber nicht überzeugend begründen könne, in welcher Hinsicht der Begriff des sozialen Handelns präziser und spezifischer sein solle als der Begriff der Wechselwirkung (Nedelmann, Birgitta, „Psychologismus" oder Soziologie der Emotionen? Max Webers Kritik an der Soziologie Georg Simmels, in: Rammstedt, Otthein (Hg.), Simmel und die frühen Soziologen. Nähe und Distanz zu Durkheim, Tönnies und Max Weber, Frankfurt 1988, 11-35, 16).
[97] Anfang einer unvollendeten Selbstdarstellung 9.
[98] Soziologie 29f.

1 Der Zentralbegriff *Wechselwirkung*

tauschbeziehungen und Wechselwirkungen der Menschen zum eigentlichen Thema.[99]

Nach Simmel könne man alle historischen Erscheinungen auf drei prinzipielle Standpunkte hin analysieren: (1) auf „die individuellen Existenzen hin, die die realen Träger der Zustände sind"[100], (2) auf die begrifflich formulierten Inhalte von Zuständen und Geschehnissen hin, bei denen nicht nach deren Trägern, sondern nach ihrer rein sachlichen Bedeutung gefragt wird, und schließlich (3) auf die formalen Wechselwirkungsformen hin, die der eigentliche Gegenstand der Soziologie sind. Diese drei Ebenen und Perspektiven verknoten sich jedoch fortwährend, sodass sie kaum feststehende, relativ zeitlose Figuren ausbilden können, sondern stets im Flusse und in Bewegung sind. Permanent wechseln die Perspektiven, fortwährend „knüpft sich und löst sich und knüpft sich von neuem die Vergesellschaftung unter den Menschen, ein ewiges Fließen und Pulsieren, das die Individuen verkettet, auch wo es nicht zu eigentlichen Organisationen aufsteigt"[101]. Weil sich die Gesellschaft dauernd in Bewegung, „gleichsam im status nascens"[102] befindet, lassen sich die verschiedenen, oft unscheinbaren Sozialformen wissenschaftlich nur schwer fixieren. Zugleich kann kein Individuum aus seiner vergesellschafteten Form ausbrechen, nie steht es ihm als ein Objekt gegenüber, „sondern jenes Bewußtsein der Vergesellschaftung ist unmittelbar deren Träger oder innere Bedeutung"[103]. Diese Doppelstellung des Menschen, „daß das Innerhalb und das Außerhalb zwischen Individuum und Gesellschaft nicht zwei nebeneinander bestehende Bestimmungen sind [...] sondern daß sie die ganz einheitliche Position des sozial lebenden Menschen bezeichnen"[104], ist nicht weiter rückführbar, sondern eines seiner konstitutiven Merkmale, gleichsam ein eigenes, soziologisches Apriori.[105]

---

[99] Antonius Bevers kritisiert Simmels Formbegriff als zu substanzialistisch (Bevers, Antonius M., Dynamik der Formen bei Georg Simmel, Berlin 1985): „Ob es nun um politische, religiöse, ökonomische oder affektive Beziehungen geht, das spezifisch Soziale liegt in der Form, worin jeder beliebige Inhalt Gestalt annimmt." (19) Diese Formen gelte es aufzuspüren und zu ordnen, ihre Eigenschaften und Funktionen zu bestimmen und ihre historische Entwicklung nachzuzeichnen. Dass dieses Programm zu vielen Missverständnissen geführt habe, erklärt Bevers mit Simmels nicht besonders systematischer Arbeitsweise, seiner mangelnden Begriffsgenauigkeit, seiner Berufung auf die Intuition sowie die Anwendung der Form-Inhalt-Abstraktion auf konkrete gesellschaftliche Tatsachen. Vor allem aber geriet das Programm einer formalen Soziologie in die Krise, als die Vertreter der so genannten formalen Schule (u.a. Leopold von Wiese) diese Mängel Simmels dadurch zu beheben suchten, dass sie die soziologischen Formen systematisieren und ordnen wollten, damit aber in die Nähe der Ontologie gerieten.

[100] Soziologie 29.

[101] Soziologie 33; Grundfragen der Sociologie 69.

[102] Soziologie 33.

[103] Soziologie 47.

[104] Soziologie 56.

[105] Der andere eines gleichen Kreises wird nicht nur rein empirisch gesehen, sondern aufgrund eines Apriori, das dieser Kreis jedem an ihm teilnehmenden Bewusstsein auferlegt: „In den Kreisen der Offiziere, der kirchlich Gläubigen, der Beamten, der Gelehrten, der Familienmitglieder sieht jeder den andern unter der selbstverständlichen Voraussetzung: dieser ist ein Mitglied meines Kreises." (Soziologie 49) Von der gemeinsamen Lebensbasis gehen gewisse Suppositionen aus, „durch die man sich gegenseitig wie durch einen Schleier erblickt" (Sozio-

Bereits in der *Einleitung in die Moralwissenschaft* hat Simmel auf diese Doppelstellung hingewiesen und betont, „dass der Einzelne einerseits einem Ganzen zugehört und Theil desselben ist, andrerseits aber doch selbständig ihm gegenübersteht"[106]. Das Individuum ist nie innerhalb einer Verbindung, ohne zugleich außerhalb ihrer zu sein, es ist in keine Ordnung eingefügt, ohne sich zugleich ihr gegenüber zu finden.[107] So ist „die Art seines Vergesellschaftet-Seins (...) bestimmt oder mitbestimmt durch die Art seines Nicht-Vergesellschaftet-Seins"[108]. Insofern der Mensch dieses Apriori nicht realisiert hat oder realisiert findet, ist er eben nicht vergesellschaftet, ist die Gesellschaft nicht die lückenlose Wechselwirkung, die ihr Begriff aussagt.[109]

Gegen das Wechselwirkungsparadigma ist denn auch verschiedentlich eingewandt worden, dass es das Individuum in die Gesellschaft hinein auflöse und ihm damit seine Autonomie und Freiheit nehme. Mit dem so genannten zweiten sozialen Apriori macht Simmel jedoch ganz deutlich klar, dass das menschliche Leben zwar ein empirisches, soziales Leben ist, aber eben doch „nicht ganz sozial"[110] ist, sondern „außerdem noch etwas"[111]. Wäre der Einzelne nur Teil der Gesellschaft, aber nicht zugleich auch außerhalb ihrer, könnten Wechselwirkungsprozesse und neue Sozialisationsformen überhaupt nicht entstehen, sondern würden die Geschlossenheit der Systeme lediglich fortschreiben.

Die erkenntnistheoretisch geforderte Trennung von Form und Inhalt lässt sehr deutlich ihre relative Autonomie hervortreten, die sie allerdings in Bezug auf das komplementäre Element besitzen. So kann sich das gleiche inhaltliche

---

logie 49). Wir sehen den anderen nicht nur als Individuum, sondern eben auch als Kollegen, Parteigenossen, Kameraden etc. Das gilt ebenso für das Verhältnis verschiedener Kreise zueinander (z.B. der Bürgerliche, der einen Offizier kennen lernt, kann sich gar nicht davon freimachen, dass dieses Individuum ein Offizier ist). Entscheidend ist, „daß jedes Element einer Gruppe nicht nur Gesellschaftsteil, sondern außerdem noch etwas darüber hinaus ist. Als soziales Apriori wirkt diese Struktur, insofern jener Teil, der nicht der Gesellschaft zugewandt ist oder nicht in ihr aufgeht, nicht einfach beziehungslos neben seinem sozial bedeutsamen liegt und daher auch nicht nur ein Außerhalb der Gesellschaft repräsentiert, für das sie, willig oder widerwillig, Raum gibt; vielmehr gilt, „daß der Einzelne mit gewissen Seiten nicht Element der Gesellschaft ist, bildet die positive Bedingung dafür, daß er es mit andern Seiten seines Wesens ist." (Soziologie 51)

[106] Einleitung in die Moralwissenschaft 1, 178.
[107] Als Beispiel bringt Simmel eine Analogie aus dem religiösen Bereich: Wohl fühle sich der Mensch von dem göttlichen Wesen völlig umfasst, als wäre er nur ein Pulsschlag des göttlichen Lebens. Der Mensch ist ganz in die göttliche Absolutheit hinein versenkt. Zugleich aber habe diese Einschmelzung nur dann einen Sinn, wenn „irgendein personales Gegenüber, ein gesondertes Ich" gewahrt bleibt. Denn „das Eins-Sein mit Gott ist in seiner Bedeutung durch das Anders-Sein als Gott bedingt" (Soziologie 53f).
[108] Soziologie 51.
[109] Zu diesem soziologischen Apriori zählt auch das Gefühl des Individuums, mit seinem konkreten Sosein seinen Platz in der Gesellschaft zu erhalten, indem also „die Individualität des Einzelnen in der Struktur der Allgemeinheit eine Stelle findet, ja, daß diese Struktur gewissermaßen von vornherein, trotz der Unberechenbarkeit der Individualität, auf diese und ihre Leistung angelegt ist" (Soziologie 61). Dieses gibt „als eine fundamentale Kategorie, dem Bewußtsein des Individuums die Form, die es zu einem sozialen Elemente designiert" (Soziologie 61).
[110] Soziologie 53.
[111] Soziologie 51.

Interesse in völlig verschiedene Formen kleiden. Wir finden in sozial höchst differenten und kulturell weitgehend voneinander unabhängigen gesellschaftlichen Gruppen dieselben formalen Verhaltensweisen, wie etwa Konkurrenz, Neid, Über- und Unterordnung etc. Wenn auch die Inhalte und Interessen, durch die es überhaupt zu Vergesellschaftungen kommt, andere sind, die Formen, in denen sich diese vollziehen, können ohne weiteres identisch sein. Das gilt auch umgekehrt, insofern das inhaltlich gleiche Interesse sich in sehr unterschiedlichen Vergesellschaftungsformen zeigen kann. Ökonomische Interessen können sich in der Konkurrenzbildung ebenso manifestieren wie in einer akkordierten Produktion, im Ausschluss oder der Kartellbildung und vielem anderen mehr.[112]

1.5 Ein universales Prinzip

Der Zentralbegriff Wechselwirkung, den Simmel aus erkenntnistheoretischen, geschichtstheoretischen und soziologischen Reflexionen heraus entwickelt hat, lässt sich auch als ein „regulatives Weltprinzip" verstehen, als eine ordnende und strukturierende Kraft, die in ihrem analytischen Zuschnitt nachweisen kann, dass „zwischen jedem Punkt der Welt und jedem andern Kräfte und hin- und hergehende Beziehungen bestehen"[113]. Logisch kann es deshalb nicht verwehrt werden, beliebige Einheiten herauszugreifen „und sie zu dem Begriff *eines* Wesens zusammenzuschließen"[114]. Auch wenn Simmel die Bedeutung der Wechselwirkung in erster Linie an soziologischen Fragestellungen demonstriert, so greift sie doch über den Horizont dieser Wissenschaftsdisziplin hinaus und entwickelt sich zu einer sein Denken insgesamt prägenden Schlüsselkategorie.[115] Denn das Wechselwirkungskonzept erlaubt es, unsichtbare Verknüpfungen und verdeckte Verbindungslinien sowohl innerhalb eines bestimmten Denk- und Vorstellungshorizonts als auch im transdisziplinären Bereich aufzudecken. Das gelingt allerdings nur, weil über die Form-Inhalt-Differenz eine Struktur entwickelt wird, auf der die materialen Gehalte der

---

[112] Vgl. Soziologie 21. Ein weiteres Beispiel Simmels aus dem religiösen Kontext: „die religiösen Lebensinhalte fordern, inhaltlich die identischen bleibend, einmal eine freiheitliche, ein andermal eine zentralistische Gemeinschaftsform" (21).
[113] Über sociale Differenzierung 130.
[114] Über sociale Differenzierung 130.
[115] Heinz-Jürgen Dahme schlägt in seiner zweibändigen *Soziologie als exakte Wissenschaft* vor, neben der Wechselwirkung noch die Differenzierung als Zentralkategorie anzusehen (Dahme, Heinz-Jürgen, Soziologie als exakte Wissenschaft. Georg Simmels Ansatz und seine Bedeutung in der gegenwärtigen Soziologie (Teil 1: Simmel im Urteil der Soziologie; Teil 2: Simmels Soziologie im Grundriß), Stuttgart 1981; zur Bedeutung der Wechselwirkung vgl. insb. 465-481). Dahme sieht denn auch die große Leistung Simmels weniger darin, dass er den Begriff der Wechselwirkung, das Verhältnis von Ich und Du etc. in die soziologische Theorie eingeführt habe (das hätten bereits andere vor ihm gemacht), sondern dass es ihm gelungen sei, solche schon bekannten Konzeptionen durch die Konfrontation mit neuem Material und veränderten theoretischen Annahmen bisher unbekannte Nuancen abzugewinnen. Simmel habe Elementares „in der erkenntnistheoretischen und wissenschaftstheoretischen Fundierung eines empirisch-analytischen Ansatzes in der Soziologie" (479f) geleistet.

jeweiligen Bereiche keine wesentliche Rolle spielen, sondern allein die Art der Beziehung, die sie eingehen.

2 Wechselwirkung – Zur Erkenntnistheorie der Relativität

Simmel hat sich stets mehr als Philosoph denn als Soziologe verstanden.[116] Insbesondere die Frühphase war von philosophischen Studien geprägt, wobei neben der Auseinandersetzung mit Kant, die Zeitlebens andauerte, immer wieder erkenntnistheoretische Überlegungen Glanzpunkte setzten. Auch in den späteren Schaffensperioden sowie in den großen Werken wie *Philosophie des Geldes*, *Soziologie* oder *Die Religion* sind immer wieder erkenntnistheoretische Reflexionen eingestreut.

In der frühen, später völlig überarbeiteten Schrift *Die Probleme der Geschichtsphilosophie*, die nicht zufällig den Untertitel *Eine erkenntnistheoretische Studie*[117] trägt, finden sich bereits die Grundzüge seiner neukantianisch geprägten Erkenntnistheorie. An diesem Buch lassen sich Arbeitsweise und Methode Simmels exemplarisch demonstrieren, denn hier wird versucht, eine philosophische Einsicht an einer geschichtstheoretischen Fragestellung zu erproben und gegebenenfalls weiterzuentwickeln. Ausgangspunkt ist die transzendentalphilosophische Frage, ob und wie Erkenntnis überhaupt möglich sei, welches die apriorischen Bedingungen des Verstehens oder des Seins überhaupt seien bzw. sein können.

Formal betrachtet ist Erkennen ein bloßes Vorstellen, dessen Subjekt das menschliche Bewusstsein ist.[118] Dementsprechend hat auch das historische Erkennen das Vorstellen, Wollen und Fühlen von Persönlichkeiten, die ver-

---

[116] Simmel bezeichnet es in einem Brief vom 20. März 1908 an den Rechtshistoriker Georg Jellinek als „Blödsinn, daß ich eigentlich nicht Philosoph, sondern Soziologe wäre – in Wirklichkeit treibe ich Soziologie nur »im Nebenamt«" (GSG 22, 617). Friedrich Tenbruck meinte zu dieser Frage: „Trotz seines Plädoyers für eine selbständige Gesellschaftswissenschaft ist Simmel nicht Soziologe *und* Philosoph. Er ist dies in eins." (Tenbruck, Friedrich, Georg Simmel 611)

[117] GSG 2, 297-423. Simmel hat diese Schrift erstmals 1892 publiziert und 1905 ein zweites Mal – unter dem gleichen Titel, aber inhaltlich stark verändert – veröffentlicht (1907 kam eine Neuauflage mit wiederum leichten Veränderungen heraus; zu den Unterschieden vgl. Geßner, Willfried, Der Schatz im Acker 122-135). Gegenüber der Erstausgabe wurde in der neu bearbeiteten Auflage von 1905 die erkenntnistheoretische Fundierung weitergetrieben und vor allem die (psychologische) These aufgegeben bzw. abgemildert, wonach Geschichtsschreibung als „psychologisch-historische Erkenntnis" (GSG 2, 328) aus den äußeren Tatsachen auf die psychischen Vorgänge der Individuen schließen müsse, um sie dann in einen verständlichen Zusammenhang zu bringen. Geschichte ist eine Art der Formung des Stoffes sui generis und als solche gleichursprünglich mit den anderen Arten der symbolischen Formen. Diese zentrale erkenntnistheoretische Fragestellung der Geschichtswissenschaft hat Simmel in den letzten Lebensjahren nochmals aufgegriffen (Die historische Formung 321-369, wo das Problem der historischen Zeit in den Mittelpunkt rückt).

[118] Simmel selbst spricht meist von „Seelen", ich ersetze diesen Begriff, wo dem sachlich nichts entgegensteht, mit dem heute gängigen Begriff „Bewusstsein".

schiedenen Manifestationsformen des Bewusstseins zu seinem Gegenstand und Objekt. Alle äußeren Vorgänge interessieren uns nur, weil sie aus Seelenbewegungen hervorgegangen sind und wieder Seelenbewegungen hervorgerufen haben. Wenn Geschichte nicht Marionettenspiel sein soll, so ist sie die Geschichte psychischer Vorgänge, und alle geschilderten äußeren Erlebnisse und Ereignisse sind „nichts als die Brücken zwischen Impulsen und Willensakten einerseits und Gefühlsreflexen andererseits, die durch jene äußeren Vorgänge ausgelöst werden"[119]. Hinter diesem absoluten Apriori des Intellekts verbirgt sich für Simmel allerdings ein zweites, innerhalb des Intellekts geltendes, relatives Apriori, das er als ein „psychologisches" bezeichnet. Denn der Verstand gehe mit äußerst unterschiedlichen Formen an die vorgefundenen und zugleich geformten Inhalte heran, weshalb man die Psychologie als das Apriori der Geschichtswissenschaft bezeichnen könne. Deren Aufgabe liege in der Feststellung und Beschreibung jener Regeln, „nach denen aus den äußerlichen Dokumenten und Überlieferungen auf psychische Vorgänge geschlossen wird, sowie derjenigen, welche zur Herstellung eines »verständlichen« Zusammenhangs zwischen den letzteren genügen."[120]

Simmel wollte zeigen, „wieviel Vorstellungsweisen, die man sonst philosophisch nennt, in der scheinbar rein empirischen Geschichtsforschung stecken"[121]. Noch ganz kantianisch werden zunächst die Erkenntnisformen des Verstandes in das Sein hineingelegt, weil dieser sie „zu seiner Vorstellung bildet nach den Gesetzen, deren er zum Zwecke der Erfahrung bedarf"[122]. Obwohl mit der Pluralisierung des Apriori ein entscheidender Schritt über Kant hinaus gesetzt und der relationalen Erkenntnistheorie ein wichtiger Pfad gelegt wurde, bleibt Simmel mit der Reduktion von Geschichte auf Psychologie „unverkennbar hinter den Einsichten zurück, die von seinen Vorgängern in der Geschichtstheorie formuliert wurden"[123]. Das ist wohl ein Grund dafür, warum Simmel diesen Punkt später korrigiert hat.

Kants große Leistung sei es gewesen, die apriorischen Bedingungen der Erkenntnis aufgezeigt und konsequent auf das Verstehen angewendet zu haben: „Daß unsere Erkenntnisse nicht durch ein äußerliches Hinsehen auf die Dinge fertig in uns hineingeschüttet werden wie in ein leeres Gefäß; daß sie Prozesse in uns sind, die wir vornehmen; daß sie deshalb all den Gesetzen, Bedingungen, Voraussetzungen unterliegen, mit denen unser Geist an die Dinge herantritt – die Weite dieses Gedankens ist auch heute noch nicht ausgeschöpft."[124] Kants Verdienst bleibe es, die sensualistischen und rationalistischen Engführungen überwunden und den erkennenden Geist, der gegenüber der Welt etwas rein Rezeptives und Passives war, aufgewertet zu haben, ohne allerdings die Erfahrungskategorie preiszugeben. Die Welt ist durch Kant zu einer Tätigkeit des Geistes geworden, „die starren Formen des Weltbildes sind in Fluß gekommen,

---

[119] Die Probleme der Geschichtsphilosophie (GSG 2) 303.
[120] Die Probleme der Geschichtsphilosophie (GSG 2) 338.
[121] Die Probleme der Geschichtsphilosophie (GSG 2) 418.
[122] Die Probleme der Geschichtsphilosophie (GSG 2) 324.
[123] So Geßner, Willfried, Der Schatz im Acker 31.
[124] Was ist uns Kant? 150.

in die Aktivität des Geistes selbst aufgelöst"[125]. Wir verstehen die Welt nun nicht mehr als unheimliches Wunder einer äußeren Wirklichkeit, die uns fremd ist und dennoch in uns eingeht, sondern als Produkt unseres eigenen, inneren Lebens. Die Kraft des lebendigen Geistes erstreckt sich bis in die letzten und fernsten Elemente des Seins hinein: „Alles Anschauen ist ein Thun, alles Erkennen ist ein Handeln – das ist der tiefste Kern von Kants Lehre."[126]

Aber zugleich kritisiert Simmel an Kant die starre Einteilung und Formierung des menschlichen Geistes in Seelenkräfte, Erkenntnisvermögen und Kategorien, wodurch er als symmetrisches, ungeschichtliches Gebilde erscheint, das weder mehr noch weniger Glieder haben kann, als die logische Regelmäßigkeit es erfordert. An diesem Punkt habe sich die moderne Weltanschauung am deutlichsten von der Kantischen getrennt. Denn der Geist, und hier greift Simmel am weitesten über Kant hinaus, ist kein reines, überzeitliches Geschehen, sondern wie jedes andere organische Gebilde eine (Zwischen)Station einer ins Unendliche gehenden Entwicklung. Aus unzähligen Zufälligkeiten hervorgegangen, fehlt ihm in Wirklichkeit jene innere Abrundung und logische Vollständigkeit, die Kant ihm zuspricht. Der Geist ist kein systematisches Ganzes, sondern ein Werdendes, seine Grenzen verschieben sich in jedem Augenblick und statt der strengen Trennung zwischen seinen vielfältigen „Vermögen" und Provinzen, „finden wir fortwährendes Ineinanderübergehen seiner Funktionen und Ergebnisse, alle Grenzstriche erscheinen bei näherem Zusehen als oberflächliche Schematisirungen, die dem kontinuirlichen Fluß der Vorstellungen Gewalt anthun"[127]. So zeigt sich im „allerallgemeinsten Gegensatz"[128] innerhalb unseres Erkennens, nämlich dem zwischen Apriori und Erfahrung, dass alle Erfahrung außer ihren sinnlich-rezeptiven Elementen eben gewisse Formen annehmen muss, die der Seele innewohnen und durch die sie das Gegebene überhaupt erst zu Erkenntnissen gestalten. Dieses gleichsam mitgebrachte Apriori, das für alle möglichen Erkenntnisse absolut gelten müsse und daher jedem Wechsel und jeder Korrigierbarkeit entzogen ist, lässt sich wohl behaupten und postulieren, nicht aber definieren und bestimmen, welches es denn nun sei bzw. welchen unterschiedlichen Gesetzmäßigkeiten und Gestaltungen es unterliege. Schon oftmals habe sich später als empirisches und historisches Gebilde entpuppt, was einstmals für unumstößlich apriori gehalten wurde. Daher obliege allen Erkenntnisprozessen eine doppelte Aufgabe: in jeder vorliegenden Erscheinung die dauernden apriorischen Normen zu suchen, von denen sie geformt ist, zugleich aber auch umgekehrt: „jedem einzelnen Apriori gegenüber (darum aber keineswegs dem Apriori überhaupt gegenüber!) die genetische Zurückführung auf Erfahrung zu versuchen"[129]. Es ist das bleibende Verdienst des Neukantianismus, neben den reinen Verstandesformen (Katego-

---

[125] Was ist uns Kant? 156.
[126] Was ist uns Kant? 156. Diesen Gedanken der Formung des Erkannten streicht besonders Klaus Lichtblau heraus. Vgl. Lichtblau, Klaus, Simmel, Weber und die „verstehende Soziologie", in: Berliner Journal für Soziologie 3 (1993) 141-151.
[127] Was ist uns Kant? 157.
[128] Philosophie des Geldes 112.
[129] Philosophie des Geldes 113.

rien wie Quantität, Qualität, Relation und Modalität) auch eine sprachliche, mythische, religiöse oder ästhetische Form des menschlichen (theoretischen und praktischen) Weltverhältnisses berücksichtigt zu haben; diese Formen sind jedoch nicht zeitlos gültig, sondern historisch bedingt und daher der Veränderung unterworfen.[130]

Die Historisierung und Pluralisierung des Apriori, die im Neukantianismus insbesondere von Ernst Cassirer vorangetrieben wurde, ist Ausdruck und Frucht eines „erkenntnistheoretischen Relativismus"[131]. Wenn wir einen Erkenntnisprozess als Verbindung von Vorstellungen bezeichnen, können wir dies nur symbolisch, etwa unter Zuhilfenahme räumlicher Kategorien ausdrücken. Was wir in der Außenwelt (im Sinne einer *res extensa*) als einheitlich bezeichnen, bleibt in ihr doch ewig nebeneinander, und mit seinem Verbundensein *meinen* wir etwas, was nur aus unserem Inneren, allem Äußeren unvergleichbar, in die Dinge hineingefühlt werden kann. Für Simmel ergibt sich daraus „ein unendlicher Prozeß zwischen dem Inneren und dem Äußeren: eines, als das Symbol des anderen, dieses zur Vorstellung und Darstellbarkeit bringend, keines das erste, keines das zweite, sondern in ihrem Aufeinander-Angewiesensein die Einheit ihres, d.h. unseres Wesens verwirklichend"[132].

2.1 Ineinander von transzendentalphilosophischer und historisch-genetischer Methode

Wie sehr Simmel um eine neue, konzise Fassung seiner Erkenntnistheorie rang, zeigen die verschiedenen Anläufe mit ihren wechselnden Perspektiven. Bereits in der *Einleitung in die Moralwissenschaft*, eine erkenntnistheoretisch wichtige und ergiebige Schrift, unternimmt Simmel den Versuch, die zentralen Begriffe der Ethik, die für sich den Charakter des zeitlos Gültigen in Anspruch nehmen, nicht auf ihre apriorischen Voraussetzungen hin zu analysieren, sondern über ihre historische Genese zu erklären. Dieser evolutionistisch geprägte Verstehensansatz ist für Simmel kein Widerspruch zu den transzendentalphilosophischen Zugängen, sondern bildet dem Wechselwirkungskonzept gemäß einen Komplementäransatz, das notwendige Gegenüber, das den relationalen Charakter der Erkenntnis sichtbar macht. Weil die Erkenntnisformen Produkte historischer Entwicklung und damit Gegenstand empirischer Untersuchung sind, verlieren sie ihren systematischen und absoluten Charakter. Während Kant den Dualismus von Vorstellen und Sein (Denken und Wirklichkeit) dadurch aufhob, dass er auch das Sein als eine Vorstellung begriff, setzt Simmel noch eine Stufe tiefer an: Der Dualismus zwischen der Welt als Erscheinung

---

[130] Vgl. dazu Orth, Ernst Wolfgang, Georg Simmel als Kulturphilosoph zwischen Lebensphilosophie und Neukantianismus, in: Kintzelé, Jeff/Schneider, Peter (Hg.), Georg Simmels „Philosophie des Geldes" 89-112.
[131] So die Bezeichnung von: Lohmann, Georg, Der Schleier zwischen uns und den Dingen: Georg Simmels „Stilisierung", in: Führer, Urs/Josephs, Ingrid E. (Hg.), Persönliche Objekte, Identität und Entwicklung, Göttingen 1999, 40-59, 53f.
[132] Philosophie des Geldes 657.

(wie sie logisch-theoretisch für uns existiert) und der Welt als einer (objektiven) Realität (auf die unser praktisches Handeln antwortet) wird dadurch unterlaufen, dass auch die Denkformen, die die Welt als Vorstellung erzeugen, von den praktischen Wirkungen und Gegenwirkungen bestimmt werden, dass also unser Denken, nicht anders als unser praktisches Handeln, „nach evolutionistischen Notwendigkeiten"[133] geformt wird. Kein logisches Argument steht der Aufgabe entgegen, die Zustände der Welt aus den seelischen Bedingungen herzuleiten, die sie als einen Vorstellungsinhalt produziert haben. Aber zugleich ist es legitim und notwendig, diese Bedingungen historisch-genetisch zu erklären, auf die Tatsachen zurückzuführen, aus denen das erkennende Subjekt mit seinen Formen entstehen konnte. Diese lassen sich ihrerseits wiederum aus den subjektiven Voraussetzungen des naturwissenschaftlichen und historischen Erkennens ableiten und so könnte sich das Wechselspiel bis ins Unendliche fortsetzen. Die Doppelstruktur des Erkenntnisprozesses, dass einerseits das Bewusstsein die Welt nach seinen eigenen Rezeptivitäten und Formgebungen schafft und somit für uns überhaupt erst die reale Welt erzeugt, andererseits diese Welt aber den Ursprung der Seele bildet, diese Doppelstruktur kann sich zu einem beängstigenden Widerspruch auswachsen, wenn beide in starrer Begrifflichkeit fixiert werden. Dann sind zwischen der Einsicht, dass die Seele ein Produkt der Welt ist und der, dass die Seele nach ihren Möglichkeiten die Welt schafft und formt, keine Verbindungslinien mehr möglich. Jede Position erscheint dogmatistisch festgelegt und beansprucht für sich selbst die objektive Wahrheit. Dieser prinzipielle Widerspruch, auf den Idealismus und Empirismus zulaufen würden, lässt sich eben nur aufheben, wenn beide in „heuristische Prinzipien" transformiert werden, „durch die ihr Gegeneinander in eine Wechselwirkung und ihre gegenseitige Verneinung in den unendlichen Prozeß der Betätigung dieser Wechselwirkung aufgelöst"[134] wird, wenn also jede Reihe von sich aus verlangt, „daß sie an jedem Punkte ihrer eigenen Anwendung ihre höherinstanzliche Begründung in der anderen suche"[135]. Die Begründungsinstanz und der Referenzpunkt jedes Wahrheitsanspruchs liegen dann nicht in sich selbst als einer absoluten, jenseits der Reflexionsfigur positionierten Größe, sondern in ihrer konstitutiven Hinordnung auf ein komple-

---

[133] Einleitung in die Moralwissenschaft 74. Dahme schreibt: „Die »kopernikanische Wende« Simmels in der Erkenntnistheorie liegt darin, daß er Erkennen als Vorgang der täglichen Lebenspraxis [...] auffaßt und damit meint, die alte Dichotomie von Vorstellung und Handeln überwinden zu können." (Dahme, Heinz-Jürgen, Soziologie als exakte Wissenschaft. Teil 2: Simmels Soziologie im Grundriß 292). Denn ursprünglich, so Dahme, gingen die idealistischen Theorien davon aus, dass das Vorstellen dem Handeln vorausgehe, d.h. Vorstellen/Wollen und Handeln zwei verschiedene, aufeinander bezogene Dinge seien.

[134] Philosophie des Geldes 111. Ganz ähnlich in: Ueber eine Beziehung der Selectionslehre zur Erkenntnistheorie 74: „[D]er Dualismus zwischen der Welt als Erscheinung, wie sie logisch-theoretisch für uns existirt, und der Welt als derjenigen Realität, die auf unser praktisches Handeln antwortet, wird dadurch aufgehoben, dass auch die Denkformen, die die Welt als Vorstellung erzeugen, von den praktischen Wirkungen und Gegenwirkungen bestimmt werden, die unsere geistige Constitution, nicht anders wie unsere körperliche, nach evolutionistischen Notwendigkeiten formen." (Ueber eine Beziehung der Selectionslehre zur Erkenntnistheorie 74)

[135] Philosophie des Geldes 112.

mentäres Gegenüber. Die genetisch-historische und die transzendentale Begründungsfigur stehen sich „in dem Verhältnis von Wechselwirkung und gegenseitigem Sich-Ablösen"[136] gegenüber.

Auch von einem anderen Gedanken her, vom Wahrheitswert des Allgemeinbegriffs,[137] empfiehlt sich die Auflösung des schneidenden Gegensatzes zwischen Denken und Sein, Idealismus und Empirismus: Reflektiert man die eigentümliche Erfahrung, dass wir vielen philosophischen Allgemeinbegriffen wohl eine Eigengesetzlichkeit und Wahrheit zusprechen, ihre Anwendung aber auf die Einzelheiten, die sie doch, als Allgemeinheit, einschließen müssen, nicht immer gelingen will und sich in Widersprüche verstrickt, dann zeigt sich deutlich die Paradoxie aller großen philosophischen Weltbegriffe, dass wir ihnen trotz dieses Mangels „einen Wahrheitswert nicht absprechen können, wie wir es doch sonst vorgeblichen Allgemeinheiten gegenüber tun, sobald sie sich nicht an dem Einzelnen beweisen, dessen Allgemeines sie eben sind."[138] So geht etwa das pantheistische Konzept von der Überzeugung aus, dass alle Mannigfaltigkeit und Gegensätzlichkeit des Daseins sein wahres Wesen nicht berühren, weil die Welt das göttliche Leben selbst lebt bzw. Gott das Leben der Welt. Sobald aber dieser Gedanke verabsolutiert und auf die Einzelheiten der Erfahrung angewandt werde, stellen sich Aporien ein, weil nicht mehr klar gemacht werden könne, ob und inwiefern Sokrates und das Tintenfass, der preußische Staat und der Moskito im indischen Dschungel „wirklich als ein metaphysisches Eines und Dasselbe zu denken"[139] wären. Auch die dem (philosophischen) Pantheismus entgegengesetzte These, dass die Welt nur als Vorstellung existiere, überzeugt als allgemeines, universales Prinzip; in seiner Anwendung auf die Einzelerfahrungen scheitert es. Gewiss lässt sich nicht mehr hinter die Einsicht Kants zurückkehren, dass die Welt durch unsere apriorischen Erkenntnisbedingungen hervorgebracht wird, aber zugleich ist auch das Gegenteil wahr: Wenn wir „auf den Sternhimmel und auf die grauenhafte Gewalt unserer Schicksale (blicken), auf das Gewimmel der Mikroorganismen und auf die Zufälligkeit und gleichzeitige Unwiderstehlichkeit, mit der das Leben jeder Stunde uns seine Bilder einprägt – so hat der Gedanke: dies alles wäre von dem aufnehmenden Subjekt selbst erzeugt, etwas unüberwindlich

---

[136] Philosophie des Geldes 111.
[137] Vgl. zum Folgenden: Hauptprobleme der Philosophie (bes. 36-43).
[138] Hauptprobleme der Philosophie 41. Simmel bringt auch hier zur Illustration unter anderem ein Beispiel aus der religiösen Welt, das die Problematik gut verdeutlicht: „Der Gläubige fällt gleichsam aus seinem Stil, wenn er die Bedeutungen und Erwartungen, die Verknüpftheiten und die Tiefen, die innerhalb der religiösen Sphäre an den Dingen haften, auf die Unmittelbarkeit ihres konkreten Nahbildes übertragen will, also z.B. die »Hilfe Gottes«, die nur in einem ganz sublimen, das tiefste und allgemeinste Verhältnis zu Leben und Schicksal betreffenden Sinne einen echt religiösen Sinn hat, für die banalen Interessen und Nöte des Tages erwartet. In diesem Sinne hat ein Religionsphilosoph gesagt: »Gott füllt nicht den Löffel, auch nicht den Teller, sondern nur die Schüssel.« Obgleich, bloß logisch genommen, der Inhalt des Löffels doch auch aus dem der Schüssel kommt und dadurch dessen Bestimmungen unmittelbar zu teilen scheint, so ist dennoch der Löffelstandpunkt ein andrer als der Schüsselstandpunkt und was für diesen gilt, wird unwahr, sobald es auf die ganz anders distanzierten Bilder, die jener angibt, übertragen wird." (38f)
[139] Hauptprobleme der Philosophie 40.

Paradoxes."[140] Die tiefsten Gedanken der Philosophie, die für die Gesamtheit der Erscheinungen Geltung beanspruchen und auch daraus ihre Tiefe gewinnen, werden in dem Augenblick unzulänglich, ja widersprüchlich, in dem sie auf ihre Leistung für die einzelnen Phänomene und Probleme hin geprüft werden. Daher scheint es, „daß die Forderung des absolut Allgemeinen und All-Einheitlichen sich nur mit einem einseitigen, individuell designierten Inhalt verwirklichen kann"[141]. Das philosophisch Allgemeine erweist sich von dem in den anderen Systemen gültigen Allgemeinen wie der Wissenschaft, der Logik oder der Praxis als gänzlich verschieden, insofern die Allgemeinheit nicht von den Dingen her gewonnen wird, sondern als ein über die Einzeldinge hin reflektierender Ausdruck für die Art erscheint, wie sich die Weltbegriffe diesen gegenüber in Stellung bringen. Hier begegnet uns wieder die doppelte Struktur, dass der Geist die Wirklichkeit formt, zugleich von ihr hervorgerufen und normiert wird. Doch irgendwie muss dieses Allgemeine verstandes- und begriffsmäßig ausgedrückt und formuliert werden, was nicht anders gelingen könne, als durch die Heraushebung und Verabsolutierung eines einzelnen, einseitigen Begriffs. Durch „diese Einseitigkeit, in deren Form sich nun dennoch eine zentrale, prinzipiell der ganzen Welt offene Wesensart ausdrückt, entsteht jener eigentümliche Widerspruch zwischen der Allgemeinheit der metaphysischen Behauptungen und der Unfähigkeit, sie am Einzelnen zu realisieren"[142]. An einem beliebigen, konkreten Phänomen des Daseins zeigen sich unterschiedlichste Strukturen, fragmentarische Verwirklichungen, Gleichzeitigkeiten der entgegengesetztesten Grundbegriffe ebenso wie das Zusammenkommen unvermittelbarer Ideen und Prinzipien. In diesem Naheverhältnis scheinen die metaphysischen Wirklichkeiten noch undifferenziert und verwoben. Erst aus einer bestimmten Distanz heraus gewinnen wir ein von einer bestimmten Vorstellung dominiertes Bild, das sich dann seinerseits nicht mehr für die detaillierte Betrachtung eignet. Aus dieser „Struktur der metaphysischen Allgemeinheiten: nicht für die Besonderheiten zu gelten, als deren Allgemeines sie sich dennoch darbieten"[143], zieht Simmel den Schluss, dass der Intellekt eine Gesamteinheit nur um den Preis der Einseitigkeit zustande bringen könne, weil die Einbeziehung einer jeden Seite und Richtung der Wirklichkeit und die Ansicht der Ganzheit aller Aspekte nur der „Kraft eines göttlichen Geistes"[144] möglich wären. Diese Einseitigkeit des (apriorischen) Geistes lässt sich aber erkenntnistheoretisch nur dann verantworten, wenn sie mit komplementären Methoden wie etwa der genealogischen in Beziehung gesetzt wird, sich also beeinflussen und korrigieren lässt.[145]

---

[140] Hauptprobleme der Philosophie 41.
[141] Hauptprobleme der Philosophie 37.
[142] Hauptprobleme der Philosophie 42.
[143] Hauptprobleme der Philosophie 43.
[144] Hauptprobleme der Philosophie 36.
[145] Nach Michael Landmann habe Simmel vor allem in den Büchern *Kant und Goethe. Zur Geschichte der modernen Weltanschauung* (GSG 10, 119-166) sowie *Schopenhauer und Nietzsche. Ein Vortragszyklus* (GSG 10, 164-408) gezeigt, dass die letzten Verstehenskategorien wie Dualismus und Monismus, Pessimismus und Optimismus keine ausschließenden Funktionen repräsentieren, sondern „sich gerade in der Wechselwirkung mit der Gegenkategorie beweisen

2 Wechselwirkung – Zur Erkenntnistheorie der Relativität

Das Neben- und Ineinander von genetischer und transzendentalphilosophischer Methode dient bei Simmel nicht bloß der Korrektur und Erweiterung, sondern ist ein grundlegendes, formales Konstruktionsprinzip seiner philosophischen und soziologischen Analysen. Seit Anbeginn lag eine wesentliche Aufgabe der Philosophie darin, „daß sich von jedem Punkt an der Oberfläche des Daseins, so sehr er in und aus dieser erwachsen scheint, ein Senkblei in die Tiefe der Seelen schicken läßt, daß alle banalsten Äußerlichkeiten schließlich durch Richtungslinien mit den letzten Entscheidungen über den Sinn und Stil des Lebens verbunden sind."[146] Die Wechselwirkung ermöglicht die unvermuteten, aber wirksamen Bezüge zwischen den weit entfernten Dingen herzustellen, sie sichert die Lebendigkeit und den ständigen Fluss des Geschehens, das keinen festen Punkt mehr kennt, aber gerade darin ihr Sicheres und Festes gewinnt.

Dieses Wechselspiel der Methoden und Zugänge wird für die theologische Fragestellung nach einer Verhältnisbestimmung von Gott und Geld deswegen von herausragender Bedeutung sein, weil mit ihr die Tiefengrammatik beschrieben werden kann, über die diese beiden unterschiedlichen Kategoriensysteme verbunden sind. Damit setzt sich dieses Programm allerdings dem Verdacht aus, die Wahrheitsfrage preis zu geben, sie in den unterschiedlichen Verstehenszugängen aufzulösen. Daher ist noch zu zeigen, dass das Wechselwirkungskonzept den Wahrheitsanspruch nicht auflöst, sondern im Gegenteil stärkt, ihm neue Fundamente setzt, ohne die Errungenschaften der klassischen Lösungsansätze zu negieren. Dieses Wahrheitsverständnis muss sowohl im philosophisch-theologischen als auch im soziologischen Kontext überzeugen, weil anders die angestrebte Verknüpfung eines theologischen mit einem soziologischen Diskurs bereits an einer ihrer unabdingbaren Voraussetzungen, einer kongruenten Wahrheitstheorie, scheitern würde.

2.2 Wahrheit als relationaler Begriff

Neben dem historisch-genetischen und dem transzendentalen bringt Simmel noch ein wissenssoziologisches Argument für ein relationales Verständnis der Wirklichkeit: Das Streben des Geistes, die Welt in die wesentliche Substanz, in das Bleibende und Gültige auf der einen, und in das Kontingente, Flüchtige und Veränderliche auf der anderen Seite einzuteilen, gehört einer vergangenen

---

und so ihren Sinn und ihre Wahrheit haben" (Landmann, Michael, Georg Simmel, Brücke und Tür. Essays des Philosophen zur Geschichte, Religion, Kunst und Gesellschaft; hg. gemeinsam mit Margarete Susman, Stuttgart 1957, XIII).

[146] Die Großstädte und das Geistesleben 120; ähnlich auch in: Rembrandt. Ein kunstphilosophischer Versuch (GSG 15, 305-515, 309). Die Metapher vom Senkblei spielt auch in der so genannten *Selbstanzeige* zur *Philosophie des Geldes* eine zentrale Rolle. Simmel formuliert hier mit ähnlichen Worten die Überzeugung, „daß sich von jedem Punkte der gleichgültigsten, unidealsten Oberfläche des Lebens ein Senkblei in seine letzten Tiefen werfen läßt, daß jede seiner Einzelheiten die Ganzheit seines Sinnes trägt und von ihr getragen wird" (Philosophie des Geldes. Von Professor Dr. G. Simmel (Berlin), in: GSG 6, 719-723, 719; diese Selbstanzeige erschien 1901 in: Das Freie Wort 1 (1901-02) 170-174; vgl. Philosophie des Geldes 730).

Epoche an und hat sich mittlerweile überlebt. Die modernen Wissenschaften folgen einer anderen Richtung, sie verstehen die Erscheinungen „nicht mehr durch und als besondere Substanzen, sondern als Bewegungen"[147]. Dieser Übergang von der Festigkeit und Absolutheit der Weltinhalte zu ihrer Auflösung in Relationalität dispensiert aber nicht von der wichtigen Frage, ob es nicht doch eines festen, absoluten Punktes bedarf, von dem her die verschiedenen Dinge ihre Wahrheit und ihren Wert finden. Zweifellos kann die Wahrheit eines Satzes nur aufgrund von Kriterien erkannt werden, die, immer weiter zurückgefragt, irgendwo auf einen letzten Grund und Ausgangspunkt stoßen müssen. Dieser Prozess der Rückfrage ist tendenziell unabschließbar, denn hinter jedem Axiom und jedem letzten Argument kann sich immer noch ein anderes, uns bisher unbekanntes verbergen. So sehr wir formal wissen, dass es diesen letzten Grund geben muss, so wenig können wir seinen Inhalt identifizieren. An einem bestimmten Punkt scheint sich das Erkennen dieser Auflösung und Relativierung, die es selbst herbeiführt, zu entziehen und eine absolute Basis zu besitzen, „wo es sie aber hat, können wir nie unabänderlich feststellen, und müssen daher, um das Denken nicht dogmatisch abzuschließen, jeden zuletzt erreichten Punkt so behandeln, als ob er der vorletzte wäre."[148] Das gilt insbesondere für die Axiome, die theoretisch wahr sind, was aber nicht wieder theoretisch erkennbar ist, da die letzten Fundamente eines Gebiets ja nie innerhalb, sondern, wenn überhaupt, nur außerhalb desselben wahrheitstheoretisch begründbar sind. So besteht die mathematische Wahrheit nur zwischen den einzelnen Sätzen der Wissenschaft, die Wissenschaft als Ganze (insofern sie von ihren Axiomen getragen wird) ist nicht in demselben Sinne wahr wie ihre einzelnen Bestandteile. Der einzelne mathematische Satz ist lediglich „wahr", insofern er auf andere zurückführbar ist; aber „die Wahrheit der Axiome, an denen diese Zurückführung mündet und die das Ganze tragen, ist selbst keine mathematische"[149]. In gleicher Weise können die Axiome der Geometrie nicht auf geometrischem oder die Grundbegriffe des Rechts nicht auf juristischem Gebiet nachgewiesen werden. Während also die Sätze innerhalb einer Wissenschaft, einer durch den anderen beweisbar sind, gelten für das Ganze andere Maßstäbe, lässt sich seine Wahrheit nur in Bezug auf ein außerhalb ihrer selbst Gelegenes, z.B. auf die Natur des Raumes, auf die Art unserer Anschauung oder die Struktur unserer Denknormen erweisen. Alles Naturgeschehen gehorcht, so war Simmel überzeugt, unbedingt ausnahmslosen Gesetzen, doch als *erkannte* unterliegen sie einer fortwährenden Korrektur; die uns zugänglichen *Inhalte* dieser Gesetzlichkeit sind jeweils historisch bedingt und entbehren so der Absolutheit ihres Allgemeinbegriffs.

Wahrheit lässt sich daher immer nur zwischen den einzelnen Erkenntniselementen und nach Annahme gewisser erster, außerhalb ihrer liegenden Tatsachen und Prinzipien beweisen, weshalb das Ganze der Erkenntnis nicht in gleicher Bedeutung wahr ist „wie die Einzelheiten *innerhalb* seiner, da es nichts

---

[147] Philosophie des Geldes 95.
[148] Philosophie des Geldes 96.
[149] Ueber eine Beziehung der Selectionslehre zur Erkenntnistheorie 67 (GSG 5).

Theoretisches sich gegenüber hat, woran seine Wahrheit sich erweisen könnte, bzw. im Verhältnis zu dem es „wahr" wäre.[150] Es gibt keine Sätze, Thesen, Axiome, die aus einem letzten Prinzip abgeleitet werden könnten, das außerhalb der sie begründenden Argumentationsfiguren läge. Wahrheit ist ein Relationsbegriff.[151] Sie realisiert sich etwa in der Kunst als ein Verhältnis der Momente des Kunstwerks untereinander und nicht als Absolutsetzung eines dieser Momente. Der Beweis eines Satzes ist ja nur möglich, wenn man jenen ersten, durch ihn zu beweisenden Satz, bereits als erwiesen voraussetzt. Das ist letztlich ein Zirkelschluss, der umso weniger erkannt wird, je länger sich die Begründungsreihen ausdehnen. Will man nicht ein für allemal dogmatistisch an einer Wahrheit, die ihrem Wesen nach keines Beweises bedürfe, Halt machen, so liegt es nahe, die Gegenseitigkeit des Sich-Beweisens für die Grundform des – als vollendet gedachten – Erkennens zu halten. Das Erkennen ist dann „ein freischwebender Prozeß, dessen Elemente sich gegenseitig ihre Stellung bestimmen"[152]. Damit ist die entscheidende Alternative benannt: Das Streben unseres Geistes nach Beweisen der Wahrheit muss die Erkennbarkeit nicht im Sinne eines *regressus in infinitum* ins Unendliche hineinlegen, sie kann sie auch zu einem Kreise umbiegen, indem ein Satz nur im Verhältnis zu einem anderen, dieser andere aber schließlich nur im Verhältnis zu jenem ersten wahr ist.

2.3 Wahrheit als regulative Idee

Alle großen erkenntnistheoretischen Prinzipien, voran der Dogmatismus und der Skeptizismus, leiden unter der Schwierigkeit, dass sie als Erkenntnis ihren eigenen Inhalt dem Urteil, das sie selbst über die Erkenntnisse fällen, unterordnen müssen und dabei in eine Aporie geraten. Der Dogmatismus kann den Felsen, auf dem er sitzt, nicht stützen und der Skeptizismus den inneren Widerspruch seiner Position nicht auflösen.[153] Ähnlich die Problematik von Kritizismus und Empirismus, der die Objektivität und alle wesentlichen Formen der Erkenntnisinhalte aus den Bedingungen der Erfahrungen herleiten möchte, aber die Behauptung, dass die Erfahrung selbst etwas Gültiges und Objektives sei, nicht beweisen kann.

---

[150] Ueber eine Beziehung der Selectionslehre zur Erkenntnistheorie 68; ähnlich Philosophie des Geldes 97ff.
[151] Philosophie des Geldes 105.
[152] Philosophie des Geldes 100.
[153] Das Argument gegen den Dogmatismus: „Daß das Erkennen überhaupt der Sicherheit fähig ist, muß es schon voraussetzen, um diese Fähigkeit aus jenem Kriterium herzuleiten. Die Behauptung von der Sicherheit der Erkenntnis hat die Sicherheit der Erkenntnis zu ihrer Voraussetzung." (Philosophie des Geldes 116f) Und in Bezug auf den Skeptizismus: Auch wenn dieser „die Unsicherheit und Täuschungschance jedes Erkennens in ihrer prinzipiellen Unwiderleglichkeit hinstellen oder sogar die Unmöglichkeit einer Wahrheit, den inneren Widerspruch ihres Begriffes behaupten: diesem Resultate des Denkens über das Denken muß es doch auch dieses, das skeptische Denken selbst, unterordnen. (…) wenn alles Erkennen trügerisch ist, so ist es doch auch der Skeptizismus selbst, womit er dann sich selbst aufhebt." (Philosophie des Geldes 117) Vgl. dazu Boudon, Raymond, Die Erkenntnistheorie in Georg Simmels „Philosophie des Geldes", in: Kintzelé, Jeff/Schneider, Peter (Hg.), Georg Simmels „Philosophie des Geldes" 113-142.

In all diesen erkenntnistheoretischen Ansätzen und Prinzipien gerät das Erkennen in einen „verderbliche(n) Zirkel"[154], wird es zum Richter in eigener Sache und steht vor der Alternative, entweder seine Selbsterkenntnis von der Normierung, die es allen anderen Erkenntnisinhalten auferlegt, auszunehmen oder, wie insbesondere beim Skeptizismus, den Gesetzen unterzuordnen, das Erkennen also den Ergebnissen, zu denen es selbst erst geführt hat, auszuliefern. Der Dogmatismus kann die Axiome, aus denen heraus er die Erkenntnistheorie entwickelt, nicht seinerseits begründen. Auch der umgekehrte Weg, die induktive Suche nach einem letzten Prinzip oder tragenden Grund, führt in die Sackgasse. Sie endet in dem durch Hans Albert klassisch gewordenen Münchhausen-Trilemma. Denn entweder führt ein solcher Versuch zu einem „Rückgang ins Unendliche" oder zu einem „fehlerhaften Zirkelschluss" oder man müsse überhaupt „dogmatisch an einer Wahrheit Halt machen"[155]. Allein das „relativistische Erkenntnisprinzip", wie Simmel es bezeichnet, „fordert für sich selbst keine Ausnahme von sich selbst"[156], es wird dadurch nicht aufgehoben oder zerstört, dass es gleichsam „nur" relativ gilt. Im Gegenteil, durch die „ins Unendliche hin fortgesetzte Auflösung des starren Fürsichseins in Wechselwirkungen"[157], durch die gegenseitige und ergänzende Legitimierung der Prinzipien und Inhalte kommt das relativistische Erkenntnisprinzip dem Ideal der objektiven Wahrheit sehr nahe. Aus der Unabschließbarkeit der Erkenntnis, dass jeder Satz wieder von einem anderen hergeleitet werden kann und dieser Prozess prinzipiell unabschließbar ist, lasse sich aber kein Skeptizismus ableiten, den vom Relativismus eine halbe Welt trenne. Skeptizismus läge dann vor, wenn man den Begriff des Relativen so konstruierte, dass er logisch ein Absolutes erfordern würde. Die Bedeutsamkeit und Zuverlässigkeit der Dinge wird durch die Relativität aber keineswegs abgewertet, sondern ermöglicht erstmals so etwas wie eine wirklich begründete Einheit der Welt. Das ist der Grund, warum der Relativismus „seinem extremen Gegensatz", dem Spinozismus mit seiner allumfassenden *substantia sive Deus,* viel näher ist als man glauben möchte. Denn dieses Absolute, „das keinen anderen Inhalt hat als den Allgemeinbegriff des Seins überhaupt, schließt demnach in seiner Einheit alles ein, was überhaupt ist."[158] Im Weltbild Spinozas können die einzelnen Dinge kein Sein für sich haben, weil alles Sein seiner Realität nach in die göttliche Substanz eingegangen ist, so wie es seinem abstrakten Begriffe nach, eben als Seiendes überhaupt, eine Einheit bildet. Alle singulären Beständigkeiten und Substanzialitäten, alle Absolutheiten zweiter Ordnung sind nun so vollständig in jene eine Einheit aufgegangen, dass man sagen kann, in einem Monismus wie dem von Spinoza seien sämtliche Inhalte des Weltbildes zu Relativitäten geworden.[159]

---

[154] Philosophie des Geldes 117.
[155] Philosophie des Geldes 100 und 99. Zu diesem erkenntnistheoretischen Problem vgl.: Albert, Hans, Traktat über kritische Vernunft, Tübingen 1968, 9-18.
[156] Philosophie des Geldes 117.
[157] Philosophie des Geldes 120.
[158] Philosophie des Geldes 120.
[159] Allerdings bedarf auch diese Einheit eines Gegenübers, ansonsten diese Einheit leer und bedeutungslos bliebe. Sie fordert mindestens ein zweites Prinzip, um überhaupt fruchtbar sein zu können. Der Monismus treibt über sich hinaus zum Dualismus oder Pluralismus, aber nach dessen Erreichen tritt wieder das Bedürfnis nach Einheit hervor. Die Entwicklung der Philoso-

Dann darf man die umfassende Substanz, das allein übrig gebliebene Absolute außer Acht lassen, ohne dass die Wirklichkeiten inhaltlich verändert würden. Die Bedingtheit der Dinge, die der Relativismus als ihr Wesen konstituiert, schließt aber den Gedanken der Unendlichkeit, dass die Reihen abgebrochen werden, keinesfalls aus. Im Gegenteil: Eine Unendlichkeit ist allein dadurch gegeben, dass einer auf- oder absteigenden Reihe gleich jedes Glied vom anderen abhängt und begründet wird, dieses wiederum ein drittes von sich abhängen lässt. Damit ist das Schema einer wirklichen Unendlichkeit der Aktivität gegeben, „eine immanente Grenzenlosigkeit, der des Kreises vergleichbar"[160]. Denn mag, wie Simmel es nennt, das relativistische Erkenntnisprinzip nur in Wechselwirkung, Korrektur und Ergänzung zu anderen, absolutistischen und substanzialistischen gelten, so ist dieses Verhältnis zu seinem eigenen Gegenteil natürlich seinerseits wieder relativ. Diese Heuristik kann gut damit leben, selbst ein relatives Prinzip zu sein. Die Frage nach dem Grund dieses Prinzips, der im Geltungsbereich selbst nicht eingeschlossen sein darf, führt hier zu keinem Selbstwiderspruch, weil sie diesen Grund ins Unendliche hinausschiebt, d.h. „alles Absolute, das sich darzubieten scheint, in eine Relation aufzulösen strebt und mit dem Absoluten, das sich als der Grund dieser neuen Relation bietet, wieder ebenso verfährt – ein Prozeß, der seinem Wesen nach keinen Stillstand kennt und dessen Heuristik die Alternative aufhebt: das Absolute zu leugnen oder es anzuerkennen"[161]. Einzig der Relativismus kann das radikale Zugeständnis machen, sich gänzlich jenseits seiner selbst zu stellen und damit anzuerkennen, dass über jedem Urteil, das wir fällen, ein höheres steht, das über Rechtmäßigkeit und Plausibilität befindet, aber seinerseits wieder von einem höheren relativiert wird. Die scheinbar konstitutiven Bestimmungen, die das Wesen der Dinge festlegen und erkennen wollen, verwandeln sich im Relativismus in heuristische Prinzipien und regulative Ideen. An die Stelle der festen Behauptungen tritt die vorsichtige Empfehlung, dass unser Erkennen sich so verhalten möge, „*als ob* sich die Dinge so und so verhielten"[162]. Paradox ist jedoch, dass man durch die Relativierung des Wahrheitsbegriffs und die Verschränkung der Methoden dem Ideal der objektiven Wahrheit weitaus näher kommt als durch eine mögliche Fortschreibung des Dogmatismus. Denn sowohl die Suche nach letzten, nie das Ziel erreichenden Prinzipien als auch die Fundierung der Wahrheit in einem wechselseitigen Erklärungs- und Begründungsverhältnis sind darin verbunden, dass sie die Existenz unter dem formalen, geistigen und unter dem inhaltlichen Aspekt betrachten. Während wir uns die Bewusstseinsprozesse als kontinuierliche Bewegungen und Abläufe vorstellen

---

phie wie des Denkens ist „von der Vielheit an die Einheit und von der Einheit an die Vielheit gewiesen" (Philosophie des Geldes 107) und ein definitiver, letzter Standpunkt deshalb nicht möglich. So verlangt die Struktur unserer Vernunft die Gleichberechtigung beider: die Bewegung zum Monismus hin, d.h. jede Vielheit so weit wie möglich zu vereinheitlichen, „als ob wir am absoluten Monismus endigen sollten", und zugleich die pluralistische Bewegung, wonach bei keiner Einheit Halt zu machen sei, sondern immer noch nach weiteren einheitlicheren Elementen und erzeugenden Kräftepaaren weiterzuforschen sei, „*als ob* das Endergebnis ein pluralistisches sein sollte" (Philosophie des Geldes 108).

[160] Philosophie des Geldes 121.
[161] Philosophie des Geldes 118.
[162] Philosophie des Geldes 106.

müssen, zeigen sich uns die aus diesem Ablauf hervorgebrachten Inhalte als ein System einzelner Begriffe und Sätze, die sich entschieden voneinander abheben. Die Inhalte sind, wo das Denken sich in seinen allgemeinsten Grundlagen und als Ganzes angesehen im Kreis zu bewegen schien, sich gegenseitig Hintergrund und Begründung. Der Prozess oder das Denken, in dem sich dieses gegenseitige Bedingungs- und Begründungsverhältnis nun realisiert, folgt einer anderen Struktur, dem linearen Verlauf der Zeit und seiner Bewegung ins Unendliche. In diese beiden Formen, die das Erkennen im Einzelnen illusorisch, im Ganzen aber gerade möglich machen, „teilen sich diese beiden Kategorien, unter die unsere Reflexion es rückt: es verläuft nach dem Schema des regressus in infinitum, der unendlichen Kontinuität, in eine Grenzenlosigkeit, die doch in jedem gegebenen Augenblick Begrenztheit ist – während seine Inhalte die andere Unendlichkeit zeigen: die des Kreises, wo jeder Punkt Anfang und Ende ist und alle Teile sich wechselseitig bedingen"[163].

Indem das relativistische Erkenntnisprinzip sich mit der Unterordnung unter sich selbst, was den anderen zum Verhängnis wird, als relativ erweist und begründet, untermauert es die Legitimität des Geistes, über sich selbst zu urteilen, ohne auf ein bestimmtes Ergebnis angewiesen zu sein. Geist bedeutet dann die Fähigkeit, sich selbst zum Objekt, sich selbst wissen zu können. Aber auch hier gilt: Kein Subjekt ohne Objekt, kein Objekt ohne Subjekt. Das Sich-jenseits-seiner-selbst-Stellen des Geistes erscheint dann „als der Grund allen Geistes, er ist zugleich Subjekt und Objekt, und nur wenn der in sich unendliche Prozeß des Sich-selbst-Wissens, Sich-selbst-Beurteilens an irgend einem Glied abgeschnitten und dieses als das absolute allen anderen gegenübergestellt wird, wird es zu einem Selbstwiderspruch, daß das Erkennen, das sich in einer bestimmten Weise beurteilt, zugleich, um dieses Urteil fällen zu können, für sich eine Ausnahme von dem Inhalt dieses Urteils beansprucht."[164] In den nichtrelativistischen Erkenntnistheorien wird die Unendlichkeit als Substanz oder als Maß eines Absoluten genommen und bleibt damit ein, wenn auch sehr großes, Endliches. Nur die Bedingtheit jedes Daseinsinhaltes durch einen anderen, der in gleicher Weise bedingt ist, hebt die Endlichkeit des Daseins auf. Daher meint Relativität „nicht eine abschwächende Zusatzbestimmung zu einem im Übrigen selbständigen Wahrheitsbegriff, sondern ist das Wesen der Wahrheit selbst"[165], sie ist kein Derivat der Wahrheit, sondern gerade die Gültigkeit und Erfüllung ihres Begriffs. Im Dogmatismus „gilt die Wahrheit, trotzdem sie

---

[163] Philosophie des Geldes 115. Gegen Ende der *Philosophie des Geldes* kommt Simmel nochmals auf die erkenntnistheoretischen Implikationen der Relativität zu sprechen (622-626). Wir können unser Erkennen ja gar nicht anders denken, als dass es diejenigen Vorstellungen innerhalb des Bewusstseins verwirklicht, die an dieser Stelle geradezu darauf gewartet haben. Dass wir unser Erkennen „notwendig" nennen, d.h. dass sie nur ihrem Inhalt nach nur in einer Weise dasein können, das ist nur ein anderer Ausdruck für die Bewusstseinstatsache, dass wir sie als psychische Realisierungen des ideell bereits feststehenden Inhalts empfinden. „Diese eine Weise bedeutet keineswegs, daß es für alle Mannigfaltigkeit der Geister nur *eine* Wahrheit gibt." (625) Bei jeder Änderung der mitgebrachten geistigen Struktur ändert sich der Inhalt der Wahrheit, ohne deshalb weniger objektiv und unabhängig zu sein.
[164] Philosophie des Geldes 119.
[165] Philosophie des Geldes 116.

relativ ist", im Relativismus, „weil sie es ist."[166] Mit Klaus Lichtblau lässt sich formulieren: „Wirklich »absolut« ist innerhalb des modernen Zeitalters also nur noch das Relative und die reine Form der Wechselwirkung selbst."[167]

2.4 Wahrheit als eine soziologisch relevante Kategorie

Nach der philosophischen Bewährungsprobe muss die relativistische Erkenntnistheorie ihren Test auch innerhalb der Soziologie bestehen. Im ersten seiner berühmten Exkurse innerhalb der *Soziologie* legt Simmel unter dem Titel *Exkurs über das Problem: Wie ist Gesellschaft möglich?* auf wenigen Seiten eine Erkenntnistheorie vor, die durch ihre Verbindung von philosophischen und empirischen Überlegungen das methodologische Programm einer relativistischen Erkenntnistheorie überzeugend formuliert.[168]

Auch hier ist die Gedankenführung stark von der Auseinandersetzung mit Kant geprägt und die entscheidende Differenz genau herausgearbeitet. Während für Kant die Natureinheit ausschließlich im betrachtenden Subjekt zustande kommt und aus den unverbundenen Sinneselementen erzeugt wird, bedarf nach Simmel die gesellschaftliche Einheit keines Betrachters, weil sie „von ihren Elementen, da sie bewußt und synthetisch-aktiv sind, ohne weiteres realisiert wird"[169]. Kants Erkenntnis, dass die Verbindung niemals in den Dingen liegen könne, da diese nur vom Subjekt erzeugt wird, gilt gerade für die gesellschaftliche Verbindung nicht, die sich vielmehr *in* den Dingen, d.h. in den jeweiligen Individuen unmittelbar vollzieht. Gesellschaft ist daher eine „objektive, des in ihr nicht mitbegriffenen Beschauers unbedürftige Einheit"[170], die unabhängig von dem sie analysierenden Beobachter existiert. Anders als in der Natur sind hier die „Objekte" der Synthese selbstständige Wesen, seelische Zentren und personale Einheiten, die sich nicht in die Seele eines anderen Subjektes einfügen lassen, während sich die „unbeseelten" Dinge der Formkraft des Geistes gänzlich ausliefern müssen. Daher ist die Erkenntnis der Gesellschaft lediglich in einem abgeleiteten Sinne meine Vorstellung, insofern die andere Seele für mich eben dieselbe Realität besitzt, die sich von der eines materiellen Dinges dennoch fundamental unterscheidet. Das Du eines anderen Menschen fühlen wir als etwas von uns und unserer Vorstellung Unabhängiges. Gerade dieses Für-Sich-Sein des Anderen hindert uns nicht daran, ihn zu unserer Vorstellung zu machen. Dass also etwas, das sich nicht in unsere Vorstellung auflösen lässt, dennoch zum Produkt und Inhalt unseres Vorstellens wird, genau das „ist das tiefste, psychologisch-erkenntnistheoretische Schema und Problem der Vergesellschaftung"[171].

Da die Erkenntnis der Gesellschaft ganz anderen Bedingungen gehorcht als die Erkenntnis der Natur, ist nun die Frage anzuschließen, welche spezifischen

---
[166] Philosophie des Geldes 116.
[167] Lichtblau, Klaus, Georg Simmel 51.
[168] Soziologie 42-61.
[169] Soziologie 43.
[170] Soziologie 44.
[171] Soziologie 45.

Kategorien der Mensch mitbringen muss, damit die Erkenntnis, vergesellschaftet zu sein, überhaupt entstehen kann. Denn hier steht das Subjekt nicht einem Objekt gegenüber, von dem es erst allmählich ein (theoretisches) Bild gewinnen würde, sondern das Bewusstsein der Vergesellschaftung ist unmittelbar ihr Träger bzw. ihre innere Bedeutung. Vergesellschaftung meint aber nichts anderes als die Erfahrung, mit anderen Menschen in permanenten Wechselbeziehungen zu stehen. Simmel nennt drei solcher soziologischen Aprioris:

(1) Die Überzeugung, dass uns der Andere in seiner Individualität und seinem Sosein niemals restlos zugänglich wird. Individuen treten untereinander nur unter der Voraussetzung in Beziehung, dass sie „den Andern in irgend einem Maße verallgemeinert"[172] sehen können. Stets bleibt ein Rest des Unerkennbaren und Unverständlichen, das Fragmentarische der eigenen wie der anderen Person ist konstitutives Erkenntnismoment.

(2) Die bereits angesprochene Doppelstellung des Individuums, dass es nicht nur ein Teil der Gesellschaft ist, sondern darüber hinaus noch etwas anderes. Das empirische soziale Leben ist „nicht ganz sozial" und die Gesellschaften sind Gebilde aus Individuen, „die zugleich innerhalb und außerhalb ihrer stehen"[173]. So kann der Mensch nie ein Verhältnis zu äußeren Dingen aufbauen, ohne nicht zugleich außerhalb ihrer zu sein, keiner Ordnung angehören, ohne nicht in derselben Bewegung ihr gegenüberzustehen.[174]

(3) Die individuelle Zweckmäßigkeit des Sozialen, wonach die Gesellschaft eine Struktur bietet und zur Verfügung stellt, um dem Individuum überhaupt die Selbstkonstitution innerhalb des Sozialen zu ermöglichen. Der Mensch bedarf subjektiv und objektiv des Gefühls, eine ihm zustehende und gebührende Position innerhalb des sozialen Ganzen einnehmen zu können. Dieses Apriori einer „grundsätzlichen Harmonie zwischen dem Individuum und dem sozialen Ganzen"[175] ordnet sich als erkenntnistheoretischer Vorgang erkennbar in die Reihe der ästhetischen Motive ein, insofern es eine Versöhnung zwischen unseren geistigen, individuellen Energien und dem äußeren, objektiven Dasein postuliert.

---

[172] Soziologie 47.

[173] Soziologie 53. Der religiöse Mensch, so Simmel, der sich vom göttlichen Wesen völlig umfasst sieht, muss irgendein Selbst-Sein bewahren können, um diese „Einschmelzung" vollziehen zu können, die freilich nur als unendliche Aufgabe, als ewiger, unabschließbarer Prozess denkbar ist. Ähnlich verhält es sich mit dem menschlichen Geist, der einerseits Teil der Natur ist und von ihr geformt wurde, andererseits doch auch ihr gegenübersteht.

[174] Auch hier wird die relationale Grundstruktur wieder durchschlagend: Wir sind „Augenblick für Augenblick aus den Wechselbeziehungen zu andern zusammengesetzt", obwohl die vergesellschaftete Struktur unserer Identität doch nur am Einzelleben sichtbar, als Erlebnis und Ereignis des Individuums zu reflektieren ist. Das Innerhalb und das Außerhalb zwischen Individuum und Gesellschaft sind keine zwei nebeneinander bestehenden Bestimmungen, sondern eine nicht weiter reduzierbare Kategorie einer Einheit, die nicht anders ausgedrückt werden kann „als durch die Synthese oder die Gleichzeitigkeit der beiden logisch einander entgegengesetzten Bestimmungen der Gliedstellung und des Fürsichseins, des Produziert- und Befaßtseins durch die Gesellschaft und des Lebens aus dem eignen Zentrum heraus und um des eignen Zentrums willen." (Soziologie 56)

[175] Soziologie 59.

Diese drei soziologischen Aprioris sind grundlegend für eine Erkenntnistheorie der Gesellschaft. So ist auch im soziologischen Prozess die Wahrheit nicht an eine postulierte objektive Erkenntnis gebunden, sondern an die gesellschaftlichen Wechselbeziehungen der Individuen, an die Formen ihres Austausches geknüpft. Geld bildet dann eines der zentralen Medien, mit denen diese Austauschverhältnisse strukturiert und organisiert werden. Von vielen Zeitgenossen Simmels ist sehr wohl erkannt worden, dass mit dem relativistischen Wahrheitskonzept die Denkungsart revolutioniert und zugleich die bisherigen philosophischen Ansätze in der Erkenntnistheorie in Frage gestellt wurden. Diese erkenntnistheoretische Umstellung führte zu interessanten Kontroversen, deren Eckpunkte im Folgenden noch vorgestellt werden, weil sie auf der erkenntnistheoretischen Metaebene weitere wichtige Argumente für ein relationales Wahrheitsverständnis präsentieren.

2.5 Ein relativistisches Wahrheitsverständnis?

Wechselwirkung, so hat sich gezeigt, ist eine erkenntnistheoretische Kategorie, die sowohl in der Philosophie als auch in den Naturwissenschaften, insbesondere in der Physik, neue Begründungsmöglichkeiten eröffnet hat. Die relativistische Konzeption von Wahrheit, dass sie weder eine wie immer geartete Eigenschaft von Dingen ist, noch an einem absoluten Prinzip hängt, sondern als heuristische Kategorie einen Verhältnisbegriff repräsentiert und als solche eine Relation von Inhalten zueinander ausdrückt, hat schon zu Zeiten Simmels Kritik und Irritation ausgelöst. Simmel konzediert selbst, dass die relativistische Anschauung sehr leicht als Herabsetzung von Werten und Bedeutsamkeiten verstanden werden könnte, und betonte dabei immer wieder, dass er mit ihr ein Fundament bauen wollte, um die allseits beklagte „zeitgeschichtliche Auflösung alles Substanziellen, Absoluten, Ewigen in den Fluß der Dinge"[176] hinein zu verhindern. Mehr noch: Mit der Transformation der starren Prinzipien, des Fürsichseins der Dinge in die Wechselwirkung würden wir uns überhaupt erst der funktionellen Einheit aller Weltelemente nähern, in der dann die Bedeutsamkeiten eines jeden auch an den jeweils anderen sichtbar würde.[177] Doch von wenigen Ausnahmen wie Max Frischeisen-Köhler, Gustav Schmoller, Siegfried Krakauer und Karl Joël abgesehen, reagierte die intellektuelle Zeitgenossenschaft mit Skepsis und Ablehnung. Heinrich Rickert fürchtete um die Entleerung der Wahrheit und Max Weber zweifelte am heuristischen Wert der Wechselwirkungskategorie insgesamt.

Rickert[178] kritisierte ähnlich wie Ernst Troeltsch und Georg Lukács den (vermeintlichen) Relativismus als Sackgasse einer soziologischen Fragestellung. Auf welch schwankendem Boden sich die Vorbehalte phasenweise bewegten, zeigt die schneidende Apodiktik von Lukács ebenso deutlich wie

---
[176] Anfang einer unvollendeten Selbstdarstellung 9.
[177] Vgl. Philosophie des Geldes 120.
[178] Vgl. Rickert, Heinrich, Die Philosophie des Lebens. Darstellung und Kritik der philosophischen Modeströmungen unserer Zeit, Tübingen ²1922, bes. 64-72.

Troeltsch' zögerliche Argumentation oder die ambivalenten Bemerkungen Webers.

In einem spät entdeckten Fragment fasste Max Weber seine von Ratlosigkeit und Distanz geprägte Kritik knapp folgendermaßen zusammen:[179] Über Simmels Darstellungsart des Öfteren befremdet, lehne er einerseits seine Methodik in wichtigen Punkten ab und könne auch vielen sachlichen Ergebnisse nicht folgen, doch finde er andererseits die Darstellungsweise „schlechthin glänzend". Aus den falschen Ergebnissen ließen sich gute Anstöße zum eigenen Weiterdenken gewinnen. Simmel verdiene es daher vollauf, „einer der ersten Denker, Anreger der akademischen Jugend und der akademischen Kollegen"[180] genannt zu werden. Darüber hinaus gelinge es ihm zu zeigen, dass die Wechselwirkung gleichsam ein universales Prinzip sei, da es eine rein einseitige Beeinflussung des Menschen nicht geben könne, sondern immer nur Korrelationsverhältnisse, so weit entfernt und zusammenhangslos die jeweiligen Pole auch sein mögen. Schon das bloß potentielle Bestimmenkönnen des Schicksals anderer, auch solcher, die von der Existenz des Herrschers überhaupt nichts wissen, ist ein Wechselverhältnis, weil die Menschen durch die Derivate der Macht von ihr betroffen sind. Deshalb lasse sich, „nur mit der größten Künstlichkeit überhaupt eine rein »einseitige«, d.h. *nicht* irgendwie ein Moment von »Wechselwirkung« enthaltende Beeinflussung eines Menschen durch einen anderen ausdenken"[181]. Das gegenseitige Aufeinandereinwirken mehrer (wie auch immer abgegrenzter) Einheiten in Mechanik, Physik, Chemie und allen naturwissenschaftlichen Disziplinen komme so häufig vor, dass man ihr generelles Bestehen zu den Axiomen zählen möchte. Der Wechselwirkungsbegriff sei daher analytisch wenig ergiebig, er habe „etwas Vieldeutiges an sich"[182] und lasse die Inhalte unberücksichtigt.[183] Ernst Troeltsch, der Simmel als einen der „scharfsinnigsten und gedankenreichsten unter den lebenden Philosophen"[184]

---

[179] Weber, Max, Georg Simmel als Soziologe und Theoretiker der Geldwirtschaft, in: Simmel Newsletter 1 (1991) 9-13 (zur Geschichte dieses Textes vgl. die Anmerkung des Herausgebers p 13. Es ist nicht mehr rekonstruierbar, aus welchem Anlass und zu welchem Zwecke Weber diesen Text verfasst hat. Es könnte sein, dass er aus einem Gutachten über die Bewertung Simmels für die Rickert-Nachfolge in Heidelberg 1908 stammt). Zur Kritik Webers an Simmel und zum eigentümlichen Verhältnis beider vgl.: Nedelmann, Birgitta, „Psychologismus" oder Soziologie der Emotionen?

[180] Weber, Max, Georg Simmel als Soziologe 9.

[181] Weber, Max, Georg Simmel als Soziologe 12.

[182] Weber, Max, Georg Simmel als Soziologe 12.

[183] Friedrich Tenbruck merkt dazu an, dass Weber trotz aller Kritik an Simmel dessen soziologische Grundüberzeugungen teile: Webers Zurückstellen der individuellen bzw. kollektiven Handlungskategorie und der statistischen Regelmäßigkeit zugunsten des vergesellschafteten Handelns ist für Tenbruck zweifelsohne „eine Modifizierung von Simmels Grundbegriff der Vergesellschaftung". Dementsprechend finden sich etwa in Webers Aufsatz *Über einige Kategorien der verstehenden Soziologie* auch Simmels Thesen bezüglich Unterordnung, Streit etc., vor allem aber die Ansicht, „daß gleiches Gemeinschaftshandeln mit ganz verschiedenen persönlichen Zwecken, Motiven, Interessen zusammengehen kann, also ein Zentralstück der Simmelschen Lehre in der Trennung von »Form« und »Inhalt«" (Tenbruck, Friedrich, Georg Simmel 606).

[184] Troeltsch, Ernst, Zur religiösen Lage, Religionsphilosophie und Ethik (Gesammelte Schriften 2), Aalen ²1981 (2. Neudruck der 2. Auflage Tübingen 1922), 91f.

bezeichnete, sah im Wechselwirkungskonzept ein trostloses Gebilde, ohne Sinn für die Gläubigkeit und das Bedürfnis nach festen Werten. Er kritisierte, dass vor allem die Jugendschriften die Imperative der Moral und der Sitte aus den sich in endlosen interindividuellen Beziehungen herauskristallisierenden Gebilden erklären. Menschliche Neigung und Illusion, Wert und Sein würden sich gegenseitig festigen und damit scheinbar feste Wertmaßstäbe fixieren. „Es ist der trostloseste Relativismus und Historismus ohne jeden Rest von Gläubigkeit an das historische Leben, lediglich ein Spiel des Intellekts, ein Strom ohne Anfang, Ende und Ufer, auf dem nicht einmal der englische Utilitarismus einen Halt gewährt."[185]

Die pejorative Bedeutung des Relativismusbegriffs zeigt sich auch in den späten Ausführungen von Georg Lukács, einst Hörer und Freund Simmels, der sich von ihm abwandte und anschließend seinen ehemaligen Lehrer heftig kritisierte.[186] Simmels radikaler Relativismus gehe über den Diltheys noch hinaus, untergrabe den Anspruch der objektiven Wissenschaftlichkeit und schaffe damit Raum „für den Glauben, für die subjektive Religiosität ohne bestimmtes Objekt, die sich gerade dieser relativistischen Skepsis als Waffe bedient"[187]. Als „der wahre Philosoph des Impressionismus"[188] besitze Simmel selbst in der Soziologie nur für die unmittelbaren und abstraktesten Relationskategorien des gesellschaftlichen Lebens Sinn und gehe allen inhaltlichen und ernsten Problemen geflissentlich aus dem Weg.[189] Weil eine eigentliche Objektwelt nicht mehr anerkannt werde, sondern nur mehr verschiedene Formen der lebendigen Verhaltensart der Wirklichkeit gegenüber, besitze seine Er-

---

[185] Troeltsch, Ernst, Der Historismus und seine Probleme. Erstes Buch: Das logische Problem der Geschichtsphilosophie (Ernst Troeltsch. Kritische Gesamtausgabe 16/2), Berlin/New York 2008, 859. Für Troeltsch ist Simmel „ein Kind und Liebling der Moderne mit all ihren furchtbaren Krankheiten und Schwächen. Er hat mit der Moderne das Ich, den seit Descartes obwaltenden und überall in Korrelation zum Gottesbegriff befindlichen Ausgangspunkt der neueren Philosophie, in das nach allen Seiten zerfließende, bloße »Leben« verwandelt und das eigentliche Ich aus diesem Lebensstrom nur wie eine flüchtige Welle sich erst bilden lassen" (886). Indem sich das Ich-Phänomen zu einer Idee verwandelt, nähert sich Simmel dem Platonismus und dem Kantianismus, „doch ohne Gott und ohne Seele und darum nur in einzelnen, immer neuen, nie vollendeten und nie zusammengreifenden Ansätzen" (886f). Und Troeltsch greift zu einem drastischen Bild: „Das Ideenreich gleiche einem abgeholzten Walde, wo nur Stümpfe stehen geblieben sind, mit absterbender Wurzel, unfähig, jemals wieder zum Walde zu werden, aber ästhetisch übergrünt von allerhand Rankenwerk." (887) Vgl. auch: Troeltsch, Ernst, Der historische Entwicklungsbegriff in der modernen Geistes- und Lebensphilosophie. II. Die Marburger Schule, die südwestdeutsche Schule, Simmel, in: Historische Zeitschrift 124 (1921) 377-447. Zum vielschichtigen Verhältnis von Troeltsch und Simmel vgl. Voigt, Friedemann : „Die Tragödie des Reiches Gottes"?
[186] Lukács war von 1905-1915 „ein begeisterter Simmelschüler", für den die *Philosophie des Geldes* einen besonderen Platz einnahm. Lukács sei aber bald nach dessen Tod 1918 zum Marxismus konvertiert, was Levine primär auf die Erschütterungen des Krieges und die dadurch ausgelöste erneuerte Lektüre von Hegel und Marx zurückführt (vgl. Levine, Donald N., Ambivalente Begegnungen 344).
[187] Lukács, Georg, Die Zerstörung der Vernunft (Werke 9), Neuwied 1962, 388.
[188] Lukács, Georg, Erinnerungen an Georg Simmel, in: Gassen, Kurt/Landmann, Michael (Hg.), Buch des Dankes 171-176, 172. Simmels Soziologie wird oft als impressionistisch bezeichnet, insbesondere David Frisby hat sich diese Einschätzung zu eigen gemacht.
[189] Vgl. Lukács, Georg, Zerstörung 395.

kenntnistheorie eine imperialistische Nuance. Dieser moderne relativistische Skeptizismus verfehle die gesellschaftliche Wirklichkeit, indem er sich nur für die subjektiven Reflexe von bestimmten ökonomisch bedingten Situationen interessiere und die wirkliche ökonomische Abhängigkeit und Funktion gänzlich ausblende. In seiner Nähe zur Vulgärökonomie des Imperialismus sei Simmel ein „Ideologe des imperialistischen Rentnerparasitismus" und bringe etwas Neues ins philosophische Bewusstsein hinein: „den selbstgefälligen Zynismus", der gedanklich wohl radikal vorgehe, praktisch sich aber mit den herrschenden Verhältnissen arrangiere.[190]

Diesem harten Urteil Lukács stehen jedoch auch wohlwollende Stimmen gegenüber, die Unterstützung und Verständnis dokumentieren. Max Frischeisen-Köhler lobt an Simmels Relativismus als Erkenntnistheorie die „auffallende Reserve gegenüber allen philosophischen Parteien und klaren dogmatischen Festlegungen"[191]. Lobenswert und wichtig seien seine Motive, „den starren, dogmatischen Intellektualismus zu brechen, die Hypostasierung der Allgemeinbegriffe […] rückgängig zu machen, die freie Beweglichkeit des Denkens zurückzugewinnen, den Intellektualismus selbst geschichtlich einzuordnen und zu begreifen, die Kräfte, die ihn tragen, aufzudecken und die Kräfte, die er ausschließt, zur Anerkennung zu bringen."[192] Dieses Programm sei nur von einem positiven Standpunkt aus durchführbar, der bei Simmel allerdings im Hintergrund bleibe. Frischeisen-Köhler nimmt ihn vor dem Vorwurf einer grundsätzlichen Ablehnung der Metaphysik ausdrücklich in Schutz und betont, dass man das Dahinterliegende, die Intention beachten müsse: Der Grundfehler der Metaphysik liege darin, „daß sie eine partielle Wahrheit zu einer absoluten verallgemeinert, die dann unter einem generellen Titel zahllose individuelle Tatbestände ungeklärt befaßt."[193]

Siegfried Kracauer umschreibt „den einheitlichen Kerngedanken des ganzen Werks" kurz und treffend folgendermaßen: „Von jedem Punkt der Totalität aus kann man zu jedem anderen Punkt gelangen, ein Phänomen trägt und stützt das andere, es gibt nicht Absolutes, das unverbunden mit den übrigen Erscheinungen existiert und an und für sich Geltung besitzt."[194]

---

[190] Lukács, Georg, Zerstörung 400. Dadurch entstehe selbst bei geistreichen und begabten Menschen wie Simmel eine Aushöhlung der denkerischen Persönlichkeit. Lukács geht in dem Buch *Die Zerstörung der Vernunft* (1954), in dem er den Weg von Schelling zu Hitler beschreiben wollte, kurz auf Simmel ein (386-401). Levine kritisiert allerdings, dass Lukács das soziologische Werk Simmels unberücksichtigt gelassen und fast ausschließlich das metaphysische und lebensphilosophische Spätwerk in den Mittelpunkt gestellt habe (Levine, Donald N., Ambivalente Bemerkungen 335ff). Die Kritik Ernst Blochs zielt in eine ähnliche Richtung. Er bedauert, dass bei Simmel „stets nur die farbigen, nervösen, rein impressiblen Ränder des Lebens gemalt" wurden (Bloch, Ernst, Geist der Utopie, Frankfurt ²1997, 93). „Simmels Formalistik ist mit seinem vitalistischen Relativismus nicht zuletzt durch gemeinsame Inhaltsferne verbunden." (Bloch, Ernst, Weisen des „Vielleicht" bei Simmel, in: Ders., Philosophische Aufsätze zur objektiven Phantasie (GA 10), Frankfurt 1976, 57-60, 59)
[191] Frischeisen-Köhler, Max, Georg Simmel (1. März 1858 – 26. September 1918), in: Kant-Studien 24 (1920) 1-51, 6.
[192] Frischeisen-Köhler, Max, Georg Simmel 11.
[193] Frischeisen-Köhler, Max, Georg Simmel 12.
[194] Kracauer, Siegfried, Über die Philosophie Georg Simmels und ihren Zusammenhang mit dem geistigen Leben der Zeit, in: Hein, Peter Ulrich (Hg.), Georg Simmel 1858-1918. Philosoph und

Möglicherweise hat auch der Begriff Relativismus selbst entscheidend zu den Missinterpretationen beigetragen, hängt doch historisch an seiner Semantik fast ausschließlich eine antimetaphysische und nihilistische Sinnspitze. Der Begriff Relativismus fungiert hier jedoch als ein Fachterminus für jene erkenntnistheoretische Position, die in der Wechselwirkung ein „regulatives Weltprinzip"[195] erkennt, mit dem verborgene Verbindungslinien zwischen weit auseinander liegenden Phänomenen aufgedeckt und Beziehungen zwischen sehr verschiedenen Prinzipien hergestellt werden können.

Exkurs: Relationalität oder Relativität?

Die weit reichenden Konsequenzen des Wechselwirkungsparadigmas für die erkenntnis- und wahrheitstheoretischen Problemstellungen sind von der Zeitgenossenschaft kaum verstanden und gewürdigt worden. Ein wichtiger Grund lag gewiss darin, dass Simmel als Bezeichnung für sein doch revolutionäres Programm den Terminus *Relativismus* wählte bzw. beibehielt, einen Begriff, der nicht nur eine bestimmte, äußerst umstrittene Position innerhalb der Erkenntnistheorie repräsentierte, sondern auch alltagssprachlich bereits mit einer desavouierenden Semantik aufgeladen war, von der er sich bis heute nicht mehr erholen sollte. Noch immer gilt der Begriff Relativismus als ein Synonym für eine vordergründige, ungeordnete Verbundenheit aller Dinge, als eine Preisgabe jeglichen Wahrheitsanspruchs und vor allem als ein unspezifischer Nivellierungsprozess, der grundlegende Differenzen aufhebt und widersprechende Prinzipien in den allgemeinen Strom der *Gleich-Gültigkeit* reißt. Trotz seiner philosophischen Fundierung als erkenntnistheoretische Position hat sich der Relativismus zu einem Oberbegriff für ganz unterschiedliche Positionen wie Perspektivismus, Skeptizismus, Psychologismus, Positivismus, Biologismus, Evolutionismus, Fiktionalismus und Anthropologismus verfestigt.

Als erkenntniskritische Kategorie besteht sein Spezifikum zunächst in der Überzeugung, „daß das, was ist und gilt, als abhängig von demjenigen behauptet wird, der es als seiend bzw. gültig erlebt oder beurteilt"[196]. Alles Wissen ist relativ in Bezug auf unsere Erkenntnis, sie kann nur die Beziehungen der Dinge und Verhältnisse, nicht aber die Dinge selbst und ihre (möglichen) Eigenschaften erkennen.[197] Diese Grundüberzeugung schreibt die bereits bei Protagoras anzutreffende und klassisch gewordene These weiter, wonach der Mensch deswegen zu keiner absolut wahren Erkenntnis gelangen könne, weil

---

Soziologe, Frankfurt 1990, 131-158, 152 (der Text Kracauers erschien erstmals in: Logos 9 (1920/21) 307-338).

[195] Soziale Differenzierung 130; ähnlich: Anfang einer unvollendeten Selbstdarstellung 10.

[196] Schnädelbach, Herbert, Relativismus, in: Handbuch wissenschaftstheoretischer Begriffe (hg. v. Speck, Josef), Göttingen 1980, 556-560, 556. Einen verlässlichen begriffsgeschichtlichen Überblick bietet der Eintrag „Relativismus" von Gert König in: HWPh 8, 613-622.

[197] Daher reflektiert der Relativismus streng genommen nicht auf die Beziehung zwischen den verschiedenen Gegenständen oder Eigenschaften dieser Gegenstände, „sondern die Beziehung zwischen dem *Gegenständlichen* und der *Auffassungsweise* des Gegenständlichen" (Schnädelbach, Herbert, Art. Relativismus 556).

er selbst kein absolutes Wesen sei. Seine Maßstäbe sind keine anderen als die dem Menschen möglichen. Darin kristallisiert sich die Kernbedeutung des sogenannten homo-mensura-Satzes: „Aller Dinge Maß ist der Mensch, der seienden, daß (wie) sie sind, der nicht seienden, daß (wie) sie nicht sind. – Sein *ist gleich* jemandem Erscheinen."[198]

Unsere Erkenntnis umfasst nur die Beziehungen und Verhältnisse zu den Dingen, aber nicht die Dinge und ihre Eigenschaften selbst. Hier findet sich darüber hinaus noch ein Nachklang der Einsicht Kants, dass die *Dinge an sich selbst* nicht erkennbar sind, sondern lediglich ihre Beziehungen und Verhältnisse zueinander nach Maßgabe unserer im Erkenntnisakt selbst angelegten Möglichkeiten.[199] Bei Kant ist das *Ding an sich selbst* ein reiner Grenzbegriff, insofern er mit ihm die Überzeugung artikuliert, dass uns Menschen die Wirklichkeit in der Form, in der sie vielleicht einer überirdischen, transzendenten Anschauung zugänglich ist, nie ansichtig und begreifbar sein wird. Zugleich ist aber zu betonen, dass wir ein Ding an sich selbst „wenn gleich nicht *erkennen*, doch wenigstens müssen *denken* können"[200]. Entscheidend ist aber, dass mit diesem problematischen Begriff nicht nur eine gedankliche Größe, sondern auch eine Realität bezeichnet wird. Wollte der Realitätsgehalt bestritten werden, so „würde der ungereimte Satz daraus folgen, daß Erscheinung ohne etwas wäre, was da erscheint"[201]. Darüber hinaus hätte das Selbstbewusstsein (als transzendentale Apperzeption) kein adäquates Korrelat, an dem sich die Vielheit der Erscheinungen eines Gegenstandes affizieren könnte. Dieses Eigengewicht der Realität, so unzureichend und problematisch wir es auch erfassen können, setzt jedoch eine Relation in Bewegung, durch die sich die Relata wechselseitig bestimmen. Aristoteles führte als erster die Kategorie der Relation ins philosophische Denken ein (τὰ πρός τι). Interessanter Weise zählte er sie noch nicht zur Substanz, sondern klassifizierte sie lediglich als Akzidens.[202] In dieser zentralen Frage, ob Relation eine Eigenschaft der Dinge ist (interne Relation) oder doch nur eine sprachliche Zuschreibung (externe Relation), konnte die Philosophiegeschichte keine überzeugende, breit akzeptierte Lösung entwickeln; bis heute wird sie kontrovers diskutiert. Während vor allem Theorien in der Nachfolge des idealistischen Denkens die Relation als ontologische Kategorie und damit zu den Wesensmerkmalen der Dinge zählen, qualifizieren sie etwa Vertreter der sprachanalytischen Philosophie als Prädikat, weil sie sprachlich erzeugt und bedingt, eine Zuschreibung des menschlichen Geistes sei. Simmel selbst würde in diesem Streit wohl für keine dieser Positionen Partei ergreifen, sondern die starken Seiten sowohl der „idealistischen" und davon unterschieden der aristotelischen Perspektive, die überwie-

---

[198] Protagoras, Fragment 1, in: Diels, Hermann (Hg.), Die Fragmente der Vorsokratiker 2 (Griechisch und Deutsch), Berlin 1960, 263. Eine bewusst an Protagoras anknüpfende Theorie des Relativismus hat Paul Feyerabend entwickelt (Irrwege der Vernunft, Frankfurt 1989, bes. 35-129).
[199] Vgl. dazu insbesondere KrV B 306-314.
[200] Kant, Immanuel, KrV B XXVI. Zur Problematik dieses Begriffs vgl. Schmidinger, Heinrich, Metaphysik. Ein Grundkurs, Stuttgart ²2006, 223ff.
[201] Kant, Immanuel, KrV B XXVIf.
[202] Vgl. Aristoteles, Metaphysik V, 15, 1021 b 6-8.

gend in der mittelalterlichen Scholastik und besonders von Thomas von Aquin vertreten wurde,[203] als auch die Vorzüge der sprachphilosophischen Warte aufgreifen. Jedes Seiende steht in sich selbst und zugleich in Differenz zu jedem anderen Seienden, weshalb Relation keine äußere Qualität, sondern ein inneres Prinzip jedes Seienden ist. „Ein Ding *hat* nicht Identität, es *ist* seine Identität."[204]

Es gehört zum fixen Arsenal der dogmatistischen Kritik, die Relativität der Wahrheit als Preisgabe von Wahrheitsansprüchen zu denunzieren, als ob sich Wahrheit nicht von Falschheit unterscheiden ließe und Erkennen kein regelgeleiteter Prozess wäre.[205] Dabei stellt der Relativismus explizit einen Wahrheitsanspruch, aber anders als im Dogmatismus und im Skeptizismus bzw. Kritizismus gilt in ihm die Wahrheit, *weil* sie relativ ist. Denn mag das relativistische Erkenntnisprinzip „nur in Alternierung und Balancierung mit anderen, absolutistischen oder substantialistischen [Erkenntnisprinzipien] gelten, so ist eben dieses Verhältnis zu seinem eigenen Gegenteil ja selbst ein relativistisches"[206]. Die Frage nach dem Grund dieses Prinzips, so Simmel, wird vom Relativismus bewusst offen gelassen, er schiebt es gleichsam ins Unendliche hinaus: Jedes Absolute, das sich als solches zu präsentieren scheint, fordert ein neues Absolutes, wenn es in eine Relation gesetzt wird. Dieser neue feste Grund sucht wieder, sobald es in Beziehung gesetzt wird, ein neues Absolutes. Dieser Prozess kennt seinem Wesen nach keinen Stillstand und seine Heuristik hebt die Alternative auf, das Absolute zu verleugnen oder anzuerkennen. Für Simmel macht es keinen Unterschied, ob man ein Absolutes annimmt, das nur in einem unendlichen Prozess erfasst werden kann, oder ob man davon ausgeht, dass es nur Relationen gibt, die das Absolute ausschließlich in einem unendlichen Prozess ersetzen können.

Die Ersetzung eines apodiktischen Wahrheitsbegriffs durch ein relationales Verständnis, die Simmel nicht nur in seinen erkenntnistheoretischen, sondern auch in seinen soziologischen und kulturphilosophischen Überlegungen konsequent durchführte, brachte ihm von verschiedener Seite den auch damals

---

[203] Vgl. etwa: Thomas von Aquin, De potentia q. 7, a. 9; q. 8 a. 2 ad. 12. Thomas beschäftigt sich mit der Relationalität in der Quaestio 28 seiner *Summa theologica* (*De relationibus divinis*). Der zweite Artikel widmet sich der Frage, ob die Relationalität zum Sein Gottes gehört oder als Akzidens zu denken ist (*utrum relatio in Deo sit idem quod sua essentia*). Thomas macht deutlich, dass die Beziehung in Gott notwendig zu seinem Sein gehöre (*Patet etiam quod in Deo non est aliud esse relationis et esse essentiae, sed unum et idem*; Art. 2 Resp.). Als ein wichtiger Vertreter der Relationstheorie gilt Johannes Duns Scotus (vgl. dazu Beckmann, Jan P., Entdecken oder Setzen? Die Besonderheit der Relationen-Theorie des Duns Scotus und ihre Bedeutung für die Metaphysik, in: Honnefelder, Ludger u.a. (Hg.), John Duns Scotus. Metapyhsics and Ethics, Leiden 1996, 367-384).

[204] Beckmann, Jan P., Art. Relation I. Philosophisch, in: LThK³ 8, Freiburg 1999, 1028f, 1028. Vgl. auch den umfassenden Überblick im HWPh 8, 578-611.

[205] Der in diesem Kontext zumeist anzutreffende Terminus *dogmatisch* wird hier der Sache nach durch das Begriffspaar *Dogmatismus/dogmatistisch* ersetzt, weil er im theologischen Kontext eine andere Semantik besitzt.

[206] Philosophie des Geldes 117. Damit ist auch ein wichtiges Argument entkräftet, das gegen die relativistische Position immer wieder vorgetragen wird: Wenn das relativistische Prinzip für alle gelten soll, ist es nicht mehr relativ, sondern erhebt implizit selbst einen absoluten Anspruch.

gefährlichen Vorwurf ein, letztlich ein Relativist zu sein. Dies ist umso erstaunlicher, als sich Simmel stets entschieden vom Skeptizismus, mit dem der Relativismus häufig verwechselt wird, distanzierte. Um die Zeit der Jahrhundertwende kam dieser Vorwurf des Skeptizismus einem Verdikt gleich und war bei Simmel neben seiner jüdischen Abstammung wohl einer der Hauptgründe, warum er erst im fortgeschrittenen Alter von 56 Jahren eine Professorenstelle besetzen konnte.[207] Zeit seines Lebens musste sich Simmel gegen diese hartnäckigen Verdächtigungen und Unterstellungen erwehren. Selbst sein langjähriger Freund und Gegenspieler Heinrich Rickert war davon nicht frei. Noch in einem späten Brief (April 1917) an den Heidelberger Kollegen kommt Simmel auf diesen neuralgischen Punkt zu sprechen: „Auch habe ich den Verdacht, daß Sie mich für einen heimlichen Skeptiker halten, was völlig irrig ist. Freilich ist, was man vielfach unter Relativismus versteht, nicht viel andres: daß alle Wahrheiten relativ, also vielleicht Irrtümer sind, daß alle Moral relativ ist, d.h. anderswo andere Inhalte hat, und ähnliche Plattheiten. Was ich unter Relativismus verstehe, ist ein durchaus positives metaphysisches Weltbild und so wenig Skeptizismus, wie der physische Relativismus von Einstein oder Laue. Er geht sogar gerade darauf aus, dem Zirkel des Satzes: es giebt Wahrheit – seine vom logischen Standpunkt aus unleugbare Bedenklichkeit *zu nehmen*. Aber damit berühre ich Dinge, die ich in meinem abschließenden Buch sagen will – wenn es mir vergönnt ist, es zu verfassen. [...] Sie schreiben: »Einiges Wahre mag nur relativ sein, aber dass *alles* Wahre nur relativ wahr ist, das ist ein Ungedanke«. Ich habe also offenbar nicht klargemacht, was ich unter dem Relativismus der Wahrheit verstehe. Er bedeutet für mich durchaus nicht, daß Wahrheit und Unwahrheit zueinander relativ sind; sondern: daß Wahrheit eine *Relation* von Inhalten zueinander bedeutet, deren keiner für sich sie besitzt, gerade wie kein Körper für sich schwer ist, sondern nur im Wechselverhältnis mit einem anderen. Daß *einzelne* Wahrheiten in Ihrem Sinne relativ sind, interessirt mich dabei garnicht, gerade nur ihr *Ganzes* ist es, oder richtiger: ihr *Begriff.* Ihr Ausdruck: »*nur* relativ« verrät, daß Sie meine Gedanken mißverstehen. Denn ich will den Wahrheitsbegriff nicht gegen einen »höheren« herabstimmen, sondern ihm nur eine haltbarere Grundlage geben, als jener Zirkel es ist, eine Grundlage, die zwar nicht *gegen* die Logik sein darf, aber *aus* der Logik allein nicht zu gewinnen ist. Aus diesem Punkt ist die tiefste Differenz zwischen uns zu entwickeln."[208]

---

[207] So berichtet Landmann, dass Simmels Berufung auf eine philosophische Professur in Heidelberg 1908 (er war dort zweitgereiht hinter Heinrich Rickert, der jedoch absagte) von verschiedenen Kräften hintertrieben wurde. So habe sich die verwitwete Großherzogin Luise von Baden gegen die Berufung gestellt, „weil ihr Simmel in seinen religiösen Ansichten zu »relativistisch« und nicht genügend bibelgläubig erschien" (Gassen, Kurt/Landmann, Michael (Hg.), Buch des Dankes 26; allerdings ohne Quellenangabe).

[208] Brief Georg Simmels vom 15. April 1917 an Heinrich Rickert (GSG 16, 439f; zugleich in: Gassen, Kurt/Landmann, Michael (Hg.), Buch des Dankes 118f). Und Simmel fügt noch hinzu: „Und nun ein Letztes. Sie schreiben: »Es giebt nichts Absolutes, ohne daß es Relatives giebt, aber es giebt auch nichts Relatives, ohne daß es Absolutes giebt. Das Eine fordert das Andere«. Rein gedanklich angesehen, ist nur das Erstere zweifelhaft. Ich kann mir sehr wohl ein Absolutes denken, das sozusagen mit sich allein ist, ohne daß es etwas Relatives dazu giebt – wie

Wahrheit definiert Simmel weder als unmittelbare Übereinstimmung eines inneren Gedankens mit einer äußeren Wirklichkeit, noch als Gegenüber zur Unwahrheit, sondern als eine *Beziehung* der Inhalte, aus der und durch die sich Wahrheit erst konstituiert. Die Relativität der Inhalte gilt aber, ganz in der Tradition des Neukantianismus, nur *innerhalb* der jeweiligen symbolischen Form bzw. des betreffenden erkenntnistheoretischen Rahmens. Sie bezieht sich also nicht auf Begriffe oder Objekte außerhalb des jeweiligen Symbol- oder Funktionssystems, sondern ausschließlich auf das Verhältnis der Dinge in ihrem inneren Verhältnis zueinander. Mit dieser Relationalität der Dinge und Objekte ist neben der Beziehung zwischen dem Gegenständlichen und der Auffassungsweise des Gegenständlichen das zweite konstitutive Element des Relativismus benannt. Aufgrund dieser beiden Brennpunkte kann Simmel der Wahrheit einen Ort zuweisen, der sie aus den Aporien der bisherigen Lösungsansätze herausführt. Er bindet sie weder an einen dogmatistischen (und nicht begründbaren) Erkenntnisakt, noch löst er sie in die rein subjektive Gültigkeit des Skeptizismus auf, sondern nimmt sie gleichsam aus diesem Antagonismus heraus und setzt sie beiden gegenüber, in die beispiellose Lebendigkeit der Wechselwirkungen hinein. Der Ort der Wahrheit ist hier also *in* den doppelten Relationen des Erkennenden zu den jeweiligen Gegenständen und in der Beziehung der Gegenstände zueinander innerhalb einer bestimmten historischen Formung. Die Erkenntnis- und Wahrheitssuche ist als sprachlich vermitteltes Geschehen nicht anders als in gesellschaftlichen Austauschformen möglich, weshalb Wahrheit immer auch eine Relation zu den sie normierenden sozialen und kulturellen Prozessen zum Ausdruck bringt.

Simmel beschritt mit dem Begriff des *Relativismus* den dritten Weg jenseits der Alternative von Dogmatismus und Skeptizismus, weil sich durch ihn verbinden ließ, was die beiden klassischen Alternativen stets ausgeschlossen hatten.[209] Allein einem relativistischen Konzept gelinge es, die Objektivität der Geltung mit der Relativität ihrer Genese und Bedeutung zu verbinden. Simmel wollte in der *Philosophie des Geldes* explizit nachweisen, „daß es eines Absoluten als begrifflichen Korrelativums zur Relativität der Dinge nicht bedarf"[210]. Die relationale Struktur des Erkenntnisaktes führt zu einem unabschließbaren, offenen Prozess, weshalb im Relativismus „die konstitutiven, das Wesen der

---

Gott vor der Weltschöpfung. Ja sogar eine »Welt« von lauter Absolutheiten scheint mir (unter entsprechender Modifikation des Begriffes Welt) nicht undenkbar: die Welt der »fensterlosen Monaden«, oder (der Absicht nach) die Herbartische sind Annäherungen daran. Davon aber abgesehen, *spannt ja ihre Behauptung gerade die Relativität über Absolutes und Relatives*, macht auch diese äußersten Begriffe noch zueinander relativ! Das ist ja gerade die unendliche Relativität, auf die ich metaphysisch hinaus will!" (GSG 16, 440) Wie sehr ihn die Frage des Relativismus als erkenntnistheoretische Problemstellung beschäftigte, zeigt eine Schreiben Simmels an Rickert vom Juni 1896: „Im Laufe der Jahrzehnte hoffe ich Ihnen eine »Theorie des Relativismus« vorzulegen, in der dann auch alles, was ich für und gegen Sie auf dem Herzen habe, zum Ausdruck kommen soll." (Postkarte vom 24. Juni 1896 (GSG 22, 214; ähnlich: Philosophie des Geldes 657). Simmel hat dieses angekündigte Buch nicht mehr schreiben können.

[209] Vgl. dazu insb. Philosophie des Geldes 93-121.
[210] Philosophie des Geldes 97.

Dinge ein- für allemal ausdrückenden Grundsätze in regulative übergehen, die nur Augenpunkte für das fortschreitende Erkennen sind"[211]. An die Stelle der Behauptung einer Erkennbarkeit letztgültiger Wahrheiten tritt die Überzeugung, dass unser Erkennen so zu verfahren habe, „*als ob* sich die Dinge so und so verhielten"[212]. Denn so sehr wir auch an einem objektiven Erkenntnisideal festhalten, so wenig ist es für uns realisierbar und argumentativ zu begründen. Wir können nicht anders als von einem bestimmten, in einem konkreten Denk- und Verständnishorizont eingewobenen Punkt unserer Existenz aus auf die Wirklichkeit zugreifen, sie nur in spezifischen Symbolisierungen vorstellen und beschreiben, wodurch eine konstitutive Differenz zwischen der angezielten Wahrheit und den beschränkten Möglichkeiten ihrer Erkenntnis eingezogen ist.[213] Bestimmtes und Unbestimmtes, Realisierung und Entzug, Absolutheit und Perspektivität, sie sind nur in der Einheit ihrer Differenz bestimmbar. Sehr wohl aber lassen sich die jeweiligen Überzeugungen und Bekenntnisse argumentativ stützen und begründen. Eine Letztbegründung ist damit nicht möglich, weil jede endgültige Behauptung nur in Bezug auf die sprachliche Formulierung und die in sie eingebettete Symbolwelt erfolgen kann; genau darin besteht ihre Relativität.[214] Der berühmte *God's Eye View* ist dem menschlichen Erkennen nicht möglich, die Wirklichkeit nicht sprachunabhängig, also ohne

---

[211] Philosophie des Geldes 106.
[212] Philosophie des Geldes 106. Selbst Georg Lukács, ein Schüler und später heftiger Kritiker von Simmel verteidigt ihn gegen den Vorwurf des Relativismus. Relativismus bedeute doch „den Zweifel an der bedingungslosen Gültigkeit der einzelnen möglichen Setzungen (zum Beispiel: Wissenschaft, Kunst), und er ist deshalb ganz unabhängig von der Frage, ob unser Weltbild einen monistischen oder pluralistischen Charakter hat. Simmel dagegen hält an der Absolutheit jeder einzelnen Setzung fest, er betrachtet jede als notwendig und unbedingt, nur glaubt er nicht daran, daß es irgendeine apriorische Stellungnahme zur Welt geben könnte, die die Totalität des Lebens wirklich umfassen würde. Jede bietet nur einen Aspekt; einen apriorischen und notwendigen Aspekt, aber doch nur einen Aspekt und nicht die Totalität selbst." (Erinnerungen an Simmel von Georg Lukács, in: Gassen, Kurt/Landmann, Michael (Hg.), Buch des Dankes 171-176, 174.) Lukács fügt hinzu, dass es genau das sei, das Simmels Denken kennzeichne, es bleibe nicht bei den einzelnen Aspekten stehen. Der tiefere Grund dieser Zurückhaltung sei gewesen, dass für Simmel die letzte Instanz stets etwas Setzungsjenseitiges blieb: das Leben, von dem die Setzungen eben nur Aspekte bieten können, die zueinander in den mannigfaltigsten und verwickeltsten Beziehungen stünden, die zu entwirren Simmel seine ganze gedankliche Feinfühligkeit und Schärfe aufbiete. Die Schwäche der Soziologie vor Simmel, z.B. jene von Marx, der sich Simmel ja verbunden fühlte, war ihre Tendenz, alles Zeitlos-Unbedingte (Religion, Kunst, Philosophie) ins Zeitlich-Bedingte aufzulösen, wie umgekehrt die Schwäche der geschichtsphilosophischen Epoche darin lag, die Zeitlichkeit der Geschichte ganz und ungeteilt der Unbedingtheit rein apriorischer Beziehungen einzuverleiben. Simmel treibe in der *Philosophie des Geldes* die Analyse der Bedingtheiten so weit voran und spitze sie zu solcher Feinheit zu wie kaum jemand vor ihm. Und gleichzeitig mache er „das Umschlagen der Bedingtheiten, ihre Selbstbegrenzung, ihr Haltmachen vor dem, das sich nicht bedingen läßt, in unnachahmlicher Schärfe sichtbar" (Erinnerungen an Simmel von Georg Lukács, in: Gassen, Kurt/Landmann, Michael (Hg.), Buch des Dankes 175).
[213] Hans-Peter Müller schlägt daher vor, Simmels Relativismus als Perspektivismus zu rekonstruieren (vgl. Müller, Hans-Peter, Soziale Differenzierung und Individualität. Georg Simmels Gesellschafts- und Zeitdiagnose, in: Berliner Journal für Soziologie 3 (1993) 127-139, 130ff).
[214] Nach der „Enzyklopädie Philosophie und Wissenschaftstheorie 3" (hg. v. Mittelstraß, Jürgen, Stuttgart 1995) ist Relativismus eine „Bezeichnung für eine Gruppe philosophischer Positionen, für die die Begründung von Aussagen bzw. die Rechtfertigung von Handlungen stets nur unter

Bezug auf die semantische Welt der Zeichen beschreibbar.[215] Simmel selbst spricht ausdrücklich von einem positiven metaphysischen Weltbild, das er mit dem Konzept des Relativismus verbindet; dies ist der heiße Kern seines Denkens. In dem bereits erwähnten kurzen Text *Anfang einer unvollendeten Selbstdarstellung* spricht Simmel vom Relativismus „als kosmischem und Erkenntnisprinzip"[216], mit dem sich die Aporien des substanzontologischen und abstrakten Denkens durch das organische der Wechselwirkung, d.h. durch ein relationales Denken überwinden lassen.

Ein Echo der betont negativen Konnotationen des Relativismusbegriffs ist auch immer wieder innerhalb der Theologie zu vernehmen. Auch hier ist der Relativismus weitgehend diskreditiert und zu einer Kampfvokabel zusammengeschmolzen, gilt er doch als Synonym für Skeptizismus, Gleich-Gültigkeit, Indifferentismus und Preisgabe von Wahrheitsansprüchen. Insbesondere durch die Predigt vom damaligen Dekan des Kardinalskollegiums, Kardinal Joseph Ratzinger, zu Beginn der Papstwahl am 18. April 2005, ist der Relativismus innerkirchlich wieder in den Vordergrund des Interesses gerückt.[217] In seinen an die wahlberechtigten Kardinäle gerichteten Worten setzt sich der spätere Papst unter anderem mit dem Verlust der Maßstäbe in den Gesellschaften auseinander und beklagt, dass einen klaren Glauben nach dem Credo der Kirche zu bekennen oft als Fundamentalismus abgestempelt werde, „wohingegen der Relativismus, das sich »vom Windstoß irgendeiner Lehrmeinung Hin-undhertreiben-lassen«, als die heutzutage einzige zeitgemäße Haltung erscheint. Es entsteht eine Diktatur des Relativismus, die nichts als endgültig anerkennt und als letztes Maß nur das eigene Ich und seine Gelüste gelten lässt."[218] Was Ratzinger hier als Relativismus bezeichnet, meint der Sache nach wohl einen ausgehöhlten Subjektivismus oder den vor allem in den kirchlichen Dokumenten des 19. Jahrhunderts vielfach kritisierten Indifferentismus, die jedoch mit dem klassischen Relativismus weder Anspruch und Anliegen noch ihre methodologische Begründung teilen.[219] Ratzinger betont das andere Maß, das für

---

Voraussetzung von Prinzipien möglich ist, die selbst keine übergeordnete oder universelle Gültigkeit besitzen" (Carrier, Martin, Art. Relativismus, 564f.).

[215] Das ist ein Hauptkritikpunkt von Hilary Putnam an dem von ihm diagnostizierten metaphysischen Realismus innerhalb der zeitgenössischen analytischen Philosophie. Das Ideal einer von unseren Beschreibungen völlig unabhängigen „Fertigwelt" bezeichnet er als bloße Chimäre, weil zwischen Zeichen und Gegenstand keine kausale Beziehung existiert. Gegen eine *copy theory of truth* ist die Pluriformität der Erfahrungsmöglichkeiten unserer Welt zu verteidigen. Damit ist für Putnam aber ausdrücklich ein Plädoyer für die argumentative Begründung der verschiedenen Erfahrungs- und Erkenntnisformen verbunden (vgl. Putnam, Hilary, Repräsentation und Realität, Frankfurt ²2005; Ders., Für eine Erneuerung der Philosophie, Stuttgart 1997; Ders., The Threefold Cord. Mind, Body, and World (John Dewey Essays in Philosophy), New York 1999).

[216] Anfang einer unvollendeten Selbstdarstellung 10.

[217] Joseph Kardinal Ratzinger, Predigt in der Heiligen Messe *Pro Eligendo Romano Pontifice* (18. April 2005), in: Der Anfang. Papst Benedikt XVI. und Joseph Ratzinger. Predigten und Ansprachen. April/Mai 2005 (VAS 168, Bonn 2005), 12-16.

[218] Joseph Kardinal Ratzinger, Predigt in der Heiligen Messe *Pro Eligendo Romano Pontifice* 14.

[219] Lehramtlich wird der Relativismus in *Humani generis* als falsche Überzeugung bezeichnet, wonach das Dogma sich auch in den Begriffen der heutigen Philosophie ausdrücken könne, „sei

Christen gelte: der Sohn Gottes, der wahre Mensch. Ein Glaube ist daher nicht dann erwachsen, wenn er den Wellen der Mode und der letzten Neuheit folgt, sondern wenn er „tief in der Freundschaft mit Christus verwurzelt ist". Diese Freundschaft mache uns offen gegenüber allem, was gut ist, und sie gibt uns das Kriterium an die Hand, zwischen wahr und falsch, zwischen Trug und Wahrheit zu unterscheiden.

Aber werden hier nicht implizit Kategorien der Relation aufgerufen? Ein Maßstab setzt immer eine Größe in Beziehung zu einer anderen, äußeren Wirklichkeit, ohne die Verhältnisstruktur wäre jedes Maß ein semantisch leerer Begriff. Darüber hinaus ist Freundschaft eine klassische Kategorie der Relation, weil sie Größen in ein Verhältnis zueinander setzt, die zwar (substanzontologisch betrachtet) je für sich existieren können, aber ihre Lebendigkeit, ihre wechselseitige Anerkennung erst im Gespräch und im Austausch realisieren. Nicht anders verhält es sich mit der Struktur des Glaubens, der in seinem spezifischen Charakter als einer durchgängigen, „den ganzen Menschen engagierenden *Grundhaltung* des Vertrauens"[220] Relationen erzeugt und symbolisiert, die nicht anders als in lebendigem Austausch, in wacher Aufmerksamkeit als Liebe und Nachfolge zur Gestalt drängen.

Wie vielschichtig der Begriff Relativismus innerhalb der Theologie Ratzingers verwendet wird, zeigt sich unter anderem an einem Beitrag für die Zeitschrift „Communio", der über die demokratiepolitischen Herausforderungen des Christentums in der Gesellschaft reflektiert.[221] Dort würdigt Ratzinger den Relativismus als Voraussetzung der modernen Demokratie, die gleichsam auf seinen Fundamenten erbaut sei. Der Relativismus „erscheint als die eigentliche Garantie der Freiheit, gerade auch ihrer wesentlichen Mitte – der Religions-und Gewissensfreiheit."[222] Hier bezeichnet der Relativismus das Gegenüber zum Dogmatismus in dem Sinne, dass er den Bedeutungsraum offen hält, jene Differenzen markiert, durch die sich Wahrheit erst entfalten und ihren spezifischen Ort finden kann. Das Zweite Vatikanische Konzil hat in seiner Erklärung über die Religionsfreiheit *Dignitatis humanae* im 3. Artikel festgehalten, dass dem Staat in der Wahrheitsfrage keine Entscheidungskompetenz zukommt. Auch wenn der Staat „nicht selbst Quelle von Wahrheit und

---

es des »Immanentismus«, des »Idealismus«, des »Existentialismus« oder einer anderen Lehre" (DH 3882). Dahinter stecke die Ansicht, dass die Geheimnisse des Glaubens sich niemals in Begriffen fassen ließen, die vollständig der Wahrheit entsprächen, sondern nur in Begriffen und Ausdrücken, die nur „annäherungsweise wahr" und „jederzeit wandelbar" seien. Solche Bemühungen, so Pius XII, würden „nicht nur zu einem so genannten dogmatischen »Relativismus« führen, sondern diesen schon tatsächlich zum Inhalt haben; und zwar fördert diesen die Verachtung der allgemein überlieferten Lehre und jener Ausdrücke, mit denen diese bezeichnet wird, mehr als genug" (DH 3883).

[220] Kehl, Medard, Hinführung zum christlichen Glauben, Mainz ²1987, 39f.
[221] Ratzinger, Joseph Kardinal, Die Bedeutung religiöser und sittlicher Werte in der pluralistischen Gesellschaft, in: Ders., Werte in Zeiten des Umbruchs. Die Herausforderungen der Zukunft bestehen, Freiburg 2005, 49-66 (erstveröffentlicht in: Communio 21 (1992) 500-512).
[222] Ratzinger Joseph Kardinal, Die Bedeutung religiöser und sittlicher Werte in der pluralistischen Gesellschaft 51. Dennoch erhebt sich die Frage, ob es nicht gerade deswegen eines „einen nichtrelativistischen Kern auch in der Demokratie geben müsse" (51).

2 Wechselwirkung – Zur Erkenntnistheorie der Relativität 197

Moral"²²³ sein kann, so ist er doch das Forum, auf dem die Gesellschaft im Wechselspiel von individuellen und sozialen Ansprüchen die Rechte ausbalanciert, den produktiven Streit um Freiheit und Gerechtigkeit austrägt.

Eine ähnliche, semantisch leicht modifizierte Bedeutung kommt dem Terminus Relativismus innerhalb der Religionstheologie zu, wo er immer wieder mit einer religionsphilosophischen, theologisch unentschiedenen Metaperspektive identifiziert wird. In dem Sammelband *Kriterien interreligiöser Urteilsbildung*, der sich den Methoden- und Kriterienfragen innerhalb der religionstheologischen Debatten widmet, kritisieren die Herausgeber in ihrem Vorwort die Haltung des Relativismus, die aus einem diffusen Toleranzverständnis resultiere und zu einer postmodernen Beliebigkeit führe.²²⁴ Die relativistische Position diene vielfach nur „apologetisch zur Abwehr von intra- und interreligiöser Religionskritik", wie sich bei einigen Vertretern der sog. *Radical Orthodoxy* (genannt werden John Milbank, Gavin D'Costa sowie George Lindbeck) zeige, während sich genau jene Position, die von Kardinal Ratzinger als Einbruchsstelle des Relativismus kritisiert wurde (z.B. John Hick), von jeglichem Relativismus distanziere „und auf der Notwendigkeit einer kritischen Prüfung der Religionsformen" beharre.²²⁵ In diesem Verständnis verzichtet der Relativismus auf jegliche Kriteriologie, er zieht sich lediglich auf eine kulturalistische Perspektive zurück. Doch ist hier zu fragen: Wird dieses Bild dem erkenntnistheoretischen Anliegen des Relativismus gerecht? Wie bereits gezeigt, gibt er an keiner Stelle den Anspruch auf wahre Erkenntnis preis, nur bindet er ihn nicht an eine Absolutheit, sondern setzt ihn in die Lebendigkeit der Auseinandersetzung hinein, in die Zwischenräume und in die Differenzen, die sich durch die jeweiligen Perspektiven auf die anderen hin eröffnen.

Explizit diskutiert Armin Kreiner in seinem Beitrag *Rationalität zwischen Realismus und Relativismus*²²⁶ die wichtigsten Argumente für und gegen den Relativismus, den er als Anti-Realismus definiert. Kreiner positioniert seine These im Kontext des in verschiedenen Varianten immer wieder formulierten Haupteinwands gegen das relativistische Konzept: „Wer behauptet, die Wahrheit lasse sich nicht erkennen, muss sich fragen lassen, wie er denn eben dies

---

²²³ Ratzinger Joseph Kardinal, Die Bedeutung religiöser und sittlicher Werte 63.
²²⁴ Bernhardt, Reinhold/Schmidt-Leukel, Perry (Hg.), Kriterien interreligiöser Urteilsbildung (Beiträge zu einer Theologie der Religionen 1), Zürich 2005, 7-17.
²²⁵ Bernhardt, Reinhold/Schmidt-Leukel, Perry (Hg.), Kriterien interreligiöser Urteilsbildung 11. Die *Radical Orthodoxy*, eine vorwiegend im angelsächsischen Raum beheimatete Bewegung, möchte Theologie explizit auf dem Boden der fortgeschrittenen Säkularisierung und in offener Auseinandersetzung mit den Fragestellungen der (post)modernen Welt betreiben. Die *Radical Orthodoxy* „attempts to reclaim the world by situating its concerns and activities within a theological framework. Not simply returning in nostalgia to the premodern, it visits sites in which secularism has invested heavily – aesthetics, politics, sex, the body, personhood, visibility, space – and resituates them from a Christian standpoint" (so im Vorwort zum Sammelband: Radical Orthodoxy. A New Theology, edited by John Milbank, Catherine Pickstock and Graham Ward, London/New York ⁴2001, 1; einen informativen Überblick über die *Radical Orthodoxy* bietet auch: Smith, James K.A., Introducing Radical Orthodoxy. Mapping a Post-secular Theology (Foreword by John Milbank), Bristol 2004).
²²⁶ Kreiner, Armin, Rationalität zwischen Realismus und Relativismus, in: Bernhardt, Reinhold/ Schmidt-Leukel, Perry (Hg.), Kriterien interreligiöser Urteilsbildung 21-35.

erkennen kann."²²⁷ Der Relativismus sei keineswegs die frohe Botschaft, als die er häufig und gerne präsentiert werde, schließlich seien im Namen der einen Wahrheit und Vernunft nicht nur Minderheitenpositionen diskriminiert und unterdrückt, sondern auch Appellationsinstanzen geschaffen worden, „um Unmenschlichkeiten und Ungerechtigkeiten anzuprangern und zu überwinden"²²⁸. Nach Kreiner besteht das eigentliche Problem nicht in den Wahrheitsansprüchen selbst, sondern „in der als unrevidierbar erachteten Gewissheit, im Besitz der Wahrheit zu sein" (33). Realistische Positionen führen nicht automatisch zu Fundamentalismus und Dogmatismus. Kreiner zitiert hier Peter Vardy, wonach jeder „philosophische Realist" zugestehen müsse, irren zu können, und daher in Bezug auf die eigenen Wahrheitsansprüche Bescheidenheit erforderlich sei.²²⁹ Warum aber ist Bescheidenheit erforderlich? Eben weil ein Irrtum nicht definitiv ausgeschlossen werden könne und vieles, was einst als unumstößliche, ewige Wahrheit die Welt verändern sollte, in einem anderen Kontext, in einem veränderten Kategoriensystem in den reißenden Strom des Fragwürdigen hinabgerissen wurde.

Innerhalb der Theologie besitzt das Begriffspaar *Relation/Relationalität* im Gegensatz zu Relativität/Relativismus eine äußerst positive, weitgehend erprobte und breit rezipierte Tradition. Mit ihm wurden nicht nur die innertrinitarischen Beziehungen in ihrer Identität und Differenz beschrieben, auch für das anthropologische Denken kommt ihm eine herausragende Bedeutung zu. In der Trinitätstheologie bringt es zum Ausdruck, dass Gott reine Beziehung

---

[227] Kreiner, Armin, Rationalität zwischen Realismus und Relativismus 29.
[228] Kreiner, Armin, Rationalität zwischen Realismus und Relativismus 31.
[229] Vardy, Peter, Das Gottesrätsel. Antworten auf die Frage nach Gott, München 1997, 195. Nicht zufällig fügte der Verfasser des ersten Petrusbriefes der so genannten *Magna Charta der Fundamentaltheologie*, wonach die Christen stets bereit sein sollen, „jedem Rede und Antwort zu stehen, der nach der Hoffnung fragt, die euch erfüllt" (1 Petr 3,15), die Aufforderung hinzu, dies bescheiden und respektvoll zu tun. Dieses strategisch-praktische Moment ist auch in der *Theologischen Realenzyklopädie* leitend. Hans Jürgen Wendel, der 1990 eine Studie zur Problematik des Relativismus vorgelegt hatte (Moderner Relativismus. Zur Kritik antirealistischer Sichtweisen des Erkenntnisproblems, Tübingen 1990, bes. 34-68), verfasste den Eintrag zur philosophisch-wahrheitstheoretischen Dimension. Darin präsentiert er kurz die klassischen Einwände gegen den Relativismus und zieht daraus den Schluss, dass ein „einheitlicher, umfassender und Selbstanwendung gestattender relativistischer Wahrheitsbegriff" nicht möglich sei (Wendel, Hans Jürgen, Relativismus I. Philosophisch-werttheoretisch, in: TRE 28, Berlin 1997, 497-500, 500). Werner Wolbert diskutiert im zweiten Teil die ethischen Problemstellungen eines Relativismuskonzepts, indem er zunächst den empirischen (deskriptiven) von einem kulturellen und von einem metaethischen Relativismus unterscheidet. Der kulturelle Relativismus in seiner normativen Variante widerspricht dem ethischen Grundkriterium der Universalisierbarkeit. Der metaethische Relativismus reflektiert auf die ethische Qualität der Handlungen und ist somit „eine These über sittliche Urteile" (Wolbert, Werner, Relativismus II. Ethisch-metaethisch, 500-504, 502). Emotivismus und Dezisionismus als zwei wichtige Varianten eines metaethischen Relativismus zeigten die Problematik der Universalisierbarkeit sittlicher Normen. Wolbert schließt seinen Beitrag mit einem verhaltenen Plädoyer für den Universalismus als regulativer Größe: „Wenn auch eine relativistische Einstellung bisweilen (etwa zur Vermeidung eines Ethnozentrismus, also vorschneller Verurteilung) von praktischem Nutzen sein kann, sollte man dagegen in theoretischen Auseinandersetzungen von einer universalen sittlichen Wahrheit wenigstens als regulativer Idee ausgehen." (Wolbert, Werner, Relativismus 504). Wolbert trifft damit exakt das zentrale Anliegen des Relativismus als erkenntnistheoretisches Programm.

2 Wechselwirkung – Zur Erkenntnistheorie der Relativität

ist, sowohl nach innen als auch nach außen, „vollkommen gut als die sich selbst verströmende Güte"[230]. Die drei göttlichen Personen oder Hypostasen vollziehen in ihrer Gemeinschaft miteinander das eine Wesen Gottes vollkommen und ohne Einschränkung, aber sie realisieren es „auch je für sich auf vollkommene Weise"[231]. Diese relationale Grammatik, die das innergöttliche Verhältnis symbolisiert, wird in sehr unterschiedlichen Modellen entwickelt und gegenwärtig zusehends zu einem tragenden Strukturprinzip in der christlichen Anthropologie entfaltet, insofern sie Menschsein konsequent definiert als In-Beziehung-Sein, als herausgeforderte Existenz im Spannungsfeld von Geschöpflichkeit und Verwiesenheit vom anderen her und auf ihn hin.[232]

Weil der Begriff Relativität in der Theologie kaum auf eine (erkenntnis)theoretische Position als vielmehr auf eine leichtfertige Preisgabe von Wahrheitsansprüchen referiert, besitzt er, wie gezeigt wurde, keine positive Semantik. Ganz anders steht es um die Relationalität, die sowohl in der Gotteslehre, in der Anthropologie als auch in besonderer Weise in der Christologie ein zentrales Moment der Glaubensgrammatik repräsentiert. Allerdings liegt hier auch das Gewicht stärker auf der ontologischen Dimension, um einerseits schöpfungstheologisch die seinsmäßige Differenz zwischen Gott und Geschöpf zu wahren, andererseits aber auch einen unüberbrückbaren Dualismus zu verhindern. In relationalen Verhältnissen kann die Wechselseitigkeit auch äußerst marginal entwickelt sein, so dass sie kaum die Wahrnehmungsschwelle überschreitet, wenn die Einwirkung gleichsam allein aus einer Richtung erfolgt.

Theologiegeschichtlich ist der wichtigste Komplementärbegriff zur Relationalität weniger die Absolutheit als vielmehr die ungeteilte, beziehungslose und in sich selbst bestehende Einheit. Es war gewiss kein Zufall, dass der Neuplatonismus das oberste Prinzip streng relationslos konzipierte, eine reale Beziehung zu den unteren Seinsbereichen ausschloss, weshalb Gleichheit, Ähnlichkeit oder Selbigkeit als Kategorien ungeeignet waren, das All-Eine zu

---

[230] Werbick, Jürgen, Trinitätslehre, in: Schneider, Theodor (Hg.), Handbuch der Dogmatik 2, Düsseldorf 1992, 481-576, 556. Der Relationalitätsgedanke spielt in den meisten gegenwärtigen Trinitätstheologien eine zentrale Rolle. Exemplarisch seien noch genannt: Greshake, Gisbert, Der dreieine Gott. Eine trinitarische Theologie, Freiburg/Basel/Wien 1997; Kasper, Walter, Der Gott Jesu Christi, Mainz 1982, 285-383; Moltmann, Jürgen, Trinität und Reich Gottes. Zur Gotteslehre, Gütersloh ³1994; Breuning, Wilhelm, Gotteslehre, in: Glaubenszugänge. Lehrbuch der Katholischen Dogmatik 1, hg. v. Beinert, Wolfgang, Paderborn 1995, 201-362, bes. 274-329.

[231] Werbick, Jürgen, Trinitätslehre 552 (dort kursiv). Pannenberg weist darauf hin, dass dieser Gemeinschaftsvollzug in jeder Hypostase ein aktives Moment in sich austrägt: Der Sohn wird nicht nur gezeugt, sondern verherrlicht den Vater. Der Geist wird nicht nur gehaucht, er erfüllt auch den Sohn und ruht auf ihm. Daher gehe es nicht an, „die in der Schrift bezeugten *aktiven* Beziehungen des Sohnes und des Geistes zum Vater als für deren Identität nicht konstitutiv zu behandeln und dafür nur die Beziehungen der Zeugung und des Hervorgangs bzw. der Hauchung zu berücksichtigen" (Pannenberg, Wolfhart, Systematische Theologie 1, Göttingen 1988, 348).

[232] Vgl. dazu insb. die anthropologischen Entwürfe von: Gruber, Franz, Das entzauberte Geschöpf. Konturen des christlichen Menschenbildes, Regensburg 2003; Wenzel, Knut, Sakramentales Selbst. Der Mensch als Zeichen des Heils, Freiburg 2003; Dirscherl, Erwin, Grundriss theologischer Anthropologie. Die Entschiedenheit des Menschen angesichts des Anderen, Regensburg 2006; Schoberth, Wolfgang, Einführung in die theologische Anthropologie, Darmstadt 2006.

bezeichnen.²³³ Die Kluft zwischen dem Einen und der Welt der Vielheit war für das neuplatonische Denken unüberbrückbar, doch musste irgendeine Verbindung möglich sein, da Erlösung und Erkenntnis nur von ihm selbst zu erwarten waren. Die neuplatonische Lösung konzipierte denn auch kein Beziehungsdenken im klassischen Sinne. Denn aus dem einfachen All-Einen kommt wohl alles, was ist, aber nicht auf dem Wege einer Setzung oder Schöpfung, sondern im Modus einer Emanation. Das Eine und Einzige verströmt sich und stellt damit eine Verbindung zur Welt her, aber dabei verliert es nichts an Kraft, noch gibt es sich selbst, sondern wie ein Licht strahlt es aus, ohne selbst dadurch in irgendeiner Weise berührt oder verändert zu werden.

Nun zählt das Absolute mit seinen zahlreichen Wortverbindungen und Substantivierungen zu den großen metaphysischen und auch theologischen Begriffen. Mit ihm wird eine der fundamentalen Eigenschaften Gottes beschrieben. Interessanter Weise kennt das Griechische kein genaues Äquivalent für *absolutum*, sodass sich dieser Begriff vor allem in den Schriften der lateinischen Kirchenväter findet. Eine unmittelbare Identifizierung von Gott und Absolutum vollzog erstmals Anselm von Canterbury in seinem Monologion, während Thomas von Aquin eine Gleichsetzung konsequent unterließ, weshalb er den Begriff *absolutum* meist adjektivistisch (*potentia absoluta, cognitio absoluta, totalitas absoluta* etc.) verwendete.²³⁴ Erst bei Nikolaus von Kues werden Gott und das Absolute ausdrücklich ineins gesetzt, das sich nur in unerkennbarer Weise erkennen und in nicht benennbarer Weise benennen lässt. Indem Gott „als »Einer und Alles« oder besser »Alles vereint« verstanden werden"²³⁵ muss, ist seine Beziehung zu einem anderen mitbehauptet, weil eben die Absolutheit in seiner Einfachheit die Gesamtheit alles dessen, was ist, einschließt. Damit wird nicht nur die Gefahr eines Pantheismus gebannt, sondern Schöpfung überhaupt erst als Freiheitsgeschehen (und nicht als Notwendigkeit) denkbar. In die Absolutheit ist bereits ein Bezug zu einem Gegenüber, von dem es sich absetzt, eingetragen, und damit ein wechselseitiges Moment gegeben.²³⁶

---

²³³ Vgl. dazu den Überblick bei Beierwaltes, Walter, Denken des Einen. Studien zur neuplatonischen Philosophie und ihrer Wirkungsgeschichte, Frankfurt 1985.

²³⁴ Das wird vor allem im 25. Artikel des ersten Buches seiner *Summa theologica* (De divina potentia) deutlich.

²³⁵ Nikolaus von Kues, De docta ignorantia I, 24 (Philosophische Schriften 1), hg. v. Gabriel, Leo, Wien 1964, 191-297, 281 (die lateinische Formulierung lässt sich nur schwer ins Deutsche übertragen: interpretari unus et omnia sive omnia uniter, quod melius est, 280).

²³⁶ Dieses Anliegen kennzeichnet vor allem die Negative Dialektik (Adorno, Theodor W., Negative Dialektik (GS 6), Darmstadt 1998). Für die marxistische Kritik ist das Absolute oftmals nur ein mythologisierter Ausdruck der Verweigerung, „die Wirklichkeit konkret als geschichtlichen Prozess zu begreifen" (Lukács, Georg, Geschichte und Klassenbewußtsein. Studien über marxistische Dialektik, Neuwied 1968, 324). Lukács kritisiert an Nietzsche und Spengler, dass ihr Relativismus das Absolute nur scheinbar aus der Welt entferne, in Wirklichkeit aber verfestige: „Jeder »biologische« usw. Relativismus, der solcherart aus der von ihm festgestellten Schranke eine »ewige« Schranke macht, hat gerade durch eine solche Fassung des Relativismus das Absolute, das »zeitlose« Prinzip des Denkens ungewollt wieder eingeführt" (324).

Auch wenn für Simmel noch nicht die feineren Instrumentarien zur Verfügung standen, um zwischen Relativität, Relationalität, Relationismus, Relationalismus und den entsprechenden Adjektiva zu differenzieren, so sollte die starke Semantik des Begriffspaars Relativismus/Relativität nicht allzu schnell preisgegeben werden. Es betont nicht nur die konstruktivistischen Elemente im Erkenntnisprozess, sondern dokumentiert darüber hinaus die Kontextualität und den irreduzibel offenen Raum der Bedeutungen, die jedoch den Wahrheitsanspruch nicht ausschließen, sondern ihn explizit in die Beziehungen der Elemente und damit in den offenen Horizont der Interpretationen hineinsetzen.[237] Es ist die Stärke dieser Semantik, dass sie die Zuordnung nicht in Hierarchien auflöst, sondern in der Spannung hält und damit jenen offenen Raum ermöglicht, in dem die Erkenntnis ihre Einsichten finden, die Freiheit ihre Möglichkeiten entwickeln und die Liebe ihre weltverändernde Kraft entfalten kann.

Obwohl Simmel den Relativismus stets scharf vom Skeptizismus abgegrenzt hat, bleibt der Begriff in Simmels Œuvre doch ein wenig schillernd, nicht zuletzt auch deshalb, weil er vor allem in der Frühphase auch als Kennzeichnung für den Skeptizismus diente.[238] Darüber hinaus stand noch kein anderer Begriff zur Verfügung, um dieses erkenntnistheoretische Prinzip sachgemäß und prägnant auszudrücken. Karl Mannheim (1893-1947) führte deshalb den Begriff des *Relationismus* in die Debatte ein, ein Terminus, mit dem sich auch Simmels Konzept der Sache nach treffend charakterisieren ließe.[239] Mannheim hoffte mit dieser Wortschöpfung die äquivoken und antagonistischen Gebrauchsweisen sowie die zahlreichen Fehlinterpretationen, denen die relativistische Erkenntnistheorie ausgesetzt war, aus dem Weg räumen zu können. Ähnlich wie Simmel, doch ohne expliziten Bezug auf ihn, bestreitet auch er,

---

[237] Vgl. dazu Baumann, Peter, Erkenntnistheorie. Lehrbuch Philosophie, Stuttgart 2002, bes. 141-181. Über die Bedeutung des Wahrheitsverständnisses für die Theologie vgl. die Studie von: Gruber, Franz, Diskurs und Konsens im Prozeß theologischer Wahrheit, Innsbruck 1993. Dieses zentrale Motiv der Differenz spielt auch in der kritischen Theorie eine wichtige Rolle, insofern das Absolute als „das Andere", das sich nur negativ bestimmen lässt, die Funktion eines Korrektivs gegenüber allen (Exklusivitäts)Ansprüchen, insbesondere denen eines Neopositivismus, übernimmt.

[238] Großen Einfluss auf Simmels Relativismusverständnis dürfte Theodor Gomperz' Buch „Griechische Denker" ausgeübt haben (vgl. Geßner, Willfried, Der Schatz im Acker 87f). Simmel hat das Buch 1895 für die Vossische Zeitung rezensiert (GSG 1, 346-353) und sich von der These beeindruckt gezeigt, dass dasselbe Ding der Außenwelt auf verschiedene Menschen und verschiedene Zustände desselben Individuums verschieden wirkt, vor allem aber, „daß Gesinnungen, Vorschriften, Institutionen, die für eine Phase menschlicher Entwicklung angemessen und heilsam waren, für eine andere unzureichend und unheilbringend" werden konnten (349).

[239] Vgl. Mannheim, Karl, Wissenssoziologie (Auswahl aus dem Werk, eingeleitet u. herausgegeben von Wolff, Kurt H.), Berlin und Neuwied ²1970, 199. Mannheim entwickelte sein Konzept vorwiegend im Kontext historischer Fragestellungen (vgl. 246-307) und betonte, dass aus der Standortgebundenheit der jeweiligen historischen Erkenntnis und aus der Verbundenheit des jeweiligen Geschichtsbildes mit den aktuellen Bedürfnissen und Wertungen „keineswegs die Relativität der gewonnenen Erkenntnis" [sic] folge (271). Gegen den Vorwurf des Nihilismus verteidigt Mannheim den Relationismus als einen Weg, um die Engherzigkeit und Eingekapseltheit aller Standpunkte zu überwinden, als eine „Methode des Suchens, die an der Lösbarkeit unserer Seins- und Denkkrise ausgesprochenermaßen *nicht* zweifelt und schon deshalb nicht nihilistisch sein kann" (620).

dass aus der Einsicht des Historismus, wonach der Betrachtende selbst in Bezug auf die Erkenntnis relativiert wird, notwendig die Konsequenz einer Relativität der gewonnenen Erkenntnis selbst folgen müsse. In der Geschichtsforschung gebe es eine „*ungeheure Spannung* [...] zwischen der Lehre einer zeitlosen Geltung und der gleichzeitigen Einsicht, daß ein jedes historisches Gebilde stark in dem Zeitalter verankert ist"[240]. Treffend bezeichnet Mannheim daher den Relationismus als „die Bezüglichkeit aller Sinnelemente aufeinander und ihre sich gegenseitig fundierende Sinnhaftigkeit in einem bestimmten System"[241]. Denn die Einsicht, dass Erkenntnisse nicht absolut erfassbar und formulierbar sind, bedeutet ja keineswegs, dass sie willkürlich und subjektiv sind, sondern nur, dass wir sie allein nach Maßgabe der historisch-sozial bestimmten Bewusstseinsstrukturen erkennen und beschreiben können. „Diese Einsicht in die »Seinsrelativität« bestimmter Erkenntnisse", so Mannheim, führt daher „keineswegs zu einem Relativismus, bei dem jeder bzw. keiner Recht hat, sondern zu einem Relationismus, wonach bestimmte (qualitative) Wahrheiten gar nicht anders als seinsrelativ erfaßbar und formulierbar sind"[242]. Was bei Mannheim und in der wissenssoziologischen Literatur Relationismus genannt wird, meint bei Simmel sachlich nichts anderes als der Begriff Relativismus. Um aber die Abgrenzung von einer skeptischen Interpretation herauszustellen und das relationale Moment deutlicher zu profilieren, gibt es daher unter den Simmel-Interpreten starke Plädoyers, seine Erkenntnis- und Wahrheitstheorie ebenfalls als Relationismus zu bezeichnen.[243]

Obwohl dieser Begriff als Bezeichnung treffend erscheint, so gibt es m.E. doch starke Gründe, am Begriffspaar Relativismus/Relativität als Kennzeich-

---

[240] Mannheim, Karl, Wissenssoziologie 199.
[241] Mannheim, Karl, Ideologie und Utopie, Frankfurt ³1952, 77. Mannheim liefert hier auch die erkenntnistheoretische Begründung: Wohl intendiert die Erkenntnis einen Gegenstand und richtet sich nach diesem, aber die Zugangsweise variiert, weil sie von der Konstitution des Subjekts abhängt. Da „jede Sicht, um Erkenntnis zu werden, kategorial formiert und formuliert werden muss, die Formierbarkeit und Formulierbarkeit aber vom jeweiligen Stand des theoretisch-begrifflichen Bezugssystems abhängt", bleibt fraglich, „ob es überhaupt erstrebenswert und eine wirkliche Aufgabe sei, Unbezüglichkeiten oder »Absolutheiten« zu suchen" (77). Vielleicht besteht die Aufgabe nur darin, „relational und dynamisch, aber nicht statisch denken zu lernen" (77f).
[242] Mannheim, Karl, Wissenssoziologie 570.
[243] So Geßner, Willfried, Der Schatz im Acker 87-93. Ähnlich auch Landmann, der davon überzeugt war, dass Simmel das Absolute nicht mehr als einheitliche Substanz fassen konnte, weshalb ihm nur „ein konsequent zu Ende geführter Relationismus" blieb (Landmann, Michael, Georg Simmel. Brücke und Tür XII). Bevers unterscheidet einen ontologischen von einem erkenntnistheoretischen und einem methodischen Relationismus (Bevers, Antonius, Dynamik der Formen 62-71). Barrelmeyer bezeichnet die von Simmel vertretene Erkenntnistheorie explizit als einen „epistemologische(n) Relationismus" (Barrelmeyer, Uwe, Geschichtliche Wirklichkeit als Problem. Untersuchungen zu geschichtstheoretischen Begründungen historischen Wissens bei Johann Gustav Droysen, Georg Simmel und Max Weber (Beiträge zur Geschichte der Soziologie 9), Münster 1997, 128). Im „Metzler Philosophen Lexikon" wird Simmels Denken als *Relationalismus* bezeichnet: Simmel „war ein Exponent des gelehrten jüdischen Bürgertums, der Begründer der modernen Soziologie und als Philosoph durch seinen Relationalismus der Gegner jeglichen ontologischen Substanzdenkens" (Metzler Philosophen Lexikon. Von den Vorsokratikern bis zu den Neuen Philosophen, hg. v. Lutz, Bernhard, Stuttgart ³2005, 674-677, 677).

nung von Simmels erkenntnistheoretischer Position festzuhalten. Zunächst hat Simmel selbst konsequent an ihm festgehalten und sich gegen seine Fehlinterpretationen gewehrt. Der Relativismus ist ein erkenntnistheoretisches Prinzip und nicht das Gegenüber der Wahrheitsansprüche. Vielmehr ist es umgekehrt, Relativismus und der Anspruch auf Wahrheit bzw. Gültigkeit sind untrennbar miteinander verbunden, weil der Relativismus als erkenntnistheoretisches Programm Wahrheitserkenntnis nicht bestreitet, sondern lediglich neu verankert: Er setzt sie nicht mehr in ein unerreichbares Absolutes, sondern in die Relativität der Dinge selbst hinein. Simmel hat den Relativismus als Lösung für die Aporien stark gemacht, in die der Dogmatismus und der Skeptizismus die Wahrheitsfrage hineingeführt haben. Die Probleme der damaligen Semantik und ihrer nach wie vor anhaltenden Bedeutungsverschiebung, die das Relativismuskonzept trotz seiner erkenntnistheoretischen Fundierung auf ein Potpourri völlig disparater argumentativer Überzeugungen reduziert, lassen sich nicht durch einen Verzicht auf die Begrifflichkeit aus der Welt schaffen. So sehr der Relationismus-Begriff von der negativen Semantik einer wahrheitstheoretischen Indifferenz und einer Preisgabe jeglicher verpflichtender Maßstäbe frei ist, so geht mit ihm doch auch eine Stärke des Relativismus-Begriffs verloren. Die Relationalität, die konstitutive Bezogenheit der Dinge und der Erkenntnis, bildet in der Tat ein überzeugendes Fundament, auf dem die konkreten Formen der Interdependenzen entwickelt werden können. Die Bandbreite der jeweiligen Relationsverhältnisse kennt keine natürliche Grenze und reicht von einer reinen Passivität bis zu einer vollkommenen Reziprozität, in der sich die Relata wechselseitig definieren. So lässt sich ein relationales Moment auch in einem stark hierarchischen Verhältnis finden, insofern sich Abhängigkeit und Unterordnung nur in Bezug auf eine Autorität benennen lassen, die ihrerseits wiederum auf Akzeptanz des Unterlegenen angewiesen ist.[244] Eine Höchstform der Relationalität ist dort erreicht, wo die Einwirkungen in offener Wechselseitigkeit erfolgen, wo sich Aktivität und Passivität perichoretisch durchdringen und nicht einer bestimmten Seite der Relata zugeschlagen werden können. In diesem Sinne ist die Relativität die Höchstform der Relationalität, ein starker Begriff für eine Wechselwirkung ohne Hierarchisierung. Der Begriff Relationalität im erkenntnistheoretischen Kontext bedeutet daher auch nicht das Andere oder die Ergänzung der Relativität bzw. des Relativismus, sondern ihre grundlegende Basis. Doch bringt der Relativitätsbegriff stärker das wechselseitige Moment, die Diskursivität und die antihierarchische Dynamik der Wahrheit zur Sprache. Nicht jede Relationalität ist eine Relativität, aber jede Relativität eine Relationalität. Der Terminus Relativität bringt entschiedener die Weite der wechselseitigen, nur in der Differenz der Bezeichnungen sich konstituierenden Bedeutungsfelder zur Sprache. Er untermauert die subjektiv-kommunikative Dimension der Erkenntnis, insofern sie stets gebunden ist an die Aprioris des erkennenden Geistes, der geformt ist durch

---

[244] Vgl. dazu die paradigmatischen Ausführungen Hegels über Herrschaft und Knechtschaft in der *Phänomenologie des Geistes* (Hegel, Georg Wilhelm Friedrich, Phänomenologie des Geistes (Werke 3), Frankfurt [4]1993, 145-155).

seinen Bezug zur Welt, zur Gesellschaft und zu den normativen Plausibilitäten bzw. Werten. Gleichzeitig betont er aber auch die Objektivität und Gültigkeit der Erkenntnis, insofern diese nicht allein in den Zuschreibungen des Geistes existiert, sondern sich in gleichem Maße in den sozialen Realitäten des Lebens manifestiert und eine eigene Autonomie mit verpflichtendem Anspruchscharakter entwickelt. Damit wird ein unabschließbares Wechselspiel in Gang gesetzt, in dem die Wahrheit ihren Ort nicht in den als unrevidierbar erachteten Gewissheiten, sondern allein in den Differenzen der Perspektiven und Semantiken finden kann.

Im weiteren Verlauf dieser Arbeit wird daher das Dual *Relativität/relativ* bevorzugt verwendet, weil es entschiedener als das von *Relationalität/relational* auf die Struktur der Wechselseitigkeit zielt. Es nimmt darüber hinaus auch in Simmels erkenntnistheoretischer Grundlegung einen zentralen Platz ein.[245] Schließlich ist dieses Begriffspaar auch in der Theologie nicht gänzlich unbekannt. So begegnet es bei Joseph Ratzinger an wenigen, aber markanten Stellen. In seinem Aufsatz „Zum Personenverständnis in der Theologie"[246] dient der Relativitätsbegriff als Spezifizierung des trinitarischen Personverständnisses zur Kennzeichnung einer bedingungslosen Relation: Die Personen in Gott sind nichts anderes als „der Akt der Relativität aufeinander hin. Person in Gott ist die reine Relativität des Einander-zugewandt-Seins, sie liegt nicht auf der Substanzebene – die Substanz ist *eine* –, sondern auf der Ebene des Dialogischen, der Relativität aufeinander hin."[247] Der Begriff Relativität bringt hier stärker als der Relationsbegriff die wechselseitige Verwiesenheit zum Ausdruck. Mit ihr lässt sich auch das besondere Verhältnis des Sohnes zum Vater beschreiben: Sie sind eins (Joh 10,30), weil der Sohn „nichts von sich allein hat, weil er sich nicht als eine abgegrenzte Substanz neben den Vater stellt, sondern *in* der totalen Relativität auf ihn hin ist, nichts anderes darstellt als die Relativität auf ihn hin, die keinen Vorbehalt des bloß Eigenen sich ausgrenzt"[248]. Vom Sohn lässt sich definitiv nicht sprechen ohne den Vater und vom Vater nicht ohne den Sohn. Wer der Sohn ist, wird nur im Blick auf seine Beziehung zum Vater sichtbar, so wie die Eigenschaften und Proprietäten des Vaters nur in seiner konstitutiven Bezogenheit auf den Sohn aussagbar sind. In seiner „Einführung ins Christentum" greift Ratzinger diesen Gedanken auf und verstärkt ihn dahingehend, dass er die Christologie „als Relativitätslehre vom

---

[245] Das gilt unbeschadet der Tatsache, dass Simmel zwischen Relativismus und Relativität nicht unterscheidet. Zu Recht kann Geßner schreiben: „Es dürfte kaum übertrieben sein, in dem Begriff der Relativität zumindest einen roten Faden zu sehen, der Simmels Werk als ganzes durchzieht. Kaum ein zweiter Begriff ist in Simmels Denken derart zentral und zugleich kontinuierlich anzutreffen." (Geßner, Willfried, Geld als symbolische Form. Simmel, Cassirer und die Objektivität der Kultur, in: Simmel Newsletter 6 (1996) 1-30, 9)

[246] Ratzinger, Joseph, Zum Personenverständnis in der Theologie, in: Ders., Dogma und Verkündigung, München 1973, 205-223, bes. 210-215. Der Text, der auf einem Vortrag basiert, wurde erstmals 1966 veröffentlicht. Seine Form wurde „mit geringen Glättungen" beibehalten. Diese Herkunft, so fügt Ratzinger in der Anmerkung hinzu, „möge das Skizzenhafte und Vorläufige des Textes entschuldigen" (205).

[247] Ratzinger, Joseph, Zum Personenverständnis 211.

[248] Ratzinger, Joseph, Zum Personenverständnis 212.

Sohnbegriff her"²⁴⁹ versteht. Damit möchte er einerseits die unüberbietbare Verbundenheit von Vater und Sohn als auch zugleich die Beziehung der Gläubigen zu Christus zum Ausdruck zu bringen. In beiden Momenten wird die grundlegende Struktur des Relativitätsbegriffs sichtbar: Dass die Beschreibung einer bestimmten Größe ohne konstitutiven Bezug auf eine andere nicht möglich ist. Aber anders als in einer klassischen Relation, die problemlos zweiwertig bleiben kann, ist in Relativitäten stets ein Drittes enthalten, ein offener Raum, ohne den die Bedeutungen der jeweiligen Größen in ihren wechselseitigen Bezügen nicht beschreibbar sind. Diese Struktur ließe sich etwa schöpfungstheologisch dahingehend explizieren, dass die Welt als freie und ungeschuldete Gabe Gottes eine Selbstaussage des Vaters ist, die ihre Plausibilität und Überzeugungskraft nur im Blick auf ihr Drittes, auf die Fragen und Problemstellungen der Menschen, entwickeln kann. Inkarnationstheologisch ließe sich diese Grammatik vertiefen, indem die Menschwerdung Gottes nicht nur im Lichte der klassischen Erlösungstheorien entfaltet wird, sondern im Horizont des modernen Freiheitsdenkens das Verhältnis von (innergeschichtlichem) Heil und (eschatologischer) Vollendung neu bestimmt.

Im Unterschied zum ebenfalls möglichen Dual *Relativismus/relativistisch* vermeidet das Begriffspaar *Relativität/relativ* die vorherrschende und unglückliche Konnotation mit Gleich-Gültigkeit und Preisgabe jeglicher Maßstäbe. Im gängigen, verkürzten Verständnis von Relativismus ist die subjektive Qualität von der Standortbedingtheit der Geltungsansprüche nahezu restlos herausdifferenziert; die Möglichkeit objektiver Geltung wird hier nicht mehr in Betracht gezogen.

Darüber hinaus bringt das Dual *Relativität/relativ* im Unterschied zu jenem von *Relationismus bzw. Relationalität/relationistisch* entschiedener das durchgängige Moment der Wechselseitigkeit zum Ausdruck. Freilich gibt es in Anknüpfung an Mannheim und die komplizierte Wirkungsgeschichte auch gute Gründe, das Begriffspaar *Relationismus/relational* zu bevorzugen. Die zahlreichen äquivoken, antagonistischen und unterbestimmten Verwendungsweisen, die den Relativismusbegriff begleiten, eröffnen auch die Möglichkeit, die Entscheidung zwischen Relativismus und Relationismus, Relativität und Relationalität bewusst offen zu lassen und die Vielfalt der wechselseitigen Abhängigkeiten je nach Bedarf sprachlich konkret einzuholen. Welche Position man letztlich auch wählt, entscheidend bleibt jedenfalls die Semantik, die mit ihm verbunden wird. Denn in jeder konkreten Gestalt sind Relativismus/Relativität und Relationismus/Relationalität Manifestationsformen eines fundamentalen Prozesses, der letztlich entscheidend ist: die *Wechselwirkung*. Zwar ist der Wechselwirkungsbegriff in den erkenntnistheoretischen Debatten nicht eingeführt, der Sache nach bringt er aber genau das zum Ausdruck, was Simmel mit *Relativismus* beschrieben hat, ohne damit in die erwähnten semantischen Aporien zu geraten. Auf Basis dieser Unterscheidungen könnte man pointiert formulieren: Wechselwirkung ist der entscheidende Oberbegriff, Relativität

---

²⁴⁹ Ratzinger, Joseph, Einführung ins Christentum. Vorlesungen über das Apostolische Glaubensbekenntnis, München 1968, 146.

und Relativismus, Relationalität und Relationismus seine graduell verschiedenen Realisationsformen.

2.6 Eine pragmatistische Theorie vor der Hochblüte des Pragmatismus

Nach Simmel kann weder eine idealistische noch eine realistische Erkenntnistheorie erklären, auf welche Weise unser Erkennen überhaupt zur Wahrheit der Dinge vorstößt und welches Verhältnis es zum Subjekt entwickelt. Da die klassischen Ansätze von einer Erkennbarkeit der objektiven, wahren Realität ausgehen, die vom erkennenden Geist entweder realiter abgebildet (Realismus) oder formal durch seine apriorischen Bedingungen konstituiert wird (Idealismus), ist in ihnen die objektive Wahrheit der Dinge und Ideen jeweils eine autonome, von den Bedürfnissen und Interessen sowie der Erkennbarkeit des Subjekts unbeeinflusste Größe. Zwischen Erkenntnis und Wahrheit besteht demnach keine ursächliche, performative Beziehung, sondern das Subjekt ergreift aus verschiedenen Gründen die objektive Wahrheit, die jedoch dem Subjekt äußerlich bleibt und keinerlei Konsequenzen für ihre Konstitutionsbedingungen trägt. Das praktische Interesse wie auch jedes andere, das uns zum Erkennen treibt, hat auf den Inhalt dieses Erkennens „gar keinen *gestaltenden* Einfluß, sondern bewirkt nur, daß derselbe [Inhalt], der nur so und nicht anders sein kann, psychisch realisirt wird"[250]. Dieser Ansicht liegt die klassische dualistische Vorstellung zugrunde, wonach die praktischen, vitalen Bedürfnisse und die objektiv erkennbare Welt beziehungslos nebeneinander stehen und erst durch das Erkennen in ein gegenseitiges Verhältnis treten. In dieser Konzeption muss das Denken also eine selbstständige Wahrheit und Dignität besitzen, die im Vollzug inhaltlich mit der objektiven Wahrheit des erkannten Gegenstandes zusammenfällt. Diese Koinzidenz der beiden Faktoren, die natürlich unterschiedlicher Natur sind, setzt eine im Leibnizschen Sinne prästabilierte Harmonie „zwischen den Functionen des Vorstellens und des Handelns"[251] voraus, ist aber als solche nicht nachweisbar. In diesem auf Descartes und Kant zurückgehenden Dualismus hat jenes Prinzip, das für das relativistische Erkenntniskonzept an vorderster Stelle steht, keinerlei tragende Funktion: das pragmatische Moment. Doch nur mit seiner Einbeziehung lässt sich der Antagonismus zwischen subjektiver Erkenntnis und objektiver Welt überwinden, weil in der Pragmatik die Dualität „schon in einer tiefer gelegenen Wurzel"[252] aufgehoben ist. Wir haben keinen anderen Beweis für die Wahrheit einer Vorstellung, keine Möglichkeit zu einem weiteren theoretischen Regress als den Rekurs auf die praktischen Konsequenzen, die sich aus ihrer Befolgung ergeben. Mit anderen Worten: Die Wahrheit findet ihre Bestätigung an der prak-

---

[250] Das ist exakt dasselbe wie bei einer Rechnung, die wir nicht ausführen, damit „wir ein anderes Ergebnis aus ihr gewinnen als es in den objektiven Verhältnissen ihrer Factoren begründet liegt, mögen wir es nun ziehen oder nicht" (Ueber eine Beziehung der Selectionslehre zur Erkenntnistheorie 62).
[251] Ueber eine Beziehung der Selectionslehre zur Erkenntnistheorie 70.
[252] Ueber eine Beziehung der Selectionslehre zur Erkenntnistheorie 63.

tische Funktionalität und ist nur von der Wirkung her auf ihre Ursache hin erkennbar. Daher gibt es „gar keine theoretisch gültige »Wahrheit«, auf Grund deren wir dann zweckdienlich handeln; sondern wir *nennen* diejenigen Vorstellungen wahr, die sich als Motive des zweckmäßigen, lebensfördernden Handelns erwiesen haben"[253]. In ähnlicher Weise beschrieb James die Wahrheit einer Vorstellung nicht als „eine unbewegliche Eigenschaft, die ihr inhärent" wäre, sondern als ein Mittel, das ein bestimmtes Lebensbedürfnis befriedigt.[254]

Simmel entfernt sich an dieser Stelle am weitesten von der klassischen Adaequatio-Lehre, weil die Wahrheit nun nicht mehr auf der Übereinstimmung mit einer Wirklichkeit beruht, sondern als Qualität der Vorstellungen definiert wird, die zu Ursachen des günstigsten Handelns werden. In diesem Prozess bleiben auf längere Sicht nur jene Modellannahmen übrig, werden jene ausgewählt und weiterverfolgt, die sich als überzeugend, plausibel und weiterführend erweisen. Mit dem „Ehrennamen des Wahren statten wir diejenigen Vorstellungen aus, die, als reale Kräfte oder Bewegungen in uns wirksam, uns zu nützlichem Verhalten veranlassen. Darum gibt es soviel prinzipiell verschiedene Wahrheiten, wie es prinzipiell verschiedene Organisationen und Lebensanforderungen gibt"[255]. Die Begründung der Wahrheit auf die „Nützlichkeit" gilt aber nicht nur ihrer Aneignung, sie gilt auch ihrem Inhalt und Wesen nach. Wie sonst ließe sich erklären, dass Handlungen, die wir aufgrund unserer Vorstellungen durchführen, gelingen und dadurch den Eindruck erwecken, als würden wir die objektiven Verhältnisse kennen, während andere Handlungen, die offensichtlich auf falschen Vorstellungen beruhen, gänzlich misslingen? Was kann „die Wahrheit" bedeuten, „die für diese und uns inhaltlich eine ganz

---

[253] Ueber eine Beziehung der Selectionslehre zur Erkenntnistheorie 64. Helle meint, dass Simmel die Reflexion über den Einfluss von Nützlichkeitserwägungen „ganz entschieden auf den Vorgang der Annahme einer schon vorhandenen und davon gänzlich unbeeinflußten Wahrheit" beschränkt (Helle, Horst Jürgen, Soziologie und Erkenntnistheorie bei Georg Simmel (Erträge der Forschung 259), Darmstadt 1988, 65). Wenn dem so wäre, würde Simmel die idealistische Position fortschreiben, die er gerade überwinden möchte.

[254] James, William, Der Pragmatismus. Ein neuer Name für alte Denkmethoden (EA 1907; dt. 1908, übersetzt von Wilhelm Jerusalem), hg. v. Oehler, Klaus, Hamburg ²1994, 120. In dem Aufsatz *Die pragmatische Darstellung der Wahrheit und ihre Fehldeutungen* (Wiederabdruck aus der *Philosphical Review* 17 (1908) 1-17) verteidigt sich James gegen zahlreiche Missverständnisse des Pragmatismus und betont, dass Wahrheit „eine Eigenschaft unserer Ansichten ist und daß diese Ansichten Einstellungen sind, die auf Befriedigungen folgen" (James, William, Pragmatismus und radikaler Empirismus, hg. u. übersetzt v. Langbehn, Claus, Frankfurt 2006, 117-138, 128). „Wirklichkeiten sind nicht *wahr*, sie *sind*; und Ansichten sind wahr *bezogen auf sie*." (126) Allerdings wäre es ein grobes Missverständnis, wollte man das Nützlichkeitsargument, wie Bertrand Russell es tat, auf eine rein funktionale Kategorie reduzieren (vgl. Russell, Bertrand, Philosophie des Abendlandes, Wien 1975, 820-837). Ein Glaube ist nicht allein wahr, wenn er gute Früchte trägt, aber es ist unter anderem daran erkennbar. James betonte vielmehr, dass das Wahre das ist, was uns auf dem Weg des Denkens vorwärts bringt und das Richtige das, was uns in unserem Verhalten stärkt (vgl. dazu Putnam, Hilary, Pragmatismus – Eine offene Frage, Frankfurt 1995, 13-33).

[255] Philosophie des Geldes 102; das Wort „wahr" zeigt „nichts anderes an, als eben diese regelmäßige, praktisch günstige Folge des Denkens" (Ueber eine Beziehung der Selectionslehre zur Erkenntnistheorie 64).

verschiedene ist, außerdem sich mit der objektiven Wirklichkeit gar nicht deckt, und dennoch so sicher zu erwünschten Handlungsfolgen führt, als ob dies letztere der Fall wäre?"[256] Die Erklärung: Die unterschiedlichen Anlagen und Möglichkeiten der Menschen erfordern es, dass sie sich auf eine besondere, voneinander abweichende Art praktisch verhalten müssen. Ob eine von einer bestimmten Vorstellung entworfene Handlung nützliche Folgen hat und gelingt, ist keineswegs ihren Inhalten zu entnehmen, sondern hängt vielmehr davon ab, „zu welchem Erfolg diese Vorstellung als realer Vorgang innerhalb des Organismus, im Zusammenwirken mit den übrigen physisch-psychischen Kräften und in Hinsicht auf die besonderen Lebenserfordernisse jenes führt."[257] Das Erkennen ist nicht zuerst wahr und dann „nützlich", sondern umgekehrt, es ist erst „nützlich" und wird dann wahr genannt, weil „die Erfahrung über die Wirkung des Handelns zugleich die Wahrheit schafft"[258]. Wir haben „kein anderes *definitives* Kriterium für die Wahrheit einer Vorstellung vom Seienden, als daß die auf sie hin eingeleiteten Handlungen die gewünschten Konsequenzen ergeben"[259]. Zu Recht bemerkt Andreas Hetzel dazu, dass dieses Kriterium für Wahrheit auch dem der amerikanischen Pragmatisten Charles S. Peirce und William James entsprechen würde.[260]

Simmel betont in seinen erkenntnis- und wahrheitstheoretischen Überlegungen sowohl die Nähe als auch die Differenz zum Kantischen Verständnis. So wie man die Lehre des Königsberger Philosophen mit dessen eigenen Worten zusammenfassen könne, wonach die *Möglichkeit* des Erkennens für uns

---

[256] Philosophie des Geldes 101.
[257] Philosophie des Geldes 102.
[258] Ueber eine Beziehung der Selectionslehre zur Erkenntnistheorie 72. Diese Umkehrung der Kausalität zeigt sich auch am Raumverständnis: Erkenntnistheoretisch gesprochen ist der Raum die Bedingung der Möglichkeit von Erkenntnis, er ist etwas Objektives, ein Gefäß, in dem das Ich neben vielen anderen Dingen seine Stelle hat. Die Paradoxie des Idealismus besteht nun darin, dass er in dieses Ich alle Dinge hineinpacken muss – und den Raum noch dazu. Aber sobald man das Bewusstsein in den Raum gesetzt hat, kann man ihn nicht mehr in der Seele platzieren. Die Lösung des Idealismus, den Raum als von unserer Vorstellung abhängige äußere Realität zu konstituieren, entzieht ihm den Realitätsgehalt, seinen gegenüberliegenden Charakter. Analog verhalte es sich mit dem Wahrheitsbegriff: Wenn man sich Wahrheit als etwas im absoluten Sinne Objektives vorstellt, das unser Bewusstsein in sich nachzubilden hätte, dann ließe sich die psychologische Entstehung dieser Formen aus den bloß subjektiven Bedürfnissen des Menschen nur schwer erklären. So wie der Anschauungsprozess den Raum erst erzeugt, „so erzeugen sich für unser Denken, gemäss dem Nützlichkeitsprincip, gewisse Normen seines Verhaltens, durch welche überhaupt erst das zustande kommt, was wir Wahrheit nennen" (Ueber eine Beziehung der Selectionslehre zur Erkenntnistheorie 73f).
[259] Philosophie des Geldes 103. Daher kann Simmel auch formulieren: „[D]ie geistigen Inhalte, die sich als Förderungen der Lebensentfaltung bewähren, nennen wir die wahren, die zerstörenden, lebenshemmenden nennen wir irrig." (Lebensanschauung 259)
[260] Hetzel, Andreas, Georg Simmel: Philosophie des Geldes (1900), in: Gamm, Gerhard/Hetzel, Andreas/Lilienthal, Markus (Hg.), Hauptwerke der Sozialphilosophie, Stuttgart 2001, 72-93, 82. Freilich gibt es beträchtliche Unterschiede zwischen James und Peirce, die sich insbesondere in der Unterscheidung zwischen Pragmatismus und Pragmatizismus widerspiegeln; vgl. Sandbothe, Mike (Hg.), Die Renaissance des Pragmatismus. Aktuelle Verflechtungen zwischen analytischer und kontinentaler Philosophie, Velbrück 2000; Pape, Helmut, Der dramatische Reichtum der konkreten Welt. Der Ursprung des Pragmatismus im Denken von Charles S. Peirce und William James, Velbrück 2002.

zugleich die Gegenstände des Erkennens erzeuge, so ließe sich seine eigene Theorie in dem Satz verdichten: „[D]ie *Nützlichkeit* des Erkennens erzeugt zugleich für uns die Gegenstände des Erkennens."[261] Diese Konzeption, die mit Analogien aus der Tierwelt gestützt wird,[262] formuliert eine Grundüberzeugung seiner Erkenntnistheorie, dass der Wahrheitswert unserer Erkenntnis *relativ* zu den sie tragenden Weltbildern ist.[263] Als Wirklichkeit bezeichnen wir nun „diejenige Vorstellungswelt oder Vorstellungsart, die zugrunde liegen muß, damit wir nach der Besonderheit unserer gattungsmäßigen psycho-biologischen Organisation förderlich, lebenserhaltend handeln; für anders eingerichtete, anders bedürfende Wesen würde eine andere »Wirklichkeit« bestehen, weil für ihre Lebensbedingungen ein anderes, d.h. von anderen Vorstellungen fundamentiertes Handeln das nützliche wäre. So entscheiden die Zwecke und prinzipiellen Voraussetzungen darüber, welche »Welt« von der Seele geschaffen wird, und die wirkliche Welt ist nur eine von vielen möglichen."[264] Das Material, die Gegenstände der Erkenntnis sind für alle gleich, die Unterschiede liegen in den Formgebungen und Darstellungsweisen. Hauptkriterium und -motiv bleibt allerdings die Nützlichkeit und Förderlichkeit gemäß der Besonderheit unserer psycho-biologischen Organisation. „Die Wirklichkeit der Welt ist keineswegs *die* Welt schlechthin, sondern nur *eine*, neben der die Welt der Kunst wie die der Religion stehen, aus dem gleichen Material nach anderen Formen, von anderen Voraussetzungen aus zusammengebracht."[265] Alle Formen der Wirklichkeitserkenntnis sind wahrheitsfähig. Die Relativität der Wahr-

---

[261] Ueber eine Beziehung der Selectionslehre zur Erkenntnistheorie 74. Diese Formel wird Simmel später auch für die Werttheorie applizieren (vgl. Philosophie des Geldes 34).

[262] Die fundamental unterschiedlichen Reaktionsweisen der Tiere auf Sinnesempfindungen erklärt Simmel mit den speziellen Erfordernissen der jeweiligen Arten. Dementsprechend ändert sich auch ihr Wahrheitswert und führt zu einer Vielzahl von Weltbildern. Evolutionistisch bzw. biologistisch umgelegt auf die menschlichen Erkenntnismöglichkeiten schreibt Simmel: Aus der „Variabilität der Wahrheit gemäss der Variirung der Praxis wird klar, dass wohl auch wir keine selbständige Wahrheit besitzen dürften, die den Forderungen der Praxis gegenüberstände und zu der diese erst nachträglich in irgendein Verhältnis gesetzt würde – sondern dass auch bei uns jene Forderungen die Kraft besitzen, vermittels der Gestaltung unserer physisch-psychischen Organisation das zu bestimmen, was uns Wahrheit heißen soll" (Ueber eine Beziehung der Selectionslehre zur Erkenntnistheorie 69); man beachte den durchgängigen Konjunktiv. Das Insekt mit seinen Facettenaugen, der Adler mit seiner Sehschärfe, der Grottenolm mit den zurückgebildeten Augen, der Mensch mit seinem bestimmten Rezeptionsvermögen, sie alle nehmen die Wirklichkeit auf unterschiedliche Weise wahr, so „daß keines derselben den außerpsychischen Weltinhalt in seiner an sich seienden Objektivität nachzeichnet" (Philosophie des Geldes 101).

[263] Geßner hat zu Recht darauf hingewiesen, dass die naturalistische Beschreibung, wie sie Simmel hier entfaltet, später auch kulturell interpretiert wird, kritisiert aber, dass die evolutionistisch-biologistische Verhältnisbestimmung zum Verständnis des menschlichen Handelns nichts beiträgt, „da dessen Spezifikum: Sinn, in ihr keinen Platz hat, sondern vielmehr auf die materiellen Kräfte bzw. Prozesse reduziert wird, die ihn tragen" (Geßner, Willfried, Der Schatz im Acker 58).

[264] Die Religion 44.

[265] Die Religion 43f. Vgl. Uhl, Florian, Das Religiöse als Apriori. Zur Aktualität von Georg Simmels Religionsphilosophie, in: Dethloff, Klaus/Langthaler, Rudolf/Nagl-Docekal, Herta/Wolfram, Friedrich (Hg.) Orte der Religion im philosophischen Diskurs der Gegenwart, Berlin 2004, 191-224.

heit in Bezug auf die Pluralität der Lebensformen „bildet einen bleibenden Bestandteil des Simmelschen Wahrheitsbegriffs"²⁶⁶.

In diesen wahrheitstheoretischen Überlegungen Simmels zeigt sich ein bedeutender Strang pragmatischen Denkens. „Die Wahrheit, die für die Grundlagen und das Ganze der Vorstellungswelt nicht mehr in theoretischen Qualitäten derselben liegen kann, findet den »Gegenentwurf«, der sie legitimirt, oder richtiger, als solche schafft, in der Nützlichkeit, die sie als Ausgangspunkt praktischen Handelns besitzt."²⁶⁷ Aus der Nützlichkeit entwickelt sich durch weitere psychologische und physische Einwirkungen die besondere Dignität, die wir Wahrheit nennen. „Daß Simmel bereits im Jahre 1895 das Verhältnis von Wahrheit und Nützlichkeit in grundsätzlich derselben Weise beschreibt wie der Pragmatismus, ist allein schon deshalb bemerkenswert, weil diese philosophische Strömung damals außerhalb des *Metaphysical Club* von Cambridge kaum bekannt war."²⁶⁸

Schon früh ist von den aufmerksamen und wohlwollenden Lesern Simmels bemerkt worden, dass hier Theorieelemente entwickelt wurden, die im pragmatischen Universum einen festen Platz einnehmen. Max Frischeisen-Köhler hat detailreich nachgezeichnet, dass Simmels evolutionistisches und biologistisches Verständnis der Erkenntnis zu Formulierungen führe, „die die Wahrheitslehre des Pragmatismus vorwegnehmen"²⁶⁹, wobei, wie zu ergänzen wäre, auch die Historisierung und Pluralisierung des Apriori dazu beigetragen hat. Wilhelm Jerusalem, der James' Pragmatismusbuch ins Deutsche übersetzt hat, meinte in Bezug auf die Diskussion des Wahrheitsbegriffs in der *Philosophie des Geldes*: „Man kann den pragmatischen Wahrheitsbegriff kaum klarer und entschiedener aussprechen, als dies hier von Simmel geschehen ist."²⁷⁰

So groß die Gemeinsamkeiten und Übereinstimmungen mit dem Pragmatismus auch sein mögen, im Detail zeigen sich doch auch Differenzen.²⁷¹ Geßner sieht einen Hauptunterschied zwischen James und Simmel in der Wahl ihrer Referenzgegenstände. Während Simmel im phylogentisch-evolutionistischen und biologischen Kontext seine Theorie entwickelt, geht James vom Menschen

---

[266] Geßner, Willfried, Der Schatz im Acker 59.
[267] Ueber eine Beziehung der Selectionslehre zur Erkenntnistheorie 68 (GSG 5).
[268] Geßner, Willfried, Der Schatz im Acker 61.
[269] Frischeisen-Köhler, Max, Georg Simmel 15. Wahr sind demnach jene Vorstellungen, die in Zusammenhang mit den Kräften, Wirkweisen etc. zu nützlichen Folgen führen. Darum „gibt es so viel prinzipiell verschiedene Wahrheiten, als es prinzipiell verschiedene Organisationen und Lebensanforderungen gibt" (15).
[270] Wilhelm Jerusalem war einer der wichtigsten Verbreiter des Pragmatismus im deutschen Sprachraum. Besonders einflussreich wurde vor allem sein Aufsatz *Zur Weiterentwicklung des Pragmatismus* (in: Deutsche Literaturzeitung 34 (1913) Sp. 3205-3226; Zitat 3223). Jerusalems Übersetzung der Vorlesungen James von 1907 (*Pragmatism. A new Name for Some Old Ways of Thinking*) erschien 1908 auf Deutsch: William James, Der Pragmatismus. Ein neuer Name für alte Denkmethoden. Übersetzt von Wilhelm Jerusalem. Mit einer Einleitung herausgegeben von Klaus Oehler, Hamburg ²1994.
[271] Helle spricht von einer „geistige[n] Nachbarschaft zum philosophischen Pragmatismus Amerikas, als dessen Anreger er [Simmel] mit seinem Frühwerk galt, von dem er sich jedoch kurz vor seinem Tode ausdrücklich distanziert hat" (Helle, Horst Jürgen, Soziologie und Erkenntnistheorie 60). Zu dieser Einschätzung kritisch Geßner, Willfried, Der Schatz im Acker 239ff.

2 Wechselwirkung – Zur Erkenntnistheorie der Relativität

und seiner Praxis aus, wodurch der Handlungsbegriff einen weitaus wichtigeren Stellenwert erhält.[272] Eng verbunden mit seinem Wechselwirkungskonzept erscheint eine weitere Differenz, die sich bei näherer Betrachtung aber als Bestätigung und Erweiterung entpuppt: dass die Nützlichkeit selbst wieder von zahlreichen weiteren Prinzipien getragen und korreliert wird. So entscheidend die Zwecke und Bedürfnisse des (handlungsleitenden) Interesses auch sein mögen, es existieren in uns noch andere Grundforderungen als die generellen Bedürftigkeiten der Praxis. Wäre das Nützlichkeitskriterium das einzige und entscheidende, würde es selbst ein (relationsloses) Absolutes repräsentieren und als solches Simmels Erkenntnistheorie im Ansatz widersprechen. Jenseits der Zweckmäßigkeiten gibt es noch andere Konstitutiva unserer Vorstellungswelten, die der lebendigen Seele entspringen und sich jeglicher Funktionalisierung entziehen wie das Ausleben einer Kraft, die spontane Realisierung innerer Tendenzen oder die Vitalkraft eines Gedankens. Sie alle sind Realisierungen eines Erkennens, das nicht von einem terminus ad quem bestimmt ist.[273] In der Rezeption hat genau dieser Gedanke, der sich bereits in den erkenntnistheoretischen Frühschriften findet und im Spätwerk in den Vordergrund rückt, den Verdacht genährt, Simmel habe sich vom Pragmatismus distanziert; dazu kommt, dass Simmel ihn auch offen kritisierte.[274] Tatsächlich finden sich Pas-

---

[272] Vgl. Geßner, Willfried, Der Schatz im Acker 62ff. Geßner kritisiert, dass Simmel die Praxis, auf die James sich bezieht, nicht erfasse. Simmels Naturalismus in der Erkenntnistheorie sei der Preis dafür, „daß der herkömmliche Begriff der Wahrheit als »Übereinstimmung« aufgegeben wird, den Simmel lediglich im Sinne bildlicher Isomorphie versteht. […] Während Simmel der Abbildlehre nur dadurch entgehen zu können meint, daß er das Verhältnis von Vorstellung und Wirklichkeit als Naturkausalität begreift, weist James auf die eigenständige Qualität der Vorstellungen als »Zeichen« hin." (Geßner, Willfried, Der Schatz im Acker 63)

[273] Vgl. Lebensanschauung 257ff.

[274] In dem Aufsatz *Der Konflikt der modernen Kultur* formuliert Simmel eine Kritik am Pragmatismus, den er für die „oberflächlichste und beschränkteste" Theorie halte (Konflikt 196). Geßner weist nach, dass Simmel hier bei der Charakterisierung des Pragmatismus wohl die Lebensphilosophie von Bergson vor Augen gehabt habe (Geßner, Willfried, Der Schatz im Acker 239ff). Schon die Position des jungen Simmel falle nicht mit dem Pragmatismus zusammen, „wenngleich sie ihm recht nahe kommt" (241): „Wie sich Simmels Nähe zum Pragmatismus nicht auf das Frühwerk reduziert, so beschränkt sich seine Distanz zu ihm nicht auf das Spätwerk. Die affirmativen und die kritischen Momente in seiner Beziehung zum Pragmatismus laufen über eine weite Strecke nebeneinander her. Gemeinsam mit der Lebensphilosophie Bergsons steht der Pragmatismus bei Simmel für eine Denkweise, welche die Eigengeltung des Erkennens und der anderen geistigen Formwelten negiert. Indem Simmel sich dagegen wendet, die Werte des Erkennens und der Kunst auf die lebenspraktischen Zwecke zu reduzieren, und ihnen statt dessen eine eigene Geltung zuspricht, bezieht er die Position des Idealismus. Aber gleichzeitig nimmt er für den Pragmatismus Partei, indem er auf die Verankerung der ideellen Gebilde in den Lebenszwecken verweist." (245) Es sei zu bedauern, dass Simmel in seiner Pragmatismuskritik nie anführe, auf welchen Autor er sich beziehe. Sachlich sei aber Simmel weit davon entfernt, sich vom Pragmatismus zu distanzieren (vgl. 55-64, 239-245). Zum Verhältnis Simmels zu Bergson vgl. Adolf, Heinrich, Erkenntnistheorie auf dem Weg zur Metaphysik 252-275; Fitzi, Gregor, Soziale Erfahrung und Lebensphilosophie. Georg Simmels Beziehung zu Henri Bergson, Konstanz 2002. – Wilhelm Jerusalem machte Simmels Abkehr vom Pragmatismus im Wahrheitskapitel des Goethe-Buches fest (Jerusalem, Wilhelm, Zur Weiterentwicklung, Spalte 3223, in der GSG im Bd. 15, 7-270; Kapitel 2: Wahrheit, 32-60). Rudolf Pannwitz, der Simmels Sohn Hans bis zum Eintritt ins Gymnasium Privatunterricht erteilte, schreibt in einer (handschriftlichen) Erinnerung: „Über den Pragmatismus sprach er einmal – in ein paar Sätzen – ab-

sagen, die auf Distanz und Ablehnung schließen lassen: Die pragmatische Theorie bestreite die „der Wahrheit von je zuerkannte Unabhängigkeit"[275], sie lasse „das Wesen der *Wahrheit selbst* ungeklärt"[276], die doch etwas vom Leben innerlich Unabhängiges sei und virtuell bereit liege, um von ihm ergriffen zu werden. Dennoch hat Simmel am pragmatischen Wahrheitsbegriff auch im Spätwerk festgehalten. So schreibt er in der posthum erschienenen *Lebensanschauung*: Wie es zur Wahrheit kommt, ist nicht anders erklärlich als „daß das Leben, wie all seine anderen Funktionen, so auch die erkennenden schafft; hier gilt: was fruchtbar ist, allein ist wahr."[277] Simmels Kritik bezog sich primär auf die pragmatistische Reduktion der Bewusstseinsvorgänge auf das praktische Verhältnis zur Außenwelt. Um solche Verengungen zu vermeiden, ist nach Simmel stets im Bewusstsein zu halten, „dass unsere inneren Vorgänge, so sehr sie unserem vitalen Verhalten in der Welt dienen, doch selbst ein Stück dieses Verhaltens und dieser Welt sind"[278]. Sinn und Zweck unseres Denkens und Erkennens sind keine ausschließlichen Funktionen des praktischen Handelns. Wahre Vorstellungen existieren auch unabhängig von ihrer subjektiven Aneignung und Plausibilität. Unsere Gedanken *bedeuten* nicht nur etwas, was man mit Begriffen ausdrücken kann, sondern *sind* etwas, sind reale Pulsschläge realen Lebens, die nicht erst durch innere oder äußere Wirkungen vermittelt werden.

Für eine angemessene Beurteilung von Simmels wahrheitstheoretischen Reflexionen ist es notwendig, neben seiner unbestreitbaren Nähe zum Pragmatismus auch die kritischen Gedanken zu erkennen und zu reflektieren. Für Simmel gibt es neben den Erfordernissen der Praxis in gleicher Weise und mit vergleichbaren Ansprüchen auch andere Motive und Ausdrucksformen des menschlichen Lebens, die vergleichbare Geltung beanspruchen können. Freilich wird die Dominanz eines Wahrheitsverständnisses sichtbar, wie es vor allem der Pragmatismus ausgebildet hat. Im Lichte gegenwärtiger erkenntnis- und wahrheitstheoretischer Reflexionen zeigen sich die damit verbundenen Probleme umso deutlicher. Doch Simmel hat seinem pragmatistisch ausgerichteten Wahrheitsverständnis keine absolute Geltung zugesprochen, sondern es in den größeren Rahmen anderer Wahrheitstheorien gestellt. Auch wenn der Maßstab, nach dem ein Handeln als erwünscht bzw. lebensfördernd beurteilt werden kann, bei Simmel weitgehend unbestimmt bleibt, so wird doch eine wichtige, auch für die Gottesrede zentrale Dimension eines philosophisch

---

schätzig: es wäre nur, was die Amerikaner sich aus Nietzsche geholt hätten." (Pannwitz, Rudolf, Erinnerungen an Simmel, in: Gassen, Kurt/Landmann, Michael (Hg.), Buch des Dankes 230-240, 240). Hans Joas erklärt sich „Simmels grundfalsches Diktum, der Pragmatismus sei auf die amerikanische Nietzsche-Rezeption zurückzuführen, mit dem Einfluss Nietzsches auf die Philosophie des „Als-ob" (Hans Vaihinger) und die Lebensphilosophie. Für deutsche Ohren musste die pragmatische Wahrheitstheorie wie ein Widerhall von Nietzsches Subversion des Werts der Wahrheit klingen (Joas, Hans, Pragmatismus und Gesellschaftstheorie, Frankfurt 1992, 122).

[275] Der Konflikt der modernen Kultur 196.
[276] Lebensanschauung 259.
[277] Lebensanschauung 260.
[278] Lebensanschauung 257.

tragfähigen Wahrheitsbegriffs deutlich herausgearbeitet: dass die Frage nach Wahrheit eng mit der Frage nach ihren Kriterien verknüpft ist und eine ihrer wichtigsten in den möglichen und konkreten praktischen Konsequenzen liegt. Von daher kann auch der Streit zwischen den unterschiedlichsten wahrheitstheoretischen Ansätzen seine Schärfe verlieren.[279] Zum einen kann man nicht darauf verzichten, am Wahrheitsbegriff und am Anspruch auf Wahrheit festzuhalten, weil ansonsten nicht nur die Sprache, sondern auch das Denken selbst unmöglich wäre. Zugleich aber markiert Wahrheit einen Grenzbegriff. Seine Gültigkeit und Bedeutung ist stets im Wechselspiel der Theorien und insbesondere seiner gesellschaftlichen Relevanz stets neu auszuloten.[280] Wahrheit ist daher ein relativer Begriff, der in ein Netzwerk von Bezügen und Verweisen eingespannt ist, in permanenter Wechselwirkung zu anderen Begriffen und Werten steht. Es ist eine der großen erkenntnistheoretischen Leistungen Simmels, dass er die Gültigkeit von Wahrheit mit ihrer Relativität begrifflich vermittelt und damit die Aporien von Dogmatismus und Skeptizismus auflösen kann.

2.7 Zum erkenntnistheoretischen Status der Wechselwirkung – Bedeutung des Dritten

In einem letzten Schritt ist noch genauer der erkenntnistheoretische Status der Wechselwirkung zu erörtern. Ist sie als ein vom Subjekt Unabhängiges zu verstehen und besitzt sie daher eine objektive Existenz, oder existiert sie wie die meisten Allgemeinbegriffe (Einheit, Form, Relationalität etc.) allein in der intellektuellen Vorstellungswelt, in den Gedanken und Ideen? Auch diese Frage beantwortet Simmel wieder mit einem ausführlichen und grundlegenden Reflexionsgang: Wir sprechen Dingen singuläre Existenz zu, indem wir etwa ihre Eigenschaften vergleichen. Aber selbst wenn es kein vergleichbares Exemplar gäbe, wäre das entsprechende Ding dasselbe, weshalb die Gleichheit nicht in den Dingen selbst, sondern allein in unseren Zuschreibungen gründet. So basiert auch die gängige Behauptung, dass die soziale Gruppe ihr Wesen nicht in der Summe ihrer Mitglieder realisiert, sondern eine Einheit bildet, die nur aus ihrem Zusammenhang und nicht aus der isolierten Betrachtung der Elemente zu gewinnen sei, „auf dem alten metaphysischen Fehler […], der die

---

[279] Vgl. die präzise Darstellung der verschiedenen Wahrheitstheorien in: Schärtl, Thomas, Wahrheit und Gewissheit. Zur Eigenart religiösen Glaubens, Regensburg 2004, bes. 108-155.
[280] Donald Davidson weist in diesem Zusammenhang auf die grundlegende Unterscheidung zwischen dem Versuch, den Wahrheitsbegriff zu definieren (oder durch eine prägnante Formulierung in den Griff zu bekommen) und dem Versuch, seine Verbindung zu anderen Begriffen aufzuspüren. Wird der Schwerpunkt auf letzteres gelegt, so macht er deutlich, dass die Wahrheit „vom Sosein der Welt abhängt". Das ist die entscheidende Stärke der Adäquationstheorien. Die Vorzüge der epistemischen und pragmatischen Theorien liegen wiederum darin, „daß sie den Wahrheitsbegriff zu menschlichen Belangen in Beziehung setzen, also zu so etwas wie Sprache, Überzeugung, Denken und absichtlichem Handeln, und erst durch diese Zusammenhänge wird die Wahrheit zum Schlüsselfaktor dafür, wie der Geist zur Erkenntnis der Welt gelangt." (Davidson, Donald, Wahrheit, Sprache und Geschichte, Frankfurt 2008, 46f)

zwischen mehreren Elementen spielenden Vorgänge zu ausserhalb derselben liegenden Wesenheiten hypostasirt"[281]. Inhalt und Existenz der Gruppe sind keine bloßen Vorstellungen, sondern gemäß dem soziologischen Apriori davon unabhängige Einheiten.

Die Wechselwirkung ist dennoch keine Kategorie, die allein im Subjekt und der Erkenntnis vorhanden wäre. Zugleich ist sie aber auch kein Objekt im Sinne einer res extensa, die ihre Verbindung zum Subjekt verloren hätte. Es wäre ein großes Missverständnis, würde man sich die Wechselwirkung zwischen zwei Elementen als ein im räumlichen Sinne zwischen ihnen liegendes Objekt vorstellen. „Alle Gesellschaft, alle soziale Formung beruhe darauf, dass ein Individuum auf das andere wirke, allein diese Wirkungen bleiben eben in den Individuen beschlossen als Qualitäten oder Bewegungen derselben, die sich in keiner Weise von den sonstigen, die Persönlichkeit bildenden Modifikationen unterscheiden. […] Die soziale Allgemeinheit wird zur Einheit, also zu der Vorstellung eines Konkreten, erst in der Betrachtung desjenigen, der die Wechselwirkungen der Individuen unter einem mitgebrachten Begriff zusammenschliesst. Konkrete Allgemeinheit ist nichts, als Einheit von Mannigfaltigem, diese Einheit aber kann nur von einem Subjekt nach bestimmten Kategorien hergestellt werden, und wenn man ein objektives Korrelat ihrer zu erblicken glaubt, verwechselt man eben die Wechselwirkung, d.h. wechselseitig ausgelöste, aber ausschliesslich in den Individuen verbleibende und individuell charakterisirte Modifikationen mit einer zwischen den Individuen befindlichen und sie wie ein körperhaftes Band umschliessenden Wesenheit"[282]. Als rein subjektive Kategorie wäre die Wechselwirkung aber zu schwach und unbestimmt, um soziale Prozesse beschreiben zu können.

Die Wechselwirkung bestimmt Simmel daher jenseits von subjektiver Formung und objektiver Geltung als ein Drittes, eine Kategorie sui generis, die in gewisser Weise den Raum zur Verfügung stellt, durch den die sozialen Austauschprozesse überhaupt erst möglich sind. Nicht zufällig wird die Wechselwirkung unter Menschen als Raumerfahrung empfunden. Wenn zwei Menschen in Kontakt treten, erscheint der Raum zwischen ihnen „erfüllt und belebt"[283], während dort, wo sie keinerlei Berührungspunkte aufweisen (z.B. beziehungslos nebeneinander wohnen), unerfüllter Raum, buchstäblich Nichts ist. Das Zwischen des Raumes ist trotzdem keine neue objektive Figur, sondern „eine bloß funktionelle Gegenseitigkeit, deren Inhalte in jedem ihrer personalen Träger verbleiben", sich aber zugleich als Beanspruchung des Raumes realisieren, sie findet „wirklich immer *zwischen* den beiden Raumstellen statt, an deren einer und andrer ein jeder seinen für ihn designierten, von ihm allein erfüllten Platz hat"[284].

---

[281] Einleitung in die Moralwissenschaft 2, 122.
[282] Einleitung in die Moralwissenschaft 2, 122.
[283] Soziologie 689. Das Zwischen ist, wie immer man es missverstehen mag, eine bloß funktionelle Gegenseitigkeit, deren Inhalte in jedem ihrer personalen Träger verbleiben, es realisiert sich als Beanspruchung des zwischen diesen bestehenden Raumes, als wechselseitige Beeinflussung, Ermöglichung und Begrenzung. Die Wechselwirkung „macht den vorher leeren und nichtigen (Raum) zu etwas *für uns*, sie erfüllt ihn, indem er sie ermöglicht" (Soziologie 690).
[284] Soziologie 689.

2 Wechselwirkung – Zur Erkenntnistheorie der Relativität 215

Man kann für diesen eigentümlichen Status der Wechselwirkung durchaus den Begriff des Dritten heranziehen, den Simmel ja selbst im Kontext seiner wahrheitstheoretischen Überlegungen ins Spiel bringt. Margarete Susman, die nach Auskunft von Simmels Sohn Hans zum Hörerkreis des Privatissimums gehörte,[285] schrieb in ihrer kleinen Schrift *Die geistige Gestalt Georg Simmels*, dass Simmel auf die Kategorie des Dritten gestoßen sei, weil sie aus der schneidenden Alternative von individueller Subjektivität und allgemein überzeugendem, logisch objektivem Denken herausführe. Das Dritte, das in allen Kulturen, Mythen und Religionen eine entscheidende Rolle spiele, von der Dreiteilung des Lebensraumes über die Trinität bis zu Hegels Dialektik, repräsentiere bei Simmel „eine zeitlose metaphysische Versöhnung und Aufhebung der Gegensätze in einem metaphysischen Bereich [...]: Subjekt und Objekt, Leben und Tod, Sein und Sollen, Wirklichkeit und Idee sollen sich in einer dritten, noch nicht entdeckten, doch zu entdeckenden Geistes- und Lebensform versöhnen."[286] So sehr Susman die formale Bedeutung des Dritten, das von Simmel trotz des zentralen Stellenwerts nirgendwo in systematischer Form dargestellt wurde, erkannt hat, so problematisch erscheint ihre Reformulierung als Versöhnungskategorie, der ein bestimmtes Interesse zugrunde liegt.[287] Simmel hat es stets als ein Missverständnis bezeichnet, das Dritte als materiale

---

[285] Vgl. Simmel, Hans, Auszüge aus den Lebenserinnerungen, in: Böhringer, Hannes/Gründer, Karlfried (Hg.), Ästhetik und Soziologie um die Jahrhundertwende: Georg Simmel, Frankfurt 1976, 247-268, 255.

[286] Susman, Margarete, Die geistige Gestalt Georg Simmels, Tübingen 1959, 7. Susman zitiert den Beginn seines nachgelassenen Tagebuches, wo Simmel schreibt: „Die gewöhnliche Vorstellung ist: Hier die natürliche Welt, dort die transzendente, einer von beiden gehören wir an. Nein, wir gehören einem dritten Unsagbaren an, von dem sowohl die natürlichen wie die transzendenten Spiegelungen, Ausladungen, Fälschungen, Deutungen sind" (6). Und Susman präzisiert: „Als solche Spiegelungen und Deutungen eines Dritten sind Simmels gesamte Denkbemühungen zu verstehen." (6)

[287] Ähnlich auch: Freund, Julien, Der Dritte in Simmels Soziologie, in: Böhringer, Hannes/Gründer, Karlfried (Hg.), Ästhetik und Soziologie um die Jahrhundertwende 90-101. Wie sehr die Hegelianische Perspektive die Rezeption bestimmt, zeigt auch Isidora Bauer, die im Dritten ebenfalls wie Susman einen „Begriff der versöhnenden metaphysischen Synthese" erkennt und betont, dass Simmel uns angesichts der Unvollkommenheiten „das tröstliche Vermächtnis schenkt, daß im metaphysischen Reich eines transzendenten Logos die mögliche, erlösende Versöhnung aller Gegensätze zur letzten Wirklichkeit des Seins gelangen kann" (Bauer, Isidora, Die Tragik in der Existenz des modernen Menschen bei Georg Simmel, München 1961, 97 u. 97f). Ganz anders wiederum Gamm, der es als Missverständnis bezeichnet, wenn das „Dritte" „subsumtionslogisch über den zu Momenten herabgesetzten Urteilen oder Paradigmen des Wissens befestigt würde, das Dritte ist einzig diese Spannung *zwischen* den Momenten, [...] Einheit wird einzig gestiftet unter der Form der Entzweiung." (Gamm, Gerhard, Die Unbestimmtheit des Geldes. Georg Simmels Zeitdiagnose im Geist der Hegelschen Dialektik, in: Geßner, Willfried/Kramme, Rüdiger (Hg.), Aspekte der Geldkultur, 115-136, 122) Uta Gerhardt vertritt die These, die *Philosophie des Geldes* sei von der Dialektik geprägt und die Sekundärliteratur habe „Simmels Rekurs auf Dialektik bis heute nicht rekonstruiert" (Gerhardt, Uta, Dialektik, in: Rammstedt, Otthein (Hg.), Georg Simmels „Philosophie des Geldes", 117-157, 153). In ihrem Beitrag entfaltet Gerhardt die Gründe für ihre These, dass die *Philosophie des Geldes* „einem Aufbauprinzip entsprechend Hegels *dialektischer Logik*" (120) folge. Das Buch sei sehr systematisch aufgebaut, der analytische und der synthetische Teil enthalten jeweils drei Kapitel, die zueinander im Verhältnis von These, Antithese und Synthese stünden.

Kategorie oder als Synthese eines Antagonismus zu begreifen. Vielmehr bestehen sein Status und seine Funktion genau darin, eine Kategorie der Relation und der Offenheit zu sein. Susman deutet diesen Aspekt wohl an, wenn sie vom Dritten als etwas Unsagbarem spricht, das jenseits der beiden Welten von Transzendenz und Immanenz ein Mittleres oder Vermittelndes repräsentiert. Doch schreibt sie diesem Vermittelnden einen dezidiert ontologischen Charakter zu, der bei Simmel dann in der *Philosophie des Geldes* bedauerlicher Weise verloren gegangen sei. Dort werde durch die Auflösung des Substanzdenkens der feste Anker herausgerissen; übrig bleibe nur „das reine Füreinandersein, aufeinander Angewiesensein aller Dinge, Wesen und Wahrheiten. Diese reine Welt der Beziehungen, in der alles einander trägt, alles einander hält, alles aufeinander angewiesen ist, ist als die Welt Simmels übriggeblieben"[288].

Tatsächlich blieb bei Simmel das Dritte trotz seiner herausragenden Bedeutung eine Kategorie, deren Umfang und Extension sich nicht immer deutlich benennen ließen. Noch in dem späten, relativ kurzen Text *Wandel der Kulturformen*[289] wird betont, dass das dichotomische Begriffsgerüst der Philosophie nicht mehr ausreiche und das klassische „tertium non datur" nicht mehr länger aufrecht erhalten werden könne: Die paarweisen Grundbegriffe, die je zu einer Entscheidung auffordernden Alternativen (Endlichkeit – Unendlichkeit, Freiheit – Determiniertheit, Erscheinung – Ding an sich etc.) ließen bisher kein Drittes übrig, alles war entweder der einen oder der anderen Seite zuordbar. Doch mittlerweile fühlen wir an dieser Begriffslogik „eine so unangemessene Enge, [...] daß sich hiermit doch wohl eine tiefgreifende philosophische Krisis"[290] bemerkbar macht. Wenn eine Erscheinung sich einem bestimmten Begriff versagt, fällt sie nämlich noch nicht notwendig dem anderen zu. So kann man in Bezug auf das Leben sagen, dass das Leben in seinen Vollzügen seelisch-geistig und körperlich ist, eines nicht ohne das andere, obwohl der Formausdruck dafür noch nicht gefunden ist. Wir können von ihm nichts sagen, „als daß er ein Drittes jenseits jener scheinbar und bisher zwingenden Alternative sein wird"[291]. Dieses Postulat des „noch unformulierbaren Dritten"[292] zeigt zum einen sehr deutlich, dass es keine substanzontologische Entität ist, sondern eine rein funktionale Kategorie, die das Verbindungselement der für sich existierenden Einheiten indiziert. Zum anderen dokumentiert diese Kategorie die tendenzielle Unabgeschlossenheit des Gedankens, insofern das Dritte die Kontinuität der Wechselwirkung sicherstellt, dass es wie in einer Semiose den Interpretationsprozess der Zeichen und Bedeutungen durch immer neue Verknüpfungen offen hält.[293]

---

[288] Susman, Margarete, Die geistige Gestalt Georg Simmels 17.
[289] GSG 13, 217-223.
[290] Wandel der Kulturformen 220; vgl. dazu die Überlegungen bei Geßner, Willfried, Der Schatz im Acker 260-263.
[291] Wandel der Kulturformen 223.
[292] Wandel der Kulturformen 223.
[293] So betont Bernhard Waldenfels, dass in jedem Gegenüber, hinter jedem Anderen und in seinem Anspruch „uns jeweils der *Mitanspruch eines Dritten*" begegnet (Waldenfels, Bernhard, Ant-

Gewiss lehnt sich Simmel in seiner Konzeption des Dritten erkennbar an Platons Ideenlehre an, die er an einem entscheidenden Punkt insofern verändert, als er sie um das pragmatische Moment erweitert.[294] Diese Theorie des *dritten Reiches*, wie Simmel sie gelegentlich auch bezeichnet,[295] ist nicht erst seit Joachim von Fiore auch theologisch eine bedeutende Kategorie. Das Dritte wird zur entscheidenden Struktur, um das Auseinandertreten von Subjekt und Objekt, die Trennung des Seins in zwei zusammenhanglose Reiche zu verhindern. Wohl bleiben Subjekt und Objekt weiterhin getrennt, sind aber durch den ideellen Kosmos der Inhalte, die unter der einen oder der anderen Kategorie Realität besitzen, verbunden. Die Differenz wird praktisch überbrückt durch die Einheit dessen, was in ihnen wirklich wird. Für Platon war das konkret Einzelne nur insofern wahr, als es an dieser ideellen Wirklichkeit teilhatte. Damit wurde aus dem Reich des Dritten jedoch wieder ein Reich der Dinge geschaffen, ihr Wesen als ihr Sein ausgedrückt.[296] Sowohl der subjektivistische als auch der objektivistische und der monistische Lösungsansatz lösen die Differenz entweder in eine Richtung auf oder bestreiten sie überhaupt. Ganz anders hingegen die Konzeption des Dritten bei Simmel. Sie bindet Subjekt und Objekt so aneinander, dass ihre Einheit und Differenz gewahrt bleiben, sie „überbaut den gegensätzlichen Weltrealitäten Subjekt und Objekt ein Reich der ideellen Inhalte, das weder subjektiv noch objektiv ist"[297]. In dieser Funktion können die Inhalte „den gemeinsamen Stoff bilden, der einerseits in die

---

wortregister, Frankfurt 1994, 300). Eine Rede spiele sich nicht nur zwischen Frage und Antwort, Adressant und Adressat ab, sondern immer auch vor einem Forum. Das ist das „traditionelle Thema des *Dritten*, das uns von Simmel über Sartre bis zu Levinas auf verschiedene Weise vertraut ist" (293). Für Lévinas ist die Beziehung vom Antlitz zu dem Abwesenden außerhalb jeder Entbergung und Verbergung, „ein dritter Weg, der durch diese kontradiktorischen Termini ausgeschlossen ist" (Lévinas, Emmanuel, Die Spur des Anderen. Untersuchungen zur Phänomenologie und Sozialphilosophie, Freiburg ⁵2007, 228). „*Jenseits des Seins ist eine dritte Person*, die sich nicht durch das Sich-selbst, durch die Selbstheit, definiert. Sie ist die Möglichkeit jener dritten Richtung: der radikalen Unrichtigkeit, die sich dem bipolaren Spiel von Immanenz und Transzendenz entzieht" (229).

[294] Vgl. das dritte Kapitel *Hauptprobleme der Philosophie*: „Vom Subjekt und Objekt" (80-102).
[295] Hauptprobleme der Philosophie 94; vgl. auch Philosophie des Geldes 35ff, Probleme der Geschichtsphilosophie 340. Zur werkgeschichtlichen Bedeutung der Theorie des dritten Reiches vgl. die Studie von Adolf, Heinrich, Erkenntnistheorie auf dem Weg zur Metaphysik. Interpretation, Modifikation und Überschreitung des Kantischen Apriorikonzepts bei Georg Simmel, München 2002, bes. 216-221; Freund, Julien, Der Dritte in Simmels Soziologie, in: Böhringer, Hannes/Gründer, Karlfried (Hg.), Ästhetik und Soziologie um die Jahrhundertwende 90-101.
[296] Vgl. dazu den Versuch der Modifikation durch Karl R. Popper, der mit seiner Unterscheidung von Welt 1 (physikalische Welt), Welt 2 (Welt der psychischen Erlebnisse) und Welt 3 (Welt der Ideen im objektiven Sinne) platonisches Denken aufgreift, es aber stark in Richtung einer empirischen Grundlegung modifiziert (Popper, Karl R., Objektive Erkenntnis. Ein evolutionärer Entwurf, Hamburg ³1995, bes. 160ff).
[297] Hauptprobleme der Philosophie 94. So sind denn auch Sprache, Recht, allgemeine Kulturgebilde etc. „nicht etwa Produkte des Subjektes: Gesellschaftsseele, weil die Alternative: wenn das Geistige nicht individuellen Geistern einwohnt, so müsse es eben einem sozialen Geiste einwohnen – brüchig ist. Es gibt vielmehr ein Drittes: den objektiv geistigen *Inhalt*, der nichts Psychologisches mehr ist, so wenig wie der logische Sinn eines Urteils etwas Psychologisches ist, obgleich er nur innerhalb und vermöge der seelischen Dynamik eine Bewußtseinsrealität erlangen kann." (Ueber das Wesen der Sozial-Psychologie 357)

Form der Subjektivität, andrerseits in die der Objektivität eingeht und damit die Beziehung zwischen beiden vermittelt, die Einheit beider darstellt"[298]. Die Differenz wird praktisch überbrückt durch die Einheit dessen, was in ihnen wirklich wird. Dieser Unterschied zu Platons Ideenlehre ist prinzipieller Natur: „Der Inhalt eines Dinges, den dessen Begriff logisch ausdrückt, besteht, ist gültig, bedeutet etwas, und ist deshalb nicht in demselben Sinne nicht-seiend, wie irgendein widerspruchsvolles Phantasma; aber eine Existenz, wie einem konkreten Dinge, kommt ihm nicht zu."[299] Platon habe dies wohl geahnt und das Reich der Ideen deshalb in den „unräumlichen Raum" (*topos atopos*) verlegt, aber diese eigentümliche Bestehensart der Inhalte habe Platon letztlich in eine metaphysische Realität transferiert. Deshalb werden die Ideen zur eigentlichen und absoluten Realität, der gegenüber die so genannte Realität der Dinge und Wahrnehmungen eine bloß abgeleitete, scheinhafte, unechte ist.

Die Idee des Dritten, die in der *Philosophie des Geldes* dann den Konnex von Wert und symbolischer Form des Geldes sicherstellt, avanciert in der lebensphilosophischen Spätphase zu einer wichtigen Metapher, um den gesellschaftlichen Modernisierungsprozess zu beschreiben. Trotz aller Versuche, den Antagonismus von Subjekt und Objekt aufgrund der kulturellen Bedrohungsbilder aufzuheben und ein verbindendes Element zu suchen, besteht Simmel auf der prinzipiellen Differenz beider Erkenntnisweisen und radikalisiert in gewisser Weise ihren Antagonismus: „In den Kulturgebilden hat der Geist eine Objektivität erlangt, die ihn von allem Zufall subjektiver Reproduktion unabhängig und zugleich dem zentralen Zweck subjektiver Vollendung dienstbar macht."[300] Die metaphysischen Traditionen wollten diese Differenz zwischen Subjekt und Objekt einziehen, die Kultur hält aber „gerade an dem vollen Gegenüber der Parteien fest, an der übersubjektiven Logik der geistgeformten Dinge, an der entlang das Subjekt sich über sich selbst zu sich selbst erhebt"[301]. Die Kultur ist hier ein Drittes, und damit jene Größe, die der Identifizierung und der Aufhebung von Subjektivität und Objektivität widerstreitet. Die Grundfähigkeit des Geistes, sich von sich selbst lösen zu können, „sich gegenüberzutreten wie einem Dritten, gestaltend, erkennend, wertend"[302], hat mit der Tatsache der Kultur ihren weitesten Radius erreicht, das Objekt am energischsten gegen das Subjekt gespannt, um es wieder an dieses zurückzubinden, ohne es in ihm aufgehen zu lassen.

---

[298] Hauptprobleme der Philosophie 94. Auch hier ist wieder zu beachten, dass der Begriff „Stoff" erkennbar eine Hilfskonstruktion darstellt und keine materiellen Konnotationen aufweisen darf.
Simmel bringt zur Erläuterung wieder eine Analogie aus der Religion: Ein Gott als Gegenstand des Suchens, der Liebe, der Verehrung ist auch nicht irgendwie da und gegeben, und deshalb wird er gesucht, geliebt oder verehrt, sondern umgekehrt: Ein Suchen, eine Liebe, eine Verehrung sind als empfundene und zu Recht bestehende Tatsachen vorhanden. Gott ist dann ein Name für diese Gegenstände, die da sein müssen, damit diese Empfindungen ein Recht, einen Halt und eine logische Möglichkeit besitzen (Hauptprobleme der Philosophie 98).

[299] Hauptprobleme der Philosophie 99.
[300] Der Begriff und die Tragödie der Kultur 221.
[301] Der Begriff und die Tragödie der Kultur 221.
[302] Der Begriff und die Tragödie der Kultur 221.

2 Wechselwirkung – Zur Erkenntnistheorie der Relativität

Selbst wenn Simmel, wie Landmann meint, „das „nicht ausgeschlossene Dritte" gesucht"[303] und eine Synthese angestrebt habe, bleibt der konstitutiv offene Charakter durchgehend erhalten. Das ist vor allem im soziologischen Kontext von großer Relevanz. Es bleibt eines der großen Verdienste Simmels, „die soziologische Bedeutung der Dreizahl erkannt zu haben"[304]. Denn in den Triaden entfalten sich Widersprüche und Spannungen, die eine ganz spezifische Dynamik und Emotionalität zwischen den involvierten Personen erzeugen. Der Dritte, wie immer man ihn sozial als Typus manifestiert, wird zum eigentlichen Träger sozialer Qualitäten, „denn er vereint in *einer* Rolle die

---

[303] Landmann, Michael, Einleitung zu: Georg Simmel. Brücke und Tür XX. Landmann beruft sich dabei auf eine Passage im *Michelangelo* (GSG 14, 304-329), wo Simmel davon spricht, dass es zu den unendlichen Problemen der Menschheit gehört, „die erlösende Vollendung des Lebens im Leben selbst zu finden, das Absolute in die Form des Endlichen zu gestalten" (328). Kein anderer als Michelangelo hat nach Simmel so viel getan, um in der irdisch anschaulichen Form der Kunst das Leben in sich zu schließen, allen Tragödien zwischen seinem Oben und seinem Unten in der einzigartigen Bewegtheit seiner Gestalten Ausdruck zu verleihen. Durch seine Kunst hat er das Leben zu einer Einheit und Geschlossenheit geführt, wobei auch ihm klar gewesen ist, dass an diesen Grenzen nicht das Ende liegt. Vielleicht ist es der Menschheit beschieden, einmal das Reich zu finden, in dem ihre Endlichkeit und Bedürftigkeit sich zum Absoluten und Vollkommen erlöst, ohne sich dazu in das andere Reich der jenseitigen Realitäten (Dogmatik) versetzen zu müssen. Alle, die die Werte und Unendlichkeiten dieses zweiten Reiches gewinnen möchten, ohne das erste zu verlassen, wollen den Dualismus in einer Synthese zusammendenken, zusammenzwingen. Aber sie bleiben eigentlich bei dieser Forderung stehen, dass das eine Reich die Gewährung des anderen hergeben soll, „ohne zu einer neuen Einheit, jenseits jener Gegensätze, zu gelangen. Wie den Gestalten Michelangelos, so ist es seinem Leben zur letzten und entscheidenden Tragödie geworden, daß die Menschheit noch das dritte Reich nicht gefunden hat" (Michelangelo 329). Landmann führt den Begriff des Dritten Reichs auf die chiliastische Schau des Joachim von Fiore zurück (hinter dem auch Hegel stehe); allerdings verstehe Simmel das Dritte Reich „nicht so sehr als ein kommendes oder von uns ethisch zu verwirklichendes Reich; sein zeitliches Spätersein bildet bei ihm nur eine Metapher für seinen Charakter des Krönenden, Definitiven, Erlösenden" (Landmann, Michael, Georg Simmel. Brücke und Tür XXI. Grundsätzlich habe aber Simmel dieses Dritte „seiner geistigen Art gemäß nicht in systematische Form gefasst" (Landmann, Michael, Georg Simmel. Brücke und Tür XXI). Doch entfernt sich Landmann in seiner Interpretation zu weit von Simmel, wenn er den Begriff des Dritten trotz seiner denkerischen Erschlossenheit als Heilsbegriff definiert: „Mit ihm rührt er an ein Letztes, das er nicht mehr Gott zu nennen vermag, von dem er aber dennoch in einem Leben ohne Gott so viel erfuhr und zurückgewann, daß sich dadurch sein Denken entscheidend vertiefte." (Landmann, Michael, Georg Simmel. Brücke und Tür XXI) In anderer, aber doch ähnlicher Weise bringt Bauer dieses Dritte mit Gott in Zusammenhang: „Die Macht dieser transzendenten Ordnung schließt den Menschen mit Liebe und Güte ein, sie ist somit bei Simmel als eine metaphysische Kraft innerhalb des Lebens zu verstehen. Dass Simmel dieser Macht nicht den Namen Gott gibt, kann damit erklärt werden, dass seine Haltung einerseits kritisch im Sinne Kants, andererseits als mystisch-künstlerisch zu verstehen ist." (Bauer, Isidora, Die Tragik in der Existenz des modernen Menschen bei Georg Simmel, München 1961, 32) Simmel schenke uns angesichts der Unvollkommenheiten das tröstliche Vermächtnis, „dass im metaphysischen Reich eines transzendenten Logos die mögliche, erlösende Versöhnung aller Gegensätze zur letzten Wirklichkeit des Seins gelangen kann" (97f). Bemerkenswert ist, dass Bauer den „für Simmel charakteristischen philosophischen Terminus des »Dritten Reiches«, den Begriff der versöhnenden metaphysischen Synthese […] sprachlich in »Bereich« verändert [hat], da „Drittes Reich" heute im Sinne der unseligen politischen Epoche Deutschlands verstanden wird und eine Verhöhnung bedeuten würde" (97).

[304] Nedelmann, Birgitta, Georg Simmel 138.

widersprüchlichen Funktionen, zu trennen und gleichzeitig zu verbinden"[305]. Für die weitere Problemstellung dieser Arbeit erweist sich dieses dritte Element insofern als eine Schlüsselkategorie, als mit ihm jene Größe benannt werden kann, mit der sich die Verbindungen zwischen Gott und Geld in einer Weise beschreiben und analysieren lassen, die den bisherigen Aporien der reinen Negation oder kritiklosen Affirmation entkommen.

2.8 Ein Signifikant für Gott und Geld

Dieser eigentümliche Status der Wechselwirkung, dass sie als ein Drittes etwas genuin Eigenes, zugleich aber nur in den Individuen (und nicht in der sozialen Welt) fassbar ist, führt in der Simmel-Rezeption immer wieder zu angeregten und kontroversen Diskussionen. Simmel bringe sich, so die Kritik, mit der Konzentration auf die Subjekte und Akteure um die Frucht seiner eigenen Arbeit, weil damit der von ihm so luzide herausgearbeitete, eigenständige Status der Vergesellschaftung wieder unterminiert und in eine subjektive Kategorie zurückgeführt werde. „Bei allem Nachdruck auf die Relationalität als das Primäre, in und aus der heraus sich die Wechselwirkenden gegenseitig bestimmen, entsteht jetzt der Eindruck, daß die Individuen vorrangig sind, die unter anderem auch in Beziehungen zueinander treten und diesen Beziehungen als die eigentlichen Träger immer schon vorausgehen."[306] Zugleich aber gilt: So sehr Simmel betont, „daß alles reale Geschehen sich nur an Einzelwesen vollzieht"[307], so entschieden hält er daran fest, dass die Wechselwirkung die Gültigkeit des Gesellschaftsbegriffs in keiner Weise einschränkt. Wenn die Gesellschaft nur eine in unserer Betrachtungsweise vor sich gehende Zusammenfassung von Einzelnen wäre (die die eigentlichen Realitäten sind), so wären die Einzelnen und ihr Verhalten auch der eigentliche Gegenstand der Soziologie (und der Begriff der Gesellschaft würde sich verflüchtigen). Wohl scheint es so zu sein: was greifbar existiert, sind nur die einzelnen Menschen, ihre Zustände und Bewegungen (und deshalb wäre das rein durch ideelle Synthese entstandene, nirgendwo zu greifende Gesellschaftswesen kein Gegenstand der Soziologie), doch entscheidend sind die Formen der Wechselwirkung, die in der Tiefenstruktur das gesellschaftliche Geschehen bestimmen.

Aus diesen Überlegungen Simmels lassen sich nun für das Gott-Geld-Verhältnis einige Schlüsse ziehen, die in den folgenden Abschnitten noch entfaltet werden. Zunächst erscheint es nur konsequent, dass Simmel am Geld – ganz im Gegensatz zur Zeitgenossenschaft – nicht die materiellen, sondern dem

---

[305] Nedelmann, Birgitta, Georg Simmel 138.
[306] Christian, Petra, Einheit und Zwiespalt 127f. Simmels eigene Metaphorik verstärke diesen Eindruck. Christian liest die zentrale Metapher vom Band, wonach die Wechselwirkung von zwei Elementen „als ein gewissermassen im räumlichen Sinne zwischen ihnen liegendes Objekt", d.h. gleichsam als ein körperhaftes Band (damit eine Wesenheit) vorgestellt werden könne (mit Bezug auf die *Einleitung in die Moralwissenschaft* 122) nicht als Kritik Simmels, sondern als dessen Position.
[307] Grundfragen der Soziologie 67; ähnlich: Philosophie des Geldes 37.

Wechselwirkungsparadigma entsprechend die funktionalen und relationalen Elemente interessieren. In einer leicht paradoxen, aber treffenden Formulierung wird Simmel das Geld als „die substanzgewordene Relativität selbst"[308] definieren, wobei das Geldzeichen nur der symbolische Träger nichtmaterieller Bedeutungen ist. Wie sich jede Form an einem Inhalt zeigen müsse und ohne ihn nicht darstellbar sei, so offenbare das Geld in seiner materiellen Gestalt die reine Wechselwirkung. Geld widerspiegelt ein Wert- und Beziehungsgefüge, das unterschiedlichste Erwartungen und Erfahrungen repräsentiert, aber nicht bloß für sich selbst, sondern in lebendigem Austausch innerhalb der Gesellschaft.

Das Geld, das die Beziehungen der Menschen untereinander vermittelt und ihre Werte- bzw. Erfahrungssysteme dokumentiert, drängt das Interesse an einer historisierenden Rückfrage nach Entstehen und Ursprung in den Hintergrund. Die genealogischen und archäologischen Bemühungen, an denen sich, wie im zweiten Kapitel dargestellt, auch viele theologische Versuche abgearbeitet haben, zeigen einmal mehr die schwebende und zugleich doch so feste Architektur des Wechselwirkungskonzepts. Es gibt keinen archimedischen Punkt und kein Urereignis, von dem her alles seinen Anfang genommen hätte, sondern es existiert nur ein Zugleich mehrerer relevanter Faktoren, ein Ineinander von genealogischen und transzendentalphilosophischen Überlegungen, die von unterschiedlichsten Perspektiven her Funktion und Bedeutung des Geldes in den Blick nehmen. Ob der Schwerpunkt auf empirischen Methoden liegt, die über eine genealogische Rekonstruktion die Ursprünge des Geldes in Erfahrung bringen möchten; ob die transzendentalphilosophische Perspektive dominiert, die das Apriori des Begehrens zur logischen Bedingung des Tausches erhebt; ob das Geld bloß die Funktion eines Tauschmittels oder darüber hinaus noch weitere erfüllt, all darüber wird sich kein Konsens erzielen lassen, weil uns ein unhintergehbar Letztes fehlt, von dem aus eine Problemstellung ihren definitiven Ausgang nehmen könnte. Wo die Rekonstruktionen und Lösungsansätze dogmatistisch festgelegt werden, geraten sie mit anderen Zugängen in einen unversöhnlichen Konflikt, brechen sie die Reihen ab, während das „wechselwirkende Sich-Tragen und Aufeinander-Angewiesensein der Methoden"[309] weitaus besser geeignet ist, der Bedeutung des Geldes auf die Spur zu kommen und seinen Stellenwert in den unterschiedlichen sozialen Kontexten und Funktionsreihen zu erkennen.

Die Doppelstruktur des Geldes, Relation zu *sein* und zugleich Relation zu *haben*, ist nicht nur eine treffende Zusammenfassung von Simmels Geldtheorie, sondern auch eine sprudelnde Quelle von Missverständnissen. Es wird sich zeigen, dass Geld als „Werth-Ausgleicher und Tauschmittel von unbedingter Allgemeinheit"[310] die Kraft besitzt, eine Brücke zwischen den Dingen zu bauen wie auch zwischen den Menschen, wenn sie in Tauschverhältnisse eintreten. Hier zeigen sich bereits deutliche Überschneidungen zum Gottesbegriff, dem

---

[308] Philosophie des Geldes 134.
[309] Philosophie des Geldes 113.
[310] Die Bedeutung des Geldes für das Tempo des Lebens 224.

seit jeher unbedingte Allgemeintheit und höchste Objektivität zugesprochen werden und der über alle Grenzen hinweg Menschen unterschiedlichster Herkunft und Geschichte zusammenführt. Beide Größen, Gott und Geld, übernehmen in entwickelten Gesellschaften ähnliche oder identische Aufgaben, weshalb die Frage in den Vordergrund drängt, ob und in welcher Weise diese beiden für sich genommen absoluten Kategorien aufeinander bezogen sind. Ist ihr Bedingungsgefüge als eine zweiwertige Relation zu verstehen, oder bedarf es einer dritten, vermittelnden Größe, aus der diese Beziehung überhaupt erst besteht? Es ist die These des folgenden Abschnitts, dass sich nur über die Einbeziehung einer dritten Kategorie Gott und Geld so aufeinander beziehen lassen, dass weder deren Errungenschaften noch deren Gefährdungspotential abgeblendet werden müssen. Durch diese dritte Größe können ihre spezifischen Funktionen erfasst und ihre jeweiligen Absolutheitsansprüche relativiert werden. Die Wechselwirkung repräsentiert und symbolisiert diese dritte Größe, die sich je nach Kontext an unterschiedlichen Inhalten anbindet, aber immer als Grammatik der Relativität die Lebendigkeit der Austauschverhältnisse sicherstellt.

Im vorigen Kapitel hat sich als gemeinsames Problem aller theologischen Versuche ihre durchgehend binäre Strukturierung erwiesen. Ob das Geld entweder in seiner Macht *ignoriert* oder *affirmativ* als Ausdruck der Weltzugewandtheit Gottes interpretiert wird, stets fehlt ein korrigierendes oder normierendes drittes Element, das die Dualität aufsprengen könnte. Paradoxer Weise erhält das Geld im negativ-exklusivierenden Modell, in der scharfen Profilierung als Abgott und Götze, jene herausragende Bedeutung, die ihm durch die Gottesrede überhaupt nicht zukommen dürfte. Geld wird hier hypostasiert und in seiner Bezugsdimension zum religiösen Verhältnis *negativiert*, weil es als gottgleiche Macht erscheint und damit tendenziell mit dem Gott Jesu verwechselt werden kann. Dieser einflussreiche, innerhalb der theologischen Szene vieldiskutierte Traditionsstrang kritisiert aus einer Innenperspektive heraus das bequem gewordene Christentum, das sich dem strategischen Druck der ökonomischen Interessen hilflos ausliefere und den süßen Verlockungen der kapitalistischen Verheißungen mehr und mehr erliege. Nur durch einen Exodus aus den gegenwärtig existierenden Verhältnissen, durch die Wiedergewinnung ihrer Kontrastfähigkeit könne die Kirche der neuen babylonischen Gefangenschaft entfliehen.

Die Stärke dieser Position liegt gewiss in der Betonung des religiösen Elements, im engagierten Zugriff auf die Sache des Glaubens, doch fehlt ihr eine überzeugende Vermittlung in die modernen Lebenswelten hinein, in den Strom der Erkenntnis und der Wahrheit, der nicht nur in eine Richtung fließt. Das vorige Kapitel hat daher als Aufgabe formuliert, zwischen der Affirmation und der Negation, zwischen einem Exodus aus den bestehenden Verhältnissen und einem bedingungslosen aggiornamento eine dritte Position zu entwickeln, die als *kritisch-relative* Position einen Weg jenseits dieser Alternativen beschreitet. Sie greift die ökonomischen *und* kulturellen Errungenschaften der Geldwirtschaft wie Vereinfachung der Tauschmöglichkeiten, Entwicklungsdynamik, Individualisierung und Distanzierung positiv auf, reflektiert aber gleichzeitig ihren ambivalenten und durchaus problematischen Charakter. Sie versucht schließlich, in Auseinandersetzung mit den gesellschaftlichen Entwicklungen die Reich-Gottes-Botschaft Jesu so zur Sprache zu bringen, dass die Relativität der Gottesrede nicht vor dem Geldparadigma Halt macht oder kapituliert, sondern ihre Aporien aufdeckt, um so einen Beitrag gegen die wachsende Expansion der monetären Sphäre leisten zu können.

3 Die subjektive und die objektive Macht des Geldes

Als Quelle für die Entfaltung dieses Programms soll vor allem Simmels *Philosophie des Geldes* herangezogen werden, jenes neben der *Soziologie* und dem religionssoziologischen Grundlagenwerk *Die Religion* epochale Werk, das mit Husserls *Logische Untersuchungen* und Freuds *Traumdeutung* zu den großen Publikationen des Jahres 1900 gezählt wird. Simmel wollte in ihr die Bedeutung des Geldes aus den Bedingungen und Verhältnissen des allgemeinen Lebens erklären, zugleich auch umgekehrt den Einfluss der Lebenskonstellationen auf die Entwicklung der Geldwirtschaft untersuchen. Ihm ging es, mit einer berühmten Formulierung aus der Vorrede, darum, „dem historischen Materialismus ein Stockwerk unterzubauen, derart, daß der Einbeziehung des wirtschaftlichen Lebens in die Ursachen der geistigen Kultur ihr Erklärungswert gewahrt wird, aber eben jene wirtschaftlichen Formen selbst als das Ergebnis tieferer Wertungen und Strömungen, psychologischer, ja, metaphysischer Voraussetzungen erkannt werden"[311]. Für die Praxis des Erkennens ergibt sich daraus eine permanente Gegenseitigkeit, idealistische und realistische Perspektiven wechseln sich ab und ergänzen sich, stets mit dem Ziel verbunden, „von der Ober-

---

[311] Philosophie des Geldes 13. Vgl. dazu Fitzi, Gregor, „Die Absicht, dem historischen Materialismus ein Stockwerk unterzubauen": Zur Beziehung von Simmel zu Marx, in: Rammstedt, Otthein (Hg.), Georg Simmels „Philosophie des Geldes", 215-242. Während Marx seine Gesellschaftstheorie auf dem Vorrang der Ökonomie gegenüber der Kultur begründete, verstand Simmel „ihre Beziehung als Wechselwirkung, die er nach dem Vorsatz der transzendentalen Erkenntnislehre Kants untersuchte" (241). Nach Fellmann wiederum lag die Differenz zwischen Marx und Simmel in der Bewertung des Geldes: „Wo Marx nur Entfremdung sieht, erkennt Simmel auch Befreiung." (Fellmann, Ferdinand, Die Sprache des Geldes 212) Fellmann führt diese gänzlich unterschiedliche Sichtweise auf die zugrunde liegenden Menschenbilder zurück. Anders wieder Rammstedt, nach dem sich Simmels Kritik an Marx durch jene von Weber, Tönnies und Sombart dadurch unterscheide, dass Simmel „nicht grundsätzlich dem materialistischen Ansatz" widerspreche, auch wenn er die Binarität von Basis und Überbau ablehne (Rammstedt, Otthein, Geld und Gesellschaft in der „Philosophie des Geldes", in: Binswanger, Hans Christoph/Flotow, Paschen von (Hg.), Geld und Wachstum. Zur Philosophie und Praxis des Geldes, Stuttgart 1994, 15-31, 22); vgl. dazu auch: Helle, Horst Jürgen, Simmel über Marx. Eine Kontroverse um die Methode der Makrosoziologie, in: Soziologisches Jahrbuch 1 (1985) 193-210; Schwengel, Hermann, Simmel und Marx. Zwei Philosophen des Geldes, ein Schatten des Heiligen?, in: Kamper, Dietmar/Wulf, Christoph (Hg.), Das Heilige. Seine Spur in der Moderne, Frankfurt 1987, 464-490: Schwengel weist vor allem auf die „Widersprüche" zwischen Marx und Simmel hin (469); Deutschmann, Christoph, Die Verheißung absoluten Reichtums, in: Baecker, Dirk (Hg.), Kapitalismus als Religion, Berlin 2003, 145-174, bes. 152-159.

fläche des wirtschaftlichen Geschehens eine Richtlinie in die letzten Werte und Bedeutsamkeiten alles Menschlichen zu ziehen"[312] und zugleich von der umgekehrten Perspektive her nach den jeweiligen Formungen der Geldwirtschaft zu fragen. Hinter diesem Bemühen steckt als fundamentale erkenntnistheoretische Theorie das Konzept der Wechselwirkung, wonach die verschiedenen Perspektiven stets ineinander greifen und mit ihren jeweiligen Erkenntnissen immer auch den Fragehorizont der anderen beeinflussen und so zum umfassenden Verständnis des jeweiligen Gegenstandes beitragen. Es scheint von daher nicht übertrieben, wenn Landmann die *Philosophie des Geldes* als „radikalsten und zusammenfassendsten Ausdruck"[313] von Simmels Relationismus bezeichnet. Simmel wollte mit diesem Buch „eine Philosophie des ganzen geschichtlichen u. sozialen Lebens"[314] vorlegen, die sozial-ökonomische *und* die kulturelle, die objektive *und* die subjektive Dimension dieses hoch differenzierten Ensembles sowohl auf ihre historische Genese als auch auf ihre aktuelle Gestalt und Geltung hin analysieren. So ist es vor allem diese Verknüpfung von ideeller und materieller Dimension, die wichtige Erkenntnisse für eine gesuchte *kritisch-relative* Verhältnisbestimmung liefert.

Simmel hat die intensivste Auseinandersetzung mit dem Geld vor allem in seiner so genannten soziologischen Phase betrieben und mit dieser voluminösen Arbeit eine Summe dieser Forschungen vorgelegt. Ihr gingen zahlreiche kleinere Vorstudien zu Teilproblemen voraus, die vielfach auch dazu dienten, die Aufnahme in der Fachwelt zu testen.[315] Tatsächlich hat dann das Buch sehr unterschiedliche Reaktionen ausgelöst, von denen stellvertretend nur wenige genannt seien.

---

[312] Philosophie des Geldes 12.
[313] Landmann, Michael, Georg Simmel. Brücke und Tür XIII. Landmann bezeichnet die *Philosophie des Geldes* als ein „seltsames und großartiges soziologisches Buch" (XIII). Sehr gute Einführungen speziell zur *Philosophie des Geldes* bieten: Kintzelé, Jeff/Schneider, Peter (Hg.), Georg Simmels „Philosophie des Geldes"; Backhaus, Jürgen G./Stadermann, Hans-Joachim (Hg), Georg Simmels Philosophie des Geldes. Einhundert Jahre danach, Marburg 2000; Geßner, Willfried/Kramme, Rüdiger (Hg.), Aspekte der Geldkultur. Neue Beiträge zu Georg Simmels „Philosophie des Geldes", Magdeburg 2002; Rammstedt, Otthein (Hg.), Georg Simmels „Philosophie des Geldes". Aufsätze und Materialien, Frankfurt 2003.
[314] So Simmel in einem Brief vom 13. Dezember 1899 an Célestin Bouglé (GSG 22, 343). Das Thema Geld war zur Zeit Simmels auch deswegen ein höchst aktuelles, weil mit der Gründung des Deutschen Reiches erstmals eine einheitliche Währung kommen sollte (Mark und Pfennig, sowie Umstellung von Duodezimal- auf Dezimalsystem und auf Goldwährung). Die Geldreform zog sich über Jahrzehnte hin (bis 1908) und war von einem tiefgreifenden Industrialisierungsschub mit heftigen Krisen (permanenter Wechsel von Konjunktur und Rezession bzw. Inflation) begleitet. Einen guten Überblick dazu bietet: Wehler, Hans-Ulrich, Deutsche Gesellschaftsgeschichte 3: Von der „Deutschen Doppelrevolution" bis zum Beginn des Ersten Weltkrieges 1849-1914, München 1995, bes. 547-699.
[315] Zur Entstehungsgeschichte vgl. Rammstedt, Otthein, Simmels „Philosophie des Geldes", in: Kintzelé, Jeff/Schneider, Peter (Hg.), Georg Simmels „Philosophie des Geldes" 13-43, bes. 19ff. Als Vorstudien können unter anderem bezeichnet werden: *Zur Psychologie des Geldes* (1889); *Das Geld in der modernen Cultur* (1896); *Die Bedeutung des Geldes für das Tempo des Lebens* (1897); *Die Rolle des Geldes in den Beziehungen der Geschlechter*, das bereits den Untertitel trägt *Fragment aus einer „Philosophie des Geldes"* (1898); *Über Geiz, Verschwendung und Armut* (1899).

3 Die subjektive und die objektive Macht des Geldes 225

Gustav Schmoller, in dessen staatswissenschaftlichem Seminar Simmel 1888 den Vortrag *Zur Psychologie des Geldes* gehalten hat, würdigt in einer überaus ausführlichen und kenntnisreichen Rezension Inhalt, Aufbau und These des Buches, dessen Grundgedanken er „für richtig und einen erheblichen wissenschaftlichen Fortschritt hält"[316]. Zugleich räumt er aber ein, dass der übergroße Reichtum seiner Gedanken und die Fülle von Gesichtspunkten es nicht ganz leicht machten, seine Absichten zu verstehen. Alle bisherigen Monographien und Untersuchungen über das Geld wären auf die Fragen, die Simmel beantworten wolle, überhaupt nicht eingegangen oder würden sie nur streifen. Hin und wieder durchziehe „ein starker Anflug von Pessimismus"[317] die Überlegungen, doch weise die Fülle der Gesichtspunkte, der fast übergroße Reichtum von Gedanken ihn als einen geistreichen Menschen und ernsten Denker aus. Stil und Darstellung seien nicht leicht zu lesen und wer die philosophische Schulsprache sowie die volkswirtschaftlichen Diskussionen nicht kenne, werde Mühe haben, dem Gang der Überlegungen zu folgen und die Zusammenhänge zu erfassen. Da könne an manchen Stellen Verzweiflung aufkommen und die Versuchung, das Buch kopfschüttelnd wegzulegen. Allerdings: diejenigen, die sich der Mühe unterziehen, „jedes schwierige Kapitel zwei- oder dreimal zu lesen, werden es mit Genuß und steigender Belehrung thun. ..."[318]

In ähnlicher und doch ganz anderer Weise charakterisiert George Herbert Mead Simmels *Philosophie des Geldes*: Man findet im Buch „einen gewaltigen Reichtum an psychologischen Illustrationen und viel historisches Material. Aber das oberste Ziel der Abhandlung besteht darin, die Beziehung der einzelnen zur Gemeinschaft anhand des Geldes und seiner Verwendung zu untersuchen. Sein Ziel ist ein soziologisches, doch seine Behandlung berührt viele Felder der politischen Ökonomie und des Finanzwesens. Es ist durchgängig mit großer und oft ermüdender Anstrengung geschrieben und hat einen etwas entmutigenden Umfang."[319]

---

[316] Schmoller, Gustav, Simmels Philosophie des Geldes, in: Jahrbuch für Gesetzgebung, Verwaltung und Volkswirtschaft im Deutschen Reich 25 (1901) Heft 17, 1-18; abgedruckt in: Hein, Peter Ulrich (Hg.), Georg Simmel 195-211, 209. Schmoller trifft exakt Simmels Problemstellung, die er so beschreibt: „[W]as hat das Geld und die Geldwirtschaft aus dem Denken, Fühlen und Wollen der Individuen, aus den gesellschaftlichen Zusammenhängen, aus den socialen, Rechts und Wirtschaftsinstitutionen gemacht. Die Rückwirkung der wichtigsten Einrichtung moderner Wirtschaft, des Geldes, auf alle Lebensseiten der Kultur, das ist sein Thema." (209) Zum Verhältnis von Simmel und Schmoller vgl. Schullerus, Erwin, Simmel und Schmoller. Briefliche Zeugnisse, in: Geßner, Willfried/Kramme, Rüdiger (Hg.), Aspekte der Geldkultur 77-98.

[317] Schmoller, Gustav, Simmels Philosophie des Geldes 209.

[318] Schmoller, Gustav, Simmels Philosophie des Geldes 211. Hugo von Hofmannsthal hat die *Philosophie des Geldes* 1906 gelesen und im gleichen Jahr verschiedene Passagen seines *Jedermann* nochmals überarbeitet (das belegen handschriftliche Notizen). Zum möglichen Einfluss auf das alljährlich in Salzburg mit großem Erfolg aufgeführte Stück vgl. Faath, Ute, Jedermanns Endzweck. Hugo von Hofmannsthals Rezeption der Philosophie des Geldes, in: Simmel Studies 11 (2001) 161-179.

[319] Mead, George Herbert, Philosophie des Geldes. By Georg Simmel, in: Journal of Political Economy 9 (1900) 616-619; abgedruckt in: Rammstedt, Otthein (Hg.), Georg Simmels „Philosophie des Geldes" 300-304, 303. Der Umfang des Buches wird häufig als entmutigend bezeich-

Der Philosoph und Soziologe Rudolf Goldscheid listet in seiner umfangreichen Besprechung eine stattliche Anzahl an Kritikpunkten auf.[320] Er spricht von mangelnder methodischer Schärfe, das Buch sei „zu sehr im Geiste philosophischer Meditationen geschrieben"[321]. Seine Kritik reicht von den allzu reichlichen Gebrauch der Analogie bis zur Problematisierung der Grundthese insgesamt: die sozialen und kulturellen Verhältnisse seien „zum größten Teile durch die Geldwirtschaft nur bedingt, nicht verursacht"[322]. Dennoch sieht auch er sich zum Resümee gedrängt, dieses Buch „für eine der allerbedeutendsten Erscheinungen der letzten Jahrzehnte" zu halten; Simmel sei „entschieden einer der schärfsten philosophischen Köpfe unserer Zeit"[323].

Karl Joël schreibt in einer der ersten Rezensionen, dass er das Buch „vor allem um dreier Eigenschaften willen"[324] bewundere. (1) „Es ist der reine Ton der Relativität, den man nicht ausdrücken kann, weil unsere unmoderne Sprache nur in Absoluten redet." (2) Das Buch „hebt das Oekonomische leuchtend heraus, um es zugleich ins Universale, Philosophische aufzulösen"[325]. Und (3) löse das Buch die Antithesen und bestehenden Verwicklungen nicht auf, „indem es sie aufhebt, sondern gerade indem es sie emporhebt zu klarer Bestimmtheit, sie als Verschlingung von Gegensätzen aufdeckt"[326].

Die *Philosophie des Geldes* ist in der Tat ein ungewöhnliches Buch. In ihm finden sich keinerlei Statistiken, kaum Anmerkungen, weder Quellenangaben noch Überschriften oder eine klare Gliederung. Auch eine Literaturliste oder Lektürehinweise wird man vergebens suchen, dafür erwarten die Leserin und den Leser über 700 eng bedruckte Seiten, auf denen man mit unzähligen Beobachtungen und überraschenden Einsichten konfrontiert wird, die vor allem in den immer wieder eingebauten Fallstudien tiefe Einblicke in die deutsche und Berliner Gesellschaft um die Jahrhundertwende bieten. Daher ist Otthein Rammstedt wohl zuzustimmen, wenn er die *Philosophie des Geldes* als „die erste soziologische Arbeit [bezeichnet], die Modernität pro-

---

net. Camillo Supino meint, dass von einem formalen Gesichtspunkt aus der Band sogar auf den wohlwollendsten Leser abschreckend wirke: dicht bedruckte Seiten, „die einander eintönig mit einigen wenigen Unterbrechungen folgen", eine Gliederung, von der man den Eindruck gewinne, sie sei „künstlich mit einem Messer vorgenommen" worden, und so manch subtile oder abstruse Analysen. Und dennoch „werden wir alsbald eine große Belohnung für die Mühen finden, die wir aufwenden mußten" (Supino, Camillo, G. Simmel – Philosophie des Geldes, in: *Rivista di Scienzia* 6 (1912) 456-459; abgedruckt in: Rammstedt, Otthein (Hg.), Georg Simmels „Philosophie des Geldes" 305-309, 305).

[320] Goldscheid, Rudolf, Rezension zu Georg Simmels Philosophie des Geldes, in: Archiv für systematische Philosophie 10 (1904) 397-413. David Frisby kommt das Verdienst zu, die Simmel-Texte, die in Wien veröffentlicht wurden, in einem eigenen Sammelband herausgegeben zu haben: David Frisby (Hg.), Georg Simmel in Wien. Texte und Kontexte aus dem Wien der Jahrhundertwende, Wien 2000; die Rezension von Goldscheid 249-261.
[321] Goldscheid, Rudolf, Rezension 250.
[322] Goldscheid, Rudolf, Rezension 259.
[323] Goldscheid, Rudolf, Rezension 261 (beide Zitate).
[324] Joël, Karl, Eine Zeitphilosophie, in: Neue Deutsche Rundschau 12 (1901) 812-826; wiederabgedruckt in: Hein, Peter Ulrich (Hg.), Georg Simmel 159-178, 160.
[325] Beide Zitate: Joël, Karl, Eine Zeitphilosophie 161.
[326] Joël, Karl, Eine Zeitphilosophie 164.

3 Die subjektive und die objektive Macht des Geldes

blematisiert"[327]. Frisby hält sie für eine der wichtigsten Quellen im Rahmen einer Theorie der Moderne, ja es sei grundsätzlich legitim, Simmel „als den ersten Soziologen der Moderne zu betrachten"[328]. Denn viele der Argumente, die gegenwärtig im Streit um das Ende der Moderne, um Spät- oder Postmoderne ausgetauscht werden, ließen sich bereits bei Simmel nachlesen.[329] Für Dirk Baecker ist die These nach wie vor plausibel, dass „Simmels spätere Arbeiten wie auch viele Werke der nachfolgenden Kulturkritik und Kulturphilosophie von Bloch, Benjamin und Adorno über Cassirer bis hin zu Heidegger zu großen Teilen nichts anderes als Fußnoten zu dieser grandiosen »Philosophie des Geldes« sind."[330] Andererseits löste schon beim Erscheinen des Buches eine gewisse Irritation aus, dass er den Kapitalismus einfach als gegeben annahm: „Erklärungen über die historische Genese der modernen Kultur und der Geldwirtschaft gibt Simmel nicht ab."[331]

In einer Zeit, als noch ein ungebrochener Positivismus die intellektuelle Szene beherrschte, eröffnete dieses Buch für viele intellektuelle Zeitgenossen unentdecktes Neuland. Man konnte von ihm die dialektische Pluralität der Perspektiven lernen, denn Simmels Denken „oszilliert zwischen Nationalökonomie, Soziologie, Philosophie und Kulturgeschichte"[332]. Die „faszinierende Intellektualität"[333], die Simmel verkörperte, resultierte aus seinem ungewöhnlichen Denken, das Ludwig Marcuse einmal so beschrieb: „Simmel brauchte nicht die großen bekannten Straßen der großen bekannten Probleme zu ziehen, weil er nicht zu dem großen bekannten Ziele wollte; er fand die Bedeutsamkeit des Unbedeutenden. Er war kein philosophischer Eroberer, der das durchzentralisierte Imperium des Systems wollte: er war ein leidenschaftlicher Grübler; er bohrte an, wühlte auf, durchleuchtete."[334] Max Frischeisen-Köhler rühmt den eigenständigen Stil Simmels und betont, dass seine Arbeiten rein äußerlich bereits von der wissenschaftlichen Community unterschieden seien: „Sie sind freie Schöpfungen eines freien Geistes, die nirgend die Anknüpfung an die Resultate der Vorgänger oder die Nachprüfung durch Mitforscher erheischen. Der anmerkungslose Fluß der Darstellung strömt nur aus eigener Quelle und er mündet in kein fremdes Meer."[335] Für Cassirer ist Simmel „einer der originellsten Denker des 19ten u[nd] des beginnenden 20sten Jahrhunderts – an ihm

---

[327] Rammstedt, Otthein, Geld und Gesellschaft in der „Philosophie des Geldes", in: Binswanger, Hans Christoph/Flotow, Paschen von (Hg.), Geld und Wachstum. Zur Philosophie und Praxis des Geldes, Stuttgart 1994, 15-31, 30.
[328] Frisby, David, Fragmente der Moderne 46. Darin beklagt er aber auch das Fehlen einer historischen Analyse der Moderne.
[329] So Geyer, Carl-Friedrich, Einführung in die Philosophie der Kultur, Darmstadt 1994, 60.
[330] Baecker, Dirk, „Vom Geld zum Leben. Georg Simmels »Philosophie des Geldes«", in: FAZ 14. März 1989 (Nr. 62, p. L 17).
[331] Jung, Werner, Georg Simmel zur Einführung, Hamburg 1990, 72.
[332] Landmann, Michael, Einleitung des Herausgebers zu: Ders. (Hg.), Georg Simmel 22.
[333] Lohmann, Georg, Der Schleier zwischen uns und den Dingen: Georg Simmels „Stilisierung", in: Führer, Urs/Josephs, Ingrid E. (Hg.), Persönliche Objekte, Identität und Entwicklung, Göttingen 1999, 40-59, 57.
[334] Marcuse, Ludwig, Georg Simmels Gegenwart, in: Ders., Essays, Porträts, Polemiken, Zürich 1988, 203-208, 203.
[335] Frischeisen-Köhler, Max, Georg Simmel 4.

kann man die ganze Bewegung, die innere Dynamik dieses [kulturphilosophischen] Denkens ablesen"[336].

Für Georg Lukács war Simmel „ein großer Anreger, aber weder ein großer Erzieher, noch [...] ein wirklicher Vollender"[337]. Innerhalb der Philosophie und Soziologie hat sich der Eindruck verfestigt, Simmels Denken sei unsystematisch, ihm fehle es an Stringenz und Präzision. Siegfried Kracauer zählte Simmel „zu den unsystematischen Denkern"[338], sein Verfahren „zeitigt Ergebnisse, die von einer eigentümlichen Unfaßlichkeit sind. Dieses Wandern von Beziehung zu Beziehung, dieses Ausschwärmen in Ferne und Nähe, die Kreuz und Quer, es gewährt dem Geist, der ein Ganzes umgreifen möchte, keinen Halt, er verliert sich im Endlosen."[339] Friedrich Tenbruck wiederum hielt Simmels soziologisches Programm für wenig nutzbar, es enthalte zu viele unausgefaltete Gedanken, so dass „der programmatische Boden von Simmels Soziologie moderne Untersuchungen, theoretische wie empirische, überhaupt nicht tragen könnte."[340] Dennoch seien seine Überlegungen „trotz aller Weitschweifigkeit und Begriffslockerheit, trotz mancher Zeitbeschränkung und Unsicherheit, eine Fibel, eine Schule, in der man konkret soziologische Perspektive lernen kann."[341] Habermas schreibt noch in seinem lesenswerten Vorwort zu einer Ausgabe Gesammelter Essais von Georg Simmel im Wagenbach-Verlag 1986: „Zum »Klassiker« hat es Simmel nicht gebracht – und dazu war er auch nach seinem intellektuellen Zuschnitt nicht prädestiniert."[342] Simmel repräsentiere einen anderen Typus, er ist „eher Anreger als Systematiker gewesen – eher philosophierender Zeitdiagnostiker mit sozialwissenschaftlichem Einschlag als ein solide im Wissenschaftsbetrieb verwurzelter Philosoph und Soziologe"[343]. Die neuere

---

[336] Cassirer, Ernst, Grundprobleme der Kulturphilosophie (Sommer-Semester 29), in: Cassirer, Ernst, Nachgelassene Manuskripte und Texte: Kulturphilosophie. Vorlesungen und Vorträge 1929-1941 (ECW 5), Hamburg 2004, 4.

[337] Lukács, Georg, Erinnerungen an Simmel, in: Gassen, Kurt/Landmann, Michael (Hg.), Buch des Dankes 171-176, 171.

[338] Kracauer, Siegfried, Über die Philosophie Georg Simmels 137.

[339] Kracauer, Siegfried, Über die Philosophie Georg Simmels 153. Der Sinn der zwischen den Erscheinungen gesponnenen Fäden liegt einzig darin, „verborgene Zusammenhänge sichtbar zu machen [...], das Unsystematische wird bei ihnen geradezu System, es ist ganz gleichgültig [sic], wohin man, sie auswerfend und anknüpfend, gelangt, wenn man nur überhaupt irgendwohin gelangt. Dieses Gewebe ist nicht nach einem Plan geschaffen wie eine festgefügte Gedankenordnung, es hat vielmehr keinen anderen Zweck als den da zu sein und durch sein Dasein von der Verbundenheit aller Dinge zu zeugen." (154) Auch das ist eine Möglichkeit, Wechselwirkung zu beschreiben.

[340] Tenbruck, Friedrich H., Georg Simmel 609.

[341] Tenbruck, Friedrich H., Georg Simmel 610. Für Tenbruck stellt Simmels Werk eine immer noch nicht ausgeschöpfte Fundgrube dar. Viele seiner Texte bieten „eine Unzahl von wichtigsten Fingerzeigen, deren Bedeutung gerade erst aus der Entfernung zu verstehen und mittels des entwickelten Begriffsapparats moderner Soziologie zu deuten ist. Dazu gehört besonders das zwar methodisch ungezügelte aber sachlich noch immer lehrreiche Ineinander von strukturanalytischer Betrachtung und Kulturanalyse" (610).

[342] Habermas, Jürgen, Simmel als Zeitdiagnostiker, in: Ders., Georg Simmel. Philosophische Kultur. Über das Abenteuer, die Geschlechter und die Krise der Moderne – Gesammelte Essais, Berlin 1986, 7-17, 8.

[343] Habermas, Jürgen, Simmel als Zeitdiagnostiker 8. Zahlreiche Philosophen, so Habermas, sind von Simmels Denken stark beeinflusst worden, u.a. Adorno und Bloch.

Simmel-Forschung hat diese Urteile revidiert und Simmels Formensoziologie als „eine Art Geometrie des Sozialen"[344] rekonstruiert. Für Joas stellt Simmel „durchaus ein ausgefeiltes Theoriegebäude zur Verfügung", das allerdings, entgegen dem damaligen Mainstream, nicht auf der Idee des Handelns von einzelnen Individuen, „sondern auf der Idee der *Beziehung und Wechselwirkung zwischen Individuen*"[345] basierte.

Simmel hatte selbst keine „Schüler" wie Cohen, Rickert oder Husserl, was gewiss auch daran lag, dass ihm in Berlin (und Heidelberg) eine eigene Professur verwehrt wurde. So schrieb er einmal in sein Tagbuch: „Ich weiß, daß ich ohne geistigen Erben sterben werde (und es ist gut so). Meine Hinterlassenschaft ist wie eine in barem Gelde, das an viel Erben verteilt wird, und jeder setzt sein Teil in irgendeinen Erwerb um, der seiner Natur entspricht: dem die Provenienz aus jener Hinterlassenschaft nicht anzusehen ist."[346] Die *Philosophie des Geldes* bietet eine Unzahl an Interpretationsmöglichkeiten, die Nationalökonomie kann in ihr ebenso interessante Einsichten finden wie die Philosophie, die Soziologie, die Moralwissenschaften und auch, wie ich zeigen möchte, die Theologie. Der ästhetische, philosophische und soziologische Diskurs sind hier noch nicht auseinandergetreten. So dokumentiert die bis heute anhaltende Diskussion darüber, ob die *Philosophie des Geldes* eher ein philosophisches[347] oder doch ein eher soziologisches[348] Buch sei, auch auf formaler Ebene das Programm, für das Simmel eingestanden ist und das untrennbar mit diesem Werk verbunden ist: die grundlegende Bedeutung der Wechselwirkung für das Verständnis von Individuum und Gesellschaft.

3.1 Die Nationalökonomie als wichtige Referenzwissenschaft

Auch wenn sich der Gelddiskurs mittlerweile in verschiedene Wissensformen ausdifferenziert hat, kommt den Überlegungen aus dem Bereich der Nationalökonomie nach wie vor ein besonderer Stellenwert zu. Hier erfährt die Gelddebatte gegenwärtig eine zweite Renaissance, nachdem in den einflussreichen neoklassischen Theorieansätzen dem Geld über seine Tauschmittelfunktion hinaus keine besondere Bedeutung zugekommen war. Innerhalb der Neoklassik dominiert der quantitätstheoretische Ansatz, wonach Geld primär als eine

---

[344] Paul, Axel T., Die Gesellschaft des Geldes. Entwurf einer monetären Theorie der Moderne, Wiesbaden 2004, 24.
[345] Joas, Hans/Knöbl, Wolfgang, Sozialtheorie. Zwanzig einführende Vorlesungen, Frankfurt 2004, 75.
[346] Aus dem nachgelassenen Tagebuche (GSG 20, 261).
[347] Lichtblau, Klaus, Die Seele und das Geld. Kulturtheoretische Implikationen in Georg Simmels „Philosophie des Geldes", in: Lepsius, Rainer M./Neidhardt, Friedhelm/Weiß, Johannes (Hg.), Kultur und Gesellschaft (Kölner Zeitschrift für Soziologie und Sozialpsychologie), Sonderheft 28, Opladen 1986, 57-74, 70.
[348] Vgl. dazu die ausführliche Diskussion bei Dahme, Heinz-Jürgen, Soziologische Elemente in Georg Simmels „Philosophie des Geldes", in: Kintzelé, Jeff/Schneider, Peter (Hg.), Georg Simmels „Philosophie des Geldes" 47-87. Dahme betont, dass es nicht unproblematisch sei, die *Philosophie des Geldes* als soziologisches Werk zu betrachten.

objektive, neutrale Größe zu verstehen sei, die auf den Märkten lediglich die relativen Preise (und Mengen) aller Güter und Dienstleistungen im Verhältnis zur Geldmenge zum Ausdruck bringt.[349] Da in diesen Theorieansätzen der reale und der monetäre Sektor stets getrennt sind, liegt das wirtschaftspolitische Augenmerk auf den Austauschbeziehungen der Güter und Waren. Nur eine angebotsorientierte Politik, die sich der Stimulierung der Nachfrage verschreibe, könne nachhaltige Wachstumseffekte erzielen, weshalb der Staat durch Preisstabilität und eine geordnete Geldmengenpolitik diese Aufgabe unterstützen müsse.

Einer der wichtigsten Vertreter der Quantitätstheorie des Geldes war Carl Menger (1840-1921), Mitbegründer der so genannten Wiener Schule der Nationalökonomie. Obwohl er in Abgrenzung und Weiterentwicklung der objektiven Wertlehre von Ricardo und Marx versuchte, die Entstehung des wirtschaftlichen Wertes durch die subjektive Wertschätzung der Güter zu erklären und das Geld aus den Tauschbeziehungen herzuleiten, blieb ihm Geld ein neutraler Gegenstand, ein Objekt neben vielen anderen, dessen Wertbestimmung wie alle anderen Güter werttheoretischen Modellannahmen, vor allem der des abnehmenden Grenznutzens, unterliegt.[350] Weil Geld im ruhenden Zustand durch Inflation und Zinsverlust an Wert verliert, sind die Akteure daran interessiert, es möglichst lange im Zirkulationsprozess zu halten oder umgehend wieder einzuspeisen. Geld ist daher eine besondere Ware, die im Unterschied zu allen anderen Gütern ständig in Bewegung bleibt und sich deshalb als Tauschmittel besonders gut eignet.

In der Praxis kämpft die Quantitätstheorie des Geldes allerdings mit zahlreichen Schwierigkeiten. Sie geht von idealtypischen Situationen aus, die im Wirtschaftsleben als solche nicht oder höchst selten gegeben sind. Sie abstrahiert den Tausch von allen anderen gesellschaftlichen Reproduktionsformen, unterschätzt Eigenwert und Eigendynamik des Geldes, weil sie seine transmonetäre, psychologische Macht, seinen Eigenwert gänzlich ausblendet.

Simmel selbst konnte der Logik der Quantitätstheorie durchaus folgen, lehnte aber die These von der Neutralität des Geldes als unerlaubte Verkürzung ab. Wiederholt kritisierte er, dass es der Nationalökonomie nicht gelinge, die transmonetäre Bedeutung des Geldes und die Auswirkungen auf die innere, subjektive Welt der Menschen zu erkennen. Diese Kritik ist auf nationalökonomischer Seite sehr wohl gehört und verstanden worden. Menger verteidigte sich in seiner Rezension zur *Philosophie des Geldes* gegen diesen Vorwurf und monierte seinerseits, dass Simmel nur die historische Nationalökonomie im Auge habe, deren Defizite er wohl klar erkenne, ihren aktuellen Diskussions- und

---

[349] Die Quantitätstheorie des Geldes besagt im Wesentlichen, dass sich Geldmenge und Geldpreise in einer Volkswirtschaft langfristig proportional entwickeln. Die Geldmenge bestimmt lediglich das Niveau der absoluten Preise, deren Höhe keine entscheidende Rolle spielt, wenn die relativen Preise gleich bleiben. Verändert sich die Geldmenge, dürfen sich die absoluten, nicht aber die relativen Preise verändern. Steigende (absolute) Preise müssen dann zu höheren Einkommen führen, um das Gleichgewicht zu erhalten bzw. wiederherzustellen.
[350] Vgl. Menger, Carl, Grundsätze der Volkswirtschaftslehre (GW 1), Tübingen 1968 (EA 1871); Ders., Schriften über Geld und Währungspolitik (GW 4), Tübingen 1970.

Forschungsstand aber nicht ausreichend rezipiere. Die nationalökonomische Theoriebildung in Form der Geldlehre bemühe sich intensiv, „das Wesen des Geldes und seiner Functionen zu erforschen"[351] und, sofern überhaupt möglich, ihre psychologischen Ursachen und Voraussetzungen zu klären. Eine besondere philosophische Analyse des Geldes sei daher auch nicht notwendig. Im Gegenteil, die Behandlung der Probleme erfolge in den Wirtschaftswissenschaften mit größerer Klarheit und Sachkunde als bei Simmel. Obwohl Simmels Buch eine Reihe sehr geistreicher und anregender Untersuchungen enthalte, würden in ihr weder die Philosophen noch die Wirtschaftstheoretiker eine Vertiefung der nationalökonomischen Geldlehre finden können.

Mengers Kritik blieb nicht die einzige Ablehnung seitens der Nationalökonomie und (beginnenden) Soziologie. Die Begrenzung der Tauschmittelfunktion in Form der Einziehung subjektiver Wertkomponenten in eine (scheinbar) objektive Größe irritierte ebenso, wie die Konzentration auf werttheoretische Implikationen polarisierte. Dabei will Simmels Geldtheorie keinen Beitrag zur nationalökonomischen Debatte leisten und verzichtet auch konsequenter Weise auf eine bestimmte, nationalökonomisch akzeptierte Definition: „Keine Zeile dieser Untersuchungen ist nationalökonomisch gemeint. Das will besagen, daß die Erscheinungen von Wertung und Kauf, von Tausch und Tauschmittel, von Produktionsformen und Vermögenswerten, die die Nationalökonomie von *einem* Standpunkt aus betrachtet, hier von einem andern aus betrachtet werden."[352] Vielmehr versucht Simmel durch verschiedenste histo-

---

[351] Rezension von Carl Menger in: Literarisches Zentralblatt 62, 26. Jänner 1901, Sp 160-161 (Frisby, Georg, Georg Simmel in Wien 248f). Bemerkenswert ist in diesem Zusammenhang, dass Joseph Schumpeter in seinem Buch *Das Wesen des Geldes* (Göttingen 1970) Simmel mit keinem Wort erwähnt (vgl. dazu Backhaus, Jürgen G., Tausch und Geld. Georg Simmels Philosophie des Geldes, in: Ders./Stadermann, Hans-Joachim (Hg), Georg Simmels Philosophie des Geldes. Einhundert Jahre danach, Marburg 2000, 51-63).

[352] Philosophie des Geldes 11. Backhaus unterstreicht, dass Simmels *Philosophie des Geldes* bewusst keine volkswirtschaftliche Theorie sein will, weshalb es auch unangemessen sei, sie der neoklassischen Geld-Theorie gegenüberzustellen (Backhaus, Jürgen G., Tausch und Geld). Vielleicht lässt sich sein Verfahren eher „als Phänomenologie des Ökonomischen" denn als nationalökonomisches Unternehmen charakterisieren (Hetzel, Andreas, Georg Simmel: Philosophie des Geldes (1900) 74. Dass die *Philosophie des Geldes* aber auch für die Nationalökonomie eine sehr ergiebige Fundgrube bietet, zeigen u.a. die Arbeiten von Paschen von Flotow und von Hajo Riese. Paradigmatisch seien genannt: Flotow, Paschen von/Schmidt, Johannes, Die „Doppelrolle des Geldes" bei Simmel und ihre (fehlende) Entsprechung in der modernen Wirtschaftstheorie, in: Backhaus, Jürgen G./Stadermann, Hans-Joachim (Hg.), Georg Simmels Philosophie des Geldes 61-94; Dies., Die „Doppelrolle des Geldes" bei Simmel und ihre Bedeutung für Ökonomie und Soziologie, in: Simmel Newsletter 9 (1999) 144-159; Flotow, Paschen von, Geld und Wachstum in der „Philosophie des Geldes" – die Doppelrolle des Geldes, in: Binswanger, Hans Christoph/Flotow, Paschen von (Hg.), Geld und Wachstum: zur Philosophie und Praxis des Geldes, Stuttgart/Wien 1994, 32-60; Ders./Schmidt, Johannes, Die „Doppelrolle des Geldes" bei Simmel und ihre Bedeutung für Ökonomie und Soziologie, in: Rammstedt, Otthein (Hg.), Georg Simmels „Philosophie des Geldes", 58-87. Paschen von Flotow kommt das Verdienst zu, Simmels *Philosophie des Geldes* einer konsequenten ökonomischen Interpretation zu unterziehen und damit seine Relevanz für die nationalökonomischen Debatten zu unterstreichen. Insbesondere gelingt ihm dies in der detailreichen und genauen Studie: Flotow, Paschen von, Geld, Wirtschaft und Gesellschaft. Georg Simmels Philosophie des Geldes, Frankfurt 1995. Riese, Hajo, Der Kulturphilosoph als Ökonom. Anmerkungen zur

rische Rekonstruktionen, begriffsgeschichtliche Genealogien, transzendentalphilosophische Reflexionen und durch die Analyse aktueller Vollzugsformen jene Bedeutungsgehalte des Geldwesens herauszudestillieren, die sich mit ökonomischen Instrumentarien und Kategorien allein nicht erfassen lassen, aber dennoch untrennbar an ihm haften und ökonomische Entwicklungen nicht weniger beeinflussen als finanzpolitische Entscheidungen.

3.2 Werttheorie – Über die subjektive und die objektive Macht des Geldes

Aber wie kommt das Geld überhaupt in diese exponierte Position eines universalen Tauschmittels, eines bevorzugten Objektes der Begierde und einer gottgleichen Macht? Welche Voraussetzungen und Faktoren müssen dafür gegeben sein? Um ein möglichst präzises Bild von der umfassenden Bedeutungspalette zu erhalten, beginnt Simmel seine *Philosophie des Geldes* mit ausführlichen Reflexionen über die psychologischen Voraussetzungen der Geldwirtschaft.[353] Im programmatischen Eröffnungskapitel „Wert und Geld" (23-138) dokumentiert Simmel gleich zu Beginn, anhand welcher externen Faktoren und phänomenologischen Beschreibungen er die Analyse des Geldes vollziehen wird. So mag es wenig überraschen, dass die hier entfaltete Werttheorie sicherlich eines der Herzstücke dieses Buches bildet. Als ein wichtiges Ergebnis dieses Kapitels wird die grundlegende These herausdestilliert, dass die Geldwirtschaft eine Konsequenz der Tauschverhältnisse ist und nicht deren Ursache. Am Anfang war der Handel, waren Austauschbeziehungen, aus denen heraus sich das Geld entwickelt hat, kein religiöses Opfer oder ein von einer Obrigkeit verkündeter Erlass. Damit bezieht Simmel implizit Position im Streit um Ursprung und Entstehungsgeschichte des Geldes; er ergreift Partei für die kommerzielle Entstehungstheorie.[354] Von dieser Verortung her entfaltet Simmel die Kernfrage,

---

Renaissance von Georg Simmels „Philosophie des Geldes", in: Geßner, Willfried/Kramme, Rüdiger (Hg.), Aspekte der Geldkultur 99-114. Riese betont, dass man als Fachökonom nur mit Bewunderung die methodische Stringenz registrieren könne, mit der Simmel das ökonomische Denken integriere. Simmels Werk enthalte erkennbar nicht nur eine Philosophie, sondern auch eine Ökonomie des Geldes und betont: „Ohne Bezug auf die Ökonomie der Geldfunktion, die deren Rolle in einem solchen Prozeß klärt, ist ein Verständnis der „Philosophie des Geldes" nicht möglich." (100); Ders., Georg Simmel und die Nationalökonomie. Anmerkungen zur Renaissance seiner „Philosophie des Geldes", in: Backhaus, Jürgen G./Stadermann, Hans-Joachim (Hg.), Georg Simmels Philosophie des Geldes 95-111. Simmel habe dem liberalen Postulat von *Freiheit und Selbstbestimmung* das Postulat von *Freiheit und Verpflichtung* entgegengesetzt und betont, dass die Konstitutionsbedingungen einer Vergesellschaftung weder die Produktion noch der Tausch seien, sondern der Geldzins (102). Zu dieser Einschätzung gelangt Riese deswegen, weil er die Genese des Geldes aus dem Tausch ablehnt: „Geld (und ebenso der Güterverkehr) sind dem Tausch historisch vorgelagert, also älter als der Tausch" (104). Aber genau diese Position bestreitet Simmel. Riese scheint diesen Widerspruch zu bemerken und betont daher, dass man hier Simmel vor Simmel schützen müsse (107). Eine ähnliche Position vertritt: Stadermann, Hans-Joachim, Die Geldtheorie an der Schwelle zum 20. Jahrhundert, in: Backhaus, Jürgen G./Ders. (Hg.), Georg Simmels Philosophie des Geldes 19-60.

[353] Die Seitenangaben im Textcorpus beziehen sich auf die *Philosophie des Geldes* (GSG 6).
[354] Vgl. Kapitel 1: 2.2.3. (p. 56-66)

welche psychologischen und kognitiven Voraussetzungen denn gegeben sein müssen, um überhaupt ein solch hochkomplexes System wie eine auf den Faktor Geld gegründete Wirtschafts- und Gesellschaftsordnung aufbauen zu können, welche tragenden Motive dafür ausschlaggebend sind.[355] Nur so wird das Anliegen verständlich, der Marx'schen These von der gesellschaftlichen Bestimmung des Bewusstseins eine Komplementärperspektive zur Seite zu stellen (womit er sie natürlich indirekt bestätigt und nicht, wie öfters behauptet wird, korrigiert). Diese Intention Simmels führt zu weiteren sehr grundsätzlichen Fragestellungen. Auf welche Weise beeinflussen überhaupt Ideen und Überzeugungen die ökonomischen und gesellschaftlichen Entwicklungen? Warum wird Geld zu einem „Gelenkssystem" (652), das den ökonomischen Kreislauf in Bewegung hält? Die Frage nach der überragenden, immer wieder auch als quasireligiös bezeichneten Bedeutung des Geldes versucht Simmel dadurch zu beantworten, dass er die Struktur dieses Verhältnisses auf seine logischen und psychologischen Voraussetzungen hin analysiert und deren Bestandteile offen legt. Psychologie/Genealogie und Transzendentalphilosophie bilden deshalb auch in der *Philosophie des Geldes* den grundlegenden Theorierahmen, in den nationalökonomische, ethnologische und vor allem soziologische Elemente hineinverwoben werden. Von hier aus erklärt sich der Aufbau des Buches, das sich in zwei große Teile gliedert. Der erste, der *analytische* Teil, umfasst drei Kapitel: *Wert und Geld* (23-138), *Der Substanzwert des Geldes* (139-253) sowie *Das Geld in den Zweckreihen* (254-371). Der zweite, *synthetische* Teil besteht ebenfalls aus drei Kapiteln: *Die individuelle Freiheit* (375-481), *Das Geldäquivalent personaler Werte* (482-590) und als letztes das berühmte sechste Kapitel *Der Stil des Lebens* (591-716), im Übrigen eine der klassischen Passagen moderner, bürgerlicher Kulturkritik.

3.2.1 Was ist ein Wert?

Simmel geht in der Erörterung dieser Frage wieder von einer soziologischen Beobachtung bzw. Überlegung aus. Einerseits erscheint dem Betrachter „die Ordnung der Dinge" (23) so, als hätten alle ihre unterschiedlichen Eigenschaften und Ausprägungen einen gemeinsamen, tieferen Ursprung, der sie ihrem Wesen nach einheitlich und gleich erscheinen lässt. Auf der anderen Seite aber geben wir uns mit dieser Struktur nicht zufrieden, sondern suchen und entwickeln eine Perspektive, die diese Allgleichheit durchbricht und ihr tiefstes Wesen nicht in der Einheit, sondern in der Differenz erkennt. Diese disparate, polymorphe Struktur der Wirklichkeit zeigt sich erkenntnistheoretisch in unseren Wertungen und Wertvorstellungen, die zu den natürlichen Ereignisreihen parallel verlaufen. Ob und warum Gegenstände, Gedanken, Dinge etc. wertvoll sind, „ist aus ihrem bloß natürlichen Dasein und Inhalt niemals abzulesen" (23), sondern geschieht allein durch menschliche Setzung. Was uns oft als wertvoll erscheint, vernichtet die Natur und umgekehrt bewahrt

---
[355] Man hat Simmel deswegen oft Psychologismus vorgeworfen (so Max Weber). Zur Kritik an diesem Vorurteil vgl. Nedelmann, Birgitta, „Psychologismus" oder Soziologie der Emotionen.

diese vieles, was wir als gänzlich bedeutungslos empfinden. Das Verhältnis dieser beiden Welten, die Welt der Dinge und die Welt der Wertungen, unterliegt keinem metaphysischen oder natürlichen Prinzip, sondern ist ein höchst kontingenter Prozess. In logischer Perspektive kommt die Wertung als das spätere dem objektiven Sein nachträglich hinzu. Der Wert ist daher keine Eigenschaft der Dinge, wie etwa Farbe oder Temperatur, die eng mit dem Objekt selbst verbunden werden. Gewiss sind, klassisch kantianisch, die Eigenschaften von unseren Sinneswahrnehmungen bestimmt, aber sie werden „von einem Gefühle unmittelbarer Abhängigkeit von dem Objekt begleitet" (29). Anders beim Wert, der weitaus stärker an die subjektiven Empfindungen gebunden scheint und daher meist als eine Kategorie des Subjekts erscheint. Wir nennen etwas nur aufgrund bestimmter Eigenschaften wertvoll, aber das Urteil über einen Wert ist doch allein ein Ereignis der Subjektivität.[356] Als psychologischen Vorgang müsse man die Wertung zur natürlichen Welt zählen, aber das, „was wir mit ihr *meinen*, ihr begrifflicher *Sinn*, ist etwas dieser Welt unabhängig Gegenüberstehendes" (24f). Die großen Kategorien des Seins und des Wertes stehen der Welt der Ideen und bloßen Begriffe gegenüber. Sie bilden die umfassenden Formen, in denen die Ideen, die reinen Inhalte, Gestalt annehmen. Beide Reihen sind für sich genommen fundamental und nicht aufeinander rückführbar. Das Sein eines Dinges, wir kennen dieses erkenntnistheoretische Argument bereits, ist logisch nicht *unmittelbar* ansichtig, sondern offenbart sich uns als gültig nur aufgrund eines anderen, das wiederum in einem anderen gründet usw. Diese logische Deduktion (oder Induktion) ist tendenziell unabschließbar, das letzte Glied muss aber, um nicht in einer endlosen Rückführung verloren zu gehen, in einem unmittelbaren Gefühl, einer Bejahung oder Anerkennung gründen. Auf exakt gleiche Weise verhält sich der Wert den Objekten gegenüber. Wann immer wir einem Ding Wert zusprechen, beruht dieser bereits auf den anderen Objekten zugesprochenen Werten, ist nicht mittels historischer Genese auf einen letzten rückführbar. Daher ist der Wert eines Dinges, Gedankens etc. letztlich ein „Urphänomen" (27) und so wenig erklärbar oder deduzierbar wie deren Sein. Die Perspektive des Wertes und die des Seins lassen sich nicht aufeinander reduzieren, beide bleiben unableitbar.[357] Da der Wert keine Eigenschaft eines Objektes ist und an ihm so wenig hängt wie „an dem Sonnenschein das Wohlgefühl"[358], muss sein Ursprung in der Subjektivität liegen. Werte werden erst durch den menschlichen Willen, das menschliche Begehren zu Werten. Weder Nahrung noch Obdach, Kleidung, edle Metalle etc. sind an und für sich Werte, sondern sie werden es erst im psychologischen Prozess ihrer Schätzung. Aber ist der Wert wirklich nur eine Kategorie des

---

[356] Simmel zitiert hier als Untermauerung Kants These, dass Sein kein Prädikat sein könne, „denn wenn ich von einem Objekte, das bisher nur in meinen Gedanken bestand, sage: es existiere, so gewinnt es dadurch keine neue Eigenschaft; denn sonst würde ja nicht eben dasselbe Ding, das ich vorhin dachte, sondern ein anderes existieren" (Philosophie des Geldes 25).
[357] Hier setzt sich Simmel doch sehr stark von der Werttheorie der *Einleitung in die Moralwissenschaft* ab, wo er sich noch deutlich an Nietzsche angelehnt und den Wert aus dem menschlichen Willen abgeleitet hat.
[358] Zur Psychologie des Geldes 55.

Subjekts, also der individuellen Entscheidung? Führt die Begründung von Werten durch andere Werte nicht in einen Zirkel bzw. in eine Tautologie? Lässt sich mit dem Hinweis auf die autonome Struktur des Wertes die unvergleichliche Bedeutung des Geldes erklären?

3.2.2 Jenseits von Subjekt und Objekt: Der Wert als ein Drittes

Welch hoher Stellenwert dem Wertbegriff in der *Philosophie des Geldes* zukommt, zeigt ein Brief an Heinrich Rickert, mitten in den Vorbereitungen zur Publikation.[359] Simmel beklagt darin, dass er in der Werttheorie an einem toten Punkt angelangt sei und er weder vorwärts noch rückwärts könne: Ihm scheine der Wertbegriff „nicht nur denselben *regressus in infinitum*, wie die Kausalität, sondern auch noch einen *circulus vitiosus* zu enthalten, weil man, wenn man die Verknüpfungen weit genug verfolgt, immer findet, daß der Werth von A auf den von B, oder der von B nur auf den von A gegründet ist."[360] Er könne sich damit ja durchaus zufrieden geben, wenn nicht, „ebenso thatsächlich, absolute u. objektive Werthe Anspruch auf Anerkennung machten"[361]. Er wolle seine Werttheorie nur dann aufrechterhalten, wenn sie „alle die Probleme, die sich die absolutistischen Theorien stellen, gleichfalls zu lösen imstande ist"[362]. Obwohl der Wert sich uns als objektive Eigenschaft der Dinge präsentiert, ist er doch „ein im Subjekt verbleibendes Urteil über sie" (29). Dennoch ist er damit nicht automatisch vollständig in der Subjektivität aufgehoben, sondern besitzt eine eigene Art von Objektivität. Diesen „Salto mortale"[363] plausibel zu begründen, ist ein wichtiges Anliegen der werttheoretischen Überlegungen. Mit der Konzeption des Dritten war der Schlüssel gefunden, der den Zugang zur Vermittlung beider Überlegungsstränge öffnete.

Der Wert, so Simmel, entspringt zwar dem Subjekt, verharrt aber nicht in ihm, er *zeigt* sich an den Objekten und Gegenständen und ist dennoch keine ihrer Eigenschaften. Er ist „vielmehr ein Drittes, Ideelles, das zwar in jene Zweiheit eingeht, aber nicht in ihr aufgeht" (36). In dieser Funktion hat er die Beziehung zum Subjekt, aus der die Wertsetzung kommt, nicht abreißen lassen, die den theoretischen Vorstellungen eines abstrakt gültigen Inhalts meistens fehlt. Die Form dieser Beziehung erscheint uns als Anspruch oder Forderung, wobei dieses Verlangen als Ereignis nur in uns, in den Subjekten anzutreffen ist. Aber auch die Verbindung zum Objekt hin erscheint lebendig und präsent, weil sich in ihm allein der Wert artikuliert, seine konkrete, sinnlich wahrnehmbare Form bildet. Obwohl die Ansprüche und Forderungen des Wertes nur im Subjekt empfunden und realisiert werden, können sie dort ebenso wenig untergebracht werden wie in den Objekten und Gegenständen, die ihrerseits von

---

[359] Brief an Heinrich Rickert vom 10. Mai 1898, in: Gassen, Kurt/Landmann, Michael (Hg.), Buch des Dankes 94f (in der GSG 22, 291f).
[360] Brief an Heinrich Rickert vom 10. Mai 1898, 94 (GSG 22, 292).
[361] Brief an Heinrich Rickert vom 10. Mai 1898, 94 (GSG 22, 292).
[362] Brief an Heinrich Rickert vom 10. Mai 1898, 94 (GSG 22, 292).
[363] So treffend Geßner, Willfried, Der Schatz im Acker 72.

ihnen unabhängig sind. Entscheidend ist also, dass ein Gegenstand/eine Idee etc. seine Bedeutung für uns allein dadurch erhält, dass er in die Form eines Wertes eintritt. Dieser bildet „gewissermaßen das Gegenstück zu dem Sein und ist nun gerade als umfassende Form und Kategorie des Weltbildes mit ihm vielfach vergleichbar" (25).

Von der natürlichen Sachlichkeit aus gesehen, resümiert Simmel, „mag solcher Anspruch als subjektiv erscheinen, von dem Subjekte aus als etwas Objektives; in Wirklichkeit ist es eine dritte, aus jenen nicht zusammengesetzte Kategorie, gleichsam etwas zwischen uns und den Dingen" (37). Die klassischen Lösungen haben den Wert entweder gänzlich der Subjektivität oder der Objektivität zugeschlagen, aber damit seinen besonderen Status nicht erfassen können. Der Lösungsvorschlag Simmels behält die eigentümliche Struktur des Wertes, indem er bei der subjektiven Dimension des Wertes ansetzt, die in Folge eine Objektivität erreicht und sich von beiden löst, ohne ihre Relation in eine der Richtungen zu verleugnen. Auf logischer Ebene zeigt sich die unauslöschbare subjektive Dimension des Wertes etwa darin, dass wir Dinge als wertvoll ansehen, auch wenn niemand sie schätzt oder ihnen folgt.[364] Das gilt natürlich entsprechend auch für die ökonomischen Wertquanta eines Objektes, die wir auch dann akzeptieren, wenn andere den entsprechenden Preis dafür nicht bezahlen möchten oder sich dieses als gänzlich unverkäuflich erweist. Darüber hinaus steht uns der begehrte Gegenstand anders gegenüber als der bloß vorgestellte. Der Mensch, den wir lieben, ist ein anderer als der, den wir uns (bloß) vorstellen. In das begehrte Objekt fließen all jene „sachlichen Bestimmtheiten von Hemmnissen und notwendigen Kämpfen, von Gewinn und Verlust, von Abwägungen und Preisen" (51) ein, die bei einem gedachten Objekt entfallen.

Wert und Wirklichkeit/Sein bilden also zwei Welten bzw. zwei Sprachen, aber dennoch zerfallen sie nicht in eine unvermittelte Dualität, sondern sind durch ein Gemeinsames verbunden, durch eine Kategorie der Drittheit, die bei Simmel auch Unterschiedliches bezeichnet. Obwohl das Dritte prinzipiell keine materielle Kategorie ist, sondern eine rein funktionale Bestimmung, gibt es in seinem Werk doch auch Stränge, die eine Reifikation nahelegen. Etwa wenn Simmel innerhalb der Werttheorie dieses Dritte mit Inhalten füllt, die er in Anlehnung an Platon Ideen nennt. Wohl liegen sie jenseits von Sein oder Wert, müssen aber, um überhaupt fassbar zu werden, in eine der beiden Reihen eintreten.[365] Dieses Dritte verhindert durch den gemeinsamen Gehalt das Auseinanderfallen der subjektiven Wertungen in beziehungslose Entitäten.

---

[364] Analog sind etwa Sätze der Mathematik (Satz vom Dreieck) oder Naturwissenschaft (Gravitationsgesetz) auch dann wahr, wenn niemand sie beachtet oder kennt. Diese Struktur gilt auch für den Wert. Dass etwa die sittliche Gesinnung oftmals nicht realisiert wird, ändert nichts daran, dass sie uns als Wert erscheint.

[365] Simmel fügt noch hinzu, dass unterhalb dieser beiden Ordnungen das liege, „dem sie beide gemeinsam sind: die Seele, die das eine wie das andere in ihre geheimnisvolle Einheit aufnimmt oder aus ihr erzeugt" (Philosophie des Geldes 28). Demnach gibt es drei verschiedene Ebenen der Wirklichkeit: Ganz oben die Welt der Ideen, darunter die (fassbare) Welt des Seins (bzw. des Objektiven) und die Welt der Werte, und nochmals ein Stockwerk darunter die Ebene der Seele, von der her sich das Mittelgeschoß erst konstituiert. Simmels erkenntnistheoretische

3 Die subjektive und die objektive Macht des Geldes 237

Auch wenn die Entstehung des Wertes durch das Subjekt mit seinen wechselnden „Stimmungen und Reaktionsweisen" (28) bedingt ist, sind der Subjektivität dennoch enge Grenzen gesetzt. Das liegt zum einen an der Tatsache, dass das Bewusstsein in gewisser Weise bereits den Willen als normierte Kraft vorfindet, „an der es unmittelbar so wenig ändern kann, wie an den Wirklichkeiten" (29), zum anderen an der Struktur des subjektiven Begehrens: indem wir etwas wünschen oder anstreben, tritt uns der Inhalt in objektiver Weise gegenüber. Hier greift Simmel auf ein erkenntnistheoretisches Argument zurück, das in der Phänomenologie von Husserl eine zentrale Rolle spielt. Nach ihm zeigt die Analyse der Erkenntnisakte, dass zwischen dem Inhalt der Erkenntnis und ihrem Gedachtwerden eine irreduzible Differenz besteht. So ist für Husserl der Wert ein axiologisches Prädikat und im Unterschied zu einem logischen würde sein Fehlen am phänomenologischen Erscheinen nichts ändern. Wertprädikate kommen einem Gegenstand wohl „in Wahrheit zu, sie zu leugnen wäre verkehrt. Aber sie gehören sozusagen in eine *andere Dimension*"[366]. Daher wird der Wert als Konsequenz einer subjektiven Wertung nur an

---

Reflexionen replizieren hier ein (im Wesentlichen platonisches) Modell, das der Kritik Kants und des Neukantianismus nicht wirklich standhält. Dem Stockwerksdenken liegt der Wunsch einer letzten, tragenden Einheit zugrunde, die Simmel auch deutlich anspricht, wenn er der Hoffnung Ausdruck verleiht, dass diese beiden Reihen des Mittelstockwerks (also die erkennende und die wertende) „noch einmal von einer metaphysischen und einer Einheit umfaßt [werden], für die die Sprache kein Wort hat, es sei denn in religiösen Symbolen" (Philosophie des Geldes 28). Seine Kulturkritik findet in diesem Leiden an der Differenz eine ihrer Hauptquellen. In allem Wirken haben wir nach Simmel eine Norm, einen Maßstab oder eine ideell vorgebildete Totalität über uns, die eben durch dieses Wirken in die Form der Realität übergeführt wird. Unsere praktische Existenz scheint einem Schatz von Möglichkeiten entnommen, die sich in jedem Augenblick zu ihrem ideell bestimmten Inhalt verhält, wie das konkrete Einzelding zu seinem Begriff. Unser konkretes Leben, so unzulänglich und fragmentarisch es erscheint, erhält eine gewisse Bedeutsamkeit und einen Zusammenhang dadurch, dass es „die Teilverwirklichung einer Ganzheit ist" (624). Unsere Lebensinhalte entnehmen wir überwiegend einem Reich des sachlich Geltenden, dem „Vorrat aufgespeicherter Geistesarbeit der Gattung" (626). Dabei fällt der Geist, selbst wenn er an die Materie gebunden ist (wie in Geräten, Kunstwerken, Büchern etc.), „doch nie mit dem zusammen, was an diesen Dingen sinnlich wahrnehmbar ist" (626). Denn die objektive Kultur, die durch das Auseinanderfallen mit der subjektiven einer der Hauptgründe moderner Entfremdungserfahrungen ist, bezeichnet Simmel als „die historische Darstellung oder […] Verdichtung jener sachlich gültigen Wahrheit, von der unsere Erkenntnis eine Nachzeichnung ist" (626). So gilt das Newtonsche Gesetz weder in den objektiven Dingen selbst noch in den subjektiven Geistern, „sondern in der Sphäre des objektiven Geistes, von der unser Wahrheitsbewußtsein einen Abschnitt nach dem andern zur Wirklichkeit in ihm verdichtet" (626f).

[366] Husserl, Edmund, Vorlesungen über Ethik und Wertlehre 1908-1914 (Husserliana 28), hg. v. Melle, Ullrich, Dordrecht 1988, 262. Die axiologischen Objektivitäten gründen in den logischen, nicht umgekehrt. Wir können einem Gegenstand die Prädikate wie Ausdehnung, Figur, Dauer, Veränderung etc. nicht absprechen, ohne dass dieser noch als solcher identifizierbar bliebe. Wohl aber können wir z.B. die ästhetische Dimension wegstreichen und das Objekt hat „noch immer die ihm eigene »Natur«, es ist und bleibt ein volles und ganzes Objekt; und die Natur bleibt Natur" (262). Deshalb besitzt die logische Vernunft gegenüber der wertenden eine Vorrangstellung. Allerdings können für Husserl Werte ihrerseits im phänomenologischen Sinne gegenständlich werden und dann wesensmäßig erforscht werden, wodurch sie einen materialen Charakter erhalten. Analog dem logischen Prinzip des ausgeschlossenen Dritten entwickelt Husserl in seiner Wertlehre das Prinzip vom ausgeschlossenen Vierten. Einem Gegenstand kommt entwe-

einem konkreten Gegenstand sichtbar. Von Werten lässt sich nur dann sprechen, wenn Gegenstände existieren, „die Werte haben"[367]. Ähnlich auch Simmel: Die fundamentale Fähigkeit des Geistes, den vorgestellten Inhalten zugleich gegenüberzustehen, „als wären sie von diesem Vorgestelltwerden unabhängig" (36), ermöglicht die Anerkennung des Wertes als eigenständige Dimension. Inhalte gelten, unabhängig davon, ob sie von meinem Vorstellungsvermögen aufgenommen werden oder nicht: „der Inhalt eines Vorstellens fällt mit dem Vorstellen des Inhalts nicht zusammen" (32).

Simmel hat diesen Gedanken vor allem in seinem *Exkurs über Sozialpsychologie*[368] vertieft. Die Entwicklung der Sprache, des Staates, des Rechts, der Religion etc. weist über jede Einzelseele hinaus. An solchen Inhalten können die Einzelnen wohl teilhaben, aber damit erhebt sich die Frage, wer denn nun der Träger dieser überindividuellen Werte und Formen sei. Simmel weist hier die naheliegende und bis dahin dominierende Antwort, nämlich die Gesellschaftsseele oder Volksseele, als Mystizismus zurück. Wenn nämlich „die konkreten geistigen Vorgänge, in denen Recht und Sitte, Sprache und Kultur, Religion und Lebensformen entstehen und wichtig sind, von den ideellen, für sich gedachten *Inhalten* derselben"[369] unterschieden werden, kann der Inhalt gültig bleiben, weil er keine seelische Existenz besitzt, „die eines empirischen Trägers bedürfte"[370]. Der Wortschatz der Sprache, die Normen des Rechts, der dogmatistische Gehalt der Religion, sie alle gelten auch dann, wenn sie nicht geglaubt und anerkannt werden, sie besitzen eine innere Dignität, unabhängig von den einzelnen Fällen ihrer individuellen Anwendungen. Die Alternative, dass das Geistige einem sozialen Geist innewohnen müsse, wenn es nicht im individuellen Bewusstsein angelegt ist, bezeichnet Simmel als *brüchig*, was einmal mehr die Struktur der Ideen, Werte, Normen etc. deutlich mache: „Es gibt vielmehr ein Drittes: den objektiv geistigen *Inhalt*, der nichts Psychologisches mehr ist, so wenig wie der logische Sinn eines Urteils etwas Psychologisches ist, obgleich er nur innerhalb und vermöge der seelischen Dynamik eine Bewußtseinsrealität erlangen kann."[371]

Als Grund der Wertung scheint „nur das Subjekt mit seinen normalen oder ausnahmsweisen, dauernden oder wechselnden Stimmungen und Reaktionsweisen" (28) in Frage zu kommen. Der Wertcharakter eines Objektes setzt das Begehren eines Subjektes voraus. Aber nur in der Trennung vom Subjekt gewinnt der Wert als ein Gegenüber, das sich an ein Objekt anbinden muss, eine Existenzform. Diese Differenz und der Widerstand, die sich dem Subjekt eröffnen, sobald es das begehrte Objekt besitzen möchte, sind konstitutive Elemente des Wertbe-

---

der ein positiver oder negativer oder überhaupt kein Wert zu, etwas Viertes ist nicht möglich. Durch ihren gegenständlichen Charakter lassen sich die Werte wiederum in verschiedene Klassen und Rangformen unterteilen.

[367] Husserl, Edmund, Vorlesungen über Ethik und Wertlehre 255: „Werte sind fundierte Gegenstände. Wir sprechen von Werten, sofern es Gegenstände sind, die Wert haben. Werte sind vorhanden nur durch Wertprädikate, und um des Habens dieser Wertprädikate »willen« heißen ihre Subjekte, die Gegenstände, Werte."

[368] Soziologie 625-632.
[369] Soziologie 626.
[370] Soziologie 627.
[371] Soziologie 627.

griffs. Analog der Kantischen These, dass die Möglichkeit der Erfahrung die Möglichkeit der Gegenstände der Erfahrung ist, gilt in dieser Struktur, dass die Möglichkeiten des Begehrens die Möglichkeiten der Gegenstände des Begehrens sind. „Das so zustande gekommene Objekt, charakterisiert durch den Abstand vom Subjekt, den dessen Begehrung ebenso feststellt wie zu überwinden sucht – heißt uns ein Wert" (34). Ziel dieser inneren Struktur des Begehrens, ganz der aristotelischen Tradition entsprechend, liegt für Simmel im Gebrauch oder Genuss. In dem Moment, wo dieser Zustand der Vereinigung eintritt, der Wert konsumiert und eingelöst wird, verlieren Subjekt und Objekt ihre Gegensätze. Auch hier besteht ein hoch differenziertes Wechselverhältnis, das einer permanenten Ausbalancierung bedarf. Der Abstand zwischen dem Subjekt und dem begehrten Objekt muss sich in einer Skala bewegen, die eine „untere und eine oberer Grenze" (43) besitzt. Ist die Distanz zwischen begehrendem Subjekt und begehrtem Objekt zu groß oder erscheint der Wert als absolut und unerreichbar, dann löscht er das Begehren aus oder treibt es zu einem anderen Objekt. Ist sie zu klein, fällt der Wert unter das Verdikt der Triebhaftigkeit und verliert damit eine seiner zentralen Bestimmungen, die durch Distanz konstituierte Objektivität. Ähnlich verhält es sich mit dem Dual Seltenheit und Häufigkeit. Auch hier ist ein mittleres Verhältnis die notwendige Voraussetzung für die Wertbildung.[372] Diese „Doppelbedeutung des Begehrens" (49), dass es nur aus einer Distanz zu den Dingen entstehen kann, die sie zugleich zu überwinden sucht, trägt zum besonderen Status des Wertes bei. Sie untermauert die Zwischenstruktur, die jenseits der Kategorien von Subjektivität und Objektivität liegt. Die Explikation des Wertes als eines Dritten, dem der gesamte erste Teil der *Philosophie des Geldes* gewidmet ist, stellt die herkömmlichen Werttheorien auf den Kopf.[373]

3.2.3 Der Wert wird durch den Tausch zu einem ökonomischen

Damit ist eine direkte Spur zur Geldproblematik gelegt. Mit der Konzeption des Dritten kann Simmel zeigen, dass der subjektive Vorgang des Wertsetzens

---

[372] Dies zeigt Simmel an einem dem ökonomischen Wert weit entfernt liegendem, dem ästhetischen (44-48): Die ganze Entwicklung der Dinge von ihrem Nützlichkeits- zum Schönheitswert ist ein Objektivationsprozess. Die Schönheit der Dinge verleiht den Objekten eine Unabhängigkeit, die der Nützlichkeitsaspekt nie erreicht. Denn solange Dinge nur nützlich sind, erweisen sie sich als austauschbar und ersetzbar. Sobald sie aber schön sind, „bekommen sie individuelles Fürsichsein, so daß der Wert, den eines für uns hat, durchaus nicht durch ein anderes zu ersetzen ist, das etwa in seiner Art ebenso schön ist." (47) Die Objektivierung des Wertes entsteht daher im „Verhältnis der Distanz, die sich zwischen dem subjektiv-unmittelbaren Ursprung der Wertung des Objekts und unserem momentanen Befinden seiner bildet. Je weiter die Nützlichkeit zeitlich zurückliegt (und vergessen ist), „desto reiner ist die ästhetische Freude an der bloßen Form und Anschauung des Objekts" (48).

[373] Vgl. dazu den ausgezeichneten Überblick der Einträge *Wert*, *Wert/Preis* sowie *Werturteil/Werturteilsstreit* im 12. Band des HWPh, 556-583. 586-591. 614-621. Geßner hat in seinen Arbeiten mehrfach darauf hingewiesen, dass Simmels Konzeption des Wertes als eines Dritten sehr starke Ähnlichkeiten mit Cassirers Theorie der symbolischen Formen aufweist. Zwar könne Simmel auf keine semiotische Theorie zurückgreifen, noch arbeite er eine solche aus, doch finden in seiner Wertlehre die wichtigsten „Momente der Cassirerschen Symboltheorie ihre Entsprechung" (Der Schatz im Acker 81).

erst im Tauschprozess ein sachliches Verhältnis zwischen den Gegenständen (und Individuen) konstituiert, das seine Beziehung zur Subjektivität weitgehend gelöst und einen objektiven Status erreicht hat. Die Gegenseitigkeit des Sichaufwiegens, durch die jedes Objekt des Wirtschaftens seinen Wert in einem anderen Gegenstand ausdrückt, „hebt beide aus ihrer bloßen Gefühlsbedeutung heraus: die Relativität der Wertbestimmung bedeutet ihre Objektivierung" (56). Wirtschaftlicher Tausch löst die Dinge aus dem Eingeschmolzensein in die bloße Subjektivität der Individuen. Er hebt das einzelne Ding und dessen Bedeutung für den Menschen aus der Singularität heraus, aber nicht in die Sphäre des Abstrakten hinein, „sondern in die Lebendigkeit der Wechselwirkung, die gleichsam der Körper des wirtschaftlichen Wertes ist" (91).

Weil der Wert keine qualitative Bestimmung der Objekte bedeutet, die subjektiv ihre Begehrtheit ausdrücken, ist es „immer erst die im Tausch sich verwirklichende Relation der Begehrungen zu einander" (83), die Gegenstände und Objekte zu wirtschaftlichen Werten konstituiert. Denn durch die Einbeziehung eines weiteren Subjekts ändert sich die Wertdimension insofern, als nun zwei völlig analog strukturierte Wertbildungen aufeinander treffen, die sich im Tauschprozess ineinander schieben. Es muss ein (bestimmter) Wert eingesetzt werden, um einen anderen zu gewinnen. Dadurch entsteht der Anschein, „als ob die Dinge sich ihren Wert *gegenseitig* bestimmten" (52). Im Tausch erhält der Wert seine Bedeutung nicht mehr allein durch ein im Subjekt verbleibendes Gefühl oder Urteil (das ist lediglich der Ausgangspunkt), sondern zugleich durch das Wertquantum, das ein anderer in dasselbe Objekt legt. Im Tausch treten die Dinge in „gegenseitige objektive Relation" (53). So sehr man die Gegenstände auf ihre ontologischen Bestimmungen hin auch untersuchen mag, „den wirtschaftlichen Wert wird man nicht finden, da dieser ausschließlich in dem *Wechselverhältnis* besteht, das sich auf Grund dieser Bestimmungen zwischen mehreren Gegenständen herstellt, jedes das andere bedingend und ihm die Bedeutung zurückgebend, die es von ihm empfängt" (92).

Objektiv und als wirtschaftliche Kategorie relevant kann das Begehren nur werden, wenn es sich an einem Gegenstand ausdrückt und sichtbar wird. Solange ein Objekt noch „als unmittelbarer Erreger von Gefühlen in den subjektiven Vorgang eingeschmolzen ist", besitzt es für die wirtschaftliche Wertbildung keine Relevanz. Erst muss es von der Form des inneren Bedürfnisses getrennt werden, „um die eigentliche Bedeutung, die wir Wert nennen, für uns zu gewinnen" (72). Denn weder das Bedürfnis allein, einen bestimmten Gegenstand zu besitzen, noch die Erfüllung als dessen Ziel, ihn zu konsumieren oder zu genießen, sind für die ökonomische Wertbildung entscheidend. Weder Bedürfnisse noch Genuss enthalten für sich den Wert und den wirtschaftlichen Faktor in sich, beides verwirklichen sie erst im Tausch. Durch diesen Akt des Gebens und Nehmens zwischen (mindestens) zwei Subjekten „entstehen zugleich die Werte der Wirtschaft, weil er der Träger oder Produzent der Distanz zwischen dem Subjekt und dem Objekt ist, die den subjektiven Gefühlszustand in die objektive Wertung überführt" (73).

Neben dieser Objektivierung eines subjektiven, privaten Ereignisses (Begehren bzw. Wunsch) ist für die ökonomische Wertbildung noch ein zweites Moment ausschlaggebend: das Opfer. Denn zu einem *wirtschaftlichen* Wert wird ein begehrtes Objekt dann, wenn „der Inhalt des Opfers oder Verzichtes, der sich zwischen den Menschen und den Gegenstand seines Begehrens stellt, zugleich der Gegenstand des Begehrens eines anderen ist" (52), wenn also das innerpersonale Verhältnis aufgebrochen und auf eine transpersonale Ebene gehoben wird.[374] Der Wert verlangt als Gegenleistung den Einsatz eines anderen Wertes, die Bereitschaft, etwas zu geben, freilich in der Absicht, ein Äquivalent dafür zu erhalten. Das Opfer ist allerdings keineswegs eine äußere Barriere, sondern „die innere Bedingung des Zieles selbst und des Weges zu ihm" (64). Für Simmel macht es gerade den unendlichen Reichtum unseres Lebens aus, dass der Wert sich als Ergebnis eines Opferprozesses darbietet.[375] Äquivalenz und Tauschbarkeit sind daher Komplementärbegriffe, die beide den gleichen Sachverhalt bedeuten, einmal in der Form der Ruhelage und einmal in der Form der Bewegung. Der (ökonomische) Preis lässt sich dann als Manifestation und sichtbare Gestalt des Wertes begreifen. Er fällt daher „seinem begrifflichen Wesen nach mit dem ökonomisch objektiven Werte zusammen" (79).[376] Freilich räumt Simmel ein, dass die objektive Äquivalenz von Wert und

---

[374] Dieser Gedanke bestimmt bereits Simmels Werttheorie aus der *Einleitung in die Moralwissenschaft*: „Wie der Werth im wirthschaftlichen Sinne sich nach den beiden Momenten der Brauchbarkeit des Dinges und des Widerstandes, der sich seiner Erlangung entgegensetzt, bestimmt, ganz ebenso der Werth im sittlichen Sinne nach der sozialen, religiösen etc. Nützlichkeit der That und der subjektiven Mühsal und zu überwindenden Schwierigkeit." (Einleitung in die Moralwissenschaft 1, 216) Beide, die Seltenheit und die Mühsal, die für die Erreichung eines Ziels aufgeboten werden müssen, können sich verselbstständigen. Hier setzt dann wieder der unendlich häufige Prozess ein, „der den Werth eines Endzwecks auf das zu ihm erforderliche Mittel überträgt" (216). Das gilt sowohl für Werte der Lust wie für Werte der Sittlichkeit. Das Überwinden der Hemmnisse und natürlichen Schwierigkeiten ist zwar ein notwendiges Übel, „wächst aber wie jede Kraftübung zum Selbstzweck, sei es der Lust, sei es der Sittlichkeit, aus" (216).

[375] Deshalb gehört das Opfer „keineswegs, wie Oberflächlichkeit und Habgier vorspiegeln möchten, in die Kategorie des Nicht-Seinsollenden. Es ist nicht nur die Bedingung einzelner Werte, sondern, innerhalb des Wirtschaftlichen, das uns hier angeht, die Bedingung des Wertes überhaupt" (Philosophie des Geldes 65).

[376] Lichtblau merkte dazu kritisch an, dass diese Konzeption vielen Zeitgenossen bereits als verspätete Modernisierung erschien, hatte sich doch die ökonomische Theoriebildung damals schon vom engen Konnex zwischen Wert, Preis und Begehren gelöst. Innerhalb der nationalökonomischen Wertlehren führten die Aporien der subjektiven und der objektiven Richtung schließlich zu einem Verzicht auf werttheoretische Annahmen im Preisbildungsprozess, an dessen Stelle nun funktionalistische Erklärungsmodelle traten. Mit der Orientierung am Postulat der Wertfreiheit war die subjektive Bedürfnisstruktur als Erklärungskategorie und die mögliche ethische Verankerung ökonomischer Prozesse obsolet geworden. In dieser eigenartigen Zwischenstellung kann Simmels *Philosophie des Geldes* vielleicht „als ein bedeutender Nachruf auf eine uralte Tradition des ökonomischen Denkens verstanden werden, die inzwischen an ihr Ende gekommen war" (Lichtblau, Klaus, Artikel „Wert/Preis" des HWPh 12, 590; vgl. dazu auch: Ders., Georg Simmel 42ff). Nach Lichtblau ist es dem Wertbegriff, den Weber als das „Schmerzenskind" der Nationalökonomie bezeichnet hat, letztlich so ergangen wie vielen anderen philosophischen Begriffen der Tradition. Mit der seit dem französischen Ökonomen und Mathematiker Antoine-Augustin Cournot „üblichen Bestimmung der Nachfrage als Funktion der Preise und der Behandlung der Einzelpreise als Variable in einem System simultaner Gleichungen hat die mathematische Preistheorie inzwischen gänzlich auf den vielfach vorbelasteten W[ert]-Begriff verzichtet" (590). Sehr kritisch zur Werttheorie Simmels auch: Ganßmann, Heiner, Geld und

Preis einen in der Praxis kaum gegebenen Idealfall darstellt, doch wird damit die Grundstruktur nicht außer Kraft gesetzt, dass der wirtschaftliche Wert einem Objekt nicht aus sich selbst und „nicht in seinem isolierten Fürsichsein, sondern nur durch die Aufwendung eines anderen Gegenstandes zukommt" (70).

Ein Tausch kommt nur zustande, wenn jeder der beteiligten Partner einen subjektiven Mehrwert aus diesem Verhältnis bezieht (ansonsten man ja nichts tauschen müsste). Objektiv haben also beide Gleiches für Gleiches getauscht, subjektiv aber ist der Wert des Erhaltenen größer als des Gegebenen.[377] Auch hier zeigt sich wieder die eigentümliche Doppelstruktur des Wertes, weil die objektive Wertgleichheit im konkreten Tausch „*zugleich* auch als *subjektive Wertdifferenz* offenbar"[378] wird. Dieses relative Wertgefühl ist aber in sich eine Einheit und im objektiven Wertquantum, im Preis, nicht immer adäquat ausdrückbar. Die Höhe des subjektiven Wertes bleibt letztlich unbestimmbar, sie muss aber in jedem Falle höher sein als der erzielte Preis. Allein die Tatsache des Tausches, dass ein bestimmter Preis bezahlt wird, legt innerhalb des subjektiven Wertquantums den Teil fest, „mit dem es als objektiver Gegenwert in den Verkehr eintritt" (79). So zeigt sich, dass der Wert eines Objektes „niemals ein Wert überhaupt, sondern seinem Wesen und Begriffe nach eine bestimmte Wertquantität" (77) ist.[379] Diese kommt nur „durch die Messung zweier Begehrungsintensitäten aneinander" (77) zustande, ihre Form ist der Austausch

---

Arbeit. Wirtschaftssoziologische Grundlagen einer Theorie der modernen Gesellschaft, Frankfurt/New York 1996, 174-196. Ganßmann vergleicht die Geldtheorien von Parsons, Marx, Luhmann, Habermas und Simmel, den er vor allem in kritischer Weiterführung von Marx liest. Für ihn weise Simmels Werttheorie „deutliche Mängel" (177) auf, weil er die subjektive Dimension (Akt der Wertung) letztlich nicht mit der objektiven Dimension (Autonomie des Wertes) vermitteln könne.

[377] Vgl. dazu Blumenberg, Hans, Geld oder Leben. Eine metaphorische Studie zur Konsistenz der Philosophie Georg Simmels, in: Böhringer, Hannes/Gründer, Karlfried (Hg.), Ästhetik und Soziologie um die Jahrhundertwende 121-134. Simmel habe entdeckt und ausführlich in der *Philosophie des Geldes* dargelegt, dass „der Relativismus des Wertes nicht etwas der Problematik des Geldes Äußerliches ist" (124). Im Tausch werden zwar *objektive* Äquivalente postuliert, aber in ihnen zeigt sich die *subjektive* Inäquivalenz der Tauschgegenstände. Ich gebe ja etwas her, weil der andere Gegenstand mir mehr bedeutet. „Das Geld bekommt seine Funktion nur in bezug auf die Antizipation dieser Wertsteigerung, die in ihm gleichsam vergegenständlicht ist, durch Wertpräsumtion, fast müsste man sagen: durch Wertphantasie. Aber gerade dieses subjektive Moment allein stellt die Disposition des Gelds zur „Ablösung" personaler Funktionen dar, in der nicht nur Dingliches subjektiv höher bewertet wird, sondern der subjektiven Wertung des durch Ablösung erreichbaren Zustandes überhaupt kein objektives Moment entspricht." (124). Das Geld, so Blumenberg weiter, nivelliere gleichsam intcrimistisch diesen Subjektivismus der Wertsteigerungen. Damit betreibe Simmel eine Abkehr von jedem Naturalismus. Die Erhaltungssätze, die für jede neuzeitliche Naturwissenschaft das rationale Bedingungsprinzip sind, „können auf das Wertproblem nicht angewendet werden und brauchen es nicht, weil die Totalität der menschlichen Handlungswelt mit der Natur identisch ist" (126).

[378] Steinhilber, Andrea, Die Dritte Seite der Medaille. Zu Georg Simmels Philosophie des Geldes und ihrem Beitrag zu einem Verständnis von Wirtschaft, Heidelberg 2003, 63.

[379] Die Ökonomen drücken diese Tatsache mit dem Begriff „Seltenheit" aus. Allerdings sagt Simmel, dass Seltenheit und Nützlichkeit (sie ist die zweite wichtige ökonomische Wertkategorie) allein nicht ausreichen, den wirtschaftlichen Wert zu erklären. Es sei ein Fehler vieler Werttheorien, „daß sie, wenn Brauchbarkeit und Seltenheit gegeben sind, den ökonomischen Wert, d.h.

3 Die subjektive und die objektive Macht des Geldes 243

von Opfer und Gewinn. Die Wirtschaft „leitet den Strom der Wertungen durch die Form des Tausches hindurch, gleichsam ein Zwischenreich schaffend zwischen den Begehrungen, aus denen alle Bewegung der Menschenwelt quillt, und der Befriedigung des Genusses, in der sie mündet" (57). Das Spezifische der Ökonomie liegt weniger darin, „daß sie *Werte* austauscht, als daß sie Werte *austauscht*" (57). Die objektive Messung subjektiver Wertschätzungen, die den Tausch voraussetzt, erfolgt nicht im Sinne eines zeitlichen Vorangehens, sondern in einem einzigen Akt. Daher ist „der Austausch zwischen Hingabe und Errungenschaft innerhalb des Individuums [...] die grundlegende Voraussetzung und gleichsam die wesentliche Substanz jedes zweiseitigen Tausches" (62).

Für den wirtschaftlichen Wert gilt das gleiche, was über den Wert allgemein festgehalten wurde, dass auch er ein Drittes bildet und die Relation zwischen dem subjektiven Begehren und dem objektiven, transpersonalen Gehalt zum Ausdruck bringt. Im Tauschprozess repräsentiert der Wert das Dritte, dem im Austausch eine objektive Messung subjektiver Wertungen vorausgeht, aber nicht im zeitlichen Sinne, sondern in der Form eines einzigen Geschehens. Mit dem Geld als Repräsentation der überindividuellen Wertverhältnisse wird zwischen den Tauschpartnern gleichsam eine dritte Instanz ins Spiel gebracht, eine Größe sui generis, die den Prozess des Gebens und Nehmens in eine objektive Form bringt.

Simmel bezeichnet es deshalb als zutiefst missverständlich, den Tausch als Voraussetzung der Vergesellschaftung zu bezeichnen, er „*ist* vielmehr eine Vergesellschaftung, eine jener Beziehungen, deren Bestehen eine Summe von Individuen zu einer sozialen Gruppe macht, weil »Gesellschaft« mit der Summe dieser Beziehungen identisch ist" (210). Damit ist auch eine Antwort auf die Frage möglich, woher der Tausch kommt, von wem und auf welche Weise die Regeln festgelegt werden. Auch hier gilt, was im erkenntnistheoretischen Teil über die Struktur und Genesis der Wechselwirkung herausgearbeitet wurde. Der Mensch identifiziert Dinge und Werte zunächst in der leichter zugänglichen Form der sozialen Allgemeinheit, ehe diese ihm als objektive Forderung von Ideen und Realitäten entgegentreten. Analog verläuft die Reglementierung des Tausches, der zunächst als Sache der sozialen Organisationsform erscheint, ehe die Menschen die Objekte und ihre eigenen Wertungen als solche erkennen. Wie Sprache, Religion, Recht, Ethos etc., so lässt sich auch der Tausch nicht aus einer einzelnen Erscheinung oder einer spezifischen Initiative ableiten, sondern sein Ursprung liegt im verwobenen Wechselspiel zwischen den Einzelnen und den Vielen, zwischen Individuum und sozialer Gruppe.[380] Der Tausch ist daher „ein soziologisches Gebilde sui generis, eine originäre Form

---

die Tauschbewegung als etwas Selbstverständliches, als die begrifflich notwendige Folge jener Prämissen setzen" (Philosophie des Geldes 84).

[380] Vgl. Philosophie des Geldes 88f. Simmel hält es sogar für möglich, dass der sozial fixierte Tausch nicht aus dem (individuellen) Tausch resultiert, sondern aus dem Raub. Raub, als Ausdruck „der reinen Subjektivität des Besitzwechsels" (86), und dessen Pendant auf der gegenüberliegenden Seite, das Geschenk, bilden gleichsam die beiden Pole, innerhalb deren Bandbreite Tauschverhältnisse realisiert werden.

und Funktion des interindividuellen Lebens" (89), er lässt sich weder in die subjektiven Prozesse der Wertschätzungen einfügen noch auf rein ökonomische Wertverschiebungen reduzieren.[381]

Zusammenfassend bedeutet der Tausch bei Simmel „nicht die Addition zweier Prozesse des Gebens und Nehmens, sondern ein neues Drittes, das entsteht, indem jeder von beiden Prozessen in absolutem Zugleich Ursache und Wirkung des andern ist" (73f). Nirgendwo sonst kommt das Wechselwirkungsparadigma so deutlich zum Vorschein. Daher kann Simmel formulieren: „Wechselwirkung [ist] der weitere, Tausch der engere Begriff." (60) Da die Mehrzahl der Beziehungen, die Menschen unterhalten und eingehen, bis zu einem bestimmten Grad immer auch als Tauschverhältnisse oder -prozesse bezeichnet werden können, lässt sich der Tauschprozess als das geheime Skript und als ein äußerst wirksamer Katalysator moderner Sozialstrukturen definieren. Jede Unterhaltung, jede Liebe, jedes Spiel, jedes Sichanblicken ist ein Tausch und als solcher „die reinste und gesteigertste Wechselwirkung" (59), die das menschliche Leben bestimmt. Selbst vordergründig monokausale und einseitig-lineare Ereignisketten sind, soziologisch betrachtet, einander wechselseitig beeinflussende Handlungsmuster. Jeder Redner reagiert, bewusst oder unbewusst, auf sein Auditorium, jede Liebe und jeder Blick, so flüchtig und verstohlen sie auch ausgesendet sein mögen, erhalten etwas zurück, auch wenn wir es nicht unmittelbar spüren oder sehen können.

3.2.4 Geld als Symbol und Ausdruck des (Tausch)Wertes der Dinge

In die Grundstruktur der menschlichen Erkenntnis und Existenz, dass alle Elemente des Daseins sich durch die Wechselwirkung gegenseitig beeinflussen, sind auch die ökonomischen Werte eingebunden. Sie stehen am Ursprungsort des Geldes, das nicht als ein fertiges Gebilde plötzlich in die Welt der Wirtschaft eingetreten ist, sondern sich seinem Begriffe nach aus den Wertsetzungen heraus entwickelt hat. Das Geld schiebt nun zwischen den Menschen und seinen Wünschen eine vermittelnde Stufe, „einen erleichternden Mechanismus"[382] ein, indem es den *wirtschaftlichen* Wert der Dinge ausdrückt, jenen Wert also, den die Güter und Dienstleistungen im ökonomischen Austauschprozess besitzen. Der Geldpreis einer Ware widerspiegelt das Maß der Tauschbarkeit, das zwischen ihr und der Gesamtheit der übrigen Waren besteht.

Für den frühen Marx repräsentierte das Geld in Anlehnung an Moses Hess die verdinglichte Entfremdung menschlicher Arbeit, die in den Tauschbeziehungen zum Vorschein kommt. Im Geld zeigt sich der in der Ware enthaltene Widerspruch von Tausch- und Gebrauchswert, insofern die in der Ware verge-

---

[381] Darüber hinaus besitzt für Simmel der Tausch auch eine moralphilosophisch hervorragende Eigenschaft, weil er ein Mittel ist, den Besitzwechsel mit Gerechtigkeit zu verbinden. (Philosophie des Geldes 387). Indem der Nehmende zugleich der Gebende ist, verschwindet die bloße Einseitigkeit des Vorteils, die den Besitzwechsel unter der Herrschaft eines rein impulsiven Egoismus oder Altruismus charakterisiert: „Der Tausch, der statt der Menschen die Dinge untereinander in Relation setzt, schafft damit die Stufe der Objektivität." (426f)

[382] Das Geld in der modernen Cultur 190.

3 Die subjektive und die objektive Macht des Geldes

genständlichte gesellschaftliche Arbeit sich im Gebrauchswert zwar ausdrückt, im Tauschwert aber eine getrennte, losgelöste Existenz erhält, die zum Gebrauchswert aber nicht notwendiger Weise in einem proportionalen Verhältnis steht.[383] Die Ware muss sich also, um überhaupt tauschbar zu sein, in eine besondere Form transformieren, die im Geldwert ihre sichtbare Gestalt gewinnt.

Auf das Verhältnis von Gebrauchs- und Tauschwert, bei Marx ein zentrales Problem, kommt Simmel in der *Philosophie des Geldes* allerdings nur indirekt zu sprechen.[384] Sein Augenmerk gilt primär dem Tauschwert der Ware, der auf seine philosophischen und psychologischen Komponenten hin analysiert wird. Im Tauschverhältnis der Waren, das sich im ökonomischen Preis realisiert, ist Geld ein abstrakter Vermögenswert, der „nichts anders ausdrückt, als die Relativität der Dinge, die eben den Wert ausmacht" (124). Es steht den konkreten wirtschaftlichen Werten gegenüber, drückt ihr Wechselverhältnis zueinander aus und ist in seiner reinsten Form „nichts anderes als die substanzgewordene Relativität selbst" (134). In dieser Funktion liegt für Simmel die philosophische Bedeutung des Geldes: „[D]aß es innerhalb der praktischen Welt die entschiedenste Sichtbarkeit, die deutlichste Wirklichkeit der Formel des allgemeinen Seins ist, nach der die Dinge ihren Sinn *aneinander* finden und die Gegenseitigkeit der Verhältnisse, in denen sie schweben, ihr Sein und Sosein ausmacht." (136) In der Konkretheit des Geldes findet die Abstraktheit der wirtschaftlichen Austauschbeziehungen zu jener Form, die der menschlichen Erkenntnis überhaupt erst zugänglich ist.[385] Geld repräsentiert auf unüberbietbare Weise die Relativität der vom Menschen begehrten und getauschten Dinge. In ihm hat „der Wert der Dinge, als ihre wirtschaftliche Wechselwirkung verstanden, seinen reinsten Ausdruck und Gipfel gefunden" (121, ähnlich 137). Es ist „das

---

[383] Vgl. Marx, Karl, Grundrisse der Kritik der politischen Ökonomie (1857/58), , hg. v. Marx-Engels-Lenin-Institut Moskau, Berlin 1974, 82ff.

[384] „Der Wert, der den Dingen durch ihre Tauschbarkeit zuwächst, bzw. diese Metamorphose ihres Wertes, durch die er zu einem wirtschaftlichen wird, tritt zwar mit der extensiven und intensiven Steigerung der Wirtschaft immer reiner und mächtiger an den Dingen hervor – eine Tatsache, die Marx als das Ausgeschaltetwerden des Gebrauchswertes zugunsten des Tauschwertes in der warenproduzierenden Gesellschaft ausdrückt –, aber diese Entwicklung scheint nie zu ihrer Vollendung kommen zu können." (Philosophie des Geldes 138) Vgl. Busch, Ulrich, Georg Simmels Geldverständnis in der Tradition von Karl Marx, in: Backhaus, Jürgen G./Stadermann, Hans-Joachim (Hg.), Georg Simmels Philosophie des Geldes 113-142. Immer wieder nimmt Simmel Bezug auf Marx, obwohl er Literatur kaum zitiert.

[385] Diese Behauptung ist Ergebnis folgender Argumentationsfigur (Philosophie des Geldes 136f): Für unser Bewusstsein ist es kennzeichnend, dass es die Beziehungen zwischen bestimmten Elementen in besonderen Formen darstellt. Ehering, Uniformen, Symbole etc. sind Ausdruck eines bestimmten Verhältnisses der Menschen zu anderen Menschen, Werten, Überzeugungen etc. Die „metaphysische Vertiefung", wie Simmel hier die Reflexion bezeichnet, könne zu einer Aufhebung der empirischen Zweiheit kommen, indem sie die substanziellen Elemente in reine Wechselwirkungen und Prozesse aufgehen lässt, während das praktische Bewusstsein jedoch einer Form bedarf, die dieses abstrakte Geschehen artikuliert. Diese Form ist ihrerseits an eine materielle oder substanzielle Existenz gebunden. Die Projizierung bloßer Verhältnisse auf konkrete materielle Sondergebilde ist für Simmel „eine der großen Leistungen des Geistes, indem in ihr der Geist zwar verkörpert wird, aber nur um das Körperhafte zum Gefäß des Geistigen zu machen [...]. Mit dem Gelde hat die Fähigkeit zu solchen Bildungen ihren höchsten Triumph gefeiert." (Philosophie des Geldes 137)

„Geltende" schlechthin" (124), weil es gänzlich unabhängig vom Inhalt gilt, der bei den Dingen das entscheidende Differenzkriterium darstellt, aber für die Funktion des Geldes keine Rolle spielt. Geld ist daher eine Basiskategorie des Tausches und außerhalb des Tausches „ist das Geld so wenig etwas, wie Regimenter und Fahnen außerhalb der gemeinsamen Angriffe und Verteidigungen oder wie Priester und Tempel außerhalb der gemeinsamen Religiosität." (212) Den besonderen *Wert* hat es als Ausdruck des Tauschverhältnisses gewonnen, und „wo es also nichts zu tauschen gibt, hat es auch keinen Wert" (179).

Im sozialen Gefüge stellt Geld die Verbindung zwischen dem Subjekt und dem begehrten Objekt überhaupt erst her. Während der Trieb letztlich keine Distanz zum Objekt der Begierde kennt und auf unmittelbare Befriedigung drängt, schieben sich in die auf Distanz basierenden Tauschformen Zwischeninstanzen ein, Mittel und Werkzeuge, die nur im Hinblick auf das Erreichen des Zieles von Belang sind. Die darin enthaltene teleologische Kette mit ihrer logisch und inhaltlich klaren Struktur findet ihre psychologische Möglichkeit im Wollen eines Zweckes. Der Zweck aber „ist seinem Wesen nach an die Tatsache des Mittels gebunden." (257) Das unterscheidet ihn vom Trieb und vom bloßen Mechanismus, die weder eine Antizipation des Inhalts noch eine weiterreichende Rückwirkung auf das Subjekt bewirken. Diese zweigliedrige Struktur, in der sich die Energien jedes Moments in den unmittelbar folgenden entladen (Trieb – Erfüllung, Auslöser – Wirkung), unterscheidet sich von der dreigliedrigen des Zweckhandelns (Wille – Zweck – Mittel) durch die Einbeziehung jener dritten Ebene, die nicht nur Rationalität und Distanz schafft, sondern semiotisch gesprochen auch Anschlussmöglichkeiten für weitere Tausch- und Vermittlungsprozesse sichert. Die prinzipielle Bedeutung des Zweckhandelns beruht demnach auf einem doppelten Prozess: Zum einen „in der Wechselwirkung, die es zwischen dem Subjekt und dem Objekt stiftet" (256), zum anderen in den Anknüpfungsverhältnissen, die dadurch ermöglicht werden. Formal sichert es die Verbindung zwischen dem Subjekt und den Objekten. Es verhält sich den Zweckreihen gegenüber völlig indifferent, ist nur auf die reine Mittel- und Werkzeugfunktion beschränkt. Weil das Geld nun „der gemeinsame Schnittpunkt der Zweckreihen ist, die von jedem Punkt der ökonomischen Welt zu jedem anderen laufen, so nimmt es Jeder von Jedem" (284) und bildet damit eine universale, ökonomische Grammatik.

In dieser universalen Funktion, Werte zu messen, Tauschprozesse zu ermöglichen, Verbindungslinien zu ziehen, muss das Geld selbst jedoch nicht wertvoll sein (155). Denn so wie es für eine Skala zur Raummessung gleichgültig ist, aus welchem Material sie besteht, „weil nur das Verhältnis ihrer Teile zueinander, bzw. zu einer dritten Größe, in Betracht kommt" (165), so hat auch die Skala, die das Geld darbietet, mit dem Charakter seiner Substanz theoretisch nichts zu tun. Die klassische monetaristische Theorie ist noch davon ausgegangen, dass Messmittel von derselben Art sein müssten wie die zu messenden Gegenstände: ein Längenmaß lang, ein Maß für Gewichte schwer, ein Raummaß ausdehnbar. Für das Geld könne dieses Axiom gerade nicht gelten.[386]

---

[386] Vgl. insb. Philosophie des Geldes 139-172.

3 Die subjektive und die objektive Macht des Geldes 247

Simmel bestätigt implizit ein Kernaxiom der neoklassischen Ökonomie. Denn in einem ihrer zentralen Lehrstücke, der Quantitätstheorie des Geldes, vertritt sie die Behauptung, dass sich das Geld neutral zu den realwirtschaftlichen Größen verhält, es lediglich die Relativität der Preise im Verhältnis zur Geldmenge ausdrückt. Geld müsste nur dann wertvoll sein, wenn es mit einer Ware unmittelbar gleichgesetzt würde, doch Geld drückt nur das Verhältnis der Ware zur Gesamtwarenmenge aus. Darin äußert sich eine seiner großen Stärken, dass es qualitativ und quantitativ völlig verschiedene Dinge in eine Vergleichbarkeit bringt, also „die Relationen der Dinge auch da gleichzusetzen [vermag], wo die Dinge selbst keine Gleichheit oder Ähnlichkeit besitzen" (164). Die Vergleichbarkeit lässt sich jedoch nicht direkt herstellen, sondern nur über ein Drittes, über die Proportionen, in denen sie ihre primären Beziehungen und internen Relationen vollziehen.[387] Um die relativen Werte der Waren ausdrücken zu können, muss Geld also nicht in sich selbst wertvoll sein, ist es „von einem an ihm bestehenden Eigenwert ganz unabhängig." (165)

Zentral ist die ausführlich begründete Einsicht, dass für den Wert einer Ware und den Wert einer Geldsumme kein gemeinsamer Maßstab existiert, der beide Wertquanten in ein kongruentes Verhältnis setzen könnte. Qualitativ unterschiedliche Dinge lassen sich nicht gleichsetzen, wohl aber ihre Proportionen (vgl. 141). Mathematisch ausgedrückt besteht die Entsprechung zwischen dem Warenwert und dem Gesamtgüterwert in der „Gleichheit zweier Brüche, deren Nenner einerseits die Summe aller Waren, andrerseits die Summe alles Geldes [...] eines bestimmten Wirtschaftskreises ist" (146f). Der (Tausch)Wert einer Ware (n) im Verhältnis zu allen Waren, d.h. der gesamtwirtschaftlichen Leistung (A), drückt sich dann als Verhältnis des absoluten Warenpreises (a) zur Gesamtgeldmenge (B) aus. Gleichgesetzt werden damit relativer Wert der Ware und relativer Preis. Der relative Wert der Ware, so formuliert es von Flotow, „ist schon bestimmt, bevor (!) dieser durch das Geld dargestellt wird."[388] Für

---

[387] Simmel erläutert dies an einem Beispiel, das in der Literatur stark kritisiert wird (vgl. etwa: Ganßmann, Heiner, Geld und Arbeit. Wirtschaftssoziologische Grundlagen einer Theorie der modernen Gesellschaft (Theorie und Gesellschaft Bd. 37), Frankfurt/New York 1996, 190-196): Obwohl die Objekte m und n durch ihre qualitativ radikale Verschiedenheit in keiner unmittelbaren Beziehung zueinander stehen, lässt sich über ein Drittes dennoch eine Relation herstellen. Angenommen, ein Objekt a misst ¼ m, vom Objekt b weiß ich nur, dass es ein Teilquantum von n ist. Wenn nun die Beziehung zwischen a und b exakt der von m und n entspricht (genau so verläuft die quantitätstheoretische Annahme), so folgt daraus, dass b ¼ von n sein muss. Durch die Einführung einer dritten Größe lässt sich also die gesuchte Größe bestimmen. Simmels Schluss: „Trotz aller Qualitätsungleichheit und Unmöglichkeit eines direkten Vergleiches zwischen a und b ist es so doch möglich, die Quantität des einen nach der des anderen zu bestimmen." (142) Ein weiteres Beispiel: Die Grundthese des Pessimismus, wonach es im Leben der Menschen mehr Leid als Freude und Glück gebe, ist für Simmel an sich falsch, weil zwischen Glück und Leid kein gemeinsamer Maßstab existiere. Sie lässt sich aber dadurch verifizieren, dass wir eine dritte Größe einführen, an der sich beide im Verhältnis messen lassen können: die ungefähre, praktische Vorstellung darüber, „wie Glück und Unglück tatsächlich verteilt sind, wieviel Leid im Durchschnitt hingenommen werden muß, um ein gewisses Lustquantum damit zu erkaufen, und wie viel von beiden das typische Menschenleben aufweist" (153). Auch hier wieder ermöglicht erst eine externe Größe die Verhältnisbestimmung. Für die Gott-Geld-Relation wird diese Struktur von entscheidender Bedeutung sein.

[388] Flotow, Paschen von, Geld und Wachstum 40.

die Bestimmung des Tauschwertes der Ware ist der Wert des Geldes bzw. der absolute Preis keine entscheidende Größe, weil dieser allein durch die Proportion zum Gesamtwarenquantum bestimmt wird. Im ökonomischen Gesamtkosmos, so Simmel, „könnte der Preis der Ware der »entsprechende« sein, wenn er denjenigen Teil des wirklichen Gesamtgeldquantums darstellt, den die Ware von dem wirksamen Gesamtwarenquantum ausmacht" (154). Das Geld ist dann „seinem Wesen nach nicht ein wertvoller Gegenstand, dessen Teile untereinander oder zum Ganzen zufällig dieselbe Proportion hätten wie andere Werte untereinander; sondern es erschöpft seinen Sinn darin, das Wertverhältnis eben dieser andern Objekte zu einander auszudrücken, was ihm mit Hülfe jener Fähigkeit des ausgebildeten Geistes gelingt: die Relationen der Dinge auch da gleichzusetzen, wo die Dinge selbst keine Gleichheit oder Ähnlichkeit besitzen." (164) Die Geldmenge hat lediglich einen Einfluss auf das Niveau der Preise. Simmels Überlegungen stützen hier eine Grundannahme des Monetarismus, dass das Geld seine Funktion als Tauschmittel unabhängig von der Geldmenge erfüllen könne. Zugleich geht Simmel aber über diese monetaristische Position hinaus und weist nach, dass Geld diese Funktion der vollkommenen Repräsentanz von Austauschbeziehungen, seine Funktion als reines Tauschmittel nur erfüllen kann, wenn es dieser Relativität zugleich entzogen ist, aus dieser Gegenseitigkeitsstruktur heraustritt und zu einem ruhenden Pol wird, der diesen ewigen Bewegungen ausgleichend gegenübersteht.

Die Dinge gewinnen ihr Maßverhältnis also nicht durch ein unmittelbares Aneinanderhalten, sondern dadurch, dass jedes zu einem anderen in ein Verhältnis tritt und diese Verhältnisse einander gleich oder ungleich sind. Simmel sieht darin einen „der größten Fortschritte, die die Menschheit gemacht hat, die Entdeckung einer neuen Welt aus dem Material der alten" (162).

Allerdings erfordert es der *praktische* Vollzug, dass Geld einen Eigenwert, d.h. einen bestimmten Substanzwert besitzen muss, um diese abstrakte Funktion der Verhältnisbestimmung ausdrücken zu können, es braucht eine (materiale) Verkörperung, an der dieses Relationsgefüge sichtbar werden kann. Niemand weiß mit Sicherheit, ob das Verhältnis von Ware zu Gesamtwarenmenge proportional dem von absolutem Preis zur Gesamtgeldsumme entspricht. Würde das Geld an keinen Substanzwert gebunden sein, wären dem Missbrauch insofern Tür und Tor geöffnet, als etwa Herrscherhäuser und Notenbanken Geld nach Belieben und allein zu ihren Gunsten emittieren könnten. Die Bindung des Geldes an seine Seltenheit sichert seine Grenze gegenüber den Gefahren der vollkommenen Entwertung.[389] Grundsätzlich gilt allerdings: „Je günstiger die lokalen Bedingungen der Geldfunktion sind, mit desto weniger Substanz können sie ausgeübt werden, so daß man paradoxerweise sagen kann: je mehr es wirklich Geld (seiner wesentlichen Bedeutung nach) ist, desto weniger braucht es Geld (seiner Substanz nach) zu sein." (203f) Erst in

---

[389] Diese Paradoxie, dass die Geldfunktion ihrem Begriffe nach auf einen reinen Funktionswert zustrebt, ihn praktisch aber nie erreichen kann und darf, kennzeichnet auch viele andere Entwicklungen und gehört zu den Bedingungen unseres Daseins. Wollte man sie auflösen, würden sie „bei wirklicher Erreichung desselben gerade die Qualitäten einbüßen, die sie durch das Streben zu ihm erhalten haben" (193).

3 Die subjektive und die objektive Macht des Geldes 249

dem Maß, in dem die Substanz zurücktritt, wird das Geld wirklich Geld (246). „Die vollständige Stabilität des Geldes wäre erst erreichbar, wenn es überhaupt nichts mehr für sich wäre, sondern nur der reine Ausdruck des Wertverhältnisses zwischen den konkreten Gütern." (234f) Damit wäre es in eine Ruhelage gekommen, die sich durch Schwankungen der Güter so wenig verändert, wie der Meterstab durch die Verschiedenheit der realen Größen, die er misst.

Geld treibt die für ein Tauschverhältnis grundlegenden Sphären, Sein und Bewusstsein, Sache und Person auseineinander, in ihm werden „Haben und Sein gegeneinander verselbständigt" (428)[390]. Insbesondere zwei Eigenschaften lassen den Tausch als vollkommen erscheinen: Die „Teilbarkeit und seine unbeschränkte Verwertbarkeit" (388). Im Naturaltausch lässt sich nur Objekt gegen Objekt tauschen, der damit weitaus ungerechter und grobflächiger verläuft. Das Geld erst schafft die technischen Möglichkeiten für eine genaue Gleichheit der Tauschwerte. Beim Tausch von Leistung für Geld „erhält der Eine den Gegenstand, den er ganz speziell braucht; der Andere etwas, was jeder ganz allgemein braucht" (388). Darüber hinaus ermöglicht Geld beiden Parteien eine Erhöhung ihres Befriedigungsniveaus und löst damit ein gewisses Kulturproblem. Es gestaltet „das objektiv gegebene Wertquantum durch bloßen Wechsel seiner Träger zu einem höheren Quantum subjektiv empfundener Werte" (388f). Mit Geßner lässt sich zusammenfassend formulieren: „Der Wert ist etwas Geistiges, aber nichts bloß Subjektives; etwas Objektives, aber nichts bloß Materielles. Die Verknüpfung der beiden »Welten«: der ideellen und der materiellen, obliegt dem Geld."[391]

Geld ist ein Symbol, das die zugrunde liegenden Relationen zwischen den Objekten, die Wechselwirkung zwischen den Tauschpartnern und ihre gesellschaftliche Einbettung repräsentiert.[392] Der wirtschaftliche Wert ist als ein objektiv-geistiges Gebilde zu verstehen, als ein Zwischen im funktionalen Sinne und besteht im Zusammenspiel von subjektiv-geistigen Vorgängen und ihren Symbolisierungen im Geld. Simmel zieht öfters den Vergleich mit der Sprache, die wie Geld ein (materielles) Objekt ist, das einen immateriellen Sinn transportiert (653f). Geld ist daher ein „Ausdruck und Mittel der Beziehung, des Aufeinanderangewiesenseins der Menschen, ihrer Relativität, die die Befriedigung der Wünsche des einen immer vom anderen wechselseitig abhängen läßt" (179). In dieser Repräsentationsfunktion der Wertverhältnisse *ist* das Geld

---

[390] „Indem das Geld gleichsam einen Keil zwischen die Person und die Sache treibt, zerreißt es zunächst wohltätige und stützende Verbindungen, leitet aber doch jene Verselbständigung beider gegeneinander ein, in der jedes von beiden seine volle, befriedigende, von dem andern ungestörte Entwicklung finden kann." (456)
[391] Geßner, Willfried, Das Geld als Paradigma 18.
[392] Simmel vergleicht die Zeichenhaftigkeit des Geldes mit einem Wortlaut, „der zwar ein akustisch-physiologisches Vorkommnis ist, seine ganze Bedeutung für uns aber nur in der inneren Vorstellung hat, die er trägt oder symbolisiert" (122). Klaus Frerichs liest die *Philosophie des Geldes* semiotisch, als „eine Theorie der wechselnden *Formen*, welche die Differenz zwischen dem Geld als einem Zeichen versus dem Geld als einem bezeichneten Ding annimmt und in denen sie den geldwirtschaftlich handelnden Subjekten erscheint." (Frerichs, Klaus, Die Dreigliedrigkeit der Repräsentanz, in: Kintzelé, Jeff/Schneider, Peter (Hg.), Georg Simmels „Philosophie des Geldes" 264-276, 264).

Relation. Und in seiner Funktion als „Weltformel" (93) steht es jenseits dieser Funktion und *hat* damit Relation.

3.2.5 Die Doppelrolle des Geldes: Geld *ist* Relation und Geld *hat* Relation

Es zählt für Simmel zur Eigenart der Menschen, dass sie bestimmte Beziehungen und Konstellationen zwischen mehreren Elementen in besonderen Gebilden verkörpern, deren Bedeutung für sie wohl nur in der Sichtbarkeit des Verhältnisses liegt. Geld überführt abstrakte Relationen in konkrete Ausdrucksformen und sprechende Symbolik. Im Geld feiert die Fähigkeit zu solch sichtbaren Gestalten ihren höchsten Triumph: „Denn die reinste Wechselwirkung hat in ihm die reinste Darstellung gefunden, es ist die Greifbarkeit des Abstraktesten, das Einzelgebilde, das am meisten seinen Sinn in der Übereinzelheit hat; und so der adäquate Ausdruck für das Verhältnis der Menschen zur Welt, die dieser immer nur in einem Konkreten und Singulären ergreifen kann, die er aber doch nur wirklich *ergreift*, wenn dieses ihm zum Körper des lebendigen, geistigen Prozesses wird, der alles Einzelne ineinander verwebt und so erst aus ihm die Wirklichkeit schafft." (137) Der Wert, der den Dingen durch ihre Tauschbarkeit zuwächst, tritt mit der extensiven und intensiven Steigerung der Wirtschaft immer reiner und mächtiger an den Dingen hervor (Marx nennt das die Verdrängung des Gebrauchswertes durch den Tauschwert), aber diese Entwicklung scheint nie zu ihrer Vollendung kommen zu können. „Nur das Geld, seinem reinen Begriff nach, hat diesen äußersten Punkt erreicht, es ist nichts als die reine Form der Tauschbarkeit, es verkörpert das Element oder die Funktion an den Dingen, durch die sie wirtschaftliche sind, die zwar nicht ihre Totalität, wohl aber die seine ausmacht." (138)[393]

Der Inhalt des Geldes hängt einzig und allein an der Gültigkeit dieser Beziehung, weshalb es „das zur Substanz erstarrte Gelten [ist], das Gelten der Dinge ohne die Dinge selbst" (124). Prinzipiell kann Geld jeden Wirtschaftswert substituieren, da es in der Lage ist, zu jedem Wert ein Äquivalent zu bilden und damit „die *Kontinuität* der wirtschaftlichen Ereignisreihe" (129) zu sichern. Indem für einen begehrten Gegenstand Geld eingesetzt wird, bleibt der ökonomische Kreislauf geschlossen, während er etwa im Raub oder im Geschenk unterbrochen wird. Das Gleichgewicht von Endosmose und Exosmose, von Produktion und Konsumtion der Güter, bleibt nur dadurch erhalten, dass das Geld als konkreter Wert nichts anderes als die zu einer greifbaren Substanz verkörperte Relation der Wirtschaftswerte selbst verkörpert.

Indem das Geld nun alle Wertrelationen der Dinge untereinander ausdrückt, enthebt es sich dieser Relation und rückt damit in eine andere Ordnung der Dinge. Es wird selbst zu einem konkreten und singulären Wert, der in alle möglichen Tauschverhältnisse eintreten und die unterschiedlichsten Wertrelationen beeinflussen kann. Möglich ist dies nur, weil Geld selbst kein normales Element dieser Reihe ist. Insoweit es allen Relationen zugleich entzogen ist,

---

[393] Weil Geld die reine Wechselwirkung der Dinge widerspiegelt, artikuliert sich in ihm primär die *Bedeutung*, die wir diesem Verhältnis beimessen, so wie „jeder sakramentale Gegenstand das substanziierte Verhältnis zwischen dem Menschen und seinem Gott" (136) repräsentiert.

besitzt es Wertkonstanz, die freilich daran gebunden bleibt, dass Preisschwankungen der Güter nicht die Änderungen der Beziehung des Geldes zu diesen bedeuten, sondern nur die sich ändernden Beziehungen der Güter und Dinge untereinander. Geld repräsentiert die wirtschaftliche Relation der Dinge dann in ausreichendem Maße, wenn es als Wertgröße außerhalb dieser Wechselverhältnisse gültig bleibt. Geld, so lehrt der soziologische Blick auf die ökonomischen Prozesse, ist ja nicht nur die Darstellung einer Relation und ein hervorragendes Wertaufbewahrungs- und Tauschmittel, sondern darüber hinaus noch vieles mehr: Objekt der Begierde, Potenzmittel, Quelle von Lebensfreude, Horizont unbegrenzter Lebensmöglichkeiten, Spekulationsgröße, Machtinstrument etc. Um seine primären Funktionen als Wertmaßstab und Tauschmittel erfüllen zu können, muss das Geld stets auch jenseits der bewerteten Dinge liegen. Mit den Worten Simmels: „Diese reale Stellung *innerhalb* der Wirtschaftsreihe kann es aber ersichtlich nur durch seine ideelle Stellung *außerhalb* ihrer gewinnen." (130) Als den Relationen enthobener Maßstab wird es aber selbst zu einer messbaren Größe, reiht es sich zwischen die Dinge ein und fällt damit unter jene Normen, die von ihm selbst ausgehen und geschaffen werden. Damit hat Simmel auf soziologischer Ebene ein Problem angesprochen, mit dem sich innerhalb der Ökonomie vor allem die Keynesianer in kritischer Auseinandersetzung mit der Quantitätstheorie beschäftigt haben, dass Geld keinesfalls neutral auf die wirtschaftlichen Austauschprozesse wirkt, sondern selbst eine spezifische, normative Größe repräsentiert, die in den ökonomischen Austauschbeziehungen eine eigene Dynamik entfaltet. Das lässt sich insbesondere an der Preisbildung demonstrieren, die nicht allein nach quantitätstheoretischen Modellannahmen verläuft, sondern auch durch den permanenten Wechsel von Kauf- und Verkaufsakten, durch divergierende Angebots- und Nachfragekurven sowie durch veränderte gesellschaftliche Erwartungshaltungen bestimmt wird.[394] Ware wird gegen Geld und Geld gegen Ware getauscht. Um den wirtschaftlichen (Tausch)Kreislauf in Gang zu halten, muss das Geld ein bestimmtes Maß an Stabilität besitzen, sie allein ermöglicht Berechen- und Planbarkeit. Nur wenn das Geld seinen relativen Wert in der Zeit zwischen Kauf und Verkauf behalten kann, vermag es seine Funktion als Tauschmittel zu erfüllen und damit die Kontinuität des ökonomischen Kreislaufs zu sichern. Die Güternachfrage wird aber über das Angebot von Geld gegen Ware definiert. Da Geld aber auch um seiner selbst begehrt werden und unterschiedliche Umlaufgeschwindigkeiten annehmen kann, erweist es sich als das eigentlich dynamische Element der Wirtschaft, der entscheidende Be-

---

[394] Simmel plädiert in diesem Zusammenhang für eine stärkere Berücksichtigung der wirtschaftlichen Lage des Einzelnen im Preisbildungsprozess. Der Preis einer Ware sollte nicht nur, wie die Kostentheorie vorgibt, von den Bedingungen der Produktion, sondern auch von denen der Konsumtion abhängen. Simmel bezeichnet seinen Vorschlag selbst als utopisch, als eine „Idealbildung" (427), da die Gesamtheit der wirtschaftlichen Situationsmomente erst dann restlos für die Preisbestimmung verwendet werden könne, wenn für sie alle ein gleichmäßiger Wertausdruck bestehe. Erst die Reduktion auf einen gemeinsamen Nenner könne eine Einheit zwischen allen Elementen der individuellen Lagen herstellen, die dann eine Berücksichtigung im Prozess der Preisbestimmung erlaube. Der Preis würde sich aus den Bedingungen der Produktion (Kosten) und Bedingungen der Konsumtion (Höhe des individuellen Geldbesitzes) zusammensetzen.

weger, der die Tauschverhältnisse gleichsam von außen beeinflusst. Diese berühmte „Doppelrolle des Geldes" (126),[395] dass es Relation *ist*, indem es die Wertverhältnisse der austauschenden Waren untereinander misst, und zugleich Relation *hat*, indem es außerhalb dieser Relationen existiert und in Austausch mit ihnen eintritt, verursacht nach Simmel „unendliche Irrungen" (122) sowie unzählige Schwierigkeiten theoretischer wie praktischer Natur. Wenn man, wie in der Quantitätstheorie, Geld nur als Ausdruck und wunderbares Mittel von Tauschverhältnissen, nicht aber als begrifflich eigenständige, darüber hinausgreifende Realität analysiert, bleibt seine eigentümliche Dynamik und Doppelrolle verschlossen. Es kann als eine große Schwäche der monetaristischen Theorien gelten, dass sie von einem Gleichgewichts- und Stabilitätsmoment (der Wechselkurse, Aktienmärkte, Geldumlaufgeschwindigkeit) ausgehen, das realwirtschaftlich immer eine Modellannahme bleibt.[396] Doch die Vermehrung eines Geldquantums verändert nicht automatisch die Warenpreise im proportionalen Verhältnis, vielmehr schafft eine höhere Geldmenge oft neue Preisverhältnisse. Trotz seiner Relativität und seiner inneren Zusammenhangslosigkeit mit der Ware nimmt der Geldpreis bei längerem Bestehen eine gewisse Festigkeit an und erscheint daraufhin als das *sachlich* angemessene Äquivalent.[397] Dieser „Elastizitätsmangel" (190) des Geldes ist für Simmel ein weiteres wichtiges Indiz dafür, Geld nicht allein als Ausdruck und hervorragendes Mittel eines Tauschverhältnisses zu beschreiben, sondern als eigene Partei, als über die Abbildungsfunktion hinausgreifende Größe zu konzipieren.

3.2.6 Vom Substanzwert zum Funktionswert

Theoretisch bedarf also das Geld überhaupt keines Eigenwerts, um seine Hauptfunktion, Werte zu messen und Tauschprozesse zu erleichtern, erfüllen

---

[395] Von Flotow und Schmidt sehen in der Doppelrolle des Geldes „den Schlüssel für die Interpretation des Werkes" überhaupt (Flotow, Paschen von/Schmidt, Johannes, Die „Doppelrolle des Geldes" bei Simmel und ihre Bedeutung für die Ökonomie und Soziologie, in: Rammstedt, Otthein (Hg.), Georg Simmels „Philosophie des Geldes", 58-87, 59); ähnlich Flotow, Paschen von, Geld, Wirtschaft und Gesellschaft, 155. Die konsequente ökonomische Interpretation Simmels, die von Flotow und Schmidt betreiben, hebt die Heuristik hervor, mit der sich die theoretische Verbindung von Geld und Wachstum in der Ökonomie näher untersuchen lässt: „Natürlich bietet Simmel nicht eine fertige ökonomische Theorie zum Thema Geldwirtschaft und Wachstum. Aber er ist Quelle und Anregung, eine solche Theorie voranzutreiben und weiterzuentwickeln." (Die „Doppelrolle des Geldes" bei Simmel 84)

[396] Simmel hat bereits darauf hingewiesen, dass die Geldumlaufgeschwindigkeit nicht mit der Warenzirkulation konform verlaufe, sondern das Geld sich weit schneller drehe als der Warenverkehr (weshalb es auch im Verhältnis weniger Geld als Waren gibt): „Die Unverhältnismäßigkeit zwischen der Totalität des Geldes und der der Waren, als Nenner jener wertausdrückenden Brüche, ruht vielmehr auf der Tatsache, daß der Geldvorrat als ganzer sich viel schneller umsetzt als der Warenwert als ganzer." (149)

[397] Ein doppeltes Einkommen führt nicht unbedingt dazu, für jede Ware das Doppelte zu zahlen. „Prinzipiell ausgedrückt: die Lehre von der Gleichgültigkeit des absoluten Quantums vorhandenen Geldes, die sich auf die Relativität der Preise stützt, ist deshalb unrichtig, weil diese Relativität in der praktischen Preisbildung nicht vollständig besteht, sondern von einer psychologischen Verfestigung und Verabsolutierung der Preise in Hinsicht bestimmter Waren fortwährend durchbrochen wird." (192)

zu können. Zugleich aber zeigt sich praktisch, dass Geld dieses Versprechen nur dann einlösen kann, wenn es selbst wertvoll ist, also Relation *hat*. Geld hätte weder als Tauschmittel noch als Wertmesser entstehen können, „wenn es nicht *seinem Stoffe nach* als unmittelbar wertvoll empfunden worden wäre" (157). Damit das Geld „die »reine Form« ihrer Darstellung" (181) erreichen konnte, musste es sich zunächst aus konkreten Wertformen heraus entwickeln und anfangs seine Funktion noch in Personalunion mit einem konkreten Wert (z.B. Muschel, Eisenteil etc.) ausüben (122). Mit dem wachsenden Bedürfnis nach gemeinsamen Tauschmitteln und Wertmaßstäben tritt es immer stärker aus diesen engen Objektbindungen heraus und wird vom jeweiligen Substanzwert zusehends unabhängiger, bewegt sich kontinuierlich zu einem reinen Funktions- oder Symbolwert hin, ohne diesen jemals völlig zu erreichen (182, 188, 193, 196, 201, 221, 229, 235, 253). Simmel war noch ebenso wie Marx davon überzeugt, dass das Geld stets ein bestimmtes Maß an Substanzwert behalten müsse, und zwar nicht aus inneren, sondern aus Gründen ökonomischer Unvollkommenheiten und psychologischer Strukturen.

Die Verfeinerungen des Wertempfindens lösen das ursprüngliche Ineinander und fördern die Entwicklung der Form bzw. Funktion zu einem selbstständigen Wert. Wohl muss auch dieser Wert des Geldes einen Träger haben, aber entscheidend ist, dass er nicht mehr unmittelbar aus seinem Träger quillt, sondern in den Hintergrund tritt, nur mehr aus technisch-praktischen Gründen noch präsent ist. Entscheidend für diese Verhältnisbestimmung sind die Nenner Gesamtwarenmenge und Geldmenge, für den Gebrauch aber die Zähler Ware und absoluter Preis. Diese Gleichung lässt sich jedoch nicht auf das Verhältnis zwischen der Ware und dem Substanzwert des Geldes übertragen. Da wir die genaue Bestimmung dieser Proportionen nicht wissen können, „bedarf das Messen noch einer gewissen qualitativen Einheit des Wertmaßstabes mit den Werten selbst" (183), markiert das kleinste Stück Eigenwert des Geldes noch den überwachsenen Grenzverlauf.

Diese kontinuierliche Entwicklung des Geldes vom Substanz- zum Funktionswert ist für Simmel ein Gesetz,[398] das „die Bedeutung der Dinge aus ihrem terminus a quo in ihren terminus ad quem" (251, ähnlich 158) verlegt. Ihre Dynamik bewirkt „eine steigende Vergeistigung des Geldes" (246), sie führt zu einer außerordentlichen Vermehrung sowie Steigerung der psychischen Prozesse und schließlich zu einer schleichenden Orientierung der Kultur auf Abstraktion und Intellektualität hin. (171) Die allmähliche Bedeutungsverschiebung des Geldes vom Substanzwert zum Funktionswert wäre nicht möglich, wenn sich nicht zugleich die gesellschaftlichen Wechselwirkungsverhältnisse weiter ausdifferenzierten. Die innere Entwicklung des Geldes zur reinen Symbolgröße verläuft parallel zu einer Veränderung der ökonomischen und sozialen Struktur insgesamt. Je mehr in den hoch entwickelten Industriegesellschaften jeglicher Substanzwert vom Geld abgestreift wird, desto virulenter

---

[398] „Der Geldwert wird aber der Reduktion auf einen Funktionswert so wenig widerstehen können, wie das Licht, die Wärme und das Leben ihren besonderen substanziellen Charakter bewahren und sich der Auflösung in Bewegungsarten entziehen konnten." (201f)

wird die Frage, wer den Wert des Geldes wodurch garantiert. Denn an ihrem Ende gründet das Verhältnis zwischen dem Tauschwert der Güter und dem Geld in nichts anderem als im Verhältnis der wirtschaftenden Individuen zu jener Zentralmacht, die Geld emittiert und mehr oder weniger unbemerkt über ihre Stabilität wacht. Und diese Macht heißt Gesellschaft, unabhängig davon, ob sie diese in eine besondere Institution delegiert (Zentralbank) oder als direkte Zugriffsgewalt wahrnimmt.

Welch herausragender Stellenwert dieser Gesichtspunkt der Geldtheorie Simmels zukommt, zeigt sich an der ausführlichen Argumentation, mit der er an dieser Stelle das Theorem der Wechselwirkung ins Spiel bringt und als Verbindungsstruktur zwischen ökonomischer und kultureller Sphäre positioniert (208-214). Simmel knüpft zunächst wieder an den spezifischen Status des Tausches an, dass er kein Element ist, das der Gesellschaft (nachträglich) hinzukommen würde, sondern als eine spezifische Form der Wechselwirkung aus dem bloßen Nebeneinander der Individuen eine innere Einheit erst konstituiert: die Gesellschaft. Die Funktion des Tausches, eine Interaktion unter Individuen herzustellen, hat sich durch das Geld „zu einem für sich bestehenden Gebilde kristallisiert" (209)[399]. Die Entflechtung des Tauschprozesses aus den einzelnen, unmittelbaren Austauschverhältnissen und ihre „Verkörperung in einem objektiven Sondergebilde" (213) kann dann erfolgen, wenn der Tausch etwas anderes geworden ist als ein privater Vorgang zwischen zwei Individuen, der völlig in diese Zweisamkeit eingeschlossen liegt. Diese reine Dualität bricht der Tausch auf, indem der Tauschwert, den eine Partei einsetzt, nicht unmittelbar für die andere relevant ist, sondern lediglich eine Anweisung für weitere Werte enthält, die jedoch von der Gesamtheit des Wirtschaftskreises, im Letzten also von der Gesellschaft getragen wird: „Indem der Naturaltausch durch den Geldkauf ersetzt wird, tritt zwischen die beiden Parteien eine dritte Instanz: die soziale Gesamtheit, die für das Geld einen entsprechenden Realwert zur Verfügung stellt" (213). Erst von daher wird die These verständlich, „daß alles Geld nur eine Anweisung auf die Gesellschaft ist" (213). Sie ist der Interpretant, der den Bedeutungscharakter des Geldes bestimmt. Deshalb ändern sich mit der radikalen Neu- oder Umgestaltung gesellschaftlicher Verhältnisse in der Regel auch die monetären Rahmenbedingungen. Je günstiger und stabiler die politische und ökonomische Situation, desto geringer konnte der Substanzwert des Geldes sein. Dass ein „so feiner und leicht zerstörbarer Stoff wie Papier zum Träger höchsten Geldwertes wird, ist nur in einem so fest und eng organisierten und gegenseitig Schutz garantierenden Kulturkreise möglich" (205). Die Bedeutung des Metalls (Gold, Silber etc.) für das Geldwesen konnte in dem Maße hinter die Sicherung seines funktionellen Wertes treten, je stärker die Gesellschaft die Gültigkeit des Geldes garantieren konnte: „Es ist die *Sicherheit* des Geldes, auf der sein Wert ruht und als deren Träger die politische Zentralgewalt allmählich durch die unmittelbare Bedeutung des

---

[399] Das Wort „kristallisieren" verwendete schon Marx: „Mit der Entwicklung des Warentausches heftet sie [die allgemeine Äquivalentform] sich aber ausschließlich fest an besondere Warenarten oder kristallisiert zur Geldform." (Das Kapital 1, 103; MEW 23), Berlin 1971).

3 Die subjektive und die objektive Macht des Geldes 255

Metalls, sie verdrängend, hindurchwächst." (224f) In dieser Logik ist es auch verständlich, dass mit der Ausdehnung des wirtschaftlichen Kreises die Qualität und Wertigkeit der Währung ebenfalls steigen muss. Die historische Entwicklung verlief daher auch von der großen zur kleinen Münze (und nicht umgekehrt).[400] Heute garantiert die Gesellschaft das notwendige Vertrauen und den erforderlichen Glauben, ohne sie würden unsere Ökonomien nicht funktionieren.[401] Grundsätzlich bedarf es als erstes des Vertrauens, dass man das Geld, das man im Tauschprozess einnimmt, zum (annähernd) gleichen Wert und im absehbaren Zeitrahmen auch wieder ausgeben kann. Jeder Kredit enthält Elemente eines Glaubens, der über ein induktives Wissen weit hinausgeht und mit dem religiösen durchaus vergleichbar ist. Glaube meint aber nicht nur eine unvollkommene Stufe des Wissens, sondern artikuliert darüber hinaus eine Haltung, die auf Vertrauen setzt, ohne letzte Gewissheit. Nicht anders beim Kredit, wo das Vertrauen der Gesellschaft insgesamt gilt, „daß sie uns für die symbolischen Zeichen, für die wir die Produkte unserer Arbeit hingegeben haben, die konkreten Gegenwerte gewähren wird." (216) So ist wohl das Gefühl der persönlichen Sicherheit, das an den Geldbesitz geknüpft wird, „vielleicht die konzentrierteste und zugespitzteste Form und Äußerung des Vertrauens auf die staatlich-gesellschaftliche Organisation und Ordnung" (216). Auch hier stützt Simmel seine Begründungsfigur mit einem historischen Argument. Alles hellenische Geld war einmal sakral (Priesterschaft repräsentierte die Verbandseinheit der Landschaften, Tempel eine überpartikulare, zentralisierende Bedeutung, die im Geld ausgedrückt wurde): „Die religiös-soziale Einheit, die im Tempel kristallisiert war, wurde in dem Gelde, das er ausgab, gleichsam wieder flüssig und gab diesem ein Fundament und eine Funktion, weit über die Metallbedeutung des individuellen Stückes hinaus." (229) Daher stand etwa auf Malteser Münzen: non aes sed fides (215).

Simmel hatte in seiner Analyse des Geldes beide Perspektiven gleichermaßen vor Augen: die rein monetäre, materiale, nationalökonomisch geprägte Dimension – und die ideelle, philosophische sowie symbolische Dimension. Beide Momente stehen nicht unvermittelt nebeneinander, sondern sind im Verhältnis einer Wechselwirkung eng miteinander verbunden. Diese wechselseitigen Abhängigkeiten und Beeinflussungen aufgedeckt zu haben, ist eines der größten Verdienste der *Philosophie des Geldes*. In der so genannten *Selbstanzeige* hat es Simmel so auf den Punkt gebracht: „Jeder Begründung des intellektuellen oder sittlichen, des religiösen oder des künstlerischen Daseins auf die Kräfte und Wandlungen des Materiellen steht die Möglichkeit gegenüber,

---

[400] So erzählt Simmel von einem Reisenden, der von den Handelsschwierigkeiten im Abessinien des Jahres 1882 berichtet. Dort werde nur eine ganz bestimmte Münze, der Maria-Theresia-Taler von 1870 anerkannt, Kleingeld fehle so gut wie gänzlich. Wenn man etwa für einen halben Taler Gerste kaufen wolle, müsse man für den Rest des Geldes irgendetwas anderes dazunehmen. In Bornu (Sudan) hingegen herrschten gute Tauschbedingungen, weil der Wert des Talers in ca. 4000 Kaurimuscheln zerlegt sei und deshalb auch der Arme kleinste Warenmengen kaufen könne (241).

[401] Vgl. Heinemann, Klaus, Geld und Vertrauen, in: Kintzelé, Jeff/Schneider, Peter (Hg.), Georg Simmels Philosophie des Geldes 301-323, bes. 308ff.

für diese letzteren ein weiteres Fundament aufzugraben und den Verlauf der Geschichte als ein Wechselspiel zwischen den materiellen und den ideellen Faktoren zu begreifen, in dem keiner der erste und keiner der letzte ist." (719) Geld ist also, wie wir heute formulieren, *Symbol* und *Medium* zugleich.[402] Diese Einsicht bleibt für jede Geldtheorie normativ, wenn sie über die innerökonomischen Bestimmungen hinausführen und auch jene Aspekte einbeziehen soll, die für dessen Konstitution und Funktion ebenso bedeutsam sind wie die rein monetären Dimensionen. Diese ideellen Aspekte, die sich hinter jeder ökonomischen Werttheorie verbergen, gilt es im Folgenden noch näher zu beleuchten. Sie sind durch ihre Tiefenstruktur weitaus schwieriger zu erkennen als die klassischen Funktionen an der Oberfläche, entfalten aber oft Kräfte, die ungeahnte Potentiale im Menschen freisetzen, aber auch Zerstörungen auslösen, jeglicher ökonomischen Rationalität widersprechen und auf Abgründe des menschlichen Begehrens verweisen.

In einem Aphorismus, der sich in Simmels Nachlass findet, wird dieser Gedanke mit Blick auf die Zeitsignifikanz in wenigen Zeilen präzise zusammengefasst: „Geld ist das einzige Kulturgebilde, das *reine Kraft* ist, das den substanziellen Träger völlig von sich abgetan hat, indem er absolut nur Symbol ist. Insofern ist es das bezeichnendste unter allen Phänomenen unserer Zeit, in der die *Dynamik* die Führung aller Theorie und Praxis gewonnen hat. Daß es *reine Beziehung* ist (und damit ebenso zeitbezeichnend), ohne irgend einen Inhalt der Beziehung einzuschließen, widerspricht dem nicht. Denn die Kraft ist in der Realität nichts als Beziehung."[403]

4 Zur Ambivalenz des Geldes – Errungenschaften und Probleme

In seiner tauschökonomischen und in seiner symbolischen Macht enthält Geld eine Ambivalenz, die jegliche Eindeutigkeiten verhindert und in einseitigen Bestimmungen immer das Äquivalent aufruft. Die unbestreitbaren Vorzüge des Geldes ziehen gleichzeitig eine problematische Spur. Eine herausragende, qualitative Stärke knüpft sich offensichtlich in unauflöslicher Spannung an eine vergleichbare Schwäche, ein Fortschritt auf der einen scheint immer um den Preis eines Verlustes auf der anderen Seite erkauft. Andererseits aber ist auch

---

[402] Für Fellmann wird das Geld durch seinen medialen Charakter, den Simmel luzide herausarbeitet, zu einer eigenen Sprache, weshalb man die „Philosophie des Geldes" als eine „vorgezogene europäische Parallelaktion zum *linguistic turn*" bezeichnen könne (Fellmann, Ferdinand, Die Sprache des Geldes. Georg Simmel und die Tragödie der europäischen Kultur, in: Kadi, Ulrike/Keintzel, Brigitta/Vetter, Helmuth (Hg.), Traum – Logik – Geld. Freud, Husserl und Simmel zum Denken der Moderne, Wien 2001, 204-224, 210). Für Geßner kann Simmels Rekonstruktion der Geldwirtschaft „als eine geradezu mustergültige Darstellung des Cassirerschen Begriffs der symbolischen Form aufgefaßt werden" (Geßner, Willfried, Geld als symbolische Form. Simmel, Cassirer und die Objektivität der Kultur, in: Simmel Newsletter 6 (1996) 1-30, 6). Vgl. dazu auch: Möckel, Christian, Georg Simmel und Ernst Cassirer. Anstöße für eine Philosophie der symbolischen Kulturformen, in: Simmel Newsletter 6 (1996) 31-43.
[403] Postume Veröffentlichungen. Ungedrucktes. Schulpädagogik (GSG 20, 295).

anzuerkennen, dass in den negativen Begleitumständen des Geldes stets sein bleibend Gültiges zum Vorschein kommt, auch wenn es sich gänzlich im Wust der Negativität verfangen hat. Wenn im theologischen Kontext vor den Gefahren des Geldes gewarnt wird, vor dem Mammon als der Gegenmacht Gottes, so verlieren sich die Errungenschaften und Vorzüge allzu oft im Nichts, wird der fraglose Mehrwert zur Gänze in die Struktur einer absoluten Gegenmacht eingeschmolzen. Eine *kritisch-relative* Verhältnisbestimmung greift das berechtigte Anliegen der negativierenden Position auf, ergänzt sie aber um die Errungenschaften des Geldes, die damit ein klareres und umfassenderes Bild von jener Größe gewinnen, der schnell göttliche Qualitäten zugesprochen werden. Simmel hat nicht nur in seinen geldtheoretischen Studien, sondern auch im Kontext kulturwissenschaftlicher und lebensphilosophischer Fragestellungen eine stattliche Anzahl von Vorzügen und Gefahren der Geldwirtschaft benannt, die er wiederum in einer Mischung aus transzendentalphilosophischen, historisch-genealogischen, psychologischen und soziologischen Argumentationsfiguren ins Gespräch bringt und damit wieder ungewöhnliche Einsichten in dieses verwobene Gefüge ermöglicht.

4.1 Die Errungenschaften des Geldes

Es entspricht gewiss der Intention Simmels, mit den Errungenschaften zu beginnen, galt doch den Zusammenhängen zwischen der Geldwirtschaft und der Entwicklung individueller Freiheit seine besondere Aufmerksamkeit. Diese von Simmel luzide herausgearbeiteten Relationen stehen in merklicher Spannung zur Rezeptionsgeschichte der *Philosophie des Geldes*, die häufig nur das sechste, kulturkritische Kapitel in den Blick nimmt und nicht den (zeitlich und inhaltlich) anspruchsvollen Gang durch die anderen fünf Abschnitte auf sich nimmt. Ohne Kenntnisnahme aller Teile sowie des intellektuellen Kontextes seiner Überlegungen kann der Eindruck entstehen, „der Zusammenhang von Geld und Kultur sei letzthin nur ein negativer: wo das Geld beginnt, dort hört die Kultur auf"[404]. Das wäre eine höchst problematische Verkürzung, denn Simmel ging es in seiner Kulturkritik keineswegs um eine Negativierung des Geldes, sondern um die Beschreibung seines ambivalenten Charakters, um das Ausloten der Errungenschaften und Vorzüge, ohne die Schattenseiten und Probleme darüber zu vergessen. Mit drei großen Begriffspaaren lassen sich die positiven Auswirkungen des Geldes zusammenfassen: (1) *Freiheit und Individualisierung*, (2) *Distanzierung und Verbindung*, (3) *Egalität und Differenzierung*.

4.1.1 Freiheit und Individualisierung

Als eine der außergewöhnlichsten Leistung des Geldes bezeichnet Simmel immer wieder die Tatsache, dass es in historischer und in systematischer Per-

---
[404] Geßner, Willfried, Das Geld als Paradigma der modernen Kulturphilosophie, in: Ders./Kramme, Rüdiger (Hg.), Aspekte der Geldkultur 11-28, 13.

spektive auf unterschiedlichster Ebene *Ausdruck und Schrittmacher der individuellen Freiheit* ist. Mit dieser Formulierung, die ohne weiteres als geheime Überschrift der gesamten *Philosophie des Geldes* dienen könnte, beginnt Simmel den so genannten synthetischen Teil, in dem er die zahlreichen Konsequenzen einer durch das Symbolsystem Geld codierten Kultur diskutiert.[405] Auch hier eröffnet Simmel den Gedankengang wieder mit einer soziologischen Beobachtung. Wirft man einen unvoreingenommenen Blick auf die Geschichte der menschlichen Sozialverhältnisse, so zeigt sich dem Betrachter, dass in ihr gänzlich unterschiedliche Freiheitsgrade existieren. Die Skala reicht vom Fehlen jeglicher Selbstbestimmung (Extrembeispiel Sklaverei) über jene Stufe, auf der allfällige Obligationen in der distanziertesten Form, dem Geld, abgelöst werden können, bis hin zur letzten Stufe, auf der die Freiheit im Geld Realpräsenz angenommen hat. Auf dieser höchsten Stufe befinden sich die modernen Gesellschaften, weil sich in ihr auch die persönlichen Beziehungen monetär codieren und vollziehen lassen. Jegliche subjektive Dimension kann aus dem Geld herausgefiltert werden. Die von den modernen Gesellschaften zur Verfügung gestellten Freiheitsmöglichkeiten gelten trotz wachsender Abhängigkeit von transpersonalen Systemen. Diese eigentümliche Paradoxie erläutert Simmel am Beispiel der Großstadt. Obwohl in einer Metropole die Menschen von unzähligen, hoch differenzierten Funktionssystemen abhängig sind, können sie dennoch ein bisher unbekanntes Maß an Unabhängigkeit und Freiheit erreichen. Einerseits wird das einzelne Individuum zunehmend abhängiger von den Leistungen einer wachsenden Zahl an Menschen, andererseits und zugleich wird es aber von den Persönlichkeiten, die hinter diesen konkreten Leistungen stehen, im ähnlichen Verhältnis unabhängiger. Man ist dem Funktionieren der Strom- und Lebensmittelversorgung, der Aufrechterhaltung der Infrastruktur insgesamt ausgeliefert, während man auf die Verlässlichkeit einzelner Produzenten oder Lieferanten immer weniger angewiesen ist. Gibt es gegenüber dem einzelnen Geschäftspartner größere Probleme, wird ohne großes Aufheben gewechselt – und die Dinge können wieder ihren gewohnten, sachlich-distanzierten Lauf nehmen. „Während der Mensch der früheren Stufe die geringere Anzahl seiner Abhängigkeiten mit der Enge persönlicher Beziehung, oft persönlicher Unersetzbarkeit derselben bezahlen mußte, werden wir für die Vielheit unserer Abhängigkeiten durch die Gleichgültigkeit gegen die dahinter stehenden Personen und durch die Freiheit des Wechsels mit ihnen entschädigt." (396) Diese Entwicklung ist jedoch kein Nullsummenspiel, sondern ein nach vorne gerichteter, emanzipatorischer Prozess. Durch die Anonymität der Großstadt entwickelt der Konsument kein Verhältnis mehr zu den Produzenten und bringt dadurch „eine unbarmherzige Sachlichkeit"[406] in die sozialen Beziehungen hinein.

---

[405] Viertes Kapitel: Die individuelle Freiheit (375-481); Fünftes Kapitel: Das Geldäquivalent personaler Werte (482-590); Sechstes Kapitel: Der Stil des Lebens (591-723).
[406] Die Großstädte und das Geistesleben 119. Der moderne Geist ist dadurch rechnender und berechnender geworden, die Geldwirtschaft hat „den Tag so vieler Menschen mit Abwägen, Rechnen, zahlenmäßigem Bestimmen, Reduzieren qualitativer Werte auf quantitative ausge-

4 Zur Ambivalenz des Geldes – Errungenschaften und Probleme 259

Grundsätzlich setzen die Entwicklung der Persönlichkeit und die Ausbildung von Selbstbewusstsein die Fähigkeit zur Objektivierung durch Unterscheidung voraus. Dieser Ausdifferenzierungsprozess erscheint nun „zugleich der Entstehungsproze der Freiheit" (402) zu sein. War „der primäre Zustand" (401) des Menschen der einer völligen Einheit, einer ungebrochenen Indifferenz zwischen den persönlichen und sachlichen Seiten des Lebens, so hat sich das Bewusstsein für die fundamentale Differenz zwischen Ich und Es/Anderes erst allmählich entwickelt. Aus dieser Beobachtung zieht Simmel nun die Konsequenz, die einen archimedischen Punkt seiner Kulturtheorie bildet: Wo sich die Persönlichkeit (d.h. die Freiheit des Menschen) entwickelt und wächst, dort muss auch deren Korrelat, die Sachlichkeit/Objektivität, im gleichen Maße wachsen. Individualisierung und Rationalisierung sind einander bedingende und parallel verlaufende Prozesse. Auf dieser von Simmel mit vorwiegend philosophischer Begrifflichkeit herausgearbeiteten Dialektik basieren heute fast alle gängigen Modernisierungstheorien.[407]

Die enge Bindung der Autonomie des Menschen an eine steigende Objektivierung bedeutet zugleich, „daß eine strengere Ausbildung der Sachlichkeitsbegriffe mit einer ebensolchen der individuellen Freiheit Hand in Hand" (403) geht.[408] Katalysator und Ausdruck dieser Entwicklung ist das Geld, das „zunächst wohltätige und stützende Verbindungen" zwischen Person und Objekt zerreißt, doch *zugleich* leitet es „jene Verselbständigung beider gegeneinander ein, in der jedes von beiden seine volle, befriedigende, von den anderen ungestörte Entwicklung finden kann" (456). Was an dieser Stelle als segensreiche Entwicklung begrüßt wird, wird von Simmel zugleich, mit Blick auf die Erfahrungen der Alltagswelt, als in sich höchst ambivalenter Prozess beschrieben, insofern die Gefahr besteht, dass beide Sphären sich ungleich entwickeln und so weit auseinander treiben, dass sie durch nichts mehr aneinander gebunden sind. Wo diese Reziprozität aber nicht mehr gegeben ist, wo sich eine Sphäre gegenüber der anderen abzukoppeln versucht, dort greifen die bekannten kul-

---

      füllt" (119). Das führe insgesamt zu steigender Präzision und Unzweideutigkeit, wofür die Taschenuhr ein typischer Ausdruck sei.

[407] Das Geld kann Simmel daher auch „als eine Atomisierung der Einzelpersönlichkeit bezeichnen, als eine innerhalb ihrer vor sich gehende Individualisierung" (463). Die *Individualisierung* zählt neben der *Interkulturalität* und der sozialen *Inselbildung* auch heute noch zu den wichtigsten Merkmalen einer Beschreibung gegenwärtiger Alltagskulturen (vgl. dazu Soeffner, Hans-Georg, Die Kultur des Alltags und der Alltag der Kultur, in: Handbuch der Kulturwissenschaften. Themen und Tendenzen (Bd. 3), hg. v. Jaeger, Friedrich/Rüsen, Jörn, Stuttgart 2004, 399-411). Diese drei Elemente „I" bilden für Soeffner ein Reaktionsgefüge, das äußerst beweglich und porös zugleich ist. Auch Soeffner betont, dass der Gewinn individueller Freiheit stets mit struktureller Einsamkeit des Einzelnen einhergeht und die Sicherheit dauerhafter, gewachsener Gemeinschaften in modernen Gesellschaften nicht mehr gewährleistet werden könne. Die Hoffnung, die ideelle Unsicherheit und Leere mit einem weiteren Zuwachs von Wohlstand abgelten zu können, sei gescheitert.

[408] Simmel sieht darin eine eigentümliche Parallelbewegung der letzten drei Jahrhunderte: „daß einerseits die Naturgesetzlichkeit, die sachliche Ordnung der Dinge, die objektive Notwendigkeit des Geschehens immer klarer und exakter hervortritt, und auf der anderen Seite die Betonung der unabhängigen Individualität, der persönlichen Freiheit, des Fürsichseins gegenüber allen äußeren und Naturgewalten eine immer schärfere und kräftigere wird" (403).

turellen Verwerfungen und Irritationen, wie sie Simmel vor allem in der Spätphase seines Schaffens, insbesondere mit Blick auf die Großstadt, eindrucksvoll beschrieben hat. Allerdings sind in diesem Diversifizierungsprozess die Hauptgefahren nicht gleichmäßig verteilt. Während sich die Persönlichkeit nicht ohne Außenorientierung, also ohne Bezug auf Kultur und Gesellschaft entwickeln und entfalten kann, an die sie konstitutiv gebunden bleibt, kann sich die Sphäre der Sachlichkeit weitaus problemloser von der Bindung an die Subjektivität befreien.

Weil das Geld ungeahnte Handlungsmöglichkeiten eröffnet, weil es als Mittel einen universalen Schlüssel repräsentiert, gewinnt es aus sich heraus eine stetig steigende Wichtigkeit, die, wie fast alle Bedürfnisse, nach oben hin keine natürlichen Grenzen kennt. Der Geldbesitz schafft Vorteile, die über den Genuss dessen hinausgehen, was man sich dafür konkret beschaffen kann: die praktisch begrenzte und relative, in ihrer Wahrnehmung dennoch nahezu unbegrenzte und absolute *Wahlfreiheit*[409]. Dieser ideelle Mehrwert zeigt sich an unterschiedlichen Verhaltensweisen: am Respekt, der dem Reichen entgegengebracht wird und mit dem Maß des Erworbenen steigt; an der eigentümlichen Macht, die von der reinen Handlungs*möglichkeit* ausgeht; an der Leichtigkeit, mit der bestimmte Dinge erworben werden können; an der Großzügigkeit, die sich zur Schau stellen lässt, all das sind Vorteile, die unmittelbar mit dem Geld verknüpft sind und dem verschlossen bleiben, der die ganze Kraft seiner Alltagsmöglichkeiten in die Sicherung der wichtigsten Subsistenzbedürfnisse investieren muss. Diesen verführerischen Mehrwert des Geldes bezeichnet Simmel wiederholt mit einer einprägsamen Formulierung als „Superadditum des Reichtums" (274, 276, 277, 281, 357, 425). Die Freiheit ist nicht nur, aber auch, eine geldbestimmte Größe, die Simmel werttheoretisch so zusammenfasst: Der Wert einer bestimmten Geldsumme ist „gleich dem Wert jedes einzelnen Objekts, dessen Äquivalent sie bildet, plus dem Werte der Wahlfreiheit zwischen unbestimmt vielen derartigen Objekten – ein Plus, für das es innerhalb des Waren- oder Arbeitskreises kaum annähernde Analogien gibt" (268). Geld widerspiegelt eine generalisierte Erwartungsdisposition, permanent schwebt es zwischen Potentialität und Aktualität, die Formen der Umsetzung sind nahezu unbegrenzt, seine Unabhängigkeit von seiner Genesis artikuliert „sich nach vorwärts in der absoluten Unbestimmtheit seiner Verwendung" (414).

Daraus erklärt sich für Simmel die ungeheure Dynamik, die eine am Medium Geld orientierte gesellschaftliche Entwicklung nimmt. Es wächst sich zu einem Wert schlechthin aus, weil es als konkretes, sichtbares Objekt alles Begehrenswerte in sich verdichtet, da es den Zugang zu unzähligen Lebensmöglichkeiten eröffnet. Geld wird damit zeitlos, ein unvergängliches Ziel, in jedem Augenblick erstrebenswert und verfügbar – ganz im Gegensatz zu den konstanten Zielen, von denen nicht jedes zu jeder Zeit gewünscht oder realisiert werden kann. Dem Menschen wird durch die universale Begehrensstruktur und Omnipotenz ein

---

[409] Das impliziert für Simmel allerdings auch die Freiheit, das Geld verachten zu können (vgl. 279f).

4 Zur Ambivalenz des Geldes – Errungenschaften und Probleme

fortwährender Stachel zur Tätigkeit gegeben, da er nun ein Ziel besitzt, das theoretisch in jeder Situation und zu jeder Zeit für jeden Menschen erreichbar erscheint. Für diesen absoluten Bewegungscharakter der Welt „gibt es sicher kein deutlicheres Symbol als das Geld" (714). Es ist „nichts als der Träger einer Bewegung, in dem eben alles, was nicht Bewegung ist, völlig ausgelöscht ist, es ist sozusagen *actus purus*; es lebt in kontinuirlicher Selbstentäußerung aus jedem gegebenen Punkt heraus und bildet so den Gegenpol und die direkte Verneinung jedes Fürsichseins"[410]. Die kürzeste und zugleich treffendste Formel dafür: *Geld ist Leben*. Geld stellt quasi den äußeren Rahmen für die individuierende Funktion bereit, die aber nur von den handelnden Personen selbst wahrgenommen werden kann. Daher greift die gängige Formel *Geld oder Leben*, die auch Blumenberg als Titel eines Beitrags über Simmel verwendet, zu kurz.[411]

4.1.2 Distanzierung und Verbindung

Das Wachstum von Freiheit und Individualisierung, wie es vom Geld angeregt und gefördert wird, führt zu einer weiteren wichtigen und signifikant positiven Veränderung: zur wachsenden *Distanz*, die das Selbstverhältnis des Individuums und damit auch die Kategorie des Sozialen radikal verändert hat. In einer vom Naturaltausch bestimmten und monetär noch wenig entwickelten Gesellschaft bezahlen die Menschen mit Produkten und Gütern, die in der Regel durch ihre eigene, unmittelbare Arbeitskraft erzeugt und geschaffen wurden. Dadurch ist stets ein mehr oder minder starker persönlicher Anteil in ihre Tauschobjekte eingeschmolzen, der mit dem Verkauf oder Eintausch zugleich weggeben werden muss. Diesen Konnex von persönlichem Engagement und Produkt, Individualität und Tauschobjekt löst die Geldwirtschaft zusehends auf. Simmel zeigt an zahlreichen Beispielen, vornehmlich aus dem frühen Mittelalter, dass im Feudalsystem aufgrund der allmählichen Ablösung des Naturaltributs durch die Geldleistung die persönliche Freiheit entsprechend zunimmt und dadurch die Möglichkeiten des Grundherrn stark eingeschränkt werden.[412] Es ist „ein großer Unterschied, ob das Recht des Berechtigten sich unmittelbar auf die leistende Persönlichkeit erstreckt, oder nur auf das Produkt ihrer Arbeit; oder endlich auf das Produkt an und für sich" (376). Während die Zinszahlung durch ihre regelmäßige Periodizität noch ein wenigstens formelles Element von Gebundenheit gegenüber dem entsprechenden Wertquantum auf-

---

[410] Bedeutung des Geldes für das Tempo des modernen Lebens 234; ähnlich: Philosophie des Geldes 714.
[411] Volkhard Krech schlägt als Formulierung vor: *Geld zum Leben* (Krech, Volkhard, „Geld oder Leben" oder „Geld zum Leben"? Anmerkungen zu zwei Rezeptionsvarianten der Philosophie des Geldes, in: Simmel Newsletter 3 (1993) 174-179). Krech bezieht sich hier u.a. auf Blumenbergs Beitrag *Geld oder Leben. Eine metaphorische Studie zur Konsistenz der Philosophie Georg Simmels*.
[412] Vgl. Philosophie des Geldes 375ff: „Der Grundherr, der ein Quantum Bier oder Geflügel oder Honig von seinem Bauern fordern darf, legt dadurch die Tätigkeit desselben in einer bestimmten Richtung fest; sobald er nur Geldzins erhebt, ist der Bauer insoweit völlig frei, ob er Bienenzucht, Viehzucht oder was sonst treiben will." (Philosophie des Geldes 378)

weist, sind mit der Kapitalzahlung die Verpflichtungen restlos in Geldleistungen übergegangen und haben damit den in feudalen Verhältnissen höchstmöglichen Freiheitsgrad erreicht. In der Geldzahlung nämlich gibt sich die Persönlichkeit nicht mehr in irgendeiner Form *selbst*, sondern sie gibt *etwas*, das von der inneren Beziehung zum Individuum weitgehend gelöst ist. Daher kann Simmel mit Recht sagen: „Die Ausdrückbarkeit und Ablösbarkeit der Leistungen durch Geld ist von jeher als ein Mittel und Rückhalt der persönlichen Freiheit empfunden worden."[413] Seit das Interesse an Dingen, Besitztümern und Fähigkeiten in Geld formulierbar ist, hat es sich „wie eine Isolirschicht zwischen das objective Ganze der Association und das subjective Ganze der Persönlichkeit geschoben [...] und hat Beiden eine neue Selbstständigkeit gegen einander und Ausbildungsfähigkeit geboten"[414]. Die verschiedenen Interessen und Betätigungssphären der Persönlichkeit erhalten nun eine bisher nicht gekannte, relative Selbstständigkeit, die wiederum erst das Wachsen von Freiheit ermöglicht. Indem ein bestimmtes Objekt in die Äquivalentform einer konkreten Geldsumme transferiert wird, lässt sich sein Wert anschließend in jede beliebige Form gießen, während er vorher, ohne die monetäre Taxierung, in diesen selbst gebannt war.

Indem das Geld durch seine Objektivität und Transindividualität ohne Ansehen der Person arbeitet und wirkt, entreißt es die Dinge ihrem ursprünglichen, persönlichen Kontext und schafft damit eine Zwischenstruktur unter den Beteiligten. Diese Objektivierungsleistung („der Mensch ist das *objektive* Tier", 385) stellt geistesgeschichtlich einen ungeheuren Fortschritt dar. Der Tausch ist „das erste und in seiner Einfachheit wahrhaft wunderbare Mittel, mit dem Besitzwechsel die Gerechtigkeit zu verbinden" (387).[415] Weil im Geld, ganz im Gegensatz zu allen spezifischen Werten, „Unpersönlichkeit und Farblosigkeit"[416] dominieren, kommt mit ihm ein großes Stück Berechenbarkeit in die Sozialverhältnisse hinein, die überaus entlastend wirken kann. In der Betrachtung und Behandlung der Dinge jenseits des subjektiven Fühlens und Wollens liegt „die Menschheitstragödie der Konkurrenz" (386). Vielleicht wäre, so räsoniert Simmel, „die Wüstheit und Erbitterung der modernen Konkurrenz

---

[413] Das Geld in der modernen Cultur 184.

[414] Das Geld in der modernen Cultur 180.

[415] In ähnlicher Weise hat auch Max Weber das gewaltvermeidende Moment des Tausches betont: „Denn der Tausch ist die spezifisch friedliche Form der Gewinnung ökonomischer Macht." (Weber, Max, Wirtschaft und Gesellschaft. Grundriss der verstehenden Soziologie (Studienausgabe), Tübingen ⁵1972, 385).

[416] Das Geld in der modernen Cultur 180. Die Unpersönlichkeit des Geldes färbt zugleich auf Geldgeber und Geldnehmer ab, sie macht sie bis zu einem gewissen Grad qualitätslos. Was gegen Geld fortgegeben wird, gelangt an denjenigen, der das meiste dafür gibt, gleichgültig was und wer er sonst sei. Hier spielen individuelle Komponenten, wie Ansehen der Person, Ehre, Dankbarkeit etc. keine Rolle. Geld macht gleichsam alle gleich, in ihm ist eine Person so viel wert wie eine andere, weil der Wert nicht in der Person, sondern im Geld liegt. Darum ist es zutreffend, wenn man sagt: „in Geldsachen hört die Gemütlichkeit auf; das Geld ist das absolut Objektive, an dem alles Persönliche endet" (Zur Psychologie des Geldes 60). Die Redeweisen, dass an Geld Blut klebe oder ein Fluch hafte, sind nur eine sentimentale Projizierung ohne Berechtigung und werden mit wachsendem Geldverkehr immer seltener. Im höchsten Maße gilt das *non olet*.

4 Zur Ambivalenz des Geldes – Errungenschaften und Probleme

überhaupt nicht erträglich, wenn ihr nicht diese wachsende Objektivierung von Daseinsinhalten [...] zur Seite ginge" (386). In dieser Pazifizierungsleistung liegt für ihn die eigentliche Versittlichung, die der Kulturprozess über das Geld ermöglicht, indem „immer mehr Lebensinhalte in transindividueller Gestalt objektiviert werden" (386). Je mehr die Werte in eine objektive Form übergehen, „umso mehr Platz ist in ihnen, wie in Gottes Hause, für jede Seele" (386).

Dieses Argument, dass Geld ein geeignetes Mittel für Befriedung der Menschheit sei, wurde schon zu Simmels Zeiten heftig kritisiert. Hans Blumenberg hat Simmel hier explizit verteidigt und sich dezidiert gegen die These gestellt, wonach die Humanität dort gewinne, wo das Geld an Wert verliere, weil damit noch Bereiche existierten, die nicht in die ökonomische Verwertbarkeit hineingezogen werden könnten. Der reelle Befund, so Blumenberg, sei aber ein anderer, denn in dem Augenblick, wo man für Geld nicht mehr alles haben könne, müsse „anstelle des Geldes das hergegeben werden [...], was als Humanes unveräußerlich bleiben sollte"[417].

Wie sehr die Distanzierungsfunktion des Geldes das Zusammenleben der Menschen erleichtert, zeigt ein Blick auf das fragile Gebilde der Großstadt.[418] Geld fördert (und fordert) die Entwicklung einer inneren Schranke, die ohne psychologische Distanzierung – aufgrund des dichten Aneinander-Gedrängtseins (buntes großstädtisches Treiben) – unmöglich wäre. Menschen sind dauernd von anderen Menschenmassen umgeben, der Einzelne würde völlig verzweifeln, „wenn nicht jene Objektivierung des Verkehrscharakters eine innere Grenze und Reserve mit sich brächte" (665). Die offenbare Geldhaftigkeit der Beziehungen „schiebt eine unsichtbare, funktionelle Distanz zwischen die Menschen, die ein innerer Schutz und Ausgleichung gegen die allzugedrängte Nähe und Reibung unseres Kulturlebens ist" (665). Man geht nicht fehl, wenn man die Fähigkeit zur Distanz als Voraussetzung einer äußerst starken Bindung zwischen den Mitgliedern desselben Wirtschaftskreises begreift. Sie ermöglicht unzählige Assoziationen, ohne etwas von der persönlichen Freiheit und Reserve aufgeben zu müssen (465). In früheren Entwicklungsstufen war das gesamtwirtschaftliche Interesse ebenso wie das religiöse, politische und familiäre fast vollständig in den Kreislauf einbezogen, erst das Geld hat, indem es alles Persönliche restlos herausfiltert, „den *Zweck*verband zu seinen reinen

---

[417] Blumenberg, Hans, Geld oder Leben 128.
[418] Die Großstadt ist neben dem Geld und der Mode eines der drei wichtigen Bilder der Moderne (siehe dazu die Ausführungen unter 4.1.1). Im Unterschied zur konservativen Kulturkritik zeichnet Simmel ein kritisches, aber kein negatives Bild der Großstadt. Für Oswald Spengler übernimmt die Stadt „die Leitung der Wirtschaftsgeschichte, indem sie an die Stelle der Urwerte des Landes, wie sie vom bäuerlichen Leben und Denken nie zu trennen sind, den von den Gütern »abgelösten Begriff des Geldes« setzt" (Spengler, Oswald, Der Untergang des Abendlandes. Umrisse einer Morphologie der Weltgeschichte, München 1979, 670). „Die Stadt bedeutet nicht nur Geist, sondern auch Geld." (670) Laut Spengler ist das Geld für den *zoon oikonomikon* „eine Form des tätigen Wachseins geworden, die keinerlei Wurzeln im Dasein mehr besitzt" (672). Der antiurbane Affekt kann schnell in Pessimismus umschlagen: „Der Geist denkt, das Geld lenkt: so ist es die Ordnung aller ausgehenden Kulturen, seit die große Stadt Herr über den Rest geworden ist. Und zuletzt ist das nicht einmal ein Unrecht gegen den Geist." (1062)

Formen entwickelt" (468). Nur das Geld erlaubt es, dass Besitz und Besitzer weit auseinandertreten, „daß jedes seinen eigenen Gesetzen ganz anders folgen kann, als da der Besitz noch in unmittelbarer Wechselwirkung mit der Person stand, jedes ökonomische Engagement zugleich ein persönliches war, jede Wendung in der persönlichen Direktive oder Stellung zugleich eine solche innerhalb der ökonomischen Interessen bedeutete" (449). Das Ich kann seine Macht, seinen Genuss und seinen Willen an äußerst entfernten Objekten ausleben, weil sie durch den universalen Transmissionsriemen Geld in den Horizont des Möglichen hineingerückt sind. Geld fördert dadurch die „Expansionsfähigkeit des Subjekts" (445), die sich an ihm mehr und stärker zeigt als an jedem anderen Besitz.

Aber die Distanzierung gilt nicht nur den Menschen, sie richtet sich auch gegen die Sachgehalte des Lebens. Geld stellt uns mit der Vergrößerung seiner Rolle in immer weitere psychische Distanz zu den Objekten.[419] Geld tritt nicht nur zwischen Mensch und Mensch, sondern auch zwischen Mensch und Ding, es ermöglicht dem Menschen eine abstrakte Existenz, ein Freisein von unmittelbaren Rücksichten auf die Dinge und von unmittelbaren Beziehungen zu ihnen. Auch hier greifen die Bewegungen ineinander. Ohne dieses Freisein und diese Distanz zu den Dingen könnte sich unsere Innerlichkeit nicht entwickeln, so wie umgekehrt die Subjektivität die Entpersonalisierung fördert und vorantreibt. Wenn der moderne Mensch eine Reserve des Subjektiven, eine Heimlichkeit und Abgeschlossenheit des persönlichen Seins erringt, die, wie Simmel schreibt, etwas von dem religiösen Lebensstil früherer Zeiten ersetzt, so ist dies dadurch bedingt, dass das Geld uns im steigenden Maß die unmittelbaren Berührungen mit den Dingen erspart, „während es uns doch zugleich ihre Beherrschung und die Auswahl des uns Zusagenden unendlich erleichtert" (652).[420]

So sehr das Geld zu Distanz und Objektivierung führt, so entwickelt sich als weitere Errungenschaft parallel zu ihr eine ungeheure Kraft der *Verbindung*. Je abstrakter und unpersönlicher das Tauschmittel, desto größere Brücken können gebaut, desto entferntere Regionen miteinander verbunden werden. Die Größe des Wirtschaftskreises steht in direkter Korrelation zum Tauschmittel: je abstrakter und unpersönlicher, desto mehr Menschen können miteinander in Beziehung treten, desto nachhaltiger wird Geld die Fähigkeit zu „Fernwirkungen" (445) entfalten. Das Ich kann seine Macht, sein Bedürfnis und seinen Willen an weit entfernten Objekten ausleben, weil durch das Geld die engen

---

[419] „Unser ganzes Leben wird durch die Entfernung auch von der Natur gefärbt, die das geldwirtschaftliche und das davon abhängige städtische Leben erzwingt." (666) Das erkläre im Übrigen, warum erst die moderne Zeit die romantische Naturmalerei erfunden bzw. ausgebildet habe.

[420] Ein weiteres gutes Beispiel, an dem sich die Distanzleistung des Geldes zeigt, ist der Kredit. Der Scheckverkehr rückt uns durch den mehrgliedrigen Mechanismus noch weiter vom Geld ab, andererseits erleichtert er uns diese Distanzierung (psychologisch stellt das bare Geld uns seinen Wert sinnlicher vor Augen und erschwert damit die Trennung von ihm). Kredit erhöht und steigert die Distanzierungsmöglichkeiten und -fähigkeiten: Im Kreditverkehr wird statt der unmittelbaren Wertausgleichung eine Distanz gesetzt, „deren Pole durch den Glauben zusammengehalten werden; wie Religiosität um so höher steht, eine je unermeßlichere Distanz sie [...] zwischen Gott und der Einzelseele bestehen läßt, um gerade damit das äußerste Maß des *Glaubens* hervorzurufen, das jene Distanz überbrückte" (669).

4 Zur Ambivalenz des Geldes – Errungenschaften und Probleme

Grenzen einer warenvermittelten Tauschgesellschaft aufgesprengt werden und dadurch die Möglichkeit entsteht, auch mit Menschen jenseits des überschaubaren sozialen Umfelds in Beziehung zu treten.

4.1.3 Egalität und Differenz

Indem im Geld alle persönlichen Eigenschaften und subjektiven Qualitäten verschwunden sind, bleibt allein die reine, abstrakte Wertform des Preises bestehen. Geld ist dadurch „seinem Begriffe nach ganz außerhalb der Dinge und deshalb gegen ihre Unterschiede völlig gleichgültig, so daß jedes einzelne es ganz in sich aufnehmen und mit ihm gerade *sein* spezifisches Wesen zur vollkommensten Darstellung und Wirksamkeit bringen kann" (696). In schneidender Gleichgültigkeit leiht es sich selbst unversöhnten Gegensatzpaaren, weil an ihm keine Parteilichkeit sichtbar ist, sondern allein die apersonale Form der Quantität. „Die Objektivität des Geldes ist praktisch kein Jenseits der Gegensätze, das dann nur von einem dieser illegitim gegen den anderen ausgenutzt würde; sondern diese Objektivität bedeutet von vornherein den Dienst beider Seiten des Gegensatzes."[421] (694) Geld muss keine Rücksicht nehmen auf Ansehen und (finanzielle) Möglichkeiten der Person, auf Vorleben und Herkunft, auf das Engagement und den Aufwand, die darin eingeflossen sind. Diese „Parteilosigkeit des Geldes" (272), von Simmel immer wieder auch als Charakterlosigkeit bezeichnet, färbt zunächst auf die Dinge ab, die „gewissermaßen abgeschliffen und geglättet"[422] werden, da deren nichtpekuniäre Anteile tendenziell zugunsten der monetären Äquivalentform in den Hintergrund treten. In vielen Fällen führt dies zu einem Nachlassen des Interesses am besonderen Wert des Gegenstandes zugunsten der Höhe des Preises.[423] Zugleich

---

[421] Geld ist daher das umfassendste Beispiel dafür, dass „auch die radikalsten Unterschiede und Gegnerschaften in der Menschenwelt immer noch für Gleichheiten und Gemeinsamkeiten Raum geben" (694). Anders als etwa die Luft, die die unterschiedlichsten Menschen einatmen, oder Waffen, die für alle Parteien letztlich dieselben sind, zeigt das Geld sehr häufig die „geheimnisvolle Fähigkeit, dem ganz *spezifischen* Wesen und Tendenz jeder von zwei entgegengesetzten Einseitigkeiten zu dienen" (695). Das Wertreservoir, das es darstellt, ermöglicht die Ausbildung von Eigenarten und die Entwicklung von Selbstständigkeit, die durch die inhaltliche Leere oder Biegsamkeit auch der anderen Seite entsprechende Hilfestellungen leisten kann. Für die moderne Kulturentwicklung ist diese Fähigkeit des Geldes geradezu paradigmatisch, insofern es aufgrund seines Jenseits aller Einseitigkeit exakt „einer jeden solchen wie ein eigenes Glied zuwachsen kann" (695). Es ist Einheit und Differenz zugleich. Ideelle und reale Wirklichkeit des Geldes bedingen einander, sie stehen in einem engen Verhältnis der Wechselwirkung, das in den realen Vollzügen oftmals als Einheit erscheint. Ihr Sinn aber ist ein relativer, jede dieser Wirklichkeiten „findet ihre logische und psychologische Möglichkeit, die Welt zu deuten, an der anderen" (715) – und ermöglicht dadurch, Verbindungen selbst zwischen jenen Wirklichkeiten herzustellen und offen zu legen, die an sich als völlig unverbunden gelten, aber auf einer tieferen Ebene doch zusammengehören.

[422] Das Geld in der modernen Cultur 195.

[423] Die Argumentationsfigur lautet: „Wenn die beiden Seiten der Ware als solcher ihre Qualität und ihr Preis sind, so scheint es allerdings logisch unmöglich, daß das Interesse nur an *einer* dieser Seiten hafte: denn die Billigkeit ist ein leeres Wort, wenn sie nicht Niedrigkeit des Preises für eine relativ hohe *Qualität* bedeutet, und die Höhe der Qualität ist ein ökonomischer Reiz nur dann, wenn ihr ein irgend angemessener Preis entspricht." (Philosophie des Geldes 540) Aller-

ermöglicht diese Nivellierung aber auch eine spezifische Neubestimmung der jeweiligen Objekte – nach *eigenen* Kriterien. Deshalb bezeichnet Simmel es als „die großartige Leistung des Geldes, durch die Nivellierung des Mannigfaltigsten gerade jeder individuellen Komplikation die angemessenste Ausprägung und Wirksamkeit zu ermöglichen" (428). Erst auf der Ebene eines gemeinsamen Nenners, so die Logik, erhält das Individuum die Freiheit zur Neugestaltung.

Die innere Orientierung des Geldes auf eine egalitäre Basis hat allerdings weitreichende Konsequenzen für Wahrnehmungsstruktur und Selbstverständnis der Menschen.[424] Wo das universale Mittel Geld unentrinnbar zur Egalisierung drängt, erwacht als Gegenbewegung das Bedürfnis nach Individualität und Differenz. Diese auch aus der modernen Sozialforschung vielfach belegte Dynamik der sozialen Distinktionsmechanismen[425] beschreibt Simmel als einen doppelten Prozess, der allerdings nicht unvermittelt parallel verläuft, sondern wiederum ineinander greift und sich gegenseitig bedingt. Der eine Weg, der individualistisch-aristokratische, versucht sich über den Erwerb besonderer, nicht in der Geldform ausdrückbarer Werte der Nivellierungstendenz zu entziehen.[426] Der andere, kollektivistische Weg möchte *innerhalb* des vorgegebenen Rahmens dem Egalisierungsdruck entweichen, etwa durch die Mode, die Simmel als wichtige soziale Distinktionskategorie rekonstruiert.[427]

Diese Nivellierungs- und Differenzierungsfunktion teilt das Geld mit zwei anderen Kommunikationsmedien, dem Recht und der Intellektualität, die ebenfalls durch eine Gleichgültigkeit gegenüber den individuellen Eigenheiten charakterisiert sind. Alle drei ziehen aus der konkreten Ganzheit der Lebensbewegungen einen abstrakten, allgemeinen Faktor heraus, der sich nach eigenen und selbstständigen Normen entwickelt und von diesen her in die Gesamtheit der Interessen des Daseins eingreift und sie nach ihren jeweiligen Rationalitäten bestimmt. Die Nähe des Geldes zum Intellekt (der Begriff Rationalität spielt für beide Systeme eine tragende Rolle) ist verblüffend, denn er macht im Gegensatz zum Gefühl und zum Willen ebenfalls keine besonderen Unterschiede in Bezug auf die Personen und Dinge, weshalb die rationalistische Weltauffassung „die Schule des neuzeitlichen Egoismus und des rücksichtslosen Durchsetzens der Individualität geworden" (605) ist.

---

dings könne sich das Interesse für die eine Seite so steigern, dass das logisch erforderte Gegenstück derselben ganz herabsinkt. Simmels Diagnose hat an Aktualität nichts eingebüßt: „Das eben ist der eine äußerste Pol der Reihe, deren anderen das Schlagwort: »billig und schlecht« bezeichnet – eine Synthese, die nur dadurch möglich ist, daß das Bewußtsein durch Billigkeit hypnotisiert ist und außer ihr überhaupt nichts wahrnimmt." (Philosophie des Geldes 541)

[424] Simmel bezeichnet diese unvermeidliche Nivellierung nach unten als „Tragik", denn immer kam das Höchste zu dem Niederen herab, fast nie aber stieg das Niedrige zum höchsten Elemente hinauf (vgl. Das Geld in der modernen Cultur 187).

[425] Vgl. etwa die klassische Studie von Bourdieu, Pierre, Die feinen Unterschiede. Kritik der gesellschaftlichen Urteilskraft, Frankfurt 2006.

[426] Daher die Tendenz der Aristokratie, sich etwa auf Landwirtschaft, auf Eigentum an Grund und Boden zu konzentrieren. Geld löscht diese Distinktion aus, weshalb „der Aristokrat das Geldgeschäft als deklassierend [empfindet], während der Bauer, wenn er statt seiner Naturalleistungen dem Herrn in Geld zinst, dadurch ein Aufsteigen erfährt" (Philosophie des Geldes 562).

[427] Vgl. dazu den grundlegenden Aufsatz *Zur Psychologie der Mode* (1895).

4.2 Die Problematik des Geldes

All die von Simmel herausgearbeiteten Vorzüge der Geldwirtschaft werfen aber in ihrem Glanz auch lange Schatten, die als verschämte Rückseite der Medaille untrennbar an ihr haften. Wie bei einer Münze stehen sich Errungenschaften und Nachteile jedoch nicht unvermittelt gegenüber, sondern stehen zueinander in einem Wechselwirkungsverhältnis. Eine Änderung an einem Pol verschiebt auch am anderen die Gewichte. Die kulturell wohl bedeutsamste Leistung des Geldes, Ausdruck und Katalysator der menschlichen Freiheit zu sein, wird von einer zunehmenden Leere und Herzlosigkeit begleitet, die sich vor allem in der Moderne endemisch ausbreiten und in hohem Maße zu den von Simmel vielfach beschriebenen und noch näher zu erläuternden Entfremdungsphänomenen beitragen. Paradoxer Weise ist die Entfremdung ein Ergebnis der Erfolgsgeschichte. Denn durch seine nahezu unbegrenzten Möglichkeiten verlässt das Geld die Position des Mittels und mutiert zu einem definitiven *Endzweck*. Damit setzt es eine Dynamik in Gang, die unsere emotionale und kognitive Wahrnehmung der Wirklichkeit nachhaltig in Richtung Messbarkeit und Objektivität verschiebt sowie die Kultur insgesamt auf ihre Geldrelevanz, ihre ökonomische Wertigkeit hin normiert. Erst diese Verschiebung der Ebenen macht aus dem Geld einen Mehrwert, der mit ökonomischen Kategorien nicht mehr beschreibbar ist.

4.2.1 Vom Mittel zum Endzweck

Wodurch kommt es nun zu dieser berühmten Transformation des Geldes von einer Mittel- zu einer reinen Zweckfunktion? An welchen Phänomenen ist dies sichtbar? Die im Laufe der Entwicklung ausgebildete Fähigkeit des Geldes, sich problemlos in alle möglichen und unterschiedlichen Wertformen zu übersetzen, fördert die Tendenz, aus der funktionalen Struktur herauszutreten und auf die Ebene der End- bzw. Selbstzwecke zu wechseln. Wo dies nicht restlos gelingt, bemüht es sich zumindest um eine Annäherung. Geld wird dann nicht mehr ein Medium, das einen Tauschvorgang organisiert (transitive Bedeutung), sondern ein Objekt, das um seiner selbst willen begehrt und angestrebt wird; es steigt in die höchste Liga auf, in der nach klassischer Lesart allein die Ziele versammelt sind. Mit diesem Kategoriensprung wächst dem Geld trotz seiner Qualitätslosigkeit eine neue Qualität zu. Es wird zu einem Wert und verwandelt sich in einen Endzweck. Wert und Endzweck sind „nur verschiedene Seiten einer und derselben Erscheinung: die Sachvorstellung, die nach ihrer theoretisch-gefühlsmäßigen Bedeutung ein Wert ist, ist nach ihrer praktisch-willensmäßigen ein Zweck" (294). Simmel hat den Wert psychologisch u.a. dadurch definiert, dass der Willensprozess definitiv an ihm Halt macht und seine Erfüllung findet. Niemals, so schreibt Simmel, „ist ein Objekt, das seinen Wert ausschließlich seiner Mittlerqualität, seiner Umsetzbarkeit in definitive Werte verdankt, so gründlich und rückhaltlos zu einer psychologischen Absolutheit des Wertes, einem das praktische Bewußtsein ganz ausfüllenden Endzweck aufgewachsen" (298) wie das Geld. Die psychologische Struktur ist nicht umkehrbar: „Indem sein Wert als *Mittel* steigt, steigt sein *Wert* als Mittel, und zwar so hoch, daß es als Wert schlechthin gilt und das Zweckbewußtsein definitiv an ihm Halt macht." (298) Geld ist daher „das größte und vollendetste Beispiel für die psychologische Steigerung der Mittel zu Zwecken" (302).

Warum Simmel diese Transformation für hoch problematisch hält, liegt an seinem (letztlich aristotelisch geprägten) Zielbegriff. Ein vernünftiger Endzweck ist für ihn definiert durch den Genuss oder Gebrauch des begehrten Gegenstandes.[428] Geld kann aber, ganz in der geldkritischen aristotelischen Tradition, nicht gebraucht und genossen werden. Geld ist nur ein Mittel, das in dreifacher Weise eingesetzt werden kann: indem man es (1) akkumuliert, (2) ausgibt oder indem man (3) einen bestimmten Gegenstand zum Genuss oder Gebrauch erwirbt. An jeder dieser Stationen kann das Zweckbewusstsein Halt machen und sie als Selbstzweck konstituieren.[429]

Die Verschiebung vom Mittel zum Zweck ist aber nur deshalb möglich, weil die Mittel am Wert ihres Zieles teilhaben.[430] Der Wert einer einzelnen Handlung hängt für uns davon ab, dass sie einem bestimmten Zwecke dient. Doch erhebt sich in der Praxis über jeden erreichten Zweck ein neuer, der den Wert des ersteren deutlicher zum Vorschein bringt. So entsteht der Eindruck, dass vielleicht bereits die bloße Form der Zwecksetzung einen Wert enthalten mag, den wir auf missverständliche Weise so ausdrücken bzw. deuten, als ruhe in einem Endzweck seinem Inhalt nach ein Wert, der auf alles zu ihm Hinleitende ausstrahlt. Das ist für Simmel eine Erweiterung der Vorstellung, dass es nicht Werte gibt, die wir als solche wollen, sondern dass wir umgekehrt einen Wert nennen, was wir wollen.[431]

Die geforderte Aufmerksamkeit auf die Ziele und Zwecke, die prinzipiell kein ausgeprägtes Verhältnis zu den Mitteln entwickeln müssen, kann für die Menschen anstrengend und ermüdend sein, so dass die Konzentration auf die

---

[428] Ein „vernünftiger Endzweck ist doch nur der Genuß aus dem Gebrauch des Gegenstandes" (Zur Psychologie des Geldes 52).

[429] Aldo J. Haesler wird der Intention Simmels nicht gerecht, wenn er betont, dass, von den „seltsamen Bemerkungen" (237) über das Superadditum des Reichtums abgesehen, Simmel nicht aufgehört habe, Geld ausschließlich als Vehikel zu denken. (Vgl. Haesler, Aldo J., Das Ende der Wechselwirkung – Prolegomena zu einer „Philosophie des (unsichtbaren) Geldes", in: Kintzelé, Jeff/Schneider, Peter (Hg.), Georg Simmels „Philosophie des Geldes" 221-263) Simmel betrachte allein die tauschökonomische Funktion des Geldes und lasse außer Betracht, dass Geld selbst ein Leben besitzen würde. Letztlich sei aber sein Eigenwert, dass es um seiner selbst willen begehrt und geliebt werde, genau das, was Geld zu Kapital mache, zu seiner Kapitalisierung befähige. Je mehr es um seiner selbst willen begehrt wird, inkorporiert es nicht nur den Wert der Tauschobjekte, sondern wird selbst ein Wert: „Je mehr das Geld sich »entsubstantialisiert«, abstrakt wird, um so konkreter wird es im Sinne seiner Kapitalisierung." (236f)

[430] Vgl. Zur Psychologie des Geldes 52ff. Simmel betont, dass der Zweck „seinem Wesen nach an die Tatsache des Mittels gebunden" (Philosophie des Geldes 257) ist, aber „das Mittel etwas völlig Gleichgültiges ist" (297). Die konstitutive Bedeutung des Mittels setzt denn auch die entscheidende Differenz zum Trieb. Während letzterer auf unmittelbare Erfüllung drängt, kein Dazwischen erlaubt und daher eine zweigliedrige Struktur aufweist, schiebt die Zweckhandlung eine Instanz zwischen Subjekt und Objekt, ein Mittel bzw. Werkzeug. In dieser Vermittlungsfunktion ist Geld „die reinste Form des Werkzeugs" (263).

[431] Vgl. dazu Einleitung in die Moralwissenschaft 2, 326.

4 Zur Ambivalenz des Geldes – Errungenschaften und Probleme

niedrigere Ebene, auf die Mittel, als willkommene Alternative erscheint. Theoretisch geht der Blick weiterhin auf die Ziele und Zwecke, in der Praxis gilt er aber den (nahe liegenden) Mitteln und Methoden. Das Geld schließt „bei gar zu vielen [Menschen] die teleologischen Reihen endgültig ab" (307). Zugleich bietet es den Menschen dennoch ein hohes Maß an einheitlichem Zusammenschluss der Interessen, an abstrakter Höhe, an Souveränität über die Einzelheiten des Lebens, sodass damit auch das Bedürfnis sinkt, die Steigerung eben dieser Genugtuungen woanders zu suchen, z.B. in der Religion.

Die Funktionsverschiebung des Geldes in Richtung Mittel führt noch zu weiteren einschneidenden Konsequenzen. Sie bewirkt, dass es „außerordentlich viele Dinge, die eigentlich den Charakter des Selbstzwecks haben, zu bloßen Mitteln herabdrückt" (593). Die Transformation so vieler Lebensbestandteile in Mittel nivelliert deren Eigenbedeutungen und unterwirft sie damit zusehends der strengen Kausalität eines naturgesetzlichen Weltbildes.[432] Allerdings hängt die „Metempsychose des Endzwecks" (297) vom Tempo der gesellschaftlichen Veränderungsprozesse ab. Sie erfolgt umso schneller und nachhaltiger, je komplizierter und differenzierter sich Gesellschaften entwickeln, weil mit wachsendem Wettbewerb und steigender Arbeitsteilung die unmittelbaren Zwecke des Lebens immer schwerer erreichbar sind. Deshalb bedarf es zu ihrer Erlangung eines immer höheren Unterbaus an Mitteln. Betont kulturkritisch moniert Simmel, dass aus diesen Gründen immer mehr Menschen ihrem Interesse an der Technik verhaftet bleiben (und sich auf die Mittel fixieren), so dass die wirklichen Ziele dem Bewusstsein völlig entschwinden.[433]

Hinzu kommt, dass kein erreichter Gewinn oder Zustand jene endgültige Befriedigung gewährt, „die mit dem Begriff eines Endzwecks logisch verbunden ist" (303). Vielmehr öffnet sich hinter jedem vermeintlichen Ziel wieder ein neues, erweist sich jeder erreichte Punkt lediglich als Zwischenstufe zu einer nächsten.[434] Was sich im Blick auf die Zukunft als definitives Ziel offenbart, entpuppt sich im

---

[432] In diesen Passagen (Philosophie des Geldes 655-716) finden sich zahlreiche Versatzstücke einer Modernitätstheorie, wie sie später die *Dialektik der Aufklärung* entfaltet hat: Die Dominanz der Mittel gegenüber den Zwecken erhält ihre Zusammenfassung und Aufgipfelung in der Tatsache, „daß die Peripherie des Lebens, die Dinge außerhalb seiner Geistigkeit, zu Herren über sein Zentrum geworden sind, über uns selbst" (672). Jedes Verfügen(können) über die äußere Natur (also Inanspruchnahme der Technik) hat den Preis, in ihr befangen zu sein und, wie Simmel schreibt, „auf die Zentrierung des Lebens in der Geistigkeit zu verzichten" (672). „[D]er Satz, daß wir die Natur beherrschen, indem wir ihr dienen, hat den fürchterlichen Revers, daß wir ihr dienen, indem wir sie beherrschen." (673) Für Simmel sind aber nicht die Bedeutsamkeit und die geistige Potenz des modernen Lebens aus der Form des Individuums in die der Massen übergegangen (er ist kein Vertreter der „Vermassungstheorie"), sondern eher in die Dinge und Produkte. Deshalb ist es zutreffender, von einem Aufstand der Sachen und nicht von einem Aufstand der Massen zu sprechen. (674) Wir sind einerseits Sklaven des Produktionsprozesses, aber andererseits und ebenso Sklaven der Produkte und Konsumgüter.

[433] Diese „Vordatierung des Endzwecks" (298) äußert sich nirgendwo radikaler als beim Geld.

[434] So gebe es im Sinnlichen, das permanent im Fluss ist, kein Letztes, an jedes Genießen knüpft sich ein neues Bedürfnis, selbst das Ideale ist an keine empirische Wirklichkeit gebunden. In einer schönen, treffenden Metapher formuliert Simmel: „Nimmt man dies alles zusammen, so scheint das, was wir den Endzweck nennen, über den teleologischen Reihen zu schweben, zu diesem sich verhaltend wie der Horizont zu den irdischen Wegen, die immer auf ihn zugehen, aber ihn nach der längsten Wanderung nicht näher als an ihrem Beginn vor sich haben." (303)

Rückblick nur allzu oft als Etappe.[435] Daher erscheint der Schritt von den Zwecken zu den Mitteln auch weitaus weniger spektakulär, weil für unsere Erkenntnis und unsere Bedürfnisstruktur „im letzten Grunde auch die Zwecke nur Mittel sind" (304). Darüber hinaus erweist sich die Kategorie des Endzwecks als „eine überhaupt nicht mit einem Inhalt zu füllende Vorstellungsform" (303), sondern als heuristisches, regulatives Prinzip, das die Unabschließbarkeit und strukturelle Offenheit des Begehrens garantiert. Der Endzweck ist eine Funktion bzw. Forderung, als Begriff ist er Ausdruck jener Entwicklung, die er gerade aufheben wollte: dass der Weg des menschlichen Wünschens und Begehrens keine natürliche Grenze besitzt, sondern tendenziell ins Unendliche führt. Die Transformation des Mittels auf die Zielebene führt zu einem wachsenden Gefühl von Spannung und Erwartung, „als sollte die Hauptsache erst kommen, das Definitive, der eigentliche Sinn und Zentralpunkt des Lebens und der Dinge" (669f).[436]

So ist Geld in derselben Bewegung stets beides zugleich: Mittel und Zweck/ Ziel. Genauer müsste man sagen, dass es in seiner Mittlerfunktion zugleich die Rolle der Zielkategorie übernommen hat. Obwohl Zweck und Mittel unterschiedlichen Kategorien angehören, insofern der Wert eines Endzweckes definitiv, der des Mittels jedoch relativ ist, sind im Geld diese Unterschiede aufgehoben, sie vereinigen sich auf einer dritten Ebene. Damit aber lässt sich seine Funktion nicht mehr mit der Logik einer klassischen Mittel-Zweck-Relation beschreiben.

Übersteigt nun der Endzweckcharakter des Geldes ein bestimmtes Maß, das „der angemessene Ausdruck für die Wirtschaftskultur seines Kreises ist" (308), dann entstehen die bekannten Phänomene des Geizes und der Geldgier, die verwandt, aber keineswegs identisch sind. Der Geizige verzichtet von vornherein darauf, das Geld als Mittel zu irgendwelchen Genüssen zu benutzen, damit aber „stellt er es zu seiner Subjektivität in eine brückenlose Distanz, die er dennoch durch das Bewusstsein seines Besitzes immerfort zu überwinden sucht" (313).[437] Das Geld erhält dabei eine Färbung von Objektivität, es umkleidet sich mit einem feinen Reiz von Resignation, der alle materiellen Endzwecke begleitet; die Positivität und Negativität des Genießens schließen sich

---

[435] „In den endlosen Reihen möglicher Wollungen, sich entwickelnder Handlungen und Befriedigungen ergreifen wir fast willkürlich ein Moment, um es zum Endzweck zu designieren, zu dem alles Vorhergehende nur Mittel sei, während ein objektiver Beobachter oder wir selbst später die eigentlich wirksamen und gültigen Zwecke weit darüber hinaus verlegen müssen, ohne daß auch diese gegen das gleiche Schicksal gesichert wären." (304)

[436] Das lasse sich sehr gut am Militarismus studieren. Das Heer besitzt seinen Sinn in der reinen Funktion des Mittels, es dient als bloße Vorbereitung, versteht sich als latente Energie und permanente Eventualität, dessen Definitivum und Zweck nicht nur verhältnismäßig selten eintreten, sondern überhaupt mit allen Kräften vermieden werden sollte. Die äußerste Bereitschaft der militärischen Kräfte wird als das einzige Mittel gepriesen, ihre eigene Entladung zu verhindern. Das Militär ist daher ein gutes Beispiel dafür, wonach „der wachsenden Bedeutung des Mittels eine gerade *in demselben Maß* wachsende Perhorreszierung und Verneinung seines Zwecks entspricht" (670).

[437] Über Geiz, Armut und Verschwendung 531; Philosophie des Geldes 313. Den Geiz des höheren Alters erklärt Simmel damit, „daß das Mittel, welches so vielen im Leben erstrebten Zwecken gemeinsam ist, im Verhältnis des längeren Lebens entsprechend mehr Betonung und Herrschaft im Bewußtsein erhalten muß" (Zur Psychologie des Geldes 57).

in eine einzigartige und mit Worten nicht weiter ausdrückbare Einheit zusammen. Beide Momente (Positivität und Negativität des Genießens) erreichen im Geiz ihre äußerste Spannung gegeneinander, weil das Geld als das *absolute* Mittel auf unbegrenzte Möglichkeiten des Genießens hinaussieht und zugleich als das absolute *Mittel* in seinem unausgenützten Besitz den Genuss noch völlig unangerührt lässt. Nach dieser Seite hin „fällt die Bedeutung des Geldes mit der der Macht zusammen"[438]. Geiz ist eine „Gestaltung des Willens zur Macht"[439]. Aber diese Macht verharrt im Status einer Potentialität, sie setzt sich nicht in konkrete Praxis um. Geiz und Verschwendung streben ins Unendliche, finden nirgendwo eine Grenze, weil sie beide die Wertbemessung ablehnen, die allein der Zweckreihe Halt und Grenze gewähren könne: den abschließenden Genuss der Objekte. Insofern gehören der Geizige und der Verschwender zusammen, wobei der Geizige der Abstraktere von beiden ist, da sein Zweckbewusstsein in noch größerer Distanz vor dem Endzweck haltmacht.[440] Der Verschwender geht näher an die Dinge heran. Diese formale Gleichheit sowie das Fehlen eines regulierenden substanziellen Zweckes erklärt, dass Geiz und Verschwendung sich oft in derselben Persönlichkeit befinden.

Neben Geldgier und Geiz offenbaren auch Verschwendung und Armut Fehlformen der Zweckbeziehung.[441] Für den Verschwender hat das Geld kaum weniger Bedeutung als für den Geizigen, aber nicht in der Form des Habens, sondern in der Form des Ausgebens. Für den Verschwender zählt allein der Gegenstand, ihm gerät aus dem Blick, dass er dafür Mittel einsetzen muss, um sich den Gegenstand jeden Augenblick wieder verschaffen zu können. Ihm liegt nur am Wert der *Sache*, während es dem Geldsüchtigen bzw. Geizigen auf den *Wert* der Sache ankommt. Allerdings bleibt dem Geizigen die Enttäuschung erspart, die sich oft nach Genusserfahrungen einstellt. Er „vergisst" in seiner Konzentration auf das Mittel den Erwerb und wird damit gegenüber den Dingen und ihrem Wert gleichgültig.

Ähnlich ist es bei der Armut als definitivem Wert und für sich selbst befriedigendem Lebenszweck. Hier wird das Auswachsen eines teleologischen Gliedes zu einer absoluten Bedeutung in die entgegengesetzte Richtung gelenkt: Während Geiz und Verschwendung bei den Mitteln zu Endzwecken Halt machen und sich auf sie konzentrieren, verharrt die Armut beim Ausbleiben der Mittel oder rückt in jenen Teil, der hinter den Endzwecken liegt, insoweit sich Armut als „der *Erfolg* abgelaufener Zweckreihen einstellt" (328).

Weitere Ergebnisse einer Konzentration auf einen Endzweck, der eigentlich einen Mittelwert repräsentiert, sind zwei in der entfalteten Geldkultur nahezu endemisch sich ausbreitende Erscheinungen, der *Zynismus* und die *Blasiertheit*. Beide sind ebenfalls „Ergebnisse der Reduktion auf den Mittelwert des Geldes" und damit „Revers der Erscheinungen von Geiz und Geldgier" (332). Während im

---

[438] Über Geiz, Armut und Verschwendung 531.
[439] Über Geiz, Armut und Verschwendung 533.
[440] Die Parallelität des Geizes zum ästhetischen Genuss ist dadurch gekennzeichnet, dass in ihm ebenfalls keine Reserve der Form und des Objektes nach vorhanden ist (440f).
[441] Dante lässt in der *Göttlichen Komödie* den Geiz und die Verschwendung im 4. Kreis des Fegefeuers schmoren.

Zynismus die höchsten und die niedrigsten Werte auf *eine* Wertform reduziert werden, setzt die Blasiertheit überhaupt keine Unterschiede, weil sie „alle Dinge in einer gleichmäßig matten und grauen Tönung [fühlt], nicht wert, sich dadurch zu einer Reaktion, insbesondere des Willens, aufregen zu lassen" (335). Zynismus und Blasiertheit sind für Simmel die Antworten zweier unterschiedlicher Naturelle auf die gleiche Tatsache: Der Zyniker erfährt ein positives Lustgefühl durch die Tatsache, dass vieles für Geld zu haben ist, während der Blasierte gerade in dieser universalen Käuflichkeit sich um die Möglichkeit des Lustgewinns geprellt sieht.

Schließlich zeigt sich noch eine andere Konsequenz, die aus der Transformation des Mittels zu einem Endzweck resultiert: die Langeweile, „die am auffälligsten an Geschäftsleuten zu beobachten ist, wenn sie sich nach Ersparung einer gewissen Summe in ein Rentierleben zurückgezogen haben"[442]. Sobald das Leben den definitiven Sinn des Gelderwerbens verloren hat, wird es als unnütz und als unbefriedigend erfahren, „es ist eben nur die Brücke zu definitiven Werthen, und auf einer Brücke kann man nicht wohnen"[443].

Für Christoph Deutschmann offenbaren diese Überlegungen eine in Simmels Geldtheorie „angelegte Paradoxie"[444]. Wenn Geld nämlich Mittel ist, kann es sprachlogisch zugleich nicht absolut sein. Ist es absolut, kann es streng genommen kein Mittel sein. Genau darin liegt aber der paradoxale und singuläre Charakter des Geldes, dass es Mittel und Zweck zugleich, Symbol und Medium in einem sein kann. Aus dieser eigentümlichen Doppelstellung erwachsen die unterschiedlichsten Missverständnisse und Probleme, weil die Mittelfunktion an den Zielen partizipiert und jeder Zweck sich psychologisch doch immer wieder als Mittel erweist. „Die innere Polarität im Wesen des Geldes: das absolute *Mittel* zu sein und eben dadurch psychologisch für die meisten Menschen zum absoluten *Zweck* zu werden, macht es in eigentümlicher Weise zu einem Sinnbild, in dem die großen Regulative des praktischen Lebens gleichsam erstarrt sind." (298f) Einerseits, so Simmel, sollen wir unser Leben führen, als ob jeder Augenblick ein Selbstzweck und alles Bisherige auf diesen Moment zugelaufen wäre. Zugleich aber sollen wir das Leben so führen, als ob überhaupt keiner seiner Augenblicke definitiv wäre. An keinem soll unser Wertgefühl verharren, sondern jeder nur als Durchgangsstadium zu einer höheren Stufe gelten. Diese an sich widersprüchliche Doppelforderung an jeden Lebensmoment findet, „wunderlich genug, eine gleichsam ironische Erfüllung am Gelde, dem äußerlichsten, weil jenseits aller Qualitäten und Intensitäten stehenden Gebilde des Geistes" (299).

4.2.2 Diastase von subjektiver und objektiver Kultur, von subjektivem und objektivem Geist

Eine weitere negative Begleiterscheinung des Geldes sieht Simmel in dem bereits angesprochenen Auseinandertreten von subjektiver und objektiver Kul-

---
[442] Das Geld in der modernen Cultur 188f.
[443] Das Geld in der modernen Cultur 189.
[444] Deutschmann, Christoph, Geld als „absolutes Mittel". Zur Aktualität von Simmels Geldtheorie, in: Berliner Journal für Soziologie 10 (2000) 301-313, 303.

4 Zur Ambivalenz des Geldes – Errungenschaften und Probleme

tur. Vor allem im berühmten sechsten Kapitel der *Philosophie des Geldes* finden sich dazu die ausführlichsten Überlegungen, aber auch in diversen Aufsätzen, insbesondere in jenen, die Simmel vor allem vor und während des Ersten Weltkriegs verfasst hat, setzt er sich damit auseinander.[445] Die Kernthese lautet: Alle Kulturinhalte des Menschen stehen unter der Paradoxie, „daß sie zwar von Subjekten geschaffen und für Subjekte bestimmt sind, aber in der Zwischenform der Objektivität, die sie jenseits und diesseits dieser Instanzen annehmen, einer immanenten Entwicklungslogik folgen und sich damit ihrem Ursprung wie ihrem Zweck entfremden"[446]. Die seinerseits von den Menschen entworfenen und gestalteten Strukturen und Produkte entwickeln eine Dynamik, in der sie „nur noch der eigenen Sachlogik" gehorchen und eine Technik der steigenden Verfeinerung entfalten, „die indes nur noch *ihre* Vervollkommnungen sind, aber nicht mehr solche des kulturellen Sinnes der Kunst"[447]. Es wächst die Diskrepanz zwischen dem in diesen Gebilden zum Vorschein kommenden objektiven Geist und dem subjektiven Geist, aus dem sich die Erzeugnisse gebildet haben. Erst die Formlosigkeit des objektivierten Geistes als Ganzes erlaubt ihm ein Tempo, „hinter dem das des subjektiven Geistes in einem rapid wachsenden Abstand zurückbleiben muß."[448] Es ist die große Tragödie der modernen Kultur, dass der subjektive Geist trotz seiner relativen Geschlossenheit sich nicht gegen die Berührungen, Versuchungen und Verbiegungen der objektiven Dinge abschotten könne, sondern der Übermacht des objektiven Geistes in gewisser Weise ausgeliefert sei. Hatte Simmel zu Beginn des Krieges noch die Hoffnung auf eine Katharsis gehegt, dass die subjektive Kultur durch ihre Vorrangstellung die Defizite und Deformationen der objektiven Kultur, als deren Resultat sie existiert, kompensieren könnte, so gewann alsbald die pessimistische Perspektive die Oberhand: er sah keine Entlastung des Subjekts „von all diesem, qualitativ und quantitativ unangemessen gewordenen"[449] Gebilden. Aus diesem tiefen Formgegensatz zwischen dem subjektiven, endlichen, rastlosen Leben und seinen Inhalten, die einmal geschaffen, unbeweglich, aber zeitlos gültig sind, ergeben sich „unzählige Tragödien"[450],

---

[445] Zu nennen sind v.a. *Der Begriff und die Tragödie der Kultur* (GSG 12, 194-223 bzw. GSG 14, 385-416), *Der Krieg und die geistigen Entscheidungen* (GSG 16, 7-58; diese Sammlung von Reden und Aufsätzen, die Simmel zwischen 1914 und 1916 gehalten bzw. verfasst hat, wurden erstmals in einem schmalen Band 1917 bei Duncker & Humblot veröffentlicht; zur Vorgeschichte vgl. den editorischen Bericht in GSG 16, 428-431); *Der Konflikt der modernen Kultur* (GSG 16, 181-207); weiters: *Lebensanschauung. Vier metaphysische Kapitel* (GSG 16, 209-425); *Vom Wesen der Kultur* (GSG 8, 363-373).
[446] Der Begriff und die Tragödie der Kultur 408.
[447] Der Begriff und die Tragödie der Kultur 410. Michael Landmann sieht diesen Umschlag der objektiven Kultur in entfremdende Autonomie als das Besondere der Kulturphilosophie Simmels, „daß ein und dasselbe, was dem Leben eben noch eine Bekrönung war, einzig durch den Weitergang der zeitlichen Entwicklung schon bald eine Zwangsjacke ist, in der es sich quält und aus der es sich heraussehnt" (Landmann, Michael, Konflikt und Tragödie. Zur Philosophie Georg Simmels, in: ZphF 6 (1951/52) 115-133, 123).
[448] Der Begriff und die Tragödie der Kultur (GSG 14, 414f).
[449] Der Begriff und die Tragödie der Kultur (GSG 14, 415).
[450] Der Begriff und die Tragödie der Kultur (GSG 12, 194).

weil sich diese Diastase letztlich nicht aufheben lässt, sondern als Gesetz der Kultur bleibend in die Menschheitsgeschichte eingeschrieben ist.

Diese These Simmels ist nur auf dem Hintergrund seines Kulturbegriffs verständlich, der als ein gutes Beispiel für die heuristische Dimension des Wechselwirkungskonzepts gelten kann: „Kultur entsteht [...], indem zwei Elemente zusammenkommen, deren keines sie für sich enthält: die subjektive Seele und das objektiv geistige Erzeugnis."[451] Kultur ist nicht etwas Statisches, sondern ein dynamischer Prozess zwischen der Seele und ihren Formen. Sie meint immer beides zugleich, die Objektivationen, in die sich ein der Subjektivität entspringendes Leben entäußert (als objektiver Geist), wie auch umgekehrt die Formierung einer Seele, die sich aus der Natur zur Kultur emporarbeitet. Unbestreitbar ist, „dass Kultur eben immer nur die *Synthese* einer subjektiven Entwicklung und eines objektiven geistigen Wertes bedeutet und dass die Vertretung je eines dieser Elemente im Maße ihrer Exklusivität die Verwebung beider perhorreszieren muss"[452]. Kultur bezeichnet keinen festen Zustand, sondern einen spannungsvoll-dynamischen Prozess.[453] Sie wird durch die permanente Spannung von Leben und Form erzeugt. Simmel folgt hier dem von Herder über Humboldt bis zu Hegel maßgeblichen Bildungsideal, das auch im Neukantianismus dominiert und Leben nach dem Modell eines schöpferischen Produktionsvorgangs deutet, dessen Ziel es ist, die angelegten Lebensmöglichkeiten voll zur Entfaltung zu bringen und damit eine Steigerung des individuellen Lebens zu ermöglichen.[454] Der Mensch erfährt sich erst dadurch als ein Selbst und Individuum, wenn er sich zum Ausdruck bringt, „und erst an der Interpretation und der ästhetischen Deutung der Ausdrucksformen seines Lebens erkennt er, wer er selbst ist und sein will."[455] Idealbild ist der geniale Künstler, der seine Subjektivität gänzlich in die Objektivität entäußert.

Kultur ist daher ein Medium, durch das die Individuen auf ihre innere, jeweilige Vollendung drängen. Aus sich heraus, ohne den Umweg über bestimmte Formen und Vollzüge ist ihnen dies jedoch nicht möglich. Daher entsteht Kultur nur dort, wo „zwei Elemente zusammenkommen, deren keines sie für

---

[451] Der Begriff und die Tragödie der Kultur (GSG 12, 198).

[452] Der Begriff und die Tragödie der Kultur (GSG 12, 208).

[453] Die Betonung der Praxisdimension ist deswegen bemerkenswert, weil Kultur neuzeitlich primär als Attribut eines Kollektivs verstanden wird, das sich in Archiven, Texten, Bauten oder Vokabularen aufbewahrt findet. Eine Zustandsbeschreibung setzt aber klare Grenzen in einer Reihe von Dimensionen voraus (Raum, Zeit, Natur, Gesellschaft). Mit der Einsicht in die Auflösung dieser Grenzen, wie Simmel sie nachhaltig beschrieben hat, fällt auch das zustandstheoretische Kulturkonzpt (vgl. Hetzel, Andreas, Zwischen Poiesis und Praxis. Elemente einer kritischen Theorie der Kultur, Würzburg 2001, 177). Hetzel kommt dabei auch auf das Dritte zu sprechen (186ff) und definiert Kultur über die Kategorie des Zwischen. Kultur würde sich als individuelle Praxis immer nur zwischen den Kulturen ereignen, nie einfach im Rahmen einer geschlossenen Kultur.

[454] Vgl. Habermas, Jürgen, Simmel als Zeitdiagnostiker 11. Habermas betont, dass in der Version Simmels der subjektive Geist deutlich die Oberhand über den objektiven Geist behalte.

[455] Lohmann, Georg, Die Anpassung des individuellen Lebens an die innere Unendlichkeit der Großstädte. Formen der Individualisierung bei Simmel, in: Berliner Journal für Soziologie 2 (1992) 153-160, 158.

4 Zur Ambivalenz des Geldes – Errungenschaften und Probleme 275

sich enthält: die subjektive Seele und das objektiv geistig Erzeugnis"[456]. Ohne die Vermittlung über Objektivierungen, ohne den Umweg über bestimmte Formen ist eine Selbstexplikation, die innere Vollendung für das Subjekt praktisch nicht möglich. Die sachlich gültige Wahrheit, von der unsere Erkenntnis lediglich eine Nachzeichnung ist, findet sich nur in der objektiven Kultur, die vom objektiven Geist präfiguriert und geformt wird.[457] In ihm nimmt der Inhalt des subjektiven Geistes „gleichsam einen anderen Aggregatzustand an" (627) und kann so eine vom subjektiven Geist völlig losgelöste Dynamik entwickeln. Die Logik der objektiven Dinge folgt natürlich anderen Gesetzen als das subjektive Bewusstsein es erfordern würde und verweigert sich vielfach ihrer vom Menschen her angezielten Einbettung. In dieser Konstellation wird der Mensch „der bloße Träger des Zwanges, mit dem diese Logik die Entwicklungen beherrscht und sie wie in der *Tangente* der Bahn weiterführt, in der sie wieder in die Kulturentwicklung des lebendigen Menschen zurückkehren würden [...]. Dies ist die eigentliche Tragödie der Kultur. Denn als ein tragisches Verhängnis – im Unterschied gegen ein trauriges oder von außen her zerstörendes – bezeichnen wir doch wohl dies: daß die gegen ein Wesen gerichteten vernichtenden Kräfte aus den tiefsten Schichten eben dieses Wesens selbst entspringen; daß sie mit seiner Zerstörung ein Schicksal vollzieht, das in ihm selbst angelegt und sozusagen die logische Entwicklung eben der Struktur ist, mit der das Wesen seine eigene Positivität aufgebaut hat."[458] Weil die objektiven Hervorbringungen, die geschaffenen Dinge, Wertigkeiten und Strukturen eine Eigendynamik entfalten, treiben sie den Keil immer tiefer in die Entfremdung zwischen Person und Objekt hinein. Die Eigendynamik der objektiven Kultur entwickelt eine von den individuellen Bedürfnissen entkoppelte Rationalität und überformt die Sphäre des Persönlichen und Privaten. Immer wieder beklagt Simmel das „Übergewicht, das die objektive über die subjektive Kultur im 19. Jahrhundert gewonnen hat"[459]. Was wenige Jahrzehnte später, in der Nachfolge

---

[456] Der Begriff und die Tragödie der Kultur (GSG 12, 198).
[457] Simmel begründet dies erkenntnistheoretisch: Unsere Lebensinhalte entnehmen wir, historisch gesehen, einem Reich des sachlich Geltenden, gleichsam aus einem „Vorrat aufgespeicherter Geistesarbeit der Gattung" (Philosophie des Geldes 626). In ihm liegen präformierte Inhalte vor, die sich in individuellen Konstellationen darbieten, aber nicht in ihnen aufgehen: „denn selbst wenn der Geist an Materien gebunden ist, wie in Geräten, Kunstwerken, Büchern, so fällt er doch nie mit dem zusammen, was an diesen Dingen sinnlich wahrnehmbar ist" (626). So existierte das Gravitationsgesetz auch vor Newton, weshalb es weder in den objektiven Dingen selbst noch im subjektiven Geist liegt, „sondern in jener Sphäre des objektiven Geistes, von der unser Wahrheitsbewußtsein einen Abschnitt nach dem andern zur Wirklichkeit in ihm verdichtet" (626f).
[458] Der Begriff und die Tragödie der Kultur (GSG 12, 219). Dieser vermeintliche Pessimismus gegenüber der objektiven Kultur verleitet immer wieder dazu, Simmels Sicht auf die Moderne als „eher tragisch" zu bezeichnen (so etwa Joas, Hans, Die Kreativität des Handelns, Frankfurt 1996, 104).
[459] Philosophie des Geldes 621. Das 18. Jahrhundert habe noch Wert auf die persönliche, innere Bildung des Menschen gelegt, während das 19. Jahrhundert Bildung als Summe objektiver Kenntnisse und Verhaltensweisen begreife. Dies fördere die wachsende Diskrepanz zwischen objektiver und subjektiver Kulturentwicklung, wobei die subjektive Entwicklung mit der objektiven nicht Schritt halten könne. Vgl. die detaillierten Überlegungen und Begründungen 617-

der *Dialektik der Aufklärung*, als Entkoppelung von System und Lebenswelt beschrieben wird, findet sich der Sache nach bereits bei Simmel, allerdings in einem anderen analytischen Kontext.[460] Der moderne Emanzipationsprozess, das beispiellose Wachsen von Individualität und Freiheit, beide werden von dunklen Schatten begleitet, die mit den Fortschritts- und Ausdifferenzierungsprozessen untrennbar verbunden sind.

Der ganze Stil des Lebens einer Gesellschaft hängt von dem Verhältnis der objektiven Kultur zur Kultur der Individuen und Subjekte ab. Auch hier greift das Gesetz der kontinuierlichen Differenzierung. Mit wachsender Höhe des Kulturniveaus steigt die Wahrscheinlichkeit des Auseinanderfallens von subjektiver und objektiver Kultur. Eine wichtige Scharnierstelle, an der sich diese Diastase beobachten lässt, ist die *Arbeitsteilung* (628ff), jener „Abkömmling der Geldwirtschaft" (650) also, der immer stärker „die schaffende Persönlichkeit von dem geschaffenen Werk abtrennt" (633). In den Spuren von Moses Hess und Karl Marx beschreibt Simmel das „Ware-Werden der Arbeit" (632) als Entfremdungsprozess, in dem sie zum Fetisch degradiert wird:[461] Sobald sich die potentielle Arbeitsmenge des Arbeiters „in wirkliches Arbeiten umsetzt, gehört nicht mehr sie, sondern ihr Geldäquivalent ihm, während sie selbst einem Anderen, oder genauer: einer objektiven Arbeitsorganisation zugehört" (632). Dieses Herauslösen einzelner Inhalte aus der Persönlichkeit begreift Simmel als Teil eines „weitausgreifenden Differenzierungsprozesses, der aus der Persönlichkeit ihre einzelnen Inhalte herauslöst, um sie ihr als Objekte, mit selbständiger Bestimmtheit und Bewegung, gegenüberzustellen" (632).[462] Die Produkte, die in Kooperation mehrerer Menschen hergestellt werden, lassen sich auf einer Skala eintragen, die den Anteil der beteiligten Personen wiedergibt. An einem Ende der Skala mag das Produkt einer Firma stehen, an dem wenige Beteiligte ohne Kenntnis der Beitragsleistung der anderen zusammengewirkt haben. Das obere Ende der Skala markiert beispielsweise eine Stadt, die nach keinem bestimmten Plane, sondern aufgrund zufälliger Bedürfnisse und Neigungen vieler Einzelner gebaut ist und am Ende doch als ein mehr oder minder sinnvolles Ganzes erscheint. Der fortgeschritten arbeitsteilige Differenzierungsprozess wird noch dadurch verstärkt, dass durch

---

654. Zur Kritik an diesem Kulturverständnis vgl.: Geßner, Willfried, Das Geld als Paradigma der modernen Kulturphilosophie 24ff.

[460] Die Rezeption wurde sicherlich durch den pessimistisch anmutenden, fast resignativen Ton seiner Kulturkritik erschwert (im Übrigen durchzieht auch Horkheimer/Adornos „Dialektik der Aufklärung" ein pessimistischer Unterton). Weitere Gründe dafür lagen in Simmels Fokussierung auf das Individuum und dem damit einhergehenden völligen Entfall einer Machtkritik sowie in der (anfänglichen) Kriegsbegeisterung.

[461] „Der »Fetischcharakter«, den Marx den wirtschaftlichen Objekten in der Epoche der Warenproduktion zuspricht, ist nur ein besonders modifizierter Fall dieses allgemeinen Schicksals unserer Kultur." (Der Begriff und die Tragödie der Kultur 217)

[462] Simmel erläutert diesen Differenzierungsprozess anhand eines Vergleichs mit einem Kunstwerk, das „unter allem Menschenwerk die geschlossenste Einheit, die sich selbst genügendste Totalität" (629) repräsentiert. In der Geschlossenheit des Kunstwerkes kommt eine subjektive Seeleneinheit zum Ausdruck, weil das Kunstwerk „nur *einen* Menschen [fordert], diesen aber ganz und seiner zentralsten Innerlichkeit nach" (630). Ganz anders hingegen bei der Arbeit, die sukzessive von der Persönlichkeit abgetrennt wird.

4 Zur Ambivalenz des Geldes – Errungenschaften und Probleme

die Wirksamkeit verschiedener Personen ein Kulturobjekt entsteht, „das als Ganzes, als dastehende und spezifisch wirksame Einheit, *keinen Produzenten hat*"[463]. Eine mögliche Rückführung auf persönliche Leistungen ist dadurch grundsätzlich ausgeschlossen. Gleiches gilt für den Bereich der Konsumtion, der wie der Produktionsfaktor analogen Differenzierungs- und Entfremdungsprozessen unterworfen ist. Die Konsummöglichkeiten hängen am Wachsen der objektiven Kultur, denn „je sachlicher, unpersönlicher ein Produkt ist, für desto mehr Menschen ist es geeignet" (631). Das persönliche Verhältnis zwischen Produzent und Konsument, das heute als Verkaufsargument eine Renaissance feiert, findet in den sich modernisierenden Gesellschaften immer weniger Platz, weil steigende Ausdifferenzierung zugleich Versachlichung und Entpersönlichung bedeutet. Dies führt insgesamt dazu, dass „die Subjektivität sich brechen, in kühle Reserviertheit und anonyme Objektivität übergehen muß, wenn zwischen den Produzenten und den, der sein Produkt aufnimmt, sich so und so viele Zwischeninstanzen schieben, die den einen ganz aus dem Blickkreise des anderen rücken" (634).[464]

Je mehr Menschen und arbeitsteilige Anteile am Gegenstand mitwirken, desto stärker wächst der Abstand zwischen Geist und Seele und desto schwieriger und unmöglicher wird es, im Werk die Persönlichkeit, die Eigenart, das Spezifische und das Individuelle zu sehen: „Daß dem objektiven Geist durch die moderne Differenziertheit seines Zustandekommens eben diese Form der Seelenhaftigkeit fehlt […], das mag der letzte Grund der Feindseligkeit sein, mit der sehr individualistische und vertiefte Naturen jetzt so häufig dem »Fortschritt der Natur« gegenüberstehen." (648) Die einzelnen Dinge enthalten umso weniger Seele, je mehr Seelen an seiner Herstellung beteiligt waren. Dennoch bleibt die personale Seelenhaftigkeit auch als bloße Form ein Wert, der seinen spezifischen Inhalt behauptet, sie bleibt ein Wert des Daseins selbst dann, wenn die subjektiv-individuelle Kultur weiterhin auf dem Rückzug ist, während die objektive wacker voranschreitet.

Neben der Arbeitsteilung ist die *Mode* ein weiterer, wichtiger Indikator, an dem sich das Auseinandertreten von subjektiver und objektiver Kultur beobachten lässt. Während die Arbeitsteilung eine Differenzierung *im Nebeneinander* produziert, setzt die Mode eine Differenzierung *im Nacheinander* (639ff.)

---

[463] Der Begriff und die Tragödie der Kultur (GSG 12, 215).
[464] Für Simmel ist der Warenautomat Endstufe und Prototyp dieser Entwicklung: Denn „mit ihm wird nun auch aus dem Detailverkauf, in dem noch am längsten der Umsatz durch Beziehung von Person zu Person getragen worden ist, die menschliche Vermittlung völlig ausgeschaltet und das Geld maschinenartig in die Ware umgesetzt" (639). Entäußerung und nachfolgend ihre Aneignung sind konstitutive Strukturmomente von Verwirklichung des menschlichen Lebens. Wenn diese Rückkehrbewegungen aufgehalten oder unterbrochen werden, misslingt die Aneignung, während die Entäußerung kontinuierlich fortgesetzt wird. Marx nennt diesen Prozess Entfremdung, die er für prinzipiell aufhebbar hält, Simmel nennt dies Tragödie, weil dieser Prozess schicksalhaft erscheint: Lohmann interpretiert das Entfremdungsparadigma in der *Philosophie des Geldes* „as a generalized and cultural reinterpretation of what Marx called »alienation«" (Lohmann, Georg, The Ambivalence of Indifference in Modern Society. Marx and Simmel, in: Isaksen, Lise Widding/Waereness, Marit (Hg.), Individuality and Modernity. Georg Simmel and Modern Culture, Bergen 1993, 41-60, 41).

Sie verhindert genau jenen „inneren Aneignungs- und Einwurzelungsprozeß zwischen Subjekt und Objekt, der es zur Diskrepanz beider nicht kommen lässt" (639). Doch tritt hier, anders als bei der Arbeitsteilung, der subjektive Faktor stärker hervor. In der Mode vereinigt sich der Reiz von Unterscheidung und Abwechslung mit dem von Gleichheit und Zusammenschluss in einer spezifischen Proportion. Die Mode übernimmt sowohl differenzierende als auch integrierende Funktionen und zählt für Simmel zu jenen Lebensformen, „durch die man einen Compromiß zwischen der Tendenz nach socialer Egalisierung und der nach individuellen Unterschiedsreizen herzustellen suchte"[465]. Sie differenziert, indem sie Unterschiede markiert und Individualität betont. Zugleich setzt sie auf Partizipation, indem sie die Zugehörigkeit zu bestimmten Kreisen symbolisiert. Die Mode, für Simmel ihrem Wesen nach noch immer Klassenmode, unterliegt immer kürzer werdenden Zyklen. Sie fällt längst nicht mehr so extravagant und kostspielig wie in früheren Jahrhunderten aus, dafür aber zieht sie immer weitere Kreise in ihren Bann, so dass jetzt auch sozial schwächere Schichten in ihren Genuss kommen können. Der Erfolg der Mode, sowohl hinsichtlich der Breite als auch des Tempos, zeigt, dass sie „als eine selbständige Bewegung erscheint, als eine objektive, durch eigene Kräfte entwickelte Macht, die ihren Weg unabhängig von jedem Einzelnen geht" (640).

Neben diesen beiden Indikatoren nennt Simmel als weiteren Faktor „die Vielheit der Stile, mit denen die täglich anschaubaren Objekte uns entgegentreten" (641). Sie wird durch die typisch moderne „Biegsamkeit der Seele" (641) ermöglicht, die sich in Korrelation und wechselseitiger Durchdringung zur Variabilität und Autonomie des objektiven Geistes entwickelt. Denn erst durch die Differenzierung der Stile werden diese zu etwas Objektivem und damit sukzessive von den Subjekten unabhängig.

Die durch die Geldwirtschaft ausgelöste „Übermacht des Objekts über das Subjekt"[466] ist nicht allein auf den kulturellen Bereich beschränkt, sondern zieht in alle Sphären des menschlichen Lebens ein, in die Privatheit einer Ehe ebenso wie in das öffentliche Amt, in das Recht nicht weniger als in die Religion. Sobald sich beispielsweise ein religiöser Impuls „zu einem Schatz bestimmter Dogmen kristallisiert" (645) hat, bleiben die persönlichen Realisierungsmöglichkeiten des Subjekts hinter den objektiven Erfordernissen zurück und stürzen es in ein neues Dilemma. Trotz seiner relativen Chancenlosigkeit bemüht sich der subjektive Geist, nicht auf Dauer unter das Joch des Objektiven zu fallen, sondern trachtet, wie es seiner Bestimmung entspricht, durch die Formgebung hindurch seine Mission zu erfüllen. Je sachlicher, rationaler und entfremdeter die objektiven Dinge erscheinen, desto persönlicher muss der nicht zu verdinglichende Rest, der von Simmel nicht näher bestimmt wird, ein „unbestreitbareres Eigen des Ich" (652) werden. Das erinnert wieder an die eigentümliche, aus einem anderen Kontext her gut bekannte *Doppelrolle* des Geldes, einerseits Symbol wie Ursache der Nivellierung und Veräußerlichung alles

---

[465] Zur Psychologie der Mode. Sociologische Studie 107 (im Original kursiv). Ihre *soziologische* Bedeutsamkeit liegt darin, dass sie „den Egalisierungs- und den Individualisierungstrieb, den Reiz der Nachahmung und den der Auszeichnung zu gleich betontem Ausdruck bringt" (110).
[466] Der Begriff und die Tragödie der Kultur (GSG 12, 222).

4 Zur Ambivalenz des Geldes – Errungenschaften und Probleme

dessen zu sein, was sich überhaupt nivellieren und veräußerlichen lässt, gerade in dieser Funktion aber gleichzeitig zum „Torhüter des Innerlichsten" (653) zu mutieren. Ob das Geld nun zur Entfaltung und Stärkung dieser subjektiven Möglichkeiten dient oder umgekehrt die Dinge aufgrund ihrer doch leichten Erreichbarkeit die Herrschaft über den Menschen gewinnen, das hängt nun nicht mehr vom Geld ab, sondern vom Menschen. Diese doppelte Funktion des Geldes, Katalysator und Proponent sowohl der Entfremdung als auch der Emanzipation zu sein, „stellt Art und Umfang seiner historischen Macht in das hellste Licht" (653).[467] Während Simmel in der *Philosophie des Geldes* das Auseinandertreten von subjektiver und objektiver Kultur noch weitgehend anhand der Matrix von Fremdheit und Asymmetrie beschreibt, radikalisiert er diese Differenz in den späteren Texten zu einem fundamentalen Konflikt der modernen Kultur überhaupt.[468] Die Überwucherung der Zwecke durch die Mittel ist eines der Hauptprobleme jeder höheren bzw. reiferen Kultur.[469] Es scheint das Wesen des inneren Lebens zu sein, dass es „seinen Ausdruck immer nur in Formen findet, die eine Gesetzlichkeit, einen Sinn, eine Festigkeit in sich selbst haben, in einer gewissen Abgelöstheit und Selbständigkeit gegenüber der seelischen Dynamik, die sie schuf. Das schöpferische Leben erzeugt dauernd etwas, was nicht selbst wieder Leben ist, etwas, woran es sich irgendwie totläuft, etwas, was ihm einen eigenen Rechtsanspruch entgegensetzt. Es kann sich nicht aussprechen, es sei denn in Formen, die etwas für sich, unabhängig von ihm, sind und bedeuten. Dieser Widerspruch ist die eigentliche und durchgehende Tragödie der Kultur."[470] Diese Widersprüche würden über kurz oder lang in den kulturellen Abgang führen, „wenn nicht das Positive und Sinnvolle der Kultur immer wieder Gegenkräfte einzusetzen hätte, wenn nicht von ganz ungeahnten Seiten Aufrüttelungen kämen, die – oft um einen hohen Preis – das ins Nichtige verlaufende Kulturleben für eine Weile zur Besinnung brächten"[471].

---

[467] Es ist in der Simmel-Forschung höchst umstritten, ob und in welcher Weise man Simmel als Entfremdungstheoretiker interpretieren könne. Für Nedelmann ist dies nicht zulässig (vgl. Nedelmann, Birgitta, Geld und Lebensstil. Georg Simmel – ein Entfremdungstheoretiker?, in: Kintzelé, Jeff/Schneider, Peter (Hg.), Georg Simmels „Philosophie des Geldes" 398-418). „Die Entfremdungsinterpreten halten Simmel vor, er habe eine von der konkreten kapitalistischen Wirtschaftsstruktur abstrahierte Analyse der Geldwirtschaft vorgenommen und sich der Gefahr ausgesetzt, Geld bzw. Geldwirtschaft zum allgemeinen metaphysischen Prinzip zu erheben (so etwa Frisby, der hier auf Karl Mannheim Bezug nimmt)." (399) Simmel „untersucht den Einfluß des Geldes als unabhängiger Variable zum einen in mikrosoziologischer Hinsicht in ihrer Wirkung auf das Individuum und zum andern in makrosoziologischer Hinsicht in ihrer Wirkung auf die Gesamtkultur" (399). Weiterhin kritisiert Nedelmann, dass das für die Frage der Entfremdung entscheidende Kapitel 6 der *Philosophie des Geldes* bislang in einen verengten Interpretationskontext gestellt worden sei, in die an Marx orientierte Entfremdungstheorie (413). Aber auch sie bietet keine überzeugende Erklärung, warum die Entfremdungstheorie kein adäquates Interpretationsinstrument sei.
[468] Vgl. dazu Geßner, Willfried, Der Schatz im Acker 173-198.
[469] Die Krisis der Kultur 39.
[470] Die Krisis der Kultur 42.
[471] Die Krisis der Kultur 52. Es ist gewiss eine eigene Tragödie, dass Simmel „die Erschütterungen unseres Krieges" zu diesen Hoffnungsszenarien zählt (vgl. dazu Kapitel 4: 4.2.4). Kritisiert wurde Simmels Bestimmung der Kultur als ein Tragisches insbesondere von Ernst Cassirer.

Gegen Simmels Rede von der „Tragödie der Kultur" ist zu Recht eingewendet worden, dass sie die ökonomische Macht des Faktischen und die wachsende Dominanz der herrschenden Verhältnisse nicht als irregeleitete Konsequenzen des Modernisierungsprozesses begreift, sondern als notwendiges Ergebnis menschlicher Expressivität. Damit aber erhält die objektive Kultur den Nimbus eines Schicksalshaften, ja Notwendigen, dessen Kritik nur im Rahmen individueller Entscheidungsmöglichkeiten sinnvoll erscheint. Eine Kritik der Macht liegt außerhalb des Denkhorizontes, eben weil sie nicht als autonome, von der Lebenswelt entkoppelte Kraft beschrieben wird, sondern als ein Produkt menschlicher Praxis. Simmel, so kritisiert etwa Jürgen Habermas, „löst die am modernen Lebensstil abgelesenen Pathologien aus ihren geschichtlichen Zusammenhängen und führt sie auf die im Lebensprozeß selbst angelegte Tendenz zur Entfremdung zwischen der Seele und ihren Formen zurück. Eine Fremdheit, die so tief metaphysisch verankert ist, raubt der Zeitdiagnose die Kraft und den Mut zu politisch-praktischen Schlußfolgerungen"[472].

4.2.3 Formlosigkeit und Quantitätsdenken

Weil Geld alle spezifischen Eigenheiten abgelegt hat, an ihm weder die Herkunft noch irgendwelche qualitativen oder persönlichen Komponenten sichtbar sind, erscheint es in seiner rein arithmetischen Anzahl von Werteinheiten als „absolut formlos" (360). Die Formlosigkeit führt, im Verein mit der gleichzeitig entspringenden Qualitätslosigkeit, zur Stärkung der Quantitätsdimension, die über den Modus der Wechselwirkung für die erforderliche Kompensation sorgt. Allerdings können auch hier beide Reihen so weit auseinandertreten, dass die Dinge nur mehr auf ihre Quantität hin angesehen werden und der

---

Nach ihm konstituiert zuallererst die objektive Kultur mit ihren symbolischen Formen wie Sprache, Religion, Kunst das Individuum. Objektive Kultur bildet damit nicht den Gegensatz zu dem, was das Ich kraft seiner Natur verlangen muss, sondern ist eine Voraussetzung, dass es sich selbst in seiner Wesenheit finden und verstehen kann. Aus diesem Grunde könne das Verhältnis von subjektiver und objektiver Kultur nie zu einem tragischen Verhältnis werden. Jeder Konflikt mit der Kultur finde bereits in einem von der Kultur selbst aufgespannten Rahmen statt. In einer fundamentalen Hinsicht sind wir daher immer schon mit der Kultur versöhnt. Andreas Hetzel wiederum kritisiert an Cassirer, dass er mit diesem Argument genau jene Verdoppelung des Kulturbegriffs reproduziere, gegen die sich bereits Hegels Kritik richtete. „Statt die Kultur wie Simmel *als* Konflikt zwischen Individuellem und Allgemeinem zu begreifen, depotenziert Cassirer diesen Konflikt dadurch, dass es [sic] das Kulturallgemeine verdoppelt und das Individuum als sich selbst verkennende Emanation des Allgemeinen beschreibt." (Hetzel, Andreas, Zwischen Poiesis und Praxis 188) Einen guten Überblick über Cassirers Kritik an Simmel bietet Geßner, Willfried, Tragödie oder Schauspiel? Cassirers Kritik an Simmels Kulturkritik, in: Simmel Newsletter 6 (1996) 57-72; Ders., Geld als symbolische Form. Simmel, Cassirer und die Objektivität der Kultur, in: Simmel Newsletter 6 (1996) 1-30.

[472] Habermas, Jürgen, Simmel als Zeitdiagnostiker 16. Georg Lohmann sieht Simmels Zeitdiagnose grundsätzlich von „negativ gewerteten Zeiterfahrungen" (344) geprägt, die auch die lebensphilosophische Phase bestimmen würden (vgl. Lohmann, Georg, Fragmentierung, Oberflächlichkeit und Ganzheit individueller Existenz. Negativismus bei Georg Simmel, in: Angehrn, Emil u.a. (Hg.), Dialektischer Negativismus. Michael Theunissen zum 60. Geburtstag, Frankfurt 1992, 342-367).

4 Zur Ambivalenz des Geldes – Errungenschaften und Probleme 281

Qualitätsaspekt gänzlich unter den Tisch fällt: Formlosigkeit und reiner Quantitätscharakter sind daher identisch, ja man kann sogar sagen, dass in der Quantität „die einzige, die vernünftigerweise uns wichtige Bestimmtheit" (340) liegt. Zwischen der Abstraktheit der Geldwirtschaft und der Größe des Wirtschaftskreises existiert eine enge Korrelation. Das Geld, das damit nur mehr rudimentär an räumliche und zeitliche Bedingungen gebunden ist, kann seine Wirkungen in die letzten Winkel der Erde hin entfalten, es ist in jedem Augenblick der Mittelpunkt eines Kreises weiterer potentieller Wirkungsmöglichkeiten.[473] Je mehr Menschen miteinander in Beziehung treten, desto abstrakter und allgemeiner muss ihr Tauschmittel sein. Zusätzlich ermöglicht die berühmte Distanzleistung des Geldes eine abstrakte Existenz, eine normative Freiheit, ohne die sich die Innerlichkeit des Subjekts nicht entwickeln könnte. Wenn der moderne Mensch eine Reserve des Subjektiven, eine Heimlichkeit und Abgeschlossenheit des persönlichen Seins erringt, die für Simmel etwas von dem religiösen Lebensstil früherer Zeiten ersetzt, so ist dies nur dadurch möglich, dass das Geld uns im steigenden Maß die unmittelbaren Berührungen mit den Dingen erspart, „während es uns doch zugleich ihre Beherrschung und die Auswahl des uns Zusagendem unendlich erleichtert" (652). So wie in der Begriffsbildung der höhere Begriff die Weite, mit der er eine wachsende Anzahl von Einzelheiten umfasst, mit einer inhaltlichen Unschärfe bzw. Expansion bezahlen muss, so forciert auch das Geld eine allgemeingültige und inhaltslose Daseinsform, die den qualitativen Aspekt der Dinge bereitwillig einer quantitativen Bestimmung opfert. Im Geld ist die Abstraktheit und Inhaltslosigkeit, ihre Vanitas, „zu einer realen Macht geworden" (281).

Die Tendenz der Reduktion aller qualitativen Merkmale auf seine Quantität wirkt auf lange Sicht natürlich auf die Dinge selbst zurück. Welche besonderen Eigenschaften sie auch aufweisen mögen, allein die Tatsache, dass sie alle einen bestimmten Preis kosten, tilgt aus ihnen alle Ursprungsformen qualitativer Bestimmungen. Sobald nun also „das Interesse auf den Geldwert der Dinge reduziert ist, wird ihre Form, so sehr sie diesen Wert veranlasst haben mag, so gleichgültig, wie sie es für ihr Gewicht ist" (360).[474] Simmel sieht hier einen entscheidenden, letztlich unvermittelbaren Antagonismus zwischen der Perspektive der Quantität und der Qualität, zwischen der Frage nach dem Wert ihrer Form oder nach dem Wieviel ihres Wertes. Denn je mehr der Wert eines Dinges in seiner Form beruht, desto gleichgültiger wird sein Wieviel, je größer seine Extension, desto unbedeutender seine Form.[475]

---

[473] Vgl. Die Bedeutung des Geldes für das Tempo des Lebens 221.
[474] Darin liegt nach Simmel ein Grund für den Materialismus der Moderne, der „selbst in seiner theoretischen Bedeutung irgend eine Wurzelgemeinschaft mit ihrer Geldwirtschaft haben muß" (360).
[475] Simmel erläutert diese Struktur am Beispiel des Kunstwerks (Philosophie des Geldes 361f): Selbst wenn die größten Kunstwerke (der delphische Wagenlenker, die Mona Lisa, Rembrandts Altersporträts) in unzähligen völlig ununterscheidbaren Exemplaren vorhanden wären, würde dies für das Glück der Menschheit wohl einen großen Unterschied setzen, aber den ideellen, kunstgeschichtlichen Wert über das Ausmaß des einen, jetzt vorhandenen Exemplars in keiner Weise beeinträchtigen.

Indem die Qualität des Geldes einzig und allein in seiner Quantität liegt, die Intensität sich in seiner Extensität artikuliert, kann es Simmel mit einer berühmten Formulierung als den *fürchterlichsten Formzerstörer* (360) bezeichnen. Geld „drängt den Dingen einen außer ihrer selbst liegenden Maßstab auf" (541), weshalb es die tiefe Sehnsucht nicht nur nach einer Rückkehr zur Natur, sondern auch zu den unvermittelten Tauschverhältnissen gibt.[476] Simmel vergleicht die damalige Situation mit der Spätzeit Athens und Roms, wo immer mehr Dinge mit Geld bezahlt werden konnten und dadurch das Geld zum ruhenden Pol in der Flucht der Erscheinungen aufstieg, zugleich aber übersehen wurde, dass vieles eben nicht in die Form des Geldes transformierbar war. Der moderne Mensch lebt immer rascher an der spezifischen, ökonomisch nicht ausdrückbaren Bedeutung der Dinge vorbei, weshalb die Erfahrung wächst, „daß der Kern und Sinn des Lebens […] immer von neuem aus der Hand gleitet, daß die definitiven Befriedigungen immer seltener werden, daß das ganze Mühen und Treiben doch eigentlich nicht lohne"[477].

4.2.4 Negative Freiheit, wachsende Leere und Entpersönlichung

Das Auseinandertreten von subjektiver und objektiver Kultur, die wachsende Formlosigkeit und der Überhang des Quantitätsaspektes führen zu weiteren gravierenden negativen Erscheinungen, für die das Geld sowohl Indikator als auch Katalysator ist. Das Geld als „das Aequivalent für All und Jedes"[478] kennt kein Ansehen der Person und löscht alle spezifischen Herkunftskennzeichnungen. Damit vertieft es den Graben zwischen Persönlichkeit und Sachlichkeit, zwischen der je autonomer werdenden Individualität und der sozialen Umwelt.

Das lässt sich insbesondere an den Formen des Besitzes zeigen. Auch wenn ein Besitz oft als die Endstufe menschlicher Freiheitsmöglichkeiten erscheint, in der Praxis erweist er sich oft als großer Hemmschuh. Denn Besitz bedeutet ja nicht das nackte Konservieren der Erwerbungen, sondern gerade sein Genießen, was mit einem höchst aktiven Moment verbunden ist. Dessen Sinn und Finalität liegt nicht, wie die Blasiertheit des Rentiers vermuten ließe, im passiven Erleiden, sondern in der herausfordernden Aktivität, darüber verfügen zu können. „Nur in der ideellen Nachwirkung der Prozesse, die zu ihm führten, und in der ideellen Vorwegnahme künftigen Genießens oder Verwertens besteht der ruhende Besitz; zieht man diese Erscheinungen […] von ihm ab, so bleibt nichts von ihm übrig." (409) Der Besitz bleibt in irgendeiner Weise immer abhängig vom Objekt, an dem er sich vollzieht. Die Verfügungsfreiheit findet ihre definitive Grenze „an der Beschaffenheit des besessenen Objektes selbst" (435). Aus einem Stück Holz könne ein Künstler allerlei ästhetisch Berückendes herausholen, aber die Biegsamkeit eines Gummis oder die Härte eines Steines wird es nie besitzen. Diese natürliche Grenze können wir an keinem

---

[476] Vgl. Kurz, Robert, Schwarzbuch Kapitalismus (Kapitel 1:2.1).
[477] Das Geld in der modernen Cultur 186; ähnlich: Philosophie des Geldes 556.
[478] Das Geld in der modernen Cultur 187.

4 Zur Ambivalenz des Geldes – Errungenschaften und Probleme

anderen Objekt oder Gegenstand so weit hinausschieben wie beim Geld, wo die Abhängigkeit von der Form im Grunde aufgehoben ist. Mit ihm ist der äußerste Punkt erreicht, an dem das potentiell unbegrenzte Freiheitsgefühl seine unverrückbare Grenze findet. Dieser Eckstein ist formal exakt benennbar. Er besteht zum einen in den möglichen Dingen, in die sich das Geld potentiell transformieren lässt, und zum anderen in der Qualitätslosigkeit, die an dieser Stelle besonders deutlich hervortritt.[479] „Wir haben am Geld das formal nachgiebigste, aber, aus eben dem Grunde, der es dazu macht, nämlich durch seine völlig Leerheit, zugleich unnachgiebigste Objekt: indem das Geld, das wir besitzen, uns von vornherein und wie mit einem Schlage auch wirklich absolut und vorbehaltlos gehört, können wir ihm nun auch sozusagen nichts weiter entlocken. Im allgemeinen muß man sagen: nur indem ein Objekt etwas für sich ist, kann es etwas für uns sein; nur also, indem es unserer Freiheit eine Grenze setzt, gibt es ihr Raum. Diese logische Entgegengesetztheit, in deren Spannung sich dennoch die Einheit unseres Verhaltens zu den Dingen realisiert, erreicht am Gelde ihr Maximum: es ist mehr für uns, als irgend ein Besitzstück, weil es uns ohne Reserve gehorcht – und es ist weniger für uns, als irgend eines, weil ihm jeglicher Inhalt fehlt, der über die bloße Form des Besitzes hinaus aneigenbar wäre. Wir haben es mehr als alles andere, aber wir haben weniger an ihm, als an allem andern." (437)

Die Idee, den Menschen mit Geld aufzuwiegen, ist kulturgeschichtlich ein epochaler Einschnitt. Entwicklung und Existenz des so genannten Wergeldes und der davon abgeleiteten Formen des Blutgeldes, der Sklaverei sowie der Kaufehe dokumentieren den Schritt von einer „bloß utilitarischen zu einer sachlichen Preisschätzung des Menschen" (487).[480] Für Simmel hat erst das Christentum die Idee entwickelt und propagiert, dass der Mensch einen absoluten Wert besitzt und jegliche quantitative Bestimmung ein Verstoß gegen das Menschliche ist.[481] Diese „Aufgipfelung des Menschenwertes" (489) konnte dennoch eine ihr zutiefst widersprechende Praxis nicht verhindern, wie die dunklen Kapitel der Kirchengeschichte (von Inquisition bis zum mangelnden Engagement gegen die Sklaverei) auf traurige Weise bezeugen. Allein die Tatsache, dass ab dem 7. Jahrhundert die Kirchenbuße und immer mehr Sünden in Geld abgegolten werden konnten, dokumentiert die wachsende Bedeutung und Wertschätzung des Geldes. Gleichzeitig blieb das Gefühl des Unangemessenen und Fragwürdigen erhalten, wie die vielfache Kritik an dieser Praxis zeigt, die in der Reformation dann einen unbestreitbaren Höhepunkt erfahren

---

[479] Simmel betont, dass die Qualitätslosigkeit eine negative Grenze darstellt und im Gegensatz zu den Objekten nicht aus ihrer positiven Natur hervorgeht: „Alles, was es ist und hat, gibt es [das Geld] vorbehaltlos dem menschlichen Willen hin, es wird völlig von diesem aufgesogen, und wenn es ihm nicht mehr leistet, als der Fall ist, so liegt jenseits dieser Grenze nicht wie bei allen anderen Objekten ein vorbehaltener und unnachgiebiger Teil seiner Existenz, sondern schlechthin nichts." (437)

[480] Das Wergeld war im germanischen Recht das Sühnegeld, das bei einem Tötungsdelikt an die Angehörigen des Opfers gezahlt werden musste.

[481] Der Mensch als solcher ist „etwas einheitliches und unteilbares, dessen Wert überhaupt nicht mit irgend einem quantitativen Maßstab gewogen und deshalb auch nicht mit einem bloßen Mehr oder Weniger eines anderen Wertes aufgewogen werden kann" (489).

sollte. Ein sprechender Ausdruck dieses Unbehagens ist für Simmel die lange und starke Tradition des Zinsverbots, mit dem die absolute Wertigkeit des Geldes noch vehement bestritten wird. Hier trifft sich das biblische Zinsverbot mit der aristotelischen Lehre, dass Geld keine Ware sei.[482]

Mit der unaufhaltsam steigenden Eigenbedeutung des Geldes und ihrer entgrenzten Äquivalentierung ist also nicht nur ein Mehr an Freiheit gewonnen, sondern auch ein gehöriges Maß an neuer Unfreiheit eingezogen. Zur Illustration greift Simmel wieder in die Schatulle historischer Beispiele. Wenn in früheren, feudalen Gesellschaften der Verpflichtete stets individuelle und persönliche Bestimmtheit (Tribut, Waren, Arbeitskraft) in das Verhältnis (etwa zum Grundbesitzer) einsetzen musste, ohne ein entsprechendes Äquivalent zu erhalten, so wurde ihm als Gegenleistung etwas rein Sachlich-Abstraktes wie Rechtsschutz oder Integrität geboten. Die Rechte, die er aus dem Verhältnis zog, waren relativ unpersönliche, die Pflichten hingegen ganz persönliche. Durch die Geldleistung wurden diese Pflichten dann entpersonalisiert, so dass sich die Unverhältnismäßigkeit ausglich. Solange die Drescher durch einen bestimmten Anteil am Erdrusch entlohnt wurden, hatten sie ein lebhaftes persönliches Interesse am Gedeihen der Wirtschaft des Herrn. Die Dreschmaschine verdrängte diese Form der Entlohnung und der an ihrer Stelle eingeführte Geldlohn lässt es „zu jenem persönlichen Bande zwischen Herrn und Arbeiter nicht kommen, aus dem der letztere ein Selbstgefühl und einen sittlichen Halt, ganz anders als aus dem erhöhten Geldeinkommen, gezogen hatte" (549). Der zunächst zum Vorschein kommende, rein negative Charakter der Freiheit (Freiheit von etwas, Abwesenheit von Hindernissen) bietet gewiss einen Zuwachs an Besitz oder Macht, doch werden damit andere Obligationen eingegangen. Wer sein Landhaus verkauft und in der Stadt ein Haus erwirbt, ist von den Verpflichtungen der Landwirtschaft frei, muss sich allerdings nun mit den Aufgaben und Herausforderungen eines Stadthauses herumschlagen. Setzt er es aber in Geld um, sind die Direktiven für die Zukunft auf ein Minimum gesunken: „In der Befreiung vom Zwange des Objekts durch den Geldverkauf ist das positive Moment derselben auf seinen Grenzwert hinabgesunken; das Geld hat die Aufgabe gelöst, die Freiheit des Menschen nahezu in ihrem rein negativen Sinne zu verwirklichen" (552). Der Bauer gewann durch seine Geldleistung ein beträchtliches Maß an Freiheit, allerdings nur eine Freiheit *von* etwas und nicht die Freiheit *zu* etwas. Letztere besitzt für Simmel keine Direktive, ohne jeden bestimmten und bestimmenden Inhalt ist eine solche Freiheit in gewisser Weise leer und haltlos, sie bietet jedem zufälligen, launenhaften und verführerischen Impuls die Chance einer Verwirklichung. Das erklärt, warum sich oft eine typische Langeweile, Lebenszwecklosigkeit und innere Unruhe einstellen, wie sie bei Rentiers zu beobachten ist, wenn plötzlich eine außergewöhnlich hohe Geldsumme zur Verfügung steht. Man hat die positiven Inhalte des Ich für Geld eingetauscht, das aber keinen vergleichbar befriedigenden Inhalt gewährt. Simmel formuliert es apodiktisch: „Weil die Freiheit,

---

[482] Simmel merkt aber kritisch dazu an, dass es dieselben Epochen nicht im Geringsten gottlos fanden, einen Menschen als Ware zu behandeln (499).

die das Geld gibt, nur eine potentielle, formale, negative ist, so bedeutet sein Eintauschen gegen positive Lebensinhalte – wenn sich nicht sogleich andere von anderen Seiten her an die leergewordene Stelle schieben – den Verkauf von Persönlichkeitswerten." (553) Er kritisiert, dass in unseren Gesellschaften das Geld zwar Freiheiten schafft, aber es sind in erster Linie negative Freiheiten, Befreiungsvorgänge, die nicht ins Positive überschlagen. Seit es Geld gibt, neigen die Menschen mehr zum Verkauf als zum Kauf, und mit wachsender Geldwirtschaft wird diese Prägung stärker und ergreift zusehends auch jene Objekte, die zum Verkauf überhaupt nicht hergestellt werden, sondern den Charakter des ruhenden Besitzes tragen bzw. dazu bestimmt sind, die Persönlichkeit an sich zu knüpfen statt sich im raschen Wechsel von ihr zu lösen. Allzu oft bleibt Geld (das ist der negative Charakter seiner Freiheit) bei der Entwurzelung stehen und leitet zu keinem neuen Wurzelschlagen über. Der Besitz wird nicht mehr als definitiver Lebensinhalt, sondern als Durchgangsstadium angesehen. Daher kommt es zu keiner inneren Bindung (oder Verschmelzung, Hingabe) an ihn, er bietet keinen Halt und Inhalt mehr. Und Simmel schließt diesen Gedankengang mit dem bemerkenswerten Satz: „So erklärt es sich, daß unsere Zeit, die als Ganzes betrachtet, trotz allem, was noch zu wünschen bleibt, sicher mehr Freiheit besitzt als irgend eine frühere, dieser Freiheit doch so wenig froh wird." (555)[483]

Daher will die Geldwirtschaft immer mehr darüber hinwegtäuschen, dass der Geldwert der Dinge nicht restlos das ersetzen kann, was wir an ihnen selbst besitzen, dass es also Seiten gibt, die sich einer restlosen Äquivalentierung heftig widersetzen. Auch hier zeigt sich wieder der moderne Rationalisierungsprozess von seiner ambivalenten Seite. Dass die personalen Werte nicht durch das dafür aufgebotene Geld ausgeglichen werden (können), ist einerseits Grund unzähliger Ungerechtigkeiten und tragischer Situationen; zugleich aber und andererseits zeigt sich gerade daran „das Bewußtsein von dem Werte des Persönlichen, der Stolz des individuellen Lebensinhaltes, sich durch keine Steigerung bloß quantitativer Werte aufgewogen zu wissen" (559).

4.2.5 Die Flüchtigkeit des Geldes

In der Regel führt die universale Macht des Geldes aber zum Mammonismus, dass Geld also um seiner selbst geliebt und geschätzt wird und daher all jene Werte, die nicht oder nicht mehr in Geld ausdrückbar sind, an Bedeutung verlieren. Denn wo man „alles nur nach seinem Marktpreis schätzt, wird man über alle die Werte unsicher und skeptisch, für die es keinen Marktpreis gibt"[484]. Auf welch brüchigem Boden diese über Jahrhunderte aufgebaute Zentralstellung des Geldes letztlich ruht, zeigt sich in unvermittelter Klarheit in Zeiten der Krise und der Not. Spricht die *Philosophie des Geldes* noch vom Geld als dem

---

[483] Dieser Gedanke, den Simmel offensichtlich als eine Schlüsselpassage seiner *Philosophie des Geldes* betrachtet, beschließt auch seine berühmte Selbstanzeige (Philosophie des Geldes 719-723).
[484] Geld und Nahrung 118.

„Absolute[n], das alles Relative mit seinen Gegensätzen umschließt und trägt" (562), vom Wert schlechthin und vom *actus purus* (714), von der „Formel unseres Lebens überhaupt" (624), so unterbricht der Krieg – Simmel schreibt dies in seiner Straßburger Zeit – die bisherige Entwicklung, ja er dreht sie sogar um: In den harten Zeiten von Lebensmittelknappheit und materiellen Entbehrungen rückt plötzlich wieder der Mittelcharakter des Geldes in den Vordergrund, offenbart es sich, von seiner bisherigen Leistungsfähigkeit abgeschnitten, als „ganz ohnmächtiges Mittel"[485]. Selbst eine stattliche Geldmenge, die in ruhigen Zeiten als Generalschlüssel unterschiedlichste Türen öffnet, kann in Zeiten der Not keine Wunder vollbringen, es ist gänzlich wertlos, wenn es dafür einfach nichts zu kaufen gibt. Ein durch Jahrhunderte geformtes wirtschaftliches Wertgefühl der Kulturwelt kehrt sich in die Gegenrichtung und macht damit wieder sichtbar, dass der Wert der Dinge nicht im Geld, sondern in ihnen selbst liegt.

Simmel verlässt in dieser ihm so zentral erscheinenden Frage die philosophische Stube und wechselt nach draußen in die konkrete Welt der Politik, in der er sich „als praktischer Nationalökonom"[486] betätigt. Wenn nämlich, so der Grundgedanke, auch die Begüterten dieses Landes ihren Lebensstandard absenken, sinkt automatisch das allgemeine Niveau und die Leidtragenden wären primär die unteren Schichten. Daher empfiehlt Simmel, dass Leute, die an Hummersalat, junge Karotten und Rebhühner gewöhnt waren, weiterhin hochpreisige Produkte kaufen sollten, damit die billigen Güter für die Armen und weniger Begüterten leistbar bleiben.[487] In Eigenregie ließ Simmel ein Informationsblatt in einer Auflage von ca. 30.000 Stück drucken, das er „durch Vermittlung der Bürgermeister in den Schulen der kleinen elsaß-lothringischen Städte verbreiten lassen"[488] wollte, um auf diese Zusammenhänge hinzuweisen.

5 Gottesbegriff und Religionsverständnis

Bevor im abschließenden 4. Kapitel die theologische Ausgangsfrage nach einer neuen Verhältnisbestimmung von Gott und Geld mit den soziologischen Ana-

---

[485] Die Krisis der Kultur 47.
[486] So Geßner, Willfried, Der Schatz im Acker 189.
[487] Simmel hat diesbezüglich ganz konkrete Vorstellungen entwickelt und unterstellt seine Gedanken bewusst einem übergeordneten Ganzen, der großen Herausforderung des Krieges: „[D]ie Wohlhabenden sollen die billigen Nahrungsmittel den Unbemittelten überlassen, sie sollen tatsächlich für ihre Ernährung mehr ausgeben, als nötig wäre – während sie zugleich nur gerade so viel essen sollen, als nötig ist. Bisher haben die Armen en den Reichen ermöglicht, viel billiger zu leben, als sie es ohne den Untergrund des Massenkonsums tun könnten; jetzt ist ein Augenblick gekommen, in dem der Reichtum sich dadurch erkenntlich zeigen kann, daß er für sich nur das beansprucht, was die Armut sich versagen muß – ein Augenblick, in dem der soziale Anstand und die politische Pflicht ihre unlösliche Verbundenheit offenbar machen." (Geld und Nahrung 122)
[488] Brief an Heinrich Rickert vom 19. Februar 1915 (GSG 23, 487).

lysen Simmels verknüpft werden kann, ist nach dem formalen Zentralbegriff Wechselwirkung und der materialen Kategorie Geld noch die dritte konstitutive Größe näher zu bestimmen: die Wirklichkeit Gott. Welches Verständnis von Gott und Religion liegt den Überlegungen Simmels zugrunde? In welcher Weise ist seine Geldtheorie davon beeinflusst? Lässt es sich überhaupt mit einem christlichen Konzept verknüpfen? Worin unterscheidet sich sein soziologischer Blick von einer Perspektive, die aus einem teilnehmenden Vollzug am religiösen Leben gewonnen wird? Simmels Gottesverständnis ist vor allem aus seiner Religionssoziologie heraus zu rekonstruieren, zu der die (im Vergleich relativ wenigen) religionsphilosophischen Arbeiten wichtige Ergänzungen liefern.[489]

5.1 Religion als eine Interpretationsform der Wirklichkeit

Die Soziologie im engeren Sinne versteht Simmel, so wurde bereits festgehalten, als eine Wissenschaft, die durch ihre ungewohnten Blickrichtungen und Fragestellungen bisher unbekannte Perspektiven auf die Dinge der Welt und die Menschen in ihr ermöglicht. Die Soziologie ist daher „eine neue *Methode*, ein Hilfsmittel der Forschung, um den Erscheinungen aller jener Gebiete auf einem neuen Wege beizukommen"[490]. Die konkreten Interessen und spezifischen Inhalte menschlicher Ausdrucksformen mögen Gegenstand anderer Wissenschaften sein, die Soziologie legt durch deren Kreise „einen neuen, der die eigentlichen gesellschaftlichen Kräfte und Elemente als solche, die Socialisierungsformen, an ihnen markiert und einschließt"[491]. Indem die soziologische Betrachtung gleichsam eine neue Matrix in unsere Erkenntnisbemühungen einzieht, eine eigene formale Struktur generiert, kann sie auch für die Reflexionsmöglichkeiten vieler anderer Disziplinen fruchtbar sein. Keine Wissenschaft, so schreibt Simmel in der Vorrede zur *Philosophie des Geldes*, ist

---

[489] Eine eindrucksvolle Rekonstruktion, die Simmels Religionsverständnis in allen ihren Horizonten abschreitet, bietet: Krech, Volkhard, Georg Simmels Religionstheorie, Tübingen 1998. Krech informiert in diesem äußerst kenntnisreichen Werk nicht nur über die wichtigsten Konstitutionselemente des Religionsbegriffs, er erläutert in präzisen Schritten das spannungsreiche Verhältnis von (objektiver) Religion und (subjektiver) Religiosität, zeigt die Kontinuität der Entwicklung des Religionsverständnisses innerhalb der verschiedenen Schaffensphasen auf, um in einem abschließenden Teil die Relevanz für die gegenwärtige Religionssoziologie herauszuarbeiten. Krech begründet ausführlich seine These, dass „ohne die theologischen Topoi „Heil der Seele" und „Persönlichkeit Gottes" […] Simmels Religionstheorie nicht denkbar" und auch nicht verstehbar (254) sei. Als einer der ersten habe Simmel die Möglichkeiten und Grenzen von Individualisierung und Pluralisierung des Religiösen aufgezeigt. Wichtige Beiträge zur Religionstheorie stammen noch von Kreß, Hartmut, Religiöse Ethik und dialogisches Denken. Das Werk Martin Bubers in der Beziehung zu Georg Simmel, Gütersloh 1985; Ders., Ethische Werte und der Gottesgedanke. Probleme und Perspektiven des neuzeitlichen Wertbegriffs, Stuttgart/Berlin/Köln 1990, bes. 139-163.
[490] Soziologie 15.
[491] Das Problem der Sociologie 54. Die Soziologie behandelt daher „nur das Specifisch-Gesellschaftliche […], die Form und Formen der Vergesellschaftung als solcher, in Absonderung von den einzelnen Interessen und Inhalten" (54); ähnlich auch: Grundfragen der Soziologie 82f.

in der Lage, das Ganze der Wirklichkeit in den Blick zu nehmen, das Sein in seiner Totalität zu erfassen. Dementsprechend gibt es auch keinen Bereich, keinen Gegenstand des Erkennens und Seins, der ausschließlich einer bestimmten Disziplin vorbehalten wäre.[492] Eine Untersuchung der Religion muss daher nicht notwendig auf ihre dogmatistischen Inhalte und kirchliche Gewährleistung beschränkt bleiben. Sie kann auch von Seiten der Psychologie, der Geschichte – und natürlich auch der Soziologie erfolgen. Denn Religion, so eine der zentralen religionstheoretischen Unterscheidungen Simmels, ist eben nicht nur ein *reflexives* System bestimmter Überzeugungen und Handlungsmaximen, sondern auch ein *praktisches* Geschehen, ein Ereignis, das bestimmte Sozialisationsformen, Verhaltensweisen und symbolische Bedeutungswelten strukturiert und erzeugt. In dieser Dimension ist Religion auch eine soziologische Größe und eine *gesellschaftliche* Erscheinung, die sich analysieren lässt wie Ökonomie, Moral, Wissenschaft oder Kunst.

Nachdem die menschliche Erkenntnis ihren Gegenstand gemäß den Aprioritäten des wissenschaftlichen Geistes formt, ist sie von den historisch kontingenten Verstehensvoraussetzungen und den jeweiligen Bedeutungskontexten abhängig. Das, was wir gemeinhin als die Wirklichkeit bezeichnen, ist ja keineswegs *die* Welt schlechthin, sondern nur *eine*, neben der andere Welten stehen, das heißt andere Verstehensformen der Wirklichkeit. Unabhängig davon, ob man die Welt nun religiös oder künstlerisch, praktisch oder wissenschaftlich interpretiert, „es sind die gleichen Inhalte, die jedesmal unter einer andern Kategorie einen Kosmos von einheitlich-unvergleichbarem Charakter formen"[493]. Religion hat es daher auch mit keiner anderen, besonderen Welt zu tun, sondern sie interpretiert und erschafft diese konkrete Welt gemäß ihren spezifischen Interpretationsmustern, d.h. in Bezug auf Gott als einer transzendenten (oder doch immanenten?), letzten Macht. Sie entwirft ein bestimmtes Weltbild, konstruiert eine spezifische Form des menschlichen Weltverhältnisses, weshalb sie letztlich auch mit anderen, nichtreligiös konstruierten Weltbildern überhaupt nicht in Konflikt geraten kann. „Das religiöse Leben schafft die Welt noch einmal, es bedeutet das ganze Dasein in einer besonderen Tonart, so daß es seiner reinen Idee nach mit den nach anderen Kategorien erbauten Weltbildern sich überhaupt nicht kreuzen, ihnen nicht widersprechen *kann*"[494].

An dieser grundlegenden Bestimmung von Religion als eine letztlich unvergleichliche und damit konkurrenzlose Interpretationsform der Wirklichkeit eröffnet sich bereits die Aporie, in die Simmels Religionstheorie mündet. Wohl wird überzeugend erklärt und begründet, warum die verschiedenen symbolischen Formen (Kunst, Wissenschaft, Religion, Ethik etc.) nicht miteinander

---

[492] Philosophie des Geldes 11: Für Simmel ist unbestritten, dass „der Standort *einer* Wissenschaft, die immer eine arbeitsteilige ist, niemals die Ganzheit einer Realität erschöpft" (Philosophie des Geldes 11). Ähnlich in Soziologie 16: „Jede Wissenschaft beruht auf einer Abstraktion, indem sie die Ganzheit irgend welchen Dinges, die wir als einheitliche durch keine Wissenschaft erfassen können, nach je einer ihrer Seiten, von dem Gesichtspunkt je eines Begriffes aus, betrachtet."
[493] Das Christentum und die Kunst 275.
[494] Die Religion 45.

konkurrieren. Denn durch ihre spezifischen Blickwinkel schaffen sie jeweils unterschiedliche Wahrnehmungsweisen der (einen) Realität, sodass neben der Welt der Religion eben auch noch andere Welten mit gleicher Berechtigung existieren. Die verschiedenen symbolischen Formen stehen in keiner unmittelbaren Beziehung zueinander. Wie bei Cassirer und in den Hauptsträngen der neukantianischen Tradition gibt es keine unmittelbaren Berührungspunkte, kein Wechselspiel *zwischen* den einzelnen symbolischen Formen. Doch im Unterschied zu Simmel liegen bei Cassirer die symbolischen Formen miteinander im Wettstreit um die erste Position. Jede versucht, die anderen zu dominieren oder aus dem Feld zu drängen, weil auch hier sich keine Gestaltungsform aus den anderen ableiten lässt, sondern jede von ihnen eine bestimmte geistige Auffassungsweise bezeichnet und „in ihr und durch sie zugleich eine eigene Seite des »Wirklichen«"[495] konstituiert. Die Wechselwirkung bleibt sowohl bei Simmel als auch bei Cassirer auf den Binnenraum der jeweiligen symbolischen Formen beschränkt. Welche Inhalte sich relational zueinander verhalten und wechselseitig bestimmen, lässt sich immer nur innerhalb einer bestimmten Form beschreiben. Wahrheit lässt sich immer „nur *zwischen* den einzelnen Sätzen der Wissenschaft"[496], also innerhalb des entsprechenden Paradigmas feststellen.

Eine Wechselwirkung *zwischen* den jeweiligen Kulturformen kommt bei beiden nicht explizit in den Blick. Die Konkurrenz der symbolischen Formen untereinander äußert sich bei Cassirer etwa darin, dass er die Sprache gegenüber dem Mythos, der Religion, der Kunst und der Wissenschaft privilegiert, die Ökonomie allerdings kaum in den Blick nimmt, obwohl er sie zum Kreis der symbolischen Formen zählt.[497] Bei Simmel rückt hingegen die Welt der Wirtschaft explizit ins Zentrum, doch wird ihr Verhältnis zu den anderen gesellschaftlichen Funktionssystemen nicht erörtert. Auch wenn sowohl Simmel als auch Cassirer die Relationalität der Inhalte jeweils nur innerhalb eines gesellschaftlichen Funktionssystems erörtert haben, schließen ihre Theorien die Wechselwirkung *zwischen* den symbolischen Formenwelten nicht aus. Die Problematik der Relationen nach außen, systemtheoretisch gesprochen zur Umwelt, wird hin und wieder thematisiert, jedoch nicht explizit entfaltet. Die reinen Formen, die Simmel und Cassirer beschreiben, treten nicht nur als Ganze in Konkurrenz zueinander, sie sind ohne die anderen überhaupt nicht beschreibbar. So ist das Symbolsystem der Religionen weder eine exklusive Domäne des religiösen Verhältnisses noch existiert es beziehungslos neben den anderen Weltdeutungen und Interpretationsmustern. Vielmehr ist es gerade durch seine Beziehungen zu den anderen symbolischen Formen definiert. Alle wichtigen Phänomene des Lebens partizipieren stets an verschiedenen Welt-

---

[495] Cassirer, Ernst, Philosophie der symbolischen Formen 1: Die Sprache (ECW 11, hg. v. Recki, Birgit), Hamburg 2001, 9 (p 7).
[496] Ueber eine Beziehung der Selectionslehre zur Erkenntnistheorie 67f.
[497] Für Cassirer sind die symbolischen Formen nicht erschöpfend aufzählbar und bilden auch keine historisch fest umrissenen Bereiche (vgl. Cassirer, Ernst, Philosophie der symbolischen Formen 1, 26-40; p 25-39). Vgl. dazu auch Stark, Thomas, Symbol, Bedeutung, Transzendenz. Der Religionsbegriff in der Kulturphilosophie Ernst Cassirers, Würzburg 1997, 51-148.

bildern und Funktionssystemen, die sich wechselseitig beeinflussen, kritisieren und stützen.

Es ist daher auch zu zeigen, dass eine Wechselwirkung nicht nur innerhalb einer klassischen Wissenschaftsdisziplin oder symbolischen Form besteht, sondern auch *zwischen* ihnen existiert. Dabei funktioniert diese Relativität nach dem gleichen Regelsystem, das auch die Beziehungen der Inhalte innerhalb eines Systems strukturiert.

5.1.1 Unterscheidung von Religion und Religiosität

Der formalen Bestimmung von Religion als Einstellung und Haltung gegenüber den Wirklichkeiten des Lebens liegt implizit eine Unterscheidung zugrunde, die als eine der großen Leitdifferenzen die religionssoziologischen und -philosophischen Überlegungen entscheidend prägt: die Differenz von *Religion* und *Religiosität*.[498] Den Begriff *Religion* bezieht Simmel dabei in der Regel auf die objektiv-sichtbare Ausgestaltung (Dogma, Kirche) eines Wirklichkeitsverhältnisses im Unterschied zur *Religiosität* als einer anthropologischen Kategorie, die jenen inneren, subjektiven Prozess zur Sprache bringt, der das ganze Dasein in eine bestimmte Stimmung versetzt. Religiosität bezeichnet „eine einheitliche und fundamentale Verfassung der Seele"[499], ein „Vorgang im menschlichen Bewusstsein und weiter nichts"[500], sie ist ein gegenstandsloser „*Zustand* oder Rhythmus der Innerlichkeit"[501], eine „innere Bewegung, die tief in das Sein des Menschen eingebettet ist"[502]. In dieser Funktion orientiert und normiert die Religiosität als notwendiges Gegenüber die Religion, die Simmel als ein objektives Ereignis und als eine materiale Ausformung einer subjektiven Gestalt interpretiert. Das Dual von Religion und Religiosität ist seinerseits eine Konsequenz einer anderen, grundlegenderen Differenzierung, die erkenntnistheoretisch das Wechselwirkungskonzept logisch überhaupt erst ermöglicht hat: die Grundunterscheidung von *Inhalt* und *Form*.[503]

Die Wechselwirkung hat Simmel nicht als eine materiale, sondern als eine formale Kategorie rekonstruiert, die sich, wie jede Form, an Inhalte binden muss, aber nur in ihrer Funktion als Form die Austauschprozesse ermöglicht und reguliert. Wo Religion eine gesellschaftliche Wirksamkeit entfaltet, gelingt ihr dies nicht primär durch ihre besonderen, spezifischen Inhalte (deren es viele gibt), sondern aufgrund der in der menschlichen Seele verankerten Anlage, die den jeweiligen Überzeugungen erst ihren religiösen Charakter verleiht. „Der Mensch", so fasst es Hartmut Kreß pointiert zusammen, „hat nicht Religion,

---

[498] Für Florian Uhl sind sie auch die Grundbegriffe von Simmels Religionsphilosophie (Uhl, Florian, Zur Aktualität von Georg Simmels Religionsphilosophie 204f).
[499] Beiträge zur Erkenntnistheorie der Religion 11.
[500] Beiträge zur Erkenntnistheorie der Religion 9.
[501] Die Religion 69.
[502] Ein Problem der Religionsphilosophie 311.
[503] Diesen Aspekt streicht besonders Dirk Baecker heraus (Baecker, Dirk, Die Metamorphosen des Geldes, in: Kintzelé, Jeff/Schneider, Peter (Hg.), Georg Simmels „Philosophie des Geldes" 277-300).

sondern er selbst ist religiös; unabhängig von allen Inhalten und objektiven Aussagen lässt sich das Phänomen des Glaubens selbst als eine metaphysische Größe verstehen."[504] Die „begriffliche Lösung der Religiosität als solcher von ihrem mehr oder minder dogmatischen Einzelinhalt"[505] führt nach Simmel zu drei höchst bedeutsamen Konsequenzen.

(1) Wenn Religiosität „eine Vergegenwärtigungsart bestimmter begrifflicher Inhalte ist"[506], so ist diese nicht notwendig an die Inhalte selbst gebunden. Das religiöse Verhältnis kann gänzlich davon unberührt sein, wie die Glaubensinhalte konzipiert sind, ob und inwiefern diese sich präsentieren und eventuell auch verändern.

(2) Das religiöse Verhältnis erfordert oder präferiert keinen bestimmten Inhalt, so wie kein Gegenstand aus sich heraus die innere Notwendigkeit besitzt, ein religiöser zu werden.

(3) Diese Position befreit die Religiosität von der ausschließlichen Bindung an transzendente Gegenstände. Religiös kann man sich auch zu den Dingen dieser Welt, zu Menschen, Gefühlen, Werten und konkreten Gegenständen verhalten. Weil die Religion wie die Kunst oder die Philosophie eine bestimmte Form repräsentiert, Wirklichkeit zu erleben und zu interpretieren, wird die Realität der religiösen Welt jenseits ihrer menschlich-seelischen Funktionalität „hier überhaupt nicht berührt"[507]. Religiosität ist der Ausdruck einer Lebenshaltung, nur in dieser Dimension ist sie wissenschaftlich analysierbar und gesellschaftlich von Bedeutung. Als Soziologe kann Simmel den konkreten dogmatistischen Inhalten kein Interesse entgegenbringen, das wäre die Aufgabe der Religionsphilosophie.[508] Die soziologische Aufmerksamkeit gilt allein den unterschiedlichen Formen des religiösen Lebens und deshalb ist das Religiöse, wie Hans Joas formuliert, bei Simmel als *„eine Qualität sozialer Beziehungen"*[509] zu verstehen.

Wie bedeutsam diese Differenz nicht nur für Simmels Religionsverständnis, sondern auch für seine Philosophie und Soziologie insgesamt ist, zeigt sich

---

[504] Kreß, Hartmut, Religiöse Ethik und dialogisches Denken 35.
[505] Beiträge zur Erkenntnistheorie der Religion 12.
[506] Beiträge zur Erkenntnistheorie der Religion 12.
[507] Die Religion 51. Wie also „der empirische Gegenstand für uns den Schnittpunkt bedeutet, in dem eine Anzahl sinnlicher Eindrücke sich treffen, beziehungsweise bis zu dem hin sie verlängert werden, so ist der Gegenstand der Religion ein solcher Punkt, in dem Gefühle wie die angedeuteten ihre Einheit finden, indem sie sich gleichsam aus sich heraus setzen" (Die Religion 51).
[508] Simmel interessierte sich durchaus auch für Religionsphilosophie: So schrieb er am 5. Juli 1899 an Heinrich Rickert: „Habe ich Ihnen schon geschrieben, daß ich in diesem Semester Religionsphilosophie lese? Das befriedigt mich mehr, als irgend ein sonstiges Kolleg u. obgleich es wahrscheinlich mit das schwerste Kolleg ist, das an deutschen Universitäten gelesen wird, so giebt es doch auch dafür hier Interessenten." (GSG 22, 332); und am 27. Oktober desselben Jahres schreibt er Heinrich Rickert eine Postkarte: „Ich weiß nicht, ob ich Ihnen schrieb, daß ich in diesem Sommer zum ersten Mal Religionsphilosophie gelesen habe; nach meiner Meinung ist es mein bestes Kolleg." (GSG 22, 339) Simmel hat dann jeweils im Sommersemester 1900 und 1901 eine religionsphilosophische Vorlesung gehalten und im Sommersemester 1910 eine Übung zur Religionsphilosophie angeboten (vgl. Gassen, Kurt/Landmann, Michael (Hg.), Buch des Dankes 347 u. 348).
[509] Joas, Hans, Die Entstehung der Werte, Frankfurt 1999, 114 (dort ebenfalls kursiv).

unter anderem daran, dass er in dem kurzen, höchst aufschlussreichen Text *Anfang einer unvollendeten Selbstdarstellung*[510] am Ende explizit auf die Religion zu sprechen kommt. Simmel erläutert in diesem wichtigen Fragment zunächst die grundlegende Bedeutung der Form-Inhalt-Differenz und des Relativismus als kosmisches und allgemeines Erkenntnisprinzip für sein Denken, die er gerade in Bezug auf Funktion und Aufgabe der Religion für zukunftsweisend hält: „Denn ich glaube, daß die Kritik keinen einzigen Inhalt der historischen Religionen bestehen lässt, aber die Religion selbst nicht trifft; denn diese ist ein *Sein* der religiösen Seele, das, als a priori formende Funktion, deren Leben überhaupt zu einem religiösen macht, und deshalb so wenig zu widerlegen ist, wie ein Sein überhaupt zu widerlegen ist. Dieses Sein oder diese Funktion, aber nicht der von diesen erst vorstellungsmäßig gebildete Glaubens*inhalt*, ist der Träger des religiös-metaphysischen Wertes."[511]

Die hier explizit zum Ausdruck gebrachte, fundamentale Unterscheidung zwischen Religion als Sein und Religion als Inhalt hat Simmel in unterschiedlichsten Variationen immer wieder durchgespielt. Ob er im Anschluss an Kant diese Differenz als eine Form-Inhalt-Dichotomie beschreibt oder zwischen einem religiösen und einem theoretischen Glauben unterscheidet,[512] ob er den Bogen zwischen der Religion als sozialer Funktion und der Religion als Summe bestimmter Glaubensvorstellungen spannt oder die Grenze entlang der Unterscheidung von Religiosität und Religion zieht, stets bleibt die Form-Inhalt-Differenz die Leitfigur in seinem kühlen Blick auf die Religion. Mag es auch ein Verhältnis zwischen der Seele und dem Transzendenten geben, „so ist die Religion doch jedenfalls der auf der Seite der Seele sich abspielende Teil dieses Verhältnisses"[513]. Dass mit dieser Perspektive insbesondere in der frühen und mittleren Phase ein religionsdistanzierter, weniger ein religionskritischer Impetus einhergeht, ist in der Rezeption durchaus gesehen worden.[514] In der soziologischen Betrachtung treten die religiösen Inhalte, die theoretische Selbstreflexion und das mögliche Selbstverständnis von Gläubigen radikal in den Hintergrund, sie scheiden als Gegenstand des soziologischen Denkens aus, da sie einer wissenschaftlichen Überprüfbarkeit unterliegen, mit deren Kategorien aber die Wahrheit eines religiösen Seins bzw. einer religiösen Form nicht erfasst werden kann. In seinem ersten, explizit religionssoziologischen Aufsatz *Zur Soziologie der Religion* (1898) hat Simmel die Form-Inhalt-Differenz, die entscheidend Funktion und Bedeutung der Religion als soziale Größe bestimmt, ausführlich beschrieben.[515] Natürlich lasse sich Religion als ein *Inhalt*, als eine materiale Ausformung einer psychischen Struktur, mit einem relativ fest umris-

---

[510] Vgl. Anm. 14 in diesem Kapitel (p. 150)
[511] Gassen, Kurt/Landmann, Michael (Hg.), Buch des Dankes 10.
[512] So z.B. Beiträge zur Erkenntnistheorie der Religion 14ff; Die Religion 68ff.
[513] Das Problem der religiösen Lage 370.
[514] Krech betont zu recht, dass Simmel das Thema Religion vor allem in der Frühphase „eher pragmatisch" (59) betrachtet und ihm an keiner Überwindung oder Aufhebung der Religion liegt (Krech, Volkhard, Georg Simmels Religionstheorie, bes. 59ff).
[515] Simmel knüpft hier vor allem an Überlegungen aus der *Sozialen Differenzierung* und der *Einleitung in die Moralwissenschaft* an, vor allem aber an den Aufsatz *Das Problem der Sociologie*.

senen Kanon an Überzeugungen und Dogmen verstehen. Aber lange vor ihrer inhaltlichen Entfaltung ist Religion als ein Prozess, als eine *Form* und als ein fundamentaler Ausdruck des gesellschaftlichen Lebens zu begreifen.

Doch worin äußert sich nun die Religiosität, wie lässt sie sich beschreiben, woran macht sie sich fest, wenn sie als innerer Prozess zu verstehen ist? Auch hier hält Simmel wiederum die Form-Inhalt-Differenz für die entscheidende Grammatik, bleibt aber konsequent im soziologischen Kontext und beschränkt sich allein auf deren Erkenntnismöglichkeiten, da er ansonsten in den Bereich der (materialen) Dogmatik ausgreifen würde, die er ja dem harten Zugriff der Wissenschaftskritik ausgesetzt sieht und für die soziologische Reflexion ausscheidet. Alle Religiosität, so die Argumentation, enthält „eine Mischung von selbstloser Hingabe und eudämonistischem Begehren, von Demuth und Erhebung, von sinnlicher Unmittelbarkeit und unsinnlicher Abstraktion"[516], sie ist eine besondere Art des „Fürunsseins, eine einheitliche Stimmung der Seele", die den Inhalten unseres Daseins „eine spezifische Bedeutsamkeit"[517] verleiht. Auch hier gilt: In den konkreten historischen Erscheinungen sind Inhalt und Form eng miteinander verschmolzen, aber „diese unmittelbare Ineinsbildung"[518] entpflichtet nicht die wissenschaftliche Sondierung und Analyse beider. Von ihrer formalen Seite her betrachtet ist Religion eine Figur, in der sich die Verhältnisse der Menschen zueinander eine konkrete Gestalt geben, sie ist ein bestimmter „Aggregatzustand"[519], in dem die internen Beziehungen nach außen, auf ein höchstes Wesen hin projiziert sind. Religion als eine inhaltliche Ausformung, als die konkrete Gestalt eines bestimmten Glaubens bleibt damit etwas Sekundäres und Abgeleitetes, auch wenn sie auf die unmittelbaren psychischen Verhältnisse der Menschen untereinander zurückwirkt.[520]

Die Unterscheidung von Religion als *Inhalt* und Religion als *Form* bzw. Funktion prägt das gesamte Religionsverständnis Simmels, auch wenn sich die Kategorien im Laufe der weiteren Schaffensphasen leicht verschoben haben.[521]

---

[516] Zur Soziologie der Religion 269. Simmel fügt noch hinzu, dass dadurch ein bestimmter Spannungsgrad des Gefühls entsteht, eine spezifische Innigkeit und Festigkeit des inneren Verhältnisses, eine Einstellung des Subjekts in eine höhere Ordnung, die es zugleich als etwas Persönliches und Eigenes empfindet.
[517] Beiträge zur Erkenntnistheorie der Religion 11.
[518] Das Problem der Sociologie 56.
[519] Zur Soziologie der Religion 284.
[520] Vgl. Zur Soziologie der Religion 272.
[521] Krech verfolgt in seiner Monographie das Hauptanliegen, „eine Kontinuität der Entwicklung des Simmelschen Religionsverständnisses im Rahmen der vier Schichten aufzuzeigen" (psychologische, soziologische, kulturwissenschaftliche und lebensphilosophische Schicht), ohne die doch beträchtlichen Nuancenverschiebungen zu unterschlagen (Krech, Volkhard, Georg Simmels Religionstheorie 158). Zu Beginn seines Schaffens, in der so genannten psychologischen Phase, zeichnete Simmel ein eher negatives Bild von Religion, insofern er im Glauben an religiöse Dogmen eine Quelle moderner Verdummung erkannte: „Die Möglichkeit etwa einer Kombination von religiösem Glauben mit einem *hohen* Grad an geistiger Selbständigkeit scheint ausgeschlossen zu sein." (15) Krech zeichnet präzise die Veränderungen und Hauptmerkmale in den verschiedenen Phasen nach, bis zur Überzeugung, die in der lebensphilosophischen Phase dominierend wird, dass es darauf ankomme, „Religiosität vor jeglicher Objektivation als einen Modus zu begreifen, innerhalb dessen das Leben prozediert" (Krech 165).

Insbesondere in der lebensphilosophischen Phase ist die Frage in den Vordergrund gerückt, ob die Formen nicht die Entfaltung des Lebens selbst behindern können. Denn keine Form kann sich anders artikulieren als „in Worten oder Taten, in Gebilden oder überhaupt Inhalten, in denen sich die seelische Energie jeweilig aktualisiert"[522]. Aber diese Ausformungen erhalten im Augenblick ihres Entstehens eine sachliche Eigenbedeutung, „eine Festigkeit und innere Logik, mit der sie sich dem Leben, das sie gestaltete, entgegensetzen"[523]. Der eigentümliche Gegensatz von Leben (als Movens unseres Daseins) und Form lässt sich nicht auflösen, weshalb das Leben nie restlos in einer Form sich entäußern oder in ihr aufgehen kann (umgekehrt ebenso wenig), sondern sich über jede gewonnene Gestaltung hinaus immer wieder neue und andere Formen suchen muss. Simmel fasst das Paradox des Lebens (und mit guten Gründen könnte man hier auch die Religion nennen) in den treffenden Satz zusammen: „Indem es Leben ist, braucht es die Form, und indem es Leben ist, braucht es mehr als die Form."[524] Simmel begreift es als die große Tragik der modernen Kultur, dass die Menschen zwar in ihrem unbändigen Streben nach Unmittelbarkeit alle Formen hinter sich lassen möchten, zugleich aber ohne Formen nicht auskommen. Die Kunst versucht über den Expressionismus die Unmittelbarkeit zu erreichen, die Religion über die Mystik.[525] Stets sind diese Versuche vom Wunsch motiviert, zum Eigentlichen ohne Umwege vorzustoßen. Doch die menschliche Existenz kann sich ohne auch nur rudimentärste Formen weder selbst thematisieren noch zum Ausdruck bringen. Das gilt in gleicher Weise auch für das religiöse Verhältnis. Ohne die objektiven Formen der Religion lässt sich Religiosität weder begrifflich fassen noch soziologisch beschreiben. Das Leben „muß entweder Formen erzeugen oder sich in Formen bewegen. Wir *sind* zwar das Leben unmittelbar und damit ist ebenso unmittelbar ein nicht weiter beschreibliches Gefühl von Dasein, Kraft, Richtung verbunden; aber wir *haben* es nur an einer jeweiligen Form, die [...] im Augenblick ihres Auftretens sich einer ganz anderen Ordnung angehörig zeigt"[526].

Auch wenn Simmel sprachlich nicht immer konsequent zwischen Religion und Religiosität unterscheidet und für die Religiosität öfters auch den Begriff Religion verwendet, so bietet diese grundlegende Differenzierung dennoch einen wichtigen Baustein für die gesuchte Verhältnisbestimmung von Gott und Geld. Sie vermag zunächst zu erklären, warum man ein religiöses Verhältnis nicht allein zu Gott oder einem transzendenten Sein aufbauen und entwickeln kann, sondern zu jedem beliebigen Element dieser Welt.[527] Sodann macht sie deutlich, dass die

---
[522] Lebensanschauung 230.
[523] Lebensanschauung 230.
[524] Lebensanschauung 231. Es ist ein eigentümlicher Widerspruch des Lebens, „daß es nur in Formen unterkommen kann und doch in Formen nicht unterkommen kann, eine jede also, die es gebildet hat, überlagert und zerbricht" (Lebensanschauung 231).
[525] Vgl. dazu: Der Konflikt der modernen Kultur 201ff.
[526] Der Konflikt der modernen Kultur 205. Daher ist auch das Leben „unlöslich damit behaftet, nur in der Form seines Widerspiels, das heißt in einer *Form* in die Wirklichkeit zu treten" (205).
[527] Für Simmel gibt es „eine Unzahl von Gefühlsbeziehungen zu sehr irdischen Objekten, Menschen wie Dingen, die man als religiös bezeichnen kann" (Beiträge zur Erkenntnistheorie der Religion 13; ähnlich: Zur Soziologie der Religion 269; Die Religion 64) und nennt konkrete Beispiele:

5 Gottesbegriff und Religionsverständnis

entscheidende Kategorie im religiösen Verhältnis nicht die Objektivität ist, sondern die Subjektivität, das innere Erleben. Allerdings bleibt bei Simmel weitgehend ungeklärt, wie sich Religion und Religiosität konkret zueinander verhalten, ob die Religiosität überhaupt von der Religion (als objektive Gestalt) getrennt werden kann, ob letztere nicht über das Wechselwirkungsverhältnis doch auf das innere Erleben entscheidend zurückwirkt. Hans Joas hat zu Recht festgestellt, „daß Simmels Religionstheorie, trotz ihres originellen Ausgangspunkts, nur wenig über James und Durkheim hinausführt – dies schon allein deshalb, weil sie viel weniger ausgearbeitet ist und vielleicht kaum den Namen einer Theorie der Religion verdient."[528] Überdies habe Simmel „die Fragen des Verhältnisses von Deutung und Erfahrung, von individueller und kollektiver sowie von alltäglicher und außeralltäglicher Erfahrung nur wenig geklärt"[529]. Diese theoretische Unterbestimmung erfordert eine Korrektur oder Ergänzung in Simmels Religionstheorie, insofern nämlich die Inhalte (der objektiven Religion) auch für die Entfaltung und das Verständnis der (subjektiven) Religiosität von entscheidender Bedeutung sind. Diese Linien, die ein Wechselwirkungsverhältnis zwischen Religion und Religiosität nahelegen, sind bei Simmel nur leicht angedeutet, können aber noch deutlicher ausgezogen werden, um so die Dynamik der Religion in den gesellschaftlichen Austauschprozessen besser zu erfassen.

5.1.2 Der Ursprung der Religion in den Wechselwirkungsprozessen der Gesellschaft

Simmels Thesen über Herkunft und Entstehung der Religion besitzen eine eigene Sprengkraft, weil sie sich weder der klassischen religionskritischen Versatzstücke der Aufklärung bedienen, noch aus dem reichhaltigen Fundus theologischer Begründungsmodelle schöpfen. Vielmehr schlagen sie auch hier wieder einen eigenständigen, noch weitgehend unbegangenen Weg ein, indem die Theorie der Wechselwirkung am soziologischen Feld der Religion erprobt wird.

Obwohl Simmel sich einerseits gegen jegliche Formen von Reduktionismen und monokausalen Erklärungsansätzen verwahrt,[530] lässt er gleichzeitig keinen

---

das Verhältnis des ästhetisch angelegten Menschen zu dem anschaulich Schönen; der Arbeiter zu seiner sich emporringenden Klasse; der adelsstolze Feudale zu seinem Stand; die pietätsvolle Seele zu Traditionen und tradierten Gegenständen; der Patriot zu seinem Vaterland oder der Enthusiast zu den Ideen von Freiheit, Brüderlichkeit und Gerechtigkeit; die Beziehung des pietätvollen Kindes zu seinen Eltern; die Beziehung des Unterworfenen zu seinem Beherrscher; der rechte Soldat zu seiner Armee.

[528] Joas, Hans, Die Entstehung der Werte 117.
[529] Joas, Hans, Die Entstehung der Werte 131. Joas bezieht sich dabei hauptsächlich auf Simmels lebensphilosophische Phase, die ihm zwar erlaube, die Starrheit des Neukantianismus und den Reduktionismus von Nietzsche zu überwinden. Doch Sprache sei „zu metaphorisch, um die Struktur intersubjektiver und intrasubjektiver Beziehungen angemessen aufzuschlüsseln" (131). Und kritisch fügt Joas hinzu, dass die in Simmels Soziologie so zentrale Kategorie der Wechselwirkung im lebensphilosophischen Idiom eher verschüttet werde und daher auch das Verhältnis von individuellem Gesetz und sozialer Ordnung ungeklärt bleibe.
[530] „Man mag die Furcht oder die Liebe, die Ahnenverehrung oder die Selbstvergötterung, die moralischen Triebe oder das Abhängigkeitsgefühl als die innere Wurzel der Religion ansehen

Zweifel am „sozialen Ursprung der Gottesidee"[531] aufkommen: Religion gründet nicht in einem unbekannten Außerhalb, in einem bestimmten Offenbarungsgeschehen, sondern in den Beziehungen der Menschen untereinander. Genauer: Aus der Art und Weise, wie Menschen kommunizieren und ihre Sozialverhältnisse untereinander organisieren, entwickelt die Religion ihr Reservoir an Ausdrucks- und Gestaltungsformen. Sie ist ein zur Selbstständigkeit gelangtes Ensemble von Beziehungsverhältnissen.[532] Religion lässt sich daher als eine Spiegelfläche im universalen Prozess des gesellschaftlichen Lebens verstehen, in dem „die unmittelbar gegenseitigen Bestimmungen der Individuen, mit denen ihr Zusammenleben beginnt, zu gesonderten und selbständigen Organen aufwachsen"[533]. Wie sich aus den Selbsterhaltungsgründen der Gruppe das Recht und der Richterstand herausformen, aus den ökonomischen Erfordernissen die technische Organisation der Arbeit, so entwickelt sich Religion aus religiösen Bedürfnissen und ethischen Fragestellungen heraus. Freilich betont Simmel zugleich, dass gerade im religiösen Kontext diese Analogie immer von unzähligen Abweichungen begleitet wird, doch bleibt die Grundstruktur in allen Phasen erhalten. Der Einzelne verhält sich zu anderen und der Gruppe religiös, d.h. im Modus der Erhebung, Hingabe, Weihe und Innerlichkeit, aus denen sich ein idealer Inhalt entwickeln kann wie etwa Götter. Diese fungieren dann als Beschützer dieser Beziehungen, indem sie ein religiöses Gefühl auslösen und gesondert darstellen, was bisher als bloße Beziehungsform oder in Verbindung mit anderen Lebensinhalten existierte. Historisch-genealogisch gewinnt dieser ursprüngliche „Komplex von Ideen und Phantasievorstellungen"[534] in der Priesterschaft eine Exekutive und einen arbeitsteiligen Träger, so wie sich die Interessen des Erkennens in den Gelehrten artikulieren. Unmissverständlich formuliert Simmel: „Wenn eine geklärte Gottesidee ihr Wesen darin hat, dass alle bunten Mannigfaltigkeiten, alle Gegensätze und Verschiedenheiten des Seins und des Sollens und insbesondere unsere inneren Lebensinteressen in ihm ihren Ursprung und zugleich ihre Einheit finden, so können wir nun ohne Weiteres die soziale Gesamtheit an seine Stelle set-

---

— ganz irrig ist jede dieser Theorieen sicher nur dann, wenn sie *den* Ursprung, berechtigt aber, wenn sie *einen* Ursprung der Religion anzugeben behauptet." (Zur Soziologie der Religion 266)

[531] Einleitung in die Moralwissenschaft 1, 438. Ähnlich in: Zur Soziologie der Religion (278f): „Indem gewisse Seiten und gewisse Intensitätsgrade der sozialen Funktionen ihre reinste, abstrakteste und zugleich doch verkörperte Gestaltung annehmen, bilden sie die Objekte der Religion, so daß man sagen kann, Religion bestehe, – außer allem, was sie sonst etwa ist – in sozialen Beziehungsformen, die in ihr, von ihren empirischen Inhalten gelöst, verselbständigt und auf eigene Substanzen projiziert werden."

[532] Die Wechselbeziehungen, aus denen das Leben der Gesellschaft besteht, konstituieren sich aufgrund bestimmter Zwecke, Ursachen und Interessen. Die Beziehungsformen, in denen sie verwirklicht werden, können allerdings „sehr verschiedene sein – wie andererseits die gleiche Form und Art der sozialen Wechselwirkung die mannigfaltigsten Inhalte in sich aufnehmen kann" (Zur Soziologie der Religion 268f). Deshalb ist es auch nicht nötig, wie vorhin gezeigt wurde, dass sich die religiösen Gefühle und Impulse in der Religion artikulieren, sie können durchaus andere Gestaltungsformen annehmen.

[533] Zur Soziologie der Religion 271.
[534] Zur Soziologie der Religion 272.

zen"535. Es ist kein Zufall, dass Gott „direkt als Personifikation derjenigen Tugenden aufgefaßt wird, die er von den Menschen verlangt"536. Die Eigenschaft der Güte, der Gerechtigkeit, Langmut etc. *hat* Gott weniger als dass er sie *ist*. „Die Sittlichkeit, die Imperative über das Verhalten der Menschen zu einander, haben in ihm sozusagen Dauerform gewonnen."537

Simmel dreht das klassische theologische Modell, wonach Gott zu den Menschen spricht und die Gebote verkündet (weshalb sie gut sind), radikal um: Nur deshalb könne man behaupten, dass es sittlich sei, den Geboten zu folgen, „weil im Allgemeinen jede soziale Gruppe sich ihren Gott so construirt, dass er befiehlt, was sie als das sozial Zuträgliche erkennt"538. Und weiter heißt es: „Wenn es auch vom Standpunkt des Einzelnen aussieht, als ob die Religion uns die sittlichen Gesetze vorschriebe, so ist vom Standpunkt der Gattung aus das Umgekehrte der Fall: sie schreibt der Religion vor, welche sittlichen Gesetze sie anzuerkennen hat."539 Gott lieben wir, weil er die Eigenschaften besitzt, die uns in uns selbst als die edelsten und besten erscheinen, weshalb der Gehorsam gegenüber Gott mehr und mehr als Pflicht uns selbst gegenüber erscheint.540

Simmel zweifelt nicht daran, dass die menschlichen Empfindungen, die sich in der Vorstellung Gottes versammeln, auf den Verhältnissen beruhen, die der Einzelne seiner Gattung gegenüber entwickelt. Obwohl er höchst vorsichtig (das verlangt sein soziologischer Blick) immer nur von einer „tiefgreifende[n] Analogie zwischen dem Verhalten zur Allgemeinheit und dem Verhalten zu Gott"541 spricht, werden von ihm die Verbindungslinien doch weitaus enger gezogen als es der Analogiebegriff nahe legt. Der Analogiegedanke kommt nämlich gänzlich ohne Wechselwirkungsgrammatik aus, lässt die Bereiche

---

[535] So bereits in der Einleitung in die Moralwissenschaft 1, 423f (ähnlich 153; Zur Soziologie der Religion 282, Die Religion 60ff; vgl. dazu auch Krech, Volkhard, Georg Simmels Religionstheorie 63ff).

[536] Zur Soziologie der Religion 283.

[537] Zur Soziologie der Religion 283.

[538] Einleitung in die Moralwissenschaft 1, 422. Das hat natürlich auch für die Moralbegründung gravierende Folgen: Erst dann, „wenn wir einen Gedanken als guten erkannt haben, können wir sagen, es ist der Wille Gottes" (Einleitung in die Moralwissenschaft 1, 429).

[539] Einleitung in die Moralwissenschaft 1, 422. Simmel erläutert dies am Beispiel des Schöpfungsbegriffs: „Wie Gott, als Schöpfer des Alls betrachtet, doch nur ein analytischer Ausdruck, ein Name für die vorausgesetzte Ursache der tathsächlich vorgefunden Welt ist, wie wir aus seinem Begriff als Urgrund des Seins nichts herausdeduziren können, was wir nicht vorher aus der realen Erfahrung heraus in ihn hineingelegt hätten, gerade so ist er als Schöpfer der sittlichen Gesetze nur die substanziierte Idee eines Urquells der sittlichen Gebote, die der Einzelne als Thatsache vorfindet, und für die er, die Erfahrung aus den relativen Lebensgebieten auf das Absolute übertragend, ebenso ein Gesetzgeben hypostasirt wie für den Weltinhalt einen Schöpfer oder für das Weltgeschehen eine erste anstossgebende Kraft." (Einleitung in die Moralwissenschaft 1, 422)

[540] Einleitung in die Moralwissenschaft 1, 175. „Wir können den Grad sittlicher Kultur an dem Maasse bestimmen, in dem die äusseren Verpflichtungen die psychologische Form einer Pflicht gegen uns selbst annehmen, so dass wir dem Werth und der Würde unserer eigenen Person das schuldig zu sein glauben, was ursprünglich nur sozialer Zwang und dann soziale Verpflichtung war." (175)

[541] Einleitung in die Moralwissenschaft 1, 422f; ganz ähnlich 175; Zur Soziologie der Religion 282.

letztlich unvermittelt nebeneinander stehen, während es doch ein Kennzeichen seines soziologischen Ansatzes ist, die Religion in ihrer Wechselwirkung mit gesellschaftlichen Prozessen zu beschreiben.[542] Daher bleibt es fraglich, ob die Kategorie der Analogie tatsächlich geeignet ist, die Wechselwirkung von Religion und anderen symbolischen Formen beschreiben zu können.[543] Für Simmel zählt zu den unbestritten Überzeugungen, dass sich das Verhältnis von Gesellschaft und Religion weder über ein kausales Modell noch über einen parallel verlaufenden, beziehungslosen Prozess verstehen lasse. Doch wie sich diese Relation nun beschreiben lässt, darüber finden sich keine weiteren Überlegungen. Der Begriff der Analogie, den Simmel immer wieder ins Spiel bringt, wenn er die verschiedenen Funktionssysteme vergleicht, schließt nicht aus, dass er auch Wechselwirkungen zwischen den jeweiligen Funktionssystemen für möglich hält, aber sie werden nicht näher untersucht. Was hingegen immer wieder analysiert und erörtert wird, sind die Wechselwirkungen *innerhalb* der symbolischen Form Religion. Auch in ihr kommt zum Tragen, was die menschliche Existenz in allen ihren Vollzügen bestimmt. Sobald sich bestimmte religiöse Formen herausgebildet haben, entwickeln sie ein Eigenleben, koppeln sich von der Struktur ihrer Entstehungsbedingungen ab und stellen an das Individuum nun ihrerseits normative Ansprüche.[544] Aber als solche autonomen

---

[542] Bemerkenswerter Weise bezeichnet auch Klaus Lichtblau die Analogiebildung als das zentrale methodische Verfahren in der *Philosophie des Geldes*, „d.h. die wechselseitige symbolische Deutung unterschiedlicher Erscheinungsformen des praktischen Lebens und der intellektuellen Struktur des modernen Weltbildes" (Lichtblau, Klaus, Zum metadisziplinären Status von Simmels „Philosophie des Geldes", in: Simmel Newsletter 4 (1994) 103-110, 105).

[543] Bereits Siegfried Kracauer hat darauf hingewiesen, dass Simmel „unerschöpflich [sei] in dem Nachweis von Analogien. Niemals unterläßt er es zu zeigen, daß irgendwelche formale oder strukturelle Wesenseigenheiten eines Gegenstandes nicht durch diesen selbst, an dem sie aufgefunden worden sind, sondern noch durch eine ganze Reihe von Gegenständen verwirklicht werden" (Kracauer, Siegfried, Über die Philosophie Georg Simmels 139). Das Verfahren, zur Illustration eines soziologischen Sachverhaltes Argumente und Beispiele aus ganz verschiedenen Wissensgebieten zu nehmen, hat ihm den Vorwurf der Unlauterkeit eingetragen. Max Weber meinte, dass oftmals der Fachmann, aus dessen Bereich das Beispiel (Analogie) genommen werde, die als analog herangezogene Seite als äußerlich erachte und damit die Erscheinung durch diese Verwendung in ihrem Wesen gänzlich schief sei. Das liege in der Art der Analogie selbst, die besonders für die Ökonomen irritierend erscheine. Wo der Fachmann Probleme der „Faktizität", Seinsprobleme behandle, habe es Simmel „auf den »Sinn«, den wir der Erscheinung abgewinnen können (oder zu können glauben können) abgesehen" (Max Weber, Georg Simmel als Soziologe und Theoretiker der Geldwirtschaft, in: Simmel Newsletter 1 (1991) 9-13, 11). Weiters schreibt Weber: Simmel gehöre keiner philosophischen Schule an und aus der nationalökonomischen Ecke schlage ihm viel Ablehnung entgegen. Seine Kunst gehe darin auf, die Luft zu teilen und dann wieder zu vereinigen, unter Nationalökonomen könne man „förmliche Wutausbrüche über ihn erleben" (10). David Frisby kritisiert an Simmel, dass er auf die Gültigkeit seiner Analogien „nur ein geringes Interesse verwendet" habe und daran seien „an die Stelle analytischer Genauigkeit treten" (Frisby, David, Fragmente der Moderne 67).

[544] Simmel bezeichnet diesen Prozess der Abkoppelung und Autonomisierung des Überindividuellen als „Achsendrehung" (vgl. dazu insbesondere die Schrift *Lebensanschauung*, GSG 16, 209-425). Sie ist ein formaler Begriff, der auch in umgekehrter Richtung gilt, d.h. die Wende von der Objektiviät zur Subjektivität repräsentiert (vgl. Das Problem der religiösen Lage 380). Zur Bedeutung der Achsendrehung in Simmels Denken vgl. Geßner, Willfried, Der Schatz im Acker 245-249.

Gebilde wirken sie unmittelbar auf die psychischen Verhältnisse der Menschen untereinander zurück. Umgekehrt beeinflussen die jeweiligen Bedürfnisse und Vorstellungen der Menschen in gleicher Weise die Ausprägungen und Interpretationsformen der Religion, wobei deren objektiver Inhalt stets an die zugrunde liegende subjektive Struktur gebunden bleibt. Nur so lasse sich überhaupt erklären, warum „die oft so wunderlichen und abstrusen religiösen Vorstellungen"[545] über Menschen Macht gewinnen können. Sie sind die bloße Verkörperung bereits existenter Verhältnisformen, für die das Bewusstsein nur noch keinen besseren Ausdruck gefunden hat.

Die Fundierung der Religion in einem sozialen Kontext trägt für das Verständnis der objektiven Religion weitreichende Konsequenzen. Zum einen kann das erhabenste göttliche Wesen „unmöglich um eines Zustandes seiner selbst willen irgend eine Handlung von uns fordern, sondern nur um unseretwegen"[546], zum anderen lässt sich dadurch erklären, warum die religiöse Form „unzählige Male nur das Gewand eines soziologischen Inhalts"[547] überstreift. Viele Ausdrucksformen des Religiösen sind in Wirklichkeit genuine soziologische Prozesse. Doch selbst darin wird die unersetzliche Leistung der (objektiven) Religion sichtbar. Sie hat uns Empfindungen gegenüber Welt und Mensch gelehrt, soziale Zusammenschlüsse hervorgebracht und Kräfte in uns entwickelt, die ohne sie schwerlich ausgebildet worden wären und in ihrem Wert und ihrer Wirkung auch dann noch bleiben, „wenn ihr religiöser Inhalt und Vehikel längst veraltet und verfallen ist"[548].

Die Religion versteht Simmel als eine Form des gesellschaftlichen Selbstverhältnisses. Sie ist kein vom Leben abgetrennter Sonderbereich, sondern eines seiner Funktionssysteme. Indem sie die Welt und die Geschichte nach Maßgabe der religiösen Interpretationsmuster strukturiert und beschreibt, befindet sie sich notwendiger Weise auch in einem Verhältnis zu den Entwicklungen der anderen gesellschaftlichen Teilsysteme.

5.1.3 Bleibende Differenz von (subjektiver) Religiosität und (objektiver) Religion

Die *soziologisch* gewonnene Unterscheidung von *Religiosität* als eine bestimmte Färbung und Tönung von Wirklichkeit und *Religion* als objektiver

---

[545] Zur Soziologie der Religion 272.
[546] Einleitung in die Moralwissenschaft 1, 436.
[547] Einleitung in die Moralwissenschaft 1, 425. Das zeige sich u.a. in vielen Ketzerverfolgungen: Die Lehrdifferenzen seien oft minimal gewesen (und gewiss kein Grund der Verfolgung), vielmehr sei die Opposition gegenüber der Gruppe das Ausschlaggebende gewesen: „[D]er echt soziale und oft freilich auch ethische Hass gegen denjenigen, der das Denken und Wollen der Gesamtheit negirt, verkleidet sich nur in den religiösen Glauben, es sei der spezifische Inhalt dieser Abweichung, der zur Verfolgung der Ketzer triebe." (Einleitung in die Moralwissenschaft 1, 425f)
[548] Einleitung in die Moralwissenschaft 1, 427. Allerdings hat Simmel in der großen Soziologie „die Perspektive auf Differenzierung im Nacheinander" aufgegeben und sich „auf Differenzierung im Nebeneinander" beschränkt, so dass „die evolutionstheoretischen Gesichtspunkte der religiösen Arbeitsteilung und der funktionalen Differenzierung nicht mehr aufgegriffen werden" (Krech, Volkhard, Georg Simmels Religionstheorie 71).

Gehalt ermöglicht es Simmel, das Religiöse auch in einer *religionsphilosophischen* Reflexion als eine apriorische Kategorie und anthropologische Konstante zu reformulieren. Simmels Überlegungen implizieren zugleich einen vorsichtigen Abschied von der religionskritisch motivierten, psychologischen Entstehungstheorie, wie sie noch in der Einleitung in die Moralwissenschaft vertreten wurde. Spätestens mit der Religionsschrift rückte der Gedanke in den Vordergrund, dass eine exakte genetische Einsicht in das religiöse Phänomen als solchem noch niemandem gelungen sei: „Alle Angaben über den »Ursprung« der Religion: aus der Furcht und der Liebe, der Not und dem sich überhebenden Ich-Bewußtsein, der Pietät und dem Abhängigkeitsgefühl und was sonst noch – lassen das Entscheidende gerade vermissen: weshalb denn diese empirischen Affekte plötzlich in das religiöse Stadium treten?"[549] Eine Erklärung findet sich nur, wenn man die Religion „von vornherein als eine primäre, nicht weiter herleitbare Qualität"[550] bestimmt. Die religiösen Kategorien liegen der Interpretation von Wirklichkeit bereits zugrunde und gestalten das Material, das als religiös bedeutsam empfunden wird. Dabei wird das Empirische aber nicht zu einem Religiösen überhöht, sondern das bereits im Empirischen liegende Religiöse lediglich herausgestellt. „Wie die Gegenstände der Erfahrung eben dadurch *erkennbar* sind, daß die Formen und Normen der Erkenntnis zu ihrer Bildung aus dem bloßen Sinnesmaterial gewirkt haben; [...] so sind die Dinge religiös bedeutsam und steigern sich zu transzendenten Gebilden, weil und insofern sie von vornherein unter der religiösen Kategorie aufgenommen sind und diese ihre Bildung bestimmt hat, bevor sie bewußt und vollständig als religiös gelten."[551]

Die Religiosität artikuliert die Bedürfnisse des Inneren, etwa nach einer Ganzwerdung des fragmentarischen Seins, nach einer Versöhnung der Widersprüche, nach einem festen Punkt in den Unwägbarkeiten des Daseins etc. Diese Wünsche und Erwartungen nähren Vorstellungen der Transzendenz, sie verlangen nach einem konkreten, in der Regel absoluten Gegenstand. Da alles Leben, so eine anthropologische, vor allem in der Lebensphilosophie stark vertretene Grundannahme, notwendig zum Ausdruck drängt, muss auch die Religiosität „*Inhalte* ergreifen und sie formen, wie die apriorischen Kategorien des Erkennens die theoretische Welt formen"[552]. Deshalb teilt der religiöse Lebensprozess „das eigentümliche, fast an das dialektische Schema Hegels erinnernde Schicksal, aus sich herausgehen zu müssen, um von einem Außer-Sich das Gebilde zu gewinnen, das doch nur er selbst in der Form der Gegenständlichkeit ist"[553]. Nun ist aber dem modernen Menschen der Glaube an die religiösen Inhalte abhanden gekommen, die Bedeutung und Relevanz für die individuelle (und soziale) Lebensgestaltung hat sich aufgelöst. Die wissenschaftliche Kritik, die den Himmel leergefegt hat, konnte keine wirklich überzeugenden Alternativen bieten, zurück blieb der offensichtlich feste Punkt

---

[549] Die Religion 115f.
[550] Die Religion 116.
[551] Die Religion 49.
[552] Die Religion 47.
[553] Die Religion 113.

eines „unzweifelhaft vorhandenen religiösen Bedürfnisses"[554]. Nicht in ihrer objektiven Gestaltung, sondern in ihrer Form als ein durchgängiger Grundton des Lebens erweist sich die Religion gegen die Angriffe der Wissenschaftskultur mit ihrer Wahrheitsfixierung immun, sie steht jenseits eines erkenntniskritischen Zugriffs, denn „wahr oder falsch kann ein Sein nicht sein, sondern nur der Glaube an eine Realität jenseits des Gläubigen"[555]. Die Lösung Feuerbachs, die Theologie (wieder) in Anthropologie zu überführen, überzeugt deswegen nicht, weil mit ihr auch das (unauslöschliche) Bedürfnis nach Transzendenz aufgelöst und heimatlos wird. Als Ausweg bietet sich allein die Möglichkeit, das Religiöse aus diesem Subjekt-Objekt-Gegensatz herauszunehmen und jenseits dieser Dichotomie zu positionieren. Die subjektive Religiosität garantiert dann nicht (mehr) die Existenz eines metaphysischen Seins oder Wertes außerhalb ihrer, „sondern sie ist selbst und unmittelbar ein solcher"[556]. Die objektive Religion wird damit bleibend in die Dynamik der subjektiven hineingezogen. Allein in dieser Form, als einer metaphysischen Kraft des Lebens, liegt für Simmel die Zukunftsfähigkeit der Religion in der Moderne. Hier wird wiederum der epochale Wechsel sichtbar, den eine Wende vom Substanz- zum Beziehungsdenken auslöst: Die Chancen der Religion als einer zukunftsfähigen kulturellen Form liegen allein darin, dass sie sich „aus ihrer Substantialität, aus ihrer Bindung an transzendente Inhalte zu einer Funktion, zu einer inneren Form des Leben selbst und aller *seiner* Inhalte zurück- oder emporbilde"[557]. Diese Abkehr von den Inhalten bei gleichzeitiger Hinwendung zu einer religiösen Gestaltung des Lebens kommt ebenfalls einer *Achsendrehung* gleich, da die Bedürfnisse nach Seligkeit, Hingabe, Gerechtigkeit, Gnade etc. nicht mehr auf die Höhendimensionen über dem Leben, sondern auf die Tiefendimensionen innerhalb des eigenen Lebens selbst zielen. Das Entscheidende vollzieht sich hier „nicht an sichtbaren Erscheinungen, sondern in der Innerlichkeit des Gemütes"[558].

Anders als beim religiös schwachen Menschen, der des Dogmas bedarf, um überhaupt irgendwie religiös sein zu können, anders als bei den Menschen, für die Religion sachlich und räumlich auf den sonntäglichen Kirchgang beschränkt ist, bestimmt in dieser Konzeption Religion das Leben als Ganzes, berührt es das Kostbarste und Innerste des Menschen aus sich heraus. Im Endzustand

---

[554] Das Problem der religiösen Lage 369. Diese Diagnose, dass dem modernen Menschen die religiösen Inhalte abhanden gekommen seien, die (wissenschaftliche) Kritik die traditionellen Ideale entzaubert habe, damit aber das Bedürfnis nach Religion nicht weggefallen sei, zieht sich wie ein roter Faden durch die religionssoziologischen und -philosophischen Überlegungen Simmels (vgl. Schopenhauer und Nietzsche 178; Philosophie des Geldes 491; Das Problem der religiösen Lage 367; Die Persönlichkeit Gottes 291; ähnlich auch: Der Konflikt der modernen Kultur; Der Begriff und die Tragödie).
[555] Das Problem der religiösen Lage 372.
[556] Das Problem der religiösen Lage 374. Simmel spricht von dieser Lösung als einer Alternative, die gleichsam „einem Dritten Raum gibt: vielleicht ist dieser Glaube, diese seelisch gegebene Tatsache selbst etwas Metaphysisches! – insofern nämlich darin ein Sein lebt und sich ausdrückt, jenes religiöse Sein, dessen Sinn und Bedeutung von dem Inhalt, den der Glaube ergreift oder erzeugt, völlig unabhängig ist" (Das Problem der religiösen Lage 373).
[557] Das Problem der religiösen Lage 380.
[558] Die Krisis der Kultur 32f.

dieser Entwicklung würde sich Religion dann „als eine Art der unmittelbaren Lebensgestaltung vollziehen"[559], doch kann dies unter den Bedingungen des gegenwärtigen Daseins nur eine asymptotische Zielgröße sein und bleibt damit letztlich ein göttliches Geheimnis.[560] Denn die Steigerung des Lebens zu einem völligen Selbstgenügen, die Verwandlung des Transitivums *Glauben* in ein Intransitivum mündet immer wieder in neue Widerstände, da sich Leben eben nicht anders als in bestimmten Formen artikulieren kann, die es doch zugleich immer zu überwinden sucht. Dieser unerschütterliche Antagonismus, dass die objektiven Erzeugnisse eine eigene Rationalität konstituieren und damit in einen Gegensatz zum Leben selbst treten, aus dem sie stammen, hebt die Einheit des Lebens nicht auf, sondern „ist gerade die Art, wie seine Einheit existiert"[561]. So muss sich auch die Religiosität als Ausdruck Gegenstände schaffen, die allerdings Gefahr laufen, sich vom religiösen Sein zu abstrahieren und selbstständig zu werden. Dadurch kann die Religiosität die Fähigkeit verlieren, „eine Erlebens- und Gestaltensform *aller* Lebensinhalte zu sein"[562]. Dieser Kreislauf von subjektivem Ausdruck, notwendig objektiver Form, wachsender Eigenrationalität und daraus resultierender Entfremdung drängt zum Versuch, sie wieder an den subjektiven Vollzug anzubinden und der Selbstexplikation unterzuordnen. Das ist kein kausales, lineares Geschehen, sondern ein wechselseitig sich beeinflussender, unabschließbarer Prozess, der ohne Anfang und ohne Ende die Dynamik des Lebens in Gang hält. Hier existiert kein Gleichgewichtsmodell, bei dem das Gewicht auf einer Schale gleichzeitig die anderen entlasten würde.

Die „Differenz von Religion-Haben und Religiös-Sein"[563], die in Simmels Religionstheorie über alle Varianten und unterschiedlichen Ausprägungen hinweg die zentrale Perspektive bildet, drängt wieder zur Frage nach ihrem gegenseitigen Verhältnis. Wenn die Zukunft der Religion an ihre Fähigkeit gebunden ist, die objektiven Inhalte als eine Form des subjektiven Lebens zu gestalten, welche Rolle kommt dann den dogmatischen Ausformungen, dem verbindlichen Kanon der Glaubensüberzeugungen überhaupt noch zu? Dieser Fragestellung nähert sich Simmel mit einer erkenntnistheoretischen Reflexion über das Wechselwirkungsverhältnis von theoretischem und praktischem Glauben.

Während der inhaltliche, d.h. der theoretische Glaube stets Gefahr läuft, in die Fänge der wissenschaftlichen Kritik zu geraten, bleibt der praktische davon gänzlich unberührt, da er ja nicht ein (sachliches) Führwahrhalten, sondern ein

---

[559] Konflikt 203.
[560] Georg Lukács sieht in dieser Differenzierung einen Obskurantismus, der die objektive wissenschaftliche Erkenntnis untergrabe, und zugleich ein Einfallstor für die Rettung des Religiösen. Hier artikuliere sich die moderne Tendenz zum „religiösen Atheismus", dem die Intellektuellen zuneigen würden, weil sie durch die moderne Wissenschaft von den offiziellen Kirchen und Religion entfremdet wurden, aber durch die Erfahrung der Desorientiertheit und Leere an einem religiösen Bedürfnis festhielten. Für Lukács wurde dieses Bedürfnis durch die existenziellen Unsicherheiten im Kapitalismus geschaffen (Georg Lukács, Die Zerstörung der Vernunft 389ff).
[561] Lebensanschauung 233.
[562] Das Problem der religiösen Lage 377.
[563] Krech, Volkhard, Religionstheorie 151.

5 Gottesbegriff und Religionsverständnis

bestimmtes inneres Verhältnis meint. Da sich der religiös Glaubende von Nicht- oder Andersgläubigen weniger durch die Verschiedenheit des Inhalts als durch das innere Verhältnis, das er dazu aufbaut, unterscheidet, ist der religiöse Glaube (an Gott, an ein Absolutes, an eine Transzendenz) in jeder Form eine Beziehung, eine Art des inneren Daseins. Der theoretische Glaube, der sich im Wissen Gottes artikuliert, begreift die Seele nur als selbstlosen und zurücktretenden Träger eines Vorstellungsinhaltes, ohne jeglichen inneren Bezug zur subjektiven Struktur.[564] Jeder theoretische Glaube könne seinen Inhalt wechseln, ohne dass der Mensch selbst dadurch ein anderer wird, wenn die Glaubensfunktion unverändert bleibt, d.h. die subjektiv-pragmatische Relevanz sich nicht ändert. Wo der Glaube das Sein ergreift, dort „besteht diese gegenseitige Unabhängigkeit von Inhalt und Funktion nicht: der Glaube eines anderen Gottes ist ein anderes Glauben"[565]. Entfaltet die subjektive Dimension eine praktische Wirksamkeit, macht es doch einen erheblichen Unterschied, an welchen Gott man glaubt. Erkennbar ist dies allein in der Art und Weise, wie sich dieser Glaube auf das konkrete Leben der Menschen auswirkt, d.h. an seiner pragmatischen Kraft. Das Gebet um Glauben, das für den gewöhnlichen Rationalisten ein sinnloses Unterfangen sei,[566] setzt den Glauben im theoretischen Sinne voraus (dass Gott also sei). Doch damit ist überhaupt noch nichts gewonnen, wenn diese Objektivität nicht in die subjektive Dimension hereingeholt wird. Darum lässt sich das Gebet um Glauben auch interpretieren als das Gebet um eine Umwandlung und Gestaltung der inneren Seele. Indem das der Persönlichkeit zeitlos anhaftende religiöse Sein in das psychologische Stadium von Bedürfnis, Sehnsucht und Begehren tritt, fordert es zugleich eine Wirklichkeit, die diese erfüllt. Mit dieser „Zerlegung in Bedürfnis und Erfüllung"[567] hat sich die Seele ein Gegenüber geschaffen, das wieder auf sie selbst zurückwirkt. Daraus folgt weiterhin: „Wenn wir nun den Zirkel begehen: an Gott (theoretisch) glauben, weil wir ihn fühlen, während wir ihn doch erst fühlen können, wenn wir seine Existenz annehmen – so ist dies völlig legitim, es ist der Ausdruck der Einheit. Wenn ein einheitliches Moment A sich in die beiden α und β zerlegt, so ist eben sehr häufig α nur durch β und β wieder nur durch α zu begründen. So erscheint es als Zirkel, dass wir für einen Gegenstand Opfer bringen, weil er Wert hat, und dass er Wert hat, weil wir ihn nicht ohne Opfer erhalten können – aber in diesem Zirkel stellt sich die Einheit unsres fundamentalen Wertungsverhältnisses zu den Dingen dar."[568]

---

[564] Vgl. Beiträge zur Erkenntnistheorie der Religion 17. Allerdings fügt Simmel hinzu, dass auch der Glaube als eine Art des inneren Daseins verstanden werden kann, die „freilich auch ihre theoretische Seite und ihre theoretischen Konsequenzen haben" wird (17).
[565] Beiträge zur Erkenntnistheorie der Religion 18. Simmel bringt an dieser Stelle eine Analogie aus dem anthropologischen Bereich: Wenn sich die Liebe von einem ab- und einem anderen zuwendet, so hat sie nicht nur das Objekt gewechselt, je tiefer sie ist, je stärker sie das Sein berührt, desto mehr ist sie eine andere Liebe.
[566] Das Argument: Man könne offenbar nur zu jemandem beten, an den man schon glaubt, wenn man aber schon an ihn glaubt, muss man nicht mehr um Glauben beten.
[567] Das Problem der religiösen Lage 371.
[568] Beiträge zur Erkenntnistheorie der Religion 19. In der Anmerkung zu dieser Textstelle schreibt Simmel: „Ich bin diesem werttheoretischen Axiom in meiner »Philosophie des Geldes« aus-

Damit aber sind im religiösen Glauben (wir würden heute vom *persönlichen, existenziell wirksamen, überzeugten Glauben* sprechen) subjektive Religiosität und objektive Religion dann doch nicht zwei voneinander unabhängige Gestaltungsformen des menschlichen Geistes, sondern bilden die Einheit einer Differenz, bei der jede auf die andere zugreift, ohne dass damit die Vorrangstellung der subjektiven Dimension aufgehoben wäre. Religion ist in ihrer Dualität von Religion und Religiosität durch Wechselwirkung definiert, aber sie verweist damit zugleich auf ein Drittes, auf ihre Bezüge zu den anderen symbolischen Formen bzw. Funktionssystemen. Diese grundlegende, in doppelter Weise funktionale Struktur des Religionsbegriffs wird in Simmels religionstheoretischen Schriften nicht mehr konsequent entfaltet, liefert aber für die Gott-Geld-Verhältnisbestimmung jene Matrix, die es ermöglichen wird, beide Größen so zu vermitteln, dass sie nicht nur als völlig unabhängige Teilsysteme oder als antagonistische Konkurrenz beschrieben werden können, sondern auch ihr wechselseitiges Zueinander ins Blickfeld rückt.

5.1.4 Ein soziologisch dominierter Gottesbegriff

Die fundamentale Unterscheidung von Religion als (objektivem) Inhalt und Religion als (religiöser) Form bzw. als religiös-anthropologischer Struktur der Subjektivität lässt tendenziell das Interesse an der objektiven Religion und damit am Gottesbegriff selbst in den Hintergrund treten. Der Gottesfrage, so sie überhaupt in Simmels Interessensfeld rückt, nähert er sich aus religionsphilosophischer Perspektive, indem er etwa theologische Konzepte wie Monotheismus und Polytheismus auf ihre erkenntnistheoretischen Voraussetzungen und auf ihre argumentative Plausibilität hin befragt. Dabei trägt das soziologische Gedankengut tiefe Gravuren in das philosophische Verständnis ein. Gott repräsentiert für Simmel eine letzte Einheit und Kraft, er ist Teil des Ganzen und zugleich das Ganze selbst, wird „als der Sinn und die gestaltende Kraft des Ganzen gedacht"[569]. In ihm findet das Doppelbedürfnis des Menschen, einem Höheren, Absoluten zuzugehören und zugleich selbstständig zu sein, seinen unüberbietbaren Ausdruck. Aus der Bestimmung der Vollkommenheit Gottes ergeben sich jedoch Forderungen an das Individuum, die in ihren späten Entwicklungsstufen den ursprünglichen Entstehungskontext weit hinter sich gelassen haben. Nach Simmel können die Menschen ihr Verhalten zu Gott erst dann als ethisch bezeichnen, wenn sie die anfänglichen Motive und Interessen abgelegt haben, Gott also um seiner selbst willen dienen und gehorchen.[570] Das gilt unabhängig von der Tatsache, dass im Gottesbegriff sich die soziale Allgemeinheit letztlich selbst gegenübertritt, in ihm die unterschiedlichen Erwartungen, Bedürfnisse und Wünsche des sozialen Verhaltens ihre Einheit und ihr Ziel finden. Das Individuum fühlt sich an ein Höheres gebunden, „aus dem es fliesst und in das es fliesst, dem es sich hingiebt, aber von dem es auch Hebung

---

führlich nachgegangen." (19)
[569] Ein Problem der Religionsphilosophie 318.
[570] Vgl. Einleitung in die Moralwissenschaft 1, 43f.

5 Gottesbegriff und Religionsverständnis

und Erlösung erwartet, von dem es verschieden und doch auch mit ihm identisch ist"[571]. An keiner Stelle seiner religionstheoretischen Überlegungen zweifelt Simmel an der Überzeugung, dass all die Empfindungen, die sich in der Vorstellung Gottes wie in einem „focus imaginarius" begegnen, sich auf die Verhältnisse zurückführen lassen, die der Einzelne in Bezug auf seine Gattung besitzt, sowohl im Hinblick auf die vergangenen als auch die gegenwärtigen Generationen. Religionssoziologisch bedeutsam wird diese Bestimmung allerdings erst dadurch, dass die Verselbstständigung und Substanzialisierung der Gottesidee eine objektive Macht erzeugt, sie wirkt dann wieder „von sich aus auf die unmittelbaren Verhältnisse der Menschen untereinander zurück"[572].

Allerdings hat sich damit endgültig die Transzendenz Gottes in die Immanenz gekehrt, das Wort Gott wird damit zu einem wichtigen Interpretament sozialer und individueller Selbstverhältnisse, weil es keine Beziehung zu einer ganz anderen, uns unverfügbaren Welt indiziert, sondern lediglich zum eigenen Gegenüber. Die Transzendenz ist hier nicht mehr auf ein Jenseits bezogen, sondern kehrt sich in die Immanenz, „so dass eben *diese Immanenz der Transzendenz* zum eigentlichen Wesen des Lebens erklärt werden kann"[573]. Gott fungiert, wie es Horst Helle pointiert formuliert hat, als „oberstes Mitglied des Gemeinwesens"[574], das aber über die Objektivität der Religion gleichzeitig eine Autonomie gegenüber diesem Gemeinwesen besitzt. Daher lehnt Simmel nicht nur Feuerbachs Reduktion der Theologie in Anthropologie ab, sondern auch den umgekehrten Weg, den Menschen zu vergöttlichen, weil dadurch Instanzen nachträglich und gewaltsam zusammengebogen werden, „die innerhalb *ihrer* Ebene sich unvermeidlich *gegenüber*stehen müssen"[575]. Hier wäre die Grundstruktur der Wechselwirkung gänzlich außer Kraft gesetzt und damit die soziologisch zentrale Dimension der Religion, ihr Bezug auf die sozialen Realitäten des Lebens verfehlt.

Man wird Simmels Verständnis von Religion nicht gerecht, wenn man es auf ein rein soziologisches reduzieren wollte.[576] Selbst die reine Immanenz Gottes hat noch, wie alle Allgemeinbegriffe, einen transzendenten, der bloßen Diesseitigkeit entzogenen Charakter. Ähnlich wie für das Individuum kommt auch bei Gott die Grundüberzeugung des zweiten sozialen Apriori zur Geltung, dass Gott wohl eine Spiegelfläche gesellschaftlicher Verhältnisse ist, aber zugleich auch etwas darüber hinaus. Deshalb lässt sich das Religiöse bei Simmel (anders etwa als bei Durkheim) auch nicht in das Soziale hinein auflösen. Gott bleibt in dieser Grammatik zugleich ein Drittes, ein Zwischen, das weder der Imma-

---

[571] Einleitung in die Moralwissenschaft 1, 423.
[572] Zur Soziologie der Religion 271.
[573] Joas, Hans, Die Entstehung der Werte 123.
[574] Helle, Horst Jürgen, Soziologie und Erkenntnistheorie bei Georg Simmel 131 (dort ebenfalls unter Anführungszeichen).
[575] Zur Problem der religiösen Lage 374.
[576] Margarete Susman berichtet, dass Bernhard Groethuysen, einer von Simmels Lieblingsschülern, das Verhältnis seines Lehrers zum Absoluten mit dessen eigenen Worten formuliert habe: „Ich habe es nicht gesehen, aber es war da." (Susman, Margarete, Die geistige Gestalt Georg Simmels 4) Vgl. dazu auch Landmann, Michael, Georg Simmel. Brücke und Tür IX. Freilich sind solche nichtverifizierbaren Aussagen Dritter problematisch und nur mit Vorbehalt zu betrachten.

nenz noch der Transzendenz zugeschlagen werden kann.[577] Margarete Susman trifft gewiss einen wichtigen Aspekt, wenn sie schreibt: „Noch kein abendländischer Denker ist wohl je so weit in der Auflösung aller Transzendenz gegangen, daß aus dieser Auflösung selbst ein neuer Glaube, und zwar nun ein Glaube an das dem Menschen einwohnende Religiöse gewonnen worden ist. Nicht Religion als Glaube an ein Übersinnliches ist, was er suchte und fand, sondern Religion als Qualität eines religiösen Daseins. Es ist die reine Transzendenz ohne Jenseitsbegriff"[578]. Zugleich bleibt aber gültig, dass keine Religion ohne objektive Formen auskommt und mit ihrer Materialisierung eine autonome Gestalt erzeugt wird, die nicht mehr allein mit religiösen Begriffen beschrieben werden kann.

5.2 Funktionen und Leistungen der Religion

Simmels Religions- und Gottesverständnis, das von einer stark funktionalistischen Perspektive geprägt ist, entwickelt einen genauen Blick für die Leistungen und Vorzüge der Religion. Denn unabhängig von ihren rein innerweltlichen Entstehungsbedingungen und ihren konkreten Ausprägungen dient Religion einerseits der Freisetzung und Entfaltung individueller Kräfte, andererseits aber auch der Integration von divergierenden gesellschaftlichen Prozessen. Was der religiöse Glaube konkret für die Individuation des Menschen und die Entwicklung der Gesellschaft leistet, ist in kurzen Federstrichen noch abschließend zu bestimmen. Bemerkenswert erscheint auch hier, dass Simmel wieder auf Einsichten unterschiedlichster Wissensgebiete zurückgreift, auf Erkenntnisse und Reflexionsmuster der Religionsphilosophie, der Psychologie, der Ästhetik etc. Obwohl Simmels Arbeiten zur Religion insgesamt „durch einen fragmentarischen und heterogenen Charakter"[579] gekennzeichnet sind, ist in ihnen dennoch ein roter Faden erkennbar: Die soziologische Perspektive auf die Formen des Religiösen verknüpft die unterschiedlichen Ebenen, die ineinandergreifen und eine systematisch konzise Theorie erschweren. Dennoch lassen sich die wichtigsten Funktionen der Religion in vier Punkten zusammenfassen:

5.2.1 Repräsentation von Einheit, Förderung von Vertrauen

Eine der wichtigsten Funktionen der Religion und des Gottesgedankens, auf die Simmel immer wieder zu sprechen kommt, besteht in der Schaffung und Repräsentation von Einheit. Weil das gesellschaftliche Leben von dem universalen Prozess geprägt ist, dass sich die Beziehungen der Individuen zu geson-

---

[577] Vgl. dazu die Überlegungen bei: Kreß, Hartmut, Religiöse Ethik und dialogisches Denken, bes. 37-60.
[578] Susman, Margarete, Die geistige Gestalt Georg Simmels 32. Susman meint, „daß die allertiefste Grundlage von Simmels Denken die Mystik war" (8).
[579] Krech, Volkhard, Simmels Religionstheorie 4f.

derten und selbstständigen Funktionssystemen verdichten, die ein normierendes Eigenleben entwickeln, darin aber wieder auf die Menschen zurückwirken, bedarf es eines Symbols, das die Einheit dieser Differenzierungsprozesse erzeugt und versinnbildlicht. Recht, Moral, Ökonomie, Technik, alle großen Funktionssysteme sind dadurch entstanden, dass die Menschen ihre Wechselbeziehungen in einem bestimmten symbolischen Rahmen formalisiert und nach außen projiziert haben. Das Symbol Gott vermag innerhalb des religiösen Systems diese Einheit über alle Fragmentierungen hinweg darzustellen. Es ist aber für Simmel zugleich das einzige Symbol, das die bunten Mannigfaltigkeiten, alle Gegensätze und Verschiedenheiten des Seins und Sollens unter einem einzigen Dach versammeln kann. Auch wenn diese Einheit letztlich unerreichbar ist, so ist sie mit dem Symbol Gott zumindest postuliert. Entschiedener und umfassender als durch die Gottesidee lässt sich die Einheit der Dinge und Interessen nicht symbolisieren.[580] Am Begriff der Einheit offenbart sich eine bemerkenswerte „Formgleichheit"[581] von gesellschaftlichen und religiösen Phänomenen.

Aber damit allein wäre die Gottesidee noch nicht in ihrer fundamentalen sozialen Funktion erklärt. Hinzu kommt als wesentliche Voraussetzung die Struktur des Glaubensverhältnisses selbst, das als personale Beziehung weit über ein rationales Fürwahrhalten hinausgreift. Wenn der religiöse Mensch an Gott glaubt, dann bedeutet Glauben in erster Linie „ein bestimmtes innerliches Verhältnis zu ihm, eine Hingebung des Gefühles an ihn, eine Dirigierung des Lebens auf ihn zu"[582]. Diese Glaubensstruktur ist wiederum für das soziale Leben höchst bedeutsam. Ohne diesen rational nicht einholbaren Überschuss an Glauben und Vertrauen, wie er religiöse Verhältnisse kennzeichnet, würde das gesellschaftliche Zusammenleben auseinanderbrechen. Gesellschaften funktionieren nur deswegen, weil Menschen „über alles Beweisen hinaus, oft gegen alles Beweisen, an dem Glauben an einen Menschen oder an eine Gesamtheit festhalten"[583]. Diese Integrationsfähigkeit des Glaubens liegt für Simmel allerdings zu einem wesentlichen Teil am christlichen Gottesbegriff selbst, dessen absolute Transzendenz die Vereinigung äußerst unterschiedlicher Individuen ermöglicht. Das Wort Gott kann unterschiedlichste Zeiten und Kulturen überbrücken, es spannt die subjektiven und die objektiven Dimensionen des Lebens zusammen und ermöglicht dadurch, wiederum insbesondere in der christlichen Variante, „die sonst nicht oder nur knapp zusammenhängenden Elemente in eine Einheit"[584] zu bringen bzw. die Gegensätze insgesamt zu versöhnen. Volkhard Krech bezeichnet Simmels theistisches Gottesverständnis daher treffend als eine religiöse Chiffre, „mit der die Einheit des Seins und *zugleich* das individuierte Sein als eine Ganzheit symbolisiert wird"[585].

---

[580] Vgl. Zur Soziologie der Religion 277. Dieser Gedanke wird im folgenden Kapitel einen zentralen Platz einnehmen.
[581] Die Religion 77.
[582] Die Religion 70.
[583] Die Religion 73; Zur Soziologie der Religion 275.
[584] Soziologie 169.
[585] Krech, Volkhard, Religionstheorie 118.

Die Religion forciert Konkurrenzformen, die für die individuelle und gesellschaftliche Entwicklung ein höchst schöpferisches Potential zur Verfügung stellen. Auch wenn Religionen als Sozialgebilde nach außen auf dem Prinzip der Konkurrenz und des Wettbewerbs basieren, nach innen schließen sie diese geradezu aus.[586] Denn Konkurrenz muss nicht notwendig im Gegeneinander bestehen, im Kampf um ein bestimmtes Gut, das nur eine einzige Partei (von mehreren) erhalten kann. Sie gibt es auch im Nebeneinander, indem „jeder der Bewerber für sich auf das Ziel zustrebt, ohne eine Kraft auf den Gegner zu verwenden"[587]. Auch wenn die Konkurrenz in der ersten Bedeutung eine wichtige Schubkraft für den gesellschaftlichen Fortschritt und die ökonomische Entwicklung darstellt, so bedarf sie zu ihrer Korrektur und Ergänzung doch auch der alternativen Formen, wie sie vor allem für die Familie und die religiöse Gemeinde charakteristisch sind. Das System Familie schließt Konkurrenz im klassischen Sinne aus. Ähnlich können sich die Energien des Einzelnen fast nur auf dem religiösen Gebiet „voll ausleben, ohne miteinander in Konkurrenz zu geraten, weil nach dem schönen Worte Jesu für alle Platz in Gottes Hause ist"[588]. So liegt der psychologische Reiz der Religion letztlich darin, „dass sie in einem einheitlichen Rahmen und eigentlich durch einen einzigen Gedanken so sehr verschiedenartige Triebe und Erschütterungen darbietet: die Zerknirschung und die Erhebung; Gott gegenüber zu stehen und mit ihm vereint zu sein; die Furcht und die Hoffnung; das Leben für das Jenseits und die Regulative für das Diesseits."[589]

Nicht zuletzt hat die christliche Lehre von der unsterblichen und unendlich wertvollen Seele das Gleichheitsideal, das diese andere Form der Konkurrenz ermöglicht, sehr gefördert.[590] Gott gegenüber ist die Seele ganz auf sich allein gestellt – ihre Individualität die entscheidende Basis, darin aber jeder anderen gleich. Die Einzelnen sind nicht mehr bloß die Summe ihrer Eigenschaften, sondern ein jeder wird durch Persönlichkeit, Freiheit etc. zu einer absoluten Einheit. Die freie, für sich selbst existierende, Gott zugewandte und unendlich wertvolle Seele bildet mit allen anderen zusammen „ein homogenes, alles Beseelte restlos einschließendes Sein; die unbedingte Persönlichkeit und die unbedingte Erweiterung des Kreises der ihr gleichen sind nur zwei Ausdrücke für die Einheit dieser religiösen Überzeugung"[591]. In der Erweiterung des religiösen Kreises entstand zugleich „das religiöse Individuum mit seiner unbedingten Selbstverantwortlichkeit, die Religiosität des »Kämmerleins«, die Unabhängigkeit von jeglicher Bindung an Welt und Menschen gegenüber der einen, die in der unabgelenkten, unvermittelten Beziehung der Einzelseele zu ihrem Gott gegeben war – zu dem Gotte, der darum nicht weniger, ja gerade deshalb der »ihre« war, weil er gleichmäßig der Gott aller war"[592].

---
[586] Vgl. dazu: Soziologie 323-349.
[587] Soziologie der Konkurrenz 223.
[588] Die Religion 82; vgl. auch: 99; Soziologie der Konkurrenz 231; Zur Soziologie der Religion 279; Soziologie 334; Philosophie des Geldes 491.
[589] Einleitung in die Moralwissenschaft 1, 438.
[590] Vgl. dazu Soziologie 843.
[591] Soziologie 843f.
[592] Soziologie 837.

5.2.2 Definitiver Endzweck, Heil der Seele

Mit den nun folgenden Überlegungen begibt sich Simmel nun wieder explizit auf das Feld der Religionsphilosophie, deren Aufgabenbereich er dahingehend umschreibt, die (möglichen oder tatsächlichen) Glaubensinhalte zu reflektieren, unabhängig davon, ob sie geglaubt werden und real sind. Ein normativer Impetus liegt ihnen fern.[593]

Religion strukturiert das Bedürfnis nach einer allumfassenden, vollendeten Einheit, nach einem letzten, definitiven Ziel. Erstmals dürfte die griechisch-römische Welt diese Bedürfnisse, die Simmel zu den wichtigsten Merkmalen der menschlichen Kultur zählt, deutlich artikuliert und damit in den Existenzvollzug eingeschrieben haben, ohne aber die hochgesteckten Erwartungen nur annähernd erfüllen zu können. Dieses Defizit schlug mit wachsender Dauer in Resignation und Apathie um, die Welt fand „in der Breite des verworrenen Lebens keinen Sinn mehr"[594]. In dieser kritischen Lage bot das Christentum mit seiner Lehre vom Heil der Seele und der Botschaft vom Reich Gottes eine überzeugende Alternative, es gab dem Leben wieder einen absoluten Zweck, einen unbedingten Wert als definitives Ziel jenseits aller Fragmentarität und heillosen Gebrochenheit. Für jede einzelne Seele gab es einen Platz im Hause Gottes, und weil sie Träger des ewigen Heiles war, galt jede einzelne Seele, selbst die unscheinbarste und niedrigste ebenso wie die des Helden und Weisen, als unendlich wertvoll. Damit wurde sie allem bloß Relativen, jedem einfachen Mehr oder Weniger der Würdigung enthoben. „Indem das Christentum die Menschenseele für das Gefäß der göttlichen Gnade erklärte, wurde sie für alle irdischen Maßstäbe völlig inkommensurabel und blieb es."[595] Im Laufe der Moderne hat die Kategorie des Endzwecks nun ein Eigenleben entwickelt und sich von seinem ursprünglichen Kontext abgelöst. Das Bedürfnis nach einem Endzweck hat sich durch Gewohnheit und Dauer tief und nachhaltig in das Bewusstsein der Menschen eingegraben, sodass jetzt, im Plausibilitätsverlust des christlichen Deutungs- und Sinnhorizonts, die Inhalte sich zwar verflüchtigt haben, die Struktur aber immer noch existent ist. Die Sehnsucht nach einem definitiven Zweck des ganzen Daseins blieb, das Woraufhin verschwand: das Bedürfnis hat „seine Erfüllung überlebt"[596].

---

[593] Vgl. Die Persönlichkeit Gottes, insb. 292ff. Simmel vergleicht das Geschäft des Religionsphilosophen mit dem des Mathematiker, der mutatis mutandis mit den geometrischen Figuren ähnlich verfährt, unabhängig davon, „ob ihre Gegenbilder in dem realen Raum auffindbar sind und welche Rolle sie und ihre von ihm gefundenen Gesetzlichkeiten in den Prozessen des praktischen Bewußtseins spielen" (292).

[594] Vgl. Schopenhauer und Nietzsche 176ff (Zitat 178); ähnlich: Philosophie des Geldes 489ff.

[595] Philosophie des Geldes 492.

[596] Philosophie des Geldes 491. Dieser Gedanke erinnert an Nietzsches berühmte Bemerkung aus der *Götzen-Dämmerung*, dass die Moderne mit dem Tod Gottes wohl die Inhalte der Religion gekappt und geleert habe, deren Grammatik aber nach wie vor Denken und Wahrnehmung bestimmten: „Ich fürchte, wir werden Gott nicht los, weil wir noch an die Grammatik glauben…" (Friedrich Nietzsche, Götzen-Dämmerung (Werke 2, hg. v. Schlechta, Karl), München 1977, 960). Gegenwärtig wird dieser Faden vor allem von Slavoj Žižek weitergesponnen (Das fragile Absolute. Warum es sich lohnt, das Christentum zu verteidigen, Berlin 2000). Žižek deckt sich in seiner Analyse mit Simmels Diagnose, dass die Schwächung des religiösen Empfindens und

Allein auf dieser Basis vermochte Simmel der religiös hoch aufgeladenen, aber längst bedeutungslos gewordenen Rede vom Heil der Seele eine neue, religionsphilosophisch plausible Bedeutung abgewinnen. Simmel begreift diese Metapher im Kontext seines soziologisch geformten Religionsverständnisses als einen nach außen gelagerten Ausdruck für die höchste Einheit, zu der die unterschiedlichsten Kräfte der Seele hinstreben und die nur in Gott ihre Vollendung finden können. Aber dieses Höchste, das der Mensch anstrebt und zu dem ihn die göttlichen Forderungen rufen, stammt letztlich aus dem Innersten seiner Seele selbst.[597] Es wird nur realisiert und entfaltet, was im Bewusstsein längst vorhanden ist und zu einer sichtbaren Gestalt drängt. Die intendierte Vollendung der Seele fügt ihr nichts Neues hinzu, sondern aktualisiert lediglich das, was bereits in ihr schlummert. Denn in jedem Menschen „ruht potentiell, aber doch *wirklich*, das Ideal seiner selbst; die reine Form seiner, das, was er sein *soll*, durchdringt als eine ideelle Wirklichkeit die reale und unvollkommene"[598]. Gott ist daher auch nur ein anderer Name für das, was in jedem Menschen grundgelegt und wozu er von sich her bestimmt ist. Als ein Synonym für das Ziel und Streben eines jeden Menschen artikuliert sich im Wort Gott „die höchste Wirklichkeit, Quelle und Mündung für alle Ströme der Einzelexistenz, über und zugleich in allen Dingen lebend, das Allgemeinste und doch der eigenste Besitz jeder Seele"[599]. Religion übernimmt dann als eine ihrer vordringlichen Aufgaben, die Vollendung des in jedem Menschen schlummernden Kerns anzustreben, was zum Teil erklären könnte, warum das gegenwärtige Leben wieder intensiv nach Religion tastet. Mit dieser Reformulierung des klassischen Topos vom Heil der Seele wollte Simmel eine Antwort auf die Frage vorlegen, wie sich das Bedürfnis nach dem Absoluten erfüllen lässt, ohne sich des klassischen christlichen Lehrgebäudes bedienen zu müssen. Mag sein, so schreibt er abschließend, dass unsere tiefsten Lebensnöte dabei keine Lösung finden, aber vielleicht doch „eine Formulierung und den Trost, daß sie die Nöte der Menschheit von je gewesen sind"[600].

5.2.3 Aufrechterhaltung der Gegensätze

Für Simmel gibt es jedoch noch eine zweite Möglichkeit, wie sich der moderne, glaubenslos gewordene Mensch wieder der Religion annähern könne: über

---

das gleichzeitig lebhaft wiedererwachte Bedürfnis nach religiösem Empfinden als ein Korrelat des modernen Verlustes (religiöser) Endzwecke interpretiert werden können.
[597] Simmel betont, dass sich für diese Interpretation im Christentum einige, wenn auch nur sehr vereinzelte Spuren und Andeutungen finden lassen.
[598] Vom Heil der Seele 110. „Das Heil, das die Seele sucht, wäre nicht *ihr* Heil, sondern ein farbloses, ihr innerlich fremdes, wenn es nicht in ihr wie mit ideellen Linien vorgezeichnet wäre, wenn sie es nicht auf dem Wege zu sich selbst fände." (112) Erst wenn der Inhalt einer religiösen Forderung den Menschen zu dem freisetzt, was er von sich her ist, erst dann ist das Gebiet des religiösen Heils zugleich das Reich der Freiheit. Daher bedeutet „Heil der Seele" im Letzten das Herausringen dessen, „was ein jeder als sein *Eigenstes*, in der Idee schon Wirkliches, aber noch unrein Gestaltetes in sich birgt" (115).
[599] Vom Heil der Seele 109.
[600] Vom Heil der Seele 115.

die Vermittlung fundamentaler Gegensätze, die das fortschreitende Auseinanderfallen von subjektiver und objektiver Kultur wenn nicht aufheben, so doch zumindest entschleunigen kann. Das menschliche Leben hat Simmel insbesondere in den späten Schichten seines Schaffens als eigentümliche Zweiheit interpretiert, als einen tiefen Antagonismus, der die gesamte Existenz durchzieht.[601] Jede Epoche hat diesen anthropologisch grundlegenden Dualismus auf ihre Weise ausgetragen und gestaltet. Die griechische Philosophie formulierte die Spannungen und Gegensätze der Existenz entlang der beiden philosophischen Prinzipien des πάντα ρεῖ und des am anderen Ende wartenden, ewigen, in sich ruhenden absoluten Seins. Das Christentum fasste diesen Widerstreit entlang der Differenz von göttlichem und irdischem Prinzip, die Moderne schließlich im Gegensatz von Natur und Geist. In all diesen Gegensatzpaaren artikuliert sich ein doppeltes Bedürfnis der Menschen, das letztlich keine Versöhnung finden kann. Einerseits möchte das Leben seinen Sinn und seine Wahrheit ganz bei sich selbst, in der Ruhe und endlosen Weite seiner eigenen Persönlichkeit finden. Andererseits will es doch einen besonderen Platz im größeren Universum einnehmen, unverwechselbarer Teil eines Ganzen sein. So strebt das Leben beides zugleich an, volle individuelle Freiheit *und* Eingliederung in eine überindividuelle Ordnung, einem „Absoluten zuzugehören und zugleich selbständig zu sein, von jenem aufgenommen zu sein und es dann doch in sich aufzunehmen"[602]. In dieser möglichen oder unmöglichen Vermittlung von Einheit und Vielheit liegt für Simmel eine der großen philosophischen Fragestellungen überhaupt. Auch hier gelingt mit der Einbeziehung der Wechselwirkungskategorie ein interessanter Lösungsansatz, den er explizit auf der religiösen Ebene entfaltet, weil in ihr die Aufrechterhaltung *und* Versöhnung der Gegensätze am besten zu gelingen scheinen.

Religionsphilosophisch artikuliert sich dieses Differenzproblem im Spannungsverhältnis zwischen Monotheismus und Polytheismus. Auch in dieser Frage könnte das Wechselwirkungsparadigma als eine erprobte Struktur für eine gelingende Vermittlung von Einheit und Vielheit dienen, die sowohl auf das Individuum als auch auf die gesellschaftliche Ebene übertragbar ist. Der Pantheismus zielt auf eine letzte, endgültige Verschmelzung, denn in ihm gibt es „kein Hoch und Tief, kein Groß und Klein, kein Näher und Ferner mehr"[603], sondern nur das All-Eine, in dem jede Unversöhntheit und Fragmentarität aufgehoben sind. Wenn Gott wirklich allmächtig sein soll (eine der konstitutiven Eigenschaften jedes Gotteskonzepts) und nichts ohne seinen Willen geschieht, so kann auch nichts außerhalb seiner sein, ist er letztlich „das Sein und Werden aller Dinge"[604] selbst. Allerdings ist diese Einheit um einen hohen Preis erkauft. Wenn nämlich Gott und Welt eins sind, jede Differenz in ihm eingeschmolzen ist, dann besitzt Gott keine Macht mehr, seine Wirksamkeit findet enge Grenzen, weil ihm ein Gegenüber fehlt, an dem er seine Kraft demonstrieren könnte. Hier ist die Wechselwirkung zwischen Gott und Welt

---

[601] Vgl. dazu v.a. Soziologische Aesthetik, 197ff.
[602] Ein Problem der Religionsphilosophie 319.
[603] Vom Pantheismus 85; vgl. auch: Die Religion 104ff.
[604] Vom Pantheismus 86.

vollständig ausgeschaltet, Gott erscheint nur als eine einsame, absolute Monade. Umgekehrt hinterlässt die vollkommene Einheit in der menschlichen Seele eine Leere, denn es ist „das Wesen der religiösen Stimmung, daß sie, in aller Sicherheit und Meeresstille, doch noch ihren Gott *suche*"[605]. Das Leben würde also viel an Kraft einbüßen, ja sich vielleicht sogar selbst verfehlen, hätte es kein Gegenüber, dem es sich in Leidenschaft hingeben könnte, keine unüberwindbare Schranke, die zu überwinden es sich dennoch lohnen würde. Die menschliche, religiöse Seele sucht also die Ganzhingabe an Gott und die vollkommene Einheit mit ihm, aber wirklich zu Ende gedacht, ließe die Erfüllung der Welt kein eigenständiges Sein mehr, saugte die vollkommene Einheit die Differenz und Vielheit in sich auf. Die Allmacht würde in ihr Gegenteil umschlagen und in die Selbstnegation führen. Daher gehört der Pantheismus „zu jenen End- und Höhepunkten, denen unsere inneren Entwickelungen zwar ohne inneren Widerspruch zustreben, die sie aber nicht ohne einen solchen erreichen können"[606]. Der Glaube an Gott und die Hingabe an ihn, Konstitutiva des Monotheismus, treiben in die Richtung Pantheismus, an dessen Ende aber nicht die absolute Erfüllung, sondern eine leere Einheit wartet, weshalb er wieder eine Gegenbewegung hin zum Monotheismus auslöst. Dadurch setzt sich ein permanenter Kreislauf des Gebens und Nehmens, des Strebens und Lassens, der Einheitssuche und der Differenz in Gang, dessen Ziel nicht die Versöhnung beider, sondern gerade das Offenhalten dieser Differenz ist. Denn in einem solchen religiösen Verhältnis besteht die Einheit nicht als Alternative zur Differenz, sondern *in* ihr: „Einheit als Wechselwirkung"[607]. Gott ist eine Metapher und ein Symbol dieser Einheit in Differenz, er „kann also nichts anderes sein als der Träger dieses Zusammenhanges, die Wechselwirkung der Dinge, aus diesen durch die religiöse Grundenergie herausgehoben, gleichsam auskristallisiert zu einem besonderen Wesen, zu dem Punkte, in dem alle Strahlen des Seins sich treffen, durch den aller Kräftetausch und alle Beziehungen der Dinge hindurchgehen"[608]. Religion ist eine Form, diese produktive Spannung und Bewegung auszutragen, nicht im Sinne einer Versöhnung oder Aufhebung, sondern im Fokus auf ihre Gestaltung, auf das Offenhalten des Raumes, in dem die Bewegungen des Lebens sich entfalten können. Da jede Beziehung zum Unendlichen, „sowohl die des Gegenüberstehens wie die der Einheit, aus sich heraus und der andern zuführt, ist jene Unendlichkeit der inneren Bewegung da, in deren Form allein ein Strahl eines Unendlichen uns gewährt ist"[609]. Die Mystik, die das Verschmelzen mit der Gottheit anstrebt und die Vielheit sowie Fremdheit der Dinge in die göttliche Einheit überführen möchte, zählt für Simmel zu den herausragenden religiösen Erscheinungen. Sie ist eine not-

---

[605] Vom Pantheismus 87.
[606] Vom Pantheismus 89.
[607] Die Religion 105. Hier knüpft Simmel an den in der Soziologie entwickelten Einheitsbegriff an: „Dies eben nennen wir *ein* Wesen, dessen Elemente durch wechselseitig ausgeübte Kräfte aneinander haften, und wo das Schicksal eines jeden mit dem jedes anderen zusammenhängt." (105)
[608] Die Religion 105.
[609] Vom Pantheismus 91; ähnlich: Die Gegensätze des Lebens 297.

wendige Bewegung, ein unersetzlicher Versuch, die Gegensätze des Lebens aufzuheben. Zugleich wird die Mystik durch eine noch wesentlichere Leistung der Religion umfangen und begrenzt, indem aus ihr ebenso die Kraft erwächst, die fundamentalen Spannungen des Lebens offen zu halten, die Gegensatzpaare und Widersprüche nicht einzuebnen, sondern ihnen „gleichmäßigen Raum zu geben"[610].

Diesen religionsphilosophisch grundierten Gedanken der Einheit in der Differenz hat Simmel noch mit weiteren ungewöhnlichen Reflexionen über die Persönlichkeit Gottes angereichert. Nach einer eingehenden Analyse des Persönlichkeitsbegriffs werden die Möglichkeiten seiner Transformation auf Gott hin diskutiert. Die menschliche Persönlichkeit, so Simmel, wird vor allem durch zwei fundamentale Ereignisreihen konstituiert. Zum einen durch die permanente Wechselwirkung der psychischen Elemente insgesamt, weshalb dann Persönlichkeit „ein Sich-Durchdringen, eine funktionale Angleichung, ein Übertragen, Sich-Beziehen, Sich-Verschmelzen innerhalb des Umkreises aller Vorstellungsinhalte überhaupt"[611] bedeutet. Im Gegensatz zu den isoliert betrachteten seelischen Elementen begreifen wir die »Persönlichkeit« deshalb als „das Geschehen, das wir mit dem Formsymbol der Wechselwirkung unter allen Elementen bezeichnen"[612]. Wenn unterschiedlichste Kräfte gebündelt werden, in der Einheit eines Menschen zusammenkommen, sprechen wir von einer Persönlichkeit.

Als zweites wesentliches Kennzeichen kommt nun hinzu, dass die Persönlichkeit des Menschen nicht nur durch Einheit, sondern im gleichen Maße auch durch Differenz bestimmt ist. Mit ihr und durch sie vollendet sich erst die Individualität, die deshalb nicht bloß die „Einheit ihrer Elemente und Geschlossenheit in sich [repräsentiert] – sondern zugleich Abhebung in und gegen sich selbst"[613] ist. Es zählt für Simmel zu den herausragenden Eigenschaften des Erkennens, dass es sich selbst gegenübertreten, sich in einem Dritten zum Objekt erheben kann. Selbstbewusstsein setzt immer Zweiheit und Differenz voraus. Zusammen mit der Einheit der Wechselwirkung strukturiert sie das Ganze unserer Persönlichkeit. Von einer Persönlichkeit in ihrem allgemeinsten Sinne können wir dann sprechen, wenn „ein Teil eines Ganzen sich diesem Ganzen gegenüberstellt, in dem er doch zugleich enthalten ist"[614]. Daraus zieht

---

[610] Die Gegensätze des Lebens 296.
[611] Die Persönlichkeit Gottes 295.
[612] Die Persönlichkeit Gottes 296. Das schließt nach rückwärts die Erinnerung als eine subjektive Kategorie mit ein. Die objektive Kausalität wird durch die Erinnerung zu einem subjektiven Geschehen, das auf die Gegenwart einwirkt: „die einsinnige, nur vorwärts drängende Kausalität der Zeit wird innerhalb des seelischen Lebens zu einer Wechselwirkung". In der Erinnerung geschieht das scheinbar Paradoxe, „daß die Gegenwart auf die Vergangenheit ebenso wirkt, wie die Vergangenheit auf die Gegenwart" (Die Persönlichkeit Gottes 294).
[613] Ein Problem der Religionsphilosophie 317. Die Persönlichkeit Gottes ist nicht als Einheit schlechthin zu denken, sie ist vielmehr beides, Einheit und Wechselwirkung in einem, wie die selbstbewusste Persönlichkeit: „sich in sich selbst zu trennen und damit ein Gegenüber zu gewinnen, das Bewegung, Wirksamkeit, Leben ist, und doch in der eigenen Einheit beschlossen bleibt" (Die Persönlichkeit Gottes 304).
[614] Ein Problem der Religionsphilosophie 318. Daher kann man mit Recht sagen, dass durch diese Struktur des Ausgriffs die Transzendenz dem Menschen immanent ist: „Indem das Ich nicht nur

Simmel wiederum den Schluss, der durch seine soziologischen Reflexionen über Individuum und Gesellschaft vorbereitet und religionssoziologisch bereits entfaltet wurde: Wie sich der Mensch zu sich selbst verhält, so verhält er sich nicht nur der Gesellschaft gegenüber, sondern auch zum Ganzen des Universums. Der Mensch ist Teil des Universums – und ihm doch zugleich gegenüber. In gewisser Weise wiederholen wir das Schicksal des Weltganzen, das uns einschließt und gegen das wir uns doch abheben. Indem wir also „diese Bedeutung und Form der Existenz des Universums gleichsam von ihrem Stoff lösen, nennen wir sie Gott: indem er als der Sinn und die Kraft des Ganzen gedacht wird, ist er das, was an diesem Ganzen „Persönlichkeit" ist"[615]. Unter den Bedingungen dieser Welt lässt sich eine vollkommene, anfangslose Wechselwirkung nicht realisieren, die Menschen bleiben in ihren Beziehungen stets hinter ihren eigenen Möglichkeiten zurück. Für Simmel artikuliert sich hier eine weitere anthropologische Konstante: „[D]auernd ist der Mensch nicht Einheit, dauernd kann er seine seelischen Inhalte nicht in eine sich selbst genügende, in sich geschlossene Wechselwirkung bringen. Also ist der Mensch nur eine unvollkommene Persönlichkeit oder, anders ausgedrückt, er ist nur ein unvollständiger Organismus."[616] Erst in einem vollkommenen Organismus stehen die Teile in reiner Wechselwirkung, existieren sie für das Ganze und existiert das Ganze um seiner Teile willen. Der Begriff Persönlichkeit ist dann, so Simmel, „die geistige Aufgipfelung der körperlichen Organisation"[617]. Es gibt jedoch nur einen einzigen vollständigen Organismus, nur eine einzige wirkliche Einheit, und das ist für Simmel die Gesamtheit des Seins. Sie allein besitzt die „völlige Selbstgenügsamkeit und rein innerlich spielende Wechselwirksamkeit aller Elemente"[618], sie hat nichts außer sich, von dem sie (Ein)Wirkungen empfangen, nichts worauf sie einwirken könnte, sie ist reine Wechselwirkung, das Ganze der Teile selbst. Mit dem Begriff *Persönlichkeit Gottes* drücken wir genau diesen Charakter des Gesamtseins aus, projizieren wir diese Struktur auf einen (persönlichen) Gott, den wir als Vollendung des Lebens, als Zusammenfall der Gegensätze denken, als selbstgenügsame Exis-

---

sich selbst sich gegenüberstellt, sich, als das wissende, zum Gegenstand seines eigenen Wissens macht, sondern auch sich wie einen Dritten beurteilt, sich achtet oder verachtet, und sich damit auch *über* sich stellt, überschreitet es dauernd sich selbst und verbleibt doch in sich selbst, weil sein Subjekt und Objekt hier identisch sind" (Lebensanschauung 223).

[615] Ein Problem der Religionsphilosophie 318. Daher kann Simmel schreiben: „Die große Dunkelheit des Denkens: wie es, als ein in sich selbst verbleibender Prozeß, doch einen *Gegenstand* haben könne, wie es mit der reinen Subjektivität seines Ablaufes doch ein ihm Gegenüberstehendes in sich einziehen könnte – ist dadurch aufgehellt, daß es dieses Insich und Außersich, diese Geschlossenheit und den Einschluß des Gegenüber schon, als Selbstbewußtsein, in sich selber hat, daß die Identität von Subjekt und Objekt die Form seines eigenen Lebens ist." (Die Persönlichkeit Gottes 304) Indem also die Persönlichkeit Zentrum und Peripherie, Ganzheit und Teile zugleich bedeutet, ist die Persönlichkeit Gottes „nicht der Widerspruch gegen den Pantheismus, sondern nur gleichsam der *lebendig* gewordene Pantheismus selbst" (Die Persönlichkeit Gottes 301).

[616] Ein Problem der Religionsphilosophie 313.
[617] Ein Problem der Religionsphilosophie 313.
[618] Ein Problem der Religionsphilosophie 314.

tenz, als „eine in sich geschlossene Einheit"[619]. Sie ist gleichsam das Andere der Differenz. Auch hier bedeutet Einheit nicht das Gegenteil von Vielheit, sondern die Form, in der sich die Vielheit präsentiert und zum Tragen kommt: Einheit ist *in* der Differenz, Differenz *in* der Einheit. Dieser Antagonismus, ganz bei sich selbst und zugleich Teil des Ganzen sein zu wollen, lässt sich daher begreifen als die Form, durch die das menschliche Leben seine Kraft und seine Fähigkeit der Expression bezieht. Wie der Mensch, um Persönlichkeit zu sein, sich in sich selbst gegenübertreten muss, so ist die Persönlichkeit Gottes „der Ausdruck für die Funktion, die er der Seele gegenüber üben muß, um jenes Doppelbedürfnis zu stillen"[620] bzw. zu vermitteln. Der Religion kommt deshalb eine zweifache Aufgabe zu, einerseits die Entzweiung des Menschen zu überwinden (auch wenn dies letztlich nicht möglich ist), andererseits in dieser (intendierten) Versöhnung nicht zu verharren, sondern sie als permanenten Auftrag zu begreifen, die Dynamik des Lebens in den Wechselwirkungsprozessen stets von neuem in Gang zu setzen.[621]

5.2.4 Stärkung und Entfaltung des inneren Lebens

Damit ist die Religion zu ihrer vierten und wohl entscheidensten Aufgabe in der modernen Kultur vorgedrungen. Für Simmel will sich alles religiös bestimmte und verstandene Leben „unmittelbar als religiöses aussprechen, nicht in einer Sprache mit gegebenem Wortschatz und vorgeschriebener Syntax"[622].

---

[619] Ein Problem der Religionsphilosophie 316. Daher ist für Simmel auch das göttliche Prinzip „nicht als Einheit schlechthin zu denken", denn es steht „unter demselben kategorialen Problem wie die selbstbewußte Persönlichkeit: sich in sich selbst zu trennen und damit ein Gegenüber zu gewinnen, das Bewegung, Wirksamkeit, Leben ist, und doch in der eignen Einheit beschlossen bleibt" (Die Persönlichkeit Gottes 304). Simmel betont daher: „Daß wir Gott als Persönlichkeit bezeichnen, ist keineswegs, wie die flache Aufklärung es darstellt, eine kindliche Übertragung menschlicher Beschränktheit, ein Gestalten Gottes nach unserem Bilde, sondern gerade das Gegenteil davon." (Ein Problem der Religionsphilosophie 314) Zur Kritik an diesem Verständnis der Persönlichkeit Gottes vgl. Kreß, Hartmut, Religiöse Ethik und dialogisches Denken 52ff; Kreß hinterfragt vor allem drei Punkte: (1) Ist die vollkommene Persönlichkeit tatsächlich die in sich selbst ruhende, deren Wechselwirkung eine gänzlich geschlossene wäre; (2) inwiefern sind Aussagen über das Wesen Gottes religionsphilosophisch möglich und plausibel?; (3) inwiefern ist die Arbeitsteilung, gemäß der der Philosophie die inhaltliche Bestimmung des Gottesgedankens zukomme, der Glaube an die Realität Gottes jedoch der Religion anheimfalle, zulässig?

[620] Ein Problem der Religionsphilosophie 319. Ähnlich auch in: Die Persönlichkeit Gottes 304ff.

[621] Simmels Aussagen bleiben gegenüber der Frage, ob der Religion letztlich nicht doch eine Versöhnung gelingen könne, uneinheitlich. Vgl. dazu etwa: Die Gegensätze des Lebens 302. Mit Bezug auf die lebensphilosophische Rekonstruktion formuliert Krech die These, dass „nur Religion als »Lebensmacht« die Gegensätze des Lebens zwischen Form und Inhalt beziehungsweise Prozeß, zwischen objektiver und subjektiver Kultur, zwischen Wirklichkeit und Wert symbolisiert und zugleich zu versöhnen in der Lage ist" (Krech, Volkhard, Simmels Religionstheorie 142). Für Krech vermittelt die Religion (wir sind in der lebensphilosophischen Schicht) zwischen den zentrifugalen und zentripetalen Kräften (157).

[622] Der Konflikt der modernen Kultur 204. Auch wenn der Religion nicht unbedingt eine Lösung des Problems zwischen Sein und Sollen, Ideal und Wirklichkeit, Subjekt und Objekt gelingt, so hat sie „doch zum mindesten dessen Formulierung zum Gegenstand; und von daher ist es zu

Die Religion (im Sinne von Religiosität) ist daher auch kein fertiges Ereignis, keine feste Substanz, sondern ein lebendiger Prozess, den die Seele in jedem Augenblick immer neu hervorbringen muss. Ihre Kraft, Tiefe und Aufgabe erfährt sie in ihrer zielstrebigen Intention, die objektiven Ausformungen „fortwährend in den Fluß des Gefühles zu ziehen, dessen Bewegungen es stets neu zu formen haben, wie die stets wechselnden Wassertröpfchen doch das feste Bild des Regenbogens erzeugen"[623]. Damit ist weder die Frage nach einer objektiven Wahrheit berührt, noch irgendetwas über den Plausibilitätsgehalt der psychologischen Entstehungstheorien selbst ausgesagt.[624] Es geht allein um die Kraft, die in der Religion als Lebensform steckt. Dem religiösen Menschen bleibt als großes Ziel die vornehme Aufgabe, all seine nach außen gerichteten Energien und Kräfte wieder ganz im Inneren der subjektiven Existenz zu versammeln. Mag auf der einen Seite die Objektivität der religiösen und kirchlichen Tatsachen stehen, eine in sich geschlossene, nach eigenen Gesetzen gebaute Welt, die in ihrem Sinn und Wert dem Individuum ganz gleichgültig gegenübersteht – so ist diese Objektivität doch relativiert und aufgehoben in seinem größeren und mächtigeren Gegenüber: durch die Religiosität, die Simmel „ausschließlich in das innere Leben des Subjekts verlegt"[625]. Auch wenn die Transzendenzen und Kulte metaphysische Wirklichkeiten sein sollten, so liegt doch „alles religiös Bedeutsame […] jetzt ganz und gar in den Beschaffenheiten und Bewegtheiten der Einzelseele"[626]. Niemals würde „die Empirie transzendent geworden sein, wenn nicht die religiöse Lebensbewegtheit als apriorische Kategorie und Kraft zugrunde läge und das Gegebene nach *ihrem* Gesetz, aber nicht nach einem in *jenem* zu findenden, über sich hinaus triebe"[627]. Wenn Religion als dieser grenzenlose Entwicklungsprozess verstanden wird, der auf die Versöhnung aller Gegensätze zielt und sie zugleich offen hält, vermag sie in der religionslos gewordenen Moderne vielleicht wieder jene Bedeutung zu gewinnen, die ihr durch die Konzentration auf die inhaltlichen, dog-

---

verstehen, daß sich das Leben »unmittelbar als religiös aussprechen« will" (Krech, Volkhard, Religionstheorie 157). Für Simmel sei die Religion jenes Kulturgebilde, das vielleicht neben der Kunst „als einziges dazu in der Lage ist, zwischen objektiver und subjektiver Kultur zu vermitteln" (164). Der Religion fällt die Aufgabe zu, die Differenzerfahrungen zwischen psychischem Bewusstsein und Vergesellschaftungsformen zu thematisieren und mit ihren Symbolen zu vermitteln (253).

[623] Zur Soziologie der Religion 285. Simmel ist sogar überzeugt, dass in der Tiefe der modernen Kultur die Entwicklung dahin dränge, „die Glaubensgebilde in das religiöse *Leben*, in die Religiosität als eine rein funktionale Gestimmtheit des inneren Lebensprozesses aufzulösen, aus der jene emporgestiegen sind und noch immer emporsteigen" (Der Konflikt der modernen Kultur 202).

[624] Simmel kritisiert die These, dass mit den Entstehungstheorien von Religion zugleich ihr Geheimnis verloren gegangen sei und betont: „[D]ie Gefühlsbedeutung der Religion, das heißt, die in das innerste Gemüth zurückstrahlende Wirkung der Vorstellungen vom Göttlichen ist völlig unabhängig von allen Annahmen über die Art, wie diese Vorstellungen zustande gekommen sind." (Zur Soziologie der Religion 286)

[625] Rembrandt. Ein kunstphilosophischer Versuch (GSG 15, 305-515) 451.

[626] Rembrandt 451. Für Simmel ist Rembrandt daher ein Paradigma der (neuen) Religiosität, weil er seine Religiosität ganz aus sich heraus entwickelt und begreift.

[627] Die Religion 113.

matischen Ausprägungen verloren gegangen ist. Sie muss dabei nur herausholen, was ohnehin vorhanden ist. Denn die „Religion quillt aus dem Überschwang der Seele, die für ihr Glück nicht in sich selbst Platz hat, sondern es gleichsam aus sich herauswerfen muß ins Unendliche, um es von da zurückzuerhalten"[628]. Für diese Dynamik des Lebens existiert keine überzeugendere Grammatik bzw. keine bessere Ausdrucksmöglichkeit als die symbolische Form der Religion, die wie alle Ausprägungen der modernen Kultur stets gefährdet ist, zum Dogmatismus zu erstarren, die Objektivität von der Subjektivität zu entkoppeln und damit all jene Quellen trocken zu legen, aus denen sie doch so reichlich und unermesslich schöpfen könnte.

Simmel betont, dass die Mehrzahl der Menschen es bisher nicht geschafft habe, den Gott in sich selbst zu entdecken und ihn deshalb stets außerhalb ihrer eigenen Existenz gesucht hätte. Die überzeugenden, „stark religiösen Menschen der historischen Gläubigkeiten hatten ihn in sich und außer sich"[629] zugleich. Wenn die moderne Kritik den Menschen nun ihren Gott raubt, so hätten die, für die er etwas rein Objektives, gleichsam allein Äußerliches darstellt, alles verloren, während die anderen, die Gott in ihrem eigenen Sein suchen und entdecken, immer noch die Quelle und den unbändigen Wert bewahren würden. Und so komme alles darauf an, „die Wendung zu der religiösen Gestaltung des Lebens selbst [zu vollziehen]; die Wendung, mit der alle überweltliche Sehnsucht und Hingabe, Seligkeit und Verworfensein, Gerechtigkeit und Gnade nicht mehr gleichsam in der Höhendimension über dem Leben, sondern in der Tiefendimension innerhalb seiner selbst gefunden wird"[630].

6 Ein Desiderat: die Verknüpfung unterschiedlicher Diskurse

Die bisherigen Untersuchungen haben gezeigt, dass Simmel am Begriff und an der Funktionsweise des Geldes die Ökonomie als eine eigene symbolische Form interpretiert, als ein spezifisches Weltverhältnis mit bestimmten Regelsystemen, normativen Interpretationsmustern und dominanten Wertsphären. Dieser autonomen Symbolwelt gelingt es wie keiner anderen, den eigenen Einflussbereich auszudehnen und den der übrigen zu reduzieren. Die wachsende Expansion lässt sich allerdings nicht allein mit ökonomischen und geldtheoretischen Kategorien beschreiben bzw. erklären. Dazu bedarf es auch philosophischer und soziologischer Reflexionen, wie Simmel in seiner *Vorrede* zur *Philosophie des Geldes* deutlich macht: Für das Verständnis moderner Gesellschaften und ihrer verschiedenen Funktionssysteme ist nicht nur nach den gesellschaftlichen Bedingungen der Erkenntnis und des Bewusstseins zu fragen, sondern auch die gegenüberliegende Perspektive in das Reflexionsgeschehen aufzunehmen. Sie

---
[628] Die Gegensätze des Lebens und die Religion 301.
[629] Das Problem der religiösen Lage 382.
[630] Das Problem der religiösen Lage 383.

erfordert den umgekehrten Weg, indem sie nach den anthropologischen Prärogativen und Voraussetzungen des Geistes fragt, die es überhaupt erst ermöglichen, solch hochdifferenzierte gesellschaftliche Funktionssysteme zu entwickeln. In „endloser Gegenseitigkeit"[631] befragt unsere Erkenntnis die Überzeugungen, Werthaltungen und ideellen Gebilde der objektiven Kultur auf ihre sozialen und wirtschaftlichen Entstehungsbedingungen bzw. Entwicklungen hin, wie sie umgekehrt in der Ökonomie die geistesgeschichtlichen Tiefen zu entdecken sucht, wobei auch diese wiederum von einem ökonomischen Unterbau getragen werden; daraus erwächst ein tendenziell unendlicher Prozess des wechselseitigen Fragens und Begründens, der These und Antithese. Die Wechselseitigkeit der Perspektiven ist bereits durch die Mehrdimensionalität des Gegenstandes erforderlich. So ist die im Wirtschaftssystem grundlegende Kategorie des Tausches „keineswegs nur eine nationalökonomische Tatsache"[632], sondern lässt sich ebenso auf ihre psychologischen, historischen, ethnologischen, moralischen oder auch religiösen Momente hin entschlüsseln. Geld und Ökonomie sind daher nicht nur eine Fragestellung für die Wirtschaftswissenschaften, sondern eben auch für Philosophie, Politik, Soziologie, Religion etc. In all den verschiedenen Symbol- und Funktionssystemen werden die entsprechenden Gegenstände und Probleme nach den Regeln der in ihnen gültigen Erkenntnisformen und Paradigmen untersucht. Simmel wendet sich der Religion als Philosoph und Soziologe zu, indem er sie als ein „objektives und autonomes Kulturgebilde mit eigenen Inhalten und Institutionen"[633] analysiert, das ein eigenes Regelsystem entwickelt, spezifische Erkenntnisprinzipien ausformuliert und eingespannt ist in die allgemeine Dynamik und Relativität des menschlichen Lebens. Dabei führt Simmel explizit keinen religiösen oder theologischen Diskurs, sondern interpretiert und beschreibt die Religion als ein soziales Geschehen, das im Individuum selbst seinen Ursprung und sein Ziel findet, seine Plausibilität und gesellschaftliche Relevanz in den inneren Einstellungen und äußeren Formen der Praxis findet.

Die erkenntnistheoretischen und problemgeschichtlichen Reflexionen über den zentralen Wechselwirkungsbegriff und das ihm zugrunde liegende Wahrheitsverständnis konnten den Boden aufbereiten, um einen genuin ökonomischen (Geld) mit einen genuin theologischen Diskurs (Gott) zu vermitteln. Simmel hat in seinem beeindruckenden Œuvre diese beiden Symbolsysteme philosophisch und soziologisch analysiert, aber kaum mit einer echten Außenperspektive, mit einem klassischen ökonomischen oder theologischen Diskurs konfrontiert und verknüpft. Es gab wohl leise und zaghafte Versuche, den vielen Verbindungslinien zur Nationalökonomie auf die Spur zu kommen. Er pflegte Kontakt mit namhaften Wirtschafts- bzw. Staatswissenschaftern und nahm auch immer wieder auf wichtige Literatur Bezug. Der ökonomische Diskurs blieb ebenso wie der theologische ein soziologisch bzw. (religions)philosophisch geprägter und überformter Diskurs. Was aus heutiger

---

[631] Philosophie des Geldes 13.
[632] Philosophie des Geldes 11.
[633] Krech, Volkhard, Simmels Religionstheorie 94.

Sicht als Desiderat erscheinen mag, erweist sich in synchroner Perspektive als eine epochale Leistung. Wie kaum jemand vor (und nur wenige nach ihm) konnte Simmel Ökonomie, Religion, Geschichte, Ethik etc. auch als philosophisch und soziologisch höchst relevante Problemstellungen entziffern. Die Entdeckung der Gesellschaft als eigenständiger Untersuchungsgegenstand hat wesentlich dazu beigetragen, die Grenzlinien der klassischen Diskurse neu zu vermessen und die Suche nach Übergängen zu intensivieren. Freilich blieb der Rahmen noch innerhalb des soziologischen und mit ihm auch des philosophischen Fragehorizonts. Die Wechselwirkung zwischen Religion und Ökonomie betraf allein die Beziehungen der Elemente und Begriffe *innerhalb* des philosophisch und soziologisch abgesteckten Bedeutungsfeldes bzw. Symbolsystems, nicht aber die Relationen *zwischen* diesen. Was fast vollständig entfiel, war die Auseinandersetzung mit einschlägiger theologischer Literatur, die für Simmels Religionstheorie kein relevantes Außen bildete. Die einzige, dafür umso stärker herausragende Ausnahme bildete Meister Eckhart, mit dessen Mystik sich Simmel intensiv beschäftigte.[634] Wo ansatzweise Verbindungslinien zu einem theologischen Diskurs sichtbar wurden, da hat Simmel, wie im folgenden Kapitel noch zu zeigen sein wird, die weiteren Reflexionen abgebrochen, da ist er auf die unverfängliche Kategorie der Analogie ausgewichen. Doch die Analogie bezeichnet keine klassische Relativität, sondern lediglich ein Entsprechungsverhältnis, das an keinem Punkt innerhalb oder außerhalb des Koordinatensystems zu Überschneidungen führt. Simmel entwickelte seine Philosophie des Geldes noch erkennbar in den Spuren des Neukantianismus, der dann durch Ernst Cassirer in gewisser Weise überwunden und theoretisch fundiert wurde. Die spätere Rezeption hat diese wichtige Weichenstellung des philosophischen Denkens umfassend rekonstruiert.[635] Der Wechsel vom Substanz- zum Funktionsdenken, der bereits Simmels mittlere und späte Schaffensphase prägte, war das große Leitmotiv von Cassirers *Philosophie der symbolischen Formen*.[636] In ihr fand diese Umstellung ihre überzeugendste theoretische Begründung. Nach Cassirer basiert unser wissenschaftliches Erkennen nicht auf einer zeitlos vorgegebenen, apriorisch fest gefügten Struktur des Geistes, sondern auf einer Vielzahl von unterschiedlichsten For-

---

[634] Dies schlägt sich insbesondere in dem großen Vortragszyklus von 1906/07 *Schopenhauer und Nietzsche* (GSG 10, 167-408) und im Spätwerk über *Rembrandt* (GSG 15, 305-515) nieder (vgl. dazu Krech, Volkhard, Simmels Religionstheorie 211-222). Simmel schreibt in einem Brief vom 29. Dezember 1911 an Heinrich Rickert: „Seit kurzem beschäftige ich mich wieder mit *Meister Eckhart* u. bin wieder von der Tiefe u. Freiheit dieses Geistes völlig überwältigt. Deutschland hat weitere u. differenziertere Geister hervorgebracht; ob es je einen tieferen, konzentrirteren, wurzelechteren erzeugt hat, ist mir zweifelhaft." (GSG 22, 1021)

[635] Vergleiche dazu Schwemmer, Oswald, Ernst Cassirer. Ein Philosoph der europäischen Moderne, Berlin 1997. Schwemmer steht der Einordnung Cassirers in den Neukantianismus kritisch gegenüber.

[636] Cassirer, Ernst, Philosophie der symbolischen Formen, 3 Bände, Hamburg 2001-2002 (EA: 1923, 1925, 1929; in der neu von Birgit Recki im Felix-Meiner-Verlag herausgegebenen Gesamtausgabe sind dies die Bände 11-13; ECW: Gesammelte Werke, Hamburger Ausgabe). Nicht zufällig macht bereits eine frühe Schrift (1910) den Titel zum Programm: *Substanzbegriff und Funktionsbegriff. Untersuchungen über die Grundfragen der Erkenntniskritik* (ECW 6, Hamburg 2000).

men, Welt zu verstehen und zu deuten. Diese werden von den Menschen geschaffen, erprobt, immer wieder verändert und sind dennoch zugleich auch vorgegeben. Sie sind meist kognitiver, emotiver oder ästhetischer Natur, besitzen aber auch eine stark pragmatische Dimension, insofern sich der Mensch die Welt nicht nur denkend und reflektierend, sondern immer auch handelnd aneignet: „Die Philosophie der symbolischen Formen richtet ihren Blick nicht ausschließlich und nicht in erster Linie auf das rein wissenschaftliche, exakte Welt*begreifen*, sondern auf alle Richtungen des Welt*verstehens*. Sie sucht dieses letztere in seiner Vielgestaltigkeit, in der Gesamtheit und in der inneren Unterschiedenheit seiner Äußerungen zu erfassen."[637] Die Symbolsysteme sind spezifisch für den Menschen, sie bilden neben dem auch im Tierreich vorhandenen Merknetz und Wirknetz das dritte Verbindungsglied, das unser gesamtes Dasein strukturiert und verändert, weil es ihm eine eigene, weitere Dimension hinzufügt. Dieser Prozess ist nicht mehr umkehrbar, da der Mensch nicht bloß in einem physikalischen, sondern gleichzeitig auch in einem symbolischen Universum lebt, er kann nicht mehr anders, als sich kognitiv, emotiv und handelnd auf die Bedingungen seines Daseins einzustellen. „Sprache, Mythos, Kunst und Religion sind Bestandteile dieses Universums. Sie sind die vielgestaltigen Fäden, aus denen das Symbolnetz, das Gespinst menschlicher Erfahrungen gewebt ist. Aller Fortschritt im Denken und in der Erfahrung verfeinert und verfestigt dieses Netz."[638] Der Mensch kann der Wirklichkeit nicht mehr unmittelbar gegenübertreten, er ist immer bereits mit sprachlichen Formen, künstlerischen Bildern, mythischen Symbolen und religiösen Riten umgeben, er kann nichts sehen, erkennen und gestalten, ohne dass sich dieses artifizielle Medium zwischen ihn und die Wirklichkeit schieben würde. Die physische Realität tritt in dem Maße zurück, in dem die Symboltätigkeit des Menschen an Raum gewinnt. Freilich ist Rationalität ein jedem menschlichen Handeln innewohnendes Merkmal, aber nicht sein einziges. Der Mythos versammelt nicht bloß abergläubische Ideen oder abstruse Wahnvorstellungen, sondern besitzt selbst eine systematische bzw. begriffliche Form (wenngleich wir ihn auch nicht als rational betrachten können), die nicht weniger wahr und wirklich ist als die logische. Denn es gibt eben neben der begrifflichen Sprache eine emotionale und neben der logischen auch eine poetische Phantasie. „Der Begriff der Vernunft", so resümiert Cassirer, „ist höchst ungeeignet, die Formen der Kultur in ihrer Fülle und Mannigfaltigkeit zu erfassen. All diese Formen sind symbolische Formen. Deshalb sollten wir den Menschen nicht als *animal rationale*, sondern als *animal symbolicum* definieren."[639] Die verschiedenen Arten des Weltverstehens korrelieren mit den unterschiedlichen symbolischen Formen, die je eigenen Regelsystemen folgen und von Cassirer auch als Grammatik bezeichnet werden.[640] Hinter dieser These verbirgt sich ein sehr spezi-

---

[637] Cassirer, Ernst, Philosophie der symbolischen Formen 3: Phänomenologie der Erkenntnis, 16 (ECW 13, 14).
[638] Cassirer, Ernst, Versuch über den Menschen. Einführung in eine Philosophie der Kultur, Hamburg 2007, 50.
[639] Cassirer, Ernst, Versuch über den Menschen 51.
[640] Vgl. Cassirer, Ernst, Philosophie der symbolischen Formen 1, 10-11 (ECW 11, 9).

fisches Symbolverständnis, weil es nicht auf die Identität von Zeichen und Bezeichnetem abhebt, sondern auf die Differenz, die in diesem Verhältnis enthalten ist. Mit seinem bewusst weit gefassten Symbolbegriff möchte Cassirer das Ganze jener Phänomene umfassen, „in denen überhaupt eine wie immer geartete »Sinnerfüllung« des Sinnlichen sich darstellt – in denen ein Sinnliches, in der Art seines Daseins und Soseins, sich zugleich als Besonderung und Verkörperung, als Manifestation und Inkarnation eines Sinnes darstellt"[641]. Diese von ihm auch als „symbolische Prägnanz" bezeichnete Struktur des Zeichens macht deutlich, dass die Symbole ihre Bedeutungen nicht aus sich selbst, sondern in der Beziehung zu den anderen Symbolen innerhalb des jeweiligen grammatischen Regulativs erhalten.[642] Sie bilden eine eigene, dritte Kraft, eine Geistigkeit, die weder in der objektiven Wirklichkeit aufgeht noch in der reinen Subjektivität eingeschlossen ist. Vielmehr sind sie „Immanenz und Transzendenz in einem"[643]. Jenseits von Innen und Außen, von Psychischem und Physischem, Logischem und Empirischen überwinden sie gerade diese Gegensätze, die einer metaphysischen Zweiweltentheorie entstammen. Das Symbolische „ist nicht das eine *oder* das andere, sondern es stellt das »eine *im* anderen« und das »andere *im* einen« dar"[644]. Weil die unterschiedlichen Weisen des Welterfassens sich in verschiedenen Symbolsystemen verdichten, strukturieren sie vermittels bestimmter Zeichen das Weltverständnis und lassen sich auch nicht in eine einzige, universale Sprache transformieren: „Keine dieser Gestaltungen geht schlechthin in der anderen auf oder läßt sich aus der anderen ableiten, sondern jede von ihnen bezeichnet eine bestimmte geistige Auffassungsweise und konstituiert in ihr und durch sie zugleich eine eigene Seite des »Wirklichen«"[645]. Oswald Schwemmer sieht darin ein zentrales Konstruktionsprinzip jeglicher Symboltheorie: „Weil die Aufbauprinzipien der Symbolwelten eine jeweils eigene Struktur besitzen und so nicht nur von der symbolisierten Erfahrungswelt, sondern auch untereinander verschieden sind, darum [...] gibt es keine allumfassende Symbolwelt, die die anderen Symbolwelten der anderen mitumschließen würde"[646]. Cassirer analysiert in seinem Werk verschiedene symbolische Formen, oder wie er sie auch nennt, *Symbolnetze*.[647] Sprache, Mythos, Kunst, Religion, Technik, Sittlichkeit, Recht und Erkenntnis sind ei-

---

[641] Cassirer, Ernst, Philosophie der symbolischen Formen 3, 109 (ECW 13, 105).
[642] Cassirer definiert diesen Begriff näherhin als jene Art, „in der ein Wahrnehmungserlebnis, als »sinnliches« Erlebnis, zugleich einen bestimmten nicht-anschaulichen »Sinn« in sich faßt und ihn zur unmittelbaren konkreten Darstellung bringt" (Cassirer, Ernst, Philosophie der symbolischen Formen 3, 234; ECW 13, 231). Schwemmer sieht in der „symbolischen Prägnanz" einen Grundbegriff „und zugleich eines der besonderen Rätsel in der Philosophie Ernst Cassirers" (Schwemmer, Oswald, Ernst Cassirer 69).
[643] Cassirer, Ernst, Philosophie der symbolischen Formen 3, 447 (ECW 13, 444).
[644] Cassirer, Ernst, Philosophie der symbolischen Formen 3, 445 (ECW 13, 441).
[645] Cassirer, Ernst, Philosophie der symbolischen Formen 1, 9 (ECW 11, 7).
[646] Schwemmer, Oswald, Die kulturelle Existenz des Menschen 157. Die operational geschlossene Struktur der symbolischen Welten erlaubt eine Interpretation immer nur innerhalb des jeweiligen Symbolismus: „Nicht das einzelne Symbol vermittelt einen bestimmten Ausdruck, sondern erst die symbolische Konfiguration, die aus den einzelnen Symbolen nach den Verknüpfungsmöglichkeiten des jeweiligen Symbolismus, zu dem die Symbole gehören, gebildet wird." (148)
[647] Vgl. Cassirer, Ernst, Versuch über den Menschen 49.

nige wichtige und irreduzible symbolische Formen der Selbstexplikation des Menschen.[648] In dieser Aufzählung fällt auf, dass Cassirer die Ökonomie als spezifische Symbolform unberücksichtigt lässt, eine Lücke, die Simmel aufgefüllt hat, obwohl die *Philosophie des Geldes* über 20 Jahre vor dem ersten Band der *Philosophie der symbolischen Formen* erschienen ist.[649] Auch wenn Cassirer die Wirtschaft als eigenes Symbolsystem in keiner Aufzählung anführt, ist sie der Sache nach natürlich intendiert. Doch bleibt es Simmels großes Verdienst, die Logik der ökonomisch strukturierten Kulturform am Paradigma der Geldwirtschaft aufgeschlüsselt zu haben.[650] Die Grammatik, mit der Simmel arbeitet, ist im Wesentlichen die gleiche, die Cassirer später ausführlich entfaltet und weiter vertieft hat. Die verschiedenen symbolischen Welten beziehen sich als autonome, selbstständige Weisen des Welterfassens kaum aufeinander, sondern stehen in Konkurrenz zueinander. Jede von ihnen trägt in sich die Tendenz zur Universalisierung und Verabsolutierung. Ähnlich wie in der Systemtheorie Luhmanns gibt es kaum strukturelle Kopplungen bzw. Interferenzen zwischen den jeweiligen Symbolnetzen, sie sind einander Umwelt, aber nicht Mitwelt.

Eine Sonderstellung innerhalb dieses symboltheoretischen Ansatzes nimmt für Cassirer die Philosophie ein. Einerseits gehört sie zur theoretischen Erkenntnis und ist damit selbst eine einzelne symbolische Form. Andererseits kann sie die verschiedenen Symbolsysteme nur dann analysieren, wenn sie ihre eigenen Methoden, Perspektiven, Interessen und begrifflichen Instrumentarien nicht ihrerseits als eine selbstständige symbolische Form begreift. Diese Paradoxie zwingt die Philosophie gleichsam dazu, eine dritte Position, eine Zwischenstellung einzunehmen. Sie ist damit der große Bogen, der auf der Erkenntnisebene die symbolischen Formen verbindet und zusammenhält. Aufgabe und Ziel der Philosophie müsste es deshalb sein, „einen Standpunkt zu finden, der *über* all diesen Formen und der doch andererseits nicht schlechthin jenseits von ihnen liegt – einen Standpunkt, der es ermöglichte, das Ganze derselben mit einem Blicke zu umfassen und der in diesem Blicke doch nichts anderes sichtbar zu machen versuchte als das rein immanente Verhältnis, das alle diese Formen zueinander, nicht das Verhältnis, das sie zu einem äußeren, »transzendenten« Sein oder Prinzip haben"[651]. Cassirer kann allerdings nicht

---

[648] Nach Schwemmer ist dies „die umfassendste Aufzählung der symbolischen Formen, die man aus den verschiedenen Erwähnungen Cassirers zusammenstellen kann" (Schwemmer, Oswald, Ernst Cassirer. Ein Philosoph der europäischen Moderne, Berlin 1997, 61). Schwemmer verweist auf die geheime Paradoxie, dass Cassirer, „der seine Philosophie der symbolischen Formen gerade entwickelt, um dieser Vieldimensionalität, dieser – wie er sagt – »Mehrdimensionalität der geistigen Welt« gerecht zu werden, am Ende Formulierungen wählt, die zumindest so klingen, als würde er doch eine Einheit des Geistes proklamieren" (Schwemmer, Oswald, Die kulturelle Existenz des Menschen 169).
[649] In seiner Vorlesung *Grundprobleme der Kulturphilosophie* (Sommersemester 1929, Universität Hamburg) geht Cassirer kurz auf Simmel ein.
[650] „Simmels Rekonstruktion der Geldwirtschaft kann als eine geradezu mustergültige Darstellung des Cassirerschen Begriffs der symbolischen Form aufgefaßt werden." (Geßner, Willfried, Geld als symbolische Form 6)
[651] Cassirer, Ernst, Philosophie der symbolischen Formen 1, 14 (ECW 11, 12).

erklären, wie die Philosophie überhaupt diesen Standpunkt erreichen und in welcher Weise sie ihn dauerhaft gestalten könne. Verlangt wird eine Quadratur des Kreises. Denn die Philosophie ist nicht nur gefordert, jenseits ihrer Funktion als autonomes Symbolsystem eine eigene Grammatik und ein eigenes Instrumentarium für die Beschreibung dieser irreduziblen symbolischen Formen zu entwickeln, sie ist darüber hinaus auch angehalten, die Positionen und Perspektiven der jeweiligen Symbolsysteme einzunehmen, deren Regelsysteme und Grammatiken von innen her zu erlernen und in die jeweiligen Welt- und Selbstverhältnisse einzutauchen. Aber kann die Philosophie solches überhaupt leisten? Es bleibt in jeder Beschreibung ein Überschuss an Unverstandenem, nicht Einholbarem und Fremdem. Die Pluralität des Welterfassens und der Ausdrucks- bzw. Existenzformen erlaubt keine Metatheorie des Seins, kein einheitliches, allumfassendes Symbolsystem. Mit ihm wäre ein Holismus zurückgekehrt, der die Pluralität des Lebens und der Erkenntnis wieder in die Einheit eines universalen Erklärungsmodells aufsaugen würde. Das Außen und Gegenüber eines bestimmten Diskurses wäre dann nur seine verdeckte, aber letztlich bereits in sich aufgenommene Rückseite. Möglich sind daher nur modellhafte Versuche, unterschiedliche Symbolsysteme zueinander in Beziehung zu setzen. Entscheidendes Kriterium wird dabei die Einheit ihrer Differenz sein, inwiefern es also gelingt, die Autonomie der jeweiligen Diskurse beizubehalten und sie nicht in eine einzige symbolische Form zu transformieren. Gleichzeitig gilt es aber die Relativität und Wechselwirkung der jeweiligen Axiome und Regelsysteme aufzudecken. Doch welches ist dann der gemeinsame Boden, auf dem diese Interferenz beschreibbar wäre? Es ist und bleibt das große Haus der Sprache, in dem die unterschiedlichen Diskurse nicht ihr Gemeinsames finden, aber doch jenes Fundament, auf dem sie ihre unterschiedlichen Ansprüche und Symbolwelten vernetzen und in Beziehung setzen können. Die verschiedenen Symbol- und Funktionssysteme steuern in der historischen Genese einen unterschiedlichen Anteil zur Selbstbeschreibung der Gesellschaft bei. Religion ist von ihrem Selbstverständnis her wie kaum ein anderer Weltbezug nahe an den allgemeinen Bewegtheiten des Lebens, in ihr bündeln sich machtvolle Bedürfnisse und verschämte Wünsche ebenso wie sich in ihr die Suche nach neuen, von Gerechtigkeit und Barmherzigkeit erfüllten Lebensformen verdichtet. Zugleich repräsentiert das Geld in seiner abstrakt-symbolischen Überhöhung wie kaum ein anderes Medium all jene grenzenlos erscheinenden Möglichkeiten und Funktionen, die einst einer religiösen Interpretation eigen waren. Diese offensichtliche Konkurrenz der symbolischen Formen untereinander ist jedoch kein analoger, parallel verlaufender Prozess, dessen gemeinsamer Schnittpunkt außerhalb unserer Erkenntnismöglichkeiten liegen würde, sondern er ist selbst von Wechselbeziehungen und Interferenzen geprägt. Daher soll das abschließende Kapitel nun darüber Aufschluss geben, ob und in welcher Weise eine Wechselbeziehung *zwischen* diesen beiden zentralen Symbolsystemen existiert, wie sich dieses Verhältnis beschreiben lässt und was es für die Problemstellung dieser Arbeit einträgt.

IV Zur relativen Struktur der Gottesrede

Mit dem Paradigma der *Wechselwirkung* und der sie strukturierenden Trennung von Inhalt und Form gelingt es Simmel, Religion ohne Rückgriff auf substanzontologische Kategorien zu beschreiben. Die dominierende Perspektive seiner Rekonstruktion liegt auf ihren kulturellen Funktionsweisen. Religion wird daher nicht auf eine eigene, kontextlose Sonderexistenz reduziert oder außerhalb der symbolischen Welten verwiesen, sondern inmitten der Gesellschaft platziert, weil sie als ein Apriori der Kultur eine nichtsubstituierbare Dimension des sozialen Lebens repräsentiert. Wohl rekonstruiert Simmel die Religion als Geflecht vielfältiger und verwobener Beziehungen zwischen den Individuen, eine Wechselwirkung zu den anderen gesellschaftlichen Teilsystemen wird von ihm aber nicht in Betracht gezogen, obwohl seine Theorie die Voraussetzungen dafür erfüllte.

In diesem Kapitel soll daher gezeigt werden, dass die Wechselwirkung nicht nur innerhalb der jeweiligen Funktionssysteme und symbolischen Welten, sondern auch *zwischen* ihnen existiert. Durch ihren eigentümlichen Status, dass sie keinem der Funktionssysteme zugehört, sondern als ein Drittes die Verbundenheit und Spannung zwischen ihnen zum Ausdruck bringt, ist sie zugleich eine Grammatik, um die Bedeutung des Religiösen in den gegenwärtigen Herausforderungen der Zeit und der Kultur zur Sprache zu bringen. Dabei wird sich im Anschluss an Simmels zweites soziologisches Apriori die Paradoxie der Religion bestätigen, dass sie einerseits ein Teil, ein Funktionssystem der Gesellschaft ist, zugleich aber in dieser Form weit darüber hinausgreift und ihr eigenes Funktionssystem permanent dekonstruiert und auf einen Kern hin überschreitet, der seiner Bestimmung entzogen ist.[1] Eine Beschreibung anderer symbolischer Formen und Funktionssysteme bietet immer auch eine wichtige Selbstauskunft, denn im Anderen spiegeln sich die Plausibilitätsstrukturen und Überzeugungsleistungen des Eigenen. Simmel hat als ein zentrales Merkmal der Religion (als lebendige Religiosität) ihren exzentrischen Charakter genannt, dass sie sich verausgabt und hineinwirft in die Dinge des Lebens. An diese formale Bestimmung anknüpfend könnte man theologisch formulieren: Der Glaube erweist und bewährt sich nicht allein in seiner sachgemäßen Rationalität nach innen, sondern in mindestens ebenso bedeutsamer Weise in seiner Plausibilität und Performativität nach außen. Was Menschen glauben, wem sie im Letzten vertrauen und woran sie ihr Herz hängen, das wird nicht

---

[1] Vgl. Nancy, Jean-Luc, Entzug der Göttlichkeit. Zur Dekonstruktion und Selbstüberschreitung des Christentums, in: Lettre International Nr. 59 (2002) 76-80. Ausführlich in: Ders., Dekonstruktion des Christentums, Zürich 2008. Für Nancy wird dadurch sichtbar, dass im Christentum „ein Bezug zu sich immer ein Bezug zu etwas ist, was nicht da, was nicht gegeben ist." (80) Zur Kritik an Nancys These von der Idee der Differenz als Erbe der monotheistischen Idee von der Abwesenheit Gottes in der Welt vgl. Perniola, Mario, Religion als Kultur, in: Lettre International Nr. 59 (2002) 81-84; Weis, Hans-Willi, Religion als philosophische Bohrstelle, in: Lettre International Nr. 61 (2003) 104-106.

anders sichtbar als in den existenziellen und praktischen Vollzügen, in der Art und Weise, wie sie ihr Leben gestalten und symbolisieren, im Engagement, mit dem sie auf die Entwicklung der Gesellschaft Einfluss nehmen. In den verschiedenen Funktionssystemen wird aber nicht nur eine religiöse Signifikanz sichtbar. Es könnte sich zugleich herausstellen, dass bestimmte Entwicklungen, Phänomene und Regeln überhaupt nicht verstehbar sind, wenn religiöse Interpretationsparameter ausgeschieden oder ignoriert werden. Exemplarisch soll dies wiederum am Funktionssystem der Ökonomie gezeigt werden, dessen zentrales Medium Geld ohne Beiziehung religiös-theologischer Kategorien in seiner vielschichtigen Bedeutung uneingeholt und unterbestimmt bleibt. Mit dem Verzicht religiöser Interpretationen würde die Chance verspielt, den Handlungsspielraum in den Funktionssystemen zu erweitern oder an ihren Konstitutionsbedingungen und Spielregeln Änderungen vorzunehmen.

Durch die implizite Anfrage seitens der Ökonomie an das Reflexionssystem der Theologie rücken, dem Wechselwirkungsparadigma entsprechend, elementare Fragen der Gotteslehre in den Vordergrund. Das gilt insbesondere im Hinblick auf die pragmatische Bedeutung religiöser Überzeugungen und Orientierungen. Eine relative Verhältnisbestimmung der beiden oft als autonom und absolut konzipierten Größen *Gott* und *Geld* macht deutlich, dass theologische Aussagen zugleich auch Präferenzen in gesellschaftlichen, d.h. soziologischen, ökonomischen und politischen Fragestellungen widerspiegeln. Religiöse Sätze und Bekenntnisse stellen bestimmte Wahrheits- und Geltungsansprüche, sie regeln und orientieren das Weltverhältnis ihrer Kommunikationsgemeinschaft, aber sie können dies nur in Bezug auf die sie umgebende Welt mit ihren eigenen Rationalitäten.[2] Daher gehört zur Reflexion des Glaubens nach innen zugleich das Bemühen um seine Plausibilisierung nach außen. Beide Rationalitätsformen verlangen spezifische Methoden und Interpretamente, aber beide sind relativ zueinander, sind im Modus der Wechselwirkung miteinander verbunden. Dieser unterscheidbare, aber nicht entkoppelbare Prozess wird umso besser gelingen, je entschiedener und überzeugender der Glaube die Welt konstitutiv in die Selbstbeschreibung einbeziehen kann. Die im zweiten Kapitel vorgestellten theologischen Ansätze haben sich an diesem

---

[2] Einen der interessantesten Versuche, den Glauben in seiner Bedeutung für die säkulare Welt zu reflektieren, stammt gegenwärtig von dem methodistischen Theologen Stanley Hauerwas, dessen Rezeption im deutschen Sprachraum in weiten Teilen noch aussteht. Sein Versuch einer *public theology* ist ganz auf den Glaubensvollzug der Kirchen konzentriert, die nur in ihrer besonderen Identität und Treue zum Evangelium öffentlich wirksam sein können. Berühmt ist sein viel zitierter Satz: *Die Kirche hat keine Sozialethik, die Kirche ist eine Sozialethik.* (Hauerwas, Stanley, The Peaceable Kingdom, Notre Dame 1983, 99; dt.: Selig sind die Friedfertigen. Ein Entwurf christlicher Ethik (hg. v. Hütter, Reinhard), Neukirchen-Vluyn 1995, 159). Für Hütter ist Hauerwas ein Ethiker, „der im Dialog und in Auseinandersetzung mit den politischen, sozialen und philosophischen Strömungen der Zeit seinen Ansatz profiliert hat" (Hütter, Reinhard, Einleitung zu: Hauerwas, Stanley, Selig sind die Friedfertigen 4). Unter Hauerwas vielen Publikationen seien hervorgehoben: A Community of Character. Toward a Constructive Christian Social Life, Notre Dame/Ind. 1983; After Christendom, Nashville/Tenn. 1991; Dispatches from the Front. Theological Engagements with the Secular, Durham/NC 1994; einen sehr guten Einblick in seine Theologie bietet die Textsammlung: The Hauerwas reader, hg. v. Berkman, John/Cartwright, Michael, Durham/NC 2001.

neuralgischen Punkt insofern als ergänzungsbedürftig erwiesen, als es ihnen nicht gelungen ist, die Verschränkung von Innen und Außen, die Wechselbeziehung zwischen Glaube und Gesellschaft so zu beschreiben, dass sowohl ihre Autonomie gewahrt werden konnte, als auch ihre tiefe, innere Verwiesenheit zum Ausdruck kam.

Ob und auf welche Weise also der theologische Zentralbegriff *Gott* mit der soziologischen (und auch ökonomischen sowie psychologischen) Schlüsselkategorie *Geld* so in Beziehung gesetzt werden kann, dass sie aus den im zweiten Kapitel beschriebenen Probleme und Aporien herausführen, ist die Leitfrage der folgenden Überlegungen. Sie greifen die im vorigen Kapitel mit Simmel gesponnen Fäden auf und verknüpfen sie mit der theologischen Fragestellung einer Verhältnisbestimmung von Gott und Geld, die diesem Desiderat gerecht werden kann. Sie verlassen die Spuren Simmels jedoch an jenen Stellen, an denen er die Fäden selbst aus der Hand gab, weil er das Terrain der Theologie nicht betreten oder die Verknüpfung zweier Diskurse nicht mehr weiter betreiben wollte. Die soziologischen bzw. philosophischen Gedankenführungen Simmels werden mit theologischen Reflexionen so in Beziehung gebracht, dass ihre wechselseitige Verwiesenheit sichtbar wird. Diese methodische Entscheidung ist kein billiges oder gönnerhaftes Zugeständnis an die anderen Wissenschaften und symbolischen Formen, sie resultiert aus der Grammatik des Glaubens selbst, dass er nur in Relation zur Welt, zu den Zeichen der Zeit aussagbar und vollziehbar ist. Zugleich wird damit eine Hierarchisierung, wie sie viele theologische Versuche über das Geld implizit enthalten, ausgeschlossen. In der Theologie liegt nicht bereits alle Erkenntnis und Wahrheit vor, die von den anderen nur erkannt und aufgenommen werden müsste. Vielmehr besitzt auch das Außen des Glaubens seine spezifische Wahrheit, die es für die Glaubensreflexion zu entdecken und aufzugreifen gilt.

1 Die formale Kategorie „Wechselwirkung"

Die Verknüpfung eines theologischen mit einem soziologischen Diskurs steht und fällt mit der epistemologischen Fundierung des Wechselwirkungskonzeptes. Das vorige Kapitel hat gezeigt, dass der Begriff *Wechselwirkung* nicht nur ein zentraler Topos der Erkenntnistheorie ist, sondern über die Philosophie hinaus auch in anderen Wissenschaften wie etwa der Soziologie oder der Physik einen herausragenden Stellenwert besitzt. In der Soziologie lässt sich mit ihm die Dynamik und Lebendigkeit der Gesellschaft erfassen und zugleich auch eine neue Perspektive auf die sozialen Beziehungen gewinnen. Daran ist im ersten Punkt noch kurz zu erinnern. Der zweite Punkt wird ausführlicher auf die theologische Relevanz des Wechselwirkungsbegriffs eingehen. Innerhalb der Theologie zählt die Wechselwirkung nach wie vor zu den weithin unterschätzten Kategorien, obwohl sie im Selbstverständnis des Glaubens einen herausragenden Stellenwert besitzt.

1.1 Die epistemologische Leistung der Wechselwirkung

In allen Wissenschaftsdisziplinen steht der Begriff *Wechselwirkung* für die Ablösung des substanzmetaphysischen Denkens durch ein relationales, das die atomistische Trennung der Inhalte überwindet und die Beziehungen zwischen den jeweiligen Einheiten offenlegt. Simmel hat als Erster das klassische, von Kant her entworfene erkenntnistheoretische Konzept der Wechselwirkung in einen explizit soziologischen Kontext transformiert. Der einzelne Mensch, so der vielleicht zentrale Gedanke dieser Rekonstruktionslinie, „ist nicht die absolute Einheit"[3], wie ihn viele Wissenschaften definieren, keine atomisierte, ein für allemal vorgegebene Größe, sondern bereits im Akt der Erkenntnis aus sich heraus durch Differenz und Wechselwirkung konstituiert. Er ist „die Summe und das Produkt der allermannichfaltigsten Faktoren, von denen man sowohl der Qualität wie der Funktion nach nur in sehr ungefährem und relativem Sinne sagen kann, daß sie zu einer Einheit zusammengehen"[4]. Triebe man den bisherigen Individualismus konsequent weiter, blieben als mögliche reale Wesen nur Atome übrig und alles Zusammengesetzte fiele unter das Verdikt einer Realität zweiten Grades.[5] Um dem zu entkommen, betrachtet Simmel das Individuum als ein Konglomerat unterschiedlichster Wirk- und Denkweisen, deren Begriff von Einheit nicht a priori vorgegeben ist, sondern allein aus praktischen bzw. wissenschaftlichen Erfordernissen konstruiert wird. Gleiches gilt für den Begriff der *Gesellschaft*. Sie ist weder die Summe vieler Einzelner noch ein für sich seiendes Großsubjekt, sondern „ein *Geschehen*, [sie] ist die Funktion des Empfangens und Bewirkens von Schicksal und Gestaltung des einen von seiten des andern"[6]. Gesellschaft besagt die „seelische Wechselwirkung zwischen Individuen"[7], sie ist letztlich „nur der Name für einen Umkreis von Menschen"[8], die durch unterschiedlichste Beziehungen aneinander gebunden sind und dadurch eine Einheit bilden. Indem „alles soziale Leben Wechselwirkung ist, ist es eben damit Einheit; denn was anders heißt Einheit, als daß das Viele gegenseitig verbunden sei und das Schicksal jedes Elementes kein anderes unberührt lasse."[9] Dieser Begriff von Einheit definiert sich durch die Elemente, die zu einer Einheit nach bestimmten Kriterien verknüpft

---

[3] Über sociale Differenzierung 127.
[4] Über sociale Differenzierung 127.
[5] Hinzu komme, so Simmel, dass niemand angeben könne, was man sich etwa unter einer „Einheit der Seele" vorstellen solle. Es gibt zwischen den theoretischen Überzeugungen und unserem praktischen Handeln, zwischen unseren gelungenen und misslungenen Leistungen, zwischen den Erfahrungen und Gedanken eines Kindes und denen eines Erwachsenen so viele Gegensätze, dass es „absolut unmöglich ist einen Punkt zu entdecken, von dem aus dies alles als harmonische Entwickelung einer ursprünglichen Seeleneinheit erschiene. Nichts als der ganz leere, formale Gedanke eines Ich bleibt, an dem alle diese Wandlungen und Gegensätze vor sich gingen, der aber eben auch nur ein Gedanke ist und deshalb nicht das sein kann, was, vorgeblich *über* allen einzelnen Vorstellungen stehend, sie einheitlich umschließt." (Über sociale Differenzierung 128)
[6] Grundfragen der Soziologie 70.
[7] Grundfragen der Soziologie 68; ähnlich auch 82.
[8] Grundfragen der Soziologie 70.
[9] Die Religion 78.

werden.¹⁰ Bereits in dem 1894 publizierten Aufsatz *Das Problem der Sociologie* trägt dieser grundlegende Gedanke die ganze Last der Argumentationskette, auch wenn Simmel hier noch etwas vorsichtig formuliert: „Gesellschaft im weitesten Sinne ist offenbar da vorhanden, wo mehrere Individuen in Wechselwirkung treten"¹¹. In den 1917 erschienenen, auf Vorarbeiten zurückgreifenden *Grundfragen der Soziologie* formuliert er nochmals explizit das Aufgabenfeld einer (noch nicht vorhandenen) Gesellschaftswissenschaft: „Kann man sagen, Gesellschaft sei Wechselwirkung unter Individuen, so wäre: die Formen dieser Wechselwirkung zu beschreiben, Aufgabe der Gesellschaftswissenschaft im engsten und eigentlichsten Sinne der »Gesellschaft«."¹² Selbstverständlich gibt es eine untere Grenze, denn erst dort, „wo die Wechselwirkung der Personen untereinander nicht nur in einem subjektiven Zustand oder Handeln derselben besteht, sondern ein objektives Gebilde zustande bringt, das eine gewisse Unabhängigkeit von den einzelnen daran teilhabenden Persönlichkeiten besitzt"¹³, da erst ereignet sich Vergesellschaftung, da entsteht Gesellschaft.

Die Logik dieser Struktur ist nicht umkehrbar. Am Anfang steht also keine Gesellschaftseinheit, aus deren Charakter sich nun die Beziehungen, Beschaffenheiten extrahieren ließen, sondern es verhält sich genau umgekehrt. Es finden sich Beziehungen und Tätigkeiten, aufgrund derer sich dann erst von einer Einheit sprechen lässt. Simmel betont des Öfteren, dass die Auflösung der Metakategorie der Gesellschaftsseele in die Summe der Wechselwirkungen ihrer Teilhaber nicht nur heuristisch überzeugt, sondern auch dem Fortgang der Geistesgeschichte insgesamt entspricht. Das Feste und sich selbst Gleiche in Funktion, Kraft und Bewegung aufzulösen und in allem Sein den historischen Prozess des Werdens zu erkennen, das ist die geheime Teleologie des modernen Geisteslebens, die in einen endlosen Prozess von Neuschöpfungen und weiteren Einheiten mündet. Die Wechselwirkungen zwischen den Elementen, „die die ganze Zähigkeit und Elastizität, die ganze Buntheit und Einheitlichkeit dieses so deutlichen und so rätselhaften Lebens der Gesellschaft tragen"¹⁴, bilden letztlich den in der Regel kaum beachteten Bauplan der großen Systeme und überindividuellen Institutionen. Jeder gesellschaftliche Vorgang oder Zustand, den wir zum Objekt machen und analysieren, ist daher „die Erscheinung, bzw. Wirkung unzählig vieler tiefer gelegenen Teilvorgänge."¹⁵ Einer identischen Wirkung, einem gleichen Vorgang können gänzlich unterschiedliche Ursachen zugrunde liegen, weshalb auch ihre weitere Entwicklung nicht vorhersagbar ist, sondern sich immer nur im Nachhinein beschreiben lässt.

---

[10] Gerade „ihre isolierte Behandlung gegenüber den Wechselwirkungen jedes derselben [Wesen] mit allen andern" verspricht „eine hervorragende Aufklärung" (Über sociale Differenzierung 130).
[11] Das Problem der Sociologie 54.
[12] Grundfragen der Soziologie 82.
[13] Über sociale Differenzierung 133. Da Gesellschaft die Verknüpfung von Individuen meint, ist sie „eigentlich etwas Funktionelles, etwas, was die Individuen tun und leiden", weshalb man ihrem Grundcharakter nach „nicht von Gesellschaft, sondern von Vergesellschaftung" sprechen solle (Grundfragen der Soziologie 70).
[14] Grundfragen der Soziologie 69.
[15] Über sociale Differenzierung 124.

Dieser Gesellschaftsbegriff wäre ohne Implementierung der Form-Inhalt-Differenz nicht möglich. Die jeweiligen Ursachen und Intentionen wie Triebe, Wünsche, Bedürfnisse, die Menschen zu Austauschprozessen veranlassen, bilden den Körper, das *Material*, an dem sich die sozialen Prozesse vollziehen. Inwiefern die Ursachen und Intentionen zu einer Vergesellschaftung unter ihren Trägern führen, manifestiert sich in der *Form*, mit der diese Inhalte konstituiert werden. Wechselwirkung ist deshalb eine *formale Kategorie*, mit der die individuellen und sozialen Beziehungen der Menschen in ihrem Zu- und Aufeinander beschrieben werden. Über- und Unterordnung, Gehorsam, Konkurrenz und Hierarchie finden sich, wie Simmel betont, in einer Familie wie in einer Religionsgemeinschaft, in einem Staatsverband wie in einer Wohngemeinschaft. Form und Inhalt sind daher erkenntnistheoretisch zu unterscheiden, auch wenn sie in der konkreten Gestalt stets miteinander verschmolzen erscheinen, wodurch ihre systematische Differenzierung immer wieder erschwert wird.

Durch das formale Moment und die Qualität einer heuristischen Kategorie der Erkenntnis erweist sich das Wechselwirkungskonzept als äußerst anschlussfähig für zahlreiche andere Disziplinen. „*Jede* Wissenschaft", so die Überzeugung Simmels, „zieht aus der Totalität oder der erlebten Unmittelbarkeit der Erscheinungen *eine* Reihe oder *eine* Seite unter Führung je eines bestimmten Begriffes heraus"[16] und blickt von dort her auf das Ganze. Was Simmel explizit für die Soziologie formuliert, dass sie „die individuellen Existenzen zerlegt und nach einem nur ihr eigenen Begriff wieder neu zusammenfaßt"[17], das lässt sich formal ebenfalls für das Geschäft der Theologie in Anspruch nehmen. Auch sie erfasst die Dinge dieser Welt unter einer bestimmten, von Schrift und Tradition geprägten Perspektive. Im Lichte des Evangeliums „zerlegt" sie die Dinge dieser Welt und setzt sie neu zusammen. Sie tritt mit der Gesellschaft und den anderen symbolischen Formen so ins Gespräch, dass der Austausch nicht in einer eindimensionalen, hierarchischen Kommunikation endet, sondern zu einer im besten Sinne offenen, wechselseitigen Debatte führt. Eine Theologie, die sich dieser Relativität nicht nur verpflichtet fühlt, sondern sie als Konstruktionsprinzip in das eigene Wissenschaftsverständnis integriert, wird den Diskurs mit den anderen Disziplinen und Perspektiven offensiv führen können.[18]

Die Ablösung eines substanzhaften Verständnisses von Gesellschaft durch ein relationales eröffnet der theologischen Fragestellung insofern neue Möglichkeiten, als sich damit der Impuls aufgreifen lässt, die Dominanz der ontologischen Perspektive aufzubrechen und den Blick nicht bloß allein auf die Frage nach dem „Wesen" und den Einzelschicksalen zu fokussieren, sondern ebenso das in soziologischer Hinsicht „eigentlich Wirksame und Entschei-

---

[16] Grundfragen der Soziologie 71.
[17] Grundfragen der Soziologie 71.
[18] Dabei ist zu bedenken, dass der heute in vielen Wissenschaftsdisziplinen weithin selbstverständlich gewordene Verzicht auf die Kenntnisnahme theologischer Argumentationsmuster zu gravierenden Unterbestimmungen führt, weil eben eine wichtige Dimension in der Beschreibung sozialer, politischer und ökonomischer Verhältnisse ausgeblendet wird.

dende"[19] in die Reflexion einzubeziehen: die sozialen Kräfte, Kollektivbewegungen und Sozialisierungsformen, die das Individuum prägen und seine Selbstkonstituierung nachhaltig beeinflussen. Obwohl das Wechselwirkungskonzept Disparates und Widerständiges, Fremdes und Vertrautes, Gewohntes und Unvermutetes in Relationen setzt, obwohl es äußerst unterschiedliche Ebenen vermittelt und verbindet, löst es trotzdem die Antagonismen und Spannungen nicht auf, sondern konstituiert sie als Bedingung der Möglichkeit von Entwicklung. Der produktive Streit, das Abtauschen von Rede und Gegenrede, das Wechselspiel von Standpunkten und Meinungen, die unabschließbare Dialektik von Identitätskonstruktion und Selbstrelativierung sind geradezu die Formen, in denen sich Leben zur Sprache bringt und entäußert. Wie Simmel an vielen Beispielen gezeigt hat, etwa am Gegensatz von Dogmatismus und Skeptizismus, am Antagonismus von Apriori und Erfahrung, an der Diastase von subjektiver und objektiver Kultur, löst erst „die Verwandlung beider in heuristische Prinzipien"[20] den mit ihnen gesetzten prinzipiellen Widerspruch auf. Doch die Auflösung erfolgt nicht im Hegelschen Sinne in einer Versöhnung, die wiederum neue Ausschließungen hervorbringen würde, sondern in einem unendlichen Prozess weiterer, neuer Symbolisierungen und Interpretationsmuster. Mit Recht hat Michael Landmann Simmels Ansatz daher als eine „Dialektik ohne Versöhnung"[21] bezeichnet.

1.2 „Wechselwirkung" als zentrale theologische Kategorie

In der Theologie wird der herausragende Stellenwert der Kategorie *Wechselwirkung* im Selbstverständnis des Glaubens noch immer weithin unterschätzt. Wohl bildet der Begriff *Relation* seit jeher eine theologische Schlüsselkategorie, vor allem im Gottesverständnis, aber seine vielfältigen Möglichkeiten, die er für eine Verortung in den unterschiedlichen gesellschaftlichen Funktionssystemen bietet, sind noch weitgehend unausgelotet. Der Schöpfungsgedanke und das Gott-Welt-Verhältnis, die innertrinitarischen Beziehungen Gottes, die

---

[19] Das Problem der Sociologie 52.
[20] Philosophie des Geldes 111.
[21] Landmann, Michael, Einleitung, in: Ders. (Hg.), Georg Simmel 16. Zur Kritik Simmels an Hegel vgl. Geßner, Willfried, Der Schatz im Acker 271f. Geßner weist auch darauf hin, wie wichtig das Wechselwirkungskonzept für die Korrektur der Weltbilder sei, die jeweils nur einen bestimmten Aspekt, eine Seite des Gegensatzes zur Sprache bringen und absolut setzen würden. „Die Leidenschaft, mit der diese Geister [gemeint sind die Metaphysiker] je eine Kategorie des menschlichen Weltverständnisses zur absoluten Form des Ganzen erheben, läßt sie die Erfahrung des Entgegengesetzten überhaupt nicht machen." (GSG 14,62) Indem jede (Extrem)Position mit dem Gegenüber konkurriert, „stellt sich die von ihnen verdrängte Relativität als Antagonismus der Weltbilder wieder her" (Geßner, Willfried, Der Schatz im Acker 279). Gamm betont, dass es ein fatales Missverständnis wäre, „zu unterstellen, es gäbe da ein »Drittes«, das subsumtionslogisch über den zu Momenten herabgesetzten Urteilen oder Paradigmen des Wissens befestigt würde, das Dritte ist einzig diese Spannung *zwischen* den Momenten, von Form und Inhalt, Versachlichung und Subjektivierung, Einheit wird einzig gestiftet unter der Form der Entzweiung" (Gamm, Gerhard, Die Unbestimmtheit des Geldes. Georg Simmels Zeitdiagnose im Geist der Hegelschen Dialektik 122).

chalcedonensische Zwei-Naturen-Lehre, die Gnadentheologie – sie alle wären ohne Rekurs auf das Strukturprinzip *Relation* nicht verstehbar. Auch wenn mit der Übernahme der platonischen Ontologie das relationale Denken, wie es besonders die biblischen Schriften auszeichnet, in den Hintergrund gedrängt wurde, ist dieser Impuls trotzdem durchgängig lebendig geblieben, weshalb die Theologie des 20. Jahrhunderts in ihrer Wiederentdeckung des Beziehungsdenkens an frühe Vorläufer innerhalb der Patristik anknüpfen konnte. Die begriffsgeschichtlichen Überlegungen im Exkurs des vorigen Kapitels haben einige Gründe genannt, warum der Begriff *Relativität* gegenüber dem der *Relation* bzw. *Relationalität* vorzuziehen ist. Er bringt das wechselseitige, aufeinander angewiesene und unabgeltbare Moment in den Beziehungen deutlicher zum Ausdruck. Selbst wenn man den Begriff *Relationalität* beibehalten möchte und damit das radikal wechselseitige Moment in den Hintergrund rückt, bleibt dennoch eine epistemologische Fundierung der Wechselwirkungsstruktur ein theologisches Desiderat.[22]

Als ein großes Hindernis für eine theologische Rezeption des Wechselwirkungsbegriffs erwies sich das ihm unterstellte Wahrheitsverständnis, das den Nimbus eines Indifferentismus bzw. einer grundlegenden Gleich-Gültigkeit nie wirklich abstreifen konnte. Dabei lässt sich auch am heiß umkämpften Wahrheitsbegriff zeigen, dass die von Simmel im philosophischen und soziologischen Kontext vorgenommene Neupositionierung für die theologische Reflexion weiterführende Anknüpfungspunkte bietet, auch wenn das Wahrheitsverständnis des Glaubens diese Grenzen natürlich sprengt und material noch andere Überzeugungen einträgt. Doch die formale Verortung der Wahrheit *in* den Verhältnissen und Beziehungen, die sie stiftet und durchdringt, erweist sich auch im religiösen Vollzug als ein zentrales Strukturmoment. Erkennen ist ein regelgeleiteter, aber dennoch „freischwebender Prozeß"[23], in dem sich die divergierenden Vorstellungen gegenseitig beeinflussen, korrigieren, ergänzen und bereichern. Wahrheit wird erst durch das „wechselwirkende Sich-Tragen und Aufeinander-Angewiesensein der Methoden"[24] kons-

---

[22] So betont der Eintrag im RGG, dass „sich die Arbeit an einem angemessenen Verständnis von R[elationalität] als eines der wichtigsten Forschungsgebiete zeitgenössischer Theol[ogie]" erweist (Mühling-Schlapkohl, Markus, Art. Relationalität, in: RGG⁴ 7, Tübingen 2004, 258-261, 261). Relationalität sollte daher keine inhaltlich umgrenzte Region theologischer Fragestellung, „sondern eine Dimension jeglicher theol. Arbeit" (260) sein. Vgl. dazu die aufschlussreiche Aufsatzsammlung von Christoph Schwöbel unter dem Titel *Gott in Beziehung. Studien zur Dogmatik* (Tübingen 2002). Schwöbel verbindet mit dieser Formulierung die Überzeugung, „daß in der christlichen Dogmatik als der denkerischen Rekonstruktion und Explikation des Wirklichkeitsverständnisses des christlichen Glaubens das *Verständnis* von Gott, Mensch und Welt in dem *Verhältnis* von Gott, Mensch und Welt begründet ist, wie es durch die Offenbarung Gottes für den christlichen Glauben erschlossen ist" (VII).

[23] Philosophie des Geldes 100.

[24] Philosophie des Geldes 113. Daher besagt Relativismus erkenntnistheoretisch letztlich nichts anderes, als „daß die konstitutiven, das Wesen der Dinge ein- für allemal ausdrückenden Grundsätze in regulative übergehen, die nur Augenpunkte für das fortschreitende Erkennen sind" (Philosophie des Geldes 106). Die konstitutiven Behauptungen in heuristische zu verwandeln, besagt beispielsweise für den klassischen Gegensatz von Einheit und Vielheit, diesen nicht in eine Richtung auflösen zu wollen (wobei die Einheit ohnehin wieder zur Vielheit und die Viel-

tituiert. Einzig der (erkenntnistheoretische) Relativismus fordert keinen festen, apriori vorgegebenen Punkt, von dem her die Erkenntnis anzusetzen hat, sondern vermag sein Prinzip auch auf sich selbst anzuwenden.[25] Weil jedes Urteil, das Menschen treffen, von einem anderen, entgegen gesetzten Urteil korrigiert und gewertet wird, bedarf auch dieses selbst wieder der Legitimation durch ein anderes, an dem sich derselbe Prozess wiederholt und sich daher tendenziell ins Unendliche fortschreiben lässt.[26] Simmels erkenntnistheoretische Reformulierung des Wahrheitsbegriffs darf man der Sache nach mit Fug und Recht als pragmatizistisches Modell ante terminem charakterisieren, da sie die Wahrheit nicht an ein Absolutes oder an ein dogmatisches Axiom bindet, sondern an die Anschlussfähigkeit weiterer Zeichenbildungen und Symbolisierungen, an ihre Bewährungsmöglichkeiten im praktischen Vollzug.

Für eine theologische Rezeption dieses Wahrheitskonzepts ist natürlich entscheidend, dass das *relativistische* Erkenntnisprinzip den Anspruch auf letztgültige Wahrheit und unbedingte Gültigkeit, der in jeder Religion explizit erhoben wird, ungeschmälert aufrechterhalten kann. Doch was bedeutet in diesem Kontext letztgültig und unbedingt? Für die Aufrechterhaltung dieses unverzichtbaren Anspruchs ist es keineswegs notwendig, in den klassischen und gegenwärtig intensiv rezipierten Letztbegründungsansätzen oder allgemein dogmatischen Prinzipien Zuflucht zu suchen.[27] Wenn die Glaubensreflexion den Wahrheitsanspruch aus den ontologischen Verfestigungen herauslöst und in die lebendigen Wechselbeziehungen der unterschiedlichsten Glaubensvoll-

---

heit wieder zur Einheit streben würde), sondern ihn als produktiven Gegensatz zu begreifen: es gelte, jede Vielheit so weit wie möglich zu vereinheitlichen, „*als ob* wir am absoluten Monismus endigen sollten", und analog, die Einheit zu pluralisieren, „*als ob* das Endergebnis ein pluralistisches sein sollte" (Philosophie des Geldes 108).

[25] Kritisch zu diesem Punkt, dass der Relativismus von sich her keine Ausnahme erfordert, vgl. die grundlegende Arbeit von Wendel, Hans Jürgen, Moderner Relativismus 34-68. Hans Albert würdigt in einem kurzen Beitrag Simmels Versuch, die Fragwürdigkeit des klassischen Rationalismus zu durchschauen und nach einer Lösung zu suchen, „die sowohl den Dogmatismus vermeidet, zu dem die klassische Forderung nach Letztbegründung führen muß, als auch den Skeptizismus, der aus der Einsicht hervorzugehen pflegt, daß das klassische Erkenntnisideal unerreichbar ist" (Albert, Hans, Georg Simmel und das Begründungsproblem. Ein Versuch der Überwindung des Münchhausen-Trilemmas, in: Traditionen und Perspektiven der analytischen Philosophie (FS Rudolf Haller), hg. v. Gombocz, Wolfgang L. u.a., Wien 1989, 258-264, 263). Albert kritisiert jedoch, dass Simmel für seine relative Wahrheitsbegründung auf den klassischen Wahrheitsbegriff zurückgreife und damit dem Zirkel letztlich nicht entkomme.

[26] Vgl. Philosophie des Geldes 118. Ähnlich auch 657, wo Simmel diesen Sachverhalt anhand der Subjekt-Objekt-Dichotomie erläutert. Vgl. dazu Lohmann, Georg, Der Schleier zwischen uns und den Dingen. Georg Simmels „Stilisierung", in: Führer, Urs/Josephs, Ingrid E. (Hg.), Persönliche Objekte, Identität und Entwicklung, Göttingen 1999, 40-59, bes. 53f.

[27] Vgl. Verweyen, Hansjürgen, Gottes letztes Wort. Grundriss der Fundamentaltheologie, Regensburg ⁴2002; Müller, Klaus, Wieviel Vernunft braucht der Glaube? Erwägungen zur Begründungsproblematik, in: Ders. (Hg.), Fundamentaltheologie – Fluchtlinien und gegenwärtige Herausforderungen, Regensburg 1998, 77-100; Larcher, Gerhard (Hg.), Hoffnung, die Gründe nennt. Zu Hansjürgen Verweyens Projekt einer erstphilosophischen Glaubensverantwortung, Regensburg 1996; Valentin, Joachim (Hg.), Unbedingtes Verstehen?! Fundamentaltheologie zwischen Erstphilosophie und Hermeneutik, Regensburg 2001; Müller, Klaus/Striet, Magnus (Hg.), Dogma und Denkform. Strittiges in der Grundlegung von Offenbarungsbegriff und Gottesgedanke, Regensburg 2005.

züge, in das freie Spiel der Argumente und Theorien sowie in den kontinuierlichen Austausch der unterschiedlichen Positionen hineinsetzt, dann ist damit der Anspruch auf Wahrheit keineswegs aufgegeben oder reduziert. Er bleibt im Gegenteil ungeschmälert erhalten, doch wechselt er seinen Ort. Dann besteht die Wahrheit einer Erkenntnis oder eines Glaubenssatzes nicht in der Übernahme einer als eindeutig identifizierbaren Proposition, sondern in den Bedeutungen und in der Praxis, die sie auslöst. Sie liegt *in* der Relativität, im Spannungsfeld der Beziehungen und Interpretationen, in der Identität und Differenz, die ein Gedanke bzw. ein Bekenntnis hervorrufen und erzeugen. Damit liegt die Wahrheit *zwischen* der Subjektivität eines erkennenden Bewusstseins bzw. einer Gemeinschaft und der Objektivität einer satzhaften Behauptung bzw. Überzeugung. Dieses *Zwischen* ist nicht im Sinne eines räumlichen oder zeitlichen Intermezzos zu verstehen, sondern im Sinne eines eigenen Bedeutungsfeldes, auf dem die Wahrheit erst ihren Raum der Entfaltung findet. Ein solches Wahrheitsverständnis nimmt den Signifikaten nichts von ihrer Objektivität und Gültigkeit, aber sie setzt ihre Bedeutung in das freie Spiel der Interpretanten hinein. Sie nimmt die Unhintergehbarkeit der Differenzen im Verstehen ernst. „Jedes Zeichen erhält seinen Sinn allein aus der Differenz, die zum Bezeichneten besteht und zugleich zu anderen Zeichen eingelegt wird. Nur im Unterschied ist, was ist, und es ist nie für sich, statisch, sondern wird, indem es vergeht, sich verschiebt. Jedes Zeichen wird von anderen Zeichen aufgenommen, im semantischen Abstand produziert und wieder dekonstruiert. […] Es gibt kein Identisches, keinen semantischen Stillstand, sondern nur die unendliche Aufpfropfung der Zeichen und also ihre letzte Unerreichbarkeit."[28] Die Relativität kommt dem Wahrheitsbegriff nicht hinzu, sondern ist eines seiner inneren Momente.

Damit ist jener entscheidende Schritt vollzogen, der als Wahrheitskriterium der Theologie nicht nur die logisch korrekte Syntax der internen Relationen festlegt, sondern zugleich ihre Anbindung an die unverfügbare Zeichenwelt. Die Plausibilität des religiösen Symbolsystems ist in einer doppelten Weise relativ: relativ zur Rationalität seiner eigenen Glaubensgemeinschaft und relativ zu den sie umgebenden Plausibilitäten und Überzeugungen. Aber diese Relativitäten sind ihrerseits nochmals von einer Spannung getragen, die jede religiöse Rede kennzeichnet. Denn jede Rede über Gott ist stets auch ein Reden über etwas, was im Grunde unsagbar ist. Das verweist sie an einen Ort, der ihr vorgegeben und zugleich entzogen bleibt. Diese konstitutiven Bezüge nach außen prädestinieren das religiöse Sprachspiel zur Entwicklung einer Grammatik, die an den Grenzlinien der jeweiligen Symbolsysteme die Übergänge entdeckt, an denen eine Durchlässigkeit in beide Richtungen möglich erscheint. Damit ist explizit keine Selbsttransformation des Religiösen gemeint, als müsste seine Semantik in eine säkulare Sprache übersetzt werden. Die Lebenswelt des Glaubens darf der Öffentlichkeit „die nicht ersetzbare

---

[28] Hoff, Gregor Maria, Ökumenische Passagen – zwischen Identität und Differenz. Fundamentaltheologische Überlegungen zum Stand des Gesprächs zwischen römisch-katholischer und evangelisch-lutherischer Kirche, Innsbruck 2005, 30.

Bedeutung von zentralen theologischen Begriffen wie Opfer, (Erb-)Sünde und Erlösung"[29] durchaus zumuten. Wenn aber die doppelte Relativität im theologischen Wahrheitsbegriff den Glauben strukturiert, dann gilt diese Grammatik in allen seinen Vollzügen, im Kontext der Teilnahme am Glaubensvollzug ebenso wie in seiner öffentlichen Präsentation. Deswegen lassen sich die klassischen Geltungsansprüche des christlichen Glaubens auch nicht auf eine Seite hin einschmelzen. Der *kognitiv-ontologische* Geltungsanspruch bleibt wie der *politisch-praktische* und der *existenziell-intersubjektive* in jeder Bewegung erhalten, doch erweisen sich alle wieder in doppelter Weise relativ.[30] Nach dem Epheserbrief ist Jesus, der Christus, *die* Wahrheit (Eph 4,21), aber er ist sie nicht bloß in seinem metaphysischen Selbstsein, sondern insbesondere in seiner Beziehung zu uns und allen Menschen. Das Neue Testament bezeichnet Jesus als *Mittler* zwischen Gott und den Menschen (1 Tim 2,5), er ist das Original Gottes als sein *interpres*.[31]

Es erscheint von daher doch etwas überraschend, dass die neueren theologischen Handbücher und Lexika, anders als die philosophischen, keine spezifischen Einträge zum Stichwort *Wechselwirkung* kennen. Explizit wird sie kaum thematisiert, der Sache nach findet sie mit wenigen Teilaspekten im Kontext des Relationsbegriffs Beachtung. So konzentriert sich die Neuauflage des *Lexikons für Theologie und Kirche* im theologischen Teil des Eintrags *Relation* auf die innertrinitarischen Beziehungen, auf das Schöpfungsverhältnis und die Gott-Mensch-Beziehung, ohne aber die spezifischen Formen der

---

[29] Siebenrock, Roman A., Wie sind Zeichen des Heils in einer sündigen Wirklichkeit möglich? Thesen zur bleibenden Bedeutung der Politischen Theologie im Anschluss an Raymund Schwager SJ, in: Ders./Sandler, Willibald (Hg.), Kirche als universales Zeichen. In memoriam Raymund Schwager SJ, Münster 2005, 381-397, 391.

[30] In Anknüpfung an die Sprechakttheorien von Karl Bühler und Jürgen Habermas unterscheidet Franz Gruber drei Geltungsansprüche, die in jedem Sprechakt implizit erhoben werden. Jedes Sprechen weist einen *Gegenstandsbezug* (mit dem Geltungsanspruch der *Wahrheit*), einen *Intersubjektivitätsbezug* (Geltungsanspruch der *Richtigkeit*) und einen *Subjektbezug* (Geltungsanspruch der *Wahrhaftigkeit*) auf. Für die theologische Reflexion resultiert daraus die Aufgabe, die Wahrheit des Glaubens im Kontext der jeweiligen Zeit aus- und anzusagen, die gesellschaftliche Normativität des Christseins zu begründen und praktisch einzubringen sowie die Menschen auf ihrem Weg zu unterstützten, authentische Hörer des Wortes zu werden (vgl. Gruber, Franz, Theologie im Dienst der Personwerdung. Dogmatische Theologie lehren im Kontext von Traditionsabbruch und Individualisierung, in: SaThZ 7 (2003) 16-25). Armin Kreiner verweist in seinem basalen Anforderungsprofil an eine religiöse Rede auf die Bedeutung der Außenbeziehungen (Kreiner, Armin, Wahrheit und Perspektivität religiöser Rede von Gott, in: Dalferth, Ingolf U./Stoellger, Philipp (Hg.), Wahrheit in Perspektiven. Probleme einer offenen Konstellation, Tübingen 2004, 53-67). Religiöse Sätze bzw. Behauptungen sollten drei Kriterien erfüllen: Sie sollten (1) *logisch* sein. Insbesondere das Widerspruchsverbot soll „die Verständlichkeit, Kritisierbarkeit und Wahrheitsfähigkeit von Aussagen garantieren" (61). Das *explikative* Kriterium (2) sollte dafür sorgen, dass Aussagen über Gott „einen Erklärungswert im Hinblick auf bestimmte Phänomene besitzen" (61). Schließlich drängt das *pragmatische* Kriterium (3), religiöse Überzeugungen auch danach zu beurteilen, „inwiefern sie ein gutes und sinnvolles Leben ermöglichen" (61f). Denn Erkenntnis zielt auch darauf, das Leben sinnvoller, leichter und angenehmer zu machen, Erkenntnis dient „der Realisierung bestimmter Werte, die über die rein theoretischen Werte von Wahrheit und Kohärenz hinausgehen" (62).

[31] Vgl. dazu Hoff, Gregor Maria, Offenbarungen Gottes? Eine theologische Problemgeschichte, Regensburg 2007.

Beziehung zu reflektieren.³² Die *Theologische Realenzyklopädie* diskutiert unter dem Stichwort *Relativismus* die philosophisch-wahrheitstheoretischen und die ethisch-metaethischen Implikationen, doch entfällt auch hier eine genuin systematische Reflexion.³³ Auch wenn *Relation* der gängigere und traditionsreichere Begriff ist, die *Relativität* bringt das gegenseitige, ineinander greifende Moment, die Grunddynamik der Wechselwirkung, deutlicher zum Ausdruck. Ein klassisches hierarchisches Verhältnis ist eine Relation, aber nicht unbedingt eine Wechselwirkung.

Da jede Theologie zunächst einmal relativ ist in Bezug auf die Sätze und Überzeugungen des Glaubens, vollzieht sich der lebendige Austauschprozess stets in beide Richtungen und kann nicht zu einer Seite hin aufgelöst werden. Diese Relativitätsbestimmung wird insgesamt auf wenig Widerspruch stoßen, auch wenn die Mühen der konkreten Ausgestaltung manche Konfliktlinien offenbaren. Umstrittener ist hingegen die zweite Bedeutung, die nur allzu leicht unter das Verdikt gerät, den Wahrheitsanspruch des Glaubens Preis zu geben. Doch in dieser zweiten Bedeutung meint Relativität die Beziehung zum Außen des Glaubens, zu dem Gegenüber und den Kontexten, in denen er durch die Zeit und die Kultur verortet ist. Auch der Glaube nach innen ist nicht anders formulier- und darstellbar, im existenziellen Vollzug nicht anders lebbar als in Bezug zu den konkreten Herausforderungen der Zeit, in Korrespondenz mit den Anfragen und Problemen, sowie in Auseinandersetzung mit den konkreten Strukturen, dominierenden Werten und herrschenden Plausibilitäten. Doch fließt auch hier der Strom der Erkenntnis nicht bloß in eine Richtung, von der Religion zu den säkularen Feldern des Lebens, sondern er kennt auch die Gegenrichtung, indem die anderen symbolischen Formen des Lebens auf die religiöse Interpretation Bezug nehmen und sie mit ihren Erkenntnissen und Erfahrungen bereichern. Wie anders als mit dem Begriff der Relativität ließe sich diese Dynamik des Religiösen deutlich zum Ausdruck bringen? Die Relativität der Gottesrede führt nicht zu ihrer Schwächung, sondern stärkt sie.

Daher soll an einem dogmatischen und an einem methodologischen Beispiel kurz exemplarisch angedeutet werden, in welch grundlegender Weise die Kategorie der Relativität bzw. der Wechselwirkung in der Mitte des Glaubens und der Theologie beheimatet ist.

1.2.1 Das Zueinander von ökonomischer und immanenter Trinität

Es wird in der systematischen Theologie gegenwärtig nur selten reflektiert, dass auch im Herzstück des Glaubens, im christlichen Gottesverständnis, die Kategorie der Wechselwirkung eine zentrale und herausragende Rolle einnimmt. Insbesondere die Trinitätslehre ist von diesem Gedanken geprägt und durchdrungen, insofern sie als Versuch interpretiert werden kann, einen kurzen

---

[32] Schmidbaur, Hans-Christian, Art. Relation II. Theologisch, in: LThK³ 8, Freiburg 1999, 1029f.

[33] Hans Jürgen Wendel, Relativismus I. Philosophisch-werttheoretisch; Wolbert, Werner, Relativismus II. Ethisch-metaethisch, in: TRE 28, Berlin 1997, 497-500 u. 500-504.

1 Die formale Kategorie „Wechselwirkung"

Satz aus dem Ersten Johannesbrief sowohl in seiner innertrinitarischen als auch in seiner heilsgeschichtlichen Bedeutung zu denken: *Gott ist die Liebe* (1 Joh 4,8). Gott ist keine reine Selbstgenügsamkeit, kein absolutes, relationsloses Sein, sondern die sich verschenkende Liebe. Die Theologie hat für diese Struktur des Gottesbegriffs hauptsächlich den der Relation bzw. der Beziehung gewählt, aber auch hier gibt es gute Gründe, auf den weitaus stärkeren Begriff der Relativität zurückzugreifen.

Ausgangspunkt soll dafür jene berühmte und oft missverstandene Grundthese Karl Rahners sein, die sein Gottesverständnis in einem einzigen Gedanken zusammenfasst und doch mit ihm mehr ausdrückt als eine ganze Welt: *„Die »ökonomische« Trinität ist die »immanente« Trinität und umgekehrt."*[34] Sachlich kommt in diesem Satz zum Ausdruck, dass uns Menschen Gott so begegnet, wie er in sich selbst ist, als die sich selbst verströmende, grenzenlose Liebe. Gott gibt sich in der Heilsökonomie so, wie er an sich selbst ist, er gibt sich ganz als er selbst und nicht bloß etwas von sich. Freilich ist damit nicht gemeint, Gott würde in der Heilsgeschichte aufgehen und die immanente Trinität wäre nichts anderes als das in der Offenbarung Identifizierbare.[35] Doch mit diesem Axiom wird etwas verbunden, was in der Theologiegeschichte oft getrennt und auseinander gerissen wurde. In einer ontologischen Perspektive (von oben) formuliert dieser Satz ein Kernanliegen der Theologie Rahners, dass der dreifaltige Gott der transzendente Urgrund der Heilsgeschichte ist. Aus einer erkenntnistheoretischen Warte (von unten) besagt der Gedanke, dass wir nur über den Weg der Offenbarung zur Erkenntnis Gottes, wie er in sich selbst ist, gelangen können.[36] Damit Gott sich überhaupt nach außen mitteilen, in die Heilsgeschichte eingehen kann, muss er in sich selbst bereits eine Differenz sein. Wäre diese Selbstunterschiedenheit in Gott nicht gegeben, dann bestünde die Gefahr, dass Gott in seiner Selbstmitteilung nach außen als Liebe und Wahrheit etwas anderes gibt als sich selbst. So sind die Menschwerdung und die Sendung des Geistes in ihrem heilsgeschichtlichen Wirken nicht bloß eine bestimmte Offenbarungsseite Gottes, sondern bringen in sich das

---

[34] Rahner, Karl, Der dreifaltige Gott als transzendenter Urgrund der Heilsgeschichte, in: Mysterium Salutis. Grundriß heilsgeschichtlicher Dogmatik 2, Einsiedeln 1967, 317-401, 328 (dort ebenfalls kursiv). Vgl. dazu die identische Formulierung in: Ders., Bemerkungen zum dogmatischen Traktat „De Trinitate", in: Schriften zur Theologie 4, Einsiedeln 1960, 103-133, 115 („ökonomisch" ist dort unter Anführungszeichen und „ist" kursiv gesetzt).

[35] Yves Congar gibt gegen die Identifizierung Rahners zu bedenken: „In der ökonomischen Trinität enthüllt sich die immanente Trinität. Enthüllt sie sich ganz?" (Congar, Yves, Der Heilige Geist, Freiburg 1982, 337) Ähnlich auch Boff, Leonardo, Der dreieinige Gott, Düsseldorf 1987, 244f. Congar und Boff begründen ihre Skepsis inkarnationstheologisch. Würde man alles, was in der Natur liegt, in die Ewigkeit des Logos übertragen, müsste man sagen, dass der Sohn vom Vater und vom Heiligen Geist ausgeht. Darüber hinaus lässt sich die göttliche Natur des Logos nicht in der menschlichen zur Gänze unterbringen. Congars Frage ist zumindest missverständlich, weil sie suggeriert, dass hinter der Selbstoffenbarung Gottes in Jesus noch etwas uns Verborgenes in Gott existiert, er ein anderer in sich selbst ist, als er nach außen hin zeigt. Vgl. dazu auch Wohlmuth, Josef, Zum Verhältnis von ökonomischer und immanenter Trinität. Eine These, in: ZkTh 110 (1988) 139-162.

[36] Vgl. dazu Hilberath, Bernd Jochen, Der dreieinige Gott und die Gemeinschaft der Menschen. Orientierungen zur christlichen Rede von Gott, Mainz 1990, 63-77.

eine ganze Wesen Gottes zum Ausdruck. Würde innertrinitarisch eine göttliche „Person" sich anders als in ihrer Beziehung zu den anderen Personen mitteilen, dann wäre jede einzelne Person etwas Absolutes und nicht bloß Relatives. Das heißt dann weiter: „Diese drei Selbstmitteilungen sind die Selbstmitteilung des einen Gottes in der dreifach relativen Weise, in der Gott subsistiert. [...] Gott verhält sich zu uns dreifaltig, und ebendies dreifaltige (freie und ungeschuldete) Verhalten zu uns *ist* nicht nur ein Abbild oder eine Analogie zur inneren Trinität, sondern ist diese selbst, wenn auch als frei und gnadenhaft mitgeteilte."[37] Gott kann sich deshalb nach außen als Liebe und Wahrheit mitteilen, weil er beides in sich selbst bereits wesensmäßig nach innen ist und die innergöttlichen Beziehungen in ihrer Eigenständigkeit eine Einheit bilden. Vater, Sohn und Heiliger Geist sind eins, auch wenn sie in der Heilsökonomie das je Ihre wirken.

Rahners Betonung der Einheit der göttlichen Trinität scheint durch die vollkommene Perichorese den Proprietäten der innergöttlichen „Personen" nur wenig Raum zu lassen.[38] Da es im Selbstvollzug Gottes kein gegenseitiges Du gibt, sondern die reale Differenz allein in sich selbst vollzogen wird, gibt es auch keine „gegenseitige (zwei Akte voraussetzende) Liebe zwischen Vater und Sohn, sondern eine liebende, Unterschied begründende Selbstannahme des Vaters"[39]. Die Kritik an Rahners Trinitätsverständnis hat sich vor allem an diesem neuralgischen Punkt festgemacht. Jürgen Moltmann etwa sieht hier einen impliziten Hegelianismus am Werk, weil das absolute Subjekt in sich selbst das ganze Sein vollzieht und damit einem idealistischen Modalismus und Monosubjektivismus sehr nahe kommt. Rahners Umdeutung der Trinitätslehre ende in der mystischen Einsamkeit Gottes, sie verdunkle die biblisch bezeugte Geschichte des Vaters, des Sohnes und des Geistes, sofern sie diese „zur äußeren Illustration dieser inneren Erfahrung macht"[40]. Doch es sei auszuschließen, dass in Gethsemani distinkte Subsistenzweisen eines einzigen Subjekts miteinander gehandelt hätten, dass am Kreuz eine Seinsweise des einen persönlichen Gottes nach der anderen geschrieen hätte.[41]

---

[37] Rahner, Karl, Der dreifaltige Gott als transzendenter Urgrund der Heilsgeschichte 337.
[38] Das ist der Grund, warum Rahner den Personbegriff für die Trinität unangemessen hält und von „Subsistenzweisen" spricht. Person im heutigen Verständnis bezeichnet das Individuell-Autonome, die unverwechselbare Identität. In Gott könne man jedoch nicht von drei Identitäten oder drei „Bewußtseinen" sprechen, „sondern das eine Bewußtsein subsistiert in dreifacher Weise; es gibt nur ein reales Bewußtsein in Gott, das vom Vater, Sohn, Geist in je der eigenen Weise gehabt wird." (Rahner, Karl, Der dreifaltige Gott als transzendenter Urgrund der Heilsgeschichte 387)
[39] Rahner, Karl, Der dreifaltige Gott als transzendenter Urgrund der Heilsgeschichte 387. „In Gott an sich existiert die reale Differenz zwischen dem einen und selben Gott, insofern er in einem und notwendig der ursprungslose, zu sich selbst sich Vermittelnde (Vater), der in Wahrheit für sich Ausgesagte (Sohn) und der in der Liebe für sich selbst Empfangene und Angenommene (Geist) ist, und *dadurch* derjenige ist, der in Freiheit sich »nach außen« selbstmitteilen kann." (384)
[40] Moltmann, Jürgen, Trinität und Reich Gottes. Zur Gotteslehre, Gütersloh ³1994, 166.
[41] Vgl. dazu auch die Kritik von Pannenberg, Wolfhart, Systematische Theologie 1, Göttingen 1988, 283-355. Pannenberg hält es für ausgeschlossen, „die in der Schrift bezeugten *aktiven* Beziehungen des Sohnes und des Geistes zum Vater als für deren Identität nicht konstitutiv zu

Mit der weitgehenden Preisgabe der interpersonalen Beziehungen in Gott werde auch dem urbildlichen Charakter des dreieinen Gottes für die Gemeinschaft der Menschen und der Kirche der Boden entzogen. Dem sich unter dreifaltigem Aspekt selbst mitteilenden Gott „entspricht der sich selbst zur Verfügung stellende, sich selbst transzendierende, dabei aber in sich gekehrte, einsame Mensch"[42]. Wenn man heilsgeschichtlich von selbstständigen göttlichen Subjekten ausgeht, kann man dem Grundaxiom Rahners zustimmen, doch erhält es einen neuen Sinn. Was für Moltmann mit der Identität von ökonomischer und immanenter Trinität letztlich ausgedrückt werden solle, „ist die *Wechselwirkung* zwischen dem Wesen und der Offenbarung, dem Innen und dem Außen des dreieinigen Gottes. Die ökonomische Trinität offenbart nicht nur die immanente Trinität, sondern wirkt auch auf diese zurück."[43] Moltmann kritisiert daher die augustinische Unterscheidung zwischen den ungeteilten *opera trinitatis ad extra* und den geteilten *opera trinitatis ad intra* als unzureichend, weil sie Gott nach außen hin *Einheit* unterstelle, nach innen hin jedoch *Dreiheit*. Moltmann begründet seine These von der Wechselwirkung zwischen ökonomischer und immanenter Trinität strikt kreuzestheologisch. Die Verlassenheit Gottes am Kreuz wird zum entscheidenden Kriterium der christlichen Gottesrede. Diese christologische Umstellung schlägt in der klassischen Lehre der Eigenschaften Gottes ein neues Kapitel auf. Nicht mehr Apathie und Unveränderlichkeit erweisen sich als untrügliche Kennzeichen Gottes, sondern die Betroffenheit Gottes vom Leiden seines Sohnes. Am Kreuz *schafft* Gott Heil nach außen für seine ganze Schöpfung und *erleidet* zugleich das Unheil der ganzen Welt nach innen an sich selbst. Damit aber entsprechen den *opera trinitatis ad extra* seit Beginn der Schöpfung *passiones trinitatis ad intra*, denn anders wäre Gott als Liebe nicht zu verstehen. Das Verhältnis des dreieinen Gottes zu sich selbst und zur Welt ist daher nicht als einlinig, als Urbild – Abbild, Idee – Erscheinung, Wesen – Offenbarung zu verstehen, sondern als ein wechselseitiges Geschehen. Das Verhältnis Gottes zu sich selbst wird aber nicht mit seinem Verhältnis zur Welt gleichgestellt, sondern es wird lediglich behauptet, dass das Verhältnis Gottes zur Welt dasjenige Gottes zu sich selbst beeinflusst, obwohl das Selbstverhältnis Gottes seinem Weltverhältnis vorausgeht und es gestaltet. Der *Schmerz des Kreuzes* bestimmt nach Moltmann das innere Leben des dreieinen Gottes von Ewigkeit zu Ewigkeit. Wenn dies zutreffend ist, dann bestimmt auch die Freude der *erwiderten Liebe* in der Verherrlichung durch den Geist das innere Leben des dreieinen Gottes von Ewigkeit zu Ewigkeit. In ähnlicher Weise prägt auch die *Geschichte des Geistes* durch die Freude des mit Gott verbundenen Menschen an der Schöpfung das innere Leben Gottes.

---

    behandeln" (348). Denn der Sohn wird nicht nur gezeugt, sondern verherrlicht auch den Vater. Der Geist wird nicht nur gehaucht, sondern erfüllt auch den Sohn, ruht auf ihm und verherrlicht ihn in seinem Gehorsam gegenüber dem Vater, womit er zugleich wiederum den Vater selbst verherrlicht.

[42] Moltmann, Jürgen, Trinität und Reich Gottes 173.
[43] Moltmann, Jürgen, Trinität und Reich Gottes 177.

Moltmanns Trinitätslehre, die in ihrer Staurozentrik große Ähnlichkeiten mit jener von Hans Urs von Balthasar und Eberhard Jüngel aufweist,[44] vermag im Unterschied zu den ontologischen und subjektorientierten Ansätzen überzeugend die Heilsökonomie des Kreuzes mit der immanenten Trinität Gottes in Verbindung zu bringen. Für Moltmann kann die Reduktion der drei Personen auf drei göttliche Seins- oder Subsistenzweisen, wie sie Karl Barth und Karl Rahner vornehmen, die Heilsgeschichte in der Fülle der trinitarischen Gemeinschaftsbeziehungen Gottes nicht erhellen. Die Einheit der Geschichte Gottes ist nicht anders zu verstehen als eine „offene, vereinigende Einigkeit der drei göttlichen Personen in ihren Beziehungen zueinander"[45]. Wenn diese vereinigende Einheit Inbegriff des Heils ist, dann kann ihr transzendenter Urgrund nicht in einem absoluten Subjekt oder einem einzigen Wesen liegen, sondern in der sich wechselseitig durchdringenden Beziehung von Vater, Sohn und Geist.[46] Aber der Kerngedanke der ewigen Perichorese der innergöttlichen Personen und ihrer Wechselwirkung mit der ökonomischen Heilsgeschichte nach außen bliebe unausgeschöpft, wenn diese grundlegende Grammatik nicht auch paradigmatisch für das Leben der Menschen und das Handeln der Kirche wäre. Die soziale Trinitätslehre, die Moltmann entwickelt, versucht das gemeinschaftliche, relationale Moment in den Beziehungen der Menschen zu stärken, denn die Schrift ist „das Zeugnis von der menschen- und weltoffenen Geschichte der *Gemeinschaftsbeziehungen der Trinität*. Diese trinitarische Hermeneutik führt zu einem Denken in Beziehungen und Gemeinschaften und löst das subjektive Denken ab, das ohne Trennung und Isolierung seiner Gegenstände nicht arbeiten kann"[47]. Leonardo Boff hat in seiner Trinitätslehre die politisch-praktische Dimension des innergöttlichen Gemeinschaftsprinzips weiter vertieft und die Gemeinschaft als das erste und letzte Wort des trinitarischen Geheimnisses bezeichnet. Die Dreifaltigkeit ist daher „unser wahres

---

[44] Vgl. Balthasar, Hans Urs von, Theodramatik 2/2, Einsiedeln 1978; Jüngel, Eberhard, Gott als Geheimnis der Welt. Zur Begründung der Theologie des Gekreuzigten im Streit zwischen Theismus und Atheismus, Tübingen 1982.

[45] Moltmann, Jürgen, Trinität und Reich Gottes 174. Gisbert Greshake hat dies so formuliert: „Es gibt nicht ein göttliches Wesen, das unabhängig vom Relationsgefüge der göttlichen Personen auch nur gedacht werden könnte, und es gibt keine göttliche Person, die unabhängig von dem sie mit den übrigen Personen verbindenden Beziehungsnetzwerk sein könnte. Vielmehr *ist* das eine göttliche Wesen Vermittlung: ewiges, sich konstituierendes Miteinander dreier Personen im Voneinanderher und Aufeinanderhin – in einem untrennbaren Zusammen von Selbsteinigung durch Selbstunterscheidung von den anderen sowie von Einigung durch Verbindung mit ihnen." (Greshake, Gisbert, Der dreieine Gott 183)

[46] „Das göttliche Wesen hat", wie Greshake präzisiert, „seinen Selbstand weder »in sich« noch über oder neben den drei Personen, sondern es ist dasjenige, was »in« und »zwischen« den drei Personen geschieht, besser: was auf je verschiedene Weise in und von den drei gemeinsam vollzogen wird: Es ist Inhalt ihres Personseins und ihrer interpersonalen Perichorese." (Greshake, Gisbert, Der dreieine Gott 184) Ähnlich auch Breuning, Wilhelm, Gotteslehre 310: „Das gemeinsame Eine des einen Wesens ist selbst in seinem tiefsten Grund schon personales Sein und Leben, das sich entfaltet in der relational bestimmten Dreiheit. Der Begriff »das eine Wesen« ist schon ein trinitarischer Begriff! »Person« umgekehrt bezeichnet ein Selbstverhältnis, das durch die Relationalität der Einheit geprägt ist."

[47] Moltmann, Jürgen, Trinität und Reich Gottes 35.

Gesellschaftsprogramm."⁴⁸ Sie ermutigt die Christen zum Aufbau einer Gesellschaft, die dem Bild und Gleichnis der liebenden, einander zugewandten und einen Gemeinschaft Gottes ist.

Jürgen Werbick hat in Bezug auf den Begriff *Wechselwirkung* zu bedenken gegeben, dass sich damit die Vorstellung verbinden könnte, Gott würde im und durch den Weltprozess erst zu sich selbst kommen.⁴⁹ Bei Moltmann selbst finden sich keine Hinweise, den Begriff in diese Richtung zu interpretieren. Vielmehr ist es sein Anliegen, die Trinität konsequent von der Heilsgeschichte her zu denken, weshalb es ihm auch ein Anliegen ist, die Dreieinigkeit Gottes gerade auch am Kreuz Christi, dem Zentrum dieser Heilsgeschichte Gottes, zur Sprache zu bringen. Werbick formuliert indirekt selbst ein entscheidendes Argument für die Kategorie der Wechselwirkung, bezeichnenderweise in Form einer Fragestellung. Wenn Gott heilsgeschichtlich als jemand gedacht wird, der erst in der Welt zu sich selbst kommt, „wie kann dann vermieden werden, daß die Heilsgeschichte als bloßes Folgephänomen des immanent-trinitarischen Geschehens erscheint?"⁵⁰ An genau diesem Punkt zeigt sich die entscheidende Stärke der Kategorie *Wechselwirkung*. Sie ist die entscheidende Tiefengrammatik von Rahners trinitätstheologischen Axiom, wonach die ökonomische Trinität die immanente *ist* und umgekehrt. Die Wechselwirkung erweist sich als jener Vermittlungsbegriff, der verhindert, dass die Heilsökonomie lediglich als eine Funktion der immanenten Trinität gedacht wird. Zugleich wird ausgeschlossen, dass sich der innergöttliche Selbstvollzug in einem formalen Selbstvermittlungsprozess erschöpft. Mit ihm lässt sich die Selbstmitteilung in der Heilsökonomie konsequent als „der *Selbst*-Vollzug des einen Gottes"⁵¹ in der Gemeinschaft mit dem Sohn und dem Heiligen Geist denken, ohne dass der Weltbezug zur notwendigen Voraussetzung wird. Zugleich wird mit der Kategorie der Wechselwirkung sichergestellt, dass die menschliche Geschichte mit der Geschichte Gottes verbunden ist, dass von Gott nicht gesprochen werden kann, ohne zugleich von der Welt, von seiner Selbstmitteilung in ihr zu reden. Das gilt in gleicher Weise auch umgekehrt, wie könnte man von der Welt reden, ohne zugleich auf ihre transzendentalen Voraussetzungen zu reflektieren und zu bedenken, was ihr Verlauf und ihr Geschick für Gott bedeuten? Freilich ist diese Passion nicht so zu verstehen, als würde sich Gott dadurch verändern oder Neues an ihm entdeckt werden. Mit der Kategorie der Wechselwirkung

---

[48] Boff, Leonardo, Der dreieinige Gott, Düsseldorf 1987, 29.
[49] Vgl. Werbick, Jürgen, Trinitätslehre 534.
[50] Werbick, Jürgen, Trinitätslehre 534.
[51] Werbick, Jürgen, Trinitätslehre 537. Dieser gleichursprüngliche Beziehungsreichtum der Personen, ihr wechselseitiges Ineinander, ihr prinzipiell Gemeinsames (*Ousia*) und ihr Unterschiedenes (*Hypostase*), wird in der Theologiegeschichte mit verschiedenen Begriffen beschrieben (*Koinonia, Communio, Perichorese, Proprietäten, interincessiones, notiones personales, modi obtinentiae* etc.). Vgl. dazu Greshake, Gisbert, Der dreieine Gott 90ff. 175f; Werbick, Jürgen, Trinitätslehre 552-559; Kasper, Walter, Der Gott Jesu Christi 347-354; Scharer, Matthias/Hilberath, Bernd Jochen, Kommunikative Theologie. Eine Grundlegung, Mainz ²2003; Hilberath, Bernd Jochen (Hg.), Wahrheit in Beziehung. Der dreieine Gott als Quelle und Orientierung menschlicher Kommunikation, Mainz 2003; Ders., Der dreieinige Gott und die Gemeinschaft der Menschen. Orientierungen zur christlichen Rede von Gott, Mainz 1990.

lässt sich der Dualismus von Gott und Welt aufheben, ohne freilich ihre Differenz einzuziehen. Gott ist relativ zur Welt, weil er es in sich selbst ist, und die Welt ist relativ zu Gott, weil sie transzendental auf ihren Schöpfer verwiesen ist.

Innerhalb der Theologie hat dieses Verständnis der wechselseitigen Verwiesenheit vor allem durch die Rezeption der Prozessphilosophie von Alfred N. Whitehead an Einfluss gewonnen.[52] Whiteheads Metaphysik der Relativität ist sicherlich einer der herausragendsten und ungewöhnlichsten Versuche, den Dualismus von Subjekt und Objekt, Materie und Geist, Natur und Erkenntnis zu überwinden und den Begriff *Gott* konsequent in Bezug zur Welt, und die Welt konsequent in Bezug auf Gott zu denken.[53] Für Whitehead besteht die Natur nicht aus Substanzen, sondern aus Ereignissen, die sich prozesshaft wechselseitig konstituieren und verändern. Die Welt ist daher keine Aneinanderreihung oder Abfolge bloßer Zustände, sondern ein permanentes Ereignis. Alle elementaren Entitäten des Universums (*actual entities*)[54] besitzen eine bipolare Struktur, eine innere, kreative Ausrichtung auf eine neue Gegenwart hin, die nur in Bezug auf andere Entitäten wirklich ist. Mit dem objektiven Pol erfassen und konstituieren die Einzelwesen die anderen Entitäten, mit dem subjektiven treiben sie ihre eigene Entwicklung voran. In ähnlicher Weise kommt Gott eine bipolare Natur zu, durch die das Universum in seinen eigenen Prozess hineingenommen ist. Die Welt versteht Whitehead als ein kreatives Abenteuer Gottes, der selbst von der Transformation der Welt erreicht und bewegt wird. In der *primordial nature* ist Gott das kreative, unerschöpfliche Prinzip, das in Einheit mit der *consequent nature* der Welt Freiheit und Eigensein ermöglicht, sie zugleich jedoch umgestaltet und ihre innere Vollendung fördert. Durch die Entwicklung und den Fortschritt in der Welt verändert sich auch Gott, weil die Welt in ihm aufgehoben ist, obwohl sie zugleich sein Gegenüber darstellt. In seiner schöpferischen Liebe bleibt Gott auf die Welt bezogen und wird in seinem eigenen Werden von ihr geprägt, ohne von ihr abhängig zu sein. Gott ist und bleibt der transzendentale, ewige Grund von Schöpfung und Welt. „Es ist", so heißt es in den berühmten Antithesen am Ende von *Prozess und Realität*, „genauso wahr zu sagen, daß Gott beständig ist und die Welt fließend, wie zu behaupten, daß die Welt beständig ist und Gott fließend. Es ist genauso wahr zu sagen, daß Gott eins ist und die Welt vieles, wie

---

[52] Whitehead, Alfred N., Prozeß und Realität. Entwurf einer Kosmologie, Frankfurt ⁴2006.
[53] Vgl. dazu etwa Cobb, John B./Griffin, David Ray (Hg.), Process Theology. An Introductory Exposition, Philadelphia 1976; Griffin, David Ray, God, Power, and Evil. A Process Theodicy, Philadelphia 1976; Sander, Hans-Joachim, Natur und Schöpfung – die Realität im Prozeß. A. N. Whiteheads Philosophie als Fundamentaltheologie kreativer Existenz (Würzburger Studien zur Fundamentaltheologie 7), Frankfurt 1991; Faber, Roland, Prozeßtheologie. Zu ihrer Würdigung und kritischen Erneuerung, Mainz 2000; Ders., Gott als Poet der Welt. Anliegen und Perspektiven der Prozesstheologie, Darmstadt 2003.
[54] Whitehead versteht unter *actual entities* „die letzten realen Dinge, aus denen die Welt zusammengesetzt ist. Man kann nicht hinter die wirklichen Einzelwesen zurückgehen, um irgend etwas Realeres zu finden. [...] Die letzten Tatsachen sind ausnahmslos wirkliche Einzelwesen; und diese wirklichen Einzelwesen sind komplexe und ineinandergreifende Erfahrungströpfchen." (Whitehead, Alfred N., Prozeß und Realität 57f)

1 Die formale Kategorie „Wechselwirkung" 343

zu behaupten, daß die Welt eins ist und Gott vieles."[55] Gott ist ohne Welt nicht denkbar und die Welt ohne Gott nicht adäquat begriffen. Wie kaum eine andere hat die Prozesstheologie das Wechselwirkungsparadigma in den Mittelpunkt des Denkens gerückt und so wesentlich dazu beigetragen, die wechselseitige Beziehung wieder als das zu entdecken, was sie seit Anbeginn immer schon war, keine Marginale, sondern eine Kraft, die zu „den zentralen Grundzügen des Christentums"[56] gehört.

Für die herausragende Bedeutung der Wechselwirkungskategorie innerhalb der theologischen Reflexion ist die Trinitätslehre nur ein Beispiel, dem sich noch zahlreiche weitere anfügen ließen. So hat etwa das Konzil von Chalcedon (451) versucht, mit Hilfe des Strukturprinzips der Wechselwirkung eine Antwort auf eine der brisantesten und stets aktuellen Fragen innerhalb der Christologie zu finden: Wie ist das Verhältnis Jesu zu Gott, seinem Vater, zu denken? Bleibt in der Inkarnation des Logos seine Göttlichkeit erhalten? In welcher Weise sind die göttliche und die menschliche Natur in Jesus verbunden? Bekanntlich hat das Konzil eine Formulierung gewählt, die in ihrer sprachlichen Struktur die Identität und Differenz von göttlicher und menschlicher Natur im Mensch gewordenen Logos benennt und zugleich das Unsagbare nicht unterschlägt. In der Einheit einer Person oder Hypostase, so die berühmte Formulierung, kommen die göttliche und die menschliche Natur Jesu *unvermischt* und *unverwandelt*, *ungetrennt* und *ungesondert* zusammen (DH 302). Die göttliche Natur bleibt in dieser Vereinigung ebenso erhalten wie die menschliche, ihre *Differenz* ist jedoch nur in der *Einheit* der Person bzw. Hypostase gegeben und erkennbar. Die menschliche Natur wird auch nicht von der göttlichen aufgesogen, beide sind nur in ihrem Miteinander und Gegenüber erkenn- und beschreibbar. Die Lehre von der *hypostatischen Union* versucht zu vermitteln, was letztlich unvermittelbar erscheint: Die beiden Naturen sind und bleiben unterschieden, sie gehen auch nicht ineinander auf, aber sie durchdringen sich wechselseitig und wirken nur in ihrer unverbrüchlichen Einheit: Papst Leo der Große hat diese *Idiomenkommunikation* in seinem Brief an Bischof Flavian von Konstantinopel so formuliert: „Denn jede der beiden Gestalten wirkt in Gemeinschaft mit der anderen, was ihr eigen ist: Dabei wirkt das Wort nämlich, was des Wortes ist, das Fleisch aber vollbringt, was des Fleisches ist." (DH 294) Wie sich die Zweiheit der Naturen zur Einheit der Person verhält, bleibt jedoch offen, sie ist letztlich material nicht aussagbar. Der Formel von Chalcedon gelingt es zwar eindrucksvoll, das Menschsein des göttlichen Logos auszusagen, aber ihr fehlen die sprachlichen Möglichkeiten, das Gottsein des

---

[55] Whitehead, Alfred N., Prozeß und Realität 621 (Dort finden sich noch weitere Beispiele).
[56] Franz, Thomas, Metaphysik der Relativität. Einstein, Whitehead und die Theologie, in: Ders./Sauer, Hanjo (Hg.), Glaube in der Welt von heute. Theologie und Kirche nach dem Zweiten Vatikanischen Konzil (FS Elmar Klinger) Bd. 1: Profilierungen, Würzburg 2006, 532-552, 548. Prozesstheologie, so schreibt Roland Faber, „ist eine Theologie, die von einem welt-sensiblen und welt-engagierten Gott spricht, *in* einer Welt, die mit ihrer Fragilität keine Flucht erlaubt, *für* eine Welt, die in ihrem Werden Hoffnung stiftet und in ihrem Vergehen nach Leben fleht" (Faber, Roland, Prozesstheologie, in: Theologien der Gegenwart. Eine Einführung, Darmstadt 2006, 179-197.

Menschen Jesus in seiner konkreten Diesseitigkeit zum Ausdruck zu bringen. Positiv lässt sich diese Einheit nicht aussagen, sie markiert eine bleibende Leerstelle, die durch die Verwendung negativer Adverbien bewusst nicht überspielt wird. So drückt die Formel von Chalcedon „das grundlegende Geheimnis des Glaubens aus, indem sie es als solches ausspricht. Sie sucht das Unsagbare zu sagen – und sagt dies als diese Aporie selbst. Damit sprengt sie die theologische Formel in der Formel selbst und mit ihren strukturellen Mitteln auf."[57] In Weiterführung dieser Linien wird man formal das Verhältnis der göttlichen und der menschlichen Natur nicht anders als Wechselwirkung, als strikte Relativität beschreiben können. Eine substanzontologische Begrifflichkeit kann das Ineinander von *vere deus* und *vere homo* nur unzureichend erfassen, weil sie durch ihr Ordnungsdenken für die Dynamik der Beziehung, für das lebendige Ineinander keine adäquate Sprache besitzt. Wenn die Idiomenkommunikation als dynamisches Beziehungsgeschehen reformuliert werden soll, dann erscheint der Wechselwirkungsbegriff wie kein anderer dafür geeignet, weil er genau dieses Ineinander zur Sprache bringt, ohne die konstitutiven Differenzen dabei aufheben oder in eine Hierarchie bringen zu müssen.

1.2.2 Die Wiederentdeckung der *Loci theologici*

Als zweites Beispiel für die große theologische Bedeutung der Relativität sei eine methodologische Fragestellung ausgewählt, die in der Fundamentaltheologie zusehends an Aktualität gewinnt: die Lehre von den *Loci theologici*. Der Begriff wurde im 16. Jahrhundert in Anlehnung an die Topiklehre des Aristoteles in die Theologie eingeführt, wo er zunächst ganz Unterschiedliches bedeutete.[58] Berühmt wurde er vor allem in seiner Prägung durch Melchior Canos zwölf Bände umfassende Schrift *De locis theologicis*, die bis heute Anlass zu intensiven und aufschlussreichen Debatten gibt.[59] Canos Fragestellung nach

---

[57] Hoff, Gregor Maria, Chalkedon im Paradigma Negativer Theologie. Zur aporetischen Wahrnehmung der chalkedonensischen Christologie, in: ThPh 70 (1995) 355-372, 370.

[58] Vgl. dazu den Überblick von Seckler, Max, Art. Loci theologici, in: LThK³ 6, Freiburg 1997, 1014-1016.

[59] Cano, Melchior, De locis theologicis libri XII (die erste Ausgabe erschien in Salamanca 1563, danach gab es noch zahlreiche Nachdrucke und Auflagen. Am verbreitesten ist die Ausgabe von Serry, Hyacinthus (Hg.), Melchioris Cani Episcopi Canariensis ex Ordine Praedicatorum Opera, Padua 1962 (EA 1714). Zur Debatte um die *Loci*-Lehre vgl. Klinger, Elmar, Ekklesiologie der Neuzeit. Grundlegung bei Melchior Cano und Entwicklung bis zum 2. Vatikanischen Konzil, Freiburg 1978, bes. 19-50; Seckler, Max, Die ekklesiologische Bedeutung des Systems der „loci theologici". Erkenntnistheoretische Katholizität und strukturale Weisheit, in: Ders., Die schiefen Wände des Lehrhauses. Katholizität als Herausforderung, Freiburg 1988, 79-104; Ders., Die Communio-Ekklesiologie, die theologische Methode und die Loci-theologici-Lehre Melchior Canos, in: ThQ 187 (2007) 1-20; Körner, Bernd, Melchior Cano – De locis theologicis. Ein Beitrag zur theologischen Erkenntnislehre, Graz 1994 (dort auch ein Überblick zur Textgeschichte 69ff); Hünermann, Peter, Dogmatische Prinzipienlehre. Glaube – Überlieferung – Theologie als Sprach- und Wahrheitsgeschehen, Münster 2003, 157-166 u. 207-251; Sander, Hans-Joachim, Das Außen des Glaubens – eine Autorität der Theologie. Das Differenzprinzip in den Loci Theologici des Melchior Cano, in: Keul, Hildegund/Sander, Hans-Joachim (Hg.), Das Volk Gottes – ein Ort der Befreiung, Würzburg 1998, 240-258; Ders., Gott. Vom Beweisen

1 Die formale Kategorie „Wechselwirkung"

den Erkenntnisorten (Topoi im aristotelischen Sinne) der Theologie gilt als einer der spektakulärsten Versuche, die Erfahrungswelten und Wissensquellen für die Theologie fruchtbar zu machen. Mit seiner Unterscheidung von *loci proprii* und *loci alieni* hat Cano die Orte der Theologie in ihrer Erkenntnis systematisiert. Als *loci proprii* gelten Schrift, Tradition, Kirche, Konzilien, römisch-katholische Kirche, Väter und Scholastik, als *loci alieni* die Vernunft, die Philosophie und die Geschichte.[60] Innerhalb der katholischen Theologie wird seit längerem eine intensive Debatte darüber geführt, ob die *loci* „Ausdruck eines *Baugesetzes der Kirche*"[61] oder eine Autorität des Glaubens sind, auf die sich „die Theologie von ihrem eigenen Selbstverständnis als Reflexion des Glaubens her – geschichtlich – beziehen muß"[62]. Im ersten Fall sind die Orte der Theologie Heimstätten, „in denen der Theologie der Gegenstand ihrer Erkenntnis entgegentritt"[63]. Weil die eigentlichen theologischen Argumentationsinstanzen nur jene sind, die in der göttlichen Offenbarung ihr Fundament haben, sind die *loci* letztlich „*Dokumentationsbereiche* und zugleich *Dokumentationsinstanzen*, in denen der Stoff der theologischen Erkenntnis nicht nur faktisch »wohnt«, sondern normativ sich darstellt"[64]. Die Theologie besitzt hier in sich bereits die ganze Fülle der Erkenntnis und der Wahrheit, die es nur in den entsprechenden Orten zu entdecken und zu bezeugen gilt. In geradezu umgekehrter Richtung verläuft die Argumentation von Klinger. Für ihn repräsentieren die *loci* eine Autorität, die der Theologie aufgegeben ist und sich nicht von selbst einstellt, sondern in ihrem Außen jeweils errungen werden muss.[65] Verschärft wird diese Auseinandersetzung durch die Frage, wie das Verhältnis der *loci alieni* zu den *loci proprii* zu bestimmen sei. Sind erstere lediglich eine Funktion der *loci proprii*, ein klassischer „Anwendungsfall" und damit hierarchisch nachgeordnet, oder sind sie ein eigener Konstitutionsfaktor für die Theologie des Glaubens, um seine Autorität zu finden?[66]

---

zum Verorten, in: Franz, Thomas/Sauer, Hanjo (Hg.), Glaube in der Welt von heute (Bd. 1) 574-596; Eckholt, Margit, Poetik der Kultur. Bausteine einer interkulturellen dogmatischen Methodenlehre, Freiburg 2002, 363-415. Trotz der großen Bedeutung der *loci*-Lehre, die vor allem auch durch eine bestimmte Rezeptionsgeschichte des Zweiten Vatikanums gefördert wurde, gibt es nach wie vor keine deutschsprachige Übersetzung.

[60] Zum Problem der Systematisierung vgl. Seckler, Max, Die Communio-Ekklesiologie 8-12. Seckler kritisiert, dass in der Fachliteratur häufig nur die ersten sieben als *loci theologici* bezeichnet (oder stillschweigend so aufgefasst) werden, „die restlichen drei dagegen als *loci alieni*, was aber dem Denken Canos nicht gerecht wird." (Seckler, Max, Die Communio-Ekklesiologie 9) Seckler plädiert dafür, die Terminologie Canos beizubehalten und die *loci alieni* korrekt als *loci adscriptitii* zu bezeichnen. Damit wird auch begrifflich bereits deutlich gemacht, dass die *loci alieni* keine Autorität für den Glauben darstellen, sondern nur Bezeugungsinstanzen sind.

[61] Seckler, Max, Die ekklesiologische Bedeutung des Systems der „loci theologici" 80.
[62] Klinger, Elmar, Ekklesiologie der Neuzeit 20.
[63] Seckler, Max, Communio-Ekklesiologie 11.
[64] Seckler, Max, Die ekklesiologische Bedeutung des Systems der „loci theologici" 90.
[65] Vgl. dazu die Darstellung der Kontroverse zwischen Seckler und Klinger bei Sander, Hans-Joachim, Das Außen des Glaubens – eine Autorität der Theologie 243-250.
[66] So Sander, Hans-Joachim, Das Außen des Glaubens – eine Autorität der Theologie 252. Für Sander ist „die Differenz von *auctoritas* und *ratio*, von geschichtlich Partikularem und geistig

In Weiterführung der Argumentationslinie von Elmar Klinger spitzt Hans-Joachim Sander diese zweite Alternative zu. Für ihn ist die Differenz zwischen den *loci proprii* und *loci alieni* überhaupt erst die Form, in der die Theologie den Glauben in der jeweiligen Zeit zur Sprache bringen kann. Denn die *loci alieni* markieren das Außen des Glaubens, das sich je neu in der Bezeugung des Glaubens konstituiert. Daher besteht das methodologische Erbe Canos für die Theologie der Moderne darin, in dieser Differenz zwischen Glauben und Zeit argumentieren zu können. Indem die Loci diese Differenz von Innen des Glaubens und Außen der Geschichte nicht einziehen, sondern benennen, sind sie nach wie vor wegweisend. Wird aber der Glaube von der Zeit getrennt, wird seine *auctoritas* zu einer rein inneren Angelegenheit der Kirche, verknöchert die geschichtliche Überprüfung zur Durchsetzung von Positionen in ihrem Sozialgefüge. In dieser Gefahr stehe jede neuscholastische Verkürzung von Canos Position. Sander beschreibt das Verhältnis zwischen den „eigenen" und „anderen" Orten der Sache nach als Wechselwirkungsverhältnis, ohne es als solches explizit zu benennen: „Theologie ist die Kunst des Argumentierens in der Differenz der *loci proprii* und *loci alieni*. Sie bildet vom Glauben einen Begriff im Zeichen der Zeit und wird dadurch selbst geschichtsmächtig. Sie prüft die anderen Autoritäten des Glaubens auf diese Differenzfähigkeit und wird selbst von ihnen auf die Autorität dieser Differenz hin geprüft."[67] Erst das Zweite Vatikanum habe das Außen als Autorität für das Innen des Glaubens prinzipiell anerkannt und einen neuen Ort für die Darstellung des Glaubens in der Welt benannt: die Menschen dieser Welt mit ihren Freuden und Hoffnungen, ihrer Trauer und Angst.[68]

An diese Neupositionierung des Konzils knüpft Peter Hünermann in seiner Interpretation von Canos *Loci*-Lehre an, wenn er sich in seiner *Dogmatischen Prinzipienlehre* mit der Frage nach den Aufgaben der modernen *loci theologici alieni* auseinandersetzt.[69] Nach Hünermann sind die *loci alieni* prinzipiell erweiterbar, Philosophie, der Kosmos der Wissenschaften, Kultur, Gesellschaft, Religionen und Geschichte sind heute jene neuen Orte, die den *loci proprii* als „von der Glaubensgemeinschaft herausgestellte, geschichtliche Instanzen der Offenbarung"[70] zugeordnet sind. Auch für Hünermann liegen die Orte der Bezeugung in den *loci proprii* nicht einfach vor, sondern bedürfen der ständigen Aktualisierung bzw. Pflege und sind daher nur im Verhältnis zu den anderen interpretierbar. So habe Cano die Liturgie nicht zu den *Loci theologici proprii* gezählt, ihre Einbeziehung stecke erst in den Anfängen, doch wird sie „zu einer erheblichen Umgestaltung der Dogmatik beitragen, insofern das weite Feld der Vollzugsformen des Glaubens als

---

Universalem, von subjektivem Zeugnis und objektiver Darstellung die formale Konstruktion der loci-Konzeption Canos." (252)

[67] Sander, Hans-Joachim, Das Außen des Glaubens – eine Autorität der Theologie 254.
[68] Vgl. dazu den Kommentar von Hans-Joachim Sander zu *Gaudium et spes*, in: Herders Theologischer Kommentar zum Zweiten Vatikanischen Konzil 4 (hg. v. Hünermann, Peter/Hilberath, Bernd Jochen), Freiburg 2005, 581-886, bes. 593-616.
[69] Hünermann, Peter, Dogmatische Prinzipienlehre 207-251, bes. 209-222.
[70] Hünermann, Peter, Dogmatische Prinzipienlehre 222.

konstitutiv für die Wahrheit und die Aufhellung der Wahrheit des Glaubens aufgedeckt wird"[71].

Von den modernen *loci alieni*, die das Zweite Vatikanum herausgearbeitet hat, schließen die ersten beiden unmittelbar an die Tradition Melchior Canos an (der sie unter die Begriffe *ratio naturalis* und *auctoritas philosophorum* fasste), die weiteren ergeben sich aus den Zeichen der Zeit. Auch wenn Hünermann in der Frage nach der Autorität der *loci alieni* der Interpretationslinie Secklers folgt und ihre Bedeutung nur im Hinblick auf die Darstellbarkeit der eigenen Glaubensgeschichte herausstreicht, so ist doch die Ausweitung dieser „anderen Orte" bemerkenswert. Damit ist auch auf der formalen Ebene dokumentiert, dass sich der Glaube die Orte seiner Bezeugung nicht aussuchen kann, sondern diese ihm vorgegeben sind, sich von außen her aufdrängen. Diese Struktur des Glaubens spiegelt sich in der Aufnahme neuer *loci*, doch der ebenso mögliche Schritt zu einer Relativität, die auch den *loci alieni* eine genuine Autorität zuerkennen würde, ist hier nicht vollzogen.

Auch wenn man wie in der ersten Interpretationslinie (Seckler, Körner und in vermittelnder Weise Hünermann) die *loci alieni* weitgehend als eine Funktion der *loci proprii* interpretiert, so ist doch unübersehbar, dass auch hier die *loci alieni* über die Reflexionsform der Theologie auf die *loci proprii* zurückwirken. Doch ist die Rückwirkung so marginal, dass man noch nicht von einer Wechselwirkung im eigentlichen Sinne sprechen kann. Ganz anders wird die Differenz zwischen den *loci proprii* und den *loci alieni* in der zweiten Interpretationslinie (Klinger, Sander) rekonstruiert. Hier sind die *loci alieni* eine eigene Autorität, sie machen sichtbar, „dass die Sprache des Glaubens auf das angewiesen ist, was jenseits seines Überzeugungsraumes Geltungskraft besitzt, um ihre eigene Sprache zu vertreten"[72]. Wie anders als in der Auseinandersetzung mit der Welt, mit ihren spezifischen Wahrheiten ließe sich dem Glauben ein signifikanter Sinn abringen? Je präziser und je umfassender die Bezeugungsorte des Glaubens in ihrer Autorität wahr- und ernstgenommen werden, desto besser wird es gelingen, der Heilsbotschaft Gottes in den verschiedenen Kontexten ein Fundament zu setzen.[73] Denn das Evangelium kann seine Kraft nur im Verhältnis zur Welt und zu den Menschen entfalten, nicht neben den Menschen oder ohne sie. Doch wirkt diese Relativität in gleicher Weise auch

---

[71] Hünermann, Peter, Dogmatische Prinzipienlehre 214. Seckler, der einer Ausweitung der *Loci* skeptisch gegenübersteht, meint, dass „die Liturgie, die heute oft als ein von Cano vergessener locus theologicus angesehen wird, zumindest in Nr. 3 enthalten [ist], im Grunde aber in allen loci theologici proprii" (Seckler, Max, Communio-Ekklesiologie 12). *Locus proprius* Nr. 3 ist die *Auctoritas Ecclesiae Catholicae*. Die Heilige Schrift enthalte sowohl doktrinale Aussagen zur Liturgie als auch Bezeugungen liturgischer Akte.

[72] Sander, Hans-Joachim, Gott. Vom Beweisen zum Verorten 585.

[73] Von daher ist es bemerkenswert, dass in der Fundamentaltheologie (und auch in der dogmatischen Methodenlehre) nicht durchgängig mit diesem Konzept der loci theologici gearbeitet wird. Zu den Ausnahmen zählen Waldenfels, Hans, Kontextuelle Fundamentaltheologie, Paderborn ⁴2005, 487f; Kern, Walter/Niemann, Franz-Josef, Theologische Erkenntnislehre, Düsseldorf 1981, 49-83; Hermann Josef Pottmeyer kommt in seiner Darstellung von Canos Loci-Lehre im *Handbuch der Fundamentaltheologie* nicht auf die *loci alieni* zu sprechen (vgl. Pottmeyer, Josef, Normen, Kriterien und Strukturen der Überlieferung, in: HFTh 4, hg. v. Kern, Walter u.a., Freiburg 1988, 124-152, 132-136).

umgekehrt, insofern die Fragen und Herausforderungen der Zeit das Verständnis der Selbstzusage Gottes an die Welt vertiefen und reinigen. Evangelium und Welt, Innen und Außen, *loci proprii* und *loci alieni*, alle sind miteinander in Wechselwirkung verbunden.

Ein herausragendes Merkmal von Canos *Loci*-Lehre ist ihre Unabgeschlossenheit und Offenheit. Auch wenn Cano über die genannten *loci alieni* hinaus keine weiteren Orte mehr explizit genannt hat, so sind in seiner Logik weitere Orte nicht nur möglich, sondern geradezu gefordert. Vor allem die *loci alieni* sind Orte und Ereignisse in der Zeit, die sich mit ihr ändern, die mitunter vergehen und neuen weichen.[74] So gibt es m.E. gute Gründe, das Geld, das in der gegenwärtigen globalisierten Welt weit mehr als ein Universalsymbol repräsentiert, in die Reihe der *loci alieni* aufzunehmen. Denn Geld ist ein besonderer Darstellungs- und Bezeugungsort des Glaubens, weil es einerseits als ein großer Schrittmacher individueller und kollektiver Freiheiten gelten kann, zum anderen aber auch eine Macht repräsentiert, die den Glauben in seinem Selbstverständnis radikal herausfordert. In jeder seiner Dimensionen ist Geld eine Macht, der gegenüber die Rede von Gott eine sachgemäße Sprache finden muss.

Es ließen sich noch zahlreiche weitere Beispiele für das tiefe Verwurzeltsein der Wechselwirkungsgrammatik in der Theologie anführen. Man denke nur an das Zu- und Ineinander der Communio- und Volk-Gottes-Ekklesiologie auf dem Zweiten Vatikanum, an die wechselseitige Verwiesenheit von Theologie und Glaube, ja selbst die Transzendentaltheologie als einer der großen theologischen Entwürfe der späten Moderne ist mit ihrer Verschränkung von transzendentaler Offenbarung und kategorialer Vermittlung eine zutiefst vom Relativitätsparadigma geprägte Struktur.

2 Geld als zentrales Symbol der gesellschaftlichen Wechselwirkung

Die Wechselwirkung als Ausdruck der allgemeinen Relativität des Lebens ist strikt als eine Form zu denken, sie ist in keiner Weise eine Reifikation oder ein bestimmter Inhalt. Daher erscheint sie auch nirgendwo als reine Form an sich, sondern ausschließlich in ihrer Verbindung mit den jeweiligen Inhalten. Nun gibt es Gegenstände und Objekte, an denen die Grundstruktur der Relativität deutlicher zum Vorschein kommt als an anderen.

In den modernen, säkularen Kulturen ist vielfach nicht mehr *Gott*, sondern häufig das *Geld* eines der sichtbarsten Zeichen und Symbole für die Relativität und Lebendigkeit des Lebens. Geld unterwirft die unterschiedlichsten Dinge, sofern sie in ein Tauschverhältnis treten, einer einheitlichen Form, durch die

---

[74] Sander nennt in seiner Gotteslehre weitere *loci alieni* (Sander, Hans-Joachim, Einführung in die Gotteslehre, Darmstadt 2006), wie etwa den Alltag (121), die Opfer der Geschichte (132) oder die Armen (148).

2 Geld als zentrales Symbol des gesellschaftlichen Wechselwirkung 349

sie in einen umfassenden ökonomischen Kosmos eingebettet werden. Als Wertmaßstab und nahezu universal akzeptiertes Tauschmittel besitzt es „die Kraft, Alles mit Allem in Verbindung zu setzen: es baut eine Brücke zwischen den Dingen, wie es eine zwischen den wirthschaftenden Menschen baut"[75]. Die beispiellose Akzeptanz und Verfügbarkeit, die das Geld erreicht hat, lässt seine Macht „in unbegrenzbare Entfernungen ausgreifen"[76], es bezieht selbst die abgelegensten Regionen in seinen Wirkungsbereich ein. Je schneller Geld zur universal gültigen Sprache mutiert, je größere Bereiche es einer ökonomischen Rationalität unterwirft, desto entschiedener treibt es die Uniformierung voran, fördert dadurch jedoch gleichzeitig die Prozesse der Individualisierung bzw. Differenzierung und löst damit eine fundamentale Paradoxie wieder auf, die es selbst in Gang gesetzt hat. Geld verbindet, was vordergründig als Exklusion erscheint: die maximale Ausdehnung der wirtschaftlichen Gruppe mit der maximalen Differenzierung ihrer Mitglieder. Genau darin erweist es sich als ein wirkmächtiges Symbol zweier äußerst unterschiedlicher und doch einander bedingender gesellschaftlicher Prozesse: der Rationalisierung und Expansion der monetären Sphäre – und in gleicher Bewegung, durch seine Distanzierungsleistung, des unaufhörlichen Wachstums von Autonomie und Freiheit. In der *Philosophie des Geldes* hat Simmel diesen engen „Zusammenhang zwischen Geldleistung und Befreiung"[77], auch in seiner trügerischen Ambivalenz, ausführlich beschrieben. Weil sich das Geld als Vermittlungsinstanz zwischen die Ansprüche und Erwartungen der sozialen Einheiten und die des Individuums schiebt, erlaubt es Verbindungen und Verknüpfungen, die in einer über persönliche Beziehungen vermittelten Sozialisationsform nicht möglich wären. Es zieht zwischen den Menschen und seinen Wünschen, zwischen den Teilhabern der Tauschakte eine vermittelnde Stufe ein, die weitere Anschlussmöglichkeiten über die engen Grenzen des persönlich leistbaren eröffnet. Indem Geld ein Äquivalent jedes speziell bestimmten wirtschaftlichen Wertes bildet und für jedes ökonomische Wertquantum eingesetzt werden kann (da es ja mit keinem von ihnen, sondern nur mit ihrem Verhältnis verbunden ist), garantiert es die Kontinuität der wirtschaftlichen Ereignisreihen.

Das Medium Geld verlangt dabei keinerlei Auskunft über seinen Ursprung und seine weitere Verwendung, seine Bedeutung besteht allein in der quantitativen Repräsentation eines Wertverhältnisses. Diese von Simmel oft als „Charakterlosigkeit" bezeichnete Eigenschaft des Geldes, dass an ihm nichts Persönliches, nichts Individuelles haftet, dass es gleichsam die reine Form eines sachlichen Verhältnisses verkörpert, prädestiniert es zu einem hervorragenden Tauschmedium und bildet darin ein herausragendes Paradigma von Gesellschaft. In keinem anderen gesellschaftlichen Selbstverhältnis kommt ihre fundamentale Struktur als Wechselwirkung so unmittelbar zum Vorschein. Der Tausch zählt in seiner Grundform von Geben und Nehmen zu den stärksten soziologischen Funktionen überhaupt. Es käme keinerlei Gesellschaft zustan-

---

[75] Die Bedeutung des Geldes 224.
[76] Soziologie 832.
[77] Philosophie des Geldes 380.

de, würde nicht permanent gegeben und genommen. Geben ist ebenso wenig wie Nehmen „nur eine einfache Wirkung des Einen auf den Andern, sondern [es] ist eben das, was von der soziologischen Funktion gefordert wird: es ist Wechselwirkung"[78]. Als der sichtbarste, materialisierte Ausdruck dieses Verhältnisses kann Simmel Geld als sprechendes Symbol jener Formel des allgemeinen Seins bezeichnen, wonach die Dinge des Lebens ihre Funktionen aneinander bestimmen.[79]

Als reine Verhältnisgröße ist Geld nur aus technischen Gründen an eine Körperhaftigkeit gebunden, als soziologische Erscheinung wird es allein getragen von der sozialen Gesamtheit, die für das Geld einen entsprechenden Realwert zur Verfügung stellt. Seine Akzeptanz bezieht es nicht aus einer substanziellen Übereinstimmung mit einem Außerhalb, sondern aus seiner sozialen Funktionalität, dass es Wechselwirkungen unter den Menschen ermöglicht, reguliert und in eine allgemein akzeptierte Form bringt. In entwickelten Ökonomien kann die Materialität des Zeichenträgers zusehends verschwinden und die symbolische Form, als Funktion und Ausdruck eines Wechselverhältnisses, immer stärker in den Vordergrund rücken, garantiert doch die Gesellschaft als Gesamtheit für den entsprechenden Realwert des Funktionszeichens.[80]

Weil Geld „nichts anderes ist, als die in einem Sondergebilde verkörperte Relativität der wirtschaftlichen Gegenstände, die ihren Wert bedeutet"[81], wird der relativ-relationale Charakter der menschlichen Erfahrungswelt umso stärker, je mehr das Leben der Gesellschaft von der Geldwirtschaft geprägt wird. Die nach wie vor wachsende Dynamik der Welt kennt kein treffenderes Symbol als das Geld, das als *actus purus* nichts als die Verkörperung von Beziehungen ist, Symbol und Medium zugleich. Simmel vergleicht es einmal mit dem Blut, dessen kontinuierliche Strömung die Verästelungen der Glieder durchdringt und auch die entferntesten Zellen noch ernährt und so ihr Funktionieren sicherstellt.[82]

Allerdings greift das Geld als „eine Form der Wechselwirkung unter den Menschen"[83] weit über die unmittelbaren, tauschökonomischen Erfordernisse hinaus. Darin artikuliert sich seine oft abgeblendete, aber nicht weniger bedeutsame Rückseite. Obwohl Geld „nur" eine Relation indiziert, wird es exakt aus diesem Grunde zu einem konkreten, begehrenswerten Gegenstand. Es tritt aus der behaglichen Reihe eines reinen Wertverhältnisses und eines funktio-

---

[78] Soziologie 663. Daher kann man Wechselwirkung als den weiteren, übergeordneten Begriff bezeichnen, Tausch als engeren.
[79] Vgl. insb. Philosophie des Geldes 119-131.
[80] Vgl. Philosophie des Geldes 141ff, 147f, 165, 205, 251.
[81] Philosophie des Geldes 716.
[82] Philosophie des Geldes 652. Marx hat das Geld ebenfalls mit dem Blut verglichen: „Das Geld mit dem Blute zu vergleichen – das Wort Zirkulation gab dazu Anlaß – ist ungefähr ebenso richtig wie das Gleichnis des Menenius Agrippa zwischen den Patriziern und dem Magen." (Marx, Karl, Grundrisse der Kritik der politischen Ökonomie 80) Für Marx ist es nicht minder falsch, das Geld mit der Sprache zu vergleichen. Ähnlich auch Simmel, Philosophie des Geldes 653f.
[83] Philosophie des Geldes 205.

nalen Elementes heraus und mutiert zu einem definitiven Endziel, zu einem Wert an sich, der dann zu allen anderen wirtschaftlichen Werten in ein eigenes Verhältnis tritt. In dieser Funktion folgt Geld einem eigenen Regelsystem und entwickelt eine besondere, oft religiös aufgeladene Semantik. Geld ist, wie Simmel an unzähligen Beispielen gezeigt hat, nicht nur Zahlungsmittel, Wertmesser und Recheneinheit, sondern mit einer vergleichbaren Intensität auch ein gesellschaftliches Verhältnis, ein besonderes Objekt der Begierde, eine Funktion des Lebens. Wäre es lediglich ein normaler Gegenstand unter vielen anderen, könnte es nicht beinahe jedes singuläre Objekt aufwiegen, zwischen beliebig diskrepanten Welten eine Brücke bilden und eine göttliche Kraft entfalten. Mit einer berühmten Formulierung konnte Simmel daher sagen, dass Geld Relation *ist* und Relation *hat*.[84] Damit aber spiegelt das polyvalente Zentralsymbol Geld nicht nur gesellschaftliche Wechselwirkungsprozesse, sondern indiziert zugleich die in ihnen wirksamen Wertvorstellungen, die geheimen und offenen Bedürfnisse sowie die lebensweltlichen Orientierungen. Moderne, hoch differenzierte Gesellschaften, die dem Funktionssystem Wirtschaft eine gesellschaftliche Sonderstellung einräumen, erleichtern und fördern den Aufstieg des Geldes zu einem absoluten, von jeglicher Funktionalität entkoppelten Wert. Diese transmonetäre, in der Zahlungsfunktion verborgene Bedeutung des Geldes ist von Simmel facettenreich nachgezeichnet worden und markiert für eine theologische Auseinandersetzung jene Schnittstelle, an der das Geld erst in Konkurrenz zu Gott treten und sich als Widermacht Gottes, als verführerischer Mammon etablieren kann. In seiner Fähigkeit als Brückenbauer, in seiner betörenden Sprache gelingt es ihm, die enge Tür zu den verschlossenen Räumen der individuellen Bedürfnis- und Triebstruktur zu öffnen. Geld setzt eine personale, kreative Dynamik frei, die weitgehend dem entspricht, was auch den Gottesgedanken zutiefst kennzeichnet und prägt. Simmel hat sich dieser Perspektive durchaus öffnen können, wie vor allem seine religionsphilosophischen Aufsätze zeigen. Offensichtlich ist nicht nur Geld ein Symbol für die allgemeine Relativität des Lebens, sondern auch die Realität Gott. Dies gilt es im Folgenden noch näher darzustellen.

3 Gott als Symbol für die Relationalität des Lebens

In einem der wenigen, aber äußerst erhellenden Ausflüge in das religionsphilosophische Terrain hat sich Simmel der Frage gewidmet, in welcher Weise man Gott überhaupt die klassischen Prädikate wie Personalität, Vollkommenheit, Ewigkeit etc. zusprechen könne.[85] Seine Antwort, die ihren Ausgang bei einer anthropologischen Grundüberzeugung nimmt und über eine Induktion erfolgt, ist auch theologisch höchst anschlussfähig: Was den Menschen kons-

---

[84] Vgl. Kapitel 3: 3.2.5 (p. 250-252).
[85] Die Persönlichkeit Gottes. Ein philosophischer Versuch (1911).

titutiv bestimmt (ihn aber auch erheblich einschränkt), dass er nur Teil eines Ganzen sei und nicht das Ganze selbst, erscheint in Gott zur Gänze aufgehoben. Denn Gott oder ein göttliches Prinzip ist nicht als Einheit schlechthin zu denken, sondern gleichzeitig als Differenz in sich selbst. Nur dann lasse sich „ein Gegenüber [...] gewinnen, das Bewegung, Wirksamkeit, Leben ist, und doch in der eigenen Einheit beschlossen bleibt"[86]. Indem die Idee Gottes Einheit und Differenz in sich vereinigt, Vergangenheit und Gegenwart, Anfang und Ende umfasst, indem sie „ein wirkliches Ganzes und ein zeitloses Ein-für-alle-Mal, eine absolute Verbundenheit"[87] all seiner Daseinsmomente repräsentiert, erfüllt sie den Begriff der Persönlichkeit in seiner reinsten Form. Gott steht der Welt gegenüber, die doch gleichzeitig von ihm umfangen ist. Als vollkommenes Dasein (an)erkennt er seine Schöpfung als autonome Größe, er übt Macht über sie aus und lässt ihr zugleich die Freiheit.

Simmels religionsphilosophische Überlegungen zum Gottesbegriff ermöglichen mit der soziologisch gewonnenen Unterscheidung von *Religiosität* und *Religion* insofern eine neue Funktionsbestimmung des Glaubens, als angesichts der veränderten Bedingungen innerhalb der Moderne die bisherigen Ausdrucksmöglichkeiten nicht mehr zur Verfügung stehen. Die Religiosität, die Simmel als individuelle, im Sein des Menschen konstitutiv angelegte Form des Lebens fasst, verleiht als eine anthropologische Konstante den kategorialen Ausprägungen eine bestimmte und unverwechselbare Gestalt. Die Menschen entwickeln „in ihren Berührungen, in dem rein Psychologischen ihrer Wechselwirkung, den bestimmten Ton, dessen gesteigerte, losgelöste, zu eigner Wesenheit erwachsene Entwicklung Religion heißt"[88]. Der Glaube entspringt nicht außergewöhnlichen Erfahrungen, sondern der Prägekraft sozialer Verhältnisse: „(E)in spezifischer Gefühlsinhalt, in der Form inter-individueller Wechselwirkung entstanden, überträgt sich auf das Verhältniß zu einer transscendenten Idee; diese bildet die neue Kategorie, an der sich Formen oder Inhalte ausleben, die in den Beziehungen zwischen Menschen ihren Ursprung haben."[89] Gott ist dann „der Träger dieses Zusammenhanges, die Wechselbeziehung der Dinge, aus diesen durch die religiöse Grundenergie herausgehoben, gleichsam auskristallisiert zu einem besonderen Wesen, zu dem Punkte, in dem alle Strahlen des Seins sich treffen, durch den aller Kräftetausch und alle Beziehungen der Dinge hindurchgehen"[90]. In der Idee Gottes wird die Einheit der Dinge und Interessen, die wir in sozialen Austauschverhältnissen herstellen, von ihrer Materie gelöst und in einem eigenen, abstrakten Gebilde verdichtet: „Indem das Wech-

---

[86] Die Persönlichkeit Gottes 304.
[87] Die Persönlichkeit Gottes 297.
[88] Zur Soziologie der Religion 269.
[89] Zur Soziologie der Religion 274. Simmel selbst verwendet in diesem Zusammenhang die Formulierung „verdichten oder vergeistigen". Konsequenter Weise kann er dann formulieren: „Indem gewisse Seiten und gewisse Intensitätsgrade der sozialen Funktionen ihre reinste, abstrakteste und zugleich doch verkörperte Gestaltung annehmen, bilden sie die Objekte der Religion, so daß man sagen kann, Religion bestehe, – außer allem, was sie sonst etwa ist – in sozialen Beziehungsformen, die in ihr, von ihren empirischen Inhalten gelöst, verselbständigt und auf eigene Substanzen projizirt werden" (Zur Soziologie der Religion 278f).
[90] Die Religion 105.

3 Gott als Symbol für die Relationalität des Lebens 353

selverhältnis zwischen dem Menschen und seinem Gott die ganze Skala von Beziehungsmöglichkeiten im Nacheinander und im Zugleich einschließt, wiederholt es ersichtlich die Verhaltensweisen, die zwischen dem Individuum und seiner gesellschaftlichen Gruppe bestehen."[91] Gott repräsentiert für Simmel somit die Wechselwirkungen des gesamten sozialen Lebens, er symbolisiert wie Geld das Selbstverhältnis und die sozialen Beziehungen der Menschen. In diesem Sinne kann das Wort *Gott* zu Recht als Symbol für die Relationalität des Lebens bezeichnet werden. Die „alte Vorstellung, daß Gott das Absolute wäre, während alles Menschliche relativ ist", erhält einen neuen Sinn: „es sind die Relationen zwischen den Menschen, die in der Vorstellung des Göttlichen ihren substantiellen und idealen Ausdruck finden"[92]. Für Simmel sind die Gottesvorstellungen wie insgesamt der religiöse Bedeutungskosmos letztlich nichts anderes als die nach außen projizierten, zur Objektivität gelangten Selbstverhältnisse des Menschen, in denen sich die Formen der sozialen Beziehungen zu einer eigenen, religiös codierten Vorstellungswelt verdichtet oder vergeistigt haben und dennoch an ihr Ursprungsgeschehen gebunden bleiben.

Das Wort *Gott* repräsentiert neben aller Differenz und gesellschaftlichen Dynamik gleichzeitig die Identität und Einheitlichkeit des Lebens, den Frieden und das Glück, auf das die Menschen zustreben. Mit Rückgriff auf die berühmte Formulierung des Nikolaus von Kues, dass Gott die *coincidentia oppositorum* sei,[93] bezeichnet nun Simmel als „das tiefste Wesen der Gottesidee, daß in ihr die Mannigfaltigkeit und Entgegengesetztheit der Dinge Zusammenhang und Einheit findet"[94]. Die hier entfaltete Argumentationsfigur greift weit über die von ihm vorsichtig als Analogie bezeichnete Parallelität von sozialer und religiöser Entwicklung hinaus.[95] Da nach dem Einsturz der dogmatischen

---

[91] Die Religion 60.
[92] Zur Soziologie der Religion 284.
[93] Der Gedanke der *coincidentia oppositorum* findet sich bereits in den Schriften des Neuplatonismus, so z.B. bei (Pseudo-)Dionysius Areopagita. In der christlichen Rezeption bringt er die Überzeugung zum Ausdruck, dass das immanente, durchgängig Widersprechende im Unendlichen, d.h. in Gott aufgelöst wird. Nikolaus von Kues hat diesen Begriff in der Schrift *De coniecturis* (2. Teil) vor allem mathematisch entfaltet: „Aus einer anderen Wurzel läßt sich in der Mathematik nichts wissen. Alles, was als wahr erwiesen wird, stammt aus ihr; denn, wäre es nicht so, würde die Koinzidenz der Gegensätze eingeführt, und das hieße die Grenzen des Verstandes überschreiten. Alles, von dem sich zeigt, daß es vom Verstand nicht erreicht werden kann, kann auf Grund dessen nicht erreicht werden, weil das Wissen von ihm die Koinzidenz der Gegensätze mit sich brächte." (Nikolaus von Kues, De coniecturis, in: Philosophisch-theologische Schriften 2, hg. v. Gabriel, Leo, Wien 1966, 1-209, 83). In der Schrift *De docta ignorantia* versuchte er diesen Gedanken auf die Kosmologie zu übertragen. Zum Verständnis und zur Bedeutung dieses Begriffs vgl. den informativen Überblick bei Flasch, Kurt, Nikolaus von Kues, Die Idee der Koinzidenz, in: Speck, Josef (Hg.), Grundprobleme der großen Philosophen. Philosophie des Altertums und des Mittelalters, Göttingen [4]1990, 215-255; Ders., Nikolaus von Kues. Geschichte einer Entwicklung. Vorlesungen zur Einführung in seine Philosophie, Frankfurt 1998, bes. 44-70. – Zur Rezeption bei Simmel vgl.: Zur Psychologie des Geldes 64; Das Geld in der modernen Cultur 191; Zur Soziologie der Religion 277; Die Religion 60; Vom Heil der Seele 110; Die Gegensätze 295, Philosophie des Geldes 305.
[94] Zur Soziologie der Religion 277.
[95] Simmel spricht von einer *merkwürdigen Analogie*, „die zwischen dem Verhalten des Individuums zur Gottheit und dem zur sozialen Allgemeinheit besteht" (Die Religion 59f); verbindend

Überzeugungen allein die Religiosität die Last eines religiösen Glaubens tragen kann, braucht sie eine Form, an und in der sie sichtbar wird. Doch was kann an die Stelle eines theoretischen (dogmatischen) Glaubens treten, nachdem er durch die wissenschaftliche Kritik seine lebensbestimmende, existenzielle Kraft verloren hat? Auch in einer erneuerten, von der Subjektivität geprägten Religiosität bleibt eine objektive Ausgestaltung der Religion ein unumgehbarer Faktor, weil Religiosität als solche nie an sich, als reines Leben erscheinen kann, sondern stets bestimmter Formen und Ausdrucksweisen bedarf. Doch welche konkreten Formen diese erneuerte Religiosität entwickeln könne, darüber finden sich bei Simmel keine weiteren Ausführungen. Hier öffnet sich eine Leerstelle, die ein markantes Defizit seiner Religionstheorie offenbart.

Anknüpfungsfähig und für die Fragestellung dieser Arbeit weiterführend ist die formale Struktur, die Simmel entwickelt hat, nicht die inhaltliche Entfaltung. Denn unabhängig von der konkreten materialen Ausformung ist und bleibt Gott ein zentrales Symbol für die Relativität des Lebens, für die Wechselwirkungsverhältnisse, in denen sich menschliche Existenz vollzieht und zur Sprache bringt. Weil Simmel der materialen Bedeutung des Gottesbegriffs keine besondere Aufmerksamkeit geschenkt hat, bleibt zugleich das Verhältnis von (subjektiver) Religiosität und (objektiver) Religion unterbestimmt. Vermutlich hat Simmel die materiale Dimension des Glaubens deswegen weitgehend ausgeblendet, weil sie kein Gegenstand der Soziologie, sondern der Kultur- oder Religionsphilosophie und natürlich der Theologie ist, der er konsequent aus dem Weg ging. Für eine Verknüpfung des soziologischen Gelddiskurses mit dem theologischen Gottesdiskurs ist eine Diskussion des Gottesverständnisses aus zwei Gründen unumgänglich. Zum einen existiert eine enge Wechselwirkung zwischen der subjektiven Dimension des Glaubens und seiner objektiven, materialen Ausgestaltung. Die Explikation der religiösen Subjektivität ist ohne Formen nicht möglich, die wiederum auf die subjektive Entfaltung zurückwirken. Zum anderen ist jedes Gottesverständnis Ausdruck einer bestimmten Pragmatik. Jedes religiöse Handeln reguliert die Art und Weise des Zugriffs auf die Welt, es greift somit indirekt in die Interpretations- und Gestaltungsfragen der Gesellschaft ein.

3.1 Wechselseitige Durchdringung von Religiosität und Religion

Simmel betont in diesem Wechselwirkungsverhältnis stets die Vorrangstellung der Religiosität, die als Form des inneren Lebens die Gesamtheit des Seins durchzieht und „ebenso wie die anderen, mehr oder weniger apriorischen Grundformen unseres inneren Wesens, den ganzen Reichtum der Wirklichkeit als ihren Inhalt aufnehmen"[96] kann. Während bei Kant die Aprioris Raum und Zeit das Erkennen überhaupt erst ermöglichen, werden ihnen bei Simmel (und

---

sei das grundlegende „Gefühl der Abhängigkeit" (60). Darüber hinaus gebe es „tiefe Analogieen" (Zur Soziologie der Religion 281) zwischen der moralischen und der religiösen Entwicklung, die Simmel vor allem in der *Einleitung in die Moralwissenschaft* beschrieben hat.

[96] Beiträge zur Erkenntnistheorie der Religion 14.

ganz besonders auch bei Cassirer) noch weitere hinzugestellt. Religion, Mythos, Kunst, Wissenschaft etc. sind historisch kontingente Weisen des Weltverhältnisses, weil anders als mit diesen Medien sich die Menschen nicht auf die Wirklichkeit beziehen können. Diese Generalisierung und Historisierung des Kantischen Ansatzes bestimmt „die »Kulturformen« als Aprioris auf der ganzen Palette der menschlichen Handlungsfelder"[97]. Auch wenn die Wechselbeziehungen zwischen den Menschen durch konkrete Interessen, Bedürfnisse und Weltbilder entstehen, ist durch keine Gesetzmäßigkeit oder Teleologie im Vorhinein festgelegt, in welcher Weise sie diese formen und gestalten. Es gibt keinen Rechtsanspruch, dass sich die religiöse Anlage allein in den Gestalten der Religion ausdrücken müsse, die entsprechenden Gefühle und Impulse können sich auch andere Realisierungsformen suchen, wie etwa die Kunst, die Ästhetik oder die Wissenschaft. So mag eine Verbindung mit einem bestimmten Inhalt, der möglicherweise verloren geht, dadurch überleben, dass sie sich unverändert einem anderen Inhalt leiht. Umgekehrt bleibt ein einzelner Inhalt oft nur dadurch erhalten, dass er sich in wechselnden, einander ablösenden und korrigierenden Formen ausleben kann. Genau das „läßt die Continuität im historischen Geschehen nicht reißen, das verhindert es, daß irgendwo ein unverständlicher Sprung, ein Abbrechen des Zusammenhanges mit allem Früheren geschehe"[98].

Simmels ambivalentes Verhältnis gegenüber der objektiven Religion (wie übrigens auch gegenüber der objektiven Kultur) ist in der notwendigen, zugleich aber äußerst hemmenden Funktion des religiösen Ausdrucks begründet. In jeder Kulturepoche gab es einen höchsten Begriff, aus dem die geistigen Bewegungen hervorgingen und auf den sie gleichzeitig hinzugehen schienen. In der griechischen Klassik war es die Idee des Seins, im christlichen Mittelalter der Gottesbegriff, in der Renaissance die Natur, im 17. und 18. Jahrhundert die Weltanschauung bzw. das Ich, lediglich das 19. Jahrhundert hatte keinen umfassenden Leitgedanken hervorgebracht. Erst um die Wende zum 20. Jahrhundert wurde ein neues Grundmotiv tragend, der Begriff des *Lebens*.[99] Schopenhauer war der erste neuzeitliche Philosoph, der nicht nach bestimmten Inhalten, Ideen oder Seinsbeständen des Lebens fragte, sondern nach dem Leben selbst: Was ist seine Bedeutung genuin als Leben? Doch alle Versuche, dem Leben selbst einen reinen, ungeschmälerten Ausdruck zu verleihen, scheitern, weil es sich nicht anders als in Formen ausdrücken kann und wir keine restlos überzeugende Form besitzen. Es ist das große, tragische Paradox, „dass das Leben im Augenblick, in dem es als geistiges zu Worte kommt, dies eben doch nur in *Formen* kann, in denen allein auch seine *Freiheit* wirklich zu werden vermag, obgleich sie in demselben Akt auch die Freiheit beschränken"[100]. Das Leben will etwas, was es gar nicht erreichen kann, es will sich über alle Formen

---
[97] Geßner, Willfried, Das Geld als Paradigma der modernen Kulturphilosophie 21.
[98] Zur Soziologie der Religion 273.
[99] Vgl. Der Konflikt der modernen Kultur 187f. Der Begriff des Lebens „strebt zu der zentralen Stelle auf, in der Wirklichkeit und Werte – metaphysische wie psychologische, sittliche wie künstlerische – ihren Ausgangspunkt und ihren Treffpunkt haben" (188).
[100] Der Konflikt der modernen Kultur 204.

hinweg in seiner nackten Unmittelbarkeit bestimmen und erscheinen. Es kann jedoch immer nur eine Form durch eine andere ersetzt werden, aber niemals die Form überhaupt durch das Leben selbst. Das gilt insbesondere auch für den Grundimpuls des religiösen Lebens, dass er einer bestimmten Form und damit eines Objektes bedarf, gleichzeitig aber ihre Überwindung anstrebt. Diese unumgehbaren Formen sind an das gebunden, was mit einem Hilfsbegriff objektive Religion genannt werden kann. Die objektive Ausgestaltung als Religion greift über das Wechselwirkungsverhältnis auf das Leben als Religiosität zu. Die Verselbstständigung der objektiven Inhalte wirkt „von sich aus auf die unmittelbaren psychischen Verhältnisse der Menschen untereinander" zurück und gibt ihnen „die nun bewußte und benannte Färbung der Religiosität"[101]. Die Religiosität bringt die Religion als ihr Produkt hervor und gestaltet sie, doch lässt die objektive Religion bei aller Entfremdung, die sie kulturell produziert, die Verbindung zur subjektiven Dimension nicht gänzlich abreißen. Die objektiven Figurationen des Religiösen blieben bedeutungslos, wenn sie nicht in der religiösen Seele auf Resonanz stießen. So sehr erkenntnistheoretisch die Religiosität unabhängig vom religiösen Inhalt betrachtet werden müsse (das gilt umgekehrt nicht weniger), so sehr ihr der Vorzug gebühren mag – ohne Religion, ohne objektive Ausgestaltung gibt es auch keine Religiosität. Weil die objektive Religion nicht bloß die Verlängerung und Objektivierung subjektiver Empfindungen ist, sondern eine eigene Dynamik entwickelt, formt sie auf je neue Weise wiederum die subjektive Religiosität. Daher führt die Änderung eines materialen, dogmatischen Gehaltes immer auch zu einer Verschiebung in den existenziellen Selbstverhältnissen. Das gilt unbeschadet der Überzeugung, dass die Religion den Menschen nur zurückgibt, was sie ihnen ursprünglich selbst verdankt. Es hätten viele unserer religiösen Vorstellungen überhaupt nicht entstehen können, „wenn sie nicht die bloße Formel oder Verkörperung schon vorher vorhandener Verhältnißformen wären, für die das Bewußtsein nur noch keinen geschickteren Ausdruck gefunden hat"[102]. Aber entscheidend ist hier die formale Struktur dieses Verhältnisses: (subjektive) Religiosität und (objektive) Religion beeinflussen sich wechselseitig, sie sind zueinander relativ. Jede Veränderung an einem Pol führt notwendiger Weise zu einer Neujustierung des gegenüberliegenden. Doch wäre es ein Missverständnis, dieses Verhältnis als ein bipolares zu rekonstruieren. Seine Prägung erhält es gerade dadurch, dass in ihm eine dritte Größe konstitutiv eingezogen ist, auf dessen Feld sich diese Dynamik erst entfalten, ihre Bedeutung erschließen lässt. Diese dritte Größe ist die Gesellschaft oder die Welt, in deren Zeichensystemen und Plausibilitätsstrukturen sich Religion als Einheit und Differenz von objektiver Form und subjektivem Vollzug ereignet.

Überzeugend und gesellschaftlich wirksam kann daher nur ein im Sein verankerter Glauben, d.h. ein existenziell vollzogener Glaube sein. Der theoretische Glaube kennt eine Unabhängigkeit von Inhalt und Funktion, von Vorstellung und existenziellem Vollzug. Im religiösen, d.h. existenziellen Glauben

---
[101] Zur Soziologie der Religion 272.
[102] Zur Soziologie der Religion 272.

aber, gibt es keine gegenseitige Unabhängigkeit von Inhalt und Funktion: „Das ist wie mit Gemütsverhältnissen zu Menschen; wenn Liebe sich von dem einen ab- und einem andern zuwendet, so hat sie nicht nur den Gegenstand gewechselt, sondern je tiefer sie ist, je mehr sie unser *Sein* berührt, desto mehr ist sie eine andere Liebe. Ob man an *Jehova*, an den Christengott, an *Ormuzd* und *Ahriman*, an *Vitzliputzli* glaubt – das ist nicht nur inhaltlich, sondern auch funktionell verschieden, das verkündet ein verschiedenes *Sein* der Menschen."[103]

Diese in ihren Konsequenzen hoch bedeutsame These wird von Simmel nicht weiter entfaltet, weil sein historisch-genetischer Erklärungsansatz von Religion ideengeschichtlich linkshegelianischen Traditionen folgt und den materialen wie propositionalen Gehalt von Religion tendenziell unterschätzt.[104] Es mag auch hier wiederum eine Rolle spielen, dass Simmel nicht tiefer in die Welt des Religiösen eintauchen und das Haus der Theologie betreten wollte. Die bewusste Distanz gegenüber dem Judentum und Christentum verbat weiterführende Reflexionen, weshalb seine Gedankenführungen an diesem neuralgischen Punkt fragmentarisch bleiben.[105]

---

[103] Beiträge zur Erkenntnistheorie der Religion 18. Ähnlich in: Die Religion 60, wo Simmel in Bezug auf den Zusammenfall der Gegensätze im Gottesbegriff schreibt: Im Gottesbegriff „sind auch die äußersten Mannigfaltigkeiten des Verhaltens der Seele zu Gott und Gottes zur Seele einbegriffen. Liebe und Entfremdung, Demut und Genuß, Entzückung und Reue, Verzweiflung und Vertrauen – sind nicht nur die Färbungen wechselnder Epochen solchen Verhaltens, sondern jede von ihnen läßt eine Spur in der Grundbeziehung der Seele zu ihrem Gott zurück, so daß diese alle Gegensätze möglicher Stimmungen wie mit einem Atemholen in sich einzubeziehen und aus sich auszuströmen scheint."

[104] Die Linkshegelianer (auch Junghegelianer genannt) radikalisierten Hegels zwiespältige „Aufhebung" der Religion in den Idealismus zur Kritik der Religion überhaupt, weil Religion ihren Ursprung im Selbstbewusstsein des Menschen habe und folgerichtig wieder darauf zurückzuführen, d.h. als Anthropologie zu rekonstruieren sei. Die wichtigsten Vertreter waren Bruno Bauer, Max Stirner, Moses Hess sowie, mit Abstrichen, Ludwig Feuerbach, David Friedrich Strauß, Marx und Engels. Einen immer noch lesenswerten Überblick bietet Löwith, Karl, Von Hegel zu Nietzsche. Der revolutionäre Bruch im Denken des neunzehnten Jahrhunderts, Stuttgart ⁵1964; sowie die ausführliche Studie von Wolfgang Eßbach, der allerdings das Religionsproblem weitgehend ausklammert (Eßbach, Wolfgang, Die Junghegelianer. Soziologie einer Intellektuellengruppe, München 1988).

[105] Simmel hatte keine besondere Beziehung oder Nähe zu einer Religionsgemeinschaft, er legte Wert auf Distanz und Unabhängigkeit. Sein Vater war vom Judentum zum Katholizismus übergetreten, seine Mutter stammte aus einem zum Protestantismus konvertierten jüdischen Elternhaus. Alle sieben Kinder von Edward und Flora Simmel wurden evangelisch getauft und christlich erzogen. Nach Michael Landmann, der aber keine Quelle dafür angibt, ist Georg Simmel während des ersten Weltkriegs aus der Kirche ausgetreten: „Sein Austritt bedeutete indessen nicht eine Rückkehr zum Judentum, sondern entsprang lediglich dem Bedürfnis nach weltanschaulicher Ungebundenheit" (Landmann, Michael, Buch des Dankes 12). Hans Liebeschütz hat Simmels Entfremdung von der Religion nachgezeichnet (vgl. Liebeschütz, Hans, Von Georg Simmel zu Franz Rosenzweig. Studien zum Jüdischen Denken im deutschen Kulturbereich, Tübingen 1970, 103-141). Wie distanziert und ambivalent Simmel konkret dem Christentum und der Kirche gegenüberstand, zeigt eine Episode, die Rudolf Pannwitz, der Privatlehrer von Simmels Sohn Hans, berichtet. Hans wurde nicht getauft und auch nicht christlich erzogen. Als jedoch der Wechsel aufs Gymnasium bevorstand, wurde von den Eltern beschlossen, dass er in der Schule auch am Religionsunterricht teilnehmen sollte, wogegen der Sohn Protest einlegte, dem aber von den Eltern nicht stattgegeben wurde: „Ihr Standpunkt war: sie selber stünden dem

Eine theologische Rekonstruktion wird Simmels Ursprungstheorie der Religion nicht übernehmen können und vor allem den Gedanken, dass die materialen Gehalte der Religion als Ausdruck und Resultat menschlicher Selbstverhältnisse und sozialer Prozesse zu verstehen seien, als höchst ergänzungsbedürftig einstufen. Sie wird darauf insistieren, dass Gott nicht gesellschaftliche Wechselwirkungsverhältnisse symbolisiert, sondern selbst eine Realität *ist*. Sie kann aber an einem anderen relevanten Punkt an Simmels Überlegungen anknüpfen und sie theologisch weiter entfalten. Denn die Vorrangstellung der subjektiv-existenziellen Dimension im Glauben, dass er sich als ein bestimmtes Weltverhältnis mit einer spezifischen Praxis entfaltet, trifft exakt einen zentralen Kern des christlichen Selbstverständnisses. Wenn die Aneignung des Glaubens nicht in seinen unterschiedlichen Facetten gelingt, weder in seiner intellektuell-kognitiven, noch in seiner existenziellen und pragmatischen Dimension, dann bleibt die Gottesrede ein hölzernes Eisen, ein unvermittelter Sonderbereich, dem keine gesellschaftliche Relevanz zukommt. Gleichzeit ist daran zu erinnern, dass die subjektive Religiosität weit unter ihren Möglichkeiten bleibt, wo sie die Anbindung an die objektive Welt der Religion verloren hat. Daher ist es alles andere als unerheblich, wie die objektive Religion – also das, was die Theologie ihre Dogmatik nennt – gestaltet und entfaltet wird. Die konstitutive Relativität der (objektiven) Glaubenstradition in ihrem Verhältnis zur subjektiven Aneignung vollzieht sich nicht in einem exklusiven Akt zwischen dem Einzelnen und seinem Glauben, sondern als ein offener Prozess, der die Plausibilitätsstrukturen seiner Umwelt und die Erfahrungen anderer Glaubens- oder Nichtglaubensgeschichten einbezieht. Ziel

---

Christentum fern, es handle sich nicht darum, daß er dazu überzeugt werden oder eine Überzeugung heucheln solle, sondern daß eine christliche Kultur seit Jahrhunderten bestehe und er sich nicht davon ausschließen dürfe, ihre Grundlagen kennen zu lernen." Der Sohn gab schließlich nach, was Pannwitz zu dem leicht ironischen Kommentar veranlasste: Es war bezeichnend und konsequent, „daß Simmels auch in der Erziehung ihres Sohnes grundsätzlich und nicht ohne Härte die objektive Kultur durchsetzten" (Erinnerungen an Simmel von Rudolf Pannwitz, in: Gassen, Kurt/Landmann, Michael (Hg.), Buch des Dankes 240). Für Krech ist Simmels Nähe zur christlichen Religion allerdings ein konstitutives Moment seines Religionsverständnisses und liefert daher für sie wichtige Anregungen: Einerseits bietet Simmel Anhaltspunkte für eine funktionale Bestimmung von Religion: „Religion hat die *Funktion*, Differenzerfahrungen zwischen psychischem Bewußtsein und Vergesellschaftungsprozessen zu thematisieren und mit ihren Symbolen zu vermitteln. Andererseits basiert diese funktionale Bestimmung auf *substantiellen* Vorgaben aus der Vorstellungswelt der christlichen Religion" (253f). Ohne die theologischen Topoi *Heil der Seele* und *Persönlichkeit Gottes* sei Simmels Religionstheorie nicht denkbar. In diesem Sinne basiere sie auf Grundüberzeugungen der christlichen Vorstellungswelt und gelte daher nur für jene Vergesellschaftungsprozesse, die in der christlich-abendländischen Geistesgeschichte gründeten. – Margarete Susman berichtet in ihren Erinnerungen, dass Simmel sich zeitlebens mit Religion beschäftigte und „mit schmerzlichem Neid auf die großen Gläubigen der Vergangenheit blickte". Er konnte nicht verstehen, dass Nietzsche ein solches Geschrei um den Tod Gottes machte, der doch längst allen bekannt sei. Simmel gehörte für Susman zu jener Generation, deren Gottesglaube tief erschüttert war und der Überzeugung folgte, dass man den Namen Gottes heute nur mehr eitel nennen könne. „Und doch kannte er den ganzen Wert der Religion und wußte, was es bedeutet, daß jedes Haar auf unserem Haupte gezählt ist, daß kein Sperling ohne den Willen Gottes vom Dache fällt." (Erinnerungen an Georg Simmel von Margarete Susman, in: Gassen, Kurt/Landmann, Michael (Hg.), Buch des Dankes 278-291, Zitate 289)

eines religiösen Aneignungsprozesses kann daher nur sein, die individuelle Kompetenz zu stärken, eine existenziell überzeugende Sprache des Glaubens zu entwickeln, die dem reichhaltigen, „objektiven" Traditionsbestand eine personal vermittelte, lebendige Gestalt verleiht, die ihren Ort und ihre Bewährung in der Lebenswelt findet. Der in Schrift und Tradition, in Reflexion und Frömmigkeit aufbewahrte und sorgsam gepflegte Erfahrungsschatz, wie hoch differenziert und überzeugend er auch geformt sein mag, erweist sich als bedeutungslos, wenn er sich nicht in die Relativität des Lebens hineinbegibt und an konkreten, existenziellen Problemstellungen verausgabt.[106] Die subjektive, existenzielle Dimension bleibt deshalb für eine theologische Analyse ein wichtiger Aspekt, doch ist sie durch die von Simmel stark vernachlässigte objektive Seite zu ergänzen. Denn für das christliche Bekenntnis verbergen sich in der objektiven Religion keine gesellschaftlichen Selbstverhältnisse, sondern in ihr ist das Unsagbare ins Wort gefasst, sind Erfahrungen der Nähe und Zuwendung Gottes verdichtet. Ohne diese „objektive" Seite des Glaubens wäre die subjektive Religiosität tatsächlich nur die Verlängerung individueller (und sozialer) Erwartungshaltungen.[107]

---

[106] Wie kaum ein anderer hat Søren Kierkegaard die Aneignungsfrage des Glaubens in den Mittelpunkt seines Denkens gerückt. Bereits in jungen Jahren findet er eine berühmt gewordene Formulierung, die nichts an Aktualität eingebüßt hat (Eintragung vom 1. August 1835 in Gilleleie, Nr. AA:12): „Das, was mir eigentlich fehlt, ist, mit mir selbst darüber ins Reine zu kommen, *was ich tun soll*, nicht darüber, was ich erkennen soll, außer sofern ein Erkennen jedem Handeln vorausgehen muss. Es kommt darauf an, meine Bestimmung zu verstehen, zu sehen, was die Gottheit will, dass *ich* tun soll; es gilt, eine Wahrheit zu finden, die Wahrheit *für mich* ist, *die Idee* zu finden, *für die ich leben und sterben will*. Und was nützte es mir dazu, wenn ich eine so genannte objektive Wahrheit herausfände; wenn ich mich durch die Systeme der Philosophie hindurcharbeitete und sie auf Verlangen Revue passieren lassen könnte; dass ich Inkonsequenzen innerhalb jedes einzelnen Kreises nachweisen könnte; – was nützte es mir dazu, dass ich eine Staatstheorie entwickeln könnte und aus den vielerorts herbeigeholten Einzelheiten eine Totalität kombinieren, eine Welt konstruieren könnte, in der ich nun wiederum nicht lebte, sondern die ich bloß für andere zur Schau stellte; – was nützte es mir, dass ich die Bedeutung des Christentums entwickeln könnte, viele einzelne Phänomene erklären könnte, wenn es für *mich selbst* und *mein* Leben *nicht* eine tiefere Bedeutung hätte? Und je mehr ich dies könnte, je mehr ich sähe, wie andere sich die Früchte meiner Gedanken aneignen, desto trauriger würde meine Stellung, nicht unähnlich jenen Eltern, die aus Armut ihre Kinder in die Welt hinausschicken und sie anderen zur Pflege überlassen müssen. [...] Zwar will ich nicht leugnen, dass ich noch einen *Imperativ des Erkennens* annehme; und dass sich durch ihn auch auf die Menschen wirken lässt, *aber dann muss er lebendig in mir aufgenommen werden* und *das* ist es, was ich jetzt als Hauptsache anerkenne." (Deutsche Søren Kierkegaard Edition, hg. v. Anz, Heinrich u.a., Bd. 1: Journale und Aufzeichnungen; Journale AA, BB, CC, DD, hg. v. Deuser, Hermann/Purkarthofer, Richard, Berlin/New York 2005, 23f)

[107] Zu den wichtigsten Aspekten, die bei Simmel völlig außer Acht gelassen oder negativ bewertet werden, zählt Florian Uhl die rituelle Dimension und die ethische Seite religiöser Praxis, die zu einem bloßen Korrelat bzw. Derivat der apriorischen Kategorie Religiosität reduziert würden. Simmel gelingt es nicht, die Prozesse der Objektivierung des Religiösen und die der Internalisierung „in ihrer Funktion als Bedingung der Möglichkeit von Überlieferung bzw. Tradierung religiöser Gehalte zu erfassen. Religion als objektives Kulturgebilde ist die Grundlage für die Evokation religiöser Einstellungen beim Individuum und für die je spezifisch religiösen Konstruktionen von Welt und Selbst; sie treten ins Blickfeld Simmels jedoch allein als »Versteinerungen« und damit als Blockaden des dynamischen Prozesses des Lebens, als dessen spezifische Form das Religiöse begriffen wird." (Uhl, Florian, Das Religiöse als Apriori 191)

3.2 Normative Bedeutung der objektiven Religion

Bei aller Privilegierung der Religiosität ist theologisch die gleiche Aufmerksamkeit auf den korrelativen Teil, die materiale Konzeption des Glaubens zu richten. Weil die spezifischen Inhalte des Glaubens ein je verschiedenes Sein des Menschen zum Ausdruck bringen, sind die in Bekenntnissen verdichteten Glaubensüberzeugungen keine beliebigen Attribute, sondern das normative Fundament einer subjektiven Religiosität. Auch für diese weit reichende Annahme finden sich bei Simmel einige, wenn auch nur undeutlich ausgezogene Spuren.

Innerhalb der beginnenden Religionssoziologie schloss sich Simmel in der viel diskutierten Frage, ob zuerst die Gruppe existierte, aus der heraus Gott als Symbol ihrer Zusammengehörigkeit hervorgegangen sei (wie in vielen primitiven Religionen), oder ob die Gottesvorstellung „erst ihrerseits die sonst nicht oder nur knapp zusammenhängenden Elemente in eine Einheit zusammenbringt"[108], mit Blick auf das Christentum der zweiten Interpretationslinie an, ohne allerdings die erste auszuschließen oder die sie stützenden Argumente zu unterschlagen. Für Simmel konnte der christliche Gott nur deshalb zum einen und einzigen werden, weil er durch seine ins Unendliche hinausgeschobene Transzendenz unermesslich hoch über allem steht „und der Einzelne an ihm in jedem Augenblick mit jedem andren zusammen seine »höhere Instanz« hat"[109]. Je transzendenter und abstrakter der Gottesbegriff konzipiert wird, desto stärker ist seine Fähigkeit ausgeprägt, Einheit zu erreichen und zu symbolisieren. Es war also erst die ungeheure Transzendenz des christlichen Gottesbegriffs, die eine „Gleichheit der Ungleichen vor Gott"[110] ermöglichte. Die inneren wie äußeren Konflikte verlieren durch den Gottesgedanken an Schärfe, da sie über die fundamentale Einheit aller Menschen im letzten bereits miteinander vermittelt sind. Nur durch diese allen Konflikten und Differenzen voraus liegende Gemeinsamkeit vermochte und vermag der Glaube Versöhnung zu stiften und tiefe Spaltungen zu überwinden.[111] Die Religion wird dem zweiten soziologischen Apriori entsprechend als Teil der Gesellschaft konzipiert und greift zugleich über sie hinaus. Mit ihrem doppelten Status steht die Religion innerhalb des Lebens „zu allen seinen Inhalten in den mannigfaltigsten und gegensätzlichsten Beziehungen, zugleich aber erhebt sie sich über das Leben und damit, in ihren höchsten Momenten, über sich selbst und in die Versöhnung all der Konflikte, in die sie sich als Element des Lebens selbst

---

[108] Soziologie 169.
[109] Soziologie 175.
[110] Soziologie 201.
[111] Simmel formuliert hier ein klassisches Argument der Monotheismuskritik, das der Sache nach bereits bei David Hume vorgetragen und insbesondere von Hans Blumenberg bzw. Odo Marquard weiterentwickelt wurde. Im Polytheismus habe der Mensch zumindest eine bestimmte Wahl zwischen den Göttern, wodurch er das Gefühl einer gewissen Unabhängigkeit erhalte, „die ihm da versagt bleibt, wo die gleiche Summe religiöser Abhängigkeit in einer einzigen Gottesvorstellung sozusagen unentrinnbar vereinigt ist" (Soziologie 211). Für Simmel findet sich diese polytheistische Struktur innerhalb des zeitgenössischen Katholizismus in der Heiligenverehrung wieder.

3 Gott als Symbol für die Relationalität des Lebens 361

begeben hatte"[112]. In ihrer pragmatischen Kraft als Friedensstifterin verlässt sie ihren transzendenten Bezug, sie „steigt selbst auf den Kampfplatz herunter, sie wird Partei, während sie doch zugleich Richter ist. Aber über den so entstehenden Konflikt erhebt sie sich von neuem, als ihre eigene höhere Instanz, sie versöhnt in sich den Dualismus, den sie selbst heraufbeschworen und ist so in jedem Augenblicke Einheit und erst werdende Einheit, sie versöhnt die Gegensätze, die sie außerhalb ihrer findet und zugleich den weiteren, der sich fortwährend zwischen ihr selbst und der Ganzheit des sonstigen Lebens auftut."[113]

Das Leben erlaubt keine abschließenden Identifizierungen, sondern treibt zu neuen Expressionen und Verknüpfungen, es beginnt wieder der unendliche Entzweiungsprozess, dem auch die Religion unterworfen ist, und der Ruf nach Versöhnung ertönt von neuem. Ein weiteres Kapitel wird aufgeschlagen, ein anderes Spiel beginnt und substituiert sich in die Unendlichkeit der wechselnden Prozesse hinein, ohne jemals an ein Ende zu kommen. Der Gottesbegriff repräsentiert in den unabschließbaren Relationen die Lebendigkeit und Offenheit des Prozesses selbst, er symbolisiert die Kraft der Versöhnung, die über alle Gegensätze hinweg die Differenz nicht als Gegenüber zur Einheit konstituiert, sondern als ein sie tragendes und bestimmendes Prinzip.[114]

All das, was hier über den Gottesbegriff gesagt wurde, lässt sich in der Moderne auch für das Geld aussagen. Vergleicht man die Semantiken und Funktionen des Realsymbols *Gott* mit denen des Realsymbols *Geld*, so wird einerseits eine weitgehende Identität ihrer Bedeutungen offensichtlich, zugleich

---

[112] Die Gegensätze des Lebens und der Religion 302.
[113] Die Gegensätze des Lebens und der Religion 302. Hartmut Kreß trifft den entscheidenden Punkt, wenn er schreibt: „Der verschlungene Gedankengang bleibt dabei stehen, daß der Mensch dem Spannungsverhältnis von Religiosität und Religion und der damit verbundenen Grundproblematik nicht entrinnen kann; eine letzte Auflösung des Problems läßt sich nicht finden." (Kreß, Hartmut, Religiöse Ethik und dialogisches Denken 36) Kreß sucht nach den geistigen Verbindungen Simmels zum liberalen und kulturprotestantischen Denken, im Vordergrund seiner Arbeit steht jedoch die Beziehung zu Martin Buber, in dessen Reihe *Die Gesellschaft. Sammlung Sozialpsychologischer Monographien* Simmels Religionsschrift als zweiter Band erstmals erschienen ist (Literarische Anstalt Rütten & Loening, Frankfurt 1906; zur Editionsgeschichte vgl. GSG 10, 409-415). Kreß untersucht die Traditionen und Gedankenlinien, die Buber von Simmel her aufgenommen und weiterentwickelt hat sowie jene Bezüge, die Simmel vor allem mit Schleiermacher und Troeltsch verbinden.
[114] Vgl. dazu die Überlegungen von Krech, Volkhard, Georg Simmels Religionstheorie 77ff. Krech zeigt, warum für Simmel die innere Pluralität der Religion eine unabdingbare Voraussetzung ihrer Versöhnungskraft ist. Für Religion ist nicht nur die soziologische Unterscheidung zwischen Kirche und Sekte zentral, sondern auch die qualitative Differenz zwischen der Zwei- und der Dreizahl. Der Dualismus führt zu großen Konflikten, weshalb der religiöse Pluralismus in Anlehnung an Voltaire von existenzieller Bedeutung ist. Voltaires Diktum, dass zwei rivalisierende Sekten innerhalb eines Staates unvermeidlich Unruhen und Schwierigkeiten erzeugen würden, wie sie durch zweihundert Sekten niemals entstehen könnten, legt die Unersetzbarkeit der Dreizahl offen (vgl. Georg Simmel, Soziologie 118). Zweiheit bewirkt These und Antithese, während die Rolle des Dritten ein Übergang, ein Verlassen des absoluten Gegensatzes bedeutet, ohne in eine identifizierende Versöhnung überzugehen: Die Dreizahl ermöglicht drei typische Gruppierungsformen, die bei zwei Elementen nicht möglich, bei mehr als drei gleichzeitig ausgeschlossen sind. Als solche eigenen Formen nennt Simmel den *Unparteiischen* bzw. Vermittler, das Motiv des *teritum gaudens* und das *Divide et impera* (vgl. Soziologie 124-159).

zeigen sich aber auch tiefgreifende Differenzen. Wie ist nun die Gleichzeitigkeit von Identität und Differenz zu beschreiben und interpretieren? Wie lässt sich ihr Verhältnis zueinander bestimmen? Ist es im Modus einer hierarchischen Ordnung (einer Relation), einer Konkurrenz oder einer Verwechslung zu konzipieren? Oder sind beide Größen als relative Einheiten zu entschlüsseln, die aufeinander verwiesen sind? Mit anderen Worten: Ist das Verhältnis von Gott und Geld im Modus einer klassischen Wechselwirkung zu beschreiben?

4 Die Wechselwirkung von Gott und Geld

Mit der Rekonstruktion von Simmels Geldtheorie sollte gezeigt werden, auf welche Weise das Symbolsystem *Geld* im Zuge der Modernisierungsprozesse wichtige Aufgaben vom Symbolsystem *Gott* übernommen hatte. Die mit soziologischen Kategorien beschriebenen Ersetzungen der Funktionalität Gottes durch die des Geldes treffen sich mit der im zweiten Kapitel entfalteten und innerhalb der Theologie auf breite Zustimmung stoßenden, theologischen Diagnose, dass Geld zur neuen „alles bestimmenden Wirklichkeit", zum neuen Gott der späten Moderne geworden sei. Geld erweist sich als eine absolute Macht, die mit unbegrenzten Möglichkeiten ausgestattet ist und in unmittelbare Konkurrenz zum Gott der Religionen tritt. Gott *oder* Mammon, auf diese Alternative haben viele theologische Ansätze diese verwobene Problematik reduziert. Selbstkritisch wird dazu meist angemerkt, dass der Gott des Christentums deswegen in diese verhängnisvolle Alternative gedrängt werden konnte, weil er in der Moderne sein Profil bis zur Unkenntlichkeit verloren habe. Gott ist zum *verwechselbaren* Gott geworden. Nur eine radikale Umkehr zum Gott der Bibel, eine nachhaltige Stärkung des Gottesgedankens und ein offensiver Kampf gegen den Götzen Geld könne die Zukunftsfähigkeit des Glaubens sichern.

An diese, gegenwärtig vor allem von Thomas Ruster vertretene und im zweiten Kapitel ausführlich vorgestellte These haben sich zahlreiche Fragen gerichtet. Gewiss ist unbestritten, dass Geld in der Moderne wichtige Aufgabenbereiche Gottes übernommen hat. Die Entwicklung einer universal akzeptierten und verständlichen Sprache, die fortschreitende Kontingenzreduktion durch ökonomische Abdeckung individueller und sozialer Risiken, die zunehmende persönliche und kollektive Befreiung im Zusammenhang mit monetär strukturierten Tauschbeziehungen, die Ökonomisierung abstrakter Universalansprüche, die Ausdehnung der Lebenskontexte bei gleichzeitig wachsender Differenzierung – all das sind Errungenschaften, die durch die Entwicklung der Geldwirtschaft gefördert und vorangetrieben wurden.

So unbestritten diese Errungenschaften auch sein mögen, die Frage nach der theologischen Interpretation dieser hochambivalenten, geldcodierten Modernisierungsprozesse ist damit noch nicht beantwortet. Lassen sich diese Ersetzungsprozesse nur als Indikatoren eines religiösen Niedergangs oder, bei aller notwendigen Differenzierung, nicht über weite Strecken auch als Teil eines Emanzipationsprozesses verstehen, der in der Teleologie des Christlichen selbst begründet liegt? In welcher Weise stellt das Religiöse den Anspruch einer alles bestimmenden Wirklichkeit, die aus sich selbst heraus sämtliche Interpretationsformen durchdringt und normiert? Trifft dies nicht allein für die Reich-Gottes-Botschaft zu? Könnte die Übertragung vieler traditioneller Aufgaben und Funktionen Gottes an säkulare Institutionen nicht vielmehr den Blick freisetzen für die grundlegenden Funktionen der Gottesrede, die sie als wichtiges Reflexionsmoment des modernen Selbstverhältnisses ausweisen und daher noch größere Aufmerksamkeit verdienen würden?[115] Die Theologie hat sich seit jeher dem Anspruch gestellt, die kognitive Kohärenz und intellektuelle Plausibilität des Glaubens im Kontext der Wissenschaften zu begründen. Doch die existenziell-pragmatische Überzeugungskraft des Glaubens, die sich primär in ihrem Verhältnis zur Umwelt, zu den Mitmenschen und Mitgeschöpfen sowie in Auseinandersetzung mit den Herausforderungen der Zeit entfaltet, wurde oft in die Spiritualität und individuelle Frömmigkeit ausgelagert. Doch ist auch die pragmatische Plausibilisierung des Glaubens ein höchst anspruchsvolles, reflexives und unersetzliches Projekt. Das Christentum steht zu jeder Zeit vor der Aufgabe, die Wirklichkeit im Lichte des Evangeliums zu interpretieren und zu verstehen, aber zugleich auch performativ zu gestalten und auf die Verheißungen des Reiches Gottes hin zu verändern.[116] Religiöse Überzeugungen sollen zum Gelingen eines guten Lebens beitragen, das Bewusstsein schärfen für das, was den Menschen fehlt, und Orientierung bieten, um ein gutes, erfülltes und solidarisches Leben führen zu können. Das pragmatische Kriterium, so formuliert es Armin Kreiner, ist „natürlich das schwammigste, aber vermutlich das wichtigste"[117]. Es zählt mit der kognitiven Kohärenz und

---

[115] Vgl. dazu Gruber, Franz, Die Kommunikation der Transzendenz. Zur Struktur religiöser Symbolisierungen aus theologischer Sicht, in: Schmidinger, Heinrich/Sedmak, Clemens (Hg.), Der Mensch – ein „animal symbolicum"? Sprache – Dialog – Ritual, Darmstadt 2007, 219-233. Im Symbolwort „Gott" wird nicht nur die Beziehung des Menschen zum Ganzen der Wirklichkeit, sondern auch die Unverzichtbarkeit der Kommunikation *mit* Transzendenz thematisiert. Entfällt diese Fragestellung oder wird sie aus der wissenschaftlichen Reflexion ausgeschlossen, geht mehr verloren als der Traditionsbestand religiöser Überlieferungen.

[116] Paradoxer Weise erinnert dieser Gedanke an Marx' 11. These über Feuerbach: „Die Philosophen haben die Welt nur verschieden *interpretiert*; es kömmt drauf an, sie zu *verändern*." (MEW 3, Berlin 1969, 7; redigierte Fassung 535)

[117] Kreiner, Armin, Rationalität zwischen Realismus und Relativismus 32. Zur grundsätzlichen Bedeutung des pragmatischen Aspekts vgl. auch Sedmak, Clemens, Theologie in nachtheologischer Zeit, Mainz 2003, bes. 164-171. „Theologie ohne Theopragmatik ist leer, unglaubwürdig, irrelevant." Aber zugleich gilt auch umgekehrt (und bietet nebenbei ein treffendes Beispiel von Wechselwirkung): „Gott-Handeln ohne Gott-Rede ist blind, provinziell, unredlich." (beide Zitate 171) Zur Bedeutung der pragmatischen Dimension ohne Preisgabe des kognitiven Anspruchs, vgl. Gruber, Franz, Die kommunikative Vernunft des Glaubens 132-147. Die praktische Wirksamkeit der Rede von Gott habe sich „in der durch politisches und therapeutisches Handeln je neu unter Beweis zu stellenden Ermächtigung der Schwachen und Ohnmächtigen in unserer Gesellschaft" zu erweisen, weshalb sich „der sprachphilosophische Ansatz als Theorie des von Kurt Marti geäußerten Wunsches: »dass Gott ein Tätigkeitswort werde« versteht (147). Die von Hans-Joachim Höhn und Hans-Joachim Sander herausgegebene sechsbändige Reihe „Glaubensworte" fühlt sich ausdrücklich diesem Programm verpflichtet (Würzburg 2001-2003).

der existenziellen Relevanz zu den drei Schlüsselkategorien im religiösen Sprachvollzug. Auch der pragmatische Wahrheitsanspruch schließt eine eindimensionale Kommunikationsform aus, wonach Erkenntnis und Einsicht nur vom Glauben in Richtung Welt fließen würden. Vielmehr liegt auch hier ein konsequent wechselseitiges Verhältnis vor, bei dem das wahrheitsfähige Außen die religiöse Interpretation bereichert, erhellt und eben auch kritisiert.[118] Von dieser Warte her ist das Symbol Gott dann als ein Zeichen zu entziffern, an dem in Fortschreibung der biblischen Überlieferungen jene Sprachwelten entwickelt und erprobt werden, die das befreiende Potential des Religiösen in den unterschiedlichsten Erfahrungsräumen dieser Welt entdecken und offen legen können.

Auf theologischer Seite ließe sich hier an einige bereits vorliegende Ansätze anknüpfen. Das immer wieder unterschätzte, von Dietrich Bonhoeffer angeregte Paradigma eines religionslosen Christentums reflektiert diese Transformations- und Ersetzungsprozesse, in denen für Gott nur mehr die Funktion einer Kontingenzbewältigung vorgesehen ist.[119] Wo Gott immer nur die kognitiven Lücken und existenziellen Ratlosigkeiten auffüllen darf, wo er allein dann in Erscheinung treten kann, wenn die bisherigen Erklärungsmuster und Interpretationsparameter versagen, dort wird Gott auf eine unscheinbare Größe bzw. angenehme Ergänzung im Defizit der eigenen Bedürfnisstruktur reduziert, nicht mehr jedoch als wirkmächtiges, forderndes Gegenüber interpretiert. Die biblische Gottesrede widersetzt sich in allen ihren Fasern der Reduktion Gottes auf das Unerklärliche, auf die existenziellen Aporien und Unwägbarkeiten, sie behauptet im Gegenteil ihren Ort in allen Fragen und Problemstellungen des individuellen und sozialen Lebens, nicht nur in jenen, an denen alle anderen Interpretationsmöglichkeiten versagen. Zu diesen großen und bestimmenden Realitäten des Lebens zählt die Ökonomie und daher kann der Glaube nicht anders, als auch zu dieser symbolischen Form des gesellschaftlichen Selbstverhältnisses in Auseinandersetzung bzw. in ein Verhältnis zu treten.

Die verschiedenen, im zweiten Kapitel vorgestellten theologischen Lösungsansätze versuchten diese Herausforderung nicht über eine Stärkung der Relativität zu beantworten, sondern über die Präferierung einer der beiden Größen

---

[118] Nach Hans-Joachim Höhn liegt daher eine wichtige Aufgabe der Theologie im Nachweis, „dass der christliche Glaube kein selbstreferentielles, geschlossenes Orientierungssystem ohne Anschlussfähigkeit für die Orientierungsleistungen anderer, z.B. ästhetischer, ethischer oder historischer Weltdeutungsperspektiven ist. Bereits die Tatsache, dass er mit der Theologie ein eigenes Reflexionssystem hervorgebracht hat, das allen »immanentistischen« (bzw. fideistischen) und fundamentalistischen Versuchungen zum Trotz mit jener Reflexionslogik operiert, der auch die anderen sozio-kulturellen Selbstverständigungsdiskurse folgen, verweist auf die strukturelle Offenheit des Glaubens für sein säkulares »Außerhalb«" (Höhn, Hans-Joachim, Zeit-Diagnose. Theologische Orientierung im Zeitalter der Beschleunigung, Darmstadt 2006, 146).

[119] Vgl. dazu die Gedankensplitter von Dietrich Bonhoeffer in *Widerstand und Ergebung* (Bonhoeffer, Dietrich, Widerstand und Ergebung. Briefe und Aufzeichnungen aus der Haft, hg. v. Bethge, Eberhard, München ⁴1967); sowie die ersten Ansätze einer systematischen Entfaltung bereits in seiner Dissertation *Sanctorum Communio* (Bonhoeffer, Dietrich, Sanctorum communio. Eine dogmatische Untersuchung zur Soziologie der Kirche (Dietrich Bonhoeffer Werke 1), hg. v. von Soosten, Joachim, München 1986). Es ist nicht zufällig, dass Bonhoeffer diese Arbeit mit einer ausführlichen sozialphilosophischen und soziologischen Reflexion beginnt.

4 Die Wechselwirkung von Gott und Geld

auf Kosten der anderen. In der Regel bildet der Gottesbegriff den Ausgangspunkt, der die Kriterien bzw. Argumentationsmuster für die Verhältnisbestimmung vorgibt und von denen her dann Ort sowie Funktion des Geldes festgelegt werden. Die Größe *Gott* ist die in sich plausible und unbefragte Konstante, zu der *Geld* lediglich eine additive Variable bildet. Diesen Modellen liegt ein Gottesbegriff zugrunde, der an keinem Punkt in Frage gestellt wird, der sich allein aus der biblischen Offenbarung selbst (und abgestuft aus der kirchlichen Tradition) erhellt und dem von außen nichts an neuer Erkenntnis zufließt. Doch die Bibel stellt Gott als jemanden vor, der sich in Frage stellen lässt, an den sich Zweifel und Kritik richten, dessen Profil sich in seinem Engagement innerhalb der Geschichte und in der Auseinandersetzung mit der konkreten Umwelt schärft. In den negativ-exklusivierenden Positionen der Theologie werden beim Geld vorwiegend die problematischen Potentiale abgerufen, um so die Überlegenheit des Gottesbegriffs zu demonstrieren. Hier fehlt das grundlegend wechselseitige Moment der Verhältnisbeziehung. Die affirmativ-identifizierenden theologischen Positionen schlagen den umgekehrten Weg ein. Nicht Gott bildet die unverrückbare Konstante, sondern das Geld, dem die Eigenschaften Gottes funktional zugeordnet werden. Auch hier ist keine wirkliche Relativität gegeben, die Problematik nur verschoben, da lediglich die Vorzeichen ausgetauscht wurden.

Doch wie ließe sich eine Alternative jenseits dieser beiden, wenig überzeugenden Modelle entwickeln? Der Weg über grundlegende Modifizierungen am Gottesbegriff oder an den Kernüberzeugungen der Überlieferung scheidet aus, da er sich mit dem Zeugnis der Schrift und der Tradition nur schwer vermitteln lässt.[120] Eine überzeugende Alternative eröffnet sich m.E. über den Versuch, den klassischen Definitionsrahmen neu auszuloten. Im Anschluss an Simmels Reflexionen über das Wahrheitsverständnis ließe sich die These formulieren, dass die Wahrheit Gottes nicht aus und in sich selbst existiert, nicht in einem in sich ruhenden Gefüge besteht, sondern in und durch die Beziehungen, in den Relationen zu einem Gegenüber nach innen und nach außen bestimmt ist. Die Wahrheit eines Satzes, einer Erkenntnis, eines propositionalen Gehaltes etc. liegt daher nicht in den Deduktionen oder in einem letzten axiomatischen Begriff, sondern in ihrer basalen Relativität, in ihrem Verhältnis zu den anderen Begriffen und Zeichen im Rahmen des ihnen zugrunde liegenden Symbolsystems. Aber diese Relativität ist nicht nur innerhalb der jeweiligen Denkform gegeben, sie schließt auch die benachbarten Symbolsysteme ein, weil keines für sich selbst existiert, sondern nur in ihrer Verwiesenheit und Relation zu den anderen. Deshalb streift ein theologischer Diskurs immer zugleich auch andere Diskurse, bezieht sie mit ein, greift auf deren Regelsysteme zurück und beeinflusst sie im besten Fall auch seinerseits. Indem eine theologische Debatte das Ganze der Wirklichkeit thematisiert, sind Kultur, Politik, Ökonomie etc. nicht nur entscheidende Referenzgrößen, sie sind zugleich auch eine Form, in

---

[120] Stellvertretend für diese Tendenz seien genannt: Spong, John Shelby, Was sich im Christentum ändern muss. Ein Bischof nimmt Stellung, Düsseldorf 2004, sowie: Jörns, Klaus-Peter, Notwendige Abschiede. Auf dem Weg zu einem glaubwürdigen Christentum, Gütersloh 2004.

der religiöse Diskurse geführt und verhandelt werden. Dies lässt sich wiederum gut an der Geschichte des biblischen Gottesverständnisses zeigen.

Wer der Gott Israels ist und worin er sich von den anderen Göttern unterscheidet, ist nicht im Modus einer (religions)philosophischen Reflexion festgelegt worden, auch wenn der Anspruch auf Rationalität durchgehend erhoben wird. Der entscheidende Entstehungsort der Gottesrede sind die Leiderfahrungen von Menschen, insbesondere im Kontext von Gewalt, Fremdherrschaft und Ungerechtigkeit. Die in unterschiedlichsten Lebenssituationen bezeugten Selbstvorstellungen Gottes (vgl. Ex 3,14; Ex 20,2-5; Dtn 5,6-9; Jes 44,24-45,8) lassen sich daher nur sekundär als Wesensoffenbarungen entziffern, primär jedoch als Selbsterweis an die Menschen in bestimmten, meist prekären Situationen. Dass die sie begleitende Glaubensreflexion bestimmte Eigenschaften Gottes aus diesen Erfahrungen seines rettenden Engagements herausgearbeitet hat, ändert nichts an der logischen Struktur des Begriffs. Gott ist ein Gott des Handelns, der Praxis und der Begegnung. Ohne den Bezug zur Welt, die schöpfungstheologisch als Erbe und Auftrag den Menschen überantwortet wird, ist der biblische Gottesbegriff nicht zu denken und zu beschreiben.[121] Johann Baptist Metz hat diese Grundüberzeugung in einem prägnanten Satz zusammengefasst: „Der christliche *Gottesgedanke* ist aus sich selbst ein praktischer Gedanke."[122] Er zielt auf Umkehr und Exodus, weshalb die pragmatische Dimension zu Recht eine Vorrangstellung gegenüber einer kognitiven Entfaltung und einer existenziellen Selbsterschließung besitzen mag, aber in keinem Fall die anderen ersetzen kann.[123] Die auf Gottlob Frege zurückgehende, sprachphilosophische Unterscheidung von *Sinn* und *Bedeutung* verdichtet sich im

---

[121] Einen überzeugenden Versuch, Schöpfung strikt relational (und weniger in Differenz zur klassischen Ontologie und zur aristotelisch geprägten Kausalkategorie) zu denken, hat Franz Gruber vorgelegt (vgl. Gruber, Franz, Im Haus des Lebens. Eine Theologie der Schöpfung, Regensburg 2001); zu den dogmen- und theologiegeschichtlichen Quellen, die ein Relationsdenken ermöglichen, vgl. Schupp, Franz, Schöpfung und Sünde. Von der Verheißung einer wahren und gerechten Welt, vom Versagen der Menschen und vom Widerstand gegen die Zerstörung, Düsseldorf 1990.

[122] Metz, Johann Baptist, Glaube in Geschichte und Gesellschaft. Studien zu einer praktischen Fundamentaltheologie, Mainz 1977, 47.

[123] Saskia Wendel hat gezeigt, dass dieses Strukturprinzip auch für das erstphilosophische Konzept einer Glaubensverantwortung von Bedeutung sein kann. Sie sieht eine wichtige Weiterentwicklung in der Rechenschaft und Entfaltung der pragmatischen Dimension des Glaubens: Denn der Glaube „ist ja nicht lediglich ein kognitives Bekenntnis zu bestimmten Glaubensinhalten, ebenso wenig bloß zustimmendes Verstehen einer konkreten religiösen Überlieferung, sondern immer schon Handlung, Praxis. [...] Und auch die Reflexion dieser Praxis, also die Theologie und mit ihr eine erstphilosophische Glaubensverantwortung, ist wiederum Praxis bzw. ein Grundvollzug der Glaubenspraxis insofern, als das Reflektieren unbeschadet seiner Zuordnung zu den Vernunftmöglichkeiten ein Akt, ein Handlungsvollzug ist. Reflexion ist jedoch eine Praxis, die sich selbst zum Objekt haben kann; qua Reflexion kann die Praxis sich selbst zur Theorie werden, Reflexion ist somit theoretische Praxis." Diese Glaubenspraxis bestimme sich als Nachfolge Jesu „immer als eine parteiliche Praxis an der Seite der Leidenden, der Schwachen und Entrechteten, an der Seite der Opfer der Geschichte" (Wendel, Saskia, Rationale Verantwortung der Praxis der Nachfolge Jesu. Was ein systematisch-theologisches Konzept, das sich auf eine transzendentale Methode verpflichtet, zu leisten beansprucht – und was nicht, in: SaThZ 9 (2005) 148-160, 158).

4 Die Wechselwirkung von Gott und Geld   367

religiösen Kontext zur Frage nach dem Verhältnis dieser beiden Begriffsdimensionen,[124] insofern die Wahrheit Gottes ohne ihren Weltbezug keine Wahrheit ist und deshalb auch hier die Formel gilt: Gottes Wahrheit liegt in der Welt, genauer gesagt im Zwischen, in seiner Relationalität zur Welt, in der Form, in der Menschen sich dieser Wirklichkeit anvertrauen und ihr Handeln danach ausrichten.

Mit der Relativität steht der gesuchte Schlüsselbegriff zur Verfügung, mit dem die beiden absoluten Wirklichkeiten *Gott* und *Geld* so einander zugeordnet werden können, dass ihre jeweilige Autonomie und spezifischen Bedeutungsfelder an keiner Stelle eingezogen werden müssen, zugleich aber auch ihre wechselseitige Verwiesenheit nicht ausgeblendet wird. Relativität ist keine zweiwertige Kategorie, sie impliziert notwendig ein Drittes. Dieses Dritte lässt sich nur über die Bedeutungen erschließen, die durch die jeweiligen Signifikanten erzeugt werden. Geld ist längst ein universalisierbares Zeichen geworden, das auf Numinoses und Geheimnisvolles verweist. Diese Struktur teilt es mit dem Gottesbegriff, der ebenfalls ein universal gültiges Zeichensystem repräsentiert, das sich auf ein Unbestimmbares, Entzogenes bezieht. Doch ist durch die Identität der Referenzgrößen notwendig eine Konkurrenz der Signifikanten gegeben? Verweisen die Zeichen Gott und Geld tatsächlich auf dasselbe oder doch auf etwas gänzlich Verschiedenes? Könnte es sein, dass sich hinter der formalen Identität der Referenten vielleicht eine grundlegende Differenz der Bedeutungen verbirgt? Selbst wenn die beiden Signifikanten *Gott* und *Geld* formal auf den gleichen Referenten verweisen, auf das machtvolle Absolute, von dem her Heil und Erlösung erwartet werden, so sind damit die semantischen und pragmatischen Bedeutungsfelder noch nicht notwendig identisch. Im Selbstverständnis des Christentums zählen Heil und Erlösung zu den höchsten Werten, die alle Energie und Aufmerksamkeit verdienen.[125] Im ökonomischen Bereich erfüllt das Geld diese Funktion, indem es als konkretes Tauschmittel auf das Waren- und Güteräquivalent verweist, als abstrakter Vermögenswert jedoch zugleich auch die grenzenlosen Möglichkeiten bezeichnet, die an Erfahrungen der Transzendenz rühren und sich nicht allein in der Sprache der Ökonomie fassen lassen.[126] Es zeigt sich, dass auch Geld Heil und

---

[124] Frege, Gottlob, Funktion, Begriff, Bedeutung. Fünf logische Studien, hg. v. Patzig, Günther, Göttingen ⁵1980; Ders., Einleitung in die Logik (Schriften zur Logik und Sprachphilosophie. Aus dem Nachlaß), hg. v. Gabriel, Gottfried, Hamburg ⁴2001, 74-91.

[125] In der Diktion Simmels wird es „Heil der Seele" genannt, vgl. dazu den gleichnamigen Artikel *Vom Heil der Seele* (GSG 7, 109-115).

[126] Diese zunehmende Abstraktion und Simulation des Geldes findet ihr Ende erst im Zustand völliger Referenzlosigkeit. Das Medium ist selbst die Botschaft: „Das Geld ist die erste Ware, die Zeichenstatus erlangt und *dem Gebrauchswert entkommt*. Es ist die Verdoppelung des Tauschwertsystems in einem sichtbaren Zeichen, und in dieser Eigenschaft das, was den Markt (und damit auch den Mangel) in seiner Transparenz veranschaulicht. Aber heute geht das Geld einen Schritt weiter: *es entkommt sogar dem Tauschwert*. Vom Markt selbst entbunden, wird es zum selbständigen Simulakrum; jeglicher Botschaft und jeglicher Tauschbezeichnung entkleidet, wird es seinerseits zur Botschaft und tauscht sich mit sich selber aus. Es ist nun keine Ware mehr, weil es weder Gebrauchs- noch Tauschwert hat." (Baudrillard, Jean, Der symbolische Tausch und der Tod, München 1982, 42; ähnlich auch die These von Hörisch, Jochen, Ende der Vorstellung).

Erlösung, Freiheit und Identität verspricht, obwohl es für die Erreichung des Zieles auf gänzlich andere Methoden und Praktiken verwiesen ist. Weil nun beide Symbolsysteme, Religion und Ökonomie, dasselbe Ziel intendieren, formal einen identischen Referenten besitzen, können sie miteinander in Konkurrenz treten und verwechselbar werden.[127] In Aufnahme und Weiterführung von Simmels Überlegungen möchten die folgenden Punkte zeigen, dass in die formale Identität der Referenten bereits eine materiale Differenz der Bedeutungen eingeschrieben ist, dass sich die Macht der jeweiligen Zeichen Gott und Geld dort zeigt und entscheidet, wo die mit ihr bezeichnete Wirklichkeit praktische Wirksamkeit entfaltet, wo sie Handlungsoptionen freisetzt und Verheißungen einlöst. Entscheidend ist dabei, dass die Entwicklungen und Veränderungen in einem semantischen Feld stets auch die Bedeutungsmöglichkeiten des anderen beeinflussen. Deshalb hat jede Veränderung am universalen Symbol Geld Auswirkungen auf das Symbolsystem Gott. Die formalen Übereinstimmungen der Struktur und die Differenzen der materialen Bedeutungen sind nun im Einzelnen zu beschreiben.

4.1 Formale Identität der Struktur

Mit dem Begriff der Struktur soll hier die funktional identische Logik der beiden Signifikanten Gott und Geld bezeichnet werden. Simmel kommt in seiner *Philosophie des Geldes* an mehreren Stellen auf die verblüffenden funktionalen Parallelitäten zu sprechen, die der Begriff Gottes mit dem des Geldes teilt. Sie besitzen einen rein formalen Charakter, durch den erst eine materiale Differenz in der Semantik und in der Pragmatik möglich wird.

4.1.1 Gott und Geld – Eine formale *Coincidentia oppositorum*

Gott ist in Simmels Denken ein zentrales Symbol für die Summe aller gesellschaftlichen Prozesse, formal eine *coincidentia oppositorum*, die letztgültige Einheit aller Dinge und die vollkommene Aufhebung jeglicher Gegensätze des Lebens.[128] Innerhalb der *Philosophie des Geldes* markiert dieser Gedanke eine Schlüsselpassage, in der Simmel das Gott-Geld-Verhältnis sachlich als Ersetzungsprozess beschreibt. Damit findet eine These, die bereits in den früheren religionssoziologischen Arbeiten und in den diversen Vorstudien erörtert wurde, eine Formulierung, die gewiss als vorläufiger Abschluss einer langen Entwicklungsgeschichte gelten kann. Anders als zu Beginn seines Denkens bilden nicht

---

[127] Das gilt nicht nur für das Verhältnis von Ökonomie und Religion. Grundsätzlich alle symbolische Formen bzw. Kulturgebiete können miteinander in Konkurrenz treten. Ute Faath hat dies beispielhaft am Verhältnis von Philosophie und Kunst gezeigt: Faath, Ute, Mehr-als-Kunst. Zur Kunstphilosophie Georg Simmels, Würzburg 1998.
[128] Vgl. dazu insb. Philosophie des Geldes 302-307. Für Gerhard Gamm ist die *coincidentia oppositorum* jener Begriff, „der als Leitfaden dienen und die durch die Universalität des Geldverkehrs bestimmte historische Lage aufschließen könnte" (Gamm, Gerhard, Die Unbestimmtheit des Geldes 117).

4 Die Wechselwirkung von Gott und Geld

mehr religionsphilosophische Überlegungen den nötigen Bezugspunkt, sondern die psychologisch-soziologische Kategorie des Wertes, die hier als das Dritte das Spannungsverhältnis vermittelt. Dabei bleibt die Grundidee des Gedankens, dass zwischen der Funktion Gottes und der des Geldes tiefe Analogien bestehen, in allen Variationen erhalten, sie wird allerdings auch nicht überschritten. In dem Aufsatz *Zur Psychologie des Geldes* (1889)[129] ist dieser entscheidende Gedanke durch die einleitende Verwendung des Konjunktivs noch etwas vorsichtig formuliert, aber die Stoßrichtung der Argumentation ist bereits deutlich zu erkennen:

> „Wenn man, in elegischem wie in sarkastischem Tone, ausgesprochen hat, daß das Geld der Gott unserer Zeit wäre, so sind in der That bedeutsame psychologische Beziehungen zwischen beiden scheinbar so entgegengesetzten Vorstellungen aufzufinden. Der Gottesgedanke hat sein tieferes Wesen darin, daß alle Mannigfaltigkeiten der Welt in ihm zur Einheit gelangen, daß er nach dem schönen Worte des Nikolaus von Kusa die *coincidentia oppositorum* ist; aus dieser Idee, daß alle Gegensätzlichkeiten und Unversöhntheiten der Welt in ihm ihre Ausgleichung und Vereinheitlichung finden, stammt der Frieden und die Sicherheit, zugleich aber auch die verdichtete Fülle der mitschwebenden Vorstellungen, die wir in der Vorstellung Gottes finden. Die psychologische Ähnlichkeit ihrer mit der des Geldes ist nach dem Vorhergegangenen klar. Das *tertium comparationis* ist das Gefühl von Ruhe und Sicherheit, das gerade der Besitz von Geld im Gegensatz zu allem sonstigen Besitz gewährt und das psychologisch demjenigen entspricht, welches der Fromme in seinem Gott findet; in beiden Fällen ist es die Erhebung über das Einzelne, die wir in dem ersehnten Objekt finden, das Zutrauen in die Allmacht des höchsten Prinzips, uns dieses Einzelne und Niedrige in jedem Augenblick gewähren, sich sozusagen wieder in dieses umsetzen zu können. Gerade wie Gott in der Form des Glaubens, so ist das Geld in der Form des Konkreten die höchste Abstraktion, zu der die praktische Vernunft aufgestiegen ist."[130]

Diese Passage, die den Aufsatz beschließt und damit etwas unvermittelt enden lässt, fällt in Simmels frühe, so genannte psychologische Schaffensphase. Der später vehement nach vorn drängende, soziologische Bedeutungszusammenhang ist wohl angedeutet, aber noch nicht mit sicheren Federstrichen ausgezogen. Doch die mögliche Grundfigur einer Verhältnisbestimmung tritt schon deutlich hervor: Nur über eine dritte, externe Größe, über ihre Relativität, sind die beiden Wertreihen Gott und Geld miteinander verbunden, in ihr bilden sie die Einheit ihrer Differenz, in ihr materialisieren sich die jeweiligen Bedeutungen. Konkret sind es das *Gefühl von Ruhe und Sicherheit* sowie die *Erhebung über das Einzelne*.

Diesen Gedanken der Äquivalenz ihrer formalen Teleologie übernimmt Simmel nahezu unverändert, bis in identische Formulierungen hinein, in den Aufsatz über *Das Geld in der modernen Cultur* (1896), doch spitzt er ihn stärker auf den soziologischen Aspekt zu.[131] Im Beitrag spiegelt sich bereits die wach-

---

[129] Der Text basiert auf einem Vortrag, den Simmel in Gustav Schmollers staatswissenschaftlichem Seminar gehalten hat (1888).
[130] Zur Psychologie des Geldes 64f.
[131] Der Text ist ein Vortrag vor der 66. Plenarversammlung der „Gesellschaft österreichischer Volkswirthe" in Wien. In der *Zeitschrift für Volkswirtschaft, Sozialpolitik und Verwaltung* (5 (1896) 310-313) ist ein kurzer Bericht erschienen, der die wichtigsten Inhalte knapp zusammen-

sende Bedeutung der werttheoretischen Fragestellung, die während seiner Arbeit an der *Philosophie des Geldes* so große Mühe bereitet hat. Wiederum dominiert der psychologische Aspekt, doch die stärkere Anbindung an einen sozialen Kontext ist unübersehbar. Das Geld, so der Kerngedanke, gelangt als der absolut zureichende Ausdruck und als das Äquivalent aller Werte auf eine durch nichts vergleichbare Ebene, auf der es die ganze Mannigfaltigkeit der Objekte vermittelt. Es wird zum „Centrum, in dem die entgegengesetztesten, fremdesten, fernsten Dinge ihr Gemeinsames finden und sich berühren; damit gewährt tatsächlich auch das Geld jene Erhebung über das Einzelne, jenes Zutrauen in seine Allmacht wie in die eines höchsten Princips, uns dieses Einzelne und Niedrigere in jedem Augenblicke gewähren, sich gleichsam wieder in dieses umsetzen zu können. Diese Sicherheit und Ruhe, deren Gefühl der Besitz von Geld gewährt, diese Ueberzeugung, in ihm den Schnittpunkt der Werthe zu besitzen, enthält so rein psychologisch, sozusagen formal, den Gleichungspunkt, der jener Klage über das Geld als den Gott unserer Zeit die tiefere Begründung giebt."[132] Simmel spricht hier nach wie vor von einer psychologischen Ähnlichkeit, aber durch die Einfügung des Wertbegriffs wird diese dritte Größe bereits profiliert.

Der Sache nach, ohne jedoch den Begriff explizit zu verwenden, kommt Simmel vor der *Philosophie des Geldes* noch einmal in seiner religionssoziologischen Studie *Zur Soziologie der Religion* (1898) auf die *Coincidentia oppositorum* zu sprechen. Dort firmiert sie erneut als ein Korrelationsbegriff, aber nicht in Bezug auf das Geld, sondern auf die gesellschaftliche Einheit, die im Gottesgedanken „ihre reine und gleichsam von aller Materie gelöste Darstellung"[133] findet. Auch wenn Simmel die starke Metapher des Cusaners primär für die Beschreibung des Gott-Geld-Verhältnisses verwendet, löst er sie doch auch immer wieder aus diesem Kontext heraus und konzipiert sie als fundamentale heuristische Kategorie des Lebens überhaupt: In jeder Relationsfigur ist eine Größe nicht durch ihr Gegenüber, sondern nur durch die Einbeziehung einer weiteren, dritten Größe beschreibbar.[134]

Innerhalb der *Philosophie des Geldes* rückt die göttliche Macht des Geldes bemerkenswerter Weise an jener Stelle in die Gedankenführung, an der Simmel den Sprung des Geldes von einem gewöhnlichen Tauschmittel zu einem definitiven Endzweck im Detail erläutert. Erst in seiner alles überragenden Möglichkeit, „das größte und vollendetste Beispiel für die psychologische Steige-

---

fasst und mit folgenden Worten schließt: „Nach diesem mit lebhaftem Beifalle aufgenommenen Ausführungen spricht der Herr Vorsitzende dem Herrn Referenten den wärmsten Dank der Versammlung aus und schließt diese." (David, Frisby (Hg.), Georg Simmel in Wien, 195). Die *Neue Freie Presse* würdigte am gleichen Tag (25. März) den „sehr interessanten Vortrag über das Geld und dessen Beziehungen zur Cultur", den der Privatdozent an der Berliner Universität, Dr. G. Simmel, heute im Verein der österreichischen Volkswirte gehalten habe (Frisby, David, Georg Simmel 196).

[132] Das Geld in der modernen Cultur 192.
[133] Zur Soziologie der Religion 277.
[134] In *Die Gegensätze des Lebens und die Religion* wird die „Coincidentia oppositorum" mit der Versöhnungskraft der Religion in Beziehung gesetzt (295), in *Die Religion* mit der Ermöglichung sozialer Wechselwirkungsverhältnisse (60, 105).

rung der Mittel zu Zwecken zu sein"[135], kann Geld zu einem funktionalen Äquivalent des Gottesgedankens werden: „Indem das Geld immer mehr zum absolut zureichenden Ausdruck und Äquivalent aller Werte wird, erhebt es sich in abstrakter Höhe über die ganze weite Mannigfaltigkeit der Objekte, es wird zum Zentrum, in dem die entgegengesetztesten, fremdesten, fernsten Dinge ihr Gemeinsames finden und sich berühren"[136]. Exakt in dieser Funktion hat das Geld „bedeutsame Beziehungen gerade zu der Gottesvorstellung"[137], die alle Fremdheit und Unversöhntheit in sich versöhnt, so wie das Geld zu dem Zentrum wird, „in dem die entgegengesetztesten, fremdesten, fernsten Dinge ihr Gemeinsames finden und sich berühren"[138].

Bemerkenswert ist an diesen Überlegungen, dass sie wohl eine Relation *zwischen* den verschiedenen Funktionssystemen ins Auge fassen, ja intendieren, aber in keiner Weise explizit thematisieren oder ihr genaues Verhältnis diskutieren. Der von Simmel favorisierte Analogiebegriff zeigt deutlich, dass der Schritt von den internen Relationen (der Abhängigkeit der Inhalte innerhalb eines Kulturgebiets) zu den Beziehungen der Systeme untereinander noch nicht vollzogen ist.

4.1.2 Vom kontingenten Mittel zum absoluten Endzweck

Nun gehört zu den eigentümlichen Qualitäten der Ziele und Zwecke des Geldes, dass jeder erreichte Gewinn keine endgültige Befriedigung gewährt und daher, aus einer gewissen zeitlichen und räumlichen Distanz heraus, als vorläufig bzw. als weiteres Durchgangsstadium empfunden wird, hinter dem sich höhere und „bessere" Zielvorstellungen verbergen.[139] Zugleich besitzen die Endzwecke in ihrer Unerreichbarkeit eine andere Funktionalität als die Mittel, die zu ihrer Teleologie in einem Verhältnis stehen wie der Horizont zu den irdischen Dingen, also stets auf ihn zustreben, „aber ihn nach der längsten Wanderung nicht näher als an ihrem Beginn vor sich haben"[140]. Letztlich erweist sich jeder Endzweck als unerreichbar und damit als eine rein formale Kategorie, die mit keinem definitiven Inhalt aufzufüllen ist. Damit bietet auch er sich als „das heuristische, regulative Prinzip dar", er ist „sozusagen nur eine Funktion oder eine Forderung"[141]. Als Begriff bedeutet er die Verdichtung der Tatsache, die er an sich aufheben sollte, dass das

---

[135] Philosophie des Geldes 302.
[136] Philosophie des Geldes 305.
[137] Philosophie des Geldes 305. Gianfranco Poggi spricht vorsichtig von „a provoking comparison between money and God", ohne die Relation näher zu analysieren (Poggi, Gianfranco, Money and the Mind. Georg Simmel's Philosophy of Money, Berkeley 1993, 176).
[138] Philosophie des Geldes 305.
[139] Das gilt sowohl in sinnlich-psychologischer als auch in erkenntnistheoretischer Perspektive: Sinnlich ist deshalb kein Endzweck zu erreichen, weil das Leben in ununterbrochenem Fluss ist, „der an jedes Genießen ein neues Bedürfen kontinuierlich ansetzt", im Bereich der Erkenntnis deswegen, weil die Forderungen des Idealen „durch keine empirische Wirklichkeit gedeckt werden" (Philosophie des Geldes 303).
[140] Philosophie des Geldes 303.
[141] Philosophie des Geldes 303.

menschliche Begehren, Wollen und Werten ins Unendliche führt und jedes vermeintliche Definitivum von rückwärts betrachtet wieder als bloßes Mittel erscheint. Das erklärt, warum es im Letzten überhaupt keine definitiven Ziele geben könne. Die Transzendenz des Lebens, der menschliche Ausgriff auf das Unendliche reduziert jedes vermeintlich Endgültige wieder zu einem Vorläufigen. Das Geld symbolisiert in seiner Doppelstellung als kontingentes Mittel und absoluter (End)Zweck diese Spannung zwischen der Relativität unseres Bemühens und der Absolutheit der Zielideen. In seiner zweiten Bedeutung, ein absolutes Ziel und ein definitiver Wert zu sein, liegt für Simmel eine zentrale Bedingung der Möglichkeit, warum Geld psychologisch die Ebene Gottes erreichen und soziologisch unzählige Aufgabenbereiche übernehmen kann. Die Begründung liefert Simmel in drei aufeinander folgenden Argumentationsschritten:[142]

(1) *Psychologische Beobachtung*: Im kontinuierlichen Modernisierungsprozess wird das Geld zum Symbol „der unsagbaren Einheit des Seins, aus der der Welt in ihrer ganzen Breite und all ihren Unterschieden ihre Energie und Wirklichkeit strömt"[143]. Es eröffnet den Menschen bisher ungeahnte Möglichkeiten und repräsentiert in seiner Immanenz eine formale Transzendenz, es wird zum Schrittmacher individueller und gesellschaftlicher Freiheit, es verwahrt den Schlüssel für das Tor zur grenzenlosen Warenwelt. Es schafft die wichtigen Voraussetzungen für das kleine Glück und die große Zufriedenheit: an den unzähligen gesellschaftlichen Prozessen zu partizipieren, die über den monetären Code vollzogen werden. Durch all diese herausragenden Fähigkeiten wird es „psychologisch für die meisten Menschen zum absoluten *Zweck*"[144] und aktiviert die gleiche Struktur, die auch einem religiösen Verhältnis eigen ist: *Gott um seiner selbst zu lieben und zu gewinnen*. Simmel beschreibt diesen Prozess, wie er selbst sagt, auch deswegen mit einem psychologischen Vokabular, weil mit ihm die Blasphemien umgangen werden können, die eine soziologische (oder vielleicht theologische?) Beschreibung möglicherweise auslöst.[145] Indem Geld als definitives Ziel zentrale Funktionen Gottes übernimmt, *ersetzt* es zugleich seine Bedeutungen und unterhöhlt damit das anthropologisch vorgegebene Bedürfnis, Erfüllung in einer religiösen Welt zu suchen. Die Ersetzung Gottes führt indes zu einer weiteren Schwächung der religiösen Plausibilität und verstärkt damit wiederum die Konzentration auf das Geld, obwohl es selbst an sich nichts Absolutes ist.

(2) *Soziologische Interpretation*: Simmel bezeichnet es als eine große Ironie der Geschichte, dass in dem Augenblick, „wo die inhaltlich befriedigenden und abschließenden Lebenszwecke atropisch werden, gerade derjenige Wert, der ausschließlich ein Mittel und weiter nichts ist, in ihre Stelle hineinwächst und

---

[142] Vgl. Philosophie des Geldes 304-307.
[143] Philosophie des Geldes 695.
[144] Philosophie des Geldes 298.
[145] „Allein in Wirklichkeit hat das Geld, als das absolute Mittel und dadurch als der Einheitspunkt unzähliger Zweckreihen, in seiner psychologischen Form bedeutsame Beziehungen gerade zu der Gottesvorstellung, die freilich die Psychologie nur aufdecken kann, weil es ihr Privilegium ist, keine Blasphemien begehen zu können." (Philosophie des Geldes 305)

sich mit ihrer Form bekleidet"[146]. Obgleich es keine Zeit gegeben habe, „in der die Individuen *nicht* gierig nach dem Geld gewesen wären", ist dennoch augenfällig, dass die Hochkonjunktur dieses Verlangens exakt in jene Zeiten fällt, „in denen ebenso die anspruchslosere Befriedigung an den einzelnen Lebensinteressen wie die Erhebung zu dem Religiös-Absoluten, als dem Endzweck des Daseins, ihre Kraft verloren hat"[147]. Die religiöse Aufladung des Geldes korrespondiert mit der sinkenden Attraktivität und Überzeugungskraft des Gottesgedankens. Ohne gesellschaftlichen Bedeutungsverlust der religiösen Interpretationsform könnte das Geld nicht in die hinterlassene Leerstelle vorstoßen.[148] Auch wenn Simmel diesen Prozess lediglich auf eine „psychologische Ähnlichkeit"[149] reduziert, beschreibt er der Sache nach eine klassische Ersetzung. Geld löst den Gottesglauben ab und wird „auff erden der irdisch got"[150]. Die ökonomische Funktion des Geldes, „das stärkste und unmittelbarste Symbol"[151] für die Relativität der Dinge zu sein, tritt hinter die psychologische Kategorie eines absoluten Wertes zurück. Der Friede, die Sicherheit und der Reichtum des Gefühls, „das mit der Vorstellung Gottes und daß wir ihn haben, mitschwebt"[152], wird an das Symbol Geld angebunden. Die Qualitäten Gottes, dass in ihm alle Fragmentaritäten und Unversöhntheiten ihre Einheit und Ausgleichung finden, gehen nahtlos auf das Geld über. Je mehr das Geld Funktionen Gottes übernimmt, desto nachhaltiger muss es auf der anderen Seite seinen transzendenten Charakter herausstreichen und sich mit der Aura des Numinosen umhüllen, seine Position jenseits der Dinge dieser Welt behaupten und festigen (obwohl es ein Ding dieser Welt ist).

(3) *Formale Konkurrenz*: Die offensichtliche Parallelität der Beziehungen und Verhältnisweisen, die Menschen zu Gott und zum Geld in gleicher Weise aufbauen können, führt nun in jenes viel beschriebene und von Simmel nur mit wenigen Federstrichen gezeichnete Konkurrenzverhältnis, das bereits in der biblischen Götzenkritik immer wieder bearbeitet wird.[153] In der Bergpredigt

---

[146] Philosophie des Geldes 305.
[147] Philosophie des Geldes 304.
[148] Das ist im Übrigen ein Kernargument der theologischen Säkularisierungskritik. Vgl. dazu das aufschlussreiche Gespräch zwischen Jürgen Habermas und Kardinal Joseph Ratzinger 2004 in der Katholischen Akademie in Bayern (Habermas, Jürgen/Benedikt XVI., Dialektik der Säkularisierung. Über Vernunft und Religion. Vorwort und hg. v. Schuller, Florian, Freiburg ⁵2006).
[149] Philosophie des Geldes 305.
[150] Philosophie des Geldes 307. Simmel greift hier eine berühmte Formulierung von Luthers Zeitgenossen Hans Sachs auf, der den schleichend einsetzenden Rollentausch durch ihren doppelten Immanenzbezug (auf Erden, irdisch) bereits reflektiert.
[151] Philosophie des Geldes 307.
[152] Philosophie des Geldes 305, in Aufnahme von Formulierungen aus: Zur Psychologie des Geldes 64f; Das Geld in der modernen Cultur 191.
[153] Ein klassischer Text ist hier Ps 115,4-7: „Die Götzen der Völker sind nur Silber und Gold, ein Machwerk von Menschenhand. Sie haben einen Mund und reden nicht, Augen und sehen nicht; sie haben Ohren und hören nicht, eine Nase und riechen nicht; mit ihren Händen können sie nicht greifen, mit den Füßen nicht gehen, sie bringen keinen Laut hervor aus ihrer Kehle." Ähnlich Koh 5,9: „Wer das Geld liebt, bekommt vom Geld nie genug; wer den Luxus liebt, hat nie genug Einnahmen – auch das ist Windhauch."

Jesu findet es seine klassische Formulierung: *Ihr könnt nicht beiden dienen, Gott und dem Mammon.* (Mt 6,24) Die kanonische Verwerfung des Zinses, die erstmals im Decretum Gratiani (um 1140) festgeschrieben und vom Zweiten Laterankonzil (1139) nachdrücklich bekräftigt wurde, war bereits ein ferner Nachklang jener Feindseligkeit, mit der die religiöse und kirchliche Gesinnung dem Geldwesen gegenüberstand. Durch die „psychologische Formähnlichkeit zwischen der höchsten wirtschaftlichen und der höchsten kosmischen Einheit"[154] hat das religiöse Bewusstsein einen feinen Instinkt dafür entwickelt, welch kleinen, in seiner Konsequenz jedoch äußerst folgenreichen Schrittes es nur bedarf, um den im Letzten stets unbeschreibbaren Referenten des Glaubens, das Woraufhin des Vertrauens auszutauschen und mit einem anderen Zeichen zu verknüpfen. Da auch das Geld vom Vertrauen in die Zukunft und von der Zuversicht lebt, dass sein Wert auf absehbare Zeit konstant bleibt und sich jederzeit wieder in die Äquivalenz einer Warenform zurückverwandeln lässt, artikuliert sich in ihm ein Glaube, der weit über eine induktive Wahrscheinlichkeit hinausgeht, der eines gerüttelten Maßes an Vertrauen bedarf, ohne den die Gesellschaft ihren sozialen Kitt längst verloren hätte: „Wie ohne den Glauben der Menschen aneinander überhaupt die Gesellschaft auseinanderfallen würde, [...] so würde ohne ihn der Geldverkehr zusammenbrechen."[155] Diese Struktur des Geldes ist wiederum „am reinsten in dem religiösen Glauben verkörpert"[156]. Die knappe Aufschrift auf den Malteser Münzen drückt dies präzise und in unüberbietbarer Kürze aus: *non aes sed fides*[157]. Hier wird die formale Identität der Referenten besonders deutlich sichtbar: Die Signifikanten Gott und Geld verweisen beide auf eine absolute Macht, auf Heil und Rettung, Leben und Freiheit, Erlösung und Entschuldung. Aber damit ist noch nichts über ihre konkreten Bedeutungen, über die Funktion der Interpretanten ausgesagt. An und mit ihnen zeigt sich erst, ob die Zeichen Gott und Geld tatsächlich auf die gleiche Wirklichkeit verweisen, oder ob sie nicht gänzlich verschiedene Realitätsbezüge offenlegen. Während beide Signifikanten sich formal auf die gleiche Referenz beziehen, die gleiche Struktur in Anspruch nehmen, trennt sie jedoch bereits der nicht unerhebliche Unterschied, dass Geld ein *sichtbares* Zeichen ist, während das Wort Gott auf keine vergleichbare, adäquat-repräsentative Gestalt verweisen kann. Diese Differenz wird für die Verhältnisbestimmung noch eine wichtige Rolle spielen.

---

[154] Philosophie des Geldes 306.
[155] Philosophie des Geldes 215. In der *Soziologie* definiert Simmel das Vertrauen „als die Hypothese künftigen Verhaltens, die sicher genug ist, um praktisches Handeln darauf zu gründen". Damit ist es „als Hypothese ein mittlerer Zustand zwischen Wissen und Nichtwissen um den Menschen. Der völlig Wissende braucht nicht zu *vertrauen*, der völlig *Nicht*wissende kann vernünftigerweise nicht einmal vertrauen" (Soziologie 393). Simmel verweist in der Anmerkung zu dieser Passage noch auf einen weiteren Typus des Vertrauens, der jenseits von Wissen und Nichtwissen liegt: der Glaube an einen anderen Menschen. Strukturell gehört er in die Kategorie des religiösen Glaubens, weil auch der Glaube an einen anderen Menschen weder begründ- noch beweisbar ist, er kommt in der reinen Form wohl nur innerhalb der Religion vor.
[156] Philosophie des Geldes 216.
[157] Philosophie des Geldes 215. Frei übersetzt: Nicht der Wert des Geldstückes ist entscheidend, sondern das Vertrauen, das es repräsentiert.

4.1.3 Immanent und transzendent zugleich

Die formale Identität der Referenten äußert sich noch an einem weiteren wichtigen Punkt, an der Schnittstelle von Immanenz und Transzendenz. Die Religion als Sprach- und Symbolsystem des Glaubens ist durch eine eigentümliche Doppelstellung gekennzeichnet, die sie mit vielen Elementen unserer Lebenswelt wie der Wissenschaft, dem Recht, der Kunst, der Ethik etc. teilt. Einerseits steht sie, wie bereits gezeigt, „dem, was wir als unser ganzes Leben empfinden, als äquivalente Macht gegenüber, sie ist eine Totalität jenseits aller Relativitäten unserer sonstigen Menschlichkeit; und andrerseits steht sie doch wieder *im* Leben, als eines seiner Elemente und erst in der Wechselwirkung mit allen anderen die Ganzheit desselben ausmachend"[158]. Diese doppelte Struktur teilt die Religion mit dem Geld. Auch wenn Geld auf die Funktion eines profanen Mittels und Werkzeugs reduziert wird, so steigt es durch die außergewöhnlichen Fähigkeiten doch zu einem absoluten, sich selbst genügenden Wert auf und korreliert in seiner doppelten Funktionalität als Tauschmittel (Wertmesser) und Selbstzweck (absoluter Wert) mit der eigentümlichen Position der Religion als Immanenz und Transzendenz zugleich. Wie für die Religion lässt sich auch für das Geld festhalten, dass es „einerseits *in* den Reihen der Existenz als ein Gleiches oder allenfalls ein Erstes unter Gleichen steht, und daß es andrerseits *über* ihnen steht, als zusammenfassende, alles Einzelne tragende und durchdringende Macht"[159]. Geld stiftet wie die Religion Verbindung und Versöhnung, bietet in der Flüchtigkeit des Daseins den ruhenden, verlässlichen Pol, „wie den konstanten Wert eines Bruches, dessen Zähler und Nenner sich fortwährend um gleiche Vielfache ändern"[160]. Zugleich symbolisieren beide die allgemeine Bewegtheit des Lebens. Der Gottesgedanke pflanzt die Unruhe des Herzens in die menschliche Existenz, bis es seine Ruhe in Gott findet,[161] die Geldökonomie treibt fortwährend den Stachel der Rastlosigkeit ins Fleisch der Moderne und daraus erwächst „die Unruhe, Fieberhaftigkeit, Pausenlosigkeit des modernen Lebens, dem im Gelde das unabstellbare Rad gegeben ist, das die Maschine des Lebens zum *Perpetuum mobile* macht"[162]. Simmel greift hier einen Gedanken von Schleiermacher auf, um wiederum die formale Parallele zum religiösen Verhältnis zu unterstreichen. Geld setzt in säkularer Manier fort, was das Christentum der abendländischen Kultur als ihre Grammatik eingeschrieben hat. Denn im Unterschied zu früheren Religions- und Glau-

---

[158] Philosophie des Geldes 692, 676; ähnlich: Soziologie 481f; Die Gegensätze des Lebens und die Religion 302.
[159] Philosophie des Geldes 676, 126.
[160] Zur Psychologie des Geldes 64. Mit dem Eindringen der Geldwirtschaft werden aber auch die naturwirtschaftlichen Verhältnisse früherer Zeiten zerstört. Denn das Geld „schiebt sich zwischen Mensch und Mensch, zwischen Mensch und Waare, als eine vermittelnde Instanz, als ein Generalnenner, auf den erst jeder Werth gebracht werden muß, um sich weiterhin in andere Werthe umsetzen zu können" (Soziologische Aesthetik 213).
[161] So in Anlehnung an eine berühmte Formulierung von Augustinus zu Beginn seiner Bekenntnisse (Aurelius Augustinus, Bekenntnisse (eingeleitet und übersetzt von Wilhelm Thimme), München 1982, 32).
[162] Das Geld in der modernen Cultur 191.

bensformen knüpfte das Christentum die religiöse Stimmung nicht an bestimmte Zeiten und Orte, sondern definierte die Frömmigkeit und das Verlangen nach Gott „zu einer dauernden Verfassung der Seele"[163]. Die Geldwirtschaft musste deshalb kein eigenes Regelsystem mehr erfinden, sondern konnte die Struktur der Rastlosigkeit und des Strebens nahezu unverändert übernehmen.

4.2 Materiale Differenz der Bedeutung

Wenn die Verschiedenheit der Signifikanten *Gott* und *Geld* in die Identität ihrer Referenten einmündet, braucht es ein anderes Kriterium, das ihre Differenz offenlegt. Die These von der Verwechselbarkeit Gottes deckt hellsichtig die gemeinsame Bezugsgröße auf, aber sie kann nicht die Frage beantworten, ob mit den gleichen Referenten nicht dennoch Verschiedenes gemeint und bezeichnet wird. Diese Differenz zu klären ist Aufgabe jener dritten Dimension, die in einem semiotischen Prozess als die Welt der Bedeutungen bezeichnet wird, in dem die Zeichen und Begriffe stets ihren Anspruch auf Wahrheit, ihre Plausibilität jeweils neu erweisen müssen. Diese lebensweltlich offenen Erfahrungsräume besitzen daher die Kompetenz, in dem Streit der Signifikanten jene Elemente zu benennen, an denen sich letztlich entscheiden lässt, welche Wirklichkeiten die Signifikanten *Gott* und *Geld* jeweils konkret bezeichnen, welche performative Praxis sie auslösen und wie tragfähig sie die eigene Existenz erschließen. In den Diskursen, Wissensformen und Praktiken entscheidet sich die materiale Differenz der Bedeutungen. Sie erst kann klären, ob und welche Funktionen das Symbolsystem *Geld* vom Symbolsystem *Gott* übernehmen kann und wo die Ersetzungsprozesse jene Trennlinien überschreiten, durch die das Relationsverhältnis wieder auf eine Bipolarität jenseits gesellschaftlicher Relevanz reduziert wird.

Da Simmel das Verhältnis der beiden Symbolsysteme Gott und Geld aus den bereits genannten Gründen nicht näher analysierte, wurde auch die materiale Differenz der Bedeutungen an keiner Stelle explizit ausgezogen. Dennoch finden sich bei ihm zahlreiche Hinweise, in welcher Weise sich die Pragmatik des Geldsystems von der des Gottesglaubens deutlich unterscheidet. In einer formalen Identität kommt offenbar eine tief greifende, materiale Differenz zum Vorschein.

4.2.1 Allgemeine Parteilosigkeit des Geldes – Engagierte Parteilichkeit Gottes

Ein zentraler Punkt, an dem die formale Identität der Referenz material weit aufgesprengt wird, liegt in der von beiden Symbolsystemen reklamierten

---
[163] Das Geld in der modernen Cultur 191. In der ersten Auflage der *Philosophie des Geldes* ist dieser Passus noch aufgenommen, allerdings bereits mit dem Zusatz versehen, dass sich darüber „historisch übrigens streiten läßt"; in der zweiten Auflage, nach der allgemein zitiert wird, ist dieser Passus gänzlich gestrichen (vgl. Philosophie des Geldes 760).

Transzendenz und Unparteilichkeit. Ihre Bedeutungsdifferenz wird erst auf der pragmatischen Ebene sichtbar, die sie individuell und gesellschaftlich erzeugt. Wie die Religion „auf den Kampfplatz hinunter[steigen]"[164], sich also in den konkreten Lebenswelten der Menschen bewähren muss, so gilt Gleiches für das Geld, dem die Probe aufs Exempel in der praktischen Lebensgestaltung ebenso wenig erspart bleibt. An diesem Punkt zeigt sich bereits ein erster, bemerkenswerter Unterschied, auf den Simmel hingewiesen, den er aber in seinen Konsequenzen nicht näher diskutiert hat. Anders als die Religion, die in ihren besten Traditionen die Auseinandersetzungen des Lebens nicht scheut und meist Partei ergreift,[165] stellt sich das Geld „unter völliger Gleichgültigkeit gegen die dahinter stehende Persönlichkeit"[166] allen Beteiligten gleichermaßen zur Verfügung. Es taxiert die Dinge allein nach ihrem wirtschaftlichen Wert, ohne Rücksicht auf Herkunft oder weitere Entwicklung, es negiert alles Spezifische, kennt kein Ansehen der Person und besitzt außerhalb seiner Quantität keinerlei Qualität. Diese geheimnisvolle Fähigkeit, jeder von zwei entgegengesetzten Einseitigkeiten gleichermaßen zu dienen, macht es zu einem paradigmatischen Ausdruck für den Stil des modernen Lebens überhaupt.[167]

Mit dieser Gegenüberstellung ist ein zentrales Unterscheidungsmerkmal herausgeschält. Im Vergleich mit dem christlichen Gottesbegriff, für den die Parteilichkeit ein unaufgebbares Moment seiner Identität konstituiert, erweist sich die allgemeine Indifferenz letztlich als ungeeignet für den Zusammenhalt der Gesellschaft. Denn so sehr Geld als „das durchgreifendste, weil für sich völlig indifferente Mittel"[168] Distanz und Freiheit ermöglicht, so teuer sind diese Errungenschaften auch erkauft. Allgemeine Verfügbarkeit ist letztlich nur die Kehrseite einer vollkommenen Inhaltsleere.[169] Die erbarmungslose Ohnmacht der formalen Transzendenz wird so lange nicht durchschaut, so lange

---

[164] Philosophie des Geldes 692.
[165] Allerdings ist hier kritisch zu fragen, ob Simmel damit den Kern der positiven Parteilichkeit (im Sinne von Entschiedenheit und Engagement) in der Religion trifft: Im Falle eines Konflikts stellen sich Religion, Staat, metaphysische Geistigkeit des Seins etc. „entschieden auf die Seite des einen, dem Gegner aber entgegen; sie verbünden oder identifizieren sich mit *einer* der spezifischen Differenzen, deren Indifferenz sie darstellten, und schließen nun die je andere von sich aus." (Philosophie des Geldes 694) Gleichzeitig zählen zu den wichtigsten Aufgaben der Religion die Versöhnung, die Verhinderung von Frontstellung und die Überwindung von Gegensätzen.
[166] Soziologie der Konkurrenz 246.
[167] Philosophie des Geldes 695. Hier trifft sich Simmels Analyse mit der von Max Weber, der den Markt als „die unpersönlichste praktische Lebensbeziehung" bezeichnet, „in welche Menschen miteinander treten können" (Weber, Max, Die Marktvergesellschaftung, in: Ders., Wirtschaft und Gesellschaft. Grundriß der verstehenden Soziologie (Studienausgabe, hg. v. Winckelmann, Johannes), Tübingen ⁷1972, 382-385, 382). Mit ihm zieht die Abstraktion in die menschlichen Tauschverhältnisse ein: „Wo der Markt seiner Eigengesetzlichkeit überlassen ist, kennt er nur Ansehen der Sache, kein Ansehen der Person, keine Brüderlichkeits- und Pietätspflichten, keine der urwüchsigen, von den persönlichen Gemeinschaften getragenen menschlichen Beziehungen." (383)
[168] Philosophie des Geldes 691.
[169] „Es ist sehr bezeichnend, daß man das kursierende Geld flüssig nennt: wie einer Flüssigkeit fehlen ihm die inneren Grenzen, und nimmt es die äußeren widerstandslos von der festen Fassung an, die sich ihm jeweilig bietet." (Philosophie des Geldes 691)

das Geld seinen Versprechenscharakter nicht einlösen muss. Sobald jedoch die praktische Dimension eingefordert wird, reicht der Wert des Geldes nicht über die Immanenz eines klassischen Zahlungsmittels hinaus.

Ganz anders verhält es sich mit der materialen Bestimmung des Signifikanten *Gott*, dessen Interpretant die aus der Parteilosigkeit resultierende Immanenz negiert. Denn Geld hilft und rettet allein den, der es hat. Den aber, der seiner entbehrt, lässt es im Stich, da es kein Mitleid und keine Barmherzigkeit kennt, kein Ansehen der Person, sondern allein der Quantität. Das Wort Gott hingegen bezeichnet im christlichen Kontext eine Option, die nicht auf eine abstrakte, formale Transzendenz referiert, sondern auf ein Potential zielt, das Lebensmöglichkeiten für alle eröffnet und allen Hilfe anbietet, ohne jegliche Bedingungen, also unabhängig davon, ob und in welcher Weise die Menschen auf monetäre Ressourcen zugreifen können.[170] In dieser Option ist Geld eine funktionale Größe, um die menschlichen Entwicklungsmöglichkeiten zu unterstützen und zu fördern. Das heißt im Umkehrschluss: Weil Geld das Tor zu den Entfaltungsräumen des Individuums weit aufstößt, wird eine relative Gottesrede weder die herausragenden Möglichkeiten des Geldes verleugnen noch die Errungenschaften negativieren, sondern ihre Freiheitsleistung würdigen, dabei aber an die Vorläufigkeit und Begrenztheit des Geld-Mediums erinnern. Sie wird in prophetischer Tradition ein Augenmerk darauf legen, dass die erforderlichen Ressourcen gerecht verteilt werden, dass sie *allen* Menschen ausreichend zur Verfügung stehen und die Schattenseiten des Mangels und des Ausschlusses nicht dem Vergessen anheim gegeben werden. Die allgemeine Parteilosigkeit des Geldes, ihre formale Bestimmung als reine Quantität, erfordert als Gegenkraft eine entschiedene Parteilichkeit, die den relativen Charakter des Geldes hervorhebt. Welches Symbol könnte sich dafür besser eignen als Gott, dessen Transzendenz ebenso grenzenlos ist, aber eben nicht durch Parteilosigkeit und Abstraktheit bestimmt ist, sondern durch Parteilichkeit und Hoffnung? Nur in dem spezifischen Sinne, dass Gottes Botschaft und Verheißung allen gilt und allen Menschen seine Selbstzusage angeboten wird, kann von seiner Unparteilichkeit gesprochen werden. Würde diese Differenzierung entfallen, wäre das Wort *Gott* tatsächlich ein leerer Signifikant, ein Synonym für allgemeine Formlosigkeit und für eine interessante Idee, die aber keinerlei praktische Bedeutung und keinen identifizierbaren Ort in der Welt hätte.[171] Das Wort Gott repräsentiert eine engagierte Parteilichkeit, die nicht auf die

---

[170] Simmel hat es einmal als einen Vorzug der Religion bezeichnet, dass sie aus dem Überschwang der Seele quillt, „die für ihr Glück nicht in sich selbst Platz hat, sondern es gleichsam aus sich herauswerfen muß ins Unendliche, um es von da zurückzuerhalten" (Die Gegensätze des Lebens und der Religion 301).

[171] Diese Struktur lässt sich vergleichen mit der Umstellung der Wer-Frage auf die Wo-Frage. Vgl. Sander, Hans-Joachim, Gott und seine Orte. Theologie auf dem Weg vom Subjekt zum Zeichen, in: Kruip, Gerhard/Fischer, Michael (Hg.), Als gäbe es Ihn nicht – Vernunft und Gottesfrage heute, Münster 2006, 195-209: „Die Rede von Gott benötigt ein Wo Gottes, um über die Wer-Identität Gottes sprachfähig zu werden. Deshalb ist für die Theologie das, wer Gott ist, mit dem präsent, wo Gott ist. Die Identität Gottes ist für die Rede von ihm deshalb unausweichlich mit dem gepaart, wem oder was die Rede nicht ausweichen kann, weil es ein Faktor jener Orte ist, an denen Gott zu identifizieren ist und mit denen er sich identifiziert." (198)

4 Die Wechselwirkung von Gott und Geld

distanzierte, quantitative Größe des Besitzes zielt, sondern eine Leben spendende Kraft bezeichnet, die aus dem Glauben an die Botschaft Gottes erwächst. Diese engagierte Parteilichkeit Gottes ist stets relativ, sie hat ein konkretes Gesicht, einen konkreten Namen und einen konkreten Ort. Sie erscheint überall dort, wo sich Menschen von der Heilszusage Gottes beschenken lassen, wo sie den Weg der Umkehr gehen, wo sie sich und andere aus den verschiedenen Formen der Knechtschaft herausführen, wo Gerechtigkeit und Freiheit die Leitkategorien ihres Denkens und Handelns werden (vgl. Ex 3,7-10; Jes 61,1f; Mt 25,35f).[172]

4.2.2 Betonung der Quantität – Vorzug der Qualität

Neben der Parteilosigkeit ist die bereits angesprochene überragende Rolle des quantitativen Aspekts ein weiterer wichtiger Punkt, an dem sich eine fundamentale Differenz der konkreten Bedeutungen eröffnet. In einem Unterabschnitt des dritten Kapitels seiner *Philosophie des Geldes* (338-371) hat Simmel ausführlich die Frage diskutiert, warum Geld im Vergleich zu allen anderen Sachgütern und Werten sukzessive seine spezifischen Qualitäten abstreift, so dass am Ende als einzige die Quantität übrig bleibe. Auf eine Art Kurzformel gebracht lässt sich sagen: *Die Quantität des Geldes ist seine Qualität*[173]. Damit sich das Geld nicht in einen reinen Verstandesbegriff auflöst, braucht es zumindest eine einzige qualitative Bestimmung, sonst wäre es „ein völlig leerer Begriff"[174], der keinerlei analytische Relevanz besäße. Auf dem Gebiet der sichtbaren Erscheinungen und konkreten Dinge erreicht allein das Geld, „diese Freiheit von allem Wie, diese alleinige Bestimmtheit nach dem Wieviel"[175]. Als eine „völlig objective, an sich qualitätslose Instanz"[176] wird die Quantität zum qualitativen Merkmal. Während nirgendwo das reine Sein

---

[172] Vgl. den nach wie vor hoch interessanten Versuch, die Botschaft von der Befreiung nicht nur spirituell-individualistisch, sondern auch politisch zu interpretieren: Gutiérrez, Gustavo, Theologie der Befreiung. Mit einem Vorwort von Johann Baptist Metz, Mainz ⁷1984, bes. 135-172. Ein klassisches Beispiel dieses Programms, das sich häufig im Kontext prophetischer Traditionen bewegt, ist Schottroff, Luise und Willy, Die Parteilichkeit Gottes. Biblische Orientierungen auf der Suche nach Frieden und Gerechtigkeit, München 1984. Darin sprechen sie von den beiden Kontexten, denen eine Bibelauslegung Rechnung zu tragen habe, „dem eigenen Kontext und dem der Menschen, die in der Bibel zu Wort kommen. Für beide Kontexte ist der Glaube nicht zu trennen von der Alltagswirklichkeit, von der durch Wirtschaft, Politik und Militär meist mit roher Gewalt bestimmten Situation der Menschen. In *diese* Situation trifft und traf Gottes Wort" (8).

[173] Simmel nimmt diese Kurzformel als Überschrift im Inhaltsverzeichnis der Philosophie des Geldes auf: „Die Quantität des Geldes als seine Qualität" (17). Die Beschränkung des Geldinteresses „auf die Frage des Wieviel, anders ausgedrückt: *daß seine Qualität ausschließlich in seiner Quantität besteht*", führt zu einschneidenden Konsequenzen in seiner Bedeutung, die Simmel vor allem im kulturellen Kontext erörtert (Philosophie des Geldes 340).

[174] Philosophie des Geldes 484. Aus diesem Grund ist es notwendig, „daß jedes Geldsystem eine Einheit besitzt, als deren Vielfaches oder deren Teil sich jeder einzelne Geldwert ergibt" (484). Allein der Metaphysik gelinge vielleicht die Konstruktion absolut eigenschaftsloser Figuren.

[175] Philosophie des Geldes 370.

[176] Das Geld in der modernen Cultur 179.

oder die reine Energie ergriffen werden können, um aus ihnen qualitative Dimensionen abzuleiten, während zu allen Elementen und Ursachen immer bereits eine Beziehung existiert, „ist das Geld von den entsprechenden Beziehungen zu dem, was darüber und dadurch wird, völlig gelöst; der reine ökonomische Wert hat einen Körper gewonnen, aus dessen Quantitätsverhältnissen nun alle möglichen eigenartigen Gebilde hervorgehen, ohne daß er etwas anderes als eben seine Quantität dafür einzusetzen hätte"[177]. Für Simmel hat eine der großen Tendenzen des modernen Lebens, die Reduktion der Qualität auf die Quantität, im Geld ihre äußerste und reinste Darstellung gefunden.[178] Da aber Formlosigkeit und reiner Quantitätscharakter „eines und dasselbe"[179] sind, gerät die Quantität zusehends in einen Widerspruch zu den spezifischen, qualitativ bestimmten Formen des Lebens, die dadurch ihre Autonomie verlieren. Wenn immer mehr Dinge für Geld zu haben sind, hat das zur Folge, „daß die Dinge schließlich nur noch so weit gelten, wie sie Geld kosten, und daß die Wertqualität, mit der wir sie empfinden, nur als eine Funktion des Mehr oder Weniger ihres Geldpreises erscheint"[180]. Als der *fürchterlichste Formzerstörer* raubt das Geld den Dingen ihre unverwechselbaren Eigenheiten und wird selbst in den allgemeinen Zerstörungsprozess hineingezogen.

Die Differenz zum Signifikanten *Gott* fällt wiederum erst mit Blick auf die pragmatische Dimension ins Gewicht. Denn anders als beim Geld substituiert sich in der Gottesrede die Qualität nicht in die reine Quantität hinein, sondern in ihr striktes Gegenteil. Sie bestreitet, dass Quantität eine Kategorie oder Eigenschaft Gottes ist und ein monetäres Vermögen einen Fluchtpunkt für ein erfülltes Leben bieten kann. Die christliche Interpretation der Welt behauptet und versucht exemplarisch zu verifizieren, dass die menschliche Existenz von anderen Dingen getragen und bereichert wird als von der ökonomischen Rationalität der Quantität und des Mehr. Das Wort *Gott* verweist auf eine Lebenswirklichkeit, in der die Entfaltung des Menschlichen nicht mit der Steigerung ökonomischer Macht zusammenfällt oder in eine wachsende Ansammlung materieller Güter mündet, sondern sich in der Freiheit vom Wachstumszwang und im Widerstand gegen die ökonomische Durchrationalisierung unserer Lebenswelt entfaltet. Deshalb wirbt die christliche Gottesrede für eine andere Ökonomie, für die Ökonomie der Gabe und der Verschwendung, die sich, anders als im Verwechslungsparadigma, nicht als fundamentale Antithese zur Tauschgesellschaft versteht, sondern als deren Korrektiv. Sie stellt die Ordnung

---

[177] Philosophie des Geldes 371.
[178] Wie aktuell dieser Gedanke Simmels ist, zeigt nicht zuletzt die *Geiz-ist-geil*-Welle der letzten Jahre. Dieser Slogan aus dem Jahre 2003, der das Lebensgefühl einer breiten gesellschaftlichen Schicht auf den Punkt brachte, ist ein weiterer, funkelnder Mosaikstein jener seit langem beobachtbaren Tendenz, Dinge und Güter nicht primär nach ihrer Qualität, sondern nach ihrer Quantität zu beurteilen, was in den meisten Fällen nichts anderes bedeutet als nach ihrem Preis. Allerdings ist diese Welle mittlerweile wieder abgeflaut, nach Einschätzung der Marktforscher ist das Qualitätsbewusstsein stark im Steigen. Nach Medienberichten im Juni 2007 arbeitet die Elektronikkette Saturn, für die der Slogan erfunden wurde, an einer neuen Marketingstrategie, weil sich dessen Semantik bereits ins Gegenteil gedreht hat.
[179] Philosophie des Geldes 360.
[180] Philosophie des Geldes 369.

der Dinge in einen Rahmen, der sich nicht der Logik des Marktes verpflichtet weiß, sondern eine Ökonomie entwickelt, die sich an den grundlegenden menschlichen Bedürfnissen orientiert und das Gewaltsame in der Logik des Marktes aufdeckt. In einer Ökonomie der Gabe und des Überflusses wird Geld nicht zum Gegenspieler Gottes aufsteigen können, weil es in den größeren Erfahrungskontext des Lebens eingebunden ist und von ihm normiert wird. Darin erst spielt es jene Qualitäten auf überzeugende Weise aus, auf denen seine unbändige Attraktivität beruht: ein hervorragendes, aber sehr begrenztes Instrument von Selbstbestimmung und Freiheit zu sein, aber nicht diese selbst. Die Gottesrede benötigt für ihre Plausibilität daher Orte, an denen sich diese andere Ökonomie einüben, die Grammatik der Gabe und des Verschwendens erlernen lässt, um von diesen Enklaven her die Quantitätsökonomie durchsäuern und auf mehr Gerechtigkeit hin verändern zu können.[181]

4.2.3 Konzentration auf ein Vorletztes – Vertrauen auf ein Letztes

In Simmels Geldtheorie prägt noch eine weitere materiale Bestimmung (bei identischer formaler Struktur) die Differenz der Bedeutungen. Sie findet sich in der *Philosophie des Geldes* nur andeutungsweise, mit blassen Federstrichen und in den etwas abgelegenen Winkeln skizziert, hat sich aber in Simmels letzter, lebensphilosophischer Phase, die u.a. von den Erfahrungen (und Enttäuschungen) des Ersten Weltkriegs geprägt wurde, deutlich in den Vordergrund gespielt. Simmel treibt die Frage nach den Fundamenten um, auf denen die hoch differenzierten Ökonomien der Moderne lasten. Nachdem er seit der Jahrhundertwende diesen geschichtsphilosophisch gefärbten Faden kaum mehr weitergesponnen hatte, nahm er ihn mit Kriegsbeginn wieder auf und verknüpfte ihn zu einer grundsätzlichen Anfrage an die moderne Kultur: Führen die bevorstehenden, sozial tief greifenden Veränderungen und Verschiebungen der kulturellen und politischen Vernunft nicht zu ökonomisch unkontrollierbaren Krisen und Verwerfungen? Stürzt die kriegsbedingte Mangelwirtschaft nicht den Geldwert in immer weitere Untiefen hinab, sodass die Fundamente der modernen Kultur unterhöhlt werden? Offenbart das Geld in den unstabilen Zeiten nicht seine sprichwörtliche Nutzlosigkeit? Welche Konsequenzen müssten aus der absehbaren Kriegsniederlage gezogen werden?[182] Denn in Zeiten

---

[181] Vgl. dazu Segbers, Franz, Die Verheißung des grenzenlosen Reichtums entzaubern, in: JRP 17 (2001) 50-64. Segbers stellt hier der (kapitalistischen) Ökonomie der Knappheit die biblische Ökonomie der Fülle gegenüber: „Die Güter sind nicht knapp, denn Gott hat wie ein guter Ökonom für die reichliche Ausstattung der Schöpfung mit Gütern gesorgt." (58) Die Knappheitsökonomie gehe von einer sinnverkehrten Realität aus, weil sie Mangel und Knappheit unterstelle, wo doch Fülle, ja Überfülle existiere (63). Allerdings bleibt unbeantwortet, in welchem Verhältnis diese beiden Ökonomien stehen und in welcher Weise die Impulse dieser anderen, biblischen Ökonomie auf die kapitalistische Wirtschaft einwirken können.

[182] Simmels anfängliche Zustimmung schlug bereits kurz nach Kriegsbeginn in Ernüchterung und Skepsis um (vgl. den editorischen Bericht in: GSG 16, 428-431). Bereits im Jahre 1916 rechnete Simmel mit der Niederlage Deutschlands, die er als einen Zusammenbruch der europäischen Kultur deutete. Er fühlte sich aus innerem Antrieb heraus verpflichtet, „die für *jetzt* entscheidenden Linien nachzuzeichnen", damit „dadurch wenigstens *mit*entscheidende Linien

unvorhergesehener, einschneidender Umbrüche werde plötzlich offenbar, auf welch sandigem Untergrund die monetäre Welt erbaut sei und welch hochambivalenten Verlauf die Kultur bereits genommen habe. Vielleicht könnte ein katastrophisches Ereignis wie der Krieg den Kairos für eine allgemeine Katharsis und echte Umkehr freisetzen. Simmel knüpft hier an Beobachtungen aus der *Philosophie des Geldes* an, dass die vom Geld vorangetriebene und an ihm sichtbare Überwucherung der Ziele und Zwecke durch die Mittel die moderne Kultur immer tiefer in eine problematische, von Rationalisierung und Entfremdung geprägte Entwicklung hineinführe. Im Besitz, im Objekt findet der Mensch zumeist einen konkreten, sichtbaren Ausdruck für das Persönliche, weshalb sich viele eben über das definieren, was sie *haben*. Da aber selbst im rein äußerlichen, von jeder Subjektivität frei scheinenden Objekt immer noch ein Quantum individueller Wertschätzung enthalten ist, entsteht die durchaus „eigentümliche Erscheinung, daß gelegentlich gerade die *Totalität* des Habens als Äquivalent der *Totalität* des Seins erscheint"[183]. Der eklatante „Mangel an Definitivem im Zentrum der Seele"[184], so schreibt er im berühmten sechsten Kapitel der *Philosophie des Geldes*, zwingt den Menschen in immer neue Anregungen und Aktivitäten, Ereignisse und Erfahrungen, er verstrickt ihn „in die wirre Halt- und Rastlosigkeit, die sich bald als Tumult der Großstadt, bald als Reisemanie, bald als die wilde Jagd der Konkurrenz, bald als die spezifisch moderne Treulosigkeit auf den Gebieten des Geschmacks, der Stile, der Gesinnungen, der Beziehungen offenbart"[185]. Was Simmel damals noch mit dem distanziert-kritischen Blick eines Soziologen beschreibt, schlägt in der lebensphilosophischen Phase zusehends in Kulturpessimismus und Resignation um. Natürlich zähle es zum unvermeidlichen Lauf der modernen Kultur, dass sich das Geld zum Selbstzweck (fort)entwickelt, aber dieser Prozess habe eine Stufe erreicht, die ihre Bindungen an die sie ermöglichenden Prozesse zur Gänze abreißen ließ. Diese kulturgeschichtlich letztmögliche Stufe nennt Sim-

---

     der Zukunft hervortreten" (so Simmel in der Einleitung zu dem 1917 erschienen Büchlein *Der Krieg und die geistigen Entscheidungen* (GSG 16, 9). Dementsprechend warb der Klappentext der Erstausgabe mit dem Versprechen tiefergehender Interpretationen und weiterführender Perspektiven: „Man darf von diesem Büchlein Wichtiges und Erleuchtendes erwarten. Es begleitet in vier Abhandlungen den Krieg mit der Kraft eines visionären Durchblickes und zeigt die Wandlungen in der Beurteilung des Krieges und der Weltlage von der vollen inneren Zuversicht des ersten Kriegswinters in dem ersten Aufsatz bis zu den zurückhaltenden Gedanken über den positiven Ertrag des Krieges in der letzten Abhandlung »Die Idee Europa«" (GSG 16, 429). Die Textsammlung *Der Krieg und die geistigen Entscheidungen* besteht aus den Vorträgen *Deutschlands innere Wandlung* (gehalten in Straßburg im November 1914; GSG 16, 13-29) und *Die Krisis der Kultur* (gehalten in Wien Anfang 1916; GSG 16, 37-53) sowie aus den Aufsätzen *Die Idee Europa* (1915; GSG 16, 54-58) und *Die Dialektik des deutschen Geistes* (1916; GSG 16, 30-36).

[183] Philosophie des Geldes 435. Die Konsequenzen dieser Identifizierung hat Erich Fromm in seinem Klassiker *Haben oder Sein. Die seelischen Grundlagen einer neuen Gesellschaft* (EA: To Have or to Be, New York 1973) herausgearbeitet. Allerdings dominieren hier die Strukturgrößen „materieller Besitz" und „Verteilungsgerechtigkeit", die Problematik des Geldes wird nicht analysiert.

[184] Philosophie des Geldes 675.

[185] Philosophie des Geldes 675.

4 Die Wechselwirkung von Gott und Geld 383

mel mit einem berühmten Begriff *Mammonismus* und bezeichnet mit ihm jenes Phänomen, wonach das subjektive Begehren aus dem Endwert nun völlig herausgelöst ist und sich „sozusagen in das Objektive und Metaphysische"[186] hinein gesteigert hat.

Auch wenn sich das Zeichen Geld auf ein Letztes, einen absoluten Wert zu beziehen scheint, in Wirklichkeit bezieht es sich für Simmel auf ein Vorletztes, auf ein rein funktionales Element, das nur den Schein einer letztgültigen Größe annimmt. In dramatischen Krisenzeiten wird diese Vorläufigkeit schonungslos aufgedeckt.[187] Stellt man dieser Struktur des Geldzeichens jene des Zeichens *Gott* gegenüber, wird die signifikante Differenz der materialen Bedeutung offensichtlich. Das Wort *Gott* indiziert nicht nur die Relativität der Größe *Geld*, es bezieht sich auf etwas Absolutes, letztlich Unvergleichliches, das als solches nicht benannt werden kann. Nur im Vergleich wird das Unvergleichliche sichtbar.[188] Dieses Absolute hebt die Relativität nicht auf, sondern qualifiziert sie. Ob allerdings das Wort *Gott* tatsächlich auf eine letzte Wirklichkeit verweist, das lässt sich wiederum nicht anders als aus den Sprach- und Bedeutungswelten erschließen, die dieser Bezug eröffnet und herstellt. Entscheidend ist also die pragmatische Differenz, die gesetzt wird, wenn die existenziellen Hoffnungen und Erwartungen sich auf Gott oder auf das Geld richten, nachdem beide formal auf eine radikale Transzendenz verweisen.

4.2.4 Mammonismus – Lebendiger Gottesdienst

Diesem entscheidenden Punkt widmet Simmel eine kurze, dafür jedoch sehr einprägsame Reflexion in einem berühmten Vortrag, den er Anfang November

---

[186] Deutschlands innere Wandlung 17. Der Begriff *Mammonismus* spielte nicht nur in der damaligen konservativen (z.B. Oswald Spengler) und antisemitischen (z.B. Gottfried Feder), sondern auch in der an den herrschaftskritischen Traditionen der Aufklärung orientierten Kulturkritik eine wichtige Rolle. So kritisierte der Reformpädagoge Berthold Otto unter dem Titel *Mammonismus, Militarismus, Krieg und Frieden* (Berlin 1918) die Profiteure des Krieges und die unselige Verquickung von Militär und Großkapital. Das Buch beginnt mit dem Satz: „Um die Weltherrschaft und um jede einzelne Seele kämpfen zwei Mächte, Mammonismus und Militarismus." (5) Otto analysierte die unterschiedlichen Funktionsweisen des Geldes und kommt zum Schluss, „daß bei aller Anerkennung der nützlichen Wirkungen des Geldes doch die schädlichen zweifellos" (334) überwiegen. Aufgrund der Erfahrungen des Krieges und aus friedenspolitischen Gründen setzte sich Otto später für eine Abschaffung des Geldes ein (Otto, Berthold, Die Abschaffung des Geldes. Arbeitswährung und Rechenwirtschaft, Berlin 1924; 1926 bereits in 3. Auflage erschienen).

[187] So schreibt Simmel im September 1914 in einem kurzen Text zu Henri Bergsons Bemerkungen über den von Deutschland begonnenen Krieg: „Und mag selbst, wie wir hoffen, ein vertiefteres, verinnerlichtes, einigeres Deutschland danach aufwachsen – dieses Bewußtsein, *daß die Form der deutschen Existenz in den Schmelztigel geworfen wurde*, das ist wohl das gewaltigste Motiv des Kriegsausbruchs gewesen, mehr noch als die kriegerische und politische Gefahr. Verschwunden ist damit der Mammonismus, der uns so oft verzweifeln machte, jene Anbetung aller äußeren, in Geld ausdrückbaren Erfolge; verschwunden die Selbstsucht der einzelnen und der Klassen, für die der Gedanke des Ganzen zur Chimäre wurde; verschwunden das ästhetisierende Genießertum, das von den Furchtbarkeiten und Gefahren der Existenz einfach wegsah." (GSG 17, 122)

[188] So in Anlehnung an eine berühmte Formulierung aus dem zweiten Kapitel des *Proslogion* von Anselm von Canterbury: „Et quidem credimus te esse aliquid quo nihil maius cogitari possit".

1914 in Straßburg gehalten hat. Unter dem Titel *Deutschlands innere Wandlung* setzte er sich mit den Herausforderungen des ausgebrochenen Krieges auseinander.[189] Für Simmel war bereits nach wenigen Wochen offensichtlich, „daß das Deutschland, in dem wir geworden sind, was wir sind, versunken ist wie ein ausgeträumter Traum, und daß wir, wie auch immer die jetzigen Ereignisse auslaufen mögen, unsere Zukunft auf dem Grund und Boden eines anderen Deutschland erleben werden [...]: ein anderes Deutschland, als das in diesen Krieg hineinging, wird aus ihm hervorgehen."[190] Niemand könne aber vorhersagen, wie das andere Deutschland aussehen werde, und gerade dieses Nichtwissen deute darauf hin, „daß wir an einer Wende der Zeiten stehen"[191]. Der absehbare materielle Verlust, den der Krieg dem Land zufügt, könnte in seiner Innenseite jedoch zugleich als ein Gewinn verbucht werden. Denn in den letzten Jahren habe „eine Erscheinung bei uns überhand genommen, die ich Mammonismus nennen will [...]: die Anbetung des Geldes und des Geldwertes der Dinge ganz gelöst von dem eigentlich Praktischen und dem persönlich Begehrlichen"[192]. Simmel zieht in der Beschreibung des Mammonismus bewusst eine Parallele zum religiösen Verhältnis. So wie der Fromme zu seinem Gott betet, nicht bloß, weil er etwas von ihm erwartet, sondern einfach auch deswegen, weil er Gott ist, das Woraufhin seines Lebens, „so verehrt der Mammonist das Geld und den in Geld ausdrückbaren Erfolg alles Tuns, sozusagen selbstlos, in reiner Ehrfurcht"[193]. Die größte Gefahr moderner Kulturen drohe weniger aus der Ecke der materialistischen Begleiterscheinungen, die aus sich heraus die nötigen Korrekturen immer wieder hervorbringen, als vielmehr aus dem „Transzendentwerden des goldenen Kalbes"[194], dass also der Idealismus der Geldabsolutierung endemisch wird.

Der Krieg, der nun „alle und alles vor ein unbarmherziges Entweder-Oder"[195] stellt, könnte neben all seiner fürchterlichen Gewalt und den unvorstellbaren Zerstörungen dann doch die Chance bieten, die modernen Fehlentwicklungen zu korrigieren und der Kultur neue Impulse zu geben. Möglicherweise gelinge dem Krieg die große „metaphysische Leistung", den „Scheidungsprozeß zwi-

---

[189] Deutschlands innere Wandlung. Rede, gehalten in Straßburg, November 1914 (in GSG 16, 13-29); erstmals wurde der Text 1914 veröffentlicht (vgl. GSG 15, 271-285). Zitiert wird nach der GSG 16, die gegenüber der Textfassung in GSG 15 geringfügige Veränderungen aufweist (zur Textgeschichte vgl. die jeweiligen editorischen Berichte (GSG 15, 522f; GSG 16, 428-431).

[190] Deutschlands innere Wandlung 13.

[191] Deutschlands innere Wandlung 16. Simmel war nicht nur pessimistisch in Bezug auf die kulturellen Zerstörungen, sondern ebenso im Hinblick auf den materiellen Verlust: „Deutschland wird, auch bei glücklichem Ausgang des Krieges, vergleichsweise arm zurückbleiben. Was an Industrien, an Handelsverbindungen, an Einrichtungen [...] heute schon zusammengebrochen ist, was durch den Stillstand der Betriebe verloren gegangen ist, kann kein Mensch übersehen." (17)

[192] Deutschlands innere Wandlung 17. Denn selbst wenn das Geld zum Endzweck aufgestiegen ist, so war es „noch immer eine Form des subjektiven Begehrens und eine psychologische Abkürzung praktischer Zweckmäßigkeiten" (17).

[193] Deutschlands innere Wandlung 18.

[194] Deutschlands innere Wandlung 18.

[195] Deutschlands innere Wandlung 21.

schen Licht und Finsternis, zwischen dem Edlen und dem Gemeinen"[196] voranzutreiben und damit eine ungeheure Intensitätssteigerung in das erschlaffte Leben zu bringen. Wenn das Geld plötzlich seiner besonderen, transzendentalen Fähigkeiten beraubt ist, könnte es wieder zu den Anfängen und Kernaufgaben zurückkehren, ein hervorragendes Mittel, ein wirksames Tauschinstrument zu sein, nicht mehr und nicht weniger. Ein über Jahrhunderte aufgebautes Wertgefühl würde sich wieder umdrehen. Auf äußerst betrübliche Weise symbolisiere die Brotkarte diesen sich ankündigenden, langsamen Wechsel, dass selbst die höchste Summe an Geld buchstäblich wertlos ist, wenn es dafür nichts zu kaufen gibt. Mit ihr ist in die „ungeheuerste Maskierung des wirklich Wertvollen durch das Mittel dafür, die die Kulturgeschichte kennt, [...] an einer Stelle ein Loch gerissen worden"[197]. Zielte in früheren Zeiten das Sparen und Verschwenden stets auf den Geldwert, auch dort, wo es sich auf Gegenstände bezog, so tritt dieser nun vollständig zurück. Fleisch, Butter, Brot, Wolle etc. sollen um ihrer selbst restriktiv verbraucht werden. Simmel war überzeugt, dass nach dem Abklingen der Kriegsschrecken die momentane Entwicklung wieder zum normalen Lauf der Dinge zurückkehren würde, aber allein in der bloßen Tatsache, dass die Absolutheit des Geldes überhaupt an einem bestimmten Punkt durchbrochen, der Wert eines wirtschaftlichen Dinges an einem Punkt nicht durch Geld ersetzt werden konnte, darin schien ihm für die Zukunft „ein tiefer seelischer Gewinn"[198] zu liegen. Denn die einmal gemachte Erfahrung des Geldes, „ein radikales Nichts, jedes Wertes und Sinnes bar"[199] zu sein, lässt sich nicht mehr zur Gänze aus der Welt schaffen.

Auch wenn Simmel mit seinen Kriegsinterpretationen tief in das manichäistische Weltbild eintaucht und seine metaphysische Sinnstiftungsversuche zu den hoch irritierenden und heute nicht mehr lesbaren Seiten seines Werkes zählen, so interessieren die hier vorgebrachten Aspekte doch von einer anderen Seite her.[200] Sie scheinen eine späte Bestätigung jener skeptischen Stränge zu sein,

---

[196] Deutschlands innere Wandlung 19. Durch den Krieg würden „die wundervollen Menschen noch wundervoller, die Lumpen noch lumpiger". Simmel sieht die Erschütterungen des Krieges als Bestätigung seiner in der Vorrede der Philosophie des Geldes erläuterten Absicht, dem historischen Materialismus ein Stockwerk unterzubauen. Denn das Hervortreten der „wirklich idealen Werte" hätte vielen deutlich gemacht, „daß die partielle Marxistische Wahrheit: solche Werte seien nur der Überbau über materiellen Interessen – auch umgekehrt gilt: alle materiellen Werte sind jetzt der bloße Überbau über tiefsten seelischen und idealen Entscheidungen und Entschiedenheiten" (Deutschlands innere Wandlung 18).
[197] Die Krisis der Kultur 47.
[198] Die Krisis der Kultur 48. Darüber hinaus verband Simmel mit dem Krieg die Hoffnung, dass dieser uns an unbestimmt vielen Punkten eine neue Wertrangierung hinterlassen werde. Er könnte zu einer Neubelebung des europäischen Gedankens führen, obwohl „das geistige Einheitsgebilde, das wir »Europa« nannten", zerschlagen und sein Wiederaufbau nicht abzusehen ist (Die Idee Europa, 55).
[199] Die Krisis der Kultur 46.
[200] Zu Recht bemerkt Birgitta Nedelmann: „Daß sich Simmel für den Krieg ausspricht, ist für heutige Leser schon schwer genug zu verstehen; aber wie er sich dafür ausspricht, gehört zweifellos zu seinen problematischen Seiten" (Nedelmann, Birgitta, Georg Simmel 143). Vgl. dazu auch Fitzi, Gregor, Patriotismus und europäisches Ideal. Das Dilemma des gemäßigten Intellektuellen während des Ersten Weltkriegs und seine aktuelle Bedeutung, in: Simmel Studies 15 (2005) 39-61. Für Hans Joas ist Georg Simmel ein „existentialistischer Sinndeuter des Krieges"

die den Argumentationsgang in der *Philosophie des Geldes* immer schon durchzogen und insbesondere im letzten Kapitel an klaren Konturen gewonnen haben. Einerseits, so die im Schlussabschnitt vorgetragene und an vielen Beispielen erläuterte These, liegt die unbestritten epochale Leistung des Geldes darin, einer der herausragenden Schrittmacher der individuellen Freiheit zu sein. Zugleich aber, und das ist die Kehrseite der Medaille, wurden diese Freiheiten um den hohen Preis der Entfremdung und der technischen Rationalisierung erkauft. Das endemische Wachstum der objektiven Kultur geht mit einer Entfesselung der modernen Produktivkräfte, mit einer Versachlichung der sozialen Beziehungen und mit einer Verhärtung der persönlichen Identität einher, die das Individuum von den wahren Werten und Gütern immer weiter entferne.[201]

Einmal mehr zeigt Simmel, warum im Geld die höchsten Möglichkeiten und die ultimativen Gefahren seines Scheiterns durch weniger als einen Flügelschlag getrennt sind. Die potentiellen Szenarien seines Scheiterns gehören zur Definition der Errungenschaften selbst. Mögen am Geld auch alle Vorzüge in hellstem Licht erstrahlen, es bleibt semantisch ungesättigt und in seiner gesellschaftlichen Macht unterbestimmt, wenn nicht auch die langen Schatten seiner Risiken ins Licht gerückt werden.

In ähnlicher Weise hat nur wenige Jahre später Walter Benjamin den Kapitalismus als Religion analysiert und als eines seiner Kennzeichen „die perma-

---

(Joas, Hans, Kriegsideologien. Der Erste Weltkrieg im Spiegel der zeitgenössischen Sozialwissenschaften, in: Leviathan 23 (1995) 336-350, 336). Simmels Kriegsdeutung drücke „nicht empirische Befunde aus, sondern nur die Wunschträume eines an der Kulturkrise der Vorkriegszeit leidenden Intellektuellen" (340). Michael Landmann behauptet in den *Bausteinen zur Biographie*, dass Simmel während des Krieges „extrem nationalistisch" gestimmt war und Reden an die Soldaten gehalten habe. Sein junger Freund Ernst Bloch habe ihm daher vorgeworfen: „Ein Leben lang sind Sie der Entscheidung ausgewichen – tertium datur –, und jetzt finden Sie das Absolute im Schützengraben!" Daraufhin habe ihm Simmel Hausverbot erteilt. (Landmann, Michael, Bausteine zur Biographie 13; vgl. dazu auch: Bloch, Ernst, Tagträume vom aufrechten Gang (hg. v. Münster, Arno), Frankfurt 1974, 35f.) Landmann nennt hier allerdings keine Quellen, sondern merkt zu Beginn des Textes an, dass er zusammengetragen habe, was er „an Fakten und Daten aus Simmels Leben ermitteln konnte" (11). Simmels Sohn Hans bringt in seinen Lebenserinnerungen folgendes Zitat aus Georg Simmels Aufzeichnungen, das sich vermutlich im Nachlass befunden haben dürfte, der während des Zweiten Weltkriegs leider verloren ging: Am 4. August 1914 notierte Simmel: „1. August, Krieg! Die grösste Erschütterung meines Lebens ... Es ist unfassbar, dass ein paar machtgierige russ. Grossfürsten und serbische Lausbuben dies unermessliche Unglück herbeiführen konnten. ... Vielleicht war ein europäischer Krieg unvermeidlich, aber eine bessere (deutsche) Politik hätte es dahin bringen können, dass Deutschland nicht im Mittelpunkt des Krieges stehen würde. Nun, da es so gekommen ist, gibt es nur eines: Deutschland muss um seine Existenz kämpfen bis aufs letzte. ... der furor teutonicus ist losgelassen und rast auch in mir" (GSG 20, 523). – Zur verwobenen Geschichte um den Simmel-Nachlass vgl. den profunden Überblick von Rammstedt, Otthein, Geschichte des Simmel-Nachlasses 1918 bis 1941, in: Simmel Studies 14 (2004) 93-147; Ders., Editorischer Bericht, in: GSG 20, 481-553.

[201] Simmel erläutert diese innere Tendenz u.a. am Beispiel der Konkurrenz. Durch den Fokus auf das Objekt führt sie zu einer gewissen Grausamkeit, da alle subjektiven Faktoren aus der Rechnung ausscheiden: „Diese Gleichgültigkeit gegen das Subjektive, wie sie die Logik, das Recht, die Geldwirtschaft charakterisiert, läßt Persönlichkeiten, die absolut nicht grausam sind, doch alle Härten der Konkurrenz begehen – und zwar mit dem sicheren Gewissen, nichts Böses zu wollen." (Soziologie der Konkurrenz 245)

nente Dauer des Kultus"²⁰² genannt. Der Kapitalismus als Befriedigungsinstrument „derselben Sorgen, Qualen, Unruhen, auf die ehemals die so genannten Religionen Antwort gaben"²⁰³, kennt anders als ein genuin religiöser Glaube keine Unterbrechung, keine Gnade, keine Differenz zwischen Wochentag und Sonntag, zwischen sakral und profan, sondern allein die auf Permanenz gestellte Verehrung des eigenen (projizierten) Gottes. Allerdings ist der Mammonismus den klassischen religiösen Formen insofern noch enger verbunden, als in ihm alle Züge eines klassischen Gottesglaubens enthalten sind. Die entscheidende Differenz liegt insbesondere darin, dass das Objekt der Verehrung nicht ein lebendiger, den Menschen in Gnade und Barmherzigkeit zugewandter Gott ist, sondern ein selbst gemachter, aufgerüsteter, rein funktionaler Gegenstand (Ps 135,15). Welcher der wahre und angemessene Gottesdienst ist (vgl. Röm 12,1), das entscheidet sich wiederum primär an der Pragmatik, die er auslöst, an den veränderten Wirklichkeiten, die er hervorbringt, an den neuen Perspektiven, die er auf Gott und die Welt ermöglicht.

Freilich liegt hier ein beachtliches Ungleichgewicht vor, auf das vorhin bereits hingewiesen wurde. Der Signifikant *Gott* markiert die Unbestimmtheit seines Referenten bereits im Zeichen selbst. Es gibt hier kein identifizierbares Medium wie beim Geld, wo eine Note, ein Bankauszug oder ein Börsenindex die Verknüpfung eindeutig herstellen und identifizieren kann. In der christlichen Kommunikation ist ein solch identifizierbares Symbol nur in einem personalen Subjekt gegeben, in Jesus von Nazareth. In ihm fallen Zeichen und Bezeichnetes zusammen, er ist die Einheit von entzogener, transzendenter Göttlichkeit und konkreter Repräsentanz. Jesus wird daher auch mit einem treffenden Ausdruck *symbol of God* genannt.²⁰⁴ Sein Leben und seine Praxis, seine Geschichte, sein Schicksal und sein Glaube sind der konkrete, reale und identifizierbare Ort Gottes. Aber diese Selbstaussage Gottes wäre missverstanden, würde man sie auf ein abgeschlossenes, historisches Ereignis reduzieren. Entscheidend ist die Grammatik, die dieser Verortung eingeschrieben ist. Im Lichte des Auferstehungsglaubens sind Jesu Botschaft und Praxis Ausdruck einer Lebensform, die *Gott* als die unbedingt geltende Liebe und Güte glaubt und die in bestimmten Handlungsvollzügen gegenwärtig wird. Weil am Leben und Sterben Jesu offensichtlich wird, in welcher Weise die Symbolerfahrung von Gott performativ werden kann, bleiben sie der Maßstab für die Frage,

---

[202] Walter Benjamin, Kapitalismus als Religion 100.
[203] Walter Benjamin, Kapitalismus als Religion 100.
[204] Haight, Roger, Jesus, Symbol of God, New York 1999. Haight unterscheidet zwei Formen von Symbolen, ideelle („conceptual or conscious") und konkrete („concrete") Symbole. Zu den ideellen Symbolen zählt Haight beispielsweise Wörter, Begriffe, Ideen, Sätze und Texte, die eine tiefere Einsicht weit über die offensichtliche Bedeutung hinaus vermitteln. Paradigmatisch wird dies an der Metapher sichtbar. Ein konkretes Symbol hingegen bezieht sich auf Objekte, Ereignisse, Personen, die das Sein und die Präsenz einer anderen Wirklichkeit bezeugen, wie etwa der Körper die Anwesenheit des Geistes auf unterschiedliche Weise repräsentiert. Auf Basis dieser Unterscheidung möchte Haight zeigen, „that all faith and revelation are historically mediated, and that symbols can be devided into conscious and concrete symbols, we can state in straightforward way the place of Jesus Christ in the Christian religion: for Christians, Jesus is the concrete symbol of God." (14)

welche Signifikanten Gott durch die Zeit hindurch symbolisieren können – und welche nicht. Jesu ganzes Leben, sein Glaube, seine Praxis und seine Lehre liefern die Kriteriologie, mit der sich die Präsenz Gottes unter den Menschen aufweisen und benennen lässt. Denn das Symbol Gott steht, wie die Erfahrungen der Gottesgeschichte Israels und die Person des Gottmenschen Jesus zeigen, für eine bestimmte Lebensform, die Menschsein als solidarische, den anderen in seinem Anspruch und in seiner Not einbeziehende Praxis entwirft. Wenn Menschen sich der Transzendenz Gottes, die im Christentum einen konkreten Namen trägt, öffnen, wenn sie in der Nachfolge Jesu ihr Leben an der Güte und Menschenfreundlichkeit Gottes orientieren, sind sie an eine bestimmte Praxis geknüpft, die Mensch und Welt im Sinne Gottes performativ gestaltet. Wo dies geschieht, wo Menschen sich vorbehaltlos der Wirklichkeit des Lebens anvertrauen, wo sie einen wachen Blick entwickeln für die Not der Menschen und das Leiden der Schöpfung, dort ereignet sich Heil, dort ist Gott zeichenhaft präsent. Dabei ist zu beachten, dass die Transzendenz an keiner Stelle und in keiner Form vollständig in die Immanenz eingehen kann, dem Signifikat Gott entspricht kein adäquat Bezeichnendes. Das biblische Bilderverbot und die Opferkritik sind bereits Ausdruck dieser „Paradoxie der Transzendenz", „dass jedes Symbol von Transzendenz an der Differenz von Zeichen und Bezeichnetem scheitert, dass also das Wort Gott vielmehr eine Art »Leerstelle« anzeigt, die leer zu halten ist"[205], weil sie nicht besetzt werden kann. Diese Differenz wird auch nicht dadurch eingeebnet, dass Jesus Christus die Selbstaussage und das Bild (εἰκών) des unsichtbaren Gottes ist (Kol 1,15; 2 Kor 4,4).

Mit diesen Überlegungen zur formalen Identität der Referenten und der materialen Differenz ihrer Interpretanten ist die Struktur vorgezeichnet, mit der sich das Verhältnis der beiden Zeichen Gott und Geld so zueinander beschreiben lässt, dass sie in ihrer Identität *und* Differenz, in ihrer Autonomie *und* Relativität zur Sprache kommen können. Wie für alle Gegenstände des Denkens und der Erfahrung, bildet auch für diese beiden „relativen Absoluta" neben der Einbettung in ein spezifisches Symbolsystem zugleich die Beziehung nach außen ein konstitutives Element ihres Begriffs. Beide Größen stehen in einer doppelten Relativität, jener nach innen, innerhalb des entsprechenden Symbolsystems, und jener nach außen, zu den sie umgebenden Realitäten. Aber diese Beziehungen sind kein zweiwertiges Geschehen, kein Entweder – Oder, Dieses oder Jenes, sondern sie sind eine eigene, repräsentative Größe, die über eine dritte Ebene der konkreten Bedeutungen vermittelt wird. Den Ort dieser dritten Ebene repräsentiert die Gesellschaft mit ihren Symbolisierungen und Interpretationsräumen. Sie ist jener Ort, an dem sich zeigt und manifestiert, wer bzw. was angebetet und verehrt wird, wem das Vertrauen gilt, welche Optionen des Lebens gewählt und welche Praktiken vollzogen werden. Die entscheidende Arena der Verhältnisbestimmung ist daher nicht nur die intelligible Welt der Ideen und Begriffe, sondern nicht minder die Welt des Sozialen, in der die Menschen mit ihrem Orientierungswissen und ihren Handlungsmöglichkeiten

---

[205] Gruber, Franz, Die Kommunikation der Transzendenz 230.

sich für die Entfaltung ihres Lebens einsetzen. In diesem offenen, wechselseitigen Spiel der Kräfte sind Gott wie Geld irreduzible, wirkmächtige Faktoren. Eine Substitution der einen Größe durch die andere (welche auch immer) würde nicht nur den Strom des Lebens unterbrechen und die Wahrheit des Glaubens von der Relation wieder zurück in eine Substanz legen, sie würde auch die positiven Errungenschaften des Geldes preisgeben und der Gottesrede einen bedeutsamen Ort ihrer Darstellbarkeit nehmen. Aber so wie Gott in einem relationalen Wahrheitsverständnis nur in Bezug auf die Welt denkbar und beschreibbar ist, so gilt im Wechselwirkungsparadigma auch umgekehrt, dass das Geld in seiner Bedeutung erst dann eingeholt wird, wenn auch seine vielfältigen und durchaus widersprüchlichen Verbindungslinien zum Gottesverständnis zur Sprache kommen, wenn es sich einem religiösen Diskurs aussetzt.

5 Geld als Interpretament Gottes – Gott als Interpretament des Geldes

Für Simmel, so hat sich als ein durchgängiger roter Faden gezeigt, ist die allgemeine Beziehung der Dinge zueinander, „das Aufeinander-Angewiesensein und die Wechselwirkung alles Daseienden", der zentrale „Grundzug aller erkennbaren Existenz"[206]. Ein darauf basierendes Wahrheits- und Wirklichkeitsverständnis stellt nicht nur die Erkenntnistheorie auf sicheren Boden, es überwindet auch die subjektivistische Engführung, die alle Erklärungslast auf die Schultern der individuellen Entscheidungen und des persönlichen Verhaltens legt und nur wenig den äußeren Bedingungen und sozialen Gegebenheiten überlässt.[207] Geld berührt natürlich die Frage nach der autonomen Wertung und Praxis, aber in mindestens ebenso hohem Maße erweist es sich als eine gesellschaftliche Rahmenbedingung, als eine objektive Struktur, die unter dem Schutzmantel der ethischen Reflexion eine Normativität entwickelt, die unser Selbstverhältnis und unsere Sozialbeziehungen nachhaltig beeinflusst, ohne dies aber explizit zu thematisieren. Es gibt kein Außerhalb der Geldgesellschaft, sie ist dem Individuum und seinen Sozialbeziehungen vorgegeben wie

---

[206] Zitate in: Philosophie des Geldes 121.
[207] Die individualistische Engführung hat besonders den Sündenbegriff seiner sozialen und (gesellschafts)politischen Dimension beraubt. Es ist ein großes Verdienst der Befreiungstheologie, dass sie in Anknüpfung an den johanneischen Topos von der „Sünde der Welt" die soziale Dimension der Sünde als theologische Kategorie wiederentdeckt hat. Als analytischer Begriff hat diese Wortschöpfung auch Eingang in kirchliche Dokumente gefunden (vgl. Dokumente der II. und III. Generalsammlung des lateinamerikanischen Episkopates in Medellín und Puebla. 6. September 1968 / 13. Februar 1979 (Stimmen der Weltkirche 8), hg. v. Sekretariat der Deutschen Bischofskonferenz, Bonn 1979, 136-356). Papst Johannes Paul II hat diesen Begriff 1987 (zum 20-jährigen Jubiläum von „Populorum progressio") in seiner Enzyklika „Sollicitudo rei socialis" aufgegriffen und damit gleichsam kirchenamtlich bestätigt (vgl. dazu Faus, José Ignacio González, Sünde, in: Ellacuría, Ignacio/Sobrino, Jon (Hg.), Mysterium Liberationis 2, Luzern 1996, 725-740).

dem Kleinkind die Sprach- und Symbolwelt, in die es hineingeboren wird.[208] Geld besitzt eine subjektiv-gestaltbare *und* eine objektiv-entzogene Dimension, es repräsentiert Freiheit und nahezu unbegrenzte Möglichkeiten, zugleich aber auch Gefahr, Niedergang und Exklusion. Alle Dimensionen greifen aufeinander zu und bestimmen sich wechselseitig.

Für das theologische Denken hat sich das Wechselwirkungskonzept insofern als eine grundlegende Erweiterung erwiesen, als mit ihm eine Theorie zur Verfügung steht, die den Gottesbegriff über die Grenzen der metaphysischen Konsistenz und der subjektiven Plausibilität hinaus als einen Topos rekonstruieren kann, an dem sich gesellschaftliche Verhältnisse und Erwartungen widerspiegeln, individuelle Werthaltungen und soziale Normativitäten kristallisieren. In einem relativen Wahrheitskonzept und Wirklichkeitsverständnis ist für den Signifikanten *Gott* der Weltbezug ein konstitutives Element seiner Definition. Das Zweite Vatikanum beschreibt in der Pastoralkonstitution *Gaudium et spes* (Art. 25) einen klassischen Wechselwirkungsprozess, ohne ihn als solchen explizit zu kennzeichnen. Bereits auf der formalen Ebene, durch seinen ungewöhnlichen Aufbau, reproduziert dieses Dokument den zentralen Gedanken einer unhintergehbaren Verwiesenheit von Individuum und Gesellschaft, Kirche und Welt. Das erste Kapitel des (ersten) Hauptteils beginnt klassisch mit einer theologisch-anthropologischen Reflexion über *die Würde der menschlichen Person* (12-22), die anschließend im zweiten Kapitel in Überlegungen zur *menschlichen Gemeinschaft* mündet (23-32). Das dritte Kapitel thematisiert *das menschliche Schaffen in der Welt* (33-39), ehe das vierte (in einer eigenen Synthese) nochmals explizit die *Aufgaben der Kirche in der Welt von heute* beschreibt (40-45). Innerhalb des zweiten Kapitels betont die Konstitution unter der Überschrift *Die gegenseitige Abhängigkeit von menschlicher Person und menschlicher Gesellschaft* ausdrücklich, dass „der Fortschritt der menschlichen Person und das Wachsen der Gesellschaft als solcher sich gegenseitig bedingen"[209] (*ab invicem pendere*). Die Neuübersetzung in HThK Vat.II hat dieses relative Moment abgeschwächt, sie spricht lediglich davon, dass der Fortschritt der menschlichen Person und das Wachstum der Gesellschaft als solcher „voneinander abhängen"[210]. Die Formulierung *sich gegenseitig bedingen* bringt durch ihren transzendentalphilosophischen Anklang den Wechselwirkungsaspekt weitaus stärker zum Ausdruck als das historisch konnotierte und deshalb kontingente *voneinander abhängen*.

Auffällig ist darüber hinaus die unterschiedliche Perspektive in den Kommentaren. Obwohl für Otto Semmelroth (LThK.E²) die enge Verflochtenheit und Zusammengehörigkeit von Person und Gemeinschaft so stark ist, dass „sie

---

[208] Diesen Aspekt hebt Christoph Deutschmann hervor: Die Unterscheidung bzw. wechselseitige Distanzierung von Subjekt und Objekt ist sowohl Prämisse als auch Resultat. Vom Subjekt her kann das Geld nicht bestimmt werden (eine subjekttheoretische Ableitung ist nicht möglich), denn das Subjekt, das sich reflexiv gegen die Welt abhebt und den Ausgangspunkt bildet, ist selbst bereits ein Resultat der Geldwirtschaft (vgl. Deutschmann, Christoph, Geld als „absolutes Mittel" in: BJS 10 (2000) 301-313, 304).
[209] Übersetzung Heinrich Suso Brechter im LThK.E² Bd. 3, 359.
[210] HThK Vat.II, Bd. 1 (Dokumente), Freiburg 2004, 627.

5 Geld als Interpretament Gottes – Gott als Interpretament des Geldes

einander innerlich bestimmen" (359), ist die Hintertür zu einer rein ontologischen, d.h. relationslosen Bestimmung des Menschen noch offen: „Ohne den sozialen Bezug könnte zwar das Wesen der Person abstrakt metaphysisch definiert, nicht aber in seiner tatsächlichen Existenz beschrieben werden." (359) Der Text versucht die soziale Verfasstheit des Menschen dem klassischen Personenbegriff der Metaphysik zuzuordnen. Für Hans-Joachim Sander zeigt sich hier bereits „eine Soziologie des Glaubens mit jenen Mitteln, die damals gerade erst für die kirchliche Sprache möglich geworden waren"[211]. Es wird die gesellschaftliche Ebene als eine eigene, konstitutive Größe eingeführt, „die nicht einfach unter dem Gesichtspunkt der Person und der Gemeinschaft von Personen verhandelt werden kann"[212]. Auch wenn für das Konzil selbst „die unmittelbare personale Beziehung noch der primäre Ort gewesen [ist], von dem aus theologisch gedacht" (743) wurde, so wird die Fokussierung auf die Person dennoch weit aufgebrochen: „Es werden nicht mehr einfach lebensweltliche Gegebenheiten vorgestellt, sondern gesellschaftliche Bedingungen personaler Existenz angesprochen."[213] Im Anschluss an das Zweite Vatikanum lässt sich die theologische Herausforderung im Verhältnis zur Welt dahingehend spezifizieren, dass sie Gott so zur Sprache zu bringen, ihn bei aller Entzogenheit so zu verorten hat, dass sich seine Macht als eine Welt und Kultur verändernde Kraft erweist, die *in* der Auseinandersetzung mit den Zeichen der Zeit Gottes Bestimmung und Wahrheit erkennt. Die praktische Dimension des Gottesgedankens ist kein Appendix eines sich selbst genügenden Begriffs, sondern eines seiner unverzicht- und unverlierbaren Interpretamente. Damit aber nimmt die Gottesrede implizit für sich in Anspruch, prinzipiell zu jeder Macht und Realität des Lebens in ein Verhältnis treten zu können. Sie begibt sich damit bewusst hinein in die gesellschaftlichen Debatten und Auseinandersetzungen über die Gestaltung der Welt und die zukünftige Entwicklung von Politik, Ökonomie und Kultur. Sie bezieht kritisch Position zu den Geltungsansprüchen und Versprechungen, die von den jeweiligen Funktionssystemen implizit erhoben werden.[214] Jedes von ihnen kann Wahrheit nur nach Maßgabe und Möglichkeiten ihrer eigenen Symbolwelten und Plausibilitätsstrukturen formulieren. Jedes bringt daher nur einen Teil der Wirklichkeit zur Sprache, bekommt nur bestimmte Aspekte in den Blick. Erst im Überschreiten der einzelnen

---

[211] HThK Vat.II, Bd. 4, Freiburg 2006, 743. Für Sander besitzt *Gaudium et spes* „eine Repräsentanz für die Selbstidentifikation der damaligen Welt, also der Welt der 1960er Jahre. Es besteht eine Relativität zwischen der Mentalität dieser damals heutigen Welt und den Selbstdarstellungen des kirchlichen Glaubens." (595)

[212] HThK Vat.II, Bd 4, 2006, 743.

[213] HThK Vat.II, Bd 4, 2006, 745. Eine Untersuchung darüber, inwieweit das Wechselwirkungsparadigma vom Konzil in den einzelnen Dokumenten aufgenommen bzw. entfaltet wurde, steht forschungsgeschichtlich noch aus.

[214] Darin liegt eine wichtige Differenz zu einem systemtheoretischen Verständnis von Religion, das den religiösen Glauben als abgezirkelten Bereich definiert, als ein System, das für die Bestimmbarkeit allen Sinns sorgt, für die Beobachtbarkeit des Unbeobachtbaren und für die Einheit der Differenz von Transzendenz und Immanenz. „Religion garantiert die Bestimmbarkeit allen Sinnes gegen die miterlebte Verweisung ins Unbestimmbare." (Luhmann, Niklas, Die Religion der Gesellschaft, hg. v. Kesterling, André, Frankfurt 2000, 127)

Symbolismen, im Austausch der verschiedenen Perspektiven, wird die Relativität der Wahrheit sichtbar. Aber darin liegt nicht ihre Schwäche, sondern ihre Stärke, weil sie nicht auf das engere Feld des eigenen Metiers beschränkt bleiben muss, sondern sich dem offenen Diskurs der anderen Wahrheits- und Geltungsansprüche aussetzen kann.

Simmel ist an einer entscheidenden Stelle seiner *Philosophie des Geldes*, an der er die psychologische, transmonetäre Bedeutung des Geldes Schritt für Schritt analysiert hat, auf den Gottesgedanken zu sprechen gekommen.[215] Aber Simmel wollte damit, wie gezeigt, keinesfalls in einen religiösen Diskurs wechseln, sondern er hat die Kategorie *Gott* eingeführt, weil er mit ihr Phänomene beschreiben und deuten kann, die sich einer soziologischen Analyse entziehen. Ohne Rückgriff auf die religiöse Kategorie Gott lässt sich die gesellschaftliche Macht des Geldes nicht erklären. Die Soziologie hat ein feines Instrumentarium für die Wirksamkeit der Austauschformen, Strukturen und Beziehungen entwickelt, durch die Menschen in Wechselwirkung treten sowie ihre Existenz gestalten und erleiden. Aber die Inhalte, Motive und Bedürfnisse, die sich darin verbergen, kann eine Soziologie nicht erhellen, dafür braucht sie andere Reflexionsformen: die Philosophie, die Psychologie und eben auch die Theologie.[216] Wie ließe sich unter der Voraussetzung, dass religiöse Interpretationsmuster gänzlich ausscheiden, die Macht des Geldes in ihrer symbolischen Intensität umfassend beschreiben? Wenn Menschen ihr Herz an das Geld hängen, darauf ihre Hoffnung und ihr Vertrauen setzen, wie sollte dies anders reflektiert werden können als durch Einbeziehung theologischer, philosophischer und psychologischer Kategorien? Das gilt in gleicher Weise auch wieder umgekehrt: Nicht nur Ökonomie und Soziologie sind strukturell auf die religiöse Symbolwelt verwiesen, auch die Theologie wird ohne Bezug auf die anderen Reflexionssysteme nicht auskommen. Wie sollte sie von Gott in Bezug auf die Macht des Geldes sprechen können, wenn ihr dieses Gegenüber nur in verschwommenen Konturen, als kaum wahrgenommene oder auch überschätzte Größe erscheint? Wie könnte eine Theologie vom Geld reden, ohne einen Blick in die benachbarten Wissenschaften zu werfen? Nur in einem wechselseitigen Gegenüber und Ineinander, in der Relativität der Perspektiven und Wahrheiten lässt sich die Identität und Differenz des ökonomischen mit dem religiösen Diskurs erhellen.

Allerdings sind hier die Begründungslasten ungleich verteilt. Das Geldsystem ist an der Gottesfrage, an einer Problematisierung von außen, weitgehend uninteressiert, es entwickelt in kaum einer Faser eine Affinität zum Glauben oder ein Bedürfnis nach externer Kritik bzw. Unterstützung. Es folgt einer klassischen systemimmanenten Logik, die keine Zwischentöne kennt: Haben und Nichthaben, Mehr und Weniger, Zahlen und Nicht-Zahlen, diese Operationen sind durch ein strenges Regelwerk festgelegt. Ob nun Geld zu einem

---

[215] Philosophie des Geldes 304-307.
[216] So kann eine religionssoziologische Untersuchung von Pfarrgemeinden deren soziales Engagement in den konkreten Vollzügen erhellend beschreiben. Warum sich aber Menschen sozial engagieren, aus welchen Motiven sie sich dafür entscheiden, ist mit soziologischen Kategorien allein nicht erklärbar.

religiösen Ersatzobjekt mutiert und mit seiner Systemrationalität immer tiefer in die Lebenswelt eindringt, ob es seine funktionale Struktur transformiert und selbst zu einem lustvollen Gegenstand der Verehrung wird, das lässt sich nur von außen feststellen. Nur eine externe Perspektive wird die geheime Logik des Geldsystems aufdecken, die schleichende Transformation von einer Tauschmittelfunktion zu einem Selbstwert nachzeichnen können. Wie jedes System bedarf auch das ökonomische eines Korrektivs bzw. einer Beobachtung von außen, die für die lebensweltliche Anbindung und seine Einordnung in ein gesellschaftliches Gesamtgefüge sorgen. Umgekehrt ist auch die Religion auf eine Perspektive und Kritik von außen angewiesen, die etwas zur Sprache bringt, was in ihr selbst unterbelichtet erscheint. Deshalb kann man, dem Wechselwirkungsparadigma entsprechend, formulieren: Das Geld ist ein Interpretament Gottes und Gott ein Interpretament des Geldes.

5.1 Die Differenz von Verwechseln und Ersetzen

Die Theologie hat, wie das 2. Kapitel zu zeigen versuchte, für eine theologisch begründete Zuordnung von Gott und Geld drei sehr unterschiedliche Modelle entwickelt: (1) ein von *Neutralität* geprägtes Modell, das die beide Sphären vollkommen trennt und durch kein einziges Element verbunden sein lässt; (2) ein *affirmativ-identifizierendes* Modell, das wohl eine Relation zugesteht, aber nur als ein zweiwertiges Verhältnis, in dem die Kommunikation und die Erkenntnis nur in eine Richtung fließen. Der Glaube stützt mit seinem Vertrauensreservoir das Geldsystem, dessen Chancen und Vorteile gewürdigt bzw. genützt, dessen mögliche negative Auswirkungen aber durch die ethische Kraft religiöser Überzeugungen in Zaum gehalten werden. Geld ist hier kein Konkurrent Gottes, sondern sein Partner. (3) Das dritte, gegenwärtig einflussreichste Modell, der *negativ-exklusivierende* Ansatz, konstruiert einen scharfen Gegensatz zwischen den beiden Größen Gott und Geld, sodass sie durch keinerlei Wechselwirkung verbunden, sondern durch einen schneidenden Antagonismus getrennt sind. Ihrem Wettstreit liegt keine Konkurrenz in dem von Simmel definierten zweiten Sinne zu Grunde, dass beide für sich selbst ein bestimmtes Ziel erstreben, sondern im ersten Sinne, im exklusiven Verständnis, wonach die anderen Mitspieler aus dem Feld geschlagen werden müssen, weil nur einer den Siegeskranz davontragen könne. In diesem Paradigma ist nur eine Lösung des Konflikts denkbar: das Geld vom Thron seiner gesellschaftlichen Macht zu stoßen. Gott *oder* Geld, es gibt kein Drittes, keinen Ort, an dem sie ihre Ansprüche abgleichen, ihre Macht relativieren und ihre Bedeutungswelten vermitteln könnten. Da in dieser Konzeption die relative Komponente vollständig entfällt, können weder die gesellschaftlichen Implikationen noch die Leistungen bzw. Errungenschaften des Geldes benannt und anerkannt werden, es dominiert das Entweder – Oder, das Ja oder Nein. Aus dieser Unterkomplexität heraus kann sich kein produktiver Streit um eine mögliche relative Verhältnisbestimmung entwickeln, keine Suche nach einer Balance von Geben und Nehmen, Frage und Kritik. Das Verhältnis ist nur im Modus von Ausschließung und Verdrängung denkbar. In dieser Traditionslinie, die von Martin Luther bis zu Falk Wagner, Friedrich-Willhelm Marquardt, Klaus Berger und Thomas Ruster einflussreiche Proponenten gefunden hat, entfällt die Relativität als konstitutive Dimension der Verhältnisbestimmung. Die säkulare Welt erhält keine eigene Bedeutung, sondern ist allein eine Funktion des Zugriffs und Objekt der eigenen Option. Konsequenterweise bildet in diesem Modell der Ausstieg aus den gegenwärtig real existierenden Verhältnissen den unausgesprochenen Fluchtpunkt, auf den die Argumentation kontinuierlich zusteuert. Für das Christentum leitet sich daraus die wichtige Aufgabe ab, umfassende und radikale Götzenkritik zu betreiben, die monetäre Kultur des Todes zu überwinden und eine andere, von den Entfremdungen des Geldes befreite Gesellschaft aufzubauen.[217] Erst wenn sich die Größe *Geld* der Größe *Gott* untergeordnet hat, die Tora über den Mammon dominiert, wäre eine den biblischen Verheißungen sachgemäße Verhältnisbestimmung von Gott und Geld erreicht.[218] Die Flucht aus den realen, unbefriedigenden Verhältnissen in die Utopie eines erträumten Zustands hinein mag als verlockende Alternative erscheinen im Vergleich zu einer relativen Grammatik, die der säkularen Welt Erkenntnis und Wahrheit zuspricht, sie als konstitutiven Ort in die Selbstbeschreibung einfügt und damit die Theologie auf eine unplanbare Reise schickt.[219] Doch damit gingen die unbestreitbaren Leistungen und Errungenschaften des Geldes, Träger individueller und gesellschaftlicher Freiheit zu sein, weitgehend verloren. Mit ihm wäre auch eine deutliche Schwächung des Gottesbegriffes verbunden, der seine herausragende Stärke, den unverbrüchlichen Welt-Bezug, an einer entscheidenden Schnittstelle vollständig einbüßen würde.

---

[217] Vgl. dazu Duchrow, Ulrich/Hinkelammert, Franz Josef, Leben ist mehr als Kapital. Alternativen zur globalen Diktatur des Eigentums, Oberursel ²2005. Die Autoren drängen insbesondere auf eine Veränderung der Eigentumsverhältnisse, durch die eine neue Gesellschaft möglich wird: „Als Kirchen fordern wir unsere Regierung (und – im Fall der westeuropäischen Kirchen – die EU) auf, national und international ihre *neoliberale Politik* zu beenden, da diese den Weltmarkt totalisiert, dadurch die verfassungsmäßig vorgeschriebene Sozial- und Gemeinwohlpflichtigkeit des Eigentums strukturell abschafft, so dass alles Leben dem einen Zweck der Vermehrung des Kapitaleigentums unterworfen und auf diese Weise immer mehr zerstört wird." (261) Ihr Forderungskatalog reicht von einer Förderung kommunalen und kooperativen Eigentums auf lokaler Ebene über eine sofortige Beendigung der GATS-Verhandlungen (General Agreement on Trade in Services) im Rahmen der WTO bis zur konsequenten Bekämpfung von Finanzspekulationen.

[218] „Glaube in, mit und durch Christus an Gott muss die Gottesbeziehung zu jener Eindeutigkeit und Unterscheidbarkeit bringen, die für Juden im Tun der Tora besteht. Christlicher Glaube muss den anhaltenden Kampf Gottes gegen die Götzen unterstützen." (Ruster, Thomas, Der verwechselbare Gott 186)

[219] Vgl. dazu den biographiegeschichtlich orientierten Überblick von Waschkuhn, Arno, Politische Utopien. Ein politiktheoretischer Überblick von der Antike bis heute, München 2003. Der Ort dieser Utopien variiert nach den gesellschaftlichen Erwartungshaltungen. Auffallend ist, dass räumliche und zeitliche Gegenwelten häufig ineinander greifen. Ob die universale Einheit des Mittelalters als Fluchtpunkt beschworen (wie in vielen christlichen Utopien des 20. Jahrhunderts) oder eine Guerillabewegung in Lateinamerika als Vorbild präsentiert wird, stets ist das wahre Leben anderswo. Diese Tendenz hat Goethe einmal ironisch so kommentiert: „Flüchte du, im reinen Osten Patriarchenluft zu kosten" (J.W. von Goethe, West-östlicher Divan. Hegire, V. 3f (Werke 3/1), hg. v. Apel, Friedmar u.a, Frankfurt 1994, 12). Eine umfassende Kulturgeschichte der abendländischen Utopien steht trotz zahlreicher Einzelstudien noch aus.

5 Geld als Interpretament Gottes – Gott als Interpretament des Geldes

Ein relatives Konzept der Gottesrede hingegen kommt ohne Ausschließungsdiskurs aus, weil es die beiden Größen nicht unmittelbar aufeinander bezieht und damit in eine Exklusivität drängt, sondern über ein Drittes vermittelt, das jedoch keine von ihnen abgeleitete Funktion, sondern eine eigene, autonome Kategorie repräsentiert. Diese dritte Größe repräsentiert den Ort, an dem die beiden Signifikanten eigene Realitäten erzeugen. In dieser und durch diese dritte Größe können Gott und Geld nicht mehr aufeinander reduziert und auch nicht miteinander verwechselt werden, weil sie eine bestimmte Pragmatik bezeichnen, an der die semantische Differenz der Signifikanten sichtbar wird. Die im Verwechslungsparadigma angelegte duale Struktur von Gott und Geld wird in einem relativen Paradigma zu einem dreiwertigen Prozess aufgesprengt. Er verhindert die Reduktion eines Elementes zugunsten eines anderen und definiert die Gesellschaft als den Ort der Auseinandersetzung um die Bedeutungen der Signifikanten. Ob die Verhältnisbestimmung beim Gottesbegriff oder beim Geld ansetzt, hängt von der Ausgangsfrage ab und wird zu unterschiedlichen Schwerpunkten führen, in jedem Fall aber kann sie nur über diese dritte Kategorie erfolgen. Eine theologische Reflexion, die sich dem Weltbezug der Gottesrede verpflichtet weiß, kommt daher ohne Analyse dieser Komplementär- und Bezugsgrößen nicht aus. Deswegen ist ein theologischer Diskurs strukturell immer auch implizit eine anthropologische, soziologische und politische Debatte. Das bedeutet weiter: Ohne Kenntnisnahme der Formen, in denen Menschen ihre Hoffnungen und Ängste, ihre Überzeugungen und Praktiken zum Ausdruck bringen, lässt sich nicht die Grammatik beschreiben, mit der ein dem Glauben verpflichtetes Denken und Handeln das Geld in seinen Bezügen auf die anderen Größen relativiert. Weil im dreistelligen Relationsprozess keine Größe substituiert oder zurückgesetzt werden kann, ist eine Verwechslung von Gott und Geld nur auf einer Bezeichnungsebene möglich. Wohl ist auch die dritte Größe, die gesellschaftliche Ebene, ebenfalls nur mit Zeichen beschreibbar, aber als ein konstitutiver Faktor dieses Relationsprozesses repräsentiert sie eine eigene Welt im Verhältnis zu den Zeichen *Gott* und *Geld*. Deshalb ist es prinzipiell auch möglich, die Beschreibung von der Gesellschaft aus zu beginnen, entscheidend ist allein, dass diese dritte Größe keine Funktion einer der Signifikanten ist.

Die durch die Relativität konstituierten Größen hat Simmel in seiner erkenntnistheoretischen Grundlegung häufig als ein *Zwischen* bezeichnet, das weder dem Subjekt noch dem Objekt zugeschlagen werden kann. In Fortführung dieses Gedankens ließe sich formulieren: Die adäquate Formel für das Gott-Geld-Verhältnis besteht nicht in der Verabsolutierung oder Destruktion eines Pols, auch nicht in der Konkurrenz oder im Antagonismus, sondern im offenen Raum, der durch die Wechselwirkung hergestellt und ausgedeutet wird. Dann ist aber die treffende Kategorie, dieses Wechselverhältnis auf der gesellschaftlichen Ebene zu beschreiben, nicht die der *Verwechslung*, sondern die der *Ersetzung*. In einem Verwechslungsparadigma besteht zwischen den Designaten von Gott und Geld keine Differenz, weil ihnen das dritte Moment, die Differenz der Bedeutungen fehlt. Dieses Dritte ist jedoch für ein Ersetzungsverhältnis konstitutiv. Es ebnet anders als die Verwechslung die semantischen und pragmatischen Differenzen zwischen *Gott* und *Geld* nicht ein, sondern kann benennen, an welchen Orten der Rückzug, d.h. die Ersetzung Gottes aus bestimmten Funktionsbereichen der modernen Kultur in der Teleologie des Christlichen liegt und an welchen Schnittpunkten die Bedeutungen des Zeichens *Gott* um den Preis eines fahrlässigen Reduktionismus, einer problematischen Verkürzung aus den allgemeinen Wechselwirkungsverhältnissen des Lebens verdrängt bzw. ausgeschlossen werden.

5.2 Ersetzung als Selbstexplikation Gottes

In einer relativen theologischen Grammatik kann nicht die Religion, sondern nur Gott selbst eine alles bestimmende Wirklichkeit sein, als deren Schöpfungsgrund sich die trinitarische Liebe Gottes erweist, die in zeichenhaften Gesten und Handlungen offenbar wird. Die Entlastung der Gottesrede von ihren hypertrophen Ansprüchen, eine universale, alles erklärende Formel zu sein, kann den Blick wieder freilegen für das, was die religiösen Traditionen seit jeher qualifiziert und mehr denn je zu ihren Kernaufgaben zählt: die Botschaft vom Kommen des Gottesreiches, die Verheißung einer lebenswerten Zukunft für alle Menschen und die ganze Schöpfung. Diese Option bedarf zeichenhafter Handlungen, in denen symbolisch zum Vorschein kommt, was gelingendes Leben im Hier und Heute bedeuten kann und welche Wege die bereits empfangene Fülle der Gnade (Joh 1,16) eröffnet.[220] Zugleich richtet die religiöse Kommunikation ihren Blick und ihre Aufmerksamkeit auch auf die Rückseite dieser Medaille, auf „die Artikulation eines Bewusstseins von dem, was fehlt"[221]. Sie gedenkt der längst Vergessenen, der ungezählten Opfer und der dauerhaft um ihre Lebenschancen Betrogenen.[222]

Es ist kein Anliegen des christlichen Glaubens, bei allen nur denkbaren Gelegenheiten das Wort *Gott* in die Welt hinauszuposaunen oder permanent auf sein wundersames Wirken in der Geschichte zu verweisen, sondern ihm ist weit mehr daran gelegen, jene (oftmals sehr verdeckten und religiös unentdeckten) Zeichen zu entziffern, in denen Gottes Zuwendung und Barmherzigkeit wirksam geworden sind, die weiterzugeben sich lohnen, die das Wachsen von Liebe und Gerechtigkeit fördern. Die Gegenwart Gottes, sein Handeln in Welt

---

[220] Diesen Modellcharakter, der für die säkulare Welt Anstiftung sein soll, streicht neben Stanley Hauerwas besonders auch George Lindbeck heraus (vgl. Lindbeck, George, Christliche Lehre als Grammatik des Glaubens. Religion und Theologie im postliberalen Zeitalter, Gütersloh 1994; der Titel der deutschen Ausgabe gibt, anders als der englische, die Intention des Buches nur ungenau wieder: *The nature of doctrine*). Vgl. dazu Eckerstorfer, Andreas, Kirche in der postmodernen Welt. Der Beitrag George Lindbecks zu einer neuen Verhältnisbestimmung (STS 16), Innsbruck 2001; Fresacher, Bernhard, Kommunikation. Verheißungen und Grenzen eines theologischen Leitbegriffs, Freiburg 2006, 169-202.

[221] Habermas, Jürgen, Zwischen Naturalismus und Religion. Philosophische Aufsätze, Frankfurt 2005, 13; vgl. auch 115ff.

[222] Vgl. dazu Metz, Johann Baptist, Memoria passionis. Ein provozierendes Gedächtnis in pluralistischer Gesellschaft (in Zusammenarbeit mit Johann Reikerstorfer), Freiburg 2006, bes. 3-68.

5 Geld als Interpretament Gottes – Gott als Interpretament des Geldes 397

und Geschichte, kann allein durch die Menschen symbolisiert werden, die sich „in der Grundstruktur ihrer Existenz von Gott betreffen, verändern und zu neuen Möglichkeiten (des Daseins für andere, der Agape bis hin zur Feindesliebe) befreien lassen"[223]. Damit kann es ein Ausdruck des Gottesglaubens sein, die persönliche Zukunft nicht allein der stets heilenden Providenz Gottes anzuvertrauen, sondern soweit es möglich und geboten erscheint, sie in vielen ihrer Facetten beispielsweise den sozialen Sicherungssystemen zu überantworten. Es ist eine große Errungenschaft, wenn die zahlreichen Risiken des Lebens nicht mehr ausschließlich dem Individuum aufgeladen, sondern auch ein Stück weit von der Solidargemeinschaft in rechtlichen Bahnen getragen werden. Die durch das Geld formalisierten Tauschverhältnisse drängen die personale Beanspruchung zurück und lassen sich daher als Ausdruck von Solidarität sowie Befreiung und nicht bloß als Entfremdung und Säkularisierung interpretieren. Für die Entschärfung bestimmter finanzieller und biographischer Gefährdungspotentiale (selbstverständlich nicht aller), für die Prognostizierbarkeit ökonomischer Entwicklungen bedarf es nicht des unmittelbaren Gottesbezugs, sondern einer solidarischen und aufgeklärten Vernunft, die natürlich ihrerseits in das allgemeine Wechselspiel der Kräfte und Ideen eingebunden ist, zu denen die religiösen Traditionen und Potentiale konstitutiv dazuzählen. Die Ersetzungskategorie folgt der Argumentationslinie, dass sich das religiöse Erbe in verschiedene säkulare Formen gesellschaftlicher Freiheit „übersetzt" hat und formal ohne Rekurs auf Gott auskommt, material aber entschieden seiner Grammatik verpflichtet ist.[224] Es ist für viele säkulare Zeitgenossen eine herbe Enttäuschung, dass mit dem technischen und gesellschaftlichen Fortschritt das religiöse Bedürfnis nicht abgestorben und das Aufgabenreservoir der Religion nicht erschöpft ist, dass es sich nicht restlos in die Diskursivität säkularer

---

[223] Kessler, Hans, Den verborgenen Gott suchen. Gottesglaube in einer von Naturwissenschaften und Religionskonflikten geprägten Welt, Paderborn 2006, 100. Kessler bringt das Handeln Gottes mit einer Wechselwirkungsgrammatik ins Gespräch, ohne sie näher zu entfalten: „Von Gott als Wirkendem oder Handelndem her zu denken und zu leben, bedeutet daher, jedes in sich geschlossene und sich selbst absolut setzende Weltbild und Verhaltensmuster aufzubrechen und eine offene (relational-kommunikative) Ontologie oder Praxistheorie zu konzipieren, die sich für den jeweils anderen in seiner Alterität offenhält und ihn nicht negiert (ignoriert oder ausbeutet, entrechtet, schließlich vernichtet), sondern in einem dem Handeln Jesu konformen kommunikativen Handeln praktisch bejaht." (103)

[224] Das ist die Grundannahme aller postsäkularistischen Religionstheorien. Aus der Fülle an Literatur zum Thema seien genannt: Luckmann, Thomas, Die unsichtbare Religion, Frankfurt 1990; Küenzlen, Gottfried, Die Wiederkehr der Religion. Lage und Schicksal in der säkularen Moderne, München 2003; Knoblauch, Hubert, Europe and the Invisible Religion, in: Social Compass 50 (2003) 267-274; Pollack, Detlef, Säkularisierung – ein moderner Mythos? Studien zum religiösen Wandel in Deutschland, Tübingen 2003; Graf, Friedrich W., Die Wiederkehr der Götter. Religion in der modernen Kultur, München ³2004; Joas, Hans, Braucht der Mensch Religion? Über Erfahrungen der Selbsttranszendenz, Freiburg 2004; Polak, Regina, Religion kehrt wieder. Handlungsoptionen für Kirche und Gesellschaft, Ostfildern 2006; Knobloch, Stefan, Mehr Religion als gedacht! Wie die Rede von Säkularisierung in die Irre führt, Freiburg 2006; Arens, Edmund, Gottesverständigung. Eine kommunikative Religionstheologie, Freiburg 2007, bes. 107-152; Gebhardt, Winfried, Die Transformation der Religion. Signaturen der religiösen Gegenwartskultur, in: SaThZ 11 (2007) 4-19.

Sprache überführen hat lassen.²²⁵ Das Bedürfnis nach Religion hat sich in gewisser Weise gegen alle Säkularisierungsversuche als offenbar resistent erwiesen, es markiert den weiten leeren Raum des Unabgegoltenen und Offenen, der sich einer Transformation in nichtreligiöse Formen von Kontingenz und Transzendenz widersetzt.²²⁶

Der spanisch-amerikanische Religionssoziologe José Casanova hat ein Modell vorgelegt, mit dem sich die Figur theologischer Ersetzungsprozesse soziologisch überzeugend beschreiben lässt.²²⁷ Nach Casanova vollzieht sich der (westliche) Säkularisierungsprozess auf drei verschiedenen Ebenen: Säkularisierung meint (1) die rechtliche Ausdifferenzierung von religiöser und welt-

---

[225] Für Habermas ist das nachmetaphysische Denken von Religion dadurch gekennzeichnet, „daß es den Sinn des Unbedingten rettet ohne Rekurs auf Gott oder ein Absolutes. […] Unter Bedingungen nachmetaphysischen Denkens kann die Philosophie den Trost nicht ersetzen, mit dem die Religion das unvermeidliche Leid und das nicht-gesühnte Unrecht, die Kontingenz von Not, Einsamkeit, Krankheit und Tod in anderes Licht rückt und ertragen lehrt." (Habermas, Jürgen, Zu Max Horkheimers Satz: „Einen unbedingten Sinn zu retten ohne Gott, ist eitel", in: Ders., Texte und Kontexte, Frankfurt ²1992, 110-126, 125). In der Dankesrede für den Friedenspreis des Deutschen Buchhandels 2001 ergänzt Habermas die alte Forderung des liberalen Rechtsstaats, dass die Gläubigen „ihre religiösen Überzeugungen in eine säkulare Sprache übersetzen müssen" (21), allerdings durch die komplementäre These, dass die säkulare Seite heute vor der Aufgabe stehe, „einen Sinn für die Artikulationskraft religiöser Sprachen" (22) zu entwickeln bzw. sich deren Perspektive zu öffnen (Habermas, Jürgen, Glauben und Wissen. Friedenspreis des Deutschen Buchhandels 2001. Laudatio: Jan Philipp Reemtsma, Frankfurt 2001). Offensichtlich bedürfen beide Diskurse einander, ohne das jeweilige Proprium aufs Spiel zu setzen. Das ist im Grunde ein klassisches Wechselwirkungsverhältnis.

[226] Rüdiger Safranski unterscheidet zwischen einem religiösen Bedürfnis und einem Bedürfnis nach Religion. Während ersteres sich aus dem Boden der Religion selbst heraus entwickle, zeuge die Suche nach Religion von einem Bedürfnis nach Sinnstiftung, dem Verlangen, „in einen religiösen Lebens- und Erfahrungshorizont hineinzukommen" (Safranski, Rüdiger, Religiöse Sehnsucht – Sehnsucht nach Religion, in: Ruff, Wilfried (Hg.), Religiöses Erleben verstehen, Göttingen 2002, 11-27, 17). Safranski unterscheidet pervertierte und authentische Formen des Religiösen, die man an ihrer jeweiligen Politik erkennen könne. „Eine authentische Religion erzieht zur Ehrfurcht vor der Unerklärlichkeit der Welt." (18) Sie behält ihr Geheimnis, als deren Teil sich der Mensch versteht. In einer Ersatzreligion schrumpft die Welt. „Ihr Anhänger findet in allem und jedem Ding nur noch die Bestätigung seiner Meinung, die er mit der Inbrunst des Glaubens verteidigt gegen den Rest der Welt und gegen die eigenen Zweifel." (18)

[227] Casanova, José, Public Religions in the Modern World, Chicago 1994. Eine Zusammenfassung dieses viel diskutierten Buches bietet: Ders., Chancen und Gefahren öffentlicher Religion. Ost- und Westeuropa im Vergleich, in: Kallscheuer, Otto (Hg.), Das Europa der Religionen. Ein Kontinent zwischen Säkularisierung und Fundamentalismus, Frankfurt 1996, 181-210; Ders., Religion und Öffentlichkeit. Ein Ost-/West-Vergleich, in: Gabriel, Karl/Reuter, Hans-Richard (Hg.), Religion und Gesellschaft. Texte zur Religionssoziologie, Paderborn 2004, 271-293; Ders., Die religiöse Lage in Europa, in: Joas, Hans/Wiegandt, Klaus (Hg.), Säkularisierung und die Weltreligionen, Frankfurt 2007, 322-357; Ders., Public Religion Revisited, in: Große Kracht, Hermann-Josef/Spieß, Christian (Hg.), Christentum und Solidarität. Bestandsaufnahmen zu Sozialethik und Religionssoziologie, Paderborn 2008, 313-338. Zur theologischen Rezeption und zum gegenwärtigen Diskussionsstand vgl. Gabriel, Karl, Säkularisierung und öffentliche Religion. Religionssoziologische Anmerkungen mit Blick auf den europäischen Kontext, in: Jahrbuch für Christliche Sozialwissenschaften 44 (2003) 13-36, sowie: Franzmann, Manuel/Gärtner, Christel/Köck, Nicole (Hg.), Religiosität in der säkularisierten Welt. Theoretische und empirische Beiträge zur Säkularisierungsdebatte in der Religionssoziologie (Religionssoziologie in der Deutschen Gesellschaft für Soziologie 11), Wiesbaden 2006.

5 Geld als Interpretament Gottes – Gott als Interpretament des Geldes

licher Sphäre, (2) den Niedergang religiöser Überzeugungen und Verhaltensweisen sowie (3) die Beschränkung der Religion auf den Privatbereich, also die Privatisierung der Religion im klassischen Sinne.[228] Der Rückgang von religiösen Überzeugungen und Praktiken (2) stellt nach Casanova keinen strukturell notwendigen Trend der Moderne dar (obwohl dies für die meisten europäischen Gesellschaften zutrifft), sondern erscheint global gesehen als Ausnahme und wird durch höchst kontingente Faktoren vorangetrieben. Das moderne Gemeinwesen lässt sich theoretisch in drei Arenen unterteilen: Staat, politische Gesellschaft und Zivilgesellschaft. Die öffentliche Sphäre ist konstitutive Dimension jeder dieser drei Arenen des Gemeinwesens. Im Prinzip kann sich die Religion in allen drei öffentlichen Räumen niederlassen. Religion ist auf staatlicher Ebene möglich (Kirche), aber auch auf der politischen (wenn Religion zu einer Partei wird und gegen andere ins Feld zieht). Es sind auch öffentliche Religionen denkbar, die zwar die Trennung von Staat und Kirche akzeptieren und sich auch aus der eigentlichen politischen Gesellschaft zurückgezogen haben, die aber dennoch das Recht für sich in Anspruch nehmen, in Wort und Tat in die Öffentlichkeit der Zivilgesellschaft einzugreifen. „Je stärker sich die Religionen gegen den Prozeß der modernen Differenzierung (d.h. gegen die Säkularisierung in der ersten Bedeutung) sträuben, umso mehr werden sie langfristig dazu neigen, einen Rückgang des Glaubens zu erleben (also eine Säkularisierung in der zweiten Bedeutung). […] Religionen, die im Gegensatz dazu das moderne Prinzip der Trennung von Kirche und Staat frühzeitig übernommen haben, werden auch geneigt sein, dem modernen Grundsatz freiwilliger Konfessionszugehörigkeit zuzustimmen. Daher werden sie auch besser in der Lage sein, den modernen Prozeß der Ausdifferenzierung von religiösen und weltlichen Dimensionen und Institutionen zu überstehen."[229] Die Zukunft der Religionen liegt für Casanova nicht in einer Restitution der verloren gegangenen Allianz mit dem Staat oder der politischen Gesellschaft (z.B. durch die Gründung einer Partei), sondern in den Arenen der Zivilgesellschaft, in denen die Religionen das Recht für sich in Anspruch nehmen, als freie Mitspieler in Wort und Tat in die öffentlichen Debatten einzugreifen.[230] Das Beispiel Osteuropa lehrt, dass die Attraktivität der kirchlichen Institutionen dort steigt, wo diese nicht nur für bestimmte religiöse Traditionen oder

---

[228] Zum Begriff der Säkularisierung vgl. die grundlegende Studie von Marramao, Giacomo, Die Säkularisierung der westlichen Welt, Frankfurt 1996; Ders., Art. Säkularisierung, in: HWPh 8, 1133-1161; Lübbe, Hermann, Säkularisierung. Geschichte eines ideenpolitischen Begriffs, Freiburg 2003 (Neuausgabe); Lehmann, Hartmut, Säkularisierung. Der europäische Sonderweg in Sachen Religion, Göttingen 2004.
[229] Casanova, José, Chancen und Gefahren öffentlicher Religion 186.
[230] In Polen habe die Kirche ihre Versuche aufgegeben, katholische Parteien zu gründen oder zu fördern. Das bedeute aber nicht, dass der Katholizismus zwangsläufig wieder zu einer reinen Privatsache würde und die Kirche keine öffentliche Rolle mehr spielte. „Es bedeutet lediglich, daß nun die Zivilgesellschaft zum öffentlichen Ort der Kirche geworden ist, und nicht mehr, wie früher, der Staat oder die politische Gesellschaft." (Casanova, José, Chancen und Gefahren öffentlicher Religion 194) Allerdings sind die Kirchen in Europa von allen drei Formen des Säkularisierungsprozesses so stark betroffen, dass sie nur zögernd (und wenn sie es tun, meist erfolglos) in die öffentliche Sphäre der Zivilgesellschaft eingreifen.

Sonderrechte der eigenen Gruppe eintreten, sondern für das Recht auf (Religions)Freiheit als allgemeines Menschenrecht überhaupt. Die liberale Maxime „Religion ist Privatsache" sei zwar richtig, aber sie könne nicht bedeuten, dass sich Religionen nur mit Privatangelegenheiten und nicht auch mit öffentlichen Fragen befassen. Mit ihrem hartnäckigen Beharren stellen Religionen auf den Grundsätzen des Sozialen und ihrem Selbstverständnis als sittlicher Gemeinschaft „eine Herausforderung für die vorherrschenden individualistisch-liberalen Theorien dar, die das Gemeinwohl auf die Gesamtsumme persönlicher Präferenzen reduzieren"[231]. So zählt Casanova gegenwärtig zu den wichtigsten Aufgaben der Religion das unablässige Bemühen, „öffentlich für den Grundsatz der »Solidarität« mit allen Menschen einzutreten."[232]

Casanovas Säkularisierungstheorie repräsentiert in ihrem Fokus auf den veränderten gesellschaftlichen Ort des Religiösen ein klassisches Wechselwirkungsmodell. Religion wird zwar als ein autonomer, aber dennoch nicht mehr von den anderen gesellschaftlichen Prozessen isolierter Bereich rekonstruiert. Das Religiöse ist kein herausgehobener, absoluter und monopolisierter Diskurs, der in der Verteidigung staatspolitischer Notwendigkeiten aufgerieben wird, sondern eine unersetzliche Stimme im großen Orchester der zivilgesellschaftlichen Debatten. Es kommt auch hier nicht allein darauf an, die Überzeugungskraft des Glaubens im eigenen Binnenraum zu entfalten, sondern sie zugleich in Auseinandersetzung mit den Fragen und Problemen der Menschen zu bewähren. Dieser Prozess der Glaubensbegründung nach innen und der gleichzeitigen Plausibilisierung im Außen ist ein endloses Wechselspiel, das den Reflexions- und Vergewisserungsprozess permanent in Bewegung hält. Aufgabe des theologischen Diskurses wird es dabei sein, markante Größen in diesem Außen kritisch zu beobachten und die religiösen Perspektiven in die öffentlichen Debatten einzubringen.

In dieser Perspektive wäre es dann auch prinzipiell möglich, Ersetzungen des religiösen Diskurses durch den ökonomischen als Ausdruck und Konsequenz der Macht Gottes zu begreifen und nicht bloß als dessen Schwächung oder Verdunkelung. Doch wo verläuft die Grenze? Wo das Geld in seiner Macht endemisch wird und sich anschickt, seine Relativität aufzulösen bzw. zu verleugnen, wo es die Eigenbedeutung der anderen Größen tendenziell auslöscht, dort bedarf es eines umso stärkeren Gegenübers, das sich diesem schleichenden

---

[231] Casanova, José, Chancen und Gefahren öffentlicher Religion 209.
[232] Casanova, José, Chancen und Gefahren öffentlicher Religion 209. „Historisch gesehen war die Verteidigung der Menschenrechte, ausgehend von der entscheidenden Rolle, welche die protestantischen Sekten bei der Durchsetzung des neuzeitlichen Grundsatzes der allgemeinen Menschenrechte als transzendenter und offensichtlicher Wahrheiten gespielt haben, wahrscheinlich der wichtigste Beitrag der Religion zur modernen Demokratisierung." (206) Als einen weiteren wichtigen Beitrag nennt Casanova die Wiederbelebung der religiösen Tugenden. Da die Kirchen nicht mehr Teil des Staates oder der Politik, sondern der Zivilgesellschaft sind, sollten sie die Vision einer sittlichen Gemeinschaft aufrecht erhalten, aber aufhören, sich als staatliche Zwangsinstitutionen oder als Gemeinschaften zu betrachten, die mit der Nation oder der Gesellschaft zusammenfallen. „Die Kirchen sollten also unter Beibehaltung ihrer universalistischen Wahrheitsansprüche ausdrücklich das konfessionelle Selbstverständnis von »Freikirchen« annehmen." (208)

Universalisierungsprozess widersetzt. Nicht jede monetäre Ersetzung einer religiös codierten Struktur ist automatisch als Selbstexplikation Gottes und als Säkularisierung im dritten Sinne zu interpretieren, es bedarf bestimmter Kriterien der Unterscheidung, die eine klare Trennlinie zwischen einem oft unsichtbaren Mammonismus und einer in der religiösen Grammatik selbst angelegten Kenosis des Glaubens ziehen. Für diese Kriteriologie lässt sich auf zwei Grundüberlegungen zurückgreifen, die in Simmels Denken bereits dem Wahrheitsdiskurs ein sicheres Fundament gesetzt haben und in adaptierter Form hier einen Maßstab für die erforderlichen Unterscheidungen bieten können:

(1) Bleiben die Ersetzungsprozesse in den Wechsel der Perspektiven und Verweise eingebettet oder setzen sie sich absolut, sodass eine Anschlussfähigkeit an weitere Diskurse nicht mehr möglich ist und damit auch die semantischen Potenziale des Religiösen ausgeschlossen bleiben? Die biblische Gottesrede zielt in ihrer Relativität auf das Widerständige und Uneinholbare, sie setzt sich mit *jeder* Macht des Lebens auseinander und fordert diese Relativität auch von den anderen ein. Damit drängt sie auf ein Wechselspiel, das neue Absolutheiten, neue Monismen verhindert.

(2) Tragen die Ersetzungsprozesse zu einer authentischen Selbstexplikation des inneren Lebens bei? Zehren sie von der Leidenschaft, „das wirkliche Leben zur Äußerung zu bringen"[233]? Und in weiterer Folge: Welche Reflexionsprozesse lösen sie aus und welche Pragmatik setzen sie frei? Verfestigen und verschleiern sie die „Strukturen des Bösen"[234] oder decken sie diese auf und führen damit zu mehr Gerechtigkeit und Frieden, zu mehr Solidarität und Freiheit?

Die christliche Tradition hat für diesen Prozess das Symbol vom Kommen des Reiches Gottes entwickelt, das in eschatologischer Verheißung bereits angebrochen ist und gleichzeitig noch seiner Vollendung harrt. Wie kaum eine andere performativ geprägte Metapher innerhalb der Symbolwelt des Christentums hebt die Reich-Gottes-Figur die herausragende Bedeutung der pragmatischen Dimension hervor. Entscheidend ist hier nicht, ob und in welcher Weise ein Gottesbezug hergestellt oder behauptet wird (vgl. Mk 3,31-35), sondern ob und in welcher Weise sich die Menschen der Wirklichkeit Gottes öffnen und sie wirksam werden kann. „*Wo* Menschen in den Spuren Jesu anfangen, Gott mit seiner allen geltenden Güte in ihre Beziehungen einzulassen, *dort wird die Welt partiell zum Raum der Herrschaft* Gottes."[235] Wo sich Men-

---

[233] Der Konflikt der modernen Kultur 195.
[234] So der treffende Titel von Drewermann, Eugen, Strukturen des Bösen. Die jahwistische Urgeschichte in exegetischer, psychoanalytischer und philosophischer Sicht, Paderborn 1977-78. Leider fehlt in diesem Ansatz die soziale bzw. politische Perspektive, weshalb die Veränderungspotentiale allein in die innerpsychischen Strukturen gelegt werden. Es ist daher ein großes Verdienst der Innsbrucker Dramatischen Theologie, dass sie (obwohl ohne nähere Bezüge auf Drewermann) am Beispiel der Gewalt die sozialen Auswirkungen dieser psychischen Prozesse sichtbar macht (vgl. dazu Niewiadomski, Józef/Palaver, Wolfgang (Hg.), Dramatische Erlösungslehre. Ein Symposion, Innsbruck 1992; Palaver, Wolfgang, René Girards mimetische Theorie im Kontext kulturtheoretischer und gesellschaftspolitischer Fragen, Münster ²2004; Niewiadomski, Józef/Wandinger, Nikolaus (Hg.), Dramatische Theologie im Gespräch. Symposion/Gastmahl zum 65. Geburtstag von Raymund Schwager, Münster 2003).
[235] Kessler, Hans, Den verborgenen Gott suchen 287.

schen im Vertrauen auf die Zuwendung Gottes in die Relationen des Lebens hineinbegeben, dort wird eine Gegenmacht eingesetzt, die den relativen und vorläufigen Charakter des Geldes herausstreicht, ohne etwas von seinen Errungenschaften wegnehmen zu müssen. Diese Gegenmacht operiert mit einer Grammatik, die der Logik des Geldes nicht bloß eine andere Logik zur Seite stellt, sondern in eine offene Auseinandersetzung mit ihr um die Fragen nach den Bedingungen und Bausteinen für ein gelingendes Leben tritt. Es setzt einen Unterschied, ob sich das Denken, Beschreiben und Handeln an Überfluss und Gerechtigkeit oder an Knappheit und Quantität orientiert.[236] Bereits die kleinste Explikation jener religiösen Grammatik, die sich dem Teilen und der Verschwendung verpflichtet weiß, treibt einen Stachel in die bereits weitgehend fraglos gewordene Dominanz der Ökonomie über sämtliche Lebensbereiche. Das allem Streben und Besitzen vorausgehende Umsonst der Gnade und des Überflusses erlaubt eine andere Perspektive auf die Dinge des Lebens und setzt eine neue Dynamik in Gang.[237] Eine Gottesrede im Zeichen der Relativität kann der Macht des Geldes nur dann Grenzen setzen, wenn sie die vielschichtige Bedeutung des Geldes nicht negiert oder aus dem Spiel drängt, sondern die Kategorie *Gott* so stärkt und zu einem bedeutsamen Symbol entwickelt, dass sie durch ihre semantische und pragmatische Überzeugungskraft dem expansiven Streben der monetären Sphäre deutliche Schranken setzen kann. Sie wird dazu beitragen, mit dem Symbol *Gott* die Absolutheit des Geldes (als Endzweck) auf jene Funktionen zurückzuführen, durch die es auch in einer religiösen Perspektive seine Berechtigung und seine Bedeutung erhält. Wo immer Geld das Wachsen des Reiches Gottes fördert und begleitet, lässt es sich als Ausdruck Gottes bezeichnen. Nur in diesem Sinne kann das Geld Gott *ersetzen*. Denn allein in dieser Ersetzung erfüllt es nicht die Funktion eines Mammons oder Götzens (d.h. es rückt nicht an die Stelle Gottes), sondern ist als eine Explikation Gottes selbst zu verstehen, in dem das zur Sprache kommt und Wirklichkeit wird, was mit dem Reich Gottes angebrochen ist und ins Dasein drängt. Es ist die Stärke der Ersetzungskategorie, dass sie mit ihr und durch sie die Nichtersetzbarkeit zum Vorschein bringt. Simmel hat in seiner *Philosophie des Geldes* darüber geklagt, die Geldwirtschaft würde immer mehr darüber hinwegtäuschen, dass „der Geldwert der Dinge nicht restlos das ersetzt, was

---

[236] Vgl. dazu die nach wie vor erhellenden Überlegungen in: Luhmann, Niklas, Knappheit, Geld und die bürgerliche Gesellschaft, in: Jahrbuch für Sozialwissenschaft 23 (1972) 186-210; Ders., Die Wirtschaft der Gesellschaft, Frankfurt ²1996, bes. 177-229.

[237] Zu Recht spricht sich etwa Ingolf U. Dalferth gegen alle „Mangelbeseitigungstheologien" aus (Dalferth, Ingolf U., Fundamentaltheologie oder Religionsphilosophie?, in: Petzoldt, Matthias (Hg.), Evangelische Fundamentaltheologie in der Diskussion, Leipzig 2004, 171-193). Wenn die Theologie nur den Mangel am Menschen im Blick hat, all das, was er nicht kann und ihm nicht gelingt bzw. ihm fehlt, dann verfehlt sie das, was Glaube sei. Glaube ist biblisch gesehen „ein *Überschussphänomen*" (190), er „ist weniger Überwindung von Mangel als Hineingenommenwerden in den Überfluss der Gnade Gottes" (190f). Denn es werden im Glauben nicht (oder nicht primär) Antworten auf Fragen gegeben, die das menschliche Leben stellt und offen lässt, sondern es wird „vor allem an die überraschenden und überwältigenden Erfahrungen des Überflusses, des Unerwarteten, Neuen, Unvorstellbaren, Nieerträumten erinnert, die das Leben im Glauben umgestalten und von Grund auf neu bestimmen." (190)

5 Geld als Interpretament Gottes – Gott als Interpretament des Geldes

wir an ihnen selbst besitzen, daß sie Seiten haben, die nicht in Geld ausdrückbar sind"[238]. Was hier in Bezug auf die einfachen, materiellen Dinge formuliert und behauptet wird, gilt erst recht für die komplizierte und unergründliche Welt des menschlichen Lebens insgesamt. Ob gelegen oder ungelegen, in jeder Hinsicht steht der Gottesbegriff für das ein, was sich nicht in ökonomische Funktionalität, in die objektive Struktur eines Wertes überführen lässt, sondern – auch als unbekannte Größe – allem radikal entzogen bleibt.

Der Signifikant *Geld* repräsentiert auf der gesellschaftlichen Ebene die sichtbaren und verborgenen Wertigkeiten von Menschen und der Gesellschaft in ihren ökonomischen Formen. Worin aber besteht die Repräsentanz des Signifikanten *Gott*? Dieser verfügt über kein eigenes alltägliches Medium, das seine Wertigkeiten sichtbar dokumentieren würde. Doch erst in dieser Schwäche kommt die Stärke der Gottesrede zum Vorschein. Denn im Christentum hat die Repräsentanz Gottes einen Namen, sie ist eine *Person*, Jesus von Nazareth. Die inkarnatorische Präsenz Gottes lässt sich nicht anders dokumentieren als in der spezifischen Grammatik und in der aus ihr folgenden Praxis, die sich ihre Sichtbarkeit *in* den gesellschaftlichen Prozessen erkämpft. Sie kann sich nicht anders explizieren, als dass sie in die politischen und ökonomischen Debatten eingreift, nicht als oberste Richterin, sondern als eine unersetzbare Proponentin im weiten Feld der Relationen und Wechselwirkungsverhältnisse.

Hier erst kann der Gottesdiskurs sein kritisches Potential mit voller Kraft entfalten. Als Botschaft vom Kommen des Reiches Gottes geht er in die offensive Auseinandersetzung mit dem Gelddiskurs, allerdings nicht im Modus der Ausschließung und Zerstörung, sondern im Modus der Relativierung: relativ in Hinblick auf die Gesellschaft als den Ort, an dem diese Verhältnisbestimmung auszutragen ist, relativ in Bezug auf die Macht des Geldes selbst, das seine absolute Stellung verliert, weil es im religiösen Diskurs ein Korrektiv findet. Damit sind aber weder das Zeichen *Gott* noch das Zeichen *Geld* in gleicher Weise alles bestimmende Wirklichkeiten, sondern zunächst machtvolle Zeichen und Symbole, mit denen Menschen ihre Wünsche und Bedürfnisse, ihre Hoffnungen und Ängste, ihre existenziellen Entscheidungen und Lebensoptionen formulieren. Ihre konkrete Interpretation, ihre jeweilige Pragmatik gibt Auskunft über den jeweiligen Bedeutungsgehalt. Das sind nach vorne hin offene Prozesse, in denen an kleinen und großen, an wichtigen und konkreten Fragen zu klären ist, wo das Bedürfnis nach Freiheit und Transzendenz Erfüllung findet, wo es Fehl- und Ersatzformen annimmt, wo es konstitutive Außenbezüge auflöst und sich verabsolutiert.

---

[238] Philosophie des Geldes 556. Dass die personalen Werte nicht durch das dafür aufgebotene Geld ausgeglichen werden, ist einerseits Grund unzähliger Ungerechtigkeiten und tragischer Situationen; andererseits aber zeigt sich gerade darin „das Bewußtsein von dem Werte des Persönlichen, der Stolz des individuellen Lebensinhaltes, sich durch keine Steigerung bloß quantitativer Werte aufgewogen zu wissen" (559). Schließlich kennen viele Leute das unangenehme Gefühl, dass der Tausch personaler Werte durch Geld nicht unbedingt geziemend ist und einen schalen Nachgeschmack hinterlässt.

5.3 Offene Grenzverläufe. Anmerkungen zum Verhältnis von Dogmatik und Ethik

Die vielschichtige Signifikanz des Geldes verändert auch innerhalb der theologischen Fächer die herkömmlichen Diskursgrenzen. Wenn Geld allein in den Zuständigkeitsbereich der Ethik oder der praktischen Wissenschaften fällt, dann wird diese Reduktion in der Regel mit einer Unterbestimmung seiner impliziten religiösen Dimensionen erkauft. Die primäre Konzentration auf das unmittelbare Handeln verstellt allzu oft den Blick auf die Kontexte und Bedingungen, in die jedes Tun stets eingebettet ist. Gerade die so vielfältigen Formen der Geldpraxis, die wie nur wenige vergleichbare Handlungsvollzüge von sozialen Normierungen und gesellschaftlichen Wertvorstellungen geprägt sind, verweisen in ihren metatheoretischen Reflexionen auf ein fast undurchdringbares Konglomerat an Motiven, Bedürfnissen, Erwartungen und Narrativen, die nur mehr in trans- und interdisziplinärer Kooperation analysiert und beschrieben werden können. Innerhalb der theologischen Fächer ist das Geld ein zentraler Reflexionsgegenstand in der Ethik, insbesondere im spezifischen Feld der Sozialethik. Aber es sollte zugleich deutlich werden, dass es auch für die Dogmatik und (in wieder etwas anderer Weise) für die Fundamentaltheologie eine wichtige Rolle spielt. Das Geld wirft Fragen auf, die mehrere theologische Disziplinen berühren und die dadurch in einen wechselseitigen Austausch sowie in eine engere Beziehung treten. Damit lösen sich die Grenzen der Diskurse keineswegs auf, aber sie sind je nach Gegenstand und Fragestellung neu zu ziehen und werden durchlässiger. Gerade das Geld bietet ein gutes Beispiel für die offenen Grenzverläufe und die wechselseitige Verwiesenheit von Dogmatik und Ethik. Vor allem drei Gründe scheinen dafür ausschlaggebend:

(1) Die wissenschaftstheoretischen Reflexionen über den Theorie-Praxis-Zusammenhang zeigen, wie sehr Ethik und Dogmatik bzw. Fundamentaltheologie bei aller Autonomie doch aufeinander verwiesen sind.

(2) Geld ist nicht nur ein Objekt moralischer Reflexion und Praxis, sondern auch in sich selbst eine Macht bzw. Größe, der göttliche Eigenschaften zugesprochen und religiöse Verehrung zuteil werden können, sodass auch seine dogmatischen Implikationen zur Sprache zu bringen sind.

(3) Die theologische Wiederentdeckung der performativen Dimension des Glaubens führt zu einer stärkeren Verzahnung der propositionalen Gehalte mit den politisch-praktischen Geltungsansprüchen des Evangeliums, wodurch die konkrete Gesellschaft konstitutiv als dritte Größe in den theologischen Reflexionsrahmen einbezogen wird.

Zu diesen drei Punkten einige kurze Bemerkungen:

(1) Der Theorie-Praxis-Zusammenhang, den vor allem die Politische und in ihrem Gefolge die Befreiungstheologie als ein zentrales Problem theologischen Denkens in den Vordergrund gerückt haben, ist mittlerweile auf der Ebene der Begründungsdiskurse angelangt, insofern sich die Überzeugung durchgesetzt hat, dass sich die performative Dimension der Gottesrede auch in der theologischen Theoriebildung niederschlagen müsse. Die von den Politischen Theologien kritisierte tendenzielle Ungeschichtlichkeit der transzendentalen Refle-

5 Geld als Interpretament Gottes – Gott als Interpretament des Geldes

xion sowie die weitgehend abstrakte Bestimmung des Subjekts haben die konkrete, geschichtlich-gesellschaftliche Kontextualität des menschlichen Lebens und Handelns in den Hintergrund gedrängt. Die Verkündigung des Evangeliums kann nicht an diesen vorbei erfolgen. Ein Verzicht auf die Reflexion der Antagonismen und Widersprüche, die in den jeweiligen gesellschaftlichen Kontexten zumeist verborgen sind, würde die Gefahr erhöhen, Religion entweder als gänzlich apolitisch oder als eine Legitimationsinstanz der realen Machtverhältnisse zu verstehen.[239] Zugleich würde eine Trennung (und nicht eine Unterscheidung!) der Gottesrede von den konkreten politisch-gesellschaftlichen Implikationen den unhintergehbaren Theorie-Praxis-Zirkel aufheben und damit den Glauben in vermeintlicher Neutralität erst recht einer Instrumentalisierung aussetzen. Denn jede Praxis bringt metatheoretisch ein implizites Bekenntnis zur Sprache. Umgekehrt ist jede Theorie ebenfalls ein Ausdruck einer bestimmten Praxis. Für Metz ist daher (politische) Theologie nur mehr als Reflexion der Dialektik von Theorie und Praxis, von Bekennen und konkretem Bezeugen möglich. Die Praxis ist kein bloßer Anwendungsfall einer Theorie, sondern besitzt selbst epistemische Qualität. Doch nicht allein wissenschaftstheoretische Gründe sprechen für die unaufhebbare Dialektik des Theorie-Praxis-Verhältnisses, auch aus einem genuin theologischen Anliegen ist dieser Konnex gefordert. Das Bekenntnis zu Gott vollzieht sich nicht allein im Modus theoretischer Zustimmung, sondern in praktischer Nachfolge, konkret in *Christopraxis*.[240] Diese Praxis zielt auf eine Subjektwerdung aller, auf eine Solidarität mit den Leidenden und Marginalisierten und auf eine Veränderung der gesellschaftlichen Strukturen hin zu mehr Gerechtigkeit und Freiheit. Ihre Kraft schöpft sie aus der Erinnerung (*memoria*) an Jesu Leiden, Tod und Auferstehung sowie aus der solidarischen Hoffnung auf den Gott, der das verlorene Leben auffangen und mit seiner „Auferweckungsmacht"[241] die ungerecht Leidenden, die längst Vergessen und auch die Toten retten kann.[242] Jede Religion vollzieht in gewisser Weise immer auch eine bestimmte Politik, und dennoch bleibt eine Identifizierung theologischer Gehalte mit praktisch-politischen Handlungsoptionen ausgeschlossen. Zwar hat Metz die Frage nach einer Vermittlungsfunktion aufgeworfen, doch ist er bei den programmatischen Vorgaben des eschatologischen Vorbehalts und der politischen Ethik als Scha-

---

[239] So kritisiert Johann B. Metz, dass der in der transzendentalen Subjekttheologie ausgearbeitete Begriff der Erfahrung nicht die Struktur geschichtlicher Erfahrung enthalte. Vielmehr bringe er die konkreten leidvollen Erfahrungen in der Ungegenständlichkeit einer vorgewussten transzendentalen Erfahrung zum Verschwinden bzw. zur undialektischen Versöhnung. Die transzendentale Subjekttheologie wirke daher „wie eine Überlegitimation der Identität des religiösen Subjekts angesichts der geschichtlichen Leiden der Menschen" (Metz, Johann Baptist, Glaube in Geschichte und Gesellschaft 62).

[240] Vgl. dazu Arens, Edmund, Christopraxis. Grundzüge theologischer Handlungstheorie (QD 139), Freiburg 1992, 121-130. 162-174; Sedmak, Clemens, Theologie in nachtheologischer Zeit 172-210.

[241] Metz, Johann Baptist, Glaube in Geschichte und Gesellschaft 74.

[242] Vgl. dazu auch Peukert, Helmut, Wissenschaftstheorie, Handlungstheorie, fundamentale Theologie. Analysen zu Ansatz und Status theologischer Theoriebildung, Düsseldorf 1976, 311-355.

nierstelle „stehen geblieben, ohne eine konkrete Methodologie vorzulegen, auf welche Weise Politik und Religion in einen Austausch kommen können"[243]. Diese theoretische Fundierung habe dann Clodovis Boff geliefert, der mit dem methodologischen Gerüst der Philosophie Louis Althussers eine wissenschaftstheoretische Begründung für den Theorie-Praxis-Zusammenhang vorgelegt hat.[244] Ausgehend vom zentralen Begriff der theoretischen Praxis wird Wissenschaft als ein Prozess bzw. als eine Arbeit verstanden, nicht als ein Gebäude von Erkenntnissen und Begriffen oder eine Summe von Thesen und Schlussfolgerungen. Indem die Wissenschaft auf einer theoretischen Ebene neue Erkenntnisse produziert, ist sie zugleich eine wirkliche Praxis. Wohl sind der Stoff, die Mittel und die Produkte theoretischer Natur, denn die Wissenschaft verändert ja nicht äußere Dinge (wie eine idealistische Konzeption annimmt), sondern sie „wandelt Ideen um"[245]. Dieser Umwandlungsprozess erfolgt auf drei Ebenen, die Boff mit Althusser „Allgemeinheiten" nennt.[246] Die „Allgemeinheit I" bezeichnet die Ebene der Ideen, die sich gleichsam als vorgegebene Grundmaterie in einer bestimmten Kultur finden und aus denen der wissenschaftliche Erkenntnisprozess hervorgeht. Die zweite Ebene, „Allgemeinheit II", bezeichnet die Theorien oder die Begriffssysteme, jene Instanz also, mit der die erste Ebene bearbeitet wird. Im konkreten Umwandlungsprozess kommt dieser Ebene der Primat zu, insofern sie den spezifischen Typus einer Reflexions- und Wissensform bestimmt. Die dritte Ebene, die „Allgemeinheit III", ist schließlich das Produkt, der gesuchte Begriff oder die wissenschaftliche Theorie, das also, was aus A II in Bezug auf A I resultiert. „Die theoretische Praxis", so fasst Boff diesen Ansatz zusammen, „produziert Allgemeinheiten III durch die Arbeit der Allgemeinheit II an der Allgemeinheit I."[247] Die Wissenschaft als eine theoretische Praxis wandelt bestehende Einsichten um und produziert neue Erkenntnisse. Dies gelingt auch deshalb, weil zwischen den Ebenen A III (konkret, wissenschaftlich) und A I (abstrakt, ideologisch) eine Diskontinuität existiert, die eine unmittelbare Identifizierung verhindert. Dieser dreigliedrige Prozess lässt sich nicht abkürzen, jede Ebene bildet ein konstitutives Element im Akt der Erkenntnisgewinnung.

---

[243] Kreutzer, Ansgar, Können Glaube und Politik noch zueinander finden? Perspektiven der Politischen Theologie nach Metz, in: Ethik und Gesellschaft 1/2008, 1-45, 34 (http://www.ethik-und-gesellschaft.de/pdf-aufsaetze/EuG-1-2008_Kreutzer.pdf; Zugriff am 17.2.2009).

[244] Vgl. Boff, Clodovis, Theologie und Praxis. Die erkenntnistheoretischen Grundlagen der Theologie der Befreiung, München 1983, bes. 132-160; Ders., Wissenschaftstheorie und Methode der Theologie der Befreiung, in: Ellacuriá, Ignacio/Sobrino, Jon (Hg.), Mysterium Liberationis 1, Luzern 1996, 63-97; Franz, Albert, Praxis und Theologie. Ein Beitrag zur Diskussion um Clodovis Boffs „erkenntnistheoretische Grundlagen der Theologie der Befreiung", in: FKTh 3 (1987) 53-62; Kreutzer, Ansgar, Kritische Zeitgenossenschaft 346-378. Boff übernimmt von Althusser nur den Praxisbegriff, die übrigen Elemente seiner Theorie, vor allem die philosophischen Voraussetzungen (Ideologiebegriff, Institutionentheorie, Religionsverständnis etc.) werden nicht diskutiert.

[245] Boff, Clodovis, Theologie und Praxis 133.

[246] Der Begriff „Allgemeinheit" soll die Intentionalität des Erkenntnisprozesses symbolisieren, der über den konkreten Einzelfall hinaus auf das Universale zielt.

[247] Boff, Clodovis, Theologie und Praxis 136 (im Text Kursiv).

5 Geld als Interpretament Gottes – Gott als Interpretament des Geldes

Für Boff folgt der Prozess theologischer Erkenntnis nun denselben strukturellen Gesetzen. Auch hier wird von bestimmten Themen und Materialobjekten, von Glaubensinhalten und rituellen Vollzügen ausgegangen (A I), die mit bestimmten Theorien und Begriffen analysiert werden (A II) und aus denen anschließend bestimmte Schlussfolgerungen gezogen bzw. Theorien formuliert werden (A III). Die Aufgabe der theologischen *ratio* besteht genau darin, „eine A II mit einer A I in Verbindung zu bringen, damit eine A III produziert werden kann. Die A III ist eine von einer A II bearbeitete A I."[248] Dabei kann die A I durchaus fremden Theoriegebäuden entstammen. So lassen sich Ergebnisse aus den Sozialwissenschaften (A III) in die Ebene A I überführen und mit theologischen Methoden (A II) bearbeiten, sodass wieder neue Erkenntnisse gewonnen werden können (A III). Die Einsichten und Erfahrungen anderer Disziplinen bzw. symbolischer Formen bleiben in ihrer Autonomie erhalten, sie müssen nicht theologisiert oder religiös aufgeladen werden. Gleichzeitig erhalten sie neue Bedeutungen, indem sie über die A II explizit mit theologischen Ansätzen analysiert werden.[249] In Bezug auf gesellschaftliche Problemstellungen zeigt Boff, dass die theologische Reflexion nicht unmittelbar darauf zugreifen kann. Sie braucht dazu die Sozialwissenschaften, deren Ergebnisse wiederum theologisch kreativ zu bearbeiten sind. Durch die Vorrangstellung der Praxis, der Analyse dessen, was ist, erhält die Theologie den Status eines zweiten Diskurses, der nach der Gesellschaftsanalyse kommt. Dies gilt nur in logischer Hinsicht, eine funktionale Nachordnung ist damit nicht verbunden, denn für Boff bringt die Theologie einen spezifischen und unersetzbaren Diskurs ein, der von anderen Disziplinen nicht übernommen werden kann. Zugleich aber hat sie auch nicht das letzte Wort, als ob „ihr Diskurs die vorangegangenen Diskurse vervollständigen oder gar ersetzen müßte, sie bearbeitet sie nur von neuem auf dem Gebiet der Spontaneität des Glaubens"[250]. Diese Struktur gilt in gleicher Weise auch umgekehrt, dass beispielsweise ein sozialwissenschaftlicher Diskurs eine theologische Theorie (A III) über die hermeneutische Vermittlung in die eigene Ebene A I implementiert und einer entsprechenden Analyse unterzieht. Hier liegt, ohne es als solches explizit zu benennen, ein Wechselwirkungsverhältnis vor, denn jede Theorie oder Erkenntnis kann als Basis und Ausgangspunkt in einen anderen theoretischen Rahmen transformiert werden und so neues Wissen erzeugen, das wiederum

---

[248] Boff, Clodovis, Theologie und Praxis 140.
[249] Boff exemplifiziert dies am Beispiel der „Befreiung". Dieser ist zunächst kein genuiner theologischer Begriff (A II), sondern ein soziologischer, der in der theologischen Analyse zur Ebene A I gehört, also theologisch interpretiert werden muss. „Der Theologe arbeitet nicht *mit* dem Begriff »Befreiung«, sondern er bearbeitet *den* Begriff »Befreiung«. Für ihn ist »Befreiung« kein tätiger Begriff (A II), sondern eine passive, unbestimmte und allgemeine Idee, während er für den Soziologen ein sehr präziser, empirischer Begriff sein kann (A III). Der Prozeß der theologischen Arbeit ist folgender: mit Hilfe des streng theologischen Begriffs »Erlösung« (A II) den soziologischen Begriff »Befreiung« umzuwandeln (A I), so daß daraus ein theologischer Satz hervorgeht wie etwa: »Befreiung ist Erlösung« (A III)". (Boff, Clodovis, Theologie und Praxis 157f)
[250] Boff, Clodovis, Theologie und Praxis 154.

zum Ausgangspunkt weiterer Diskurse und Produktionsprozesse werden kann.²⁵¹

Entscheidend ist nun, dass diese Struktur nicht bloß für das Verhältnis zweier gänzlich verschiedener Diskurse oder symbolischer Formen (z.B. Politik, Ökonomie) gilt, sondern sich auch innerhalb eines einzelnen Reflexionssystems anwenden lässt. So kann beispielsweise die ethische Qualifizierung einer ökonomischen Praxis (moralisches A III) zum Ausgangspunkt für eine dogmatische Reflexion werden (A I), um etwa über den hermeneutischen Prozess der biblischen Rede von Gottes Gerechtigkeit (A II) diese Wirklichkeit zu analysieren bzw. zu qualifizieren und damit zu weiterführenden Einsichten in der Gottesrede zu gelangen (A III). So könnte gezeigt werden, dass sich das Wort „Gott" sprachpragmatisch als ein Symbol für die verheißene Befreiung und das versprochene Heil interpretieren lässt, das die gegebene Wirklichkeit nicht als Schicksal oder als Endgericht begreift, sondern performativ auf das Reich Gottes hin verändert und gestaltet. Die Plausibilität der jeweiligen Bilder, Erkenntnisse und Symbole liegt daher nicht in ihrem repräsentativen Gehalt, sondern wird durch ihre „kommunikative, praxis-transformierende Wirkung"²⁵² bestimmt.

(2) Wie nur wenige Gegenstände unserer sozialen Lebenswelt, so konnte gezeigt werden, ist Geld ein hochkomplexes und vielschichtiges Phänomen, dessen umfassende Analyse nicht innerhalb eines bestimmten Symbolsystems oder einer spezifischen Wissensform möglich ist. Durch seine grundlegend transdisziplinäre Struktur verortet die theologische Reflexion das Geld in unterschiedlichen Diskursen mit spezifischen Fragestellungen. So ist die gängige Anbindung an die theologische Ethik deswegen plausibel und notwendig, weil Geld eben ein grundlegendes Instrument zur Gestaltung gesellschaftlicher Verhältnisse (Politik) und innerhalb des ökonomischen Funktionssystems das wichtigste Medium ist, mit dem wirtschaftliche Tauschverhältnisse und soziale Austauschprozesse organisiert bzw. gestaltet werden. Die individuellen und sozialen Dimensionen des Geldes formen es zu einem Gegenstand sowohl innerhalb der allgemeinen als auch in der Sozialethik, wo es im Rahmen ord-

---

[251] Ansgar Kreutzer bezeichnet es als ein großes Verdienst, dass Boff mit seinem Ansatz ein überzeugender Entwurf gelungen ist, die Erforschung und Deutung der Zeichen der Zeit (GS 4) „in ein wissenschaftstheoretisches Programm überführt zu haben, das der Eigenlogik der unterschiedlichen Perspektiven wie deren konstruktiver Verhältnisbestimmung gleichermaßen Rechnung trägt" (Kreutzer, Ansgar, Kritische Zeitgenossenschaft 374). Kreutzer bedauert zugleich, dass die umgekehrte Perspektive, der Export theologischer Perspektiven in andere Diskurssysteme, von Boff nicht ausgearbeitet wurde und sein Verständnis von Praxis zu sehr von sozioökonomischen Bestimmungen geprägt sei. Die weitgehend abstrakt formulierte Methodologie hinterlässt als Desiderat die Suche nach einem Modell, das konkrete Fragen beantworten könne: „Welche sozialen Phänomene, gespiegelt in der soziologischen Reflexion, sollen im Vermittlungsverfahren von der Theologie angeeignet werden? [...] Welche Theologumena sind es wert, in andere gesellschaftliche Subsysteme und Diskurse eingespeist zu werden?" (377)

[252] Schupp, Franz, Glaube – Kultur – Symbol. Versuch einer kritischen Theorie sakramentaler Praxis, Düsseldorf 1974, 255. Zum Theorie-Praxis-Problem vgl. insbesondere Goertz, Stephan, Weil Ethik praktisch werden will. Philosophisch-theologische Studien zum Theorie-Praxis-Verhältnis (ratio fidei 23), Regensburg 2004.

nungspolitischer und institutionstheoretischer Fragestellungen verortet wird.[253] Welche konkreten Praktiken Menschen entwickeln, welchen ethischen Normen sie folgen oder folgen sollten, welche Strukturen und Institutionen ausgebildet werden, welche Bedeutung dem Besitz und Vermögen zukommen etc., all diese Fragen gehören in den klassischen Aufgabenkanon der theologischen Ethik.

Aber Geld ist auch ein besonderes Problem für die Dogmatik. Weil Menschen ihm göttliche Eigenschaften zusprechen und religiöse Verehrung entgegenbringen, seiner Macht mehr Vertrauen schenken als den göttlichen Verheißungen, kann dieser Diskurs das christliche Verständnis von Gott nicht unberührt lassen. Luthers Frage nach der Letztbestimmung menschlicher Existenz, die er im Widerspruch von einem Glauben an Gott und einem (Un)Glauben an die Macht des Geldes aufgespannt hat, bleibt eine entscheidende Nagelprobe für die Plausibilität und Überzeugungskraft der christlichen Gottesrede, weil vor allem erst in den praktischen Konsequenzen, in den konkreten Lebensvollzügen sichtbar wird, von welchen grundlegenden Existentialoptionen die Menschen ihr Leben bestimmen lassen, an welchen Gott sie ihr Herz hängen. Man sollte daher nicht gleich die Keule der Götzenkritik hervorholen, sondern zunächst verstehen, warum und vor allem in welchen Bereichen Menschen das Geld zu ihrem Gott erheben, warum sie der Macht des Geldes eine größere performative Kraft zusprechen als dem christlichen Glauben. Hier ist es Aufgabe der Dogmatik, in nüchterner Auseinandersetzung mit diesen fundamentalen Überzeugungen bzw. Erfahrungen und nicht bloß in reflexhafter Abwehr gegen sie die Plausibilität des christlichen Gottesbekenntnisses aufzuzeigen und seine Verantwortbarkeit zu begründen. Sie kommt nicht umhin, die verschiedenen Götter und ihre Glaubensformen zu reflektieren und zu kritisieren. Die Fragen nach der konkreten Praxis und der institutionellen Einordnung gehören in den genuinen Aufgabenbereich der Ethik. Die formale Grenze zwischen den beiden Diskursen ist wesentlich von der Problemstellung und den konkreten Kontexten abhängig. Im Sinne der vorhin beschriebenen Theorie-Praxis-Dialektik sind bestimmte Erkenntnisse der Ethik (A III) wichtig für dogmatische Basisannahmen (A I). Wiederum verläuft dieser Prozess ebenso in umgekehrter Richtung und zeigt bei aller Autonomie die grundlegende Wechselwirkung dieser beiden Diskurse.[254]

(3) Die vor allem über die Vermittlung der analytischen Philosophie erfolgte Wiederentdeckung der pragmatischen Dimension im Geltungsanspruch religiöser Rede hat die Aufmerksamkeit der theologischen Reflexion auf die ver-

---

[253] Vgl. dazu den Eintrag von Baumgartner, Alois, Wirtschaftliche Effizienz und soziale Gerechtigkeit, in: Heimbach-Steins, Marianne (Hg.), Christliche Sozialethik. Ein Lehrbuch, Bd. 2, Regensburg 2005, 82-108; Handbuch der Wirtschaftsethik, hg. v. Korff, Wilhelm (im Auftrag der Görres-Gesellschaft), 4 Bd., Gütersloh 1999.

[254] Die enge Verwobenheit von Ethik und Dogmatik zeigt sich besonders in der reformatorischen Tradition, in der die systematisch-theologischen Lehrstühle in der Regel beide Fächer und zusätzlich noch die Fundamentaltheologie umfassen (vgl. dazu die grundsätzlichen Überlegungen bei Barth, Karl, KD I/2, Zürich ⁴1948, 875-890; Härle, Wilfried, Dogmatik, Berlin 1995, 3-48).

schiedenen Dimensionen der Erkenntnisgewinnung geweitet. Es geht im Glauben und in der Theologie nicht allein um kognitive Kohärenz oder um den Aufweis der Möglichkeit des Ergangenseins letztgültiger Offenbarung in geschichtlicher Kontingenz, sondern zugleich auch um die Frage, wie Leben besser gelingt und überzeugender gelebt werden kann. Nicht nur lässt die konkrete Praxis Rückschlüsse auf die implizit zugrunde liegenden Theorien zu, sie ist selbst ein Kriterium (natürlich nicht das einzige) für Wahrheit. Wenn das Streben nach Erkenntnis auch dazu dient, um bestimmte Handlungsziele besser zu erreichen, dann lassen sich die verwendeten Methoden und Kriterien auch danach beurteilen, inwiefern sie dazu beitragen, diese Ziele verwirklichen zu können. Dabei ist mit Armin Kreiner gegen alle Reduktionismen und Vorurteile in Bezug auf eine Einbeziehung des pragmatischen Kriteriums in den wahrheitstheoretischen Diskurs zu betonen: „Nützlichkeit und Erfolg treten nicht an die Stelle von Wahrheit, Objektivität, Konsistenz, Kohärenz usw., sie dienen ihrer Rechtfertigung und Begründung, weil auf lange Sicht eben nichts nützlicher und erfolgversprechender ist als Wahrheit, Objektivität usw."[255] Die Rationalität des Glaubens besteht nicht allein auf der propositionalen Ebene (Widerspruchsfreiheit, Kohärenz etc.), sondern umfasst zugleich die Ebene der Sprachhandlungen, weil im Kommunikationsgeschehen des Glaubens den religiösen Aussagen auch die Funktion zukommt, sich gegenüber der Welt als Ganze zu verhalten und Orientierung im Dickicht der Lebens zu bieten. Der christliche Glaube prägt eine Lebensform, so dass die theologische Reflexion sich auch als Reflexion auf die Lebensformen gläubiger Existenz vollzieht.[256] Diese „grundlegend *praxeologische* Dimension des Glaubens"[257] fügt der theologischen Theoriebildung ein Moment hinzu, das die systematische Theologie nicht zu einer Umstellung ihrer Diskurse zwingt, von ihr aber doch eine Ausweitung der Referenzgrößen erfordert.

Diese stärkere Einbeziehung der kulturellen Plausibilitäten und Wertvorstellungen (A I) legt sich darüber hinaus auch vom gesellschaftlichen Umfeld der späten Moderne her nahe. Denn die Erwartungshaltungen in Bezug auf die Frage, ob es Gott gibt, in welcher Weise er in der Welt präsent ist und woran er erkennbar ist, lassen sich längst nicht mehr allein über die kognitiven und propositionalen Gehalte religiöser Überzeugungen bearbeiten, sie greifen mit vergleichbarer Intensität auf die Dimensionen praktischer Rationalität aus: Welchen Unterschied macht es, an Gott zu glauben oder sein Vertrauen in das Geld zu setzen, welche heilsamen und versöhnenden Prozesse werden in Bewegung gesetzt, welche neuen Erkenntnisse und Geschichten ausgelöst? Die pragmatische Komponente kann nicht gegen die kognitiven Geltungsansprüche und epistemologischen Anforderungen einer religiösen Rede ausgespielt werden, vielmehr ist sie eines ihrer konstitutiven Elemente. Damit aber erhält die

---

[255] Kreiner, Armin, Das wahre Antlitz Gottes – oder was wir meinen, wenn wir Gott sagen, Freiburg 2006, 217.
[256] Vgl. dazu Gruber, Franz, Die kommunikative Vernunft des Glaubens. Zur Rezeption des philosophischen Pragmatismus in der Systematischen Theologie, in: SaThZ 9 (2005) 132-147.
[257] Schärtl, Thomas, Glaubens-Überzeugung. Philosophische Bemerkungen zu einer Erkenntnistheorie des christlichen Glaubens, Münster 2007, 325.

Pragmatik innerhalb der dogmatischen Theoriebildung jenen Status, der sie als die dritte Größe konstituiert, ohne die eine Gottesrede hinter ihren performativen Möglichkeiten bleibt. Denn sie gibt dem dogmatischen Denken ein Kriterium an die Hand, mit welchen Zeichen und Symbolen Gott von den anderen „Göttern" unterschieden werden kann. Die Lebenspraxis der Gläubigen ist dafür nicht das einzige, aber doch ein wichtiges Kriterium.

6 Die relative Macht des Mammons – Anmerkungen zur Geldpraxis Jesu

Ein Blick in das Neue Testament soll noch zeigen, dass die heiß diskutierte Geldpraxis Jesu von dieser relativen Grammatik geprägt ist, dass sich Jesus ungefragt und selbstverständlich des Geldes bedient, wo es der Freiheit und Gerechtigkeit des Reiches Gottes dient, dass er aber auch radikale Kritik übt, wo es sich seines Gegenübers entledigen möchte, wo es die wahren Ressourcen des Lebens austrocknet und den Blick für die Dinge jenseits ihres ökonomischen Werts eintrübt.

In der theologischen Debatte um die Bedeutung und den Stellenwert des Geldes ist die Praxis Jesu ein unverrückbarer Bezugspunkt und eine wichtige Argumentationsquelle für die Transformation in die jeweilige Zeit und Kultur hinein. Dabei interessiert nicht nur sein persönliches Tun, auch seine symbolischen Handlungen, seine Äußerungen bzw. Erzählungen sowie sein Verhältnis zur politischen und ökonomischen Situation der damaligen Zeit sollen Auskunft darüber geben, in welcher Weise Christinnen und Christen Einfluss auf die politische und ökonomische Gestaltung ihrer Gesellschaften nehmen können und sollen. Tatsächlich spielen in der Bibel Geld und – als das zugrunde liegende Funktionssystem – die Ökonomie eine herausragende Rolle. Immer wieder setzen sich die Texte mit wirtschaftlichen Verhältnissen und sozialen Strukturen auseinander, ökonomische Ungerechtigkeiten sind ein bevorzugtes Thema der religiös motivierten Kritik. Es scheint, als würden sich Wahrheit und Intensität des Gottesverhältnisses für das Gottesvolk Israel stets an der sozialen Realität, an Frieden und Gerechtigkeit zeigen. Blickt man etwa in die verschiedenen Gesetzgebungen der Hebräischen Bibel (Bundesbuch in Ex 20,22-23,33; deuteronomistisches Gesetz in Dtn 12-26,16; Heiligkeitsgesetz in Lev 17-26) oder liest man die großen Anklagen der vorexilischen Propheten, v.a. Amos, Hosea und Jeremia, so zeigt sich, dass ihre Kritik elementar auf äußerst praktische Fragen des Zusammen- und Überlebens gerichtet ist, auf ökonomische und soziale Probleme, die ein menschenwürdiges Leben als Ebenbild Gottes erschweren oder verhindern. Nicht umsonst ist Gerechtigkeit eines der großen und durchgängigen Leitmotive der biblischen Überlieferung. So sehr jedoch im Alten Testament soziale und politische Fragen immer wieder ins Zentrum des Gottesglaubens rücken, so ernüchternd fällt diesbezüglich die Bilanz für das Neue Testament aus. Selbst in den Evangelien scheinen andere Probleme vordringlicher, die Auskünfte Jesu zu drängenden politischen und sozialen Herausforderungen sind überschaubar. Zu vielen auch damals äußerst aktuellen ethischen und ökonomischen Fragestellungen findet sich in den Evangelien wenig Erhellendes oder gar Spektakuläres. Die Liste dessen, wozu Jesus nichts gesagt hat, ist weitaus länger als die, wozu er etwas gesagt hat. Doch das hinderte die Theologie und die Überlieferung nicht daran, für jede aktuelle Problematik stets auf das Leben und Handeln Jesu zu verweisen, auf ein bestimmtes Zitat zurückzugreifen oder eine biblische Geschichte zu zitieren. In den meisten Fällen aktueller Problemstellungen ist uns allerdings ein unmittelbarer Rekurs auf Jesus verwehrt, was nicht nur an der großen zeitlichen und kulturellen Differenz liegt, sondern oft auch an der mangelnden Fokussierung auf das Zentrum, aus dem heraus der Mann aus Nazareth lebte, dachte und handelte. Bei aller notwendigen Rückfrage nach der konkreten Praxis Jesu und der damit erwarteten Umsetzung in die Aktualität unserer Zeit sollte zu denken geben, was Wolfgang Stegemann gegen alle Versuchung einer vorschnellen Identifizierung eingewandt hat. Jesus habe weder eine Ethik formuliert noch war er ein Tugendlehrer. „Seine Äußerungen zu bestimmten Werten und Überzeugungen seiner Gesellschaft und Kultur gehen vielmehr auf kontingente Problemstellungen zurück und machen nicht den Eindruck, dass sie das Ergebnis systematischer Reflexion sind oder eine Theorie des rechten Lebens oder des angemessenen Verhaltens sein wollen."[258] Daher könne man im eigentlichen Sinne auch nicht von einer Ethik Jesu sprechen, denn Ethik sei ein Theorieunternehmen, das Kriterien richtigen Handelns formuliert, wovon bei Jesus nichts zu merken sei. Seine Aussagen sind nur im Kontext seiner Zeit und des in ihr herrschenden Symbolsystems zu verstehen, das von Jesus weitgehend übernommen wurde. Viele Weisungen werden von ihm recht pragmatisch begründet, etwa mit Blick auf die Tora, auf die Schöpfungsordnung, auf einen Lohn-Strafe-Konnex oder auf die in vielen Kulturen gültige Goldene Regel viele werden aber auch außer Kraft gesetzt und radikalisiert, wie etwa die Bergpredigt (Mt 5-7) deutlich macht. Er entwickelte keine neue Lehre, sondern setzte innerhalb des bestehenden Überzeugungs- und Wertekanons ganz bestimmte Akzente, je nach Situation und Problemstellung, aber stets in Relation zur eschatologischen Botschaft vom Kommen der Gottesherrschaft.[259]

Unabhängig davon, ob man von einer eigenen Ethik Jesu sprechen kann oder nicht, muss jede Rückfrage nach der Lehre und Praxis Jesu mit einem Blick

---

[258] Stegemann, Wolfgang, Kontingenz und Kontextualität der moralischen Aussagen Jesu. Plädoyer für eine Neubesinnung auf die so genannte Ethik Jesu, in: Ders./Malina, Bruce J./Theißen, Gerd (Hg.), Jesus in neuen Kontexten, Stuttgart 2002, 167-184, 167.

[259] Helmut Merklein hat bereits in seiner Habilitationsschrift nachgewiesen, dass die so genannten sittlichen Weisungen Jesu in ihrem Maßstab und in ihrer inhaltlichen Entfaltung konsequent an seiner Reich-Gottes-Botschaft ausgerichtet und nur durch sie verstehbar sind (Merklein, Helmut, Die Gottesherrschaft als Handlungsprinzip. Untersuchung zur Ethik Jesu, Würzburg 1978). Der Begriff *Handlungsprinzip* im Untertitel könnte jedoch die Vermutung nahe legen, als ob aus der Botschaft von der Gottesherrschaft eine konkrete, normative Ethik erwachsen würde. Demgegenüber betont Merklein, dass die Gottesherrschaft als eine „absolute Prärogative Gottes" (110) ein offenes, dynamisches Geschehen ist, das es handlungstheoretisch als Orientierungsprinzip zu rekonstruieren gilt. Marlis Gielen danke ich für diesen Hinweis sowie für die Lektüre und Diskussion dieses Abschnitts.

6 Die relative Macht des Mammons – Anmerkungen zur Geldpraxis Jesu

auf die Bestimmungen, Normen und Überzeugungen der Hebräischen Bibel beginnen, die auch für das hellenistische Judentum der Zeit Jesu prägend und bedeutsam waren.[260] Darüber hinaus ist auch der Blick in die politische und soziale Umwelt Palästinas unabdingbar. Die bibelwissenschaftliche Forschung hat in den letzten Jahrzehnten ein beeindruckendes historisches Panorama der Zeit Jesu und des beginnenden Urchristentums entworfen, freilich in steter Tuchfühlung und Korrespondenz mit der sozial- und religionsgeschichtlichen Forschung der jüdischen Bibel.[261]

Als gläubiger Jude hat Jesus die Gebote der Tora selbstverständlich anerkannt. Die Bibel hat überaus lebhafte und kontroversielle Debatten über Eigentum und Besitz, über den Reichtum und die gerechte Verteilung der Güter ebenso geführt wie über die Verschuldungsproblematik, die mit der sich verfestigenden Staatlichkeit ein großes Bedrohungspotential entwickelte.[262] Zur vielleicht bemerkenswertesten und wohl weitest reichenden Entscheidung rang

---

[260] Zu Recht betont Rainer Kessler, „dass biblische Texte nicht theologisch angemessen verstanden werden können, wenn man ihr soziales Umfeld, genauer die soziale Welt derer, die sie produzieren und die sie als Erste rezipieren, nicht kennt" (Kessler, Rainer, Sozialgeschichte des alten Israel. Eine Einführung, Darmstadt 2006, 195). Freilich gelte das für die Texte in unterschiedlichem Grad und es sei auch nicht die einzige Verstehensbedingung, aber doch eine unerlässliche. Kessler hat am Beispiel der Geschichte des vorexilischen Juda gezeigt, dass politische und ökonomische Entwicklungen nicht nur, aber eben auch theologisch reflektiert wurden und diesbezügliche Erfahrungen Eingang in die religiöse Gesetzgebung gefunden haben. Die starke Koalition von Ältesten und Beamten (Jes 3,14), die verhindert habe, dass die Armen zu ihrem Recht kommen, war eine der Hauptursachen der heftigen Kritik der Propheten des 8. und 7. Jahrhunderts. Die notwendige Reformpolitik, die König Josia eingeleitet hat, wurde durch dessen Tod abgebrochen. Für den Propheten Ezechiel tragen deshalb – rückblickend gesehen – Könige, Priester, Beamte, Propheten wie auch das Volk Schuld am Untergang des jüdischen Staates. Entscheidend blieb, dass es „der jüdischen Gesellschaft und dem von ihr getragenen Staat nicht gelungen ist, die soziale Krise ab dem 8. Jahrhundert zu meistern" (Kessler, Rainer, Staat und Gesellschaft im vorexilischen Juda. Vom 8. Jahrhundert bis zum Exil, Leiden 1992, 221). So wird zwar in Dtn 15,1-11 das Problem der Überschuldung explizit aufgegriffen, doch konnten auch diese ambitionierten Bestimmungen (wenn sie denn vorexilisch sind) nicht mehr den Zusammenbruch des jüdischen Staates verhindern, da die wirtschaftlichen und politischen Eliten andere Ziele verfolgten. Aber die deuteronomische Gesetzessammlung hat den staatlichen Zusammenbruch überlebt und indem sie mit dem Bundesbuch und den späteren Gesetzen des Pentateuchs zur Tora des Gottesvolkes wurde, hat sie wesentlich dazu beigetragen, dass der Untergang des Staates nicht gleichzeitig auch das Ende Judas besiegelte.

[261] Vgl. dazu die thematische Vielfalt in Band 21 (2006) des Jahrbuchs für Biblische Theologie (JBTh) zum Thema „Gott und Geld". Profunde Überblicke über die religiöse, politische und soziale Situation zur Zeit Jesu bieten: Ebner, Martin, Jesus von Nazaret in seiner Zeit. Sozialgeschichtliche Zugänge (SBS 196), Stuttgart 2003; Ders., Jesus von Nazaret. Was wir von ihm wissen können, Stuttgart 2007; Theißen, Gerd, Studien zur Soziologie des Urchristentums (WUNT 19), Tübingen ³1989; Ders., Die Jesusbewegung. Sozialgeschichte einer Revolution der Werte, Gütersloh 2004.

[262] Aus der Fülle an Literatur zur Sozialgeschichte des Alten Testaments seien stellvertretend genannt: Kessler, Rainer/Loos, Eva (Hg.), Eigentum: Freiheit und Fluch. Ökonomische und biblische Entwürfe, Gütersloh 2000; Groß, Walter, Die alttestamentlichen Gesetze zu Brache-, Sabbat-, Erlaß- und Jubeljahr und Zinsverbot, in: ThQ 180 (2000) 1-15; Crüsemann, Frank, Die Tora. Theologie und Sozialgeschichte des alttestamentlichen Gesetzes, Gütersloh ²1997; Segbers, Franz, Die Hausordnung der Tora. Biblische Impulse für eine theologische Wirtschaftsethik, Luzern 1999 (Darmstadt ³2002); Schottroff, Luise/Schottroff, Willy (Hg.), Mitarbeiter der Schöpfung. Bibel und Arbeitswelt, München 1983.

sich die Schrift in der heiklen Zinsfrage durch. Das Verbot der Zinsnahme, das zunächst nur für Kanaan und das eigene Volk galt, kommt in der Tora an drei Stellen vor, die jeweils verschiedenen Rechtsquellen entstammen und spezifische sozio-ökonomische Bedingungen widerspiegeln (Ex 22,24; Lev 25,35-38; Dtn 23,20f). In einer von permanentem Nahrungsmangel geprägten, auf ungleicher Verteilung basierenden Subsistenzwirtschaft wurde das Zinsverbot als wirksamer Schutz gegen eine weitgreifende Verelendung der Armen und Landlosen eingeführt und sollte die beträchtlichen landwirtschaftlichen Risiken minimieren.[263] Die Geschichte des Zinsverbots und das Bemühen seiner Umgehung zeigen deutlich, dass eine in einem bestimmten Kontext durchaus sinnvolle und weiterführende Maßnahme sich bei veränderten Rahmenbedingungen zu einem großen Hemmschuh für die wirtschaftliche Entwicklung kehren kann.[264] Normativ oder unverrückbar sollten die Ziele und Intentionen sein, die einem bestimmten Gebot oder Verbot zugrunde liegen, nicht die Mittel und Methoden, die sie dazu erfordern. Die Fixierung auf eine bestimmte Norm drängt nur allzu oft die Kontextbedingungen in den Hintergrund, gerade die Hebräische Bibel zeigt in vielen ihrer Facetten, dass hinter ökonomischen Entwicklungen und ihrer rechtlichen Sanktionierung stets Entscheidungen und Machtinteressen stehen, die es aufzudecken und zu hinterfragen gilt. Sie erzählt zahlreiche Auseinandersetzungen um eine gottgefällige, das heißt gerechte Gestaltung der Welt, um die schlichte Frage, was es konkret heißt, ein Ebenbild Gottes zu sein in den realen Verhältnissen, in die Menschen hineingeworfen werden, in denen sie ihr Leben gestalten müssen.

So darf es zunächst nicht verwundern, wenn auch das Neue Testament und darin besonders die Evangelien ein buntes Mosaik von Aussagen und Einstel-

---

[263] Darlehen waren in der Regel Dringlichkeits- bzw. Konsumtionskredite, die etwa nach mangelnder Ernte oder einem gänzlichen Ausfall das Überleben der Familien sichern sollten. Sie waren keine Investitionskredite. Die Ablehnungen bzw. Verurteilungen des Zinsnehmens in Ez 18,13.17; 22,12; Hab 2,6f; Ps 15,5; Spr 28,8 und Neh 5,1-13 deuten jedoch darauf hin, dass das Zinsverbot nur teilweise eingehalten wurde.

[264] Zur Entstehung und Funktion des Zinsverbots vgl. Klingenberg, Eberhard, Das israelitische Zinsverbot in Torah, Misnah und Talmud, Mainz 1977; Leutzsch, Martin, Das biblische Zinsverbot, in: Kessler, Rainer/Loos, Eva (Hg.), Eigentum: Freiheit und Fluch 107-144; Werner, Klaus, Das israelitische Zinsverbot. Seine Grundlagen in Torah, Mischnah und Talmud, in: Heil, Johannes, Wacker, Bernd (Hg.), Shylock? Zinsverbot und Geldverleih in jüdischer und christlicher Tradition, München 1997, 11-20; Ders., Verschuldung und Überschuldung, Schuldenerlaß und Sündenvergebung, in: Crüsemann, Marlene/Schottroff, Willy (Hg.), Schuld und Schulden. Biblische Traditionen in gegenwärtigen Konflikten, München 1992, 104-131; Groß, Walter, Die alttestamentlichen Gesetze zu Brache-, Sabbat-, Erlaß- und Jubeljahr und Zinsverbot, bes. 2-5; Kegler, Jürgen, Das Zinsverbot in der hebräischen Bibel, in: Crüsemann, Marlene/Schottroff, Willy (Hg.), Schuld und Schulden 17-39. – Die christliche Kirche hat sich in ihrer Ablehnung der Zinsnahme insbesondere auf Lk 6,34f berufen. Zur wechselvollen Geschichte seiner Begründungen vgl. Weiß, Andreas Michael, Zinsen und Wucher. Das kirchliche Zinsverbot und die Hindernisse auf dem Weg zu seiner Korrektur, in: Aichhorn, Ulrike (Hg.), Geld- und Kreditwesen im Spiegel der Wissenschaft, Wien/New York 2005, 123-156; Kloft, Matthias Theodor, Das christliche Zinsverbot in der Entwicklung von der Alten Kirche zum Barock. Eine Skizze, in: Heil, Johannes/Wacker, Bernd (Hg.), Shylock? 21-34; Beinert, Wolfgang, Kann man dem Glauben trauen? Grundlagen theologischer Erkenntnis, Regensburg 2004, 28f; Ruster, Thomas, Von Menschen, Mächten und Gewalten 97-116.

lungen bieten, die von einer völligen Verurteilung von Reichtum und Geld bis zu deren unverhohlener Hochschätzung reichen.[265] Das Wort von der Unmöglichkeit, zugleich Gott und dem Mammon dienen zu können (Mt 6,24/Lk 16,13), und die Geschichte vom reichen Jüngling (Mk 10,17-31 par.) gehören zu den bekanntesten geldkritischen Aussagen Jesu,[266] denen man aber auch wohlwollende und aufmunternde Texte zur Seite stellen kann. Die Aufforderung, sich mit Hilfe des ungerechten Mammons Freunde zu machen (Lk 16,9), ist in diese positive Linie ebenso einzureihen wie das komplexe Gleichnis von den anvertrauten Talenten (Mt 25,14-30/Lk 19,11-27).[267] Dementsprechend konnten Exegese und Theologiegeschichte je nach hermeneutischem Erfordernis eine bestimmte Stoßrichtung hervorheben, weil sich eben für jede Position Belege in der Schrift finden ließen.[268] Das zweite Kapitel sollte zeigen, dass die Theologiegeschichte exakt entlang dieser beiden Linien ihre zwei wichtigsten Modelle einer Verhältnisbestimmung entwickelte: das *affirmativ-identifizierende* und das *negativ-exklusivierende* Modell.

Doch wie lässt sich dieser offensichtlichen Pattstellung, dass sich für nahezu jede Position auch das Gegenteil belegen lässt, entkommen? Gibt es eine Lösungsmöglichkeit jenseits dieser antagonistischen Verhältnisbestimmung? Werden nicht durch sie die zentralen Intentionen Jesu ausgedünnt, weil sein Leben und Wirken dem weiten Land der offenen Bedeutungen ausgeliefert werden? Es ist die These des folgenden Abschnittes, dass das Evangelium letztlich weder dem einen noch dem anderen Modell den Vorzug gibt, ja letztlich beide kritisiert, indem es konsequent einen dritten Weg beschreitet, der aus den großen Aporien der tendenziell unkritischen Affirmation und der apokalyptisch inspirierten Negation herausführt. Mit dem *relativen* Modell gelingt

---

[265] Vgl. dazu Selter, Friedrich/Krüger, Rene, Art. χρῆμα in: Theologisches Begriffslexikon zum Neuen Testament 1 (hg. v. Coenen, Lothar/Haacker, Klaus), Wuppertal/Neukirchen 1997, 84-89; einen informativen Überblick bieten auch die Einträge von Bogaert, Raymond, Geld (Geldwirtschaft), in: RAC 9, Stuttgart 1976, 797-907, bes. 843-850, sowie von Honecker, Martin, Art. Geld, in: TRE 12, Berlin 1984, 278-298, der die neutestamentliche Ambivalenz der Urteile und Aussagen über das Geld herausstreicht. In ähnlicher Weise unterscheidet Karl Lehmann für das Neue Testament positive und ambivalente Aussagen und hält es von daher für problematisch, „solche »Fetzen« aus biblischen Traditionen unmittelbar auf gegenwärtige Konflikte anzuwenden" (Lehmann, Karl, Geld – Segen oder Mammon? Biblische Aspekte – Ein Arbeitspapier, in: Hesse, Helmut/Issing, Otmar (Hg.), Geld und Moral, München 1994, 125-137, 134).

[266] Vor allem das Apophtegma, dass ein Kamel eher durch ein Nadelöhr gehe als ein Reicher in den Himmel komme, zählt zu den Klassikern der Jesus-Zitate. Zur Herkunft und Bedeutung dieses Satzes vgl. Gnilka, Joachim, Das Evangelium nach Markus (EKK 2/2), Einsiedeln/Neukirchen 1979, 88f.

[267] In diese Tradition gehört auch das in der Alten Kirche wichtige Agraphon „Seid kundige Geldwechsler!", das nach Joachim Jeremias zu den authentischen Jesusworten zählt (Jeremias, Joachim, Unbekannte Jesusworte, Gütersloh ⁴1965, 95-97). Es war darüber hinaus wie kein zweites außerkanonisches Jesuswort überaus beliebt und wurde dementsprechend häufig zitiert. Vgl. dazu Vos, Johan S., Das Agraphon „Seid kundige Geldwechsler!" bei Origenes, in: Petersen, William L. u.a. (Hg.), Sayings of Jesus: canonical and non-canonical (Essays in Honour of Tjitze Baarda), Leiden 1997, 277-302.

[268] Zum Problem vgl. Fuchs, Gotthard, Geistliches Leben im „stahlharten Gehäuse". Als Christ und Christin leben in einer „Kultur" des Geldes, in: KatBl 123 (1998) 153-161; Ders., Geldanschauung. Aufgabenbeschreibung für eine konkrete Theologie, in: Diakonia 19 (1988) 251-257.

es dem Neuen Testament, die Potentialität des Geldes sowohl als die große Widermacht Gottes aufzudecken als auch als ein herausragendes Mittel für die Gerechtigkeit Gottes zu gewinnen. Damit bewegt sich dieses dritte Modell erkennbar in den breiten Spuren des Alten Testaments, doch erzeugt es durch die enge Verknüpfung mit der Person Jesu ein markantes, mitunter anstößiges Profil. Der Begriff *Relativität* ist hier wiederum in seiner doppelten Konnotation zu verstehen: Die Beziehungsdimension gehört konstitutiv zur Definition der jeweiligen Größe, so dass jede Einheit nicht aus sich selbst beschrieben werden kann, sondern stets nur in ihrem Verhältnis zu einem Gegenüber, das irritiert und befragt, Licht und Schatten sucht und nur in dieser Spannung seine Bedeutung erhält. Das relative Modell lässt die zahlreichen affirmativen und negativen Passagen der Schrift daher nicht in einem weitgehend unvermittelten Nebeneinander bestehen (dies und das), sondern bindet sie konsequent an eine Größe, die dieser Dualität vorausgeht und durch ihre genuine Relativität eine umfassende Kriteriologie der Texte überhaupt erst ermöglicht: *die Botschaft Jesu vom Kommen des Reiches Gottes*. Allein in ihrem Kontext sind Intention und Praxis Jesu zu verstehen, nur in ihrem Licht lassen sich die verschiedenen Ebenen und Perspektiven vermitteln, ohne eine neue Uniformität oder unvermittelbare Dualität ins Leben zu rufen. Denn das *Reich Gottes* ist ja keine in sich geschlossene Größe, kein fest umrissener Bestand an Sätzen bzw. Überzeugungen und keine perfekte, ein für allemal fest gefügte Ordnung der Dinge, sondern neues Leben, eine Unordnung der Liebe, die stets aufs Neue lebendige und überraschende Formen hervorbringt, selbst in den verlorenen Regionen ihre Quellen findet und sich allein in den konkreten Beziehungen, in einer an der Heilsbotschaft orientierten Praxis vollzieht. Das schließt nicht nur ein, sondern erfordert geradezu eine Pluralität der Perspektiven, Zugänge und Wege, die einander ohne weiteres im Widerstreit liegen können und eine permanente Suche nach entsprechenden Gestaltungsmöglichkeiten eröffnen.[269] Reich Gottes ist ein brennendes Feuer, eine streitbare Größe, es wächst nicht im Schlaf der Gerechten, sondern in der lebendigen, offenen und aufrichtigen Auseinandersetzung jener Menschen, die im Geiste Jesu ihr Leben gestalten möchten. Deshalb gehen der Reflexion auf die engere Frage nach der Geldpraxis Jesu sachlich die Überlegungen zu seiner Reich-Gottes-Botschaft voraus. Erst in ihrem Lichte lassen sich aus der situativen Lehre und Praxis Elemente herausfiltern, die in gegenwärtigen aktuellen Fragestellungen wichtige Orientierungspunkte für eine Erkenntnis und Praxis in der Nachfolge Jesu bieten können.

6.1 Vom Kommen der Gottesherrschaft

Es ist für den folgenden Gedankengang nicht erforderlich, die exegetischen Debatten um Herkunft, Geschichte und adäquate Übersetzung des Begriffs

---

[269] Vgl. dazu Ebach, Jürgen, Der eine Gott und die Vielfalt der Menschen. Konkurrenzfragen in der Bibel und an die Bibel, in: Wege zum Menschen 53 (2001) 462-481.

6 Die relative Macht des Mammons – Anmerkungen zur Geldpraxis Jesu 417

Gottesherrschaft (βασιλεία τοῦ θεοῦ) zu erörtern, die Konzentration kann gänzlich der Bedeutung für Leben und Lehre Jesu sowie ihrer semantischen Transformation in unsere Gegenwart gelten.[270] Die Reich-Gottes-Botschaft ist das unbestrittene Zentrum und Herzstück des christlichen Glaubens, alle seine einzelnen Inhalte sind auf sie hingeordnet, alle Reflexionen finden in ihr die gemeinsame Mitte und das entscheidende Maß. Jesus verstand sein Leben ganz im Dienste dieser Botschaft. Er hat die anbrechende Herrschaft der Güte und Menschenfreundlichkeit Gottes als Ereignis nicht für die Zukunft, sondern im Hier und Jetzt verkündet.[271] Die Gottesherrschaft ist eine frohe Botschaft, im Anschluss an Jes 52,7 eine Chiffre für die endgültige und unwiderrufliche Ankunft der Heilszeit, für das unaufhaltsame Kommen des endzeitlichen Paradieses.[272] Die eschatologische Wende ist bereits da, Gott hat sich endgültig durchgesetzt, den Satan aus dem Himmel geworfen (Lk 10,18), der Macht des Bösen ein Ende gesetzt. Vermutlich widerspiegelt dieser Visionsbericht („Ich sah den Satan wie einen Blitz vom Himmel fallen.") neben der Versuchungsgeschichte in Mk 1,12 ein Schlüsselerlebnis Jesu, das zugleich die Differenz zum Täufer entscheidend markiert.[273] Während die Botschaft des Johannes streng ethisch orientiert ist und der Mensch dem endzeitlichen Gericht nur durch eine radikale Umkehr entkommen kann, eröffnet die sich realisierende Gottesherrschaft bereits jetzt einen Heilsraum, der eine neue Praxis der Tora ermöglicht. Die mythischen Bilder und Hoffnungen für die Zeit nach der Wende sind bereits jetzt erfahrbar.[274] Nicht Feuer vom Himmel und Schrecken der

---

[270] Der Ausdruck kommt im Neuen Testament 122 Mal vor, und 90 Mal wird das Sprechen darüber Jesus selbst in den Mund gelegt. Die Probleme beginnen bereits bei der Frage einer adäquaten Übersetzung des Begriffs. Im deutschen Sprachgebrauch ist Herrschaft und Reich negativ konnotiert und meist mit einer geographischen Region verbunden; es gibt keine unproblematische Übersetzung des Begriffs. Entscheidend ist, dass damit ein dynamisches, höchst lebendiges Geschehen verbunden wird und nicht eine statische, klar umrissene Größe mit festen Grenzen.

[271] Freilich wird innerhalb der exegetischen Forschung die Frage nach dem Verhältnis von (angebrochener) Gegenwart und (kommender) Vollendung kontrovers diskutiert. Die Vertreter der so genannten „konsequenten Eschatologie" interpretieren in der Nachfolge von Albert Schweitzer die Praxis Jesu von der apokalyptischen Naherwartung des unmittelbar bevorstehenden Anbruchs des Reiches Gottes her. Alles, was Jesus getan und gelehrt hat, sei im Hinblick auf das nahe Ende der Zeit geschehen. Der Großteil der Exegetinnen und Exegeten neigt heute der zweiten Position zu, der so genannten „präsentischen Eschatologie". Sie interpretiert das Reich Gottes in der Tradition Rudolf Bultmanns als überzeitliche Ordnung, die unabhängig von den zukünftigen Ereignissen bereits angebrochen ist und kontinuierlich dort wächst, wo Menschen dem „Ruf der Entscheidung" folgen und die bereits zeichenhaft erfolgte Ankunft der Gottesherrschaft bezeugen. Vgl. dazu Vanoni, Gottfried/Heininger, Bernhard, Das Reich Gottes (NEB. NT 4), Würzburg 2002.

[272] Nach Helmut Merklein lassen die synoptischen Überlieferungen und insbesondere die der älteren Traditionsschicht zuzählenden Logien „keinen Zweifel daran, daß die »basileia Gottes« als eschatologische Größe zu verstehen ist". Ihr vom Ansatz her futurischer Charakter wird vor allem durch Verbindungen mit „kommen" oder „nahe kommen" unterstrichen und durch präsentische Aussagen wie Mt 12,18/Lk 11,20 nicht in Frage gestellt, sondern sie erhält dadurch erst ihre besondere Brisanz (Merklein, Helmut, Jesu Botschaft von der Gottesherrschaft. Eine Skizze (SBS 111), Stuttgart 1983, 24).

[273] So Ebner, Martin, Der Mann aus Nazaret 6.

[274] Martin Ebner betont, dass sich Jesus zwar ebenfalls der Katastrophenmetaphorik bedient, sie jedoch zugleich als überwunden betrachtet: „Er fühlt sich bereits auf der »anderen Seite« des

Verwüstung kennzeichnen das Kommen des Reiches, sondern Befreiung und Bekehrung, Freude und Hoffnung sowie ein würdiges Leben auch für Entrechtete und Marginalisierte.[275] Jesus hat die Basileia Gottes unmittelbar auf seine eigene Gegenwart bezogen, sie „kommt jetzt und ist in ihrem Kommen mit der Person dessen, der ihr Kommen verkündigt, unmittelbar verbunden"[276]. Die Verkündigung dieser radikalen Heilsbotschaft hängt unmittelbar mit Jesu ureigenster Gotteserfahrung zusammen, die er als singulär und epochal neu erfuhr, zugleich aber nicht als ein exklusives Geschehen für sich allein beanspruchte, sondern als paradigmatisch erachtete, insofern sich in seinem Gottesverhältnis „die Nähe Gottes zu allen Menschen neu und unwiderruflich ereignete"[277]. Es kommt etwas Neues in die Welt, das definitiv nicht aus ihr stammt, sondern als elementare Unterbrechung erfahren wird. Die Zuwendung Gottes zu den Menschen ist und bleibt bedingungslos, sie ist an nichts gebunden, an keinen Tempel, an keinen Kult und an kein Opfer, sondern gilt ohne Ausnahme allen Menschen, vor allem aber den Verlorenen, Entrechteten und Armen. „Der Gott Jesu macht jedem Menschen das Angebot, zu leben aus unbedingtem Angenommensein (unabhängig von Herkunft, Schuld oder Leistung), befreit von der tiefsitzenden Angst um sich selbst, befreit zur Annahme seiner selbst und zur Annahme des andern über alle Grenzen von Trennung und Feindschaft hinweg"[278]. Überall dort, wo sich Menschen auf diese neue Wirk-

---

apokalyptischen Ufers stehend und sieht seine (nach außen hin unveränderte) Alltagswelt in der Perspektive der Heilsbilder von der Endzeit, wie sie die Tradition vorgibt." (Ebner, Martin, Jesus von Nazaret in seiner Zeit 106)

[275] Vgl. Houtepen, Anton W.J., Gott – eine offene Frage. Gott denken in einer Zeit der Gottvergessenheit, Gütersloh 1999, 223-228. Das Reich Gottes ist schon mit ganzer Macht da, „aber es ist in befremdlicher Ohnmacht präsent" (Sander, Hans-Joachim, nicht verleugnen. Die befremdende Ohnmacht Jesu, Würzburg 2001, 56). Die Macht Gottes wird nur deshalb noch nicht als endgültig erfahren, weil die Menschen von der Machterwartung nicht Abschied nehmen können, die jede Ohnmacht aus der Realität tilgt. Die Macht Gottes scheut die Ohnmacht nicht, sondern keimt darin auf.

[276] Jüngel, Eberhard, Der historische Jesus – eine Gesamtschau, in: Schmidinger, Heinrich (Hg.), Jesus von Nazareth (Vorlesungen der Salzburger Hochschulwochen 1994), Graz 1995, 25-56, 27. Die Logik dieses Geschehens ist für das Verständnis der Botschaft zentral. Jesus hat sich ganz von dieser Gottesherrschaft her verstanden, doch gewinnt ihr Kommen „seine Realität nicht durch Jesu Tätigkeit, sondern es hat seine Realität aus sich selbst" (34). „Nicht er hat sich für die Gottesherrschaft entschieden, sondern er kennt sich selbst als den Verkündiger, für den sich die zur Sprache kommende Gottesherrschaft entschieden hat" (34).

[277] Rahner, Karl, Grundkurs des Glaubens, Freiburg [12]1976, 250.

[278] Kessler, Hans, Das Kreuz und die Auferstehung, in: Schmidinger, Heinrich (Hg.), Jesus von Nazareth (Vorlesungen der Salzburger Hochschulwochen 1994), Graz 1995, 149-184, 154. In dieser bedingungslosen Zuwendung Gottes zeigt sich vielleicht die spektakulärste Akzentverschiebung, die Jesus im Gottesverständnis seiner Zeit vorgenommen hat: „In der Gottesherrschaft braucht es keine Sühneleistungen mehr, wie sie im Tempel durch die täglichen Opfer vollzogen werden. In der Endzeit werden die Sünden von Gott unmittelbar vergeben, ohne Zwischeninstanzen (z.B. Jes 33,24). Das ist eine der Doktrinen des traditionellen Glaubens, der mit der endgültigen Aufrichtung der Gottesherrschaft verbunden ist. Für Jesus, nach dessen Überzeugung die volle Durchsetzung der Gottesherrschaft nicht mehr aufzuhalten war, hatte der Tempel keine Funktion mehr, er war überholt. Sein Untergang war eine Frage der Zeit." (Ebner, Martin, Der Mann aus Nazaret. Was können wir historisch von Jesus wissen, in: Bibel heute 36 (2000) 6-11, 11)

lichkeit einlassen, wo sie ihr Leben ganz den Verheißungen Gottes anvertrauen, wo sie umkehren, wo Trauernde getröstet, Hungernde gespeist, Gefangene befreit und Kranke geheilt werden (Mt 25,31-46), dort ist das Reich Gottes angebrochen und dort wächst es, zunächst unscheinbar, aber doch unaufhörlich (Mk 4,30-32/Mt 13,31-33/Lk 13,18-21). Das Kommen dieses Reiches ist und bleibt allein Tat Gottes, aber es erfordert die Mitarbeit der Menschen und drängt zur Entscheidung (Mk 3,31-35). Es lädt ein, im praktischen und konkreten Widerspruch zu den Übeln der Welt, dem Urgrund der Wirklichkeit als dem uns zugewandten Gott zu vertrauen „und von daher selbst *mehr* Güte zu leben"[279], es fordert auf, sein Leben in diesem Geiste zu gestalten, mehr Gerechtigkeit, Friede und Heil zu wagen, kurz, mehr Liebe in die Welt zu bringen. Lukas fasst dieses innere Konstruktionsprinzip in den unspektakulären Satz: „Seid barmherzig, wie es auch euer Vater ist!" (Lk 6,36) Die Güte Gottes beginnt sich bei den Menschen durchzusetzen und obwohl dieser Prozess schon begonnen hat, steht er immer noch am Anfang, weshalb die Vater-unser-Bitte nach dem Kommen des Gottesreiches ein stets bleibender Ausdruck der drängenden Zuversicht und unbändigen Hoffnung zugleich ist, dass die Diskrepanz zwischen den unscheinbaren Anfängen und der universalen Vision einer endgültigen Vollendung kleiner werden möge.[280]

Das Reich Gottes ist einerseits jene Zielgröße, jener unverrückbare Fluchtpunkt, der dem Leben in der Nachfolge Jesu Orientierung schenkt, um im Vertrauen auf die Wirklichkeit Gottes Kraft zur Versöhnung und Mut zum Engagement für sein Wachsen zu gewinnen. Damit ist es selbst eine zutiefst relative Größe, insofern es sich nur in Bezug auf die konkreten Menschen und gesellschaftlichen Verhältnisse realisieren, allein in offener Korrespondenz zu den jeweiligen Problemstellungen und Herausforderungen der Zeit vermitteln und entwickeln kann. Die entscheidende Frage in Bezug auf die Problemstellung dieser Arbeit lautet daher nicht: Welches Verhältnis hatte Jesus selbst zum Geld, sondern: *Was dient dem Kommen des Reiches Gottes und was fördert sein Wachstum?* Erst diese Frage stellt den hermeneutischen Schlüssel zur Verfügung, um die disparaten Bemerkungen und Äußerungen Jesu nicht in einer geteilten Sammlung von erschreckender Gleichgültigkeit und apokalyptischer Verurteilung verbuchen zu müssen. Das breite Spektrum der Aussagen und Praktiken Jesu bzw. des Neuen Testaments zum Geld ist auf diese grundlegende und zentrale Fragestellung hin aufzuschlüsseln, ob und inwiefern Geld und Besitz das Kommen des Reiches Gottes fördern, das ja, wie Paulus schreibt, nicht Essen und Trinken ist, sondern „Gerechtigkeit, Friede und Freude im Heiligen Geist" (Röm 14,17). Eine unvermittelte Übersetzung der Praxis Jesu in die Welt von heute ist nicht möglich (und wohl auch nicht zielführend), weiterführend und entscheidend ist die Transformation seiner Grammatik, die

---

[279] Kessler, Hans, Den verborgenen Gott suchen. Gottesglaube in einer von Naturwissenschaften und Religionskonflikten geprägten Welt, Paderborn 2006, 35.
[280] Die zahlreichen Gleichnisse, die das Wachstum der Gottesherrschaft thematisieren, sind wohl ein Indiz für die Skepsis und die Unsicherheit innerhalb des Jesuskreises, ob die große Wende wirklich bereits geschehen ist und das Reich Gottes tatsächlich Fuß fasst (vgl. dazu Ebner, Martin, Jesus von Nazaret in seiner Zeit 174-177).

freilich nicht aus sich selbst heraus gelingt, sondern nur in der Rekontextualisierung ihrer historischen Bedeutung.

Im Folgenden soll an einigen einschlägigen Perikopen die relative Grammatik Jesu dargestellt werden, durch die das Geld stets in eine Verhältnisstruktur eingeordnet wird. Dadurch lassen sich Elemente einer Kriteriologie gewinnen, ob und in welcher Weise Geld und Reichtum eine Funktionsgröße für das Reich Gottes bilden oder sich zu einer widergöttlichen Macht, zum Mammon verdichten. Mit der konsequenten Orientierung an der βασιλεία τοῦ θεοῦ, an ihrem Wachsen im Hier und Heute, kommt eine dritte Größe ins Spiel, die den positiven und auch den kritischen Passagen einen kongruenten Bedeutungshorizont erschließt, der die gesuchten Konturen für eine Transformation in die Welt deutlich zum Vorschein bringt.[281]

6.2 Gott oder Mammon (Mt 6,24/Lk 16,9-13)

Mt 6,19-24	Lk 16,9-13
19 Sammelt euch nicht Schätze hier auf der Erde, wo Motte und Wurm sie zerstören und wo Diebe einbrechen und sie stehlen, 20 sondern sammelt euch Schätze im Himmel, wo weder Motte noch Wurm sie zerstören und keine Diebe einbrechen und sie stehlen. 21 Denn wo dein Schatz ist, da ist auch dein Herz. 22 Das Auge gibt dem Körper Licht. Wenn dein Auge gesund ist, dann wird dein ganzer Körper hell sein. 23 Wenn aber dein Auge krank ist, dann wird dein ganzer Körper finster sein. Wenn nun das Licht in dir Finsternis ist, wie groß muss dann die Finsternis sein! 24 Niemand kann zwei Herren dienen; er wird entweder den einen hassen und den andern lieben, oder er wird zu dem einen halten und den andern verachten. Ihr könnt nicht beiden dienen, Gott und dem Mammon.	9 Ich sage euch: Macht euch Freunde mit Hilfe des ungerechten Mammons, damit ihr in die ewigen Wohnungen aufgenommen werdet, wenn es (mit euch) zu Ende geht. 10 Wer in den kleinsten Dingen zuverlässig ist, der ist es auch in den großen, und wer bei den kleinsten Dingen Unrecht tut, der tut es auch bei den großen. 11 Wenn ihr im Umgang mit dem ungerechten Reichtum (Mammon) nicht zuverlässig gewesen seid, wer wird euch dann das wahre Gut anvertrauen? 12 Und wenn ihr im Umgang mit dem fremden Gut nicht zuverlässig gewesen seid, wer wird euch dann euer (wahres) Eigentum geben? 13 Kein Sklave kann zwei Herren dienen; er wird entweder den einen hassen und den andern lieben, oder er wird zu dem einen halten und den andern verachten. Ihr könnt nicht beiden dienen, Gott und dem Mammon.

Dieses berühmte Wort Jesu, wonach niemand gleichzeitig Gott und dem Mammon dienen könne, findet sich nach heute gängiger Theorie in der so genannten

---

[281] Vgl. dazu die im deutschen Sprachraum weitgehend unbekannten Arbeiten von Fuellenbach, John, The Kingdom of God: the message of Jesus today, Maryknoll 1995; Ders., Church: Community for the Kingdom, Maryknoll 2006.

Logienquelle, jener Sammlung von vorwiegend Worten Jesu, die schriftlich nicht überliefert und erhalten ist, aber weitgehend aus den Matthäus- und Lukasevangelium rekonstruiert werden kann.[282] Beide Evangelisten betten dieses offensichtliche Sprichwort in einen divergierenden Kontext ein, wodurch sich unterschiedliche Bedeutungshorizonte eröffnen. In keiner der beiden Fassungen erfolgt ein unmittelbarer Verweis auf das Reich Gottes, obwohl es implizit die entscheidende Bezugsgröße bildet. Matthäus fügt zur Verdeutlichung am Ende der Perikope explizit hinzu, dass es in der Nachfolge Jesu „zuerst um sein Reich und seine Gerechtigkeit gehen" müsse, alles andere werde dazugegeben (V 6,33).

Die populärere Version des Matthäus platziert die schneidende Antinomie von Gott und Mammon an jener wichtigen Schnittstelle unmittelbar nach dem Zentrum der Bergpredigt, an der die grundlegenden Fragen nach dem Reichtum und dem Verhältnis zum Besitz erörtert werden. Immer wieder kommt der Evangelist auf diese Thematik zu sprechen, sei es in den *Anweisungen für die Mission der Jünger* (Mt 10,5-15), im *Doppelgleichnis vom Schatz und der Perle* (Mt 13,44-46) oder in der Perikope über *Reichtum und Nachfolge* (Mt 19,16-30). Bereits die Alte Kirche kämpfte um eine sachgemäße Interpretation.[283] Warum sollte sich der Dienst für Gott gegenüber dem Mammondienst vollständig ausschließen, wenn doch der Reichtum immer auch als Geschenk Gottes verstanden wurde und man dem Mammon (aufgrund des ersten Gebotes im Dekalog) überhaupt nicht dienen kann? Die kirchliche Tradition hat diese schroffe Alternative einerseits zu entschärfen und andererseits auszuweiten versucht.[284] Entschärft hat sie dieses Logion insofern, als sie zunächst den Bedeutungsgehalt spiritualisierte. Ausgehend von V 22 richtete sie das Augenmerk auf die innere Einstellung zum Besitz, wonach es eines sei, Reichtümer zu *besitzen* und ein anderes, ihnen zu *dienen*. Der Segenscharakter des Reichtums blieb unangetastet, es kam allein auf das persönliche Verhältnis zu ihm an. Als Kronzeugen für die Spiritualisierung dieser radikalen Forderung lässt sich eine Reihe von bedeutenden Kirchenvätern und Theologen aufrufen, von Clemens von Alexandrien über Johannes Chrysostomos, Hieronymus bis zu Thomas von Aquin und Martin Luther.[285] Eine weitere Entschärfung ließ sich durch die Ausweitung erreichen, insofern etwa V 24a-c allein zitiert und V 24d

---

[282] Vgl. Hoffmann, Paul/Heil, Christoph (Hg.), Die Spruchquelle Q. Studienausgabe Griechisch und Deutsch, Darmstadt ²2007, 98 (Q 16,13).

[283] Vgl. Bogaert, Raymond, Art. Geld, bes. 847-850.

[284] Vgl. dazu Luz, Ulrich, Das Evangelium nach Matthäus (EKK 1/1), Düsseldorf/Zürich ⁵2002, 468ff.

[285] Einen Einblick in die Debatte bieten Bogaert, Raymond, Art. Geld, bes. 850-874; Hengel, Martin, Eigentum und Reichtum in der frühen Kirche. Aspekte einer frühchristlichen Sozialgeschichte, Stuttgart 1973; Geerlings, Wilhelm, Reichtum und Armut in der Alten Kirche, in: Lange, Günter (Hg.), Reichtum der Kirche – ihr Armutszeugnis, Bochum 1995, 83-94). Reinhart Staats betont, „daß in der älteren Kirchengeschichte, sogar des ganzen ersten Jahrtausends, eine grundsätzlich kritische Einstellung zum Reichtum der Kirche noch keinen Platz hat. Die Kirche Jesu Christi durfte, ja sollte über großes Kapital verfügen!" (Staats, Reinhart, Deposita pietatis – Die Alte Kirche und ihr Geld, in: ZThK 76 (1979) 1-29, 4) Für die Kirchenväter ist Geld ebenfalls eine Gabe Gottes, der Mensch sein Verwalter, nicht sein Eigentümer, weshalb der Gebrauch die Differenz setzt. Für die christlichen Schriftsteller gab es nur einen einzigen guten

weggelassen wurde, so dass es sich zu einem Sprichwort verengte, das auf alle erdenklichen Differenzen bezogen werden konnte. Schließlich bestand eine weitere Form der Depotenzierung in der Allegorisierung, indem Mammon als Synonym für allerlei Leidenschaften und Werthaltungen interpretiert wurde, die in schroffer Konkurrenz zur Macht Gott stehen. Aber Matthäus ging es, so betont Ulrich Luz, ganz konkret um den Besitz, um eine Grundeinstellung des ganzen Menschen und nicht bloß um ein äußerliches Verhalten. Jede Entschärfung widerspreche seinen Intentionen. Wenn man VV 22f von VV 19-21 und von V 24 her lese, zeige sich, dass Matthäus „offenbar wirklich der Meinung [war], daß das Geld der Ort ist, wo der Mensch sein Herz hat, wenn es nicht bei Gott oder beim »himmlischen Schatz« ist"[286]. Im Zentrum der Aufmerksamkeit stehe nicht so sehr das Ziel der Vollkommenheit, die bessere Gerechtigkeit, sondern der Weg dorthin. Die kirchliche Auslegung, die den Text zu verinnerlichen suchte, habe richtig gesehen, dass es um ein Verhältnis zum Reichtum gehe. „Es ist der *Dienst* gegenüber dem Mammon, der den *Dienst* gegenüber Gott ausschließt. Es ist das *Herz* des Menschen, das nicht bereit ist zur Liebe, wenn die Taten der Liebe nicht den ganzen Menschen einschließen."[287] Die in der Auslegungsgeschichte immer wieder bemühte Behauptung, dass sich Reichtum nicht notwendig mit Habsucht verbinden müsse, entspreche offensichtlich nicht der Erfahrungswelt des Matthäus.

Obwohl Luz einerseits die buchstäbliche Radikalität dieser Geschichte betont, ist auch seine Interpretation nicht gänzlich frei vom Hang zur Spiritualisierung. Es komme auf die *innere* Einstellung zum Besitz an, auch wenn er die Bedeutung der konkreten Praxis hervorhebt: „Gottesdienst wie Mammonsdienst werden für ihn [Matthäus] in *Taten* mit dem Geld sichtbar."[288] Aber wird damit dem heftigen Impuls dieses Logions nicht wieder der Zahn gezogen? Geht mit der Konzentration auf die innere Einstellung nicht die Radikalität der Forderung verloren? Für Annette Merz zielt das Verstörende dieses kontextlos überlieferten Jesuswortes mitten ins Zentrum der Botschaft Jesu hinein, weil es auf mehreren Ebenen eine radikaltheokratische Alternative formuliere.[289] Auf einer individuellen Ebene kritisiert es das Vertrauen in die irdischen Mächte der Lebenssicherung. Dem Besitz wird eine Kraft zur Lebenserhaltung eingeräumt, die er in Wahrheit nicht ausweisen kann. Wahrer Garant des Überlebens ist allein Gott. Wer ihn mit ganzem Herzen liebt, erwartet keine Existenzsicherung von irdischen Schätzen, sondern sammelt sie vielmehr im Himmel. Jesus verheißt den Armen und Notleidenden kontrafaktisch das Notwendige zum Leben, wenn sie in der Sorge für das Reich Gottes das Sorgen

---

Gebrauch: das Almosengeben. Die Gütergemeinschaft nach dem Beispiel der Urgemeinde blieb das nachahmenswerte Ideal.

[286] Luz, Ulrich, Das Evangelium nach Matthäus 471. Dafür blieb die Perikope von Reichtum und Nachfolge (Mk 10,17-31 par.) paradigmatisch.
[287] Luz, Ulrich, Das Evangelium nach Matthäus 471.
[288] Luz, Ulrich, Das Evangelium nach Matthäus 471.
[289] Vgl. Merz, Annette, Mammon als schärfster Konkurrent Gottes. Jesu Vision vom Reich Gottes und das Geld, in: Lederhilger, Severin J. (Hg.), Gott oder Mammon. Christliche Ethik und die Religion des Geldes, Frankfurt 2001, 34-90.

6 Die relative Macht des Mammons – Anmerkungen zur Geldpraxis Jesu 423

für ihr eigenes Leben unterlassen. Auf einer sozio-ökonomischen Ebene erweist sich das Logion als Kritik an den herrschenden ökonomischen Verhältnissen, die Menschen in Verschuldung führen und in Abhängigkeit halten. Auf einer religiösen Ebene fordert es eine radikale Entwertung des Geldes. Denn Gott oder Mammon ist keine Alternative zwischen gleich potenten Größen, sondern eine Entscheidung zwischen dem einen überlegenen Gott und einem völlig überschätzten Usurpator. „Die beiden stehen daher sowohl in einem sachlichen Gegensatz als auch in einem hierarchischen Verhältnis zueinander."[290] Doch unabhängig davon, ob daraus eine Überbietung oder ein Gegensatz abgelesen wird, immer läuft die theokratische Alternative auf eine Depotenzierung des Mammons im Dienste der egalitären Theokratie hinaus. Das gelte für alle Bereiche des Lebens, für die individuelle Existenzsicherung ebenso wie für das soziale Zusammenleben und die politischen Strukturen. Aber die Konsequenzen, die daraus gezogen werden, steigern sich auch bei Annette Merz wieder zu jener Alternative, die nur ein Entweder-Oder kennt: Wer sich für das Reich Gottes einsetzt, „muss Geld und Besitz radikal entwerten, darf sich nicht weiter ungerechten Formen des Gelderwerbs widmen und muss sich mit ganzem Herzen, ganzer Seele und seiner ganzen Kraft, auch der finanziellen, für Gott und das Reich Gottes einsetzen"[291].

Doch wer kann dann noch den Ansprüchen des Reiches Gottes genügen, liegt hier nicht die Latte unerreichbar hoch? Von daher erscheint die Spiritualisierung tatsächlich als eine willkommene und wohl auch notwendige Form der Entlastung, dem ungeheuren Druck dieses Anspruchs zu entkommen. Gibt es wirklich nur das Entweder-Oder, die Spiritualisierung oder Radikalisierung? Ist ein UND tatsächlich ausgeschlossen? Matthäus selbst legt bereits die Spur in die Richtung einer Vermittlung, wenn er an dieses scharfe Logion eine ausführliche Rede über die Sorglosigkeit anschließt (VV 24-34), in der Jesus dazu auffordert, sich um das Reich Gottes zu kümmern, was den Verzicht auf Besitzorientierung impliziert, doch ist die Besitzlosigkeit keine Voraussetzung sine qua non. Das Kriterium liegt auf der stets neu zu bestimmenden Schwelle, wo die notwendige Sorge um die Reproduktion in eine Fixierung auf sie und in eine libidinöse Form der Besitzsteigerung umschlägt. Die Tradition hat verschiedene Modelle entwickelt, der Forderung Jesu zu entsprechen, indem etwa die Radikalität in eine Nachfolgeelite wie das Mönchstum ausgelagert oder als ständiger Appell an alle Menschen universalisiert und zwischen rechter und falscher Sorge unterschieden wurde.

Wo immer man aber den Schwerpunkt setzen und welchem Modell man auch seine Präferenz schenken mag, entscheidend ist, dass jeder Diskussion und

---

[290] Merz, Annette, Mammon als schärfster Konkurrent Gottes 82.
[291] Merz, Annette, Mammon als schärfster Konkurrent Gottes 89. Ähnlich die Argumentation von Franz Zeilinger: Es geht nicht um Besitzverzicht, sondern vielmehr um die „Relation des Menschen zu den irdischen Gütern: *Dienen*, so wird gesagt, kann man nur Gott *oder* dem Götzen Mammon, nicht aber Gott *und* dem Mammon zugleich, da beide den vollen Einsatz an Eros, Kraft und *Liebe* verlangen" (Zeilinger, Franz, Zwischen Himmel und Erde. Ein Kommentar zur „Bergpredigt" Matthäus 5-7, Stuttgart 2002, 169). Vgl. dazu auch Schnackenburg, Rudolf, Matthäusevangelium 1,1-16,20 (NEB.NT 1), Würzburg 1985, 69ff.

Begründung eine Debatte um das Reich Gottes vorgelagert bleibt. Freilich ist Matthäus der Überzeugung, dass die Sorge um das Eigentum das Wachsen und das Engagement für dieses ambitionierte Projekt hemmen. Deshalb ist für die Haltung des restlosen Vertrauens allein auf Gott „das Leben der urchristlichen Wanderradikalen das Modell"[292], doch stellt der Evangelist bewusst keine neuen Gesetze auf, sondern lässt es bei der Zumutung bewenden, wie und in welcher Weise die Menschen unter den jeweils gegebenen Bedingungen diesem Ideal nachfolgen können. Hier steht uns kein ein für allemal gültiges Regelsystem zur Verfügung. Es ist auch möglich, und die Erfahrung liefert dafür unzählige Beispiele, dass der Verzicht auf Einkommen und bürgerliche Erwerbsarbeit oder das Weggeben seines Besitzes den Intentionen der βασιλεία τοῦ θεοῦ widersprechen können, wenn damit die Last wächst, den Lebensunterhalt sicherzustellen und viele Lebensressourcen von den Sorgen des Alltags aufgezehrt werden.

Lukas hat die Vorlage aus der Logienquelle dahingehend verändert, dass er nicht allgemein von einem Menschen, sondern von einem Sklaven (οἰκέτης) spricht (V 13). Im Judentum war es gemäß dem Nachfolge- und Besitzrecht ohnehin nur schwer möglich, zwei Herren zu gehören.[293] Andererseits sprachen die Rabbinen gerne davon, dass die Menschen zwei Herren haben, einen menschlichen und einen göttlichen. Das auch hier unübersetzt gelassene mamwna/j, das sich im Neuen Testament nur in den besprochenen Textpassagen findet, ist aramäisch (und nicht hebräisch), weshalb das Logion wohl auf einen aramäischen Ursprung hinweist.[294] Die Exegese betont auch in der lukanischen Komposition den Entscheidungscharakter, dass der Versuch, zwei Herrschaften gleichzeitig zu dienen, die Person teile, das eine das andere daher ausschließe.[295] Die Pointe des Logions ist bei Lukas nur im Kontext der unmittelbar vorausgehenden Parabel vom klugen Verwalter her zu verstehen (Lk 16,1-8; lukanisches Sondergut), die der Auslegung zahlreiche Probleme schafft. Die Schwierigkeiten beginnen bereits mit der äußeren Begrenzung, ob etwa V 9 als weitere Explikation der Parabel zu verstehen sei und damit textkritisch mit ihr eine Einheit bilde. Liegt der Akzent auf dem verantwortungsvollen Gebrauch der materiellen Güter, oder auf der frechen, aber doch belohnten Schläue des Verwalters? Oder soll für eine bestimmte existenzielle Haltung

---

[292] Luz, Ulrich, Das Evangelium nach Matthäus 486.
[293] Vgl. Hezser, Catherine, Jewish Slavery in Antiquity, Oxford 2005.
[294] Zur Begriffsgeschichte vgl. Balz, Horst, Art. μαμωνᾶς in: EWNT 2, Stuttgart 1981, 941f; Hauck, Friedrich, Art. μαμωνᾶς, in: ThWNT 4, 390-392; Rüger, Hans Peter, μαμωνᾶς, in: ZNW 64 (1973) 127-131. Die begriffsgeschichtliche Herkunft ist umstritten, möglicherweise teilt es den Stamm mit dem hebräischen Wort „Amen" und würde dann bedeuten: das, worauf man vertraut, was einem Sicherheit gibt.
[295] So etwa: Bovon, François, Das Evangelium nach Lukas (EKK 3/3), Düsseldorf/Zürich 2001, 94f; Kremer, Jakob, Lukasevangelium (NEB.NT 3), Würzburg 1988, 162f. Martin Ebner interpretiert das Mammonwort in engem Zusammenhang mit der vorausgehenden Beispielgeschichte vom klugen Verwalter: Praktizierter Monotheismus entscheidet sich für Lukas an dieser Stelle. Ob der Mensch auf Distanz bleibt und sein Geld verprasst, oder ob er als kluger Verwalter der irdischen Güter mit dem Geld des Gutsherrn zu Lebzeiten sich Freunde unter den Armen verschafft (Ebner, Martin, Widerstand gegen den „diskreten Charme der sozialen Distanz" im Lukasevangelium, in: ThPQ 155 (2007) 123-130, 127).

6 Die relative Macht des Mammons – Anmerkungen zur Geldpraxis Jesu

angesichts der kommenden Parusie geworben werden? Auch hier ist die Versuchung groß, das Widerständige glatt zu bürsten und aus dem Text herauszudestillieren, was den eigenen Erwartungshorizont bereichert. So wird die Parabel sowohl als Lehrstück über die ökonomische Umkehr des Verwalters „von der Ungerechtigkeit und dem Gesetzesbruch zur Unterwerfung unter Gottes Gebote, zur Großzügigkeit und zum Verzicht auf Eigennutz im Sinne der Eigenbeteiligung am Wuchergewinn"[296] interpretiert als auch als Paradigma der Klugheit, die im entscheidenden Augenblick weiß, worauf es ankommt, und die daher auch Ungebührliches unternimmt, um der drohenden Degradierung oder dem Absturz ins Bodenlose zu entkommen.[297] Selbst wenn Lukas den Mammon als ungerecht qualifiziert und der Dienst an Gott den Dienst am Mammon ausschließt, kann ihm doch bei Bedarf eine positive Funktion zukommen. V 9 bewahrt davor, mit V 13 in eine falsche Alternative hineinzugeraten. Denn die Frage, die hier zur Diskussion steht und der lukanischen Gemeinde offenbar unter den Nägeln brennt, ist genau die nach den Möglichkeiten eines Engagements für das Reich Gottes *in* und nicht jenseits einer von Markt und Geld bestimmten Welt.[298] Es ist gewiss verführerisch und erfordert weniger Mühe, sich in leuchtenden Farben ein Leben jenseits ökonomischer Unterdrückungsverhältnisse auszumalen, als sich mitten in ihnen und mit dem „Mammon der Ungerechtigkeit" auf den Weg zu machen, das Wachsen des Reiches Gottes zu fördern, für mehr Gerechtigkeit, Barmherzigkeit und Liebe in der Welt einzutreten. Hier offenbart die biblische Grammatik der Relativität erneut ihr unverwechselbares und markantes Profil, dass in ihr geld- und besitzkritischer Impetus von dem alles normierenden Fluchtpunkt der Reich-Gottes-Botschaft getragen ist. Auf diese alles entscheidende Größe hin wird buchstäblich alles relativiert. Die betont geldkritischen Passagen der Synoptiker sind eine Reflexion auf die Erfahrung, dass Reichtum und Geld zwar prinzipiell das Wachsen des Reiches Gottes fördern können, in den allermeisten Fällen ihm aber praktisch doch radikal entgegenstehen. Die Kritik an Besitzstreben und Reichtumsvermehrung, an der Geldfixierung und an der ungerechten Verteilung bleibt ein tragendes Moment der Reich-Gottes-Verheißung. Aber zugleich kann für die Evangelisten, insbesondere für Lukas, das Geld auch ein vorzügliches Instrument des Reiches Gottes sein, indem es Menschen aus Not und Ungerechtigkeit herausreißt und sie damit überhaupt erst die Chance erlangen, ein Leben in Freiheit und Würde führen zu können. Reich Gottes ist daher immer relativ zu den Fragestellungen und Herausforderungen der jeweiligen Zeit, freilich in unbedingter und offener Korrespondenz zum Heilsge-

---

[296] So etwa Krüger, René, Gott oder Mammon. Das Lukasevangelium und die Ökonomie, Luzern 1997, 13-29, 22.

[297] Vgl. dazu etwa: Leutzsch, Martin, Zeit und Geld im Neuen Testament, in: Ebach, Jürgen u.a. (Hg.), „Leget Anmut in das Geben" 44-104.

[298] Daher greife die sterile Diskussion, so René Krüger, ob Lukas ein Evangelist der Reichen oder der Armen ist, zu kurz. Lukas gehe es primär um das Lebensrecht und die Entwicklungsmöglichkeiten der Armen, was notwendig eine kritische Auseinandersetzung mit den Reichen impliziere (Krüger, René, Gott oder Mammon? Wirtschaftstexte im Lukasevangelium, in: BiKi 62 (2007) 22-29). Vgl. dazu auch Petracca, Vincenco, Gott oder das Geld. Die Besitzethik des Lukas, Tübingen 2003.

schehen in Jesus Christus, auf dessen Fundament (1 Kor 3,11) sich die Heilszusage Gottes in den Lebensverhältnissen der Menschen und der ganzen Schöpfung stets neu zur Sprache bringt. Nachfolge Jesu und Mitarbeit im Weinberg des Herrn (vgl. Mt 9,37; Lk 10,2) ist daher nicht anders möglich als im Blick auf die drängenden Fragen und die Zeichen der Zeit. Sie wird den Fragen nach der politisch-ökonomischen Gestaltung nicht aus dem Weg gehen, sondern sie als einen Ort verstehen, zu dem das Reich-Gottes in ein Verhältnis tritt. Die biblischen Auseinandersetzungen mit den real existierenden Ökonomien entwickeln deshalb in ihrer Kritik stets Motive und Modelle einer anderen Ökonomie, die in die herrschenden Maximen von der Knappheit und des Tausches Regulative einziehen, sie korrigieren und neu ausrichten, damit der Reichtum der Güter *allen* Menschen zugute kommen kann. Diese biblische Gegenökonomie, die auch Sabbatökonomie genannt wird, folgt einer Logik des Überflusses und des Teilens: „Die Güter sind nicht knapp, denn Gott hat wie ein guter Ökonom für die reichliche Ausstattung der Schöpfung mit Gütern gesorgt."[299] Der Sabbat steht für eine Lebenskunst, die um das Genug für alle weiß. Diese Gegenökonomie ist vom Vertrauen auf die Güte des Schöpfers und die Fülle der Schöpfung getragen, ihre Kennzeichen sind Solidarität und Gerechtigkeit. Dtn 16,20 bietet in gewisser Weise eine Zusammenfassung der ökonomischen und politischen Weisungen der Tora: „Gerechtigkeit, Gerechtigkeit – ihr sollt du nachjagen, damit du Leben hast und das Land in Besitz nehmen kannst, das der Herr, dein Gott, dir gibt."[300]

Die allein von Lukas überlieferte Geschichte vom reichen Kornbauern (Lk 12,13-21), der größere Scheunen baut, damit er seine überaus gute Ernte einlagern kann, lässt sich als ein Beitrag zu einer marktwirtschaftlich gerechten Verteilung der Güter lesen.[301] Nach Schottroff und Stegemann verhält sich der

---

[299] Segbers, Franz, Die Verheißung des grenzenlosen Reichtums entzaubern. Biblische Impulse für eine lebensdienliche Ökonomie, in: Gott und Geld (Jahrbuch der Religionspädagogik 17), Neukirchen-Vluyn 2001, 50-64, 58. Segbers verweist auf Ps 36,9: Die Menschen „laben sich am Reichtum deines Hauses, du tränkst sie mit dem Strom deiner Wonnen" (ähnlich Ps 34,11; 65,10ff; 104,14f; 146,7; 147,14; 145,15f). Insofern geht die Knappheitsökonomie von einer sinnverkehrten Welt aus, sie „unterstellt Mangel und Knappheit, wo doch Fülle, sogar Überfülle existiert" (63). Vgl. hier auch Sölle, Dorothee, Es muss doch mehr als alles geben. Nachdenken über Gott, Freiburg ³2006; Dies., Mutanfälle. Texte zum Umdenken, Hamburg ¹1993.

[300] In diesen Kontext gehört auch die Debatte um die Differenz zwischen Eigentum und Besitz. Nach einer vieldiskutierten These von Gunnar Heinsohn und Otto Steiger hat erst die Entstehung der Eigentumswirtschaft zu größeren ökonomischen Verwerfungen und sozialen Problemen geführt. „Eigentum" ist identisch mit unbeschränkter persönlicher Verfügbarkeit, während „Besitz" gemeinschaftsorientiert ist und damit eine starke egalitäre Komponente enthält (vgl. Heinsohn, Gunnar/Steiger, Otto, Eigentum, Zins und Geld. Ungelöste Rätsel der Wirtschaftswissenschaft, Hamburg 1996; vgl. dazu Duchrow, Ulrich, Alternativen zur kapitalistischen Weltwirtschaft. Biblische Erinnerung und politische Ansätze zur Überwindung einer lebensbedrohenden Ökonomie, Gütersloh ²1997; Ders., „Eigentum verpflichtet" – zur Verschuldung anderer. Kritische Anmerkungen zur Eigentumstheorie von Gunnar Heinsohn und Otto Steiger aus biblisch-theologischer Perspektive, in: Kessler, Rainer/Loos Eva, Eigentum: Freiheit und Fluch 14-42.

[301] Vgl. Segbers, Franz, „Ich will größere Scheunen bauen" (Lk 12,18). Genug durch Gerechtigkeit und die Sorge um Gerechtigkeit, in: Füssel, Kuno/Segbers, Franz (Hg.), „... so lernen die Völker des Erdkreises Gerechtigkeit". Ein Arbeitsbuch zu Bibel und Ökonomie, Luzern/Salzburg

Kornbauer äußerst unsolidarisch, weil er in der Zeit allgemeiner Lebensmittelknappheit und angespannter Preisverhältnisse allein auf seinen eigenen Vorteil bedacht ist und sich in keiner Weise um die Not der anderen Menschen kümmert. Indem er Getreide in seinen Scheunen auf Jahre hinaus hortet (möglicherweise in Erwartung steigender Preise), „beteiligt er sich an einem Wirtschaftsverbrechen, das für die antike Wirtschaft von zentraler Bedeutung ist. Es handelt sich nicht um das vergleichsweise harmlose Sichern der eigenen Zukunft, sondern um eine Schädigung der Gemeinschaft durch Zurückhalten seiner Getreideernte. Dadurch gehen die Getreidepreise hoch."[302] Die an die Erzählung unmittelbar anschließende Rede an die Jünger (VV 22-32) betont die gänzlich anders gepolte Logik, die das Reich Gottes hervorbringt und alle christliche Praxis leiten soll. Obwohl Lukas der Ökonomie des reichen Kornbauern die freiwillige Armut der Jünger paradigmatisch gegenüberstellt, nimmt er im Grunde die gleiche Position wie Matthäus ein. Wohl gibt die weitgehende und vermutlich durch die Parusieerwartung mitbedingte Besitzlosigkeit der Jünger die grundsätzliche Richtung an, aber die Nachfolge ist nicht an die materielle Armut gebunden, sondern auf sie hingeordnet. Lukas nennt denn auch einige Möglichkeiten, wie die wohlhabenden Christen „gerettet" werden können, welche Funktionalität dem Reichtum und dem Geld in Bezug auf das Reich Gottes angemessen ist: Halber Besitzverzicht (19,1-10; 3,10-14), sozial-karitatives Engagement (11,41; Apg 10,2) und Liebe zu den Menschen.[303] Maßstab ist und bleibt die Armut bzw. der Verzicht der Jünger, ein einfacher und verantwortlicher Lebensstil. Den Wert und die Bedeutung erhalten Geld und Besitz allein in ihrer Relativität zum Reich Gottes, insofern sie seiner Logik entsprechen. Damit lässt sich auch umgekehrt bestimmen, wann und wo Geld zum Mammon wird, wo es zu Verstockungen und Ungerechtigkeiten führt, wo es also die Aufmerksamkeit für die Not des Einzelnen verhindert und den Blick für die ökonomischen Strukturen der Gesellschaft, die kein Schicksal sind, nachhaltig trübt.

1995, 105-114. Zur ökonomischen Deutung vgl. Schottroff, Luise/Stegemann, Wolfgang, Jesus von Nazareth. Hoffnung der Armen, Stuttgart ²1981, 124ff; Jüchen, Aurel von, Die Kampfgleichnisse Jesu, München 1981, 31f.

[302] Schottroff, Luise/Stegemann, Wolfgang, Jesus von Nazareth 126. „Ein zeitgenössischer Leser des Lukasevangeliums rechnete nämlich damit, daß der reiche Kornbauer seinen Schatz auf Kosten der anderen Bauern gehortet hat. [...] Im Sinne der reziproken Solidarität wäre von ihm erwartet worden, daß er nicht nur für sich reich ist, sondern Teile seiner Ernte gegebenenfalls Ärmeren zur Verfügung stellt, sich also wie ein guter Patron gegenüber seinen Klienten verhält. Doch diese kulturelle Norm wurde ganz offenkundig von den Reichen kaum noch eingehalten." (Stegemann, Wolfgang, Christliche Solidarität im Kontext antiker Wirtschaft, in: Kessler, Rainer/Loos, Eva (Hg.), Eigentum: Freiheit und Fluch 89-106, 98f)

[303] Nach Schottroff und Stegemann ist Lukas zwar ein scharfer Kritiker der Reichen und an ihrer Umkehr interessiert, aber zugleich „weit davon entfernt, ein politisches Programm für den umfassenden gesellschaftlichen Besitzausgleich zu entwerfen". In Bezug auf die christliche Gemeinde denkt Lukas programmatisch. Seine „Utopie einer materiell und sozial ausgeglichenen Gemeinde formuliert er in seiner Darstellung der ersten christlichen Gemeinde in Jerusalem" (Schottroff, Luise/Stegemann, Wolfgang, Jesus von Nazareth 150).

6.3 Das Gleichnis von den anvertrauten Talenten (Mt 25,14-30/Lk 19,11-27)

Mt 25, 14-30	Lk 19, 11-27
14 Es ist wie mit einem Mann, der auf Reisen ging: Er rief seine Diener und vertraute ihnen sein Vermögen an. 15 Dem einen gab er fünf Talente Silbergeld, einem anderen zwei, wieder einem anderen eines, jedem nach seinen Fähigkeiten. Dann reiste er ab. Sofort 16 begann der Diener, der fünf Talente erhalten hatte, mit ihnen zu wirtschaften, und er gewann noch fünf dazu. 17 Ebenso gewann der, der zwei erhalten hatte, noch zwei dazu. 18 Der aber, der das eine Talent erhalten hatte, ging und grub ein Loch in die Erde und versteckte das Geld seines Herrn. 19 Nach langer Zeit kehrte der Herr zurück, um von den Dienern Rechenschaft zu verlangen. 20 Da kam der, der die fünf Talente erhalten hatte, brachte fünf weitere und sagte: Herr, fünf Talente hast du mir gegeben; sieh her, ich habe noch fünf dazugewonnen. 21 Sein Herr sagte zu ihm: Sehr gut, du bist ein tüchtiger und treuer Diener. Du bist im Kleinen ein treuer Verwalter gewesen, ich will dir eine große Aufgabe übertragen. Komm, nimm teil an der Freude deines Herrn! 22 Dann kam der Diener, der zwei Talente erhalten hatte, und sagte: Herr, du hast mir zwei Talente gegeben; sieh her, ich habe noch zwei dazugewonnen. 23 Sein Herr sagte zu ihm: Sehr gut, du bist ein tüchtiger und treuer Diener. Du bist im Kleinen ein treuer Verwalter gewesen, ich will dir eine große Aufgabe übertragen. Komm, nimm teil an der Freude deines Herrn! 24 Zuletzt kam auch der Diener, der das eine Talent erhalten hatte, und sagte: Herr, ich wusste, dass du ein strenger Mann bist; du erntest, wo du nicht gesät hast, und sammelst, wo du nicht ausgestreut hast;	11 Weil Jesus schon nahe bei Jerusalem war, meinten die Menschen, die von all dem hörten, das Reich Gottes werde sofort erscheinen. Daher erzählte er ihnen ein weiteres Gleichnis. 12 Er sagte: Ein Mann von vornehmer Herkunft wollte in ein fernes Land reisen, um die Königswürde zu erlangen und dann zurückzukehren. 13 Er rief zehn seiner Diener zu sich, verteilte unter sie Geld im Wert von zehn Minen und sagte: Macht Geschäfte damit, bis ich wiederkomme. 14 Da ihn aber die Einwohner seines Landes hassten, schickten sie eine Gesandtschaft hinter ihm her und ließen sagen: Wir wollen nicht, dass dieser Mann unser König wird. 15 Dennoch wurde er als König eingesetzt. Nach seiner Rückkehr ließ er die Diener, denen er das Geld gegeben hatte, zu sich rufen. Er wollte sehen, welchen Gewinn jeder bei seinen Geschäften erzielt hatte. 16 Der erste kam und sagte: Herr, ich habe mit deiner Mine zehn Minen erwirtschaftet. 17 Da sagte der König zu ihm: Sehr gut, du bist ein tüchtiger Diener. Weil du im Kleinsten zuverlässig warst, sollst du Herr über zehn Städte werden. 18 Der zweite kam und sagte: Herr, ich habe mit deiner Mine fünf Minen erwirtschaftet. 19 Zu ihm sagte der König: Du sollst über fünf Städte herrschen. 20 Nun kam ein anderer und sagte: Herr, hier hast du dein Geld zurück. Ich habe es in ein Tuch eingebunden und aufbewahrt; 21 denn ich hatte Angst vor dir, weil du ein strenger Mann bist: Du hebst ab, was du nicht eingezahlt hast, und erntest, was du nicht gesät hast.

6 Die relative Macht des Mammons – Anmerkungen zur Geldpraxis Jesu

25 weil ich Angst hatte, habe ich dein Geld in der Erde versteckt. Hier hast du es wieder. 26 Sein Herr antwortete ihm: Du bist ein schlechter und fauler Diener! Du hast doch gewusst, dass ich ernte, wo ich nicht gesät habe, und sammle, wo ich nicht ausgestreut habe. 27 Hättest du mein Geld wenigstens auf die Bank gebracht, dann hätte ich es bei meiner Rückkehr mit Zinsen zurückerhalten. 28 Darum nehmt ihm das Talent weg und gebt es dem, der die zehn Talente hat! 29 Denn wer hat, dem wird gegeben, und er wird im Überfluss haben; wer aber nicht hat, dem wird auch noch weggenommen, was er hat. 30 Werft den nichtsnutzigen Diener hinaus in die äußerste Finsternis! Dort wird er heulen und mit den Zähnen knirschen.	22 Der König antwortete: Aufgrund deiner eigenen Worte spreche ich dir das Urteil. Du bist ein schlechter Diener. Du hast gewusst, dass ich ein strenger Mann bin? Dass ich abhebe, was ich nicht eingezahlt habe, und ernte, was ich nicht gesät habe? 23 Warum hast du dann mein Geld nicht auf die Bank gebracht? Dann hätte ich es bei der Rückkehr mit Zinsen abheben können. 24 Und zu den anderen, die dabeistanden, sagte er: Nehmt ihm das Geld weg, und gebt es dem, der die zehn Minen hat. 25 Sie sagten zu ihm: Herr, er hat doch schon zehn. 26 (Da erwiderte er:) Ich sage euch: Wer hat, dem wird gegeben werden; wer aber nicht hat, dem wird auch noch weggenommen, was er hat. 27 Doch meine Feinde, die nicht wollten, dass ich ihr König werde – bringt sie her, und macht sie vor meinen Augen nieder!

Diese Parabel entwickelt auf dem Treibsatz ökonomisch hochproblematischer Vorgaben ein Musterbeispiel für die Relativität des Geldes. Die Geschichte wird in jeder Version äußerst aspektreich erzählt, besitzt mehrere Brennpunkte und hat dementsprechend eine bewegte Interpretationsgeschichte ausgelöst. Vor allem die geradezu skandalösen Schlussverse, bei Lukas verschärft, irritieren.[304] Die erheblichen Unterschiede zwischen den beiden Erzählungen sprechen für die Theorie, dass die Evangelisten auf weitere Quellen zurückgreifen konnten. Offenbar zirkulierte die Erzählung in mehreren Formen und Versionen, denn außer bei Matthäus und Lukas finden sich noch Stränge im Nazaräer- oder Hebräerevangelium sowie in einer Homilie der Pseudo-Clementinen. Gegenwärtig wird am häufigsten die Hypothese vertreten, dass die Vorlage der Evangelisten hauptsächlich aus der Logienquelle stammt, wobei sie Lukas

---

[304] Im Hintergrund dürfte die Reise des Herodessohns Archelaos nach Rom stehen, der sich nach dem Tod seines Vaters von Augustus als König über Israel einsetzen lassen wollte, freilich unter Festlegung der jährlich zu leistenden Abgaben, die von den Untertanen herausgepresst wurden. Um seine Bestätigung bzw. Inthronisation zu verhindern, reiste eine Delegation der Jerusalemer Aristokratie ebenfalls nach Rom, allerdings erfolglos (vgl. Flavius Josephus, Antiquitates Judaicae, Buch 17, Kapitel 9-13; übersetzt von Heinrich Clementz, Wiesbaden [12]1994, 474-502).

stärker überarbeitet habe als Matthäus.[305] Während sich dieser mit drei Dienern begnügt, sind es bei Lukas zehn, obwohl wir nur über das Schicksal von dreien etwas erfahren. Eine weitere wichtige Differenz liegt in der Höhe des ausgegebenen Geldes. Bei Lukas erhalten die Arbeiter eine Mine, was in etwa einem Lohn von 100 Arbeitstagen entspricht. Matthäus stattet sie mit einem Talent aus, dessen Wert etwa sechs- bis zehntausend Arbeitstage umfasste. Weil Matthäus in V 21 unvermittelt von einer kleinen Summe spricht, dürfte in der ursprünglichen Erzählung von Minen und nicht von Talenten die Rede gewesen sein. Umstritten ist weiterhin die Frage, ob die Diener die gleiche oder doch eine unterschiedliche Geldmenge erhalten haben. Das Interesse des Lukas an einer prinzipiellen Egalität innerhalb seiner Gemeinde lässt die Vermutung zu, dass er die Summe begradigt hat, die ursprüngliche Vorlage also von einer unterschiedlichen Höhe ausgegangen ist. In Bezug auf den Ertrag ist die Relation umgekehrt. Bei Matthäus wird das Geld von den treuen Dienern „nur" verdoppelt, bei Lukas hingegen verzehn- bzw. verfünffacht, was unter realökonomischen Bedingungen auf legalem oder toragemäßem Wege nicht möglich ist. Zehn Talente sind eine für damalige Verhältnisse horrende Summe, die höchstens vom römischen Fiskus hätte gewährt werden können. Daher ist sie wohl weniger eine realistische Zahlenangabe als vielmehr eine Metapher für die Unermesslichkeit.[306] Unterschiedlich ist in beiden Evangelien auch der Lohn für die Vermehrung des eingesetzten Kapitals. Matthäus lässt ihn im Grunde unbestimmt, er wird lediglich angekündigt als Übertragung einer großen Aufgabe und als Aufforderung, an der Freude des Herrn teilzunehmen. Lukas behält die politische Konnotation der Einleitungsszene bei und setzt den Lohn mit der Herrschaft über eine stattliche Anzahl von Städten fest.

Lukas stellt darüber hinaus eine Verbindung zwischen Jerusalem und dem Reich Gottes her, die bei Matthäus fehlt. Die Geschichte, die mit einem in die Ferne aufgebrochenen vornehmen Thronprätendenten einsetzt, wird daher häufig als „eine auf das Schicksal Jesu hin transparente Allegorie"[307] gelesen. Da

---

[305] Vgl. Bovon, François, Das Evangelium nach Lukas (EKK 3/3), Düsseldorf/Zürich 2001, 283ff. Die relativ umfangreichen Eingriffe ließen daher auch die Vermutung aufkommen, dass Lukas eventuell auf eine zweite Quelle (v.a. in Bezug auf den Königsprätendenten) zurückgreifen konnte. Ulrich Luz vertritt explizit die These, „daß der Text aus Sondergut stammt und daß Lk 19,12-27 eine unabhängig überlieferte Variante ist" (Luz, Ulrich, Das Evangelium nach Matthäus 495). Der vermeintliche Text der Logienquelle (Q 19,12f.15-24.26) findet sich in: Hoffmann, Paul/Heil, Christoph (Hg.), Die Spruchquelle Q, 110.

[306] Die biblische Forschung hat mittlerweile den relativen Wert (Lohn, Kaufkraft, Inflation, Zinsraten, Wechselkurse, Umlaufgeschwindigkeit etc.) der verschiedenen Währungseinheiten und ihre Funktion für die Realökonomie rekonstruieren können. Vgl. dazu Schwank, Benedikt, Das Neue Testament und seine Münzen, in: EuA 75 (1999) 214-233; Reiser, Marius, Numismatik und Neues Testament, in: Biblica 81 (2000) 457-488; Schröder, Heinz, Jesus und das Geld. Wirtschaftskommentar zum Neuen Testament, Karlsruhe ³1981; Oakman, Douglas E., Die Rolle des Geldes im moralischen Universum des Neuen Testaments, in: Stegemann, W. u.a. (Hg.), Jesus in neuen Kontexten 158-166.

[307] Bovon, François, Das Evangelium nach Lukas (EKK 3/3) 289. Bovon betont, dass die Allegorisierung der Parabel bei Lukas zu einer Umkehrung der Aufmerksamkeit geführt habe: „Die ursprüngliche Parabel insistierte auf dem Mißerfolg des dritten Dieners; Lukas hebt nun den Erfolg der ersten beiden hervor." (289) War der dritte Diener bei Matthäus faul, ist er bei Lukas

6 Die relative Macht des Mammons – Anmerkungen zur Geldpraxis Jesu

diese Parabel am Ende des Reiseberichts steht, kommt ihr eine besondere hermeneutische Funktion zu. Lukas unterstreicht die christologische Komponente und „drückt auf aggressive Weise seine Enttäuschung über das Judentum aus, das den Führungsanspruch Jesu nicht akzeptiert hat"[308]. So haben auch die ältesten Deutungen relativ schnell das anvertraute Geld mit dem Wort Gottes identifiziert, die Diener mit den Christinnen und Christen, die den Glauben bis zur Wiederkunft des Herrn bezeugen müssen und am Ende der Tage zur Rechenschaft gezogen werden. Dabei wurde der letzte Vers (V 27) geflissentlich übergangen, kann es dem Herrn doch nur um Gerechtigkeit und Liebe gehen – und nicht um Rache und Grausamkeit. Zu Recht nennt Bovon diesen Vers „einen allegorischen Ausrutscher"[309], der dennoch in der unglückseligen Tradition der christlichen Gewaltgeschichte eine fatale Rolle spielen sollte.

Allerdings erlaubt diese Parabel auch eine Lektüre, die sich von den sozioökonomischen Impulsen stärker herausfordern lässt und in ihnen eine Sinnspitze erkennt.[310] Sie findet Anknüpfungspunkte sowohl bei Lukas, stützt sich aber stärker auf die matthäische Variante, die das herrschende, von der Macht des Mammons bestimmte Funktionssystem der Ökonomie durch seine Größenverhältnisse schonungslos aufdeckt und mit der unmittelbar daran anschließenden Perikope *Vom Weltgericht* (Mt 25,31-46) gleichzeitig das Kontrastprogramm einer auf der Gerechtigkeit Gottes basierenden Wirtschafts- und Gesellschaftsordnung entwirft. Die Verdoppelung des eingesetzten Kapitals war mit legalen und toragemäßen Mitteln nicht möglich, sie konnte nur durch Spekulation, Betrug oder wucherhafte Zinsnahme erreicht werden, was explizit gegen Gottes Gebote verstieß.[311] Darüber hinaus widerspricht die Parabel auch den üblichen Solidaritätsnormen bäuerlicher Gemeinschaften, insbesondere dem Prinzip der Reziprozität.[312] Der dritte Diener, der in diesem Interpretationskontext als die eigentlich interessante Figur erscheint, weiß um die Härte und

---

ungehorsam. Die Anklänge an das Jüngste Gericht geben Rückschlüsse auf den näheren historischen Kontext. Lukas warnt vor dem Vergessen der Wiederkunft des Herrn angesichts der ausbleibenden Parusie und kritisiert das mit ihm verbundene Nachlassen des Engagements.

[308] Bovon, François, Das Evangelium nach Lukas (EKK 3/3) 304.

[309] Bovon, François, Das Evangelium nach Lukas (EKK 3/3) 299. So geht etwa Jakob Kremer in seinem Kommentar (NEB.NT 3) überhaupt nicht auf diesen Vers ein (185).

[310] Vgl. dazu Füssel, Kuno, Die ökonomischen Lehrstücke im 25. Kapitel des Matthäusevangeliums, in: Küchler, Max/Reinl, Peter (Hg.), Randfiguren in der Mitte (FS Hermann-Josef Venetz), Luzern/Freiburg 2003, 333-343; Stegemann, Wolfgang, Christliche Solidarität im Kontext antiker Wirtschaft, in: Kessler, Rainer/Loos, Eva (Hg.), Eigentum. Freiheit und Fluch 89-106; Schirmer Dietrich, „Du nimmst, wo du nichts hingelegt hast" (Lk 19,21), in: Füssel, Kuno/Segbers, Franz (Hg.), „... so lernen die Völker des Erdkreises Gerechtigkeit" 179-186.

[311] Das Zinsverbot der Tora wird an drei Stellen bekräftigt: Ex 22,24; Lev 25,25-38; Dtn 23,20f. Nach Luz dürften die Hörerinnen und Hörer nicht an Zinsgeschäfte gedacht haben, da die Zinsen in der Antike, von Krisenzeiten abgesehen, nicht besonders hoch lagen. Gutes und schnelles Geld ließ sich mit (Fern)Handel und mit Landspekulation gewinnen (Luz, Ulrich, Das Evangelium nach Matthäus 500).

[312] So Wolfgang Stegemann, der betont, dass Gewinne in einer Ökonomie der Reziprozität praktisch ausgeschlossen, das Redistributionssystem jedoch darauf angelegt ist. Für ihn ist das Besondere der neutestamentlichen Interpretationen von reziproken Solidaritätsformen ihre Ausweitung der Gültigkeit, dass sie über die Familie und die engere Gemeinschaft hinausgehen (vgl. Stegemann, Wolfgang, Christliche Solidarität im Kontext antiker Wirtschaft 94ff).

Skrupellosigkeit der herrschenden Schicht, lässt sich aber dadurch nicht verführen, unlautere Geschäfte zu treiben. Er steht für den toratreuen, gottesfürchtigen Juden. Füssel interpretiert seine Verweigerung als konsequente, aber unbelohnte Befolgung der göttlichen Vorschriften, um die wachsende Kluft zwischen Arm und Reich, wie sie der Lazarusgeschichte zugrunde liegt (Lk 16,19-31), zu verringern.[313] Das Lehrstück der Kapitalakkumulation endet nach Füssel mit der Proklamation einer Unternehmensphilosophie, in deren Zentrum eine skrupellose Gewinnmaximierung und eine Umverteilung von unten nach oben stehen: „Wer da nicht mitmacht, geht unter, damals wie heute, es sei denn, es gibt schon Inseln eines wahren Lebens im falschen."[314]

Eine solche Insel beschreibt Matthäus in der folgenden Perikope vom Weltgericht (Mt 25,31-46), mit ihrer ungeteilten Orientierung an den Armen, Bedürftigen und Notleidenden, in denen vor allem Gott präsent ist. Diese Ökonomie des Reiches Gottes ist nicht der Kapitallogik des Geldes verpflichtet, sondern den Bedürfnissen der Menschen, insbesondere der Marginalisierten und Entrechteten. Die Akkumulation des Kapitals erfolgt hier nicht nach der Logik des Mehrwerts, sondern der Gabe, nach der erst derjenige reich beschenkt wird, der gibt.[315]

Die Parabel von den Talenten, die aufgrund ihres thematischen Reichtums und ihrer drastischen Handlungsfolge wirkungsgeschichtlich zu den meistzitierten Perikopen zählt, erlaubt sicherlich eine große Bandbreite an Lektüren und Interpretationen.[316] Doch ein zentraler Punkt bleibt für alle exegetischen Versuche verpflichtend. In ihrer ganzen Tiefe wird die Parabel nur dann ausgelotet, wenn sie wiederum konsequent in Relation zum Ganzen der Reich-

---

[313] Peter Fiedler zeichnet diesen dritten Diener als ängstliche und risikoscheue Figur, die wenig Vertrauen in den Herrn besitzt und angesichts der Parusieverzögerung eine Gefahr für die Gemeinschaft des Matthäus darstellt. Daher möchte er die Mutlosen aufrütteln, die sich an den beiden zuerst vorgestellten Sklaven orientieren sollen, an ihrer Treue und Zuverlässigkeit (Fiedler, Peter, Das Matthäusevangelium (Theologischer Kommentar zum Neuen Testament 1), Stuttgart 2006, 373ff).

[314] Füssel, Kuno, Die ökonomischen Lehrstücke 340. Für Leonhard Ragaz war diese Perikope eine der wichtigsten Bezugsquellen für Theologie und Ethik des Calvinismus. Häufig wurde sie dazu missbraucht, „die wirtschaftlich, aber damit auch politisch und sozial Verkürzten mit ihrem Lose zufrieden zu machen und durch den Hinweis auf eine vermeintliche oder auch nur vorgebliche göttliche Ordnung die Gerechtigkeit zu ersetzen" (Ragaz, Leonhard, Die Gleichnisse Jesu. Seine soziale Botschaft, Gütersloh ²1979, 166).

[315] Vgl. die Gegenüberstellung dieser beiden Ökonomien in Füssel, Kuno, Die ökonomischen Lehrstücke 342f. Schirmer wiederum kritisiert, dass Matthäus die Geschichte „entpolitisiert und spiritualisiert" habe, während Lukas einen politischen Kontext herstellte und die Geschichte als Gegensatz zwischen der Ökonomie Jesu und jener der herrschenden Kreise interpretierte (Schirmer, Dietrich, „Du nimmst, wo du nichts hingelegt hast", Zitat 180).

[316] Einen Überblick bietet Luz, Ulrich, Das Evangelium nach Matthäus 503ff. Rudolf Schnackenburg legt seinen Fokus auf die Interimszeit bis zur endgültigen Parusie, wo hier weniger die Wachsamkeit im Vordergrund steht als die Bewährung im Tun des Willens Gottes (Schnackenburg, Rudolf, Matthäusevangelium 16,21-28,20 (NEB.NT 1/2), Würzburg 1987, 245ff). Als Beispiele einer tiefenpsychologischen Exegese seien genannt: Drewermann, Eugen, Das Matthäusevangelium. Bilder der Erfüllung 1-3, Olten 1992-95; Kassel, Maria, Das Evangelium – eine Talenteschmiede? Tiefenpsychologische Revision eines verinnerlichten christlichen Kapitalismus, Münster 2001.

Gottes-Botschaft gelesen und gedeutet wird. Das Reich Gottes ist relativ zu den ökonomischen Fragestellungen und Herausforderungen der Leserinnen und Leser bzw. der Gemeinden, kein geschlossener, ein für alle mal vorgegebener Entwurf. Zugleich ist in ihrer Perspektive jedoch auch die Welt der Ökonomie kein in sich abgeschlossenes Ganzes, sondern in ihrer Sozialform zugleich bezogen auf die Gottesherrschaft, die ihr als ein Außen gegenübersteht. Wird diese Beziehungsdynamik ausgeblendet oder auf ein Entweder-Oder reduziert, gerät die Rede von Gott in Aporien. Dann müsste man Gott als hartherzigen, rücksichtslosen Verfechter einer turbokapitalistischen Produktionsweise und in Anschluss an Lk 19,27 sogar als einen fürchterlichen Tyrannen bezeichnen. Aus sich selbst, ohne ihre Kontextualität bleibt die Perikope missverständlich und schneidend mehrdeutig, ist sie für fundamentale Missverständnisse äußerst anfällig.[317] Wo aber ihre Relativität zum Gesamt der Reich-Gottes-Botschaft konsequent zum Tragen kommt, dort kann die Gottesrede ihre Heil schaffende Kraft entfalten, dort wird sie fähig, in den konkreten Herausforderungen der Zeit die andere Ökonomie Gottes und des Glaubens zur Sprache zu bringen.

6.4 Paradigma einer anderen Ökonomie? Das Gleichnis von den Arbeitern im Weinberg (Mt 20,1-16)

Mt 20,1-16

1 Denn mit dem Himmelreich ist es wie mit einem Gutsbesitzer, der früh am Morgen sein Haus verließ, um Arbeiter für seinen Weinberg anzuwerben.
2 Er einigte sich mit den Arbeitern auf einen Denar für den Tag und schickte sie in seinen Weinberg.
3 Um die dritte Stunde ging er wieder auf den Markt und sah andere dastehen, die keine Arbeit hatten.
4 Er sagte zu ihnen: Geht auch ihr in meinen Weinberg! Ich werde euch geben, was recht ist.
5 Und sie gingen. Um die sechste und um die neunte Stunde ging der Gutsherr wieder auf den Markt und machte es ebenso.
6 Als er um die elfte Stunde noch einmal hinging, traf er wieder einige, die dort herumstanden. Er sagte zu ihnen: Was steht ihr hier den ganzen Tag untätig herum?
7 Sie antworteten: Niemand hat uns angeworben. Da sagte er zu ihnen: Geht auch ihr in meinen Weinberg!
8 Als es nun Abend geworden war, sagte der Besitzer des Weinbergs zu seinem Verwalter: Ruf die Arbeiter, und zahl ihnen den Lohn aus, angefangen bei den letzten, bis hin zu den ersten.
9 Da kamen die Männer, die er um die elfte Stunde angeworben hatte, und jeder erhielt einen Denar.
10 Als dann die ersten an der Reihe waren, glaubten sie, mehr zu bekommen. Aber auch sie erhielten nur einen Denar.

---

[317] Treffend kann Luz resümieren: „Wenn Jesus, seine ganze Botschaft und sein Gott, zum Vorzeichen und zur inhaltlichen Klammer dieser Parabel wird, kann solcher Mißbrauch nicht geschehen. Wo er dies nicht war, geschah der Mißbrauch." (Luz, Ulrich, Das Evangelium nach Matthäus 514)

> 11 Da begannen sie, über den Gutsherrn zu murren,
> 12 und sagten: Diese letzten haben nur eine Stunde gearbeitet, und du hast sie uns gleichgestellt; wir aber haben den ganzen Tag über die Last der Arbeit und die Hitze ertragen.
> 13 Da erwiderte er einem von ihnen: Mein Freund, dir geschieht kein Unrecht. Hast du nicht einen Denar mit mir vereinbart?
> 14 Nimm dein Geld und geh! Ich will dem letzten ebensoviel geben wie dir.
> 15 Darf ich mit dem, was mir gehört, nicht tun, was ich will? Oder bist du neidisch, weil ich (zu anderen) gütig bin?
> 16 So werden die Letzten die Ersten sein und die Ersten die Letzten.

Auch dieses Gleichnis, das allein Matthäus erzählt, kann auf eine äußerst vielfältige und kontroversielle Interpretationsgeschichte verweisen.[318] Alles kommt hier darauf an, was man unter einem gerechten Lohn versteht und welche Bedeutung dem V 16, der mit hoher Wahrscheinlichkeit eine Zufügung des Evangelisten ist, unterlegt wird. Dieser Perikope geht jene vom reichen jungen Mann unmittelbar voraus. Dieser fragt Jesus, was er tun müsse, um das ewige Leben zu gewinnen. Ihm schlägt eine harte Antwort entgegen, die ihn ratlos und traurig von dannen ziehen lässt (Mt 19,16-30). Obwohl er alle (!) von Jesus genannten, aus der zweiten Tafel des Dekalogs stammenden Weisungen und das große Gebot der Nächstenliebe (Lev 19,18) erfüllt hat, wird ihm darüber hinaus noch zugemutet, all seinen Besitz zu verkaufen und das Geld den Armen zu geben. Die irritierende Rückfrage der Jünger, wer dann noch gerettet werden könne, beantwortet Jesus mit dem Hinweis auf die Macht Gottes: „Für Menschen ist das unmöglich, *für Gott* aber *ist alles möglich.*" (V 26) Die weiteren Bemerkungen Jesu auf eine indirekte „Rückfrage" des Petrus sprechen explizit vom Lohn, den all jene in Empfang nehmen können, die für das Reich Gottes alles verlassen haben, Häuser, Brüder, Schwestern, Vater, Mutter, Kinder oder Äcker. Sie werden dafür das Hundertfache erhalten und das ewige Leben gewinnen. Matthäus fügt noch die mehrdeutige Warnung hinzu: „Viele aber, die jetzt die Ersten sind, werden dann die Letzten sein, und die Letzten werden die Ersten sein." (V 30)

Wer sind jedoch die Adressaten in dieser Perikope? Der Evangelist lässt diese Frage offen, vielleicht auch deshalb, um zum nächsten Abschnitt überzuleiten. Denn das unmittelbar folgende Gleichnis von den Arbeitern im Weinberg liest sich nun wie eine Erläuterung zu der vorausgehenden Szene, weshalb Matthäus wohl den abschließenden Spruch von den Ersten und Letzten in leicht veränderter Form nochmals wiederholt. Das harte Los der Taglöhner, die in vielem schlechter als die Sklaven gestellt waren, dient als Beispiel der grenzenlosen Güte Gottes, die im V 15 in eine Frage gekleidet wird. Der Besitzer ist gut, obwohl er dazu in keiner Weise verpflichtet wäre.[319] Die Botschaft ist

---

[318] Vgl. dazu Luz, Ulrich, Das Evangelium nach Matthäus 141ff, der darauf hinweist, dass diese Perikope einerseits so etwas wie ein „Evangelium in nuce" (A. v. Jülicher) ist, andererseits aber häufig antijüdisch interpretiert wurde. Die zuerst eingestellten Arbeiter repräsentieren die Juden, die zur letzten Stunde engagierten Arbeiter die durch Jesus berufenen Heiden.

[319] Luise Schottroff hat darauf hingewiesen, dass es sich bei dem Eigentümer des Weinbergs wohl nicht um einen Großgrundbesitzer handelt, da er selbst auf den Markt geht und offenbar auch

für die Hörerinnen und Hörer unmissverständlich. Wie sich der Gutsherr zu seinen Arbeitern verhält, so verhält sich auch Jesus zu denen, die nach menschlichen Maßstäben keinen Anspruch auf den Lohn Gottes haben. Und das Matthäusevangelium lässt keinen Zweifel aufkommen, wer diese sind: die Armen, die Sünder, die Kranken, die Marginalisierten und die um ihre Lebensmöglichkeiten beraubten kleinen Leute. Gleichzeitig nimmt Matthäus Stellung gegen die Versuche, die Gerechtigkeit und die Güte Gottes so aneinander zu binden, dass das eine zum Maßstab des anderen wird. Dann dürfte Gott nicht gütig sein, wenn er gerecht sein will, oder er müsste allen gegenüber gütig sein, weil alle aufgrund des Gleichheitsprinzips Anspruch auf die Güte Gottes besitzen. Wird der Gnadenaspekt Gottes gegenüber seiner Gerechtigkeit übergebührlich betont – die Tradition liefert dafür unzählige Beispiele –, entsteht die vor allem innerhalb der reformatorischen Tradition virulente Gefahr, dass die Menschen einen Anspruch auf die Güte und Gnade Gottes erheben können. Für Ulrich Luz ersetzt die Parabel daher „nicht das gewohnte Wertesystem der unverdienten Güte, sondern das gewohnte Wertesystem wird durch das Erscheinen der Liebe Gottes »gestört« und verliert seine tödliche All-Gültigkeit."[320] So sollte diese Parabel auch eine neue Einstellung zum Mitmenschen auslösen, eine Haltung der Solidarität mit denen, die es aus unterschiedlichen Gründen nicht gut getroffen haben, denen aber ebenfalls die Heilszusage Gottes ohne Einschränkung und bedingungslos gilt. Wahrscheinlich hat Matthäus bei den Ersten und Letzten an Gemeindemitglieder gedacht, um vielleicht die später Gekommenen und weniger Erfolgreichen zu trösten oder die Vornehmen zu warnen, dass es im Himmelreich keine Privilegien für sie geben wird. Dennoch scheint hier die Zusammenfassung, die V 16 versucht, wieder leicht verunglückt zu sein. Sie konzentriert sich auf die Reihenfolge der Lohnauszahlung, während der zentrale Gedanke doch im gleichen Lohn für alle besteht. Sachgemäß müsste der letzte Satz daher lauten, dass die Letzten *wie* die Ersten sein werden.

Obwohl der Fokus dieses Gleichnisses auf der Güte Gottes liegt, birgt es doch auch einen starken sozial- und ökonomiekritischen Impetus. Warum wählt Matthäus eine alltägliche, ökonomisch hoch problematische Szene, um die Güte und Treue Gottes zu demonstrieren? Könnte sie nicht bewusst darauf verweisen, dass sich das Reich Gottes auch oder vor allem im Verhältnis zu den politischen und wirtschaftlichen Verhältnissen realisiert? Die sozialgeschichtlich orientierte Exegese hat daher das Verhalten der ersteren Taglöhner besonders in den Blick genommen und als unsolidarisch kritisiert. Sie „machen ihren Wunsch nach Lohngerechtigkeit zur Waffe gegen andere"[321]. Im Zentrum des Textes steht daher nicht ein abstraktes Lohndenken oder die Forderung nach Lohngerechtigkeit, sondern das unbarmherzige und unsolidarische Ver-

---

nicht in der Stadt wohnt (vgl. Schottroff, Luise, Die Güte Gottes und die Solidarität von Menschen. Das Gleichnis von den Arbeitern im Weinberg, in: Dies., Befreiungserfahrungen. Studien zur Sozialgeschichte des Neuen Testaments, München 1990, 36-56, 36f).

[320] Luz, Ulrich, Das Evangelium nach Matthäus 151.
[321] Schottroff, Luise, Die Güte Gottes 45. Für Schottroff übt diese Perikope keine Sozialkritik, sondern will als Lehrstück für die Güte Gottes verstanden werden.

halten den anderen gegenüber. Das Gleichnis möchte um Solidarität mit den Armen werben, die von Gott her geboten ist und durch seine Verheißung und Güte möglich wird. Die Solidarität unter den Menschen ist dann ein Ausdruck und eine Konsequenz der Liebe Gottes.

Die Stoßrichtung dieses Gedankens lässt sich m.E. noch ein beträchtliches Stück weitertreiben. Die Perikope stellt wiederum das herrschende Gerechtigkeitsverständnis auf den Kopf. Es ist wohl kein Zufall, dass hier Güte und Gerechtigkeit eben nicht gegeneinander in Stellung gebracht werden, wonach das eine das andere begrenzt oder ausschließt. Vielmehr setzt der Text beide Größen in eine wechselseitige Relativität hinein, ohne die Vorrangigkeit und Normativität der Güte anzutasten. Nur Großherzigkeit und Wohlwollen können eine neue Gerechtigkeit schaffen. Wiederum gilt: Die Güte Gottes kann sich nicht anders vermitteln als in den konkreten Menschen, in ihrem Denken und Handeln. Das Gleichnis wirbt für einen anderen Begriff von Gerechtigkeit, der sich nicht an der distributiven Macht der Herrschenden, sondern an den elementaren Bedürfnissen der Armen orientiert. Maßstab und Ausdruck der Gerechtigkeit sind also nicht in erster Linie die erbrachte Leistung oder der Verdienst, sondern die Befriedigung der Grundbedürfnisse, die für alle Menschen möglich sein muss. Jeder bekommt das, was er zum Leben braucht. Es soll „nicht erst eine Gleichheit im Tod oder nach dem Tod geben, sondern schon eine Gleichheit im Leben – zumindest insofern, als die akute Bedrohung durch den Hungertod für alle beseitigt wird"[322]. In einer auf Konkurrenz und Gewinnstreben getrimmten Ökonomie ist das Verhalten des Gutsbesitzers in der Tat ungerecht, in einer aber an den Grundbedürfnissen aller Menschen orientierten Ökonomie entspricht es den Maßstäben und Werten der Reich-Gottes-Verkündigung. Diese andere Gerechtigkeit resultiert nicht aus einer Willkür oder Gnade, die erst recht wieder Abhängigkeitsverhältnisse und Unterdrückung hervorbringt, sie ist der Mehrwert in der grundsätzlichen Entscheidung des Gutsherrn, der die bestehenden Verträge einhält (V 13), aber aus seiner Güte heraus eine andere Ökonomie in Gang setzen möchte. Das Geld dient ihm als vorzügliches Instrument für diese andere Ordnung der Dinge. Als Werteinheit ist die nackte Münze unbestimmt und wenig aussagekräftig, zu einem sprechenden Indikator und machtvollen Zeichen wird der Denar erst durch seinen Kontext, durch die Funktion, die er im Zusammenleben der Menschen übernimmt, in den Möglichkeiten und Chancen, die er eröffnet oder verhindert. Daher greift es stets zu kurz, wenn die Frage nach dem Verhältnis Jesu zum Geld auf seine konkrete, in die heutige Zeit ohnehin schwer übersetzbare Praxis reduziert wird. Es geht primär um den Kontext, um den Rahmen und das größere Ganze, das alle Aufmerksamkeit verdient und in dessen Gestaltung die eigentlich christliche Herausforderung liegt. Geld ist, wie das vorige Kapitel gezeigt hat, aus sich heraus eine relative und abstrakte Größe, seine konkrete und praktisch wirksame Bedeutung erlangt es erst in einem spezifischen Kontext, der über Funktion und Macht bestimmt. In einer christlichen Perspektive ist die entscheidende Referenzgröße die Botschaft vom Reich Gottes, für des-

---

[322] Leutzsch, Martin, Zeit und Geld im Neuen Testament 88.

sen Kommen und Wachstum Geld eines der besten Instrumente ist, zugleich aber auch eines seiner größten Gefährdungen.

6.5 Geld als eine konsequent *relative* Größe

Als Belege für die konsequente Funktionalisierung des Geldes in Bezug auf das Reich Gottes ließen sich noch zahlreiche weitere Gleichnisse und Erzählungen anführen. Die ebenfalls sehr bekannten Perikopen von der *Tempelreinigung* (Mk 11,15-19), der *Frage nach der kaiserlichen Steuer* (Mk 12,13-17 par.) oder dem *Opfer der Witwe* (Mk 12, 41-44; Lk 21,1-4) bringen auf je besondere Weise noch weitere Nuancen und Aspekte ein, die in ihren zentralen Intentionen die Grundstruktur der relativen Grammatik untermauern. Auch wenn viele ethische Aussagen Jesu nicht unmittelbar durch Reich-Gottes-Motive, sondern durch ganz andere Normvorstellungen begründet werden, so bilden sie dennoch den großen, prägenden Horizont, auf den hin und von dem her das ganze Leben in seinen konkreten ökonomischen, politischen und sozialen Vollzügen gedeutet wird. Die Gottesherrschaft bleibt eine entzogene, nicht verfügbare Größe und verliert doch nichts von ihrem konkreten, ansichtigen Charakter. In dieser entzogenen Konkretion zeigen sich die mystische und die politische Seite des Reich-Gottes-Gedankens. Die Mystik der Gottesherrschaft „lebt von spirituellen Erfahrungen der Gottesgegenwart im Gebet, von der Liturgie des Gotteslobes, von prophetischen Visionen vollendeter Gerechtigkeit und von Einsichten der Weisheit in Gottes Schöpfung, Gottes Weltordnung, Gottes Vorsehung"[323]. Die politische Dimension ist Ausdruck der Überzeugung, dass die Gottesherrschaft als ein großes Wort der Hoffnung Israels eine Hoffnung auch für diese Welt ist, nicht nur für das Ewige Leben. Die zentrale Metapher vom Reich Gottes ermöglicht eine Kriteriologie, um die auf den ersten Blick so disparat und widersprüchlich erscheinende Lehre wie Praxis Jesu vermitteln zu können. Im Lichte dieser Fokussierung lässt sich weder behaupten, dass Jesus das Geld rundweg abgelehnt hätte, noch dass er ihm mit Hochachtung begegnet wäre oder sich besonders für ökonomische Fragen interessiert hätte.[324] Der Textbefund stützt eher die Vermutung, dass sich Jesus in ökonomischen und sozialen Fragestellungen im Großen und Ganzen relativ unspektakulär im jüdisch-hellenistischen Denk- und Erwartungshorizont sei-

---

[323] Söding, Thomas, Lehre in Vollmacht. Jesu Wunder und Gleichnisse im Evangelium der Gottesherrschaft, in: IkathZ 36 (2007) 3-17, 5. Wie unersetzbar diese Dimension ist und wie sehr sie sich einer Transformation in eine säkulare Idee widersetzt, zeigt die Studie von Habichler, Alfred, Reich Gottes als Thema des Denkens bei Kant. Entwicklungsgeschichtliche und systematische Studie zur kantischen Reich-Gottes-Idee, Mainz 1991.

[324] Dagegen Klaus Berger, der jedoch keinerlei Belegstellen anführt: „In seinen Gleichnissen verrät Jesus so detailgenaue Kenntnis von Finanzen und Finanzgebaren der Menschen […], dass man denken könnte, Jesus müsse besondere Insider-Kenntnisse gehabt haben – so als hätte er eine Art Banklehre mitgemacht. Jedenfalls weiß er wie kein anderer um die Faszination des Geldes und um technische Einzelheiten des Geldverkehrs, bis hinein in kriminelle Praktiken. Mindestens war Jesus ein genauer, an ökonomisch-pekuniären Dingen interessierter Beobachter." (Berger, Klaus, Jesus, München 2004, 474)

ner Zeit bewegte. Die ökonomischen Erzählgeschichten erhalten erst von der Reich-Gottes-Verkündigung her ihre unverwechselbare Färbung und Prägung. Die Zusage der Gottesherrschaft an alle Menschen, vor allem an die Armen und Entrechteten, ist eine Reaktion auf die politisch und ökonomisch trostlose Situation breiter, vor allem ländlicher Bevölkerungsschichten.[325] Sie repräsentiert eine unverwechselbare Form bzw. Perspektive, Menschsein, Gesellschaft, Ökonomie und Kultur zu verstehen und zu gestalten. Dabei wird immer gerne vergessen, dass Jesus an keiner Stelle die Armut als Tugend oder Lebensstil preist, sondern nur die Armen, denen entgegen ihren realen Erfahrungen kontrafaktisch das Himmelreich zugesagt wird. In der Verheißung an die Marginalisierten und Entrechteten begegnet die zarte Hoffnung, dass die Unterdrücker und Nutznießer der Verhältnisse von Gott selbst abgesetzt werden und er einen gerechten Ausgleich zwischen den jetzt Reichen und Armen herstellen werde. Es gibt gute Gründe für die Annahme, „dass (freiwillige) Armut für Jesus kein *sittliches Ideal* war, keine Tugend, die für ihn aus der Nähe der Königsherrschaft folgte."[326] Von einem Loblied auf die Armut ist weit und breit nichts zu finden. Aus der Nähe der βασιλεία τοῦ θεοῦ folgt eine positive Zukunft der jetzt Armen, kein Ritterschlag der Armut. Die Evangelien verurteilen nicht den Reichtum, aber sie betrachten ihn mit einer großen Portion Skepsis. Der Vorbehalt resultiert nicht aus einem religiös aufgeladenen Ressentiment, sondern folgt der breit bezeugten Erfahrung, dass Reichtum meist Konsequenz großer Ungerechtigkeiten ist und neue Ungleichheiten schafft, anderen Menschen Lebensmöglichkeiten raubt und den Blick für das Unverfügbare und Eigentliche des Lebens trübt sowie die Offenheit auf andere Menschen hin einschränkt. Wie Armut und Geld ist auch Reichtum eine klassische relative Größe, die sich nur im Verhältnis zur gesellschaftlichen Umwelt und den ökonomischen Strukturen ihrer Zeit definieren lässt. Die von allen Synoptikern erzählte Geschichte von *Reichtum und Nachfolge* (Mk 10,17-31 par.) will auf die Gefahren hinweisen, die sich aus einer Besitz- und Machtfixierung ergeben, wie sehr sie den Intentionen und Erfordernissen des Reiches Gottes widerstreben können. Diese Erzählung ist und bleibt eine bohrende Anfrage im Herzen des Christentums.[327] Doch gleichzeitig ist daran zu erinnern, dass die

---

[325] Vgl. die ausführlichen Überlegungen zur Gottesherrschaft bei Schröter, Jens, Jesus von Nazaret. Jude aus Galiläa – Retter der Welt, Leipzig 2006, bes. 188-213. „Die Armen, Hungernden und Weinenden sind bereits jetzt selig zu preisen, weil die Aufrichtung der Gottesherrschaft, die ihnen zugesagt ist und die ihre Not wenden wird, begonnen hat." (Schröter, Jens, Jesus von Nazaret 206f)

[326] So Stegemann, Wolfgang, Kontingenz und Kontextualität 173.

[327] Zur Wirkungsgeschichte dieser Perikope vgl. die Beobachtungen von Ulrich Luz, der kritisiert, dass sie im Protestantismus „fast ausschließlich eine Verdrängungs- und Ausblendungsgeschichte" war (Luz, Ulrich, Das Evangelium nach Matthäus 136). Die katholische Tradition habe durch ihre Interpretation der Armut als „Evangelischer Rat" zwar wesentliche Sinnpotentiale dieses Textes aufbewahrt, müsse sich aber fragen, wie sie damit die Aufspaltung der Christinnen und Christen in „besondere" Gläubige (Kleriker, Ordensgemeinschaften) und „gewöhnliche" Gläubige verhindern könne. – Nach Rudolf Pesch dürfte die Bewertung des Reichtums in der Jüngerbelehrung Jesu situationsgebunden von der Versuchung ausgehen, „daß der Reiche sich seiner Verpflichtung gegenüber den Armen entzieht, daß er statt Gott dem Mammon dient [...]. Der nicht sozial in Dienst genommene Reichtum ist »ungerechter Mammon« und somit kein

Evangelien nicht an neue, harte Gebote denken, die sie den Menschen auferlegen möchten, sondern bewusst eine offene Perspektive entwickeln, die jeden Menschen dazu auffordert, sich mit ihr auseinanderzusetzen.

Die biblische Botschaft begründet gewiss kein perfektes soziales Programm zur endgültigen Beseitigung von Ungerechtigkeit und Elend auf Erden. Aber sie hält den Impuls wach, dass allen Menschen,[328] in erster Linie jedoch den Armen dieser Welt, die Botschaft vom Reich Gottes verkündet ist, dass es darauf ankommt, mit ihnen die Güter dieser Welt zu teilen und für mehr Gerechtigkeit und Liebe unter den Menschen einzutreten. Geld ist darin und dafür eine Funktion, ein hervorragendes Gestaltungsinstrument. Wo es seine Relativität, seinen konstitutiven Bezug auf das größere Ganze verliert, wo es sich zum Selbstzweck und zum Profitstreben reduziert oder nur für sich selbst Schätze sammelt (Lk 12,21), dort wird das Geld zum Mammon und zum Sinnbild jener Konkurrenzökonomie, die der ganz anderen Ökonomie der Gabe und des Geschenks, der Gerechtigkeit und des Überflusses widerstreitet. Es kommt daher entscheidend darauf an, ob und wie es gelingt, das Geld stets von seiner Absolutheit in die Relativität hineinzuholen, die Sabbatökonomie des Teilens und Feierns als Alternative zur Ökonomie des Gewinnstrebens zu stärken und dafür Modelle zu entwickeln, an denen sich exemplarisch zeigen kann, dass das Reich Gottes bereits angebrochen und auch heute mitten unter uns ist (Lk 17,21).

7 Gottesrede als public theology

Durch die vielfache Relativität, in die der Glaube lebensweltlich eingespannt ist, wird die Gottesrede nicht nur in enger Beziehung zur Kirche und zur inneren Rationalität der Theologie gehalten, sondern gleichzeitig zu anderen Interpretationsformen und Realitäten in ein Verhältnis gesetzt. In diesem Bezug nach außen bildet gegenwärtig die politische und zivilgesellschaftliche Öffentlichkeit einen wichtigen Brennpunkt.[329] Doch dieser Bezug ist nicht selbstverständlich oder unumstritten. Wohl herrscht Konsens darüber, dass die Theologie für den Glauben der Kirche (nach innen) eine notwendige und sehr spezifische Funktion erfüllt, auch wenn sich an der konkreten Ausgestaltung

---

Erweis der Gerechtigkeit, sondern der Sünde." (Pesch, Rudolf, Das Markusevangelium 2 (HThKNT 2), Freiburg 1977, 143). Unter dieser Perspektive lässt sich das Lukasevangelium nicht nur als „Evangelium für die Armen" (Lk 4,18) sondern auch als „Evangelium für die Reichen" lesen, indem Lukas die Chancen aufzeigt, dem Gericht zu entgehen (vgl. Held, Heinz Joachim, Den Reichen wird das Evangelium gepredigt. Die sozialen Zumutungen des Glaubens im Lukasevangelium und in der Apostelgeschichte, Neukirchen-Vluyn 1997).

[328] Die Universalisierung der Reich-Gottes-Botschaft hebt die eschatologische Vorrangstellung Israels in der Verkündigung Jesu nicht auf, sondern qualifiziert sie.

[329] Vgl. dazu Schmidinger, Heinrich, Hat Theologie Zukunft? Ein Plädoyer für ihre Notwendigkeit, Innsbruck 2000. Schmidinger setzt sich darin insbesondere mit den strukturellen Problemen der Theologie im Spannungsfeld von Kirche, Wissenschaft und Politik auseinander.

immer wieder heftige Konflikte entzünden. Unbestritten ist weiterhin, dass die Theologie, zumindest solange sie an staatlichen Universitäten beheimatet ist, auch den Anfragen und den Diskursformen anderer Wissenschaften nicht ausweichen kann, sondern sich produktiv und offen mit ihren Erkenntnissen auseinandersetzen wird. Gerade ihr wissenschaftlicher Anspruch, der von verschiedenen Disziplinen regelmäßig in Frage gestellt wird, hat sich für die Theologie oft als äußerst produktiv erwiesen und zeigt im Übrigen, dass sie, wo sie methodisch überzeugend und reflexiv präzise arbeitet, den Anfragen und Kritiken ohne weiteres gewachsen ist.[330] Weitaus umstrittener ist jedoch die Frage, ob und in welcher Weise die Theologie auch gegenüber der Öffentlichkeit eine Funktion besitzt. Wohl ist für die Theologie das Forum der zivilgesellschaftlichen Debatten nicht neu oder ungewöhnlich (vgl. Apg 17,17), aber es erfordert ganz andere Repräsentationsformen als zu Zeiten, in denen das religiöse Sprachspiel noch fester Bestandteil der Alltagskommunikation war. Theologie stößt nicht mehr selbstverständlich auf öffentliches Interesse. Doch gerade das Zweite Vatikanum hat die Kategorie der Öffentlichkeit betont und in den Horizont der theologischen Theoriebildung gerückt. Was anfangs revolutionär oder zumindest ungewöhnlich erschienen ist, dass die Kirche auch vor und gegenüber der säkularen Welt eine Verantwortung bzw. einen Heilsauftrag besitzt, hat sich innerhalb weniger Jahrzehnte im Selbstverständnis vieler engagierter Christinnen und Christen verankert. Dieser „Weltdienst" der Theologie ist und versteht sich keinesfalls als Alternative zum „Heilsdienst", sondern existiert nur in enger Verbindung mit ihm, der eine wäre und ist ohne den anderen nicht denkbar.[331] Den Dienst an der Welt vollziehen Theologie und Kirche vor dem kritischen Forum der Öffentlichkeit und in den Arenen der säkularen Welt. Dabei stehen Innen und Außen in Wechselwirkung.[332] In ihrem Weltdienst, so schreibt Hans Kessler, muss die Theologie „kritisch-kreative Begleiterin der gesellschaftlichen und globalen Vorgänge und Einstellungen sein. Sie trägt eine öffentliche Verantwortung gegenüber der gesamten Gesellschaft: Sie hat Religion/Glauben und Leben *der Menschen* im Licht des christlichen Glaubens (d.h. vor allem im Licht der unbedingt für alle entschiedenen Liebe Gottes) kritisch zu analysieren, eine der Tradition *und* der heutigen Situation gerecht werdende, verstehbare Begründung und Erklärung des christ-

---

[330] Vgl. Neuner, Peter, Glaubenswissenschaft? Theologie im Spannungsfeld von Glaube, Rationalität und Öffentlichkeit (QD 195), Freiburg 2002. Stellvertretend für viele überzeugende Beispiele sei hier genannt: Pannenberg, Wolfhart, Wissenschaftstheorie und Theologie, Frankfurt 1973.

[331] „Diese Spaltung bei vielen zwischen dem Glauben, den man bekennt, und dem täglichen Leben gehört zu den schweren Verirrungen unserer Zeit." (GS 43)

[332] Indem etwa die Kirchen normale alltägliche Praktiken wie Gebet, Taufen, diakonische Werke, Trauerbegleitung, Errichtung von Gebetsräumen etc. in Treue zu ihrem Auftrag vollziehen, wird das öffentliche Interesse an ihnen nicht abnehmen, sondern im Gegenteil wachsen (vgl. Hauerwas, Stanley, Christian Existence Today. Essays on Church, World and Living in Between, Grand Rapids/Mich. 2001). Zum Öffentlichkeitscharakter der Theologie vgl. Arens, Edmund/Hoping, Helmut (Hg.), Wieviel Theologie verträgt die Öffentlichkeit? (QD 183), Freiburg 2000 (insb. die Beiträge von Gabriel, Karl, Konzepte von Öffentlichkeit und ihre theologischen Konsequenzen (16-37) sowie Dalferth, Ingolf U., Öffentlichkeit, Universität und Theologie (38-71).

lichen Glaubens vorzulegen, dessen persönliche und soziale (ökonomische, kulturelle, politische usw.) Relevanz in dieser komplexen Welt zu erhellen und zu den Lebensfragen inspirierend-orientierend [...] öffentlich Stellung zu nehmen."[333] Aber diesen Dienst an der Öffentlichkeit kann die Theologie nur erfüllen, wenn sie nicht bloß das Leben der Menschen kennt, sondern auch die Denk- und Machtstrukturen benennen und reflektieren kann, in die das Menschsein eingebunden ist, in denen Menschen ihr Leben entwerfen können oder führen müssen.[334] Zu diesen Rahmenbedingungen theologischer Reflexion gehören die massiven Zugriffe der Konsumgesellschaft auf die humanen Werte wie Liebe, Freiheit, Glück etc. ebenso wie die wachsende Ökonomisierung der Lebenswelt, die den Tauschwert zur universalen Kategorie überhöht. Eine Theologie, die sich diesen Entwicklungen stellt, kann sich den Ort ihrer Bewährung nicht aussuchen, eine Flucht an einen imaginären Ort der Eigentlichkeit, der sich stets anderswo befindet, ist ihr definitiv verwehrt.[335] Sie wird, wenn sie die allgemeine Relativität des Lebens in allen Dimensionen reflektiert, in der Öffentlichkeit einen wichtigen *locus theologicus* erkennen, vor dem und auf den hin sie den Glauben verantwortet. Freilich ist der Anspruch vor der Öffentlichkeit nur ein Moment im theologischen Selbstvollzug, der auch nicht permanent im Vordergrund stehen muss, aber er ist in jedem anderen Bezug präsent und expliziert ihn zugleich. Ähnlich wie bei den drei Grundvollzügen der Kirche, der *Liturgie*, der *Verkündigung* und der *Diakonie*, werden in jedem konkreten Handlungsvollzug zugleich die anderen Dimensionen mitvollzogen und ausgedeutet.

Die theologische Auseinandersetzung mit dem Geld kann daher nicht anders erfolgen, als dass sie den Rahmen interner Diskussionen überschreitet und sich auf den Feldern der öffentlichen, d.h. wissenschaftlichen und zivilgesellschaftlichen Debatten einbringt. Das ist nicht nur vom Selbstverständnis des Glaubens her gefordert, sondern liegt auch in der Logik seines Vollzugs. So trägt eine theologische Reflexion dazu bei, die mythologischen Überformungen des Geldes in eine diskursive Sprache zu übersetzen und seine fundamentale Relativität herauszuarbeiten. Damit leistet Theologie einen wichtigen Dienst an der Gesellschaft, den sie umso besser erfüllen kann, je überzeugender sie Status und Anspruch ihrer Funktion als einer *public theology* reflektiert.[336] Dieser oft missverstandene Begriff bringt lediglich zum Ausdruck, dass die Theologie den Glauben vor der Vernunft verantwortet, darüber hinaus sich aber auch als eine „kritische Reflexion der gesellschaftlichen Präsenz des Christentums und

---

[333] Kessler, Hans, Den verborgenen Gott suchen 22.
[334] Hans-Joachim Höhn leitet daraus die Forderung ab, dass sich die Theologie als „interdisziplinäre Disziplin" organisieren müsse: „Um sagen zu können, was *an* der Zeit ist, bedarf es eines umfangreichen Wissens, wie es um das Dasein in der Zeit bestellt ist. Erst dann lässt sich sagen, was *mit* der Zeit aus diesem Dasein werden kann." (Höhn, Hans-Joachim, Zeit-Diagnose 147)
[335] Vgl. dazu Winkler, Ulrich, Nicht ausweichen an einen fernen Ort der Eigentlichkeit. Der Erkenntnisort einer lokalen Theologie im universalen Volk Gottes, in: SaThZ 6 (2002) 97-109.
[336] Zum Begriff der „public theology" vgl. Thiemann, Ronald F., Constructing a Public Theology. The Church in a Pluralistic Culture, Louisville/Ky, 1991; Stackhouse, Max L., Civil Religion, Political Theology and Public Theology. What's the Difference? in: Political Theology 5 (2004) 275-293.

seines Beitrags zur Selbstverständigung über das individuelle und gesellschaftliche Leben in der pluralistischen Gesellschaft"[337] versteht. Diese vorsichtige Definition legt den Fokus auf den Orientierungscharakter: „Gesellschaften können auch erwarten, daß die Theologie, zumal wenn ihr institutioneller Ort die Universität ist, eine über den Raum der Kirche hinausgehende Orientierungsfunktion besitzt."[338] Aber das Konzept der *public theology* greift noch entschiedener darüber hinaus. Es definiert sich bewusst als ein Projekt der *Kritik*, das nicht nur orientieren oder kompensieren möchte, sondern auch die Bedingungen und Strukturen der Gesellschaft im Lichte des Glaubens problematisiert und in Frage stellt. Daher weist sie auch eine große Nähe zur Neuen Politischen Theologie auf.

Dieser kritische Impuls, den die Gottesrede auch nach außen hin besitzt, soll abschließend noch an drei Stellproben exemplarisch dargestellt werden. Sie möchten zeigen, in welcher Weise die Theologie einen substanziellen Beitrag in den zivilgesellschaftlichen Debatten um eine humane Gestaltung des ökonomischen Systems und ihres Zentralsymbols Geld leisten kann.

7.1 Entpersonalisierung und Entprivatisierung des Geldes

Es ist eine der großen und bleibenden Leistungen Simmels, dass er das Geld aus der begrenzten Sphäre des Individuellen und Privaten herausgeführt und seine grundlegenden *gesellschaftlichen* Funktionen aufgezeigt hat. Die *Philosophie des Geldes* bietet einen tiefen Einblick in all jene Funktionen und Bedeutungen, die sich hinter dem alltäglichen Realsymbol *Geld* verbergen. Simmel zeichnete den langen Weg vom einfachen Tauschmittel zum abstrakten Vermögenswert aus unterschiedlichen Blickwinkeln und mit einprägsamen Beispielen nach. Dabei erwies sich die Inversion vom Mittel zum Zweck als ein epochaler Einschnitt, dass also Geld nicht mehr bloß Werte repräsentierte, sondern selbst zu einem Wert mutierte. Aber Simmel stimmte nicht in den Chor der (konservativen) Kulturkritik ein, der in der aufkommenden Dominanz des Geldes ein untrügliches Indiz für den Untergang des Abendlandes erkannte. Trotz so mancher kulturpessimistischer Einschläge, die vor allem das sechste Kapitel seiner *Philosophie des Geldes* durchziehen, ist seine philosophische, psychologische und soziologische Analyse des Geldes frei von jeglichem Ressentiment. Die nahezu erschreckende Komplexität, die auf je eigene Weise die verschiedenen Wissenschaftsdisziplinen vor große Probleme stellt, wird von Simmel nicht reduziert oder ausgelagert, sondern in ihrer Widersprüchlichkeit

---

[337] Hoping, Helmut, Orientierungsaufgaben christlicher Theologie in der pluralen Öffentlichkeit, in: Arens, Edmund/Hoping, Helmut (Hg.), Wieviel Theologie verträgt die Öffentlichkeit 148-170, 157. So gehört zu den wichtigsten Aufgaben der *public theology*, die verschiedenen Versuche einer Reduktion des Glaubens auf eine zivilreligiöse Kraft zu kritisieren. Zum Problem der Zivilreligion vgl. Kleger, Heinz/Müller, Alois (Hg.), Religion des Bürgers. Zivilreligion in Amerika und Europa, Münster ²2004.
[338] Hoping, Helmut, Orientierungsaufgaben christlicher Theologie in der pluralen Öffentlichkeit 159.

ausgetragen. Deshalb hat sich das Konzept der Wechselwirkung als überzeugend erwiesen, weil es die Differenzen und Antagonismen nicht einseitig auflöst, sondern ihre Spannung als produktive Kraft rekonstruieren kann.

Jenseits seiner basalen Tauschmittelfunktion ist Geld ein Objekt individueller Begierde und Verführung, eine göttliche Macht, die geeignet ist, das Selbstverständnis der Menschen nachhaltig zu verändern oder ihr Leben zu zerstören. Friedrich Nietzsche konnte diesen schleichenden Paradigmenwechsel als semantischen Tausch interpretieren: „Die Mittel des Machtgelüstes haben sich verändert, aber derselbe Vulkan glüht noch immer, die Ungeduld und die unmäßige Liebe wollen ihre Opfer: und was man ehedem »um Gottes willen« tat, tut man jetzt um des Geldes willen, das heißt um dessen willen, was *jetzt* am höchsten Machtgefühl und gutes Gewissen gibt."[339] Geld ist immer auch Gefahr und neue Knechtschaft lauert in ihm. Aber das ist nur die eine Seite der Medaille. Die andere erweist sich nicht weniger präsent und wirksam, dass Geld einer der großen Schrittmacher individueller und gesellschaftlicher Freiheit ist. Es stößt das Tor zur Entwicklung eines modernen Lebensstils weit auf und führt den Einzelnen aus zahlreichen entfremdenden und überkommenen Traditionen heraus. Aber zugleich weist Simmel stets auf die verborgene Dialektik dieses Emanzipationsprozesses hin, dass Fortschritt und Befreiung unweigerlich mit Traditionsverlust, neuen Entfremdungsprozessen und normativen Zwängen einhergehen. Lange vor Horkheimer/Adorno hatte Simmel an einschlägigen Beispielen diese Dialektik der Aufklärung beschrieben.

Das oft so unscheinbare, objektive Symbol Geld vereinigt in sich widerstreitende Funktionen und symbolisiert zugleich äußerste Differenz. Emanzipation und Freiheit, aber auch Knechtschaft und Unterdrückung sind mit dem einen Symbol *Geld* untrennbar verknüpft. Doch wie verhalten sich diese beiden so gegensätzlichen Kräfte zueinander? In welcher Weise werden sie vermittelt? Wiederum erweist sich Simmels Lösungsvorschlag insofern als weiterführend, als er auch diesen Antagonismus nicht auflöst, etwa in eine individualistische Moralität hinein, sondern in seiner konstitutiven Spannung als einen *gesellschaftlichen* Prozess rekonstruiert. Geld besitzt neben seiner subjektiven auch eine beispiellose *objektive* Macht, die das Denken und Sein, das Leben und Handeln der Menschen nachhaltig bestimmt, ohne diesen Zugriff in seiner ganzen Breite überhaupt je ermessen zu können.[340] Nietzsche hat diesem

---

[339] Friedrich Nietzsche, Morgenröte. Gedanken über die moralischen Vorurteile (Werke in drei Bänden 1), hg. v. Schlechta, Karl, München 1997, 1152.

[340] Für Karl Otto Hondrich zählt es zu den großen Selbsttäuschungen der Moderne, dass sie die Gesellschaft als etwas unendlich Formbares verstanden hat, das nur darauf warte, analysiert und nach besserem Plan umgebaut zu werden. Dieser soziologische Überschwang ist allerdings vorbei, heute macht sich Resignation breit. Die Aussage, etwas soziologisch zu betrachten, löst keine Euphorie mehr aus, sondern Skepsis. Der Zukunftsglaube hat sich von den Sozial- zu den Biowissenschaften hin verlagert. Doch Hondrich warnt vor jeglichen überzogenen Erwartungen. Auch gentechnisch veränderte Menschen bringen keine neue Gesellschaft hervor, auch sie würden daran scheitern, woran bereits die alten Utopien gescheitert sind: an der ungeheuren Eigenmacht von Gesellschaft. Denn auch der moderne, flexible und technisierte Mensch bleibt elementaren sozialen Prozessen unterworfen, er muss werten, Entscheidungen treffen, Risiken

transzendentalen Aspekt des Geldes in seiner Genealogie der Moral eine kurze Passage gewidmet: „Preise machen, Werte abmessen, Äquivalente ausdenken, tauschen – das hat in einem solchen Maße das allererste Denken des Menschen präokkupiert, daß es in einem gewissen Sinne *das* Denken ist."[341] Was im Anschluss an Marx griffig als „Warenförmigkeit des Bewusstseins" bezeichnet wird, ist keine freie Entscheidung der Menschen, sondern eine objektive, gesellschaftliche Rahmenbedingung, die den Handlungsspielraum begrenzt und die Reflexion normiert. Selbstverständlich ist dieses politisch-ökonomische Apriori veränderbar, aber zunächst einmal bedarf es der Analyse seiner Genealogie und Funktionsweisen, um jene Ansetzmarken finden zu können, die Handlungs- und Steuerungsoptionen überhaupt erst ermöglichen. Simmel hat in der *Philosophie des Geldes* einen elementaren Beitrag dazu geleistet, die objektive, gesellschaftliche Dimension des Geldes herauszuarbeiten. Historisch gesehen erwies sich der Wechsel vom Naturaltausch zum Geldtausch als ein entscheidender Wendepunkt. Mit der Geldzahlung tritt zwischen die beiden Parteien als eine dritte Instanz die soziale Gesamtheit, die für eine bestimmte Summe einen entsprechenden Realwert zur Verfügung stellt und garantiert.[342] Indem Simmel die gesellschaftliche Struktur des Geldes schrittweise aus den individualisierten Verflechtungen herausschälte, „entprivatisierte"[343] er es zugleich und konnte so den Blick auf die sozialen Konstruktionsbedingungen der Geldökonomie freimachen. Das hochkomplexe System einer kapitalistisch geprägten Wirtschaftsform ist kein Resultat individueller Wertpräferenzen, obwohl es ohne deren Voraussetzungen nicht denkbar ist. In der *Philosophie des Geldes* wollte Simmel, wie er in der Vorrede schreibt, dem historischen Materialismus *ein Stockwerk unterbauen*. Die Marx'sche Frage nach den gesellschaftlichen Bedingungen des Bewusstseins wird bewusst nicht abgelöst oder korrigiert, sondern ergänzt: In welcher Weise nehmen individuelle Wert-

---

verteilen, sich der Konkurrenz stellen etc. Die Gesellschaft ist eine stärkere und treibendere Kraft als Politik, Pädagogik, Wissenschaft etc. (vgl. Hondrich, Karl Otto, Der Neue Mensch, Frankfurt ³2006; Ders., Krise der Leistungsgesellschaft? Empirische Analysen zum Engagement in Arbeit, Familie und Politik, Opladen 1988; Ders./Koch-Arzberger, Claudia, Solidarität in der modernen Gesellschaft, Frankfurt 1992)

[341] Nietzsche, Friedrich, Zur Genealogie der Moral (Werke in drei Bänden 2), hg. v. Schlechta, Karl, München 1997, 811. Gertrude Stein hat 1936 in Kurztexten für die *Saturday Evening Post* diese Umbruchstelle eindringlich beschrieben (Stein, Gertrude, Geld. Geld – Mehr über Geld – Noch mehr über Geld – Alles über Geld – Ein Letztes über Geld, Berlin 2004). Das sorgfältig edierte und übersetzte Bändchen behält den Sprachduktus des Originals bei. Stein zieht eine klare Trennlinie zwischen Geld und nicht Geld: „Jeder der es verdient und es jeden Tag zum Leben ausgibt weiß daß Geld Geld ist" (5). Wer hingegen über Unsummen von Geld bestimmt wie etwa die Steuer- und Finanzpolitik, der wisse nicht, was Geld sei: „Wenn man es verdient und ausgibt kennt man wirklich den Unterschied zwischen drei Dollar und einer Million Dollar, aber wenn man es sagt und darüber abstimmt, hört sich alles gleich an." (7) Menschen hätten deshalb das Geld erfunden, weil sie zählen können, und solange sie zählen können, werden sie immer Geld zählen. „Es ist schon sehr komisch mit dem Geld. Was die Menschen von den Tieren unterscheidet ist Geld. Alle Tiere haben die gleichen Gefühle und die gleichen Gewohnheiten wie Menschen. Wer viele Tiere um sich herum hat weiß das. Aber was kein Tier kann ist zählen, und was kein Tier kennt ist Geld." (15)

[342] Vgl. Philosophie des Geldes 213. Vgl. Kapitel 3: 3.2.6 (p. 252-256).

[343] Rammstedt, Otthein (Hg.), Georg Simmels „Philosophie des Geldes" 14.

haltungen und Bedürfnisse auf die ökonomische Entwicklung Einfluss? Ist die Dominanz des Marktes allein seiner entkoppelten Rationalität geschuldet oder liegt ihr nicht auch ein unausgesprochenes Einverständnis zugrunde? Nach wie vor ist in den Sozialwissenschaften die These vorherrschend und angesehen, dass Ideen, Werte, Normen durch ökonomische Prozesse beeinflusst und strukturiert werden. Die umgekehrte Perspektive jedoch, dass die kulturellen und sozialen Zusammenhänge die ökonomischen Institutionen formen, ist weniger reflektiert. An diesem Defizit kranken viele aktuelle Zeitdiagnosen, die nicht erklären können, wie sich der Neoliberalismus ohne stützende normative Kontexte, ohne ein Minimum an implizitem Einverständnis zumindest der dominierenden Eliten überhaupt durchsetzen konnte.[344] Das Verhältnis von Ökonomie und Gesellschaft ist eben kein hierarchisches und das Soziale keine klassische Funktion politisch-ökonomischer Normativität. Vielmehr muss dieser Zusammenhang im Anschluss an Simmel als ein klassisches Wechselwirkungsverhältnis rekonstruiert werden. Beide Momente bedingen einander und konstituieren sich gegenseitig, ohne die jeweiligen Eigenlogiken aufzulösen.

Für eine theologische Reflexion leitet sich in Fortführung der bisher ausgezogenen Linien eine doppelte Aufgabe ab. Nach innen wird sie die problematische Fixierung auf den individualethischen Horizont überschreiten und den politischen bzw. gesellschaftlichen Aspekt entschiedener in die Theoriebildung einbeziehen. Welchen Stellenwert Menschen dem Geld in ihrem Leben einräumen, warum sie ihre Hoffnung auf Besitz und ihr Herz an monetäre Vermögenswerte setzen, welche Opfer sie dafür bringen oder auch bringen müssen, das alles ist nicht allein eine Frage des eigenen Wollens oder Könnens, es ist auch eine Frage der gesellschaftlichen Verhältnisse und Strukturen. Deshalb greift eine Theologie, die sich gegenüber einer politischen und kulturellen Öffentlichkeit verpflichtet weiß, in die gesellschaftlichen Debatten ein. Sie weiß um ihre Verantwortung nach außen, indem sie zur Sprache bringt, was in anderen Diskursen und Symbolsystemen ausgeschlossen bleibt. Mit dem Rückzug oder auch der Verabschiedung der Theologie aus den öffentlichen Debatten ginge mehr verloren als eine bestimmte Diskursform, der formalen Transzendenz des Geldes stünde keine wirksame Gegenmacht gegenüber, die das Gewaltsame und Hypertrophe in den geldcodierten Verhältnissen aufdeckt. Daher erfordert in einer paradoxen Weise die Entprivatisierung des Geldes theologisch zugleich die *Entprivatisierung Gottes*. Damit ist im Anschluss an Casanova selbstverständlich nicht gemeint, dass Religion wieder als ein politischer Machtfaktor auf die Weltbühne zurückkehren soll (obwohl dies gegenwärtig weithin zu beobachten ist). Vielmehr wird mit ihr zum Ausdruck gebracht, dass die Gottesrede ihren primären Ort nicht allein im Binnenraum der Kirche, sondern zugleich auch *in* der Welt hat, weil sich die inkarnatorische Struktur des Glaubens auf das Ganze der Wirklichkeit bezieht und sich zu allen Dimensionen des Lebens ins Verhältnis setzt. Ob und wie die Welt gestaltet wird, welche politischen Rahmenbedingungen gesetzt und welche Entwicklungsmöglichkeiten geschaffen werden, das kann die Rede von Gott nicht

---

[344] Vgl. dazu Boltanski, Luc/Chiapello, Eve, Der neue Geist des Kapitalismus, Konstanz ²2006.

unberührt lassen. Das bedeutet umgekehrt: Nur dort, wo sich die Gottesrede in kritischer Relativität den Fragen und Problemen dieser Welt aussetzt, wird sie jene performative Kraft entfalten können, die im Evangelium und in der Botschaft vom Reich Gottes ihr Maß und ihr Ziel findet.

7.2 Der Vorrang der Gerechtigkeit

Die nahezu unbeschränkten Möglichkeiten, die das Geld in den Lebensvollzügen der Menschen eröffnet, machen es zu einem äußerst begehrenswerten und einflussreichen Medium. Geld, so hat sich gezeigt, strukturiert und reguliert nicht allein die ökonomischen Tauschverhältnisse, sondern symbolisiert als ein *abstrakter Vermögenswert*[345] zugleich die grenzenlose Weite der Wünsche und Bedürfnisse, die es vermittelt. Auf der politischen Ebene ist es ein wichtiges Steuerungsinstrument für das ökonomische Funktionssystem. Durch die enge Verbindung von persönlichen Handlungsoptionen und gesellschaftlichen Entwicklungen ist der Diskurs über Geld untrennbar mit den Diskursen über Gerechtigkeit verbunden.

7.2.1 Gerechtigkeit – Ein konstitutives Element des religiösen Diskurses

Weil Geld die klassischen Grenzziehungen aufhebt und sein angestammtes Terrain der Ökonomie überschreitet, greift es oft unbeobachtbar in andere Funktionssysteme ein. So besteht für Niklas Luhmann eine der wichtigsten gesellschaftlichen Leistungen des Geldes darin, „daß die Zahlung *Dritte beruhigt*. Sie können, obwohl sie auch selbst an den Gütern und Leistungen interessiert sind (oder: in Zukunft interessiert sein könnten)[,] zusehen, wie jemand auf knappe Güter zugreift, *weil er dafür zahlt*."[346] Geld übernimmt häufig politische Funktionen, indem es etwa zur Erhaltung des Friedens eingesetzt wird und andere Systeme entlastet: „Weil der Erwerber zahlt, unterlassen andere einen gewaltsamen Zugriff auf das erworbene Gut. Geld wendet für den Bereich, den es ordnen kann, Gewalt ab – und insofern dient eine funktionie-

---

[345] Philosophie des Geldes 122 (im Original mit Anführungszeichen): „Wenn nun der wirtschaftliche Wert der Objekte in dem gegenseitigen Verhältnis besteht, das sie, als tauschbare, eingehen, so ist das Geld also der zur Selbständigkeit gelangte Ausdruck dieses Verhältnisses; es ist die Darstellung des abstrakten Vermögenswertes, indem aus dem wirtschaftlichen Verhältnis, d.h. der Tauschbarkeit der Gegenstände, die Tatsache dieses Verhältnisses herausdifferenziert wird und jenen Gegenständen gegenüber eine begriffliche – und ihrerseits an ein sichtbares Symbol geknüpfte – Existenz gewinnt." (122)

[346] Luhmann, Niklas, Die Wirtschaft der Gesellschaft 69. Luhmanns Beschreibungen des Kommunikationsmediums *Geld* lesen sich über weite Strecken wie eine Neuausgabe von Simmels *Philosophie des Geldes* in einem explizit systemtheoretischen Kontext (bes. 43-90, 177-271). Ob und inwiefern Luhmann von Simmel beeinflusst wurde, ist forschungsgeschichtlich noch nicht aufgearbeitet. Nach Auskunft von Otthein Rammstedt war Luhmann mit Reinhard Koselleck und ihm selbst Anfang der 80er Jahre einer der Antragsteller für eine Georg-Simmel-Gesamtausgabe an die Akademie der Wissenschaften in Düsseldorf.

rende Wirtschaft immer auch der Entlastung von Politik."[347] Der Markt organisiert die konkreten Tauschverhältnisse, er bändigt die Gewalt, die er in seiner Kehrseite gleichzeitig erzeugt. Für Max Weber musste das ökonomische Funktionssystem noch durch eine Ordnungsmacht garantiert werden, die durchaus religiöser Natur sein konnte. Ihre primäre Aufgabe war vor allem in wirtschaftlich turbulenten Zeiten die Sicherung des Marktfriedens, „da der Markt ursprünglich eine Vergesellschaftung mit Ungenossen, also Feinden, ist. [...]. Denn der Tausch ist die spezifisch friedliche Form der Gewinnung ökonomischer Macht."[348] In der Systemtheorie Luhmanns übernimmt die Funktion einer Ordnungsinstanz das System selbst, das die Steuerungsinstrumente aus seiner inneren Logik heraus gewinnt und entwickelt. Doch sind Systeme keine abgeschlossenen Monaden, sondern greifen ineinander über, kommunizieren mit den anderen, bilden füreinander die Umwelt und sind u.a. durch bestimmte Leitbegriffe miteinander verbunden.[349] Diese Austauschprozesse bleiben, ähnlich wie bereits bei Simmel und Cassirer, im Schatten der Aufmerksamkeit, auch wenn Luhmann der Sache nach Wechselwirkungen zwischen den Systemen nicht ausschließt. Da Geld, wie das erste Kapitel zeigen sollte, in den unterschiedlichsten gesellschaftlichen Teilsystemen eine wichtige Rolle spielt, sind auch deren Ausdeutungen, Formen und Entwicklungen elementare Bestandteile einer Definition des Geldes. Gewiss ist Geld nur *ein* Interaktionsmedium unter (mehreren) anderen, aber es ist in verschiedenen Funktionssystemen unbestritten eines der mächtigsten und einflussreichsten (geworden).

Wie sehr Geld den Zusammenhalt von Gesellschaften beeinflusst und wie massiv es in das private Leben der Menschen eingreift, zeigt einmal mehr die 2008 ausgebrochene Finanzkrise, die zusehends auch die Ebene der Realwirtschaft erfasst. Gerade in ökonomischen Krisenzeiten wird deutlich, wie sehr die individuellen Lebenschancen von den Zugriffsmöglichkeiten auf die sozi-

---

[347] Luhmann, Niklas, Die Wirtschaft der Gesellschaft 253. Steuern sind im politischen und im ökonomischen System wichtige Medien, aber sie erfüllen unterschiedliche Funktionen. Während sie in der Politik ein wichtiges Regulierungsinstrument für das gesellschaftliche Zusammenleben bilden, sind sie im Wirtschaftssystem Kostenfaktoren, die gering gehalten werden müssen.

[348] Weber, Max, Die Marktvergesellschaftung 385.

[349] Diesen wechselseitigen Beziehungen zwischen den verschiedenen Funktionssystemen geht Ansgar Kreutzer in seiner Studie über das Spannungsverhältnis von Glaube und Welt in der Pastoralkonstitution des Zweiten Vatikanums nach (Kreutzer, Ansgar, Kritische Zeitgenossenschaft. Die Pastoralkonstitution *Gaudium et spes* modernisierungstheoretisch gedeutet und systematisch-theologisch entfaltet, Innsbruck 2006). Für Kreutzer ist entscheidend, dass soziale Systeme nicht nur operativ geschlossen sind, sondern ihre strukturellen Kopplungen zur Umwelt aufgedeckt werden. Durch Luhmanns starke Betonung der Eigendynamik der jeweiligen funktionalen Systeme droht das Moment der Interpenetration bzw. *boundary interchanges* zu entfallen. Mit der Differenzierungstheorie von Richard Münch, die pragmatischen Traditionen entstammt, arbeitet Kreutzer die Verschränkung von Innen und Außen in der Pastoralkonstitution heraus und kann so ihren (politischen) Ort im Außen der Welt bestimmen. „Für Münch ist nicht die Eigengesetzlichkeit von sozialen Sphären oder die Autopoiesis der gesellschaftlichen Teilsysteme das entscheidende Strukturmerkmal moderner Gesellschaften, sondern im Gegenteil deren jeweilige Durchdringung, deren so genannte Interpenetrationen." (159) Darunter versteht Münch eine Form der geregelten wechselseitigen Beeinflussung unter Erhaltung der Spannung zwischen den Systemen.

ale Ressource Geld abhängig sind. Wer über Geld (und sicheres sowie ausreichendes Einkommen) verfügt – das wird durch die Alltagserfahrung immer wieder bestätigt –, ist vieler Sorgen und Lasten entledigt, der kann befreiter und gelassener in die Zukunft blicken als jemand, dessen Energien und Aufmerksamkeit ganz von der Sicherung der materiellen Existenz aufgesogen werden.[350] Ein gutes und regelmäßiges Einkommen ermöglicht eine entsprechende Vorsorge, die einen optimistischeren Blick in die Zukunft erlaubt. So lassen sich viele der persönlichen Risiken durch bestimmte Anlagestrategien und passende Versicherungsverträge minimieren oder weitgehend ausschalten, auch wenn es diesbezüglich, wie die gegenwärtige Finanzkrise nachdrücklich zeigt, keine absoluten Sicherheiten gibt. Aber nach wie vor gilt, dass Geld nur demjenigen größere Handlungsspielräume eröffnet, der darüber ausreichend verfügt, die Armen und materiell Minderversorgten bleiben von diesen Optionen weitgehend ausgeschlossen. Menschen, die in Wohlstand und sozialer Sicherheit leben, können ihre Identität leichter entfalten und sind für den ökonomischen Wettbewerb besser gerüstet. Michael Walzer sieht einen wichtigen „Mehrwert" des Wohlstands in der Stärkung der Pluralität und der Erhaltung des Friedens: Wer sich ökonomisch sicher fühlen kann, wird eine komplexere Identität erwerben. Er wird sich mit mehr als einer Gruppe identifizieren, er wird, so Walzer, beispielsweise Amerikaner, Jude, Ostküstenbewohner, Intellektueller etc. sein. „Man stelle sich eine ähnliche Vervielfältigung der Identitäten überall auf der Erde vor, und die Erde beginnt, wie ein weniger gefährlicher Ort auszusehen. Wenn sich die Identitäten vervielfältigen, teilen sich die Leidenschaften."[351] Diese friedensstiftende Funktion des Marktes bzw. des Geldes lässt sich nur so lange aufrechterhalten, so lange sie grundlegenden Erfordernissen der Fairness und Gerechtigkeit entspricht.[352] Wer reich ist, lebt meist gesünder, ist toleranter und glücklicher, wobei nicht allein die Einkommenshöhe einen entscheidenden Faktor darstellt, sondern auch der soziale Ausgleich und die Aussicht auf wirtschaftlichen Erfolg.[353]

---

[350] Der Zusammenhang von Glück, Einkommen, ökonomischen und politischen Rahmenbedingungen wird in den Sozialwissenschaften derzeit intensiv diskutiert (vgl. dazu die *World Database of Happiness*: worlddatabaseofhappiness.eur.nl/; Zugriff am 9.01.2009); Diener, Ed/Suh, Eunkook M. (Hg.), Culture and Subjective Well-being, Cambridge/Mass. 2000; Veenhoven, Ruut, The Four Qualities of Life. Ordering Concepts and Measures of the Good Life, in: Journal Of Happiness Studies 1 (2000) 1-39).
[351] Walzer, Michael, Zivile Gesellschaft und amerikanische Demokratie, Berlin 1992, 139. In ähnliche Richtung geht die Warnung von Hans Blumenberg: „Die oberflächliche Verächtlichung des Geldes suggeriert, daß die Humanität gewinnt, wenn das Geld an Wert verliert, weil man dann nicht mehr alles dafür haben kann. Der reelle Befund ist aber, daß in dem Augenblick, wo man für Geld nicht mehr alles haben kann, anstelle des Geldes das hergegeben werden muß, was als Humanes unveräußerlich bleiben sollte. In diesem Sinne gilt der Satz, daß Geld, für das man alles haben kann, nichts wert ist. Die unvergleichliche Nachhaltigkeit der Erinnerung an Geldentwertungen hängt offenkundig damit zusammen, daß seine Funktionsschwäche erst erfahrbar macht, welchen humanen Standard es fundiert." (Blumenberg, Hans, Geld oder Leben 128)
[352] Nach wie vor ist John Rawls Klassiker *A Theory of Justice* (1971) für eine politische Philosophie der Gesellschaft maßgebend (Rawls, John, Eine Theorie der Gerechtigkeit, Frankfurt [15]2006).
[353] Das ist die These von Friedman, Benjamin M., The Moral Consequences of Economic Growth, San Francisco 2006. Ähnlich argumentiert Klein, Stefan, Die Glücksformel. Oder: Wie die guten Gefühle entstehen, Reinbek [8]2002.

Freilich können mit Geld nicht alle Risiken abgedeckt werden, aber es entlastet von grundlegenden materiellen Ängsten und Sorgen, die lebensfeindliche Kräfte sind. Wer Geld hat, so Luhmann, „wird unabhängiger in bezug auf die Gefahr der Not. Als Konzentration und Dezentration der Vorsorge für Zukunft löst Geld, soweit es reicht, soziale und religiöse Sicherungsmittel ab. Geld haben heißt Zukunft haben, und Geldverwendung ist »trading in futures«"[354]. Aber auch hier sind die Errungenschaften wieder von Risiken begleitet. Darin steckt die tiefe Ambivalenz des Geldes: Auf der einen Seite transformiert Geld die Kontingenz in bewältigbare Einheiten, auf der anderen Seite erzeugt es genau dadurch neue Risiken, weshalb seine symbolische Generalisierung einen diabolischen Charakter aufweist. Geld führt nicht zu einem sorgenfreien Leben, aber zu einer Systematisierung der Unsicherheit auf wirtschaftsspezifische Abhängigkeiten. Weil man, so Luhmann, für Geld fast alles kaufen kann, ist das Risiko auch besonders hoch, sich falsch zu entscheiden.

Was bedeutet das herausragende, systemübergreifende *Vermögen* des Geldes für eine theologische Reflexion? Zunächst wird sie wiederum die so vielfältigen Bezüge und Funktionen hervorheben, in denen das Geld hineinverwoben ist. Sie wird die herausragenden Möglichkeiten, die sich an dieses Mittel knüpfen, anerkennen und als Gestaltungsauftrag interpretieren. Wer von ökonomischen und materiellen Sorgen relativ frei und sozial einigermaßen abgesichert ist, der kann sich mehr der Entfaltung seiner Persönlichkeit widmen, der findet auch Zeit, sich um andere Menschen zu kümmern und sich für die Entwicklung der Gesellschaft zu engagieren. Daher könnte man die These, dass das Vertrauen der Menschen in die Providenz Gottes vom Vertrauen in die Lebensversicherungen abgelöst wurde, auch umdrehen: Erst die Abdeckung sozialer und ökonomischer Risiken schafft die Voraussetzungen, seine Zukunft in Gottes Hand legen zu können. Weil erst das *Superadditum des Reichtums*, so bescheiden und relativ es auch sein mag, die Voraussetzungen für die Entfaltung so vieler Lebensmöglichkeiten schafft, ist die Frage nach seiner Verteilung und Gestaltung eine wichtige Konstante theologischer Reflexion. In welcher Weise die Theologie diese Problematik an die Glaubenserfahrungen der Bibel zurückbindet, an welchen Überzeugungen und Wertvorstellungen sie sich orientiert, welche spezifischen Aspekte aus den religiösen Traditionen sie einbringt, darin liegt ihr Proprium und ihr Dienst nicht nur für die Kirche, sondern auch für die Welt. Einmal mehr erweist sich die wechselseitige Verwiesenheit als zentrales Strukturprinzip des Glaubens. Denn ein Engagement für die Welt, für Gerechtigkeit und die Würde des Menschen ist nicht einfach ein Nebeneffekt, der von selbst eintreten oder ausbleiben könnte, wenn nur der rechte Gottesdienst gefeiert wird, es ist eine Konsequenz und ein Ausdruck dieses Glaubens. Zugleich bleibt umgekehrt genauso wahr und wichtig: Weder Gottesdienst noch sakramentale Symbolhandlungen sind ein bloß veranschaulichender oder deutender Zusatz, der auch fehlen könnte, wenn nur das rechte politische und wirtschaftliche Engagement vorhanden ist. Nur in einer inneren Verbindung dieser Aspekte untereinander und in ihrer gegenseitigen Durch-

---

[354] Luhmann, Niklas, Die Wirtschaft der Gesellschaft 268.

dringung konstituieren sie sich zur Kirche als Zeichen und Medium der Selbstgabe Gottes.[355]

Von daher erweist sich auch der Streit um die Frage, ob der Glaubensvollzug in einer politisch-praktischen oder in einer existenziell-therapeutischen Gestaltung seinen genuinen Ausdruck findet, als im Grunde genommen überholt. Der emanzipatorisch-gesellschaftskritische Anspruch des Christentums, den die Politische Theologie mit Vehemenz für die Glaubensreflexion eingefordert hat, kann und soll keine Alternative zu den existenziellen, tiefenpsychologischen und therapeutischen Ansätzen sein, für die Heil und Erlösung aus der Befreiung des Menschen von seinen inneren Ängsten und in der Entfaltung seiner Liebesfähigkeit erwachsen.[356] Doch ist das eine nicht ohne das andere denkbar, nur in ihrer Relativität zueinander bringen sie den Kern des Evangeliums zur Sprache. Durch diese innere Verschränkung von Liturgie, Diakonie und Verkündigung, die durch die Wechselwirkung die Einheit ihrer Differenz garantiert, lässt sich der häufig geäußerten Kritik begegnen, das Christentum würde nur spirituellen Flankenschutz bei der Bewältigung innerweltlicher Probleme bieten, die sich auch ohne solche Hilfestellungen problemlos lösen ließen. Das Christentum, so ein gängiger Vorwurf, habe sich weitgehend psychologisiert und soziologisiert, so dass daraus ein interessantes Potpourri aus Psychotherapie, Meditationsanleitung, Sozialarbeit und Kulturmanagement geworden sei. Es fänden sich nur noch wenige Spuren von Transzendenz und Erlösung, die Rede von Gnade und Heil sei weitgehend verstummt, vom Sakralen, Heiligen und Mystischen nicht mehr viel erkennbar. Doch diese Aufteilung in Weltengagement einerseits und geschützte Reservoirs der Transzendenz andererseits verkennt die Grammatik des Religiösen. Wohl sind beide voneinander zu unterscheiden, aber sie sind nicht trennbar.

Wie eng Heil und Erlösung mit der Befriedigung von materiellen und geistigen Grundbedürfnissen verbunden sind, hat Felix Wilfred am Beispiel der Marginalisierten innerhalb der indischen Gesellschaft aufgezeigt.[357] Wilfred macht deutlich, dass sich nur auf der Basis einer säkularen Gesellschaft die Visionen von einem besseren Leben verwirklichen lassen. Von den vielen Hindernissen stellt der „Konsumerismus" eine besondere Gefahr dar, weil er das Leben auf den Aspekt des Habens reduziert und die Aufmerksamkeit auf

---

[355] Vgl. Wiedenhofer, Siegfried, Kirche, Geld und Glaube. Ekklesiologische Überlegungen, in: ThPQ 142 (1994) 169-179. Das ist für Wiedenhofer auch der Grund, warum die kirchliche Geldpraxis keine rein ethische, sondern auch eine ekklesiologisch-sakramentale Frage ist. Die konkrete Geldpraxis „ist ein untrennbarer Teil des Sakramentes, das die Kirche ist." (179) – So sind die Sparkurse, die viele Diözesen seit Jahren verfolgen, stets ein Ausdruck des kirchlichen Selbstverständnisses. Obwohl sie vordergründig auf rein ökonomischer Ebene erfolgen, liegen ihnen implizit theologische Entscheidungen zugrunde, die jedoch selten explizit reflektiert werden. In der Realität muss die theologische Reflexion meist der Ökonomie folgen – und nicht umgekehrt.

[356] Weder Johann B. Metz noch Eugen Drewermann, die paradigmatisch für die beiden einflussreichen Ansätze stehen mögen, haben sich der komplementären Perspektive geöffnet.

[357] Wilfred, Felix, Theologie vom Rand der Gesellschaft. Eine indische Vision, Freiburg 2006 (die Originalausgabe trägt den treffenden Titel *The Sling of Utopia. Struggles for a Different Society*, Delhi 2005).

das Sein in den Hintergrund drängt. Über die Betonung der spirituellen Dimension darf aber nicht vergessen werden, „dass die materiellen Lebensbedingungen etwas Reales darstellen und dass ihr Vorhanden- und Nichtvorhandensein untrennbar mit dem Heil verbunden ist"[358]. Wichtige Aufgabe eines kirchlichen Engagements ist daher die Analyse der Bedingungen, die dem Heil die materiale Dimension rauben. Armut, Unterdrückung, Konsumerismus und Bildungsferne tragen dazu bei, die Soteriologie als rein jenseitige Kategorie zu konzipieren. So blieb etwa für die Dalits, die unter harten physischen Lebensbedingungen litten, das von den Missionaren verkündete Heil eine jenseitige Größe und meilenweit von ihren Alltagssorgen entfernt. Doch die Armen „erfahren Heil durch ihre Hoffnung auf neue Lebensbedingungen, unter denen ihnen ihre materiellen Bedürfnisse nicht verwehrt werden."[359] Heil ist daher „kein *Kampf gegen das Materielle*, sondern ein *Kampf mit dem Geist gegen die Negierung des Materiellen*, da das Materielle eine unabdingbare Lebensvoraussetzung ist."[360] Weil das Heil in die materiellen Lebensgrundlagen eingebettet ist, gehört es zu den vordringlichen Aufgaben der christlichen Anthropologie, die Dichotomie von materieller und spiritueller Dimension zu überwinden, die zu falschen und unseligen Hierarchisierungen führt.[361]

Doch die Überwindung der problematischen Trennung von Spirituellem und Materiellem darf auf der anderen Seite nicht zu ihrer Identifizierung führen, weil ansonsten das Christentum Gefahr läuft, religiöse Überzeugungen und Praktiken im Modus der Konsumgüter anzueignen und zu gestalten. Das ist die Kernbotschaft des vieldiskutierten Buches *Consuming Religion. Christian Faith and Practice in a Consumer Culture* von Vincent Miller.[362] Die Kommerzialisierung und warenförmige Aneignung der Religion entkleide diese von ihrem wahren Kern und reduziere sie auf zivilreligiöse Versatzstücke, die je nach Bedarf und Kontext vornehmlich als Dekorationsobjekte in besonderen Lebenssituationen dienen. Millers Diagnose trifft sich weitgehend mit dem, was Thomas Ruster für den deutschsprachigen Raum diagnostiziert. Beide insistieren darauf, dass Christen der expansiven Konsumkultur widerstehen können, indem sie vor allem über eine veränderte Interpretation der kirchlichen Sakramente eine neue Handlungsfähigkeit gewinnen.[363]

---

[358] Wilfred, Felix, Theologie vom Rand der Gesellschaft 329.
[359] Wilfred, Felix, Theologie vom Rand der Gesellschaft 323.
[360] Wilfred, Felix, Theologie vom Rand der Gesellschaft 323.
[361] Daraus ergeben sich auch neue Aufgaben für die Religionen. Sie sollten keine Wettbewerberinnen sein, die miteinander um Heilsangebote konkurrieren, sondern „als Team zusammenarbeiten", um gemeinsam jene Trennlinien zu überwinden, die „die Armen zu Opfern machen und ihnen ihr Recht auf Leben und auf Wohlergehen rauben" (Wilfred, Felix, Theologie vom Rand der Gesellschaft 335). – Diese Forderung repräsentiert eine klassische Wechselwirkungsgrammatik und ist darüber hinaus ein Beispiel für die Lebendigkeit der Politischen Theologie. Vgl. dazu Manemann, Jürgen/Wacker, Bernd (Hg.), Politische Theologie – gegengelesen (Jahrbuch Politische Theologie 5), Münster 2008.
[362] Miller, Vincent, Consuming Religion. Christian Faith and Practice in a Consumer Culture, New York/London 2004.
[363] Miller, Vincent, Consuming Religion 179-224. Zur Kritik an Millers Praxisverständnis vgl. Arens, Edmund, Quellen und Kräfte konsumtiver, kommunikativer und kritischer Religion, in: Bulletin ET 17 (2006/1) 29-53.

Bei aller Betonung der Vorzüge und Möglichkeiten, die das Medium *Geld* symbolisiert und real zur Verfügung stellt, wird die theologische Reflexion zugleich auf die Begrenztheit und Vorläufigkeit dieser außergewöhnlichen, universalen Macht verweisen. Das ist kein Widerspruch zur ersten Aufgabe, die großen Gestaltungsräume des Geldes mit dem Maßstab der Gerechtigkeit und der menschlichen Entwicklung zu vermessen. Die Botschaft vom Kommen des Reiches Gottes möchte auch diese Räume erreichen und für sich gewinnen. Der biblische Gottesglaube versucht die Gestaltung der Welt aus der Überzeugung heraus und in dem Bewusstsein zu erfüllen, dass Geld bei all seinen herausragenden Möglichkeiten keine mythologische Größe ist und zu keinem neuen Götzen werden darf. Es ist und bleibt ein vorzügliches Mittel, man kann und darf es sogar als einen Wert im klassischen Sinne bezeichnen, aber seine Grenze wird dort zu ziehen sein, wo es seine Relativität auflöst und damit zu neuen Knechtschaften führt, wo es sich eine fremde, vor allem religiöse Semantik leiht und Heil und Rettung verspricht, aber nicht einlösen kann, sondern lediglich neues Elend hervorbringt. Die biblische Überlieferung hat im Lauf der Zeit ein feines Sensorium dafür entwickelt, wo Geld seine Bindung an die Gerechtigkeit verliert und in ein Instrument der Entfremdung oder Unterdrückung umschlägt. Wenn die Rede von Gott der symbolischen und realen Macht des Geldes nicht ausweicht, sondern sie relativiert, kann Geld wieder an seine primäre und grundlegende Funktion herangeführt werden, ein herausragendes Gestaltungselement individueller und gesellschaftlicher Freiheit zu sein.

Von daher lässt sich der spezifische Ort von Theologie und Kirche in der Auseinandersetzung um die Gestaltbarkeit einer Ökonomie, die auf der universalen Macht des Geldes beruht, genauer bestimmen. Ihr Ort ist bei den Opfern und Verlierern dieses auf Konkurrenz und Verdrängung aufgebauten Systems, bei den Marginalisierten, Entrechteten und all jenen, denen das Tor zur geldvermittelten Freiheit, aus welchen Gründen auch immer, verschlossen bleibt. Die Perspektive des Glaubens ist die von unten, von den Erfahrungen und Bedürfnissen der Armen her, denen das Reich Gottes verheißen ist. Es bleibt das große Verdienst der Befreiungstheologie, dass sie den Blick für die Opfer und Verlierer in den politischen und ökonomischen Strukturen geschärft hat. Ihre hermeneutischen und normativen Grundlagen sollten aus diesem Grund in jedem theologischen Denken und kirchlichen Handeln sichtbar und bestimmend sein.

Das Zweite Vatikanische Konzil kommt im Artikel 72 der Pastoralkonstitution *Gaudium et spes* nur kurz und mit dürren Formulierungen auf das konkrete Verhältnis von *Wirtschaft und Reich Christi* (*De navitate oeconomia-sociali et de Regno Christi*) zu sprechen. Bezeichnend ist hier weniger, was gesagt wird, sondern dass sich das Konzil dieser Frage überhaupt stellt. Die Christen, die am sozioökonomischen Fortschritt mitwirken und *für Gerechtigkeit und Liebe kämpfen* (*iustitiam caritatemque propugnant*), sollen überzeugt sein, dass sie viel zum Wohlergehen der Menschen und zum Frieden in der Welt beitragen können. Erfahrung und Sachkenntnis sind dafür ebenso unerlässliche Voraussetzungen wie die Treue gegenüber Christus und dem Evangelium unverzichtbar erscheint. Der letzte Satz des Artikels nennt nochmals explizit die beiden entscheidenden Brennpunkte, die in der Nachfolge Jesu einander bedingen und sich gegenseitig auslegen (*Gerechtigkeit, Liebe*), und die Größe, durch die sie zusammengehalten werden: das *Reich Gottes*. Gerechtigkeit und Liebe sind bekanntlich nicht nur zentrale Attribute in der klassischen Lehre von den Eigenschaften Gottes, sie sind in ihrer wechselseitigen Entsprechung und fundamentalen Hinordnung auf das Reich Gottes auch die grundlegenden Formen im Selbstvollzug christlicher Existenz. In der Nachfolge Christi sind und bleiben die Verheißungen des Evangeliums die entscheidende normative Größe, auf die hin und von der her Gerechtigkeit und Liebe orientiert und wechselseitig vermittelt werden.

Die vom Konzil vorgenommene Verknüpfung von Liebe und Gerechtigkeit mit dem Reich Gottes bietet eine Struktur, die auch für das Verhältnis von Gott und Geld den notwendigen Interpretationsrahmen absteckt. Indem Menschen sich für diese Werte in der Welt von heute einsetzen, tragen sie zum Wachstum jener dritten Größe bei, die für all unser Handeln und Wirken den entscheidenden Maßstab bildet. Dabei ist natürlich die so abstrakt erscheinende Größe *Reich Gottes* in die kleinen Münzen des Alltags zu wechseln. Weil das Reich Gottes, wie Paulus formuliert, aus „Gerechtigkeit, Friede und Freude im Heiligen Geist" (Röm 14,17) besteht und Geld heute eines der wichtigsten Steuerungsinstrumente sowie Ausdrucksformen der Gerechtigkeit darstellt, ist der innere Zusammenhang dieser drei elementaren Komponenten unauflösbar. Mit anderen Worten: Die Gerechtigkeit ist kein sekundäres Moment, kein Akzidens eines religiösen Diskurses, sondern eines seiner konstitutiven Elemente. Sie markiert einen wichtigen Index für das Gelingen oder Scheitern der religiösen Kommunikation, für die Sprachfähigkeit des Gottesglaubens im Horizont brennender Fragestellungen. Die Gerechtigkeit als eine der wesentlichen Ausdrucksformen des Reiches Gottes repräsentiert dann jene unumgängliche dritte Größe, die sowohl den konstitutiven Bezug zu den sozialen Realitäten sicherstellt als auch Gott und Geld in ihrer Wechselwirkung aufeinander bezieht.

7.2.2 Gerechtigkeit – Ein unterschätztes Prädikat in der klassischen Lehre von den Eigenschaften Gottes

Von dieser grundlegenden Verschränkung her ließe sich auch an den gegenwärtig vielfältigen Versuchen einer Neuformulierung der klassischen Lehre von den Eigenschaften Gottes weiterschreiben. Denn die seit der Scholastik auf Basis aristotelischer Kategorien entwickelte Eigenschaftslehre steckt seit längerem in einer tiefen Krise. Einer der wichtigsten Gründe liegt darin, dass die Bestimmung, wer und wie Gott ist, bis weit ins 20. Jahrhundert meist nach den Erörterungen über die Frage nach seiner Existenz erfolgte.[364] Die Vorrang-

---

[364] Vgl. dazu den Überblick bei Pesch, Otto Hermann, Katholische Dogmatik aus ökumenischer Erfahrung Band 1, Teilband 1/2, Mainz 2008, 408-426. Eine andere Konsequenz zieht Hans-Joachim Sander, der für eine konsequente Umstellung der Wer-Frage auf die Wo-Frage Gottes plädiert. Vgl. dazu Sander, Hans-Joachim, Einführung in die Gotteslehre, Darmstadt 2006;

stellung der Seins- vor der Identitätsfrage entspricht der klassischen philosophischen Tradition, die durch die Zuspitzung ihrer Fragestellung auf die Argumente für und wider eine Existenz Gottes den Rahmen der möglichen Antworten absteckte. Dadurch erschien die Frage nach dem Wer bzw. Wie Gottes als sekundäres Problem, als akzidentieller Diskurs. Diesem Prozedere blieben auch die Diskursregeln der Scholastik verpflichtet, die ebenfalls ihre Aufmerksamkeit zunächst auf die Frage nach der Existenz Gottes legte und erst in einem zweiten Schritt das Wesen und mit ihm die Eigenschaften diskutierte. So beginnt Thomas seine *Summa theologica* mit der berühmten Frage „An Deus sit" (q. 2), ehe sich die Fragen 3 bis 11 konkret dem Wesen und den Eigenschaften zuwenden. Während für die Existenzfrage vorwiegend Aristoteles und die Tradition der Philosophie die bevorzugte Referenzgröße bilden, rücken in den Reflexionen über die Eigenschaften biblische und trinitätstheologische Bezüge in den Vordergrund. In dieser Struktur liefert die Offenbarung die entscheidenden Präzisierungen der Eigenschaften Gottes. Die ganze Tradition hat an dieser prinzipiellen Differenzierung zwischen den Eigenschaften, die sich aus dem Sein Gottes und denen, die sich aus der christlichen Offenbarung ergeben, festgehalten, doch konnte sie diese beiden Linien nie überzeugend zusammenführen. Meist blieben die beiden Diskurse relativ unvermittelt nebeneinander bestehen.[365] Durch die Vorrangstellung der Überlegungen zum Sein Gottes (*ipsum esse*) konnten sich die trinitätstheologisch entfalteten Reflexionen letztlich nicht aus dem langen und kühlen Schatten der *theologia naturalis* befreien. Dieses Defizit wurde allerdings dadurch gemildert, dass die Tradition sowohl in Bezug auf die Anzahl der Eigenschaften als auch auf die konkrete Einteilung stets einen großen Spielraum offen gehalten hat. Meistens werden Allmacht, Allwissenheit, Vollkommenheit, Ewigkeit, Unendlichkeit, Unveränderlichkeit, Leidenschaftslosigkeit und Einfachheit zu jenen Eigenschaften gezählt, die sich primär aus dem Sein Gottes ergeben, während Personalität, Liebe, Güte, Barmherzigkeit, Gerechtigkeit, Weisheit, Allgüte, Beziehung und Treue als jene Eigenschaften gelten, die erst durch die Offenbarung (und damit durch die Trinitätslehre) prädiziert werden können. Die gängigen Kategorisierungen der prinzipiell unbegrenzten göttlichen Eigenschaften in negative und positive, absolute und relative, mitteilbare und nicht mitteilbare spiegeln die grundsätzliche Schwierigkeit, ihren ontologischen Status zu bestimmen. Sind sie bloße Zuschreibungen unserer Sprache oder besitzen sie in Gott selbst ein Fundament? Friedrich Schleiermacher entschied sich in dieser wichtigen Frage für die erste Alternative. Im § 50 seiner Glaubenslehre, in dem er sich ausführlich mit den Eigenschaften Gottes auseinandersetzt, schreibt er: „Alle Eigenschaften, welche wir Gott beilegen, sollen nicht etwas besonderes in Gott bezeichnen, sondern nur etwas besonderes in der Art, das schlechthin-

---

Ders., Europas Heterotopien. Die Zumutung von Gottes Orten in den Zeichen der Zeit, in: Bulletin ET 17 (2007) 14-67.

[365] Vgl. dazu: Löhrer, Magnus, Dogmatische Bemerkungen zur Frage der Eigenschaften und Verhaltensweisen Gottes, in: MySal 2, 291-315.

nige Abhängigkeitsgefühl auf ihn zu beziehen"[366]. Wenn die spezifischen Eigenschaften, so das zentrale Argument Schleiermachers, etwas Besonderes in Gott ausdrücken, was allen anderen vorenthalten bliebe, könnte Gott wie das endliche Leben nur in einer Mannigfaltigkeit der Funktionen begriffen werden. Da die Eigenschaften aber (zumindest teilweise) einander entgegengesetzt sind, würde dadurch auch Gott „in das Gebiet des Gegensatzes gestellt"[367]. Einheit ist aber eine der zentralen Definitionen Gottes. In jeder Eigenschaft tritt daher Gott selbst ins Licht, anders würde seine Einheit aufgelöst. Streng genommen sind daher die Eigenschaften lediglich metaphorisierende Akzentuierungen und sprachliche Zuschreibungen des in der Offenbarung sich mitteilenden einen und ungeteilten Gottes. Schleiermachers Trennung führt jedoch zu einer tendenziellen Unterbestimmung Gottes sowie zum Widerspruch zur philosophischen Überzeugung, wonach Eigenschaften Beschaffenheiten des Wesens selbst sind. Wenn die Vielheit der Eigenschaften bloß als gedanklich (*ratione*) verschieden aufgefasst wird, bleibt das göttliche Wesen nicht nur eine weitgehend bestimmungslose Einheit, sondern trägt auch einen Widerspruch in die Gottesvorstellung selbst ein.[368] Denn durch diese Entkoppelung ist jener Weg geebnet, der in den göttlichen Eigenschaften bloß Projektionen menschlicher Eigenschaften erkennt. Diesen erstmals von David Hume vorgebrachten und von Kant aufgegriffenen Einwand hat dann Ludwig Feuerbach zu einem zentralen religionskritischen Argument ausgebaut. Wenn es keine Prädikate gibt, dann auch kein Subjekt, denn „die Notwendigkeit des Subjekts liegt nur in der Notwendigkeit des Prädikats"[369]. Die Auslagerung der göttlichen Eigenschaften in die Vorstellungswelt des Menschlichen resultiert aus einer Verwechslung der sprachlichen Kennzeichnungsebene mit der ontologischen. Sie ist aber auch eine logische Konsequenz eines an der aristotelischen Kategorienlehre geschulten Gedankens, wonach Gottes Wesen streng von seinen Beziehungen nach außen, d.h. zur Welt, zu unterscheiden ist. Aristoteles dachte das Wesen als Substanz, das allein mit sich identisch ist und selbstständig existieren kann.[370] Alles andere ist akzidentiell, kommt nicht notwendig hinzu. Zu diesen Akzidenzien zählt er auch die Relation, weshalb die Beziehung zur Welt nicht konstitutiv für den Gottesbegriff ist und daher die Eigenschaften auch nicht das Wesen Gottes betreffen können. Erst das neuzeitliche Denken mit Kant und Hegel hat hier einen Ausweg aus der Aporie eröffnet, indem es zum einen das Verhältnis umkehrte und die Substanz der Relation unterordne-

---

[366] Schleiermacher, Friedrich D. E., Der christliche Glaube nach den Grundsätzen der evangelischen Kirche im Zusammenhange dargestellt. Zweite Auflage (1830/31) 255, in: KGA Abt. 1, Bd. 13,1, hg. v. Schäfer, Rolf, Berlin 2003, 300. Zur Eigenschaftslehre von Schleiermacher vgl. Ebeling, Gerhard, Schleiermachers Lehre von den göttlichen Eigenschaften, in: Ders., Wort und Glaube 2, Tübingen 1969, 305-342.
[367] Schleiermacher, Friedrich D. E., Der christliche Glaube 303.
[368] Vgl. dazu den Überblick bei Pannenberg, Wolfhart, Systematische Theologie 1, Göttingen 1988, 389-401.
[369] Feuerbach, Ludwig, Das Wesen des Christentums, Stuttgart 2002, 61.
[370] Aristoteles, Metaphysik, 1088 a 22ff.

te, zum anderen die Frage nach dem Wesen selbst mit der nach dem Dasein verknüpfte und so ihre innere Relationalität offen legte.[371]

Als Vermittlungsbegriff bot sich hier der Begriff des Handelns an, weil mit ihm das Spezifische des christlichen Gottesbegriffs ausgesagt und zugleich die Verbindung mit der philosophischen Gotteslehre aufrechterhalten werden konnte. Hermann Cremer hat dieser Debatte einen neuen Anstoß versetzt, indem er in einer vieldiskutierten Schrift die Eigenschaftslehre Gottes konsequent vom Handlungsbegriff her entfaltete.[372] Cremer kritisierte an der theologischen Tradition, dass sie die Eigenschaften Gottes wohl aus dem Zeugnis der Schrift legitimierte, der Sache nach aber der *theologia naturalis* verpflichtet blieb, insbesondere dem zentralen Gedanken der *causa prima*. Vielmehr müsse die Theologie umgekehrt verfahren, den Ausgangspunkt bei den biblischen Überlieferungen nehmen, weil sich erst von der Selbstoffenbarung Gottes her seine Eigenschaften bestimmen lassen. Wir kennen Gott „nur durch sein Handeln für uns und an uns"[373]. Handeln wird von Cremer allerdings nicht als eine mögliche Eigenschaft Gottes verstanden, sondern als die grundlegende Explikation seines Wesens selbst. Wenn Handeln und Sein Gottes so untrennbar zusammen gehören, dass ersteres „die vollendete Bethätigung seines Wesens ist"[374], dann können die Eigenschaften Gottes nicht von seinem Wesen getrennt werden, sondern sind selbst vollkommene Bestimmungen seiner Existenz. Zusätzlich wird der Handlungsbegriff von Cremer noch dahingehend spezifiziert, dass er ihn untrennbar an die Liebe bindet, die ihr Maß in der unbedingten und vorbehaltslosen Selbstgabe Gottes an die Menschen nimmt. Wenn weiterhin Gott sich in der Offenbarung ganz und gar uns selbst als der mitteilt, der er für uns sein will, dann gibt es jenseits seiner Offenbarung nichts mehr, das uns vorenthalten bliebe, wenngleich, wie Cremer ergänzend hinzufügt, die Ewigkeit nicht ausreicht, um all das auszuschöpfen, was er für uns ist. Das hat eine weitere wichtige Konsequenz: Wenn Gott all das, was er ist, uns in seiner Offenbarung mitgeteilt hat, dann „eignem ihm auch überhaupt keine andern, weder ontologischen noch ökonomischen Eigenschaften, als die wir in seiner Offenbarung erkennen, zumal sein Wesen als Liebe es mit sich bringt, daß er in jeder, durch das Verhältnis zu uns gesetzten Beziehung und also in jeder Eigenschaft sein ganzes Wesen bethätigt, oder daß in jeder Eigenschaft alle andern mitgesetzt sind"[375]. Weil die Eigenschaften Gottes nicht Produkt theologischer Denkarbeit sind, sondern sich durch die Offenbarung Gottes erweisen, darf streng genommen nicht von einer Ableitung gesprochen werden, weil diese Figur eine Entität voraussetzen würde, aus der sich logisch zwingende Schlussfolgerungen ziehen ließen. Cremers heilsökonomisch konzi-

---

[371] Vgl. Hegel, Georg Wilhelm Friedrich, Vorlesungen über die Beweise vom Dasein Gottes (TWA 17), Frankfurt 1969, 345-535, bes. 391-412. Die strenge Unterscheidung zwischen Eigenschaften und Wesen Gottes.
[372] Cremer, Hermann, Die christliche Lehre von den Eigenschaften Gottes, Gütersloh 1897 (unveränderter Nachdruck hg. v. Burkhardt, Helmut, Gießen 1983).
[373] Cremer, Hermann, Die christliche Lehre 9.
[374] Cremer, Hermann, Die christliche Lehre 19.
[375] Cremer, Hermann, Die christliche Lehre 19.

pierte Eigenschaftslehre ist stark an der Soteriologie orientiert, weshalb auch Aussagen über Gott, die dazu nicht in direktem Zusammenhang stehen, für den Glauben als sekundär erscheinen.

Die Kritik hat vor allem beanstandet, dass Cremer in seinem Entwurf der Freiheit Gottes viel zu wenig Raum lasse und das Sein Gottes auf sein Handeln nach außen, auf sein Verhalten zu uns reduziere. Insbesondere Karl Barth hat diesen Punkt bemängelt und vorgeschlagen, auf den Begriff der Eigenschaften zu verzichten und ihn durch den der Vollkommenheiten zu ersetzen, weil damit die göttliche Freiheit stärker gewahrt bleibe, ohne sie von der göttlichen Liebe zu trennen.[376] Wolfhart Pannenberg wiederum weist auf die Defizite im Handlungsbegriff hin, insofern Cremer es nicht überzeugend gelinge, seine Anwendbarkeit auf den klassischen Gottesbegriff zu begründen.[377] Für Wolf Krötke, auf dessen Neuansatz noch kurz einzugehen sein wird, ist Cremers Gottes- und Liebesverständnis stark von der Theologie Albrecht Ritschls und seines Umfelds geprägt, weshalb er auch deren Vermittlungsprobleme übernehme.[378] Nach Krötke bleibt vor allem unklar, „mit welchem Recht der Liebe eine Auswahl von Gottesprädikationen zugesprochen wird, die zwar im Horizont des biblischen Verständnisses des Tuns des offenbarenden Gottes gerechtfertigt werden, aber dennoch der vom metaphysischen Denken geprägten Gotteslehre entstammen"[379]. Um die Erhabenheit der Liebe auszusagen, brauche es nicht unbedingt das Prädikat der Allmacht, Allgegenwart oder Allwissenheit. Sie ließen sich nicht als Wirkungsweise der Liebe einsichtig machen, wenn nicht im Hintergrund die Existenz einer „absoluten Persönlichkeit" stünde, der diese Eigenschaften zukommen.

Diese Anfragen machen ein Problem deutlich, für das auch die Neuansätze in der Eigenschaftslehre noch keine restlos überzeugende Lösung gefunden haben: Wie verhalten sich die aus der Offenbarung (biblisch-trinitarisch) gewonnenen und die auf Basis einer *theologia naturalis* formulierten Eigenschaften zueinander? Ist die Vorrangstellung ersterer prinzipieller Natur oder bloß erkenntnistheoretischer Art? Es fällt auf, dass auch Cremer trotz seiner konsequenten Bevorzugung des offenbarungstheologischen Ansatzes nicht ohne ein Kapitel auskommt, das nach den „in dem Gottesbegriff enthaltenen Eigenschaften im Lichte der Offenbarung"[380] fragt, wie sie die natürliche Theologie formuliert hat. Zwar versucht Cremer deren klassische Prädikate wie Allmacht, Allwissenheit etc. ganz von der Offenbarung her zu interpretie-

---

[376] Vgl. Barth, Karl, KD II/1, 292: „Gott geht nicht auf in seinem Sichbeziehen und Sichverhalten zur Welt und zu uns, wie es in seiner Offenbarung Ereignis ist. Die Würde und Kraft seiner Werke, seines Sichbeziehens und Sichverhaltens hängt vielmehr daran, daß er ihnen gegenüber, ohne ein Anderer zu sein als eben der in ihnen sich Betätigende – er selber ist, daß er ihnen, in dem [sic] er sich in ihnen offenbart, zugleich überlegen bleibt." Zur Bedeutung der Kritik Barths an Cremer vgl. Frettlöh, Magdalene L., Gott Gewicht geben. Bausteine einer geschlechtergerechten Gotteslehre, Neukirchen 2006, 74-91.
[377] Vgl. Pannenberg, Wolfhart, Systematische Theologie 1, 400f.
[378] Vgl. Krötke, Wolf, Gottes Klarheiten. Eine Neuinterpretation der Lehre von Gottes „Eigenschaften", Tübingen 2001, 73-82.
[379] Krötke, Wolf, Gottes Klarheiten 80.
[380] Cremer, Hermann, Die christliche Lehre 77-108.

ren, aber alleine ihre spezielle Erörterung zeigt, dass er auf eine Auseinandersetzung mit den in der philosophischen Gotteslehre formulierten Verstehensbedingungen nicht verzichten kann. Hier wird ein hermeneutischer Zirkel sichtbar, aus dem es letztlich kein Entkommen gibt und der gerade in dieser Spannung die konstitutive Relativität der christlichen Gottesrede zum Ausdruck bringt. So sind auch für Cremer diese beiden Reihen letztlich untereinander verbunden und konvergieren insbesondere darin, dass sich in jeder Eigenschaft das ganze ungeteilte Wesen Gottes betätigt und gleichzeitig in jeder alle anderen „mitgesetzt und mitwirksam"[381] sind.

Der klassische Einwand gegen die metaphysisch inspirierte Eigenschaftslehre bezog sich in der Hauptsache auf die damit verbundene Abstraktheit des Gottesgedankens, der seine Identität mit dem leidenschaftlichen Gott, wie ihn die biblischen Überlieferungen zeigten, nur mehr schwer vermitteln konnte. Die bereits von Cremer beklagte Irrelevanz für die christliche Verkündigung und die als höchst problematisch empfundene Kontextlosigkeit der klassischen Eigenschaften trug für Krötke wesentlich mit dazu bei, dass Gott zu einem Fremdwort wurde und die kirchliche Verkündigung an Bedeutung verlor. Denn so stringent und überzeugend die klassische *theologia naturalis* hier auch argumentierte, so war doch unübersehbar, „daß die Eigenschaften Gottes in der Pointe Gott eigentlich Eigenschaftslosigkeit zusprechen und daß die Eigenschaften, die ihm von den Geschöpfen her zugelegt werden, darüber hinaus ihre Prägung durch das Verständnis des Wesens Gottes als höchstes Sein und höchster Intellekt erhalten"[382]. Daher knüpfen die neueren (theologischen) Ansätze konsequent an die Vorrangstellung der in der Offenbarung erkannten Eigenschaften an und bemühen sich insbesondere um eine lebensweltrelevante Konkretisierung. Einen der bemerkenswertesten Versuche hat diesbezüglich Wolf Krötke vorgelegt.[383] Sein Hauptanliegen ist es, den Reichtum der biblischen Gottesrede in Aufnahme der vielgestaltigen Tradition als „eine spezifisch *situationsbezogene* Lehre zu verstehen"[384], um wieder „von Gott in concreto reden zu können"[385]. Denn wer oder was Gott ist, wird sowohl innerhalb als auch außerhalb eines christlichen Kontextes insbesondere dadurch bestimmt, welche Konkretionen seiner Wirklichkeit zugesprochen werden – und wie sich dies im kirchlichen Selbstvollzug spiegelt. Dabei gilt es für Krötke auch die zweite Gefahr zu vermeiden, dass die Gottesrede eine rein funktionale Größe wird, die von den Bedürfnissen und Erwartungen der Adressaten getragen ist. Seine Eigenschaftslehre ist genau im Schnittpunkt von Trinitätstheologie, Christologie und konkreter kirchlicher bzw. gesellschaftlicher Rede von Gott angesiedelt. Von dieser Ortsbestimmung her ergeben sich auch ihre Aufgaben, Konkretionen zu formulieren und Situationen aufzuzeigen, „in denen Gott, wie er in Jesus Christus zur Welt kommt, Menschen spezifisch angeht"[386].

---

[381] Cremer, Hermann, Die christliche Lehre 109.
[382] Krötke, Wolf, Gottes Klarheiten 56.
[383] Vgl. Anm. 378.
[384] Krötke, Wolf, Gottes Klarheiten 3.
[385] Krötke, Wolf, Gottes Klarheiten 2.
[386] Krötke, Wolf, Gottes Klarheiten 14.

Diese Prozesse der Anrede und der Selbstkundgabe Gottes an und für die Menschen haben nichts Ambivalentes an sich, sondern bringen die Herrlichkeit Gottes (δόξα) in seiner bedingungslosen Entschiedenheit zum Ausdruck.[387] Deswegen bevorzugt Krötke den Begriff der Klarheit gegenüber dem der Eigenschaften, weil mit ihm der Anspruch zwingend verbunden ist, dass Unklarheiten oder gar Willkürlichkeiten „kein Einfallstor mehr in das christliche Reden von Gott finden"[388] können.

Fraglich bleibt allerdings, ob mit dieser semantischen Verschiebung das Programm einer Konkretion der Gottesrede so eingelöst werden kann, dass zugleich die berechtigten Ansprüche der metaphysischen Tradition erhalten bleiben. Der metaphorische Sprachreichtum der Bibel, an den Krötke anknüpft, entbindet nicht von der Frage, was die jeweilige Eigenschaft in einer konkreten Situation nun bedeutet und in welchem Verhältnis sie zur philosophischen Tradition steht.[389] Diese Schwierigkeit zeigt sich etwa in Krötkes Überlegungen zur Gerechtigkeit. Denn die Gerechtigkeit repräsentiert innerhalb der Bibel eine der fundamentalen Selbstaussagen Gottes, sie bildet in der *theologia naturalis* ein Konstitutivum (meist in Bezug auf das Weltverhältnis) und markiert darüber hinaus im gesellschaftlichen bzw. politischen Diskurs der Gegenwart einen der entscheidenden Brennpunkte. Krötke bleibt in seinen Beschreibungen weitgehend den traditionellen Schemata und Verknüpfungen verhaftet, indem er die Gerechtigkeit in klassischer reformatorischer Tradition auf Gnade und Rechtfertigung fokussiert: Gott ist in Jesus Christus „in der Weise gerecht, daß er gnädig ist (vgl. Röm 3,24)"[390]. Beides, Gerechtigkeit und Gnade, wird durch die Liebe zusammengehalten, insofern im gnädigen Gerechtsein Gottes seine vorbehaltlose Zuwendung in unüberbietbarer Klarheit sichtbar wird. Der Schluss von der Gerechtigkeit Gottes auf die Verhältnisgerechtigkeit unter den Menschen erfolgt relativ unvermittelt und wird in metaphorischer Sprache mehr behauptet als begründet: „Die Liebe, in der Gott klar ist, ist das Ereignis verhältnisgerechter Wirklichkeit schlechthin und insofern das Haus der Gerechtigkeit Gottes. Sorgt Gott für Gerechtigkeit bei Menschen, indem er ihnen diese *Liebe als Gnade* zuwendet, dann wird Gerechtigkeit auch zur entscheidenden Auszeichnung der menschlichen Wirklichkeit."[391]

Dieser Aspekt ließe sich noch weitaus stärker konkretisieren, vor allem wenn man bedenkt, dass in der Hebräischen Bibel Gerechtigkeit „das bedeutsamste

---

[387] Zur Kritik an Krötkes Vorschlag vgl. die Überlegungen bei Frettlöh, Magdalene L., Gott Gewicht geben 121-150.

[388] Krötke, Wolf, Gottes Klarheiten 103.

[389] Hinzu kommt, dass Eigenschaften ja immer nur an konkreten Dingen vorkommen. Gerechtigkeit existiert nur, wenn es Personen gibt, die gerecht sind. Diese Probleme verschärfen sich in ihrer metaphorischen Anwendung auf Gott, denn Gott hat nicht Eigenschaften, sondern ist selbst mit ihnen identisch (vgl. dazu Schärtl, Thomas, Glaubens-Überzeugung 84-94).

[390] Krötke, Wolf, Gottes Klarheiten 187.

[391] Krötke, Wolf, Gottes Klarheiten 188. Allerdings ist, wie Krötke hinzufügt, eine Auszeichnung, der Glanz für das menschliche Leben nicht unmittelbar an der faktischen Wirklichkeit dieses Lebens wahrgenommen werden kann, sondern nur im Glauben verifizierbar ist, so dass die Gerechtigkeit, mit der Gott die Menschen auszeichnet, per definitionem eine Gerechtigkeit aus Glauben ist.

Attribut Gottes und seines Handelns"[392] ist. In zahlreichen Variationen zeigt die Schrift den unauflösbaren Zusammenhang zwischen der Gerechtigkeit Gottes und der Gerechtigkeit unter den Menschen, die auch den Kosmos einbezieht.[393] Schon früh setzte sich in Israel die Überzeugung durch, dass Gott für Gerechtigkeit sorgt, weil er selbst der Gerechte ist (Ex 9,27). Nur wo Recht und Gerechtigkeit unter den Menschen regieren, kann sichtbar gemacht werden, was die Gerechtigkeit Gottes meint und worin sie besteht. Dieser Gedanke wurde in der Königszeit besonders intensiv reflektiert. Der König hat als Stellvertreter bzw. Repräsentant Gottes für Recht und Gerechtigkeit einzutreten und sich besonders der Armen und Entrechteten anzunehmen. Wo er dieser Aufgabe nicht oder nur ungenügend nachkommt, da zieht er sich den Zorn Gottes zu, da trifft ihn die prophetische Kritik mit ganzer Härte. Das diesbezügliche Versagen des Königs wird in vielen Texten (vor allem in der deuteronomistischen Tradition) als einer der Hauptgründe für den Untergang Israels gedeutet, weshalb dann die nachexilische Königsliteratur die Gerechtigkeit umso stärker als eine zentrale Eigenschaft des verheißenen Messias herausstreicht. Der endgültige Retter und Herrscher festigt und stützt das Reich „durch Recht und Gerechtigkeit, jetzt und für alle Zeiten" (Jes 9,6), er richtet gerecht (Jes 16,5) und deshalb können die Menschen in Frieden, Sicherheit und Wohlergehen leben. Wenn Jahwe als „Sonne der Gerechtigkeit" (Mal 3,20) den Menschen ein Leben verheißt, in dem Unterdrückung, Not und Elend vergangen sind, dann sind menschliche und soziale Verhältnisse, die diese Strukturen festigen und fortschreiben, ein Einspruch bzw. eine Bestreitung Gottes, weil der Konnex zwischen Gottes Gerechtigkeit und der unter den Menschen aufgelöst ist. Überall dort, wo sich Menschen für Recht und Gerechtigkeit einsetzen, wo sie sich aktiv an den mühsamen Prozessen der Weltgestaltung beteiligen, wird sichtbar und kommt zur vollen Klarheit, wer Gott im Verständnis der Bibel ist. Dieser innere Zusammenhang lässt sich aber auch dort nicht aufkündigen, wo die weltlichen Verhältnisse ins Gegenteil verkehrt sind, wo Gewalt und Unterdrückung dominieren und daher den Hunger und Durst nach Gerechtigkeit umso schmerzlicher bewusst machen. Die Schrift favorisiert in ihren Erzählungen, wenn es um die Bestimmung des Göttlichen geht, deutlich einen ethischen Zugang, ohne dabei das grundlegende Diktum preiszugeben, dass Gott in seiner Weltzugewandtheit zugleich der ganz Andere und Unerkennbare bleibt. Mit der bevorzugten Bezeichnung Gottes als „der Heilige" zieht sie eine definitive Schranke ein, um bei aller notwendigen Konkretion der Eigenschaften die absolute Transzendenz Gottes zu wahren.

Der Vorrang der Gerechtigkeit bleibt auch für die neutestamentliche Gottesrede ein bestimmendes Merkmal. Insbesondere die Bergpredigt untermauert die Bedeutung der Gerechtigkeit, die das Fundament des Reiches Gottes bildet und Voraussetzung aller weiteren Gaben und Zuwendungen ist: „Euch aber muss es

---

[392] Kügler, Joachim, Art. Gerechtigkeit, in: Handbuch theologischer Grundbegriffe zum Alten und Neuen Testament, hg. v. Berlejung, Angelika/Frevel, Christian, Darmstadt 2006, 211f, 211.

[393] Das ist einer der Gründe, warum die Störung der menschlichen Ordnung auch als kosmische Krise empfunden wird: „Sie aber haben weder Einsicht noch Verstand, sie tappen dahin im Finstern. Alle Grundfesten der Erde wanken." (Ps 82,5)

zuerst um sein Reich und um seine Gerechtigkeit gehen; dann wird euch alles andere dazugegeben." (Mt 6,33) Gerechtigkeit ist auch hier keine abstrakte, kontextlose Bestimmung eines Göttlichen, sondern eine in unterschiedlichsten Kontexten reflektierte und erprobte Metapher für die engagierte Parteilichkeit Gottes, die in der bedingungslosen Rechtfertigung des Menschen (Paulus) ebenso zum Ausdruck kommt wie in den durch sie ermöglichten anderen politisch-gesellschaftlichen Verhältnissen.[394]

Weil Geld eines der wichtigsten individuellen sowie gesellschaftlichen Gestaltungsmittel ist und in seiner Verfügbarkeit einen zentralen Indikator sozialer Gerechtigkeit repräsentiert, bleibt es als herausragendes gesellschaftliches Medium eng mit dem Gerechtigkeitsdiskurs verknüpft und erhält dadurch eine religiös-theologisch wichtige Signifikanz. Wie Gesellschaften ihre politisch-ökonomischen Spielregeln gestalten, wie Menschen ihre Geldpraktiken regulieren, in welcher Weise sie sich von der Macht des Geldes bestimmen lassen, welche Funktionen Gesellschaften dem Geld übertragen, all diese Diskurse und Praktiken bringen implizit Gerechtigkeits- und damit Gottesdiskurse zur Sprache. Die metaphorische Rede von der Gerechtigkeit und dem Rechtschaffen Gottes wird in dem Maße eine überzeugende performative Kraft entwickeln, in dem es ihr (zumindest ansatzweise) gelingt, diese auch im Leben der Menschen sichtbar und erfahrbar zu machen. Einer der wichtigsten Orte, die in diesen Erfahrungshorizont einbezogen sind, ist das Geld, das Menschen ebenso in den Abgrund reißt, wie es die vielfältigsten Lebensmöglichkeiten eröffnet. Diese Konkretionen der Gerechtigkeit sind mit den klassisch-metaphysischen Kategorien nicht mehr ausreichend zu begründen, weil ihnen der Bezug zu den sozialen Realitäten fehlt. Hier liegt die unersetzbare Bedeutung der narrativen Zugänge zur Bibel, die allerdings nicht als Gegenüber oder Alternative zu den ontologischen Reflexionen verstanden werden können, sondern mit diesen konstitutiv in Beziehung stehen und einander wechselseitig interpretieren.

Die philosophischen Reflexionen über Gott sind also nicht obsolet oder sekundär. Im Gegenteil, sie bleiben ein notwendiges Korrektiv und ein wichtiger Bezugspunkt jeder religiösen Rede.[395] Denn jede Aussage über Gott aus dem Innenraum einer Bekenntnisgemeinschaft bedient sich einer gemeinsam gesprochenen Sprache, referiert auf die kulturellen Plausibilitäten der Umwelt und erhebt Anspruch auf Verständlichkeit und Wahrheit. So ist auch in vielen biblischen Geschichten von Gott bereits eine bestimmte Vorstellung von ihm vorausgesetzt: Wenn die Schrift bekennt, dass es außer Jahwe keinen Gott gibt (Jes 43,10f; 44,6), der unbekannte Gott, von dem Paulus spricht (Apg 17,23), der wahre und lebende Gott, der „Vater" Jesu (1 Thess 1,10) ist, dann wird implizit auf eine allgemeine Vorstellung Gottes referiert, die bereits vorhanden ist und sich anderswo ausgebildet hat. Was man sich allgemein unter Gott vor-

---

[394] Diesen inneren Zusammenhang stellt besonders Wilfried Härle in seiner Dogmatik heraus. Vgl. Härle, Wilfried, Dogmatik 160-164. 266f. 496f.
[395] Vgl. dazu die grundlegende Studie von Schaeffler, Richard, Das Gebet und das Argument. Zwei Weisen des Sprechens von Gott. Eine Einführung in die Theorie religiöser Sprache, Düsseldorf 1989.

stellt, lässt sich nicht unabhängig von den jeweiligen kulturellen, (anders)religiösen und weltanschaulichen Deutungshorizonten formulieren. Die griechische Philosophie mit ihrer Suche nach den ersten Gründen hat Standards im Gottesdiskurs gesetzt, an denen eine religiöse Rede nicht vorbei gehen kann. Eine (religions)philosophische Reflexion führt zur Formulierung von Bedingungen für ein konsistentes Reden von Gott im Horizont seiner Unaussagbarkeit.[396] Allerdings ist auch dieses Verhältnis wiederum kein hierarchisches, sondern ein klassisches Wechselwirkungsverhältnis. Wie die religiöse Rede die philosophische Reflexion braucht, um auch nach außen überzeugende Kriterien eines angemessenen Sprechens von Gott zu gewinnen, so kommt auch der christlichen Gottesrede eine kritische Funktion gegenüber den von der Philosophie formulierten Bedingungen eines konsistenten Redens von Gott zu. Das philosophische Nachdenken über Gott, insbesondere in der Vermittlung des mittleren Platonismus, führte zu Bestimmungen der Einheit und Unveränderlichkeit Gottes, wodurch jegliches Engagement für die Welt als etwas Denkunmögliches oder doch Sekundäres erschien. Die Tradition der Apathie und Leidenschaftslosigkeit Gottes fand darin eine wichtige argumentative Basis, die sich als Prämisse tief in das christliche Selbstverständnis eingrub. Wenn der Weg des Gläubigen zur Vollkommenheit im Ähnlichwerden mit Gott besteht, dann kann sein Ziel nur sein, leidenschaftsloser und apathischer zu werden, die Welt als das Andere und Uneigentliche zu betrachten. So bleibt eine der wichtigsten Aufgaben der religiösen Rede neben der Konkretisierung auch die Schärfung der Aufmerksamkeit für die fundamentale Bedeutung der Unendlichkeit Gottes, die Gregor von Nyssa in seiner Schrift „Contra Eunomium" gegen die Dominanz der Erstursächlichkeit so nachdrücklich ins Spiel gebracht hat – und dabei doch nichts von seiner Weltzugewandtheit wegnimmt.[397]

Gerhard Ebeling hat im Kontext seiner Auseinandersetzung mit Schleiermacher betont: „Die strenge Unterscheidung zwischen Eigenschaften und Wesen Gottes wird in dem Satz »Gott ist die Liebe« aufgehoben. Allein die Liebe kann dem Wesen Gottes gleichgesetzt werden."[398] Auch für Wilfried Härle kann es in der Theologie nur darum gehen, die Eigenschaften Gottes konsequent als Eigenschaften seiner Liebe zu denken und als „Konkretisierungen, Spezifizierungen und Qualifizierungen der göttlichen Liebe"[399] zu verstehen. Die Unterscheidungen der Eigenschaften haben den Charakter bloß formaler, nicht materialer Distinktionen, sie sind daher bloße Unterscheidungen, aber keine Trennungen. In jedem Fall ist dabei der Ausdruck „Gott" nicht als Eigenname zu verstehen, sondern wird als Prädikat bzw. als *descriptive term* verwendet.

---

[396] Vgl. dazu die Überlegungen in Yanell, Keith E., The Epistemology of Religious Experience, Cambridge 1993, bes. 61-115.

[397] Vgl. dazu Pannenberg, Wolfhart, Systematische Theologie 1, 370-380. Darauf konsequent hinzuweisen, ohne zugleich die Aussagbarkeit Gottes in Frage zu stellen, ist das Verdienst der Negativen Theologie (vgl. Halbmayr, Alois/Hoff, Gregor Maria (Hg.), Negative Theologie heute? Zum aktuellen Stellenwert einer umstrittenen Tradition (Quaestiones disputatae 226), Freiburg 2008; Höhn, Hans-Joachim, Der fremde Gott. Glauben in postsäkularer Kultur, Würzburg 2008).

[398] Ebeling, Gerhard, Schleiermachers Lehre von den göttlichen Eigenschaften 340.

[399] Härle, Wilfried, Dogmatik 256.

Auch wenn viele Aussagen über Gott eine Subjekt-Prädikat-Struktur haben (Gott ist p) und damit den Eindruck erwecken, als fungiere das Subjekt bzw. „Gott" als Designator, von dem dann bestimmte Ausdrücke prädiziert werden, so umfasst das Wort »Gott« nicht ein einziges Prädikat, sondern ein Bündel von Prädikaten, das die Intension des Ausdrucks »Gott« absteckt.[400] Für uns ist die unendliche Fülle des göttlichen Seins nur in einer Vielheit von Namen und Prädikaten aussagbar.[401] Damit aber sind die Eigenschaften Gottes nicht synonym, wie Thomas von Aquin betont. Wohl beziehen sie sich auf ein und dieselbe Sache, aber ihre *differentia specifica* liegt in den unterschiedlichen Formalobjekten, in den Perspektiven, von denen her Gott in den Blick genommen wird.[402] So sind Bekenntnisse über Gott den Gerechten, Guten, Vater, Höchsten etc. Metaphern bzw. „Ultrakurzgeschichten"[403], in denen in metonymischer Funktion mit einem Teil das Ganze bezeichnet wird. Gerechtigkeit ist daher nicht bloß ein sozialethisch grundlegender Begriff, sondern darüber hinaus eine zentrale Bestimmung Gottes, deren Fehlen oder Auslagerung in die Abstraktion die christliche Gottesrede um eine ihrer Grundüberzeugungen berauben würde.

Diese Überlegungen sollten zeigen, dass die Gerechtigkeit als ein zentrales Attribut Gottes mit einer wichtigen Eigenschaft des Geldes, ein herausragendes Instrument zur Schaffung von Recht und Gerechtigkeit zu sein, korreliert. In dieser auch gesellschaftlich fundamentalen Kategorie besitzen der Gottesdiskurs und der Gelddiskurs einen gemeinsamen Fluchtpunkt, der als dritte Größe konstitutiv in die jeweiligen Selbstbeschreibungen einbezogen ist und die Wechselwirkung zwischen ihnen zur Sprache bringt. Einmal mehr wird damit deutlich, dass sich das performative Potential der Gottesrede – bei aller notwendigen Differenzierung der Sprachebenen – erst dort voll entfalten kann, wo ihr die Anknüpfungen an die konkrete Lebenswelt gelingen. Diese grundlegende Relativität bedeutet keine Einschränkung oder Limitierung der Bedeutung Gottes, sondern trägt zur Präzisierung seines Verständnisses bei. Jenseits der verkürzten Alternativen von kritikloser Affirmation und unbedingter Negation zwingt der Gottesdiskurs zu notwendigen Differenzierungen, ohne die Geld immer nur als säkulare Form oder als Antithese zur Gottesidee erscheint. In Wirklichkeit ist Geld weder das eine noch das andere, sondern eine Größe,

---

[400] Vgl. dazu die Überlegungen von Kreiner, Armin, Das wahre Antlitz Gottes 21-28.
[401] Für die jüdische Überlieferung ist diesbezüglich Ex 34,6f ein zentraler Text, weil diese Verse Eigenschaften und Verhaltensweisen Gottes bezeichnen (vgl. dazu Maier, Johann, Geschichte der jüdischen Religion, Freiburg ²1992, 134). Die so genannten 13 *middôt* besitzen im Sinne der *imitatio Dei* zugleich Modellcharakter für das fromme Ethos und spielen in der Liturgie eine wichtige Rolle. Die Gerechtigkeit kommt hier im Kontext der Sünde zur Sprache, insofern Gott die Schuld der Väter und Söhne bis zur vierten Generation verfolgt. Zur Frage der göttlichen Eigenschaften vgl. auch Hoffman, Joshua/Rosenkrantz, Gary S., The Divine Attributes, Oxford 2002.
[402] Thomas von Aquin, STh 1, q. 4, Art. 1-4.
[403] Stoellger, Philipp, „Im Namen Gottes". Der Name als Figur des Dritten zwischen Metapher und Begriff, in: Dalferth, Ingolf U./Ders. (Hg.), Gott Nennen. Gottes Namen und Gott als Name, Tübingen 2008, 249-285, 264. In gleicher Weise ist der biblische Gottesname „keine Formel für das Wesen der Gottheit, sondern Einweisung in die Erfahrung ihres Wirkens (Ex 3,14)." (Pannenberg, Wolfhart, Systematische Theologie 1, 389)

die über bestimmte Vermittlungsinstanzen wie etwa die Gerechtigkeit mit der Macht Gottes in Beziehung steht. An wenigen, aber grundlegenden Fragen entscheidet sich ihre jeweilige konkrete Bedeutung, ob und in welcher Weise etwa die beiden Diskurse zum Wachsen der Gerechtigkeit in der Welt beitragen, welche konkreten Wissensformen sie erzeugen, inwiefern sie Verkrustungen aufbrechen und Differenzen aufrecht erhalten können. Diese Kriterien sind natürlich wiederum in Bezug auf die jeweiligen Verhältnisse auszubuchstabieren, ein Prozess, der nur in kleinen Schritten möglich ist und an kein definites Ende kommt – und gerade deshalb unabdingbar ist.

7.3 Die Bedingungslosigkeit der Gabe – Zur *Anders-Ökonomie* Gottes

Die Relativität der christlichen Gottesrede bliebe in ihrer grundlegenden Struktur für den Glauben jedoch unausgeschöpft, wenn sie sich allein auf das kritische Potential konzentrierte, das vor allem in den prophetischen Traditionen und apokalyptischen Strängen der Bibel aufbewahrt ist. Der notwendige und genaue Blick soll und darf durch eine alleinige Perspektive auf die Deformationen, Beschädigungen und Ungerechtigkeiten des Lebens ein klares Urteil nicht eintrüben, sondern er wird zugleich auch das suchen und stärken, was an Gutem und Gelingendem bereits vorhanden ist, wo sich weiterbauen lässt, wo konkrete Solidarität geübt und wo zeichenhaft erfahrbar wird, dass die Zuwendung und Liebe Gottes allen Menschen gilt und zu neuem Leben führt. Wer sich allein auf die dunklen und problematischen Seiten der Existenz stürzt, könnte sich allzu schnell in den Fängen eines Kulturpessimismus wiederfinden, der oft nahtlos in Alarmismus und Weltverdrossenheit übergeht. Damit würde die Gottesrede wiederum an jenem entscheidenden Punkt geschwächt, der sich bereits in den theologischen Versuchen über das Geld als entscheidend erwiesen hat: Wenn sich der Glaube nur als ein radikales Gegenüber (Gott *oder* Geld; tertium non datur) oder in seiner Identifizierung (Gott *als* Geld; eines bedingt das andere) entfalten kann, wird er in jeder Traditionslinie seiner performativen Kraft beraubt: eine kritische und gestaltende Kraft zu sein, die nicht bloß affirmiert oder negiert, sondern relativiert. Das bedeutet, dass der Glaube sich um Unterscheidungen bemüht, in kritischer Selbstreflexion seine Standpunkte offen legt und in Kooperation bzw. im Austausch mit anderen Interpretationsformen und Symbolsystemen nach Möglichkeiten sucht, wie in der Welt zeichenhaft das Wirklichkeit werden kann, was in den Erfahrungen des Gottesvolkes Israel als universaler *Schalom* und neutestamentlich als *Reich Gottes* benannt wird.

Auf den umfassenden Bereich der Ökonomie bezogen, der gegenwärtig die Funktion eines sozialen Leitsystems eingenommen hat, kommt es nicht nur darauf an, die kapitalistische Produktions- und Lebensweise in ihrer zerstörerischen Kraft aufzudecken und zu kritisieren, sondern auch Wege aufzuzeigen und Optionen zu entwerfen, wie die gnadenlose Logik der Konkurrenz und des Wachstums in eine solidarische, ökologische und empathische Wirtschaftsweise transformiert werden kann. In dieser allgemeinen Suchbewegung, der sich unzählige Menschen aus den unterschiedlichsten Ländern und Kulturen angeschlossen haben, sollte die Stimme der Religionen nicht fehlen. Denn in ihren Heiligen Schriften und Überlieferungen bewahren sie nicht nur ein Bewusstsein von dem auf, wie es anders sein könnte oder sollte, sondern in ihnen finden sich auch konkrete Anknüpfungspunkte für die Gestaltungsprinzipien einer an Solidarität und Gerechtigkeit orientierten Ökonomie und Gesellschaft. Es kommt hier nicht so sehr darauf an, große Gegenentwürfe zu konzipieren, deren utopischer Gehalt erst recht wieder neue Ausschließungen erzeugen und in der Dichotomie des Entweder – Oder die spannungsvollen Realitäten des Lebens ausschließen würde. Weitaus wichtiger und zielführender erscheint es, Orte zu schaffen, an denen sich diese andere Ökonomie einüben lässt, um so *in* die herrschenden Systeme Alternativformate eintragen zu können.

Innerhalb der jüdisch-christlichen Tradition erweist sich für die Suche nach diesen Gestaltungsprinzipien ein Begriff als höchst bedeutsam, der in der Theologie, besonders aber auch in der Philosophie, gegenwärtig eine neue Renaissance erfährt: die *Gabe*.[404] In ihr kommt vielleicht am deutlichsten zum Ausdruck, worin sich die Ökonomie Gottes von jener des Geldes und des Tausches unterscheidet. Denn die Gabe ist im biblischen Verständnis nicht allein ein Objekt, das eine besondere soziale Beziehung stiftet und in seiner Reziprozität die unabschließbare Dynamik des Gebens und Nehmens auslöst, sondern vor alledem und in ihrer ursprünglichen Form ist die Gabe die Aufhebung dieses Kreislaufs, weil sie reines Geschenk und reiner Überfluss ist, ohne Anflug von Reziprozität oder Verpflichtung. Im Christentum erhält die Gabe ihre grundlegende Struktur durch die Gabe aller Gaben, Gott selbst. Paulus betont im Brief an die Römer, dass Gott seinen eigenen Sohn nicht verschont, sondern ihn für uns alle hingegeben hat: „wie sollte er uns mit ihm nicht alles schenken?" (Röm 8,32). Die Gabe Gottes ist nicht etwas, sondern er selbst, „das ewige Leben in Christus Jesus, unserem Herrn" (Röm 6,23). Innerhalb der Theologie hat die neue Aufmerksamkeit auf die Kategorie der Gabe die besondere sakramentale Struktur herausgearbeitet, die in der Selbstgabe Gottes an die Menschen offenbar wird.[405] Allerdings wäre die Relecture eines der zentralen theologischen

---

[404] Diese Renaissance lässt sich wieder an den Einträgen in systematisch-theologischen Lexika zeigen. Anders als das RGG[4] Bd. 3 (Tübingen 2000, 445) kennen die TRE oder die Neuauflage des LThK[3] noch keinen eigenen Eintrag zum Stichwort *Gabe*.

[405] Vgl. Wohlmuth, Josef, „Geben ist seliger als nehmen." (Apg 20,35). Vorüberlegungen zu einer Theologie der Gabe, in: Dirscherl, Erwin u.a. (Hg.), Einander zugewandt. Die Rezeption des christlich-jüdischen Dialogs in der Dogmatik, Paderborn 2005, 137-159 (Abschiedsvorlesung anlässlich seiner Emeritierung 2003); Ders., Die theologische Bedeutung des Gabendiskurses bei Emmanuel Levinas, Jacques Derrida und Jean-Luc Marion, in: Rosenberger, Michael/Reisinger, Ferdinand/Kreutzer, Ansgar (Hg.), Geschenkt – umsonst gegeben? Gabe und Tausch in Ethik, Gesellschaft und Religion, Frankfurt 2006, 91-120; Marion, Jean-Luc/Wohlmuth, Josef, Ruf und Gabe. Zum Verhältnis von Phänomenologie und Theologie, Bonn 2000; Frettlöh, Magdalene L., Der Charme der gerechten Gabe. Motive einer Theologie und Ethik der Gabe am Beispiel der paulinischen Kollekte für Jerusalem, in: Ebach, Jürgen u.a. (Hg.), „Leget Anmut in das Geben" 105-161; Gutmann, Hans-Martin, Das Geschenk, das die Gewalt verschlingt. Über Krimis, Kino und Gott oder Geld, Wuppertal 2001; Saarinen, Risto, God and the Gift. An Ecumenical Theology of Giving, Minnesota 2005; Lintner, Martin M., Eine Ethik des Schenkens. Von einer anthropologischen zu einer theologisch-ethischen Deutung der Gabe und ihrer

Begriffe nicht ohne die Anstöße von außen denkbar, die vor allem von französischen Studien ausgegangen sind.[406]

Es war insbesondere Jacques Derrida, der mit seiner Studie *Falschgeld* der neueren Gaben-Diskussion einen kräftigen Impuls gegeben hat.[407] Derrida fragt zunächst nach dem unergründlichen Ursprung des Geldes, der für ihn weder in den reziproken Tauschverhältnissen noch in der geschlossenen Äquivalenz der Güter und Werte liegt. Vielmehr konstituiert den Ursprung ein Überschuss, eine Unvordenklichkeit, ohne die sich überhaupt keine Ökonomie entwickeln könnte und die sie zugleich aufhebt. Dieses Undenkbare ist für Derrida die Gabe, die es nur gibt, „wenn es keine Reziprozität gibt, keine Rückkehr, keinen Tausch, weder Gegengabe noch Schuld"[408]. Im alltäglichen Sprachgebrauch jedoch wird die Gabe als dreigliedriges Ereignis beschrieben, dass „irgend»einer« irgend»etwas« irgend einem anderen geben"[409] muss, weil sie ansonsten bedeutungslos und nichtssagend bleibt. Damit intendiert sie eine Reziprozität, die zwar zeitlich verschoben und transformiert, aber nicht aufgelöst werden kann. Doch mit dieser verpflichtenden Struktur wird die Gabe negiert und annulliert, weil sie den Kreislauf von Gabe und Gegengabe nicht durchbrechen kann und damit den tauschökonomischen Prozess in Gang hält. Damit die Gabe als Gabe präsent wird, darf sie in keinem der drei Strukturelemente sichtbar sein. „Es gibt keine Gabe mehr, sobald der andere irgendwie *rezipiert* – selbst dann nicht, wenn er die Gabe ablehnt, die er als Gabe wahrgenommen oder erkannt hat. Sobald er die Gabenbedeutung an der Gabe gewahrt oder bewahrt, verliert er sie, und es gibt keine *Gabe* mehr."[410] Die Gabe

---

Aporien, Münster 2006; Gabel, Michael/Joas, Hans (Hg.), Von der Ursprünglichkeit der Gabe. Jean-Luc Marions Phänomenologie in der Diskussion, Freiburg 2007.

[406] Vgl. Mauss, Marcel, Die Gabe. Form und Funktion des Austauschs in archaischen Gesellschaften, Frankfurt 1990 (EA 1924); Bataille, Georges, Die Aufhebung der Ökonomie, München ²1985; Derrida, Jacques, Falschgeld. Zeit geben 1, München 1993; Marion, Jean-Luc, Étant donné. Essai d'une phénoménologie de la donation, Paris 1997; Ders., Being Given. Toward a Phenomenology of Givenness, Stanford 2002; Godelier, Maurice, Das Rätsel der Gabe. Geld, Geschenke, heilige Objekte, München 1999; Caputo, John D./Scanlon, Michael J. (Hg.), God, the Gift and Postmodernism, Indiana 1999; Hénaff, Marcel, Le prix de la vérité. Le don, l'argent, la philosophie, Paris 2002. Im deutschen Sprachraum sind vor allem zu nennen: Waldenfels, Bernhard, Antwortregister, Frankfurt 1994; Berking, Helmuth, Schenken. Zur Anthropologie des Gebens, Frankfurt 1996; Gestrich, Christof (Hg.), Gott, Geld und Gabe. Zur Geldförmigkeit des Denkens in Religion und Gesellschaft, Berlin 2004 (Beiheft der BThZ 21/2004); Wolf, Kurt, Philosophie der Gabe. Meditationen über die Liebe in der französischen Gegenwartsphilosophie, Stuttgart 2006; Moebius, Stephan/Papilloud, Christian (Hg.), Gift – Marcel Mauss' Kulturtheorie der Gabe, Wiesbaden 2006; Caillé, Alain, Anthropologie der Gabe, Frankfurt 2008.

[407] Die deutschsprachige Ausgabe hat den Titel umgedreht (Falschgeld 1. Zeit geben), die französische Ausgabe erschien 1991 bei Galilée unter dem Titel *Donner le temps 1. La fausse monnaie*.

[408] Derrida, Jacques, Falschgeld 22f.

[409] Derrida, Jacques, Falschgeld 22.

[410] Derrida, Jacques, Falschgeld 26. Hans Joas hat gegen Derrida eingewandt, dass die Struktur der Gabe (vor allem in ihrer rituellen Form) sehr wohl ein reziprokes Moment besitzt, das aber jenseits ökonomischer Tauschkategorien angesiedelt ist. Er schließt sich der These Hénaffs an, „dass die Vorstellung, der Geber solle hinter seiner Gabe verschwinden, am besten also anonym bleiben, zwar vielleicht angemessen ist im Fall mancher karitativer Leistungen – aber eben nicht für den zeremoniellen Gabentausch. Anonymität würde hier geradezu vereiteln, dass es zur

darf weder dem Geber noch dem Empfänger präsent oder bewusst sein, sie muss augenblicklich vergessen werden. Dieses Vergessen ist so radikal zu denken, dass es sich selbst vergisst. Nur das absolute Vergessen befreit aus dem ökonomischen Kreislauf der verschuldenden Reziprozität von Gabe und Gegengabe, von Dank und Verpflichtung. Dieses Vergessen führt jedoch zu keiner Abschaffung oder Auflösung der Gabe, denn damit es Vergessen gibt, „muß es Gabe geben"[411]. Diese eigentümliche Paradoxie der Gabe, dass sie nur möglich wird, wenn zugleich ihre Unmöglichkeit gedacht und offen gelegt wird, erlaubt es, „die *Totalität* des Gabentausch-Systems aufzusprengen und das *Anökonomische* der Gabe zu bewahren"[412]. Indem die Gabe das Überschüssige und Vorökonomische im Tauschprozess zur Sprache bringt, unterbricht sie den ewigen Kreislauf des Gebens und Nehmens. Damit wird ein Ausweg aus den universalen Schuldverhältnissen eröffnet, in die jeder ökonomische Akt permanent hineinzieht und damit implizit am Gesetz der Verpflichtung weiterschreibt.[413]

Derridas Versuch, die Gabe dem vollständigen Zugriff des ökonomischen Warentauschs zu entreißen, wirft für die Theologie die Frage auf, ob und in welcher Weise die religiösen Traditionen solche Orte bzw. Formen entwickeln können, die von jeglicher Reziprozität frei sind und die ganz andere Ökonomie der Gabe existenziell erschließen können. In der katholischen Überlieferung sind Sakramente, insbesondere das der Eucharistie, Orte, an denen die Grundstruktur der „Gabe ohne Gegengabe" symbolisiert und zeichenhaft erfahrbar wird. Der Glaube selbst versteht sich bereits als eine solche Gabe. Die Theologie hat diesen Geschenkscharakter des Glaubens mit dem traditionsreichen, aber auch missverständlichen Wort *Gnade* bezeichnet. In seinen stärksten Traditionen meint dieser theologische Begriff nichts anderes als die freie, voraussetzungslose und ungeschuldete Selbstgabe Gottes. Sie ist „die in Christus

---

Erwiderung kommt" (Joas, Hans, Die Logik der Gabe und das Postulat der Menschenwürde, in: Gestrich, Christof (Hg.), Gott, Geld und Gabe. Zur Geldförmigkeit des Denkens in Religion und Gesellschaft (Beiheft 2004 zur BThZ), Berlin 2004, 16-27, 18f). Nach Joas ist der Gabentausch von einer eigenen rationalen Struktur geprägt. Die monotheistische Vorstellung eines Gnade gewährenden Gottes führte zu der Überzeugung, dass gegenüber Gott im Grunde Reziprozität nur im Einsatz der ganzen Person möglich ist. Für Augustinus, der diesen Gedanken radikalisierte, ist gegenüber Gott überhaupt keine Reziprozität möglich, „sondern nur Dankbarkeit und glaubendes Vertrauen" (23). Im Anschluss an Michael Walzer fordert Joas, dass die Gabe, das Umsonst, nicht in eine Antithese zur Tauschökonomie geführt wird: „Wir haben uns nicht für die Logik der Gabe *oder* für die Logik des Warentausches zu entscheiden, sondern wir haben soziale Formen zu entwickeln oder zu bewahren, in denen begründet darüber entschieden werden kann, in welchen Bereichen zu welchem Grade welche Logik gelten soll." (26)

[411] Derrida, Jacques, Falschgeld 29.
[412] Frettlöh, Magdalene L., Der Charme der gerechten Gabe 127. Vgl. dazu auch Guggenberger, Wilhelm, Die List der Dinge. Sackgassen der Wirtschaftsethik in einer funktional differenzierten Gesellschaft, Münster 2007, 378-407.
[413] Einen weiteren bemerkenswerten Versuch, den Überschuss der Gabe zu denken, hat Bernhard Waldenfels vorgelegt (vgl. Waldenfels, Bernhard, Antwortregister, bes. 586-626; Ders., Das Un-ding der Gabe, in: Gondek, Hans-Dieter/Ders. (Hg.), Einsätze des Denkens. Zur Philosophie von Jacques Derrida, Frankfurt 1997, 385-409). Waldenfels möchte vor allem von der Verbform *geben* her den Überschusscharakter des *antwortenden Gebens* aufdecken, mit dem sich die reziproken Tauschverhältnisse aufbrechen lassen.

realsymbolisch ausgedrückte unbedingte Anerkennung des einzelnen Menschen durch Gott"[414]. Diese Grundstruktur des Glaubens, dass er reine Gabe *ist*, droht im Selbstvollzug des kirchlichen Lebens oft in einen tauschcodierten Funktionalismus umzuschlagen.[415] Damit käme wieder jene Logik zum Durchbruch, die der Glaube gerade aufheben sollte, die der Nützlichkeit und der Reziprozität. Eine Theologie der Gabe, so Wohlmuth, muss daher besonders daran arbeiten, „die Liturgie der Sakramente der »Ökonomie« zu entreißen"[416]. Die reine Gabe Gottes darf nicht die leiseste Spur eines Tauschgeschäfts an sich haben. Deshalb braucht es Räume und Vollzüge, die für jeden Geldgewinn tabu sind, in denen jede Art von Geschäftspraktiken unterbleibt. Denn nur so wird der christliche Glaube ein glaubwürdiges Zeichen der grenzenlosen Liebe Gottes an alle Menschen sein können. Diese reine Gabe bleibt aber nicht bei sich selbst, sondern drängt zur Weiter-Gabe, sie schafft einen Indikativ der Freiheit, der aus dem Überfluss des Empfangenen eine Zuwendung zum Nächsten ohne verschuldende Reziprozität ermöglicht. „Umsonst habt ihr empfangen, umsonst sollt ihr geben." (Mt 10,18) Diese Grundstruktur des *Umsonst* sollte den Takt für jeden religiösen Vollzug vorgeben.

In diesem Zusammenhang stellt sich für Theologie und Kirche die Frage, ob sie in ausreichendem Maße Instrumentarien entwickelt haben, um die tauschökonomischen Zugriffe auch im religiösen Verhältnis aufdecken zu können. Ob und in welcher Weise sich die Kirche ihrerseits der Rationalität marktwirtschaftlicher Kategorien unterwirft, ist keine rein organisatorische Frage, sondern Ausdruck ihres Selbstverständnisses. In ähnlicher Weise ist an die Theologie die Frage zu richten, ob die kommerziellen Metaphern, die vor allem in der Soteriologie anzutreffen sind, in erforderlichem Maße geeignet sind, die ganz andere Ökonomie Gottes in ihrer Radikalität auszudrücken. Die Metaphern von *Loskauf* und *Lösegeld* (Mk 10,45; Mt 20,28; 1 Tim 2,6), die Figur des *fröhlichen Wechsels* bzw. *wunderbaren Tauschs* (*admirabile commercium*), die Lehre von der *satisfactio* und die Vorstellung von *Sühne* sind in ihrer ökonomischen Codierung gefährdet, die Tauschlogik in das Gottesverhältnis hineinzutragen.[417] Freilich ist es möglich und vielleicht sogar notwendig, mit

---

[414] So Karl-Heinz Menke in Anlehnung an Thomas Pröpper (Menke, Karl-Heinz, Das Kriterium des Christseins. Grundriss der Gnadenlehre, Regensburg 2003, 182).

[415] Diese Gefahr ist etwa dort gegeben, wo dem Interesse am kirchlichen Gemeindeleben mit der Aufforderung zu einem Engagement begegnet wird.

[416] Wohlmuth, Josef, „Geben ist seliger als nehmen." 153. Vielleicht müsste deshalb auch die Opfertheologie durch eine Theologie der Gabe ersetzt werden. Für Wohlmuth sind die *verba testamenti* in der Eucharistie nicht so sehr Deuteworte als Gebeworte. Jesus gibt nicht mit schönen Worten, sondern sich selbst in leibhaftiger Gabe: „Es ist noch viel zu tun, die Sakramente der Kirche von ihrer Mystik her neu zu entdecken, sie im Rahmen einer kritischen Ästhetik dem Warentausch zu entreißen und sie gleichwohl als »Zeitzeichen« der Erinnerung, Vergegenwärtigung und (eschatologischen) Erwartung zu feiern." (156)

[417] Vgl. dazu Bader, Günter, Symbolik des Todes Jesu, Tübingen 1987. Nach Bader hat Erlösung im Neuen Testament „deutlich einen geldlichen Sinn" (136). Erlösung geschieht immer durch Wirksamkeit von Geld. „Soll vom Tod Jesu am Kreuz Erlösung ausgegangen sein, so ist das Symbol des Geldes weniger überraschend als geradezu selbstverständlich, denn anders als im Medium des Geldes kann nichts Erlösendes mitgeteilt oder in Zirkulation versetzt werden. Im Aufstieg zum Geldsymbol liegt die implizite Lytro- und Soteriologie des Geldes." (174) Bernd

und in dieser tauschlogischen Grammatik die ganz andere Ökonomie Gottes zur Sprache zu bringen, doch wird dies nur gelingen, wenn ihre gänzlich unterschiedlichen Funktionsweisen in jeder Faser ihres Ausdrucks sichtbar bleiben.[418]

Dennoch ist auch hier zu beachten, dass die Ökonomie Gottes und der Gabe mit der Tauschökonomie der Reziprozität in Wechselwirkung steht. Beide sind zueinander relativ, weshalb die Ökonomie der Gabe auch keine Gegenökonomie im klassischen Sinne ist. Sie versteht sich als eine *Anders-Ökonomie*. Wäre sie eine bloße Gegenökonomie, hätte sie bereits die Logik der Tauschwirtschaft übernommen, der sie selbst widerstreitet. So wird eine theologische Reflexion die in zahlreichen Symbolsystemen äußerst wichtige Kategorie des Wertes auf ihre zugrundeliegende Wertlosigkeit hin aufsprengen. Kant hat der in diesem Begriff eingeschmolzenen Tauschlogik die Würde gegenübergestellt: „Im Reich der Zwecke hat alles entweder einen *Preis* oder eine *Würde*. Was einen Preis hat, an dessen Stelle kann auch etwas anderes, als *Äquivalent*, gesetzt werden; was dagegen über allen Preis erhaben ist, mithin kein Äquivalent verstattet, das hat eine Würde."[419] Die Kategorie des Wertes ist deshalb gänzlich ungeeignet, grundlegende Vollzüge des Menschseins zu beschreiben. Das gilt wiederum erst recht für die religiöse Grammatik. Mit einer treffenden Formulierung Eberhard Jüngels lässt sich Gott als eine *wertlose Wahrheit* bezeichnen, die in der Vergleichbarkeit ihre Unvergleichbarkeit erhellt und sich einer ökonomischen Funktionalisierung entzieht.[420]

Diese hier nur angedeuteten Linien sind im Einzelnen noch stärker auszuziehen, sie sollen lediglich die Richtung markieren, in die m.E. eine Theologie der *Anders-Ökonomie* gehen müsste. Indem die Gabe als ein „Urwort der Theologie"[421] wiederentdeckt wird, rückt zugleich die biblische Grammatik in den Vordergrund, die ihr Maß nicht an Knappheit, Mangel oder Defizit nimmt, sondern an Übermaß, Erfüllung und Vollendung. Der Gott des Lebens, dessen Heil bis an das Ende der Erde reicht (Jes 49,6), sorgt selbst für diese unerschöpfliche Quelle, deren Reichtum unermesslich und unendlich ist.

Simmel hat in der so genannten *Selbstanzeige* zur *Philosophie des Geldes* betont, dass er in diesem Buch den inneren Zusammenhang zwischen der

---

Janowski hingegen betont die Scheu, in der Soteriologie Vorstellungen juridischer und geldlicher Art zu hegen (Janowski, Bernd, Auslösung des verwirkten Lebens. Zur Geschichte und Struktur der biblischen Lösegeldvorstellung, in: ZThK 79 (1982) 25-59).

[418] Vgl. dazu die klassische Paradoxie in Jes 55,1, die darin exakt diese *Anders-Ökonomie* zum Ausdruck bringt: „Auf, ihr Durstigen, kommt alle zum Wasser! Auch wer kein Geld hat, soll kommen. Kauft Getreide, und esst, kommt und kauft ohne Geld, kauft Wein und Milch ohne Bezahlung!"

[419] Kant, Immanuel, Grundlegung zur Metaphysik der Sitten (BA 77), zitiert nach der Suhrkamp Studienausgabe, hg. v. Horn, Christoph u.a., Frankfurt 2007, 69.

[420] Jüngel, Eberhard, Wertlose Wahrheit. Christliche Wahrheitserfahrung im Streit gegen die „Tyrannei der Werte", in: Ders., Wertlose Wahrheit. Zur Identität und Relevanz des christlichen Glaubens (Theologische Erörterungen 3), München 1990, 90-109: „Christliche Wahrheitserfahrung ist die radikale Infragestellung der Rede von Werten und des Denkens in Werten." (100) Für Jüngel ist die Unterbrechung des Menschen durch Gott eine radikale Infragestellung aller menschlichen Werte, die unser Tun leiten.

[421] Bayer, Oswald, Art. Gabe II, in: RGG⁴, Bd. 3, 445.

Geldwirtschaft und der Entwicklung individueller Freiheit aufzeigen wollte. In seinem detailliert entfalteten Panorama sollte die Überzeugung belegt werden, dass der Verlauf der Geschichte als ein unendliches Wechselspiel zwischen den materiellen und den ideellen Faktoren zu begreifen ist, in dem keiner als erster und keiner als letzter kommt. Als einem der großen Schrittmacher von individueller und gesellschaftlicher Freiheit besitzt das Geld daher eine Bedeutung, die weit über seine ursprünglichen Funktionen hinausreicht, immer neue Lebensbereiche einer ökonomischen Logik unterwirft und in Krisenzeiten große existenzielle Ängste auslöst. Der potentiell unendlich großen Freiheit, die das Geld auf vielfältigste Weise symbolisiert, geht zugleich meist eine seltsame Entfremdung und Versachlichung einher. Für Simmel wird damit erklärbar, warum „unsere Zeit, die als Ganzes betrachtet, trotz allem, was noch zu wünschen bleibt, sicher mehr Freiheit besitzt als irgend eine frühere, dieser Freiheit doch so wenig froh wird"[422]. Der innere Zusammenhang von Freiheit und Entfremdung ist gewiss unauflöslich, aber seine Ausformung unterliegt keinem Naturgesetz. Auch wenn es in der Dynamik der historischen Entwicklung liegen mag, dass Geld die Sphären des Lebens kontinuierlich auseinandertreibt, bietet sie doch genügend Möglichkeiten, in diesen Kreislauf zeichenhaft einzugreifen und ihn von innen her umzugestalten. Wo immer die *Anders-Ökonomie* Gottes eine konkrete, wenn auch nur zaghafte oder gänzlich unscheinbare Gestalt gewinnen kann, dort ist die Logik des Tausches und der funktionalisierten Reziprozität bereits entscheidend durchbrochen.

---

[422] Philosophie des Geldes 723.

LITERATUR GEORG SIMMEL

GSG	Georg Simmel Gesamtausgabe. Hg. v. Rammstedt, Otthein, Frankfurt 1989ff.
GSG 1	Das Wesen der Materie nach Kant's Physischer Monadologie / Abhandlungen 1882-1890 / Rezensionen 1883-1901. Hg. v. Köhnke, Klaus Christian, 1999.
GSG 2	Aufsätze 1887-1890 / Über sociale Differenzierung / Die Probleme der Geschichtsphilosophie (1892). Hg. v. Dahme, Heinz-Jürgen, 1989.
GSG 3	Einleitung in die Moralwissenschaft. Erster Band. Hg. v. Köhnke, Klaus Christian, 1989.
GSG 4	Einleitung in die Moralwissenschaft. Zweiter Band. Hg. v. Köhnke, Klaus Christian, 1991.
GSG 5	Aufsätze und Abhandlungen 1894-1900. Hg. v. Dahme, Heinz-Jürgen/ Frisby, David P., 1992.
GSG 6	Philosophie des Geldes. Hg. v. Frisby, David P./Köhnke, Klaus Christian, 1989.
GSG 7	Aufsätze und Abhandlungen 1901-1908. Band I. Hg. v. Kramme, Rüdiger/Rammstedt, Angela/Rammstedt, Otthein, 1995.
GSG 8	Aufsätze und Abhandlungen 1901-1908. Band II. Hg. v. Cavalli, Alessandro/Krech, Volkhard, 1993.
GSG 9	Kant / Die Probleme der Geschichtsphilosophie (2. Fassung 1905/1907). Hg. v. Oakes, Guy/Röttgers, Kurt, 1997.
GSG 10	Philosophie der Mode / Die Religion / Kant und Goethe / Schopenhauer und Nietzsche. Hg. v. Behr, Michael/Krech, Volkhard/Schmidt, Gert, 1995.
GSG 11	Soziologie. Untersuchungen über die Formen der Vergesellschaftung. Hg. v. Rammstedt, Otthein, 1991.
GSG 12	Aufsätze und Abhandlungen 1909-1918. Band I. Hg. v. Latzel, Klaus, 2001.
GSG 13	Aufsätze und Abhandlungen 1909-1918. Band II. Hg. v. Latzel, Klaus, 2000.
GSG 14	Hauptprobleme der Philosophie / Philosophische Kultur. Hg. v. Kramme, Rüdiger/Rammstedt, Otthein, 1996.
GSG 16	Der Krieg und die geistigen Entscheidungen / Grundfragen der Soziologie / Vom Wesen des historischen Verstehens / Der Konflikt der modernen Kultur / Lebensanschauung. Hg. v. Fitzi, Gregor/Rammstedt, Otthein, 1999.
GSG 17	Miszellen, Glossen, Stellungnahmen, Umfrageantworten, Leserbriefe, Diskussionsbeiträge 1889-1918. Anonyme und pseudonyme Veröffentlichungen 1888-1920. Hg. v. Köhnke, Klaus Christian, 2004.
GSG 22	Briefe und Dokumente. Band I. Hg. v. Köhnke, Klaus Christian/ Rammstedt, Otthein, 2005.
GSG 23	Briefe 1912-1918. Jugendbriefe. Hg. v. Rammstedt, Otthein und Angelika, 2008.

Simmel, Georg, Anfang einer unvollendeten Selbstdarstellung, in: Gassen, Kurt/Landmann, Michael (Hg.), Buch des Dankes, 9f.
Simmel, Georg, Aus dem nachgelassenen Tagebuche, in: GSG 20, 261-296.
Simmel, Georg, Bergson und der deutsche „Zynismus", in: GSG 17, 121-123.
Simmel, Georg, Beiträge zur Erkenntnistheorie der Religion, in: GSG 7, 9-20.
Simmel, Georg, Brief an Célestin Bouglé vom 13. Dezember 1899, in: GSG 22, 342f.
Simmel, Georg, Brief an den Georg Jellinek vom 20. März 1908, in: GSG 22, 617.
Simmel, Georg, Brief an Heinrich Rickert vom 10. Mai 1898, in: GSG 22, 291f; auch in: Gassen, Kurt/Landmann, Michael (Hg.), Buch des Dankes, 94f.
Simmel, Georg, Brief an Heinrich Rickert vom 15. April 1917, in: GSG 16, 439f; auch in: Gassen, Kurt/Landmann, Michael (Hg.), Buch des Dankes 118f.
Simmel, Georg, Brief an Heinrich Rickert vom 29. Dezember 1911, in: GSG 22, 1020f.
Simmel, Georg, Brief an Heinrich Rickert, 19. Februar 1915. Staatsbibliothek zu Berlin Preußischer Kulturbesitz (Nachlass Michael Landmann): SBPK NL 125 Kasten 5.
Simmel, Georg, Das Christentum und die Kunst, in: GSG 8, 264-275.
Simmel, Georg, Das Geld in der modernen Cultur, in: GSG 5, 178-196.
Simmel, Georg, Das Geld in der modernen Cultur (1896), in: Neue Freie Presse; wiederabgedruckt in: Frisby, David (Hg.), Georg Simmel in Wien, 196.
Simmel, Georg, Das Geld in der modernen Cultur (1896), in: Zeitschrift für Volkswirtschaft, Sozialpolitik und Verwaltung 5 (1896) 310-313; wiederabgedruckt in: Frisby, David (Hg.), Georg Simmel in Wien, 191-195.
Simmel, Georg, Das Problem der religiösen Lage (Philosophische Kultur. Gesammelte Essais), in: GSG 14, 367-384; ebenfalls in: GSG 12, 148-161.
Simmel, Georg, Das Problem der Sociologie, in: GSG 5, 52-61.
Simmel, Georg, Das Wesen der Materie nach Kant's Physischer Monadologie, in: GSG 1, 9-41.
Simmel, Georg, Der Begriff und die Tragödie der Kultur, in: GSG 12, 194-223; ebenfalls in: GSG 14, 385-416.
Simmel, Georg, Der Konflikt der modernen Kultur, in: GSG 16, 181-207.
Simmel, Georg, Der Krieg und die geistigen Entscheidungen, in: GSG 16, 7-58.
Simmel, Georg, Die Bedeutung des Geldes für das Tempo des Lebens, in: GSG 5, 215-234.
Simmel, Georg, Die Gegensätze des Lebens und die Religion, in: GSG 7, 295-303.
Simmel, Georg, Die Großstädte und das Geistesleben, in: GSG 7, 116-131.
Simmel, Georg, Die Krisis der Kultur, in: GSG 13, 190-201.
Simmel, Georg, Die Persönlichkeit Gottes. Ein philosophischer Versuch, in: GSG 12, 290-307.
Simmel, Georg, Die Probleme der Geschichtsphilosophie. Eine erkenntnistheoretische Studie (1905/07), in: GSG 9, 227-419.
Simmel, Georg, Die Probleme der Geschichtsphilosophie. Eine erkenntnistheoretische Studie (1892), in: GSG 2, 297-423.
Simmel, Georg, Die Religion, in: GSG 10, 39-118.
Simmel, Georg, Die Rolle des Geldes in den Beziehungen der Geschlechter. Fragment aus einer „Philosophie des Geldes", in: GSG 5, 246-265.
Simmel, Georg, Ein Problem der Religionsphilosophie, in: GSG 7, 310-320.
Simmel, Georg, Einleitung in die Moralwissenschaft 1 (GSG 3).
Simmel, Georg, Einleitung in die Moralwissenschaft 2 (GSG 4).
Simmel, Georg, Fragment einer Einleitung, in: GSG 20, 304f.
Simmel, Georg, Geld und Nahrung, in: GSG 13, 117-122.
Simmel, Georg, Grundfragen der Soziologie, in: GSG 16, 59-149.

Simmel, Georg, Hauptprobleme der Philosophie, in: GSG 14, 7-157.
Simmel, Georg, Kant und Goethe. Zur Geschichte der modernen Weltanschauung, in: GSG 10, 119-166.
Simmel, Georg, Lebensanschauung. Vier metaphysische Kapitel, in: GSG 16, 209-425.
Simmel, Georg, Michelangelo, in: GSG 14, 304-329.
Simmel, Georg, Philosophie des Geldes (GSG 6).
Simmel, Georg, Postkarte an Heinrich Rickert vom 24. Juni 1896, in: GSG 22, 214.
Simmel, Georg, Postkarte an Heinrich Rickert vom 27. Oktober 1899, in: GSG 22, 339.
Simmel, Georg, Postkarte an Heinrich Rickert vom 5. Juli 1899, in: GSG 22, 331f.
Simmel, Georg, Postume Veröffentlichungen. Ungedrucktes. Schulpädagogik (GSG 20).
Simmel, Georg, Rembrandt. Ein kunstphilosophischer Versuch, in: GSG 15, 305-515.
Simmel, Georg, Rezension zu: Gomperz' Griechische Denker, in: GSG 1, 346-353.
Simmel, Georg, Schopenhauer und Nietzsche. Ein Vortragszyklus, in: GSG 10, 167-408.
Simmel, Georg, Selbstanzeige zur „Philosophie des Geldes", in: GSG 6, 719-723.
Simmel, Georg, Soziologie (GSG 11).
Simmel, Georg, Soziologie der Konkurrenz, in: GSG 7, 221-246.
Simmel, Georg, Soziologische Aesthetik, in: GSG 5 197-214.
Simmel, Georg, Über Geiz, Verschwendung und Armut, in: GSG 5, 529-542.
Simmel, Georg, Über sociale Differenzierung. Sociologische und psychologische Untersuchungen, in: GSG 2, 109-295.
Simmel, Georg, Ueber das Wesen der Sozial-Psychologie, in: GSG 8, 355-362.
Simmel, Georg, Ueber eine Beziehung der Selectionslehre zur Erkenntnistheorie, in: GSG 5, 62-74.
Simmel, Georg, Vom Heil der Seele, in: GSG 7, 109-115.
Simmel, Georg, Vom Pantheismus, in: GSG 7, 84-91.
Simmel, Georg, Vom Wesen der Kultur, in: GSG 8, 363-373.
Simmel, Georg, Wandel der Kulturformen, in: GSG 13, 217-223.
Simmel, Georg, Was ist uns Kant?, in: GSG 5, 145-177.
Simmel, Georg, Zur Psychologie der Mode. Sociologische Studie, in: GSG 5, 105-114.
Simmel, Georg, Zur Psychologie des Geldes, in: GSG 2, 49-65.
Simmel, Georg, Zur Soziologie der Religion, in: GSG 5, 266-286.

WEITERE LITERATUR

Die Abkürzungen folgen dem Internationalen Abkürzungsverzeichnis für Theologie und Grenzgebiete (IATG[2]) hg. v. Schwertner, Siegfried M., Berlin/New York [2]1992.

Adolf, Heinrich, Erkenntnistheorie auf dem Weg zur Metaphysik. Interpretation, Modifikation und Überschreitung des Kantischen Apriorikonzepts bei Georg Simmel, München 2002.
Adorno, Theodor W., Negative Dialektik (GS 6), Darmstadt 1998.

Aichhorn, Ulrike (Hg.), Geld- und Kreditwesen im Spiegel der Wissenschaft, Wien/New York 2005.
Albert, Hans, Georg Simmel und das Begründungsproblem. Ein Versuch der Überwindung des Münchhausen-Trilemmas, in: Traditionen und Perspektiven der analytischen Philosophie (FS Rudolf Haller), hg. v. Gombocz, Wolfgang L. u.a., Wien 1989, 258-264.
Albert, Hans, Traktat über kritische Vernunft, Tübingen 1968.
Altvater, Elmar, Art. Kapitalismus, in: RGG⁴ 4, Tübingen 2001, 794-798.
Altvater, Elmar, Das Ende des Kapitalismus wie wir ihn kennen. Eine radikale Kapitalismuskritik, Münster ³2006.
Altvater, Elmar/Mahnkopf, Birgit, Grenzen der Globalisierung. Ökonomie, Ökologie und Politik in der Weltgesellschaft, Münster ⁷2007.
Angehrn, Emil u.a. (Hg.), Dialektischer Negativismus. Michael Theunissen zum 60. Geburtstag, Frankfurt 1992.
Angenendt, Arnold, Geschichte der Religiosität im Mittelalter, Darmstadt 1997.
Apel, Karl-Otto (Hg.), Neue Versuche über Erklären und Verstehen, Frankfurt 1978.
Arens, Edmund, Christopraxis. Grundzüge theologischer Handlungstheorie (QD 139), Freiburg 1992.
Arens, Edmund, Gottesverständigung. Eine kommunikative Religionstheologie, Freiburg 2007.
Arens, Edmund, Quellen und Kräfte konsumtiver, kommunikativer und kritischer Religion, in: Bulletin ET 17 (2006/1) 29-53.
Arens, Edmund/Hoping, Helmut (Hg.), Wieviel Theologie verträgt die Öffentlichkeit? (QD 183), Freiburg 2000.
Aristoteles, Metaphysik, übers. v. Bonitz, Hermann, Hamburg ³1989/91.
Aristoteles, Politik, übers. u. hg. v. Gigon, Olof, München ⁷1996.
Augustinus, De doctrina christiana 1,4 (CChr.SL XXXII, Turnhout 1962).
Augustinus, Bekenntnisse. Eingeleitet und übersetzt v. Thimme, Wilhelm, München 1982.
Bachmaier, Helmut/Rentsch, Thomas, Georg Simmel, in: Metzler Philosophen Lexikon. Von den Vorsokratikern bis zu den Neuen Philosophen, hg. v. Lutz, Bernd, Stuttgart ³2003, 674-677.
Backhaus, Jürgen G., Tausch und Geld. Georg Simmels Philosophie des Geldes, in: Ders./Stadermann, Hans-Joachim (Hg.), Georg Simmels Philosophie des Geldes, 51-63.
Backhaus, Jürgen G./Stadermann, Hans-Joachim (Hg.), Georg Simmels Philosophie des Geldes. Einhundert Jahre danach, Marburg 2000.
Bader, Günter, Symbolik des Todes Jesu, Tübingen 1988.
Baecker, Dirk, „Vom Geld zum Leben." Georg Simmels „Philosophie des Geldes", in: FAZ 14. März 1989 (Nr. 62, p. L 17).
Baecker, Dirk, Die Metamorphosen des Geldes, in: Kintzelé, Jeff/Schneider, Peter (Hg.), Georg Simmels „Philosophie des Geldes", 277-300.
Baecker, Dirk (Hg.), Kapitalismus als Religion, Berlin 2003.
Ballestrem, Karl, Adam Smith, München 2001.
Balthasar, Hans Urs von, Theodramatik 2/2, Einsiedeln 1978.
Balz, Horst, Art. μαμωνᾶς, in: EWNT 2, Stuttgart 1981, 941f.
Balzac, Honoré de, Die Menschliche Komödie. Die großen Romane und Erzählungen in zwanzig Bänden, hg. v. Wesemann, Eberhard/Wesemann, Erika, Frankfurt 1996.
Barrelmeyer, Uwe, Geschichtliche Wirklichkeit als Problem. Untersuchungen zu geschichtstheoretischen Begründungen historischen Wissens bei Johann Gustav Droysen, Georg Simmel und Max Weber (Beiträge zur Geschichte der Soziologie 9), Münster 1997.

Barth, Gerhard, Der Tod Jesu Christi im Verständnis des Neuen Testaments, Neukirchen-Vluyn 1992.
Barth, Karl, Das christliche Leben (Gesamtausgabe II/12, hg. v. Drewes, Jörg/Jüngel, Eberhard), Zürich 1976.
Barth, Karl, Kirchliche Dogmatik I/2, Zürich ⁴1948.
Barth, Karl, Kirchliche Dogmatik II/1, Zürich ³1948.
Barth, Karl, Kirchliche Dogmatik III/4, Zürich 1951.
Bataille, Georges, Die Aufhebung der Ökonomie, München ²1985.
Baudrillard, Jean, Der symbolische Tausch und der Tod, München 1982.
Bauer, Isidora, Die Tragik in der Existenz des modernen Menschen bei Georg Simmel, München 1961.
Baumann, Peter, Erkenntnistheorie. Lehrbuch Philosophie, Stuttgart 2002.
Baumgartner, Alois, Wirtschaftliche Effizienz und soziale Gerechtigkeit, in: Heimbach-Steins, Marianne (Hg.), Christliche Sozialethik. Ein Lehrbuch, Bd. 2, Regensburg 2005, 82-108.
Bayer, Oswald, Art. Gabe II, in: RGG⁴ 3, Tübingen 2000, 445.
Beck, Ulrich, Weltrisikogesellschaft, Frankfurt 2007.
Beckmann, Jan P., Art. Relation I. Philosophisch, in: LThK³ 8, Freiburg 1999, 1028f.
Beckmann, Jan P., Entdecken oder Setzen? Die Besonderheit der Relationen-Theorie des Duns Scotus und ihre Bedeutung für die Metaphysik, in: Honnefelder, Ludger u.a. (Hg.), John Duns Scotus. Metapyhsics and Ethics, Leiden 1996, 367-384.
Beierwaltes, Walter, Denken des Einen. Studien zur neuplatonischen Philosophie und ihrer Wirkungsgeschichte, Frankfurt 1985.
Beinert, Wolfgang (Hg.), Glaubenszugänge. Lehrbuch der Katholischen Dogmatik, 3 Bde., Paderborn 1995.
Beinert, Wolfgang, Kann man dem Glauben trauen? Grundlagen theologischer Erkenntnis, Regensburg 2004.
Bendixen, Friedrich, Das Wesen des Geldes. Zugleich ein Beitrag zur Reform der Reichsbankgesetzgebung, München/Leipzig 1922.
Bendixen, Peter, Der Traum vom Wohlstand der Nationen. Kritik der ökonomischen Vernunft, Wien 2005.
Benevolo, Leonardo, Die Geschichte der Stadt, Frankfurt ⁷1993.
Benjamin, Walter, Kapitalismus als Religion (Fragment Nr. 74), in: GS 6, hg. v. Tiedemann, Rolf/Schweppenhäuser, Hermann, Frankfurt 1985, 100-103.
Berger, Klaus, Jesus, München 2004.
Berking, Helmuth, Schenken. Zur Anthropologie des Gebens, Frankfurt 1996.
Bernhardt, Reinhold/Schmidt-Leukel, Perry (Hg.), Kriterien interreligiöser Urteilsbildung (Beiträge zu einer Theologie der Religionen 1), Zürich 2005.
Bevers, Antonius M., Dynamik der Formen bei Georg Simmel, Berlin 1985.
Bhagwati, Jagdish, In Defense of Globalization, Oxford 2004.
Biervert, Bernd/Held, Martin (Hg.), Die Dynamik des Geldes. Über den Zusammenhang von Geld, Wachstum und Natur, Frankfurt/New York 1996.
Binswanger, Hans Christoph, Geld und Wachstumszwang, in: Biervert, Bernd/Held, Martin (Hg.), Die Dynamik des Geldes, 113-127.
Binswanger, Hans Christoph/Flotow, Paschen von (Hg.), Geld und Wachstum. Zur Philosophie und Praxis des Geldes, Stuttgart 1994.
Bloch, Ernst, Geist der Utopie, Frankfurt ²1997.
Bloch, Ernst, Tagträume vom aufrechten Gang (hg. v. Münster, Arno), Frankfurt 1974.
Bloch, Ernst, Weisen des „Vielleicht" bei Simmel, in: GA 10, Frankfurt 1976, 57-60.

Blumenberg, Hans, Geld oder Leben. Eine metaphorische Studie zur Konsistenz der Philosophie Georg Simmels, in: Böhringer, Hannes/Gründer, Karlfried (Hg.), Ästhetik und Soziologie um die Jahrhundertwende, 121-134.

Boff, Clodovis, Theologie und Praxis. Die erkenntnistheoretischen Grundlagen der Theologie der Befreiung, München 1983.

Boff, Clodovis, Wissenschaftstheorie und Methode der Theologie der Befreiung, in: Ellacuriá, Ignacio/Sobrino, Jon (Hg.), Mysterium Liberationis 1, 63-97.

Boff, Leonardo, Der dreieinige Gott, Düsseldorf 1987.

Bogaert, Raymond, Art. Geld, in: RAC 9, Stuttgart 1976, 797-907.

Böhringer, Hannes/Gründer, Karlfried (Hg.), Ästhetik und Soziologie um die Jahrhundertwende. Georg Simmel, Frankfurt 1976.

Boltanski, Luc/Chiapello, Eve, Der neue Geist des Kapitalismus, Konstanz ²2006.

Bolz, Norbert, Das konsumistische Manifest, München 2002.

Bolz, Norbert, Die kultivierende Kraft des Geldes, in: der blaue reiter. Journal für Philosophie Nr.11 (1/2000) 37-44.

Bolz, Norbert, Die Wirtschaft des Unsichtbaren. Spiritualität – Kommunikation – Design – Wissen: Die Produktivkräfte des 21. Jahrhunderts, München 1999.

Bongardt, Michael, Unverwechselbares Christsein? Zum Stand der Diskussion über die Religionskritik Thomas Rusters, in: HerKorr 55 (2001) 316-319.

Bonhoeffer, Dietrich, Sanctorum communio. Eine dogmatische Untersuchung zur Soziologie der Kirche (Dietrich Bonhoeffer Werke 1), hg. v. von Soosten, Joachim, München 1986.

Bonhoeffer, Dietrich, Widerstand und Ergebung. Briefe und Aufzeichnungen aus der Haft, hg. v. Bethge, Eberhard, München ⁴1967.

Borneman, Ernest, Psychoanalyse des Geldes. Eine kritische Untersuchung psychoanalytischer Geldtheorien, Frankfurt 1977.

Böttigheimer, Christoph, Jubiläumsablaß – ein ökumenisches Ärgernis?, in: StdZ 218 (2000) 167-180.

Boudon, Raymond, Die Erkenntnistheorie in Georg Simmels „Philosophie des Geldes", in: Kintzelé, Jeff/Schneider, Peter (Hg.), Georg Simmels „Philosophie des Geldes", 113-142.

Bourdieu, Pierre, Die feinen Unterschiede. Kritik der gesellschaftlichen Urteilskraft, Frankfurt 2006.

Bovon, François, Das Evangelium nach Lukas (EKK 3/3), Düsseldorf/Zürich 2001.

Breuning, Wilhelm, Gotteslehre, in: Glaubenszugänge. Lehrbuch der Katholischen Dogmatik 1, hg. v. Beinert, Wolfgang, Paderborn 1995, 201-362.

Brocke, Bernhard vom, Werner Sombart 1863-1941. Eine Einführung in Leben, Werk und Wirkung, in: Ders. (Hg.), Sombarts „Moderner Kapitalismus". Materialien zur Kritik und Rezeption, München 1987, 11-65.

Brüns, Elke (Hg.), Ökonomien der Armut. Soziale Verhältnisse in der Literatur, München 2008.

Busch, Ulrich, Georg Simmels Geldverständnis in der Tradition von Karl Marx, in: Backhaus, Jürgen G./Stadermann, Hans-Joachim (Hg.), Georg Simmels Philosophie des Geldes, 113-142.

Butler, Samuel, Erewhon oder Jenseits der Berge, Frankfurt 1994.

Caillé, Alain, Anthropologie der Gabe, Frankfurt 2008.

Cano, Melchior, Melchioris Cani Episcopi Canariensis ex Ordine Praedicatorum Opera, hg. v. Serry, Hyacinthus, Padua 1962 (EA 1714).

Caputo, John D./Scanlon, Michael J. (Hg.), God, the Gift and Postmodernism, Indiana 1999.

Carnegie, Andrew, Geschichte meines Lebens. Vom schottischen Webersohn zum amerikanischen Industriellen 1835-1919. Mit einer Einführung von Ralf Dahrendorf, Zürich 1993.

Carnegie, Andrew, The Gospel of Wealth and Other Writings, selected and introduced by David Nasaw, New York 2006.
Carrier, Martin, Art. Relativismus, in: Mittelstraß, Jürgen (Hg.), Enzyklopädie Philosophie und Wissenschaftstheorie 3, Stuttgart 1995, 564f.
Cartelier, Jean, Das Geld. Ausführungen zum besseren Verständnis – Anregungen zum Nachdenken, Bergisch Gladbach 1998.
Casanova, José, Chancen und Gefahren öffentlicher Religion. Ost- und Westeuropa im Vergleich, in: Kallscheuer, Otto (Hg.), Das Europa der Religionen. Ein Kontinent zwischen Säkularisierung und Fundamentalismus, Frankfurt 1996, 181-210.
Casanova, José, Die religiöse Lage in Europa, in: Joas, Hans/Wiegandt, Klaus (Hg.), Säkularisierung und die Weltreligionen, Frankfurt 2007, 322-357.
Casanova, José, Public Religions in the Modern World, Chicago 1994.
Casanova, José, Public Religion Revisited, in: Große Kracht, Hermann-Josef/Spieß, Christian (Hg.), Christentum und Solidarität. Bestandsaufnahmen zu Sozialethik und Religionssoziologie, Paderborn 2008, 313-338.
Casanova, José, Religion und Öffentlichkeit. Ein Ost-/West-Vergleich, in: Gabriel, Karl/Reuter, Hans-Richard (Hg.), Religion und Gesellschaft. Texte zur Religionssoziologie, Paderborn 2004, 271-293.
Cassirer, Ernst, Grundprobleme der Kulturphilosophie (Sommer-Semester '29), in: Ders., Kulturphilosophie. Vorlesungen und Vorträge 1929-1941, hg. v. Kramme, Rüdiger (Nachgelassene Manuskripte und Texte, Bd. 5), Hamburg 2004.
Cassirer, Ernst, Philosophie der symbolischen Formen. 3 Bände, hg. v. Recki, Birgit (ECW 11-13), Hamburg 2001-2002 (EA 1923, 1925, 1929).
Cassirer, Ernst, Substanzbegriff und Funktionsbegriff. Untersuchungen über die Grundfragen der Erkenntniskritik, hg. v. Recki, Birgit (ECW 6), Hamburg 2000 (EA 1910).
Cassirer, Ernst, Versuch über den Menschen. Einführung in eine Philosophie der Kultur, Hamburg ²2007.
Cavalli, Alessandro, Max Weber und Georg Simmel. Sind die Divergenzen wirklich so groß?, in: Wagner, Gerhard/Zipprian, Heinz (Hg.), Max Webers Wissenschaftslehre, 224-238.
Christian, Petra, Einheit und Zwiespalt. Zum hegelianisierenden Denken in der Philosophie und Soziologie Georg Simmels (Soziologische Schriften 27), Berlin 1978.
Cobb, John B./Griffin, David Ray (Hg.), Process theology. An introductory exposition, Philadelphia 1976.
Congar, Yves, Der Heilige Geist, Freiburg 1982.
Cremer, Hermann, Die christliche Lehre von den Eigenschaften Gottes, Gütersloh 1897 (unveränderter Nachdruck hg. v. Burkhardt, Helmut, Gießen 1983).
Creutz, Helmut, Das Geld-Syndrom. Wege zu einer krisenfreien Wirtschaftsordnung, München ⁵2001.
Creutz, Helmut, Die 29 Irrtümer rund ums Geld, München 2004.
Crüsemann, Frank, Die Tora. Theologie und Sozialgeschichte des alttestamentlichen Gesetzes, Gütersloh ²1997.
Crüsemann, Marlene/Schottroff, Willy (Hg.), Schuld und Schulden. Biblische Traditionen in gegenwärtigen Konflikten, München 1992.
Dahme, Heinz-Jürgen, Der Verlust des Fortschrittglaubens und die Verwissenschaftlichung der Soziologie. Ein Vergleich von Georg Simmel, Ferdinand Tönnies und Max Weber, in: Rammstedt, Otthein (Hg.), Simmel und die frühen Soziologen, 222-274.
Dahme, Heinz-Jürgen, Soziologie als exakte Wissenschaft. Georg Simmels Ansatz und seine Bedeutung in der gegenwärtigen Soziologie (Teil 1: Simmel im Urteil der Soziologie; Teil 2: Simmels Soziologie im Grundriß), Stuttgart 1981.

Dahme, Heinz-Jürgen, Soziologische Elemente in Georg Simmels „Philosophie des Geldes", in: Kintzelé, Jeff/Schneider, Peter (Hg.), Georg Simmels „Philosophie des Geldes", 47-87.
Dahme, Heinz-Jürgen/Rammstedt, Otthein (Hg.), Georg Simmel und die Moderne. Neue Interpretationen und Materialien, Frankfurt 1984.
Dalferth, Ingolf U., Fundamentaltheologie oder Religionsphilosophie?, in: Petzoldt, Matthias (Hg.), Evangelische Fundamentaltheologie in der Diskussion, Leipzig 2004, 171-193.
Dalferth, Ingolf U., Öffentlichkeit, Universität und Theologie, in: Arens, Edmund/Hoping, Helmut (Hg.), Wieviel Theologie verträgt die Öffentlichkeit?, 38-71.
Daniel, Ute, Kompendium Kulturgeschichte. Theorien, Praxis, Schlüsselwörter, Frankfurt ⁵2006.
Davidson, Donald, Wahrheit, Sprache und Geschichte, Frankfurt 2008.
Davis, Stephen T. (Hg.), The Redemption. An Interdisciplinary Symposium on Christ as Redeemer, New York 2003.
Delekat, Friedrich, Der Christ und das Geld. Eine theologisch-ökonomische Studie (Theologische Existenz heute, Bd. 57), München 1957.
Demmerling, Christoph, Sinn–Bedeutung–Verstehen. Untersuchungen zu Sprachphilosophie und Hermeneutik, Paderborn 2002.
Derrida, Jacques, Falschgeld. Zeit geben 1, München 1993.
Deutschmann, Christoph (Hg.), Die gesellschaftliche Macht des Geldes (Leviathan Sonderheft 21), Wiesbaden 2002.
Deutschmann, Christoph (Hg.), Gibt es einen deutschen Kapitalismus? Tradition und globale Perspektiven der sozialen Marktwirtschaft, Frankfurt/New York 2006.
Deutschmann, Christoph, Die Verheißung absoluten Reichtums, in: Baecker, Dirk (Hg.), Kapitalismus als Religion, Berlin 2003, 145-174.
Deutschmann, Christoph, Die Verheißung des absoluten Reichtums. Zur religiösen Natur des Kapitalismus, Frankfurt/New York 1999.
Deutschmann, Christoph, Geld als „absolutes Mittel". Zur Aktualität von Simmels Geldtheorie, in: Berliner Journal für Soziologie 10 (2000) 301-313.
Diels, Hermann (Hg.), Die Fragmente der Vorsokratiker 2 (Griechisch und Deutsch), Berlin 1960.
Diener, Ed/Suh, Eunkook M. (Hg.), Culture and Subjective Well-being, Cambridge/Massachusetts 2000.
Dirscherl, Erwin, Grundriss theologischer Anthropologie. Die Entschiedenheit des Menschen angesichts des Anderen, Regensburg 2006.
Dokumente der II. und III. Generalversammlung des lateinamerikanischen Episkopates in Medellín und Puebla. 6. September 1968 / 13. Februar 1979 (Stimmen der Weltkirche 8), hg. v. Sekretariat der Deutschen Bischofskonferenz, Bonn 1979.
Dostojewski, Fjodor M., Aufzeichnungen aus einem Totenhaus (und drei Erzählungen), München/Zürich 1980.
Drewermann, Eugen, ...und setzte ihn in einen „Garten der Lust" (Gen 2,8) oder: Von den Interessen des Geldes und dem Erhalt der Natur, in: Ders., Hat der Glaube Hoffnung? Von der Zukunft der Religion am Beginn des 21. Jahrhunderts, Düsseldorf/Zürich 2000, 232-252.
Drewermann, Eugen, Das Matthäusevangelium. Bilder der Erfüllung, 3 Bände, Olten 1992-95.
Drewermann, Eugen, Strukturen des Bösen. Die jahwistische Urgeschichte in exegetischer, psychoanalytischer und philosophischer Sicht, 3 Bände, Paderborn 1977-78.
Duby, Georges, Die Zeit der Kathedralen. Kunst und Gesellschaft 980-1420, Frankfurt ⁶1972.

Duby, Georges, Europa im Mittelalter, Stuttgart 1986.
Duby, Georges, Krieger und Bauern. Die Entwicklung der mittelalterlichen Wirtschaft und Gesellschaft bis um 1200, Frankfurt 1984.
Duchrow, Ulrich, „Eigentum verpflichtet" – zur Verschuldung anderer. Kritische Anmerkungen zur Eigentumstheorie von Gunnar Heinsohn und Otto Steiger aus biblisch-theologischer Perspektive, in: Kessler, Rainer/Loos, Eva (Hg.), Eigentum: Freiheit und Fluch, 14-42.
Duchrow, Ulrich, Alternativen zur kapitalistischen Weltwirtschaft. Biblische Erinnerung und politische Ansätze zur Überwindung einer lebensbedrohenden Ökonomie, Gütersloh ²1997.
Duchrow, Ulrich/Hinkelammert, Franz Josef, Leben ist mehr als Kapital. Alternativen zur globalen Diktatur des Eigentums, Oberursel ²2005.
Dülmen, Richard van, Kultur und Alltag in der frühen Neuzeit, Bd. 2: Dorf und Stadt, München ²1999.
Durkheim, Emile, Briefe an Célestin Bouglé, in: Revue française de sociologie 17 (1976) 165-180 (deutsch in: Lepenies, Wolf (Hg.), Geschichte der Soziologie. Studien zur kognitiven, sozialen und historischen Identität, Bd. 2, Frankfurt 1981, 303-328.
Ebach, Jürgen, Der eine Gott und die Vielfalt der Menschen. Konkurrenzfragen in der Bibel und an die Bibel, in: Wege zum Menschen 53 (2001) 462-481.
Ebach, Jürgen u.a. (Hg.), „Leget Anmut in das Geben". Zum Verhältnis von Ökonomie und Theologie (Jabboq 1), Gütersloh 2001.
Ebeling, Gerhard, „Was heißt ein Gott haben oder was ist Gott?" Bemerkungen zu Luthers Auslegung des ersten Gebots im Großen Katechismus, in: Ders., Wort und Glaube 2: Beiträge zur Fundamentaltheologie und zur Lehre von Gott, Tübingen 1969, 287-304.
Ebeling, Gerhard, Schleiermachers Lehre von den göttlichen Eigenschaften, in: Ders., Wort und Glaube 2, Tübingen 1969, 305-342.
Ebner, Martin, Der Mann aus Nazaret. Was können wir historisch von Jesus wissen, in: Bibel heute 36 (2000) 6-11.
Ebner, Martin, Gott und Geld (Jahrbuch für Biblische Theologie, Bd. 21), Neukirchen-Vluyn 2006.
Ebner, Martin, Jesus von Nazaret. Was wir von ihm wissen können, Stuttgart 2007.
Ebner, Martin, Jesus von Nazaret in seiner Zeit. Sozialgeschichtliche Zugänge (Stuttgarter Bibelstudien 196), Stuttgart 2003.
Ebner, Martin, Widerstand gegen den „diskreten Charme der sozialen Distanz" im Lukasevangelium, in: ThPQ 155 (2007) 123-130.
Eckholt, Margit, Poetik der Kultur. Bausteine einer interkulturellen dogmatischen Methodenlehre, Freiburg 2002.
Eckerstorfer, Andreas, Kirche in der postmodernen Welt. Der Beitrag George Lindbecks zu einer neuen Verhältnisbestimmung (STS 16), Innsbruck 2001.
Einzig, Paul, Primitive Money in its Ethnological, Historical and Economic Aspects, London 1949.
Ekelund, Robert B./Hébert, Robert F., A History of Economic Theory and Method, Waveland Press/Illinois ⁵2007.
Engel, Evamaria/Jacob, Frank-Dietrich, Städtisches Leben im Mittelalter. Schriftquellen und Bildzeugnisse, Wien 2006.
Eßbach, Wolfgang, Die Junghegelianer. Soziologie einer Intellektuellengruppe, München 1988.
Esser, Hans Helmut, Der Eigentumsbegriff Calvins angesichts der Einführung der neuen Geldwirtschaft, in: Calvinus sincerioris religionis vindex. Calvin as protector of the purer religion. Die Referate Internationalen Kongresses für Calvinforschung vom

13. bis 16. September in Edinburgh, hg. v. Neuser, Wilhelm H./Armstrong, Brian G., Kirksville/Missouri 1997, 139-161.
Faath, Ute, Jedermanns Endzweck. Hugo von Hofmannsthals Rezeption der Philosophie des Geldes, in: Simmel Studies 11 (2001) 161-179.
Faath, Ute, Mehr-als-Kunst. Zur Kunstphilosophie Georg Simmels, Würzburg 1998.
Faber, Roland, Gott als Poet der Welt. Anliegen und Perspektiven der Prozesstheologie, Darmstadt 2003.
Faber, Roland, Prozesstheologie, in: Theologien der Gegenwart. Eine Einführung, Darmstadt 2006, 179-197.
Faber, Roland, Prozeßtheologie. Zu ihrer Würdigung und kritischen Erneuerung, Mainz 2000.
Fabiunke, Günter, Martin Luther als Nationalökonom, Ost-Berlin 1963.
Failing, Wolf-Eckart/Heimbrock Hans-Günter, Gelebte Religion wahrnehmen. Lebenswelt – Alltagskultur – Religionspraxis, Berlin 2001.
Faus, José Ignacio González, Sünde, in: Ellacuriá, Ignacio/Sobrino, Jon (Hg.), Mysterium Liberationis 2, Luzern 1996, 725-740.
Fellmann, Ferdinand, Die Sprache des Geldes. Georg Simmel und die Tragödie der europäischen Kultur, in: Kadi, Ulrike/Keintzel, Brigitta/Vetter, Helmuth (Hg.), Traum – Logik – Geld. Freud, Husserl und Simmel zum Denken der Moderne, Wien 2001, 204-224.
Fellmann, Ferdinand, Georg Simmels Persönlichkeitsbegriff als Beitrag zur Theorie der Moderne, in: Orth, Ernst Wolfgang/Holzhey, Helmut (Hg.), Neukantianismus. Perspektiven und Probleme (Studien und Materialien zum Neukantianismus 1), Würzburg 1994, 309-325.
Feuerbach, Ludwig, Das Wesen des Christentums, Stuttgart 2002
Feyerabend, Paul, Irrwege der Vernunft, Frankfurt 1989.
Fiedler, Peter, Das Matthäusevangelium (Theologischer Kommentar zum Neuen Testament 1), Stuttgart 2006.
Fitzi, Gregor, „Die Absicht, dem historischen Materialismus ein Stockwerk unterzubauen". Zur Beziehung von Simmel zu Marx, in: Rammstedt, Otthein (Hg.), Georg Simmels „Philosophie des Geldes", 215-242.
Fitzi, Gregor, Patriotismus und europäisches Ideal. Das Dilemma des gemäßigten Intellektuellen während des Ersten Weltkriegs und seine aktuelle Bedeutung, in: Simmel Studies 15 (2005) 39-61.
Fitzi, Gregor, Soziale Erfahrung und Lebensphilosophie. Georg Simmels Beziehung zu Henri Bergson, Konstanz 2002.
Flasch, Kurt, Das philosophische Denken im Mittelalter. Von Augustin bis Machiavelli, Ditzingen ²2000.
Flasch, Kurt, Nikolaus von Kues, Die Idee der Koinzidenz, in: Speck, Josef (Hg.), Grundprobleme der großen Philosophen. Philosophie des Altertums und des Mittelalters, Göttingen ⁴1990, 215-255.
Flasch, Kurt, Nikolaus von Kues. Geschichte einer Entwicklung. Vorlesungen zur Einführung in seine Philosophie, Frankfurt 1998.
Flavius Josephus, Antiquitates Judaicae, übersetzt v. Heinrich Clementz, Wiesbaden ¹²1994.
Flotow, Paschen von, Geld und Wachstum in der „Philosophie des Geldes" – die Doppelrolle des Geldes, in: Binswanger, Hans Christoph/Flotow, Paschen von (Hg.), Geld und Wachstum, 32-60.
Flotow, Paschen von, Geld, Wirtschaft und Gesellschaft. Georg Simmels Philosophie des Geldes, Frankfurt 1995.

Flotow, Paschen von/Schmidt, Johannes, Die „Doppelrolle des Geldes" bei Simmel und ihre (fehlende) Entsprechung in der modernen Wirtschaftstheorie, in: Backhaus, Jürgen G./Stadermann, Hans-Joachim (Hg.), Georg Simmels Philosophie des Geldes, 61-94.

Flotow, Paschen von/Schmidt, Johannes, Die „Doppelrolle des Geldes" bei Simmel und ihre Bedeutung für Ökonomie und Soziologie, in: Simmel Newsletter 9 (1999) 144-159.

Flotow, Paschen von/Schmidt, Johannes, Die „Doppelrolle des Geldes" bei Simmel und ihre Bedeutung für die Ökonomie und Soziologie, in: Rammstedt, Otthein (Hg.), Georg Simmels „Philosophie des Geldes", 58-87.

Franck, Georg, Mentaler Kapitalismus, in: Merkur 57 (2003) 1-15.

Franz, Albert, Praxis und Theologie. Ein Beitrag zur Diskussion um Clodovis Boffs „erkenntnistheoretische Grundlagen der Theologie der Befreiung", in: FKTh 3 (1987) 53-62.

Franz, Thomas, Metaphysik der Relativität. Einstein, Whitehead und die Theologie, in: Ders./Sauer, Hanjo (Hg.), Glaube in der Welt von heute, Bd. 1, 532-552.

Franz, Thomas/Sauer, Hanjo (Hg.), Glaube in der Welt von heute. Theologie und Kirche nach dem Zweiten Vatikanischen Konzil (FS Elmar Klinger), Bd. 1: Profilierungen, Würzburg 2006.

Franzen, Jonathan, Die Korrekturen, Reinbek 2002.

Franzmann, Manuel/Gärtner, Christel/Köck, Nicole (Hg.), Religiosität in der säkularisierten Welt. Theoretische und empirische Beiträge zur Säkularisierungsdebatte in der Religionssoziologie (Religionssoziologie in der Deutschen Gesellschaft für Soziologie 11), Wiesbaden 2006.

Frege, Gottlob, Einleitung in die Logik (Schriften zur Logik und Sprachphilosophie. Aus dem Nachlaß), hg. v. Gabriel, Gottfried, Hamburg [4]2001.

Frege, Gottlob, Funktion, Begriff, Bedeutung. Fünf logische Studien, hg. v. Patzig, Günther, Göttingen [5]1980.

Frerichs, Klaus, Die Dreigliedrigkeit der Repräsentanz, in: Kintzelé, Jeff/Schneider, Peter (Hg.), Georg Simmels „Philosophie des Geldes", 264-276.

Fresacher, Bernhard, Kommunikation. Verheißungen und Grenzen eines theologischen Leitbegriffs, Freiburg 2006, 169-202.

Frettlöh, Magdalene L., Der Charme der gerechten Gabe. Motive einer Theologie und Ethik der Gabe am Beispiel der paulinischen Kollekte für Jerusalem, in: Ebach, Jürgen u.a. (Hg.), „Leget Anmut in das Geben" 105-161.

Frettlöh, Magdalene L., Gott Gewicht geben. Bausteine einer geschlechtergerechten Gotteslehre, Neukirchen 2006.

Freud, Sigmund, Charakter und Analerotik, in: Gesammelte Werke 7, hg. v. Freud, Anna, Frankfurt [4]1966, 203-209.

Freund, Julien, Der Dritte in Simmels Soziologie, in: Böhringer, Hannes/Gründer, Karlfried (Hg.), Ästhetik und Soziologie um die Jahrhundertwende, 90-101.

Frey, Jörg/Schröter, Jens (Hg.), Deutungen des Todes Jesu im Neuen Testament, Tübingen 2005.

Friedman, Benjamin M., The Moral Consequences of Economic Growth, San Francisco 2006.

Friedman, Milton, Art. Money, in: The New Encyclopaedia Britannica 24, Chicago [15]2005, 325-329.

Friedrich, Hugo, Montaigne, Tübingen/Basel [3]1993.

Frisby, David P., Die Ambiguität der Moderne. Max Weber und Georg Simmel, in: Mommsen, Wolfgang J./Schwentker, Wolfgang (Hg.), Max Weber und seine Zeitgenossen (Veröffentlichungen des Deutschen Historischen Instituts London, Bd. 21), Göttingen/Zürich 1988, 580-594.

Frisby, David P., Fragmente der Moderne. Georg Simmel – Siegfried Kracauer – Walter Benjamin, Rheda-Wiedenbrück 1989.
Frisby, David P., Georg Simmel, New York 1984 (Revised Edition 2002).
Frisby, David P., Georg Simmel and the Study of Modernity, in: Kaern, Michael/Phillips, Bernard S./Cohen, Robert S. (Hg.), Georg Simmel and contemporary Sociology (Boston Studies in the Philosophy of Science, Vol. 119), Dordrecht/Boston/London 1990, 57-74.
Frisby, David P. (Hg.), Georg Simmel in Wien. Texte und Kontexte aus dem Wien der Jahrhundertwende, Wien 2000.
Frisby, David P., Georg Simmels Theorie der Moderne, in: Dahme, Heinz-Jürgen/ Rammstedt, Otthein (Hg.), Georg Simmel und die Moderne, 9-79.
Frischeisen-Köhler, Max, Georg Simmel (1. März 1858 – 26. September 1918), in: Kant-Studien 24 (1920) 1-51.
Fromm, Erich, Das Menschenbild bei Marx. Die Entfremdung, in: GA 5, hg. v. Funk, Rainer, München 1989.
Fromm, Erich, Haben oder Sein. Die seelischen Grundlagen einer neuen Gesellschaft, Stuttgart 1976 (EA. To Have or to Be, New York 1973).
Fuchs, Gotthard, Geistliches Leben im „stahlharten Gehäuse". Als Christ und Christin leben in einer „Kultur" des Geldes, in: KatBl 123 (1998) 153-161.
Fuchs, Gotthard, Geldanschauung. Aufgabenbeschreibung für eine konkrete Theologie, in: Diakonia 19 (1988) 251-257.
Fuellenbach, John, Curch. Community for the Kingdom, Maryknoll 2006.
Fuellenbach, John, The Kingdom of God. The message of Jesus today, Maryknoll 1995.
Führer, Urs/Josephs, Ingrid E. (Hg.), Persönliche Objekte, Identität und Entwicklung, Göttingen 1999.
Fuhrmann, Horst, Überall ist Mittelalter. Von der Gegenwart einer vergangenen Zeit, München ³1998.
Füssel, Kuno, Die ökonomischen Lehrstücke im 25. Kapitel des Matthäusevangeliums, in: Küchler, Max/Reinl, Peter (Hg.), Randfiguren in der Mitte (FS Hermann-Josef Venetz), Luzern/Freiburg 2003, 333-343.
Füssel, Kuno/Segbers, Franz (Hg.), „... so lernen die Völker des Erdkreises Gerechtigkeit". Ein Arbeitsbuch zu Bibel und Ökonomie, Luzern/Salzburg 1995.
Fulcher, James, Kapitalismus, Stuttgart 2007.
Gabel, Michael/Joas, Hans (Hg.), Von der Ursprünglichkeit der Gabe. Jean-Luc Marions Phänomenologie in der Diskussion, Freiburg 2007.
Gabriel, Karl, Konzepte von Öffentlichkeit und ihre theologischen Konsequenzen, in: Arens, Edmund/Hoping, Helmut (Hg.), Wieviel Theologie verträgt die Öffentlichkeit?, 16-37.
Gabriel, Karl, Säkularisierung und öffentliche Religion. Religionssoziologische Anmerkungen mit Blick auf den europäischen Kontext, in: Jahrbuch für Christliche Sozialwissenschaften 44 (2003) 13-36.
Gabriel, Karl/Reuter, Hans-Richard (Hg.), Religion und Gesellschaft. Texte zur Religionssoziologie, Paderborn 2004.
Gamm, Gerhard, Die Unbestimmtheit des Geldes. Georg Simmels Zeitdiagnose im Geist der Hegelschen Dialektik, in: Geßner, Willfried/Kramme, Rüdiger (Hg.), Aspekte der Geldkultur, 115-136.
Gansmann, Heiner, Geld und Arbeit. Wirtschaftssoziologische Grundlagen einer Theorie der modernen Gesellschaft (Theorie und Gesellschaft, Bd. 37), Frankfurt/New York 1996.
Gassen, Kurt/Landmann, Michael (Hg.), Buch des Dankes an Georg Simmel. Briefe, Erinnerungen, Bibliographie, Berlin ²1993.

Gebhardt, Winfried, Die Transformation der Religion. Signaturen der religiösen Gegenwartskultur, in: SaThZ 11 (2007) 4-19.
Geerlings, Wilhelm, Reichtum und Armut in der Alten Kirche, in: Lange, Günter, Reichtum der Kirche – ihr Armutszeugnis, Bochum 1995, 83-94.
Geiger, Max, Calvin, Calvinismus, Kapitalismus, in: ders. (Hg.), Gottesreich und Menschenreich (FS Ernst Staehlin), Basel/Stuttgart 1969, 231-286.
Gephart, Werner, Georg Simmels Bild der Moderne, in: Berliner Journal für Soziologie 3 (1993) 183-192.
Gephart, Werner, Soziologie im Aufbruch. Zur Wechselwirkung von Durkheim, Schäffle, Tönnies und Simmel, in: Kölner Zeitschrift für Soziologie und Sozialpsychologie 34 (1982) 1-25.
Gerhardt, Uta, Dialektik, in: Rammstedt, Otthein (Hg.), Georg Simmels „Philosophie des Geldes", 117-157.
Gerloff, Wilhelm, Die Entstehung des Geldes und die Anfänge des Geldwesens, Frankfurt ³1947 (EA 1940).
Gerloff, Wilhelm, Gesellschaftliche Theorie des Geldes, Innsbruck 1950.
Geßner, Willfried, Das Geld als Paradigma der modernen Kulturphilosophie, in: Ders./ Kramme, Rüdiger (Hg.), Aspekte der Geldkultur, 11-28.
Geßner, Willfried, Der Schatz im Acker. Georg Simmels Philosophie der Kultur, Göttingen 2003.
Geßner, Willfried, Geld als symbolische Form. Simmel, Cassirer und die Objektivität der Kultur, in: Simmel Newsletter 6 (1996) 1-30.
Geßner, Willfried, Tragödie oder Schauspiel? Cassirers Kritik an Simmels Kulturkritik, in: Simmel Newsletter 6 (1996) 57-72.
Geßner, Willfried/Kramme, Rüdiger (Hg.), Aspekte der Geldkultur. Neue Beiträge zu Georg Simmels „Philosophie des Geldes", Magdeburg 2002.
Gestrich, Christof (Hg.), Gott, Geld und Gabe. Zur Geldförmigkeit des Denkens in Religion und Gesellschaft, Berlin 2004 (Beiheft der BThZ 21/2004).
Geyer, Carl-Friedrich, Einführung in die Philosophie der Kultur, Darmstadt 1994.
Gnilka, Joachim, Das Evangelium nach Markus (EKK 2/2), Einsiedeln/Neukirchen 1979.
Godelier, Maurice, Das Rätsel der Gabe. Geld, Geschenke, heilige Objekte, München 1999.
Goertz, Stephan, Die Moral des fremden Gottes. Theologisch-ethische Anmerkungen zu Thomas Rusters Programm der „Entflechtung von Christentum und Religion", in: StdZ 221 (2003) 751-761.
Goertz, Stephan, Weil Ethik praktisch werden will. Philosophisch-theologische Studien zum Theorie-Praxis-Verhältnis (ratio fidei 23), Regensburg 2004.
Goethe, Johann Wolfgang von, West-östlicher Divan (Werke 3/1), hg. v. Apel, Friedmar u.a, Frankfurt 1994.
Goldscheid, Rudolf, Rezension zu Georg Simmels Philosophie des Geldes, in: Archiv für systematische Philosophie 10 (1904) 397-413; wiederabgedruckt in: Frisby, David P. (Hg.), Georg Simmel in Wien, 249-261.
Gopegui, Belén, Die Eroberung der Luft, Zürich 2001.
Gotthelf, Jeremias, Geld und Geist oder die Versöhnung (Ausgewählte Werke, Bd. 5), Zürich 1978.
Graf, Friedrich W., Die Wiederkehr der Götter. Religion in der modernen Kultur, München ³2004.
Grefe, Christiane/Greffrath, Matthias, Attac –Was wollen die Globalisierungskritiker?, Berlin ³2002.
Greshake, Gisbert, Der dreieine Gott. Eine trinitarische Theologie, Freiburg/Basel/Wien 1997.

Griffin, David Ray, God, power, and evil. A process theodicy, Philadelphia 1976.
Groß, Walter, Die alttestamentlichen Gesetze zu Brache-, Sabbat-, Erlaß- und Jubeljahr und Zinsverbot, in: ThQ 180 (2000) 1-15.
Gruber, Franz, Das entzauberte Geschöpf. Konturen des christlichen Menschenbildes, Regensburg 2003.
Gruber, Franz, Die Kommunikation der Transzendenz. Zur Struktur religiöser Symbolisierungen aus theologischer Sicht, in: Schmidinger, Heinrich/Sedmak, Clemens (Hg.), Der Mensch – ein „animal symbolicum"? Sprache – Dialog – Ritual, Darmstadt 2007, 219-233.
Gruber, Franz, Die kommunikative Vernunft des Glaubens. Zur Rezeption des philosophischen Pragmatismus in der Systematischen Theologie, in: SaThZ 9 (2005) 132-147.
Gruber, Franz, Diskurs und Konsens im Prozeß theologischer Wahrheit, Innsbruck 1993.
Gruber, Franz, Im Haus des Lebens. Eine Theologie der Schöpfung, Regensburg 2001.
Gruber, Franz, Theologie im Dienst der Personwerdung. Dogmatische Theologie lehren im Kontext von Traditionsabbruch und Individualisierung, in: SaThZ 7 (2003) 16-25.
Grün, Willi, Christ und Geld. Mit einer Predigt von John Wesley über den rechten Gebrauch des Geldes, Kassel 1963.
Guger, Alois/Marterbauer, Markus, Langfristige Tendenzen der Einkommensverteilung in Österreich, in: WIFO-Monatshefte 9/2005, 615-628.
Guggenberger, Wilhelm, Die List der Dinge. Sackgassen der Wirtschaftsethik in einer funktional differenzierten Gesellschaft, Münster 2007.
Gutiérrez, Gustavo, Theologie der Befreiung. Mit einem Vorwort von Johann Baptist Metz, Mainz ^{7}1984.
Gutmann, Hans-Martin, Das Geschenk, das die Gewalt verschlingt. Über Krimis, Kino und Gott oder Geld, Wuppertal 2001.
Gutmann, Hans-Martin, Der gute und der schlechte Tausch. Das Heilige und das Geld – gegensätzliche ökonomische Beziehungen?, in: Ebach, Jürgen u.a. (Hg.), „Leget Anmut in das Geben" 162-225.
Habermann, Hanna, Das Anti-Mammon-Programm des Reformierten Bundes, in: Kessler, Rainer/Loos, Eva (Hg.), Eigentum: Freiheit und Fluch, 162-176.
Habermas, Jürgen, Glauben und Wissen. Friedenspreis des Deutschen Buchhandels 2001. Laudatio: Jan Philipp Reemtsma, Frankfurt 2001.
Habermas, Jürgen, Simmel als Zeitdiagnostiker, in: Ders., Georg Simmel. Philosophische Kultur. Über das Abenteuer, die Geschlechter und die Krise der Moderne. Gesammelte Essais, Berlin 1986, 7-17.
Habermas, Jürgen, Theorie des kommunikativen Handelns (Bd. 1: Handlungsrationalität und gesellschaftliche Rationalisierung; Bd. 2: Kritik der funktionalistischen Vernunft), Frankfurt 1995.
Habermas, Jürgen, Zu Max Horkheimers Satz: „Einen unbedingten Sinn zu retten ohne Gott, ist eitel", in: Ders., Texte und Kontexte, Frankfurt ^{2}1992, 110-126.
Habermas, Jürgen, Zwischen Naturalismus und Religion. Philosophische Aufsätze, Frankfurt 2005.
Habermas, Jürgen/Benedikt XVI., Dialektik der Säkularisierung. Über Vernunft und Religion. Vorwort und hg. v. Schuller, Florian, Freiburg ^{5}2006.
Habichler, Alfred, Reich Gottes als Thema des Denkens bei Kant. Entwicklungsgeschichtliche und systematische Studie zur kantischen Reich-Gottes-Idee, Mainz 1991.
Häberlein, Mark, Die Fugger. Geschichte einer Augsburger Familie (1367-1650), Stuttgart 2006.

Härle, Wilfried, Dogmatik, Berlin 1995.
Haesler, Aldo J., Das Ende der Wechselwirkung – Prolegomena zu einer „Philosophie des (unsichtbaren) Geldes", in: Kintzelé, Jeff/Schneider, Peter (Hg.), Georg Simmels „Philosophie des Geldes", 221-263.
Haesler, Aldo J., Irreflexive Moderne. Die Folgen der Dematerialisierung des Geldes aus der Sicht einer tauschtheoretischen Soziologie, in: Deutschmann, Christoph (Hg.), Die gesellschaftliche Macht des Geldes, 177-199.
Hagen, Johann J., Der Geldschleier. Ein Beitrag zur Soziologie des Geldes, in: Aichhorn, Ulrike (Hg.), Geld- und Kreditwesen im Spiegel der Wissenschaft, 327-348.
Haight, Roger, Jesus, Symbol of God, New York 1999.
Halbfas, Hubertus/Ruster, Thomas, An Gott glauben oder an das Geld? Ein Streitgespräch, in: Publik-Forum Nr. 5 (2001) 26-29.
Halbmayr, Alois, Eine neue Eindeutigkeit? Thomas Rusters Plädoyer für eine Entflechtung von Christentum und Religion, in: SaThZ 5 (2001) 144-166.
Halbmayr, Alois/Hoff, Gregor Maria (Hg.), Negative Theologie heute? Zum aktuellen Stellenwert einer umstrittenen Tradition (Quaestiones disputatae 226), Freiburg 2008.
Halbmayr, Alois/Mautner, Josef P., Gott im Dunkeln. Religion in den Lebenswelten der späten Moderne, Innsbruck 2003.
Händler, Ernst Willhelm, Wenn wir sterben, Frankfurt 2002.
Hankel, Wilhelm, Simmel und das moderne Geldwesen, in: Rammstedt, Otthein (Hg.), Georg Simmels Philosophie des Geldes, 245-263.
Hauck, Friedrich, Art. μαμωνᾶς, in: ThWNT 4, 390-392.
Hauerwas, Stanley, A Community of Character. Toward a Constructive Christian Social Life, Notre Dame/Indiana 1983.
Hauerwas, Stanley, After Christendom, Nashville/Tennessee 1991.
Hauerwas, Stanley, Christian Existence Today. Essays on Church, World and Living in Between, Grand Rapids/Michigan 2001.
Hauerwas, Stanley, Dispatches from the Front. Theological Engagements with the Secular, Durham/NC 1994.
Hauerwas, Stanley, The Hauerwas reader, hg. v. Berkman, John/Cartwright, Michael, Durham/NC 2001.
Hauerwas, Stanley, The Peaceable Kingdom, Notre Dame 1983 (dt.: Selig sind die Friedfertigen. Ein Entwurf christlicher Ethik, hg. v. Hütter, Reinhard, Neukirchen-Vluyn 1995).
Haughey, John C., The Holy Use of Money. Personal Finances in Light of Christian Faith, New York 1992.
Hegel, Georg Wilhelm Friedrich, Phänomenologie des Geistes (Werke 3), Frankfurt ⁴1993.
Hegel, Georg Wilhelm Friedrich, Vorlesungen über die Beweise vom Dasein Gottes (TWA 17), Frankfurt 1969.
Heil, Johannes/Wacker, Bernd (Hg.), Shylock? Zinsverbot und Geldverleih in jüdischer und christlicher Tradition, München 1997.
Hein, Peter Ulrich (Hg.), Georg Simmel 1858-1918. Philosoph und Soziologe, Frankfurt 1990.
Heinemann, Klaus, Geld und Vertrauen, in: Kintzelé, Jeff/Schneider, Peter (Hg.), Georg Simmels Philosophie des Geldes, 301-323.
Heins, Volker, Globalisierung und soziales Leid. Bedingungen und Grenzen humanitärer Politik, in: Honneth, Axel (Hg.), Befreiung aus der Mündigkeit, 195-220.
Heinsohn, Gunnar, Privateigentum, Patriarchat, Geldwirtschaft. Eine sozialtheoretische Rekonstruktion zur Antike, Frankfurt 1984.

Heinsohn, Gunnar/Steiger, Otto, Eigentum, Zins und Geld. Ungelöste Rätsel der Wirtschaftswissenschaft, Hamburg 1996.
Held, Heinz Joachim, Den Reichen wird das Evangelium gepredigt. Die sozialen Zumutungen des Glaubens im Lukasevangelium und in der Apostelgeschichte, Neukirchen-Vluyn 1997.
Helle, Horst Jürgen, Simmel über Marx. Eine Kontroverse um die Methode der Makrosoziologie, in: Soziologisches Jahrbuch 1 (1985) 193-210.
Helle, Horst Jürgen, Soziologie und Erkenntnistheorie bei Georg Simmel (Erträge der Forschung 259), Darmstadt 1988.
Helmedag, Fritz, Art. Geld. Einführung und Überblick, in: Enzyklopädisches Lexikon des Geld-, Bank- und Börsenwesens 1, hg. v. Cramer, Jörg E., Frankfurt 1999, 736-745.
Hénaff, Marcel, Le prix de la vérité. Le don, l'argent, la philosophie, Paris 2002.
Hengel, Martin, Eigentum und Reichtum in der frühen Kirche. Aspekte einer frühchristlichen Sozialgeschichte, Stuttgart 1973.
Hengsbach, Friedhelm, „Globalisierung" – eine wirtschaftsethische Position, in: Conc 37 (2001) 483-495.
Henning, Christian/Lehmkühler, Karsten (Hg.), Systematische Theologie der Gegenwart in Selbstdarstellungen, Tübingen 1998.
Hertz, Anselm/Korff, Wilhelm (Hg.), Handbuch der christlichen Ethik. 3 Bände, Freiburg 1978ff (Neuausgabe 1993).
Hetzel, Andreas, Georg Simmel: Philosophie des Geldes (1900), in: Gamm, Gerhard/ Hetzel, Andreas/Lilienthal, Markus (Hg.), Hauptwerke der Sozialphilosophie, Stuttgart 2001, 72-93.
Hetzel, Andreas, Zwischen Poiesis und Praxis. Elemente einer kritischen Theorie der Kultur, Würzburg 2001.
Hezser, Catherine, Jewish Slavery in Antiquity, Oxford 2005.
Hilberath, Bernd Jochen (Hg.), Wahrheit in Beziehung. Der dreieine Gott als Quelle und Orientierung menschlicher Kommunikation, Mainz 2003.
Hilberath, Bernd Jochen, Der dreieinige Gott und die Gemeinschaft der Menschen. Orientierungen zur christlichen Rede von Gott, Mainz 1990.
Hinkelammert, Franz Josef, Die ideologischen Waffen des Todes. Zur Metaphysik des Kapitalismus, Fribourg 1985.
Hoff, Gregor Maria, Chalkedon im Paradigma Negativer Theologie. Zur aporetischen Wahrnehmung der chalkedonensischen Christologie, in: ThPh 70 (1995) 355-372.
Hoff, Gregor Maria, Die prekäre Identität des Christlichen. Die Herausforderung postModernen Differenzdenkens für eine theologische Hermeneutik, Paderborn 2001.
Hoff, Gregor Maria, Entmachtung der Religion. Ist das Christentum keine Religion mehr?, in: ThG 43 (2000) 135-143.
Hoff, Gregor Maria, Offenbarungen Gottes? Eine theologische Problemgeschichte, Regensburg 2007.
Hoff, Gregor Maria, Ökumenische Passagen – zwischen Identität und Differenz. Fundamentaltheologische Überlegungen zum Stand des Gesprächs zwischen römisch-katholischer und evangelisch-lutherischer Kirche, Innsbruck 2005.
Hoffman, Joshua/Rosenkrantz, Gary S., The Divine Attributes, Oxford 2002.
Höffe, Otfried, Demokratie im Zeitalter der Globalisierung, München 1999.
Hoffmann, Paul/Heil, Christoph (Hg.), Die Spruchquelle Q. Studienausgabe Griechisch und Deutsch, Darmstadt ²2007.
Höhn, Hans-Joachim, Der fremde Gott. Glauben in postsäkularer Kultur, Würzburg 2008.

Höhn, Hans-Joachim, Postsäkular. Gesellschaft im Umbruch – Religion im Wandel, Paderborn 2007.
Höhn, Hans-Joachim, Zeit-Diagnose. Theologische Orientierung im Zeitalter der Beschleunigung, Darmstadt 2006.
Höltz, Joachim, Kritik der Geldentstehungstheorien. Carl Menger, Wilhelm Gerloff und eine Untersuchung über die Entstehung des Geldes im alten Ägypten und Mesopotamien (Mainzer ethnologische Arbeiten 5), Berlin 1984.
Hondrich, Karl Otto, Der Neue Mensch, Frankfurt ³2006.
Hondrich, Karl Otto, Krise der Leistungsgesellschaft? Empirische Analysen zum Engagement in Arbeit, Familie und Politik, Opladen 1988.
Hondrich, Karl Otto/Koch-Arzberger, Claudia, Solidarität in der modernen Gesellschaft, Frankfurt 1992.
Honecker, Martin, „Nicht Kupfer, sondern Glaube". Zum Ethos des Geldes, in: Zeitwende 54 (1983) 161-175.
Honecker, Martin, Art. Geld (Historisch und ethisch), in: TRE 12, Berlin/New York 1984, 278-298.
Honecker, Martin, Geld – der sichtbare Gott?, in: Lutherische Kirche in der Welt 52 (2005) 39-57.
Honneth, Axel (Hg.), Befreiung aus der Mündigkeit. Paradoxien des gegenwärtigen Kapitalismus, Frankfurt/New York 2002.
Hoping, Helmut, Orientierungsaufgaben christlicher Theologie in der pluralen Öffentlichkeit, in: Arens, Edmund/Hoping, Helmut (Hg.), Wieviel Theologie verträgt die Öffentlichkeit? 148-170.
Hoping, Helmut, Orientierungsaufgaben christlicher Theologie in der pluralen Öffentlichkeit.
Hörisch, Jochen, Brot und Wein. Die Poesie des Abendmahls, Frankfurt ⁴2005.
Hörisch, Jochen, Dekonstruktion des Geldes. Die Unvermeidbarkeit des Sekundären, in: Wetzel, Michael/Rabaté, Jean-Michel (Hg.), Ethik der Gabe. Denken nach Jacques Derrida, Berlin 1993, 173-182.
Hörisch, Jochen, Ende der Vorstellung. Die Poesie der Medien, Frankfurt 1999.
Hörisch, Jochen, Gott, Geld und Medien. Studien zu den Medien, die die Welt im Innersten zusammenhalten, Frankfurt 2004.
Hörisch, Jochen, Kopf oder Zahl. Die Poesie des Geldes, Frankfurt 1996.
Horst, Ulrich, Mendikant und Theologe. Thomas v. Aquin in den Armutsbewegungen seiner Zeit (zu Contra retrahentes c. 15), in: MThZ 47 (1996) 13-31.
Houtepen, Anton W.J., Gott – eine offene Frage. Gott denken in einer Zeit der Gottvergessenheit, Gütersloh 1999.
Hünermann, Peter (Hg.), HThK Vat. II. Die Dokumente des Zweiten Vatikanischen Konzils. Konstitutionen, Dekrete, Erklärungen (Bd. 1), Freiburg 2004.
Hünermann, Peter (Hg.), HThK Vat. II. Theologischer Kommentar der Konzilsdokumente (Bd. 4), Freiburg 2006.
Hünermann, Peter, Der fremde Gott – Verheißung für das europäische Haus, in: Ders. (Hg.), Gott – ein Fremder in unserem Haus? Die Zukunft des Glaubens in Europa (QD 165), Freiburg 1996, 203-222.
Hünermann, Peter, Dogmatische Prinzipienlehre. Glaube – Überlieferung – Theologie als Sprach- und Wahrheitsgeschehen, Münster 2003.
Hungar, Kristian, Antike Wirtschaftskrisen und die Ökonomik des modernen Patriarchats der Brüder. Zu Heinsohn/Steigers Eigentumstheorie des Geldes, in: Kessler, Rainer/Loos, Eva (Hg.), Eigentum: Freiheit und Fluch, 145-161.
Husserl, Edmund, Vorlesungen über Ethik und Wertlehre 1908-1914 (Husserliana 28), hg. v. Melle, Ullrich, Dordrecht 1988.

Hutchison, Terence, Before Adam Smith. The Emergence of Political Economy, 1662-1776, Cambridge/Massachusetts 1988.
Immler, Hans, Wie kommt das Geld zu seinem Wert? Zum Verhältnis von Naturwert und Wirtschaftswissenschaft, in: Biervert, Bernd/Held, Martin (Hg.), Die Dynamik des Geldes, 182-197.
Issing, Otmar, Einführung in die Geldtheorie, München ¹²2001.
Jacob, Willibald, Mammon oder Gerechtigkeit, tödliche Konkurrenz oder Solidarität, in: Ders./Moneta, Jakob/Segbers, Franz (Hg.), Die Religion des Kapitalismus. Die gesellschaftlichen Auswirkungen des totalen Marktes, Luzern 1996, 125-129.
James, William, Der Pragmatismus. Ein neuer Name für alte Denkmethoden. Übersetzt von Wilhelm Jerusalem. Mit einer Einleitung herausgegeben v. Klaus Oehler, Hamburg ²1994 (EA 1907; dt. 1908).
James, William, Die pragmatische Darstellung der Wahrheit und ihre Fehldeutungen, in: Ders., Pragmatismus und radikaler Empirismus, hg. u. übersetzt v. Langbehn, Claus, Frankfurt 2006, 117-138.
Janowski, Bernd, Auslösung des verwirkten Lebens. Zur Geschichte und Struktur der biblischen Lösegeldvorstellung, in: ZThK 79 (1982) 25-59.
Jaworski, Gary D., Georg Simmel and the American prospect, Albany 1997.
Jeremias, Alfred, Babylonisches im Neuen Testament, Leipzig 1905.
Jeremias, Alfred, Das Alte Testament im Lichte des Orients, Leipzig ²1906.
Jeremias, Joachim, Das Lösegeld für Viele (Mk 10,45), in: Ders., Abba. Studien zur neutestamentlichen Theologie und Zeitgeschichte, Göttingen 1966, 216-229.
Jeremias, Joachim, Unbekannte Jesusworte, Gütersloh ⁴1965.
Jerusalem, Wilhelm, Zur Weiterentwicklung des Pragmatismus, in: Deutsche Literaturzeitung 34 (1913) Sp. 3205-3226.
Joas, Hans, Braucht der Mensch Religion? Über Erfahrungen der Selbsttranszendenz, Freiburg 2004.
Joas, Hans, Die Entstehung der Werte, Frankfurt 1999.
Joas, Hans, Die Kreativität des Handelns, Frankfurt 1996.
Joas, Hans, Die Logik der Gabe und das Postulat der Menschenwürde, in: Gestrich, Christof (Hg.), Gott, Geld und Gabe. Zur Geldförmigkeit des Denkens in Religion und Gesellschaft (Beiheft 2004 zur BThZ), Berlin 2004, 16-27.
Joas, Hans, Kriegsideologien. Der Erste Weltkrieg im Spiegel der zeitgenössischen Sozialwissenschaften, in: Leviathan 23 (1995) 336-350.
Joas, Hans, Pragmatismus und Gesellschaftstheorie, Frankfurt 1992.
Joas, Hans/Knöbl, Wolfgang, Sozialtheorie. Zwanzig einführende Vorlesungen, Frankfurt 2004.
Joël, Karl, Eine Zeitphilosophie, in: Neue Deutsche Rundschau 12 (1901) 812-826; abgedruckt in: Hein, Peter Ulrich (Hg.), Georg Simmel, 159-178.
Jörns, Klaus-Peter, Notwendige Abschiede. Auf dem Weg zu einem glaubwürdigen Christentum, Gütersloh 2004.
Jüchen, Aurel von, Die Kampfgleichnisse Jesu, München 1981.
Jung, Werner, Georg Simmel zur Einführung (Zur Einführung 60), Hamburg 1990.
Jüngel, Eberhard, Der historische Jesus – eine Gesamtschau, in: Schmidinger, Heinrich (Hg.), Jesus von Nazareth, 25-56.
Jüngel, Eberhard, Gewinn im Himmel und auf Erden. Theologische Bemerkungen zum Streben nach Gewinn, in: Ders., Theologische Erörterungen 4: Indikative der Gnade – Imperative der Freiheit, Tübingen 2000, 231-251
Jüngel, Eberhard, Gott als Geheimnis der Welt. Zur Begründung der Theologie des Gekreuzigten im Streit zwischen Theismus und Atheismus, Tübingen 1982.

Jüngel, Eberhard, Wertlose Wahrheit. Christliche Wahrheitserfahrung im Streit gegen die „Tyrannei der Werte", in: Ders., Wertlose Wahrheit. Zur Identität und Relevanz des christlichen Glaubens (Theologische Erörterungen 3), München 1990, 90-109.

Kant, Immanuel, Allgemeine Naturgeschichte und Theorie des Himmels oder Versuch von der Verfassung und dem mechanischen Ursprunge des ganzen Weltgebäude nach Newton'schen Grundsätzen abgehandelt (1755), in: Kants Gesammelte Schriften 1, hg. v. der Deutschen Akademie der Wissenschaften 1, Berlin 1968, 215-368.

Kant, Immanuel, Die drei Kritiken, Frankfurt ⁵2004.

Kant, Immanuel, Grundlegung zur Metaphysik der Sitten (BA 77), Suhrkamp Studienausgabe, hg. v. Horn, Christoph u.a., Frankfurt 2007.

Kapuscinski, Ryszard, König der Könige, Frankfurt 1995.

Kasch, Wilhelm F. (Hg.), Geld und Glaube, Paderborn 1979.

Kasper, Walter, Der Gott Jesu Christi, Mainz 1982.

Kassel, Maria, Das Evangelium – eine Talenteschmiede? Tiefenpsychologische Revision eines verinnerlichten christlichen Kapitalismus, Münster 2001.

Kaube, Jürgen, Arbeit, Verschuldung, Spekulation, in: Neue Rundschau 112 (2001) 11-22.

Kegler, Jürgen, Das Zinsverbot in der hebräischen Bibel, in: Crüsemann, Marlene/ Schottroff, Willy (Hg.), Schuld und Schulden, 17-39.

Kehl, Medard, Hinführung zum christlichen Glauben, Mainz ²1987.

Kern, Walter u.a. (Hg.), Handbuch der Fundamentaltheologie, Freiburg 1985-88.

Kern, Walter/Niemann, Franz-Josef, Theologische Erkenntnislehre, Düsseldorf 1981.

Kessler, Hans, Das Kreuz und die Auferstehung, in: Schmidinger, Heinrich (Hg.), Jesus von Nazareth, 149-184.

Kessler, Hans, Den verborgenen Gott suchen. Gottesglaube in einer von Naturwissenschaften und Religionskonflikten geprägten Welt, Paderborn 2006.

Kessler, Rainer, Sozialgeschichte des alten Israel. Eine Einführung, Darmstadt 2006.

Kessler, Rainer, Staat und Gesellschaft im vorexilischen Juda. Vom 8. Jahrhundert bis zum Exil, Leiden 1992.

Kessler, Rainer/Loos, Eva (Hg.), Eigentum: Freiheit und Fluch. Ökonomische und biblische Einwürfe, Gütersloh 2000.

Kierkegaard, Søren, Gilleleie, in: Deutsche Søren Kierkegaard Edition, hg. v. Anz, Heinrich u.a. (Bd. 1, hg. v. Deuser, Hermann/Purkarthofer, Richard), Berlin/New York 2005.

Kießig, Manfred u.a. (Hg.), Evangelischer Erwachsenenkatechismus: Glauben – Erkennen – Leben. Im Auftrag der Vereinigten Evangelisch-Lutherischen Kirche Deutschlands, Hannover ⁶1975.

Kintzelé, Jeff/Schneider, Peter (Hg.), Georg Simmels „Philosophie des Geldes", Frankfurt 1993.

Kleger, Heinz/Müller, Alois (Hg.), Religion des Bürgers. Zivilreligion in Amerika und Europa, Münster ²2004.

Klein, Hans Joachim, Art. Geld, in: Grundbegriffe der Soziologie, hg. v. Schäfers, Bernhard, Opladen ⁷2001, 94-96.

Klein, Stefan, Die Glücksformel. Oder: Wie die guten Gefühle entstehen, Reinbek ⁸2002.

Klingenberg, Eberhard, Das israelitische Zinsverbot in Torah, Misnah und Talmud, Mainz 1977.

Klinger, Elmar, Ekklesiologie der Neuzeit. Grundlegung bei Melchior Cano und Entwicklung bis zum 2. Vatikanischen Konzil, Freiburg 1978.

Kloft, Matthias Theodor, Das christliche Zinsverbot in der Entwicklung von der Alten Kirche zum Barock. Eine Skizze, in: Heil, Johannes/Wacker, Bernd (Hg.), Shylock? 21-34.

Knapp, Georg Friedrich, Staatliche Theorie des Geldes, Leipzig 1905.

Knoblauch, Hubert, Europe and the Invisible Religion, in: Social Compass 50 (2003) 267-274.

Knobloch, Stefan, Mehr Religion als gedacht! Wie die Rede von Säkularisierung in die Irre führt, Freiburg 2006.

Koch, Claus, Im Diesseits des Kapitalismus, in: Merkur 51 (1997) 763-777.

Köllmann, Carsten, Definition des Geldes. Eine Kritik des Essentialismus in der Geldtheorie, in: Stadermann, Hans-Joachim/Steiger, Otto (Hg.), Herausforderung der Geldwirtschaft. Theorie und Praxis währungspolitischer Ereignisse, Marburg 1999, 107-129.

Kohler, Alfred/Heinrich, Lutz (Hg.), Alltag im 16. Jahrhundert. Studien zu Lebensformen in mitteleuropäischen Städten, Wien 1987.

König, Gert, Art. Relativismus, in: HWPh 8, Basel 1992, 613-622.

Körner, Bernd, Melchior Cano – De locis theologicis. Ein Beitrag zur theologischen Erkenntnislehre, Graz 1994.

Korff, Wilhelm (hg. im Auftrag der Görres-Gesellschaft), Handbuch der Wirtschaftsethik, 4 Bände, Gütersloh 1999.

Kracauer, Siegfried, Über die Philosophie Georg Simmels und ihren Zusammenhang mit dem geistigen Leben der Zeit, in: Hein, Peter Ulrich (Hg.), Georg Simmel, 131-158.

Kramer, Rolf, Ethik des Geldes. Eine theologische und ökonomische Verhältnisbestimmung (Sozialwissenschaftliche Schriften 31), Berlin 1996.

Kraus, Georg, Vorherbestimmung. Traditionelle Prädestinationslehre im Licht gegenwärtiger Theologie, Freiburg 1977.

Krech, Volkhard, „Geld oder Leben" oder „Geld zum Leben"? Anmerkungen zu zwei Rezeptionsvarianten der Philosophie des Geldes, in: Simmel Newsletter 3 (1993) 174-179.

Krech, Volkhard, Georg Simmels Religionstheorie, Tübingen 1998.

Kreiner, Armin, Das wahre Antlitz Gottes – oder was wir meinen, wenn wir Gott sagen, Freiburg 2006.

Kreiner, Armin, Rationalität zwischen Realismus und Relativismus, in: Bernhardt, Reinhold/Schmidt-Leukel, Perry, Kriterien interreligiöser Urteilsbildung (Beiträge zu einer Theologie der Religionen 1), Zürich 2005, 21-35.

Kreiner, Armin, Wahrheit und Perspektivität religiöser Rede von Gott, in: Dalferth, Ingolf U./Stoellger, Philipp (Hg.), Wahrheit in Perspektiven. Probleme einer offenen Konstellation, Tübingen 2004, 53-67.

Kremer, Jakob, Lukasevangelium (NEB.NT 3), Würzburg 1988.

Kreß, Hartmut, Ethische Werte und der Gottesgedanke. Probleme und Perspektiven des neuzeitlichen Wertbegriffs, Stuttgart 1990.

Kreß, Hartmut, Religiöse Ethik und dialogisches Denken. Das Werk Martin Bubers in der Beziehung zu Georg Simmel (Studien zur evangelischen Ethik 16), Gütersloh 1985.

Kreutzer, Ansgar, Kritische Zeitgenossenschaft. Die Pastoralkonstitution „Gaudium et spes" modernisierungstheoretisch gedeutet und systematisch-theologisch entfaltet, Innsbruck 2006.

Kreutzer, Ansgar, Können Glaube und Politik noch zueinander finden? Perspektiven der Politischen Theologie nach Metz, in: Ethik und Gesellschaft 1/2008, 1-45 (ethik-und-gesellschaft.de/pdf-aufsaetze/EuG-1-2008_Kreutzer.pdf).

Krötke, Wolf, Gottes Klarheiten. Eine Neuinterpretation der Lehre von Gottes „Eigenschaften", Tübingen 2001.
Krüger, René, Gott oder Mammon. Das Lukasevangelium und die Ökonomie, Luzern 1997, 13-29.
Krüger, René, Gott oder Mammon? Wirtschaftstexte im Lukasevangelium, in: BiKi 62 (2007) 22-29.
Kügler, Joachim, Art. Gerechtigkeit, in: Handbuch theologischer Grundbegriffe zum Alten und Neuen Testament, hg. v. Berlejung, Angelika/Frevel, Christian, Darmstadt 2006, 211f.
Küenzlen, Gottfried, Die Wiederkehr der Religion. Lage und Schicksal in der säkularen Moderne, München 2003.
Kurnitzky, Horst, Triebstruktur des Geldes. Ein Beitrag zur Theorie der Weiblichkeit, Berlin 1974.
Kurnitzky, Horst, Versuch über Gebrauchswert. Zur Kultur des Imperialismus, Berlin 1970.
Kurz, Robert, Schwarzbuch Kapitalismus. Ein Abgesang auf die Marktwirtschaft, Frankfurt 1999.
Lafontaine, Oskar, Die Wut wächst. Politik braucht Prinzipien, München 2002.
Landes, David S., Wohlstand und Armut der Nationen. Warum die einen reich und die anderen arm sind, Berlin 1999.
Landmann, Michael, Bausteine zur Biographie, in: Gassen, Kurt/Landmann, Michael (Hg.), Buch des Dankes, 11-33.
Landmann, Michael, Georg Simmel. Brücke und Tür. Essays des Philosophen zur Geschichte, Religion, Kunst und Gesellschaft, hg. gemeinsam mit Susman, Margarete, Stuttgart 1957.
Landmann, Michael (Hg.), Georg Simmel: Das individuelle Gesetz. Philosophische Exkurse, Frankfurt 1968.
Landmann, Michael, Konflikt und Tragödie. Zur Philosophie Georg Simmels, in: ZphF 6 (1951/52) 115-133.
Larcher, Gerhard (Hg.), Hoffnung, die Gründe nennt. Zu Hansjürgen Verweyens Projekt einer erstphilosophischen Glaubensverantwortung, Regensburg 1996.
Laum, Bernhard, Heiliges Geld. Eine historische Untersuchung über den sakralen Ursprung des Geldes, Tübingen 1924.
Le Goff, Jacques, Wucherzins und Höllenqualen. Ökonomie und Religion im Mittelalter, Stuttgart 1988.
Lehmann, Hartmut, Max Webers „Protestantische Ethik". Beiträge aus der Sicht eines Historikers, Göttingen 1996.
Lehmann, Hartmut, Säkularisierung. Der europäische Sonderweg in Sachen Religion, Göttingen 2004.
Lehmann, Hartmut/Roth, Guenther (Hg.), Weber's „Protestant Ethic". Origins, Evidence, Contexts, Cambridge 1993.
Lehmann, Karl, Geld – Segen oder Mammon? Biblische Aspekte – Ein Arbeitspapier, in: Hesse, Helmut/Issing, Otmar (Hg.), Geld und Moral, München 1994, 125-137.
Leppin, Volker, Martin Luther, Darmstadt 2006.
Lepsius, Rainer M./Neidhardt, Friedhelm/Weiß, Johannes (Hg.), Kultur und Gesellschaft (Kölner Zeitschrift für Soziologie und Sozialpsychologie, Sonderheft 28), Opladen 1986.
Leutzsch, Martin, Das biblische Zinsverbot, in: Kessler, Rainer/Loos, Eva (Hg.), Eigentum: Freiheit und Fluch 107-144.
Leutzsch, Martin, Zeit und Geld im Neuen Testament, in: Ebach, Jürgen u.a. (Hg.), „Leget Anmut in das Geben" 44-104.

Lévinas, Emmanuel, Die Spur des Anderen. Untersuchungen zur Phänomenologie und Sozialphilosophie, Freiburg ⁵2007.
Levine, Donald N. Ambivalente Bemerkungen: „Negationen" Simmels durch Durkheim, Weber, Lukács, Park und Parsons, in: Dahme, Heinz-Jürgen/Rammstedt, Otthein (Hg.), Georg Simmel und die Moderne, 318-387.
Lichtblau, Klaus, Die Seele und das Geld. Kulturtheoretische Implikationen in Georg Simmels „Philosophie des Geldes", in: Lepsius, Rainer M./Neidhardt, Friedhelm/ Weiß, Johannes (Hg.), Kultur und Gesellschaft, 57-74.
Lichtblau, Klaus, Georg Simmel (Campus Einführungen 1091), Frankfurt/New York 1997.
Lichtblau, Klaus, Kausalität oder Wechselwirkung? Max Weber und Georg Simmel im Vergleich, in: Wagner, Gerhard/Zipprian, Heinz (Hg.), Max Webers Wissenschaftslehre, 527-562.
Lichtblau, Klaus, Simmel, Weber und die „verstehende Soziologie", in: Berliner Journal für Soziologie 3 (1993) 141-151.
Lichtblau, Klaus, Zum metadisziplinären Status von Simmels „Philosophie des Geldes", in: Simmel Newsletter 4 (1994) 103-110.
Liebesschütz, Hans, Von Georg Simmel zu Franz Rosenzweig. Studien zum Jüdischen Denken im deutschen Kulturbereich, Tübingen 1970.
Lindbeck, George, Christliche Lehre als Grammatik des Glaubens. Religion und Theologie im postliberalen Zeitalter, Gütersloh 1994.
Lintner, Martin M., Eine Ethik des Schenkens. Von einer anthropologischen zu einer theologisch-ethischen Deutung der Gabe und ihrer Aporien, Münster 2006.
Löhrer, Magnus, Dogmatische Bemerkungen zur Frage der Eigenschaften und Verhaltensweisen Gottes, in: MySal 2, 291-315.
Löwith, Karl, Von Hegel zu Nietzsche. Der revolutionäre Bruch im Denken des neunzehnten Jahrhunderts Stuttgart ⁵1964.
Lohfink, Gerhard, Wie hat Jesus Gemeinde gewollt? Zur gesellschaftlichen Dimension des christlichen Glaubens, Freiburg 1982.
Lohmann, Georg, Der Schleier zwischen uns und den Dingen. Georg Simmels „Stilisierung", in: Führer, Urs/Josephs, Ingrid E. (Hg.), Persönliche Objekte, Identität und Entwicklung, 40-59.
Lohmann, Georg, Die Anpassung des individuellen Lebens an die innere Unendlichkeit der Großstädte. Formen der Individualisierung bei Simmel, in: Berliner Journal für Soziologie 2 (1992) 153-160.
Lohmann, Georg, Fragmentierung, Oberflächlichkeit und Ganzheit individueller Existenz. Negativismus bei Georg Simmel, in: Angehrn, Emil u.a. (Hg.), Dialektischer Negativismus, 342-367.
Lohmann, Georg, The Ambivalence of Indifference in Modern Society. Marx and Simmel, in: Isaksen, Lise Widding/Waereness, Marit (Hg.), Individuality and Modernity. Georg Simmel and Modern Culture, Bergen 1993, 41-60.
Lorenz, Peter/Isphording, Stephan, Banken und Geldinstitute. Planungsgrundlagen, Entwicklungstendenzen, Architekturbeispiele, Leinfelden-Echterdingen 2003.
Luckmann, Thomas, Die unsichtbare Religion, Frankfurt 1990.
Lübbe, Hermann, Säkularisierung. Geschichte eines ideenpolitischen Begriffs, Freiburg 2003 (Neuausgabe).
Luhmann, Niklas, Die Religion der Gesellschaft, hg. v. Kesterling, André, Frankfurt 2000.
Luhmann, Niklas, Die Wirtschaft der Gesellschaft, Frankfurt ²1996.
Luhmann, Niklas, Knappheit, Geld und die bürgerliche Gesellschaft, in: Jahrbuch für Sozialwissenschaft 23 (1972) 186-210.
Lukács, Georg, Die Zerstörung der Vernunft (Werke 9), Neuwied 1962.

Lukács, Georg, Erinnerungen an Georg Simmel, in: Gassen, Kurt/Landmann, Michael (Hg.), Buch des Dankes, 171-176.
Lukács, Georg, Geschichte und Klassenbewußtsein. Studien über marxistische Dialektik, Neuwied 1968.
Luther, Martin, An die Pfarrherrn wider den Wucher zu predigen. Vermahnung 1540, in: WA 51, 325-424.
Luther, Martin, Der große Katechismus, in: WA 30/1, 123-238.
Luther, Martin, Die erste Reihe der Katechismuspredigten, in: Werke 30/1, 2-27.
Luther, Martin, Katechismuspredigt über das erste Gebot vom 14. September 1528, in: WA 30/1, 27-29.
Luther, Martin, Von der babylonischen Gefangenschaft der Kirche, in: Luther deutsch. Die Werke Martin Luthers in neuer Auswahl für die Gegenwart, Bd. 2, hg. v. Aland, Kurt, Göttingen ²1981, 171-238 (De captivitate Babylonica ecclesiae praeludium, 1520, in: WA 6, 484-573).
Luther, Martin, Von Kaufshandlung und Wucher, in: WA 15, 279-313.
Luz, Ulrich, Das Evangelium nach Matthäus (EKK 1), Düsseldorf/Zürich ⁵2002.
Maffesoli, Michel, Ein Vergleich zwischen Emile Durkheim und Georg Simmel, in: Rammstedt, Otthein (Hg.), Simmel und die frühen Soziologen, 163-180.
Maier, Johann, Geschichte der jüdischen Religion, Freiburg ²1992.
Manemann, Jürgen/Wacker, Bernd (Hg.), Politische Theologie – gegengelesen (Jahrbuch Politische Theologie 5), Münster 2008.
Mannheim, Karl, Ideologie und Utopie, Frankfurt ³1952.
Mannheim, Karl, Wissenssoziologie. Auswahl aus dem Werk, eingeleitet u. herausgeben v. Wolff, Kurt H., Berlin/Neuwied ²1970.
Manstetten, Reiner, Das Menschenbild der Ökonomie. Der homo oeconomicus und die Anthropologie von Adam Smith, Freiburg 2002.
Marcuse, Ludwig, Georg Simmels Gegenwart, in: Ders., Essays, Porträts, Polemiken, Zürich 1988, 203-208.
Marion, Jean-Luc, Being Given. Toward a Phenomenology of Givenness, Stanford 2002.
Marion, Jean-Luc, Étant donné. Essai d'une phénoménologie de la donation, Paris 1997.
Marion, Jean-Luc/Wohlmuth, Josef, Ruf und Gabe. Zum Verhältnis von Phänomenologie und Theologie, Bonn 2000.
Marquardt, Friedrich-Wilhelm, Das christliche Bekenntnis zu Jesus, dem Juden. Eine Christologie 1-2, München 1990-1991.
Marquardt, Friedrich-Wilhelm, Eia, wärn wir da – eine theologische Utopie, Gütersloh 1997.
Marquardt, Friedrich-Wilhelm, Gott oder Mammon – aber: Theologie und Ökonomie bei Martin Luther, in: Ders. u.a. (Hg.), Einwürfe, München 1983, 176-216.
Marquardt, Friedrich-Wilhelm, Rudi Dutschke als Christ, Tübingen 1998.
Marquardt, Friedrich-Wilhelm, Theologie und Sozialismus. Das Beispiel Karl Barth, München 1972.
Marquardt, Friedrich-Wilhelm, Von Elend und Heimsuchung der Theologie. Prolegomena zur Dogmatik, München 1988 (Gütersloh ²1992).
Marquardt, Friedrich-Wilhelm, Was dürfen wir hoffen, wenn wir hoffen dürften? Eine Eschatologie 1-3, Gütersloh 1993/1994/1996.
Marquardt, Friedrich-Wilhelm, Wir Theologen in der bürgerlichen Gesellschaft, in: EvTh 31 (1971) 161-170.
Marramao, Giacomo, Art. Säkularisierung, in: HWPh 8, Basel 1992, 1133-1161.
Marramao, Giacomo, Die Säkularisierung der westlichen Welt, Frankfurt 1996.

Marx, Karl, Das Kapital 1 (MEW 23), hg. v. Institut für Marxismus-Leninismus beim ZK der SED, Berlin 1971.
Marx, Karl, Das Kapital 2 (MEW 24), hg. v. Institut für Marxismus-Leninismus beim ZK der SED, Berlin 1971.
Marx, Karl, Grundrisse der Kritik der politischen Ökonomie, hg. vom Marx-Engels-Institut Moskau, Berlin 1974.
Marx, Karl, Ökonomisch-philosophische Manuskripte, in: Politische Ökonomie (Karl Marx-Friedrich Engels Studienausgabe, Bd. 2), hg. v. Fetscher, Iring, Berlin 2004, 38-135.
Marx, Karl, Zur Kritik der Politischen Ökonomie (MEW 13), hg. v. Institut für Marxismus-Leninismus beim ZK der SED, Berlin 1971.
Mauss, Marcel, Die Gabe. Form und Funktion des Austauschs in archaischen Gesellschaften, Frankfurt 1990 (EA 1924).
Mead, George Herbert, Rezension zur Philosophie des Geldes. By Georg Simmel, in: Journal of Political Economy 9 (1900) 616-619; abgedruckt in: Rammstedt, Otthein (Hg.), Georg Simmels „Philosophie des Geldes", 300-304.
Mechels, Eberhard L., Kirche und gesellschaftliche Umwelt. Thomas – Luther – Barth, Neukirchen-Vluyn 1990.
Menger, Carl, Art. Geld, in: Handwörterbuch der Staatswissenschaften 3, hg. v. Conrad, Johannes u.a., Jena 1892, 730-757; abgedruckt in: GW 4, hg. v. Hayek, Friedrich August, Tübingen ²1970, 1-116.
Menger, Carl, Grundsätze der Volkswirtschaftslehre (GW 1), Tübingen 1968 (EA 1871).
Menger, Carl, Rezension zur Philosophie des Geldes, in: Literarisches Zentralblatt 62, 26. Jänner 1901, Sp. 160-161; wiederabgedruckt in: Frisby, David P. (Hg.), Georg Simmel in Wien, 248f.
Menger, Carl, Schriften über Geld und Währungspolitik (GW 4), Tübingen 1970.
Menges, Axel, Commerzbank, Frankfurt am Main. Sir Norman Foster and Partners, Stuttgart 1997.
Menke, Karl-Heinz, Das Kriterium des Christseins. Grundriss der Gnadenlehre, Regensburg 2003.
Merklein, Helmut, Die Gottesherrschaft als Handlungsprinzip. Untersuchung zur Ethik Jesu, Würzburg 1978.
Merklein, Helmut, Jesu Botschaft von der Gottesherrschaft. Eine Skizze (Stuttgarter Bibelstudien 111), Stuttgart 1983.
Merz, Annette, Mammon als schärfster Konkurrent Gottes. Jesu Vision vom Reich Gottes und das Geld, in: Lederhilger, Severin J. (Hg.), Gott oder Mammon. Christliche Ethik und die Religion des Geldes, Frankfurt 2001, 34-90.
Metz, Johann Baptist, Glaube in Geschichte und Gesellschaft. Studien zu einer praktischen Fundamentaltheologie, Mainz 1977.
Metz, Johann Baptist, Memoria passionis. Ein provozierendes Gedächtnis in pluralistischer Gesellschaft (in Zusammenarbeit mit Johann Reikerstorfer), Freiburg 2006.
Meurer, Thomas, Bibelkunde statt Religionsunterricht? Zu Thomas Rusters Konzept einer „Einführung in das biblische Wirklichkeitsverständnis", in: rhs 44 (2001) 248-255.
Meyer, Hans, Thomas von Aquin. Sein System und seine geistesgeschichtliche Stellung, Paderborn ²1961.
Milbank, John/Pickstock, Catherine/Ward, Graham (Hg.), Radical Orthodoxy. A New Theology, London/New York ⁴2001.
Miller, Vincent, Consuming Religion. Christian Faith and Practice in a Consumer Culture, New York/London 2004.

Mishkin, Frederic S., The Economics of Money, Banking und Financial Markets, London ⁸2004.
Mitterauer, Michael, Warum Europa? Mittelalterliche Grundlagen eines Sonderwegs, München ⁴2004.
Möckel, Christian, Georg Simmel und Ernst Cassirer. Anstöße für eine Philosophie der symbolischen Kulturformen, in: Simmel Newsletter 6 (1996) 31-43.
Moebius, Stephan/Papilloud, Christian (Hg.), Gift – Marcel Mauss' Kulturtheorie der Gabe, Wiesbaden 2006.
Moltmann, Jürgen, Trinität und Reich Gottes. Zur Gotteslehre, Gütersloh ³1994.
Montaigne, Michel de, Essais. Erste moderne Gesamtübersetzung von Hans Stilett, Frankfurt 1998.
Mühling-Schlapkohl, Markus, Art. Relationalität, in: RGG⁴ 7, Tübingen 2004, 258-261.
Müller, Hans-Peter, Geld und Kultur. Neuere Beiträge zur Philosophie und Soziologie des Geldes, in: Berliner Journal für Soziologie 10 (2000) 423-438.
Müller, Hans-Peter, Soziale Differenzierung und Individualität. Georg Simmels Gesellschafts- und Zeitdiagnose, in: Berliner Journal für Soziologie 3 (1993) 127-139.
Müller, Josef Heinz, Einführung in die Volkswirtschaftslehre, Berlin ¹²1992.
Müller, Klaus, Wieviel Vernunft braucht der Glaube? Erwägungen zur Begründungsproblematik, in: Ders. (Hg.), Fundamentaltheologie – Fluchtlinien und gegenwärtige Herausforderungen, Regensburg 1998, 77-100.
Müller, Klaus/Striet, Magnus (Hg.), Dogma und Denkform. Strittiges in der Grundlegung von Offenbarungsbegriff und Gottesgedanke, Regensburg 2005.
Münch, Richard, Soziologische Theorie 1. Grundlegung durch die Klassiker, Frankfurt/New York 2002.
Nancy, Jean-Luc, Dekonstruktion des Christentums, Zürich 2008.
Nancy, Jean-Luc, Entzug der Göttlichkeit. Zur Dekonstruktion und Selbstüberschreitung des Christentums, in: Lettre International Nr. 59 (2002) 76-80.
Nedelmann, Birgitta, „Psychologismus" oder Soziologie der Emotionen? Max Webers Kritik an der Soziologie Georg Simmels, in: Rammstedt, Otthein (Hg.), Simmel und die frühen Soziologen, 11-35.
Nedelmann, Birgitta, Geld und Lebensstil. Georg Simmel – ein Entfremdungstheoretiker?, in: Kintzelé, Jeff/Schneider, Peter (Hg.), Georg Simmels „Philosophie des Geldes", 398-418.
Nedelmann, Birgitta, Georg Simmel (1858-1918), in: Kaesler, Dirk (Hg.), Klassiker der Soziologie 1. Von Auguste Comte bis Norbert Elias, München 1999, 127-149.
Nedelmann, Birgitta, Georg Simmel als Klassiker soziologischer Prozeßanalysen, in: Dahme, Heinz-Jürgen/Rammstedt, Otthein (Hg.), Georg Simmel und die Moderne, 91-115.
Neuner, Peter, Glaubenswissenschaft? Theologie im Spannungsfeld von Glaube, Rationalität und Öffentlichkeit (QD 195), Freiburg 2002.
Nicolas von Oresme, De mutatione monetarum: tractatus. Lateinisch-deutsch, übers. v. Wolfram Burckhardt, Berlin 1999
Nietzsche, Friedrich, Götzen-Dämmerung (Bd. 2), hg. v. Schlechta, Karl, München 1977.
Nietzsche, Friedrich, Morgenröte. Gedanken über die moralischen Vorurteile (Bd. 1), hg. v. Schlechta, Karl, München 1977.
Nietzsche, Friedrich, Zur Genealogie der Moral (Bd. 2), hg. v. Schlechta, Karl, München 1977.
Niewiadomski, Józef/Palaver, Wolfgang (Hg.), Dramatische Erlösungslehre. Ein Symposion, Innsbruck 1992.

Niewiadomski, Józef/Wandinger, Nikolaus (Hg.), Dramatische Theologie im Gespräch. Symposion/Gastmahl zum 65. Geburtstag von Raymund Schwager, Münster 2003.

Nikolaus von Kues, De coniecturis, in: Philosophisch-theologische Schriften 2, hg. v. Gabriel, Leo, Wien 1966, 1-209.

Nikolaus von Kues, De docta ignorantia (Philosophische Schriften 1), hg. v. Gabriel, Leo, Wien 1964.

Nolte, Paul, Georg Simmels Historische Anthropologie der Moderne. Rekonstruktion eines Forschungsprogramms, in: GG 24 (1998) 225-247.

Oakman, Douglas E., Die Rolle des Geldes im moralischen Universum des Neuen Testaments, in: Stegemann, Wolfgang/Malina, Bruce J./Theißen, Gerd (Hg.), Jesus in neuen Kontexten, 158-166.

Oberman, Heiko Augustinus, Werden und Wertung der Reformation. Vom Wegestreit zum Glaubenskampf, Tübingen ³1989.

Oppenheimer, Franz, System der Soziologie 1, Stuttgart ²1964.

Orth, Ernst Wolfgang, Georg Simmel als Kulturphilosoph zwischen Lebensphilosophie und Neukantianismus, in: Kintzelé, Jeff/Schneider, Peter (Hg.), Georg Simmels „Philosophie des Geldes", 89-112.

Otto, Berthold, Die Abschaffung des Geldes. Arbeitswährung und Rechenwirtschaft, Berlin 1924.

Otto, Rudolf, Das Heilige. Über das Irrationale in der Idee des Göttlichen und sein Verhältnis zum Rationalen, München 1963 (EA 1917).

Palaver, Wolfgang, René Girards mimetische Theorie im Kontext kulturtheoretischer und gesellschaftspolitischer Fragen, Münster ²2004.

Pannenberg, Wolfhart, Systematische Theologie 1, Göttingen 1988.

Pannenberg, Wolfhart, Wissenschaftstheorie und Theologie, Frankfurt 1973.

Pannwitz, Rudolf, Erinnerungen an Simmel, in: Gassen, Kurt/Landmann, Michael (Hg.), Buch des Dankes, 230-240.

Pape, Helmut, Der dramatische Reichtum der konkreten Welt. Der Ursprung des Pragmatismus im Denken von Charles S. Peirce und William James, Velbrück 2002.

Papilloud, Christian, La réciprocité. Diagnostic et destins d'un possible dans l'œuvre de Georg Simmel, Paris 2003.

Parsons, Talcott, Essays in sociological theory, New York ⁵1967.

Parsons, Talcott, Sozialstruktur und die symbolischen Tauschmedien, in: Pias, Claus u.a. (Hg.), Kursbuch Medienkultur. Die maßgeblichen Theorien von Brecht bis Baudrillard, Stuttgart ²2000, 34-44.

Parsons, Talcott, The Structure of Social Action. A Study in Social Theory with Special Reference to a Group of Recent European Writers, 2 Bände, New York 1968 (EA 1937).

Parsons, Talcott, Zur Theorie sozialer Systeme, hg. v. Jensen, Stefan, Opladen 1976.

Paul, Axel T., Die Gesellschaft des Geldes. Entwurf einer monetären Theorie der Moderne, Wiesbaden 2004.

Paulus, Nikolaus, Geschichte des Ablasses, 3 Bände, Darmstadt ²2000 (EA Paderborn 1922-23).

Pawlas, Andreas, Kapital zu Erfurt. Geld und Zins bei Martin Luther, in: LMh 34 (1995) 25-27.

Perniola, Mario, Religion als Kultur, in: Lettre International Nr. 59 (2002) 81-84.

Pesch, Otto Hermann, Die Frage nach Gott bei Thomas von Aquin und Martin Luther, in: Luther 41 (1970) 1-25.

Pesch, Otto Hermann, Katholische Dogmatik aus ökumenischer Erfahrung Band 1, Teilband 1/2, Mainz 2008.

Pesch, Otto Hermann, Martin Luther, Thomas von Aquin und die reformatorische Kritik an der Scholastik. Zur Geschichte und Wirkungsgeschichte eines Mißverständnisses mit weltgeschichtlichen Folgen, Hamburg 1994.
Pesch, Rudolf, Das Markusevangelium 2 (HThKNT 2), Freiburg 1977.
Petracca, Vincenco, Gott oder das Geld. Die Besitzethik des Lukas, Tübingen 2003.
Peukert, Helmut, Wissenschaftstheorie, Handlungstheorie, fundamentale Theologie. Analysen zu Ansatz und Status theologischer Theoriebildung, Düsseldorf 1976.
Poggi, Gianfranco, Money and the Mind. Georg Simmel's Philosophy of Money, Berkely 1993.
Polak, Regina, Religion kehrt wieder. Handlungsoptionen für Kirche und Gesellschaft, Ostfildern 2006.
Polanyi, Karl, Ökonomie und Gesellschaft, Frankfurt 1979.
Pollack, Detlef, Säkularisierung – ein moderner Mythos? Studien zum religiösen Wandel in Deutschland, Tübingen 2003.
Popper, Karl R., Objektive Erkenntnis. Ein evolutionärer Entwurf, Hamburg ³1995.
Pottmeyer, Josef, Normen, Kriterien und Sturkturen der Überlieferung, in: HFTh 4, hg. v. Kern, Walter u.a., Freiburg 1988, 124-152.
Prochno, Renate, Materialwert – Geldwert – Kunstwert im späten Mittelalter. Beispiele aus Burgund, in: Aichhorn, Ulrike (Hg.), Geld- und Kreditwesen im Spiegel der Wissenschaft, 177-216.
Pröpper, Thomas, Erlösungsglaube und Freiheitsgeschichte. Eine Skizze zur Soteriologie, München ²1988.
Putnam, Hilary, Für eine Erneuerung der Philosophie, Stuttgart 1997.
Putnam, Hilary, Pragmatismus – Eine offene Frage, Frankfurt 1995.
Putnam, Hilary, Repräsentation und Realität, Frankfurt ²2005.
Putnam, Hilary, The Threefold Cord. Mind, Body, and World (John Dewey Essays in Philosophy), New York 1999.
Ragaz, Leonhard, Die Gleichnisse Jesu. Seine soziale Botschaft, Gütersloh ²1979.
Rahner, Karl, Bemerkungen zum dogmatischen Traktat „De Trinitate", in: Schriften zur Theologie 4, Einsiedeln 1960, 103-133.
Rahner, Karl, Der dreifaltige Gott als transzendenter Urgrund der Heilsgeschichte, in: Mysterium Salutis. Grundriß heilsgeschichtlicher Dogmatik 2, Einsiedeln 1967, 317-401.
Rahner, Karl, Grundkurs des Glaubens, Freiburg ¹²1976.
Rahner, Karl, Kleiner theologischer Traktat über den Ablaß, in: Ders., Schriften zur Theologie 8, Einsiedeln 1967, 472-487.
Rahner, Karl, Zur heutigen kirchenamtlichen Ablaßlehre, in: Ders., Schriften zur Theologie 8, Einsiedeln 1967, 488-518.
Rammstedt, Otthein (Hg.), Georg Simmels „Philosophie des Geldes". Aufsätze und Materialien, Frankfurt 2003.
Rammstedt, Otthein (Hg.), Simmel und die frühen Soziologen. Nähe und Distanz zu Durkheim, Tönnies und Max Weber, Frankfurt 1988.
Rammstedt, Otthein, Geld und Gesellschaft in der „Philosophie des Geldes", in: Binswanger, Hans Christoph/Flotow, Paschen von (Hg.), Geld und Wachstum, 15-31.
Rammstedt, Otthein, Geschichte des Simmel-Nachlasses 1918 bis 1941, in: Simmel Studies 14 (2004) 93-147.
Rammstedt, Otthein, Simmels „Philosophie des Geldes", in: Kintzelé, Jeff/Schneider, Peter (Hg.), Georg Simmels „Philosophie des Geldes", 13-43.
Rasch, Joachim, Der Einfluss der Bauten öffentlicher Banken auf das städtebauliche Erscheinungsbild ausgewählter Großstädte in der Bundesrepublik Deutschland, Berlin 2006.

Ratzinger, Joseph, Einführung ins Christentum. Vorlesungen über das Apostolische Glaubensbekenntnis, München 1968.

Ratzinger, Joseph, Zum Personenverständnis in der Theologie, in: Dogma und Verkündigung, München 1973, 205-223.

Ratzinger, Joseph Kardinal, Die Bedeutung religiöser und sittlicher Werte in der pluralistischen Gesellschaft, in: Ders., Werte in Zeiten des Umbruchs. Die Herausforderungen der Zukunft bestehen, Freiburg 2005, 49-66; erstveröffentlicht in: Communio 21 (1992) 500-512.

Ratzinger, Joseph Kardinal, Predigt in der Heiligen Messe Pro Eligendo Romano Pontifice (18. April 2005), in: Der Anfang. Papst Benedikt XVI. und Joseph Ratzinger. Predigten und Ansprachen. April/Mai 2005 (VAS 168, Bonn 2005), 12-16.

Rawls, John, Eine Theorie der Gerechtigkeit, Frankfurt ^{15}2006.

Reinhard, Wolfgang, Lebensformen Europas. Eine historische Kulturanthropologie, München 2004.

Reiser, Marius, Numismatik und Neues Testament, in: Biblica 81 (2000) 457-488.

Rickert, Heinrich, Die Philosophie des Lebens. Darstellung und Kritik der philosophischen Modeströmungen unserer Zeit, Tübingen ^{2}1922.

Riese, Hajo, Der Kulturphilosoph als Ökonom. Anmerkungen zur Renaissance von Georg Simmels „Philosophie des Geldes", in: Geßner, Willfried/Kramme, Rüdiger (Hg.), Aspekte der Geldkultur, 99-114.

Riese, Hajo, Geld: Das letzte Rätsel der Nationalökonomie, in: Schelkle, Waltraud/Nitsch, Manfred (Hg.), Rätsel Geld. Annäherungen aus ökonomischer, soziologischer und historischer Sicht, Marburg 1995, 45-62.

Riese, Hajo, Geld – die unverstandene Kategorie der Nationalökonomie (Diskussionsbeiträge des Fachbereichs Wirtschaftswissenschaft der Freien Universität Berlin; Volkswirtschaftliche Reihe Nr. 1999/25), Berlin 1999.

Riese, Hajo, Georg Simmel und die Nationalökonomie. Anmerkungen zur Renaissance seiner „Philosophie des Geldes", in: Backhaus, Jürgen G./Stadermann, Hans-Joachim (Hg.), Georg Simmels Philosophie des Geldes, 95-111.

Riese, Hajo, Money, Development and Economic Transformation. Selected Essays by Hajo Riese, edited by Hölscher, Jens/Tomann, Horst, Basingstoke 2003.

Riese, Hajo, Theorie der Inflation, Tübingen 1986.

Ritschl, Albrecht, Die christliche Lehre von der Rechtfertigung und Versöhnung 3, Hildesheim/New York 1978. (Nachdruck der 2. verbesserten Auflage, Bonn 1883)

Ritter, Hans Henning, Art. Gegenseitigkeit, in: HWPh 3, Basel 1974, 119-129.

Röggla, Kathrin, Wir schlafen nicht, Frankfurt 2004.

Rosenberger, Michael/Reisinger, Ferdinand/Kreutzer, Ansgar (Hg.), Geschenkt – umsonst gegeben? Gabe und Tausch in Ethik, Gesellschaft und Religion, Frankfurt 2006.

Rüger, Hans Peter, μαμωνᾶς, in: ZNW 64 (1973) 127-131.

Russell, Bertrand, Philosophie des Abendlandes. Ihr Zusammenhang mit der politischen und sozialen Entwicklung, Wien 1975.

Ruster, Thomas, Art. Geld, in: Mette, Norbert/Rickers, Folkert (Hg.), Lexikon der Religionspädagogik 1, Neukirchen-Vluyn 2001, 669-675.

Ruster, Thomas, Christliche Religion zwischen Gottesdienst und Götzendienst, in: rhs 39 (1996) 54-62.

Ruster, Thomas, Der Kampf um das kanonische Zinsverbot in der frühen Neuzeit, in: Faber, Richard (Hg.), Katholizismus in Geschichte und Gegenwart, Würzburg 2005, 97-108.

Ruster, Thomas, Der verwechselbare Gott. Theologie nach der Entflechtung von Christentum und Religion (QD181), Freiburg 2000 (^{7}2004).

Ruster, Thomas, Die Welt verstehen „gemäß den Schriften". Religionsunterricht als Einführung in das biblische Wirklichkeitsverständnis, in: rhs 43 (2000) 189-203.
Ruster, Thomas, Distanzierte Beobachtung. Niklas Luhmanns „Religion der Gesellschaft", in: HerKorr 55 (2001) 90-96.
Ruster, Thomas, Ein Buch so recht für einen Dortmunder Theologen: Robert Kurz' „Schwarzbuch Kapitalismus. Ein Abgesang auf die Marktwirtschaft", in: Hoff, Gregor Maria (Hg.), Auf Erkundung. Theologische Lesereisen durch fremde Bücherwelten, Mainz 2005, 130-148.
Ruster, Thomas, Gott von den Göttern unterscheiden. Religion in einer Welt des Geldes, in: Renovatio 54 (1998) 130-140.
Ruster, Thomas, Jenseits aller Ethik: Geld als Religion?, in: Kochanek, Hermann (Hg.), Ich habe meine eigene Religion. Sinnsuche jenseits der Kirchen, Zürich/Düsseldorf 1999, 182-209.
Ruster, Thomas, Von Menschen, Mächten und Gewalten, Eine Himmelslehre, Mainz 2005.
Ruster, Thomas, Wandlung. Ein Traktat über Eucharistie und Ökonomie, Mainz 2006.
Ruster, Thomas, Wirtschaft und das Medium Geld im Lichte einer Theologie der Mächte und Gewalten, in: zur debatte 5/2002, 23f.
Saarinen, Risto, God and the Gift. An Ecumenical Theology of Giving, Minnesota 2005.
Safranski, Rüdiger, Religiöse Sehnsucht – Sehnsucht nach Religion, in: Ruff, Wilfried (Hg.), Religiöses Erleben verstehen, Göttingen 2002, 11-27.
Sandbothe, Mike (Hg.), Die Renaissance des Pragmatismus. Aktuelle Verflechtungen zwischen analytischer und kontinentaler Philosophie, Velbrück 2000.
Sander, Hans-Joachim, Das Außen des Glaubens – eine Autorität der Theologie. Das Differenzprinzip in den Loci Theologici des Melchior Cano, in: Keul, Hildegund/ Sander, Hans-Joachim (Hg.), Das Volk Gottes – ein Ort der Befreiung, Würzburg 1998, 240-258.
Sander, Hans-Joachim, Einführung in die Gotteslehre, Darmstadt 2006.
Sander, Hans-Joachim, Europas Heterotopien. Die Zumutung von Gottes Orten in den Zeichen der Zeit, in: Bulletin ET 17 (2007) 14-67.
Sander, Hans-Joachim, Gott. Vom Beweisen zum Verorten, in: Franz, Thomas/Sauer, Hanjo (Hg.), Glaube in der Welt von heute, Bd. 1, 574-596.
Sander, Hans-Joachim, Gott und seine Orte. Theologie auf dem Weg vom Subjekt zum Zeichen, in: Kruip, Gerhard/Fischer, Michael (Hg.), Als gäbe es Ihn nicht – Vernunft und Gottesfrage heute, Münster 2006, 195-209.
Sander, Hans-Joachim, Kommentar zu „Gaudium et spes", in: Herders Theologischer Kommentar zum Zweiten Vatikanischen Konzil 4, hg. v. Hünermann, Peter/Hilberath, Bernd Jochen, Freiburg 2005, 581-886.
Sander, Hans-Joachim, Natur und Schöpfung – die Realität im Prozeß. A.N. Whiteheads Philosophie als Fundamentaltheologie kreativer Existenz (Würzburger Studien zur Fundamentaltheologie 7), Frankfurt 1991.
Sander, Hans-Joachim, nicht ausweichen. Die prekäre Lage der Kirche, Würzburg 2002.
Sander, Hans-Joachim, nicht verleugnen. Die befremdende Ohnmacht Jesu, Würzburg 2001.
Sattler, Dorothea, Ablaß-Streit in neuer Zeit. Beobachtungen zur Wiederbelebung einer alten konfessionellen Kontroverse, in: Catholica 54 (2000) 14-38
Sattler, Dorothea, Beziehungsdenken in der Erlösungslehre. Bedeutung und Grenzen, Freiburg 1997.

Scaff, Lawrence A., Weber, Simmel und die Kultursoziologie, in: Kölner Zeitschrift für Soziologie und Sozialpsychologie 39 (1987) 255-277.
Schaeffler, Richard, Das Gebet und das Argument. Zwei Weisen des Sprechens von Gott. Eine Einführung in die Theorie religiöser Sprache, Düsseldorf 1989.
Scharer, Matthias/Hilberath, Bernd Jochen, Kommunikative Theologie. Eine Grundlegung, Mainz ²2003.
Schärtl, Thomas, Glaubens-Überzeugung. Philosophische Bemerkungen zu einer Erkenntnistheorie des christlichen Glaubens, Münster 2007.
Schärtl, Thomas, Wahrheit und Gewissheit. Zur Eigenart religiösen Glaubens, Kevelaer 2004.
Scheler, Max, Der Bourgeois und die religiösen Mächte, in: Ders., Vom Umsturz der Werte. Abhandlungen und Aufsätze, hg. v. Scheler, Maria, Bern ⁴1955, 362-381.
Scheler, Max, Der Bourgeois, in: Ders., Vom Umsturz der Werte, 343-361.
Scheler, Max, Die Zukunft des Kapitalismus, in: Ders., Vom Umsturz der Werte, 382-395.
Scheler, Max, Vom Umsturz der Werte. Abhandlungen und Aufsätze, Bern ⁴1955.
Schellong, Dieter, Wie steht es um die „These" vom Zusammenhang von Calvinismus und „Geist des Kapitalismus"? (Paderborner Universitätsreden 47), Paderborn 1995.
Schimank, Uwe, Theorien gesellschaftlicher Differenzierung, Opladen 1996.
Schirmer Dietrich, „Du nimmst, wo du nichts hingelegt hast" (Lk 19,21), in: Füssel, Kuno/Segbers, Franz (Hg.), „… so lernen die Völker des Erdkreises Gerechtigkeit", 179-186.
Schlagnitweit, Markus L., Machen Sie mit Ihrem Geld doch, was SIE wollen!, in: Diakonia 38 (2007) 50-55.
Schleiermacher, Friedrich D. E., Der christliche Glaube nach den Grundsätzen der evangelischen Kirche im Zusammenhange dargestellt. Zweite Auflage (1830/31) 255, in: KGA Abt. 1, Bd. 13,1, hg. v. Schäfer, Rolf, Berlin 2003.
Schleiermacher, Friedrich D. E., Versuch einer Theorie des geselligen Betragens (1799), in: KGA Abt. 1, Bd. 2, hg. v. Birkner, Hans-Joachim, Berlin 1984, 163-184.
Schleiermacher, Friedrich D. E., Vorlesungen über die Dialektik, in: KGA 10/1 u. 2, hg. v. Arndt, Andreas, Berlin/New York 2002.
Schluchter, Wolfgang/Graf, Friedrich Wilhelm (Hg.), Asketischer Protestantismus und der „Geist" des modernen Kapitalismus. Max Weber und Ernst Troeltsch, Tübingen 2005.
Schmidbaur, Hans-Christian, Art. Relation II. Theologisch, in: LThK³ 8, Freiburg 1999, 1029f.
Schmidinger, Heinrich (Hg.), Jesus von Nazareth (Vorlesungen der Salzburger Hochschulwochen 1994), Graz 1995.
Schmidinger, Heinrich, Hat Theologie Zukunft? Ein Plädoyer für ihre Notwendigkeit, Innsbruck 2000.
Schmidinger, Heinrich, Metaphysik. Ein Grundkurs, Stuttgart ²2006.
Schmidt, Sarah, Die Konstruktion des Endlichen. Schleiermachers Philosophie der Wechselwirkung, Berlin 2005.
Schmölders, Günter, Geldpolitik, Tübingen ²1968.
Schmoller, Gustav, Simmels Philosophie des Geldes, in: Jahrbuch für Gesetzgebung, Verwaltung und Volkswirtschaft im Deutschen Reich 25 (1901) Heft 17, 1-18; abgedruckt in: Hein, Peter Ulrich (Hg.), Georg Simmel, 195-211.
Schnackenburg, Rudolf, Matthäusevangelium 1,1-16,20 (NEB.NT 1), Würzburg 1985-87.

Schnädelbach, Herbert, Art. Relativismus, in: Handbuch wissenschaftstheoretischer Begriffe, hg. v. Speck, Josef, Göttingen 1980, 556-560.
Schneider, Theodor (Hg.), Handbuch der Dogmatik. 2 Bände, Düsseldorf ²1995.
Schneider, Thomas, Theologie im Zeitalter des Spätkapitalismus. Thomas Rusters Apologie des fremden Gottes, in: Merkur 55 (2001) 250-254.
Schoberth, Wolfgang, Einführung in die theologische Anthropologie, Darmstadt 2006.
Schottroff, Luise, Die Güte Gottes und die Solidarität von Menschen. Das Gleichnis von den Arbeitern im Weinberg, in: Dies., Befreiungserfahrungen. Studien zur Sozialgeschichte des Neuen Testaments, München 1990, 36-56.
Schottroff, Luise/Schottroff, Willy (Hg.), Mitarbeiter der Schöpfung. Bibel und Arbeitswelt, München 1983.
Schottroff, Luise/Schottroff, Willy, Die Parteilichkeit Gottes. Biblische Orientierungen auf der Suche nach Frieden und Gerechtigkeit, München 1984.
Schottroff, Luise/Stegemann, Wolfgang, Jesus von Nazareth. Hoffnung der Armen, Stuttgart ²1981.
Schröder, Heinz, Jesus und das Geld. Wirtschaftskommentar zum Neuen Testament, Karlsruhe ³1981.
Schröter, Jens, Jesus von Nazaret. Jude aus Galiläa – Retter der Welt, Leipzig 2006.
Schullerus, Erwin, Simmel und Schmoller. Briefliche Zeugnisse, in: Geßner, Willfried/ Kramme, Rüdiger (Hg.), Aspekte der Geldkultur, 77-98.
Schumpeter, Joseph, Das Wesen des Geldes, Göttingen 1970.
Schupp, Franz, Glaube – Kultur – Symbol. Versuch einer kritischen Theorie sakramentaler Praxis, Düsseldorf 1974.
Schupp, Franz, Schöpfung und Sünde. Von der Verheißung einer wahren und gerechten Welt, vom Versagen der Menschen und vom Widerstand gegen die Zerstörung, Düsseldorf 1990.
Schwager, Raymund, Der wunderbare Tausch. Zur Geschichte und Deutung der Erlösungslehre, München 1986.
Schwank, Benedikt, Das Neue Testament und seine Münzen, in: EuA 75 (1999) 214-233.
Schwemmer, Oswald, Die kulturelle Existenz des Menschen, Berlin 1997.
Schwemmer, Oswald, Ernst Cassirer. Ein Philosoph der europäischen Moderne, Berlin 1997.
Schwengel, Hermann, Simmel und Marx. Zwei Philosophen des Geldes, ein Schatten des Heiligen?, in: Kamper, Dietmar/Wulf, Christoph (Hg.), Das Heilige. Seine Spur in der Moderne, Frankfurt 1987, 464-490.
Schwöbel, Christoph, Gott in Beziehung. Studien zur Dogmatik, Tübingen 2002.
Seckler, Max, Art. Loci theologici, in: LThK³ 6, Freiburg 1997, 1014-1016.
Seckler, Max, Die Communio-Ekklesiologie, die theologische Methode und die Loci-theologici-Lehre Melchior Canos, in: ThQ 187 (2007) 1-20.
Seckler, Max, Die ekklesiologische Bedeutung des Systems der „loci theologici". Erkenntnistheoretische Katholizität und strukturale Weisheit, in: Ders., Die schiefen Wände des Lehrhauses. Katholizität als Herausforderung, Freiburg 1988, 79-104.
Sedmak, Clemens, Erkennen und Verstehen. Grundkurs Erkenntnistheorie und Hermeneutik, Innsbruck 2003.
Sedmak, Clemens, Theologie in nachtheologischer Zeit, Mainz 2003.
Segbers, Franz, „Ich will größere Scheunen bauen" (Lk 12,18). Genug durch Gerechtigkeit und die Sorge um Gerechtigkeit, in: Füssel, Kuno/Segbers, Franz (Hg.), „… so lernen die Völker des Erdkreises Gerechtigkeit", 105-114.
Segbers, Franz, Die Hausordnung der Tora. Biblische Impulse für eine theologische Wirtschaftsethik, Luzern 1999 (³Darmstadt 2002).

Segbers, Franz, Die Verheißung des grenzenlosen Reichtums entzaubern. Biblische Impulse für eine lebensdienliche Ökonomie, in: Gott und Geld (Jahrbuch der Religionspädagogik 17), Neukirchen-Vluyn 2001, 50-64.

Segbers, Franz, Geld – der allergewöhnlichste Abgott auf Erden (Martin Luther). Die Zivilreligion des Alltags im Kapitalismus, in: Deutschmann, Christoph (Hg.), Die gesellschaftliche Macht des Geldes, 130-147.

Segbers, Franz, Gott gegen Gott. Von der Alltagsreligion im Kapitalismus, in: Gräb, Wilhelm (Hg.), Religion als Thema der Theologie. Geschichte, Standpunkte und Perspektiven theologischer Religionskritik und Religionsbegründung, Gütersloh 1999, 63-90.

Seibt, Gustav, Geschichte. Eine Kolumne. Kapitalismus als Lebensform, in: Merkur 54 (2000) 249-256.

Sennett, Richard, Der flexible Mensch. Die Kultur des neuen Kapitalismus, Berlin ³1998.

Serries, Christoph, Art. Geld, in: LThK³ 4, Freiburg 1995, 404-407.

Siebenrock, Roman A., Wie sind Zeichen des Heils in einer sündigen Wirklichkeit möglich? Thesen zur bleibenden Bedeutung der Politischen Theologie im Anschluss an Raymund Schwager SJ, in: Ders./Sandler, Willibald (Hg.), Kirche als universales Zeichen. In memoriam Raymund Schwager SJ, Münster 2005, 381-397.

Sills, David L. (Hg.), International Encyclopedia of the Social Sciences 9, London 1972.

Simmel, Hans, Auszüge aus den Lebenserinnerungen, in: Böhringer, Hannes/Gründer, Karlfried (Hg.), Ästhetik und Soziologie um die Jahrhundertwende, 247-268.

Smith, James K. A., Introducing Radical Orthodoxy. Mapping a Post-secular Theology (Foreword by John Milbank), Bristol 2004.

Smithin, John (Hg.), What is Money? (Routledge International Studies in Money and Banking 6), London 2000.

Soeffner, Hans-Georg, Die Kultur des Alltags und der Alltag der Kultur, in: Handbuch der Kulturwissenschaften. Themen und Tendenzen (Bd. 3), hg. v. Jaeger, Friedrich/ Rüsen, Jörn, Stuttgart 2004, 399-411.

Sohn-Rethel, Alfred, Das Geld, die bare Münze des Apriori, Berlin 1990.

Sohn-Rethel, Alfred, Geistige und körperliche Arbeit. Zur Theorie der gesellschaftlichen Synthesis, Frankfurt 1972.

Sohn-Rethel, Alfred, Warenform und Denkform. Mit zwei Anhängen, Frankfurt 1978.

Söding, Thomas, Lehre in Vollmacht. Jesu Wunder und Gleichnisse im Evangelium der Gottesherschaft, in: IKathZ 36 (2007) 3-17.

Sölle, Dorothee, Es muss doch mehr als alles geben. Nachdenken über Gott, Freiburg ³2006.

Sölle, Dorothee, Mutanfälle. Texte zum Umdenken, Hamburg ¹1993.

Sombart, Werner, Der Bourgeois. Zur Geistesgeschichte des modernen Wirtschaftsmenschen, Reinbek 1988 (EA 1914).

Sombart, Werner, Der moderne Kapitalismus, 2 Bände, Leipzig 1902 (6 Halbbände, 1902-1927).

Sombart, Werner, Die Genesis des kapitalistischen Geistes, in: Brocke, Bernhard vom (Hg.), Sombarts „Moderner Kapitalismus", 87-106.

Sombart, Werner, Die Juden und das Wirtschaftsleben, Leipzig 1911.

Sophokles, Antigone. Aus dem Griechischen übersetzt von Alfred S. Kessler, Würzburg 1985.

Spengler, Oswald, Der Untergang des Abendlandes. Umrisse einer Morphologie der Weltgeschichte, München 1979.

Spong, John Shelby, Was sich im Christentum ändern muss. Ein Bischof nimmt Stellung, Düsseldorf 2004.

Staats, Reinhart, Deposita pietatis – Die Alte Kirche und ihr Geld, in: ZThK 76 (1979) 1-29.
Stackhouse, Max L., Civil Religion, Political Theology and Public Theology. What's the Difference? in: Political Theology 5 (2004) 275-293.
Stadermann, Hans-Joachim, Die Geldtheorie an der Schwelle zum 20. Jahrhundert, in: Backhaus, Jürgen G./Stadermann, Hans-Joachim (Hg.), Georg Simmels Philosophie des Geldes, 19-60.
Stadermann, Hans-Joachim, Von der Naturalwirtschaft zur Geldwirtschaft – Entstehung des Geldes und Folgen für die Dynamik des Wirtschaftens, in: Biervert, Bernd/Held, Martin (Hg.), Die Dynamik des Geldes, 29-58.
Stark, Thomas, Symbol, Bedeutung, Transzendenz. Der Religionsbegriff in der Kulturphilosophie Ernst Cassirers, Würzburg 1997.
Stegemann, Wolfgang, Christliche Solidarität im Kontext antiker Wirtschaft, in: Kessler, Rainer/Loos, Eva (Hg.), Eigentum: Freiheit und Fluch, 89-106.
Stegemann, Wolfgang, Kontingenz und Kontextualität der moralischen Aussagen Jesu. Plädoyer für eine Neubesinnung auf die so genannte Ethik Jesu, in: Ders./Malina, Bruce J./Theißen, Gerd (Hg.), Jesus in neuen Kontexten, 167-184.
Stegemann, Wolfgang/Malina, Bruce J./Theißen, Gerd (Hg.), Jesus in neuen Kontexten, Stuttgart 2002.
Stein, Gertrude, Geld. Geld – Mehr über Geld – Noch mehr über Geld – Alles über Geld – Ein Letztes über Geld, Berlin 2004.
Steinhilber, Andrea, Die Dritte Seite der Medaille. Zu Georg Simmels Philosophie des Geldes und ihrem Beitrag zu einem Verständnis von Wirtschaft, Heidelberg 2003.
Steuer, Günther, Studien über die theoretischen Grundlagen der Zinslehre bei Thomas v. Aquin, Stuttgart 1936.
Stiglitz, Joseph E., Die Chancen der Globalisierung, München 2006.
Stiglitz, Joseph E., Die Schatten der Globalisierung, München 2002.
Stiglitz, Joseph E., Volkswirtschaftslehre (Internationale Standardlehrbücher der Wirtschafts- und Sozialwissenschaften), München ²1999.
Stoellger, Philipp, „Im Namen Gottes". Der Name als Figur des Dritten zwischen Metapher und Begriff, in: Dalferth, Ingolf U./Ders. (Hg.), Gott Nennen. Gottes Namen und Gott als Name, Tübingen 2008, 249-285.
Suhr, Dieter, Entfaltung der Menschen durch die Menschen. Zur Grundrechtsdogmatik der Persönlichkeitsentfaltung, der Ausübungsgemeinschaften und des Eigentums, Berlin 1976.
Suhr, Dieter, Geld ohne Mehrwert. Entlastung der Marktwirtschaft von monetären Transaktionskosten, Frankfurt 1983.
Suhr, Dieter, Gerechtes Geld, in: Archiv für Rechts- und Sozialphilosophie 69 (1983) 322-339.
Supino, Camillo, G. Simmel – Philosophie des Geldes, in: Rivista di Scienzia 6 (1912) 456-459; abgedruckt in: Rammstedt, Otthein (Hg.), Georg Simmels „Philosophie des Geldes", 305-309.
Susman, Margarete, Die geistige Gestalt Georg Simmels, Tübingen 1959.
Susman, Margarete, Erinnerungen an Georg Simmel, in: Gassen, Kurt/Landmann, Michael (Hg.), Buch des Dankes, 278-291.
Tenbruck, Friedrich, Georg Simmel (1858-1918), in: Kölner Zeitschrift für Soziologie und Sozialpsychologie 10 (1958) 587-614.
Theißen, Gerd, Die Jesusbewegung. Sozialgeschichte einer Revolution der Werte, Gütersloh 2004.
Theißen, Gerd, Studien zur Soziologie des Urchristentums (WUNT 19), Tübingen ³1989.

Thiemann, Ronald F., Constructing a Public Theology. The Church in a Pluralistic Culture, Louisville/Kentucky, 1991.
Thomas von Aquin, De potentia (Quaestiones Disputatae Bd. 2), Rom 1950.
Thomas von Aquin, Summa theologica (Die deutsche Thomas-Ausgabe), Salzburg 1934ff.
Thomas von Aquin, Über die Herrschaft der Fürsten (revidierte Übersetzung von Ulrich Matz), Stuttgart 1990.
Tietmeyer, Hans, Art. Geld, in RGG[4] 3, Tübingen 2000, 597-602.
Troeltsch, Ernst, Der historische Entwicklungsbegriff in der modernen Geistes- und Lebensphilosophie. II. Die Marburger Schule, die südwestdeutsche Schule, Simmel, in: Historische Zeitschrift 124 (1921) 377-447.
Troeltsch, Ernst, Der Historismus und seine Probleme. Erstes Buch: Das logische Problem der Geschichtsphilosophie (Ernst Troeltsch. Kritische Gesamtausgabe 16), Berlin/New York 2008.
Troeltsch, Ernst, Die Soziallehren der christlichen Kirchen und Gruppen, 2 Bände, Tübingen 1994 (EA 1912).
Troeltsch, Ernst, Zur religiösen Lage, Religionsphilosophie und Ethik (Gesammelte Schriften 2), Aalen ²1981 (2. Neudruck der 2. Auflage Tübingen 1922).
Tyrell, Hartmann, Protestantische Ethik – und kein Ende, in: Soziologische Revue 17 (1994) 397-404.
Tyrell, Hartmann, Zins und Religion bei Werner Sombart und Max Weber. Ein Rückblick, in: Heil, Johannes/Wacker, Bernd (Hg.), Shylock? 193-218.
Uhl, Florian, Das Religiöse als Apriori. Zur Aktualität von Georg Simmels Religionsphilosophie, in: Dethloff, Klaus u.a. (Hg.), Orte der Religion im philosophischen Diskurs der Gegenwart, Berlin 2004, 191-224.
Uhlhorn, Gerhard, Das Christenthum und das Geld, in: Frommel, Wilhelm/Pfaff, Friedrich, (Hg.), Sammlung von Vorträgen für das deutsche Volk, Bd. 7, Heidelberg 1882, 119-157.
Valentin, Joachim (Hg.), Unbedingtes Verstehen?! Fundamentaltheologie zwischen Erstphilosophie und Hermeneutik, Regensburg 2001.
Vanderbeke, Birgit, Geld oder Leben, Frankfurt 2005.
Vanoni, Gottfried/Heininger, Bernhard, Das Reich Gottes (Die Neue Echter Bibel 4), Würzburg 2002.
Vardy, Peter, Das Gottesrätsel. Antworten auf die Frage nach Gott, München 1997.
Veenhoven, Ruut, The Four Qualities of Life. Ordering Concepts and Measures of the Good Life, in: Journal Of Happiness Studies 1 (2000) 1-39.
Veit, Otto, Ansätze zu einer Philosophie des Geldes, in: Universitas 25 (1970) 507-524.
Veit, Otto, Reale Theorie des Geldes, Tübingen 1966.
Verweyen, Hansjürgen, Gottes letztes Wort. Grundriss der Fundamentaltheologie, Regensburg ⁴2002.
Vischer, Lukas, Muss die Praxis des Ablasses wirklich auch im dritten Millennium aufrechterhalten werden? Anfragen an eine römische, aber nicht unbedingt katholische Sonderlehre, in: Ökumenische Rundschau 50 (2001) 354-375.
Voigt, Friedemann, „Die Tragödie des Reiches Gottes"? Ernst Troeltsch als Leser Georg Simmels (Troeltsch-Studien 10), Gütersloh 1998.
Voigt, Friedemann, Das protestantische Erbe in Max Webers Verträgen über „Wissenschaft als Beruf" und „Politik als Beruf", in: ZNThG 9 (2002) 245-267.
Vos, Johan S., Das Agraphon „Seid kundige Geldwechsler!" bei Origenes, in: Petersen, William L. u.a. (Hg.), Sayings of Jesus: canonical and non-canonical (Essays in Honour of Tjitze Baarda), Leiden 1997, 277-302.

Wagner, Falk, Art. Berufung III, in TRE 5, Berlin 1980, 688-713.
Wagner, Falk, Geld oder Gott? Zur Geldbestimmtheit der kulturellen und religiösen Lebenswelt, Stuttgart 1985.
Wagner, Falk, In den Klauen des Mammon. Die diabolischen Folgen des modernen Geld-Pantheismus, in: Evangelische Kommentare 4 (1998) 192-203.
Wagner, Falk, Metamorphosen des modernen Protestantismus, Tübingen 1999.
Wagner, Falk, Systematisch-theologische und sozialethische Erwägungen zu Frieden und Gewalt, in: Bäumer, Christoph u.a. (Hg.), Friedenserziehung als Problem von Theologie und Religionspädagogik, München 1981, 53-121.
Wagner, Gerhard/Zipprian, Heinz (Hg.), Max Webers Wissenschaftslehre. Interpretation und Kritik, Frankfurt 1994.
Waldenfels, Bernhard, Antwortregister, Frankfurt 1994.
Waldenfels, Bernhard, Das Un-ding der Gabe, in: Gondek, Hans-Dieter/Waldenfels, Bernhard (Hg.), Einsätze des Denkens. Zur Philosophie von Jacques Derrida, Frankfurt 1997, 385-409.
Waldenfels, Hans, Kontextuelle Fundamentaltheologie, Paderborn ⁴2005.
Walzer, Michael, Zivile Gesellschaft und amerikanische Demokratie, Berlin 1992.
Waschkuhn, Arno, Politische Utopien. Ein politiktheoretischer Überblick von der Antike bis heute, München 2003.
Weber, Max, Die Marktvergesellschaftung, in: Wirtschaft und Gesellschaft. Grundriß der verstehenden Soziologie. Studienausgabe, hg. v. Winckelmann, Johannes, Tübingen ⁷1972, 382-385.
Weber, Max, Die protestantische Ethik und der Geist des Kapitalismus, in: Ders., Die protestantische Ethik 1. Eine Aufsatzsammlung, hg. v. Winckelmann, Johannes, Tübingen ⁷1984.
Weber, Max, Georg Simmel als Soziologe und Theoretiker der Geldwirtschaft, in: Simmel Newsletter 1 (1991) 9-13.
Weber, Max, Wirtschaft und Gesellschaft. Grundriß der verstehenden Soziologie (Studienausgabe), Tübingen ⁵1972.
Weber-Berg, Christoph A., Die Kulturbedeutung des Geldes als theologische Herausforderung. Eine theologische Auseinandersetzung mit Georg Simmels „Philosophie des Geldes", Zürich 2002.
Wehler, Hans-Ulrich, Deutsche Gesellschaftsgeschichte 3. Von der „Deutschen Doppelrevolution" bis zum Beginn des Ersten Weltkriegs: 1849-1914, München 1995.
Weimer, Wolfram, Geschichte des Geldes. Eine Chronik mit Texten und Bildern, Frankfurt 1992.
Weis, Hans-Willi, Religion als philosophische Bohrstelle, in: Lettre International Nr. 61 (2003) 104-106.
Weiß, Andreas Michael, Zinsen und Wucher. Das kirchliche Zinsverbot und die Hindernisse auf dem Weg zu seiner Korrektur, in: Aichhorn, Ulrike (Hg.), Geld- und Kreditwesen im Spiegel der Wissenschaft, Wien/New York 2005, 123-156.
Wendel, Hans Jürgen, Moderner Relativismus. Zur Kritik antirealistischer Sichtweisen des Erkenntnisproblems, Tübingen 1990.
Wendel, Hans Jürgen, Relativismus I. Philosophisch-werttheoretisch, in: TRE 28, Berlin 1997, 497-500.
Wendel, Saskia, Rationale Verantwortung der Praxis der Nachfolge Jesu. Was ein systematisch-theologisches Konzept, das sich auf eine transzendentale Methode verpflichtet, zu leisten beansprucht – und was nicht, in: SaThZ 9 (2005) 148-160.
Wenzel, Knut, Gottesunterscheidung. Die Frage nach dem Verhältnis von Gott und Welt im Gespräch mit Thomas Ruster, in: FZPhTh 51 (2004) 93-122.

Wenzel, Knut, Sakramentales Selbst. Der Mensch als Zeichen des Heils, Freiburg 2003.
Werbick, Jürgen, Absolutistischer Eingottglaube? – Befreiende Vielfalt des Polytheismus, in: Söding, Thomas (Hg.), Ist der Glaube Feind der Freiheit? Die neue Debatte um den Monotheismus (QD 196), Freiburg 2003, 142-175.
Werbick, Jürgen, Soteriologie (Leitfaden Theologie 16), Düsseldorf 1990.
Werbick, Jürgen, Trinitätslehre, in: Schneider, Theodor (Hg.), Handbuch der Dogmatik 2, 481-576.
Werner, Klaus, Das israelitische Zinsverbot. Seine Grundlagen in Torah, Mischnah und Talmud, in: Heil, Johannes/Wacker, Bernd (Hg.), Shylock? 11-20.
Werner, Klaus, Verschuldung und Überschuldung, Schuldenerlaß und Sündenvergebung, in: Crüsemann, Marlene/Schottroff, Willy (Hg.), Schuld und Schulden, 104-131.
Wesley, John, Über den rechten Gebrauch des Geldes, in: Grün, Willi, Christ und Geld, 48-64.
Whitehead, Alfred N., Prozeß und Realität. Entwurf einer Kosmologie, Frankfurt ⁴2006.
Wiedenhofer, Siegfried, Kirche, Geld und Glaube. Ekklesiologische Überlegungen, in: ThPQ 142 (1994) 169-179.
Wilfred, Felix, Theologie vom Rand der Gesellschaft. Eine indische Vision, Freiburg 2006 (EA. The Sling of Utopia. Struggles for a Different Society, Delhi 2005).
Willke, Gerhard, Kapitalismus, Frankfurt 2006.
Winkler, Ulrich, Christologie im Kreuzverhör. Wider die Diastase von Israeltheologie und Religionstheologie, in: SaThZ 8 (2004) 30-61.
Winkler, Ulrich, Nicht ausweichen an einen fernen Ort der Eigentlichkeit. Der Erkenntnisort einer lokalen Theologie im universalen Volk Gottes, in: SaThZ 6 (2002) 97-109.
Winkler, Ulrich, Vom Wert der Welt. Das Verständnis der Dinge in der Bibel und bei Bonaventura. Ein Beitrag zu einer ökologischen Schöpfungstheologie (Salzburger Theologische Studien 5), Innsbruck 1997.
Winterhager, Wilhelm E., Ablaßkritik als Indikator historischen Wandels vor 1517. Ein Beitrag zu Voraussetzungen und Einordnung der Reformation, in: Archiv für Reformationsgeschichte 90 (1999) 6-71.
Wittreck, Fabian, Geld als Instrument der Gerechtigkeit. Die Geldrechtslehre des Hl. Thomas von Aquin in ihrem interkulturellen Kontext (Rechts- und Staatswissenschaftliche Veröffentlichungen der Görres-Gesellschaft, Neue Folge 100), Paderborn 2002.
Wohlmuth, Josef, „Geben ist seliger als nehmen." (Apg 20,35). Vorüberlegungen zu einer Theologie der Gabe, in: Dirscherl, Erwin u.a. (Hg.), Einander zugewandt. Die Rezeption des christlich-jüdischen Dialogs in der Dogmatik, Paderborn 2005, 137-159.
Wohlmuth, Josef, Die theologische Bedeutung des Gabendiskurses bei Emmanuel Levinas, Jacques Derrida und Jean-Luc Marion, in: Rosenberger, Michael/Reisinger, Ferdinand/Kreutzer, Ansgar (Hg.), Geschenkt – umsonst gegeben? Gabe und Tausch in Ethik, Gesellschaft und Religion, Frankfurt 2006, 91-120.
Wohlmuth, Josef, Zum Verhältnis von ökonomischer und immanenter Trinität. Eine These, in: ZkTh 110 (1988) 139-162.
Wolbert, Werner, Relativismus II. Ethisch-metaethisch, in: TRE 28, Berlin 1997, 500-504.
Wolf, Kurt, Philosophie der Gabe. Meditationen über die Liebe in der französischen Gegenwartsphilosophie, Stuttgart 2006.

Wolff, Kurt H., Essays on Sociology and Philosophy. With Appraisals of Durkheim's Life and Thought, in: Ders. (Hg.), Emile Durkheim. 1858-1917. A Collection of Essays, with Translations and a Bibliography, Columbus 1960, 354-375.

Woll, Artur, Allgemeine Volkswirtschaftslehre, München [12]1996.

Woronowicz, Ulrich, Zins und Zinsverbot in der theologischen Diskussion. Unter besonderer Berücksichtigung der DDR – „Kirche im Sozialismus", in: Schelkle, Waltraud/Nitsch, Manfred (Hg.), Rätsel Geld. Annäherungen aus ökonomischer, soziologischer und historischer Sicht, Marburg 1995, 173-207.

Yanell, Keith E., The Epistemology of Religious Experience, Cambridge 1993.

Zarlenga, Stephen, Der Mythos vom Geld – die Geschichte der Macht. Vom Tauschhandel zum Euro. Eine Geschichte des Geldes und der Währungen, Zürich 1998.

Zeilinger, Franz, Zwischen Himmel und Erde. Ein Kommentar zur „Bergpredigt" Matthäus 5-7, Stuttgart 2002.

Zelizer, Viviana, Art. Money, in: Encyclopedia of Sociology (Second Edition) 3, hg. v. Borgatta, Edgar F./Montgomery, Rhonda J. V., New York 2000, 1888-1894.

Ziche, Paul, Art. Wechselwirkung, in: HWPh 12, Basel 2004, 334-341.

Žižek, Slavoj, Das fragile Absolute. Warum es sich lohnt, das Christentum zu verteidigen, Berlin 2000.

Register

Adolf, Heinrich 211, 217
Adorno, Theodor W. 47, 124, 200, 227f, 276, 443
Aichhorn, Ulrike 49, 67, 414
Albert, Hans 180, 333, 406, 417
Altvater, Elmar 21, 34, 44
Angehrn, Emil 280
Angenendt, Arnold 93
Apel, Karl-Otto 128
Arens, Edmund 397, 405, 440, 442, 451
Aristoteles 56, 78, 82f, 190, 334, 454f
Augustinus 78, 80ff, 84f, 87, 375, 467
Bachmaier, Helmut 147
Backhaus, Jürgen G. 224, 231f, 245
Bader, Günter 141, 468
Baecker, Dirk 72, 161, 223, 227, 290
Ballestrem, Karl 138
Balthasar, Hans Urs von 140, 340
Balz, Horst 424
Balzac, Honoré de 66ff
Barrelmeyer, Uwe 202
Barth, Gerhard 31
Barth, Karl 98, 108, 115f, 130, 136, 140, 340, 409, 457
Bataille, Georges 466
Baudrillard, Jean 54, 367, 466
Bauer, Isidora 215, 219
Baumann, Peter 201
Bäumer, Bettina 142
Bäumer, Christoph 108
Baumgartner, Alois 409
Bayer, Oswald 469
Beck, Ulrich 21
Beckmann, Jan P. 191
Beierwaltes, Walter 200
Beinert, Wolfgang 199, 414
Bendixen, Friedrich 58
Bendixen, Peter 138
Benedikt XVI./Ratzinger, Joseph 195ff, 204f, 373
Benevolo, Leonardo 82
Benjamin, Walter 30, 47f, 117, 120, 148, 227, 386f
Berger, Klaus 394, 437
Bergson, Henri 211, 383
Berking, Helmuth 466
Berkman, John 326

Berlejung, Angelika 460
Bernhardt, Reinhold 197
Bethge, Eberhard 364
Bevers, Antonius M. 167, 202
Bhagwati, Jagdish 21
Biervert, Bernd 50, 64f
Binswanger, Hans Christoph 64, 223, 227, 231
Bloch, Ernst 188, 227f, 386
Blumenberg, Hans 142, 242, 261, 263, 360, 448
Boff, Clodovis 406ff
Boff, Leonardo 337, 340f
Bogaert, Raymond 78, 415, 421
Böhringer, Hannes 142, 215, 217, 242
Boltanski, Luc 445
Bolz, Norbert 73
Bongardt, Michael 127
Bonhoeffer, Dietrich 115, 364
Borgatta, Edgar F. 54
Borneman, Ernest 71f
Böttigheimer, Christoph 17
Boudon, Raymond 179
Bouglé, Célestin 164, 224
Bourdieu, Pierre 266
Bovon, François 424, 430f
Breuning, Wilhelm 199, 340
Brocke, Bernhard vom 38f
Brüns, Elke 68
Buber, Martin 149, 287, 361
Busch, Ulrich 245
Butler, Samuel 68
Caillé, Alain 466
Calvin, Johannes 37-40, 82
Cano, Melchior 344-348
Caputo, John D. 466
Carnegie, Andrew 139f
Carrier, Martin 195
Cartelier, Jean 50
Cartwright, Michael 326
Casanova, José 398ff, 445
Cassirer, Ernst 15, 31, 162, 173, 204, 227f, 239, 256, 279f, 289, 319-322, 355, 447
Cavalli, Alessandro 166
Chiapello, Eve 445
Christian, Petra 152, 160, 162, 220

Cobb, John B. 342
Cohen, Robert S. 148
Congar, Yves 337
Cremer, Hermann 456ff
Creutz, Helmut 52, 122
Crüsemann, Frank 413
Crüsemann, Marlene 414
Dahme, Heinz-Jürgen 148, 153, 163f, 169, 174, 229
Dalferth, Ingolf U. 335, 402, 440, 463
Daniel, Ute 154
Davidson, Donald 213
Davis, Stephen T. 138
Delekat, Friedrich 94-98, 136
Demmerling, Christoph 128
Derrida, Jacques 69, 465ff
Dethloff, Klaus 209
Deutschmann, Christoph 30, 44, 53ff, 72, 100, 223, 272, 390
Diels, Hermann 190
Diener, Ed 448
Dirscherl, Erwin 199, 465
Dostojewski, Fjodor M. 73f
Drewermann, Eugen 142, 401, 432, 450
Duby, Georges 78
Duchrow, Ulrich 63, 394, 426
Dülmen, Richard van 87
Duns Scotus, Johannes 191
Durkheim, Emile 149, 153, 164ff, 295, 305
Ebach, Jürgen 111, 416, 425, 465
Ebeling, Gerhard 103f, 455, 462
Ebner, Martin 413, 417ff, 424
Eckerstorfer, Andreas 396
Eckholt, Margit 345
Einstein, Albert 192
Einzig, Paul 56
Ekelund, Robert B. 34
Ellacuriá, Ignacio 389, 406
Engel, Evamaria 82
Eßbach, Wolfgang 357
Esser, Hans Helmut 40
Faath, Ute 225, 368
Faber, Richard 120
Faber, Roland 342f
Fabiunke, Günter 101
Failing, Wolf-Eckart 129
Faus, José Ignacio González 389
Fellmann, Ferdinand 151, 223, 256

Feuerbach, Ludwig 91, 301, 305, 357, 363, 455
Feyerabend, Paul 190
Fiedler, Peter 432
Fischer, Michael 378
Fitzi, Gregor 211, 223, 385
Flasch, Kurt 92, 353
Flavius Josephus 429
Flotow, Paschen von 223, 227, 231, 247, 252
Franck, Georg 35
Franz, Albert 406
Franz, Thomas 343, 345
Franzen, Jonathan 69
Franzmann, Manuel 398
Frege, Gottlob 366f
Frerichs, Klaus 249
Fresacher, Bernhard 396
Frettlöh, Magdalene L. 457, 459, 465, 467
Freud, Sigmund 71, 223
Freund, Julien 215, 217
Frevel, Christian 460
Frey, Jörg 31
Friedman, Benjamin M. 448
Friedman, Milton 52
Friedrich, Hugo 93
Frisby, David P. 147f, 187, 226f, 231, 279, 298, 370
Frischeisen-Köhler, Max 185, 188, 210, 227
Fromm, Erich 71, 382
Fuchs, Gotthard 415
Fuellenbach, John 420
Führer, Urs 173, 227, 333
Fuhrmann, Horst 82
Fulcher, James 34
Füssel, Kuno 426, 431f
Gabel, Michael 466
Gabriel, Karl 149, 398, 440
Gamm, Gerhard 208, 215, 331, 368
Ganßmann, Heiner 55, 241f, 247
Gärtner, Christel 398
Gassen, Kurt 147, 150, 187, 192, 194, 212, 228, 235, 291f, 358
Gebhardt, Winfried 397
Geerlings, Wilhelm 421
Geiger, Max 38
Gephart, Werner 147, 165
Gerhardt, Uta 215

Gerloff, Wilhelm 56, 61f
Geßner, Willfried 149, 162, 170f, 201f, 204, 209ff, 215f, 224f, 23 235, 239, 249, 256f, 276, 279f, 286, 298, 322, 331, 355
Gestrich, Christof 466f
Geyer, Carl-Friedrich 227
Gnilka, Joachim 415
Godelier, Maurice 466
Goertz, Stephan 131, 408
Goethe, Johann Wolfgang von 211, 394
Goldscheid, Rudolf 226
Gombocz, Wolfgang L. 333
Gopegui, Belén 69
Gotthelf, Jeremias 68
Gräb, Wilhelm 118
Graf, Friedrich Wilhelm 36, 397
Grefe, Christiane 22
Greffrath, Matthias 22
Greshake, Gisbert 199, 340f
Griffin, David Ray 342
Groß, Walter 413f
Große Kracht, Hermann-Josef 398
Gruber, Franz 129, 199, 201, 335, 363, 366, 388, 410
Grün, Willi 97, 139
Gründer, Karlfried 142, 215, 217, 242
Guger, Alois 29
Guggenberger, Wilhelm 467
Gutiérrez, Gustavo 379
Gutmann, Hans-Martin 111, 465
Häberlein, Mark 87
Habermann, Hanna 121
Habermas, Jürgen 55, 228, 242, 274, 280, 335, 373, 396, 398
Habichler, Alfred 437
Haesler, Aldo J. 30, 66, 268
Hagen, Johann J. 49, 66
Haight, Roger 387
Halbfas, Hubertus 116
Halbmayr, Alois 119, 142, 462
Händler, Ernst Willhelm 69
Hankel, Wilhelm 58
Härle, Wilfried 409, 461f
Hauck, Friedrich 424
Hauerwas, Stanley 326, 396, 440
Haughey, John C. 138
Hébert, Robert F. 34
Hegel, Georg Wilhelm Friedrich 187, 203, 215, 219, 274, 280, 300, 331, 455f

Heil, Christoph 421, 430
Heil, Johannes 39, 414
Heimbrock Hans-Günter 129
Hein, Peter Ulrich 188, 225f
Heinemann, Klaus 255
Heininger, Bernhard 417
Heinrich, Lutz 87
Heins, Volker 21
Heinsohn, Gunnar 63f, 426
Held, Heinz Joachim 439
Held, Martin 50, 64f
Helle, Horst Jürgen 207, 210, 223, 305
Helmedag, Fritz 50
Hénaff, Marcel 466
Hengel, Martin 421
Hengsbach, Friedhelm 21
Henning, Christian 111
Hertz, Anselm 140
Hesse, Helmut 415
Hetzel, Andreas 208, 231, 274, 280
Hezser, Catherine 424
Hilberath, Bernd Jochen 337, 341, 346
Hinkelammert, Franz Josef 72, 394
Hoff, Gregor Maria 45, 125ff, 334f, 344, 462
Höffe, Otfried 21
Hoffman, Joshua 463
Hoffmann, Paul 421, 430
Höhn, Hans-Joachim 11, 363f, 441, 462
Höltz, Joachim 56
Holzhey, Helmut 151
Hondrich, Karl Otto 443f
Honecker, Martin 101, 103, 133, 415
Honnefelder, Ludger 191
Honneth, Axel 21, 148f
Hoping, Helmut 440, 442
Hörisch, Jochen 12, 18, 69, 77, 367
Horkheimer, Max 276, 398, 443
Horn, Christoph 469
Horst, Ulrich 85
Houtepen, Anton W.J. 418
Hünermann, Peter 117, 344, 346f
Hungar, Kristian 63
Husserl, Edmund 223, 229, 237f, 256
Hutchison, Terence 138f
Immler, Hans 50
Isaksen, Lise Widding 277
Isphording, Stephan 30
Issing, Otmar 50, 415
Jacob, Frank-Dietrich 82

Jacob, Willibald 146
Jaeger, Friedrich 259
James, William 207f, 210f, 295
Janowski, Bernd 469
Jaworski, Gary D. 147
Jeremias, Alfred 71
Jeremias, Joachim 31, 415
Jerusalem, Wilhelm 207, 210f
Joas, Hans 212, 229, 275, 291, 295, 305, 385f, 397f, 466f
Joël, Karl 185, 226
Jörns, Klaus-Peter 365
Josephs, Ingrid E. 173, 227, 33
Jüchen, Aurel von 427
Jung, Werner 147, 227
Jüngel, Eberhard 36, 102f, 136, 340, 418, 469
Kadi, Ulrike 256
Kaern, Michael 148
Kaesler, Dirk 147
Kallscheuer, Otto 398
Kamper, Dietmar 223
Kant, Immanuel 146, 152, 157, 170-173, 175f, 183, 190, 206, 208, 219, 223, 234, 237, 292, 328, 354, 437, 455, 469
Kapuscinski, Ryszard 74
Kasch, Wilhelm F. 134-138
Kasper, Walter 199, 341
Kassel, Maria 432
Kaube, Jürgen 47
Kegler, Jürgen 414
Kehl, Medard 196
Keintzel, Brigitta 256
Kern, Walter 347
Kessler, Hans 397, 401, 418f, 440f
Kessler, Rainer 413
Kierkegaard, Søren 359
Kießig, Manfred 134
Kintzelé, Jeff 161, 173, 179, 224, 229, 249, 255, 268, 279, 290
Kleger, Heinz 442
Klein, Hans Joachim 53
Klein, Stefan 448
Klingenberg, Eberhard 414
Klinger, Elmar 344-347
Kloft, Matthias Theodor 414
Knapp, Georg Friedrich 49, 58, 61
Knöbl, Wolfgang 229
Knoblauch, Hubert 397
Knobloch, Stefan 397

Koch, Claus 46
Kochanek, Hermann 115
Koch-Arzberger, Claudia 444
Köck, Nicole 398
Kohler, Alfred 87
Köllmann, Carsten 63
König, Gert 189
Korff, Wilhelm 140, 409
Körner, Bernd 344, 347
Kracauer, Siegfried 148, 188f, 228, 298
Kramer, Rolf 102, 109, 140
Kramme, Rüdiger 215, 224f, 232, 257
Kraus, Georg 82
Krech, Volkhard 147, 149, 261, 287, 292f, 297, 299, 302, 306f, 315f, 318f, 358, 361
Kreiner, Armin 197f, 335, 363, 410, 463
Kremer, Jakob 424, 431
Kreß, Hartmut 137, 149, 287, 290f, 306, 315, 361
Kreutzer, Ansgar 406, 408, 447
Krötke, Wolf 457ff
Krüger, René 415, 425
Kruip, Gerhard 378
Küchler, Max 431
Küenzlen, Gottfried 397
Kügler, Joachim 460
Kurnitzky, Horst 72
Kurz, Robert 45f, 282
Lafontaine, Oskar 22
Landes, David S. 46f
Landmann, Michael 147, 150, 176f, 192, 202, 219, 224, 227, 235, 273, 291f, 305, 331, 357, 386
Langthaler, Rudolf 209
Larcher, Gerhard 333
Laum, Bernhard 58-61
Le Goff, Jacques 78
Lederhilger, Severin J. 422
Lehmann, Hartmut 35, 399
Lehmann, Karl 415
Lehmkühler, Karsten 111
Lepenies, Wolf 164
Leppin, Volker 93
Lepsius, Rainer M. 229
Leutzsch, Martin 414, 425, 436
Lévinas, Emmanuel 217
Levine, Donald N. 164ff, 187f
Lichtblau, Klaus 147, 153, 172, 183, 229, 241, 298

Liebesschütz, Hans 357
Lilienthal, Markus 208
Lindbeck, George 197, 396
Lintner, Martin M. 465
Lohfink, Gerhard 106
Lohmann, Georg 173, 227, 274, 277, 280, 333
Löhrer, Magnus 454
Loos, Eva 413
Lorenz, Peter 30
Löwith, Karl 357
Lübbe, Hermann 399
Luckmann, Thomas 397
Luhmann, Niklas 32, 54f, 121, 242, 322, 391, 402, 446f, 449
Lukács, Georg 185, 187f, 194, 200, 228, 302
Luther, Martin 17, 39, 84-93, 96, 98-105, 111, 118, 124, 130, 373, 394, 409, 421
Luz, Ulrich 421f, 424, 430-435, 438
Maffesoli, Michel 165
Mahnkopf, Birgit 21
Maier, Johann 463
Malina, Bruce J. 412
Manemann, Jürgen 451
Mannheim, Karl 201f, 205, 279
Manstetten, Reiner 138
Marcuse, Ludwig 227
Marion, Jean-Luc 465f
Marquardt, Friedrich-Wilhelm 91f, 98-101, 103-107, 111ff, 115, 119, 394
Marramao, Giacomo 399
Marterbauer, Markus 29
Marx, Karl 35, 43, 55, 71, 101, 148f, 187, 194, 223, 230, 233, 242, 244f, 250, 253f, 276f, 279, 350, 357, 363, 444
Mauss, Marcel 466
Mautner, Josef P. 142
Mead, George Herbert 225
Mechels, Eberhard L. 102
Menger, Carl 56f, 230f
Menges, Axel 30
Menke, Karl-Heinz 468
Merklein, Helmut 412, 417
Merz, Annette 422f
Mette, Norbert 117, 121
Metz, Johann Baptist 366, 379, 396, 405f, 450
Meurer, Thomas 129
Meyer, Hans 82, 85

Milbank, John 197
Miller, Vincent 451
Mishkin, Frederic S. 50
Mitterauer, Michael 93
Möckel, Christian 256
Moebius, Stephan 466
Moltmann, Jürgen 199, 338-341
Mommsen, Wolfgang J. 146, 148
Moneta, Jakob 146
Montaigne, Michel de 93
Montgomery, Rhonda J. V. 54
Mühling-Schlapkohl, Markus 332
Müller, Alois 442
Müller, Hans-Peter 65, 194
Müller, Josef Heinz 50
Müller, Klaus 333
Münch, Richard 147, 447
Nagl-Docekal, Herta 209
Nancy, Jean-Luc 125, 325
Nedelmann, Birgitta 147, 162f, 166, 186, 219f, 233, 279, 385
Neidhardt, Friedhelm 229
Neuner, Peter 440
Neuser, Wilhelm H. 40
Niemann, Franz-Josef 347
Nietzsche, Friedrich 128, 148, 200, 212, 234, 295, 309, 358, 443f
Niewiadomski, Józef 401
Nikolaus von Kues 200, 353
Nikolaus von Oresme 87f
Nitsch, Manfred 49, 102
Nolte, Paul 155f
Oakman, Douglas E. 430
Oberman, Heiko 87
Oppenheimer, Franz 53
Orth, Ernst Wolfgang 173
Otto, Berthold 383
Otto, Rudolf 25
Palaver, Wolfgang 401
Pannenberg, Wolfhart 140, 199, 338, 440, 455, 457, 462f
Pannwitz, Rudolf 211f, 357f
Pape, Helmut 208
Papilloud, Christian 147, 466
Parsons, Talcott 54f, 242
Paul, Axel T. 229
Paulus, Nikolaus 17
Pawlas, Andreas 102
Peirce, Charles S. 208
Perniola, Mario 325

Pesch, Otto Hermann 93, 453
Pesch, Rudolf 438f
Petersen, William L. 415
Petracca, Vincenco 425
Petzoldt, Matthias 402
Peukert, Helmut 405
Phillips, Bernard S. 148
Pias, Claus 54
Pickstock, Catherine 197
Poggi, Gianfranco 371
Polak, Regina 397
Polanyi, Karl 64f
Pollack, Detlef 397
Popper, Karl R. 217
Pottmeyer, Hermann Josef 347
Prochno, Renate 67
Pröpper, Thomas 138, 468
Putnam, Hilary 195, 207
Rabaté, Jean-Michel 69
Ragaz, Leonhard 432
Rahner, Karl 88, 140, 337-341, 418
Rammstedt, Otthein 58, 147, 150, 153, 223-227, 386, 444, 446
Rasch, Joachim 30
Rawls, John 448
Reemtsma, Jan Philipp 398
Reikerstorfer, Johann 396
Reinhard, Wolfgang 92
Reinl, Peter 431
Reiser, Marius 430
Reisinger, Ferdinand 465
Rentsch, Thomas 147
Reuter, Hans-Richard 149
Rickers, Folkert 117
Rickert, Heinrich 121, 185f, 192f, 229, 235, 286, 291, 319
Riese, Hajo 49f, 64, 231f
Ritschl, Albrecht 103, 108, 457
Ritter, Hans Henning 162
Röggla, Kathrin 69
Rosenberger, Michael 465
Rosenkrantz, Gary S. 463
Roth, Guenther 35
Rüger, Hans Peter 424
Rüsen, Jörn 259
Russell, Bertrand 207
Ruster, Thomas 13, 32, 45, 77, 103, 112-122, 124-131, 362, 394, 414, 451
Saarinen, Risto 465
Safranski, Rüdiger 398

Sandbothe, Mike 208
Sander, Hans-Joachim 126, 342, 344-348, 363, 378, 391, 418, 453
Sandler, Willibald 335
Sattler, Dorothea 17, 138
Sauer, Hanjo 343, 345
Scaff, Lawrence A. 166
Scanlon, Michael J. 466
Schaeffler, Richard 461
Scharer, Matthias 341
Schärtl, Thomas 213, 410, 459
Scheler, Max 35f, 40, 42ff
Schelkle, Waltraud 49, 102
Schellong, Dieter 38
Schimank, Uwe 147
Schirmer Dietrich 431f
Schlagnitweit, Markus L. 13
Schleiermacher, Friedrich D. E. 108, 160, 361, 375, 454f, 462
Schluchter, Wolfgang 36
Schmidbaur, Hans-Christian 336
Schmidinger, Heinrich 190, 439
Schmidt, Johannes 231, 252
Schmidt, Sarah 160
Schmidt-Leukel, Perry 197
Schmölders, Günter 58, 62f
Schmoller, Gustav 185, 225, 369
Schnackenburg, Rudolf 423, 432
Schnädelbach, Herbert 189
Schneider, Peter 224
Schneider, Theodor 140
Schneider, Thomas 118
Schoberth, Wolfgang 199
Schottroff, Luise 379, 413, 427, 434f
Schottroff, Willy 379, 413f, 426
Schröder, Heinz 430
Schröter, Jens 31, 438
Schullerus, Erwin 225
Schumpeter, Joseph 231
Schupp, Franz 366, 408
Schwager, Raymund 31
Schwank, Benedikt 430
Schwemmer, Oswald 319, 321f
Schwengel, Hermann 223
Schwentker, Wolfgang 148
Schweppenhäuser, Hermann 30, 47
Schwöbel, Christoph 332
Seckler, Max 344f, 347
Sedmak, Clemens 128, 405
Segbers, Franz 100, 118, 381, 413, 426

Seibt, Gustav 45f
Sennett, Richard 44
Serries, Christoph 133
Siebenrock, Roman A. 335
Sills, David L. 53
Simmel, Georg 14f, 52, 54, 58, 142f, 145-323, 325, 327-333, 349-355, 357-362, 365, 367-386, 389, 392f, 395, 401f, 442-447, 469f
Simmel, Hans 215
Smith, Adam 34, 138f
Smith, James K.A. 197
Smithin, John 50
Sobrino, Jon 389, 406
Söding, Thomas 128, 437
Soeffner, Hans-Georg 259
Sohn-Rethel, Alfred 47, 114
Sölle, Dorothee 426
Sombart, Werner 35f, 38-46, 101, 147, 156, 223
Soosten, Joachim von 364
Sophokles 71
Spengler, Oswald 200, 263, 383
Spieß, Christian 398
Spong, John Shelby 365
Staats, Reinhart 421
Stackhouse, Max L. 441
Stadermann, Hans-Joachim 65, 224, 232
Stark, Thomas 289
Stegemann, Wolfgang 412, 426f, 431, 438
Steiger, Otto 63f, 426
Stein, Gertrude 444
Steinhilber, Andrea 242
Steuer, Günther 79
Stiglitz, Joseph E. 21, 51
Stoellger, Philipp 335, 463
Striet, Magnus 333
Suh, Eunkook M. 448
Suhr, Dieter 122f
Supino, Camillo 226
Susman, Margarete 152, 177, 215f, 305f, 358
Tenbruck, Friedrich 147, 155, 166, 170, 186, 228
Theißen, Gerd 413
Thiemann, Ronald F. 441
Thomas von Aquin 77-88, 90, 93, 191, 200, 421, 454, 463
Tiedemann, Rolf 30, 47

Tietmeyer, Hans 132
Tönnies, Ferdinand 147, 153, 223
Troeltsch, Ernst 36, 38-40, 149, 185ff, 361
Tyrell, Hartmann 38f
Uhl, Florian 209, 290, 359
Uhlhorn, Gerhard 102
Valentin, Joachim 333
Vanderbeke, Birgit 69
Vanoni, Gottfried 417
Vardy, Peter 198
Veenhoven, Ruut 448
Veit, Otto 49, 57
Verweyen, Hansjürgen 333
Vetter, Helmuth 256
Vischer, Lukas 17
Voigt, Friedemann 39, 149, 187
Vos, Johan S. 415
Wacker, Bernd 451
Waereness, Marit 277
Wagner, Falk 37, 91, 92, 97, 103, 106-113, 115, 137, 141, 394
Wagner, Gerhard 153, 166
Waldenfels, Bernhard 216, 466f
Waldenfels, Hans 347
Walzer, Michael 448, 467
Wandinger, Nikolaus 401
Ward, Graham 197
Waschkuhn, Arno 394
Weber, Max 35-43, 45, 54, 93, 101, 138, 147ff, 153, 156, 165f, 185f, 223, 233, 241, 262, 298, 377, 447
Weber-Berg, Christoph A. 149
Wehler, Hans-Ulrich 36, 224
Weimer, Wolfram 65
Weis, Hans-Willi 325
Weiß, Andreas Michael 414
Weiß, Johannes 229
Wendel, Hans Jürgen 198, 333, 336
Wendel, Saskia 366
Wenzel, Knut 127, 199
Werbick, Jürgen 31, 128, 199, 341
Werner, Klaus 414
Wesley, John 97, 138ff
Wetzel, Michael 69
Whitehead, Alfred N. 342f
Wiedenhofer, Siegfried 450
Wiegandt, Klaus 398
Wilfred, Felix 450f
Willke, Gerhard 34

Winkler, Ulrich 78, 98, 441
Winterhager, Wilhelm E. 17, 89
Wittreck, Fabian 82
Wohlmuth, Josef 337, 465, 468
Wolbert, Werner 198, 336
Wolf, Kurt 466
Wolff, Kurt H. 164, 201
Wolfram, Friedrich 209
Woll, Artur 50f

Woronowicz, Ulrich 102
Wulf, Christoph 223
Yanell, Keith E. 462
Zarlenga, Stephen 65
Zeilinger, Franz 423
Zelizer, Viviana 54
Ziche, Paul 152
Zipprian, Heinz 153, 166
Žižek, Slavoj 309